第十一届中国智能交通年会
优秀论文集

第十一届中国智能交通年会学术委员会　编

電子工業出版社
Publishing House of Electronics Industry
北京・BEIJING

内 容 简 介

第十一届中国智能交通年会优秀论文汇集了国内外城市道路、公路、铁路、水运等不同智能交通领域的优秀论文 83 篇，主要包含智能交通的发展与政策、智能交通技术、智能交通应用、智能交通的成果及转化，以及智能交通领域最近的热点研究，对智能交通相关领域的技术人员、学者等有重要的参考价值。

图书在版编目（CIP）数据

第十一届中国智能交通年会优秀论文集/第十一届中国智能交通年会学术委员会编．—北京：电子工业出版社，2016.11

ISBN 978-7-121-30064-6

I. ①第…　II. ①第…　III. ①交通运输管理－智能控制－中国－学术会议－文集　IV. ①U-39

中国版本图书馆 CIP 数据核字（2016）第 243658 号

策划编辑：徐蕾薇

责任编辑：赵　娜

印　　刷：涿州市京南印刷厂

装　　订：涿州市京南印刷厂

出版发行：电子工业出版社

北京市海淀区万寿路 173 信箱　　邮编：100036

开　　本：880×1230　1/16　印张：42.5　字数：1256 千字

版　　次：2016 年 11 月第 1 版

印　　次：2016 年 11 月第 1 次印刷

定　　价：398.00 元（含光盘 1 张）

凡所购买电子工业出版社图书有缺损问题，请向购买书店调换。若书店售缺，请与本社发行部联系，联系及邮购电话：（010）88254888，88258888。

质量投诉请发邮件至zlts@phei.com.cn，盗版侵权举报请发邮件至dbqq@phei.com.cn。

本书咨询联系方式：xuqw@phei.com.cn。

目　录

我国机动车驾驶人考场现状研究……1
多源数据融合的交通指数标准化云平台技术……10
物联网交通领域标识编码体系及标准研究……25
南宁市东葛路绿波方案仿真评估……33
基于精确定位的现代有轨电车信号系统……42
基于反馈控制的高速公路收费站入口通道调节效果研究……50
智能预警路锥的设计与应用……61
模拟赛车手在复杂赛道上的轨迹/速度决策行为……68
基于数据的公交车油耗分析与优化策略……77
基于互联网支付技术的地铁云购票机应用……85
货车在编组站中转方式推算方法研究……95
基于无人机的交通监控研究现状与展望……102
大数据环境物流云平台“车货携手”数据统一访问与转换关键技术研究……112
基于深信度网络的城市道路网交通流预测研究……120
城市轨道交通防踩踏事故预防与安全对策研究……127
主动安全新技术在我国载货汽车上的应用思考……134
制动初速度对平板制动检验结果的影响分析……140
Automatic Vehicle Navigation Based on Image Processing Using Kinect……149
大数据驱动的动态交通分配仿真及实证研究……157
基于 CSF 方法的智能交通管理系统规划编制标准建立及应用研究……166
关于北京市园区电动微公交系统建设的政策建议……174
基于高斯混合模型的北斗空间信号测距误差建模……184
A Multiclass Trip-chain Stochastic User Equilibrium Model under
Integrated Transportation Information……193
基于 RFID 技术的危险品货物关键运输卡口监控设计……205
基于 Socket 的公安交通集成指挥平台多线程通信协议测试技术研究与开发……220
城市道路机动车违法停车自动抓拍系统应用分析与思考……228
基于生态视角的沈阳市交通发展对策研究……234
车路协同环境下基于误差加权的车辆无线定位融合算法……241
基于模型预测控制与环境势场建模的车队协同驾驶方法研究……246
基于改进 LSSVM 的船舶操纵运动模型在线参数辨识方法……258
基于互联网地图的路况接入与融合发布技术研究……269
道路交通限行措施分析研究……274
城市老城区交通微循环设计与实践……280

考虑关联标识的指引信息可达性分析模型 ······ 285
降雨对城市快速路运行效率影响大数据分析 ······ 292
基于 APP 的交通事件处置管理模式研究 ······ 300
基于改进自适应微分进化算法的进港航班排序 ······ 308
基于 ZigBee 技术的车辆主动安全报警系统的研究与设计 ······ 317
基于 Logistic 回归的低等级公路重大交通事故分析 ······ 325
基于 RFID 和智能视频双机识别的军车不停车监理系统设计 ······ 332
大型综合体开发项目交通组织的研究与实践——以苏州中心项目为例 ······ 338
深圳市智能交通产业促进政策研究 ······ 346
基于卡尔曼滤波的高速公路交通状态估计模型构建及效果评价 ······ 355
车牌识别系统评测方法研究及图像库建立 ······ 367
论全息交通 ······ 379
多模式互反馈交通信号控制系统 ······ 390
包头智能交通建设的实践与思考 ······ 401
快速公交区段运行协同控制方法研究 ······ 406
基于 APP 的电动汽车分时租赁激励调度系统研究 ······ 414
An Event-driven Based Vehicle-to-roadside Data Interaction Scheme for Traffic Control Purpose ······ 424
公交车噪声频谱特性研究 ······ 434
基于交叉口总体延误的公交信号主动优先控制方法及评估 ······ 439
基于排队长度的单点自适应信号控制方法 ······ 451
基于背景差分和 Haar-like 特征的客运站行人检测算法研究 ······ 459
自主队列行驶车辆纵向建模及仿真 ······ 467
一种基于数据交换平台的城市智能停车管理服务系统 ······ 478
基于 EA 方法论的中国高速铁路应急平台体系架构设计 ······ 485
基于可靠性的铁路应急资源调运优化模型 ······ 492
基于用户行为的订单实时缓存技术的研究 ······ 499
基于新一代铁路客票系统的高并发负载能力分析及优化 ······ 505
12306 互联网售票系统测试的实现 ······ 513
铁路旅客全行程智慧出行方案研究 ······ 518
JWMQ 在复杂环境下的可靠传输研究 ······ 524
城市轨道交通线网指挥中心信息安全体系研究 ······ 532
地铁乘客信息系统车载视频传输模式的研究 ······ 537
动车组日班计划智能辅助编制系统的研究 ······ 543
动车组智能钥匙管理系统的应用研究 ······ 551
基于 RFID 技术的动车组轮对管理系统研究 ······ 557
基于 DocuBurst 的动车组非结构故障数据可视化 ······ 565
基于 LTE 无线网络的综合业务承载研究 ······ 571
基于无线传感器网络的隧道环境监测和预警系统 ······ 577
路局机务管理信息化需求分析和架构设计 ······ 583
面向铁路统计基础数据的智能编码管理系统设计与实现 ······ 590

铁路安全监测信息整合应用研究……597
铁路沉降变形监测信息系统设计与实现……605
铁路货运安全检测监控与管理平台总体方案的研究……614
铁路隧道围岩量测信息系统关键技术研究及实现……624
铁路货车全寿命周期信息整合应用研究……630
基于动态时间规整的出租车终点和行程时间预测……635
基于手机蓝牙的交通特征参数提取方法研究……643
高速铁路异物侵限监测子系统可靠性分析方法的研究与实践……653
面向车载网的安全可追踪匿名认证方案……659
道路货运源头末端治超监管系统设计研究……664

我国机动车驾驶人考场现状研究

耿　威　胡新维　张　军　邹永良　秦东炜

（公安部交通管理科学研究所，无锡 214000）

摘　要：本文通过对我国当前机动车驾驶人考场（以下称考场）现状进行分析，从考场规划、考场建设、考场管理、考场运行维护等方面研究分析目前驾驶人考场存在的问题，提出完善驾驶人考场管理模式、提高车驾驶人考场的规范化和标准化水平等具体建议，对于规范考场建设，确保考试井然有序，公平、公正、规范地进行，具有重要的意义。

关键词：交通管理；考场；运行维护；监督管理；考试质量

Research on the Related Problems of Motor Vehicle Driver Test Fields

Geng Wei　Hu Xinwei　Zhang Jun　Zou Yongliang　Qin Dongwei

(Traffic Management Research Institute of the Ministry of public Security, Wuxi 214000)

Abstract: I Motor vehicle driver is an important factor of traffic safety, therefore, strengthen the supervision of examination of motor vehicle driver is very important. Through analyzing the driver test fields of the current status of the driver in this text, to find out the current problems in the driver test fields demand plan, development, management, operation maintenance and so on. Propose concrete suggestions to perfect the field management model, improve overall level of field standardization, it is great import to enhance the quality of driver examination and traffic safety.

Keywords: Transportation Management, Driver Test Fields, Operation Maintenance, Supervision, Examination Quality

1　引言

随着经济社会的发展和人民生活水平的提高，学习驾驶已从谋生手段转变为生活技能，驾驶人已从职业化转变为大众化。为适应驾驶人快速增长的新形势，满足社会对驾照考试的需求，推行租用社会化考场。第 123 号令实施以及第 139 号令的发布，全国各地公安机关交通管理部门组织或引入社会力量按新要求新建和改建科目二考场 2000 多个，进入考场快速发展时期。为规范考场建设，确保考试质量，部局出台了相关政策和意见并形成相关标准，提升了机动车驾驶人考场的规范化和标准化水平。但是两个指导性文件及相关标准中有关机动车驾驶人考试，特别是考场的规定不够详细，从管理要求到系列标准间缺少过渡文件，导致社会考场的建设、使用、管理等方面缺乏明确要求，在应用过程中存在欠缺。

2 考场现状

2.1 考场规划

第 123 号令实施以后，交通管理部门根据“驾考改革”利民、便民基本原则，利用社会资源建设考场满足社会对驾照考试的需求。由于缺少明确的社会考场引入要求，各地对于社会考场的态度相差较大。一些地区驾驶人培训机构在考场建设方面的热衷度较高，但部分地区交通管理部门没有统一规划，缺少社会化考场的准入门槛和淘汰机制，导致考场数量过多，引发恶性竞争、资源浪费等问题。另外一些地区采取完全不引入态度，一个地级市仅 1 个科目二考场，一百千米以外的人也必须集中到该考场考试，考场每天考试人数超过 600 人。

2.2 考场建设

随着社会化考场进程的推进，越来越多的社会资源进入考场建设，但大部分考场缺少技术负责人，工作人员对考场相关要求不了解或不熟悉，考场建设完全依赖考试系统生产企业。而部分考试系统生产企业为降低成本，在建设过程降低施工标准，采用劣质低价产品，造成考试系统评判不准确或相关信息保存不符合标准要求等问题，考场的建设质量存在问题。同时大部分社会考场以营利为目的，缺少对考场相关要求和规定的理解和熟悉，对考试场地、考试设备、考试系统等方面停留在有没有，可不可以使用的层面上，不注重考场的规范性建设。

2.3 考场验收使用

目前考场验收按照《机动车驾驶人考试场地和考试系统使用验收规范》（GA/T 1030—2012）中规定的“使用单位向省级公安机关交通管理部门提出使用验收申请，包括建设方案评审、批准意见、招投标文件、合同、设计图纸、施工图纸、工程验收合格证明文件及资料清单、考场基本情况表、科目二应附模拟考试报告等。由省级公安机关交通管理部门组织验收，成立由业务和技术专家组成的验收组。”内容执行，随着驾驶人考试制度改革工作推进，考场从建设、使用、监管等各方面均将面临新的形势，对省级公安机关交通管理部门的考场监管要求不断提升。省级公安机关交通管理部门面存在检查人员不足或专业技术人员缺乏的现状，使得考场技术验收时走过场，监管力度弱，考试规范性、考场标准化程度差。

2.4 考场运行管理

2.4.1 考场自身管理问题

由于考场社会化的推行，考场的出资方和建设方大部分均为社会群体，存在着重建设、重盈利、轻管理的情况，被允许投入使用后，缺乏对考场的运行维护。考场在日常管理制度建设、人员管理制度、音视频监控记录等方面存在严重不足，导致考场存在考试场地上有标记、考试存在漏判、错判情况，甚至出现考试过程中有人指挥的现象，考试过程和音视频资料保存存在大量浪费存储空间、考试资料严重的状况。

2.4.2 管理部门监督管理

在考场使用管理方面，各交警支队技术能力、管理水平有限，导致对考场日常运行维护要求方面存在一定问题。部分市级公安机关交通管理部门没有不定期对考场日常运行维护记录、考试数据安全、考场远程或现场查看考试秩序、场地管理、车辆管理、考试组织以及考试过程的音视频监控状况进行抽查，导致考场考试过程不规范。省级公安机关交通管理部门由于人员数量存在不足，不能大面积通过远程音视频监控对考场秩序、考试过程、考试评判等进行监控和按规定组织对考场的定期监督检查，导致考场存在误判、漏判、作弊等现象。

3　考场存在的主要问题

由于我国机动车驾驶人考试起步较晚，发展速度又较快，缺乏足够的经验积累，在考场规划、考场建设、考场验收、考场使用和考场运行管理过程中存在诸多不足，影响机动车驾驶人考试质量和规范性。

3.1　考试场地建设不规范

3.1.1　考试场地与外界未采取物理隔离

根据《机动车驾驶人考试场地及其设施设置规范》（GA 1029—2012）的相关要求，考试场地应与外界采取物理隔离，但部分考场的考试场地与外界未采取物理隔离，如图1和图2所示。

图1　存在明显缺口

图2　驾校办公区在考场内

3.1.2　考试项目标线施划

部分考场考试项目标线施划不规范，存在项目尺寸错误，不区分实线虚线，多画标线，无法识别有效标线，标线损坏等现象，如图3～图8所示。

图3　边线间距过小

图4　无法有效识别标线

图 5　标线损坏

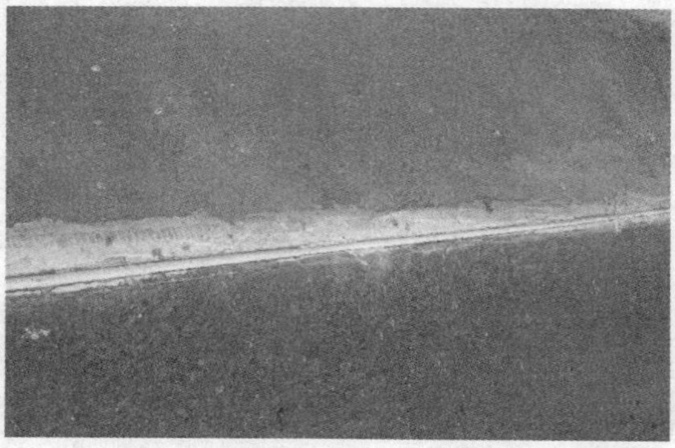

图 6　标线宽窄不一

图 7　不区分虚实线

图 8　多施划 30cm 线

3.1.3　考试项目标志设置不规范

部分考场将项目标志设置在考试项目中，存在为考试过程中提供参考操作标志情况；部分考场不设置坡道定点停车和起步的桩杆等，如图 9 和图 10 所示。

图 9　标志牌设置为倒库标记点

图 10　坡起缺少停车桩杆

3.1.4　场地项目设置不符合要求

部分考场存在考试项目间缓冲路段小于 1.5 倍车长，未根据考试车辆尺寸分别设置考试项目等情况。

3.1.5　基础设施缺失

部分考场存在缺少场地设施分布图，考试方案诱导图，场地运行服务规章公告，考试组织动态信息公告，候考区内道路交通安全宣传教育展牌、视频播放等信息公告设施的情况。

3.2 考试系统评判存在缺陷

3.2.1 考试系统地图与考试场地项目图形不匹配

考试系统地图应根据场地标线的差分坐标确定，但部分考场考试系统地图中的差分坐标与考试场地标线不匹配，存在错判、漏判现象，如图 11 所示。

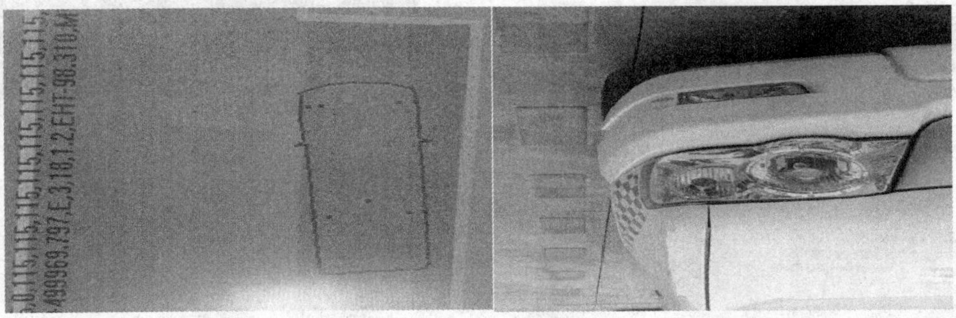

图 11 车辆已经入库，但评判地图中显示车辆未入库

3.2.2 车辆模型与实际车辆尺寸不符

部分考场考试系统中测绘的车辆模型未包含后保险杠，但项目标线按含保险杠尺寸施划，后保险杠出线时未评判，如图 12 所示。

图 12 车辆后保险杠已经出库，但评判地图中显示车辆未出库

3.2.3 评判要求存在缺陷

部分考场考试系统对于侧方停车、坡道定点停车和起步等项目中的轧道路边缘线等的评判不符合标准要求。

3.3 考试过程管理不规范

在考场日常使用过程中，缺少相应的管理制度，考场建设方、考场管理方和考场使用方的责任不明确，存在重建设、重盈利、轻管理现象，考试过程管理不规范情况突出。

3.3.1 考试车辆不规范

部分考场考试车辆在考试过程中存在车身做标记、车辆风挡玻璃、中控台等位置做标记，拆除油门线、考车模型与考试项目未绑定等问题，如图 13～图 16 所示。

3.3.2 考试场地存在标记

部分考场的考试项目在考试过程中存在放置标记物、画标记线等问题，如图 17～图 20 所示。

图 13　中控台做标记

图 14　前引擎盖做标记

图 15　车门做标记

图 16　风挡玻璃做标记

图 17　通过连续障碍放置标记物

图 18　倒车入库停止位置画标记线

图 19　坡道在上坡线路和画标记线

图 20　坡道在停车位置画标记线

3.3.3 考试过程音视频监控失效或保存时间不够

大部分考场未能保存 1 年以内的考试过程音视频监控记录（存储空间已满重复覆盖），部分考场场地视频监控未覆盖考试项目关键评判区域，部分考场在场地视频监控损坏、车内音视频监控缺失条件下仍然进行考试。对于保存的场地和车内音视频监控记录，缺少有效链接方式而无法满足倒查要求。

3.3.4 未建立考试过程异常信息处置管理制度

大部分考场未制定异常信息处置管理制度，部分考场对于误判处理、异常情况处置仅有批准重考等的记录，未提供误判发生的证据。

3.3.5 缺少相关人员的管理制度

在社会考场中，出入口管理人员、安全人员（引车员等）、考试系统操作员、身份认证人员多为社会考场人员。由于缺少明确的职责要求，部分考场的引车员存在提示考生系安全带、打转向灯等情况。

3.3.6 个别考场监控视频中存在指挥等作弊现象

在个别考场的视频监控中，存在有人指挥现象，相关部门缺少视频回放检查。

3.4 考场建设与实际考试需求缺少对应关系

由于缺少明确的社会考场引入要求，各地对于社会考场的态度相差较大。从省级情况来看，部分省的科目二考场接近 300 个，部分省的科目二考场不足 50 个；从市级层面看，部分地区采取放任发展态度，缺少统一规划，一个地级市建设了 28 个小型汽车科目二考场；部分地区采取完全不引入态度，一个地级市仅 1 个科目二考场，一百千米以外的人也必须集中到该考场考试，考场每天考试人数超过 600 人。

4 考场问题原因分析

4.1 考场建设、管理不规范

由于我国机动车驾驶人社会化进程速度较快，缺乏足够的经验积累和健全的监管制度，考场以营利为目的，存在着重建设、轻管理的现象。加上对考试场地、考试设备、考试系统等方面停留在有没有，可不可以使用的层面上面，不注重考场的质量和规范性建设，使得考场整体质量上存在一定的问题。在日常管理上，考场建立的关于考试场地、考试车辆、考试系统、考试过程异常信息处置、考试记录等管理制度仅停留在制度上墙的形式层面上，没有落实到实际操作层面上，使得考考场标志、标线等存在缺陷，考试过程音视频考试资料丢失严重，考试存在错判、漏判、不判情况的发生。

4.2 考场技术能力不足

目前考场人员知识水平普遍较低，在考场建设方面主要委托考试系统生产企业提供技术服务；而在考场管理方面，由于技术能力的不足，考场工作人员对《机动车驾驶证申领和使用规定》（公安部令第 123 号）、《机动车驾驶证业务工作规范》、机动车驾驶人考试相关标准理解不够或不熟悉，使得考场日常运行管理上存在很多问题。

4.3 标准一些技术要求不明确，检查形式不全面

机动车驾驶人考试相关文件和标准对考场的规定不够详细，从管理要求到系列标准间缺少过渡文件，导致社会考场的建设、使用、管理等方面缺乏明确要求，在应用过程中存在欠缺。

驾驶人考试相关标准中对考试场地建设、考试项目图形施划、考试系统建设、考场日常管理制度以及考试资料保存等方面有了规定和要求，但存在一些具体技术要求不够明确，导致考场在实施过程中存在理解偏差。考场检查和考场验收方面虽然提出了检查主体、检查方式、方法，但目前标准分为考试场地和考试系统两部分，在实际验收中一般均按科目一、科目二和科目三考场同时对考试场地和考试系统进行验收，从执行层面的指导性不强。驾驶人考试相关标准中要求由省级公安机关交通管理部门组织业务和技术专家开展考场验收与定期检查工作，检查形式局限于对各省级公安机关交通管理部门的检查人员的技术能力的要求，不能很好地保障考场规范性运行。

4.4 考场主管部门监督管理不到位

由于机动车驾驶人考试制度改革工作推进，考场从建设、使用、监管等各方面均将面临新的形势。尤其体现在对社会化考场的监督管理工作中，对省级公安机关交通管理部门的考场监管要求不断提升。在考场管理方面，各交警支队技术能力、管理水平有限，导致对考场日常运行维护要求方面存在一定问题。在验收方面，省级公安机关交通管理部门的检查人员存在不足或专业技术人员缺乏的现状，导致在规范考场建设，确保考试质量的方面存在一定的问题。

5 考场问题对策研究

5.1 人员培训

培训考场工作人员《机动车驾驶证申领和使用规定》（公安部令第139号）、《机动车驾驶证业务工作规范》、《机动车驾驶人考试工作规范》、机动车驾驶人考试相关标准等。提高考场人员在机动车驾驶人考试方面的知识和专业技能，使得考场理解考场规划、考场建设、考场验收使用以及考场运行管理方面的规范要求，掌握考场运行管理的具体方法和准则，确保考试正常进行。

5.2 完善标准要求

修订机动车驾驶人考试相关规定和标准，完善考场建设、考场日常运行管理、考试音视频监控、考场验收以及定期检查等方面的相关内容。明确考场建设、日常运行管理、音视频监控等方面的要求，增加考场验收和定期监督检查的形式和方法，提升了机动车驾驶人考试的规范化和标准化水平，规范考场建设，确保考试质量。

5.3 明确考场管理职责

明确考场、市级公安机关交通管理部门、省级公安机关交通管理部门等在考场规划、建设、验收使用、运行管理方面的职责。

5.3.1 考场业主方面

考场业主方应确保考场的质量和规范性建设，使得考场符合相关标准规定。在日常管理制度方面，建立考试场地、考试车辆、考试系统日常巡查/检查制度或检查要求，考试过程异常信息处置、考试记录管理制度，制定对考试记录、资料的保存方案。在人员管理方面，制定人员管理制度，明确每个岗位上人员的职责要求和范围，不作超出职责要求的行为，提升考场人员专业技术能力，保证考试正常进行。在音视频管理方面，按照标准科学合理设置场地视频监控，覆盖所有考试项目及考试项目的关键评判区域。在考试前按照日常管理制度对音视频要求进行检查，保证音视频监控能正常录制、存储，避免覆盖的情况发生。考试后及时整理查看音视频资料是否保存完整，并关闭音视频录像功能，避免浪费存储空间。

5.3.2 市级公安机关交通管理部门

设区的市级公安机关交通管理部门应根据本地考试需求，制定考场建设规划，合理考场布局和数量，从而实现有序引导社会力量建设考场的目的。在考场规划中，应统筹考虑驾驶人考试业务向县级下放、延伸的要求，从考场建设角度实现便民利民。对所负责考场进行日常运行管理，不定期对考场日常运行维护记录、考试数据安全、考场远程或现场查看考试秩序、场地管理、车辆管理、考试组织以及考试过程的音视频监控状况进行抽查，确保考试井然有序，公平、公正、规范地进行，考试资料完整有效地保存。

5.3.3 省级公安机关交通管理部门

省级公安机关交通管理部门保证机动车驾驶人考试应接入全国统一的考试监管系统和省级驾驶人考试监管平台，通过远程音视频监控对考场秩序、考试过程、考试评判等进行监控，定期组织监督检查，监督频次不应低于 1 次/3 年。根据监管系统数据、地方举报等信息对特定考场进行指定检查。对市级公安机关交通管理部门上报的考场建设规划进行审核，制定社会化考场的准入和淘汰机制，明确违规考场的处罚要求，提高对考场建设单位的高压态势，使其不敢违、不能违。一般根据违规情形的主观意识和严重程度，处罚分为限期整改、暂停考试业务和撤销考场资格三种，对于考场的处罚结果，省级公安机关交通管理部门应予以公布，对于涉及考试作弊的，应依法追究相关人员的刑事责任。

5.4 完善考场监管模式

机动车驾驶人考试制度改革工作推进，考场从建设、使用、监管等各方面均将面临新的形势，对省级公安机关交通管理部门的考场监管要求不断提升，省级公安机关交通管理部门根据情况可以改进考场管理方法，完善考场监管模式。新建考场验收使用前，应通过具有国家计量认证资质和国家检验机构认可资质并经公安部主管部门认可的第三方技术机构的对其与相关标准的符合性进行的验收检验；对考场的定期监督检查和指定检查中也可以委托第三方技术机构进行考场检验。开展由第三方技术机构对考场的考试系统、考试场地和考试设施的符合性进行评判，规范考场建设，确保考试质量，弥补省级公安机关交通管理部门的检查人员不足或专业技术人员缺乏的现状，还可以提升省级公安机关交通管理部门监管效果，促进考场的规范化和标准化。提升考场业主单位的管理和技术能力，在使用单位人员有限、管理及技术水平有限的条件下，提高考场的持续符合性。

参考文献

[1] GA 1026—2012，机动车驾驶人考试内容和方法 [S].
[2] GA 1027—2012，机动车驾驶人考试监管系统通用技术条件 [S].
[3] GA/T 1028. 3—2012，机动车驾驶人考试系统通用技术条件 第 3 部分：场地驾驶技能考试系统 [S].
[4] GA/T 1029—2012，机动车驾驶人考试场地及其设施设置规范 [S].
[5] GA/T 1030. 1—2012，机动车驾驶人考试场地和考试系统使用验收规范 第 1 部分：考试场地 [S].
[6] GA/T 1030. 2—2012，机动车驾驶人考试场地和考试系统使用验收规范 第 2 部分：考试系统 [S].

多源数据融合的交通指数标准化云平台技术

丘建栋　庄立坚　周　勇　段仲渊

（深圳市城市交通规划设计研究中心，广东深圳 518021）

摘　要：交通指数是城市交通治理中最基础、最直观的评估方法。多源数据融合技术，能有效提高交通运行评估的精度。引入互联网实时数据提升指数的空间维度偏差，尤其是偏远区域；引入定点检测技术则有效校核了指数在时间维度的偏差。基于多年的大数据工作实践，首次提出标准化云平台概念，阐述“多源数据接入与处理—软件硬件架构—在线动态发布”等完整的解决方案与实践，通过云平台技术转移，使各城市交通研究者从烦琐的大数据处理和 IT 无边的海洋中解放出来，轻松拥有自身的大数据分析系统，让更多的精力投注于交通本身的技术和算法创新。

关键词：大数据；交通运行指数；标准化；云平台技术

The Techniques for Traffic Index Standardization Cloud Platform Based on Multi-source Data Fusion

Qiu Jiandong　Zhuang Lijian　Zhou yong　Duan Zhongyuan

(Shenzhen Urban Transport Planning Center,Shenzhen Guangdong518021)

Abstract: Traffic index is the most basic and intuitive assessment method of urban traffic management. The technology of multi-source data fusion is an effective way to improve the accuracy of traffic operation evaluation. The introduction of Internet real-time data can reduce the spatial dimension bias of traffic index. Moreover, the introduction of fixed-point detection technology can check the deviation of traffic index in the time dimension effectively. With personal accumulated practice and working experiences of several years in big data, the authors first put forward the concept of standard cloud platform which proposes a complete set of solution and practice, including multi-source data access and processing, software and hardware architecture, online dynamic publishing, etc. Urban traffic researchers can free themselves from the tedious big data processing and the complex and changeable information technology, be able to easily use big data analysis system and pay more attention to the technology and algorithm innovation of transportation

Key words: Big Data, Traffic Operation Index, Standardization, Cloud Platform Technology

1 引言

道路交通拥堵状况日趋严重，急需采取措施着力改善，监测交通运行状态变化是治理交通拥堵、评估交通政策效果的最佳手段。各地城市相继建成交通运行指数系统，实时掌握全市道路交通运行状态，实现全市交通拥堵评估、交通运输应急指挥和交通投资合理配置，支撑城市政府的科学评估与决策。随着交通信息发布精准化与交通管理精细化的需求日益增长，基于单一数据源的交通运行指数系统在空间覆盖和精度上存在一定不足，且交通指数的建设与维护成本较大，制约了交通指数在城市政府决策中发挥更大的作用。

2 交通指数发展现状

2.1 基本概念

（1）最早提出者

得克萨斯交通研究院（Texas Transportation Institute，TTI）建立了道路交通机动性和交通拥堵相关的评价指标体系，每年发布《城市畅通性报告》，选择交通拥堵指数等指标，定期评估并向管理部门和公众发布[1]。

依托多年的研究成果，TTI 建立了比较完善的道路交通评估指标体系，报告中主要指标如表 1 所示。

表 1 《2011 年城市畅通性报告》主要指标

类别	指标	单位
个体出行者拥堵	每位高峰期出行者的年均延误	小时
	行程时间指数（Travel Time Index）①	
	通勤压力指数（Commuter Stress Index）②	
	每位出行者高峰期额外油耗	加仑
	每位出行者高峰期额外成本	美元
全美拥堵问题	行程延误	十亿小时
	额外油耗	十亿加仑
	卡车拥堵成本	十亿美元
	总拥堵成本	十亿美元
改善措施效果	年均延误减少值	百万小时
	节省油耗	百万加仑
	节省拥堵成本	十亿美元

注：① 行程时间指数是指在高峰期行程时间与自由流状态下行程时间的比值。

② 通勤压力指数是高峰方向行程时间与自由流状态下行程时间的比值。

（2）体系最完整

日本从交通拥堵在时间和空间的分布状态出发，提出了道路交通拥堵评价指标，包括行程车速、排队长度和拥堵持续时间等[2]。各指标含义如表 2 所示。

表 2　日本交通系统和拥堵评价指标

来源	指标名称	指标定义
日本道路公团	行程速度	车辆在某路段上的全程平均车速
	排队长度	由于道路交通拥挤的影响而形成的排队车列长度
	拥堵持续时间	从拥堵发生到拥堵结束的时间
	道路网密度	道路中心线长度与道路网所服务的城市面积的比值
	道路面积率	建成区内道路面积与建成区面积的比值
	道路实现率	干道网建成数量与规划数量的比值
交通研究部门	交通事故死亡率	每万辆机动车的年平均交通死亡人数
	交通事故率	平均每万辆机动车的年交通事故次数
	负荷度	路段上交通量与设计通行能力的比值
	交叉口等待时间	通过交叉口过程中停车等待的时间

以美国、日本为代表的国外先进国家，已形成了对综合交通的全方位监测，并在评价标准、数据融合、交通预测、交通仿真等进行了大量研究[3]，但其理论在中国存在适用性问题：

- 交通数据来源不一，结构各异，质量参差不齐，需进行深度本地化整合；
- 交通评价体系标准无法适用于中国实际交通情况；
- 国内的车辆驾驶行为复杂，国外的理想模型与仿真无法适用。

2.2　国内情况

尽管运用浮动车大数据做交通运行评估的应用刚刚兴起，中国大城市的交通研究机构、高德百度等地图公司均已开展实际应用。2006 年，深圳市城市交通规划设计研究中心建立“深圳市城市交通仿真系统”，成为中国较早运用动态数据，实时评估交通运行状态的城市[4~6]。2010 年，北京交通发展研究中心推出“北京市道路交通指数”，把复杂的道路评估用简单的指数形式呈现给政府和市民，交通数据由政府走向民间[7]。2014 年，高德交通季度分析报告基于海量历史路况数据分析出不同区域在不同时间段内的拥堵延时指数，首次推出主要城市拥堵延时指数排名[8]。

国内部分大城市已建设了各自的运行监测系统，采用不同的技术路线和数据来源，基本实现了对道路交通状态的实时监测，如图 1 和表 3 所示。

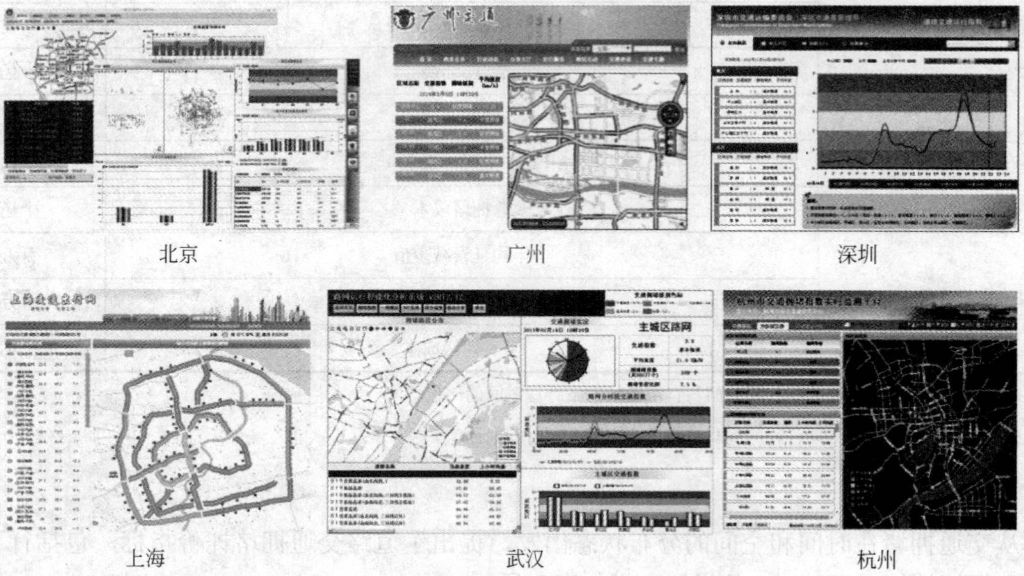

图 1　国内主要城市交通指数系统界面

表3　国内外主要城市评价指标对比

类别	定义方法	特　点
美国	时间或流量	易于计算，但流量指标可能与交通状况不一一对应
上海	车速、负荷度	考虑因素全面，但计算过程复杂，不便于公众理解
北京/杭州	拥堵里程比例	易于计算和理解，但计算拥堵里程比例时仅计入最拥堵等级的路段，忽略了其他等级路段的影响，算法参数仅适用特定路网结构
深圳/广州	行程时间比	综合考虑了路网所有道路，采用出行时间相对比值对于公众出行有实际指导意义，且相对值更利于算法在其他城市移植比较

2.3　存在不足

（1）数据覆盖面与精度不足

一般系统仅采用出租车GPS作为单一数据源，基于出租车本身的运营特点，存在明显的空间分布不均衡性，具体表现为中心城区密集、外围地区稀疏；样本的不足与分布不均导致结果的精度与空间覆盖度存在明显不足，如图2所示。

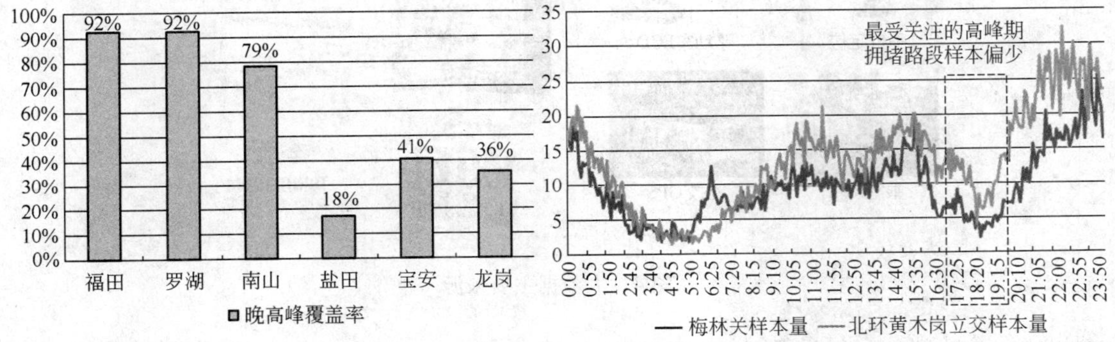

图2　国内主要城市交通指数系统界面

（2）建设成本较高

建设与维护成本高，仅1线或1.5线城市有财力建设完整的指数系统并坚持长期维护，传统方式的总投入至少300万元以上，如图3所示。

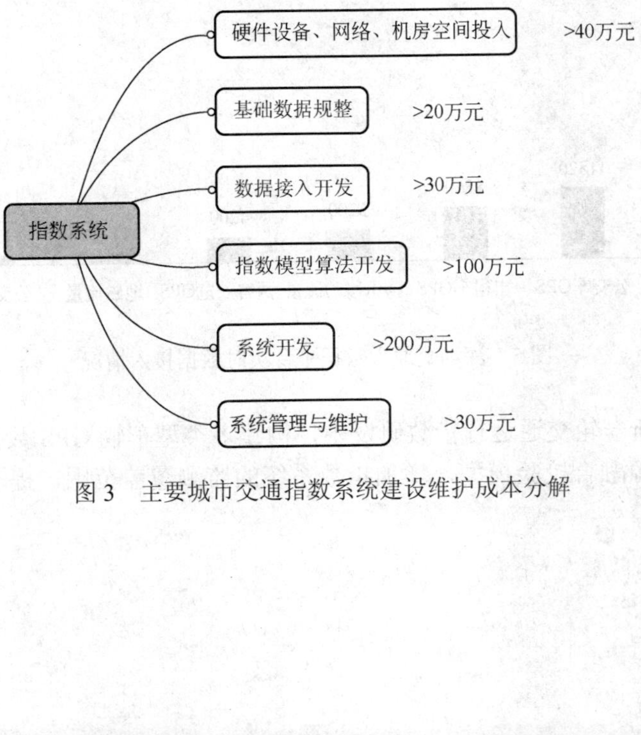

图3　主要城市交通指数系统建设维护成本分解

3 多源数据融合技术

3.1 大数据时代机遇

城市运行每天产生大量的数据——大数据时代的福利[9]，如图 4 所示。

- 政府采集数据：政府或国有企业为交通管理与服务采集的各类动态数据。
- 用户生成数据（UGC）：将自己原创的内容（位置数据）通过互联网平台上传。

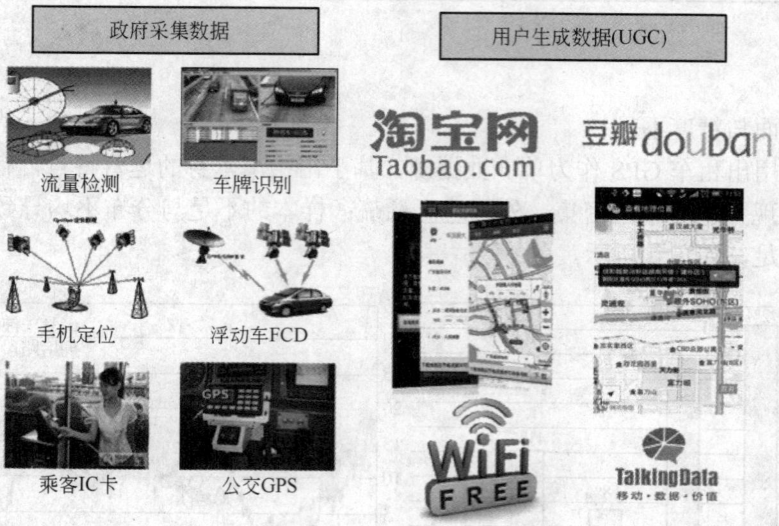

图 4 大数据主要来源

以深圳为例，依托深圳大数据实验室平台建设和未来交通实验室联盟的数据共享，逐渐形成“以政府接入数据为主，融合互联网+”的交通大数据平台。动态大数据每天增量达 7.2 亿条，如图 5 所示。

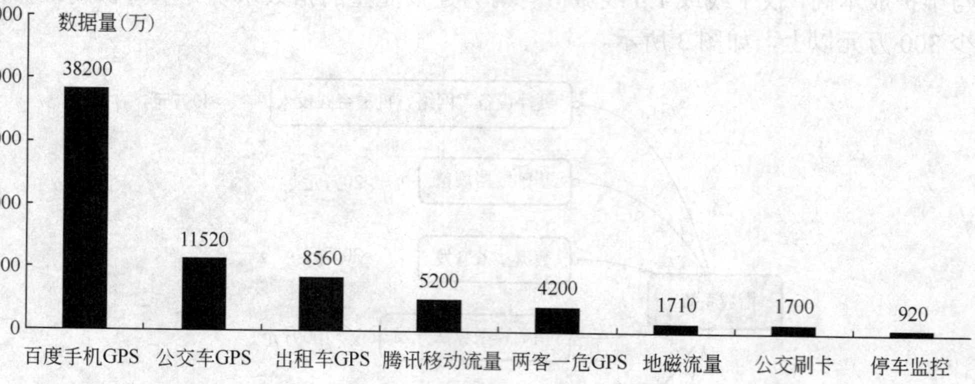

图 5 深圳交通大数据平台实时数据接入情况

以深圳为例，将在新一轮交通运行指数研发中，构建多类型车辆 GPS 数据，固定检测器数据，手机数据与视频数据的多源融合校验模型，增加指数系统的监测覆盖范围，提高指数系统的评估精度，融合内容如表 4 所示。

表 4　数据源必要信息

序号	信息类别	所需数据内容
1	各类型车辆 GPS	日期、时间、车牌号码、经度、维度、行驶角度、行驶速度、定位描述、空重车描述（仅出租车）、状态、状态描述等
2	固定检测点	编号、日期、时间、道路、道路等级、流量、速度、占有率、大车数量等
3	手机信令	设备唯一标识编号、基站块编号、基站编号、时间
4	视频（特征提取后）	编号、日期、时间、道路、道路等级、车牌、车辆类型、流量、速度等
5	系统基础地图	全市域 GIS 基础地图，路段属性、片区属性等

- GPS 数据　在现有 1.6 万台出租车 GPS 数据的基础上，增加 1.5 万台公交、7 千台两客一危等浮动车 GPS 数据和百度导航 UGC 数据，全面提升 GPS 数据的覆盖率，提升指数系统的准确性和广泛覆盖率。
- 固定检测器数据　全市高速公路、快速路、主干道等各等级道路断面的固定检测器运行数据数据，建立多源数据融合算法，提升指数系统的精度。
- 手机数据　外围高速公路等大交通网络，运用手机数据进行车速的计算。与原有指数系统进行融合，提升指数系统在外围区域的准确性。
- 视频数据　通过道路视频数据对系统准确性进行校验，对特殊路况条件下，进行多方取证，提升指数系统的可信度。

3.2　总体框架

为了进一步提高指数系统的准确性，构建多源数据融合模型，指数系统按照“数据接入—数据预处理—特征提取—数据匹配—数据融合—数据存储—路况计算—融合结果”的总体思路，系统推进项目建设。系统逻辑框架如图 6 所示。

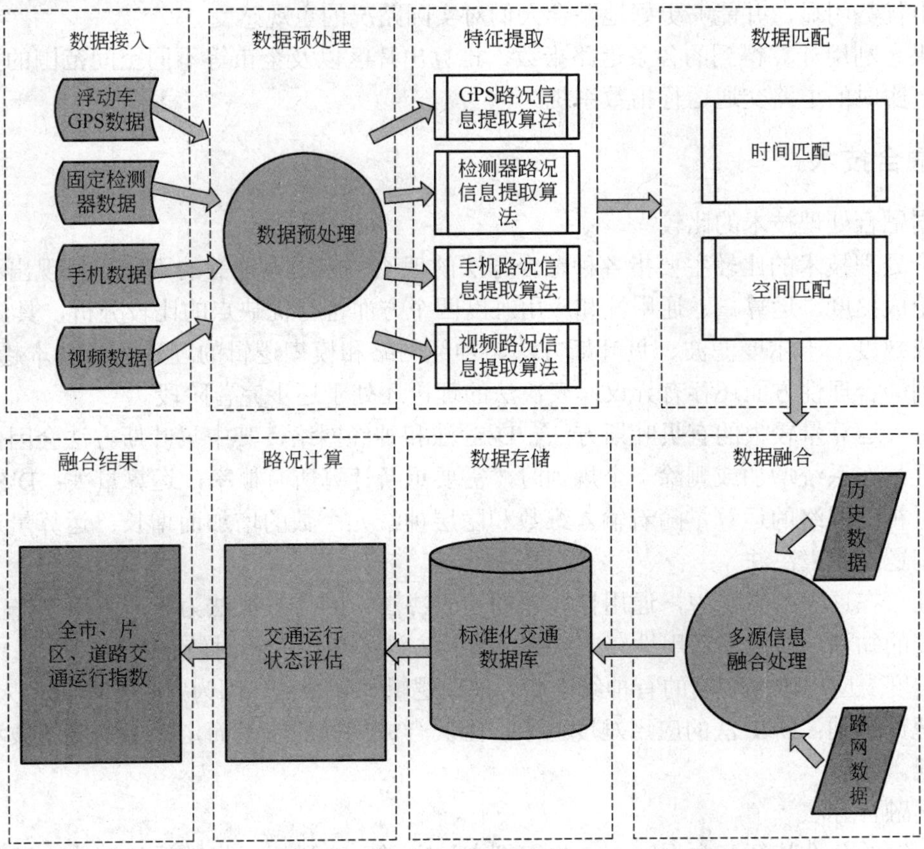

图 6　多源数据融合框架设计

数据接入　浮动车 GPS 数据、固定检测器数据、手机数据和视频数据通过 socket、ftp、数据库共享、message 等数据传输方式按照一定时间间隔上传到服务器。

数据预处理　在进行路况信息挖掘提取之前，通过数据清理、数据集成、数据变换、数据归纳等多种方式对数据进行预处理，大大提高了数据挖掘模式的质量，降低实际挖掘所需要的时间。

特征提取　对数据按照一定的格式进行特征提取和选择，转换为一组具有明显物理意义和统计意义的特征，并从特征集合中挑选目标属性，降低维度，从而降低数据冗余和存储。

数据匹配　指数系统按照一定的周期更新各条道路、各个片区以及全市路网的指数，因此需要数据采集设备保持时间同步，需要时间匹配。同时，各个采集点的数据按照统一的坐标系匹配到地图中，因此需要空间匹配。

数据融合　利用计算机对来源于多个检测设备的数据，按照一定的规则进行处理探测、互联、相关、估计以及组合的过程。以便获得准确的交通运行状态，并将相关信息用于交通管理的决策支持。同时，结合历史数据，准确计算各条道路、各个片区以及全市路网的指数。

数据存储　将数据融合的结果按照四个统一（统一信息入口、统一统计口径、统一信息标准、统一数字地图数据）插入到数据表中，构建综合交通数据 GIS 平台，并实现综合交通信息一张图、一张表存储与共享。为了支持将来的海量数据存储和存储设备的动态增加，同时提供可靠的多个应用同时读取访问，既多个服务器中的多个应用程序可以同时读取数据并对数据进行修改。为了保证数据的可靠性和安全性，防止因为设备的损坏或系统故障导致数据破损，在中心数据库系统上部署备份恢复系统来保证数据的可靠性。

路况计算　通过各个监测设备融合后的数据，能够计算各条道路、各个片区以及全市路网的平均车速和出行时间。通过实地调查和专家评分，建立出行时间与交通指数的换算关系模型，这样由点及线、由线及面，一步步推算路段、片区以及全市等不同空间范围的交通指数，相比传统方法在覆盖范围和准确性上优势明显，并能够更好地贴合人们对实际路况的主观感受。

融合结果　利用计算得到的各条道路指数，推算出片区以及全市等不同空间范围的交通指数，建立一套准确、实时的道路交通运行指数系统。

3.3　数据融合技术

（1）数据融合处理技术的比较

数据融合处理技术的比较主要指各种融合方法的理论、应用原理等的不同，呈现出不同的特性。这里将从理论成熟度、运算量、通用性和应用难度四个方面进行优缺点的比较分析，具体内容如下。

- 理论成熟度　卡尔曼滤波、贝叶斯方法、神经网络和模糊逻辑的理论已经基本趋于成熟；D-S 法在合成规则的合理性方面还存有异议；表决法的理论还处于逐步完善阶段。
- 运算量　运算量较大的有贝叶斯方法、D-S 法和神经网络，其中贝叶斯方法会因保证系统的相关性和一致性，在系统增加或删除一个规则时，需要重新计算所有概率，运算量大；D-S 法的运算量呈指数增长，神经网络的运算量随着输入维数和隐层神经元个数的增加而增长；运算量适中的有卡尔曼滤波、模糊逻辑和表决法。
- 通用性　在这六种方法中，通用性较差的是表决法，因为表决法为了迁就原来产生的框架，会割舍具体领域的知识，造成其通用性较差；其他五种方法的通用性相对较强。
- 应用难度　应用难度较高的有神经网络、模糊逻辑和表决法，因为它们均是模拟人的思维过程，需要较强的理论基础；D-S 法的应用难度适中，因其合成规则的难易而定；卡尔曼滤波和贝叶斯方法应用难度较低。

（2）数据融合方法

按照数据源的分布特征和数据特点，将深圳市城市道路交通运行指数系统划分为城市道路指数和高速公路指数，两部分叠加形成深圳市整个市域和高速公路的道路交通运行指数系统。

（3）数据融合层次

数据融合是将从同一目标获得的多组传感器数据进行多级别、多方面、多层次的处理和组合，产生新的有意义的信息。数据融合可分为检测级融合、属性目标识别级融合及决策级融合等几种融合级别如图 7 和表 5 所示。

检测级融合　检测级融合是在采集到的原始信息层次上的融合，即在多传感器的信息未进行预处理之前进行分析和综合，先确定信号的有效性，再进行数据联合。其优点是保持了尽可能多的环境信息，缺点是信息处理量大、处理时间长、实时性差。

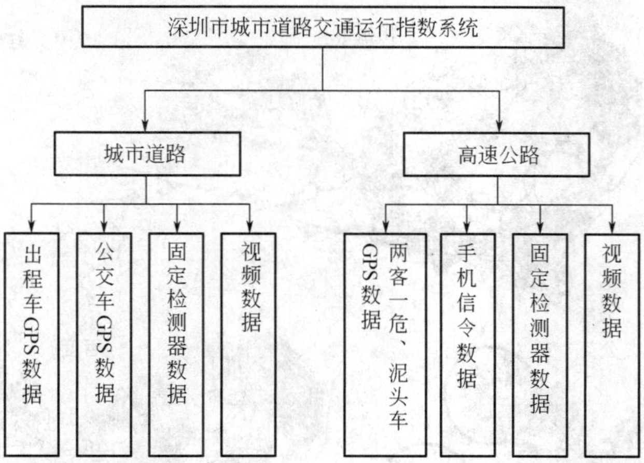

图 7　道路指数系统区域划分

表 5　不同的信息层次上的数据融合分类

类型	检测级融合	属性级融合	决策级融合
所属层次	最低层次	中间层次	高层次
主要优点	原始信息丰富，并能提供另外 2 个融合层次所不能提供的详细信息，精度最高	实现了对原始数据的压缩，减少了大量干扰数据，易实现实时处理，并具有较高的精确度	所需要的通信量小，传输带宽低，容错能力比较强，可以应用于异质传感器
主要缺点	所要处理的传感器数据量巨大，处理代价高，耗时长，实时性差，原始数据易受噪声污染，需融合系统具有较好的容错能力	在融合前必须先对特征进行相关处理，把特征向量分类成有意义的组合	判决精度低，误判决率升高，同时数据处理的代价比较高
主要方法	HIS 变换，PCA 变换，小波变换及加权平均等	聚类分析法，贝叶斯估计法，信息熵法，加权平均法，D-S 证据推理法，表决法及神经网络法等	贝叶斯估计法、专家系统、神经网络法、模糊集理论、可靠性理论以及逻辑模板法等
主要应用	多源图像复合、图像分析和理解	多传感器目标跟踪领域，融合系统主要实现参数相关和状态向量估计	其结果可为指挥控制与决策提供依据

属性级融合　也称为目标识别级的融合。是指对来自多个传感器的目标识别数据进行组合，以得到对目标身份的联合估计。属性层融合利用多个传感器采集观测目标的数据，再进行特征提取和数据联合。将同一目标进行分组、再利用融合算法将同一目标的分组数据进行合成，最后得到目标的联合属性判决即得到目标的类型和类别。该层融合的优点是实现了信息的压缩利于实时处理并且融合结果直接与决策分析相关。

决策级融合　决策级融合是指在融合之前，各传感器数据源都经过变换并获得独立的身份估计。信息根据一定准则和决策的可信度对各自传感器的属性决策结果进行融合，最终得到整体一致的决策。

3.4 数据融合结果

(1) 在浮动车 GPS 融合方面，图 8 和图 9 展示了 5 分钟内不同类型 GPS 数据对深圳路网的覆盖情况，主要结论包括：

- 出租车存在明显的空间分布不均匀性，在中心城区密集；
- 公交车、百度导航在非中心城区的覆盖率大大优于出租车；
- 公交车由于其稳定性运营的因素，在非中心城区的覆盖率是最高的；
- 不同类型的数据存在波动，需要数据层融合在不同时间、不同空间维度采用不同的权重。

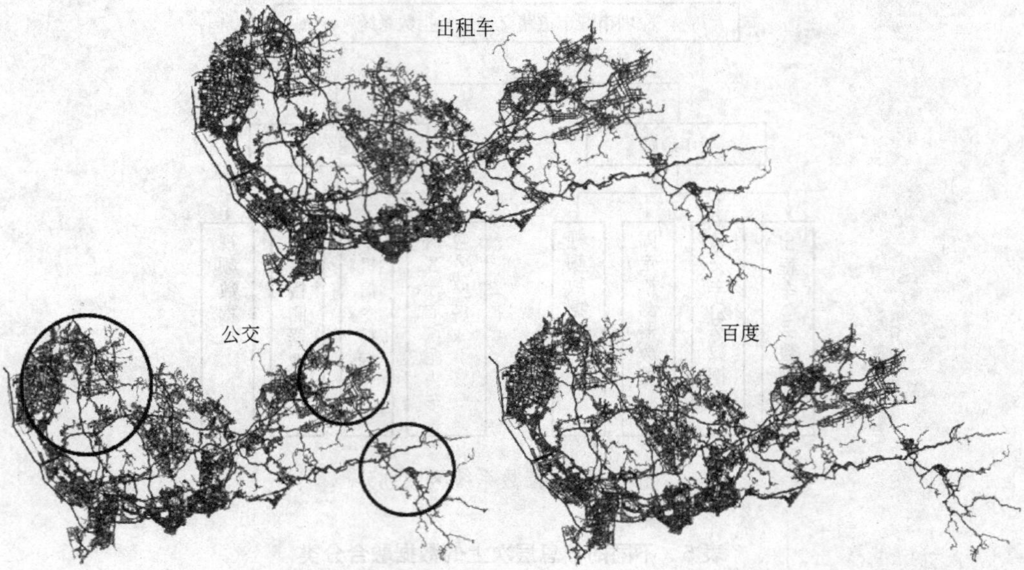

图 8 不同 GPS 数据覆盖差异

图 9 不同 GPS 数据速度值差异

（2）公交车与出租车速度存在周期性的关系，进行数据融合前需进行对比训练，获取特征映射关系如图 10 所示。

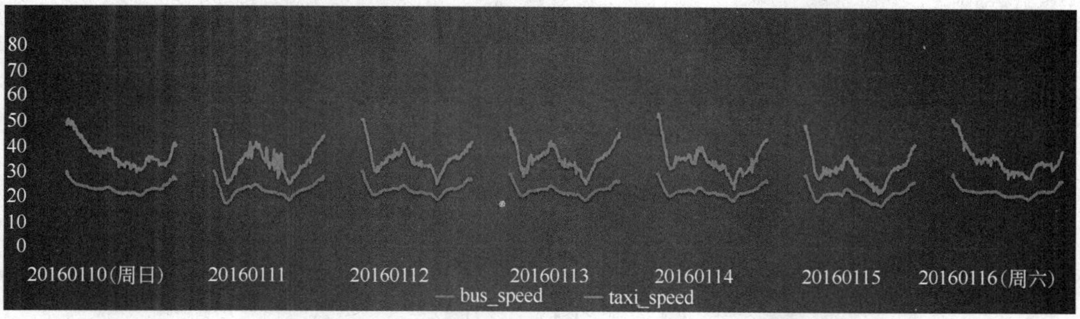

图 10　不同 GPS 数据覆盖差异

（3）定点地磁线圈检测速度，有其特殊性，主要表现为地磁流量和速度扰动较少，但为点速度，速度偏高，无法直接用于校核。实际应用时可将道路状态分为 5 级，对应指数 0～10。其中指数 0～6 对应畅通—缓行状态，流量从 0 变化到饱和流量；指数 6～10 对应较拥堵—拥堵状态，流量位于较高位，速度从最高位变化到最低位。利用 1 个月的历史数据，统计各路段的地磁流量、地磁速度的最高位和最低位，并建立指数与路段旅行时间（出租车）的关系，如图 11 所示。

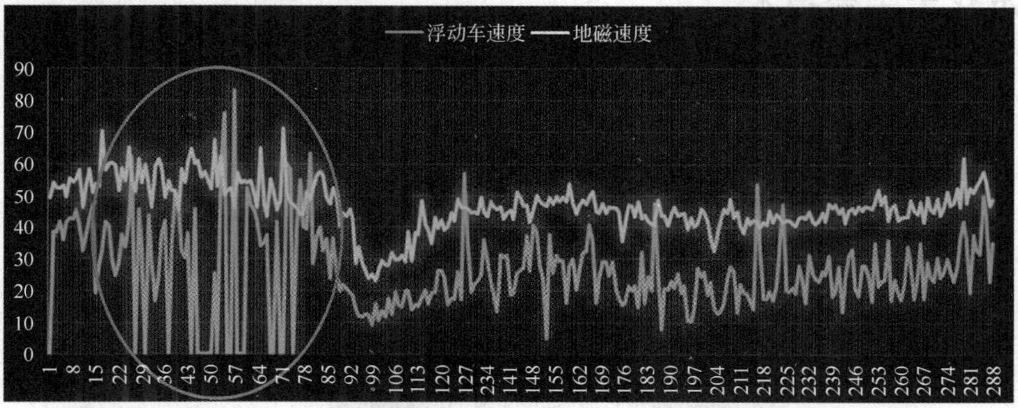

图 11　不同 GPS 数据覆盖差异

（4）数据融合有效提升了样本的覆盖率（见图 12），主要体现在：

- 采用出租车、公交车、百度数据融合后，覆盖率显著提升；
- 罗湖、福田、南山提升 16%，覆盖率达 91%；
- 外围区域提升 50%，覆盖率达 70%以上。

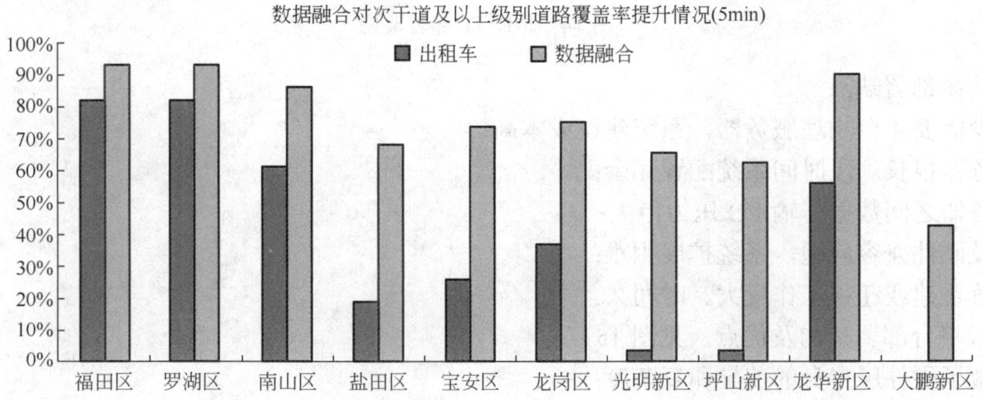

图 12　不同区域 GPS 数据覆盖提升情况

（5）数据融合有效提升了指数的准确率，主要体现在（见图 13）：

- 认为路段经过的样本车数量越多，精度越高；
- 在出租车已有覆盖的前提下，准确率有提升的路段占比 83%；
- 原先低样本（仅有 1 辆车经过）情况下有显著提升的比率超过 70%。

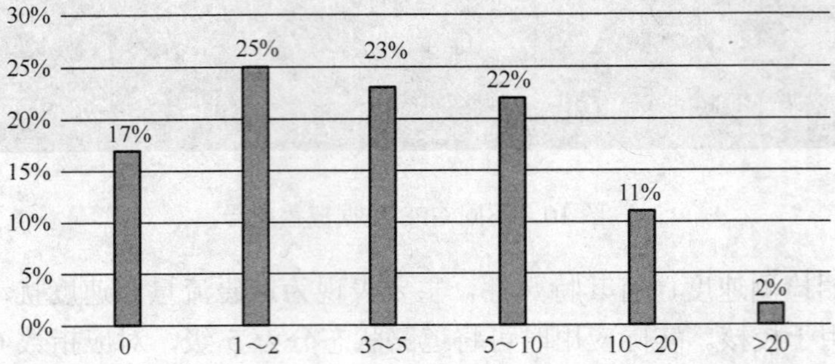

图 13　不同路段样本数据提升百分比

4　标准化云平台技术

4.1　云平台技术

（1）传统 IT“烟囱”模式部署架构——“专机专用”系统（见图 14）

- 目前流行单独采购软件硬件系统，搭建服务器集群，硬件高配低用；
- 软件、硬件系统升级、维护整合困难。

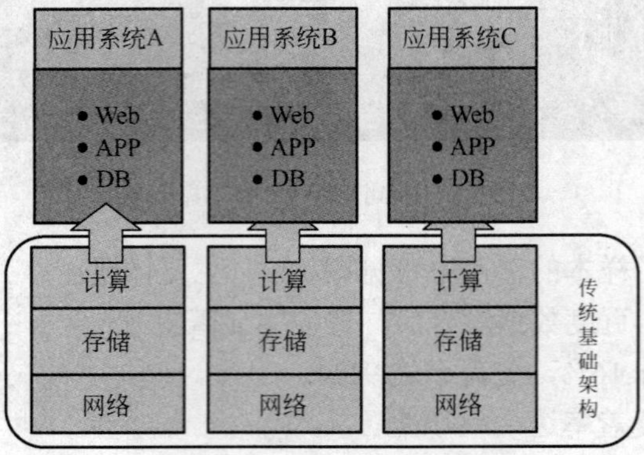

图 14　传统 IT 部署架构

（2）传统部署缺点

- 至少需要 4 台物理服务器，系统建设成本高；
- 服务器很长一段时间系统配置冗余；
- 服务器之间数据传输 I/O 压力巨大；
- 涉及硬件兼容问题，系统扩展困难；
- 系统重建或迁移工作量大、时间久。

（3）云平台部署架构及优点（见图 15）

- 屏蔽了硬件层自身的差异和复杂度；
- 共享基础架构资源池；

• 灵活扩展和收缩、弹性的虚拟化资源池；
• 应用系统流程化、自动化部署和管理。

优点：高利用率高可用性低成本、低能耗、快速部署易于扩展智能管理。

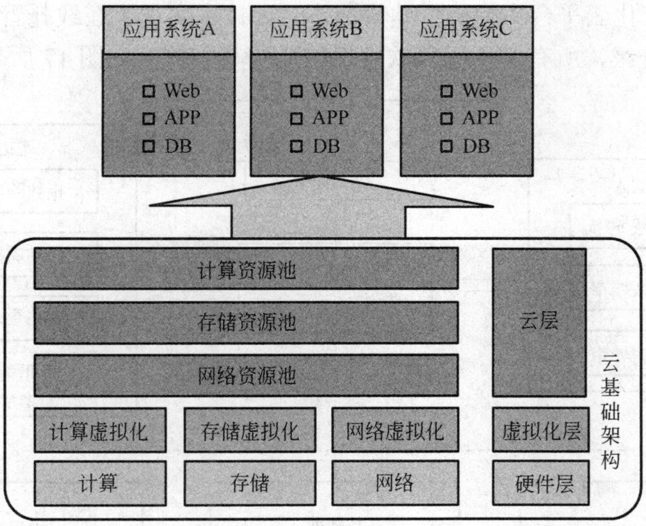

图 15　云平台部署架构

（4）云平台网络拓扑

图 16 展示了一般私有云搭建的拓扑图。其中若干台专用服务器、存储服务器和光纤网络组成了服务器群集，所有服务器均可通过 VCenter Server 等服务器管理软件实现统一管理。服务器群集使用是把资源形成一个巨大的资源池并虚拟化，支持云平台的快速复制与部署。标准化云平台包括了硬件系统、软件系统和指数运算的配置模块，在虚拟池中可以根据需要灵活配置，实现秒级新建和上线。

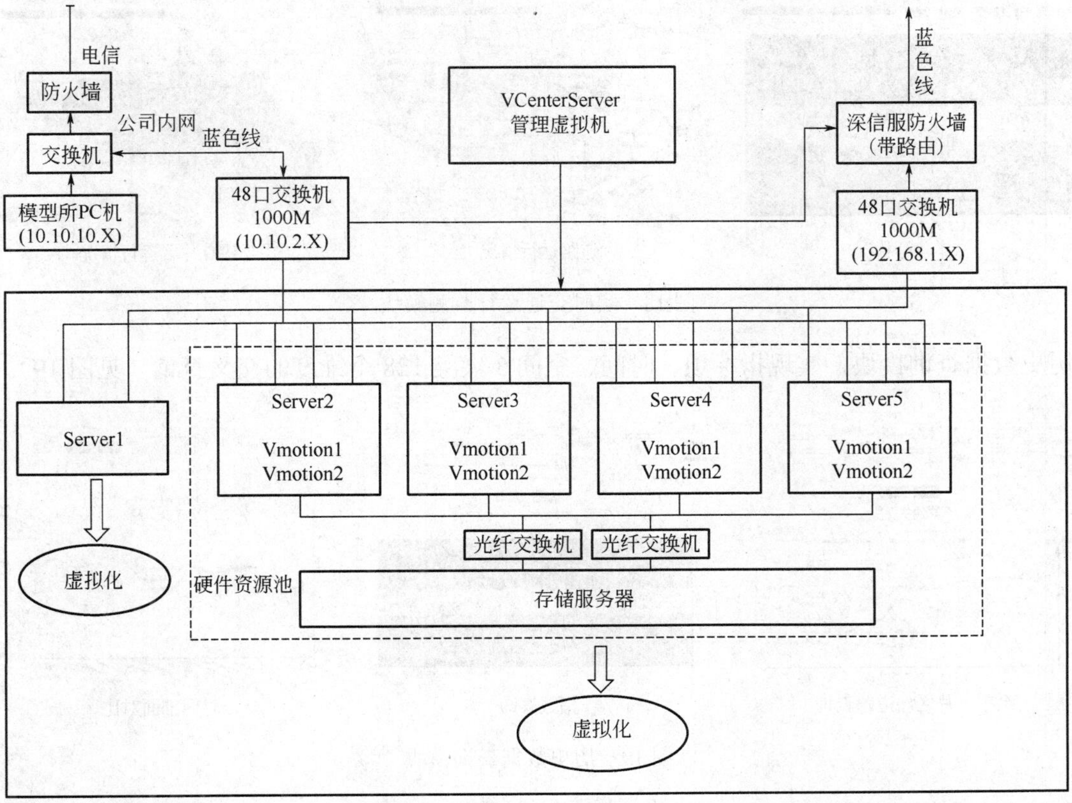

图 16　私有云网络拓扑

4.2 标准化功能

（1）交通运行指数标准化云平台功能框架体系

以深圳市为例，标准化云平台大幅降低建设成本，云技术实现了在线托管技术，本地化技术参数，共享指数软件平台同步升级，所有过程无须软硬件的购买与维护，如图 17 所示。

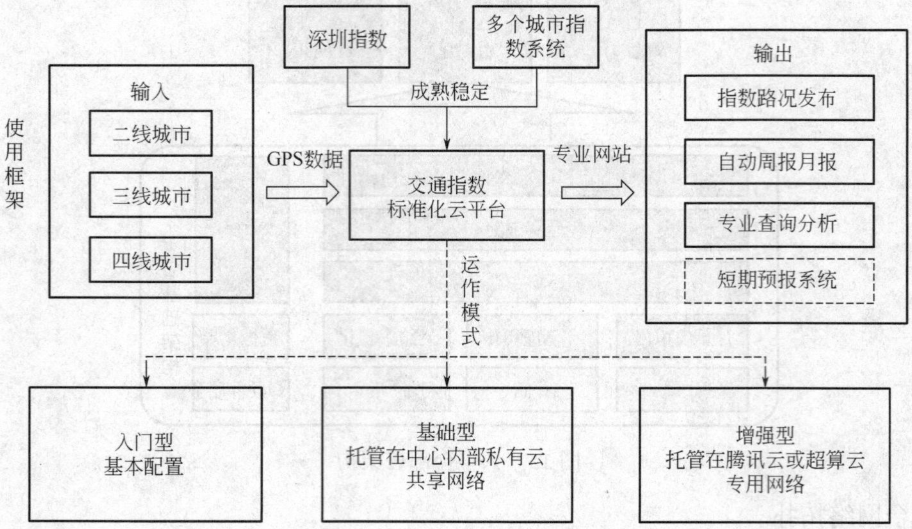

图 17　深圳市云平台使用框架体系

（2）指数系统功能：

- 实时交通运行监测模块，实现宏观、中观、微观的全方位、多层次的实时监控（见图 18）。

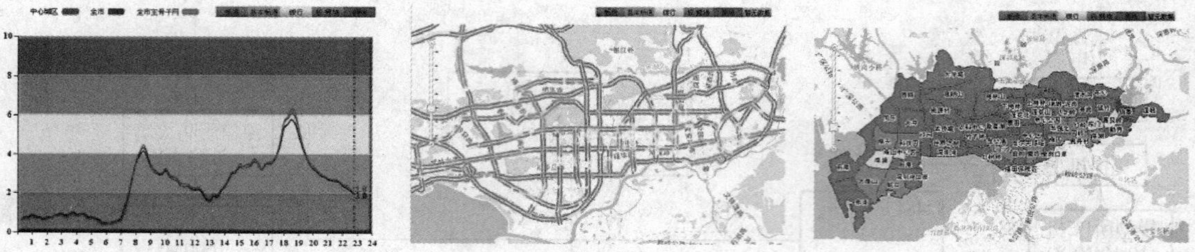

总体运行状况　　道路运行情况　　热点片区运行情况

图 18　实时交通运行监测模块

- 历史数据查询模块，实现指标项、时间、空间 3 大类 128 个维度的交叉查询（见图 19）。

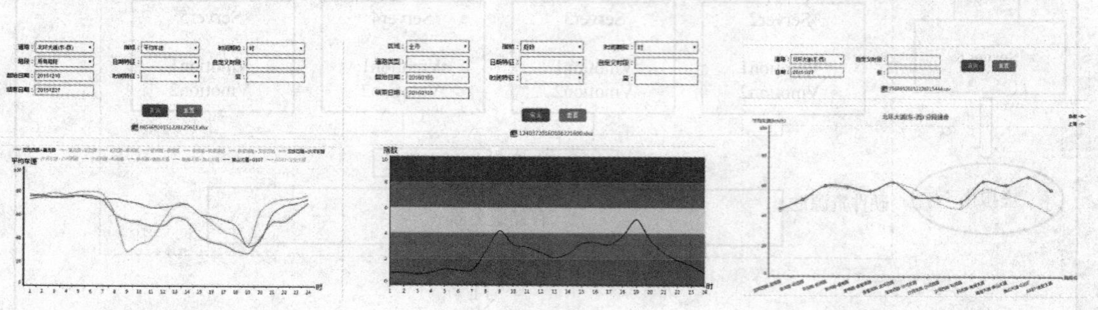

全市、片区、道路查询　　指数查询　　时间剖面对比

图 19　历史数据查询模块

- 专业报告自动生成模块，实现专业交通报告（周报、月报等）的极速生成（见图 20）。

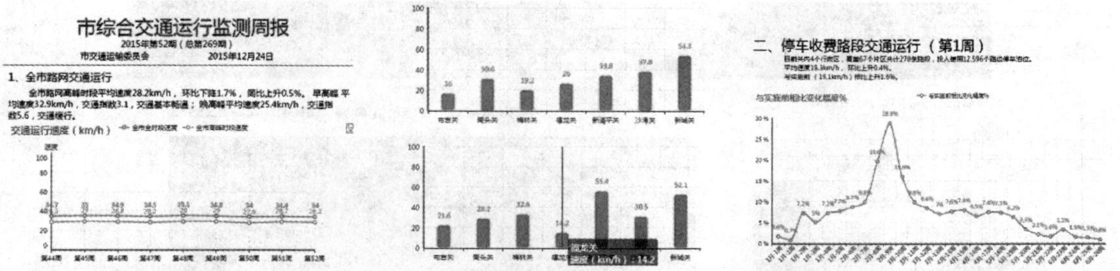

区域、时间、指标分类的内置报告模板　　城市重点关注区域的报告模板　　城市新政策实施的交通评价内置报告模板

图 20　专业报告自动生成模块

• 专业交通分析评估模块，实现交通拥堵治理与影响评价的决策分析（见图 21）。

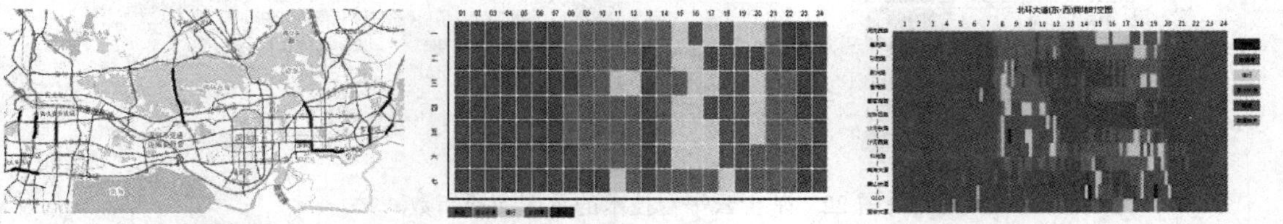

常发拥堵图：十大拥堵路段分析　　周变矩阵图：拥堵时空与形成机理分析　时空拥堵图：动态导航、出行选择辅助决策

图 21　专业交通分析评估模块

4.3　云平台技术特点

（1）云平台极速响应

动态接入城市浮动车的实时 GPS 数据，通过云平台实现快速部署应用；专业化查询与自动化的周报、月报、年报秒级响应，快速上线。

（2）先进的数据清洗与数据融合

高效、稳定、安全的多通道、多方式的数据接收软件，灵活的异常数据清洗算法，基于卡尔曼滤波，融合历史与实时数据的全方位数据拟合及修补技术，系统匹配清洗日志及数据接收异常自动报警系统。

（3）精准的地图匹配与路径规划

自主研发基于浮动车地图投影与匹配、空间索引的最优路径搜索等核心算法，采用多线程与分布式并行技术，10 万级 link 路段 35 秒内完成地图匹配。

（4）专业的车速建模与指数运算

首创双层次路网车速、交叉口节点车速、路网平均车速（行程时间）算法及模型，具备多源异构交通数据深度融合的功能，实现海量数据的交通指数实时处理与精准计算。

（5）多元的指标查询与评估发布

基于“面—线—点”多层次、多维度的道路交通畅通性和可达性统计分析与评估方式，涵盖指标项、时间、空间 3 大类共 128 个维度的交叉查询分析，系统功能模块灵活扩展，具备专业网站、移动终端、电视、车载等载体的多方式发布模式。

4.4　云平台技术应用实践

重庆交通指数依托于云平台，在指数标准化云平台的基础上实现重庆指数的快速部署和上线。依托于指数云平台的弹性扩展，实现了对桥隧、重要节点和流量的实时监控等个性化定制功能，如图 22 所示。

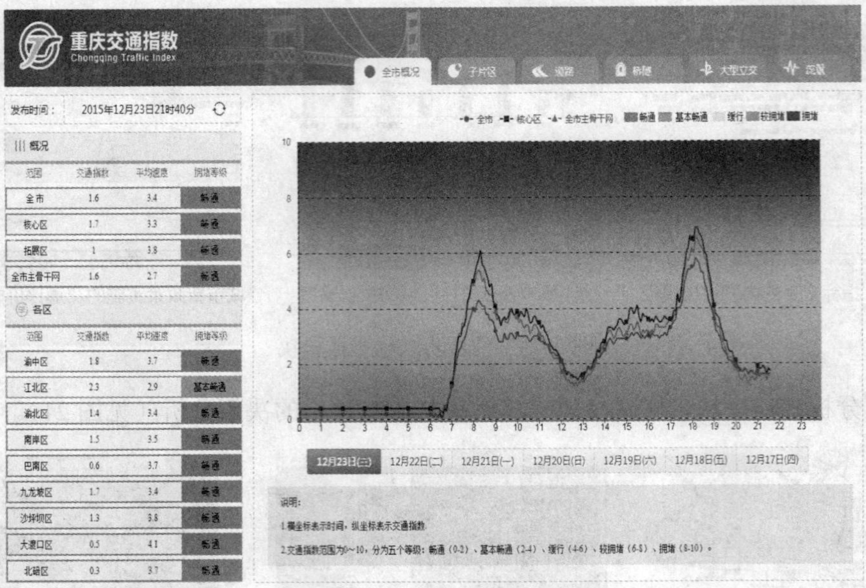

图 22　基于云平台技术的重庆交通指数

5　结语

按照国内外城市经验，以先进成熟的理论研究为基础建立交通运行评估指标体系，以智能化自动化的交通信息采集和处理技术为基础开展道路交通评估，能够全面准确地评估道路拥堵状况、动态监测变化趋势，为研究拥堵产生机理、分析交通系统存在问题、制定改善和治理方案等工作提供定量化的分析手段和依据，是交通管理部门制定缓解交通拥堵各项政策措施、合理安排基础设施建设时序、重大事件应急处理等工作的技术基础，有助于提升交通运行管理的科技化和信息化水平。本文提出的多源数据融合方法与标准化云平台技术，将进一步提升交通指数的覆盖面与精度，同时有效地降低交通指数的建设与维护成本，支撑系统在城市政府决策中发挥更大的作用。

参考文献

[1] Cui Y.Research on Evaluation Index System of Urban Traffic Based on Correlation Analysis[J]. Forest Engineering，2009.

[2] Jiang Y H，Xiao-Zhou H E，Guo X C.Discussion on the evaluation index system of urban green traffic planning[J]. Journal of Hefei University of Technology，2008，31（9）：1399-1402.

[3] Jia H，Tan Y，Fu X.Research and Application of Urban Traffic Congestion Evaluation System ［C］// Optoelectronics and Image Processing（ICOIP），2010 International Conference on IEEE，2010：177-180.

[4] 林群，关志超，杨东援等．深圳市城市交通仿真系统［R］．深圳：深圳市城市交通规划设计研究中心，2006.

[5] 林群，李锋等．深圳城市交通仿真系统建设实践［J］．城市交通，2008，5（5）：22-27.

[6] 陈蔚，段仲渊，周子益等．基于出行时间的道路交通运行指数算法与应用研究［C］// 中国城市交通规划 2012 年年会暨第 26 次学术研讨会，2012.

[7] 郭继孚，温慧英，全永燊等．北京市道路交通指数研究［R］．北京：北京交通发展研究中心，2011.

[8] 高德交通．高德交通第一季度分析报告［R/OL］．2014［2014-07-22］．http：//trp．autonavi．com/traffic/.

[9] 杨旭，汤海京，丁刚毅．数据科学导论［M］．北京：北京理工大学出版社，2014.

物联网交通领域标识编码体系及标准研究

王东柱[1] 李亚檬[1] 张一鹏[1] 马文静[2]

（1.交通运输部公路科学研究院，国家智能交通系统工程技术研究中心，北京 100088；
2. 中国电子技术标准化研究院，北京 100007 ）

摘 要：本文通过对交通领域标识分层管理结构、现有标识编码标准等方面分析，首次提出了基于OID标识体系的物联网交通领域标识编码标准，并以体系完整、技术成熟、应用广泛等为原则对OID标识在交通领域的适用性进行分析。以符合交通行业标识层级管理要求、尽量采用和最大限度的兼容现有标识标准为原则定义了交通对象标识编码结构和规则标准，同时在编码规则上对OID标识标准中不适合交通应用的部分进行了修改完善。最后，依据本文描述的编码规则举例说明几种典型交通对象的标识编码标准和与现有编码标准的映射关系。

关键词：交通工程；物联网；标识编码；标准；编码规则；OID标识；交通对象

Research on Identification System and Standards of Internet of Things for Transportation

Wang Dongzhu[1] Li Yameng[1] Zhang Yipeng[1] Ma Wenjing[2]

(1. Research Institute of Highway, Ministry of Transport, Beijing 100088;
2. China Electronics Standardization Institute, Beijing 100007)

Abstract: A new OID-based identification standards of internet of things for transportation is descripted in this paper, based on the analysis of the identifier management structure and the existing identification coding standard. And with the complete system, mature technology and wide adoption as the principle to carry on the analysis on the applicability of OID identification in the field of transportation. Transportation object ID code structure and rules are defined in order to meet the transportation industry and the identification management requirements, to the maximum compatibility with existing identification standard. Meanwhile encoding rules of OID identification standard are changed in order to satisfy the transportation requirement. At last, some example standards are introduced with the translation mapping to the existing code standards.

Key words: Transportation Engineering, Internet of Things, Identification and Coding, Standard, Coding Rule, OID Identifier, Transportation object.

基金项目：交通运输部物联网专项（2012-364-223-114）。

1　引言

物联网是当今世界最具发展潜力、通用性最广、渗透性最强的高新技术之一。交通运输行业已经成为物联网技术应用和发展的重要领域之一。由物联网的定义来看，物联网指通过射频识别、传感器网络、全球定位系统等信息传感设备，按约定的协议，把任何物品与互联网连接起来，进行信息交换和通信，以实现智能化识别、定位、跟踪、监控和管理的一种网络。而其中“统一标识和大规模传感”是物联网的基础。

在交通领域，交通运输标识能够对各类物理、逻辑实体或信息进行唯一识别，便于网络或应用基于该标识对目标对象进行相关控制和管理，使其在系统中能够方便的被寻址、被感知，从而实现交通智能化识别、定位、跟踪、监控和管理。因而统一的交通标识是交通系统物-物相连的基础，也是人车路及各系统之间实现互联互通的前提条件。

实现各种物体标识最大程度的兼容，建立统一的物体标识体系逐渐成为一种发展趋势，各个国家和国际组织都在推出适合于物联网应用的标识标准，如ISO/IEC/ITU（国际标准组织/国际电工委员会/国际电信联盟）目前力推标识体系OID（Object Identifier，对象标识符）[1]；已经广泛应用于物流、航空航天等领域；欧、美、日等发达国家在全力推动EPC（Electronic Product Code，电子产品代码）[2]；日本的UID（Ubiquitous Identifier，泛在网络身份技术）编码[3]和韩国的MCODE编码[4]等。这些标准各自有各自的优势和应用领域。交通领域中，作为欧洲智能交通重要的标准制定机构，ETSI ITS正在制定相关统一的标识标准，如ITS对象标示树，应用分类，编址方案、管理信息库标准等[5]。

我国交通领域现有涉及标识编码的标准多达60项，但是并不统一，难以满足物联网交通应用中对标识编码要求。目前国际和国内都还没有一个统一的用于交通领域物联网应用的标识编码标准。在现存的多种标识体系中，物联网交通领域标识编码标准究竟基于哪种标识体系也是近年来争论的议题之一。

物联网交通领域标识编码标准作为国家首批物联网示范工程“广州城市智能交通物联网示范工程项目”中重要的研究工作之一，其中研究的重点就是确定物联网交通领域标识编码所要遵循的基本的标识体系，研究制定一系列物联网交通领域标识编码标准，推动物联网技术在交通领域的应用和发展。

本文从交通领域标识管理结构和现有标准分析为出发点，提取出编码标准需要遵循的结构和内容，通过与现有标识体系比较分析，确定标准制定需要遵循的标识体系。在此基础上进行标识编码标准的制定。本文涉及的交通对象标识管理主要包括公路和水运两个应用领域。

2　交通领域标识管理结构及现有标识标准分析

2.1　交通领域标识分层管理结构分析

物联网概念下的交通领域应用要求标识的统一管理、解析和服务。其中解析过程就是按照一定的规则对交通对象的标识进行解析查询或得交通对象的信息。因此需要了解交通领域标识管理的机制，明确各个管理层级之间、层级与交通对象之间的隶属关系，从而定义出符合管理结构的标识编码规则，实现从高层级到底层级的解析，达到对具体交通对象定位。

在实际应用中，交通领域的标识管理采用分层级和自上而下的管理结构。公路对象标识管理框架主要是通过部级、省级、市级和县区级；水运对象标识管理框架主要是通过部级、区域级、市级进行管理。每一个交通对象标识必须归属某层级标识管理部门的管理，这种分层级的标识管理结构要求各级管理部门只对其层级管理范围内的交通标识进行管理。交通运输领域的对象标识管理层次结构如图1

所示。

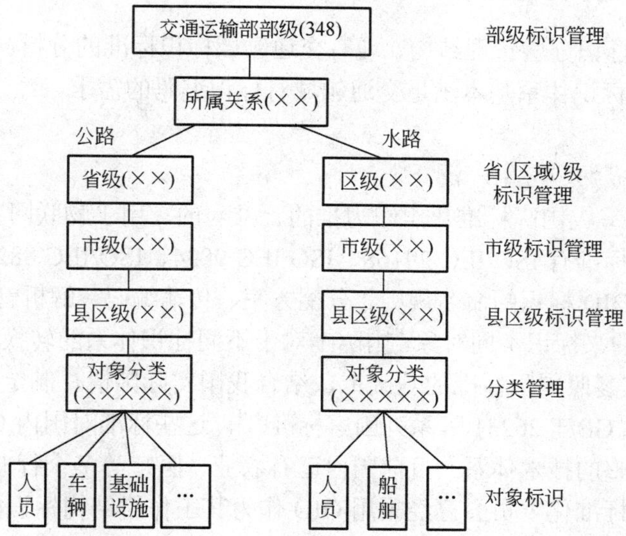

图 1　交通领域标识管理层次结构

物联网概念下的交通领域标识管理要求各层级对其管理下的交通对象标识实现注册、分配、查询、解析等过程，即在部级、省级、市级、区县分级的交通节点实现注册、分配、解析、查询服务。因此，标识体系的选择应考虑和交通标识管理结构相一致，满足分层管理、分布解析的要求。

2.2　现有交通领域标识标准分析

交通领域已经存在一定数量的标识编码标准，这些标准应用时间较长，相对成熟。几个典型的交通领域标识标准编码定义[6~8]如图 2 所示。

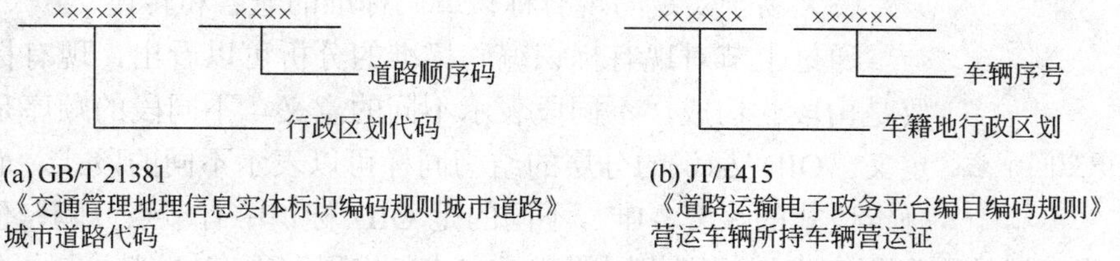

图 2　现有标准结构分析

从图 2 中标识编码标准定义可以看出，这些标准在定义方法和内容并不统一。但在标识编码规则上存在一定的共性，基本上采用分层或分段式结构，不同段表示不同的意义，由大到小排列，包含内容主要有标识所属或所处行政区划、标识的类别及标识顺序码等。因此，在选择标识体系及定义编码规则时应该考虑这些构成和内容顺序，在新的标识编码规则的定义上尽量保证与现有标识标准一致。

3　交通领域标识编码所依据的标识体系的确定

物联网交通领域标识编码标准的制定需要遵循一个国际通用的标识体系，采用体系完整、技术成熟、适合物联网应用的编码标识体系对未来实现与国内外跨区域、跨领域的对象标识实现互联互通有着良好的促进作用。

3.1 OID 标识体系的优势及与交通标识管理结构的契合点

通过上节对交通领域标识分层管理结构、现有交通领域标识标准的分析，以体系完整、技术成熟、应用广泛等为原则，OID 标识体系基本满足交通领域对标识编码的需求。经过比较分析，OID 的主要优势如下。

（1）体系完整、技术成熟、应用广泛

OID 是 ISO/IEC/ITU 三大国际标准化组织力推的、唯一的、用于物联网上的一个标识体系，已经用于多种领域。OID 相关标准有 ISO/IEC 29168、ISO/IEC 9834、ISO/IEC 8824、ISO/IEC 8825 等系列国际标准[9]，这些标准对 OID 标识的命名规则、分配方案、传输编码、解析管理体系等内容进行规范，实现正式、无歧义和精确的来标识不同对象。国际上对于不同标识体系的转换也考虑采用 OID 来完成。在我国，OID 注册中心在参照国际标准的基础上，结合我国实际国情，制定并发布了 GB/T 17969、GB/T16262、GB/T16263、GB/T 26231 等系列国家标准[10]，这些标准对国内 OID 的命名、注册、解析等进行了规范，形成了完整的技术体系。目前国内已有农业、医疗等多个行业[11]采用 OID 标识。欧洲电信标准化组织智能交通标准化委员会已经采用 OID 作为其工作组结构标识标准[12]。

（2）分层结构、分布解析、灵活可控、便于管理

OID 具有树状分级结构，对象标识符通过从树的根到节点的路径表示，注册机构向其下的结点分配 OID 节点。从物联网的特征来看，OID 具有相当大的优势，如有良好的分层框架结构，灵活的分层次、分布解析机制，可扩展性大等。OID 标识空间表示如图 3 所示。

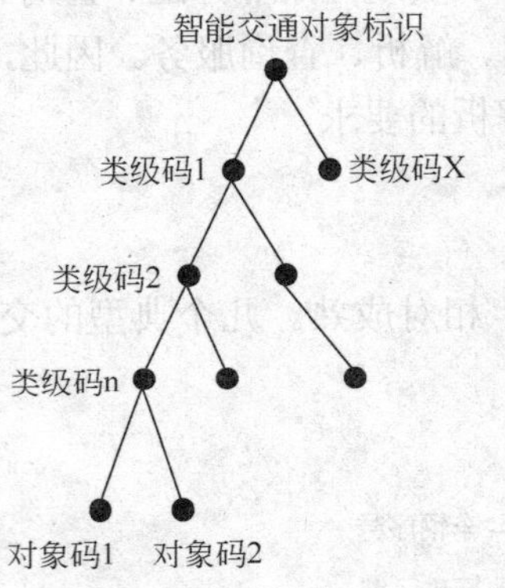

图 3　OID 对象标识空间示意

OID 标识体系的这种树状分层节点式的结构与目前交通领域标识的分层管理结构比较符合，同时 OID 的分层分布式解析方式也可以满足交通领域各级标识管理部分的分层分布解析、灵活可控的要求。OID 每个节点可以与相应的交通对象的类级码或对象码对应便于管理。

（3）易于实现与现有标识编码标准的兼容和转换

通过上节对现有标识编码标准的分析可以看出，现有标识编码规则主要是由段式构成，不同段表示不同的意义。不同段的顺序是按照类别顺序定义。OID 标识的分层的结构同样可以表示不同的段式，而且可以灵活的确定段式的长度，唯一不同的是 OID 标识中有节点分隔，但是只要明确定义长度和定义，就可以达到和现有编码规则相同的表示方式，实现和现有标识标准的转换。

（4）未来与国家标识编码体系的接轨

本文所制定的交通领域标识编码标准需要与国家物联网标识标准保持一致。目前国家物联网标识体系尚未最终明确，采取一种或多种标识体系尚在探讨中。本标准采用的 OID 标识体系是其中国家物联网标识标准的重要选项之一。此外，由于 OID 的优势之一是可以在不同标识体系进行转换，因此标准所采用的标识体系可以方便向的向国家物联网标识标准转换。

3.2 OID 标识体系交通领域应用存在的问题

尽管 OID 基本能够满足交通领域应用的需要，但仍然存在一些问题。其中主要的问题是过长的 OID 编码不能满足多样的交通标识载体存储空间的要求。OID 有节点不定长、没有总数限制的特点，这就要求标识载体具有较大的存储空间。在交通应用中，由于应用和成本等要求，存在不同的标识载体，特别是移动终端、RFID 标签等的存储空间较小，不能为较长的 OID 标识提供足够的存储空间。因此在制定具体的编码规则时不能照搬 OID 现有的编码规则，需要考虑如 OID 节点过长导致的存储空间受限的问题。这是我们在制定编码规则时需要解决的首要问题。

4 交通对象标识编码结构研究

通过对交通领域现有标识编码标准的分析，标识具体内容应包含标识所属的行政区划、标识的种类、编码等信息。另外，考虑物联网应用对标识的注册、管理及解析的需要，交通标识应包含其所属的管理机构等信息。通过对交通标识的识别可以得到所属管理机构、地理位置、标识类别、对象码等内容，快速查找定位到相应的交通对象，获取相关的信息。

4.1 层次结构定义

根据交通运输领域对象分层管理结构要求及 OID 标识规则定义，同时使公路和水运在对象标识编码规则定义上保持一致，定义交通运输领域的标识编码由交通运输部代码、省（区域）级代码、市级代码、区县级代码、对象分类代码、对象码六部分内容组成，与标识自上而下的标识管理机制相一致。具体层次结构如图 1 所示。

4.2 编码结构定义

编码结构设计首要考虑的问题是标识编码长度需要满足各种标识载体的存储空间要求。因此我们在标识编码结构设计上通过对标识编码结构进行定义，对标识编码长度进行了要求，保证了 OID 在交通领域应用的适用性，克服由于 OID 编码长度过长导致的存储量不足对标识载体的限制。

定义交通运输领域的标识编码规则如图 4 所示。尽管对象码定义为不定长，但是按照交通对象在一定范围的数量规模和一些特殊交通对象的特殊需要，我们规定对象码最长不超过 18 位数字。

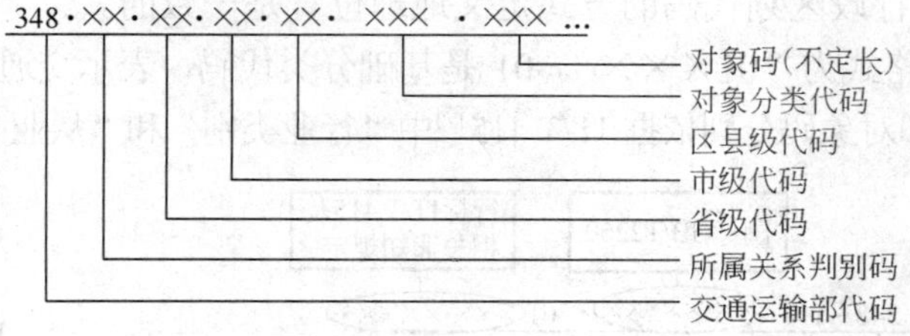

图 4 交通运输领域的标识编码规则

具体代码内容定义如下。

（1）交通运输部代码

交通运输部代码是交通运输部部级管理的标识符，由三位数字码组成。依据国标 GB/T 26231，交通运输部部级标识采用相对代码为 348。其他部门或组织可以通过这个代码查询访问交通运输部内部标识。

（2）所属关系代码

由两位数字码组成，第一位为行业所属类别码，表示所属运输方式行业类别，由于标准包括公路、水路等不同的运输领域，需要在这里进行运输领域定义。公路运输规定为 1；由于水运工程协会已经在工信部已经注册了 348.9，为与其保持一致，标准规定水路运输为 9。其他的运输方式可以以后进行定义。

第二位说明交通对象的所属关系。交通管理部门存在跨层直接管理交通对象的情况，如市级管理机构直接管理交通对象，而不是向下通过县级进行管理。用所属关系代码"×"表示交通对象的所属关系，用数字 1、2、3、4 表示，分别表示对象归属部级、省级、市级和县区级管理。如 348.11.表示这个交通对象属于公路运输类别，直属部级管理，省、市机构无该标识管理权。

（3）省（区域）、市、县区级代码

省（区域）、市、县区级代码，由六位数字码组成，既是交通标识的管理代码，也是标识所属地理位置代码，依据国标 GB/T 2260 定义。标识所属的具体管理机构结合所属关系代码的定义决定。通过这种定义方式既说明了交通对象所属的管理层级，又明确了交通对象的地理位置。

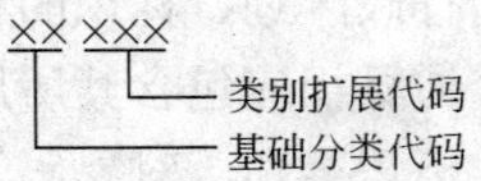

图 5　对象分类代码组成

（4）对象分类与对象代码

对象分类代码是交通对象的所属类别，为五位数字码，编码规则如图 5 所示。前两位为基础分类代码。后三位为类别扩展代码，用以编制或兼容交通对象的细化类别。

其中，基础分类代码和类别扩展代码有另一个国家标准《交通运输物联网标识应用分类及编码》定义。

5　交通对象标识编码标准举例

在遵循本文描述的基于 OID 的基本编码结构的基础上，我们制定了一系列交通对象的标识编码标准，下面对其中的交通从业人员、交通运输车辆两项标准进行说明。

5.1　交通运输从业人员编码规则

交通运输从业人员编码由交通运输部代码、所属关系判别码、省级代码、市级代码、县区级代码、对象分类代码和对象码组成（见图 6），其中省级代码、市级代码、县区级代码定义了从业人员的所属管理部门和具体的地理位置，这里第 1 位为 1 说明属于公路领域；省级代码、市级代码和县区级代码说明从业人员所处的具体地理位置，采用了国标 GB/T2260 中华人民共和国行政区划代码标准，与现有的从业人员编码标准采用行政区划代码的方式定义地理位置是一致的。

对象分类代码的编码格式为“01×××”。01 是基础分类代码，表示交通从业人员大类（见表 1）分类代码后三位类别扩展码和对象码分别依据 JT/T 415[7]中“行业类别”和“从业人员资格证号”的编码规定。

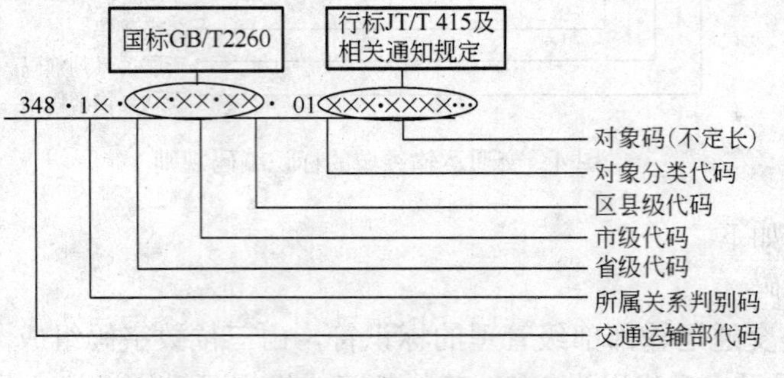

图 6　交通运输从业人员编码规则示意

行标 JT/T 415—2006“从业人员资格证件号”与本本标准标识编码转换如图 7 所示。

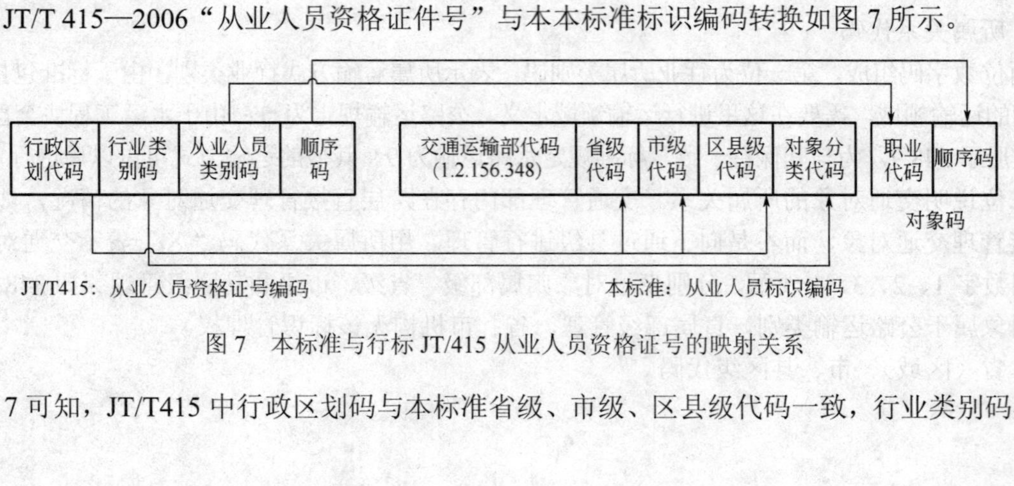

图 7　本标准与行标 JT/415 从业人员资格证号的映射关系

由图 7 可知，JT/T415 中行政区划码与本标准省级、市级、区县级代码一致，行业类别码与本标准对象分类码一致，从业人员类别码与本标准职业代码一致，顺序码与本标准顺序码一致。因此，本标准定义的编码规则和现有交通运输行业标准定义基本一致，可以方便地实现本编码标识标准与现有编码标准实现对接和转换。

5.2 交通运输车辆编码规则

车辆标识编码的主体结构依据本文描述的交通对象标识编码规则定义，与上节从业人员的定义相同。车辆标识编码如图 8 所示。

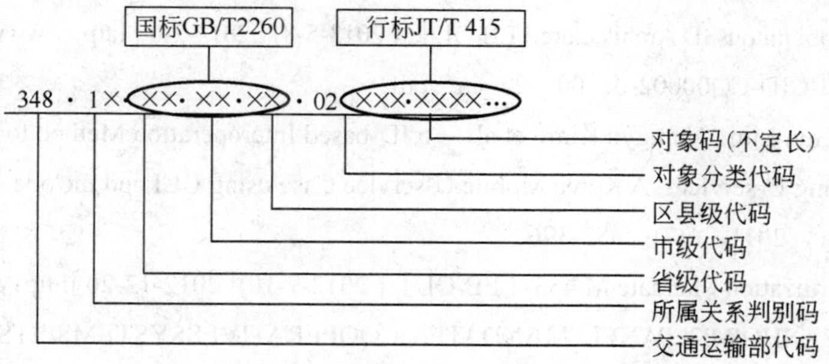

图 8　交通运输车辆编码规则示意

其中，所属关系代码第 1 位为 1 说明属于公路领域；对象分类代码的编码格式为“02XXX”。02 是基础分类代码，表示交通运载工具大类，见表 1，分类代码后三位类别扩展码按照 JT/T 415—2006“行业类别”的规定定义。对象码为 6 位数字码，依据 JT/T 415[7]“道路经营许可证号”的规定定义。

行标 JT/T 415“道路运输经营许可证号”与本标准标识编码转换如图 9 所示。

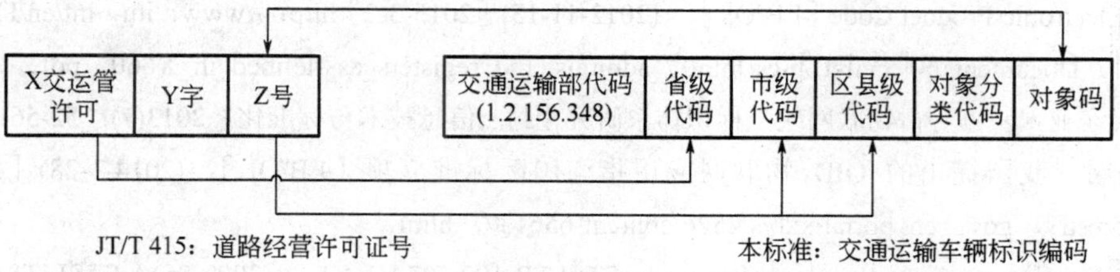

图 9　本标准与 JT/T415 映射关系示意

根据道路经营许可证号的规定，Z 部分前 6 位行政区划码与本标准省级、市级、区县级代码一致；行业类别码采用 JT/T 415—2006 的规定，与本标准对象分类码一致；Z 部分后 6 位顺序码与本标准对象码一致。因此，本标准定义的编码规则和现有交通运输行业标准定义大部分一致，可以方便的实现本编码标识标准与现有编码标准实现对接和转换。

6 结语

本文通过对交通领域标识分层管理结构、现有标识编码标准等方面进行综合比较分析，以体系完整、技术成熟、应用广泛和国际标准接轨等为原则，首次提出基于 OID 标识标准的物联网交通领域标识编码标准，并根据交通领域的应用特点对 OID 标识标标准进行了修改完善。以最大程度的兼容已有交通领域编码标准为出发点，在标识编码标准的结构、规则和内容定义上充分参考和采用已有国家和行业标识标准。标准具有开放性，与国内现已存在的其他物联网标识体系标准并不矛盾，可以方便的实现与其他标准体系的转换。所制定的标识标准已经在物联网示范工程中得到应用。

下一步需要尽快根据标准进行相关注册解析系统的开发和标识注册管理规范的制定。建立各个层级标识管理部门的交通对象标识注册管理系统，逐步实现交通系统内部的交通对象标识的智能化管理。真正实现对交通对象的识别、定位、跟踪和管理，推动物联网交通领域的应用。

参考文献

［1］Orange S．A．What is an OID? ［EB/OL］．(2014-2-26)［2014-3-20］http：//www．.oid-info．com/.

［2］Wikipedia，Electronic Product Code［EB/OL］．(2014-11-4)［2014-11-10］http：//en．wikipedia．org/wiki/Electronic_Product_Code．

［3］Ubiquitous ID Center，Ubiquitous ID Architecture［EB/OL］．(2013-5-8)［2014-2-0］http：//www．uidcenter．org/wp-content/themes/wp．vicuna/pdf/UID-CO00002-0．00．24_en．pdf.

［4］Sungbum Park，Gyoo Gun Lim，Namgyu Kim，et al，An ID-based Interoperation Method to Connect Digital and Physical Resources for Developing U-service：A Korea Mobile U-service Case using UCI and mCode［J］．Journal of Convergence Information Technology，2011，6(7)：382-396．

［5］.Soren Hess. EC Standardization Mandate M/453 ［EB/OL］. (2012-9-10)［2012-12-20］http：//docbox. etsi. org/workshop/2011/201102_ITSWORKSHOP/02_PANEL_MANDATEonCOOPERATIVESSYSTEMS/ETSITCITS_HESS_ECStandardisationMandate．pdf.

［6］北京市公安局公安交通管理局交通科研所．GB/T 21381—2008，交通管理地理信息实体标识编码规则城市道路［S］．北京：中国标准出版社，2008．

［7］中华人民共和国交通部．JT/T 415—2006，道路运输电子政务平台　编目编码规则［S］．北京：人民交通出版社，2006．

［8］中华人民共和国交通部．GB/T 11708—1989，路桥梁命名编号和编码规则［S］．北京：人民交通出版社，　1989．

［9］Wikipedia，Electronic Product Code［EB/OL］，　(2012-11-15)［2015-3-2］http：//www．itu．int/en/ITU-T/studygroups/2013-2016/17/ Documents/Special-Topics/Jointly_administered_registers_as_defined_in_X660．pdf.

［10］马文静，吴东亚，王静等．物联网统一标识体系研究［J］．信息技术与标准化，2013(7)：52-56.

［11］国脉物联网．我国提出的 OID 物联网应用指南国际标准立项［EB/OL］．(2014-1-28)［2014-3-4］http：//www．forestry．gov．cn/ portal/xxb/s/2526/content-656137．html．

［12］European Telecommunications Standards Institute，ETSI TR 102 707 V1．1．1(2009-05)，ETSI ITS Technical Report，Intelligent Transport Systems(ITS)；ETSI object identifier tree；ITS domain ［S］．France：ETSI Press，2009．

南宁市东葛路绿波方案仿真评估

苏红帆[1] 陈 宇[1] 黄 琳[1] 杜怡曼[2] 吴建平[2] 刘龙飞[2]

（1．南宁市公安局交通警察支队 广西 南宁 530022
2．清华大学土木系 北京 100084）

摘 要： 近年来，随着南宁市青秀区的快速发展建设和琅东商圈的崛起，东葛路交通拥堵的情况越来越严重，交通流分布不均衡，制约了南宁的城市发展。为有效缓解东葛路过量的交通负荷，保证该路段的交通畅通，本文从东葛路交通现状分析着手，针对该路段的交通问题进行实际调查和分析，运用绿波协调控制理论，设计优化方案，并运用微观交通仿真技术对方案进行量化评估，为管理者实施优化方案提供科学的支撑。

关键词： 交通拥堵；绿波协调；交通仿真技术；仿真评估

Simulation Based Directional Green-wave Traffic Control Estimation in Nanning City

Su Hongfan[1] Chen Yu[1] Huang Lin[1] Du Yiman[2] Wu Jianping[2] Liu Longfei[2]

（1．Traffic Police Detachment of Nanning，Guangxi Nanning 530022；
2．Department of Civil Engineering，Tsinghua University，Beijing100084）

Abstract: In recent years, with the noticeable development of Nanning city and the rise of Langdong district, traffic congestion of Dongge Road has become a serious problem.And unbalanced traffic flow distribution restricts the urban development of Nanning city. In order to ease the overload burden of traffic in the DonggeRoad and to ensure the smooth flow of traffic, the paper investigated and analyzed the traffic problem of the road.Optimization program was conducted by using Green-wave traffic control theory and quantitatively evaluation was carried out with traffic micro-circulation technology, which provide scientific support for traffic managers.

Key words: Traffic Congestion, Green-wave Traffic, Microscopic Simulation, Simulation Estimation

1 引言

近年来，随着南宁青秀区的发展建设、琅东商圈的崛起，导致东葛路交通拥堵现象明显，东西方向交通流量大，即使在平峰时期也出现明显的拥堵情况，东葛路的交通问题急需提出有效对策，改善交通环境。

为有效缓解东葛路晚高峰期间过量的交通负荷，保证该路段的交通畅通，本文从东葛路交通现状分析着手，针对该路段的交通问题进行实际调查和分析，运用绿波协调控制理论，设计优化方案，并运用微观交通仿真技术对方案进行量化评估，为管理者实施优化方案提供科学的支撑。

2　东葛路交通现状描述

东葛路位于南宁市青秀区，是南宁市东西向主要主干道之一，全长 5.3km（新民路到滨湖北路），其中新民路到长湖路标准路段为双向四车道，新民路到滨湖北路标准路段为双向六车道。沿途与主要与新民路、古城路、园湖路、望园路、长湖路和滨湖北路相交，沿线主要有民族广场、香江花园、汇宇花园、荣和中央公园、广西中医学院第一附属医院、永凯现代城、茅桥中心医院、南宁玻璃厂第一生活区贤宾湖公园等住宅、医疗、商业区，交通状况复杂。

本项目针对东葛路沿线问题比较突出的 10 个交叉口进行分析优化。研究路段范围包括东葛路—新民路、东葛路—古城路、东葛路—思贤路、东葛路—园湖路、东葛路—葛村路、东葛路—望园路、东葛路—广园路、东葛路—长湖路、东葛路—茅桥路和东葛路—滨湖北路。针对东葛路沿线和模拟仿真的每一个交叉口，我们在周二到周四中选取了周二作为特征日，采用人工统计与视频摄录的方式，在平峰（14：30—16：30）分东西南北四个方向分别记录视频数据，并进行人工计数统计。具体线路和交叉口信息如图 1 和表 1 所示。

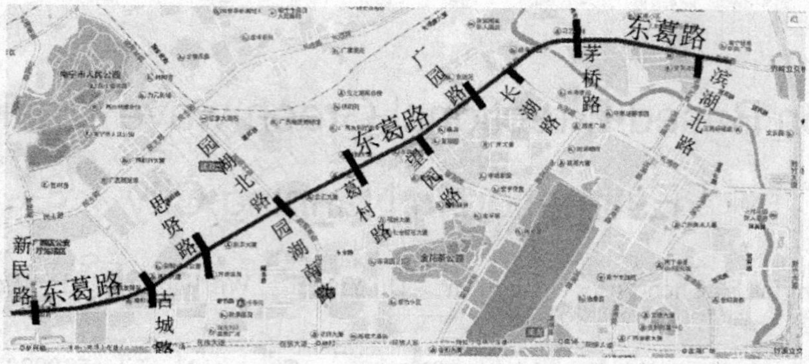

图 1　东葛路在南宁城区位置示意

表 1　东葛路交叉口现状信息

交叉口	进口			出口
	方向	车道数（道）	车道划分说明	车道数（道）
东葛路—新民路	东	4	两直，一左，一右	3
	南	4	两直，一左，一右	2
	西	4	两直，一左，一右	2
	北	4	两直，一左，一右	3
东葛路—古城路	东	4	两直，一左，一右	2
	南	4	两直，一左，一右	3
	西	4	两直，一左，一右	3
	北	4	两直，一左，一右	2
东葛路—思贤路	东	3	两直，一左	2
	南	1	一直	1
	西	2	两直	2
	北	3	两直，一左	1

续表

交叉口	进口			出口
	方向	车道数（道）	车道划分说明	车道数（道）
东葛路—园湖路	东	3	两直，一左	2
	南	3	两直，一左	2
	西	4	两直，一左，一右	3
	北	4	两直，一左，一右	2
东葛路—葛村路	东	3	两直，一左	2
	南	2	一直右，一左	1
	西	4	两直，一左，一右	2
	北	2	一直右，一左	1
东葛路—望园路	东	4	三直，一左	3
	南	4	三左，一右	3
	西	4	两直，一左，一掉头	2
	北	0	0	0
东葛路—广园路	东	3	两直，一左	2
	南	2	一直左，一右	1
	西	3	一直，一左，一直右	2
	北	1	一直左右	1
东葛路—长湖路	东	4	三直，一左	3
	南	4	两直，两左	4
	西	4	三直，一左	2
	北	4	两直，两左	3
东葛路—茅桥路	东	4	两直，一左，一右	4
	南	0	0	0
	西	4	两直，一左，一右	4
	北	1	一直左右	1
东葛路—滨湖路	东	6	五直，一左	4
	南	3	一直，一左，一右	2
	西	3	一直，一左，一直右	2
	北	4	两直，一左，一右	4

（1）东葛路全天流量较大

由于东葛路为东西向的主要道路，即使在平峰时，东葛路的车流量仍然较大。

（2）东葛路沿线支路较多

东葛路沿线有多个丁字交叉口，各交叉口支路进口车道数较少，对主路造成较大的交通压力。

（3）东葛路沿线支路距离近

东葛路沿线支路相距较近，现状信号配时没有进行协调控制，导致车辆在短距离内频繁停车，行车延误严重。

（4）人行过街非常多。

东葛路沿线人行过街非常多，除了交叉口有人行过街，在路段中间有 11 条人行过街斑马线，也导致东西向机动车频繁停车让行，增加了旅行延误。

为解决以上问题，我们提出了绿波协调的控制方案。

3 绿波协调控制

绿波协调控制是将一条交通主干线上的信号灯实施统一控制，相邻交叉口施行相同的信号周期，并设置一定的相位差，使得车流在主干道上按照规定速度行驶时，在沿线各个交叉口遇到的都是绿灯，无须停车即可通过交叉口，大大提高主干线的行车速度和通行能力。

采用绿波协调控有以下几方面好处：

（1）保证主干线车辆较高的行驶速度并减少车辆停车延误；

（2）可以疏解城市交通流，缓解主干线交通拥堵状况。

干线绿波协调控制通常分为单向绿波控制和双向绿波控制两种。单向绿波控制一般只会保证一个方向的车辆行驶时一路遇到绿灯，另一个方向遇到红灯概率反而会提高。这种单向绿波较适合单行路或潮汐流明显的路段，双向绿波控制可以提高道路两个方向的通行能力。

但并不是所有的道路环境都适合双向绿波控制。双向绿波适用道路条件：

（1）相邻交叉口相距不宜过远，否则车流速度将会变得不稳定；

（2）绿波控制的道路不宜过窄，一般单向机动车道数应大于 2，否则不宜形成稳定车流；

（3）双向绿波在道路流量饱和的状况下效果将变得不明显；

（4）双向绿波要求各个交叉口之间的距离基本相同。

结合实际道路情况，东葛路并不合适实施双向绿波控制，故采用单向绿波控制进行优化。在设置单向绿波控制时考虑以下几个因素：

（1）设置交叉口相位时间时需保证各个方向机动车、非机动车、行人的通行时间。

（2）主干线需设置左转相位，以免左转车对直行车造成影响，抵消绿波效果。

（3）相交道路驶入主干路的车流不宜过多，否则容易引起主干路的秩序混乱，导致绿波控制失败。

4 东葛路绿波设计方案

东葛路十个路口，分为三段做绿波协调控制，新民路—古城路—思贤路—园湖路四个交叉口协调，周期都为 177s；葛村路—望园路—广园路—长湖路四个路口协调，周期为 172s；茅桥路—滨湖北路两个路口协调，周期为 120s。具体配时如表 2～表 4 所示。

表 2 东葛路—新民路至东葛路—园湖路绿波方案

交叉口	相位	绿灯时间（s）	黄灯时间（s）	红灯时间（s）	相位差（s）
东葛路—新民路	东西直行	44	3	3	0
	东西左转	35	3	3	
	南放行	44	3	3	
	北放行	30	3	3	
东葛路—古城路	东西直行	55	3	3	86
	东西左转	36	3	3	
	南北直行	32	3	3	
	南北左转	30	3	3	

续表

交叉口	相位	绿灯时间（s）	黄灯时间（s）	红灯时间（s）	相位差（s）
东葛路—思贤路	东西直行	68	3	3	133
	东西左转	32	3	3	
	南直行	20	3	3	
	南北放行	33	3	3	
东葛路—园湖路	东西直行	60	3	3	196
	东西左转	30	3	3	
	南北直行	33	3	3	
	南北左转	30	3	3	

表 3　东葛路—葛村路至东葛路—长湖路绿波方案

交叉口	相位	绿灯时间（s）	黄灯时间（s）	红灯时间（s）	相位差（s）
东葛路—葛村路	东西直行	70	3	3	0
	东西左转	15	3	3	
	南放行	20	3	3	
	北放行	43	3	3	
东葛路—望园路	东西直行	70	3	3	47
	东西左转	41	3	3	
	南左转	43	3	3	
东葛路—广园路	东西直行	72	3	2	97
	东西左转	44	3	2	
	南北放行	41	3	2	
东葛路—长湖路	东西直行	46	3	2	128
	东西左转	44	3	2	
	南北左转	35	3	2	
	南北直行	27	3	2	

表 4　东葛路—茅桥路至东葛路—滨湖路绿波方案

交叉口	相位	绿灯时间（s）	黄灯时间（s）	红灯时间（s）	相位差（s）
东葛路—茅桥路	东西直行	47	3	3	0
	东西左转	20	3	3	
	南北放行	35	3	3	
东葛路—滨湖路	东西直行	50	3	2	91
	东西左转	30	3	2	
	南北放行	25	3	2	

5 仿真分析

交通仿真避免了交通系统现场试验代价大、实施困难的缺点，可以为城市交通管理者提供一个良好的实验平台。利用交通仿真提供的科学定量的数据，可以弥补因个人经验得出优化方案的局限性，并且能够从多个方案中进行最优方案的必选，节约人力和物力，避免现场实施的意外风险。微观交通仿真软件 Flowsim 有很多面向用户的建模工具，使用者可以便捷地把采集的数据输入进去，运行仿真可得到旅行时间、排队长度等交通数据结果，具有很强的操作性。因此，我们选用 Flowsim 软件对该路段进行现状和优化方案的仿真并对结果进行了分析和评价。本次调查对东葛路 2015 年 10 月 20 日进行平峰数据采集，以下的仿真是针对东葛路平峰小时（14:30—16:30）的交通状况进行微观仿真，如图 2 所示。

图 2　东葛路卫星地图

5.1 东葛路仿真模型校验

为了使仿真模型和道路实际情况吻合、结果更加科学合理，我们对现状仿真模型进行了校验工作。将平均旅行时间作为评价指标，利用实际采集的平均旅行时间与仿真所得的平均旅行时间进行对比。在实测时，我们选取与仿真模型对应的出发点 A 作为旅行时间开始测试地点，另外选取 B1、B2 点作为结束点，分多次对东葛路进行数据采集，A、B1、B2 位置示意图如图 3 所示。

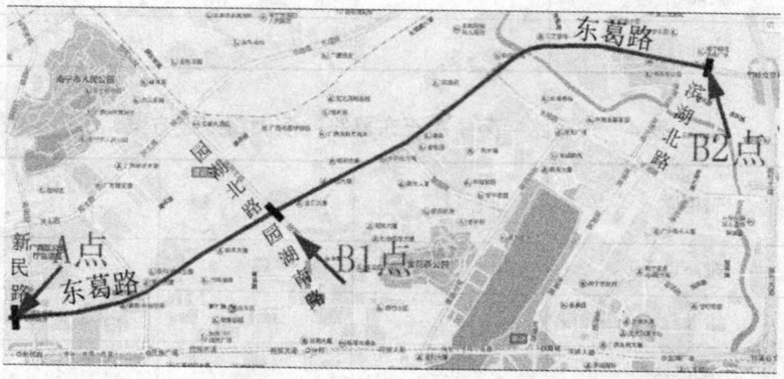

图 3　东葛路 A、B 点位置示意

根据实际情况，我们采用两种方法测试旅行时间：第一种方法为分别在 A、B1、B2 点架设摄像机，同时采集一个小时内从 A、B1、B2 点通过的车辆信息，通过视频分析找出在三点出现的车辆牌照号码，计算 A-B1、A-B2 的旅行时间；第二种方法采用实验员随机打车方式，在通过 A、B1、B2 三点时记录时间，用以统计几对 O-D 之间的实际旅行时间。实测数据与仿真数据如图 4～图 6 所示。

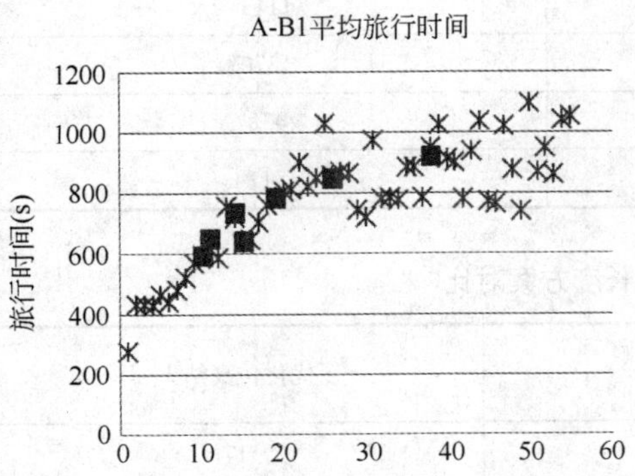

图 4　A-B1 仿真旅行时间与实际旅行时间散点图

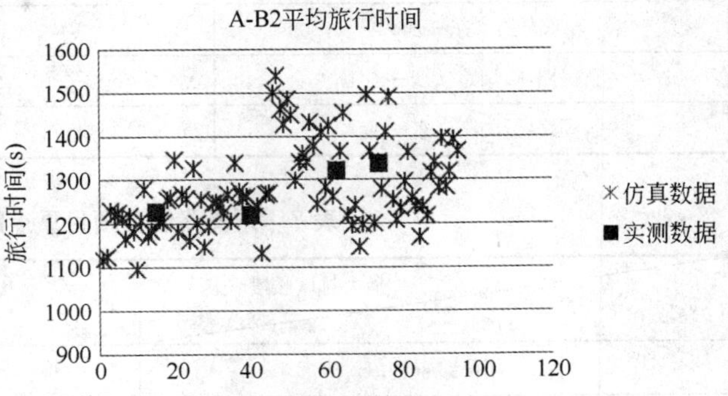

图 5　A-B2 仿真旅行时间与实际旅行时间散点图

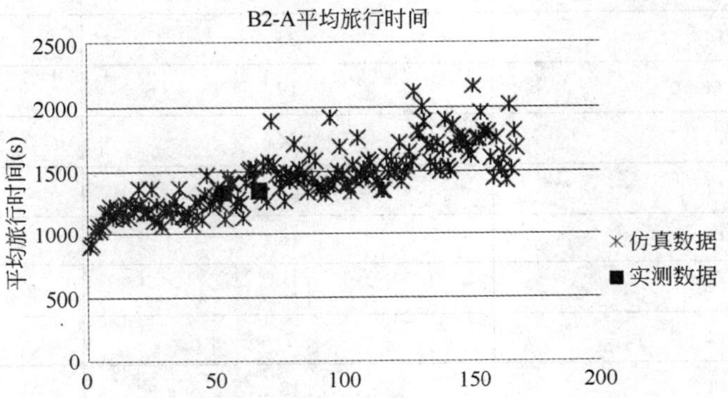

图 6　B2-A 仿真旅行时间与实际旅行时间散点图

根据现状仿真结果与实际路口调查数据进行误差校核，旅行时间误差最大为 4.3%，结果均在允许误差范围内。故本次现状仿真达到仿真精度要求，具体误差如表 5 所示。

表 5　东葛路旅行时间误差分析

起终点	旅行时间（s）		
	仿真	调查	误差
A-B1	593	574	3.4%
A-B2	1279	1276	0.2%
B1-A	537	554	3.1%
B2-A	1224	1278	4.3%

5.2　东葛路绿波方案仿真评估分析

为了量化的说明东葛路绿波方案实施后是否缓解了该路段的交通拥堵现状，课题组用仿真软件对东葛路进行了现状和方案的仿真模拟运行。仿真选取平均旅行时间和最大排队长度作为评价指标，对方案进行评价，评价结果如表 6 和表 7 所示。

表6 东葛路各主要路段平均旅行时间方案对比

路段 \ 平均旅行时间（s）	现状仿真结果	优化仿真结果
东葛路（西—东）	1279	1113
东葛路（东—西）	1224	1370
新民路-园湖路（西—东）	593	438
园湖路-新民路（东—西）	537	511

表7 东葛路仿真项目重点路段最大排队长度方案对比

路段 \ 最大排队长度（辆）	现状仿真结果	优化仿真结果
新民路东进口	20	17
新民路西进口	21	15
古城路东进口	15	20
古城路西进口	16	10
园湖路东进口	35	27
园湖路西进口	19	15
葛村路东进口	24	13
葛村路西进口	28	16
长湖路东进口	18	14
长湖路西进口	12	16
滨湖路东进口	7	5
滨湖路西进口	18	7

从平均旅行时间和最大排队长度两个指标来评价现状和优化方案，各输出结果对比表明：实施方案后，可以减少车辆的延误时间，提高通行能力；有效减少了葛村路口、园湖路口、新民路口及滨湖路口的排队长度，除了古城路东进口和长湖路西进口的排队长度略有增加外，并没有对周边路网造成更大的交通压力。

6 结语

本文探讨了南宁市东葛路绿波协调控制方案，遵循最大限度挖掘和利用现有道路设施潜力的原则，介绍了信号灯配时优化的设计方法，提高运行效率和服务水平，大幅减少交通拥堵路段。同时采用交通仿真技术对改造后的东葛路交通状况进行评估分析，验证了绿波控制在解决城市交通问题方面可以取得一定的效果。

参考文献

[1] Yiman Du，Jianping Wu，Geqi Qi，YuhanJia．Simulation of Bicycle Multi-phase Crossing at Intersection [J]．Transport．2015，168（5）：457-465．
[2] 史峰，黄恩厚，陈群等．城市微循环交通网络中单行交通组织优化 [J]．交通运输系统工程与信息，2009（8）：30-35．
[3] 周江平．微循环理论与支路交通 [J]．城市交通，2010（5）：41-49．

[4] 蒋强．城市道路交通微循环网络中交通组织优化方法研究［D］．长沙：长沙理工大学硕士学位论文，2011．
[5] 乔文鑫．OD 反推理论研究与中观层次下的实例分析［D］．北京：北京交通大学，2006．
[6] 屠爱华．TransCAD 软件在城市交通组织管理方案制定中的应用［J］．交通标准化，2005（137）：91-94．
[7] 郭敏，吴建平，杜怡曼．微观交通仿真基础理论及应用实例［M］．北京：人民交通出版社，2012．
[8] 贾雨涵，吴建平，杜怡曼，齐格奇．FLOWSIM 在深圳交通管理与评价中的应用研究［J］．系统仿真学报，2015（8）：1881-1887．
[9] 刘剑峰．城市干道交通信号双向绿波控制设计方法［J］．科学时代，2014（12）．

基于精确定位的现代有轨电车信号系统

黄 凯 周在福 陈祥献

（浙江众合科技股份有限公司 技术中心，杭州 310052）

摘 要：本文基于淮安现代有轨电车一期项目的实际需求，提出了基于精确定位的现代有轨电车信号系统解决方案，介绍了该信号系统的架构设计，描述了各子系统的主要功能，分析了其主要设计和性能特点，对其关键技术进行了总结和分析，并对后续优化提出了方向。本系统的应用对国内现代有轨电车信号系统自主研发和市场应用具有重要的意义。

关键词：现代有轨电车；信号系统；精确定位；路口优先；道岔控制

A Modern Tram Signaling System Based on Accurate Positioning

Huang Kai Zhou Zaifu Chen Xiangxian

(Technology Center, United Science & Technology Co., Ltd. Hangzhou 310052)

Abstract: This paper proposed a modern tram signaling system solution based on accurate positioning that applied in the first-stage project of Huai'An modern tram. The system architecture, functions of each subsystem and the main features of the design and performance are described. Besides the key technologies are summarized, the paper presented an optimal direction for this system. The application of this system will be a great importance to the independent research and market application of domestic modern tram signal system.

Key words: Modern Tram, Signaling System, Accurate Positioning, Crossing Priority, Switch Control

1 引言

现代有轨电车作为新兴的现代化交通方式，逐渐成为当前国内外的关注热点。有别于传统有轨电车，现代有轨电车在载客量适中、设计新颖、环境友好和资源节约等方面具有显著的特点[1]。现代有轨电车以崭新的形象和舒适的服务迅速吸引了国内城市的关注，但总体来说，现代有轨电车在我国尚处于起步阶段。

信号系统是轨道交通最为重要的系统之一，可以指挥轨道交通行车、保证列车运行安全、提高运输效率和传递交通信息。现代有轨电车与地铁、轻轨相比，均属于城市轨道交通范畴，但又具有其自身独特的技术特点和运营特征[2]。因此，现代有轨电车的信号系统既秉承传统信号系统的作用，又被赋予了特殊的运用需求和使用的技术条件[3]。本文基于淮安有轨电车项目的需求，分析说明了基于精确定

本文部分工作得到国家科技支撑计划（项目号：2015BAG19B03）的资助。

位的现代有轨电车信号系统的架构和特点，并对该信号系统的关键技术进行了阐述。

2　现代有轨电车系统需求

基于精确定位的现代有轨电车信号系统解决方案以淮安现代有轨电车一期项目的需求为重要输入，同时参考 BOStrab 有轨电车方案[4]、TB3027 计算机联锁技术[5]和 CBTC 系统的一些常用处理方式，最终形成了本系统的设计需求。淮安现代有轨电车一期工程线路总长度约为 20.3km，共设车站 23 座，平均站间距 923m；全线均为地面线，共有 8 个道岔区域，49 个平交路口，平交路口的通过效率影响了全线的运营效率。

现代有轨电车信号系统对提升有轨电车运营效率和确保有轨电车运营安全方面提出了以下要求：①以信号机的状态指示司机安全通过车辆段和正线道岔区段；②在有轨电车线路与地面交通交错的环境下，有轨电车可以优先通过平交路口；③通过车载显示器提示司机限速、前方车辆距离和安全报警等信息以保障运营安全。

现代有轨电车信号系统对 ATS 中心管理有以下需求：①以基于地面固定网络的方式实现 ATS 中心对正线轨旁设备状态的实时监控和显示；②实现车辆段 ATS 对车辆段联锁设备状态进行实时监控和显示；③ATS 中心通过无线网络的方式实现对各列车的运行状态监控和显示，管理列车运行时刻表。

3　现代有轨电车系统架构和特点

3.1　基于精确定位的现代有轨电车信号系统架构

现代有轨电车信号系统包含 5 个核心子系统和 21 个外部接口。5 个核心子系统包括控制中心子系统、车载控制子系统、正线道岔控制子系统、正线平交路口优先控制子系统和车辆段联锁子系统，系统典型架构配置如图 1 所示。

如图 1 所示，信号系统各子系统之间通过地面固定网络、无线移动网络和车地通信环线进行连接，实现信号系统相关的业务功能。系统的 21 个接口如图 2 所示。

控制中心子系统是现代有轨电车的自动监控调度中心，包括主备冗余方式工作的应用服务器、接口服务器和通信服务器，存储运行日志和线路数据的数据库存储设备，行调人员操作的多个 MMI 人机界面，以及离线时刻表编辑工作站、大屏接口工作站和排派班工作站。控制中心子系统主要功能包括道岔控制器和平交路口控制器的远程监测和操控，正线运行车辆的注册和跟踪，时刻表动态编辑和运行监控，并给地面 PIS 系统提供列车早晚点和距离等信息。

车载控制子系统由车载主机、车载显示器、操作按钮面板、卫星定位设备、环线通信与定位设备、车载交换机、无线终端和无线通信天线组成。车载控制器采用头尾设备冗余的设计方案，车头设备故障车尾应继续工作；车载无线终端和无线通信天线配对使用，车头车尾各一对，构成无线通信的车头车尾冗余架构。车载主机运行在采用 2 取 2 架构的安全计算机平台上，预留安全输出接口，可扩展实现辅助安全防护功能。车载控制子系统通过环线通信和定位设备实现有轨电车的精确定位，并采用 GPS 和北斗兼容公用的卫星定位系统实现有轨电车的辅助定位。环线精确定位设计和卫星辅助定位并存的列车定位方案实现了基于精确定位的现代有轨电车系统的精确定位，继而实现了有轨电车的高效运行、安全防护和实时监控功能。

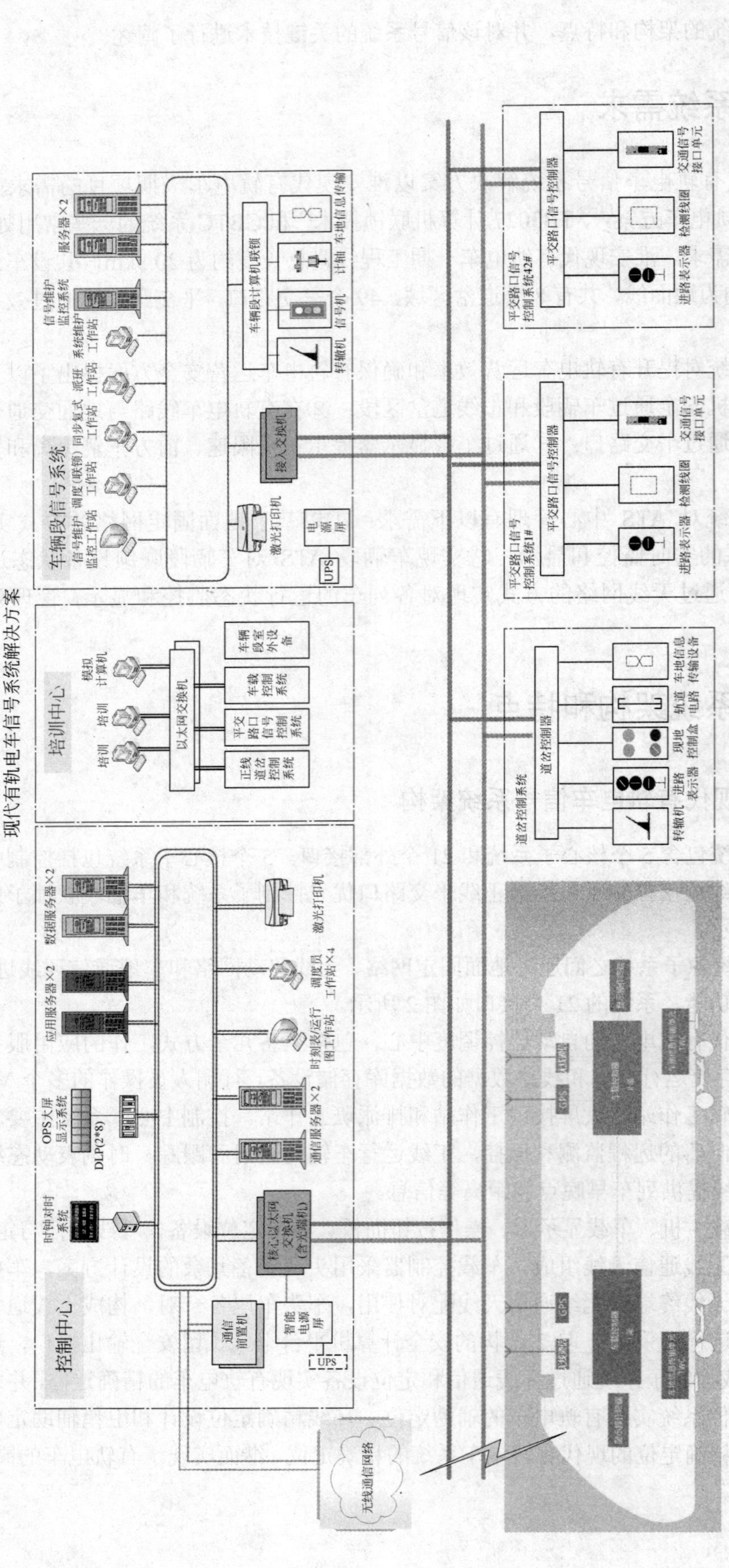
现代有轨电车信号系统解决方案
控制中心
培训中心
车辆段信号系统
时钟对时系统
OPS大屏显示系统
DLP(2*8)
应用服务器×2
数据服务器×2
核心以太网交换机(含光端机)
通信服务器×2
时刻表/运行图工作站
调度员工作站×4
激光打印机
通信前置机
智能电源屏
UPS
以太网交换机
培训
模拟计算机
正线道岔控制系统
平交路口信号控制系统
车载控制系统
车辆段室外设备
信号维护监控工作站
调度(联锁)工作站
同步复式工作站
派班工作站
系统维护工作站
信号维护监控系统
服务器×2
接入交换机
电源屏
车辆段计算机联锁
转辙机
信号机
计轴
车地信息传输
无线通信网络
道岔控制系统
道岔控制器
进路表示器
现地控制盒
轨道电路
车地信息传输设备
平交路口信号控制系统1#
平交路口信号控制器
检测线圈
交通信号接口单元
平交路口信号控制系统2#

图1　系统总体架构

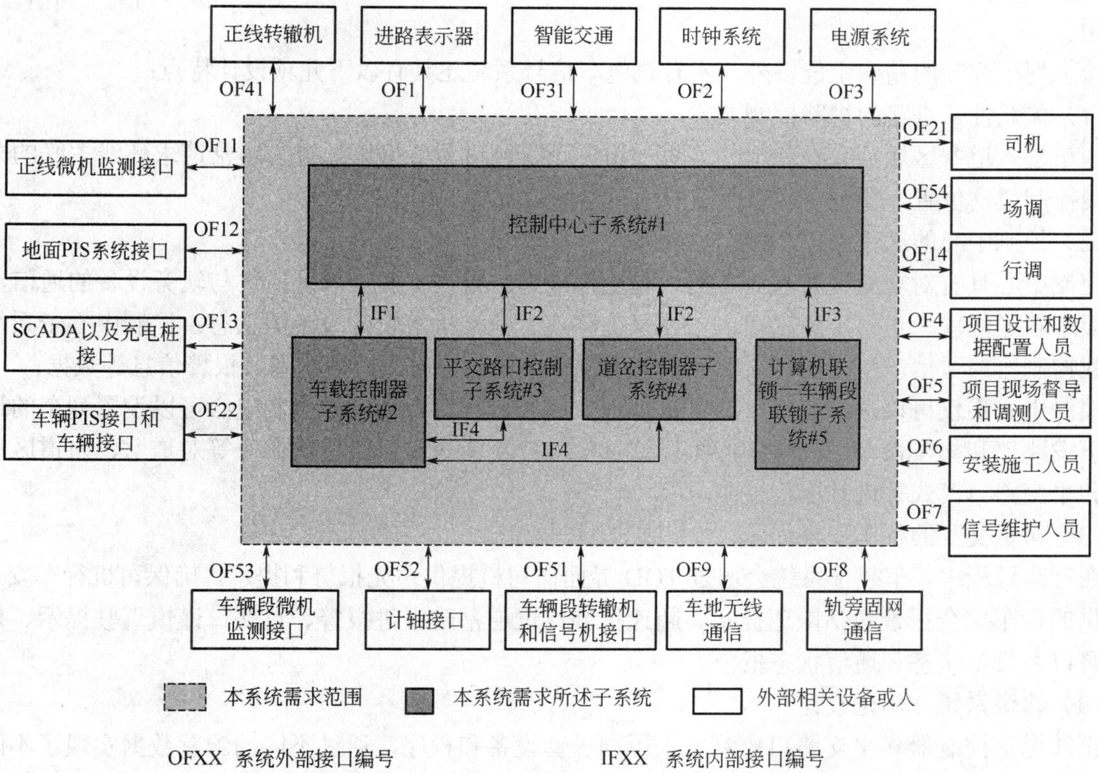

图 2 现代有轨电车系统的边界

正线道岔控制子系统由道岔控制器和轨旁设备两部分组成，轨旁设备包括地埋式转辙机、轨道电路、车地通信环线、进路表示器、现地控制盒等单元。道岔控制器采用 2 取 2 的安全结构，控制主机与相关系统间的通信实现“故障—安全”功能，并冗余配置；为了提高子系统的安全性，道岔控制器与轨旁设备、列车检测设备的接口符合“故障—安全”原则。正线道岔控制子系统对正线道岔进行安全控制，实现道岔区段内道岔、进路表示器、轨道区段之间正确的联锁关系，从而确保有轨电车的安全运行。

正线平交路口优先控制子系统主要由平交路口控制器、车地通信环线、进路表示器和智能交通设备等组成。正线平交路口优先控制子系统是现代有轨电车信号系统的特有设备，是用来处理有轨电车经过非专有路权区域（社会交通与有轨电车轨行区交叉口）的设备。平交路口信号优先控制子系统的功能是通过车地通信环线实现列车的位置检测，将有轨电车接近路口的优先请求发送给道路交通信号控制系统，并根据道路交通信号控制系统给予的优先信号指示有轨电车运行，优先保证有轨电车通行，减少有轨电车的延误，降低有轨电车的路线行程时间，提高有轨电车准点率及运行效率。

车辆段联锁子系统主要由计算机联锁控制器、转辙机、信号机、计轴和防雷设备等组成。计算机联锁控制器采用二乘二取二的冗余架构，实现车辆段内的道岔、信号机和轨道区段间的连锁关系以及系统的自诊断、故障报警功能，对轨旁设备的控制设计符合“故障—安全”原则，确保有轨电车运行进路的安全。

3.2 基于精确定位的现在有轨电车信号系统特点

基于精确定位的现代有轨电车信号系统是众合科技公司自主研发的、具有完全自主知识产权的信号系统，该有轨电车信号系统最主要的设计特点是列车位置的精确定位。通过列车位置的精确定位，实现了有轨电车安全高效通过岔区和岔区折返的功能；通过列车主动的位置汇报，实现了控制中心对列车位置的实时监控功能。基于精确定位的现代有轨电车信号系统，可广泛应用于现代有轨电车项目中。

除了列车位置的精确定位以外，本有轨电车信号系统还具有以下几项设计特点：

（1）关联性长进路的进路控制方式

列车进入道岔区域后，在二显信号机（道岔预告）位置就可以通过与道岔请求环线关联的车地通信环线控制道岔位置，使列车可以高效的通过岔区位置。

（2）控制中心的远程监控和操作功能

控制中心具有对轨旁设备和列车的远程监控能力。控制中心子系统通过与轨旁设备的通信，可以实时显示轨道区段、道岔、道岔控制器、平交路口、信号机等轨旁设备的状态；控制中心子系统通过与车载控制器的通信，可以实时显示列车精确位置、运行方向、运行状态、报警信息等数据。

控制中心不仅可以远程监控，还可以远程控制车辆和轨旁设备。控制中心可以设置列车的运行线路，下发跳停和扣车命令；控制中心可以通过信号控制命令和进路控制命令等对道岔、轨道区段、信号机和平交路口模式等进行远程控制。

（3）司机交互的行车安全提示

在行车过程中，车载子系统会通过 TOD 界面向司机提供声光报警和提示，确保司机行车安全。系统提供的行车安全报警包括限速提示、超速报警、过道岔防冒进报警、过路口谨慎驾驶提示、前车距离报警以及设备状态和通信状态报警。

（4）轨旁系统一体化设计

正线道岔控制器和平交路口控制器采用同一套设备和程序，通过不同的配置数据实现了不同的功能。轨旁系统的一体化设计降低了系统的开发和维护成本，提高了系统的兼容性。

基于精确定位的现代有轨电车信号系统具有当前国内及欧洲先进的技术和安全理念，在高安全性、高可用性和功能丰富性方面具有显著优势。除上述的设计特点外，其主要性能特点如下。

（1）高安全性

➢ 正线道岔控制器子系统具有欧洲 SIL3 级独立安全认证，采用 2 取 2 的安全架构；控制主机与相关系统间的通信具有“故障—安全”功能，对外接口具有冗余配置；

➢ 车辆段联锁子系统是通过 SIL4 级安全认证的计算机联锁系统，通过 2 乘 2 取 2 相差异表决技术、独立安全在线检测技术、动静态回采技术和编码采集技术等安全技术，实现了对计算机联锁车站的安全控制，为列车运行提供核心的基础安全保障；

➢ 安全计算机平台内部各板卡系统设计了严格的版本校验技术，保证系统所有的板卡和板卡上的软件均使用了正确的软件和硬件，避免出现由于版本不一致导致的安全风险。

（2）高可靠性

➢ 现代有轨电车信号系统的硬件系统采用多种可靠性设计，系统硬件采用 DFX（可靠性、热设计、EMC 防护设计、可测试性设计、可维护性设计等 8 项防护设计技术简称）专项设计，具有可靠稳定的环境适应能力和高于国内国际标准的 EMC 防护能力。

（3）高可用性

➢ 现代有轨电车信号系统的各子系统采用双系热冗余设计，采用同步自跟踪技术，主系运行过程中，备系因维护重启后，可自动跟踪主系状态，快速实现双系同步。同步过程中，各子系统可实现自动或人工双系无干扰切换；

➢ 信号系统的车载子系统的车头车尾组成一个 2 乘 2 取 2 的系统，支持首尾车载控制器互为冗余。

4 现代有轨电车信号系统关键技术

本文介绍的基于精确定位的现代有轨电车信号系统具有其独特的设计特点，为了有效地实现这些特点，必然有着相关的关键性技术，这里对其中的主要关键技术进行说明。

4.1　列车精确定位技术

车载子系统基于车辆提供的速度值和 GPS/BD 设备提供的定位数据，以速度积分算法进行列车位置计算，并通过车地双向通信设备进行列车位置数据校准，从而实现了列车位置的精确定位。该定位算法理论定位精度不大于 5m，在丢失单个定位信息时不对列车定位造成影响。

速度积分算法是本信号系统实现列车精确定位的主要算法，其算法分析如下所述。

设定环线校准位置的里程标为 L_0，L（t）表示列车移动后的里程标，t 表示时间，v（t）表示列车速度，则校准后有轨电车运行的位置可以通过以下公式确定：

$$L(t) = L_0 + \int_0^t v(t)\mathrm{d}t \tag{1}$$

由于车载控制器对有轨电车速度的采样周期为 250ms，速度 v（t）实际是一系列的离散值，而不是一条连续的曲线，因此速度积分值可以采用以下复合梯形公式来计算：

$$L(T) = L_0 + \sum_{T_1}^{T_n}\left(\frac{V_n + V_{n-1}}{2} \times \Delta T\right) \tag{2}$$

其中，L（T）表示列车速度积分计算得到的列车里程标，L_0 为环线校准位置里程标，T 为采样时间，T_n 为第 n 次采样时间，V_n 为第 n 次采样的列车速度，ΔT 为采样周期（250ms）。两个计算公式的图形表示如图 3 所示。

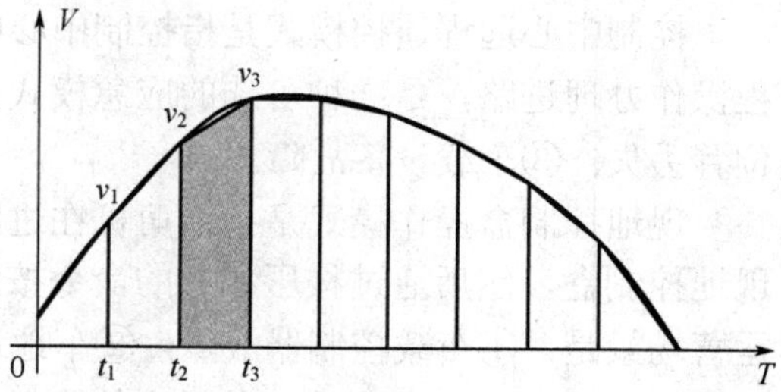

图 3　速度积分计算公式表示图

图中是一条速度曲线，横轴表示时间，纵轴表示速度。图中曲线所包围的面积就是式（1）的计算结果，即列车的实际位移；图中所有的梯形面积之和是式（2）的计算结果，即速度积分算法计算得到的列车位移。曲线面积和梯形面积和之差，即式（2）计算得到的列车位置相对于式（1）计算出的列车实际位置的误差可以通过式（3）计算：

$$\text{error} = \frac{(b-a)^3}{12N^2} f^n(x) \tag{3}$$

其中，[a，b]是时间区间，N 是采样次数，$f^n(x)$ 是速度函数的二阶导数。针对 3 种典型的速度模型函数：匀加速模型、抛物线形速度变化模型、变加速逼近匀速的速度模型，其梯形积分算法的误差计算如表 1 所示。

表 1　梯形积分算法的误差分析

速度函数 V（t）	误差 error（%）	MATLAB 结果（%）	说明
V（t）$= V_0 + at$	0	0	
V（t）$= V_0 + at + t^2$	0.26	0.00087	V_0=10，a=10 时间 0～100s，采样周期 0.25s
V（t）$= V_0 + at + t^2$	2.60	0.000985	V_0=10，a=10 时间 0～1000s，采样周期 0.25s
V（t）$= V_0 + at$^0.5	0.0021	0.004	V_0=10，a=10 时间 0～100s，采样周期 0.25s
V（t）$= V_0 + at$^0.5	0.00065	0.00048	V_0=10，a=10 时间 0～1000s，采样周期 0.25s

如表 1 所示，从理论分析和 Matlab 计算结果可以看出，采用梯形积分公式计算一阶二阶函数的积分，误差很小，完全满足车载控制器的精度要求。

4.2 多样化的进路控制模式

本文描述的现代有轨电车信号系统支持 6 种进路控制模式，分别是控制中心自动进路模式、车载自动进路模式、车载手动进路模式、控制中心远程遥控模式、现地控制盒操作模式和司机人工操作模式。道岔控制器对这 6 种运行模式按照优先级顺序依次提高，司机人工操作模式具有最高优先级。

控制中心自动进路模式是指车载处于旁路模式时，控制中心根据列车位置报告和列车运行线路，自动为即将到来的列车办理进路的模式。此模式的前提条件是系统各方面工况都处于良好状态。在有轨电车运行环境下，运营过程中异常情况比较多，控制中心自动进路模式可能并不能有效提升运营效率，特殊情况下需要人工干预或者取消进路。

车载自动进路模式是指车载控制器根据列车定位，自主向轨旁设备申请进路，是一种最常用的进路模式。车载自动进路模式的进入条件是车载控制器工作良好，并且列车已经处于定位状态。当列车没有定位时，车载控制器无法进入自动进路模式。

车载手动进路模式是指司机根据列车定位和提示，手动控制进路申请，是一种应急运营模式。该模式仍然依赖列车的定位，当列车位置丢失时，手动进路模式也无法工作。车载手动进路模式主要用于如下场景：①当列车因故需要临时变更运行计划，同时控制中心故障或者控制中心无法与车载通信；②故障恢复后信号重开。

控制中心远程遥控模式是指控制中心的行调人员确认现场安全之后，通过控制中心的操作界面远程操作办理进路，是一种可选的应急模式。此模式适应的运营场景是：①车地通信环线故障；②列车位置丢失；③车载设备故障。

现地控制盒操作模式是指由司机在进路表示器前停车，下车后用钥匙打开位于进路表示器杆上的现地控制盒，然后通过按压相应的命令按钮来开放进路，也是一种可选应急运营模式。此模式使用的运营场景是：①车载控制器故障；②车地通信环线故障；③ATS 与道岔控制器通信故障。

司机人工操作模式是一种保底的降级模式，即当道岔控制器故障时，只能通过司机使用专用工具将转辙机扳动到指定位置后，行车通过道岔区域。

4.3 平交路口优先控制技术

本文介绍的现代有轨电车信号系统平交路口子系统提供了列车通过平交路口的社会交通优先权。设置了优先权后，平交路口控制器子系统根据列车位置向社会交通申请优先权，并根据道路交通信号控制系统给予的优先信号指示有轨电车运行，优先保证有轨电车通行，减少有轨电车的延误，缩短有轨电车的路线行程时间，提高有轨电车准点率及运行效率。

平交路口控制器子系统提供了伴随模式（非优先模式）和优先模式供用户选择。未设置优先模式时，平交路口控制器控制信号机随社会交通显示，而不根据列车位置提供通过优先权。设置了优先模式后，平交路口控制器则根据列车位置向社会交通申请优先权，平交道口控制器子系统根据社会交通提供的通行信号控制信号表示器的通行信号开放。

设置了社会交通优先权之后，平交路口控制器子系统可以根据列车位置控制信号机的显示。

5 结束语

本文根据淮安有轨电车的需求，介绍了基于精确定位的现代有轨电车信号系统的架构和特点，总结了该有轨电车信号系统的关键技术。

本文介绍的现代有轨电车信号系统已应用于淮安有轨电车项目一期工程，在持续的运营中，该系统在运行稳定、安全高效、功能完善、用户友好等方面获得了用户的高度评价，其中心远程监控和操作、长进路控制和路口优先等突出功能更是为有轨电车快速运行、高效运营、安全监管工作提供了强有力的支持。

现代有轨电车作为城市新型绿色交通的重要组成部分，提高其运营的安全性和高效性将成为城市交通的重点关注对象和重要研究课题，本系统将会在这两方面持续创新，提供更安全、稳定、高效的现代有轨电车信号系统解决方案。

参考文献

[1] 薛美根，杨立峰，程杰．现代有轨电车主要特征与国内外发展研究［J］．城市交通，2008，6（6）：88-91，96.

[2] 吴其刚．现代有轨电车系统发展的重难点及对策研究［J］．铁道工程学报，2013，12：89-92.

[3] 喻智宏，孙吉良，申大川．有轨电车通信信号技术与智能交通系统［J］．城市交通，2013，4（11）：44-51.

[4] 赵鸿鸣，何伟挺等．符合 BOStrab 规范的现代有轨电车型号系统［J］．2013 年轨道交通电气与信息技术国际学术会议（EITRT2013），2013.

[5] TB/T 3027—2002：计算机联锁技术条件［S］.

基于反馈控制的高速公路收费站入口通道调节效果研究

郑立勇　常云涛　王奕彤

（同济大学 交通运输工程学院，上海 201804）

摘　要：高速公路流入量控制是保障路网运行效率的重要手段。本文研究在不专门设置信号控制设备的前提下，通过调节收费站入口通道数目实现流入量控制的效果。提出了基于反馈控制原理的收费站入口通道调节方法，并通过动态交通流模型验证其在降低路网总耗时方面的效果，仿真分析表明：①在接近和略超过通行能力的情况下，通道数调节方法能明显缓解拥堵，保障主线运行畅通，相较于不采取任何措施，路网总耗时降低 15.8%；②在路网流量波动的情况下，通道数调节依然能够取得较好的改善效果；③因为反馈过程相对滞后的原因，通道数调节法的改善效果略逊于连续型 ALINEA 算法，但考虑到前者设备投入少且更易于实施，故具有较好的应用前景。

关键词：通道数调节；反馈控制；动态网络交通流模型；鲁棒性

Highway Toll Lane Control Strategy Based on Feedback Theory

Zheng Liyong　Chang Yuntao　Wang Yitong

(School of Transportation Engineering, Tongji University, Shanghai 201804)

Abstract: Traffic flow control is the most important measure to improve the efficiency of highway system, in this paper, a toll lane control strategy based on the feedback theory was proposed, different from traditional ramp metering strategies which the control variable is continuous, the control variable of toll lanes control is discrete(number of open lanes). The dynamic highway network traffic flow model was adopted as the process model to analysis the efficiency and robustness of the control strategy. A simulated study shows that the lane control strategy can significantly alleviate congestion and improve the overall network performance, the total time spent(TTS)of road network is 15.8% lower compared with the uncontrolled network, and the control strategy has good robustness in the case of traffic flow fluctuation, alough the ALINEA strategy performance better than toll lane control strategy, however, in consideration of the less investment and easier to implement, the toll lane control strategy has a good prospect for application.

Key words: Toll Lane Control Strategy, Feedback Control, Dynamic Traffic Flow Model, Robustness

---

基金项目：本文得到国家科技支撑计划“高速公路网运行状态智能监测与安全服务保障关键技术研发及系统集成”（2014BAG01B02）资助。

1 引言

随着我国高速公路的大规模建设成网以及机动车保有量的爆发式增长，高速公路交通呈现出大规模跨区域运动的特点[1]。由此也产生了交通事故、拥堵、空气污染等一系列高速公路出行的难题。

入口匝道控制（见图 1）是应用最广泛也最有效的一种缓解高速道路拥堵的控制方式。它是指利用匝道信号灯调节车辆进入高速道路主线的流率，以提升高速道路的整体/局部使用效能，具有缓解拥塞、减少交通事故、降低空气污染、提高长途交通比例等直接或间接的效益[2]。

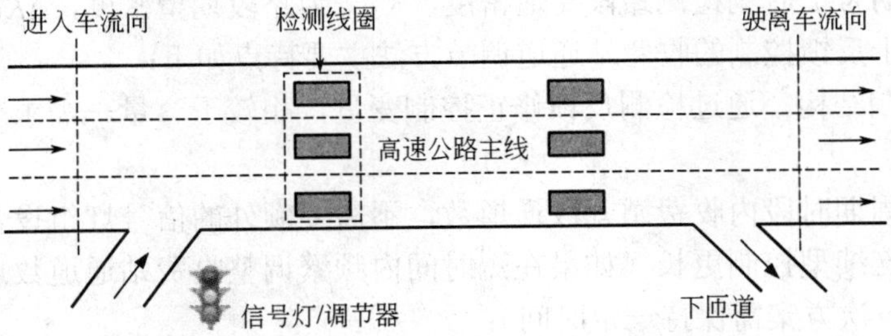

图 1　高速公路入口匝道控制

国外许多大城市都建有较为完善的高速道路交通控制系统。在我国，由于高速道路建设起步较晚，故相关研究也比国外滞后，而要将国外的成熟方法直接运用到国内高速公路上来，还存在适应性方面的问题。笔者通过对江苏、安徽、河南等省高速公路路段管理处调研发现：当前收费站流入量控制主要采取车辆间断放行的方式，依靠管理人员主观经验完成，缺乏科学有效的控制手段。

2 文献综述

匝道控制依据控制范围可分为单点控制（local/isolated metering）与协调控制（coordinated metering）；依据对实时信息响应的不同，可分为定时控制（fixed-time strategies）和感应控制（responsive control）[3~5]。

Wattleworth[6]在 1965 年提出的入口匝道定时控制方法的基本思想是：根据历史交通数据，估算得到不同时间段的固定调解率，其缺点是没有考虑交通状况的时变特性，不能根据实时的交通状况调整匝道流入率。感应匝道控制是根据实时检测到的交通流参数，以某个控制参数保持在最佳值附近为目标，计算入口匝道调解率，早期的控制算法包括需求—容量差额控制（demand-capacity control）和占有率控制（occupancy control），此类方法属于开环控制，对外界的扰动较为敏感，鲁棒性较差[3]。

Papageorgiou 在 20 世纪 90 年代年提出 ALINEA 方法[7~10]，它是利用经典自动控制理论建立起来的一种反馈控制方法，其基本原理为：将匝道控制视为一状态调节器，通过比较检测状态和目标状态的差值调整匝道流入率使得其下游主线的密度/占有率维持在理想状态。Papageorgiou 通过对阿姆斯特丹环线高速公路的仿真分析，验证了 ALINEA 算法的控制效果：能够显著提高路网系统通过能力，整体效率指标相较于不采取控制措施提升了 36.6%[8]。

Taylor C（1997）、Zhang（1998）等将模糊控制和人工神经网络等启发式算法运用于单点动态匝道控制中[11, 12]，并取得了一定的成果。单点控制由于考虑范围仅限于某个匝道而不考虑各匝道之间的协调，因此无法达到系统最优的目标，但是由于其技术相对简单、具有很大的灵活性，因此在国外得到广泛实施。

以上控制方法中控制变量为入口匝道调节率，属于连续型变量，实施的前提是需要在入口匝道处安装信号灯组，设备资金投入较大。而国内目前对于高速公路收费站流量控制的研究主要集中在收费站排队拥堵消散策略等方面[13, 15]，缺乏通过调节收费站通道数缓解主线交通拥堵的相关研究，本文在借鉴传统匝道控制方法的同时，针对实际情况，探索基于反馈控制的高速公路收费站通道数调节方法。

3 基本原理

基于反馈控制的收费站通道数调节作为一种闭环控制方法，需周期性检测高速公路主线交通状态，并将其与期望交通状态的差值作为控制输入，同时综合考虑收费站通道排队容量、通过率边界等约束，通过调节收费站开放通道使得主线交通状态维持在期望值附近，进而提高路网运行效率。算法原理如图 2 所示。其中，$K(t)$为 t 时刻检测路段交通密度，K_{obj} 为路段期望密度，$\Delta K(t)$为交通状态差值，K_r 为比例控制参数。基于反馈控制的收费站通道调节方法主要特点如下：

（1）采用闭环控制结构，通过检测反馈修正控制变量，相较于容量—需求差额控制等开环算法，系统的鲁棒性更好；

（2）控制变量为周期时段内收费站开放通道数，不需要额外的信号灯组设备，可实施性更好，且方案执行周期相较于连续型控制更长（如果在短时间内频繁调整收费站通道数反而会使得排队等待的驾驶员无所适从，故一次方案需保持一定时间）；

（3）将收费站通道排队长度作为惩罚项考虑在内，保证排队长度不超过收费站容量限制。

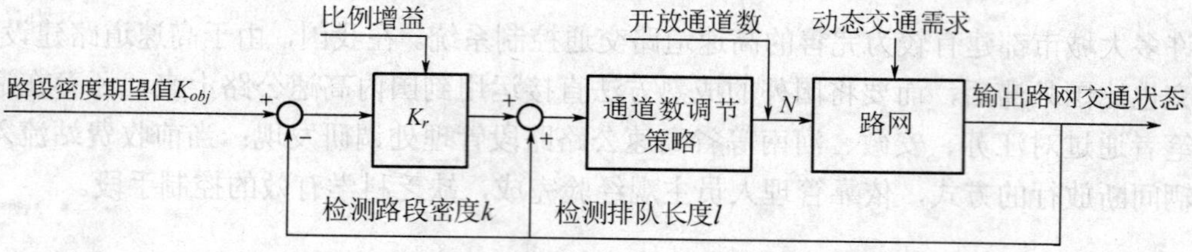

图 2　收费站通道调节算法原理

4 数学模型

本文中构建的数学模型主要包括：①动态交通流模型（过程模型），包括路段模型和收费站通道排队模型；②收费站通道调节算法；③路网运行效率评价指标。

通过以上数学模型对通道调节算法进行效果仿真，整个过程可描述为：在动态交通需求作用下每隔Δt 时段调整一次收费站的开放通道数，并根据动态网络交通流模型推算每个时段的路网状态及运行效率指标（反馈过程相当于将每个时段得到的路网交通状态作为下一时段的系统输入）。仿真流程如图 3 所示。

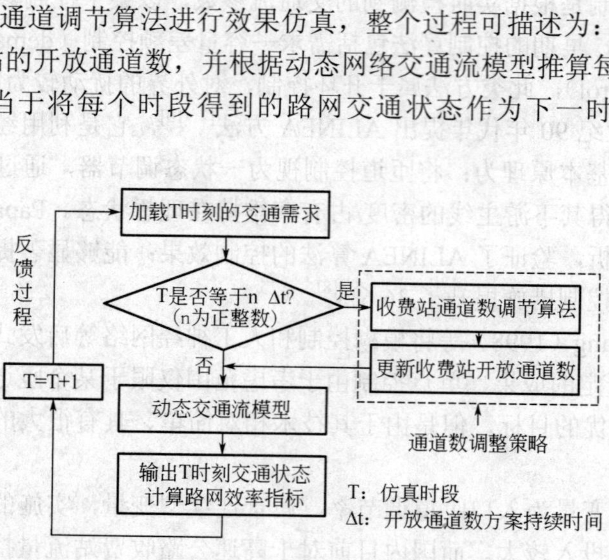

图 3　收费站通道数调节算法仿真流程

4.1 动态网络交通流模型

4.1.1 路段模型

（1）交通密度方程

由路段流量守恒方程容易得到如下交通密度传递方程：

$$k_{ij,t+1}^{a}=k_{ij,t}^{a}+(u_{ij,t}^{a}-v_{ij,t}^{a})\frac{\Delta t}{\Delta_{a}n_{a}} \tag{1}$$

式中，$k_{ij,t}^{a}$ 为时段 t 中 OD 对 i，j 之间的流量在路段 a 上的密度；$u_{ij,t}^{a}$ 为时段 t 中 OD 对 i，j 之间的流量在路段 a 上的流入量；$v_{ij,t}^{a}$ 为时段 t 中 OD 对 i，j 之间的流量在路段 a 上的流出量；Δt，Δa，n_a 分别是时段长度，路段 a 的长度和车道数；将 $k_{ij,t}^{a}$ 求和，可以得到该路段的交通密度 k_{t}^{a}。

$$k_{t}^{a}=\sum_{i}\sum_{j}k_{ij,t}^{a} \tag{2}$$

（2）路段流入流出方程

路段 a 的流入流出量

$$u_{ij,t}^{a}=\begin{cases}r_{ij,t} & a\text{ 是 OD 对 }i，j\text{ 之间的第一个路段}\\ v_{ij,t}^{a-1} & a\text{ 是 }a\text{-1 的紧路段}\end{cases} \tag{3}$$

式中，$r_{ij,t}$ 代表时段 t 中 OD 对 i，j 中收费站 i 的流入量（起点流量）而路段的流出流量就等于该路段的流量，可得

$$v_{ij,t}^{a-1}=f_{ij,t}^{a} \tag{4}$$

式中，$f_{ij,t}^{a}$ 代表时段 t 中 OD 对 i，j 之间的流量在路段 a 上的流量。

（3）速度—密度方程与流量—速度—密度方程

速度—密度方程采用修正的 Greenshields 模型

$$w_{t}^{a}=(w_{free}^{a}-w_{\min}^{a})\cdot\left[1-\left(\frac{k_{t}^{a}}{k_{jam}^{a}}\right)^{\alpha}\right]^{\beta}+w_{\min}^{a} \tag{5}$$

式中，w_{t}^{a} 为时段 t 内路段 a 的车速；w_{free}^{a} 和 $w_{\min}^{a}$ 分别为路段 a 的自由流车速和拥挤状态的最小车速；k_{t}^{a} 为时段 t 内路段 a 的密度；k_{jam}^{a} 为路段 a 的阻塞密度；α和β分别为模型参数。由交通流的基本关系模型，可以建立如下的流量、速度、密度的关系方程：

$$f_{ij,t}^{a}=k_{ij,t}^{a}\cdot w_{t}^{a}\cdot n_{a} \tag{6}$$

$$q_{t}^{a}=\sum_{i}\sum_{j}f_{ij,t}^{a} \tag{7}$$

式中，q_{t}^{a} 为 t 时刻路段 a 的流量。

（4）约束方程

$$k_{ij,0}^{a}\geqslant 0 \tag{8}$$

4.1.2 收费站通道模型

收费站通道模型主要描述通道排队的长度变化和进入主线的流率变化情况。

（1）通道排队长度变化

由收费站的流量守恒关系可以得到通道上车辆数目（排队长度）变化模型如下

$$l_{ij,t+1} = l_{ij,t} + (d_{ij,t} - r_{ij,t}) \cdot \Delta t \tag{9}$$

$$l_{i,t} = \sum\nolimits_j l_{ij,t} \tag{10}$$

$$l_{i,t} \leqslant Cap_i \tag{11}$$

式中，i 是当前收费站，$l_{i,t}$ 是 t 时段排队长度（排队车辆数），$d_{ij,t}$ 和 $r_{ij,t}$ 是时段 t 的 OD 对 ij 间的交通需求和相应的流入主线的流量，Cap_i 是收费站 i 的排队限制。

（2）通道流入率模型

从宏观角度而言，收费站 i 流入量中 OD 对 ij 之间的流入率 $r_{ij,t}$ 应与该匝道的总流入率成比例关系，其中 $r_{i,t}$ 是收费站 i 在时段 t 的流入率：

$$r_{ij,t} = \frac{d_{ij,t} \cdot \Delta t + l_{ij,t}}{\sum_j d_{ij,t} \cdot \Delta t + l_{ij,t}} \tag{12}$$

通道流入率不应该超过实际交通需求所能产生的最大流入率，因此 $r_{ij,t}$ 还应满足如下关系

$$r_{i,t} \leqslant \sum\nolimits_j (d_{ij,t} + l_{ij,t} / \Delta t) \tag{13}$$

同时，通道流入主线的流量还要受到主线交通密度的限制，两者还存在如下约束关系

$$r_{i,t} \leqslant r_{i,\max} \cdot (k_{i,jam}^a - k_{i,t}^a) / (k_{i,jam}^a - k_{i,icr}^a) \tag{14}$$

式中，$k_{i,jam}^a$ 和 $k_{i,icr}^a$ 分别是与收费站 i 相连的路段 a 的拥挤密度和临界密度。

4.2 收费站通道调节算法

收费站通道调节算法流程如图 4 所示。

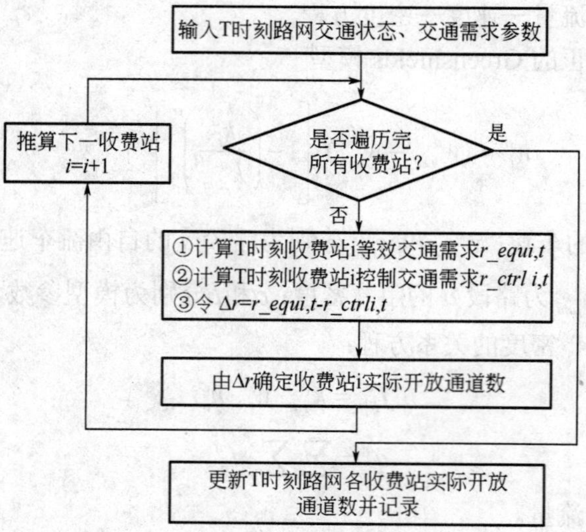

图 4　收费站通道数调节算法流程

对于收费站 i 而言 t 时刻等效交通需求 $r_{equi,t}$ 由对应交通需求和排队长度共同决定：

$$r_{equi,t} = d_{i,t} + l_{i,t} \tag{15}$$

$d_{i,t}$ 为 t 时刻收费站 i 的动态交通需求，$l_{i,t}$ 为 t 时刻收费站 i 的排队长度。故需要开放的收费站通道数 $N_{equi,t}$（式中 $lane_i$ 为收费站 i 单个通道的通行能力）：

$$N_{equi,t}=(d_{i,t}+l_{i,t})/lane_i \tag{16}$$

另一方面，对于收费站 i 而言，t 时刻控制开放通道数 $N_{ctrli,t}$ 由 t-Δt 时刻的实际流入量 $r_{i,t-1}$ 和 t 时刻的检测路段密度 $k_{i,t}$ 决定:

$$N_{ctrli,t}=\left\{r_{i,t-\Delta t}-k_r(k_{r,t}-k_{crt,i})+M\right\}/lane_i \tag{17}$$

$$k_r=v_{crt,i}\cdot\Delta t \tag{18}$$

$$M=\max[0,l_{i,t}-l_{i,\max}] \tag{19}$$

式中，k_r 为比例控制增益系数，$k_{obj,i}$ 为收费站 i 对应的期望路段交通密度；$v_{crt,t}$ 为对应速度，Δt 为方案执行周期；M 为排队超限惩罚项，$l_{i,\max}$ 为设定的收费站 i 限制排队长度，一旦检测排队长度超过该值，将影响 $r_{i,t}$ 取值。此时得到的 $N_{ctrli,t}$ 不一定为整数，实际取值 $N_{i,t}$ 还需根据需求开放通道数 $N_{equi,t}$ 和控制开放通道数 $N_{ctrli,t}$ 的关系确定：

$$\Delta N=N_{equi,t}-N_{ctrli,t} \tag{20}$$

$$N_{i,t}=\begin{cases}\min\left[N_{i,\max},\left\lceil N_{equi,t}\right\rceil\right] & \Delta N<0\\ \left\lfloor N_{ctrli,t}\right\rfloor & \Delta N>0\end{cases} \tag{21}$$

$$r_{i,t}=\begin{cases}r_{equi,t} & \Delta N<0\\ N_{i,t}\cdot Cap_i & \Delta N>0\end{cases} \tag{22}$$

式中，ΔN 为需求开放通道数和控制开放通道数的差值，如果 $\Delta N<0$ 则说明控制开放通道数能够满足需求，此时收费站通道实际流入量即为等效交通需求；反之，如果 $\Delta N>0$ 则说明控制开放通道数不能满足需求，即需要通过合理限制流入量保证主线运行效率，此时实际开放通道数 $N_{i,t}$ 为 $N_{ctrli,t}$ 取整后结果，实际流入量为开放通道数通行能力之和。

4.3 路网运行效率评价指标

本文采用常用的性能指标“网络总耗时”（Total Time Spent，TTS）作为评价指标[14]，网络总耗时 T_S 等于道路行驶时间 T_t 与匝道排队等待时间 T_w 的和，根据上述交通流模型（1～14），网络总耗时 T_s 具有如下形式：

$$Z=T_s+T_t=\sum_t\sum_a\sum_i\sum_j\left(k_{ij,t}^a\cdot\Delta_a\cdot n_a+l_{i,t}\right)\cdot\Delta t \tag{23}$$

式中，Δ_a 为路段长度，n_a 为路段车道数。

5 仿真案例

5.1 路网描述与仿真条件

本文以某一线性高速公路为例，验证收费站通道调节算法的效果。如图 5（a）所示中的一条高速公路由 6 个路段和 3 个入口收费站、2 个出口收费站组成，各路段长度依次为 5km、4km、4km、4km、5km、4km，除路段 AB、BC 为 2 车道外，其他各个路段均为 3 车道，假定各路段中各车道的交通流参数均相同：“速度—密度”关系为 $v=115\times\left(1-\left(\dfrac{k}{k_{\max}}\right)^{1.4}\right)^{3.0}+5$，拥挤密度为 $k_{\max}$=110 veh/km/lane，自由

流车速为 v_f=110 km/h，路段期望密度为 k_{obj}=35 vhe/km/lane，每条车道的通行能力为 2200 veh/h/lane。各收费站单通道通行能力均为 600 veh/h/lane，入口通道数分别为 7 个、6 个、4 个、2 个，图 5（b）所示为模拟的各收费站入口 0 到 100 个仿真时段的动态交通需求（本案例中 1 仿真时段即为 1 分钟）。

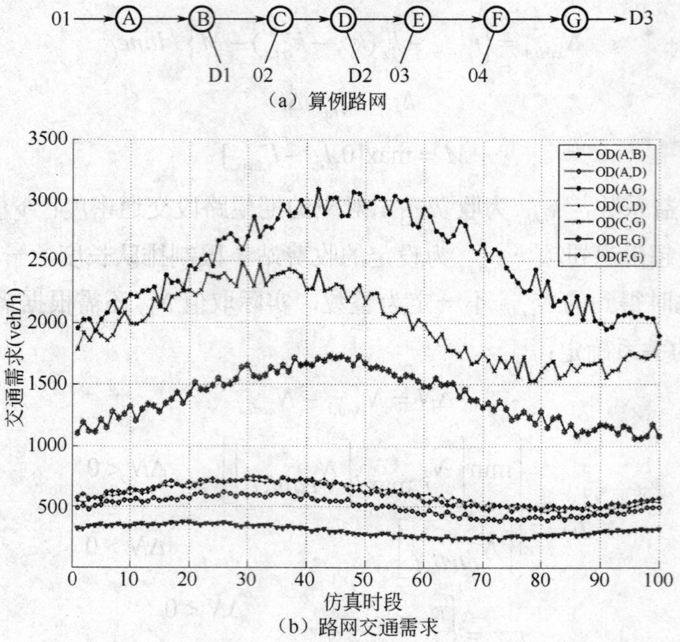

（a）算例路网

（b）路网交通需求

图 5　算例路网结构及对应交通需求

5.2　基本效果测试

基本效果测试设定如下两个不同的场景，并比较各自对应的路网交通状态和路网总耗时：

场景一：不采取任何的控制措施，仅考虑主线最大密度限制等物理约束；

场景二：采用通道调节方法对对收费站 O1、O2、O3、O4 进行流量控制。

图 6 所示为场景二各收费站开放通道数的时变轨迹图，控制系统每隔 25 个时段检测一次路网状态，同时调整开放的通道数目。

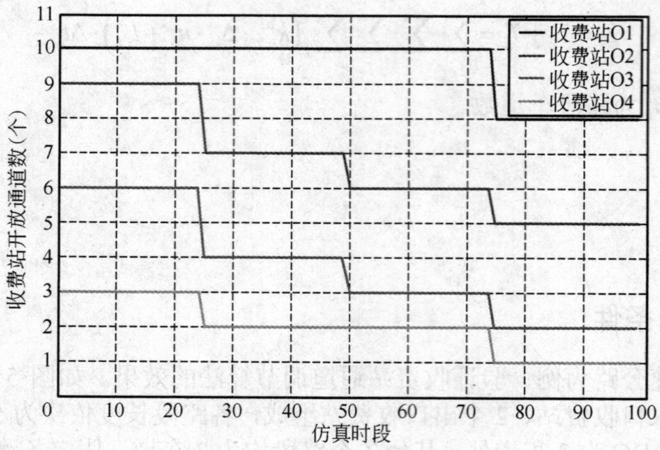

图 6　收费站开放通道数时变轨迹

如图 7 所示为采取通道数调节前后的路网状态比较，通过密度和速度参数反映路网交通状态的变化，图 8 所示为采取通道数调节前后，各收费站排队长度的变化。

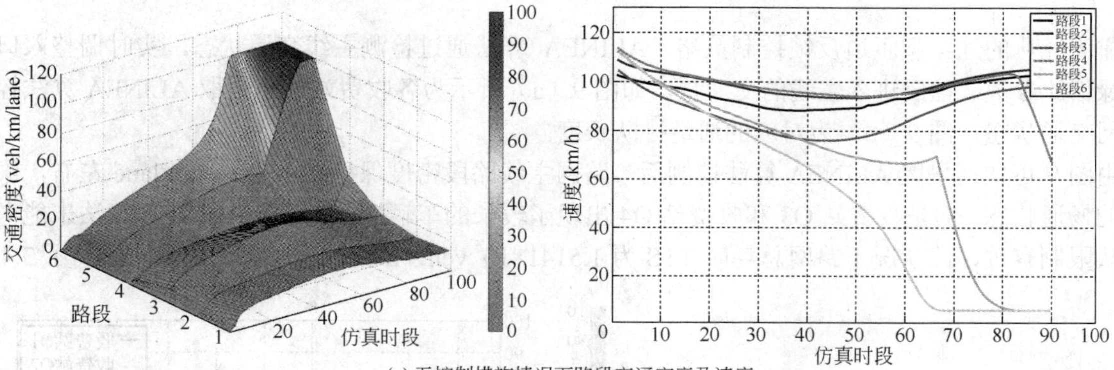

(a) 无控制措施情况下路段交通密度及速度

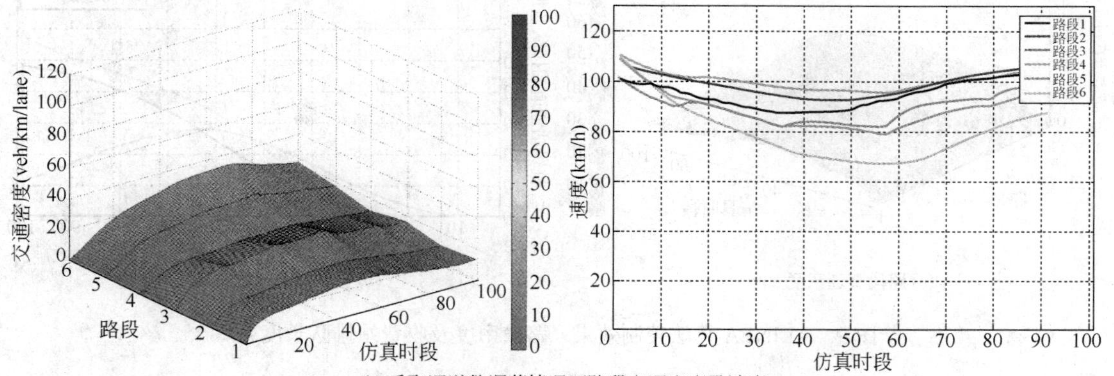

(b) 采取通道数调节情况下路段交通密度及速度

图 7　采取通道数调节前后路段交通密度和速度对比

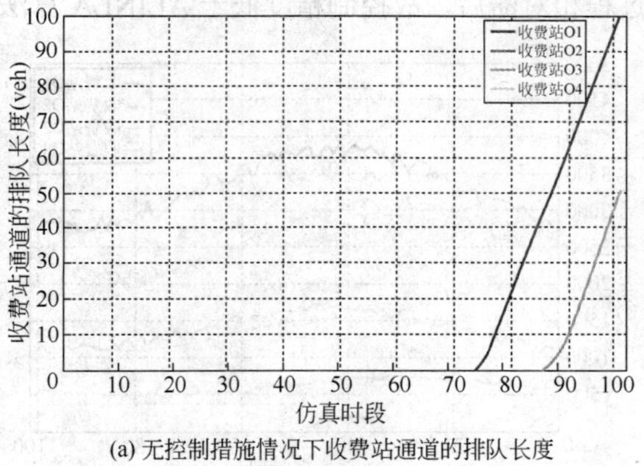

(a) 无控制措施情况下收费站通道的排队长度

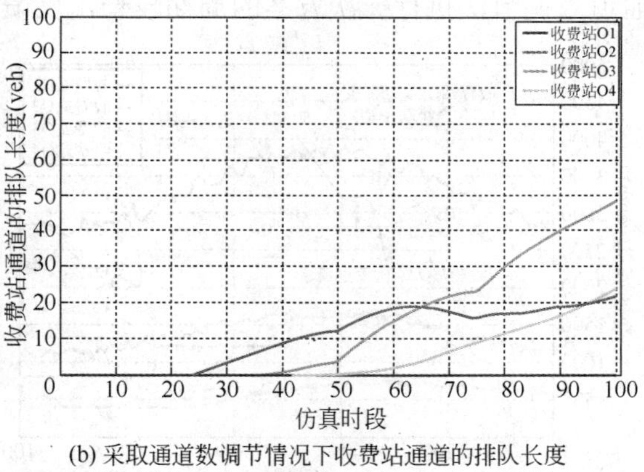

(b) 采取通道数调节情况下收费站通道的排队长度

图 8　采取通道数调节前后收费站通道的排队长度对比

由图 7（a）、图 8（a）可知：在不采取任何控制措施的情况下，路段 4、5、6 在 80 个仿真时段后将出现严重拥堵，路段密度达到 100 veh/km/lane，路段 5 和路段 6 中的车辆因拥堵完全停止，收费站 O4 因主线拥堵，车辆无法汇入而产生较长的排队（超过 100 veh/lane）；另一方面，收费站 O2 未出现明显的车辆排队，通道空间未得到充分利用，计算得到此状态下路网总耗时 TTS 为 1.8630×10^5 veh·h。图 7（b）、图 8（b）所示为采取通道数调节措施后的情况：通道数调节保证了各路段状态保持在畅通范围内（未超过 40 veh/km/lane），且收费站 O4 的排队长度也较之调节前大幅度降低（20 veh/lane），收费站 O2 排队长度虽较之图 8（a）略有上升，但尚在可接受范围之内，计算得到路网总耗时 TTS 为

1.5674×10^5 veh • Δt，相较于不采取控制，路网整体效率提升了 15.8%。

5.3 收费站通道调节法与 ALINEA 算法效果对比

作为经典的连续型匝道反馈控制策略，ALINEA 算法通过检测主线交通状态，实时调整入口信号机的绿信比参数，控制进入主线的交通量。如图 9（a）所示为各收费站通道采取 ALINEA 算法控制后的路网交通状态，图 9（b）为对应的通道排队长度。

由图 9 可知：采取 ALINEA 算法控制后，路网主线路段密度保持在 35 veh/km/lane 左右，维持了主线的畅通状态，但是收费站 O3 和收费站 O4 出现了较长的车辆排队，这与 ALINEA 算法未能考虑匝道排队限制有关，此状况下路网总耗时 TTS 为 1.5141×10^5 veh • h 相较于通道数调节法提高了 3.4%。

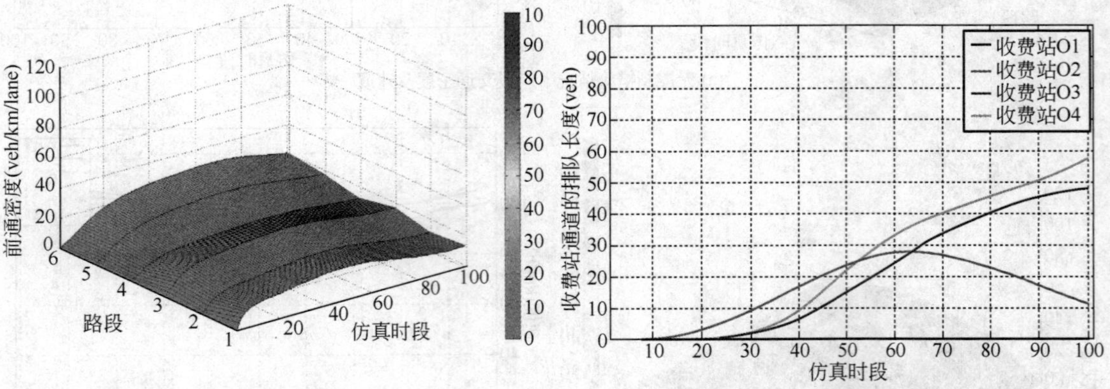

(a) 路段交通密度　　(b) 收费站通道的排队长度

图 9　ALINEA 算法控制效果（路段密度及收费站排队长度）

如图 10 所示为路网收费站在 ALINEA 算法和通道调节法分别作用下的实际流入率。图中实线代表各收费站的动态交通需求曲线（不包括排队车辆），虚线代表各收费站的实际车辆流入率。由图可知，由于通道数调节法执行一次方案的周期较长，反馈过程相对滞后，故控制精度低于 ALINEA 算法。

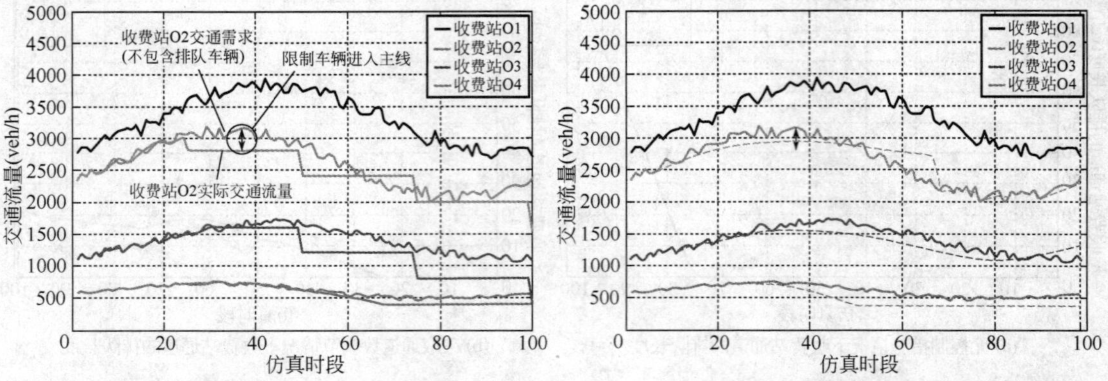

(a) 通道数调节法对应各收费站实际流入率　　(b) ALINEA算法对应各收费站实际流入率

图 10　收费站动态交通需求与实际流入率对比

5.4 收费站通道调节鲁棒性测试

为了更好地分析收费站通道调节法的鲁棒性，本文测试其在交通需求波动情况下的控制效果，并分别与无控制和 ALINEA 控制相比较。实验选定基础交通需求 Q（中等强度）并以 $0.1Q$ 为步距，测试需求在 $0.8Q$～$1.2Q$ 波动时，不同方案的 TTS 指标，结果如表 1 所示。测试表明：当交通需求不大时（$<0.8Q$），ALINEA 控制和通道调节两种方法的 TTS 改善率均较低，随着交通需求的不断增大（$0.9Q$～

Q），两种方法均能显著提高路网运行效率，当交通需求超过一定程度时（1.1Q），ALINEA 控制方法执行周期短、控制精度高的优势开始显现，TTS 改善率明显高于通道数调节方法，但随着交通需求的持续增长（>1.2Q），路网本身承载能力有限，两种控制方法的 TTS 改善效果均显著下降。

表 1　交通需求波动情况下不同方案的 TTS 指标

交通需求	控制方案对应 TTS（veh・h）			TTS 改善率（%）（相较于不控制）	
	不采取控制	ALINEA 控制	通道调节	ALINEA 控制	通道调节
0.8Q	95308	94743	95273	0.60	0.04
0.9Q	115370	112520	114881	2.40	0.42
Q	186322	151414	156745	19.2	15.8
1.1Q	273094	201003	234066	26.3	14.3
1.2Q	328812	319556	323902	2.80	1.40

6　总结

本文根据我国高速公路管理现状，借鉴经典匝道控制原理，提出了基于反馈控制的高速公路收费站通道调节方法并通过构建动态交通流模型对算法效果进行仿真测试，结果表明：①收费站通道数调节能够显著地提高路网运行效率，维持主线交通畅通，案例中路网总耗时相较于不采取任何控制措施降低了 15.8%；②通道调节法因执行周期较长，反馈过程相对滞后，故整体路网改善效果低于 ALINEA 算法；③随着交通需求的增大，通道调节法的控制效果逐渐显现，但当交通需求超过路网承载能力时，无论是 ALINEA 控制还是通道数调节法，控制效果均出现明显下降。

总体而言，通道调节法能够在一定的交通需求波动情况下显著提高路网运行效率，算法鲁棒性较好，虽然控制精度上逊于连续型控制算法，但是考虑到通道数调节法设备资金投入相对较小，更易于在我国的当前高速公路网中大范围实施，故该方法具有较好的应用前景。另外，随着理论技术的不断成熟，可考虑将各收费站进行协调控制，更好地提升路网运行效率。

参考文献

[1] 任黎立．高速公路入口匝道控制方法综述［J］．交通标准化，2006（5）：146．

[2] 杨晓光．城市高速道路交通系统动态控制方法研究［D］．上海：同济大学，1996．

[3] 张海军，杨晓光．高速道路入口匝道控制方法综述［J］．同济大学学报（自然科学版）．2005，33（8）：1051-1055．

[4] 郑建湖，董德存，陈洪．城市快速路入口匝道控制策略比较分析［J］．计算机测量与控制，2006，14（2）：196．

[5] 丁同强，郑黎黎，常云涛．高速公路入口匝道控制策略研究［J］．武汉理工大学学报（交通科学与工程版），2006（5）：755-758．

[6] Wattleworth J A．Berry D S．Peak period analysis and control of a freeway system —some theoretical investigations［J］．HRB Rec，1965，89：1．

[7] Papageorgiou M，Habib H S，Blosseville J M．ALINEA：A local feedback control law for on-ramp metering［J］．Transportation Research Record，1991（1320）：58-64．

[8] Papageorgiou M．Freeway Ramp Metering：An Overview［Z］．Dearborn（MI），USA：2000．

[9] Papageorgiou M．A new approach to time-of-day control based on a dynamic freeway traffic model［J］．Transportation Research，Part B，1980，14：349-360．

[10] Smaragdis E，Papageorgiou M，Kosmatopoulos E．A flow-maximizing adaptive local ramp metering strategy [J]．Transportation Research Part B：Methodological．2004，38（3）：251-270.
[11] Taylor C，Meldrum D，Jacobson L．Fuzzy ramp metering-design overview and simulation results [J]．Transportation Research Record，1998，（1634）：10-18.
[12] Zhang H M．Freeway ramp metering using artificial neural network [J]．Transportation Research，Part C，1997（5）：273-286.
[13] 张晨琛，王艳辉，贾利民．高速公路主线收费站拥堵消散控制策略 [J]．中国公路学报，2013，26（4）：139-145.
[14] 常云涛．高速公路网动态 OD 矩阵估计及匝道路由协调控制研究 [D]．上海：同济大学，2004.
[15] 马军，刘智勇．高速公路收费站拥堵问题解决对策 [J]．公路交通科技（应用技术版），2012（8）：372-374.

智能预警路锥的设计与应用

冯　培　王军利　王景升　苑敬雅

（中国人民公安大学交通管理工程系，北京 102623）

摘　要：交通事故现场是交通事故活动发生后，证据存在的空间环境，由于处理交通事物时，道路交通环境十分复杂，所以保护交通事故现场显得尤为重要。其中，警用路锥是维护交通事故现场不可缺少的一部分，但是，现阶段使用的警用锥筒只具有简单的警示和隔离作用，实际应用中存在许多不足。智能预警路锥通过运用控制模块，将震动（位移）信号转换为电信号（脉冲），声光报警灯接受电信号（脉冲）达到预警功能，并根据实际情况发出不同级别的警报。本文完成了对拥有智能预警功能的设计和制作方案，并对其做了应用拓展，进一步实现了路锥的无线远程传播，强化了该智能路锥的预警功能，从而切实保障了事故现场人员的生命财产安全。

关键词：智能预警；交通安全；警用路锥；事故现场防护

The Design and Application of Intelligent Warning Road Cones

Feng Pei　WangJunli　Wang Jingsheng　Yuan Jingya

(People's Public Security University of China traffic management engineering department,Beiing 102623)

Abstract: The scene of traffic accident is the space environment of all kinds of evidences after traffic accident. In the face of dealing with traffic accidents, it is very important to protect the traffic accident scene.Among them, police road cone is the maintenance of traffic accident scene indispensable part, however, at this stage, the use of police cones just has simple warning and isolation effect, and there are many problems in practical application.By using the control module and the vibration(displacement)to convert the signal into an electrical signal(pulse), sound and light alarm light receiving signals(pulse)to achieve early warning function, intelligent early warning road cone can sound different level of alarm the according to the actual situation.This paper completed the design and production of intelligent warning function, and expanded its application for further realizing the wireless remote transmission of the road cone, and strengthening the warning function of the intelligent road cone, so as to ensure the safety of life and property of the personnel in the accident scene.

Key words: Intelligent Early Warning, Traffic Safety, Police Road Cones, Accident Protection

1 引言

由于道路交通事故涉及范围广，具有突发性和破坏性，会威胁到人民的生命和财产安全。众所周知，交通事故现场是交通事故活动发生后各种证据存在的空间环境，是交警认定事故责任的重要依据。在交警勘察现场时，情况会十分复杂，若现场防护不当，容易引起二次事故，造成更大的损害。因此，保证现场执法民警、事故当事人的人身安全，保证现场勘察顺利、及时、全面、客观，预防二次交通事故的发生显得尤为重要。

通过实地调研，查阅相关资料，了解到警用路锥是隔离事故现场与正常道路的重要媒介。而目前所使用的路锥功能较为单一，仅限于地理上的分离以及通过本身的荧光材料起到提醒作用。当有危险发生时，没有响应的预警功能。鉴于此，经过分析讨论，制定相关方案，并结合锥筒本身特性，经过不断试验完善，最终设计出拥有智能预警功能的警用路锥。

2 交通事故现场安全防护现状

2.1 国内交通事故现场安全防护模式研究

就交通事故现场的防护情况而言，我国大多数采用被动防护模式，简单来说，就是依赖于交通事故现场指挥民警对过往车辆发出信号及安置反光警用锥筒以及一些简单的警示标牌，来提醒车辆减速，防护效果不理想。目前，交通事故现场防护是依据公安部发布的道路交通事故处理程序规定和道路交通事故处理工作规范规定来进行的。具体做法为：交通警察到达现场后，根据现场情况，划定警戒区域，白天在距离现场来车方向 20～100m 外或路口处放置发光、反光锥筒和警告标志，指挥过往车辆、人员绕行，必要时封闭道路。在高速公路上的交通事故现场，还需停放警车示警，白天在距离现场来车方向 200m 外，夜间或雨、雪、雾、冰、沙尘等特殊气象条件下，在距离现场来车方向 500～1000m 外，设置警告标志和减（限）速标志，并向事故现场方向连续放置发光或者反光锥筒。在对一些设施的改进以及其附加功能的添加较为欠缺。交通事故发生后，交警到达以及处理交通事故现场的时间较长，事故现场围观群众较多，由于事故现场勘查民警麻痹大意，围观群众交通安全意识淡薄，加之可能通过事故现场的车辆、驾驶人的不安全因素等都可能严重影响交通事故现场的安全性，危及事故现场人员的生命财产安全。

2.2 当前警用路锥存在的问题

目前国际通用了 60 多年的三角警示架和红色路锥是在事故现场防护中主要的警示物。但经过调查发现，在实际使用过程中，主要存在以下几个问题：功能单一，警示效果不好，运输不方便、抵抗恶劣条件能力差等。近年来交通事故频频发生，在处理事故现场时，二次事故也屡见不鲜，其中相当一部分事故是由于交通警示标志产品功能的缺陷造成的。突出的一个问题是，现阶段，警用路锥的功能主要体现在其对交通事故现场的地理隔离和简单的反光警示这样单一短时的作用，当过往机动车越过警戒线碰倒警用路锥时，该路锥的功能便完全消失，没有任何警报装置，不仅不利于现场防护，还存在巨大的安全隐患。在智能化交通越来越普及的情况下，传统警用锥筒已然不能满足实际防护需求。

2.3 基于公安民警因公伤亡现状的分析

公安机关不同于一般的行政机关，公安机关是一支武装性质的国家刑事司法和治安行政执法力量，肩负着打击敌人、惩治犯罪、保护人民、服务改革开放和现代化建设的重要使命；公安民警的工作性质和特点也不同于一般的公务员，公安工作的性质和特点决定其必须承担更多的责任、风险和压力，决定这支队伍在和平时期也要付出流血和牺牲，如图 1 所示。

近五年，牺牲人数排名前五位的警种是：派出所民警 534 人，占牺牲民警总数的 24.2%；交警 243 人，占 11%；刑警 175 人，占 7.9%；治安警 146 人，占 6.6%；消防警 144 人，占 6.5%。所以，派出所民警、交警、刑警等基层一线警种工作危险系数最高，如图 2 所示。

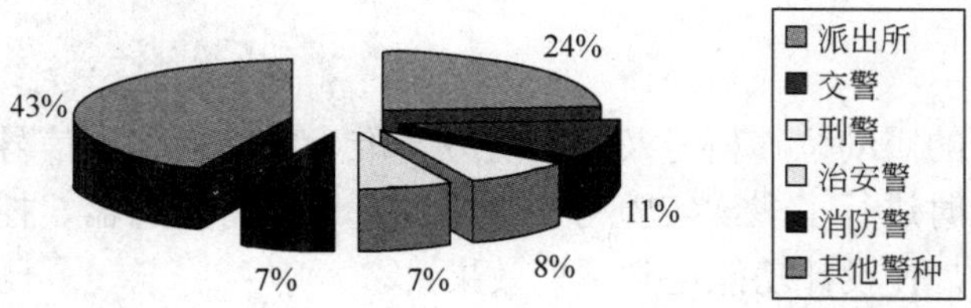

图 1　牺牲警种比例

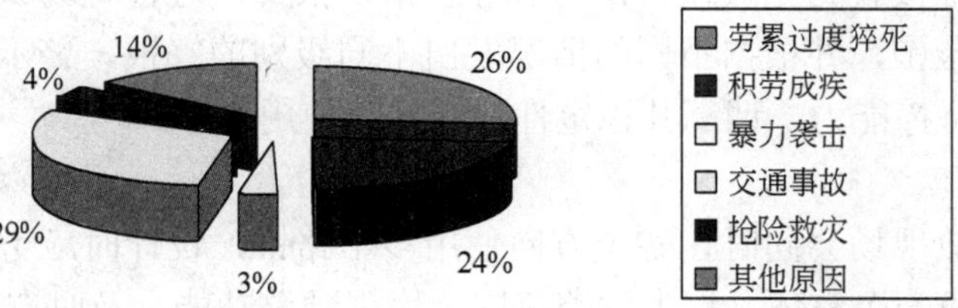

图 2　警察因公致死因素

当我们进一步深入探究各个警种因公殉职的原因时，会发现，有多方面的因素导致警察伤亡：因交通事故而死亡的警察人数占据第一位；其次为积劳成疾而殉职；受到暴力袭击而牺牲的警察人数居于第三位；在抢险救灾中英勇牺牲的警察人数居于第四位。

2.4　交通管理部门提高安全防护能力的必要性

交通安全设施在事故处理中扮演很重要的角色。近年来，除交警工作任务繁重外，工作环境的复杂性致使防护装备落后问题日益突出。以警用反光锥筒为例，在交通管理部门的实际应用中暴露出了很多的问题，它的存在不再能起到警示行人、保护民警人身安全等作用。随着智能交通的普及和应用，交通管理中应用到的各项基础设施也应该与时俱进，与日益复杂的工作环境相适应，为公安机关交通管理部门的工作提供支持与服务。此外，提高公安机关自身安全防护能力能为广大交通干警的人身安全提供保障，创造良好的工作环境。

3　智能预警路锥的功能与设计原则

3.1　智能预警路锥功能概述

（1）当道路上发生交通事故时，该路段要实施交通管制，即在事故发生处放置交通标志如警用路锥等，引导车辆行驶。若事故发生段，车流量多，通行情况复杂，交警及事故当事人在处理现场时较为危险，易发生事故。智能预警路锥通过运用控制模块，将震动（位移）信号转换为电信号（脉冲），声光报警灯接受电信号（脉冲）达到预警功能，并根据实际情况发出不同级别的警报。这样当有车辆驶进管制区域内碰倒该路锥后，路锥会发出警报，警示交警及当事人注意躲避，保护其生命财产安全。

（2）在实际应用中，事故现场会同时在各个方向使用多个路锥，这样，通过锥筒的不同的摆放位置、连接方式等方面的设置，可以使多个路锥形成一个整体的布局，扩大预警范围，增强预警功能，更加及时有效的起到预警效果。

（3）由于交通事故现场的环境可能很复杂，简单的声光警报不一定能够及时地被交警及当事人所接受到，所以在进一步的设想中，可以在路锥中嵌入通信装置，当其他车辆接近事故现场或已经接触路锥甚至将路锥撞到时，发射通信信号，事故现场的交警即可通过随身携带的警务通接收信号，更加及时地接收到警报。

3.2 设计原则

（1）科学性

为确保该路锥接收到的震动位移信号及时、有效、准确的转换为电信号，从而使声光预警灯能够实现智能预警功能，设计时进行了多次实验与实际操作，最终将传感器、控制模块等精密电子设备与该路锥有效地结合于一体，使设计功能达到预期效果。

（2）实用性

为避免智能预警路锥接收到无效或错误信号导致错误报警，进行现场试验分析并收集数据，将传感器调试到适合的接收范围，并根据不同的情况发出不同级别的警报，警示现场人员。此外，该设计加强了路锥的抗风、抗碰撞能力，调高其稳定性，延长其使用寿命。

（3）整体性

在实际应用中，事故现场会同时在各个方向使用多个路锥，设计时应考虑通过摆放位置，连接方式等方面使多个路锥形成一个整体，扩大预警范围，增强预警功能，及时有效的达到预警功能。

（4）环保型

设计时应充分考虑产品的环保型，路锥主体使用环保材料，电源使用环保的可降解电池，报警的声光设备也应符合环保要求。避免造成光污染和噪声污染。

4 智能预警路锥的设计方案与试验分析

4.1 倾斜、倾倒时声光报警功能设计方案

4.1.1 元件选择（见表1）

表1 元件选择

元件名称	工作原理	优点	缺点
光电传感器	把光强变化转换成电信号变化来实现控制。光电传感器一般由三部分构成：发送器、接收器和检测电路。发送器对准目标发射光束，光束不间断地发射，或者改变脉冲宽度。在接收器的前面装有光学元件：透镜和光圈等。在其后面是检测电路，它能滤出有效信号并应用该信号	检测距离长、对检测物体的限制少、响应时间短、分辨率高、便于调整	由于光敏元件就是依赖光强度的变化而发挥功能，而很多时候事故发生在夜间，这时候，过往车辆的车大灯会对其产生很大的干扰，从而导致过度报警或者报警滞后
位移传感器	位移传感器又称为线性传感器，它的作用是把各种被测物理量转换为电量。常用位移传感器以模拟式结构型居多，它通过电位器元件将机械位移转换成与之成线性或任意函数关系的电阻或电压输出。电位器式位移传感器的可动电刷与被测物体相连。物体的位移引起电位器移动端的电阻变化。通常在电位器上通以电源电压，以把电阻变化转换为电压输出	结构简单、使用方便以及价格低廉	过大的阶跃电压会引起系统震荡，易磨损
倾斜传感器	1.“固体摆”式惯性器件：固体摆广泛采用力平衡式伺服系统，由摆锤、摆线、支架组成； 2.“液体摆”式惯性器件：液体摆的结构原理是在玻璃壳体内装有导电液，并有三根铂电极和外部相连接，三根电极相互平行且间距相等。当壳体水平时，电极插入导电液的深度相同。如果在两根电极之间加上幅值相等的交流电压时，电极之间会形成离子电流，两根电极之间的液体相当于两个电阻RI和RIII。若液体摆水平时，则RI=RIII。当玻璃壳体倾斜时，电极间的导电液不相等，三根电极浸入液体的深度也发生变化； 3.“气体摆”式惯性器件：气体在受热时受到浮升力的作用，如同固体摆和液体摆也具有的敏感质量一样，热气流总是力图保持在铅垂方向上，因此也具有摆的特性	价格便宜、体积小、携带方便，能承受较大冲击，有显著的负载荷能力抗恶劣天气的能力较强，能在较大温差的环境中正常工作	灵敏度相较于前两者稍差

4.1.2 元件构成

路锥由主控制电路板（以下简称主板）、声光报警灯、充电电池组、开关机按钮、路锥等部分构成，主板及充电电池组安装在路锥内部，声光报警灯及开关机按钮安装在路锥表面。

主板由倾斜传感器检测电路、控制电路、继电器电路、充电插口等部分构成，主板通过电线分别与声光报警灯、开关机按钮和充电电池组相连。为减小电池耗电，主控电路板采用每隔 1～5 秒钟启动一次、平时休眠的技术手段。声光报警灯选用直流 12V 低功耗 LED 灯。充电电池选用 12V 锂电池组。

4.1.3 工作流程

将路锥置于路面，按下开关机按钮，主板上电工作，声光报警灯闪烁（频率 1～299 秒可调），当路锥被撞或移动时，其倾斜角度超过限定值时，倾斜传感器检测电路输出“开”信号，控制电路则控制继电器输出端吸合，声光报警灯电源接通，发出声、光同步报警。当路锥被扶起或再次摆正后，倾斜角度恢复至限定值以内，倾斜传感器检测电路输出“关”信号，控制电路控制继电器输出端断开，声光同步报警停止并继续按正常频率闪烁，如图 3 所示。

4.1.4 工作原理

该方案的工作原理如图 4 所示。

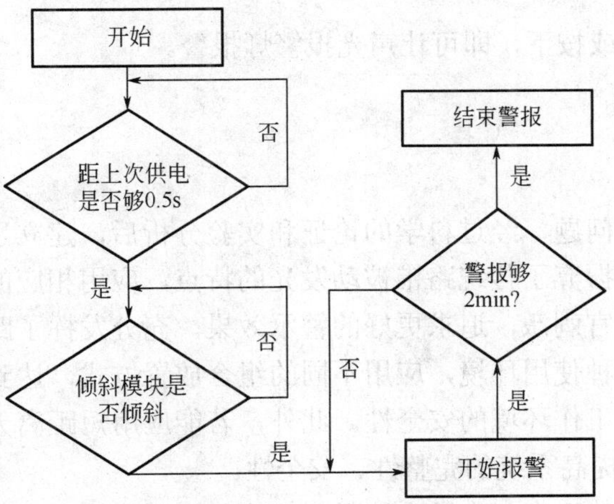

图 3 工作流程

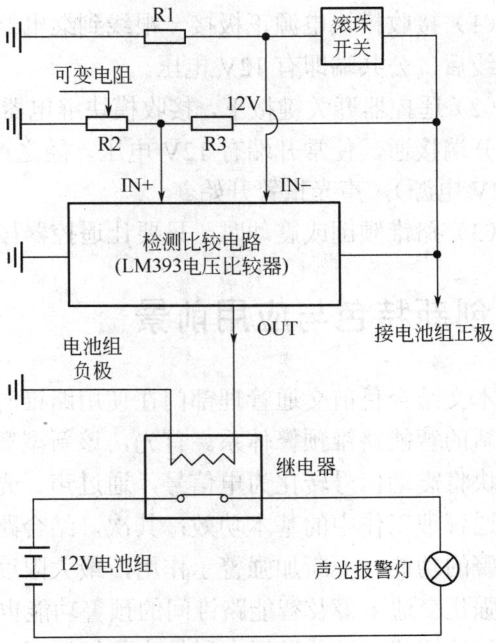

图 4 工作原理

（1）水平放置时

接通电源→R3 前端（接电源正极一端）电压为 12V，R2 和 R3 之间电压，即 IN+电压=$[(R2\div(R2+R3))\times 12V]$。由于滚珠开关断开，R1 无电流流过，使 R1 右端即 IN−电压为 0→于是，IN−低于 IN+，使 OUT 输出低电平→继电器输入端线圈无电流流过，输出端开关断开→使声光报警灯电源断开，不报警。

（2）被撞倾斜时

滚珠开关接通，R1 有电流流过，IN−有电压，且因为设计时选择了合适的 R1、R2、R3 电阻值，使 IN−电压高于 IN+，OUT 输出高电平，继电器输入端线圈有电流流过，使继电器输出端开关吸合，声光报警灯通电报警，直至扶起锥筒水平放置使滚珠开关断开，IN−电压为 0；

（3）灵敏度调节

R2 为可变电阻或电位器，增大 R2 阻值，可使 IN+电压升高，等于太高了 IN−的比较门槛，灵敏度降低。反之，则相当于提高灵敏度。

4.2 无线传输远程报警功能设计方案

4.2.1 路锥信号发射部分（见图 5）

自动发射原理：

(1)将遥控器拆开，分别从按键的焊点上焊接 2 根电线，接到震动或倾倒传感器报警模块继电器公共端和常开端。这样，震动或倾倒模块报警时，其继电器吸合，常开端和公共端接通，相当于遥控器按键被按下，遥控器随即发射开信号。

(2) 遥控器自带一节电池，不使用 12V 电池组。电池组是震动模块供电的来源。

(3) 震动或倾倒传感器工作原理与前面讲述相同。

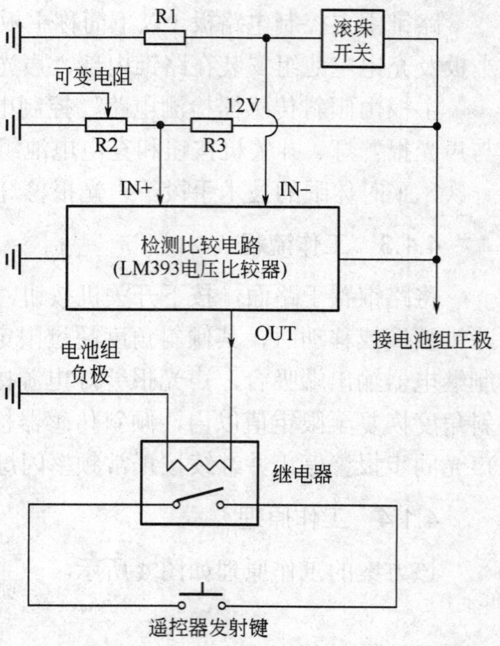

图 5 实物示意

4.2.2 信号接收报警部分

信号接收原理：

(1) 接收模块电源正极接一根线到继电器输出公共端，接好线后，公共端即有 12V 电压。

(2) 遥控器开关键按下，接收模块继电器吸合，公共端和常开端接通，使常开端有 12V 电压，随之产生电流流经声光报警灯至负极（相当于给声光报警灯接通 12V 电源），声光报警开始。

(3) 路锥倾倒或震动时，只要让遥控器按键自动或按下，即可让声光报警灯报警。

5 创新特色与应用前景

本文结合目前交通管理部门在使用路锥时暴露的问题，经过科学的论证和实验分析后，建立了一个全新的智能路锥预警体系。首先，该新型智能路锥摒弃了传统路锥被动发光的特点，应用相应的控制模块将震动信号转化为电信号，通过声、光两种感官刺激，追求更好的警示效果，充分发挥了路锥在交通管理工作中的基本功效；其次，结合路锥的多种使用环境，应用不同的组合放置方式，达到连锁预警的功能，不断加强警示作用，最大限度地保障工作环境的安全性。此外，若能应用短距离无线传输强化交通干警及智能路锥间的预警功能也将大大提高系统的完整性、安全性。

随着智能交通的发展，科技应更好地服务于人们的工作、生活，该新型智能路锥不仅能为广大人民群众提供便利，更是为交通干警创造了良好的工作条件，能大大降低因工作环境复杂性和防护装备落后造成的不必要的人员伤亡。

6 结语

交通事故涉及范围广，具有突发性和破坏性，严重威胁到了人民的生命和财产安全，加之复杂的交通行为、危险的交通环境以及民警较差的自身防护和处理紧急情况的能力，使公安交通管理工作极易产生混乱状况，致使二次事故发生造成不必要的人员伤亡，可与之不相适应的是，目前在交通管理中使用的路锥大部分都不够成熟甚至暴露出很多问题，急需完善和提高。

本研究针对亟待解决的问题创新性地设计出智能预警路锥，这对我国现阶段公安工作环境复杂、自身防护能力较低的现状来说，是具有实用性价值和现实意义的，该创新型智能路锥的预警系统更是首创先例，能够符合行人特征满足行人需求，大大提高了公安机关自身的防护能力，完善后可广泛应用于公安交通管理部门的工作中，具有良好的推广前景。

参考文献

[1] 张文会．交通事故现场安全性综合评价［J］．交通运输系统工程与信息，2010（3）．

[2] 段维功．试论高速公路交通民警执勤时的安全防护措施［J］．科技信息，2010（31）．

[3] 邓宇著．高速公路交通事故处理现场安全防护技术框架［J］．企业技术开发．2013（17）．

[4] 吕鑫华，雷高健．浅谈道路交通事故现场勘查存在的问题及其对策［J］．广西警官高等专科学校学报，2011（6）．

[5] 马庆，周显臻．高速公路交通事故现场安全防护［J］．道路交通管理，2013（4）．

[6] 张正科．高速公路二次交通事故的预防策略探讨［J］．西安交通科技，2011（1）．

模拟赛车手在复杂赛道上的轨迹/速度决策行为

徐 进[1,2] 束海波[3] 邵毅明[1]

（1. 重庆交通大学交通运输学院，重庆 400074；2. 交通运输工程重庆市重点实验室，重庆 400074；3.重庆交通大学机电与车辆工程学院，重庆 400074）

摘 要：轨迹/速度是汽车驾驶行为的重要环节，但现有模型的研究对象几乎都是针对城市道路和一般公路，无法适用于具有特殊性的赛道驾驶行为模拟。为此，本文根据真实世界的汽车驾驶过程和特点，提出了“前视断面选点”的轨迹计算策略，然后在其基础上构建了能够描述赛车手轨迹—速度选择模式的目标函数，根据赛道行驶环境和赛车性能设计了约束条件表达式，并给出了“期望轨迹—期望速度”联合求解的滚动时域算法，最后，以一条公路赛道为仿真实例对提出的模型进行检验，结果表明本文的决策模型能够得到满足预期的计算结果，并与真实赛道上的赛车轨迹和速度具有较高的符合度。

关键词：无人驾驶；赛道；赛车手；轨迹决策；速度决策；目标轨迹；目标速度；驾驶仿真

Modeling Racing Driver's Target "Trajectory–Speed" Decision Making for Automated Driving on Complex Circuits

Xu Jin[1,2] Shu Haibo[3] Shao Yiming[1]

(1. College of Traffic and Transportation,Chongqing Jiaotong University,Chongqing 400074; 2. Chongqing Key Laboratory of Transportation Engineering, Chongqing400074; 3. School of Mechanotronics& Vehicle Engineering,Chongqing Jiaotong University,Chongqing400074)

Abstract: The selection of target trajectory and speed is a crucial factor in automobile driving behavior. However, almost all the research objects of existing driver models are developed for driving on city streets and general highways but not applicable to driving simulation on circuits, in particular. Therefore, according to practical automobile driving processes and characteristics in the real world, this paper proposed a trajectory calculation strategy, which we named as "selecting trajectory point on a preview cross section." According to this strategy, an objective function was established to describe the different selection patterns of "trajectory and speed" of a race driver. Constraint expressions were then designed on the basis of the circuit-driving environment and race-car performance. A rolling-horizon algorithm for simultaneous solving, i.e., "target trajectory–target speed" was proposed. Eventually, validation of the proposed model was conducted using a road track as a simulation example, and the results indicated that the anticipated computational results could be obtained using the proposed decision-making model and algorithm. The result also showed a fairly good agreement with the trajectory and speed of a race car on a practical circuit.

Key words: Automated Driving, Circuit, Race Driver, Trajectory Decision Making, Speed Decision Making, Target Trajectory, Target Speed, Driving Simulation

1 引言

到目前为止，国内外学者根据不同的假设建立了大量的驾驶员模型，早期建立的均是基于预瞄控制理论的预瞄跟随模型[1~3]，随后模糊控制和神经网络被引入预瞄模型以获得更好的跟随效果[4~6]，但这些模型多是将前方道路环境简化成一条确定的期望轨迹曲线，旨在描述驾驶员操纵车辆跟随固定轨迹所表现出来的行为特征[7, 8]。而真实世界中，呈现在驾驶员眼前的行驶环境是一条具有一定宽度的、同其他驾驶员共用的三维空间曲面，其首先面临的任务是在可使用路幅宽度内决策出期望轨迹，因此，开始有学者尝试用不同手段来建立各种能够描述道路环境影响的轨迹决策行为模型[9~14]，至此，驾驶员模型的逻辑结构较先前进一步完善。

但遗憾的是，目前的驾驶员模型不管是预瞄跟随模型还是轨迹决策模型，都是针对城市道路和一般公路上普通驾驶员的驾驶行为，而赛道（场地赛道和复杂公路赛道）在行驶环境、车辆、驾驶员等方面均不同于城市道路和普通公路驾驶，具有明显的特殊性。并且现有的驾驶行为决策模型几乎都是描述方向控制行为的轨迹决策模型，而针对驾驶员纵向控制行为的速度决策模型，特别是复杂场地赛道和公路赛道的速度决策模型，目前尚不多见。

为此，本文将深入分析赛道环境下驾驶员的方向和速度控制行为，建立“期望轨迹—期望速度”协同决策模型，为赛道设计、赛车手训练以及复杂道路汽车动力学仿真提供理论和技术支持。

2 “期望轨迹—期望速度”协同决策策略

赛车手可以在10～20m的整幅赛道宽度内选择期望轨迹，通过精确选择入弯轨迹并在合适位置切弯可以获得最舒缓的轨迹曲率，在维持最大稳定侧向加速度的条件下能够大幅降低弯道上的速度折减，最终实现缩短行驶时间的目的。因此，相比普通道路的小客车驾驶，赛道环境下赛车轨迹和速度之间的相关性更为紧密，这是本文建立“轨迹—速度”协同决策模型的前提条件。

为了控制赛车的快速安全行进，赛车手需时刻注意车辆前方的道路状况，以获得可使用路面宽度、弯道曲度等信息。参照多点预瞄模型的思路[15, 16]，本文提出了视窗模型，即假设驾驶人的视线是落在前方的一段路面上，随着车辆的行驶，落在视窗中的路面区域快速向前移动。在视窗假设基础上，设计了“前视断面选点”的行驶轨迹计算策略，如图1所示。虽然车辆在视窗区域内的行驶是一连续过程，但基于多点预瞄思想，在实际处理中可以将连续路面离散化，即按一定的间隔将视窗路面进行分割，将每一个横割线即前视断面看作是候选轨迹点的集合，我们要做的是在每个断面上选择一个点 P_{ti} 作为汽车驶过该断面时的期望位置。断面的间隔设置要考虑视距、弯道半径和路面宽度等因素，中低速赛道的弯道半径比如发夹弯可以低至10m，长度也很短，3m以下的断面间隔才能对弯道几何特性进行准确刻画。高速赛道由于具有较大的弯道半径和弯道长度，可考虑设置10～15m的前视断面间隔。至于直道，可以使用与弯道相同的处理办法，因为赛车手在直道上同样需要进行轨迹调整，以达到提前规划进弯轨迹的效果。

在图1中，候选轨迹点 P_{ti} 是在前视断面即线段 $P_{li}P_{ri}$ 之上，可以用 P_{ti} 在 $P_{li}P_{ri}$ 上的滑动来描述不同的轨迹选择行为，比如驶向弯道时 P_{ti} 逐渐滑动至弯道内侧即实现了切弯道行驶的模拟，而 P_{ti} 的滑动行为和滑动后的位置可以用比例系数 S_i 唯一的确定下来，$S_i=w_{tri}/w_{di}$，那么轨迹点 P_{ti} 的平面坐标 x_{pti} 和 y_{pti} 可以由下式计算得到：

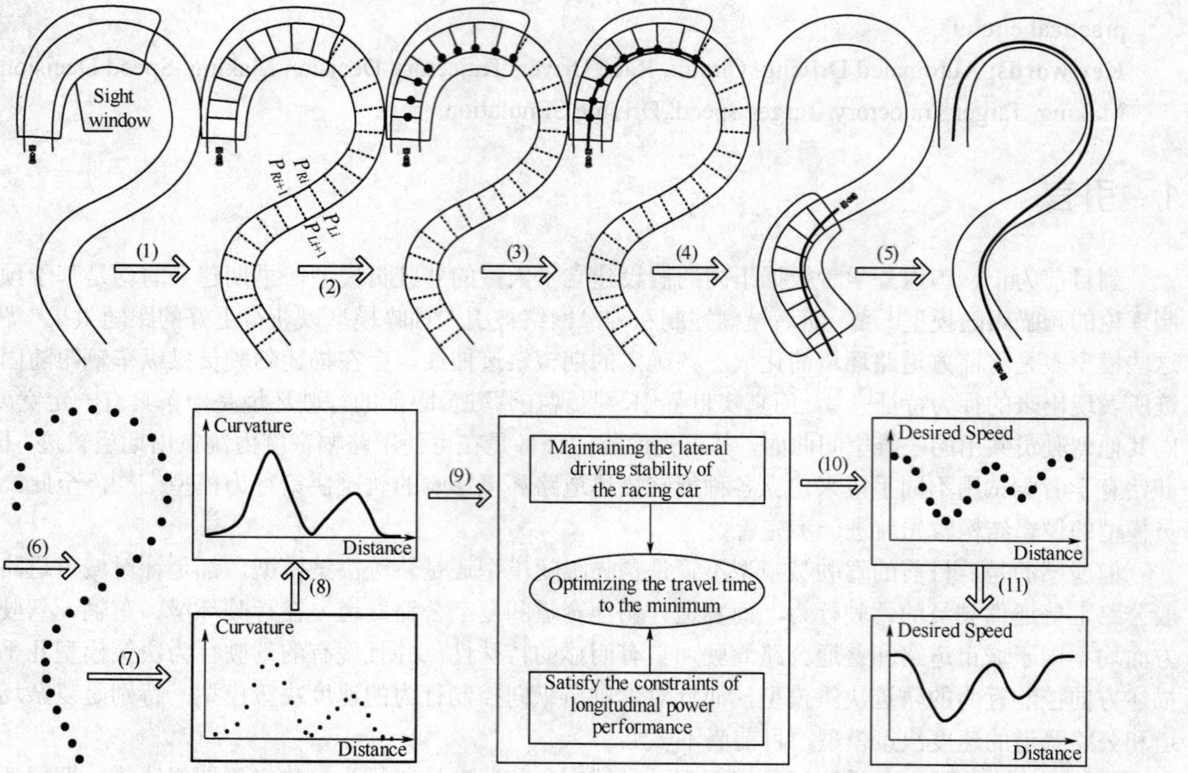

图 1 “期望轨迹—期望速度”协同决策策略

$$x_{pti} = x_{pti} + w_{di} \cdot S_i \cdot \cos\alpha_i,$$
$$y_{pti} = y_{pti} + w_{di} \cdot S_i \cdot \sin\alpha_i \qquad (1)$$

其中，α_i 为 $P_{li}P_{ri}$ 与大地坐标系 X 轴的夹角。因此，只要决策出视窗内各断面的比例系数 S_i，期望轨迹便随之确定下来。

得到期望轨迹线之后，对其进行求导，得到轨迹沿行驶方向的曲率变化并作为速度决策的输入数据{（L_i，K_i）}，其中，L_i 是 P_{ti} 与初始位置之间的长度，K_i 是 P_{ti} 处的轨迹曲率。此时，在每个前视断面上增加一个决策变量 V_i——P_{ti} 处的期望速度，即每一个（L_i，K_i）对应一个 V_i，再使用这几个参量来构造能够描述驾驶行为偏好的特征指标，比如相邻断面之间的行驶时间，纵向加速度 a_{xi}，侧向加速度 a_{yi}。将 t_i 累加在一起得到赛道的整圈行驶时间 T，赛车手的速度决策行为显然可以描述成寻求 T 的最小值过程。而 V_i、a_{yi} 和 a_{xi} 可以设置在约束条件内用来模拟赛车侧向、纵向稳定性和加速/减速性能的限制。最后，对决策变量进行优化计算可得到 V_i 的解，连接相邻的{（L_i，V_i）}数据点即可得到连续的期望速度曲线。

3 目标函数

3.1 赛道轨迹选择模式以及目标函数

赛道环境下车手选择期望轨迹的唯一评判原则就是尽最大可能地缩短行驶时间，根据算式 $t=L/V$ 我们知道行驶时间的节省一是靠缩短轨迹长度，二是靠提高行驶速度，因此，需要分析这 2 种方式中哪种更为有效。轨迹最短模式为很多公路驾驶员特别是那些驾驶经验欠缺的驾驶员所偏爱，但该模式对于赛车手而言却不是一种正确的驾驶方式，因为进弯时轨迹在切入弯道后是紧贴内侧行驶，弯道转角越大紧贴内侧行驶的过程越长，此时轨迹半径显著低于弯道半径，在侧向加速度维持不变的条件下，弯道速度折减量非常大。

所以，从有效降低弯道速度折减这个角度出发来规划进弯轨迹更能够实现缩短行驶时间的目的，在临界侧向加速度给定的情况下，临界过弯速度的幅值取决于轨迹半径，因此增加过弯时的轨迹半径可以提高过弯速度进而节省过弯时间。观察赛车在赛道上的过弯过程，我们发现车手会充分使用赛道宽度，按照外侧入弯—内侧切弯—外侧出弯的原则来控制过弯轨迹，从而增大过弯轨迹半径。

基于此，赛车手的期望轨迹决策目标可表示为过弯轨迹半径最大，因此，建立轨迹曲率最小的目标函数即可模拟赛车手的轨迹决策行为。由于轨迹曲线在点 P_{ti} 的曲率 K_i 是轨迹发生了偏转所引起，即 $P_{ti}P_{ti+1}$ 相对于 $P_{ti-1}P_{ti}$ 有 β_i 度的偏转，如图 1 中的计算示例，根据曲率的定义，当 L_{ti} 足够小时（轨迹曲线可以用短线段来逼近，本文设置的前视断面间距完全满足逼近精度要求），P_{ti} 点处的轨迹曲率为：

$$K_i = d\theta / dL = \beta_i / L_{ti} \tag{2}$$

β_i 的计算公式为：

$$\beta_i = \frac{L_{ti-1}^2 + L_{ti}^2 - L_{ti-1,ti}^2}{2 \times L_{ti-1} \times L_{ti}} \tag{3}$$

$$L_{ti} = \left[(x_{pti} - x_{pti+1})^2 + (y_{pti} - y_{pti+1})^2 \right]^{0.5} \tag{4}$$

因此，期望轨迹曲率最小的目标函数可以表示为：

$$\min f_1 = \min \sum_{i=2}^{n-1} K_i = \min \sum_{i=2}^{n-1} \frac{\beta_i}{L_{ti}} \tag{5}$$

3.2 赛道速度控制模式以及目标函数

在最短时间内到达终点，是赛车手的唯一目的，因此可以将赛车驾驶员的期望速度决策目标表示为行驶时间最短。由于前视区域内的行驶时间 T 可表示为相邻前视断面之间的行驶时间 t_i 的和，而 t_i 可用下式计算：

$$t_i = L_{ti} / V_a = 2L_{ti} / (V_i + V_{i+1}) \tag{6}$$

式中的 V_a 为前视断面 $P_{ti}P_{ti+1}$ 的平均期望速度。因此，行驶时间最短的目标函数可以表示为：

$$\min f_2 = \min T = \sum_{i=1}^{n-1} t_i = \sum_{i=1}^{n-1} \frac{2L_{ti}}{V_i + V_{i+1}} \tag{7}$$

4 赛道驾驶的约束条件

4.1 赛道行驶边界约束

在整个行驶过程中赛车手必须把赛车控制在赛道边界之内，如图 2 所示，赛道边界之内的部分主要是赛道路面。考虑到赛车手的切弯行为，在一些特殊位置比如弯心内侧和同向弯之间的短直道外侧会设置路肩，这时允许赛车压过路肩。

根据图 2，当车辆紧贴赛道左侧边界时，决策变量 S_i 的值为 $S_i = S_L = w_{tri}/w_{di} = (w_{di} - w_b)/w_{di} = 1 - w_b/w_{di}$；而当车辆紧贴右侧边界行驶时，$S_i$ 的值为 $S_i = S_R = w_{tri}/w_{di} = w_b/w_{di}$。因此，若要保证车辆行驶在赛道边界之内，决策变量 S_i 应满足的约束条件为 $S_R \leqslant S_i \leqslant S_L$，即：

$$\frac{w_b}{w_{di}} \leqslant S_i \leqslant 1 - \frac{w_b}{w_{di}} \tag{8}$$

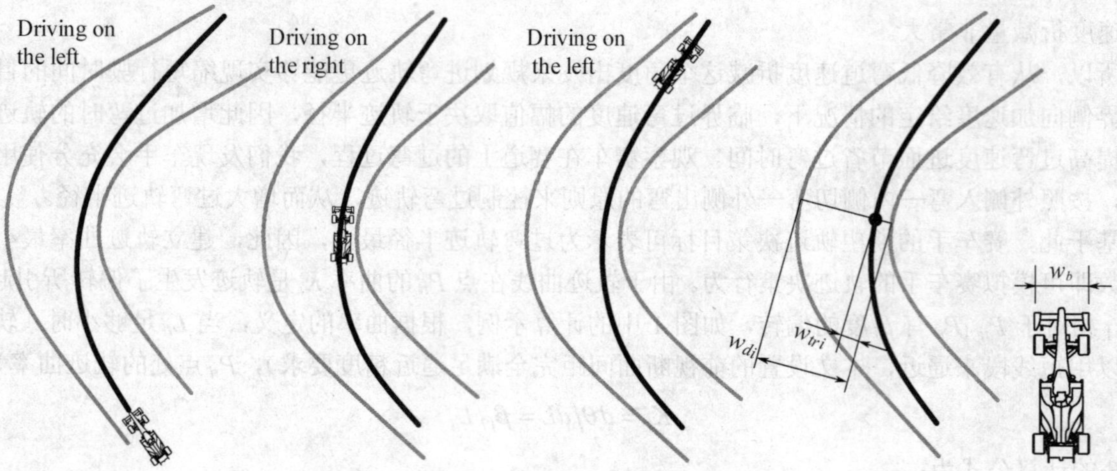

图 2 赛道行驶边界约束

4.2 横向稳定性约束

本文是以道面平整的场地赛道（包括 F1 赛道、城市赛道和公路赛道）为建模对象，而这些赛道上的赛车经过特殊的设计或是改装具有非常低的重心，发生失控几乎都是轮胎失去抓地力而导致的前轴侧滑或是后轴侧滑。为此，若要保证赛车曲线行驶时的横向稳定性，前轴或是后轴所分担的离心力必须低于该轴轮胎的侧向抓地力，如图 3 所示。

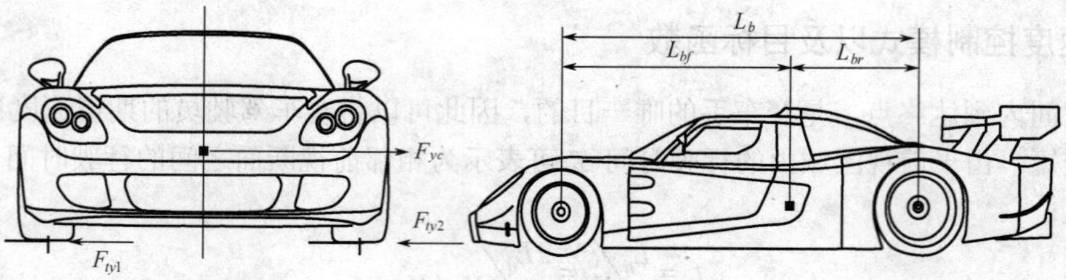

图 3 赛车曲线行驶时的横向受力

假设赛车曲线行驶时车身承受的离心力为 F_{yc}，那么前/后轴分担的离心力分别为 $F_{ycf}=F_{yc}\cdot L_{br}/L_b$，$F_{ycr}=F_{yc}\cdot L_{bf}/L_b$，而不发生侧滑的条件为：

$$F_{ycf}<F_{tyf}\ ,\ F_{ycr}<F_{tyr} \tag{9}$$

F_{tyf} 和 F_{tyr} 分别为前轴以及后轴轮胎的侧向抓地力。汽车在前视断面轨迹点 P_{ti} 处的离心力 $F_{yc}=m\cdot V_i\cdot V_i\cdot K_i$，侧向抓地力 $F_{tyf}=F_{zf}\cdot\eta$，$F_{tyr}=F_{zr}\cdot\eta$，其中 m 为赛车质量，F_{zf} 和 F_{zf} 分别为前轴和后轴的下压力（轴重以及空气下压力之和），η 为道面摩擦系数，K_i 为前视断面上的轨迹曲率值。代入式（9），整理之后得到前/后轴满足横向稳定性条件时的 V_i 约束表达式，分别为：

$$V_i<\sqrt{\frac{F_{zf}\cdot\eta\cdot L_b}{m\cdot K_i\cdot L_{br}}}\ ,\ V_i<\sqrt{\frac{F_{zr}\cdot\eta\cdot L_b}{m\cdot K_i\cdot L_{br}}} \tag{10}$$

赛车前后轴中的任何一轴发生侧滑都会导致赛车失去控制，因此式（10）中的两个条件须同时满足。使用最小值函数，式（10）可以统一表达为：

$$V_i<\min\left\{\sqrt{\frac{F_{zf}\cdot\eta\cdot L_b}{m\cdot K_i\cdot L_{br}}},\sqrt{\frac{F_{zr}\cdot\eta\cdot L_b}{m\cdot K_i\cdot L_{br}}}\right\} \tag{11}$$

4.3 纵向动力性约束

车手在赛道上会通过最大限度的加速和减速来追求尽可能高的行驶速度，因此赛车的纵向运动学行为主要是受汽车性能限制。我们用加速度 a_x 表示纵向加速度，其中 $a_x<0$ 时为减速，反之则为加速。根据牛顿定律，两相邻断面之间的加速度 a_x 可表示为

$$a_{xi}=0.5(V_i^2-V_{i+1}^2)/L_{ti} \tag{12}$$

车手加速赛车时，加速度应低于赛车的最大加速度 $a_{x\max}$，相应地，减速时赛车的速度变化率应低于最大制动减速度 $a_{b\max}$，因此，满足动力性限制条件时的约束表达式为：

$$\begin{aligned}&当\ a_{xi}>0\ 时，a_{xi}<a_{xmax}\\&当\ a_{xi}>0\ 时，a_{xi}<a_{bmax}\end{aligned} \tag{13}$$

5 求解算法

本文的轨迹/速度决策是典型的非线性连续优化问题，针对这一问题我们设计了滚动时域算法，其主要思路为：将赛道拆分成为若干前后衔接的短路段（子问题分解），每一段路段中包含的前视断面数量即为滚动周期 C_R；根据设定的滚动周期 C_R，沿着行驶方向逐步更新和计算各短路段的轨迹和速度，计算工具都为 LINGO 14.0，直到获得整条赛道上所有的决策变量 S_i 和 V_i。由于采用的是问题分解的求解策略，难以避免所获得的轨迹曲线和速度曲线在子路段衔接地点出现不平滑，为此特别引入滚动步长 S_r，使得两相邻短路段之间有一段共同的部分（这部分是重叠的的），经过再次优化可对该重叠部分的原计算结果进行不断地修正，从而使得最终的优化结果更为合理。

由于本文的速度决策是基于轨迹曲率的，因此针对同一个滚动周期，需先行决策行驶轨迹并计算出轨迹曲率，然后优化出该滚动周期内的速度值，再继续向前滚动。算法的求解步骤可描述为：

步骤 1：输入轨迹和速度决策所需的常量参数，包括赛道两侧边界的端点坐标、赛车宽度/轴距、赛车重心与前后轴之间的距离、最大加速度、最大制动减速度等参数，并转下一步。

步骤 2：令当前短路段的起点断面序号为 $i^*=1$，终点断面为 min（i^*+C_R-1，N），N 是整条赛道的断面数量，采用 LINGO 11.0 求解从断面 i^* 到断面 min（i^*+C_R-1，N）范围内的轨迹优化子问题，获得决策变量$\{S_i|i=i^*，\cdots，\min（i^*+C_R-1，N）\}$的值。转下一步。

步骤 3：初始化 $i^*=1$，计算断面 i^* 到 min（i^*+C_R-1，N）范围内的轨迹曲率，进而计算相应的行驶速度，并获得决策变量$\{V_i|i=i^*，\cdots，\min（i^*+C_R-1，N）\}$的值。转下一步。

步骤 4：用 0～1 变量 z 表示是否滚动到断面 N，对其初始化，即令 $z=0$。若 min（i^*+C_R-1，N）$=N$，则令 $z=1$，并转步骤 6，否则，转下一步。

步骤 5：令当前短路段的起点断面为 i^*+S_R-1，其终点断面为 min（$i^*+S_R+C_R-2$，N），求解从断面 i^*+S_R-1 到断面 min($i^*+S_R+C_R-2$,N)范围内的轨迹优化子问题，更新或获得决策变量$\{S_i|i=i^*+S_R-1，\cdots，\min（i^*+S_R+C_R-2，N）\}$的值。转下一步。

步骤 6：计算断面 i^*+RS-1 到 min（$i^*+RS+RC-2$，N）的短里程道路的行驶轨迹曲率，进而计算相应的行驶速度，并更新或获得决策变量$\{V_i|i=i^*+RS-1，\cdots，\min（i^*+RS+RC-2，N）\}$的值。转下一步。

步骤 7：若 min（$i^*+S_R+C_R-2$，N）$=N$，则令 $z=1$，并转步骤 6，否则，令 $i^*=i^*+RS-1$，并转回步骤 5。

步骤 8：输出原长里程道路上表示行驶轨迹的决策变量$\{S_i|i=1，\cdots，N\}$的值；输出道路上所有断面的决策变量$\{V_i|i=1，\cdots，N\}$的值。

6 期望轨迹—速度仿真算例

用一条公路赛道（沥青铺装路面）作为算例来检验本文所提出的模型和求解算法，该赛道位于四川省都江堰西侧的岷山山脉，全长 5.245km，最小弯道半径 20m，平均半径 140.52m，线形组合非常复杂，路宽 12～14m，如图 4 所示。

使用前文的模型和算法，决策得到车手的期望轨迹曲线，如图 4 所示，图中轨迹曲线在路面宽度内的横向分布特性符合我们设计模型和算法时的预期，并与我们在现场或是电视转播中看到的实际比赛的车辆轨迹特征高度一致，表明本文模型算法的合理性和准确性。期望轨迹决策结果一方面可以为车手的科学训练提供参考，另一方面还可以为赛道设计提供分析手段，比如 C19 和 C20 之间的直道外侧显然需要硬化路肩，以满足车手的路线选择习惯。

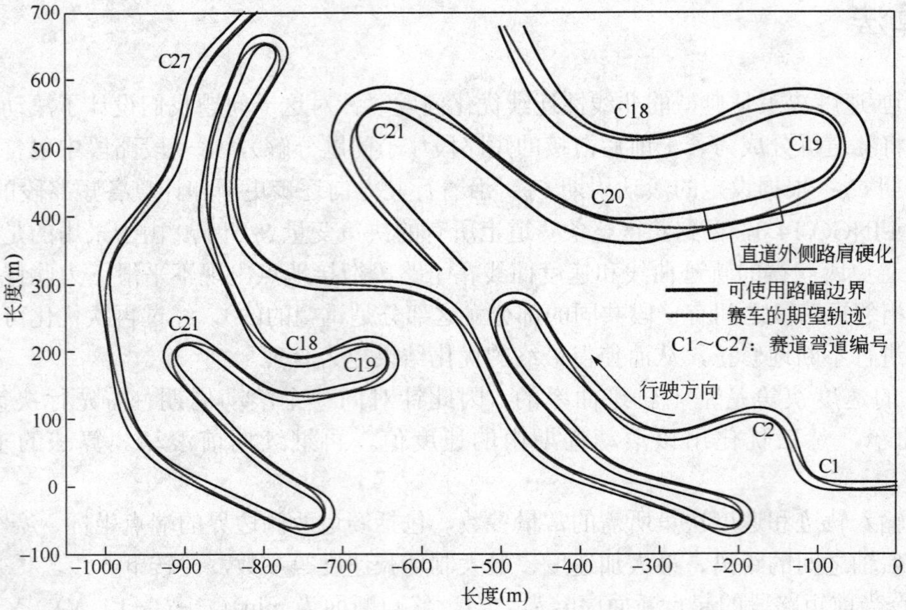

图 4　某公路赛道的期望轨迹决策结果

图 5 是使用本文模型决策得到的期望速度曲线，同时还给出了作为输入数据的轨迹曲率曲线。图中的速度曲线是基于某一类型车辆性能的决策结果，而在约束条件中设定不同的车辆性能参数可以得到不同的期望速度曲线，因此能够满足描述不同车型的速度选择行为要求。根据决策得到的速度曲线，赛道设计者可以检验赛道几何参数是否达到了设计预期，并以此为依据进行调整和改进；与此同时，车手也可借助于该曲线来完善和修正自己的速度控制行为，提升驾驶技术。

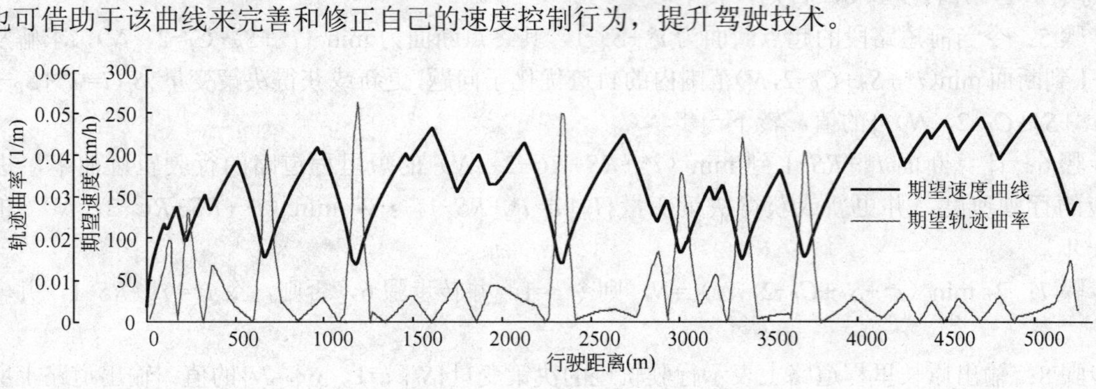

图 5　公路赛道的期望轨迹曲率以及期望速度曲线

7 结语

本文提出了“前视断面选点”的轨迹计算策略，然后在其基础上构建了能够描述赛车手轨迹/速度选择模式的目标函数。根据赛道行驶环境和赛车性能设计了约束条件表达式，并给出了“轨迹—速度”联合求解的滚动时域算法。最后的公路赛道仿真算例表明，本文的模型和算法能够得到满足预期的计算结果，并与真实赛道上的赛车轨迹和速度具有较高的符合度。

本文建模时是针对技术熟练的赛车手的普遍特征，能够反映车手在轨迹—速度决策行为层面上的共性，但必须承认，在技术纯熟的不同车手之间仍存在驾驶风格的细微差别，比如进弯点、切弯点以及出弯点会存在差异，而此种差别必然会体现在期望轨迹和期望速度上面。因此，在下一步的研究中，应分析这些行为差异背后的动机，对赛道的驾驶模式做进一步的细分，并尝试建立相应的决策模型。

参考文献

[1] Gietelink O，Ploeg J，Schutter B D，et al. Development of advanced driver assistance systems with vehicle hardware-in-the-loop simulations [J]. Vehicle System Dynamics. 2006，44（7）：569-590.

[2] ReinalterW，TieberW. A passenger car driver model for higher lateral accelerations[J]. Vehicle System Dynamics. 2007，45（12）：1117-1129.

[3] MacAdamCC. Application of an optimal preview control for simulation of closed-loop automobile driving [J]. IEEE Transactions on Systems，Man，and Cybernetics. 1981，11（6）：393-399.

[4] GuoK，ChengY，DingH. Analytical method for modeling driver in vehicle directional control [J]. Vehicle System Dynamics. 2004，41（Sup）：401-410.

[5] GuoK，DingH，ZhangJ，LuJ，WangR. Development of a longitudinal and lateral driver model for autonomous vehicle control [J]. International Journal of Vehicle Design，2004，36（1）：50-65.

[6] Günther P. Modeling Human Vehicle Driving by Model Predictive Online Optimization [J]. Vehicle System Dynamics. 2001，35（1）：19-53.

[7] MacAdam，CC，JohnsonGE. Application of elementary neural networks and preview sensors for representing driver steering control behaviour [J]. Vehicle System Dynamics. 1996，25（1）：3-30.

[8] Manfred P，Johannes E. Driver models in automobile dynamics application [J]. Vehicle System Dynamics. 2007，45（7）：699-741.

[9] Gao Z H，Jiang LY. Optimal Preview Trajectory Decision Model of Lane-keeping System with Driver Behavior Simulation and Artificial Potential Field [C]. In Proc. IEEE Intelligent Vehicles Symposium. 2009：797-801.

[10] FlorentLamiraux FB. Trajectory Deformation applied to Kinodynamic Motion Planning for a Realistic Car Model [C]. In Proc. Proceedings of the 2006 IEEE International Conference on Robotics and Automation，ICRA 2006，Orlando，USA. 2006：487-492.

[11] Kuwata Y，Fiore G，Frazzoli E. Real-time Motion Planning with Applications to Autonomous Urban Driving [J]. IEEE transactions on control systems technology. 2009，17（5）：1105-1118.

[12] Lauffenburgera J，Basseta M，Coffinb F，Gissinger G. L. Driver-aid system using path-planning for lateral vehicle control [J]. Control Engineering Practice. 2003，11（2）：217-231.

[13] Li L，Wang FY. An integrated design framework for driver/passenger-oriented trajectory planning[C]. in Proc. Intelligent Transportation Systems2003Proceedings，IEEE. 2003：1764-1769.

[14] Villagra J，Milanés V，Pérez J，Godoy J. Smooth path and speed planning for an automated public transport vehicle

[J]. Robotics and Autonomous Systems. 2012，60（2）：252-265.

[15] SharpR S，CasanovaD，SymondsP. A mathematical model for driver steering control，with design，tuning and performance results [J]. Vehicle System Dynamics. 2000，33（5）：289-326.

[16] SharpRS，ValtetsiotisV. Optimal preview car steering control [J]. Vehicle System Dynamics. 2001，35（Sup）：101-117.

基于数据的公交车油耗分析与优化策略

马成元　刘家希　白　琳　邢泽钰

（同济大学交通运输工程学院，上海 201804）

摘　要：公共汽车是“公交优先”的重要组成部分，在当下建设“绿色交通”的背景下，降低公共交通的能耗与排放至关重要。在大数据环境下，对大量的公共汽车 CAN 总线数据进行处理，分析公交车油耗的影响因素，主要分为驾驶员行为与道路交通条件两大部分。重点对驾驶员行为中的停车频率、进站速度和道路条件中的交叉口密度等因素对油耗的影响进行了深入的探讨，得到不同情况下油耗的概率分布，在此基础上得到可行有效的优化策略。

关键词：公共汽车；CAN 总线数据；油耗分析；节能策略

Data Based Bus Fuel Consumption Analysis and Optimization Strategy

Ma Chengyuan　Liu Jiaxi　Bai Lin　Xing Zeyu

（College of Transportation Engineering, Tongji University, Shanghai 201804）

Abstract: With the development of urban economy, the transport problems of urban have become increasingly severe. The "bus priority" is one of the main methods to deal with the contradiction between the supply and demand of urban transport, promote energy conservation and increase the level of service. In the present construction, especially under the background of "green traffic", reducing energy consumption and emission is more and more important. By analyzingCAN (Controller Area Network) data of bus with big data means, the influence factors of bus fuel consumption, mainly divided into two independent parts, which are driver behavior and road traffic conditions. Based on the analysis of stop frequency, stop speed and the density of intersections, draw the fuel consumption distribution under different circumstance. Finally, according to the distribution diagram, conclude feasible and effective optimization schemes.

Key words: Bus, Controller Area Network, Fuel Consumption, Energy Conservation

1　引言

在城市交通中，“公交优先”作为我国的国家战略受到极大的关注与重视。其中，公共汽车作为最基本的公共交通方式，拥有大容量与高效率的运载特点，可以有效缓解城市交通压力，成为实现“公交优先”的“先行者”。但同时，交通行业的能源消耗在社会发展的总能源消耗中占有极大地比例，据最新统计资料，2013 年，交通邮政行业的柴油消耗占柴油总消耗的 63.67%，汽油消耗占汽油总消耗的

46.78%[1]，交通的运行消耗大量的汽油、柴油等能耗资源。国际道路运输联盟（International Road Transport Union，IRU）2014年调查显示，交通拥堵导致车辆停车次数增加，相比通畅交通水平，油耗与碳排放增加300%，指出了交通通畅是减少CO_2排放的前提条件[2]。在发展公交优先的同时，也要同时建设“绿色交通”，缓解交通压力的同时降低交通的能源消耗与排放。

目前，针对车辆油耗的影响因素分析及优化国内外都开展了详尽的研究，我国对于公共汽车的相关问题的研究也有很多，陈浩[3]从公交车的发动机与转动系匹配角度研究了公共汽车的燃油经济性，王延伟[4]从公交车的驾驶技术着手研究了汽车驾驶节能原理，金辉等[5]分析了通行条件和工况对公共汽车碳排放的影响。但是由于每个城市交通状况不同、公交驾驶人员不同，已有研究都较宏观，且在交通运行上没有较好的普适性和可控性。

在交通大数据背景下，本文基于公交车CAN总线大数据，建立模型，从微观角度分析不同因素在公交运行过程中对油耗的影响及油耗的具体变化，针对具体为题提出优化建议，降低公交运输成本，减少能耗与排放，充分发挥公交高效、低耗的优势，缓解城市交通压力与交通污染问题。

2　公共汽车CAN总线数据

交通大数据涵盖许多方面的数据，本文使用的大数据是来源于公共汽车的 CAN 总线数据。CAN为1986年德国开发出面向汽车的一种通信协议，被广泛地应用于工业自动化、航空航天、船舶、医疗设备等方面。已广泛应用于公交车的CAN总线采用多主竞争式总线结构，能够在任意节点、任意时刻主动地向网络上其他节点发送信息。CAN 总线与 GPS 车载终端、报站器、车载视频设备、IC 卡刷卡机、投币箱、发动机等均有连接，能够得到丰富的车辆行车记录，包括车辆运行状态的信息如车辆所在位置、当前速度、油耗等、驾驶员驾驶行为如刹车情况、载客信息等。用户只要将电脑和总线系统连接，就能够读取CAN总线中所有的记录和数据。

CAN总线在公共汽车上的使用，解决了由于车身控制器件增多后产生的车身布线长度增加、运行可靠性低、故障维修难度增大的问题，更重要的是解决了车身控制器件间的通信问题，使得多种来源的数据可以融合使用。

本文主要研究利用了与 GPS 车载终端连接的 CAN 总线数据，数据记录了全天公交运行时，每隔5s反馈的车辆运行信息，具体信息如表1所示。

表1　公交车CAN总线数据说明

字段	说明
数据记录时刻	精度为1s
经度	数据记录时刻汽车所在位置的经度
纬度	数据记录时刻汽车所在位置的纬度
驾驶员ID	识别不同的驾驶员
方向角	车辆在该时刻行驶方向角，正北方向为0°
速度	车辆在该时刻行驶速度，单位为m/s
累计里程	至该时刻车辆行驶的总里程，单位为m
累计油耗	至该时刻车辆行驶所使用的总油量，单位为L，识别精度为0.5L

原始数据的数据量与公交线路数、驾驶员数量、线路运营时长等因素相关。根据统计，每条线路的每天为90万～60万条数据记录。公交运行会导致位置变化，所以数据中也记录了公交去维修站、保养场等地的信息。因此进行大数据分析之前，需要对数据进行大量的清洗查错处理，以保证数据分析

的有限性以减小数据误差。

3　公交油耗的影响因素分析与油耗优化策略

3.1　油耗的影响因素

影响公交汽车油耗的因素众多，从车辆本身运行的角度，包括车辆工况，燃油类型，环境的温度等，而从整体交通运行的角度，公交车油耗的影响因素可以分为两个方面：驾驶员的驾驶行为与道路交通条件。

驾驶员的驾驶习惯会对公交车运行的油耗情况造成很大影响，文献[6]发现在相同的道路工况、相同的车辆下，粗暴的驾驶行为相比温和的驾驶行为将增加40%的额外油耗。在拥挤工况下，这种情况表现得尤为显著。比如驾驶员在驾驶过程中频繁地加减速；交叉口、停靠站点处骤起骤停等都会产生额外的油耗。

道路交通条件如道路特征、车站设计、交叉口情况，突发事故等会间接地对公交车运行油耗产生影响，一般来说密集的交叉口、不合理的车站设计，道路线型会在公交车运行过程中产生更多的停车和加减速过程，造成额外油耗。

另外，还有其他因素如公交车载客量，天气情况，温度等也会对油耗产生影响。

各方面因素可以用一系列指标进行描述，在数据中可以分析各指标与油耗情况的相关性和影响程度，具体来说各因素指标体系如图 1 所示。

根据 CAN 总线数据的特点，得到油耗情况与以上部分影响因素的指标之间的相关关系如表 2 所示。

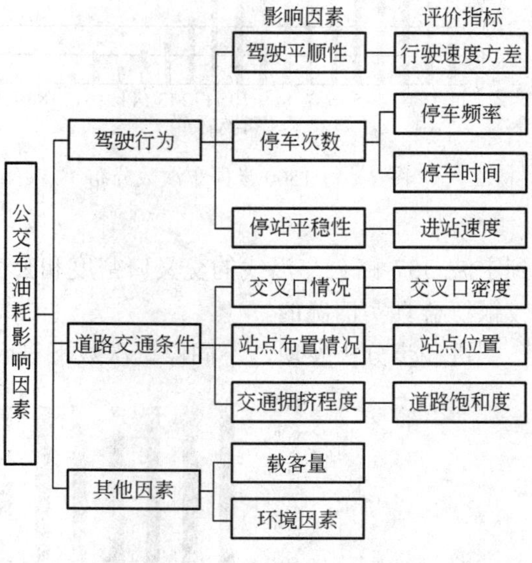

图 1　油耗影响因素指标体系

表 2　影响因素相关系数

影响因素	相关系数
平均速度	0.2329
速度方差	−0.2032
工况指标 VSP	−0.042
平均加速度	0.0931
停车次数	0.7642
停车时间	0.6079
行驶里程	0.6444
交叉口密度	0.5189
站点位置	−0.0221

其中连续型数据如停车次数、行驶里程采用的是指标与油耗的 pearson 相关系数，而离散型指标如工况指标 VSP、站点位置等采用的是 spearman 秩相关系数。

数据显示，在研究的样本量情况下，行驶平均速度水平、加速度水平和简单的速度方差对油耗情况影响并不显著，而交叉口密度，停车情况与油耗水平的显著性水平较高。本文重点对驾驶员停车情况以及道路交叉口密度情况展开讨论。

3.2 基于停车次数的公交油耗优化策略

停车过程中的加速、减速、怠速都会使得发动机工况发生改变，燃油的消耗与正常行驶时有所不同。本节定量分析停车次数对公交油耗的影响，为规范驾驶员行为、优化公交车油耗提供理论依据。

根据公交站与交叉口的分布特点，考虑到数据量等问题，经过不同路段长度、位置的多次试验分析，选取 1.5km 路段进行停车次数与油耗的定量分析。为避免由于数据采集过程中捕捉到的瞬时车速为 0 的情况，在进行停车判断时，采用“前后连续两条数据速度为 0”为判断条件。

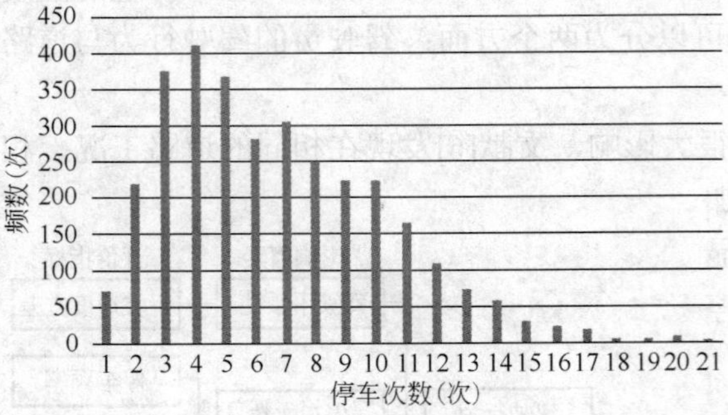

图 2 每 1500 米停车次数分布

将原始数据提取、处理后得到的停车次数情况如图 2 所示。

在本文研究的路段长度范围内，公交车停车次数服从偏正态分布，80%以上数据的停车次数集中分布在 2～10 次/千米，平均停车次数约为 4.5 次；同时，根据统计发现有极少数的数据中停车次数超过了 21 次，因此删除极个别的特殊情况，就总体趋势进行分析。考虑到宁波 357 路公交沿线的交叉口密度和公交站密度并不是很高，这个数据相比人们的乘车体验来说比较很符合真实情况的。

进一步分析发现，不同停车次数下对应的油耗情况也不同，如图 3 所示。

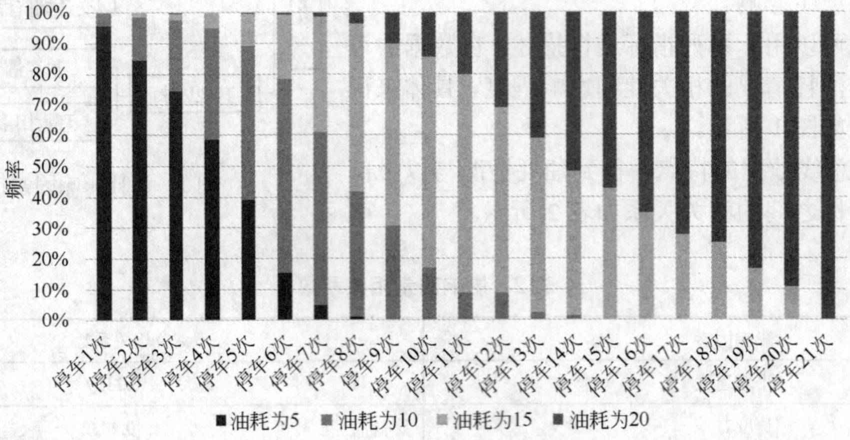

图 3 停车次数—油耗分布

随着停车次数的增加，油耗率增高。同样地，一定停车次数下的油耗分布也表示概率，从图 3 可以看出随着停车次数增加，公交车油耗较大的概率更高（如停车 21 次），而停车次数减小油耗分布更为集中，且绝对耗油量小。

除此之外，通过进一步的探究，能够计算分析得到减少单位次数停车所能节省的油耗，如图 4 所示。

可以看到，在不同的停车次数基础上削减停车次数所能够节约的油耗量不同。在本文探究范围内，原停车次数在 4～7 次时，控制相同停车次数所能节油量相较其他情况明显更高。如停车次数从 6 次减少至 5 次时，节油 0.17L，节油 16.8%；停车次数在 15～21 次时，每减少一次停车所节约的油量明显更少，且基本不变，维持在 0.03L 左右。

因此对于一定长度的公交线路，存在相对最优的停车次数范围，超过该范围油耗率陡增，且要进行油耗优化也更困难（假设线路长 1.5km 则 3 次停车即为临界点）。

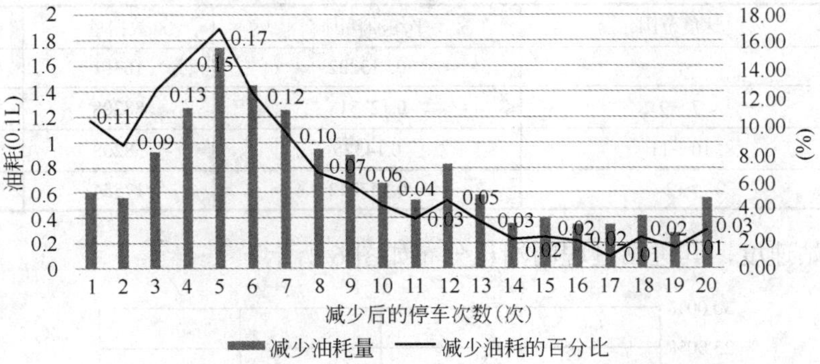

图 4　减少 1 次停车所减少的油耗

3.3　基于进站速度的公交油耗优化策略

3.3.1　进站数据获取

进站数据包括进站速度和进站油耗数据。

（1）站点位置确定。本文利用 GPS 数据选取线路中途站 50m 范围内的数据。

（2）进站过程确定。首先筛选出数据中包含两个速度为 0 的进站数据进一步分析；在某时段中速度由较大的极值逐渐减速至 0，即可认为是进站过程。

（3）进站速度确定。进站过程可分为直接减速和先加速再减速两种情况，选取进站过程中速度最大值作为进站速度。

（4）进站油耗数据。油耗检测精度为 0.5L，一次进站过程的油耗达不到最小精度要求，无法被检测。因此本文将 0.5L 油耗平均分配至产生该油耗变化的所有 n 条数据中，每条数据油耗均为 0.5/n L，进而计算进站平均油耗。

3.3.2　进站速度对油耗的影响分析

利用 3.3.1 所述的方法统计计算进站速度的分布情况，如图 5 所示。

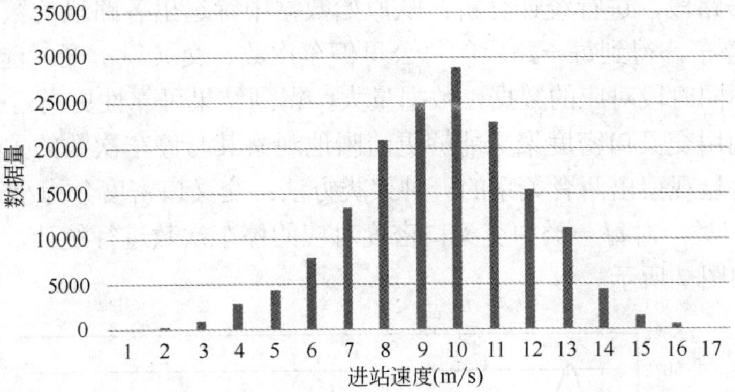

图 5　进展速度分布

进站速度基本呈正态分布，集中在 8～11m/s。由于速度分布是离散的，且实际计算得到的进站速度存在一定误差，围绕真实进站速度上下波动，因此选择不同的进站速度范围进行聚类分析，统计并分析油耗概率分布，进而得到进站速度对油耗的影响。

经过不同聚类方法实验，选取具有明显油耗区别的速度聚类方式如表 3 所示。

表 3　聚类结果

聚类序号	速度范围	平均油耗因子	数据量	数据量比例
1	<7	0.113222	16361	10.20%
2	7～9	0.127318	88208	55.02%
3	10～11	0.14375	38208	23.83%
4	>12	0.157742	17554	10.95%

不同类别的进站速度，其进站过程的油耗分布如图 6 所示。

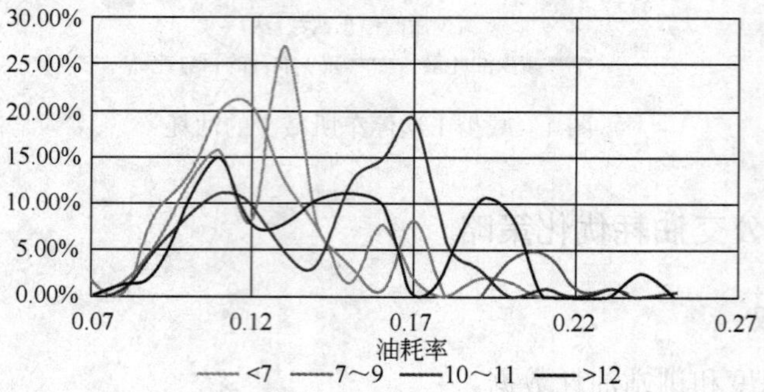

图 6　进站油耗分布

不同进站速度范围内的油耗概率分布的峰值不同，基本服从进站速度越高，进站油耗越大的规律。且在降低一定进站速度的情况下，当原进站速度大于 10m/s 时，油耗降低量更大，而当原进站速度低于 10m/s 时，油耗降低不显著。

因此在利用进站过程来优化公交油耗时，存在最优的进站速度，基于本文的探究，该速度在 10m/s 左右。

3.4　基于交叉口密度的公交油耗优化策略

交叉口密度是指单位距离内交叉口的数量。交叉口密度的大小会影响公交运行的平顺性，通过影响停车次数来影响油耗。因此本节进一步通过定量分析交叉口密度与停车次数的关系，为油耗优化提供依据。

根据原始数据所对应的实际情况，选取道路设施条件、交通情况、站点密度相同或相近，而交叉口密度有所差异的若干路段，进行统计分析：从原始数据中筛选出各路段的数据后，仍以连续两条数据速度为 0 判别一次停车，得到每一路段的每公里停车次数、交叉口密度。选出的每一路段都有不同驾驶员、不同班次、不同时段对应的数据，数据量大，得到结果可靠性更高。

对于大量数据，利用交叉口密度聚类能够更清晰地观察其与停车次数的关系。经过对不同聚类方式的分析，选取能够明显观察出两者关系的一种聚类方法：交叉口密度分为小于 5 个/千米、5～6 个/千米、大于 6 个/千米三类。对每一类中交叉口密度对应的停车次数进行统计，得到各类数据中停车次数的分布情况，结果如图 7 所示。

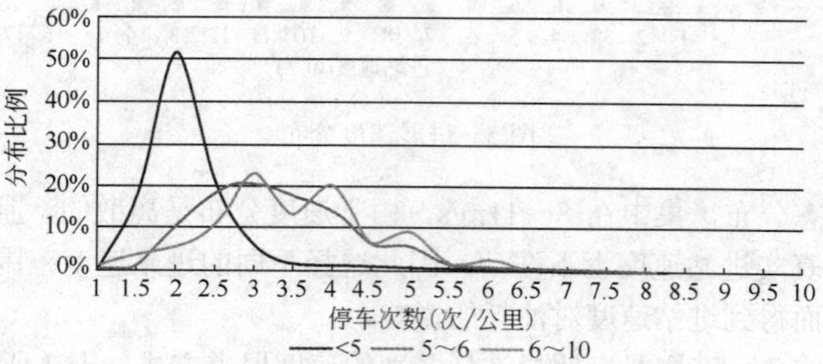

图 7　不同交叉口密度下停车次数分布

当交叉口密度小于 5 个/千米时，停车次数分布呈正偏态分布，车辆每公里停车次数较为稳定，基本能够保持在 2.5 次/千米以内；而当交叉口次数大于 5 个/千米时，分布曲线峰值右移且分布更分散，每公里停车次数波动性大。

由于交叉口处是否停车在没有进行公交信号优先设计的情况下并不是确定的，交叉口密度越大，每公里停车次数的分布就越分散，波动性越大，但出现较大停车次数的可能性更大。

得到上述分布后，能够计算得到不同交叉口密度（个/公里）所对应的平均每公里停车次数如图 8 所示。

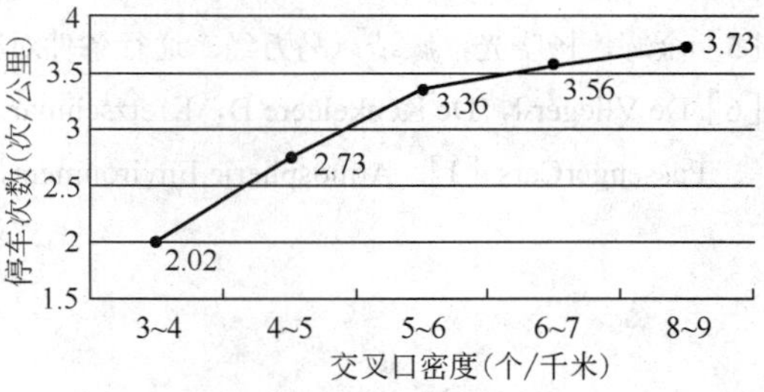

图 8　交叉口密度与停车次数关系

利用 3.2 节减少停车次数与节省油耗的定量关系，能够得到每减少一个交叉口所能减少的油耗（见表 4）。

表 4　减少单位交叉口密度的节油情况

原交叉口密度	减少停车次数	减少油耗率（L/百公里）
4～5	0.7160	2.68
5～6	0.6239	2.33
6～7	0.2039	1.25
8～9	0.1721	1.06

在本文所探究的范围内，减少交叉口密度所对应的节油情况随着改善前交叉口密度的不同而有所差异：交叉口密度越大（大于 6 个/千米），减少单位交叉口密度所能节约的油耗越少，反之，交叉口密度较低时（小于 6 个/千米），减少单位交叉口密度所能节约的油耗更高，甚至是大交叉口密度的两倍。

因此，若要通过减小交叉口密度来优化公交运行油耗，在相同条件、相同改善力度下交叉口密度高的线路成效可能更小。虽然在交叉口密度小的线路进行优化得到的效果明显，但在实际情况中，这类线路因原本交叉口密度就较小，很难再进行缩减、优化，因此在改善时建议仍从交叉口密度大的线路着手，通过合理的选线规划、信号联动控制提高公交车因交叉口而停车的确定性，以此规范驾驶员行为。

4　结语

本文基于公共汽车 CAN 总线大数据，从数据统计分析角度，分析了公交油耗的显著影响因素和影响机制，并从公交的停车次数、进站操作、路段特征三个方面重点量化研究了对油耗的具体影响。基于研究成果，从驾驶行为和道路设施特征两个角度，提出了可行有效的公交节能策略和方法。在大数据环境中，基于数据分析的研究结果对发展公交优先和建设绿色交通仍有更多重要的引导作用，值得进一步研究和实践。

参考文献

[1] 中华人民共和国国家统计局［OL］. 2016，3-6. http：//www. stats. gov. cn.
[2] International Road Transport Union. TrafficCongestion Increases CO_2：Emissions by 300%［EB/OL］. 2014.

[3] 陈浩．城市公交车动力传动系统优化匹配的研究［D］．长沙：湖南大学，2008.
[4] 王延伟．城市公交车驾驶节能技术的研究［D］．．西安：长安大学，2010.
[5] 金辉，杨晓光，滕靖，马万经．通行条件对公共汽车碳排放的影响［J］．城市交通，2015（1）：66-71.
[6] De Vlieger I，De Keukeleere D，Kretzschmar JG．EnvironmentalEffects of Driving Behaviour and Congestion Related to PassengerCars［J］．Atmospheric Environment，2000，34（ 27）：4649-4655.

基于互联网支付技术的地铁云购票机应用

陈锋武

（广州地铁集团有限公司）

摘　要：本文提出了使用互联网支付技术的云购票机技术方案，并详细描述了广州地铁集团有限公司对方案的实施及效果，明确指出了轨道交通自动售检票系统采用互联网支付技术是未来的发展方向。

关键词：二维码支付；互联网支付；自动售检票

Cloud TVM Application Based On Internet Payment Technology

Chen Fengwu

(Guangzhou Metro Group Co., Ltd.)

Abstract: This paper present one type of Cloud TVM Apllication based on Internet payment technology, and a detailed description of the practice and effect of Guangzhou Metro Group Co., Ltd. of the Cloud TVM Application, and points out that AFC system using the Internet payment technology is the future direction of development.

Key words: Two-dimensional Code Payment, Internet Payment, AFC

1 引言

随着近年互联网及智能手机行业的大发展，网上支付和移动支付已成为消费的主要手段。广州地铁集团有限公司紧跟时代步伐，开展互联网购票项目的研究，推进广州地铁AFC系统全面“互联网+”。

2015年12月，广州地铁集团有限公司召开了NFC手机支付工作汇报会并做出指示，新的购票及过闸方式可降低运营成本，并将全面提升广州地铁乘客服务水平，意义重大。广州地铁集团有限公司成立了专门负责该工作的项目小组。项目小组成立后，随即开展方案制定、现场调研、外部联络等工作。12月22日，云购票机首先在广州火车站、广州南站上线试点运行，实现了互联网购票，快捷搭地铁。

云购票机的成功试点，仅仅是开始。广州地铁集团有限公司从试点站成功推出互联网购票业务之后，马上开始为下一个目标筹划。广州地铁线网140多个车站，只有两台云购票机，远远满足不了提升乘客服务水平的需要。为了让更多乘客了解和使用云购票机的互联网购票服务，项目小组一方面加紧云购票机的生产调试，另一方面在地铁线网各车站考察，在乘客最需要的车站布置更多的云购票机。12月28日广佛线后通段4个站开通，广佛线后通段各站、机场南站同步增加运购票机试点运行；1月

5日，一号、二号、八号线重点车站共增加9台云购票机试点运行；2月4日，全线网各线路云购票机也完成安装调试，上线试点运行的云购票机总数达到42台。同时，为了配合云购票机互联网支付应用，广州地铁微服务APP增加了购票功能，广州地铁云平台同步上线试用。

2 互联网支付的发展

互联网支付是属于在线支付方式，区别于现金支付。中国的互联网支付是从银行卡刷卡支付发展而来。

1985年3月，我国正式推出了第一张银行卡。这张银行卡是由中国银行珠海分行发行的“中银卡”（见图1）。紧接其后，中国工商银行、中国建设银行、中国农业银行等银行，也推出了自己的银行卡，代表着中国进入了银行卡时代。1987年，中国第一台ATM柜员机在珠海投入使用。ATM柜员机的投入使用，代表着银行卡持有人从此可以自主使用银行卡进行业务交易。

1986年6月，中国银行发行了中国国内第一张信用卡——长城信用卡（见图2）。信用卡的发行，代表中国人开始接受刷卡消费方式。紧接着，各大银行也相继推出了自己的信用卡。2013年，我国银行的发卡量，根据统计，已经达到42.14亿张，平均下来，每人持有2.6张，刷卡消费已经成为日常生活的一部分。

图1 中国第一张银行卡

图2 中国第一张信用卡

随着中国银行卡发卡量的增加，持卡人需要办理的业务量也随即大幅度增长，银行业务压力也大大增强，每天银行柜台和柜员机排队等待办理业务的队伍也越来越长，人们对于传统的银行业务处理模式越来越不满，强烈要求更加便利的银行的服务。于是，网上银行业务模式越来越受欢迎。1996年，中国银行首先建立网上银行服务。1998年3月6日，中国国内第一笔网上银行业务产生。这是中国国内第一笔互联网支付业务。中国国内第一家真正意义上的网银诞生于1998年7月6日，是招商银行推出的“一网通—网上支付”业务。从此，互联网支付真正进入了人们的日常生活。

进入21世纪，电子商务时代来临，互联网支付得到了飞速发展（见图3）。1999年，国内出现了第一家C2C网站——易趣网。同一年，日后中国的互联网支付巨头阿里巴巴成立。

图3 互联网支付

2003年10月，阿里巴巴推出了支付宝。支付宝通过资金三方托管，解决了中国互联网购物的信任问题，因此支付宝快速发展，很快成为互联网上最大的第三方支付服务。2014财年（截至3月31日），支付宝的总支付金额达到38720亿元，日均支付量已超过百亿元。这说明了支付宝已经成为了中国国内网上支付的最受欢迎的手段。

图4　微信支付

腾讯公司于2005年9月正式推出专业在线支付平台财付通，2014年3月4日推出微信支付。以微信的庞大用户群体作为基础，微信支付也得到极大发展（见图4）。

2016年2月18日，苹果公司Apple Pay移动支付服务中国国内正式开通。苹果手机用户可以在线下“银联云闪付”商户及线上APP内支付时使用这项功能（见图5）。

图5　Apple Pay 苹果支付

互联网支付已经成为支付技术的发展趋势。

3　云购票机功能描述

广州地铁集团有限公司为了方便乘客购票，顺应互联网支付发展趋势，决定把互联网支付手段引入自动售检票系统。经过细致的调研，决定以云购票机为主，推出互联网购票及取票业务。云购票机是一种全新的AFC系统设备，应该具备什么功能，需要进行周密的研究。广州地铁集团有限公司经过系统的研究，最终确定了云购票机功能需求。

云购票机主要功能描述如下。

（1）线网地图点击购票功能：传统的自动售检票系统自动售票机的主要单程票购票流程是通过主界面的线网地图点击后选择车站，获取票价信息。根据票价信息，选择购买单程票的张数，统计支付总价，然后支付现金进行购票，完成交易。为了方便乘客使用云购票机，广州地铁集团有限公司决定云购票机也使用相似的单程票购票流程。而在支付阶段，采取了互联网支付方式。

（2）支付宝支付功能：支付宝支付是中国国内使用最广泛的互联网支付之一，为了方便乘客使用，云购票机需要支持支付宝支付功能。

（3）微信支付功能：微信支付是中国国内使用最广泛的互联网支付之一，为了方便乘客使用，云购票机需要支持微信支付功能。

（4）互联网购票功能：传统地铁乘客购票方式是乘客到车站的自动售票机进行现场选站支付现金购票。每次购票都需花费较长时间。在大客流车站，每次购票基本上都要排队等待一段时间后，才能购票，费时费力，效率很低。为了解决这个问题，广州地铁集团有限公司决定推出互联网购票功能。乘客可以在手机上提前进行选站购票操作，无须到达现场再进行相关操作。乘客到达车站后，只需要到云购票机上进行扫码取票操作，大大节省了购票时间，提高了购票效率。

（5）取票功能：取票功能是在互联网购票操作完成后，云购票机进行验证后，直接出票给乘客。

（6）互联网接入功能：传统的自动售检票系统设备在一个基本封闭的局域网完成数据传输功能。云购票机需要进行互联网支付，因此，需要额外的互联网接入。

（7）自动售检票系统接入功能：云购票机仍然是属于自动售检票系统设备。自动售检票系统需要对云购票机进行管理。因此，云购票机需要接入自动售检票系统，进行统一管理。

（8）接入车站计算机管理功能：云购票机是车站设备，需要接入车站计算机统一管理。

（9）交易数据统一清分功能：云购票机产生的交易数据，需要统一上传到自动售检票系统的清分中心进行交易清算，并产生报表。

4　技术方案

4.1　系统架构

除接入原有自动售检票系统功能外，云购票机系统架构主要分成三部分。第一部分是云购票机；第二部分是互联网支付服务器；第三部分是广州地铁清分系统服务器（见图6）。

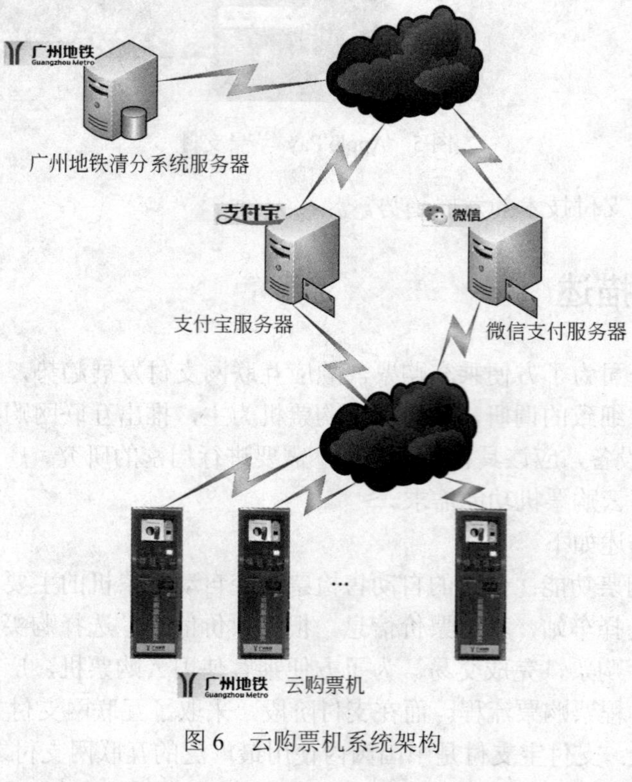

图6　云购票机系统架构

云购票机通过互联网连接到支付宝服务器或微信支付服务器。支付宝支付服务器和微信支付服务器通过互联网与广州地铁清分系统服务器。

4.2 购票与取票流程

典型乘客购票流程步骤如下（见图7）。

（1）乘客点击线网地图，选定车站。云购票机显示票价。乘客选定购票张数，云购票机显示需支付的总票价。

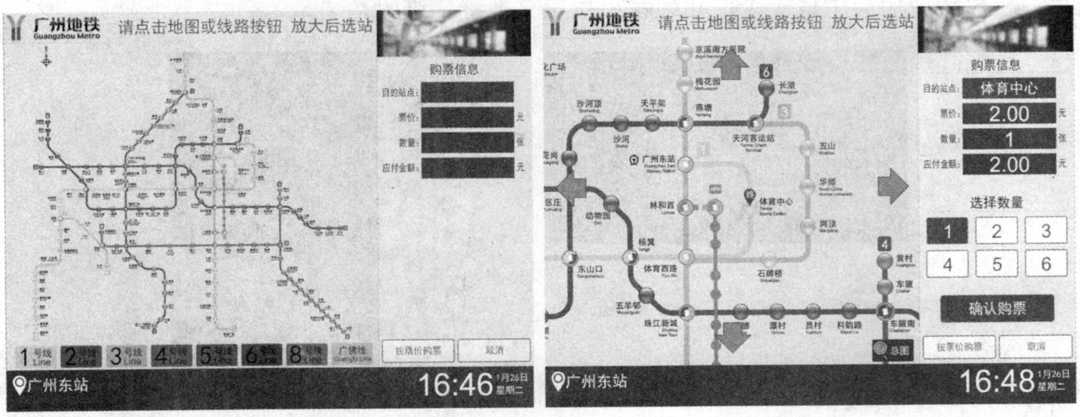

（a）云购票机线网购票图1

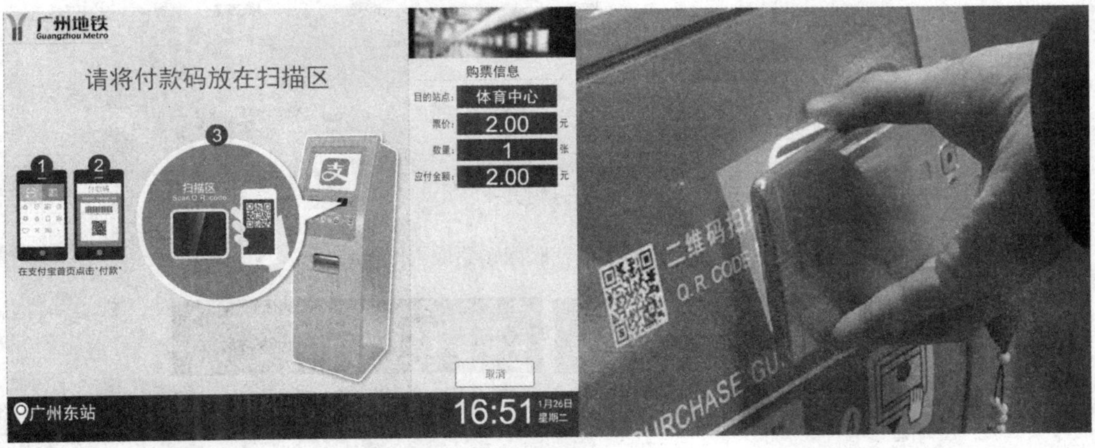

（b）云购票机线网购票图2

图7

（2）乘客确认后进入支付界面，云购票机提示乘客进行扫码支付。

（3）乘客操作手机，显示支付宝二维码支付界面或微信二维码支付界面，然后把手机显示屏靠近云购票机扫码读头。

（4）云购票机读取二维码，通过互联网发送扣款信息到支付宝服务器或微信支付服务器进行验证和扣款。

（5）支付宝服务器或微信支付服务器扣款成功，则通过互联网发送扣款成功信息给云购票机。同时，支付宝服务器或微信支付服务器生成扣款交易，通过互联网发送到广州地铁清分系统服务器。

（6）云购票机收到支付宝服务器或微信支付服务器扣款成功信息后，发售单程票给乘客，并生成交易信息上传到车站计算机。

典型乘客互联网购票、取票流程（以支付宝购票为例）步骤如下（见图8）：

（1）乘客操作手机，打开支付宝应用，点击进入城市服务。在城市服务界面，定位广州市。如果当前城市不是广州市，则选择定位为广州市。在广州市的城市服务中，找到“地铁购票”服务，点击进入广州地铁互联网购票界面。

互联网购票界面中，有线网图可以参考。在界面上方，有“选择起点”入口和“选择终点”入口。点击“选择起点”入口，可以进入起始站点选择界面。选择了起始站点后，回到互联网购票界面。选择了终点站点后，进入确认购票界面。

确认购票界面可以选择购票张数。选定购票张数后，点击“立即付款”按钮，可以进行支付。支付完成后，支付宝应用会生成一个广州地铁单程票兑换券二维码。

（a）云购票机互联网购票取票图 1

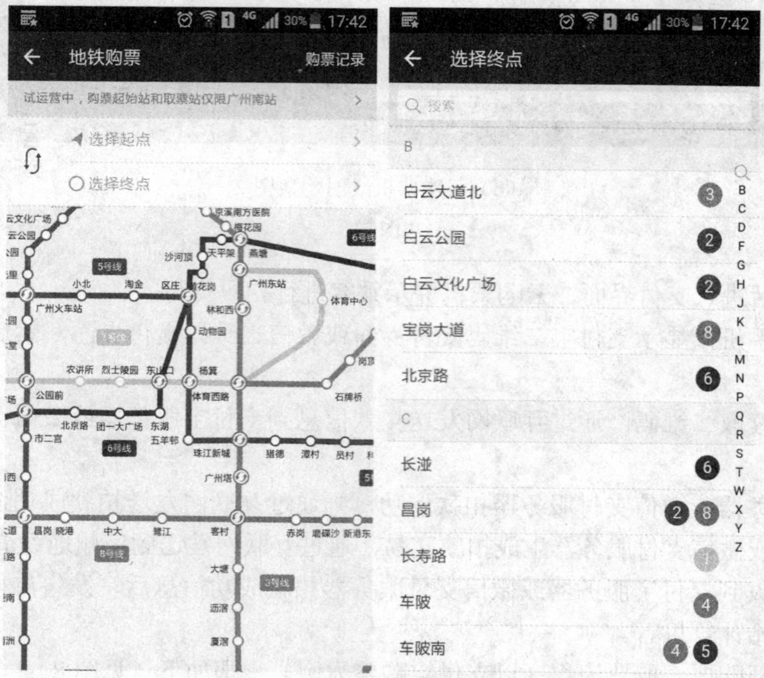

（b）云购票机互联网购票取票图 2

图 8

（c）云购票机互联网购票取票图 3

（d）云购票机互联网取票

图 8（续）

（2）乘客来到选择的起点车站，找到云购票机，将二维码对准、紧贴云购票机上二维码扫描器，进行扫描。

（3）云购票机读取手机取票二维码信息，通过互联网，发送到支付宝服务器进行校验。

（4）支付宝服务器校验二维码信息，确认二维码合法后，通过互联网返回校验通过信息给云购票机。同时，通过互联网发送到广州地铁清分系统服务器。

（5）云购票机接收到支付宝服务器校验二维码通过的返回信息后，发售单程票给乘客。同时生成交易信息，上传到车站计算机。

4.3 云购票机硬件设计

根据云购票机的功能要求及技术方案，开展针对性的硬件设计。

如图 9 所示，云购票机前面板的主要部件应该包括如下：

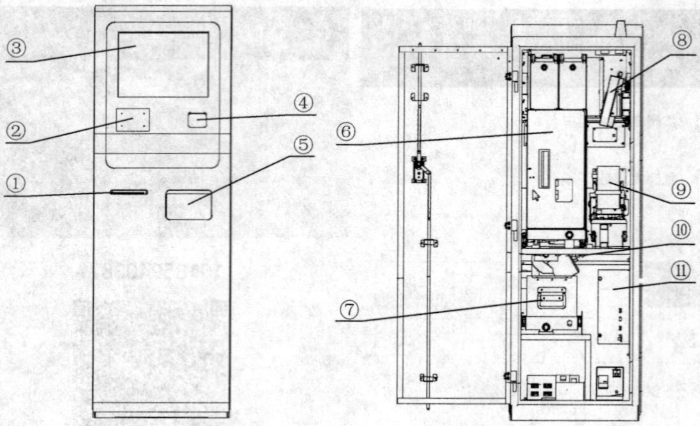

图 9　硬件结构示意

① 凭条口：云购票机部分业务要求提供凭条给乘客。因此，需要提供一个打印凭条出口。

② 读卡区域：云购票机可以用来读取乘客票卡，验证票卡状态，校验票卡合法性。该功能可以方便乘客，一定程度上取代自动验票机。同时，也便于设备功能扩展。根据企业的需要，可以适当增加乘客应用，增强设备功能，为企业创造更多价值。

③ 乘客显示器：乘客显示器是用来显示设备使用界面的显示器。其显示的界面主要针对乘客。在打开后维护门后，可以用来显示维护界面。乘客显示器拥有触摸屏功能，可以用来与乘客进行互动。例如，乘客点击选择按钮，点击车站等。

④ 二维码扫码口：云购票机的主要功能是使用互联网支付进行购票。目前互联网支付的主要形式就是扫描二维码进行支付。因此，云购票机拥有一个二维码扫码器，在设备前面板设立了一个二维码扫码口，用来读取乘客手机上的二维码。

⑤ 出票口：云购票机重点功能是购买单程票。因此，云购票机前面板需要设计一个出票口，方便乘客拿到所购买的单程票。

⑥ 单程票处理模块：云购票机重点功能是购买单程票。因此，云购票机需要拥有单程票发售功能。为了方便维护，单程票处理模块采用与线路自动售票机同一型号。其维护维修可以与自动售票机一起统筹安排。

⑦ 单程票回收箱：云购票机发售单程票时，需要考虑运营需求。而单程票处理模块采用与自动售票机同一型号，则也需要安装单程票回收箱，方便车站运营时，同一补票和清空票箱。

⑧ 后台维护面板：后台维护面板是云购票机用来进行维护操作的输入终端。车站运营人员可以使用后台维护终端进行登录、指令输入、状态查看等操作。

⑨ 打印机：打印机有两个功能。一个是打印给乘客的凭条，并通过前面板送到乘客手里。另一个是运营人员在进行后台操作时，可以打印一些操作结果单据，例如：进行结账操作就打印结账列印小单。

⑩ 读卡器：云购票机需要对单程票进行发售操作；也需要对乘客手持的票卡进行验票，读取状态信息，判断合法性。因此，需要一个读卡器进行相关操作。

⑪ 主控单元：主控单元是云购票机软件运行的平台。云购票机的所有应用都是运行在主控单元中。

除以上 11 个主要的部件之外，由于车站现场网络条件限制，为了实现其互联网功能，云购票机还设计了一个无线 4G 通信模块，用来通过移动通信网络连接到互联网上。这是一个临时解决方案。经过技术方案讨论确定，最终的网络通信将通过固定的有线网络进行。有线网络通信需要进行车站改造及施工，实施难度较大。有线网络连接方式比无线 4G 网络连接方式，具有连接稳定，带宽高等优点。

5 工程实施及实际效果

经过充分的讨论和研究，广州地铁集团有限公司制定了云购票机项目工程实施方案，分阶段推广云购票机。

第一阶段，在广州火车站及广州南站两个地铁乘客客流量巨大的车站分别安装了一台云购票机，观察乘客使用的情况。2015 年 12 月 22 日，云购票机成功在两个车站启用。

第二阶段，在市区部分车站进行云购票机推广。分别在 6 个车站新装了云购票机，并于 2015 年 12 月 28 日启用。

第三阶段，逐步大规模在各线路，各车站分批推广云购票机。

图 10 和表 1 是广州南站的云购票机启用后的月统计数。统计了每月发售的单程票数及发售总金额。广州南站是广州的高铁总站，客流量高，来往广州及外地的客流比例大，储值票使用率较低，对购买单程票的需求量较高。从统计数据来看，可以发现，乘客使用云购票机产生的交易是逐月增加。这说明云购票互联网支付模式得到乘客的普遍认可。

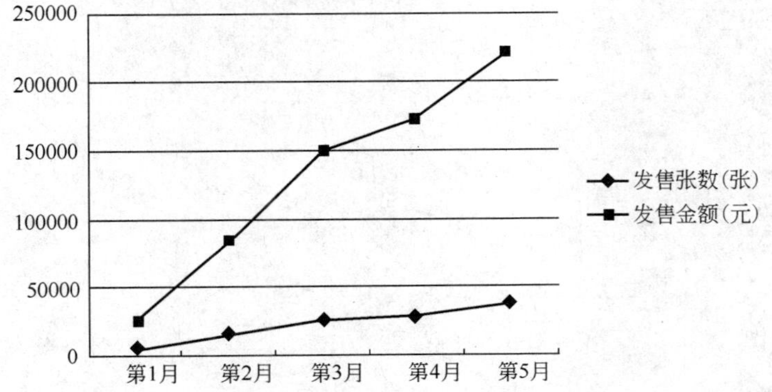

图 10 广州南站云购票机使用量

表 1 广州南站云购票机发售单程票

	第 1 月	第 2 月	第 3 月	第 4 月	第 5 月
发售金额（元）	25475	84101	150703	172407	222695
发售张数（张）	4204	14135	25269	29178	37583

表 2 是云购票机发售交易中，采取现场点击选站购票、现场支付的交易及互联网上预先购票后再到现场取票的交易统计比例表。从中可以看出，互联网预购票后再现场取票的交易数量占比略高。这说明，互联网预购票后再取票这种购票模式，是得到乘客普遍认可的。

表 2 购票方式比例

购票方式	占比
现场支付	43.79%
预购票后取票	56.21%
合计	100.00%

6 结语

通过广州地铁集团有限公司推出的云购票机工程实施及推广效果来看，互联网支付在自动售检票系统应用是未来的发展方向之一，得到了广大乘客的认可。中国轨道交通自动售检票行业，应该朝着这一方向努力，推出更多方便乘客使用的新技术，降低乘客购票时间，提高轨道交通行业整体形象。

参考文献

齐景沙．支付的变迁：中国电子支付发展简史．http://yeyuan.baijia.baidu.com/article/37237，2015-11-22.

货车在编组站中转方式推算方法研究

金福才

（中国铁路信息技术中心，北京 100844）

摘　要：铁路车流推算要计算货车在区段内的运行时间和在车站的停留时间，然后才能推算货车到达各站的时间。当货车跟随列车到达编组站时，通常要进行有调或无调中转作业，中转方式的不同对于推算货车停站时间有很大影响。通过研究货物列车编组计划的内容，梳理出直达列车数据表和直通列车数据表。车流推算时，先分析经由编组站串，然后依据直达列车数据表判定货车是否属于直达。对于非直达的货车，依据直通列车数据表，设计了判断货车经由编组站中转方式的递归算法。使用此方法可以快速判定货车在编组站中转方式，从而使计算停站时间更加准确。

关键词：铁路运输；车流推算；编组站；货物列车编组计划；算法

Forecasting Algorithm of Vehicle's Transfer Mode at Marshalling Stations

Jin Fucai

(China Railway Information Technology Center,Beijing 100844)

Abstract: Calculating running times in railway sections and waiting times in railway stations are the base to forecast the time when the vehicle will arrive at each station in railway vehicle flow forecast. Generally, vehicles will have two transfer mode in marshalling station, such as shunting operations and no-shunting operation. The vehicle's transfer mode will heavily affect its waiting time in marshalling stations. The contents of train formation plan are analyzed, and through trains data table and direct trains data table are conducted. The sequence of visiting marshalling station is analyzed first in vehicle flow forecast, then the through attribute of each vehicle can be determined by using through trains data table. For a vehicle having no through attribute, the recursion algorithm is designed to determine its transfer mode by using direct trains data table. This algorithm can quickly determine the transfer mode, and is helpful to forecast more accurate waiting time at marshalling stations.

Key words: Railway Transport, Vehicle Flow Estimation, Marshalling Station, Train Formation Plan, Algorithm

1　引言

为适应运输市场需求，铁路总公司正在深入推进客、货运输改革。在客运方面已经取得很多突破，在货运方面，也采取了多种措施，例如完善受理方式，创新货运列车开行模式，强化货运营销方式等。货运的基础是保证货车在路网上持续稳定地运行，这不仅要准确掌握铁路运输的当前状态，也要研究铁路车流变化规律，使用更精确的车流推算方法，为制定预见性的车流调整措施提供依据。

车流推算方法与铁路运输管理模式密切相关，国外的车流推算方法并不适用于我国铁路运输管理。我国学者依据调度指挥实际也研究了多种车流推算方法。文献[1]研发了铁路局运输调度车流推算及调整系统，使用了三段式车流推算方法，分别为推算基点数据、推算点车流数据和推算结果数据。文献[2]研究了太原铁路局的车流推算系统，方法是从运调 20、十八点统计、运货五等系统抽取推算用的基础数据，实现管内重车、管内空车、移交车、运用车等指标推算。文献[3]设计基于两种数据源的车流推算方法，分析了两种方法的特点和推算结果的修正方法。这些推算方法基本是对现有人工推算工作方法的模拟，并不涉及具体货车的走行时间。

为给运输指挥提供更精确的指挥依据，铁路已经建成运输信息集成平台[4]。对于货车在运输过程中的任何变化信息，都要向集成平台实时上传。通过运输信息集成平台可以实现对货车运输状态变化过程进行快速掌握，从而实现更加细致的车流推算。

对单个货车进行推算的基本工作内容包括在区段内运行时间推算和在车站内停留时间推算。当货车到达编组站时，由于会存在中转作业，停站时间会更长。文献[5]将货车在车站停站时间分为三类，分别是中间站、分界站、技术站，并分别设计计算方法。在计算货车在技术站停站时间时，采用了传统方法，就是直接将货车平均中转作业时间作为货车的停留时间[6]。这一方法虽然简单，但误差也很大。目前我国铁路有调中转车占比 40%左右，有调作业时间几乎是无调作业时间的 4 倍，如果停站时间出现过大偏差，会导致推算结果误差更大。文献[7]设计了一种货车在编组站出发时间的推算模型，并使用 ILOG-CPLEX 工具求解。虽然本方法可以更加精确计算每个车辆在编组站的停站时间，但计算过于复杂，不能用于实时车流推算。

通过大数据处理技术分析货车在编组站的停站时间，可以得到有调作业时间和无调作业时间的统计值。只要有方法能判定货车的中转方式，就可以直接使用这些统计时间值。本文将依据货物列车编组计划的内容，梳理出直达列车数据表和直通列车数据表，以此为基础来快速确定货车在编组站的中转方式。

2 货车推算过程分析

根据重车运输货物的发站和到站，可以判断出该货车的始发站和终到站，此时依据车流径路走行规定，可以计算出货车从始发站到终到站的车流径路。确定了货车到达径路上每一个车站的时间，就完成了对该列车的走行推算。货车运输过程中消耗时间主要在两个方面，一个是在区段内的运行时间，另一个是在车站的停留时间。以一个货车为例，其运行径路需要经过路局分界站 1，编组站 1，路局分界站 2，编组站 2，最终货车到站，推算过程如图 1 所示。

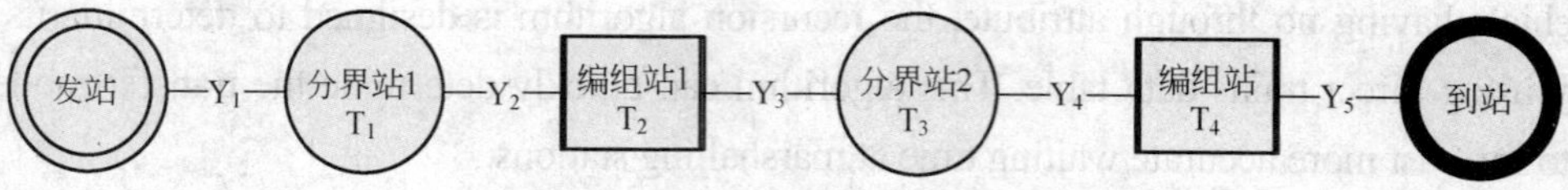

图 1　货车从发站到到站的推算过程示意

在图 1 中，货车从发站到分界站、分界站到编组站、编组站到到站之间的 Y_1、Y_2…、Y_5 属于区段内运行时间，货车在分界站、编组站的停留时间 T_1、T_2…、T_4 属于车站内停留时间。区段运行时间已经有一些计算方法，而在车站内停留时间需要对货车在编组站内作业时间进行分析。铁路货车运送货物过程如图 2 所示。

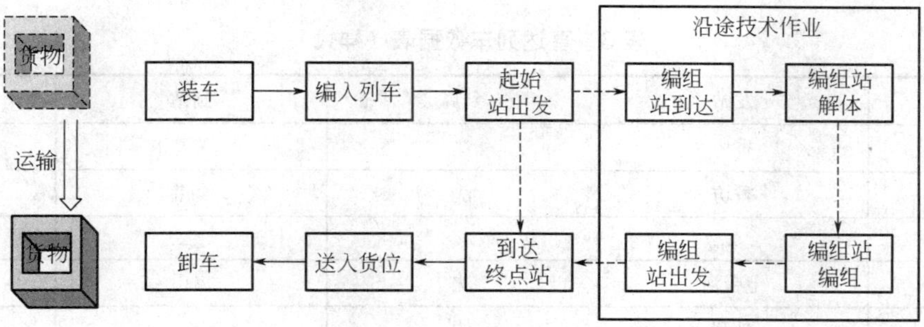

图 2　铁路货车运输货物过程示意

图 2 中，货物首先在装车站装入铁路货车，然后按照编组计划规定将同一去向的货车编组成列车，向货物的卸车站运输。当经过编组站时，如果此编组站是列车终到站而不是货车的卸车站，则此货车将在编组站经过到达、解体、编组、出发四个作业过程，此时在站停留时间就是有调中转作业时间。如果此编组站既不是列车终到站也不是货车的卸车站，则此货车将在编组站经过到达、出发两个作业过程，此时在站停留时间就是无调中转作业时间。从这一过程也可知，无调中转作业比有调中转作业会节省大量时间。

列车在编组站是采取无调作业还是有调作业，是受铁路货物列车编组计划约束的。因此，要判定货车在编组站中转方式，就必须分析货物列车编组计划。

3　货物列车编组计划内容分析

3.1　直达列车数据表

货物列车编组计划是车流组织计划的具体实现，它规定了路网上所有重空车流在哪些车站编成列车，编组哪些种类和到达哪些车站（装卸站或解体站）的列车，以及各种列车应编入的车流内容和编挂方法等。货物列车编组计划包括三部分内容，分别是五定班列开行方案、始发直达列车编组计划、技术站货物列车编组计划。五定班列可以视为特殊的始发直达列车。

编组计划中五定班列开行方案内容如表 1 所示，始发直达列车编组计划内容如表 2 所示。根据它们的共同点，可以梳理出直达列车数据表，如表 3 所示。

表 1　五定班列开行方案内容表（示例）

发局	装车组织站	始发（技术）站	到达（技术）站	卸车组织站	到局	编组内容	车次	运行径路
哈	香坊	哈尔滨南	金州	大窑湾港，金港	沈	金州及其以远，5800 吨	80102	兰棱
沈	长春南	长春南	双桥	丰台西、顺义、星火	京	双桥及其以远，3500 吨	80206/5/6	隆化
京	新港	塘沽	阿拉山口	阿拉山口	乌	阿拉山口卸，3200 吨	80312/1	赛鱼、吴堡、定边、安北
……	……	……	……	……		……	……	……

表 2　始发直达列车编组计划内容表（示例）

发局	发站	到站	编组内容	品类	车次	经由
哈	七台河、勃利	灵山	灵山卸，哈尔滨南用相同车流补轴	煤炭	82002	兰棱
沈	庙岭	温春	温春卸，1100 吨	非金	86021/23/25/27	鹿道
京	德州、长庄	山海关	山海关及其以远	始发	86040/39	山海关
	……	……	……	……	……	……

表 3 直达列车数据表（样式）

发局	发站	到局	到站	直达类别
哈	香坊	沈	大窑湾港	五定班列
哈	香坊	沈	金港	五定班列
……	……	……	……	……
哈	七台河	沈	灵山	始发直达
哈	勃利	沈	灵山	始发直达
……	……	……	……	……

利用表 3 中的货物发站和到站可以判定此货车是否属于直达类型。

3.2 直通列车数据表

跨局技术站货物列车编组计划内容如表 4 所示。根据表 4，可以梳理出直通列车数据表，如表 5 所示。

表 4 全路技术站货物列车编组计划内容表（示例）

北京铁路局向沈阳铁路局					
经由山海关分界站					
发站	到站	编组内容	列车种类	车次范围	附注
丰台西	山海关	……	直通	28001～28029	—
南仓	山海关	……	直通	27401～27419	—
……	……	……	……	……	……
经由隆化分界站					
丰台西	通辽	……	远程直达	10053～10091	—
隆化	通辽	……	区段	26001～26009	—
……	……	……	……	……	……

表 5 直通列车数据表（样式）

发局	发编组站	到局	到编组站	直达类别
北京局	丰台西	沈阳局	山海关	直通
北京局	南仓	沈阳局	沈阳西	直通
……	……	……	……	……

4 中转方式推算算法

4.1 判定总流程

每个货车在完成装车后，由其装车站和卸车站计算得出其经由的车站串，利用车站属性字典分析出经由的编组站串。这两个数据串将保存在该货车的属性表里。

根据货物列车编组计划，很容易推导出判定中转方式的两个原则，如下：

（1）只要货物的发站和到站能在直达数据表中找到，可快速判定货车属于直达列车。将车辆赋予为直达属性，此时货车在经由后续各编组站时都采取无调中转方式。

（2）对于没有直达属性的车辆，要判断其经由编组站串是否符合直通列车数据表中条件。符合条件的在出发编组站和到达编组站是无调中转，其余编组站都是有调中转。

依据上述原则，对于已经完成装车的车辆，要进行直达列车初始判定，初始判定过程如图 3 所示。依据装车站、卸车站范围确定其是否符合直达列车数据表格式。如果是，则对本货车标记为直达标识，否则标记为非直达标识。对于标记为非直达的货车，则对其经过的每个编组站都要计算其中转方式。

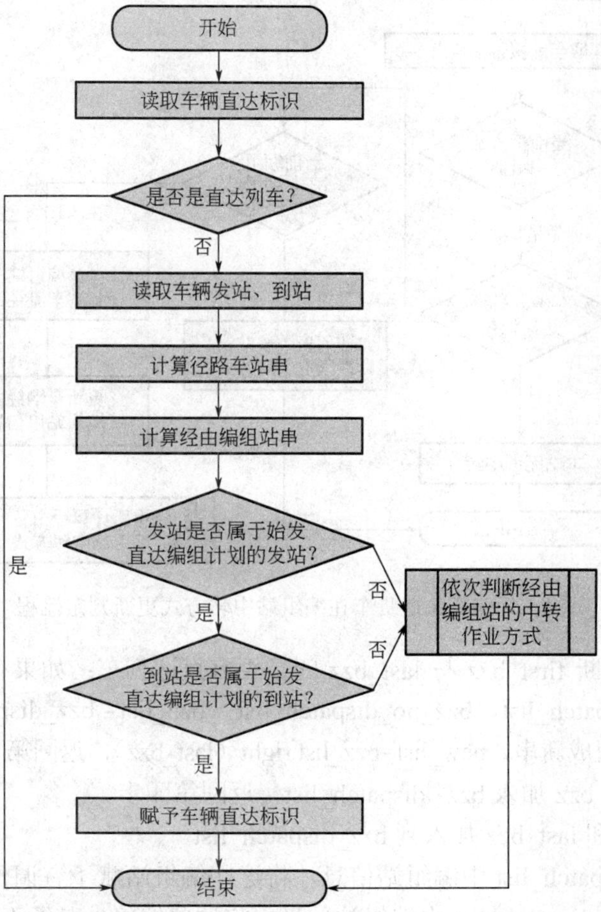

图 3　装车完毕后货车在编组站中转方式初始判定流程

货车初始判定完毕后，经由技术站及中转方式信息都保存在该货车的参数表中。货车跟随列车出发后，由于各种原因，可能会更改原来计划的车辆走行径路。因此当非直达货车有新的运行状态报告时，则要判断是否需要重新计算经由编组站串。货车到达编组站，如果此站不在其原编组站串中，需重新计算，计算过程如图 4 所示。如果此站包含在原有编组站串中，则直接使用结果，不再计算。

4.2　中转方式判定迭代算法

在图 3 和图 4 中，都提出计算经由多个编组站中转方式，这需要用递归算法实现。

对于一个重车，根据其装运货物的发站和到站可以计算出车流径路。分析其经由的车站串中的车站属性，可以整理得到经由的编组站串，假设这些编组站串记为：Z_1，Z_2，…，Z_m，…，Z_n。

依据表 5 中统计的技术直达计划开行规律，可以设计出货车在编组站是有调作业还是无调作业的算法如下。

第 1 步：根据货车走行径路串，分析其经由的编组站序列 bzz_list =（Z_1，Z_2，…，Z_m，…，Z_n），设序列长度为 n。

第 2 步：定义有调编组空列表 bzz_dispatch_list 和无调编组空列表 bzz_no_dispatch_list。

第 3 步：定义 new_list=bzz_list。

第 4 步：如果 new_list.length<2，转第 7 步。

第 5 步：定义首编组站 first_bzz=new_list[0]，定义尾编组站 last_bzz=new_list[new_list.length-1]。

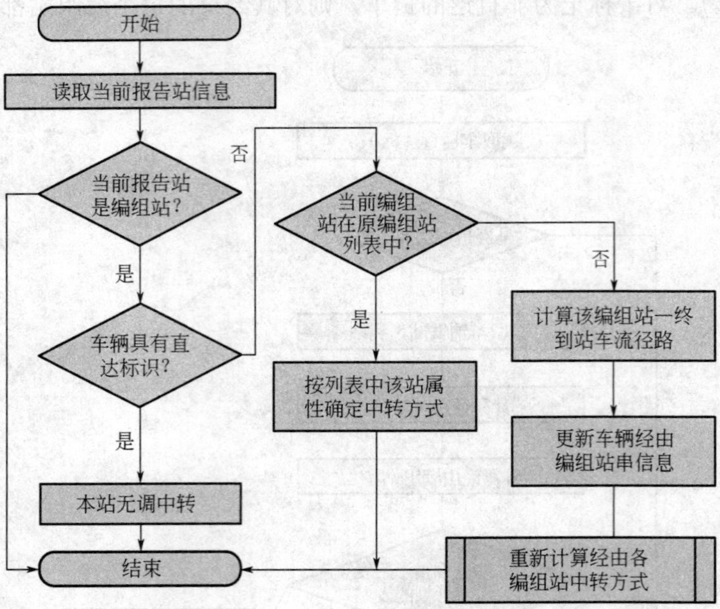

图 4　径路变化后货车在编组站中转方式更新判定流程

第 6 步：根据表 3 判断 first_bzz 与 last_bzz 间是否有直达列车：如果有直达列车，则将 first_bzz 和 last_bzz 加入到 bzz_dispatch_list，bzz_no_dispatch_list = bzz_list - bzz_dispatch_list；截取 bzz_list 串中 last_bzz 右侧编组站串组成新串，new_list=bzz_list.right（last_bzz），返回第 4 步；否则定义 new_list = new_list - last_bzz，将 last_bzz 加入 bzz_ dispatch_list，返回第 4 步。

第 7 步：将 first_bzz 和 last_bzz 加入到 bzz_dispatch_list。

第 8 步：取出 bzz_dispatch_list 中编组站信息，将这些编组站赋予有调作业标识。

第 9 步：取出 bzz_no_dispatch_list 中编组站信息，将这些编组站赋予无调作业标识。

第 10 步：结束。

4.3　推算流程示意图

算法实现时采用两个计算流程。一个是主计算流程，如图 5 所示，用于调用子计算流程 decide_dispatch。另一个是子计算流程，如图 6 所示，负责在技术直达列车数据表中进行迭代运算。

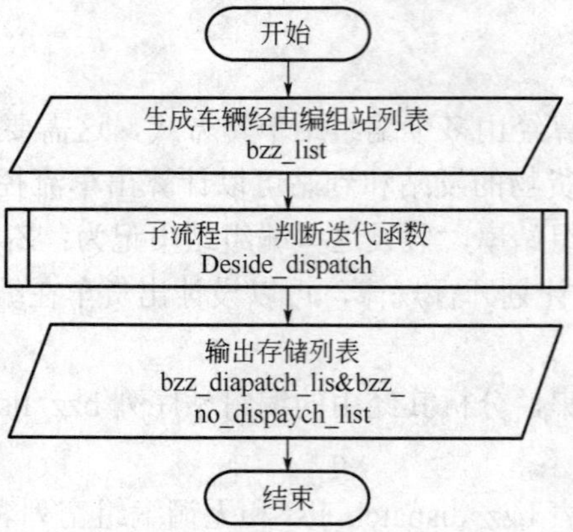

图 5　货车编组站进行有调还是无调作业的判定主计算过程

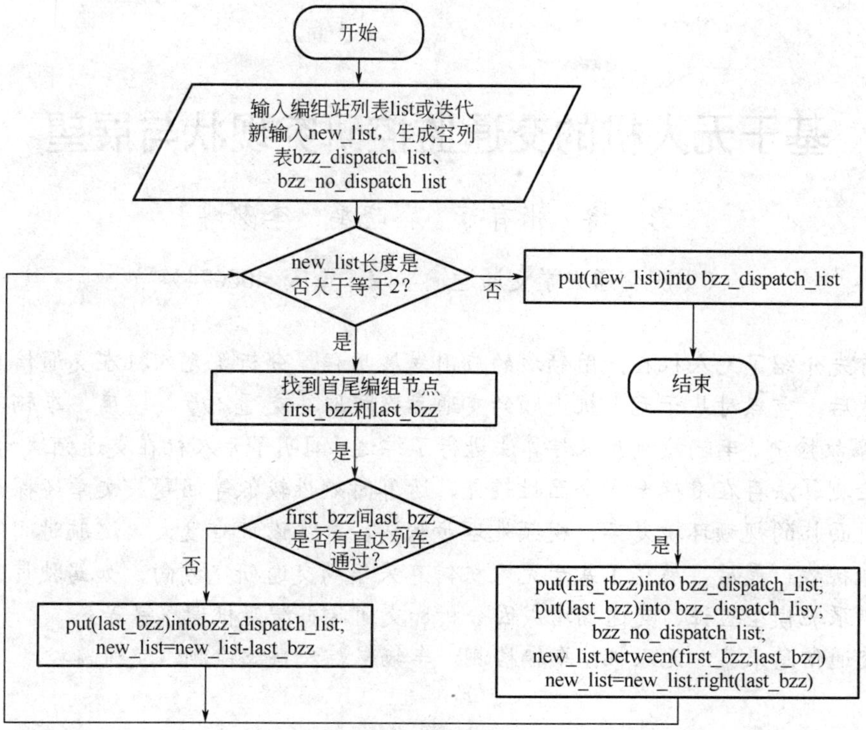

图 6　货车编组站进行有调还是无调作业的子判定过程

5　结语

货车在编组站的停留时间推算是车流推算的一个重要内容。由于无有效方法判定其中转方式，通常采用平均中转作业时间这一参数计算，这会导致误差很大。

本文研究了货物列车编组计划数据内容，建立了直达列车数据表和直通列车数据表。根据这两张表，设计了递归算法，可以判断货车经过任一编组站的中转方式。每个编组站设有两个基本作业时间参数，分别是有调作业时间和无调作业时间，这些参数可以使用大数据处理技术从货车轨迹历史库中统计分析得到。本文方法可以快速确定货车在编组站的中转方式，从而在计算货车在编组站的停站时间时更加准确，这对于提高车流推算精确度具有重要意义。

参考文献

[1] 范英书，崔增仁，林郁山. 铁路局运输调度车流推算及调整系统［J］. 中国铁路，2009（2）.

[2] 曹晋源，胡秀栓. 太原铁路局车流推算系统的设计与实现［J］. 科技情报开发与经济，2013，23（5）.

[3] 李晓海. 铁路运输调度车流推算辅助决策系统［J］. 中国铁路，2011（1）.

[4] 王启东. 面向数据整合的铁路运输信息集成平台方案研究［J］. 铁路计算机应用，2004，23（8）.

[5] 金福才，朱涛. 铁路运输数据集中下的重车推算方法分析［C］. 2015中国智能运输学会论文集，中国：无锡，2015.

[6] 胡思继. 铁路行车组织［M］. 北京：中国铁道出版社，1998.

[7] 金福才，陈光伟，朱涛. 编组站出发车流推算建模与求解［J］. 计算机工程，2016（3）.

基于无人机的交通监控研究现状与展望

彭 博　张有节　蔡晓禹　李少博

（重庆交通大学交通运输学院，重庆 400074）

摘　要：首先介绍了无人机在民用领域的应用发展历程，分析了无人机在交通信息采集方面的优势。然后，重点对基于无人机视频的交通参数提取（交通流量、密度、车辆轨迹和速度等）、交通事故检测、车辆检测和跟踪算法进行了综述，阐明了无人机在交通领域的应用现状，指出视频检测算法存在准确率和全面性较差、运算时效性较低等问题。文章还探讨了无人机交通应用所面临的视频环境复杂、视频处理步骤多、算法设计难度大、巡航时间短、航空管制不健全等挑战。最后，展望了基于无人机信息采集的交通研究方向，如驾驶员行为分析与建模、车辆跟驰模型验证、交通拥堵成因分析和交通状态演变机理探寻等。

关键词：交通信息采集；无人机；车辆检测；车辆跟踪；事故检测；交通监控

Research Status and Prospect of Traffic Monitoring Based on UAVs

Peng Bo　Zhang Youjie　Cai Xiaoyu　Li Shaobo

(College of Traffic and Transportation, Chongqing Jiaotong University, Chongqing 400074)

Abstract: In this paper, application development of UAV(Unmanned Aerial Vehicle)in civil areas is introduced in the first, and advantages of UAVs in traffic information collection are analyzed as well. Then, traffic parameter extraction(traffic volume, density, vehicle trajectory, speed and so on), incident detection, vehicle detection and tracking algorithms are reviewed, and UAV applications in traffic fields are demonstrated. It is pointed out that video detection methodsare subject to problems such as poor accuracy and comprehensiveness, low calculating speed, etal.Moreover, challenges of UAV application in traffic fields are also discussed, including complex video context, multiple video processing steps, tough algorithm design, short cruise time and immature air traffic control regulations. At last, transportationresearch areas based on UAV data collection are prospected like driver behavior analyzing and modeling, vehicle following model verification, traffic congestion causes analysis and traffic states evolution mechanism exploration.

Key words: Traffic Information Collection, Unmanned Aerial Vehicle, Vehicle Detection, Vehicle Tracking, Incident Detection, Traffic Monitoring

基金项目：重庆市社会事业与民生保障科技创新专项项目（cstc2015shms-ztzx0177 和 cstc2015shms-ztzx0127）；重庆交通大学科研启动项目（15JDKJC-A002）。

1 引言

当今城市经济与规模不断发展，交通拥挤、交通事故和交通环境恶化等已成为大城市乃至中小城市的普遍问题。根据美国相关部门预测，到2020年，美国因为交通事故带来的年经济损失将会超过1500亿美元。2014年中国交通部发表的数据显示，交通拥堵带来的经济损失占城市人口可支配收入的20%，相当于国内生产总值（GDP）损失5%～8%[1]。中国科学院可持续发展战略研究成果表明，北京、上海等全国15个大城市中发生的交通拥堵，每天的相关处理费用达到10亿元[1]。因此，急需进行有效的交通监控，以提高运营效率、预防交通事故、快速处理交通事故，减少交通拥堵和事故带来的损失。

交通监控的基础和关键在于交通信息的采集，传统的感应线圈、定点摄像机、超声波和浮动车等方式均无法从广域的视角提供大范围路网的连续交通流信息，导致人们对交通运行状态常常“只见树木、不见森林”。因此，为了有效应对交通拥堵和交通事故等普遍存在的交通问题，亟待开发新的交通信息采集方式，弥补现有交通信息采集技术的不足。于是，基于无人机的交通信息采集技术应运而生。

2002年起，美国、德国、瑞典等国家的交通管理局和高校等机构先后展开了无人机在交通领域的应用研究[2~4]；2010年前后，西班牙、俄罗斯和韩国也加入了该领域研究行列[5~7]。国内起步较晚，从2011年前后至今，主要有中国人民解放军理工大学、北京航空航天大学、同济大学和上海天交通大学在开展相关研究[8~10]。这些研究在基于无人机视频提取交通流量、交通密度、行车轨迹和交叉口运行监控等方面取得了丰富的成果。研究者一致认为，使用无人机进行实时交通信息的采集和交通监控具有很大潜力，但也面临着视频处理难度高、计算量巨大等挑战，需要继续深入研究。

本文对无人机民用发展、无人机在交通领域的应用研究情况、无人机交通应用的优势与挑战等进行了分析和阐述，提出了无人机的交通应用前景，展望了未来研究方向。

2 无人机民用发展历程

1910年，英、美等国家开始研发无人机，可装载炸弹自动飞行，并在第一次和第二次世界大战中服役。1970年之前，由于技术原因，无人机并未取得卓越的成效。随着控制科学和人工智能的发展，高新技术为无人机注入了新的生机。1960—1990年，美国和以色列军队开始了更多的无人机研究，并在越南战争、海湾战争和科索沃战争中成功执行了侦查、雷达干扰、武器定位等多种军事任务，至今无人机都受到英、美、日、韩、澳大利亚、印度和新加坡等国军方青睐[11]。

1980年开始，在军用无人机快速发展的基础上，人们开始尝试将无人机应用于民用领域：1983 年，日本雅马哈公司采用摩托车发动机，开发了一种用于喷洒农药的无人直升机；我国20世纪 80 年代将自行开发的无人机在地图测绘和地质勘探中做了尝试[12]。但相比军用无人机近百年的发展历史，民用无人机在各领域的全面应用只有10余年时间：2003 年起，日本岐阜工业协会先后开发了 4 代无人机产品，主要应用于森林防火、地震灾害评估等领域；2004年，美国边境巡逻队使用无人机巡逻亚利桑那州/墨西哥边境[13]；2004年，英国利用无人机察看和记录哥特式教堂的污垢玻璃窗[13]；2008 年汶川地震时，利用无人机进行地震灾情资料收集[14]；2010年，上海市采购了两架小型无人机，用于公共突发事件的应急指挥现场信息采集，涉及海事搜救、资源环境管理、交通流量监控、执法调查取证等业务内容[15]；2013年，上海一家蛋糕店尝试用无人机运送蛋糕[16]，同年，世界著名的电子商务巨头亚马逊提出，在未来五年内实现无人机配送货物[16]；2014年，阿联酋国家研究项目以迪拜为例，探讨了无人机在智慧城市中的应用，包括环境灾害监控、交通管理和污染监控等[17]；2015年，美国密歇根理工大学和密歇根运输署完成了一项无人机应用评估项目，应用光学、激光雷达和热感应无人机等 5 种无人机对水坝、桥梁、泵站进行检测，对交通流和交通资产进行评估[18]。

可以看出，无人机正更广泛地应用于多个领域，如防火减灾、搜索营救、资源勘探、国土资源监测、边防巡逻、森林防火、气象探测、农作物估产、管道巡检、交通监控等，同时也越来越被世人接受。

3 无人机交通信息采集技术优势

目前，常用的速度和密度等交通信息的采集方式主要有两类，一是固定型检测器，如感应线圈、雷达传感器、定点摄像机、红外线检测器、超声波检测器、地磁感应、RFID 等；二是移动型检测设备，如浮动车、手机定位等[9]。固定型检测器可全天候监测交通状况、采集交通参数，但只能获取布设点的局部交通信息[19]。移动型采集方式综合 GPS、通信和 GIS 等技术，以交通参与者的身份动态采集交通信息，易受 GPS 定位精度和道路交通的影响。总体而言，无论是固定型还是移动型检测器，都无法从广域的视角提供整体的时空二维交通状态。

采用空中监控模式可直观地获取大范围的交通流信息。一种最简单的办法就是在塔尖等高处安装摄像机[19]，提供覆盖大范围道路的视频和图像，但这仍属于固定型检测方式，只能定点监控局部交通信息。相对而言，卫星、飞艇和飞机等空中平台更为灵活。卫星可装载遥感摄像机和高分辨率雷等设备从太空监视地面交通情况[3]，但由于它沿着轨道飞行，只在某一位置短暂停留，难以连续采集图像、进行连续的交通观测[20]。同时，卫星系统成本高、技术难度大，云层遮挡、雨雾等因素也容易降低图像质量。加气的飞艇可作为机载平台进行道路交通低空视频监测[21]，但其速度慢、防御抗击能力较差，也难以应对复杂气流环境。有人驾驶飞机对于交通研究过于昂贵，需要考虑驾驶员的安全，且在恶劣天气和环境下无法运行。无人飞机安装摄像头和定位传感器之后可以将数据传到地面，成本低、操纵灵活、安全风险小、覆盖区域广、不受道路交通限制，是一种新颖、可靠且低成本高收益的交数据采集方式[9][22]，只不过，在风力较大或气温很低时，无人机飞行会受到较大影响。

综上所述，与其他交通检测技术相比，虽然无人机有一定的作业要求，但在交通信息采集和交通监控中仍具有显著的优势，如表 1 所示。

表 1　无人机交通信息采集优势和作业要求

无人机优势	作业要求
（1）检测范围广：低空飞行、巡航高度可调、速度快、变换视角灵活，因此可以实现从局部到广域的点、线、面交通检测，有利于交通管理部门快速、高效地控制局面。 （2）采集信息多样化：通过对感兴趣区域的连续侦查，可以跟踪和检测单个车辆的空间位置和运行状态，也可以采集交通密度、交通流量、平均速度及交通设施分布等宏观交通信息。 （3）机动灵活：无人机既能够飞行在高速道路和桥梁道路之上，又能穿行在高楼大厦之间，甚至可以穿过隧道进行事故现场的勘查和取证，飞行高度从几十米到数百米不等，不受道路交通影响，表现出特有的灵活性和机动性。 （4）可应急救援：在遇到地震、洪灾、海啸、暴雪等自然灾害时，地面交通全部瘫痪，无人机可以立即出动，深入现场观察实况，搜索人员、建立通信中继。 （5）风险低：不用考虑驾驶员风险，能够在灾害天气或污染环境下执行高危任务。 （6）效率高：无人机作业准备时间短，可随时出动，具有低投入、高效益的特点。	（1）飞行高度：受飞机质量、有效载荷和航空管理局限制，一般为 0～200 米。 （2）有效荷载：摄像机、云台和通信设备等不能过重，一般保持在数千克以内。 （3）续航时间：因产品和载荷而异，通常不超过 2 小时。 （4）天气：风力通常在 6 级以下，气温在-20℃以上，非下雨时间。 （5）其他：避免电视发射塔等带来的电磁干扰，避免强烈阳光照射干扰视频接收。

因此，无人机参与交通管理能够发挥自己专长和优势进行实况监视、交通调控，帮助交管部门共同解决大中城市交通顽疾、构建陆—空立体交通管控体系，实现区域管控、应对突发事件、确保交通畅通。

4 无人机交通应用研究

无人机应用于交通领域的理念最早来自美国，2002 年，其运输署和国家航空航天局专门开展了一个项目，证实了小型无人机数据采集系统用于交通监控和管理的可行性[2]。该项目研究表明：无人机数据采集系统可减少现场数据采集所需时间和人力资源，降低 20%的数据采集总成本，每年能节省 7500 万美元经费；可以客观地评价事故响应和处理过程；可在交通问题产生之前识别和评估潜在的问题，以主动的方式进行交通管理。之后，无人机的交通应用很快受到人们热切关注[10]，如无人机路径规划[23, 24]、交叉口交通监测[25, 26]、交通参数提取[27~29]和交通事故检测[6, 30, 31]等。

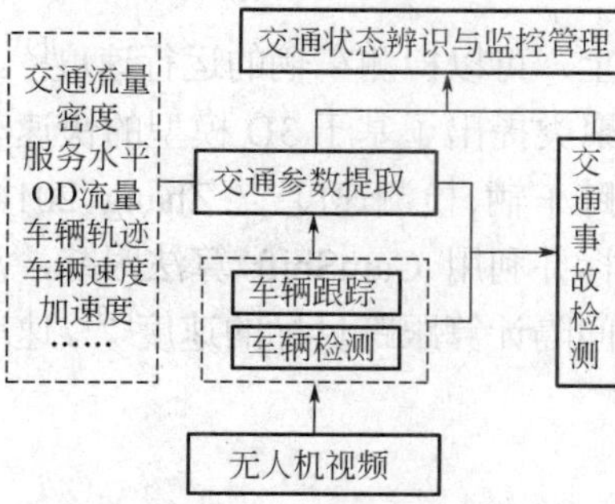

图 1　无人机视频研究应用框架

在这些研究当中，交通参数和交通事故检测受到了交通研究人员的特别关注，因为交通密度、流量、速度和交通事故等信息决定了交通运行现状，也会直接影响未来交通状况，为交通监控提供关键性的决策支持和数据支撑。

基于无人机视频可提取的交通参数包括交通流量、密度、道路服务水平、OD 流量、车辆轨迹、速度和加速度等。交通事故检测研究不仅能识别交通事故，还可以辨别交通瓶颈等交通异常情况。归根结底，交通参数提取或事故检测都是在车辆检测和车辆跟踪的基础上实现的，而交通事故检测是在车辆检测、车辆跟踪及交通参数提取的基础上综合判断出来的，它们形成了一个简明的无人机交通应用研究逻辑框架，如图 1 所示。

4.1　交通参数检测

基于无人机视频可以提取交通流量和密度等。俄亥俄州立大学 Coifman 教授研究团队使用无人机采集城市道路交通流信息，结合 GIS 平台提取交通流量、密度、平均交通量、道路服务水平等[27]；Salvo（2014）提出了基于无人机视频的城市区域交通流评估方法[29]；Hinz（2003）和 Grabner（2008）通过提取几何特征与辐射特征，应用自上而下的匹配方法实现航拍图像的车辆检测与计数[32, 33]；Mccord（2006）基于无人机视频检测小规模网络 OD 交通流，并在含有两个交叉口的小型路网中实现了 OD 流量评估[28]；亚利桑那大学 Hickman 教授研究团队通过航拍数字视频来获取交叉口排队长度[25]；Apeltauer（2015）以无人机作为移动检测平台，在 100m 高空悬停拍摄交叉口视频场景，检测车流量和轨迹，从整体上监控交叉口运行状况[26]，如图 2 所示。

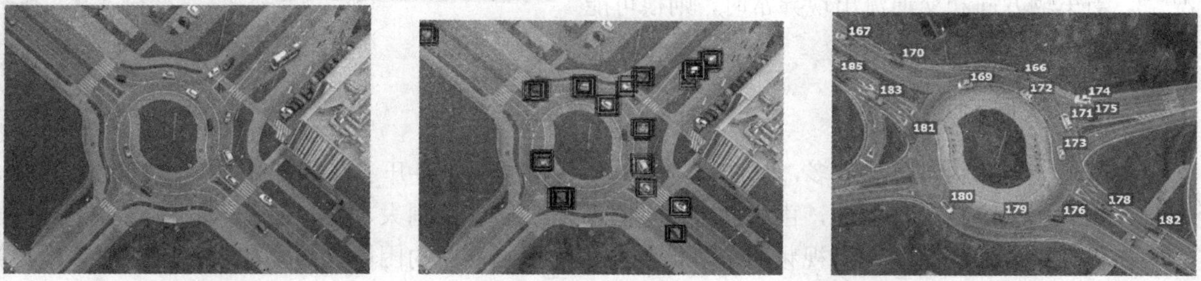

（a）航拍视频帧图像　（b）车辆检测结果　（c）车辆轨迹

图 2　无人机交叉口视频监测示例[26]

许多学者对无人机视频的行车轨迹提取进行了研究，用到的方法主要是车辆跟踪。董晶（2013）利用特征点的对应关系进行图像配准，根据变化和运动信息检测目标，获取目标运动轨迹，能达到 25f/s 以上的实时处理速度[34]；Fang（2011）应用基于粒子滤波的 Mean Shift 算法来优化搜索起点，以跟踪快速移动物体，自适应运动目标的尺寸变化[35]；Saleemi（2013）针对广域航拍视频，提出了基于多帧、多点对应关系的车辆跟踪算法[36]；为了避免平台运动、场景复杂性等因素影响，Cao（2014）提出了新的基于 Kanade-Lucas-Tomasi（KLT）特征和粒子滤波的车辆跟踪方法[8]；考虑到无人机拍摄范围广、需要跟踪的车辆多，Liu（2012）基于无人机视频提出了多车检测与跟踪的框架[37]；Jones（2005）利用粒子滤波在移动视频中进行车辆跟踪，利用背景建模消除摄像机移动的影响[38]；Huang（2009）利用马尔科夫链—蒙特卡罗粒子滤波（Markov Chain Mote Carlo Particle Filter）同时跟踪多个车辆[39]；Cao（2013）根据车辆状态信息将目标车辆划分为不同的车辆群，提出了车辆—车辆群双层跟踪算法[40]。

在行车轨迹提取的基础上，可以检测车辆的运行速度[9]。Zu（2003）利用概率线特征聚类提出了基于3D模型的快速车辆检测方法，以提高性能、跟踪车辆、检测速度[41]；Zhang（2014）采用人机交互的方式选择目标并利用CamShift算法跟踪，利用校正后的位置坐标和时间间隔计算跟踪目标的速度[42]。速度计算原理如图3所示。

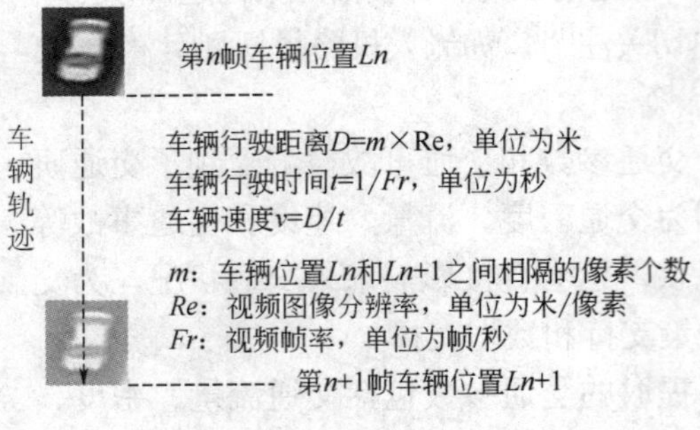

图3　车辆速度计算原理

4.2　交通事故检测

随着车辆总数和交通活动的增加，交通安全越来越受到关注，特别是对于大型城市交通和公路运输。对于交通管理部门和其他相关机构，及时的道路交通条件信息十分重要，特别是交通事故发生时。此时，空中察看交通状况是最好的一种方式[13]，因此无人机视频可很好地应用于交通事故检测。

Kim（2015）基于无人机视频，利用图像分割和及Deep Learning方法检测车辆，同时测定车辆速度、识别交通场景，如正常交通情况、应急状况以及事发地址等[6]；Kahaki（2011）根据航拍图像进行道路提取和事故检测[30]；Kahaki（2012）针对航拍图像，基于神经网络、Radon变换角度检测和交通流参数提出了道路提取、车辆检测和事故检测策略，并可以识别道路交通瓶颈[31]；德国宇航中心Kuhne教授研究团队融合地面检测数据和航拍检测数据，对地面交通状况进行预测[43]。

在Kahaki（2012）的事故检测研究中，判断事故是否发生的依据主要在于车辆方向角及周边交通流状况[31]。当车辆方向和交通流出现异常时，则很可能发生了交通事故，如图4所示。

图4　航拍交通事故

4.3　基础算法研究

视频车辆检测和跟踪算法众多，从20世纪90年代，人们便展开了许多研究[44][45]。2002年以后，无人机开始应用于道路交通监控，由于其采集的视频角度广、范围大、场景复杂，且伴随着无人机巡航运动和机载平台振动，无人机视频的车辆检测和跟踪面临着新的困境，需要在借鉴原有视频检测算法的基础上进行专门设计和测试。

无人机视频车辆检测方面，刘慧（2011）针对背景像素的移动，提出了SURF特征稳像和光流法向量相结合的新方法来解决低空视频的道路车辆检测[21]；Kozempel（2009）基于四个形态边缘滤波器快速检测航拍图像的车辆[46]；Yu（2015）根据显著性信息和Haar-like局部外形特征，提出了由粗及细的遥感图像车辆检测方法[47]；Azevedo（2014）基于中值背景差分法检测无人机视频车辆[48]；Cheng（2009）针对无人机视频，利用背景消除和背景配准技巧来识别动态车辆[49]。这些算法大都基于Haar-like[47]、SURF[50]、HoG[51]、Harris角点[52]、SIFT[53]等特征进行车辆识别。由于无人机视频场景复杂，车辆检测算法仍无法适用于所有情况，检测准确率和全面性均有待提高。

无人机视频车辆跟踪方法主要用于车辆轨迹、车辆速度以及加速度提取，研究较多且相对容易的是单车跟踪[42, 54]。由于在无人机视频中常常需要跟踪多辆车，于是人们提出了以单车跟踪为基础的多车跟踪方法[37, 39, 55]。不过，多车跟踪也存在新的特点和困难：①由于无人机处于运动和振动状态，相对于摄像机，场景中的所有物体都处于运动中，目标容易跟丢；②每辆车有各自的轨迹，难以获得目标车辆之间的关联性。考虑到多目标之间的关联性，研究人员假定跟踪目标运动状态一致，只关心集群的运动，提出了组群跟踪算法[40, 56]。目前，基于无人机视频的多车跟踪和组群跟踪文献还比较少，需继续深入研究。

5 无人机交通应用的挑战

无人机信息采集方式在机动性、采集范围和时空连续性等方面具有独特的优势，在交通领域也得到了应用和发展。但是，从提出将无人机应用于交通信息采集至今仅 10 年左右的时间，许多理论、技术和方法都不够完善，仍面临着视频处理难度高、计算量巨大等挑战，需要长时间的深入研究、测试和实证。利用无人机进行交通信息提取和交通管控主要面临着以下困难。

（1）无人机无论是在悬停还是巡航状态下，摄像机都处于振动状态中。虽然机载平台和摄像机技术可以过滤部分振动干扰，其采集的视频都不可避免存在振动和模糊情况，增加后续视频检测的难度。因此，需要进一步展开视频防抖研究。目前，已有一些基于视频图像序列处理的视频防抖研究，如 Walha（2013）基于关键点跟踪提出了新的无人机视频稳定系统[57]；Walha（2014）利用局部特征提取和匹配来估算全局运动，通过运动补偿获得稳定视频序列[58]；Afolabi（2015）利用 Hough 变换组合算法同时减少图像采集过程中的眩光和振动[59]。

（2）无人机视频处理属于动态相机静态背景下的动态目标检测与跟踪问题[9]，自 20 世纪 90 年代发展起来的定点视频车辆检测和跟踪方法都是针对静态相机静态背景下的交通视频，不适用于无人机视频。因此，在进行无人机视频车辆检测和跟踪之前，除了需要视频防抖处理之外，还可能需要视频图像配准研究[42, 60, 61]，以保证连续帧图像空间坐标的一致性。

（3）与其他视频处理一样，无人机视频处理要求算法处理速度快[40]，最好能达到实时处理。这就要求图像配准、车辆检测及跟踪等图像处理速度需达到视频帧率，通常在 25 帧/秒以上。由于无人机视频范围广、目标车辆多，算法实时性比较难实现。

（4）无人机视频环境复杂，存在植被、道路设施、建筑物、道旁景观树、水体、非机动车和行人等，从中准确检测和跟踪车辆、提取交通参数、识别交通场景，需要避免这些复杂因素的影响，因此是一项很具挑战性的工作。一些学者提出了航拍视频的道路检测方法[62, 63]，有可能规避道路以外的复杂环境，但目前暂时还没发现与车辆检测和跟踪相结合的研究。

（5）无人机本身技术水准仍待提高，如巡航时间、抗风能力、有效荷载等。其中，巡航时间受到蓄电池技术的限制，目前还是一个瓶颈，这导致无人机无法在空中长时间停留，监控的地面范围和时间跨度受限。

（6）无人机在民用领域迅速发展，但我国民用无人机航空管理规定相对滞后[14]，对于操作员资质和技能、无人机身份辨识、禁飞区域和飞行监控等不够完善，导致无人机应用受到限制。因此需要健全这些管制规定和行业标准[14][64]。

6 结语

近 100 年来，军用无人机飞速发展，给无人机民用带来了福音。从 1980 年至今，无人机在民用领域的应用已有 30 余年。2000 年以后，无人机以其成本低、操纵灵活、安全风险小、覆盖区域广、不受道路交通限制等优势受到人们关注，并在交通信息采集和监控管理领域得到应用和发展。

无人机可搭载摄像机等数据采集设备，提供广面域、多参数、时空连续、宏微观兼具的道路交通信息，实现交通参数提取、事故检测和交叉口运行状态监控等功能。它可以与地面固定型交通检测器形成一个整体，搭建道路交通的全息信息采集系统，从广域的角度识别和监控道路交通状态。此外，无人机还可以检测交通事件，为应急事件检测、监控和调度等提供信息支撑。

无人机交通信息采集在交通理论和实证研究方面也具有广阔的前景。车辆轨迹可用于驾驶行为分析和建模，验证车辆跟驰模型；速度和加速度可用来分析油耗与驾驶安全性；流量、密度、速度等交通参数的时空分布可用于剖析交通拥堵产生原因及其传播、消散和演变机理。这些都是未来需要进一步探索的研究方向。

参考文献

[1] http：//www.afzhan.com/news/detail/33398.html.

[2] Carroll E A，Dan B R.Using an Unmanned Airborne Data Acquisition System（ADAS）for Traffic Surveillance，Monitoring，and Management［J］. American Society of Mechanical Engineers，2002，145-157.

[3] Bethke K H，Baumgartner S，Gabele M，et al. Air- and Spaceborne Monitoring of Road Traffic Using SAR Moving Target Indication–Project TRAMRAD［J］. ISPRS Journal of Photogrammetry & Remote Sensing，2006，61（3）：243-259.

[4] Heintz F，Rudol P，Doherty P. From Images to Traffic Behavior – A UAV Tracking and Monitoring Application［C］// Proceedings of the 10th IEEE International Conference on Information Fusion，Quebec，2007，1-8.

[5] Sanchez-Oro J，Fernandez-Lopez D，Cabido R，et al. Radar-Based Road-Traffic Monitoring in Urban Environments［J］. Digital Signal Processing，2012，23（1）：364-374.

[6] Kim N V，Chervonenkis M A. Situation Control of Unmanned Aerial Vehicles for Road Traffic Monitoring［J］. Modern Applied Science，2015，9（5）：1-13.

[7] Hoang V D，Hernandez D C，Filonenko A，et al. Path Planning for Unmanned Vehicle Motion Based on Road Detection Using Online Road Map and Satellite Image［M］// Computer Vision-ACCV 2014 Workshops，Springer International Publishing，2014，433-447.

[8] Cao X，Gao C，Lan J，et al. Ego Motion Guided Particle Filter for Vehicle Tracking in Airborne Videos［J］. Neurocomputing，2014，124（2）：168-177.

[9] 彭仲仁，刘晓锋，张立业，等. 无人飞机在交通信息采集中的研究进展和展望［J］. 交通运输工程学报，2012，12（6）：119-126.

[10] Kanistras K，Martins G，Rutherford M J，et al. Survey of Unmanned Aerial Vehicles（UAVs）for Traffic Monitoring［J］. Handbook of Unmanned Aerial Vehicles，2015，2643-2666.

[11] 孙仕祺，马杰. 无人机发展历程、现状及其所面临的挑战［J］. 飞航导弹，2005（1）14-19.

[12] http：//www. pcpop. com/doc/1/1110/1110275. shtml.

[13] Srinivasan S，Latchman H，Shea J，et al. Airborne Traffic Surveillance Systems：Video Surveillance of Highway Traffic［C］// Proceedings of the ACM 2nd International Workshop on Video Surveillance & Sensor Networks，2004，131-135.

[14] 李宁. 无人机系统的空中交通管理［J］. 中国民用航空，2010（9）：48-51.

[15] 储庄. 无人机在城市应急指挥信息系统的应用［J］. 测绘技术装备，2012（1）：61-63.

[16] 陈雷. 无人机在交通应急指挥领域的应用［J］. 中国交通信息化，2014（4）：128-130.

[17] Mohammed F，Idries A，Mohamed N，et al. Opportunities and Challenges of Using UAVs for Dubai Smart City［C］// 2014 6th International Conference on New Technologies，Mobility and Security（NTMS），IEEE，2014，1-4.

[18] Brooks C，Dobson R，Banach D，et al. Evaluating the Use of Unmanned Aerial Vehicles for Transportation Purposes［R］. Michigan Department of Transportation RC-1616，2015.

[19] Reinartz P，Lachaise M，Schmeer E，et al. Traffic Monitoring with Serial Images from Airborne Cameras［J］. ISPRS

Journal of Photogrammetry & Remote Sensing，2006，61（3）：149-158.
［20］Murphy D W．The Air Ground Security and Surveillance System（AMGSS）［C］// Proceedings of 10th Annual ADPA Security Technology Symposium，1994.
［21］刘慧，李清泉，曾喆，等．利用低空视频检测道路车辆［J］．武汉大学学报，2011（3）：316-320.
［22］Puri A，Valavanis K，Kontitsis M．Generating Traffic Statistical Profiles Using Unmanned Helicopter-Based Video Data［C］// IEEE International Conference on Robotics And Automation，2007，870-876.
［23］Liu X F，Peng Z R，Chang Y T，et al．Multi-Objective Evolutionary Approach for UAV Cruise Route Planning to Collect Traffic Information［J］．Journal of Central South University，2012，19（12）：3614-3621.
［24］Zhang J，Jia L，Niu S，et al．A Space-Time Network-Based Modeling Framework for Dynamic Unmanned Aerial Vehicle Routing in Traffic Incident Monitoring Applications［J］．Sensors，2015，15（6）：13874-13898.
［25］Agrawal A，Hickman M．Automated Extraction of Queue Lengths from Airborne Imagery［C］// The 7th International IEEE Conference on Intelligent Transportation Systems，Washington DC：IEEE，2004，297-302.
［26］Apeltauer J，Babinec A，Herman D，et al．Automatic Vehicle Trajectory Extraction for Traffic Analysis from Aerial Video Data［C］// Munich，Germany，Joint ISPRS conference 2015，2015，XL-3/W2（3）：9-15.
［27］Coifman B，Mccord M，Mishalani R G，et al．Roadway Traffic Monitoring from an Unmanned Aerial Vehicle［J］．Intelligent Transport Systems，2006，153（1）：11-20.
［28］Mccord M R，Mishalani R G，Coifman B，et al．Determining Origin-Destination Flows across a Two-Intersection Network from Non-Overlapping UAV and Ground-Based Imagery［C］// The Ninth International Conference on Applications of Advanced Technology in Transportation，2006，647-652.
［29］Salvo G，Caruso L，Scordo A．Urban Traffic Analysis through an UAV［J］．Procedia-Social and Behavioral Sciences，2014（111）：1083-1091.
［30］Kahaki S M M，Nordin M J．Highway Traffic Incident Detection using High-Resolution Aerial Remote Sensing Imagery［J］．Journal of Computer Science，2011，7（6）：949-953.
［31］Kahaki S M M．Incident and Traffic-Bottleneck Detection Algorithm in High-Resolution Remote Sensing Imagery［J］．ITB Journal of Information & Communication Technology，2012，6（2）：151-170.
［32］Hinz S．Detection and Counting of Cars in Aerial Images［C］// International Conference on Image Processing，2003，2（3）：III-997-1000.
［33］Grabner H，Nguyen T T，Gruber B，et al．On-line boosting-based car detection from aerial images［J］．ISPRS Journal of Photogrammetry & Remote Sensing，2008，63（3）：382–396.
［34］董晶，傅丹，杨夏．无人机视频运动目标实时检测及跟踪［J］．应用光学，2013，34（2）：255-259.
［35］Fang P，Lu J，Tian Y，et al．An Improved Object Tracking Method in UAV Videos［J］．Procedia Engineering，2011，15（1）：634-638.
［36］Saleemi I，Shah M．Multiframe Many-Many Point Correspondence for Vehicle Tracking in High Density Wide Area Aerial Videos［J］．International Journal of Computer Vision，2013，104（2）：198-219.
［37］Liu Fuqiang，Liu Xiaofeng，Luo Pingting，et al．A New Method Used in Moving Vehicle Information Acquisition from Aerial Surveillance with a UAV［C］// The 9th International Forum of Digital TV &Wireless Multimedia Communication，Shanghai，China，2012（331）：67-72.
［38］Jones R，Ristic B，Redding N J，et al．Moving Target Indication and Tracking from Moving Sensors［J］．Digital Image computing：Techniques & Application，2005，46-53.
［39］Huang Y，Luo X．Simultaneous Detection and Tracking in Airborne Video［C］// Proceedings of the International Conference on Computer Technology and Development，2009（2）：320-324.
［40］Cao X，Shi Z，Yan P，et al．Tracking Vehicles as Groups in Airborne Videos［J］．Neurocomputing，2013，99（1）：

38-45.

[41] Zu Whan Kim，Jitendra Malik. Fast Vehicle Detection with Probabilistic Feature Grouping and Its Application to Vehicle Tracking [C] // IEEE International Conference on Computer Vision，2003，1 (1)：524-531.

[42] Zhang Xin，Chang Yuntao，Li Li，et al. Algorithm of Vehicle Speed Detection in Unmanned Aerial Vehicle Videos [C] // Transportation Research Board 93rd Annual Meeting，Washington DC，2014，Paper #14-2616.

[43] Martin Ruhe，Reinhart Kühne，Ines Ernst，et al. Air Borne Systems and Datafusion for Traffic Surveillance and Forecast for the Soccer World Cup[C]// Proceedings of the 86th Transportation Research Board Annual Meeting, Washington DC, TRB，2007：311-326.

[44] Di Mauro E C，Cootes T F，Taylor C J. Active Shape Model Search using Pairwise Geometric Histograms [C] // British Machine Vision Conference，University of Edinburgh，UK，1996.

[45] Koller D，Daniilidis K，Nagel H H. Model-Based Object Tracking in Monocular Image Sequences of Road Traffic Scenes [J]. International Journal of Computer Vision，1993，10 (3)：257-281.

[46] Kozempel K，Reulke R. Fast Vehicle Detection and Tracking in Aerial Image Bursts [J]. International Society for Photogrammetry and Remote Sensing，2009，38 (3)：175-180.

[47] Yu X，Shi Z. Vehicle Detection in Remote Sensing Imagery Based on Salient Information and Local Shape Feature [J]. Optik - International Journal for Light and Electron Optics，2015，126 (20)：2485-2490.

[48] Azevedo C L，Cardoso J L，Ben-Akiva M，et al. Automatic Vehicle Trajectory Extraction by Aerial Remote Sensing [J]. Procedia - Social and Behavioral Sciences，2014，111 (111)：849-858.

[49] Cheng P，Zhou G，Zheng Z. Detecting and Counting Vehicles from Small Low-Cost UAV Images [C] // ASPRS 2009 Annual Conference，Baltimore，Maryland，2009.

[50] Bay H，Tuytelaars T，Van Gool L. SURF：Speeded Up Robust Features [J]. Computer Vision-ECCV，2005，110 (3)：404-417.

[51] Dalal N，Triggs B. Histograms of Oriented Gradients for Human Detection [J]. IEEE computer Society Conference on Computer Vision and Pattern Recognition，2005，1 (12)：886-893.

[52] Harris C，Stephens M. A Combined Corner and Edge Detector [C] // Alvey Vision Conference，1998，147-151.

[53] Lowe D. Distinctive Image Features from Scale-Invariant Keypoints [J]. International Journal of Computer Vision, 2004, 60 (2)：91-110.

[54] Liu M, Wu C, Zhang Y. A Review of Traffic Visual Tracking Technology[C]// Proceedings of the International Conference on Audio，Language and Image Processing，2008，1016-1020.

[55] Szottka I，Butenuth M. Advanced Particle Filtering for Airborne Vehicle Tracking in Urban Areas [J]. IEEE Geoscience & Remote Sensing Letters，2014，11 (3)：686-690.

[56] Lao Y, Zheng Y F. Tracking a Group of Highly Correlated Targets[C]// Proceedings of the IEEE International Conference on Image Processing，2009，3605-3608.

[57] Walha A，Wali A，Alimi A M. Video Stabilization for Aerial Video Surveillance [J]. AASRI Procedia，2013 (4)：72-77.

[58] Walha A，Wali A，Alimi A M. Video Stabilization with Moving Object Detecting and Tracking for Aerial Video Surveillance [J]. Multimedia Tools & Applications，2014，69 (17)：1-23.

[59] Afolabi David，Man Ka Lok，Liang Hai Ning，et al. Monocular Line Tracking for The Reduction of Vibration Induced During Image Acquisition [J]. Journal of Vibroengineering，2015，17 (2)：655-661.

[60] 张新. 基于无人机视频的交通参数提取方法及应用 [D]. 上海：同济大学，2014.

[61] Medioni G，Cohen I，Bremond F，et al. Event Detection and Analysis from Video Streams [J]. IEEE Transactions on Pattern Analysis and Machine Intelligence，2001，23 (8)：873-889.

[62]Zhou H，Kong H，Wei L，et al. Efficient Road Detection and Tracking for Unmanned Aerial Vehicle[J]. IEEE Transactions on Intelligent Transportation Systems，2015，16（1）：297-309.

[63]Candamo J，Kasturi R，Goldgof D. Using Color Profiles for Street Detection in Low-Altitude UAV Video[J]. Proceedings of SPIE - The International Society for Optical Engineering，2009，7307（7307）：103.

[64] Foina A G，Krainer C，Sengupta R. An Unmanned Aerial Traffic Management Solution for Cities Using an Air Parcel Model[C]// 2015 International Conference on Unmanned Aircraft Systems（ICUAS），Denver，Colorado，USA，IEEE，2015，1295-1300.

大数据环境物流云平台“车货携手”数据统一访问与转换关键技术研究

关金平[1、2] 卢伟文[5] 关志超[1、3、4]

（1. 中国科学院深圳先进技术研究院 数字所 云计算中心；
2. 美国加州大学伯克利分校 土木与环境工程系 交通研究中心；3. 深圳市综合交通运行指挥中心；
4. 深圳市交通控制与仿真工程中心；5. 深圳市前海携手物流科技有限公司）

摘 要： 当前，城市综合交通信息中心信息源池环境建设基本完成，交通大数据已经接入，生成的大数据规模达到PB级。继“嘀嘀打车”迅猛问世一波未平，深、港跨境电商物流云平台“车货携手”在深圳前海保税区一波又起。现代物流业“货车司机找货难，货主找司机难”问题已迫在眉睫，虽有物流调度公司来发布物流运转信息，但大量信息中介费也间接抬高了物流成本。如何消除信息不透明，让货车司机直接对接货主，借鉴“滴滴打车”方式，在货运风险可控的前提下，为货主和车主搭建直接交易的物流货运电商云平台“车货携手”，让货车司机在平台上竞价抢单，实现无中介降低物流成本，降低返程物流货车空载率，打造线上线下O2O模式的新型物流。大数据源池环境在物流云平台数据中统一访问与转换成为当前现代物流应用中的首要任务，深圳前海引入美国加州大学伯克利分校与中科院深圳先进技术研究院联合开展数据统一访问与转换关键技术，取得很好的应用成果。

关键词： 大数据环境；物流云平台；货运电商；车货携手；线上线下O2O；数据统一访问与转换

“Vehicle-Goods Hand-in-hand” Logistics Cloud Platform's Data Unified Access and Conversion Key Technology in the Big Data Environment and Conversion

Guan Jinping[1、2] Lu Weiwen[5] Guan Zhichao[1、3、4]

(1. Shenzhen Institutes of Advanced Technology，Chinese Academy of Sciences;
2. Department of Civil and Environmental Engineering，Institute of Transportation Studies，University of California，Berkeley，USA; 3. Shenzhen Comprehensive Transportation Operations Command Center;
4 Shenzhen Traffic Control and Simulation Engineering Center; 5. Shenzhen Qianhai Xieshou Logistics Technology Co.，Ltd.)

Abstract: Pool Environment of Information Sources is established in Urban Comprehensive

基金项目：2014年深圳市政府科技计划项目（编号：GCZX20140508161906699）；JSGG20150512145714248；2015CB352400。

Transportation Information Center. Transportation Big Data is in place and the generated big data reached PB level. Shenzhen Hongkong Cross boundary online commerce:the logistics cloud platform "vehicle-goods hand in hand" is developed in Shenzhen Qianhai. Freight vehicle cannot find delivery order and customers cannot find delivery service. This is becoming a serious problem. Even though there are a lot of logistic companies are giving out information and advertisements. A large amount of agencies in between raises the logistics cost. How do we make information more transparent and directly connect customers with freight companies or freight vehicle drivers? This "vehicle-goods hand in hand" provides a platform that allows freight vehicle drivers and customers directly connected and bidding online. This achieves no middle agency and reduces logistics cost. It also reduces idle rate of freight vehicles when returning. This is a new logistics online to offline mode. Big data sources pool environment provides data unified access and conversion in the logistics cloud platform. It is the key in the new logistics mode application. We study the data unified access and conversion key technology in University of California, Berkeley and Shenzhen Institutes of Advanced Technology, Chinese Academy of Sciences and apply it in Shenzhen Qianhai. It has great results.

Key words: Big Data Environment, Logistics Cloud Platform, Logistic Online Commerce, Vehicle-goods Hand in Hand, Online to Offline, Data Unified Access

1 引言

深圳在现代物流行业“车货携手”货运电商应用实践中，大量地接入了由不同核心技术构造的不同系统及不同数据库，由此构成了一个个分布式与共享式异构物流大数据源池。面对如此重要且紧迫的应用服务需求，如何通过一个集成系统平台，将来自城市综合交通信息中心内部和外部的同构、异构数据源进行整合与转换，是当前城市交通大数据物流决策环境建设与应用所面临的巨大挑战。

实现城市交通信息资源共享主要包括两种模式，第一是数据转换，第二是数据集成。进行数据转换是物理意义上的数据集中，一方面需要在硬件及相关软件上进行巨大投入，另一方面进行海量数据迁移和管理，也存在相当大的风险，有关访问速度并不理想。完成数据集成是逻辑意义上的数据集中，能够充分利用现有资源进行分布式存储、分散管理、统一访问接口，适应大数据环境云平台发展现状要求。针对“车货携手”货运电商的集成应用，模型上实现包括联邦方式、数据仓库、中间件三种方式；从集成技术上可以实现异构数据库集成（迁移和转换）、分布式数据库系统、使用中间件模块技术。

交通大数据的统一访问与转换关键技术的目标是对异构数据源的统一访问和应用，即将访问请求分解到各个不同的数据源中，再将返回的异构结果进行统一整合转换，给“车货携手”货运电商应用程序的设计者提供了一个统一的数据源访问接口，并为后续的数据分析奠定基础。

2 交通大数据物流云平台“车货携手”需求分析

城市交通大数据“车货携手”物流货运电商环境数据统一访问和转换的需求主要包括功能需求与非功能需求两个部分。

（1）功能性需求分析

通过对“车货携手”物流货运货运电商应用背景的描述分析，提取出数据统一访问和转换的功能性需求，其功能性需求用例图如图 1 所示。

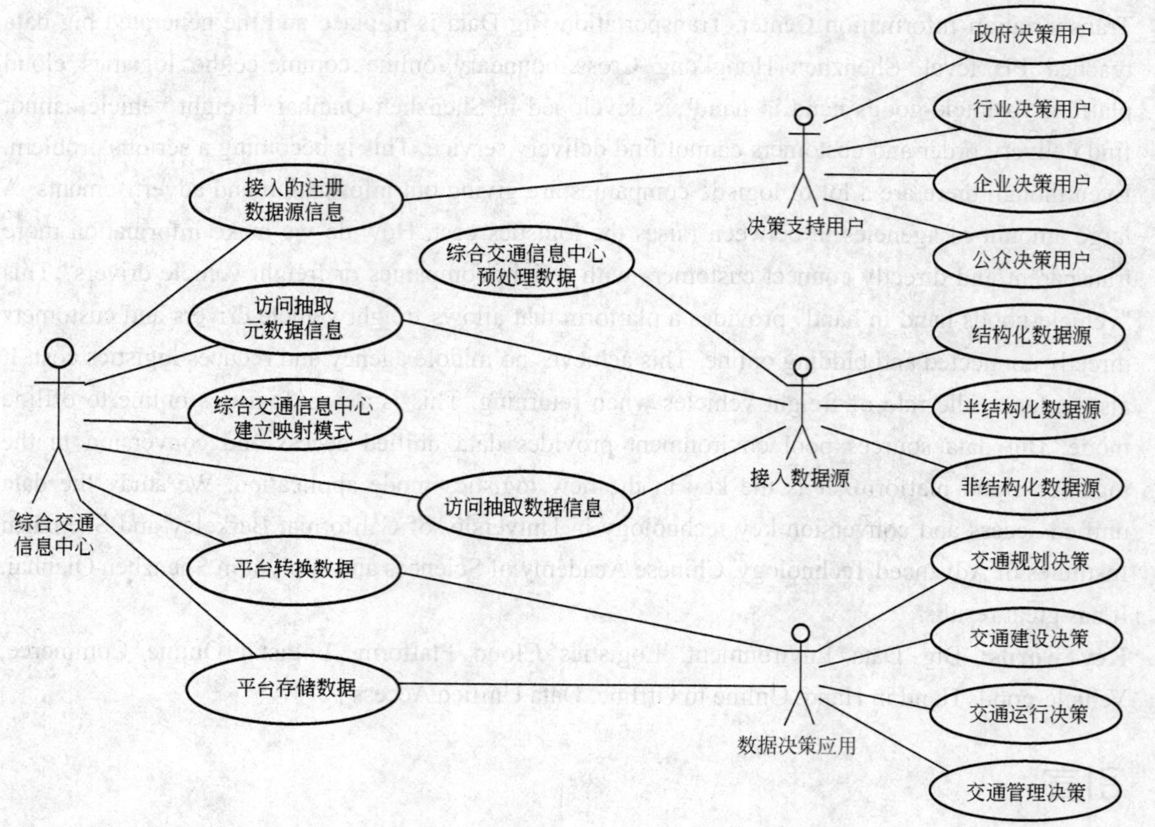

图1　深圳大数据物流云平台“车货携手”环境数据统一访问和转换的功能性需求用例

（2）非功能性需求分析

在深圳大数据物流云平台“车货携手”货运电商环境中，数据统一访问和转换的非功能性需求主要体现在数据质量的四个方面，即数据的完整性、一致性、准确性、及时性。这四个方面要素与数据质量的关系图如图2所示。

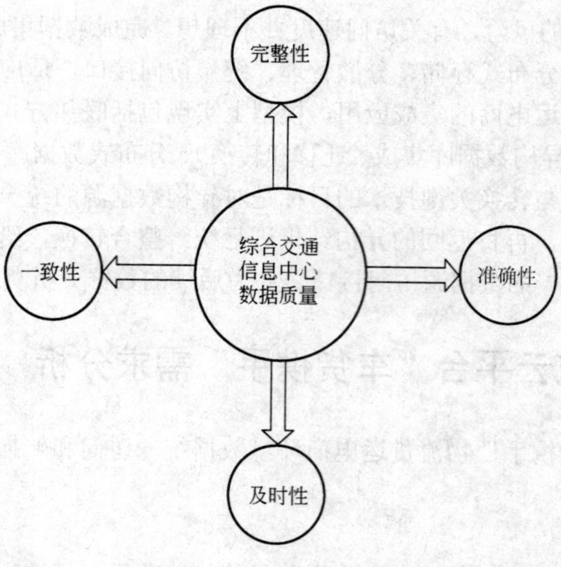

图2　完整性、一致性、准确性、及时性四个方面要素与数据质量的关系

3 “车货携手”平台数据统一访问与转换架构总体设计

（1）数据统一访问的理论基础—服务数据对象 SDO

在城市综合交通信息中心交通大数据“车货携手”货运电商环境的数据统一访问和转换技术研究中，服务数据对象（Service Data Objects，SDO）技术正逐步成为数据集成研究的热点。SDO 与语言无关，可在一系列编程语言中使用，目标是创建一个数据访问层实现异构数据的统一访问。通过使用 SDO 技术，应用程序编程人员可以采用简单易用的统一方式访问和操作来自异构数据源的数据，并使用跨平台标记语言 XML 来描述信息资源模型。服务数据对象 SDO 的出现使得对各种不规则的数据信息（也包括规则信息）集成为一个可以忽略数据来源的普通数据的表达集成为可能。

服务数据对象 SDO 是一项规范，是 Java 平台的一种数据编程架构和 API，它统一了不同数据源类型的数据编程，提供了对通用应用程序模式的健壮支持，并使应用程序、工具和框架更容易查询、读取、更新和检查数据。这里需要说明，SDO 不是一种对数据访问和持久化的技术，而是一种数据编程架构和一组 API。SDO 主要用于简化数据编程，让交通大数据开发工程师能集中解决业务逻辑问题而不是底层技术。服务数据对象 SDO 是信息的容器，设计用于提升开放标准和互操作性。SDO 提供了在整个“车货携手”货运电商环境应用程序中表示信息的方法，包括表示层、业务逻辑层、持久层之间的通信，其如图 3 所示。

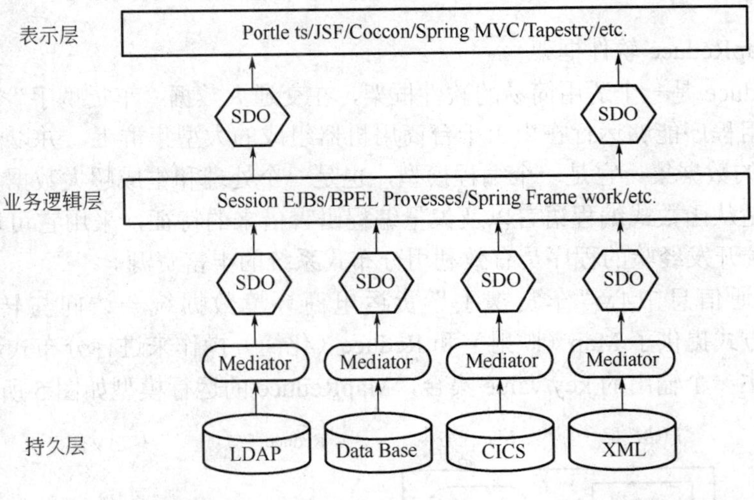

图 3　服务数据对象 SDO 表示层、业务逻辑层、持久层之间的通信应用关联

服务数据对象 SDO 解决了异构数据的兼容性问题，提出了一个简单并统一的模式供“车货携手”货运电商环境服务处理其相关的数据。“车货携手”货运电商系统开发人员可以用 SDO 统一其数据访问和处理模式，即使这些数据来源于异构数据源的关系数据库、XML 数据、Web 服务或者是”车货携手”货运电商系统。

（2）数据灵活转换的实施保障—模型驱动体系架构 MDA

综合交通信息中心的软件技术开发过程中，软件工程师开发出具有较高层次的抽象程序设计语言，使得软件能够实现更大的复用。在这些理论支持下，对象管理组织（Object Management Group，OMG）提出以模型为中心的软件开发框架标准—模型驱动体系结构（Model Driven Architecture，MDA），使得软件抽象和复用技术达到了一个新的高度。

模型驱动体系架构 MDA 将数据业务和应用逻辑与底层平台技术分离开来。通过使用 UML 以及其他的 OMG 建模标准，来表达应用程序或者集成系统的业务功能和行为，得到的平台无关模型可以通过 MDA 实现到各种平台上，如 Web Services、.NET、CORBA、J2EE 等。这些平台无关模型将应用的业务功能与行为同实现它们的技术特定代码分离开来，如图 4 所示。

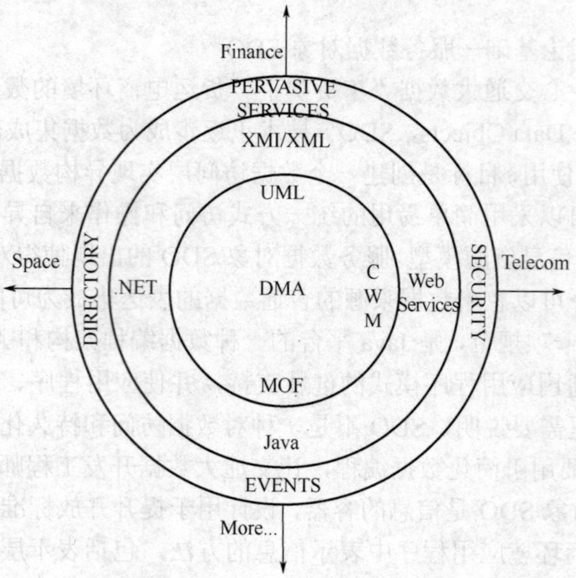

图 4　数据灵活转换的实施保障—模型驱动体系架构 MDA

（3）Hadoop MapReduce 软件框架

Hadoop MapReduce 是一个适用简易的软件框架，在交通大数据“车货携手”货运电商环境中，基于它编写出来的应用程序能够运行在由上千台商用机器组成的大型集群上，并以一种可靠容错的方式并行处理上 T 级别的数据集。它是一个编程模型，也是一个处理和生成超大数据集的算法模型的相关实现，其主要思想是从函数式编程语言以及矢量编程语言借来的特征，采用它可以使那些没有并行计算和分布式处理系统开发经验的程序员有效利用分布式系统的丰富资源。

在城市综合交通信息中心“车货携手”货运电商环境数据统一访问与转换平台中，Hadoop MapReduce 以函数方式提供了 Map（映射）和 Reduce（化简）操作来进行分布式计算，利用一个输入 key/value 集合来产生一个输出的 key/value 集合，MapReduce 的运行模型如图 5 所示。

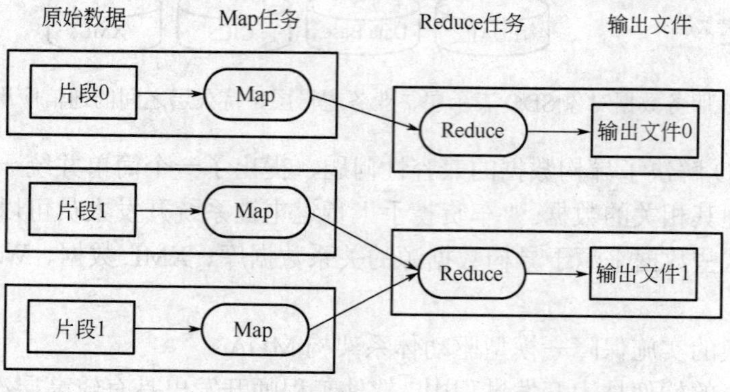

图 5　“车货携手”货运电商环境数据统一访问与转换平台的 MapReduce 的运行模型

（4）交通大数据“车货携手”货运电商环境数据统一访问与转换平台设计

基于交通大数据“车货携手”货运电商环境数据统一访问与转换技术的需求分析，得出系统的功能性能等要求，并提出基于服务数据对象 SDO 的数据统一访问与转换平台总体设计方案。根据交通大数据“车货携手”货运电商环境对数据转换等问题的分析，数据统一访问与转换平台需要满足以下一些基本要求。

第一步，来描述交通大数据“车货携手”货运电商环境数据统一访问与转换平台的系统数据流程结构，它们之间的关系如图 6 所示。

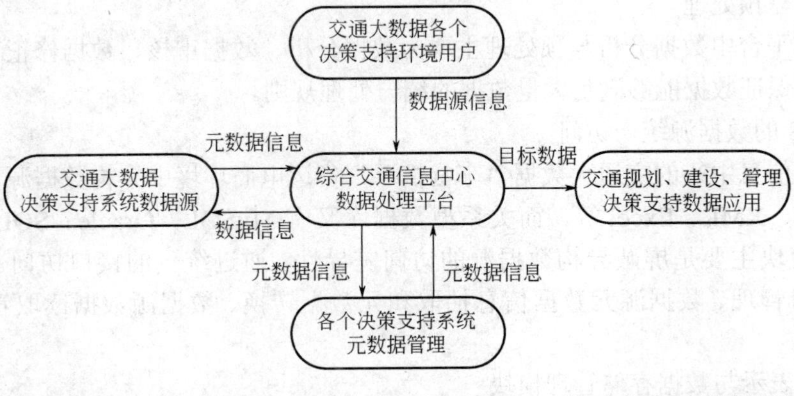

图 6　交通大数据“车货携手”货运电商环境数据统一访问与转换平台的数据流

第二步，在阐述交通大数据“车货携手”货运电商环境数据统一访问与转换的数据流后，根据前面的要求，对数据统一访问与转换平台进行总体架构设计，如图 7 所示。

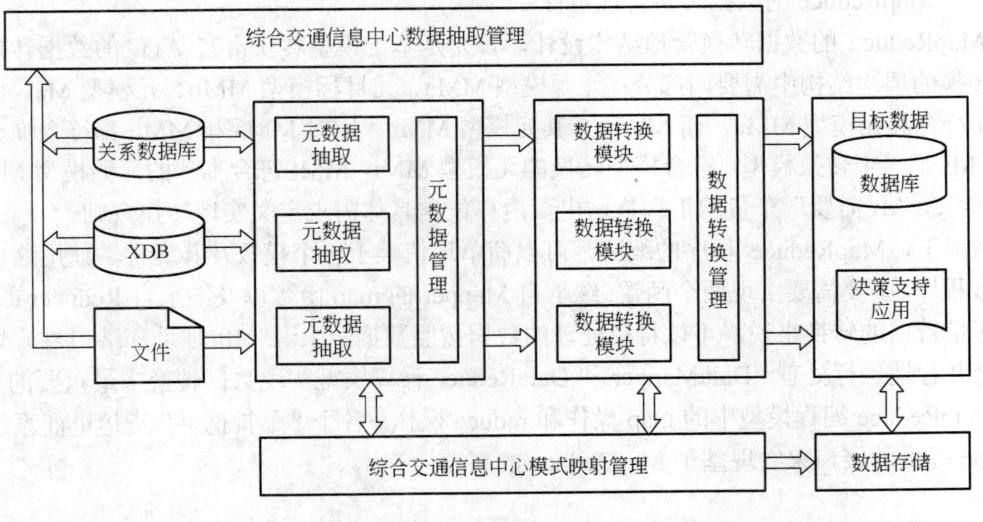

图 7　交通大数据“车货携手”货运电商环境数据统一访问与转换平台进行总体架构

4　大数据物流云平台“车货携手”货运电商数据统一访问与灵活转换实践

（1）城市交通大数据“车货携手”货运电商环境—综合交通信息平台

深圳市城市交通大数据“车货携手”货运电商环境综合交通信息平台建设集中在“十二・五”期间，重点形成面向电子政府信息化子平台、面向政府交通智能化子平台、面向公众出行信息服务子平台。前两者构成面向政府“车货携手”货运电商环境，后者构成面向公众出行“车货携手”货运电商环境，形成智能设施、智能公交、智能物流、智能政务以及智能出行“五位一体”的城市综合交通信息平台。

深圳市综合交通信息平台的交通大数据“车货携手”货运电商环境数据统一访问与转换的设计思

想是对数据源数据依据“车货携手”货运电商用户的要求作预处理分析，在预处理分析的基础上通过数据访问服务DAS，对异构数据源实现统一访问，并采用基于服务数据对象SDO技术结合MapReduce完成海量数据的并行转换“车货携手”货运电商应用处理。

（2）数据分析与预处理

综合交通信息平台中数据分析与预处理主要为数据分析、数据审核、数据修正三个部分，数据预处理的主要目的是保证数据能够满足大量数据的统一处理规则。

（3）基于DAS的数据源统一访问

城市综合交通信息中心的交通大数据“车货携手”货运电商环境中异构数据源具有各种格式，如关系数据库、文本、XML、Excel等，而关系型数据库又有MySQL、Oracle、SQL Server、DB2等。数据源访问管理模块主要是屏蔽异构数据源的访问差异性，通过统一的接口访问。数据源访问模块主要由数据源注册管理、数据源元数据信息抽取和元数据转换、数据源数据读取管理和数据转换部分组成。

（4）映射模式表示与数据存储管理模块

该模块包括：

① 映射模式管理

② 基于HBase的数据存储

（5）基于MapReduce的数据转换管理组件

基于MapReduce的数据转换管理结构设计，首先是基于模型转换语言ATL的数据转换过程，在ATL模型转换的层次结构中需要四部分：元源模型MMa、元目标模型MMb、元模型Ma、模型转换模型Mt。Ma符合其元模型MMa，而Mb符合其元模型MMb。同时MMa和MMb都符合唯一的元源模型MMM。Mt是一个转换模型，符合模型转换的元模型MMt，MMt符合唯一的元源模型MMM。MMt通过ATL定义，Mt需要”车货携手”货运电商用户依据具体需求定义实现转换规则。

通常情况下，MapReduce程序的编写都可以简单地依赖于一个模板及其变种。使用这个模板编写MapReduce程序，主要需要实现两个函数：继承自Mapper的map函数以及继承自Reducer的reduce函数。对于海量数据的转换来说，可以将待处理的数据按照数据源来源（IP地址和端口号）划分，并且都可以完全并行地进行处理。DataMapper和DataReduce计算模型实现数据转换中最重要的两个类，分别实现了MapReduce编程模型中的map操作和reduce操作。各个“车货携手”货运电商系统用户可以通过Hadoop提供的接口来实现基于MapReduce的高效计算。

5 结束语

大数据环境物流云平台“车货携手”货运电商的数据统一访问与转换平台的研发，解决了城市综合交通信息中心建成以后，从根本上开展各类物流“车货携手”货运电商系统的规划、建设、运行、管理全过程的一体化应用中对大数据的使用入口瓶颈问题，为国内各个城市综合交通信息中心建成后的交通大数据应用开启了探索之路，引起了国内业界的广泛关注与认同。

参考文献

[1] 杨东援，段征宇．大数据环境下城市交通分析技术［D］．上海：同济大学出版社，2015.

[2] 杨东援．连续续数据环境下的交通规划与管理［D］．上海：同济大学出版社，2014.

[3] Wang P．Gonzalez M C，Hidalgo C A，et al．Understanding the spreading patterns of mobile phone viruses［J］．Science，2009，324（5930）：1071-1076.

[4] Li Weifeng，Cheng Xiaoyun，et al．A framework for spatial interaction analysis based on large-scale mobile phone data

［J］. Computational Intelligence and Neuroscience. 2014：1-11.

［5］Francesco Calabrese，Mi Diao，Giusy Di Lorenzo，et al. Understanding individual mobility patterns from urban sensing data，A mobile phone trace example［J］. Transportation Research Part C，2013：301-313.

［6］Halevy A，Norvig P，Pereira F. The unreasonable effectiveness of data［J］. Intelligent Systems，IEEE，2009，24（2）：8-12.

［7］Fosgerau M. How a fast lane may replace a congestion toll［J］. Transportation Research Part B，2011，45：845-851.

［8］Nie Y，Liu Y. Existence of self-financing and pareto-improving congestion pricing ，Impact of value of time distribution［J］. Transportation Research Part A. 2010，44：39-51.

［9］Shen W，Zhang H M. Pareto-improving ramp metering strategies for reducing congestion in the morning commute［J］. Transportation Research Part A-Policy And Practice，2010，44：676-696.

［10］Zhang X，Zhang H M，Huang H，et al. Competitive，cooperative and Stackelberg congestion pricing for multiple regions in transportation networks［J］. Transportmetrica. 2011，7（4）：297-320.

［11］Isaacman S，Becker B，Caceres R，et al. Ranges of human mobility in los angeies and new york［C］Pervasive Computing and Communications Workshops （PERCOM Workshops）. IEEE International Conference on . IEEE，2011：88-93.

［12］Hofleitner A，Herring R，Abbeel P，et al. Learning the dynamics of arterial traffic from probe data using a dynamic Bayesian network［J］. Intelligent Transportation Systems. IEEE Transactions on. 2012，13（4）：1679-1693.

［13］Rermias S M，Hainen A M，Day C M，et al. Performance characterization of arterial traffic flow with probe vehicie data［J］. Transportation Research Record，Journal of the Transportation Research Board. 2013，238（1）：10-21.

基于深信度网络的城市道路网交通流预测研究

陈慧敏　朱锦强　李强伟

（浙江警察学院交通管理工程系，浙江杭州 310053）

摘　要： 交通流预测是实现路径诱导和交通流控制的核心，应用传统神经网络模型的交通流预测方法存在容易陷入收敛到局部极小值和梯度越来越稀疏的问题。本文结合深信度网络无监督学习和有监督学习的特点，提出了一种基于深信度网络的城市道路网交通流预测研究方法。以采集后经过预处理的交通流数据为基础，用深信度网络实现道路网前 5 个时刻对下一时刻交通流的预测，最后对预测结果进行验证，并与传统神经网络预测结果对比分析。实验结果表明相比于其他传统神经网络方法，利用深信度网络实现交通流预测的平均绝对偏差（MAD）和平均绝对百分比误差（MAPE）更小。

关键词： 深信度网络；交通流预测；限制玻尔兹曼机；BP 神经网络；径向基 RBF 神经网络

Research on Urban Traffic Flow Forecasting Based on Deep Belief Network

Chen Huimin　Zhu Jinqiang　Li Qiangwei

(Department of Traffic Management Engineering, Zhejiang Police College, Hangzhou 310053)

Abstract: Traffic flow forecasting is the core of the realization of route guidance and traffic control. The traditional neural network model to predict traffic flow is easy to converge to local minimum value and gradient is sparse. Based on the combination of the unsupervised learning and supervised learning characteristics of deep belief network, a method of research on urban traffic flow forecasting is presented. After preprocess of traffic flow data, the next time value of traffic flow is predicted according to the past 5 time data applying deep belief network. The experimental results show that this method has best performance of error of MAD and MAPE compared with methods of traditional neural network.

Key words: Deep Belief Network, Traffic Flow Forecasting, Restricted Boltzmann MACHINES, BP Neural Network, RBF Neural Network

1　引言

随着城市化进程的不断加快，人均机动车保有量迅速增长，交通拥堵成为目前各个大中型城市亟待解决的问题之一。虽然当前的交通管理水平正实现逐步智能化，但是目前的道路交通基础设施建设

基金项目：智能交通浙江省重点科技创新团队（2013TD09）资助。

和发展仍无法满足迅猛发展的交通需求，导致交通供需平衡失调现象日益突出。要解决这些交通问题，单纯通过扩大道路网规模具有局限性，必须改善现有道路网通行能力，充分利用已有道路设施和资源才能更好地缓解交通拥堵现象。智能交通系统是公认缓解交通拥挤的有效手段之一，主要通过智能交通控制和智能交通诱导来达到优化路网交通流分布的目的[1]。动态路径诱导是智能交通系统的重要内容，用收集到的交通实时数据分析出交通流预测的信息，而精确的交通流预测就是实现动态路径控制和诱导的前提和基础[2]。

以往研究者已经做过很多基于径向基神经网络[3]、粗集和神经网络耦合[4]、GABP 神经网络[5]等模型的交通流预测，却较少有用深度学习的深信度网络模型来预测的先例。交通流预测存在普遍的稀疏性问题，理想的交通流预测模型应该能够充分利用交通流数据的特征，克服稀疏性问题[6]。相比人工神经网络存在的容易过拟合、参数难调整、层次比较少等问题，深信度网络模型就较好地解决了这方面存在的不足，而且在结构上对于形成逐层抽象网络结构更容易实现，精确度和有效性更高。

本文研究的目的是为了得到一个更有效地诱导实时交通的方法，让人们可以通过实时准确的预测路况信息，调整自己的出行路线，缓解交通压力。鉴于此，本文提出了基于深信度网络的城市道路网的交通流预测。本文首先对深信度网络的基本原理和训练模型做了基本的介绍，再以北京市为实例来验证深信度网络模型的可行性。通过交通流数据预处理技术，将北京市二环路网划分为 21×21 的网格，在不同路况下进行交通流预测，并与 RBF 神经网络、多层反馈神经网络、BP 神经网络模型形成对比，验证深信度网络模型的精确度和可行性。

2 DBN 模型简介

Hinton 等人于 2006 年提出了深信度网络 [7]，这是深度学习中一种得到广泛关注和研究的逐层贪婪的学习方法，推动了深层神经网络的发展，并且深信度网络已经在图像识别[8]、手写体识别[9]、语音识别[10]等领域取得了前所未有的成功。在结构上，如图 1 所示，深信度网络由一层无监督学习的 BP 神经网络和多层无监督学习的限制玻尔兹曼机（RBM）组成。

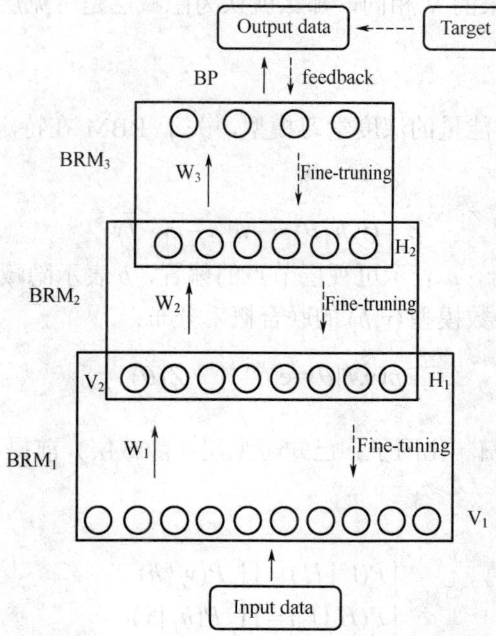

图 1　DBN 网络的结构示意

DBN 可以理解为一种深层神经网络，它在底层神经网络接受原始特征的过程中逐渐形成抽象特征，并且通过增加网络层数进一步将特征抽象化，使得最后一层神经网络能够形成最容易分类的特征向量。由于 RBM 只能确保每一层特征最优，不能完全删除错误信息，因此无法使整个 DBN 特征达到最优。而多层神经网络却能弱化上一层产生的错误信息，得到最优化特征。因此，深层神经网络比单层神经网络的精确度更高。

DBN 的训练模型主要包含无监督学习的预训练和有监督学习的微调：

（1）预训练。初始化深信度网络参数，通过利用无标定数据自下而上逐层训练每一层参数，因为受到稀疏性的约束，模型能够在获得本身特征同时得到比输入更精确的特征，之后将第一层输出的隐含层作为上一层输入的可见层，以此类推。而在特征映射到不同空间时，要保留每一层的特征信息。

（2）微调。在 DBN 最后一层设置 BP 网络，将实际输出与预期输出的误差进行有监督地训练，并且逐层向下传播。DBN 是通过学习输入数据的方法，让全局得到最优，并且各层的权重都已训练完毕，只要通过少量迭代就能得到预期效果。

3 相关算法

3.1 限制玻尔兹曼机

限制玻尔兹曼机（RBM）是深信度网络的关键，通常由两层变量构成，分别是下面一层可见层（visible layer）和上面一层隐藏层（hidden layer）。隐藏层和可视层之间通过层间神经元连接而成，而它们各自层内没有神经元连接[11]，如图 2 所示。

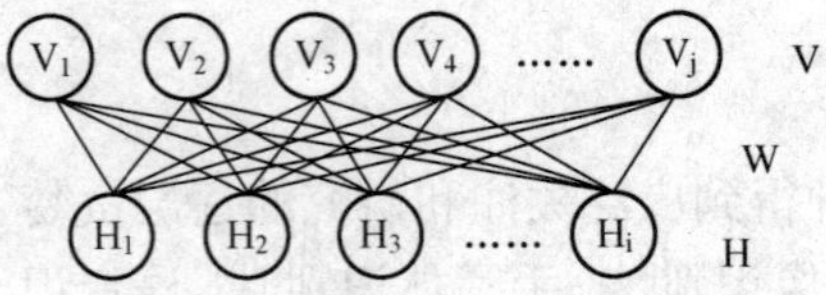

图 2　限制玻尔兹曼机示例

其中，V（V_1、V_2、V_3 ……V_j）表示可见层单元，H（H_1、H_2、H_3……H_i）表示隐藏层单元，W 表示两个单元层之间的连接权值矩阵。因为 V 和 H 均能满足玻尔兹曼分布，所以在输入 V 后，利用 P（H|V）可获得 H；而在得到 H 后，又通过 P（V|H）得到 V_1。如果从隐藏层得到 V_1 与原来的 V 相同，那么就认为隐藏层是可见层的另一种表达。

3.2 RBM 的能量模型

限制玻尔兹曼机是一种具有能量的深度学习模型，关于 RBM 在特定状态 (v,h) 下的联合组态能量表示为：

$$E=(v,h\mid\theta)=-\bar{v}Wh-\bar{a}v-\bar{b}v \tag{1}$$

其中 $\theta=(W,a,b)$ 是参数集合，a 表示可视层节点的偏置，b 表示隐藏层节点的偏置。关于 RBM 在一个特定状态下，能得到给定参数模型 (v,h) 的联合概率分布：

$$p(v,h|\theta)=\mathrm{e}^{-E(v,h|\theta)}/Z(\theta) \tag{2}$$

其中 $Z(\theta)=\sum_{v,h}e^{-E(v,h|\theta)}$ 为归一化因子。已知可见层（隐藏层）前提下，隐藏层（可见层）各个节点互相独立互不相影响：

$$\begin{cases}P(V\mid H)=\prod_i P(v_i\mid h)\\ P(H\mid V)=\prod_j P(h_j\mid v)\end{cases} \tag{3}$$

在给定可视层节点的状态时，隐藏层的第 j 个节点的条件概率分布为：

$$p(h_j=1\mid v)=\sigma(b_j+\sum_i v_i w_{ij}) \tag{4}$$

同样情况，在给定隐藏层节点的状态时，可见层的第 i 个节点的条件概率分布为：

$$p(v_i = 1 | h) = \sigma(a_j + \sum_j v_j w_{ij}) \tag{5}$$

其中，$\sigma(x)$ 函数是 sigmoid 的激活函数，x 小于 0 时，函数值为 0；x 大于 0 时，函数值为 1，可表示为：

$$\sigma(x) = \frac{1}{1+e^{-x}} \tag{6}$$

3.3 基于对比散度的 DBN 训练

训练 RBM 的目标是为了得到参数 $\theta = (W,a,b)$，来贴合已有的数据。通过求 RBM 在训练集（假定样本数量为 T）上对数似然度最大化的学习能够得到：

$$\theta^* = \arg\max L(\theta) = \arg\max \sum_{t=1}^{T} \log p(v^{(t)} | \theta) \tag{7}$$

传统方法是利用 Gibbs 采样获得参数θ最优值，但是在特征维数很高时，需要大量采样过程，导致 RBM 训练效率低下。因而，Hinton 在 2006 年提出了一个关于 RBM 的快速学习算法，即对比散度 [12]，这与传统的 Gibbs 采样方法有所不同。一个训练样本 v 由可见单元设置而成，利用式（3）可将得到隐层单元状态。在已知隐藏层的前提下，利用式（4）能够得到第 i 个可见单元取值为 1 的概率，从而得到可视层的重构 v_k。假如得到的 v_k 与 v 相同，就能说明隐藏层是可视层的另一种表达方式。继而调整 RBM 的参数，通过将训练样本的状态与可视层状态之间的重构误差，减小 v 和 $\mathrm{v_k}$ 之间的重构误差，最终得到各参数 RBM 的更新规则如下：

$$\begin{cases} \Delta W_{ij} = \varepsilon < v_i h_j >_{data} - < v_i h_j >_{recon} \\ \Delta a_i = \varepsilon < v_i >_{data} - < v_i >_{recon} \\ \Delta b_i = \varepsilon < h_j >_{data} - < h_j >_{recon} \end{cases} \tag{8}$$

其中，ε为学习率，$<>_{data}$ 代表输入训练数据的正向相关期望，$<>_{recon}$ 代表重构数据的反向相关期望。

3.4 BP 网络算法

BP 神经网络是一种有监督的分类器。在向前传播过程中，将训练得到的输出误差与期望特征对比，得到一个误差值，利用这个误差值估计输出层直接前一层的误差，并且逐层反向传播学习、微调，使得整个 DBN 的参数达到最优。

BP 算法就是在输入训练样本后，经过微调从而得到模型参数θ。对于每一个训练样本，假设输出节点的实际输出为 o_i，理想输出为 d_i，那么两者之间的误差梯度为：

$$\delta_i = o_i(1-o_i)(d_i - o_i) \tag{9}$$

同理可得第 k 个隐藏层的误差梯度为：

$$\delta_i^k = y_i^k(1-y_i^k)\sum_j w_{ij}^k \delta_j^k \tag{10}$$

得到δ后，DBN 的权值更新为：

$$w_{ij} = w_{ij} + \lambda O_i \delta_j \tag{11}$$

其中，λ为学习比率，它与 O_i、δ_j 都要经过实验才能确定。在计算出新的权值之后，重复上述步骤直至得到的误差足够小。假定训练样本的序列为 m，输出节点的序列分别 n，即：

$$E = \sum_m (\sum_n (d_{mn} - O_{mn}))^2 << \in \tag{12}$$

传统的 BP 网络是随机初始化偏置值和连接权值，再用 BP 算法进行调优，直到收敛。而基于 BP 算法的 DBN 网络，是使 BP 网络的各层权值被 DBN 的权值初始化，而不是随机初始化，最后再将 DBN 展开成 BP 网络调优整个网络参数，使得网络的性能达到最优。

4 实验验证及分析

4.1 基于深信度网络的道路网短时交通流预测

深信度网络与浅层神经网络不同，不需要人工抽取交通流特征，而是自动地从原始特征出发向高级特征学习。因此，在训练过程中直接将交通流信息输入即可，不需要再提取其他特征信息。本实验在对较大规模的道路网进行交通流预测时，先用 ArcGIS 地图将二环路网以 21×21 的网格划分（见图 3），并且把路网根据道路拥堵程度分为红色，黄色，绿色三种，再将 5 个时间数据预处理后分别进行预测，得到输入层为 21×21×5×3 即 6615 个单元。此次实验采用双层 DBNs 结构，两个隐含层单元分别设置成 2000 个和 500 个，输出层设置成 21×21×3 即 1323 个单元。而两层 RBM 在训练阶段的迭代数都设置成 300，学习率都为 0.1。最终，DBN 系统模型的结构为 6615-2000-500-1323。RBM 训练完成后，在输入层引入随机噪声，让系统为克服噪声而学习到更深层次的特征，从而更具鲁棒性[13]。继而将 DBN 学习到的权重传入初始化神经网络，利用 BP 算法进行参数微调。神经网络的迭代次数为 200，学习率为 0.1，部分神经网络的激活函数为 sigmoid。

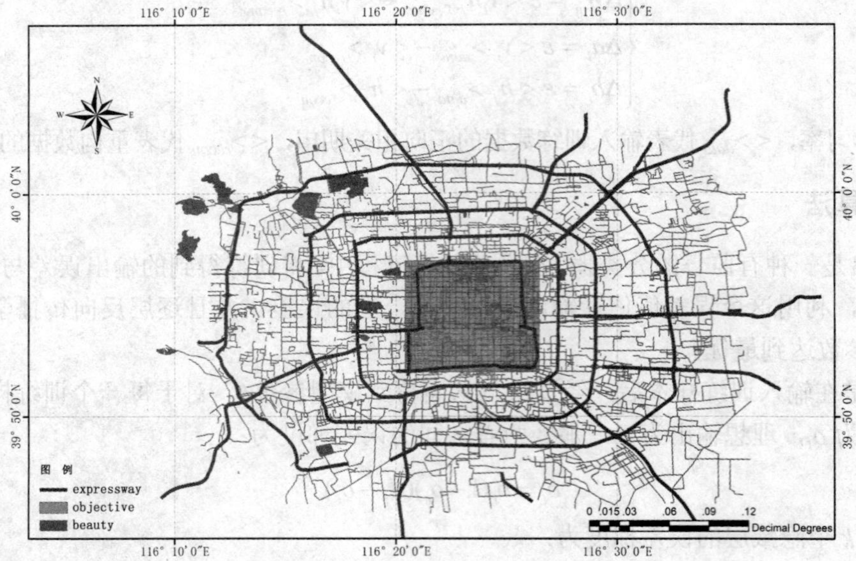

图 3 北京市二环路网网格划分

由于 DBN 系统层次之间都是全连接，因此输入层和第一个隐含层之间的权重数为 661500 个，两个隐含层之间的权重是 200000 个，最后两层之间的权重数为 132300 个。当系统训练完毕，测试样本经过系统提取特征，输出层是 21×21×3 的道路网交通量，最后将输出交通量与实际交通量对比。虽然在训练过程中，样本数据较为庞大，花费的时间相对较长，但是在预测结果与实际交通量的对比分析后，发现拟合度非常高，说明基于深信度网络模型预测出的交通量能够实时地反映出交通流的动态变化，较为准确地实现交通诱导。

4.2 结果对比分析

在结果误差分析时，将北京市二环路网基于红色、黄色、绿色三种路况下的不同时刻的交通流都进行预测。为了证明深信度网络模型对交通流预测的精确性和可行性，在相同道路网情况下，应用相同的交通流数据，与径向基 RBF 神经网络、多层反馈神经网络和 BP 神经网络进行对比，分析四种预测方法的误差程度，进一步验证深信度网络模型的效果。对于比较交通流预测方法的优劣，鉴定评价预测方法是否可行，通常采用两个指标进行衡量，分别是平均绝对偏差（MAD）和平均绝对百分比误差（MAPE）。三种路况下的绝对偏差和百分比误差对比分析如表 1 所示：

表 1 不同路况下的交通流预测结果评价

路况	红色	黄色	绿色	平均值
MAD	4.23	3.04	4.52	3.93
MAPE	3.11%	2.64%	3.97%	3.24%

DBN 模型和 RBF 神经网络、多层反馈神经网络、BP 神经网络模型关于 MAD 和 MAPE 的误差对比分别如图 4、图 5 所示。从图中不难看出，基于深信度网络在不同路况下的预测误差波动均比其他神经网络更小，并且各路况下的预测误差平均值均小于其他传统神经网络的误差。

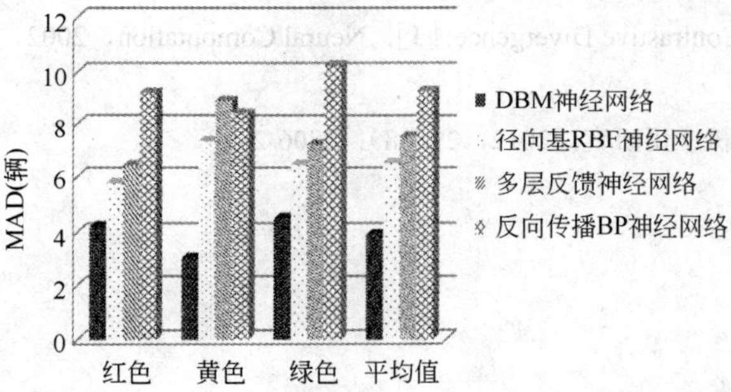

图 4 MAD 误差对比分析

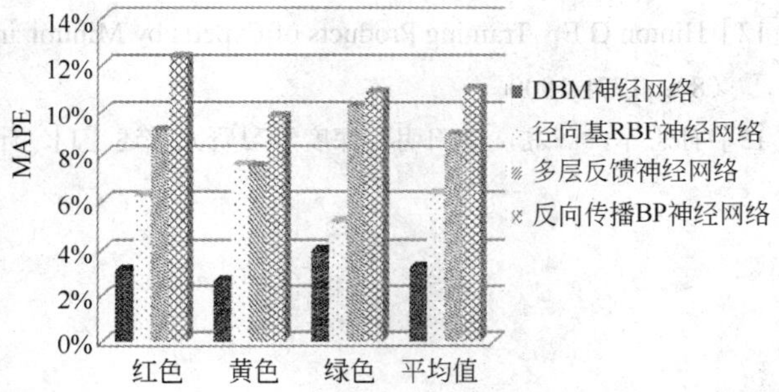

图 5 MAPE 误差对比分析

普通神经网络通常都是给权值赋以随机数，而 DBN 的各层 RBM 则是通过预训练的无监督为神经网络的权值提供更为合适的初始值，并且结合无监督学习和有监督学习的优点，在时间上和空间上更能发觉交通流的规律性，因此，DBN 的交通流预测效果往往都较普通神经网络而言更为精确。

5 结论

交通流预测是先进的交通管理系统重点研究内容，因为交通流具有随机性和高度非线性，单纯基于传统神经网络无法准确预测出交通流趋势特征，难以得到满意的预测结果，甚至在实际应用时会导致交通流诱导产生偏差。本文以北京市二环路网作为研究对象，在路网划分的基础上，将不同路况下的交通流数据都做了预处理，利用深信度网络对全路网前 5 个时刻的交通进行预测，得到下一时刻的交通流，将其与实际交通量对比。实验验证表明在道路网交通流预测方面，基于 DBN 神经网络对交通流预测的效果明显优于径向基 RBF 神经网络、多层反馈神经网络、BP 神经网络模型，误差程度明显更小，预测的精确度相对更高。但由于深信度网络是预测整个道路网的交通流，需要大量的数据分析，导致训练时间过长，因而在下一步工作中，可以深入研究更多深度学习的模型，探究能否将误差以及训练时间都得到更进一步的提升。

参考文献

[1] 袁健，范炳全．城市道路短期交通流预测 VHSSA 模型［J］．公路交通科技，2014，8（5）：134-135.

[2] 杨兆升．新一代智能化交通控制系统关键技术及其应用［M］．北京：中国铁道出版社，2008.

[3] 郑明文．径向基神经网络算法及其性能研究［D］东营：中国石油大学，2009.

[4] 姚琛，罗霞，汉克・范少伦．基于粗集和神经网络耦合的短时交通流预测［J］．公路交通科技，2010，27（11）：104-107.

[5] 陈文，庞琳娜．GABP 神经网络在交通流预测中的应用研究［J］．微计算机信息，2009，26（14）：245-247.

[6] 祁伟，李晔，汪作新．季节性 ARiMA 模型在稀疏交通流下的预测方法［J］．公路交通科技，2014，31（4）：130-135.

[7] Hinton G，Osindero S，Teh Y W．A Fast Learning Algorithm for Deep Belief Net［J］．Neural Computation，2006，18（7）：1527-1554.

[8] Lee H，Grosse R，Ranganath R，et al. Convolutional deep belief networks for scalable unsupervised learning of hierarchical representations．Proc．of the 26th Annual International Conference on Machine Learning ．ACM．2009，609-616.

[9] Hinton GE．Salakhutdinov RR．Reducing the dimensionality of data with neural networks．Science，2000，313（5786）：504-507.

[10] Dong Y，Li D．Deep learning and its applications to signal and information processing．IEEE Signal Process Mag，2001，28：145-154.

[11] 刘建伟，刘媛，罗雄麟．玻尔兹曼机研究进展［J］．计算机研究与发展，2014，51（1）：1-16.

[12] Hinton G E．Training Products of Experts by Minimizing Contrastive Divergence［J］．Neural Computation，2002，14（8）：1771-1800.

[13] 孙志军，薛磊，许阳明．深度学习研究综述［J］．计算机应用研究，2012，29（8）：2806-2810.

城市轨道交通防踩踏事故预防与安全对策研究

邵灌康

（广州地铁集团有限公司运营总部，广州 510380）

摘　要：地铁车站是人群聚集的公共场所，尤其是假期、春运、重大活动期间，地铁站内人流高度密集，一旦发生突发情况，极易引发拥挤踩踏事件，甚至发生大面积群死群伤的事故。本文针对地铁车站人员密集的特点，对踩踏事件预防及防控措施进行探讨，以确保城市轨道交通运营安全。

关键词：车站；大客流；疏散；应急管理

Study on the Prevention and Safety Countermeasures of Anti - stepping Accident for Urban Rail Transportation

Shao Guankang

(Guangzhou City Underground Railway Corporation, Guangzhou 510380)

Abstract: Subway station is crowded public places, especially the holiday, Spring Festival，during major events, MTR Station passenger highly dense, in case of emergency, extremely easy to cause crowded stampede, or even large area of casualty accident. In this paper the characteristics of the subway station personnel, the prevention and control of the stepping event to explore the measures to ensure the safety of urban rail transportation operations.

Key words: Station, Large Passenger Flow, Evacuation, Emergency Management

1　研究背景

2014 年 12 月 31 日，上海外滩陈毅广场“跨年灯光秀”造成的特大踩踏事件，让人们在惋惜、震惊与悲痛后，再一次面对现实去思考全世界都面临的公共安全难题。如何进行公共安全教育和提高全民安全意识，如何自救互救和避免事故发生，如何堵住公共安全管理漏洞以及如何建立应急管理体系和预防等迫切问题。踩踏是指在行进的人群中，因某种原因，导致前面有人摔倒，而后面不知情的人继续向前行进，人群中出现像“多米诺骨牌”一样连锁倒地的现象。

踩踏事故是因某种突发因素而引发大规模的人流躁动，造成人群恐慌、拥挤、踩踏而导致的伤亡事故。近年来，无论北京、上海，还是广州、深圳等城市的地铁，都曾发生因为乘客晕倒，或发生纠纷而引发的瞬间拥挤、慌乱、踩踏等情况。虽然各城市地铁并未出现严重的踩踏事件，但还是给各地的地铁管理方提出了警示，因此如何防止城市轨道交通踩踏事故，仍是目前地铁安全的重中之重。

2 城市轨道交通的特点

城市轨道交通的车站及列车内旅客密度大，客流量呈峰值不断增大。这一特点容易引发较多问题：由于列车内过度拥挤，人与人身体相碰导致谩骂、甚至斗殴引发的治安问题。车站旅客人数过多导致上下车过程中非常拥挤，容易发生旅客被踩伤及挤伤的问题。

由于踩踏事故具有突发性的特点，不仅会造成较大危害，而且难以防范。城市轨道交通是一种大容量的公共交通工具，随着客流量的不断增多，在电动扶梯、换乘通道和出入口位置可能发生乘客过度拥挤。地铁车站是人群聚集的公共场所，尤其是假期、春运、重大活动期间，地铁站内人流高度密集，一旦发生突发情况，极易引发拥挤踩踏事件，甚至发生大面积群死群伤的事故。因此，需要针对城市轨道交通人员密集的特点，制定处置踩踏事件的预防措施和应急处理对策，确保在紧急情况下能快速地疏散站内密集人群，及时抢救伤员。

3 踩踏事故的主要原因

城市轨道交通系统客流量大，客流密度较高，某些车站高峰时段甚至处于超负荷状态，给相关设备设施的稳定性带来巨大的压力。在自动扶梯处，客流高度集中或乘客跌倒都有可能引发踩踏事故；过于狭窄的换乘通道和出入口也是踩踏事故的易发区域。总体来看，引发踩踏事故的主要原因有 4 个方面。

（1）地铁车站内某些区域的乘客密度过大，超过了设备设计负荷，例如自动扶梯上乘客过多就可能引发故障；

（2）疏散通道或出入口的设计不合理，车站站台、站厅及换乘通道内有妨碍疏散的无关设施或堆放杂物等；

（3）有突发事件发生，例如发生列车故障、火灾、停电、恐怖袭击等情况；

（4）城市轨道交通运营单位应对突发事件的能力或准备不足，缺乏对突发的预警、客流疏散以及现场处置等方面的经验。

4 踩踏事故的预防控制措施

针对以上引发踩踏事故的原因，应做好以下工作，才能预防踩踏事故的发生：

4.1 从本质安全出发，做好车站规划设计

在地铁运营规划设计阶段，要充分考虑车站设备设施的客流疏散能力。城市轨道交通车站各系统、通道等硬件设施配置应合理设计，设计时充分考虑各种因素以及应急疏散需要，合理设置应急通道并让其保持通畅。如安全疏散标识的合理设计不仅为发生突发事件时为乘客逃生指明路径，更为重要是能够减轻乘客在恐慌时候的心理，避免衍生灾害的发生。广州地铁各个车站均设置了较为合理的出入口以及紧急出口，在车站内外均设置了较为完备的疏散标识，为突发事件后人员疏散逃生指示路径。

4.2 加强客流组织能力，落实有效控制措施

不同时期，不同时间段大客流在车站内某些区域过度集中是造成踩踏事故的主要隐患。因此，当车站客流过多时，城市轨道交通运营单位应及时对客流进行有效的疏导，采用客流分流、限制客流等临时疏导措施，以确保乘车安全。车站大客流或区段满载率已达到一定程度时，采取控制站内及控制

区域内乘客数量、确保本站客流组织有序的措施。客流控制类型包括常态化客流控制和突发客流控制。常态化客流控制分为工作日客流控制和节假日客流控制。

1．客运组织的基本原则

客运组织的基本原则为安全、及时、有效；现场遵循“能疏导，不控制”的原则，车站根据本站的客流特点及设备和设施的设置情况，制定相应的客流组织方案，充分利用车站设备和设施，尽量使进、出站客流不交叉，确保客流顺畅。

2．单站级客运组织原则

单站级客运组织遵循“由下至上，由内至外”的原则，一般采取三级客流控制措施。发生突发大客流时可根据现场需求同时采取多种客流控制措施，以达到客流“有序、可控”的局面。换乘站客流控制同时遵循“由下至上，由内至外”和“先控制入闸客流，再控制换乘客流”的原则，确保站台安全性，避免客流失控。如图 1 所示：关闭部分进站闸机，实施客流量控制；又如合理利用车站空间，扩大乘客等候区域，通过设置铁马栏杆、安排员工引导等方式控制乘客流向，尽量减少客流交叉、对流，确保客流顺畅（见图 2）。

图 1　关闭闸机，控制客流

图 2　大客流控制现场

3．关注客流变化，落实控制措施

车站人员需密切关注车站的客流变化，了解客流变化原因。当客流突增，排队购票乘客、候车乘客到达客流控制警戒线，或出口通道、扶梯产生拥挤或进出客流交叉时，车站及时启动相应的客流控制措施，延缓乘客进站或进入付费区速度，保证客运安全；此外还加强宣传，倡导乘客错峰出行通过告示、广播等形式向乘客宣传本站的客流高峰时间段，同时倡导和鼓励乘客避开高峰期出行。

4.3　采取客流联控模式，提高客运管理技术

提高城市轨道交通系统的车辆、线路、信息等设备技术装备水平，利用先进的技术装备和高科技手段，避免因设备故障造成列车运行秩序混乱，列车延误，甚至运行中断，导致大量客流聚集的情况。运营管理方应根据客流实际情况，在不同时间启动相应级别的客流联控模式。如本站出现大客流或本线连续多个区段满载率偏高时，应采取客流控制措施限制主控站及本线辅控站进站乘客人数，均衡各站进站客流。当实施单线级客流联控仍无法缓解客流压力时，启动线网级客流联控模式，邻线相关车站采取客流控制措施限制进站乘客人数，以缓解各站的客流压力。特别是高峰时段在重点车站增派疏导力量，适时采取分流、限流的临时疏导措施，如根据现场情况适当调整客运组织方式，并在可能遭遇大客流冲击时，采取短时的限流措施，以确保车站有序达到客流可控的目的。这种限流是为了保证

全线网的整体运营有序，各车站采取全线网联动的办法，即高峰时段客运组织情况及时通知相邻的车站，以便相邻车站采取有效措施，保证乘客安全乘车，避免在自动扶梯、出入口和换乘通道内发生踩踏事故。如组织乘客分批进入时，需增加人手，关键点要专人把守，“控、放”要由专人指挥。“控”前做足准备工作，“放”时提醒乘客不要抢行，避免群伤事件，“控、放”时的铁马、告示摆放要合理，避免绊倒乘客（见图 3）。

图 3　控制客流，分批进站

4.4　采用先进监测手段，强化疏导措施

城市轨道交通系统的客流管理主要可以分为客流预测、客流引导、预警系统、应急疏散几个模块，通过信息技术和管理人员的统一协调，确保城市轨道交通系统内客流的合理流动，避免客流的局部密集。线网管控中心、控制中心需根据节假日、地铁车站周边大型活动安排，提前做好客流组织预想，做好客运组织方案。运营管理部门一方面加强管理，重点关注车站内可能引发事故的区域，对客流密集的自动扶梯、通道及站台等重点区域实施监控，通过客流数据分析，预测日均客流量与不同时间段的客流量。另一方面为应对增长的客流、预防拥挤踩踏事故，如加大对客流的监测与分析，强化客流疏导措施。如通过客流的自动监测及自动报警系统，收集相关数据分析，建立对客流预警和应急处置系统，提高对践踏事故的预防水平。

4.5　提高乘客安全素质，普及安全教育

乘客安全素质问题是导致拥挤踩踏事故发生并造成巨大伤亡的根本原因之一。安全意识教育能引导乘客正确评估周围环境的危险性，树立科学的安全态度，提高对危险的警惕性；安全知识技能教育普及各种安全知识，为乘客提供正确处置的应急技能，在紧急情况下可以冷静处理，采取正确措施自救，并且能够自觉地相互求助。如广州地铁根据客流分布情况有针对性的加强乘客安全教育工作，在传统形式制作海报、小册子及宣传片在地铁范围内利用宣传栏、派发小册子及在各地铁内 PIDS 进行宣传乘客安全的基础上，从政府、社会、新媒体等方面进行宣传、普及地铁安全知识，同时不断进行地铁内部优化措施多层次地进行地铁安全应急知识教育，提高乘客安全素质水平，以保障地铁运营秩序。

4.6 定期学习预案，加强应急演练

地铁车站定期组织客运安全、车站大客流应急预案、车站疏散预案及发生踩踏事件应急预案的培训学习，定期组织大客流演练及车站发生踩踏事件应急演练，提高车站员工的防范意识，确保熟悉车站应急预案相关内容。城市轨道交通运营单位要根据各个站点环境和容量，预测客流的规模、构成、分布等，充分考虑各种不确定因素，制定出科学、合理的“一站一个应急预案”应急规章，每个预案结合本站实际情况，制定客流控制平面分布图（见图 4），明确各岗位工作职责。此外车站组建一支训练有素的应急队伍，在日常工作中要定时开展应急演练并不断改进应急预案。

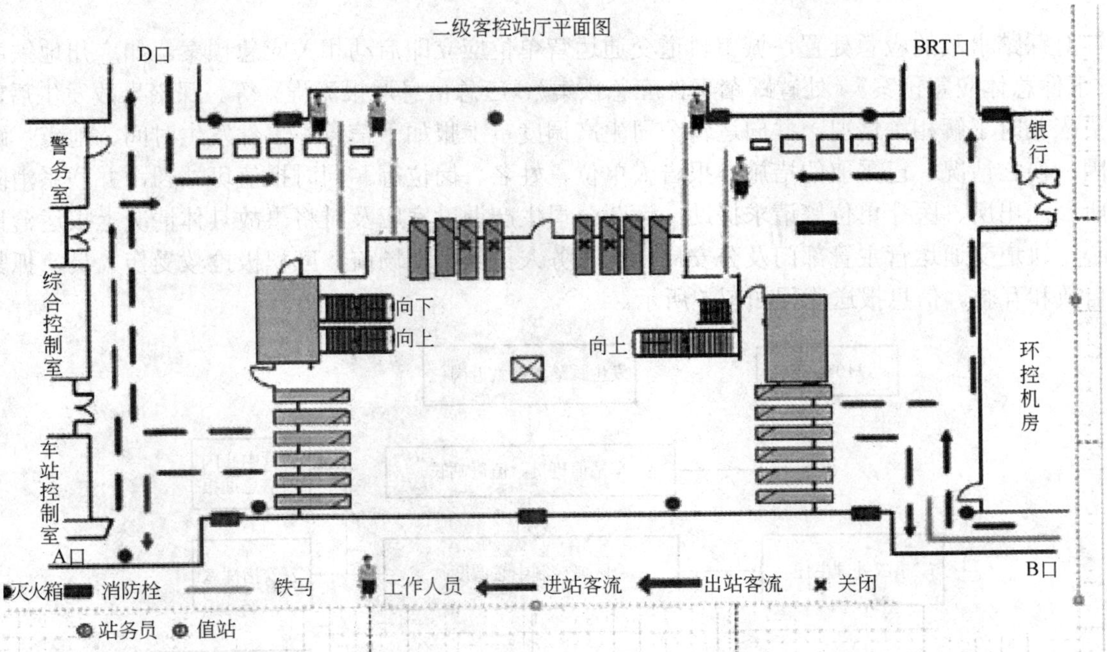

图 4　车站客流控制平面分布

4.7 加强检查，完善设施设备

车站对电扶梯、无机房电梯、车站照明设施、疏散标志、应急灯等设备设施进行定期巡视检查，发现故障时及时报修，根据修复情况，尽早消除安全隐患。此外车站客流控制使用的铁马、伸缩栏杆、告示等设施需统一规整，合理摆放，任何物品不得堵塞消防通道或影响客运疏导。还要加强重点区域及客运关键点巡查，重点关注电扶梯运行情况，在各组扶梯口设置扶梯安全广播，安排人员进行专项引导；对于狭窄或拥挤得通道，安排人员加强引导，加强人流较多的出闸机处的引导。

5 踩踏事故的应急处置措施

踩踏事故不仅会造成乘客的恐慌，引发严重的伤亡事故，甚至会使市民对乘坐地铁产生恐惧心理，因此践踏事故一旦发生，必须采取有效措施加以应对。首先为保证运营安全，针对可能出现的 突发情况，应制定相关突发事故处理方案，定期组织员工演练和学习，使员工在面对突发事件时做到胸中有数，以增强地铁站务人员对突发事故的应急处理能力。一旦发生突发事故，突发事故处理小组工作马上启动，根据相关预案一方面指挥工作人员安全疏散旅客，另一方面通知相关救护人员组织救援，疏散及救援工作应由城市轨道交通管理中心统一指挥，有条不紊，最大程度减少旅客伤亡。

5.1 处置原则

在处置跟踪事故时应遵循“一化解、二疏导、三封堵”，对经常性的或可预见的客流爆满站点采用“早预想，早介入，早控制”措施；对突发的或超出预见的客流爆满要加强客流组织工作，做到有序进站，有序上车；对暴涨的客流，一时难以疏导时，经请示控制中心同意后采取必要的封站或限流措施。

现场遵循“能疏导，不控制”的原则，车站根据本站的客流特点及设备和设施的设置情况，制定相应的客流组织方案，充分利用车站设备和设施，尽量使进、出站客流不交叉，确保客流顺畅。

5.2 启动预案

针对踩踏事故的应急处置，城市轨道交通运营单位应立即启动相关应急预案。如广州地铁制定了《突发事件总体应急预案》《处置踩踏事件应急预案》《应急信息通报流程》等。踩踏事故发生后，车站值班员应及时了解相关情况，并向运营公司生产调度室上报如下信息：事件发生时间、地点；踩踏事故原因、伤亡情况、已采取的措施；报告人单位、姓名、岗位等。同时报值班站长，并联系消防局、站点所属派出所、医疗单位等请求援助。运营公司生产调度室应及时将事故具体情况上报运营调度指挥中心、轨道交通运营主管部门及公安局。在医务人员到达现场前，应积极抢救受伤人员，抓紧时间开展自救和互救。信息报送流程如图 5 所示。

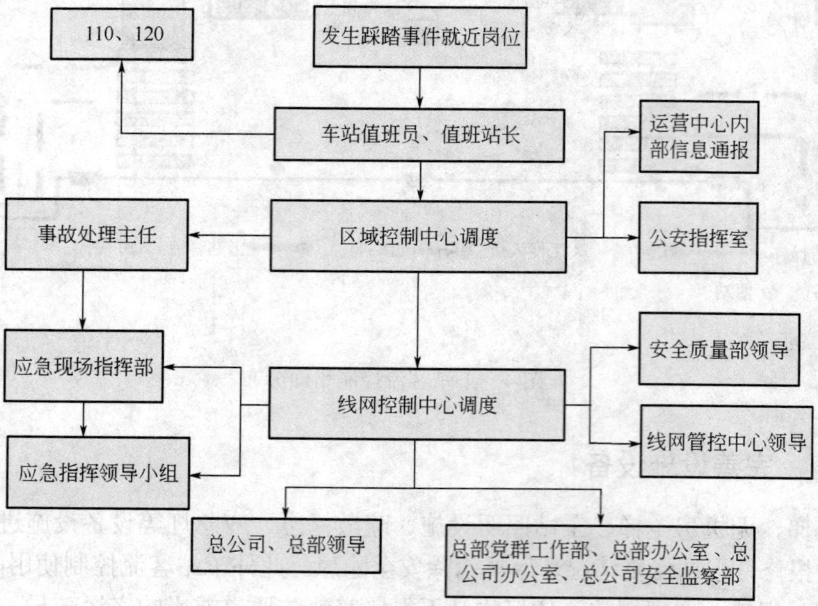

图 5 信息报送流程

5.3 提供准确疏散信息，快速疏导现场人员

踩踏事故发生时，错误信息或信息缺失会导致客流停滞、导向人群相遇、疏散路径阻塞，使乘客变得绝望和急躁，事态进一步恶化。因此，踩踏事故一旦发生，车站应充分利用广播系统、扩音设备、指示标志等信息传播手段，及时、准确发布诱导信息、疏散通道、安全出口、警示信息等，进行客流的分流和疏导。车站、列车广播要内容一致，保持同步，防止事态进一步扩大，广播应做到连续、及时、正确。利用一切有效手段快速疏导事故现场人员，迅速打开全部安全出口，保持安全通道畅通，打开应急照明系统，保证疏散通道照明亮度，让乘客尽快疏散到安全地点，禁止无关人员滞留现场，防止有人故意制造恐慌气氛，避免再次发生踩踏事故。

5.4 采取措施，现场处理

处理人员沿客流前进方向靠近事发地点，阻断前往事发地点客流。第一时间关停疏散反方向扶梯，疏散事发地点周边乘客，救助伤员，做好取证及现场保护。如站台区域发生踩踏事件，立即执行站台疏散程序，组织乘客从远离事发地点一端向站厅疏散，防止事态恶化；本线路控制中心组织列车不停站通过本站。车站组织乘客只出不进，而换乘站需防止换乘客流进入事发站台，同时车站要了解事发原因，掌握乘客受伤情况，采取措施救助，同时做好证据收集。当110、120人员到场后，积极配合开展相关工作。当站厅、出入口通道发生踩踏事件，立即疏散事发地点周边乘客，围蔽事发地点，出入口通道发生踩踏事件时，封闭该出入口，指引乘客从其他出入口进出站。同时及时了解事发原因，掌握乘客受伤情况，采取措施救助，同时做好证据收集。110、120人员到场后，配合开展相关工作。

5.5 做好事故善后处理

城市轨道交通单位发生事故后应及时向国家主管部门报告事故的最新情况，特别是人员伤亡的情况。积极配合相关部门做好事故调查、责任认定和善后处理工作。认真分析事故原因，总结反思经验教训，做好事故善后处置工作，不断补充完善应急预案。

6 结束语

安全运营是城市轨道交通运输的重要目标和基本原则，“预防为主”是地铁安全运营原则，凡事预则立，不预则废，不同的事故/事件，其应急处理方法不同。只有事先制定预防控制措施以及应急处置对策，通过开展常态化的客流控制措施，同时采用先进的客流管理技术，加强应急演练，不断增强突发事件的应急处理能力，这样才能减少和避免突发事件的发生或降到最低。防踩踏事故是一项涉及面广，长期而复杂的工作，需持续开展专业知识培训和应急处置演练，提高全员安全意识和敏感性，持续开展乘客安全教育，培养和提高乘客的安全乘车的意识和习惯，需要社会各界一起努力。本文以广州地铁为例，对防止踩踏事故预防与应对措施进行探讨，并对预防地铁防止踩踏事故提出安全对策，只要遵循科学的管理方法，进一步研究公共安全与解决策略才能够日趋完善。

参考文献

[1] 李进．论地铁突发事件的防范及应对［J］．民营科技，2012.
[2] 荆莹，任高科，汪磊，都萌．防范地铁突发事件举措的探讨［J］．轨道交通安全，2007.
[3] 裴岩．反恐背景下的地铁运营安全对策［J］．城市轨道交通研究，2010（5）：1-5.

主动安全新技术在我国载货汽车上的应用思考

孙　巍　穆文浩　张　军　吴云强

（公安部交通管理科学研究所/道路交通公安部重点实验室，无锡 214151）

摘　要：本文分析了近年来我国载货汽车道路交通事故数据，发现载货汽车的交通事故伤亡更为严重，是我国重特大道路通事故的主要肇事车型之一，自2011年以来肇事比例呈现逐年上升趋势。同时，本文系统分析了我国载货汽车标准体系，认为我国载货汽车安全技术要求总体偏低、主动安全新技术新装备推广应用滞后。本文在分析研究主动安全新技术特点和在国内外使用状况及成效的基础上，建议推广应用车道偏离报警系统（LDWS）、高级紧急制动系统（AEBS）、电子稳定控制系统（ESC）、自适应巡航控制（ACC）、空气悬架、载货汽车超载报警、载货汽车右转弯警示等主动安全新技术，以提升我国载货汽车安全技术水平。

关键词：载货汽车；交通事故；安全标准；主动安全；应用

Research on Application of New Active Safety Technologies in Chinese Goods Vehicle

Sun Wei　Mu Wenhao　Zhang Jun　Wu Yunqiang

(Traffic management Research Institute of the ministry of public security, Road Traffic Safety Key Laboratory of Public Security Ministry, Wuxi 214151)

Abstract: This paper analyzes the vehicle traffic accident data and found that more serious accidents were caused by goods vehicle in China. Goods vehicle was one of the major vehicle model in serious traffic accident. The rate of serious accident caused by goods vehicle showed an upward trend since 2011. At the same time, this paper studies the standard system of goods vehicle in our country and analyzes the deficiency of it. Finally, on the basis of investigation new active safety technology characteristics and the application effect, this paper puts forward by generalizing and applying lane departure warning system（LDWS）, advanced emergency braking system（AEBS）, electronic stability control system（ESC）,adaptive cruise control（ACC）, air suspension, overload alarm for truck, right-turn warning for truck etc. new active safety technology to improve the goods vehicle safety.

Key words: Goods Vehicle, Road Accident, Safety Standard, Active safety, Application

1　引言

近年来，随着汽车电子、计算机、传感器、图像视频处理等新技术的发展，车辆主动安全技术和被动安全技术得到了显著发展，为提升车辆运行安全性，预防和减少道路交通事故，降低事故死伤人数创造了有利的条件。在过去较长的一段时间内，汽车安全技术发展更多地侧重于被动安全，旨在降低碰撞后车内乘员的死亡率和伤害程度。主动安全技术的主要目的是主动预防和减少车辆发生交通事故，近年来发展尤为迅速。目前欧盟已通过法规强制部分商用车配置高级紧急制动系统（AEBS）、道偏离报警系统（LDWS）、车身电子稳定控制系统（ESC）等主动安全新技术。日本强制部分商用车配置高级紧急制动系统（AEBS）和车身电子稳定控制系统（ESC）。美国要求所有总重量在4.5吨以下的车辆强制安装车身电子稳定控制系统（ESC）。我国目前尚无相关法规标准强制载货汽车安装上述主动安全新装备。

2　我国载货汽车安全技术现状

2.1　交通事故情况

2.1.1　伤亡人数分析

据统计，2014年全国载货汽车发生交通事故3.7万起，导致1.7万人死亡，3.4万人受伤[1]。分析显示：保有量占机动车总量7.96%的载货汽车所引发的交通事故起数占事故总起数的20.93%，死亡人数占总死亡人数的31.21%，受伤人数占总受伤人数的17.81%，如图1所示。分析还显示：重型载货汽车事故次数及伤亡率远高于其他类型车辆，其保有量约占机动车的2%，但引发的交通事故数量占事故总数的11.34%，死亡人数占总死亡人数的20.19%，受伤人数占总受伤人数的9.09%。由此可见：我国载货汽车的交通事故伤亡更为严重，尤其是重型载货汽车。

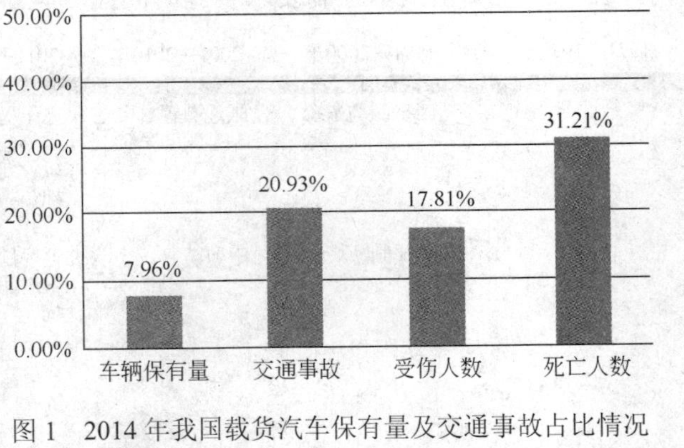

图1　2014年我国载货汽车保有量及交通事故占比情况

2.1.2　重大交通事故肇事车型分析

分析我国一次死亡10人以上的重大道路交通事故显示：2011年至2014年载货汽车的肇事比例分别为7.41%、8.00%、18.75%、38.46%，总体呈现逐年上升趋势，如图2所示。分析我国2015年一次死亡5人以上道路交通事故显示：载货汽车肇事比例为35.29%。由此可见：载货汽车是我国重大交通事故的主要肇事车型，且近年来肇事比例总体呈现逐年上升趋势。

2.1.3　载货汽车交通事故肇事原因

据统计，全世界93%的道路交通事故由驾驶人因素导致。从轻微事故成因分析显示：我国载货汽车交通事故的主要原因是驾驶人交通违法行为，其中：驾驶载货汽车未按规定让行、超速行驶、违法装载、逆行、违法占道、疲劳驾驶、违反交通信号尤为突出。从一次死亡10人以上重大道路交通事故分析显示：违法超载、驾驶不符合机动车运行安全技术条件的车辆、超速行驶等是事故主要原因。分析 2011—2014 年全国发生的 14 起由载货汽车引起的一次死亡 10 人以上重大道路交通事故中，违法超载导致的交通事故占比达 57.14%，驾驶不符合标准的机动车导致的交通事故占比达 50%，超速行驶导致的交通事故占比达 35.71%。

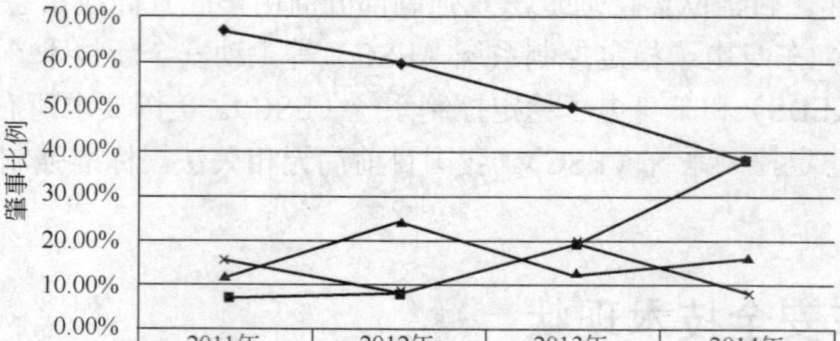

	2011年	2012年	2013年	2014年
客车	66.67%	60.00%	50.00%	38.46%
货车	7.41%	8.00%	18.75%	38.46%
面包车	11.11%	24.00%	12.50%	15.38%
其他	14.80%	8.00%	18.75%	7.69%

图 2　2011—2014 年一次死亡 10 人以上的重大交通事故肇事车型分析

2.2　载货汽车安全技术标准

我国的汽车强制性标准工作起步于 1990 年，1995 年开始逐步实施，我国汽车安全强制性标准（相当于国际通行的技术法规）在体系和项目技术内容上多参照欧洲 ECE 等技术法规制定。从标准层面看，我国载货汽车安全技术标准的问题集中表现为：汽车安全技术要求总体偏低、主动安全新技术新装备推广应用滞后。图 3 为国内外货车主要安全技术强制要求实施时间图。

	1971—1990年	1991—2000年	2001—2010年	2011—2015年
欧洲	缓速器	防抱制动系统	限速装置、电子刹车辅助系统	电子稳定控制、车道偏离预警系统、先进紧急制动系统
日本		防抱制动系统	限速装置	电子稳定控制、车道偏离预警系统
美国		防抱制动系统		电子稳定控制、车道偏离预警系统
中国			防抱制动系统	缓速器、限速装置

图 3　国内外货车主要安全技术强制要求时间

2.2.1　汽车安全技术要求总体偏低

总体来看，我国的载货汽车安全技术标准落后欧洲、美国、日本等发达国家和地区 10～20 年。以“限速”问题为例，欧盟 1992 年发布技术指令 92/6/EC，即要求“在欧共体内某类机动车辆安装和使用限速装置的理事会指令”；2002 年欧盟发布 92/6/EC 的修订本，统一规定 N2 和 N3 类车辆的限速装置的设定应保证车辆最大车速不超过 90km/h。日本 1967 年为限制大型车超速，提出了必须安装速度表示灯；2001 年提出对于大型车辆限速要求，最高速度为 90km/h。我国 2012 年实施的 GB 7258—2012《机动车运行安全技术条件》，对危险货物运输车提出不得大于 80km/h 的要求。由此可见，我国技术标准提出“限速”要求的实施年限要比欧盟、日本等发达国家和地区要晚许多年。另外，目前除危险货物运输车外，其余载货汽车未提出明确的限速要求。同时，关于“制动”问题，我国缺乏汽车列车制动匹配性和协调性的技术要求和试验方法；关于“超载”问题，缺乏空气悬架或超载报警等要求。

2.2.2 主动安全新技术、新装备推广应用滞后

在我国，乘用车安全技术由于市场竞争推动发展升级较快，不少乘用车车型目前已配置了车道偏离预警系统（LDWS）、先进紧急制动系统（AEBS）、自适应巡航控制（ACC）等主动安全新技术，但是，载货汽车安全新技术的推广应用滞后较多。关于“缓速器”，1954 年法国公共工程部做出决定，对于行驶在山区和事故多发地区的载质量超过 8t 的货车必须装配缓速器装置。1971 年，欧洲共同体正式使用具有刹车耐久概念的 71/320/CEE 法规，对载重 10t 以上的货车和 8 位乘客以上的客车必须经过下坡耐久试验，即下坡耐久试验满负荷的货车在 6%的下坡道上（满负荷的客车在 7%的下坡道上），不得使用刹车装置，车辆能以 30km/h 的稳定速度下坡。我国 2012 年实施的 GB 7258—2012 才规定缓速器配置要求，规定：“车长大于 9m 的客车（对专用校车为车长大于 8m）、总质量大于等于 12000kg 的货车和专项作业车、所有危险货物运输车，应装备缓速器或其他辅助制动装置。”同时，我国主动安全新技术标准相对欠缺，适用于载货汽车的安全技术标准，例如高级紧急制动系统（AEBS）、车道变更辅助（LCA）、智能车速控制（ISA）、停车距离控制系统（PDC）等主动安全新技术标准尚未出台。

3 主动安全新技术在我国载货汽车上应用的思考

在国外，载货汽车安全技术的发展基本与乘用车同步发展，有些甚至超越乘用车技术的发展。而在我国，长期以来，我国汽车安全技术的发展主要集中在乘用车上，对于载货汽车的安全性一直没有得到足够的重视，载货汽车安全技术水平等级偏低。本文建议通过推广使用主动安全新技术助力载货汽车安全技术水平提升。

从机制建设层面，建立基于主动安全新技术的交通事故深度分析制度。依托当前的交通事故深度分析，加强应用主动安全新技术车辆的交通事故“事中”、“事后”分析，切实摸清主动安全新技术的适用性、有效性，为制定管理制度和推广意见提供科学、准确的依据。

从标准建设层面，启动先进紧急制动系统（AEBS）等主动安全新技术标准立项，引导行业发展。有必要的情况下，可通过国家强制标准推广应用车道偏离预警系统、先进紧急制动系统、电子稳定控制系统、空气悬架等安全新技术。

从规划应用层面，积极研究制定主动安全新技术在我国载货汽车上应用的长远规划。根据我国道路交通事故特点、工业技术水平、潜在的收益成本等因素，确定我国未来 5～15 年内应积极推广的主动安全新技术，并制定对应的技术路线。本文结合我国国情，提出了未来 5 年在我国载货汽车上可推广应用的主动安全新技术设想如下。

（1）车道偏离预警系统（LDWS）

车道偏离预警系统（LDWS）是一种通过报警的方式辅助驾驶员减少汽车因车道偏离而发生交通事故的系统。当系统检测到汽车偏离车道时，传感器会及时收集车辆数据和驾驶员的操作状态，之后由控制器发出警报信号。欧盟 ECE R130 规定了 LDWS 的技术条件，EU 351/2012 要求欧盟 2014 年新型式认证的商用车应配置 LDWS，2015 年新生产的商用车应装备 LDWS。在美国，Pomerleau 等研究者认为 LDWS 可以减少 30%的重型货车车道偏离事故[2]。在欧洲，荷兰的 Alkim 等研究者认为 LDWS 可以减少 20%的车道偏离事故[3]；COWI 预测 LDWS 可以减少欧洲 15%～35%的交通事故，并可以减轻 15%的交通事故严重程度[4]。通过在我国推广使用 LDWS，预期可以有效减少疲劳驾驶导致的车道偏离事故。

（2）先进紧急制动系统（AEBS）

先进紧急制动系统（AEBS）是一套自主自动的道路车辆安全系统，系统依传感器来监测前面车辆和目标车辆之间的相对速度和距离，计算即将发生的情况，在危险情况下，紧急制动可以自动避免碰撞或减轻其影响。欧盟 ECE R131 规定了 AEBS 的技术条件，EU 347/2012 要求欧盟 2013 年新型式认证的商用车应配置 AEBS，2015 年新生产的商用车应装备 AEBS；日本法规要求 2014 年型式认证的商用车要配置 AEBS，2017 年生产的商用车要装备 AEBS；美国并没有法规要求车辆必须安装 AEBS，但汽车制造商已经积极考虑安装 AEBS；韩国计划 2016 年通过法规强制商用车安装 AEBS，通过将 AEBS 纳入韩国新车评价规程（KNCAP）来鼓励汽车厂商为乘用车安装 AEBS。在美国，Sugimoto Y 等研究者认为 AEBS 可以减少 38%的追尾碰撞和降低追尾碰撞中 44%的致死率[5]。在欧洲，博世集团的研究人员通过研究 GIDAS 中 1103 起追尾碰撞事故数据，分析认为普通驾驶员使用 AEBS 系统可以避免 38%～72%的追尾事故，在事故无法避免时，碰撞速度可以降低 25%～55%[6]。通过在我国推广使用 AEBS，预期可以有效减少我国追尾事故，缓解碰撞严重程度。

（3）电子稳定控制（ESC）

电子稳定控制（ESC）是汽车防抱死制动系统和牵引力控制系统功能的进一步扩展，并在此基础上，增加了车辆转向行驶时横摆率传感器、测向加速度传感器和方向盘转角传感器，通过 ECU 控制前后、左右车轮的驱动力和制动力，确保车辆行驶的侧向稳定性。欧盟 EC 661 要求 2011 年新型式认证的商用车应配置 ESC，2014 年新生产的商用车应装备 ESC；美国要求所有总重量在 4.5 吨以下的车辆从 2012 年起强制安装 ESC；日本规定 2014 年 10 月起新车型强制配备 ESC。目前我国已制定了《轻型汽车电子稳定性控制系统性能要求及试验方法》（GB/T 30677—2014），但未强制车辆安装 ESC 系统。美国 NHTSA 认为 ESC 可以减少 40%～56%的侧翻事故和 14%的失控事故。通过在我国推广使用 ESC，预期可以有效减少我国侧翻事故和失控事故，可预防重特大道路交通事故的发生。

（4）自适应巡航控制（ACC）

自适应巡航控制（ACC）系统是一套通过调整速度以适应交通状况的汽车安全系统，车辆的传感器会根据前车以及本车的行驶状态，经过 ECU 的计算判断后，向节气门、制动、档位发送指令，此操作实现了在无司机干预下的自主减速或加速。ACC 能对驾驶员提供重要的辅助作用，能够一定程度上减轻驾驶员驾驶的疲劳。Bjorkli 和 Hoedemaeker 等研究者认为 ACC 可以降低车辆最大行驶速度和平均行驶速度，可以有效减少追尾碰撞，有利于交通安全[7, 8]。通过在我国推广使用 ACC，预期可以有效减轻驾驶员的疲劳，可一定程度上预防交通事故的发生。

（5）空气悬架

空气悬架一般由空气弹簧、减震器、导向结构，高度控制阀、空气弹簧辅助装置（如空气压缩机、单项阀、气路、贮气筒等）组成。空气悬架一方面可以提高车辆行驶的平稳性和舒适性，另一方面，从技术角度可以避免货车严重超载违法行为。从欧美商用车的悬架技术发展历史来看，现阶段欧洲、美国的重型载货汽车 80%以上采用空气悬架。同时，空气悬架具有轴荷监测功能，可以保证实际道路运行时轴荷合理分配，有利于从源头上预防载货汽车的超载违法行为。通过在我国推广使用空气悬架，不仅可以提高车辆行驶平稳性和舒适性，还可以从源头上遏制载货汽车“超载”违法行为。

（6）载货汽车超载报警

2012 年国务院发布《关于加强道路交通安全工作的意见》（国发〔2012〕30 号），明确提出“抓紧清理、修订并逐步提高机动车安全技术标准，督促生产企业改进车辆安全技术，增设客运车辆限速和货运车辆限载等安全装置”的要求。载货汽车超载报警的主要功能是：当半挂牵引车的牵引总质量或载货汽车的载质量大于等于核定值的一定值时，超载报警装置能连续向驾驶人和其他交通参与者发出容易听到或看到的声、光等报警信号。虽然从技术层面看，国外发达国家没有单独应用超载报警装置，但是考虑到我国载货汽车基本采用“钢板弹簧”技术，在增大、增厚“钢板弹簧”后，载货汽车的超载能力惊人，因此通过在我国推广使用载货汽车超载报警装置，可以从使用环节遏制

“超载”违法行为。

（7）载货汽车右转弯警示

载货汽车右转弯警示的主要功能是：当载货汽车在右转弯状态时，向车辆周围其他交通参与者发出连续的声音、发光等警示信息，当载货汽车右转弯完成后，自动关闭报警。载货汽车特别是重中型载货汽车在右转弯时，由于内侧的前、后轮转弯半径差值（内轮差）造成的运动轨迹不重合，会形成半弧形“驾驶人视野盲区”，造成严重的交通安全隐患。近年来，许多地方开始对重中型载货汽车安装“右转弯”语音提示装置，对于预防右转弯时的交通事故发挥了积极作用。

4 结语

近年来，国家从战略层面相继提出“一带一路”战略和《中国制造2025》，提出汽车行业要掌握汽车信息化、智能化、智能控制等核心技术的工程化和产业化能力，形成从关键零部件到整车的完整工业体系和创新体系。为此，我国汽车行业应当抓住机遇，促进创新，提升技术水平，努力实现转型升级，载货汽车安全技术水平更应积极与国际接轨，通过推广使用主动安全新技术助力载货汽车安全技术水平提升。本文在分析研究载货汽车道路交通事故、安全标准体系、主动安全新技术在国外使用的状况及成效的基础上，提出了“以问题为导向”，通过推广使用车道偏离报警系统（LDWS）、高级紧急制动系统（AEBS）、电子稳定控制（ESC）、自适应巡航控制（ACC）、空气悬架、载货汽车超载报警装置、载货汽车右转弯警示装置等主动安全新技术以达到提升我国载货汽车安全技术水平的目的。

参考文献

[1] 公安部交通管理局．中华人民共和国道路交通事故统计年报（2011-2014年度）［M］．北京：人民交通出版社，2011—2014.

[2] Pomerleau D.，Jochem T.，Thorpe C.，Batavia P.，Pape D.，Hadden J.，McMillan N.，Brown N.，and Everson J.Run-off-road collision avoidance using IVHS countermeasures final report ［R］．Washington，DC：National Highway Traffic Safety Administration．Report No．DOT HS 809-170，1999.

[3] T．Alkim，G.Bootsma，P.Looman．The Assisted Driver—Systems that Support Driving Ministry of Transport ［R］．Public Works and Water Management，Rijkswaterstaat，Delft，Netherlands，2007.

[4] COWI，ECORYS Nederland BV，ECN，Ernst & Young Europe，and Consultrans．Cost-benefit assessment and prioritization of vehicle safety technologies-final report ［R］．European Commission Directorate General Energy and Transport．2006，Report no．02，Issue no．03.

[5] Yoichi Sugimoto，Craig Sauer．Effectiveness Estimation Method for Advanced Driver Assistance System and its Application to Collision Mitigation Brake System ［C］．Proceedings of the19th ESV Conference．Washington DC，USA，2005，Accession Number：01066568.

[6] Andreas Georgi，Marc Zimmermann，Thomas Lich，Lisa Blank Dr．Nils Kickler，Dr．Reiner Marchthaler．new approach of accident benefit analysis for rear end collision avoidance and mitigation systems ［C］．Proceedings of the 21st international techanical conference on the enhanced safety of vehicle．2009，Accession Number：01336437.

[7] BjorkliC.Adaptive Cruise Control（ACC）and driver performance：effects on objective and subjective measures ［C］．Proceedings of the 10th World Congress and Exhibition on Intelligent Transport Systems and Services．2003，Accession Number：01390556.

[8] Hoedemaeker M．Driving with intelligent vehicles：Driving behavior with Adaptive Cruise Control and the acceptance by individual drivers ［M］．Delft University Press．1999.

制动初速度对平板制动检验结果的影响分析

孙　巍　穆文浩

（公安部交通管理科学研究所/道路交通公安部重点实验室，无锡 214151）

摘　要：制动性能检验是机动车安全技术检验的重要项目之一，目前多采用滚筒式制动台、平板式制动台等开展检验。本文以平板制动台检验为例，选择 3 辆测试车辆开展不同制动初速度下的实车制动检验，分析各轴轴荷、制动力、制动率以及整车制动率与制动初速度的影响。结果表明：采用平板制动台检验时，制动初速度对检测结果有显著影响，影响主要体现在一轴制动率及整车制动率的检测结果，随着制动初速度的增加，一轴制动率及整车制动率不断增加，增长率可达到 30%左右。同时，本文提出了严格规范执行国家标准《机动车安全技术检验项目和方法》（GB 21861—2014），修改完善国家标准《平板式制动检验台》（GB/T 28529—2012），研究适时引入检验机器人模式的对策建议，以进一步确保平板制动检验结果准确有效。

关键词：制动检验；平板制动检验台；速度；制动力；制动率

Analysis of the Initial Braking Speed Effect on the Platform Brake Testing Result

Sun Wei　Mu Wenhao

(Traffic management Research Institute of the ministry of public security,
Road Traffic Safety Key Laboratory of Public Security Ministry, Wuxi 214151)

Abstract: Brake performance test is one of the important items of motor vehicle safety technology inspection. At present, the test is carried out by the drum brake and the platform brake. The platform brake test as an example, three test vehicles were carried out different braking speeds to analysis the axle load, braking force, braking rate and total braking rate with the speed of braking effect. The results showed that the platform brake vehicles speed of detection results were significant impacted, it was mainly reflected in one-shaft braking efficiency and total braking rate, with the growth rate reached about 30%. At the same time, in order to further ensure test results' accurate and effective, this paper proposed to implement the national standard of "Items and methods of motor vehicles safety technology inspection" (GB 21861－2014) , revise the national standard of "Platform brake tester" (GB/T 28529-2012) and inspection the robot tester.

Key words: Brake Performance Test, Platform Brake Tester, Speed, Braking Force, Braking Rate

1 引言

制动性能是机动车的主要性能之一，直接关系车辆的行车安全。资料显示，因制动不良而导致的道路交通事故约占事故总数的1/3。目前，机动车安全技术检验中制动性能检验主要采用台式检验，如滚筒制动检验台、平板制动检验台，检验项目主要有制动率、制动不平衡率、驻车制动率。根据国家标准《机动车安全技术检验项目和方法》（GB21861—2014）的规定，利用平板制动台检验时，要求检验员将被检车辆以 5～10km/h 的速度滑行，当被测试车轮均驶上平板时，急踩制动，使车辆停止[1]。从目前机动车安全技术检验机构的执行情况看，许多检验员检验时的初速度较大，导致制动性能检验结果的一致性和偏差较大[2]。鉴于我国当前的平板制动检验台多用于开展小型汽车的检验[3]，本文选择3辆小型测试车，通过实车试验的方式，验证不同制动初速度对平板制动检验结果的影响，并提出改进的对策建议。

2 制动检验标准要求

目前，利用平板制动台开展制动性能检验的相关技术标准主要包括：国家标准《机动车运行安全技术条件》(GB 7258—2012)、国家标准《机动车安全技术检验项目和方法》(GB 21861—2014)、国家标准《平板式制动检验台》（GB/T 28529—2012）等。

2.1 制动性能要求

国家标准《机动车运行安全技术条件》（GB 7258—2012）中规定，汽车、汽车列车在制动检验台上测出的制动率应符合表 1 的要求[4]。

表 1 台试检验制动力要求

机动车类型	制动力总和与整车重量的百分比		轴制动力与轴荷的百分比	
	空载	满载	前轴	后轴
三轮汽车	—		—	≥60
乘用车、其他总质量不大于 3500kg 的汽车	≥60	≥50	≥60	≥20
铰接客车、铰接式无轨电车、汽车列车	≥55	≥45	—	—
其他汽车	≥60	≥50	≥60	≥50
普通摩托车	—	—	≥60	≥55
轻便摩托车	—	—	≥60	≥50

2.2 检验方法要求

国家标准《机动车安全技术检验项目和方法》（GB 21861—2014）中规定利用平板制动台检验制动性能的步骤如下：

（1）检验员将被检车辆以 5～10km/h 的速度滑行，置变速器于空挡后（对自动变速器车辆可位于“D”挡），正直平稳驶上平板；

（2）当被测试车轮均驶上平板时，急踩制动，使车辆停止，测得各车轮的轮荷、最大轮制动力、轮制动力增长全过程的数值等，并按照规定计算轴的制动率、不平衡率、整车制动率等指标；

（3）重新启动车辆，待车辆驻车制动轴驶上平板时操纵驻车制动操纵装置，测得驻车制动力数值，按照规定计算驻车制动率；

（4）车辆制动停止时如被测试车轮已离开平板，则此次制动测试无效，应重新测试。

2.3 检验设备要求

国家标准《平板式制动检验台》（GB/T 28529—2012）提出了平板制动检验台的整机性能要求（见表 2）[5]，但是，未见标准对车辆检验制动的初速度提出采集和判定要求。

表 2 平板制动检验台的整机性能要求

<table>
<tr><td colspan="2" rowspan="2">项目</td><td colspan="3">额定承载质量（t）</td></tr>
<tr><td>3</td><td>10</td><td>13</td></tr>
<tr><td rowspan="6">制动力</td><td>分辨力（daN）</td><td colspan="3">1</td></tr>
<tr><td>鉴别力[阈]（daN）</td><td>±3</td><td colspan="2">±7</td></tr>
<tr><td>零点漂移（daN）</td><td>±2</td><td colspan="2">±5</td></tr>
<tr><td>示值误差（%）</td><td colspan="3">±2</td></tr>
<tr><td>零值误差（daN）</td><td>±5</td><td colspan="2">±8</td></tr>
<tr><td>示值间差（%）</td><td colspan="3">2</td></tr>
<tr><td rowspan="8">轮重</td><td>分辨力（daN）</td><td colspan="3">1</td></tr>
<tr><td>鉴别力[阈]（daN）</td><td>±3</td><td colspan="2">±7</td></tr>
<tr><td>零点漂移（kg）</td><td>±2</td><td colspan="2">±5</td></tr>
<tr><td>示值误差（%）</td><td colspan="3">±2</td></tr>
<tr><td>零值误差（kg）</td><td>±2</td><td colspan="2">±5</td></tr>
<tr><td>示值间差（%）</td><td colspan="3">2</td></tr>
<tr><td>偏载</td><td colspan="3">0.2%（F·S）</td></tr>
<tr><td>重复性（%）</td><td colspan="3">1</td></tr>
</table>

3 实车测试

3.1 测试方案的设计

选择常用平板检验台。为确保检验结果的准确性，选择符合国家标准《平板式制动检验台》（GB/T 28529—2012）标准要求的 3t 平板检验台，并确保检验台性能可靠、工作稳定。同时，在平板制动检验台前方 1 米处增设 2 对光电开关，用于精确测量车辆的制动初速度。

试验车辆选择常见的轿车、SUV、MPV 3 种车辆类型，技术参数具体如表 3 所示。

表 3 试验车主要技术参数

序号	车辆名称	车型	整备质量（kg）	轴距（mm）	是否有 ABS
1	别克 GL8	SGM6531UAAB	1930	3088	是
2	长城 H5	CC6461KM69	1890	2700	是
3	大众迈腾	FV7207FCDBG	1550	2812	是

设计测试方法如下。

（1）将车辆速度控制在 5km/h 左右，按 GB 21861—2014 中规定的方法进行测试，测试制动性能及制动初速度，重复 6 次，每次尽可能将制动踏板踩到底，并尽量保持踩制动踏板的力度一致。

（2）将车辆速度分别控制在 7.5km/h、10 km/h、12.5 km/h、15 km/h 左右，参照（1）方法进行测试。

3.2 测试结果分析

3.2.1 制动初速度对轴荷、制动力的影响分析

分别将别克 GL8、长城 H5、大众迈腾 3 辆试验车的 6 次试验中的最大动态轴荷、制动力取平均值，其与制动初速度的关系如图 1～图 3 所示。

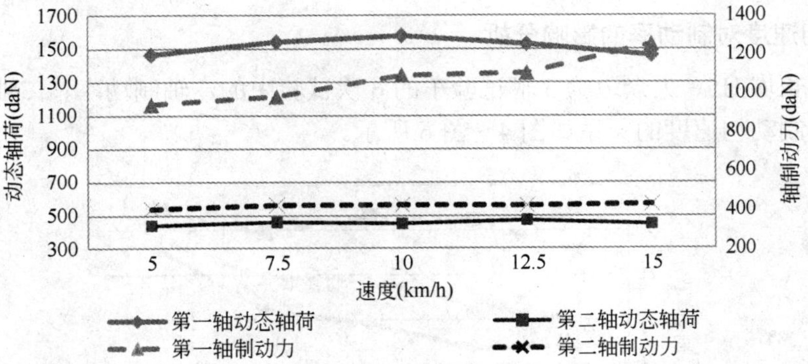

图 1 别克 GL8 动态轴荷、轴制动力—制动初速度变化

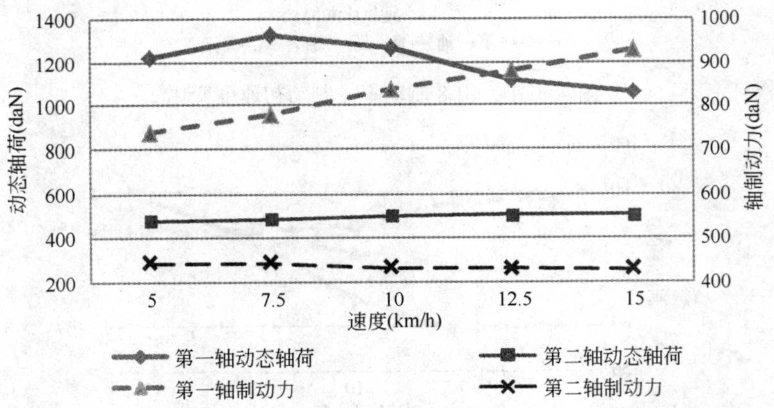

图 2 长城 H5 动态轴荷、轴制动力—制动初速度变化

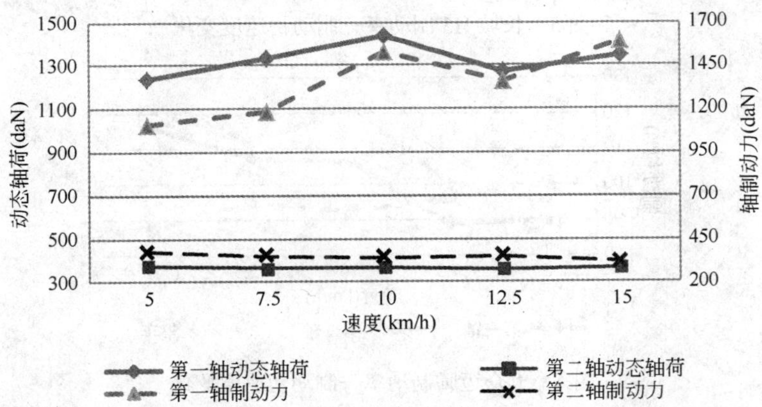

图 3 大众迈腾动态轴荷、轴制动力—制动初速度变化

从图 1～图 3 分析可以看出：

（1）随着制动初速度的增加，第一轴的动态轴荷出现不规律的升降变化，但是第一轴的制动力总体上呈现上升的趋势；第二轴的动态轴荷和轴制动力总体变化很小。

（2）随着制动初速度的增加，虽然第一轴的动态轴荷有升有降，但是对应的第一轴制动力呈现逐步增长的趋势。以 15km/h 的制动初速度制动力看，相比 5km/h 的制动初速度时的制动力总体上升了 30%～40%；以 12.5km/h 的制动初速度制动力看，相比 5km/h 的制动初速度时的制动力总体上升了 20%～30%。

（3）随着制动初速度的增加，第二轴的动态轴荷和制动力变化很小，总体上变化幅度在 5%范围以内。

3.2.2 制动初速度对制动率的影响分析

将别克 GL8、长城 H5、大众迈腾 3 辆试验车的 6 次试验中的一轴制动率、二轴制动率、整车制动率取平均值，其与制动初速度的关系如图 4～图 6 所示。

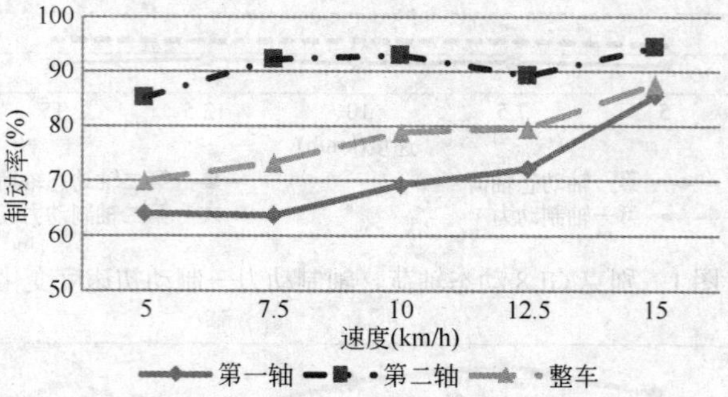

图 4 别克 GL8 制动率—制动初速度变化

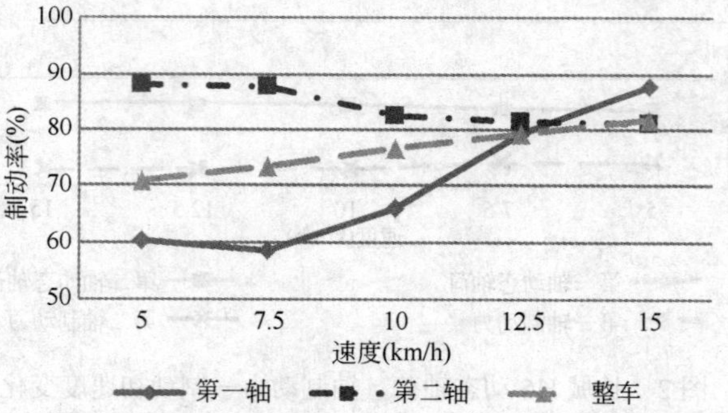

图 5 长城 H5 制动率—制动初速度变化

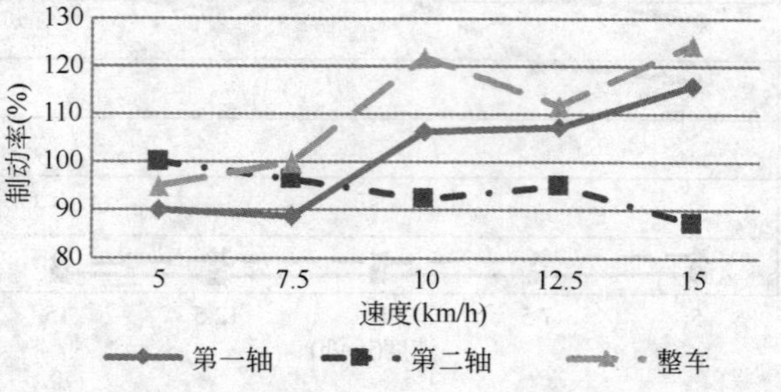

图 6 大众迈腾制动率—制动初速度变化

从图 4～图 6 分析可以看出：

（1）随着制动初速度的增加，制动率总体上呈现增加的趋势。其中一轴制动率增长最为明显，整车制动率增长次之，二轴制动率变化比较平缓，甚至局部速度点出现下降现象。

（2）随着制动初速度的增加，一轴的制动率增长趋势明显。以 15km/h 的制动初速度的一轴制动率看，相比 5km/h 的制动初速度时的一轴制动率总体上升了 25%～45%；以 12.5km/h 的制动初速度的一轴制动率看，相比 5km/h 的制动初速度时的一轴制动率总体上升了 10%～30%。

（3）随着制动初速度的增加，二轴的制动率变化比较平缓。以 15km/h、12.5km/h 的制动初速度的二轴制动率看，相比 5km/h、7.5km/h 和 10km/h 的制动初速度时的二轴制动率总体在±10%范围内变化。

（4）随着制动初速度的增加，整车制动率在 5～10km/h 的制动初速度范围内总体变化不大，特别是 5km/h 和 7.5km/h 的制动初速度时，整车制动率变化不超过 5%；超过 10km/h 时总体上呈现增加的趋势。

（5）个别速度点的制动率随着制动初速度的变化，可能出现检验判定结果不一致的现象。例如：长城 H5 第一轴在制动初速度为 7.5km/h 时制动率不足 60%，不能满足 GB 7258—2012 的要求，但制动初速度在 5km/h、10km/h、12.5 km/h、15 km/ h 时轴制动率超过 60%，满足要求。

3.2.3 测试结果的重复性分析

为了验证测试结果的可靠性，对静态轴荷、动态轴荷、制动力、制动率测试重复性进行分析，计算分析 6 次测试数据均值，分析测试结果的重复性（见表 4～表 6）。

表 4 别克 GL8 测试结果重复性分析

车型	别克 GL8		检测速度				
			5km/h	7.5km/h	10km/h	12.5km/h	15km/h
重复性（%）	静态轴荷	第一轴	0.65	1.94	0.74	1.30	0.37
		第二轴	0.48	2.17	0.60	2.29	0.72
		整车	0.47	1.94	0.68	1.73	0.42
	动态轴荷	第一轴	1.99	2.14	6.55	9.28	3.12
		第二轴	6.34	7.97	9.55	9.25	10.27
	制动力	第一轴	7.05	7.51	18.28	7.87	12.25
		第二轴	9.84	7.16	10.09	6.46	8.56
		整车	4.93	5.01	13.88	4.94	7.1
	制动率	第一轴	6.67	9.63	12.93	7.01	10.43
		第二轴	13.47	10.81	18.23	12.84	14.09
		整车	5.36	4.30	13.65	5.47	7.07

表 5 长城 H5 测试结果重复性分析

车型	长城 H5		检测速度				
			5km/h	7.5km/h	10km/h	12.5km/h	15km/h
重复性（%）	静态轴荷	第一轴	1.45	2.31	3.16	2.19	1.33
		第二轴	1.66	12.13	2.88	2.27	0.72
		整车	1.37	7.23	0.54	1.57	0.54
	动态轴荷	第一轴	6.91	8.62	12.62	5.04	4.97
		第二轴	15.13	25.01	2.41	6.01	6.42
	制动力	第一轴	14.54	7.76	3.85	31.26	10.35
		第二轴	4.54	22.02	5.13	8.44	3.99
		整车	9.34	8.95	4.28	23.29	7.63
	制动率	第一轴	7.72	10.85	13.55	30.41	14.76
		第二轴	14.10	33.29	6.03	9.00	9.07
		整车	9.40	4.60	4.47	23.27	7.53

表6 大众迈腾测试结果重复性分析

车型	大众迈腾		检测速度				
			5km/h	7.5km/h	10km/h	12.5km/h	15km/h
重复性（%）	静态轴荷	第一轴	4.39	2.32	4.37	3.62	2.89
		第二轴	9.10	3.20	3.24	7.94	1.41
		整车	5.36	1.31	2.87	1.43	1.50
	动态轴荷	第一轴	8.35	6.24	11.09	8.14	17.45
		第二轴	14.20	3.00	6.17	3.85	7.08
	制动力	第一轴	24.75	27.60	38.67	30.70	17.96
		第二轴	7.67	6.67	21.87	20.88	12.61
		整车	18.71	19.05	31.20	21.20	13.27
	制动率	第一轴	20.97	22.23	19.51	23.21	10.44
		第二轴	19.49	6.04	18.83	19.62	6.86
		整车	13.81	19.00	19.01	20.98	13.34

从表4～表6分析可以看出。

（1）平板制动检验台测试的重复性误差较大，往往达到5%～10%，甚至达到20%以上，制动初速度的较高时，重复性误差往往更大。

（2）从轴荷的重复性误差看，由于静态轴荷的测量方法与速度无关，因此总体上重复性较小，且与速度无关联；但是动态轴荷的重复性总体上比静态轴荷大2～3倍以上，这也是造成制动率误差的重要因素。

（3）从制动力的重复性误差看，与速度无正相关，但是总体上重复性误差较大，这主要与驾驶人踩制动踏板的时机、力度、速度有直接关系。

（4）从制动率的重复性误差看，由于制动率是由制动力和静态轴荷（或动态轴荷）计算所得，其误差也是前两个因素的叠加效应。

3.2.4 原因分析

（1）制动检验方式的影响分析。鉴于平板制动台的结构特征，造成制动时会导致轴荷转移，特别是随着速度的增加，轴荷转移越大，第一轴制动力越大。在制动初速度大于等于10km/h时，制动时间增加，制动力得到充足的增长，制动力最大时刻相对动态轴荷最大时刻后移，使制动率增大。而整车制动率为整车制动力与静态轴荷之比，而整车制动力随速度增加而增加，因此整车制动率也呈增长趋势。

（2）防抱制动系统（ABS）的影响分析。目前，我国乘用车已经基本配备ABS，研究表明：10km/h左右的制动初速度时，部分车型的ABS即可发挥作用。通常来讲，当ABS未介入制动过程时，制动瞬间车轮抱死，制动力迅速增长至最大；当ABS介入制动过程时，制动力达到一定程度时，轴荷转移达到最大，动态轴荷增加使滑移率下降。但制动初速度较小时，制动瞬间车辆立即停止，制动力增长时间较短；随着速度增加，车辆惯性增大，最大动态轴荷增大，可达到的最大制动力增大，制动力增长时间也增大。

3.2.5 测试分析结论

平板制动台车辆检测速度对检测结果有显著影响，影响主要体现在一轴制动率及整车制动率的检测结果，随着检测速度的增加，一轴制动率及整车制动率不断增加，增长率可达到30%左右，这在很大程度上将影响检测结果的判定。也就是说，若车辆的一轴制动率或整车制动率的测试结果不满足标准要求，但是通过增加制动初速度的方式，往往可以使测试结果明显增加，甚至改变测试结果为合格。

4 提升平板制动检验结果一致性的对策建议

本文从平板制动检验台标准、检验方法等角度提出对策建议如下。

4.1 严格规范执行国家标准《机动车安全技术检验项目和方法》

虽然国家标准《机动车安全技术检验项目和方法》（GB 21861—2014）明确提出了“利用平板制动台检验时，要求检验员将被检车辆以 5～10km/h 的速度滑行”的要求，但是，一方面，由于缺乏必要的宣贯培训，许多检验员未能按照标准要求的方法开展制动性能检验；另一方面，由于个别检验员受不当利益的冲击，通过改变制动初速度、制动踏板踩踏时机、力度、速度等，有意影响制动检验结果。因此，当前可采用进一步加强对检验员操作监控的做法，提升检验的规范性。

4.2 修订完善国家标准《平板式制动检验台》

与国外大多采用滚筒式制动检验台相比，采用平板制动检验的方式是我国特有的台式检验方法。但是，从测试分析的情况看，制动初速度超标是导致检验结果偏差大、一致性差的重要原因。为此，建议进一步修订完善国家标准《平板式制动检验台》（GB/T 28529—2012），研究增加对制动初速度测量和控制的功能要求。即要求平板制动检验台能准确测量车辆驶上平板的制动初速度，精度要求可不低于 3km/h。同时，对于实际检验时速度不在 5～10km/h 的测试结果能自动屏蔽，并可通过二次仪表等方式提醒检验员重新检验。

4.3 研究引入检验机器人模式

鉴于我国目前检验员在操控车辆制动检验时的人为因素较多，除了制动初速度的控制可能引入较大的测试误差，同时对于制动踏板的踩踏时机、力度等也是影响制动测试结果的重要因素，为此，可以研究引入检验机器人，自动控制车辆测试初速度，并在指定的制动位置踩踏制动踏板。

5 结束语

2004 年 5 月 1 日起施行的《道路交通安全法》及实施条例，首次以法定形式确立了机动车安全技术检验制度，并按照车辆用途、类型和使用年限等特点，规定了不同的检验周期。总体来看，10 余年来机动车安全技术检验制度在保证上路行驶车辆安全性能，源头预防减少交通事故，保障人民群众生命财产安全方面发挥了重要作用。2014 年，公安部、国家质监总局联合下发加强和改进机动车检验工作的意见，出台了一系列机动车检验制度改革的新措施。车检制度改革坚持问题导向、民意导向，针对车检中的不严格、不规范、不方便问题，力求找准症结，破解难题，回应社会公众对改革现行车检制度的呼声。车检制度改革 2 年多以来，全国各地认真贯彻、积极推行，检验机构管理越来越严格规范，检验服务水平明显改善，便民服务举措深入人心，改革成效得到了社会和群众的广泛认可。为此，对于安全技术检验最重要的制动检验项目，有必要进一步从检验设备、检验方法、检验监管等方面，不断创新完善，确保检验工作取得实效。

参考文献

[1] GB 21861—2014，机动车安全技术检验项目和方法 [S].

[2] 何光里，仝晓平．汽车制动检验台的评述（一）[J]．汽车维护与修理，2004（10）：15-17.
[3] 濮森华．汽车制动检验台的现状及其发展趋势 [J]．客车技术与研究，2006（28-3）：50-52.
[4] GB 7258—2012，机动车运行安全技术条件 [S].
[5] GB/T 28529—2012，平板式制动检验台 [S].

Automatic Vehicle Navigation Based on Image Processing Using Kinect

Yipeng Zhang[1], Shuai Wang[2], Xiaoke Yang[2]

(1. Research Institute of Highway Ministry of Transport, China100088

2.School of Electrical and Electronic Engineering, University of Adelaide, Australia)

Abstract: The Microsoft's Kinect is a device which can enable users to interact through gestures and spoken commands. The depth sensor in the Kinect can been used to produce 3D image. This paper is aboutautomatic navigation using a commercial robotic vehicle SRV-1and a Kinect. The Kinect is connected to a laptop which can process Kinect's output data. Using the depth image data and 3D data (XYZ) obtained by the Kinect, the laptop can navigate the vehicle SRV-1 to avoid obstacles and build a 3D global map in the indoor environment.

Keywords: Automatic Vehicle, Kinect, Image registration, Collision avoidance

1 Introduction

The objective of this research was to use the image data captured by the Kinect to control a robotic vehicle. In the process, a laptop is a central controller, which receives image data from the Kinect and sends commands to the mobile vehicle wireless. The image and range data is used to perform basic collision avoidance logic and build 2D indoor plane map for automatic navigation.

The Kinect is mounted on the top of robotic vehicle. The Kinect is connected to the laptop by USB interface. The laptop communicates with the robotic vehicle through wireless connections. The system architecture can be seen in the Figure 1.

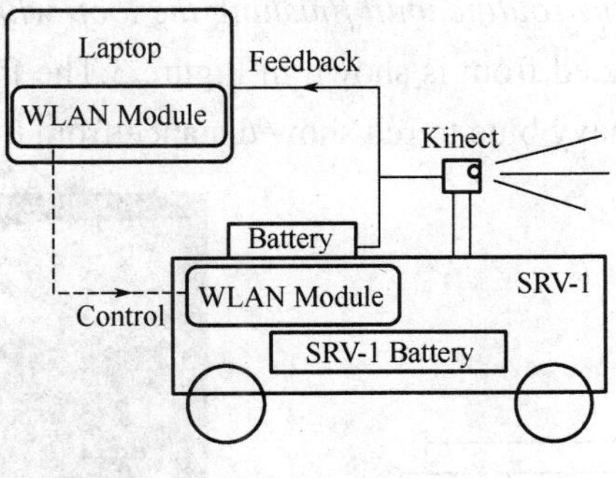

Figure 1 The System Architecture

There are many ways to obtain the image data of the surroundings for navigation purpose, including using sonar [1], monocular cameras [2] and unsorted collections of photos [3]. Moreover, some works deal with robots using four-layer laser radar to get the environment information and obtaining itself position information by Inertial Navigation System [4]. Some works use stereo-vision based mobile robot to explore the environment [5,6]. As far as Kinect's special characteristics are concerned, previous similar works include "humanoid robot control using depth camera" [7], which features a humanoid robot interaction interface that controls thenavigation, gaze and arm gestures of a humanoid robot using depth images and skeletal tracking software. Similar 3D modeling method—RGB-Dmapping was proposed by P. Henry, M. Krainin, E. Herbst, XF. Ren and D. Fox [8]. With the aims of autonomous navigation, the simultaneous localization and mapping (SLAM) technique is used by robots and autonomous vehicle in the process of mapping to get the consistent surrounding data within an unknown environment, at the same time, keeping the track of their current location. The problem of this technique is that the mobile robot has to move to build the accurate environment map but it doesn't know the environment before it moves [9]. However, a solution to the SLAM problem is indeed possible [10]. An efficient solution is to solve the error minimization problem by a variant of gradient descent [11].

2 Collision Avoidance

The strategy is to collect a series of depth map in real-time of the robots environment, which containsrange information of obstacles. The movement decision is made by processing the data from sensor Kinect to identify regions which may contain nearly obstacles which should not be hit.

2.1 Collision Avoidance Logic

The logic described here is to divide the depth map into several regions which correspond to directions and compare range data in these directions to determine which direction is "collision free".

1.*Collect depth map in the start position of robot SRV-1.*

2.*Turn left and right to generate two more depth maps and combine three depth maps and find the minimum distance for each pixel in 7 divided areas (Figure 2). The extra choice of direction d1' and d5' give robot a broader view to avoid obstacles.*

3.*Set up direction vectorand define each area as a movement command, choose the area with maximum distance as the path to move.*

4.*Call SRV movement function to drive the Robot to the decided path.*

5.*Return to step a and execute the routine until finishing the loop with designed step.*

An example of depth mapcollected from is shown in Figure 3.The fake colors indicate the distance from objects to sensor Kinect (i.e. from navy blue to red show distance from 0 to 7000 mm).

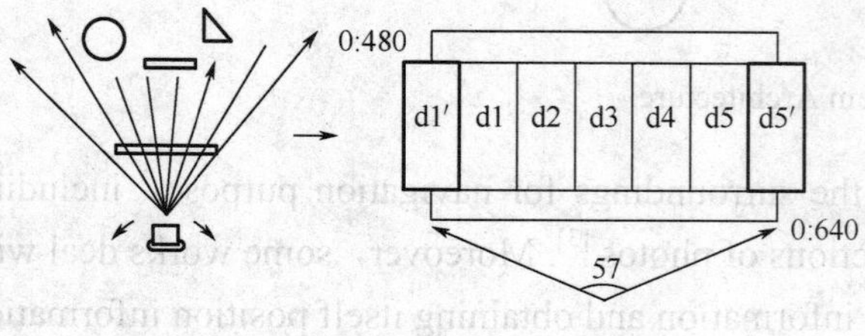

Figure 2 Combined Depth Map

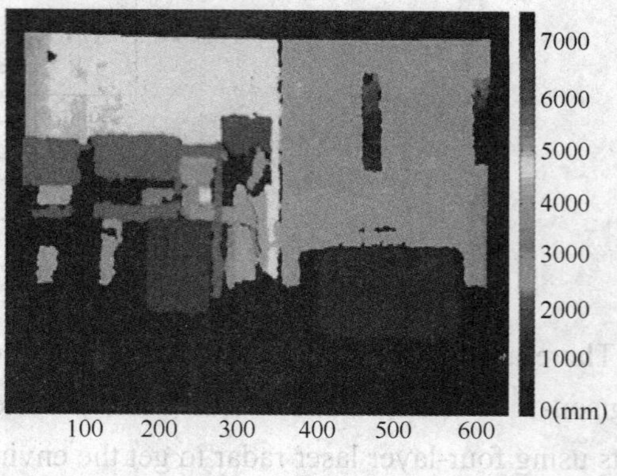

Figure 3 An Example of Depth Map

Consider the 57 degrees view of Kinect in horizontal. The rotation angle of SRV-1 for a turn in this experiment is set up between 12 to 13 degrees to calibrate the depth map into five average areas which denote each direction to calculate the minimum distance for each divided areas.

2.2 Ground with Gaps

The collision avoidance logic described above achieves the basic requirements. However, this logic assumes that the robot runs on flat ground. If there are gaps or holes in front of the robot, based on the logic above, the sensor may return data indicated long distance which means the robot can keep going this way. However the answer is not.To demonstrate this situation clearly, the experiment is designed as the robot is set on the top of a case which is 300 mm higher than ground. The RGB image is collected from a third part camera [Figure 4 (a)] while the 3D colour image and side view image from Y-Z plane [Figure 4 (b)] are generated and processed from Kinect. The figure shows that the space in front of robot can be clearly indicated in 3D map. The white line in sub figure 4 (c) labels a paralleled line with the view of Kinect. The papers pack low than the robot view is clearly identified in the side view figure.

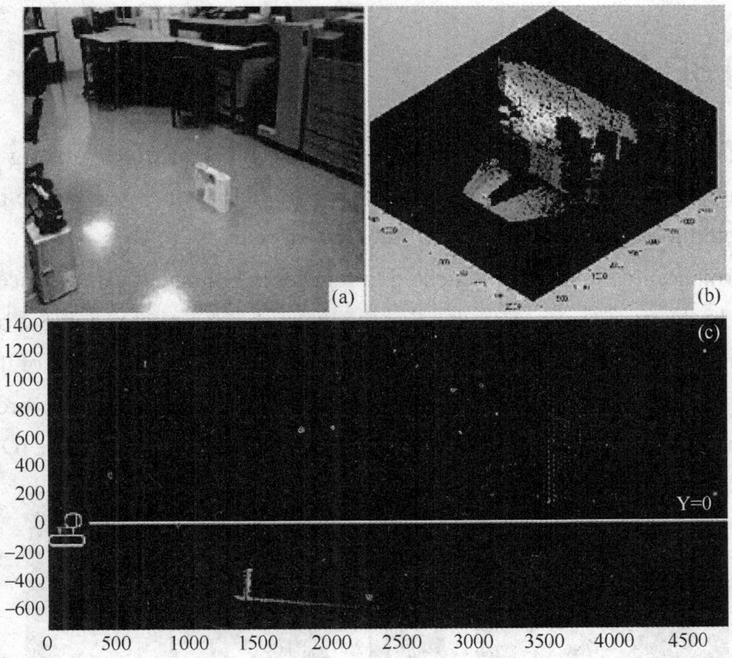

Figure 4 (a) Third Part View Image (b) 3D-colour Image (c) Side View in Y-Z Plane

The logic to deal with this situationis that to convert raw depth information to 3D data in world coordinate (i.e. real_Y indicates the range in vertical), robot detects the real_Y values to compare the value with flat ground, if the value is much less than the supposed value, that means the ground is not flat, then turn the robot around to avoid.

2.3 Experimental Results

This experiment was to test collision avoidance logic in EM room 408. The routine for this test is navigation.m and execution environment is Matlab 2009a. Several paper packs were set up on the floor as obstacles. The routine ran 3 times and the depth map and RGB images from third part camera are given in Figure5. Red arrows indicate direction made for each step.

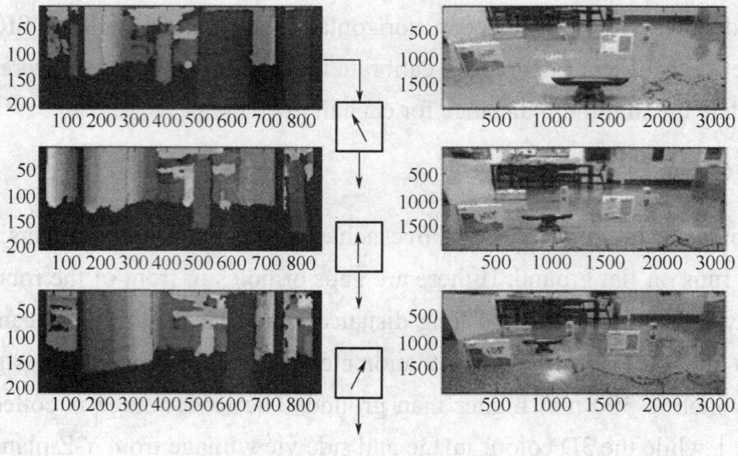

Figure 5 Test Depth Results

The performance of collision avoidance is basically achieved in this experiment. This algorithm with processed data saves computation and made decision for movement efficient. In addition, with the combined depth map, the robot can have a broader view which helped to make an effective decision.

3 Generating 3D Map

In order to get a global map of the environment, firstly, two consecutive rotating projective images need to be registered and aligned; secondly, many images having overlap scenes need to be integrated, which mean old scenes can be detected to achieve the closure of the overall map.

The rough transformation method is implemented to register two images at first. Since one rotation conducted by the SRV-1 is around 15 degrees, we can predict that the interval of the rotated angle is between 1 degree and 30 degree. When registering two images, every angle is tried and we record the error/cost of this angle. The minimum cost indicates the corresponding angle is the right angle. This method can simplify the problem greatly and make the computational complexity much less. For example, we capture two images (Figure 6).

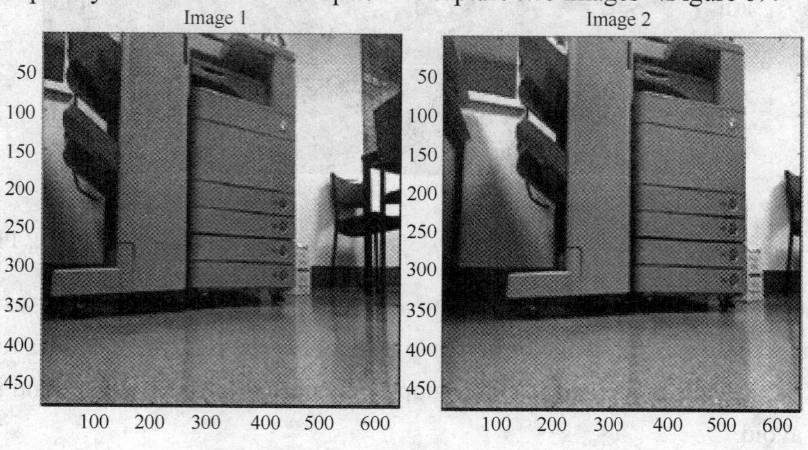

Figure 6 The Consecutive Images Captured by Kinect

We apply the transformation matrix of to Image one because the Z axis does not change in this case. This problem can be rewritten as:

$$\begin{bmatrix} \cos\theta & \sin\theta & 0 \\ \sin\theta & \cos\theta & 0 \\ 0 & 0 & 1 \end{bmatrix}$$

It should be noticed that the rotation is in counter clock way. The record of each angle error is showed in the Figure 7:

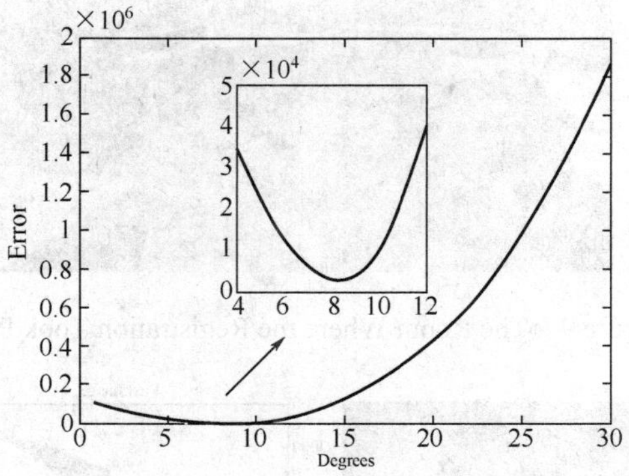

Figure 7　The Error of Different Degrees

It can be assumed that the right angle of rotation is 8 degrees. In order to get a precise angle, the coarse result got by this method can be further refined by the ICP (Iterative Closest Point) method. The ICP is employed to minimize the difference between two clouds of points. We can get the projective Figure 8 (the simplification means that we only keep the Z value that is between -100 mm and 200 mm since the other Z values do not affect the navigation of the SRV-1).

When a third image is captured by the camera of the Kinect, it is registered to match the second image. The angle got by this match should be added by the matching angle of the first image and the second image. Therefore, a three images global map is generated. Repeating this procedure can get a 360 degrees global map of the room. The actual view of the room is showed in the Figure 9 and the procedure of registration is showed in the Figure 10. The right column is about the projective image of the left corresponding image. There are 38 images which were used to form a global map.

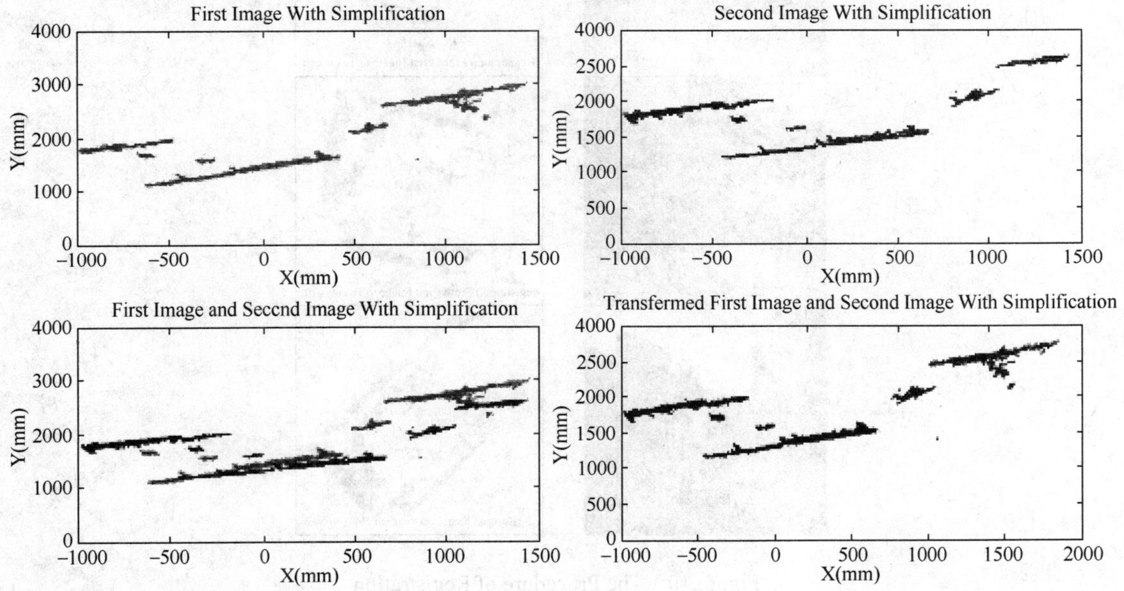

Figure 8　The Alignment Process

Figure 9　The Room Where the Registration Took Place

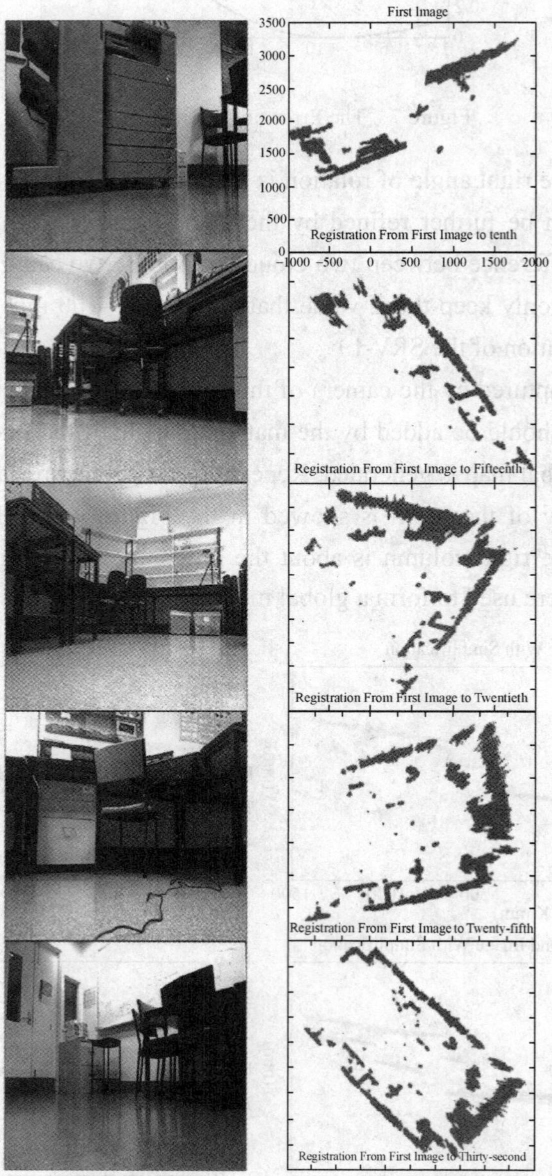

Figure 10　The Procedure of Registration

At last，a 360 degree plane view of the room can be generated（Figure 11）. The SRV-1 is placed at the point（0，0）and this global map is generated using 38 images.Some discontinuity of the wall is caused by the sight of the Kinect blocked by other objects.

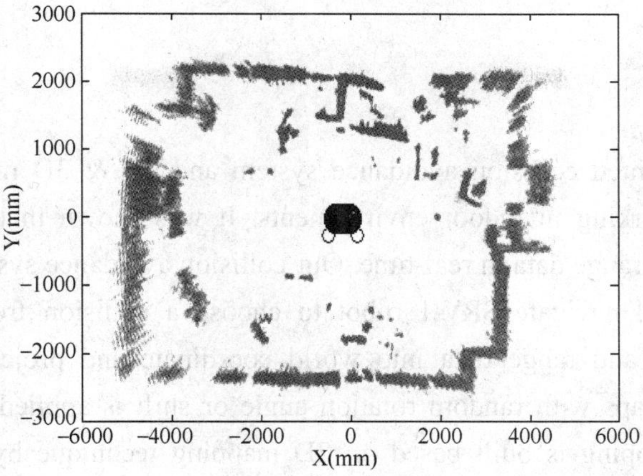

Figure 11 The Plane View of the Room with Simplification

The core Pseudo code is showed below:

1.*For k = 1 to 30 (30 is the times of rotation)*

2.*If k≠1, the SRV-1 will rotate once*

3.*Get the X-Y-Z data of the current environment [X1, Y1, Z1]*

4.*If k=1, then [X2, Y2, Z2] = [X1, Y1, Z1], go to Step 1; Otherwise, go to Step 5*

5.*For θ=1:30*

Use the transformation matrix to match two sets of data: [X2, Y2, Z2] and [X1, Y1, Z1]. Store the error vector and find the best θ that gives minimum error. Apply the transformation matrix to [X1, Y1, Z1] so a new registered data set [X2_predicted, Y2_predicted, Z2_predicted] is generated.

end

6.*Use ICP to refine the [X2_predicted, Y2_predicted, Z2_predicted] to match the [X2, Y2, Z2] better*

7.*Save the new [X2_predicted, Y2_predicted, Z2_predicted] and make [X2, Y2, Z2] the same as the new [X2_predicted, Y2_predicted, Z2_predicted]*

End

When we calculate the error between different data sets in Step 5, the minimum distance algorithm is applied. The closet point in 3D space is found and matched to the testing point. The ICP algorithm in Step 6 finds the transformation of points in data to fit points in model ([X2_predicted, Y2_predicted, Z2_predicted] is the data and [X1, Y1, Z1] is the model). Same as the algorithm in Step 5, it fits with respect to minimize a weighted sum of squares for distances between the data points and the corresponding closest model points. The different is that the ICP will not only consider rotation, it will also take translation into account which can minimum the error more. However, it costs some time to match 3D data; it is more time-consuming and difficult for two sets of largely different data sets. Therefore, a rough registration before ICP is very necessary and helpful.Since we have the [x, y, z] data of the room, the 3D map can also be generated (Figure 12).

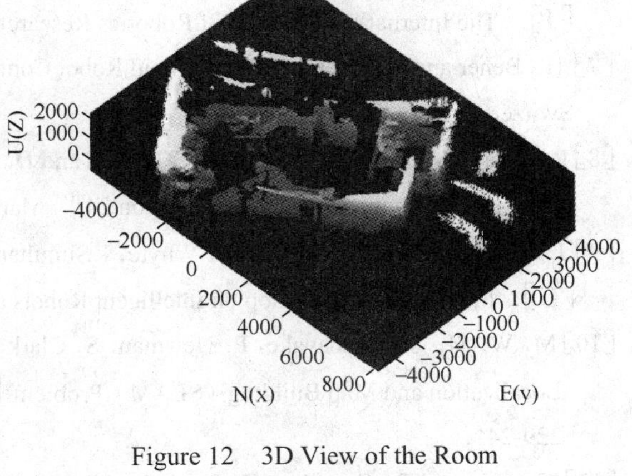

Figure 12 3D View of the Room

4 Conclusion

In this paper we presented collision avoidance system and 2D & 3D map construction using sensor Kinect for SRV-1 robot working in indoor environments. It was shown that the use of sensor Kinect is convenient to acquire useful range data in real-time. Our collision avoidance system is able to detect obstacles from depth information and navigate SRV-1 robot to choose a collision free path. The 2D mapping is constructed by transferring and range data into world coordinate and projecting to 2D plane, then the registration technique for maps with random rotation angle or shift is applied to register maps acquired in different view. The 3D mapping is built based on 2D mapping technique by simply using 3D data. The mapping for 2D and 3D data is combined with robot movement and can be operate in real-time effectively.

Overall, the robot platform with sensor Kinect is powerful to acquired range data used in terms of navigation and mapping technique.

References

[1] B. Ayrulu and B. Barshan, Neural networks for improved target differentiation and localization with sonar [J]. Neural Networks, 2001, 14 (3): 355-375.

[2] L. Clemente, A. Davison, I. Reid, J. Neira, and J. Tard′os. Mapping large loops with a single hand-held camera [C]. In Proc. Of Robotics: Science and Systems (RSS), 2007.

[3] Y. Furukawa, B. Curless, S. Seitz, and R. Szeliski. Reconstructing building interiors from images [C]. In Proc. of the International Conference on Computer Vision (ICCV), 2009.

[4] Chunhe Yu and Danping Zhang. A New 3D Map Reconstruction Based Mobile Robot Navigation [C]. ICSP 2006 Processing, 2006.

[5] Don Murray and Jim Little. Using real-time stereo vision mobile robot nagivation [J]. Autonomous Robots, 2000,8 (2): 161-171.

[6]J. S. Gutmann, M. Fukuchi and M. Fujita. 3D Perception and Environment Map Generation for Humanoid Robot Navigation [J]. The International Journal of Robotics Research, 2008 (27): 1117.

[7] H. Bener and S. Chernova. Humanoid Robot Control using Depth Camera [C]. HRI' 11, March 6-9, 2011, Lausanne, Switzerland.

[8] P. Henry, M. Krainin, E. Herbst, XF. Ren and D. Fox. RGB-D Mapping: Using Depth Cameras for Dense 3D Modeling of Indoor Environments [C]. Viewed on 24th, March, 2011.

[9] J. J. Leonard and H. F. Durrant-Whyte. "Simultaneous Map Building and Localization for an Autonomous Mobile Robot [C]. International Workshop on Intelligent Robots and Systems IROS '91, 1991.

[10] M. W. M. G Dissanayake, P. Newman, S. Clark, H. F. Durrant-Whyte and M. Csorba. A solution to the Simultaneous Localization and Map Building (SLAM) Problem [J]. IEEE Transaction on Robotics and Automation, 2001, 17 (3): 229-241.

[11] G. Grisetti, S. Grzonka, C. Stachniss, P. Pfaff and W. Burgard. Efficient estimation of accurate maximum likelihood maps in 3d [C]. In Proc. of the IEEE/RSJ Int. Conf. on Intelligent Robots and Systems, 2007.

大数据驱动的动态交通分配仿真及实证研究

陈喜群* 张 帅 超沈凯 叶 韫 孙闻聪

（浙江大学建筑工程学院，杭州 310058）

摘 要： 随着我国城市化进程的持续发展，快速增长的交通需求给基础设施和交通组织与管理带来巨大压力，研究并评估交通策略实施前后对路网的动态影响，对于交通管理部门的辅助决策支持具有重要意义。本文以杭州市为例，构建基于中观交通仿真工具 DTALite 的主城区道路网络动态交通分配模型。首先，基于手机信令数据生成居民出行静态 OD；其次，结合所采集到的微波和卡口数据，对仿真模型进行供给参数标定和需求参数标定，包括路段基本图标定、路阻函数标定、基于动态交通分配结果的动态 OD 标定等；最后，通过实证研究，定量评估了杭州 G20 峰会前大面积占道作业区对整体路网运行状态的动态影响，结果显示大面积占道作业区使主城区路网平均行程时间增加了 56.60%，路网平均行驶速度降低了 36.11%。本文开发的大数据驱动的动态交通分配仿真模型，在综合交通管控策略评估与优化等方面具有广泛的应用前景。

关键词： 大数据；手机信令数据；动态交通分配；中观交通仿真；占道作业区

Big Data Driven Simulation-Based Dynamic Traffic Assignment and Empirical Studies

Chen Xiqun Zhang Shuai Chao Shen kai Ye Yun Sun Wencong

(College of Civil Engineering and Architecture, Zhejiang University, Hangzhou 310058)

Abstract: With the continuous development of China's urbanization, a rapidly increasing amount of travel demand brings heavy pressure to transportation infrastructure, operations and traffic management. It is of significance to support decision making of traffic management agencies by understanding and evaluating the dynamic impact of implementing traffic management strategies on road networks. This paper takes Hangzhou as an example to develop a mesoscopic simulation-based dynamic traffic assignment (DTA)model for the urban road network. First, the static origin destination (OD)trip matrix is estimated by using cellular signaling data. Secondly, both supply and demand calibration of this model are conducted on the basis of remote microwave sensors and license plate recognition cameras, including the calibrationof the link fundamental diagram, road impedance function estimation, and dynamic OD estimation based on DTA results. Finally, we

*通讯作者：chenxiqun@zju.edu.cn；0571-88208938
基金项目：国家自然科学基金（51508505）。
作者简介：陈喜群，男，浙江大学建筑工程学院“百人计划”研究员，具有博士生招生资格。

quantitatively assessthe impact of large-scale implemented work zones before the 2016 G20 Summit on the road network performance using the developed model. Results showed that the network-wide average travel time increased by 56.60%, while the network-wide average speed decreased by 36.11%. The big data driven simulation-based DTA model developed in this paper has wide prospects of applications in the evaluation and optimization of comprehensive transportation management strategies.

Key words: Big Data, Cellular Signaling Data, Dynamic Traffic Assignment, Mesoscopic Traffic Simulation, Work Zone

1 引言

经济社会的不断发展在改善城市生活面貌的同时也给城市交通来了越来越大的压力。目前，城镇化及机动化的进程变得越来越快，在两者的共同作用下，交通拥堵问题已经成为制约城市发展和影响居民生活质量的主要问题之一。研究如何评估交通策略实施前后对路网运行状态的影响具有重要的现实意义。

传统的居民出行调查数据更新速度慢，采样率低，故其调查结果的精度存在较大的误差。随着手机普及率的提高，手机覆盖了城市绝大多数人口，采用手机信令分析技术补充传统的出行调查成为可能。目前国内外已有大量针对手机数据的研究。例如，Asakura 等基于手机定位技术，通过数据分析处理得到手机用户的出行轨迹，进而通过空间分析方法得到路网的拓扑几何特征[1]。冉斌详细分析了将手机数据转化为居民出行特征数据的过程，并说明了手机话单数据和手机信令数据的应用方向[2]。Gonzalez 等分析了十万人连续六个月的手机信令数据，研究了居民的出行行为[3]。Shon 等基于微观仿真网络研究利用手机定位数据估算了 OD 矩阵[4]。

动态交通分配主要是对特定的交通网络，在已知网络任意两点间交通需求的时变特性和各个路段费用函数的前提下，确定各路段、各节点交通流状态（流量、速度和密度）、行驶时间。最终目的是给出最佳路线选择，指导交通诱导系统制定信息发布策略，使交通流的时空分布达到最优，使路网性能达到某个特定目标（系统最优或用户均衡）。杨清华等总结了动态交通分配的定义及其在交通控制和交通诱导中的位置和作用[5]。温凯歌等提出了一种基于 Logit 方法的动态交通分配模型[6]。Janson 在静态交通分配的基础上提出了改进的动态分配模型，利用平均路段行程时间/交通流量的关系提出了改进的动态交通分配模型，并给出了启发式求解算法[7]。Friesz 等提出了动态用户最优分配模型[8]。

本文旨在研究大数据驱动的动态交通分配仿真模型及实证研究，以手机信令数据为基础，通过划分交通小区，对大规模出行数据进行挖掘，获取了城市居民的出行时空分布特征和静态出行 OD 矩阵。融合传统的固定检测器数据（微波数据、卡口数据），对仿真模型进行供给参数标定和需求参数标定，包括路段基本图标定、路阻函数标定、基于动态交通分配结果的动态 OD 标定等。利用中观交通仿真软件构建城市道路网络模型，对模型精度进行校验。最后以杭州市为例，定量评估了杭州 G20 峰会前大面积占道作业区对整体路网运行状态的动态影响。

2 基于手机信令数据的静态 OD 标定

手机信令数据以其覆盖范围广，数据源信息相对稳定客观，不受人工填写误差影响，样本量大，持续性好，更新频率高，分析颗粒度小，数据精度高等优点，越来越受到研究者的重视。依托网络运营商实时手机信令数据，结合城市的用地性质加以综合分析，可以获得城市居民出行特征信息，满足城市交通调查的部分需求，从而为交通运营管理措施、政策等提供决策支持。

本文对手机信令大数据进行深入分析，内容主要包括：职住地人口分布识别、通勤交通出行特征、特定区域出行特征、道路网络交通状态判别，交通小区的发生和吸引分布等。如何将某一网络运营商的手机信令数据 OD 转化为全人口 OD，进一步转化为机动车的 OD，本文提出了以下计算方法。

$$OD_{\text{people}}=\frac{OD_{\text{mobile}}}{\alpha_1\times\alpha_2\times\alpha_3\times\alpha_4} \tag{1}$$

式中，OD_{people} 为常住人口 OD 分布；OD_{mobile} 为利用某一运营商手机用户数据得出来的 OD 分布；α_1（average ownership）为手机用户的人均拥有量（部/人）；α_2（penetration rate of mobile phone）为手机用户比例；α_3（market share）为该运营商的市场占有率；α_4（detection probability）为用户手机被检测到的概率。

人均手机数α_1=手机数/客户数=1.077；手机用户比例α_2=min{客户数/常住人口，1}=1；

市场占有率α_3=69.56%（由运营商提供）；手机检测率α_4=0.84。

$$OD_{\text{vehicle}}=OD_{\text{people}}\times\rho \tag{2}$$

式中，OD_{vehicle} 为机动车 OD 分布；ρ（split rate）为机动车的分担率，根据 2010 年居民出行调查，杭州市的机动车分担率为 13.6%。基于该历史机动车分担率得出的初始静态 OD 矩阵具有一定的偏差，需要后续的动态交通分配及实测交通流监测数据进行动态 OD 标定。

结合杭州市土地利用信息和道路网络特征，本文将研究范围划分为 589 个交通分析小区（TAZ），通过手机信令数据获取用户的出行轨迹信息，根据用户在不同位置的停留时间长短，划定用户的出行次数和起终点，从而得到 TAZ 内部和 TAZ 之间的居民出行 OD 空间分布，最终得到基于手机信令数据的静态 OD（见图 1）。

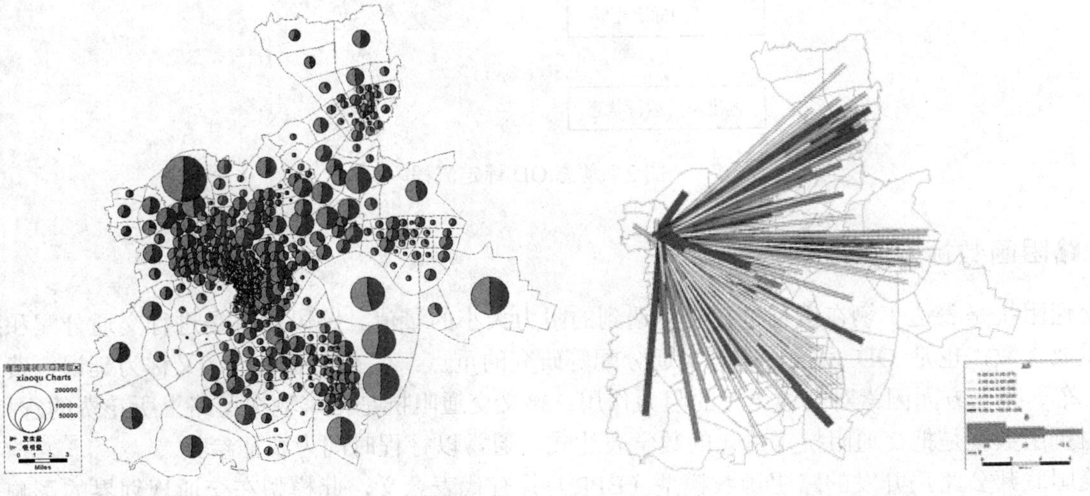

图 1　杭州市交通分析小区的交通生成（左）和某一个交通小区的交通发生分布（右）

3　动态交通分配仿真模型

交通仿真具有直观、准确、灵活的特点，是描述复杂道路交通流的有效手段。中观交通仿真是一种能够兼顾宏观交通仿真与微观交通仿真优点来描述交通流动态运行的仿真技术，在交通领域有着其独特的优势。本研究采用开源的中观交通仿真软件 DTALite[9]对杭州市道路网进行构建。其动态 OD 标定的主要步骤为（见图 2）：

（1）构建城市道路网络模型，包括城市快速路、主干路、次干路、支路等，并检查路网的连通性。

（2）通过车牌识别数据、微波数据等对仿真参数进行标定。采用分段线性拟合的方法，获取道路典型断面的通行能力、自由流速度、阻塞密度、以及拥挤消散波速等交通流参数。采用非线性拟合的方法对路阻函数进行标定。

（3）通过对手机信令数据的分析，获取居民出行的静态 OD，进一步得到机动车出行的 OD 分布。

（4）基于仿真的动态交通分配。

（5）判断目标函数是否收敛，如满足则动态 OD 标定结束并输出路网的运行状态，否则转入第（4）步。

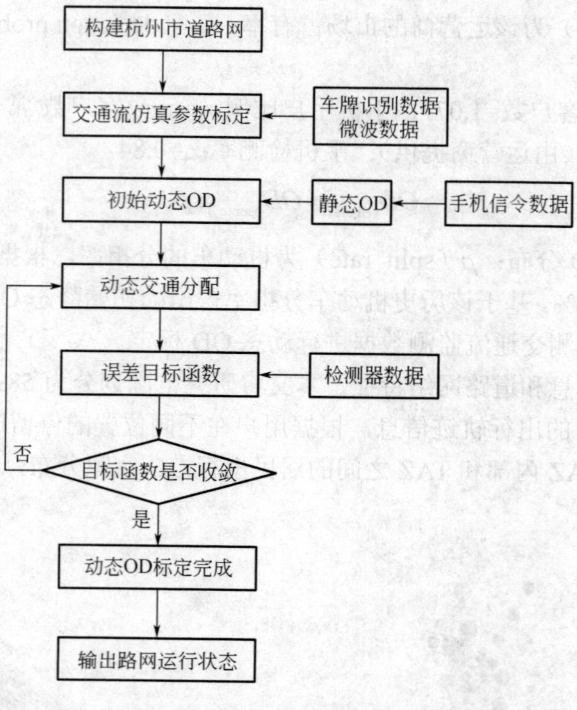

图 2　动态 OD 标定流程

3.1　路阻函数标定

交通阻抗是表达车辆在运行过程中所遇到的阻力大小的量值。路段阻抗是进行交通分配和路网规划的重要参数，也是 OD 反推、动态交通分配等研究的重点。广义交通阻抗（又称为延误、费用）包括人、车、路三方面因素对交通出行的阻力作用；狭义交通阻抗是指车辆在道路上所花费的行程时间。路段阻抗函数就是把交通阻抗定量化的数学表达式，通常以行程时间为表征参数。

美国联邦公路局开发的路阻函数模型（BPR）具有代表意义，此模型在交通规划界的影响最大，应用最广。BPR 函数反映了路段通行时间和路段流量之间的关系。在该模型中，行程时间是流量与通行能力比值的非线性函数，其数学表达式为：

$$t = t_0\left[1+\alpha\left(\frac{q}{c}\right)^{\beta}\right] \tag{3}$$

式中，t 为车辆通行路段的旅行时间；t_0 为路段自由流出行时间；q 为路段的车流量；c 为路段设计通行能力；α，β为待标定参数。

此次研究以杭州市上塘—中河高架一个断面为例，如图 3 所示，道路长度为 2.5km，在香积寺路桥面布设有微波检测器，大关路上匝道和省人民医院下匝道布设有卡口检测器。

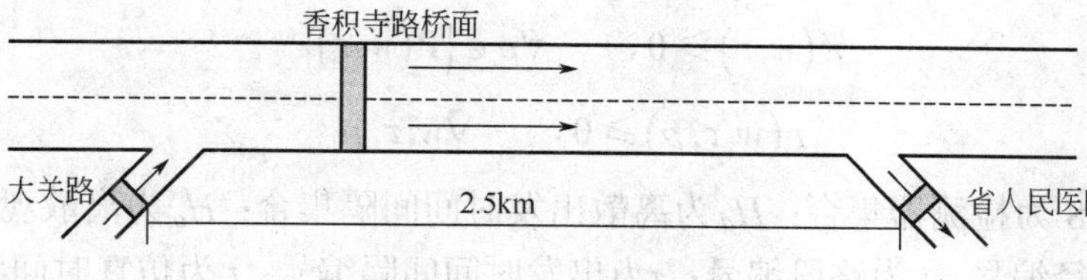

图 3　研究断面示意

由微波检测器获取通过该断面的车流量，由卡口检测器获取车辆的行程时间。将式（3）变形后可得：

$$\ln\left(\frac{t}{t_0}-1\right)=\ln\alpha+\beta\ln\left(\frac{q}{c}\right) \tag{4}$$

对数据拟合后的结果如图 4 所示。

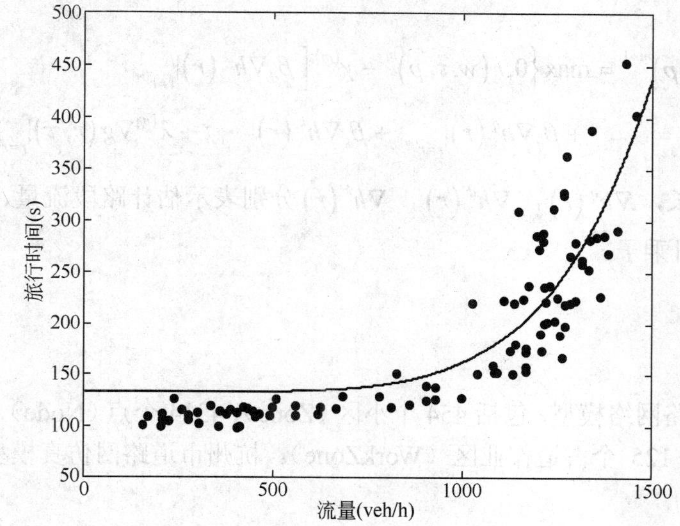

图 4　路阻函数拟合结果示意

3.2　动态交通分配及动态 OD 标定

为了快速地对模型进行校准，DTALite 使用内嵌的路径流量估计模型，以微波检测流量作为观测数据，对动态分配的流量进行调整和校准。在 OD 矩阵估计的过程中，首先运行 n 次分配迭代，产生可能的最短路径，并将流量分配到路径上，然后运行 n' 次迭代将路径流量分配至路段上，并满足动态用户均衡的原则。OD 矩阵的估计过程如下：

$$\begin{aligned}\text{Min Z}=&\beta_d\sum_w\left[\sum_{\tau\in H_d}\sum_p r(w,\tau,p)-\bar{d}(w)\right]^2\\&+\sum_{l\in S}\sum_{t\in H_o}\left\{\beta_q\left[q(l,t)-\bar{q}(l,t)\right]^2+\beta_k\left[k(l,t)-\bar{k}(l,t)\right]^2\right\}\end{aligned} \tag{5}$$

$$\text{S.T.}\qquad c(w,\tau,p)=DNLF(r) \tag{6}$$

$$g(r,\pi)=\sum_w\sum_\tau\sum_p\left\{r(w,\tau,p)\left[c(w,\tau,p)-\pi(w,\tau)\right]\right\}=0 \tag{7}$$

$$\left[c(w,\tau,p)-\pi(w,\tau)\right]\geqslant 0,\qquad \forall w,\tau,p \tag{8}$$

$$\pi(w,\tau) \geqslant 0, \quad \forall p \in \{P(w,\tau)\} \tag{9}$$

$$r(w,\tau,p) \geqslant 0, \quad \forall w,\tau,p \tag{10}$$

式中，P 为路径集合；S 为检测器集合；H_d 为离散出发时间间隔集合；H_o 为离散观测时间间隔集合；w 为 OD 对编号；p 为路径编号；l 为路段编号；τ为出发时间间隔编号；t 为仿真时间间隔编号；$\overline{q}(l,t)$ 为在观测时间间隔 t 内通过路段 l 的观测车流量；$q(l,t)$ 为在观测时间间隔 t 内通过路段 l 的估计车流量；$\overline{k}(l,t)$ 在观测时间间隔 t 内路段 l 上的密度；$k(l,t)$ 为在观测时间间隔 t 内路段 l 上的估计密度；$\overline{d}(w)$ 为 OD 对的总的交通需求量；$r(w,\tau,p)$ 为在出发时间为τ，OD 对 w 上路径 p 的估计交通量；$c(w,\tau,p)$ 为在出发时间为τ，OD 对 w 上路径 p 的估计旅行时间；$\pi(w,\tau)$ 为在出发时间为τ，OD 对 w 上的最短旅行时间；β_d 、β_q 、β_k 分别表示目标 OD 需求、观测流量和密度的误差权重。

采用拉格朗日松弛法求解上述模型。在求解约束的子问题时，采用梯度下降法来更新路径的流量，具体描述如下：

$$\begin{aligned} r(w,\tau,p)^{m+1} = \max\Big\{0, r(w,\tau,p)^m - \gamma^{(m)}\Big[\beta_d \nabla h^d(r)\big|_{r=r^{(m)}} \\ + \beta_q \nabla h^q(r)\big|_{r=r^{(m)}} + \beta_k \nabla h^k(r)\big|_{r=r^{(m)}} + \lambda^{(n)} \nabla g(r,\pi)\big|_{r=r^{(m)}}\Big]\Big\} \end{aligned} \tag{11}$$

式中，$\gamma^{(m)}$ 表示迭代步长，$\nabla h^q(r)$，$\nabla h^d(r)$，$\nabla h^k(r)$ 分别表示估计路段流量、密度、旅行时间的偏导数，$\lambda^{(n)}$ 表示拉格朗日乘子。

4 案例分析

本文建立杭州市道路网络模型，包括 454 个小区（Zone）、4314 个点（Node）、11230 个路段（Link）、76 个检测器（Sensor）、125 个占道作业区（WorkZone）。杭州市道路网仿真模型，路网交通小区划分如图 5 所示。

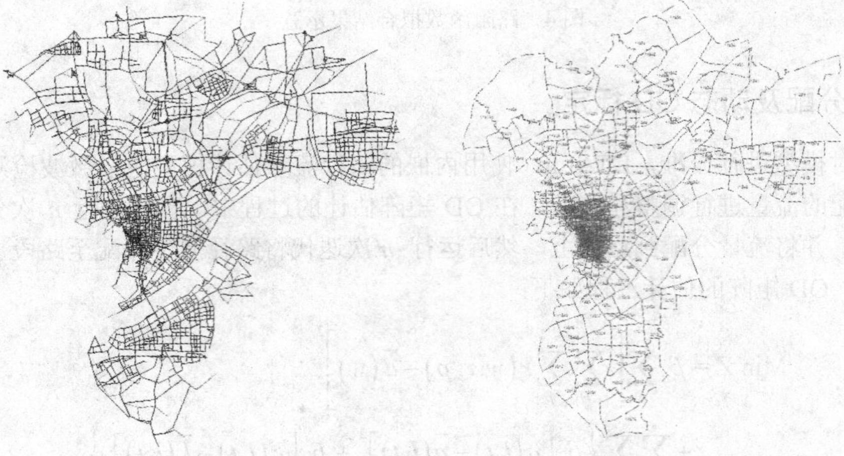

图 5　杭州市道路网仿真模型（左）、路网交通小区划分（右）

对杭州市道路网模型添加 76 个检测器，并提取相应的微波数据，作为该断面的基准流量。通过手机信令数据获取交通小区间的静态 OD，并以此作为初始的动态 OD。路网检测器位置布设示意如图 6 所示。

图 6　路网中检测器位置布设示意

此次仿真的时间段为 2015 年 8 月 4 日早高峰 7：00—9：00，使用四核、16G 内存、2.4GHz 主频的台式机，设置 OD 矩阵估计的迭代次数为 200 次，动态用户均衡分配的迭代次数为 20 次。仿真过程中每 15 分钟进入路网的车流量约为 4 万辆，仿真时段路网中共有车辆超过 31 万辆。动态交通分配前后路网的交通流量聚集程度如图 7 所示。结果显示，动态交通分配前观测流量与仿真流量较离散，动态交通分配后观测流量与仿真流量接近一致。

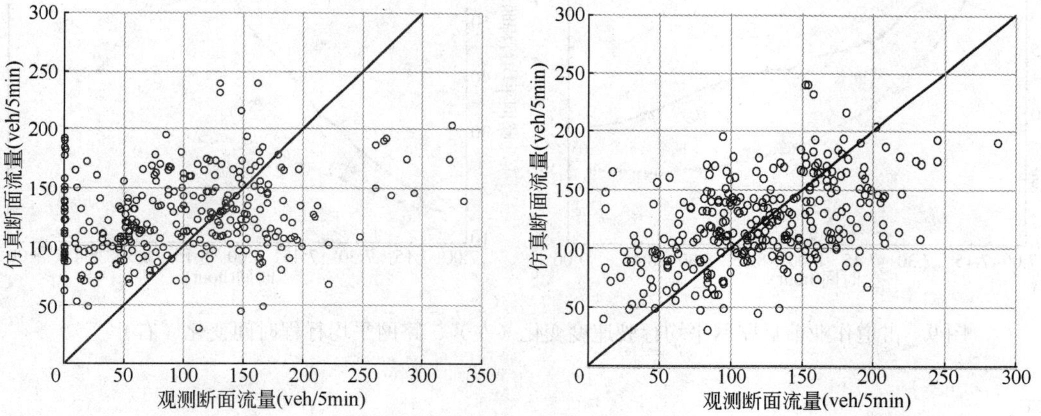

图 7　动态分配前（左）与动态分配后（右）观测与仿真断面流量的聚集程度

通过添加占道作业区，对比事件发生前后对路网运行状态产生的影响程度。本文以杭州市的现状交通为例，选取在建地铁沿线及部分正在施工的路段共添加 125 个占道作业区（见图 8），对比仿真前后路网的平均行驶速度和平均行程时间，从而分析占道作业对于城市路网的运行状态带来的影响。

添加占道作业区后，重新进行动态交通分配，迭代仿真后，输出路网的平均行驶速度和路网的平均行程时间。添加占道作业区前路网的平均行驶速度为 27.41km/h，平均行程时间为 24.52min。添加占道作业区后路网的平均行驶速度为 17.51km/h，平均行程时间为 38.40min。添加占道作业前后路网的平均行驶速度下降了 36.11 %，平均行程时间上升了 56.60%。图 9 对比了占道作业前后每 15 分钟路网的平均行驶速度和平均行程时间的变化。

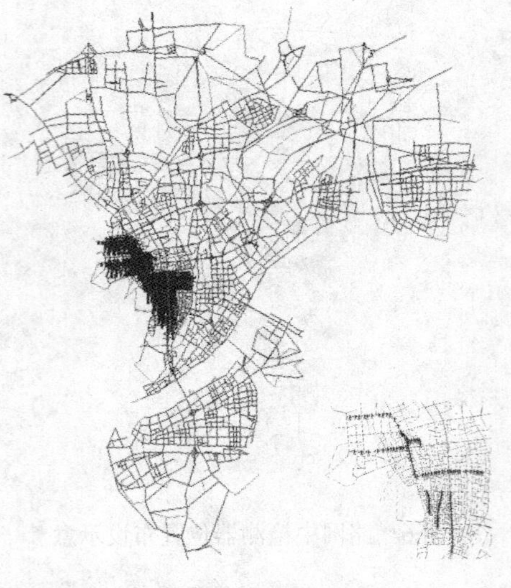

图 8　杭州市占道作业区位置示意

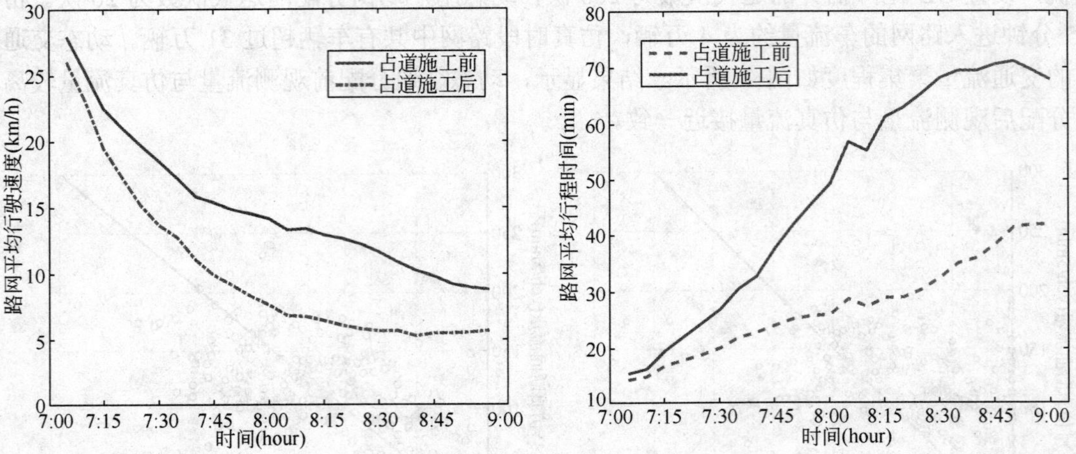

图 9　占道作业前后路网平均行驶速度变化（左）、路网平均行程时间变化（右）

5　结语

本文首先对手机信令数据进行分析，得到手机用户的出行 OD，并进一步转化为机动车出行 OD。通过采集杭州市微波检测器数据，获取主要道路断面的观测交通流量，并以此作为基准流量。利用中观交通仿真模型构建杭州市道路网络模型，通过动态交通分配和 OD 标定，使仿真模型接近于道路网真实情况，继而通过添加占道作业区等管控策略得到仿真路网的变化，为杭州市交通管控措施的优化研究提供新的思路和方法。本研究将对杭州市交通管理部门筹备 G20 峰会期间，大面积占道作业区对城市道路交通的影响进行分析和评估，从而带来相应的社会效益和经济效益。

参考文献

[1] Asakura，Y.，&Hato，E.Tracking survey for individual travel behavior using mobile communication instruments [J]. Transportation Research Part C，2004，12（3），273-291.

[2] 冉斌. 手机数据在交通调查和交通规划中的应用 [J]. 城市交通，2013，11（1），72-81.

[3] Gonzalez，M.C.，Hidalgo，C.A.，&Barabasi，A.L.Understanding individual human mobility patterns [J]. Nature，2008，

453（7196），779-782.

[4] Sohn，K.，& Kim，D. Dynamic origin–destination flow estimation using cellular communication system [J]. IEEE Transactions on Vehicular Technology，2008，57（5），2703-2713.

[5] 杨清华，贺国光，马寿峰. 对动态交通分配的反思 [J]. 系统工程，2000，18（1），49-54.

[6] 温凯歌，曲仕茹. 基于 LOGIT 模型的动态交通分配研究 [J]. 交通与计算机，2006，24（1），12-14.

[7] Janson，B. N.Dynamic traffic assignment for urban road networks [J]. Transportation Research Part B，1991，25（2），143-161.

[8] Friesz，T.L.，Bernstein，D.，Mehta，N.J.，Tobin，R. L.，&Ganjalizadeh，S. Day-to-day dynamic network disequilibria and idealized traveler information systems [J]. Operations Research，1994，42（6），1120-1136.

[9] Zhou，X.，&Taylor，J. DTALite：A queue-based mesoscopic traffic simulator for fast model evaluation and calibration [J]. Cogent Engineering，2014，1（1）.

基于 CSF 方法的智能交通管理系统规划编制标准建立及应用研究

朱自博[1,2] 邱红桐[1] 李 标[1,2]

（1. 公安部交通管理科学研究所，江苏，无锡，214151；
2. 现代城市交通技术江苏高校协同创新中心，江苏，南京，210096）

摘 要：本文针对智能交通管理系统编制标准进行了深入研究，基于定量的规划理论方法和定性的指导文件要求，根据 20 余个城市的智能交通管理系统建设及应用情况，利用统计分析、CSF 规划方法、CSF 判别方法、德尔菲法等理论方法对规划内容、规划重点分类、规划标准应用进行深入分析，提出了智能交通管理系统规划标准体系，最终给出五类城市具体规划建设内容的参考表。本文可为智能交通管理系统规划行业标准制定和各地规划编制应用提供理论依据。

关键词：智能交通管理系统；CSF 规划方法；CSF 判别方法；规划编制标准；规划应用

Study on Establishment and Application of Intelligent Traffic Management System Planning StandardBased on CSF Method

Zhu Zibo[1,2] Qiu Hongtong[1] Li Biao[1,2]

（1. Traffic Management Research Institute of Ministry of Public Security, Wuxi 214151；
2. Jiangsu Province Collaborative Innovation Center of Modern Urban Traffic Technologies, Nanjing 210096）

Abstract: In this paper, the planning Standards of intelligent traffic management system conducted in-depth study.Based on a quantitative planning theory and qualitative guidance document requirements, according to the intelligent traffic management system construction and application of more than 20 cities.Using the statistical analysis, CSF planning method, CSF discrimination method, Delphi and other theoretical approaches, depth analysis the planning contents, planning priorities classification, planning standard application. Intelligent traffic management system planning standards have been proposed.Finally, this paper gave five specific urban planning and construction contents reference table. This paper may be to provide a theoretical basis for the intelligent traffic management system planning industry standards and local planning applications.

Key words: Intelligent Traffic Management System, CSF Planning Method, CSF Discrimination Method, lanning Standards, Planning Applications

1 引言

智能交通管理系统作为一种有效的管理手段已得到全国各地的高度认可，各地也投入大量资金开展智能交通管理系统建设。为了提高系统建设的水平，“统一规划、分布建设”的理念已经得到各地普遍认同，因此各地也都积极地开展了相应的规划编制工作。但至今尚没有统一的标准来规范该规划的编制工作，根据实地调研各地编制的规划往往与设计概念混淆，规划定位不准确、规划内容和规划深度不明确、规划期限相差各异，最终导致已编制的规划可操作性不强。随着各级政府及交通管理部门对智能交通管理系统规划工作的重视，可见智能交通管理系统规划编制的规范化日益重要和迫切。

北京工业大学翁剑成针对北京市高速公路智能交通系统进行了规划，提出了北京市高速公路智能交通规划的系统构成和近期（2009—2015 年）、远期（2016—2020 年）建设框架；杨晓光通过分析上海世博会期间的交通特点和将面临的交通管理问题，建立了世博会智能交通管理系统的结构框架，提出了2010年上海世博会智能交通管理系统规划。但已有研究主要是针对某一特定项目或任务所开展的，并未形成统一规范性的规划标准。

全国各地都在积极开展智能交通管理系统建设的同时对未来智能交通管理系统的规划更为关注，各地的系统规划需求日益增多。目前，各地系统规划内容差异性大、概念混淆、深度不明确等情况尤为突出。因此，编制统一规范的智能交通管理系统规划标准能够对规范系统规划发挥引领作用，同时也能为智能交通管理系统规划提供指导性的理论依据。

2 规划标准框架

智能交通管理系统规划的总体框架主要分为规划一般规定、规划主体内容、规划配套三部分，其中规划主体内容具体包括现状及调研分析、智能交通管理系统发展趋势、规划目标、规划方案、实施计划及资金匡算；规划配套内容主要包括规划成果文件要求、主体报告大纲案例、系统建设内容推荐表等。智能交通管理系统规划标准总体框架如图 1 所示。

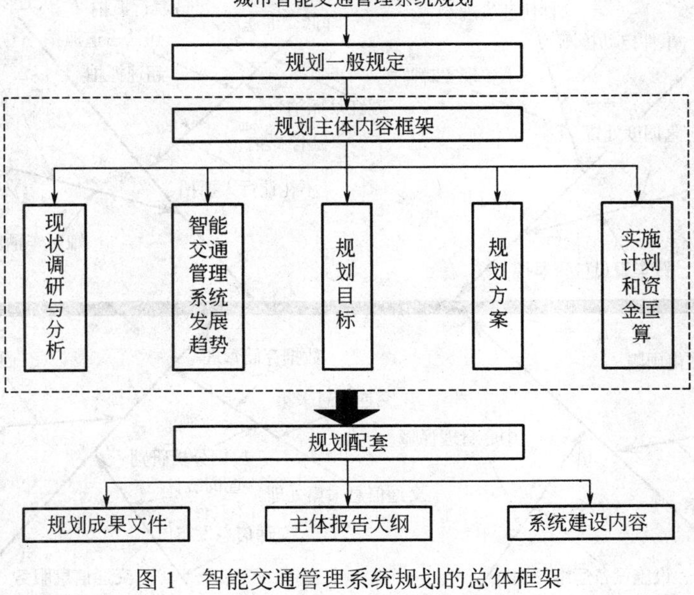

图 1　智能交通管理系统规划的总体框架

从智能交通管理系统规划的总体框架来看，其规划的核心内容是规划的具体组成内容，系统规划中应包含或从哪些方面着手进行编制则是规划的重点所在，下文将提出规划的具体内容和规划重点分类。

3 规划体系建立

3.1 CSF 方法

CSF 方法又称关键成功因素法，它是信息系统开发规划方法之一，在 1979 年由哈佛大学的 William Zani 教授和麻省理工学院的 John Rockart 教授提出的。关键成功因素法是以关键因素为依据来确定系统信息需求的一种信息系统总体规划的方法。关键成功因素法的一般步骤：①确定规划主体的战略目标；②识别所有的成功因素：可采用层次分解法，得出影响战略目标实现的各种因素，以及影响这些因素的因子；③确定关键成功因素：对所有成功因素进行分析和评价，根据规划主体的现状及目标定义关键成功因素，可采用德尔菲法或模糊综合评判法；④明确各关键成功因素的性能指标和评估标准。

关键成功因素法的优点是能够使所开发的系统具有很强的针对性，能够较快地取得收益，并且能直观的引导高级管理者综观整个规划主体与信息技术之间的关系。缺点是关键因素的主观确定有随意性，以及在进行较低层次的信息系统需求分析时，效率不是很高。而智能交通管理系统规划属于相对复杂且应用针对性很强的系统，因此 CSF 方法能够适用于智能交通管理系统规划方面应用。

3.2 规划需求分析

3.2.1 规划战略目标确认与分解

根据智能交通管理系统建设及应用的实际作用效果可以明确智能交通管理系统规划的战略总体目标是使得城市交通管理更科学、更高效、更智能化。规划的战略目标总体可以分解为交通事件快速响应处置、保障道路交通安全、提高道路通行效率和提升信息服务质量等子目标。

3.2.2 确定关键因素和性能指标

基于现有智能交通管理系统的全国调研、规划、设计及实施情况来看，将具体战略目标的关键影响因素以“树枝因果图”的方式表达，具体如图 2 所示。

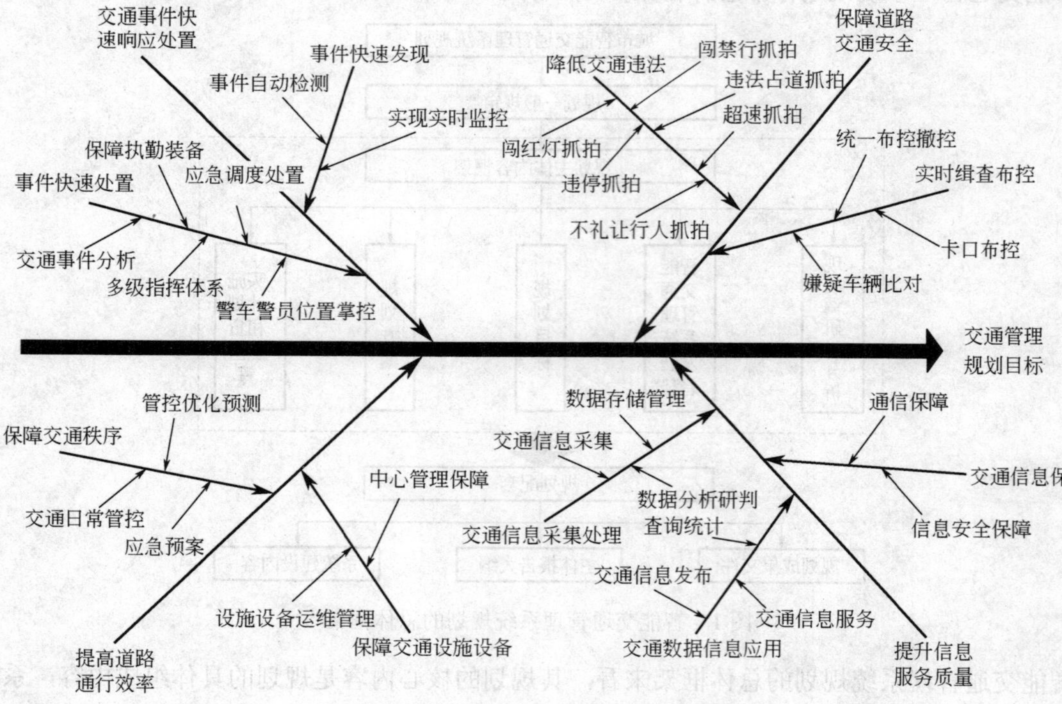

图 2 战略目标的关键影响因素树枝因果

is not a Gaussian distribution. However, the traditional fitting method is based on Gaussian statistics:using a Gaussian distribution fit the actual error distribution which causes the estimation of the model and the parameters of the true distribution are overly conservative which cannot meet the standards of civil aviation. In order to solve this problem, we introduce the Gaussian mixtures model (GMM)during the SIS evaluation and improve this algorithm at the same time. Introducing profile coefficient and Akaike information criterion (AIC)in order to make the model can be self-adaptive. Improve the positioning accuracy of confidence, enhance the availability of satellite navigation system and meet the demand of development of civil aviation.

Key words: Signal in Space Error (SISRE), GMM, Profile Coefficient, AIC, Intelligently Optimize, Fault Detect

1 引言

随着卫星导航系统进入现代化发展环境中，卫星导航的民用需求逐渐成为重要的应用方向，民航领域便是其中之一。然而民用航空有着严苛的性能标准，卫星导航基本性能体系已经不能满足民航严苛的要求，更多高维性能指标（安全性、兼容与互操作、自主导航）逐渐被提出。要求越多、指标越复杂、越不统一。然而各个性能指标之间并不是独立的，而是互相具有关联性的。空间信号精度（Signal in Space Accuracy ，SISA）指标较为广泛地影响着其他性能指标，其对于定位精度和完好性有着显著影响。其中空间信号测距误差（Signal in Space Range Error ，SISRE）直接反映了卫星导航系统系统自身误差，是卫星导航应用到民航中所需考虑的重要因素。但由于卫星导航系统出现风险的概率在 10^{-8} 数量级，对如此小的概率直接进行观测估计不具有可行性。因此需要根据有限的样本建立合适的分布模型，并通过外推来计算风险值。

传统外推模型方法应用高斯模型包络计算实际误差。但实际数据表明，空间信号测距误差并非服从高斯分布，而是具有比高斯分布更厚的尾部（厚尾特性）。因此利用和误差样本等标准差的高斯分布计算出的置信界限会比真实的要小，造成了潜在的风险。为了补偿假设的高斯分布和真实分布之间的差距，需对误差的厚尾特性进行保守处理，以保证计算出的误差置信界限可靠。目前普遍采用的是一种称为“包络”的方法。该方法使用了一个高斯分布保守的表征误差的实际分布，以保证计算出的置信界限比真实的要大。过于保守的包络方法会导致计算出的置信界限过大而降低系统的可用性，过于激进的包络方法则会使得系统的安全性降低，只有有效合理的包络方法才能令误差实时监测既安全又高效。

为适应导航系统现代化和多星座融合的大趋势，对误差模型的建立不单单是要求准确性，同时也要顾及多星座间普适性和自主性。同时，用户端所处环境和应用条件不一，模型建立不能仅仅依托专家经验。因此引入高斯混合模型（Gaussian Mixture Model，GMM）方法，根据不同卫星的不同数据，自主学习其分布统计特性，决定分类类别数等参数，可以实现对导航卫星信号的检测以及预估，判断其可用性。

2 高斯混合模型

GMM 是一种用以描述混合密度分布的模型，可以使用有限多个单一高斯概率密度函数的加权形式来逼近任意的连续分布。利用该特性，便可使用适当数量的子高斯函数去拟合空间信号测距误差的厚尾分布，摆脱单一高斯函数拟合过于保守、不准确的不足。

GMM 基本思想是，由多个子高斯分布相互叠加构成原样本的概率分布。每一个子高斯在整个混合分布中具有属于自己的先验概率，该模型的数学表达式如下：

$$f(x_i)=\sum_{k=1}^{K}f(k)f(x_i\mid k)=\sum_{k=1}^{K}\omega_k N(x_i\mid \mu_k,\Sigma_k) \tag{1}$$

其中，K 为分类数（子高斯个数）；ω_k 为第 k 个子高斯成分的先验概率（第 k 个子高斯成分被选中的概率），并满足 $\sum_{k=1}^{K}\omega_k=1$；μ_k、Σ_k 分别为第 k 个子高斯成分的均值和方差。

为避免数据特殊性，确保该模型能包络住与样本符合相同概率分布的其他空间信号测距误差数据，需要对这一模型进行适当的放大处理。处理方法是每一个子高斯函数的方差值乘以一个放大系数β，因此第 k 个子高斯成分的方差为$\beta\Sigma_k$。

由于每一个样本的概率密度函数数值都很小，相当一部分数值很小的值相乘，会造成浮点数下沉，丧失精确度。因此，通常对似然函数取对数，将相乘转换为叠加形式，得到 GMM 模型的对数似然函数（log-likelihood function）：

$$\log L(x)=\prod_{i=1}^{N}\log f(x_i)=\sum_{i=1}^{N}\log\sum_{k=1}^{K}\omega_k N(x_i\mid \mu_k,\beta\Sigma_k) \tag{2}$$

GMM 的参数估计方法应用的是使用期望最大值算法（Expectation Maximization，EM）。其取最大值时的参数，便为 GMM 的最佳参数，得如下解。

$$N_k=\sum_{i=1}^{N}\gamma(i,k)x_i \tag{3}$$

$$\omega_k=\frac{N_k}{N} \tag{4}$$

$$\mu_k=\frac{1}{N_k}\sum_{i=1}^{N}\gamma(i,k)x_i \tag{5}$$

$$\beta\Sigma_k=\frac{1}{N_k}\sum_{i=1}^{N}\gamma(i,k)(x_i-\mu_k)(x_i-\mu_k)^T \tag{6}$$

3 基于高斯混合模型的自适应建模方法与应用

3.1 星历数据插值以及去自相关

精密星历采用国际 GPS 服务（IGS）提供的精密星历数据，其精度优于 5cm。广播星历采用卫星播发的星历数据，其精度约为 3m。广播星历与精密星历精度进行对比，可认为精密星历即为卫星实时位置的真值。广播星历计算出卫星位置与精密星历计算出的位置的几何距离，即为卫星空间信号测距误差。

本文使用北斗卫星导航系统（BeiDou Navigation Satellite System，BDS）。广播星历与精密星历的定轨位置结算方法参考《北斗卫星导航系统空间信号接口控制文件——空开服务信号（2.0 版）》。

精密星历卫星数据间隔为 15 分钟，广播星历时间间隔为 1 秒。由于卫星导航在民用，尤其在民航等关键领域，其安全标准相当严苛。出现故障概率一般处于 10^{-8} 数量级。在统计学角度，如果采用频率估计的方法来计算风险值，所需要的样本量需达到 10^{-8} 乃至更多。如果按照精密星历间隔 15 分钟采样，其采样时间长度将达到数百年，不具备可行性。因此，为缩减采样时间，并同时尽可能增加样本数量，需对精密星历进行插值。插值方法使用拉格朗日插值，多项式为拉格朗日插值多项式，记为 $L_n(x)$，其表达式如下：

$$L_n(x)=\sum_{i=0}^{n} y_i l_i(x)=\sum_{i=0}^{n} y_i \prod_{\substack{i=0\\ i\neq k}}^{n} \frac{x-x_i}{x_k-x_i} \tag{7}$$

在解算卫星位置时，将精密星历需要插值解算的卫星坐标 X，Y，Z 以及钟差项 T 代入公式中即可。

基于上述计算，便得到同时刻同一卫星经精密星历插值计算得到的卫星位置和广播星历解算得到的卫星位置，从而可计算几何空间距离，取绝对值归类得到空间信号测距误差值。

由于卫星测距误差与卫星实时位置相关，因此相邻时刻计算得到的空间信号测距误差存在一定的相关性，以过高的采样率得到的测距误差样本数据会存在一定的自相关性。因此，在使用空间信号测距误差作为样本数据之前，需要对其进行自相关计算以便确定最小采样间隔，以保证样本近似满足独立性要求。计算样本数据依据自相关函数，并依据其特征确定采样间隔，以保证相邻数据点之间近似独立。

3.2 高斯混合模型构建与自适应分类

经插值、去自相关后的卫星正常数据，作为模型构建的训练样本数据。训练样本数据是导航卫星处于正常工作状态时的数据参量。应用训练样本数据，根据第二部分中 GMM 数理方法，构建所对应卫星的高斯混合模型。

由于 GMM 参数估计算法 EM 本身具有易陷入局部最优解的缺憾。因此，EM 算法对初值要求较高。为此，本文引入 K—means 聚类方法，为 GMM 的 EM 算法赋于初值并引入轮廓系数概念，对比得到最优聚类组数。

在 K—means 算法中，优化目标函数如下：

$$f=\sum_{i=1}^{N}\sum_{k=1}^{K}\gamma_{ik}\left\|x_i-\mu_k\right\|^2 \tag{8}$$

其中，γ_{ik} 在数据 x_i 被分在第 k 个类别时取值为 1，否则为 0；μ_k 为第 k 个类别的中心值。固定每个分类的中心值μ_k，选取 f 值最小的 x_i 分类情况。迭代循环更新中心值μ_k，当更新之后的数值与之前相差小于 10^{-5} 量级，便可认为中心值已经稳定，K—means 聚类终止。根据现有数据分类，可求得每组数据的方差值以及每一聚类类别所占整体比例，同时将两者带入 EM 算法，作为Σ_k 和ω_k 的初值。

与此同时，引入轮廓系数概念以评估分类的效果。该值处于-1 至 1，数值越大，表示聚类效果越好。通过对不同分类组数所造成的不同轮廓系数进行对比，判断最佳分类数。

既定分类数由 3 至 12，比较得轮廓系数最小的数值即为 GMM 的分类组数。由于 K—means 算法应用在初值计算，为保证模型完备性，模型分类个数并不单一设定为最小的轮廓系数所对应的 K—means 分类数，而是设定为以该分类数为中心，前后另加 2 项（例如对应最小轮廓系数的分类数为 5，则设定的 GMM 分类数为 3 至 7）。

由此，根据训练数据，经 K—means 算法，得到 GMM 的分类组数 k，以及参数ω_k、μ_k 和Σ_k 的初值。再经 EM 算法的参数估计，得到 GMM 最终的模型参数，代入公式（1），便得到该训练样本数据的概率密度函数。

GMM 理论上可以用无穷多个子高斯函数拟合出任意一种分布。但是，子高斯函数设置较多，其负面影响是计算冗杂，甚至产生过拟合情况。因此，使用赤池准则（Akaike Information Criterion，AIC）来权衡模型复杂度与拟合数据优良性，并以此为标准最终确定模型具体参数设置。

AIC 准则可如下表示：

$$AIC=2n-2\ln(L) \tag{9}$$

其中，n 为模型参数个数；L 为模型的对数似然函数。

虽然训练样本数据众多，但每一个数据点的概率密度函数数值较小。进而 GMM 的对数似然函数（公式（2））的叠加数值较小，造成在 AIC 准则计算中，似然函数取对数后数值过小，无法对参数个数 n 形成影响，失去计算意义。

由于星历数据去自相关后，可认为每个分类组别中的样本数据相互独立，由此可解决此问题，AIC 准则可改写为：

$$AIC = 2n + N\ln(RSS / N) \tag{10}$$

其中，N 为样本数据个数；RSS 为样本的剩余平方和。

由上一节可知，将 GMM 分类数设置为 5 个数的范围值，对这 5 个模型计算 AIC 数值，相互对比取其中最大的数值所对应的分类数。同时可参考对比 K—means 计算得到的轮廓系数值，综合考量已知条件，最终选取最优的高斯混合模型。

3.3 误差模型应用于故障预测

所创建的高斯混合模型不只具有模型拟合作用，对导航卫星数据正误预测以及预先故障检测也具有预警作用。应用 Kolmogorov-Smirnov 检验，用来检验测试样本数据分布是否符合已得到的 GMM 模型。

设置假设检验问题为：

H0：测试样本数据所来自的总一分布服从已得到的 GMM 模型分布。

H1：测试样本数据所来自的总一分布不服从已得到的 GMM 模型分布。

设 F_0 为已得到的 GMM 模型分布，F_n 为测试样本的累计概率分布。

计算测试样本概率分布函数与 GMM 模型函数概率分布函数间最大差值，如下：

$$D = \max\{\|F_n - F_0\|\} \tag{11}$$

引入临界值 $D(N,0.05)$，含义为当显著水平为 0.05 且样本容量为 N 时的拒绝原假设的临界值。$D(N,0.05)$（双侧检验右尾概率为 0.05）在大样本数据情况下的计算方法可简化如下形式：

$$D(N,0.05) = \frac{1.36}{\sqrt{N}} \tag{12}$$

若 $D > D(N,0.05)$，则拒绝 H0，测试样本数据不符合已构建的 GMM 模型，测试样本数据有误，空间信号测距误差不符合正常值范围，卫星导航系统出现故障。

反之则接受 H0 假设，测试样本数据符合 GMM 模型，空间信号测距误差在正常范围内，当前卫星导航系统工作正常。

4 实际数据验证

本文模型构建应用的是第 1826 周至 1831 周，共六周的北斗卫星导航系统接收机实测数据，卫星个数为 13 个。由于不同卫星的模型构建方法相同，卫星间数据特征类似。因此本文仅使用北斗一号卫星数据作为训练数据，构建该卫星空间信号测距误差的 GMM 模型，得到其概率密度函数。其他卫星的模型构建以及特性分析可依此类推。

六周之内，北斗卫星导航系统所查并不存在故障记录。因此，该六周数据为卫星导航系统正常运行数据，可作为模型构建的训练样本。

首先对实测数据进行去自相关处理，如图 1 所示。

图 1 中，自上而下依次是空间信号测距误差以 1 秒采样、100 秒采样和 450 秒采样的自相关函数。分析可得当采样间隔是 450 秒时，自相关在零点处取值为 1，在其余数值点处接近于 0，此时该序列是

平稳的，两点间可认为独立。以 450 秒为训练数据采样间隔，同时也作为精密星历插值算法的计算间隔，所得北斗一号卫星空间信号测距误差分布图如图 2 所示。

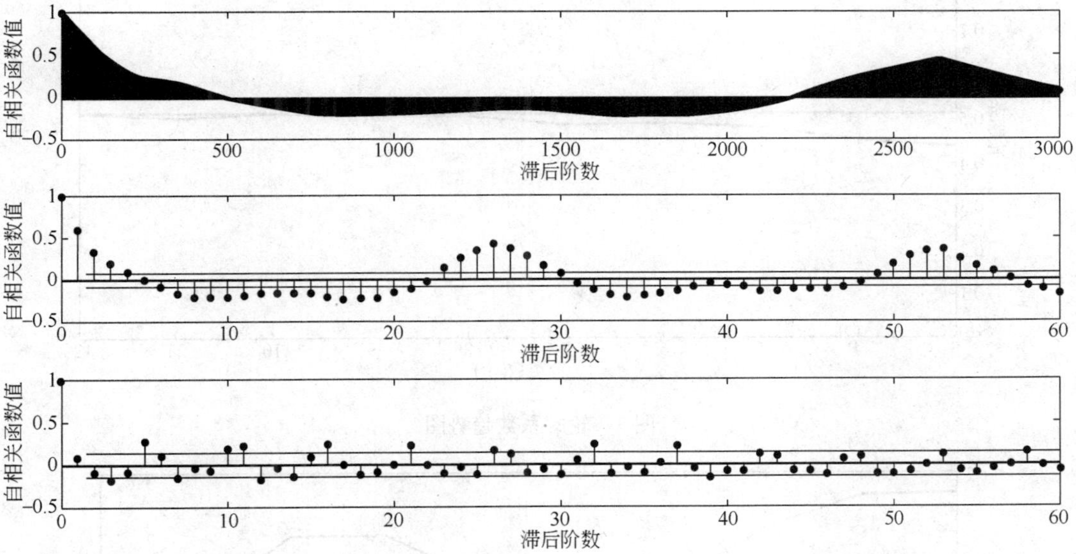

图 1　SISRE 的自相关特性

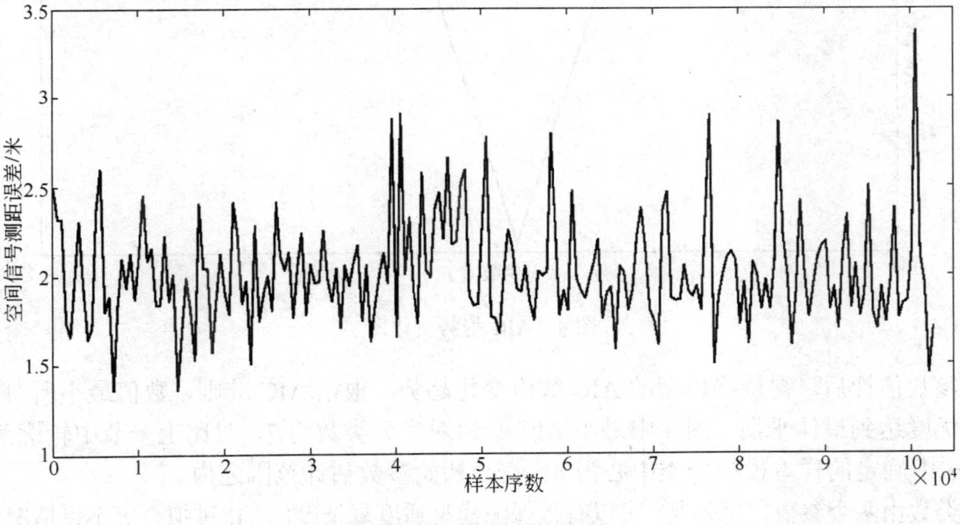

图 2　空间信号测距误差

构建空间信号测距误差模型，重要一点是模型分类数确定。根据第三部分，混合高斯分类数由初始状态下轮廓系数以及模型构建完毕后的 AIC 数值共同确定。北斗一号卫星训练数据的轮廓系数和 AIC 数值随分类数变化趋势如图 3、图 4 所示。

由轮廓系数图可得，在既定聚类数 3 至 12 范围内，当分类数达到 8 时，轮廓系数达到峰值且不随分类数增加继续增长。由此便可确定当前模型初始分类数中心为 8，分类数取值范围为 6 至 10。

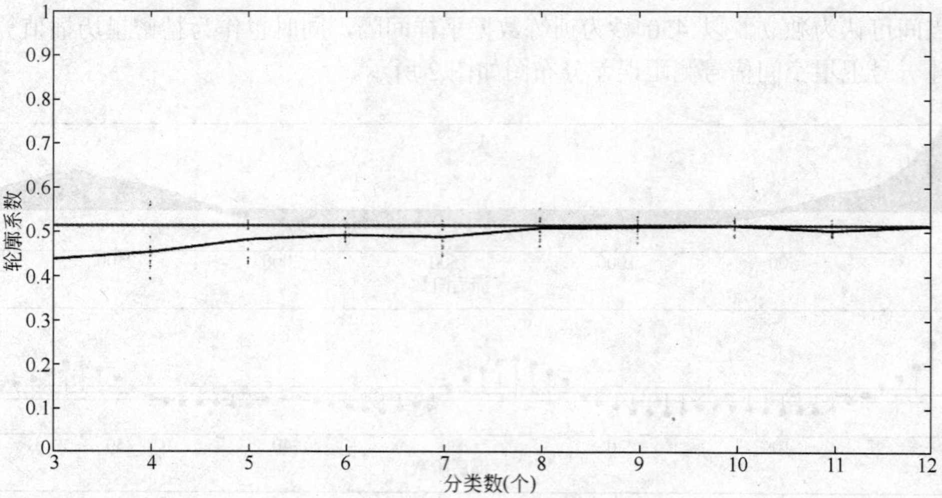

图 3 轮廓系数趋势图

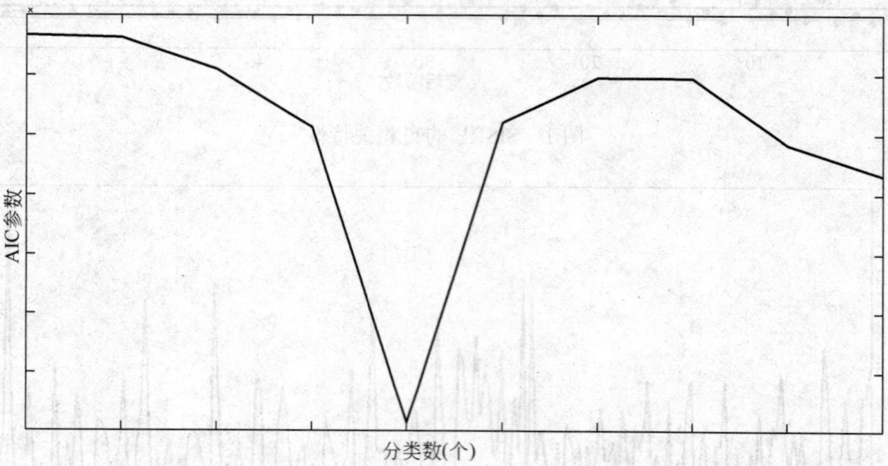

图 4 AIC 趋势变化图

经 EM 参数估计后，得最终模型的 AIC 数值变化趋势。根据 AIC 准则，数值最小所对应的模型复杂度与拟合优度达到最佳平衡。图 4 中最小 AIC 数值对应分类数为 7。对比上一节中轮廓系数趋势图，K-means 方法中确定的样本模型分类中心为 8，符合初始参数估计范围之内。

模型分类数由两个参数首尾限制，可以有效保障模型适度复杂度，防止过拟合等不良情况发生。同时，对应不同的卫星所具有的不同数据特征，其轮廓系数和最终模型的 AIC 数值变化均具有独特特性。因此，可以根据这两个参数，自主、客观地确定不同卫星的不同分类数，使模型拟合具有优良的自适应性。

确定最终分类数，便确定了最优高斯混合模型。我们选取 Q-Q 图（quantile-quantile plot）展示训练样本数据的特征以及单一高斯包络和混合高斯模型包络的差异性。Q-Q 图是用来检查数据正态性的一种统计图形，图中的点若呈直线状（大致分布在对角线上），那么可以说明数据的正态性比较好。如果数据在正数时高于直线，在负数时低于直线，便认为该数据具有后尾特性。如图 5 所示，弯曲呈 S 形点线为北斗一号卫星的训练样本数据，具有鲜明的厚尾特性。笔直的点集组成的直线为传统单一高斯包络。可以看出，传统单一高斯方法确实包络住训练样本数据。但过于保守的缺点依旧明显，在训练数据不符合高斯特性部分，单一高斯包络与数据差异性较大，其中当标准正态分布分位数为负数时，较为明显。覆盖在 S 形点集上方圆滑的 S 形曲线为高斯混合模型所建立的包络。可以明显看到，混合高斯模型与训练样本数据分布较为贴合，同时在训练数据不符合正态分布的区域也能良好包络。

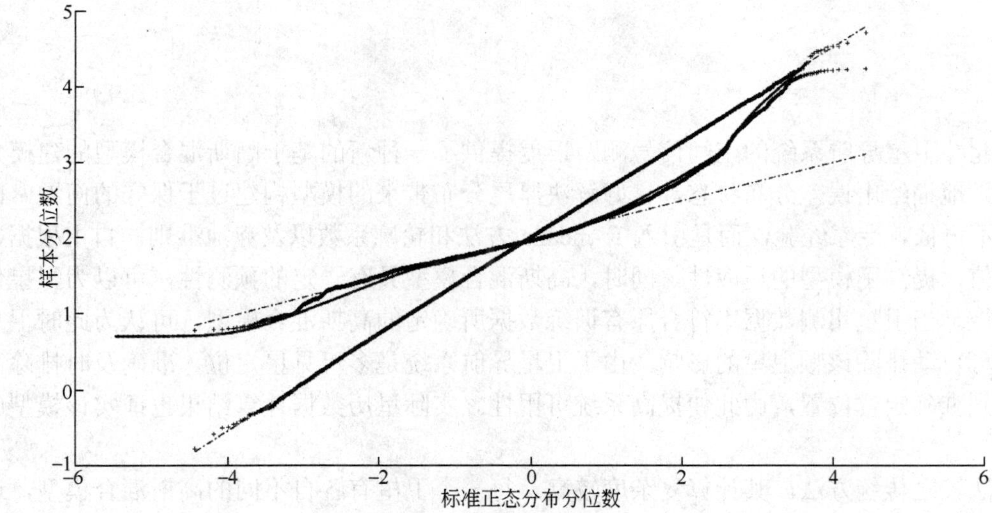

图 5　模型与训练样本 Q-Q 图

以此同时，参考模型经验累积分布函数图（见图 6），其中最下方曲线为训练样本数据，中间为高斯混合模型包络，最上方为单一高斯包络。明显可见，单一高斯和混合高斯模型都有效包络住训练样本数据。但单一高斯包络偏差明显较大过于保守，且单一高斯包络需要在方差放大 6.6 倍才能有效包络住训练数据，而高斯混合模型只需要在每一个分量上放大 1.7 倍即可。由此对比可知，在确保包络训练样本前提下，高斯混合模型较单一高斯包络更为精确。

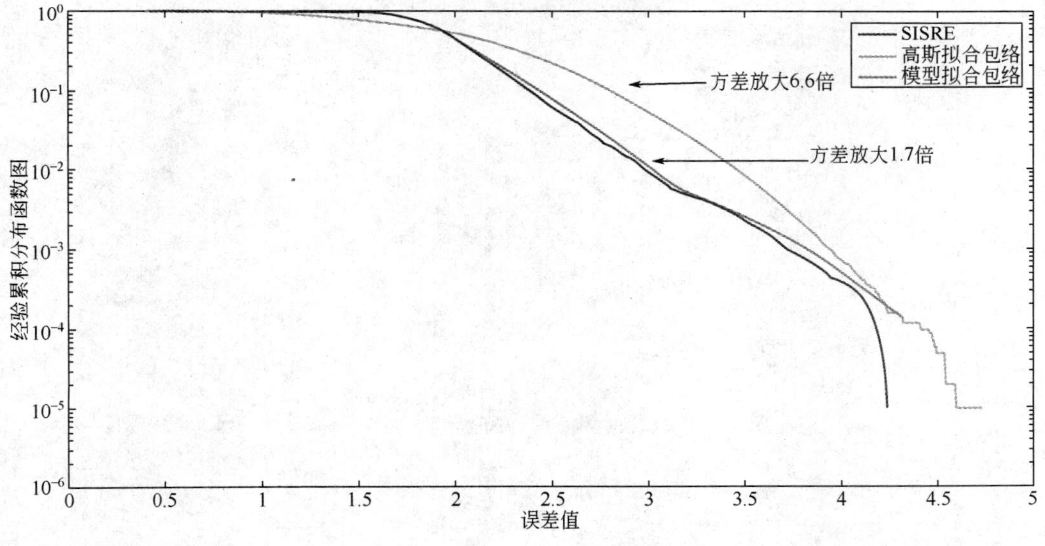

图 6　经验累积分布函数图

GMM 具有一定的预测性。由于北斗卫星故障数据难以获取，遂人为添加随机误差。经过 KS 检验的数据统计表如表 1 所示。

表 1　经过 KS 检验的数据统计表

误差值（米）	符合概率
0	0.9973
0.5	0.6323
1	—
5	0

5 结语

本文对北斗卫星导航系统的空间信号测距误差提供了一种新的基于高斯混合模型的建模方法。该方法可以有效地描绘出误差分布状态，良好解决厚尾分布带来的模型构建过于保守的问题。同时参数设置与计算不再依赖专家经验，而是引入 K-means 方法和轮廓系数以及赤池准则，自主根据数据特性确定参数数值，提高了模型的适应性。同时，高斯混合模型具有一定的预测性，可以为卫星健康状况提供在线监控。当卫星实测数据不符合原有训练数据所确定的高斯混合模型，可认为此时卫星发生故障。接收机可自动排除该颗卫星的影响。由于卫星导航系统是多可见星定位，准确及时排除故障卫星依旧可以得到准确定位位置，由此便提高系统可用性。实际星历数据计算结果也证实该模型的有效性和可行性。

但该方法较之传统方法，其计算复杂度较高。每一个卫星有各自不同的高斯混合模型，这样便对接收机自身计算能力有一定要求。未来工作需要对该模型进行计算优化，简化卫星间区别，将不同卫星的误差模型进行融合，以便对北斗卫星导航系统提出单独一个误差模型，减小接收机计算负担。

A Multiclass Trip-chain Stochastic User Equilibrium Model under Integrated Transportation Information

Zhao Dan　Wang Jun Li　Yan Song

(Traffic Management Engineering Department，People's Public Security University of China，P.O. Box 100076，Beijng，Huangyi Road Daxing District)

Abstract: To investigate how integrated transportation information（ITI）influences travelers' trip chains，a multiclass probit-based trip-chain stochastic user equilibrium model for five alternative modes was developed，in which travelers were classified into two groups by accepting ITI or not，and both groups with different perception errors chose their modes and activity locations according to their own expected cost of trip chains. A MSA solution algorithm with Monte-Carlo simulation embedded was proposed. Based on the hyper-network theory，a numerical example was presented. The results indicate that travelers tend to shorten their trip chain after accepting ITI，and travelers benefit from using ITI except the ones traveling by bus. For the alternative modes，the proportion of trip chains traveling by public transport increases by 8.55% under ITI. It is proved that ITI contributes to simplify the structure of trip chains and decrease the cost of trip chains to some extent，also helps to encourage travelers to switch from private cars to public traffic.

1　Introduction

Integrated transportation information（ITI）provides dynamic，personalized and multimodal information on multiple travel modes within a particular information service，and travelers can inquire it through a mobile phone，GPS navigation or any searching devices installed at station or by roadside. Since many people travel more than one trip，and many journeys need more than one travel mode to be completed，so ITI ought to cover all journeys from door to door to make sure travelers to be assisted for the entire trip chain. Despite the unfulfilment of ITI currently，sustainable developments of intelligent transportation systems（ITS）will allow travelers to access ITI more easily in future. It is no doubt that the provision of ITI will change travelers' choice behavior for route and travel mode as well as the distribution of traffic flow on multimodal network. Hence，it remains crucial and open questions that what effect will have on travelers' travel behavior.

Focusing on the modeling and benefit evaluation，the potential effects of information on travelers' behavior are often discussed（Adler 1998，Levinson 2003）. Numerous studies had been undertaken by formulating network equilibrium model. Most of them insisted that the loss of utility partially came from the uncertainty of transportation network，while travel information contributed to reduce travel uncertainty as well as cost（Arentze 2005，Jenelius 2011），especially when multimodal information were integrated（Lyons 2003，Grotenhuis 2007）. Whereas in many studies，information usually referred to the traffic condition of road-network，and rarely extended to the whole network with multiply modes（Lo 2002，Huang 2007）.

To overcome the drawback of trip-based equilibrium model，trip-chain based model was proposed，but this kind of model is not popular now. Lam（2001）presented an activity-based time-dependent traffic assignment model. Maruyama（2006）evaluated the area-based cordon pricing scheme by utilizing trip-chain based network equilibrium model. Higuchi（2011）put forward an equilibrium model combining mode and route choice together on an integrated transportation network. In general，trip-chain based models assumed travelers made their decision for mode and route choice by considering the whole cost of their trip-chain and investigating the interaction of previous and subsequent trips. However，existing researches exhibit more about the approach to establish and solve trip-based equilibrium model，but hardly take the effect of ITI into account.

This paper presented a trip-chain based stochastic user equilibrium model under ITI. In view of the trip chain，travelers were sorted into two groups by accepting ITI or not，and both groups made choices according to their own expected cost of the trip chain. The aim of the present work is to study the influences of ITI on travelers' trip chain. It is hoped that the results can help to evaluate the benefits of the forthcoming ITI properly in China.

2 Basic Considerations

2.1 Assumptions

The following basic assumptions were made to elaborate the vital ideas without losing generality:

（1）ITI included travel time in the vehicle on a link，searching time for an available parking space and waiting time at the station.

（2）Owing to the convenience of accessibility for ITI，it was assumed that the market penetration of ITI services may develop to a quite high degree.

（3）Travelers chose their travel mode discretionarily，without considering the condition that one was constrained to choose specific travel modes because of the impossible access to other modes.

（4）Travelers were divided into two groups by accepting ITI or not，and their perception to travel time，waiting time and searching time were different. Information was not supposed to be perfect，so perception errors existed. Assuming perception errors of two groups to be normally distributed strictly，the group with ITI had lower average perception error.

2.2 Notations

Consider a multimodal transportation network $G=(N, A)$，where N was the set of nodes and A was the set of links. G was consisted of three sub-networks，several parking and transferring nodes and walking links. The three sub-networks were：auto sub-network G_1，bus sub-network G_2 and metro sub-network G_3.

Beyondthat，the following variable notations were used in this paper：a represented a link，$a \in A$；n_i represented the ith stop，$n_i \in N$；trip chain was symbolized to be c，and l_s was the sth feasible path connecting all the stops in trip chain c，$l_s \in \Omega$，where Ω was the set of feasible path；c_{l_s} represented a trip chain with path l_s；m was the mode of trip chain，$\{m \mid m=1, 2, 3, 4, 5\}$，where "1，2，3，4，5" represented auto，bus，metro，bus-metro and auto-metro（Park and Ride，P&R），respectively. Five modes constituted three travel patterns：private pattern（$m=1$），public pattern（$m=2, 3, 4$）and private-public pattern（$m=5$）.

3 Trip Chain Cost Analysis Under Iti

Trip chain can be defined as a description of a series of trips linked together between anchor destinations (stops), such as a journey that leaves home, stops to drop a passenger, continues to work, and returns home at last (McGuckin 2004).Temporally and spatially, a trip chain consists of sequential trips containing some stops and links.

$U^m_{\lambda,c_{l_s}}$, the total expected generalized cost of trip chain c_{l_s} by mode $m$was composed of systematicterm $u^m_{c_{l_s}}$ and stochastic error term $\xi^m_{\lambda,c_{l_s}}$, expressed as

$$U^m_{\lambda,c_{l_s}} = u^m_{c_{l_s}} + \xi^m_{\lambda,c_{l_s}}, \quad \lambda = 0,1 \quad \forall m, l_s, c \tag{1}$$

where λequaled to 0 represented the travelers who didn't accept ITI, and equaled to 1 represented the travelers who accept ITI; the systematicterm $u^m_{c_{l_s}}$ was an observedcomponent, which was irrelevant to the type of travelers, expressed as

$$u^m_{c_{l_s}} = \begin{cases} \alpha_1 \cdot t_{c_{l_s}} + \alpha_2 \cdot d_{c_{l_s}} + \alpha_3 \cdot \left(e_{c_{l_s}} / V_m \right) + \alpha_4 \cdot g_{c_{l_s}} & m=1 \\ \beta_1 \cdot t_{c_{l_s}} + \beta_2 \cdot w_{c_{l_s}} + \beta_3 \cdot h_{c_{l_s}} + \beta_4 \cdot \left(e_{c_{l_s}} / V_m \right) & m=2,3,4 \\ \gamma_1 \cdot t_{c_{l_s}} + \gamma_2 \cdot d_{c_{l_s}} + \gamma_3 \cdot w_{c_{l_s}} + \gamma_4 \cdot h_{c_{l_s}} + \gamma_5 \cdot \left(e_{c_{l_s}} / V_m \right) + \gamma_6 \cdot g_{c_{l_s}} & m=5 \end{cases} \tag{2}$$

where vectors α, βand γ were the coefficients of various special costs. $t_{c_{l_s}}$ wasthe total travel time of trip chain c_{l_s}. $d_{c_{l_s}}$ wasthe total searching time for an available parking space in c_{l_s}. $w_{c_{l_s}}$ was the total waiting time for a bus or metro in c_{l_s}. $e_{c_{l_s}}$ was the common charge of c_{l_s}, e.g. fuel costs for auto, and ticket fares for bus or metro. $g_{c_{l_s}}$ was the total parking charge of c_{l_s}. $h_{c_{l_s}}$ was the total walking time of c_{l_s}. V_m was the value of time (*yuan*/h) traveled by different modes.

c_{l_s} was composed of links and nodes. $t_{c_{l_s}}$ was sum of travel time on links, that was

$$t_{c_{l_s}} = \sum_{a \in l_s} \delta_{a,l_s} t^{G_i}_a (x_a), \quad a \in G_i \quad i=1,2 \quad \forall c_{l_s} \tag{3}$$

where δ_{a,l_s} equaled to1 if link a was on path l_s, and 0 otherwise. $t^{G_i}_a(x_a)$ was computed by BPR (Bureau of public roads) function, as described below

$$\begin{cases} t^{G_1}_a = t^{G_1,0}_a [1 + 0.15(x_a / C_a)^4] & a \in G_1 \\ t^{G_2}_a = t^{G_2,0}_a [1 + 0.1(x_a / C_a)^2] & a \in G_2 \end{cases} \tag{4}$$

The total searching time for an available parking space at nodes $d_{c_{l_s}}$ could also be calculated by BPR function

$$d_{c_{l_s}} = \sum_{k \in l_s} \delta_{k,l_s} [d^0_k + 0.31(v_k / P_k)^{4.03}], \quad k \in G_1 \quad \forall c_{l_s} \tag{5}$$

where δ_{k,l_s} equaled to1 if node k was on path l_s, and 0 otherwise. d^0_k was the free-flow parking time at node k，P_k was the capacity of parking lots，usually indicated the number of parking space. v_k was parking demand at node k，which equaled the auto-flow volume via node k.

The total waiting time for a bus or metro w_{cl_s} could be computed as follows

$$w_{cl_s} = \sum_{b\in l_s} \delta_{b,l_s} \left(\phi_b^{G_i} \Big/ \tau_b^{G_i} \right), \quad b \in G_i \quad i = 2,3 \quad \forall c_{l_s} \tag{6}$$

where δ_{b,l_s} equaled to1 if node b was on path l_s，and 0 otherwise. $\tau_b^{G_i}$ was the dispatching frequency forbus or metro vehicles at node b on sub-network G_i（i=2，3），and $\Phi_b^{G_i}$ was a calibration parameter depending on the distributions of metro vehicle headway and passenger arrival. In general，a constant headway between bus and metro vehicles were assumed，and $\Phi_b^{G_i}$ =0.5（i=2，3）was commonly used to indicate a uniform random arrival distribution of passengers（Lam 2002）. The total walking time h_{cl_s} was the sum of walking time on walking links.

The stochastic error term ξ_{λ,cl_s}^m representing the perception error was anunobserved component，which was often defined as a variable obeying a certain distribution.In line with the definition of $u_{cl_s}^m$，the stochastic error term ξ_{λ,cl_s}^m included the following perception errors:

（1）$\vartheta_{\lambda,cl_s}^m$，the perception error to t_{cl_s}，which was the sum of perception errors to travel time of link a on path l_s when traveling by auto or bus. The perception errors to travel time for both modes were supposed to be normally distributed: $\vartheta_{\lambda,a}^{G_1} \sim N(0,\eta_\lambda^{G_1} t_a^{G_1,0})$ and $\vartheta_{\lambda,a}^{G_2} \sim N(0,\eta_\lambda^{G_2} t_a^{G_2,0})$，where $t_a^{G_1,0}$ and $t_a^{G_2,0}$ were the free-flow travel time onlink a by auto and bus respectively. $\eta_\lambda^{G_1}$ and $\eta_\lambda^{G_2}$ were coefficients. For metro mode，the variation of travel time by metro was very small，so the perception error to travel time by metro was assumed to be zero. $\vartheta_{\lambda,cl_s}^m$ could be expressed as Eq.（7）

$$\begin{gathered} \vartheta_{\lambda,cl_s}^m = \sum_{a\in l_s} \delta_{a,l_s} \vartheta_{\lambda,a}^{G_i}, \quad \vartheta_{\lambda,a}^{G_i} \sim N(0,\eta_\lambda^{G_i} t_a^{G_i,0}) \\ a \in G_i, \quad i = 1,2 \quad \forall c_{l_s} \end{gathered} \tag{7}$$

（2）$\varepsilon_{\lambda,cl_s}$，the perception error to d_{cl_s} when traveling by auto，whichwas the sum of perception errors to searching time at node k on path l_s. Supposing $\varepsilon_{\lambda,k}$ to be normally distributed: $\varepsilon_{\lambda,k} \sim N(0,\rho_\lambda d_k^0)$，where d_k^0 was the free-flow parking time at node k，and ρ_λ was the coefficient. $\varepsilon_{\lambda,cl_s}$ could be expressed as Eq.（8）

$$\varepsilon_{\lambda,cl_s} = \sum_{k\in l_s} \delta_{k,l_s} \varepsilon_{\lambda,k}, \quad \varepsilon_{\lambda,k} \sim N(0,\rho_\lambda d_k^0), \quad k \in G_1 \quad \forall c_{l_s} \tag{8}$$

（3）ξ_{λ,cl_s}^m，the perception error to w_{cl_s} when traveling by bus or metro，whichwas the sum of perception errors to waiting time at node b on path l_s. Supposing perception errors to waiting time at nodes for both modes to be normally distributed: $\zeta_{\lambda,b}^{G_2} \sim N(0,\tau_\lambda^{G_2} w_b^{G_2,0})$ and $\zeta_{\lambda,b}^{G_3} \sim N(0,\tau_\lambda^{G_3} w_b^{G_3,0})$，where $w_b^{G_2,0}$ and $w_b^{G_3,0}$ were thefree-flow waiting time at node b by bus and metro respectively. $\tau_\lambda^{G_2}$ and $\tau_\lambda^{G_3}$ were coefficients. ξ_{λ,cl_s}^m could be expressed as Eq.（9）

$$\begin{gathered} \zeta_{\lambda,cl_s}^m = \sum_{b\in l_s} \delta_{b,l_s} \zeta_{\lambda,b}^{G_i}, \quad \zeta_{\lambda,b}^{R} \sim N(0,\tau_\lambda^{G_i} w_b^{G_i,0}), \\ b \in G_i, \quad i = 2,3 \quad \forall c_{l_s} \end{gathered} \tag{9}$$

Since $\vartheta_{\lambda,a}^{G_i}$，$\zeta_{\lambda,b}^{G_i}$ and $\varepsilon_{\lambda,k}$ were normally distributed and independent of each other，so the linear addition of them, ξ^m_{λ,cl_s}, was normally distributed as well, that is

$$\xi^m_{\lambda,cl_s}=\begin{cases}\vartheta_{\lambda,cl_s}+\varepsilon_{\lambda,cl_s}, & \xi^m_{\lambda,cl_s}\sim N(0,\sum_{a\in l_s}\delta_{\lambda,a,l_s}\cdot\eta_\lambda t^0_a+\sum_{k\in l_s}\delta_{\lambda,k,l_s}\cdot\rho_\lambda d^0_k) \quad m=1\\ \vartheta_{\lambda,cl_s}+\zeta_{\lambda,cl_s}, & \xi^m_{\lambda,cl_s}\sim N(0,\sum_{a\in l_s}\delta_{\lambda,a,l_s}\cdot\eta_\lambda t^0_a+\sum_{b\in l_s}\delta_{\lambda,b,l_s}\cdot w^0_b) \quad m=2,3,4\\ \vartheta_{\lambda,cl_s}+\zeta_{\lambda,cl_s}+\varepsilon_{\lambda,cl_s}, & \xi^m_{\lambda,cl_s}\sim N(0,\sum_{a\in l_s}\delta_{\lambda,a,l_s}\cdot\eta_\lambda t^0_a+\sum_{b\in l_s}\delta_{\lambda,b,l_s}\cdot w^0_b+\sum_{k\in l_s}\delta_{\lambda,k,l_s}\cdot\rho_\lambda d^0_k) \quad m=5\end{cases}\quad \forall c_{l_s} \quad (10)$$

where δ_{λ,a,l_s} equaled to 1 if link a was on path l_s, and 0 otherwise. δ_{λ,k,l_s} equaled to 1 if node k was on path l_s and the traveler had parked at this node, and 0 otherwise. δ_{λ,b,l_s} equaled to 1 if node b was on path l_s and the traveler had waited at this node, and 0 otherwise.

4 Formulation and Algorithm

4.1 Model formulation

As a principle, twotypes of travelers made choices according to their own expected cost of trip chains.In terms of stochastic user equilibrium (SUE) theory, the probability of choosing trip chain c_{l_s} for the two groups could be computed as below

$$P_{\lambda,cl_s}=\Pr(U^m_{\lambda,cl_s}\geqslant U^y_{\lambda,cl_j}\mid\forall s\neq j,m\neq y,\forall y,l_j\in\Omega) \quad (11)$$

Set the total trip chain demand that started and ended at home was q_c, the flow of the two different groups with trip chain c_{l_s} was f_{λ,cl_s} .So the formulation for the trip-chain based network equilibrium conditions of the SUE pattern (12) - (14) was given as follows

$$f_{\lambda,cl_s}=q_{\lambda,c}\cdot P_{\lambda,cl_s},\quad \forall l_s,c \quad (12)$$

$$\sum_\lambda q_{\lambda,c}=q_c,\quad \forall l_s,c \quad (13)$$

$$x_{\lambda,a}=\sum_c\sum_{l_s}\delta_{\lambda,a,l_s}\cdot f_{\lambda,cl_s},\quad \forall a,l_s,c \quad (14)$$

where $q_{\lambda,c}$ was the total trip chain demand of the two groups. $x_{\lambda,a}$ was the total flow on link a of the two different groups.

The market penetration of ITI had a significant effect on traffic assignment (Lo 2002). Supposing q_c was fixed, an elastic market penetration (μ_c) proposed by Yang (2002) was introduced into the trip-chain based equilibrium model, expressed as

$$\begin{cases}\mu_c=1/1+\exp(C_N-\varphi_c)\\ \varphi_c=\sum_m\sum_{l_s}U^m_{1,cl_s}-\sum_m\sum_{l_s}U^m_{0,cl_s}\end{cases},\quad \forall m,l_s,c \quad (15)$$

where C_N was the price for purchasing ITI service, φ_c was the gain from using ITI. So the flow of the two different groups could be computed by

$$\mu_c q_c=q_{1,c},\quad (1-\mu_c)q_c=q_{0,c},\quad \forall c \quad (16)$$

According to the equivalent minimum problem of SUE proposed by Sheffi and Powell (Sheffi 1982), a mathematical programming problem regarding the probit-based trip-chain SUE was identified, expressed as

$$\min Z(x_{1,a},x_{0,a},q_{1,c},q_{0,c})=\{-\sum_c q_{1,c}\cdot M[\min\{U^m_{1,c_{l_s}}\}|u^m_{c_{l_s}}]+\sum_a x_{1,a}\cdot t_a(x_{1,a})+\sum_k v_{1,k}\cdot d_k(v_{1,k})$$
$$-\sum_a\int_0^{x_{1,a}}t_a(\omega)d\omega-\sum_k\int_0^{v_{1,k}}d_k(\omega)d\omega\}+\{-\sum_c q_{0,c}\cdot M[\min\{U^m_{0,c_{l_s}}\}|u^m_{c_{l_s}}]+\sum_a x_{0,a}\cdot t_a(x_{0,a})$$
$$+\sum_k v_{0,k}\cdot d_k(v_{0,k})-\sum_a\int_0^{x_{0,a}}t_a(\omega)d\omega-\sum_k\int_0^{v_{0,k}}d_k(\omega)d\omega\}+\sum_c\int_0^{q_{1,c}}\frac{1}{\theta}(\ln\omega+C_N)d\omega$$
$$+\sum_c\int_0^{q_{0,c}}\frac{1}{\theta}(\ln\omega)d\omega \tag{17}$$

where $M[\min\{U^m_{\lambda,c_{l_s}}\}|u^m_{c_{l_s}}]$ was the conditional expectation of the minimum cost of path l_s. Supposing the following formula was true，

$$\Gamma_{\lambda,c_{l_s}}(u^m_{c_{l_s}})=M[\min\{U^m_{\lambda,c_{l_s}}\}|u^m_{c_{l_s}}] \tag{18}$$

$\Gamma_{\lambda,c_{l_s}}(u^m_{c_{l_s}})$ met two properties：$\Gamma_{\lambda,c_{l_s}}(\cdot)$ was a concave function of $u^m_{c_{l_s}}$ ； and Eq.（19）was true.

$$\partial\Gamma_{\lambda,c_{l_s}}(u^m_{c_{l_s}})\Big/\partial u^m_{c_{l_s}}=P_{\lambda,c_{l_s}} \tag{19}$$

It had been manifested that Eq.（17）was equivalent to the equilibrium conditions of the probit-based trip-chain SUE，and the derivation was elaborated in the appendix.

4.2 Solution algorithm

Method of successive averages（MSA）method was one of the most effective algorithms to solve trip-chain SUE problem. When MSA was applied in probit-based SUE problem，double iterations should be adopted：internal iteration for sampling and assignment，where Monte-Carlo simulation was applied；external iteration for equilibrium. The outline of the solution algorithm was given as follows.

Step 1：Initialization.

Step 1.1：Set L=0. Initialized the value of $\mu_c^{(0)}$ to get $q_{1,c}^{(0)}$ and $q_{0,c}^{(0)}$ using Eq.（15）. Identified $t_a^{G_1,0}$，$t_a^{G_2,0}$ d_k^0，$w_b^{G_2,0}$ and $w_b^{G_3,0}$.

Step 1.2：Engendered perception error samples under the free-flow of the two groups by Monte-Carlo simulation，$\vartheta_{\lambda,a}^{G_1,(0)}$，$\vartheta_{\lambda,a}^{G_2,(0)}$，$\varepsilon_{\lambda,k}^{(0)}$，$\zeta_{\lambda,b}^{G_2,(0)}$ and $\zeta_{\lambda,b}^{G_3,(0)}$.

Step 2：Internal iteration. Updated trip chain cost，and assigned the trip chain demand.

Step 2.1：Calculatedthecost of each link and node：$t_a^{G_1,(L)}$，$t_a^{G_2,(L)}$，$d_k^{(L)}$，$w_b^{G_2,(L)}$ and $w_b^{G_3,(L)}$；consequently，$u^m_{c_{l_s}}$ could be obtained.

Step 2.2：$\forall a$，engendered error samples of the two groups，$\vartheta_{\lambda,a}^{G_1,(L)}$，$\vartheta_{\lambda,a}^{G_2,(L)}$，$\varepsilon_{\lambda,k}^{(L)}$，$\zeta_{\lambda,b}^{G_2,(L)}$ and $\zeta_{\lambda,b}^{G_3,(L)}$，by Monte-Carlo simulation，so the total cost of the trip chain，$U^{m,(L)}_{\lambda,c_{l_s}}$，could be obtained.

Step 2.3：The trip chain demands of accepting and not accepting ITI，$q_{1,c}^{(L)}$ and $q_{0,c}^{(L)}$，were assigned to the path with minimum trip chain cost on the multimodal network，As a result，link flow $x_a^{(L)}$ and parking flow $v_k^{(L)}$ were obtained.

Step 3：External iteration. Updated the link flow and parking flow by the following formulas，and calculated $\mu_c^{(L)}$.

$$x_a^{(L)}=[(L-1)x_a^{(L-1)}+X_a^{(L)}]/L,\ \forall a \tag{20}$$

$$v_k^{(L)}=[(L-1)v_k^{(L-1)}+V_k^{(L)}]/L,\ \forall k \tag{21}$$

Step 4: Convergence test. If the convergence criterion (see Eq. (22)) was met, stop calculating; If not, set L=L+1 and go back to Step 2.

$$\frac{\sqrt{\sum_a(\overline{x}_a^{(L)}-\overline{x}_a^{(L-1)})^2}}{\sum_a \overline{x}_a^{(L-1)}}+\frac{\sqrt{\sum_k(\overline{v}_k^{(L)}-\overline{v}_k^{(L-1)})^2}}{\sum_k \overline{v}_k^{(L-1)}}\leqslant\hat{\varepsilon} \tag{22}$$

where $\hat{\varepsilon}$ was a number small enough, $\overline{x}_a^{(L)}$ and $\overline{v}_k^{(L)}$ was the mean value of the last iterations.

5 Numerical Example

5.1 Data input

Due to the complexity of the problem, a simple network was applied to illustrate the trip-chain SUE model, as shown in Figure 1. It was a multimodal transportation network representing the process that a person departed from home, went via stop n_1 and n_2, and returned home at last. In the figure, round nodes represented stops. Stop n1 (node 5) was an optional activity location, while n2 (node 7) was a compulsory activity location, which meant the trip chain of the traveler had to pass node 7. Quadratenodes represented parking or transferring nodes. Travelers from origin nodes 1 couldreturn destination node 1 by five alternative modes: auto, bus, metro, bus-metro or auto-metro via transferring at nodes 2 and 4 (P&R). If traveling by auto, travelers could search parking space at node 5 and 7. The parameters of the links were shown in Table 1.

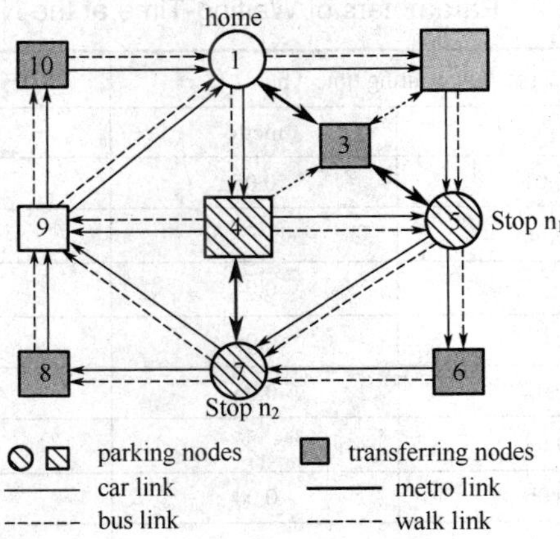

Figure 1 Example of Multimodal Transportation Network

Because the links entering and leaving the multimodal network were omitted, hence the parameters of entering and leaving links were merged into nodes' attributes. The parameters of waiting time and searching timefor an available parking space at nodes were shown in Table 2 and Table 3.

Table 1 Parameters of the Links

Road links	Length (km)	Free-flow travel time (h)		Capacity (pcu/h)	Walking and Metro links	Time (h)
		$t_a^{G_1,0}$	$t_a^{G_2,0}$			
(1, 2)	6.2	0.15	0.18	1000	(2, 3) / (3, 2)	0.10
(1, 4)	3.2	0.10	0.14	600	(3, 4) / (4, 3)	0.15

Continued

Road links	Length（km）	Free-flow travel time（h）		Capacity（pcu/h）	Walking and Metro links	Time（h）
		$t_a^{G_1,0}$	$t_a^{G_2,0}$			
（2，5）	6.4	0.20	0.25	600	（1，3）/（3，1）	0.30
（4，5）	10.5	0.30	0.35	800	（3，5）/（5，3）	0.20
（4，9）	2.8	0.07	0.10	1000	（4，7）/（7，4）	0.30
（5，6）	2.0	0.07	0.10	500	—	—
（5，7）	7.0	0.20	0.24	800	—	—
（6，7）	5.0	0.12	0.15	1000	—	—
（7，8）	3.5	0.10	0.13	800	—	—
（7，9）	5.4	0.18	0.22	500	—	—
（8，9）	2.5	0.06	0.08	1000	—	—
（9，1）	4.8	0.15	0.19	600	—	—
（9，10）	1.8	0.06	0.08	500	—	—
（10，1）	3.2	0.08	0.10	1000	—	—

In the numerical experiment，it was assumed that metro fare was charged for 2 *yuan* regardlessof distance，and bus fare was charged based on distance with 0.4 *yuan* per 10km，and the distance of bus link was the same with the length of road links in Table 1.

Table 2　Parameters of Waiting-Time at the Nodes

Boarding nodes	Free-flow waiting time（h）		Departure frequency（veh/h）	
	bus	metro	bus	metro
1	0.01	0.05	4	15
2	0.08	—	10	—
3	—	0.04	—	15
4	0.08	0.04	10	15
5	0.08	0.05	10	15
6	0.08	—	10	—
7	0.06	0.04	12	20
8	0.05	—	12	—
10	0.08	—	10	—

Table 3　Parameters of Searching-Time at the Parking Nodes

Parking nodes	Free-flow searching time（h）	Capacity（pcu/h）	Parking charge（*yuan* /time）
2	0.06	800	2
4	0.04	500	4
5	0.05	500	4
7	0.08	1000	2

To get the flow of the five alternative modes respectively，road-network was separated into auto sub-network and bus sub-network by adding virtual nodes and links, and a hyper-network corresponding to the multimodal transportation network could be established. Considering the paths and modes from home to stopn$_1$, the matching hyper-network was build up as shown in Figure 2. The cost on virtual links was zero, and the parameters of virtual nodes were the same with the corresponding actual nodes, as shown in Table 2 and 3.

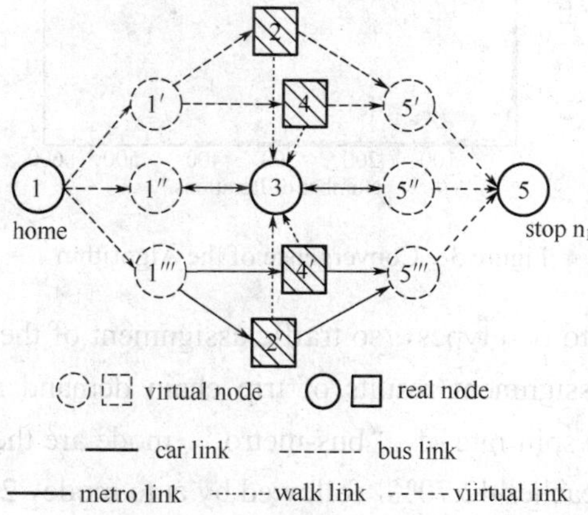

Figure 2 Hyper-network from Home to Stop n$_1$

The parameters in Eq. (2) could be calibrated by the data acquired from a trip-chain survey in a suburban community of Beijing in March to July, 2012, by using a multi-nominal logit model. In the model, it was considered that V_1=33, V_2=V_3=V_4=16, and V_5=20. BIOGME software was employed to get the estimation result, in which the optimization algorithm CFSQP was adopted (Bierlaire 2003). The parameters and their *t*-statistics value were presented in Table 4.

It was worth mentioning that the variable "$e_{c_{l_k}} / V_m$" was eliminated from Eq.(2), because it was found that the coefficient "α_3" on this variable was positive in the calibration, which was quite unreasonable, so the coefficients on other variables were re-estimated after removing it.

Besides, the parameters on perception errors of different travelers were: $\eta_1^{G_1}=0.4$, $\eta_0^{G_1}=0.8$, $\eta_1^{G_2}=0.6$, $\eta_0^{G_2}=1$, $\rho_1=0.3$, $\rho_0=0.8$, $\tau_1^{G_2}=0.5$, $\tau_0^{G_2}=1.2$, $\tau_1^{G_3}=0.2$, $\tau_0^{G_3}=0.4$, $C_N=1.0$, $\mu_c^{(0)}=25\%$, $\hat{\varepsilon}=0.001$; and the total trip chain demand was q_c=5000.

Table 4 Calibration Results of Trip-chain Cost Function

m=1			*m*=2, 3, 4			*m*=5		
	Parameter	*t*-statistics		Parameter	*t*-statistics		Parameter	*t*-statistics
α_1	−9.54	−2.97	β_1	−4.92	−1.81	γ_1	−5.40	−1.99
α_2	−23.2	−2.52	β_2	−16.8	−2.24	γ_2	−13.1	−1.96
α_4	−1.66	−2.69	β_3	−18.2	−2.28	γ_3	−28.7	−1.99
—	—	—	β_4	−26.9	−2.53	γ_4	−28.0	−2.11
—	—	—	—	—	—	γ_5	−2.89	−1.29
—	—	—	—	—	—	γ_6	−2.47	−2.10

5.2 Discussion of numerical results

Figure 3 shows the convergence of the proposed solution algorithm. Due to the application of one-step iteration method, convergence rate is a bit slow, which stabilizes at about 500 iterations. When convergence achieves, the market penetration of ITI reaches 44.45%.

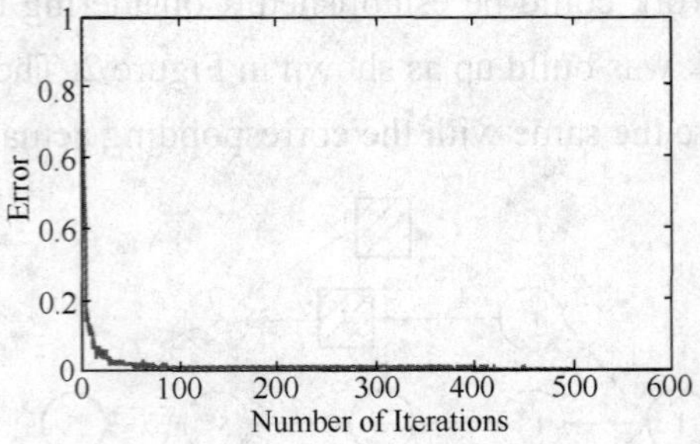

Figure 3 Convergence of the Algorithm

Since travelers are divided into two types, so traffic assignment of the two groups should be conducted respectively. Table 5 gives the assignment results of trip chain demand and the mode split rates of five alternatives. It can be seen that the split rate of "bus-metro" mode are the biggest whether travelers accept ITI or not, and its total split rate reaches 42.70%, followed by auto mode, 26.46%. Compared to the travelers who don't accept ITI, travelers accepting ITI prefer to choose public transport (especially bus and metro) to complete the whole trip chain rather than private transport, so the split rates of bus and metro modes grow by8.34% and 9.72%; by contrast, the split rates of auto, bus-metro and auto-metro decrease by 8.42%, 9.51% and 0.13%. Totally, the split rate of public transport (bus, metro and bus-metro) increases by 8.55% after accepting ITI, and the proportion of the trip chain containing auto-trip reduces (auto and auto-metro). This implies that ITI has a significant positive effect on diminishing the use of auto mode, and persuading travelers to reduce car use and switch from private to public transport.

Table 5 Influence of ITI on the Mode Split Rates of Trip Chains (%)

Mode	λ=1		λ=0		Total rate
	Flow	Rate	Flow	Rate	
Auto	512	21.97	811	30.39	26.46
Bus	273	11.71	90	3.37	7.26
Metro	445	19.09	250	9.37	13.90
Bus-metro	877	37.62	1258	47.13	42.70
Auto-metro	224	9.61	260	9.74	9.68

Table 6 provides the mean costs on trip-chain paths traveling by different modes under the equilibrium state, and shows the benefits or losses acquired by travelers. It can be learned that the mean costs of most trip chains reduce after accepting ITI, except the ones with bus mode. The reason for this is that the proportion of travelers choosing bus alternative grows after accepting ITI, and the increase of bus-flow leads to the rise of general cost on bus sub-network(see Table 5). However, the benefits gained by travelers with different modes are different, i.e. persons traveling by auto benefit most (0.84), while traveling by metro results in the minimum benefit (0.16). The reason for this is that the proportion of travelers choosing auto alternative declines after accepting ITI, and the decrease of auto-flow leads to the reduction of general cost on auto sub-network. In addition, metro lines are independent of others and run regularly, and it is less likely to be affected by the flow, so the mean cost traveling by metro also falls when travelers accept ITI, because their perception errors reduce. However, whether accepting ITI or not, the perception errors on metro sub-network are smaller than that on road sub-network, and therefore it results in the minimum benefit. As a whole, travelers benefit from using ITI in eliminating the uncertainty of trips and trip chains.

Table 6 Influence of ITI on the Mean Costs of Trip Chains

	Auto	Bus	Metro	Bus-metro	Auto-metro
λ=1	12.16	8.72	8.83	7.95	8.27
λ=0	13.00	7.66	8.99	8.26	8.55
Benefits	0.84	−1.06	0.16	0.31	0.28

Table 7 presents the results of trip-chain structure of the two groups under the equilibrium state. By contrast, travelers accepting ITI prefer to choose the path that doesn't contain stop n_1, and the proportion of travelers abandoning accessing stop n_1 falls by 11.49%. Hence, it can be deduced that ITI contributes to simplify the structureof the tripchain, and reduce travel demand by cutting down trips in the trip chain, also alleviate traffic jam by controlling travel intensity at the source.

Table 7 Influence of ITI on the Structure of Trip Chains

	Trip chain structure	Flow	Proportion /%
λ=1	Home→n_1→n_2→Home	788	33.81
	Home→n_2→Home	1543	66.19
λ=0	Home→n_1→n_2→Home	1209	45.30
	Home→n_2→Home	1460	54.70

6 Conclusions

(1) ITI is supposed to be composed of travel time, waiting time and searching time for an available parking space. Travelers aresorted into two groups by accepting ITI or not, who have different perception errors to above information. In view of the trip chain, the total cost function of trip chain is analyzed, in which the systematicterm andthe stochastic error term are incorporated.

(2) A multiclass probit-based trip-chain stochastic user equilibrium model for five alternative modes under the hypothetical ITIis proposed, in which both groups make choices regarding to their own expected cost of trip chains. A MSA solution algorithm with Monte-Carlo simulation embedded is presented.

(3) Basedonthe proposed model, influences of ITI on the travel mode, travel pattern, mean cost and structure of the trip chain are investigated by comparing the numerical results of the two types of travelers. It is proved that ITI makes public transport more attractive, especially bus and metro, and some travelers are persuaded to give up auto mode and switch from private to public travel pattern. It also contributes to reduce the mean costs of some tripchains, andhelps to simplify thestructure of the tripchain which results in a reduction of total travel demand.

(4) The contribution of this work is giving valuable insights into the effects of forthcoming ITI on trip chains. Furtherresearch effort should focus on the extension of ITI contents, e.g. the provision of fastest travel mode advice at the present time, alternative routes, or real-time delay. The consideration of "common lines problem" should also be taken into account in thepublic transit assignment.

Acknowledgments

This research is funded by National "Twelfth Five-Year" Plan for Science & Technology Support（2013BAG18B01）. The authorappreciatesthe assistance of co-authors in the modifications and suggestions and of this paper.

References

[1] Adler，J.L.and Blue，V.J.Toward the design of intelligent traveler information systems [J]. Transportation Research Part C，1998（6）：157-172.

[2] Levinson，D.. The value of advanced traveler informationsystems for route choice [J]. Transportation Research Part C，2003（11）：75-87.

[3] Arentze，T. andTimmermans，H.. Information gain，novelty seeking and travel：a model of dynamic activity-travel behaviorunder conditions of uncertainty [J]. Transportation Research Part A，2005（39）：125-145.

[4] Jenelius，E.，Mattsson，L.，and Levinson，D.. Traveler delay costs and value of time with trip chains，flexible activity scheduling and information [J]. Transportation Research Part B，2011（45）：789-807.

[5] Lyons，G. and Kenyon，S.. The value of integrated multimodal traveller informationand its potential contribution to modal change [J]. Transportation Research Part F，2003（6）：1-21.

[6] Grotenhuis，J. W.，Wiegmans，B. W.，and Rietveld，P. The desired quality of integrated multimodal travel information in public transport：Customer needs for time and effort savings [J]. Transport Policy，2007（14）：27-38.

[7] Lo，K. H. and Szato，W. Y.. A methodology for sustainable traveler information services [J]. Transportation Research Part B，2002（36）：113-130.

[8] Huang，H. J. andLi Z. C.. A multiclass，multicriteria logit-based traffic equilibrium assignment model under ATIS [J]. European Journal of Operational Research，2007（176）：1464-1477.

[9] Lam，W.H.K.and Yin，Y.F.. An activity-based time-dependent traffic assignment model [J]. Transportation Research Part B，2001（35）：549-574.

[10] Maruyama，T.and Harata，N.. Difference between area-based and cordon-based congestion pricing：investigation by trip-chain-based network equilibrium model with non-additive path costs [J]. Transportation Research Record，2006（1964）：1-8.

[11] Higuchi，T.，Shimamoto，H.，Uno，N.，and Shiomi，Y.. A trip-chain based combined mode and route choice network equilibrium model considering common lines problem in transit assignment model [J]. Procedia-Social and Behavioral Sciences，2011（20）：354-363.

[12] Mcguckin，N.and Nakamoto，Y.. Trips，chains，and tours-using an operational definition. The NHTS Conference [C]. 2004.

[13] Lam，W.H.K.，Zhou J.，and Sheng，Z.. A capacity restraint transit assignment with elastic line frequency [J]. Transportation Research Part B，2002（36）：919-938.

[14] Yang，H.. Multiple equilibrium behavior and advanced traveler information systems with endogenous market penetration [J]. Transportation Research Part B，1998（32）：205-218.

[15] Sheffi，Y.and Powwell，W.B.. An algorithm for the equilibrium assignment problem with random link times [J]. Networks，1982（12）：191-207.

[16] Bierlaire，M.. BIOGEME：A free package for the estimation of discrete choice models [C]. The 3rd Swiss Transportation Research Conference，2003.

基于 RFID 技术的危险品货物关键运输卡口监控设计

李 燊[1] 顾 欣[1] 项乔君[1] 姚红云[2] 张 婷[1]

（1. 东南大学交通学院，南京 210096；2. 重庆交通大学交通运输学院，重庆 400074）

摘　要：本文利用 RFID（Radio Frequency Identification）技术研究设计了危险品货物运输在关键卡口处的监控系统。首先分析危险品货物的运输事故特点，及 RFID 技术的适用范围，作为研究基础。其次，建立危险品货物监控系统，包括“人、车、货”的匹配、实时状态信息获取、关键卡口信息检验，以及应急系统设计等。最后，结合重庆主城区路网布局，得到危险品货物关键运输卡口集，基于 Arcgis Engine 开发了监控系统模块。本文可作为危险品货物运输监控布局的科学示范点。

关键词：RFID；危险品；Arcgis Engine；关键运输卡口；监控系统

The Monitoring Design of Dangerous Goods Transportation at Nodes Using RFID Technique

Li Shen[1] Gu Xin[1] Xiang Qiaojun[1] Yao Hongyun[2] Zhang Ting[1]

(1.School of Transportation, Southeast University,Nanjing 210096;
2. School of Traffic & Transportation, Chongqing Jiaotong University, Chongqing 210096)

Abstract: There is a high incidence of dangerous goods transportation accidents, and it has these following characteristic:great damage, large-scale influence and long duration, etc. And the RFID technology has the fast automatic recognition and strong adaptability to environment long-distance, and thus is used widely transportation field. In this paper, it combines effectively the transport of dangerous goods and the RFID technology, established the monitoring system for key dangerous goods transport nodes based on RFID technology. It mainly include the inter-coordination of "people, vehicles and goods" , the acquisition of real-time status about the overall transportation system, the inspection of information at key transport nodes, as well as emergency system design and so on. It effectively reduce the incidence of the accident, reduces the extent of the accident of dangerous goods, further ensure the safety of the dangerous goods transport.

Key words: RFID, Dangerous Goods, Arcgis Engine, Nodes, Monitoring System

1 引言

危险品对工业生产贡献巨大，但在运输途中，事故较为多发，具有影响烈度大、范围广、后果严重且深远的特点。2014 年，我国已建成国家级、省级大型工业园区达 200 多个，有各类危化品企业 30

多万家，常用化工原料达到 5000 余种，95%以上化工原料需采用异地运输[1]。我国危险品运输已占年货运总量的 30%以上，危险品物流已悄然形成。在危险化学品生产、储存、运输、使用等环节引发的事故中，运输事故比例超过 30%，而且有逐年增长的趋势[2]。危险品运输环节，途径庞杂，运输专业能力不强，沿途监控管理不力，增加了危险品公路运输安全的难度；事故发生后事故报警延迟、救援缓慢，次生灾害进一步扩大，又加深了影响。如何有效地降低危险品货物交通运输风险受到各界的广泛关注。

在物联网技术中，RFID 作为一种新兴的自动识别技术，由于具有远距离识别可存储携带较多的信息、读取速度快、可应用范围广等优点，非常适合在交通运输车辆和停车管理中应用。于是本文将 RFID 技术与危险品货物相结合，实时监控安全状态，并重点在运输卡口做信息反馈调节。

2 现状分析

2.1 危险品运输现状分析

危险品通常又称作危险货物。国家标准 GB 6944—2005《危险货物分类及品名编号》给出定义："危险货物：具有爆炸、易燃、毒害、感染、腐蚀、放射性等特性，在运输、储存、生产、经营、使用和处置中，容易造成人身伤亡、财产毁损和环境污染而需要特别防护的物质和物品。"[3]。危险品货物（运输）车辆和设备必须满足规定要求，同时危险品货物运输和装卸也要满足规定[4]。同时，危险品货物运输应具有安全性、信息化和管理科学化的特点[5]。

据统计，我国 95%以上的危险品涉及异地运输问题，每年总的运输量超过 2 亿吨，倘若一旦发生事故将会对人民的生命财产安全产生极其严重的影响，甚至会影响社会稳定。危险品货物运输事故发生形态一般有行驶中和不在行驶中，两种事故形态，分别为 20%和 80%。其中，在行驶状态中，因交通事故引发的达到了 58%，泄漏为 17%，因爆炸和失火分别为 3%和 2%，具体如图 1 所示。

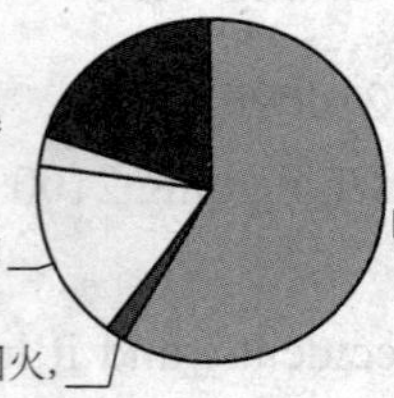

图 1 危险品运输过程中事故类别所占比例

经过对事故类别的进一步分析，总结出事故的主要原因，有六个大类：管理原因、人的原因、设备设施缺陷的原因、环境方面的原因、交通事故引发危险品事故、事故救援不当导致灾情扩大。总结起来，危化品运输过程中，对人（驾驶员、作业人员）、车（车辆、装载设备）和货（危险品要求环境）都有严格要求。

当前，基于 GPS/GIS 的危险品货物运输车辆监控研究主要集中于车辆上[6, 7]，对危险品货物的监控还是相当薄弱的，处于"受制"阶段，当危险品运输车辆"受伤"，行驶轨迹等发生改变，出现报警后，中心才能指导救援，为时晚矣。如何快速的发现货物"问题"，及早在关键运输卡口检测到，早发现早消灭，降低危险发生概率，正是本文出发点。

2.2 RFID 技术

RFID 系统最早的运用在 1945 年，第二次世界大战中用于战斗机 IFF（IdentiFricndorFoe）。另一个早期 RFID 系统运用是在 1985 年，美国投入了大量的专家研究用于研究哥伦比亚河哇鱼的迁移特性的 RFID 系统[7]。

近年来，国外很多公司都投入了一定的力量来研究可移植性强的 RFID 系统解决方案，如 TagMaster，Tl，Motorola，Intel 等。在韩国已经成功地将研究成果应用到公交行业；欧盟将 RFID 技术用到“ICARE”和”CALYPSO”项目，形成了一个基于 RFID 技术的“信用卡”系统；德国汉莎空公司对高频率乘客发放的 Miles&More 卡，大大提高了机场效率，节省了乘客的时间。这些成功的应用，标志着 RFID 系统已经取得了信息系统中举足轻重的地位。在国内也有一些应用如考勤系统、门禁系统等，但都是引进外国的系统。由于国内 IC 行业及封装行业大大落后于国外，现阶段我国 RFID 系还处在研究阶段[8]。RFID 应用领域如图 2 所示。

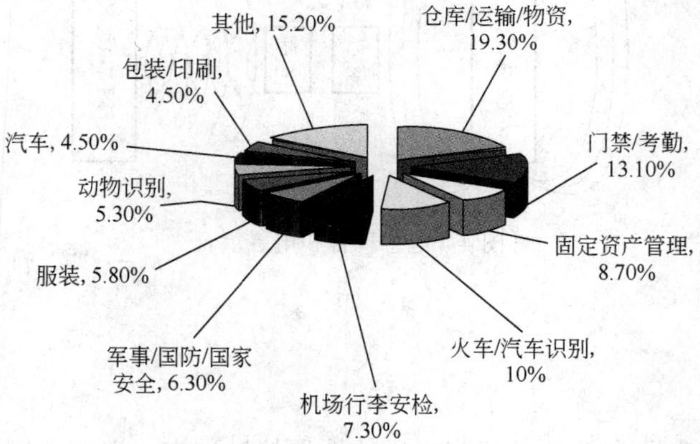

图 2　RFID 在各行业中的应用比重

关键运输卡口处要求车辆快速安全通过，需要监测装置能够很好适应环境、使用寿命长、外界环境影响小、信息容量大、多个标签能够同时读取、保密性高、远距离识别和读写速度高等特点，而 RFID 恰好具备了这些特点，故将其引进危险品货物监控系统。

硬件组件典型的 RFID 系统主要由阅读器、电子标签、RFID 中间件和应用系统软件 4 部分构成[9]，我们把中间件和应用软件统称为应用系统，如图 3 所示。

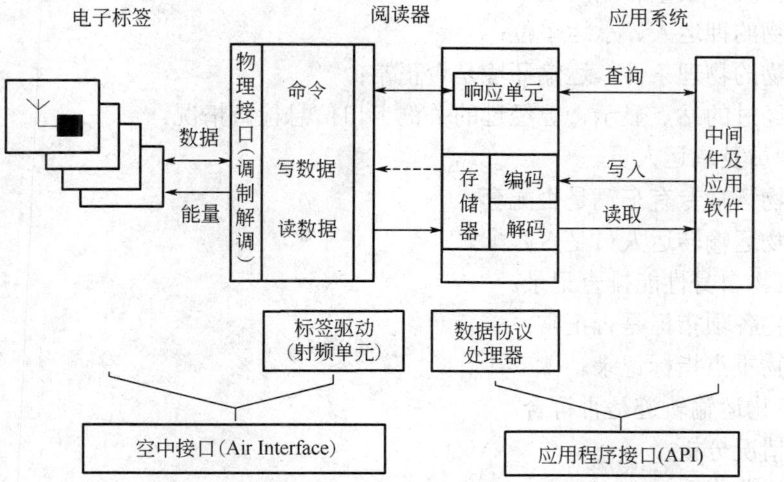

图 3　RFID 系统结构图

从电子标签到阅读器之间的通信及能量感应方式来看，系统一般分为两类，即电感耦合（Inductive Coupling）系统和电磁反向散射耦合（Backscatter Coupling）系统。电感耦合通过空间高频交变磁场实现耦合，依据的是电磁感应定律；电磁反向散射耦合，即雷达原理模型，发射出去的电磁波碰到目标反射，同时携带回目标信息，依据的是电磁波的空间传播规律。电感耦合和电磁耦合系统如图 4 所示。

电感耦合方式一般适用于中、低频工作的近距离射频识别系统，典型的工作频率有 125kHz、

225kHz、13.56MHz。利用电感耦合方式的识别系统作用距离一般小于1m，典型的作用距离是10～20cm。

电磁反向散射耦合方式一般适用于高频、微波工作的远距离射频识别系统，典型的工作频率有433MHz、915MHz、2.45GHz 和 5.8GHz。识别作用距离大于 1m，其典型的工作距离是 4～6m。

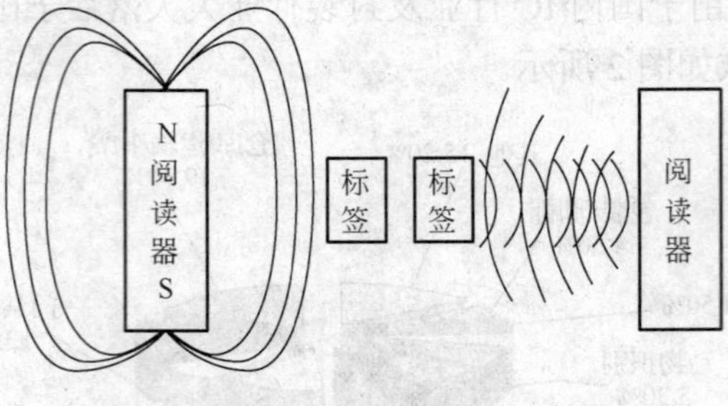

图 4　电感耦合和电磁耦合

3　系统设计

从危险品货物出厂“上路”开始一直到“目的地”的过程中，选取关键运输卡口，定点监测危险品货物运输状态，降低运输过程中危险品货物发生危险的概率，保障运输过程安然无恙。系统包括以下七个功能：

（1）关键运输卡口监控系统处对危险品货物信息提取验证，准确判断驾驶员、危险品货物及运输车辆的所处情况，确保均处于“健康状态”，为到达下一关键运输卡口提供有效保证，最终安全到达卸货点。

（2）通过基于 RFID 技术的危险品货物监控系统信息实时显示、查询情况。

① 危险品的种类、数量、出发地、目的地；

② 危险品货物的押运人、承运单位；

③ 危险品货物的物理条件，运输环境是否正常；

④ 运输应该经过的站点显示、已经过的关键卡口信息检查情况。

（3）规范驾驶员及承运人员。

① 危险品货物运输专有车辆是否配套；

② 危险品货物运输转运人员是否匹配。

（4）危险品货物自身性能排查记录。

① 危险品货物各项指标是否正常；

② 危险品货物重点指标记录。

（5）危险品货物运输轨迹是否符合。

① 运输线路情况分析；

② 运输线路提前指引。

（6）危险品货物运输过程中出现紧急情况。

① 出现特殊情况启动应急预案；

② 提前给危险品货物运输提供应急停靠点。

（7）此系统与城市交通电子信息系统联网，共同推动城市信息化发展。

3.1　系统工作原理

每一辆车安装驾驶员证件识别卡槽，应用系统包括对驾驶员信息的识别判断：驾驶员将其 IC 卡插入卡槽后，匹配通过后，该驾驶员方能驾驶该车辆；重复试验 3 次无效，驾驶员须找发卡部门进行重新审批解决。如果强行启动，则报警。

单位危险品货物张贴自动识别 RFID 标签，标签包含该单位危险品货物的相关信息，车载阅读器对其进行识别读取并记录，定时向监控中心及关键卡口发送信息，未定时汇报启动报警[10~12]。

运输车辆粘贴 RFID 标签，包含车辆的相关信息，车载阅读器对其识别读取，向监控中心和关键卡口发送，以备查验，未定时汇报启动报警。

单位危险品货物内、车辆重要部件上装载电子传感器，将信息写入标签，通过阅读器识别，定时向监控中心及关键卡口发送信息，未定时汇报则报警。

经过关键卡口时，启动阅读器对危险品货物和运输车辆的始发信息读取后与车辆传输的进行比较，出现不同，启动报警；同理，对传感信息的标签进行读取，以及对驾驶员的从业资格进行刷卡识别判断。

应急系统中包括对种种报警情况的识别，确定相应的事故等级，促使事故快速合理解决[13]。

3.2 系统设计

引进 RFID 技术，对运输车辆、危险品货物进行信息提取，定时发送中心，实时预警。根据车载系统的汇报，进行事故识别，制定救援排障方案，将事故影响降至最低。核心流程体系如图 5 所示。

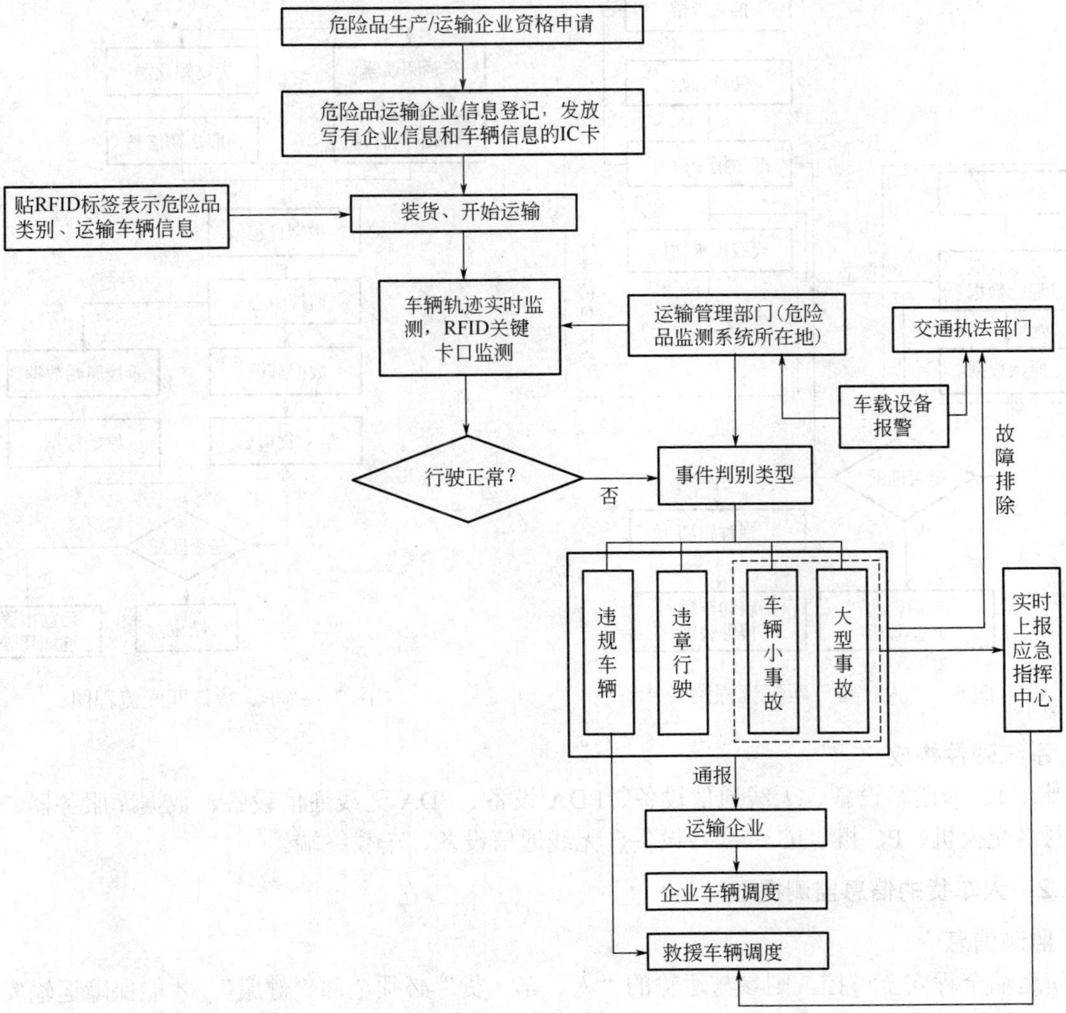

图 5　系统核心流程分析

3.2.1 “人车货”的匹配研究

1.“人、车”匹配

在车上装有存储车辆、司机信息的设备和IC卡阅读器，IC卡存储司机的基本信息。当司机把自己的IC卡放在阅读器上进行阅读时，产生指令信号，读取IC卡的数据，同时这个指令信号激活存储车辆、司机信息设备的处理器，开始读取原始数据。然后，判断IC卡的数据和原始数据是否匹配，如果匹配，车辆启动开关激活，司机才能用这辆车；否则，司机就不能用这辆车，强行启动就会激活车辆报警装置进行报警。具体如图6所示。这样，就可以实现车辆和司机的有效匹配，在运输资格上保证危险品货物的运输。

2.“车、货”匹配

在危险品货物运输过程中，车载阅读器也定时阅读贴在车辆上的标签。然后把货物信息和车辆信息传送到监控中心和原始数据（在危险品货物装车后，生产单位把货物信息和车辆信息发送给监控中心）比较，如果车辆信息、货物信息和原始数据匹配，则“车、货”匹配。同样，此技术还可以判断货物是否丢失（货物丢失也属于不匹配的情况之一）。具体的流程图如图7所示。

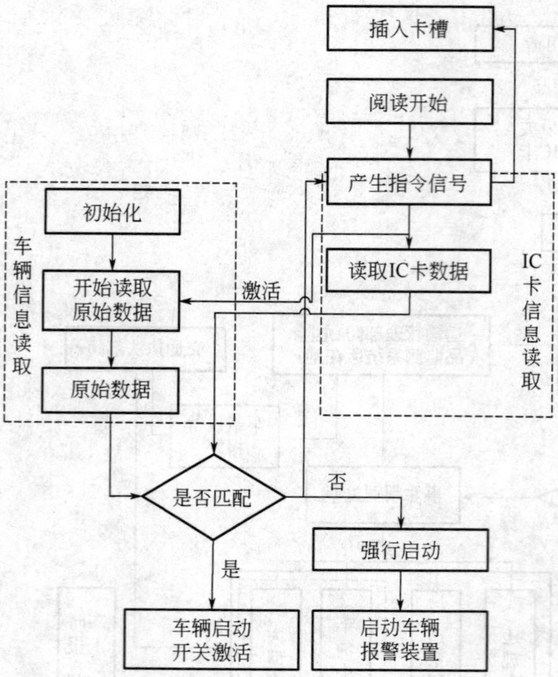

图6 “人、车”匹配流程图

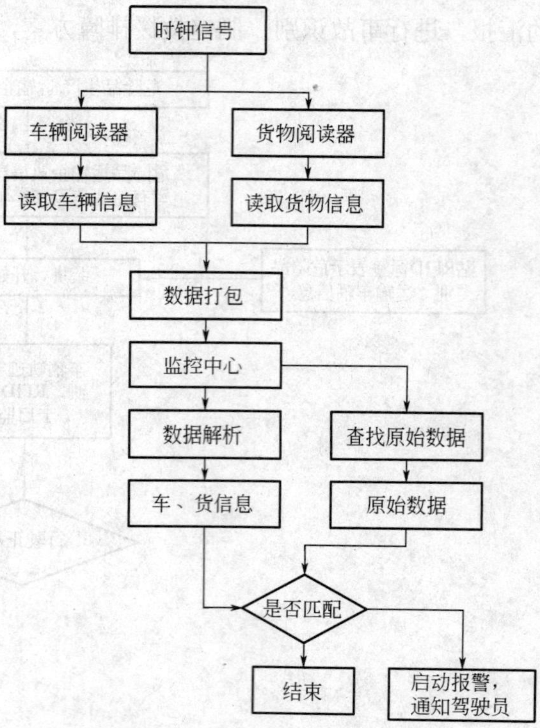

图7 “车、货”匹配流程图

3. 系统硬件构成

IC卡、IC卡读写设备、无线通信设备、PDA设备、PDA无线通信设备、数据库服务器、应用服务器、网络交换机、PC机、IC卡读写设备、无线通信设备、车载终端。

3.2.2 人车货的信息监测提取

1. 监测信息

要使运输全程安全可控，则参与运输的“人、车、货”必须全部“健康”，才能保障运输安全，分别对人车货情况进行监测。

（1）人的信息包括[14]：驾驶室酒精密度传感器和驾驶员卡槽发送的信息等。

人体内酒精含量过高会造成神经麻痹，影响驾驶员对驾驶情况的合理判断，并且判断迟缓，容易造成极大损失。

应保证驾驶室的空气舒适，测量驾驶室的 CO2 的浓度等，确保驾驶员处于健康的环境中。

卡槽内信息实时提取，可向监控中心及关键卡口报告驾驶员基本信息，进行备案等。

（2）车辆信息[15, 16]。汽车基本构成有发动机、底盘、车身和电气设备四个部分。本文中主要监测的车辆信息为发动机、轮胎、灯光喇叭、蓄电池、制动系统以及一些开关信号的监测。

（3）危险品货物的监测信息包括：温度、加速度、湿度、倾角、压力等。

温度，危险品的共性就是受热易爆，容易诱发其特性的爆发，造成重大损失，故特别注意温度的监控。湿度，危险品货物的湿度关系到货物的“健康”，要保证其始终处在合理的范围内，保质完成危险品货物的运输。压力，根据某些危险品货物的特性，受到压力过大，会出现险情，有可能造成大的破坏。另外，根据危险品货物的特点，还应该包括倾角和加速度等信息监控。

2．监测系统构成

当通电后，先对 RFID 模块和传感器模块进行初始化，完成射频芯片的收发频率、无线传输速率、收发地址、首发模式等的设置，然后微控制器将传感器定时采集到的信息，写入 RFID 标签，将传感器测的信息储存于 RFID 标签内，车载阅读器读取识别，经过车载设备定时将信息发送至中心，中心对信息进行判断反馈，如图 8 所示。

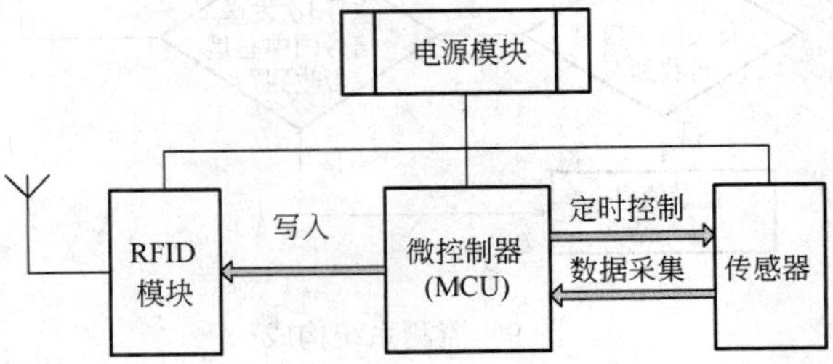

图 8　电子标签结构组成

每隔 20 分钟向中心发送一次信息，如果没有收到信息，则启动报警，并将信息备案，在关键卡口处解决问题。

要保证系统对人、车、货三者重要信息的实时监控，方可确保运输系统处于安全可控。监测系统的基本工作流程如图 9 所示；图 10 为危险品货物运输车辆轨迹监测流程。

3．系统硬件构成

IC 卡、IC 卡读写设备、无线通信设备、传感器设备、控制器设备、RFID 阅读器、车载 GPRS 系统、PDA 设备、PDA 无线通信设备等。

3.2.3　人车货的卡口检验

1．卡口检验信息

包括对人车货信息的全面瞬时提取，并对其进行判断，从而为危险品货物安全运输提供合理保障。

驾驶员 IC 卡信息，判断驾驶员是否为专业内认证的驾驶从业人员、是否饮酒、驾驶室环境等。

运输车辆的相关信息包括，车辆制动系统、灯光系统、油压系统等，提取信息进行诊断，并打印备案。

货物的相关信息，采集并判断其与车辆运输前信息是否一致，对现行的信息提取后打印备案。这些信息包括危险品的温度、湿度、压力、倾角和加速度等。

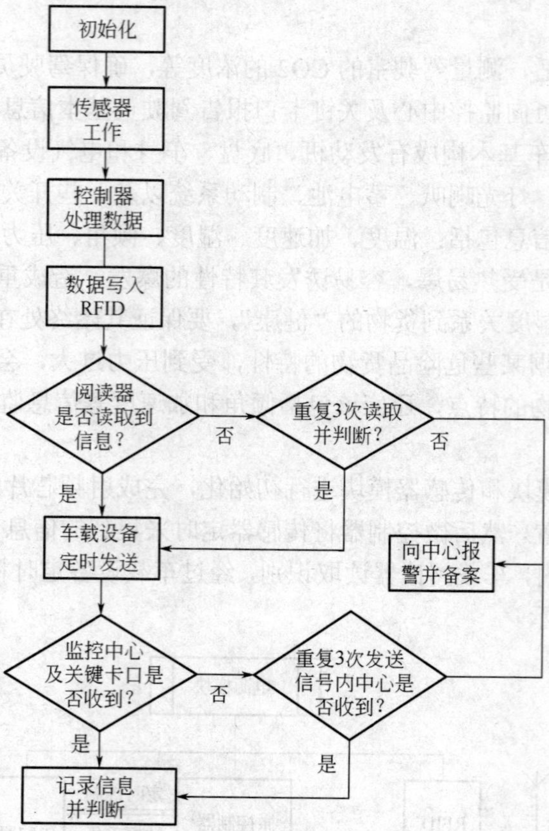

图9　监测系统构成

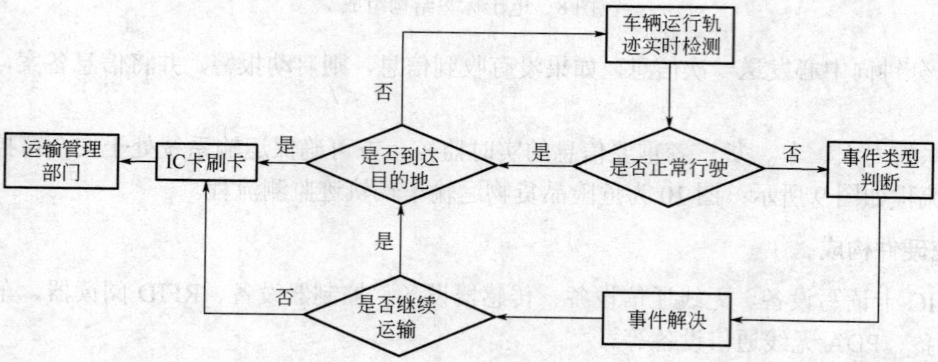

图10　车辆行驶轨迹

2. 系统工作流程

因为危险品运输车辆外形和普通车辆相比，外形较大，灵活性较差，故应在关键卡口较大的通道处设置危险品货物运输车辆的检查检验，建议选取绿色通道为危险品货物的运输卡口监测站，如图11、图12所示。

危险品运输车辆、危险品以及运输人员的基本信息；危险品运输车辆在运输过程中的行驶轨迹实时监控信息；对异常事件的处理信息。

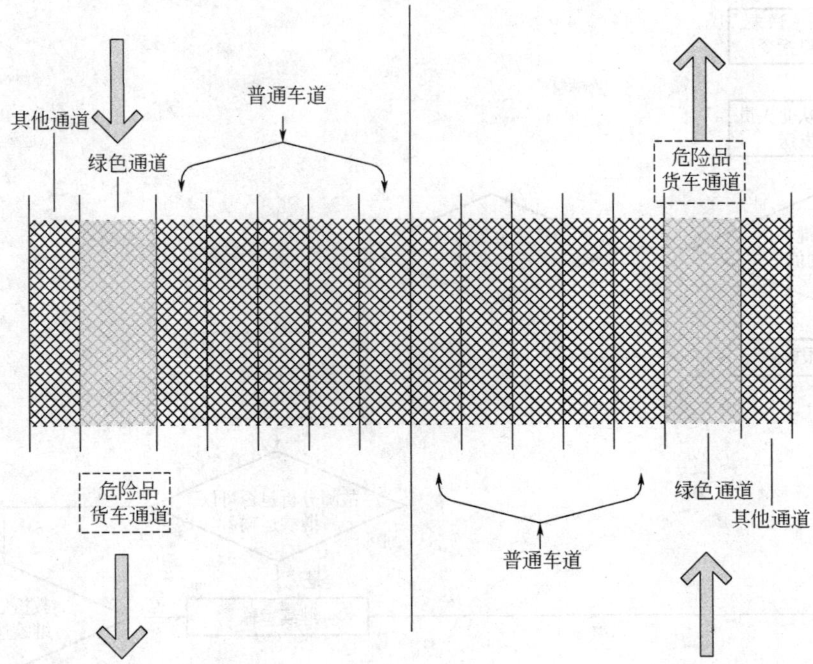

图 11　关键运输卡口的车道选取图

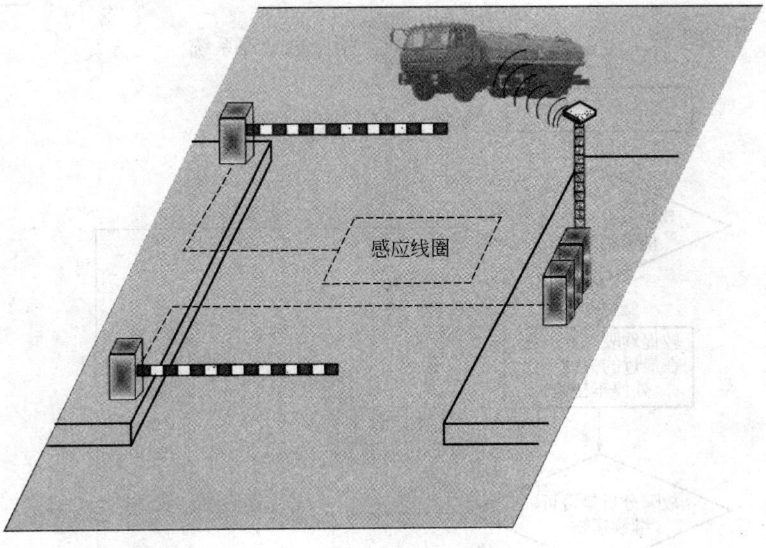

图 12　关键卡口监测布置图

3.2.4　应急系统及救援设计

当车辆未按既定路线行驶、随意停放；人、车、货信息不匹配；信息异常；信号中断等情况，启动应急系统，展开相应救援措施，保证车辆处于可控可救的安全的环境中。结构图如 13 所示。

“人车货”信息出现紧急情况时，中心督促驾驶员将车开至最近的卡口，如果时间迫急，就近停置在紧急停车带上，方便救援，并设置警示标志，诱导其他车辆避开危险品车辆行驶。具体流程如图 14 所示。

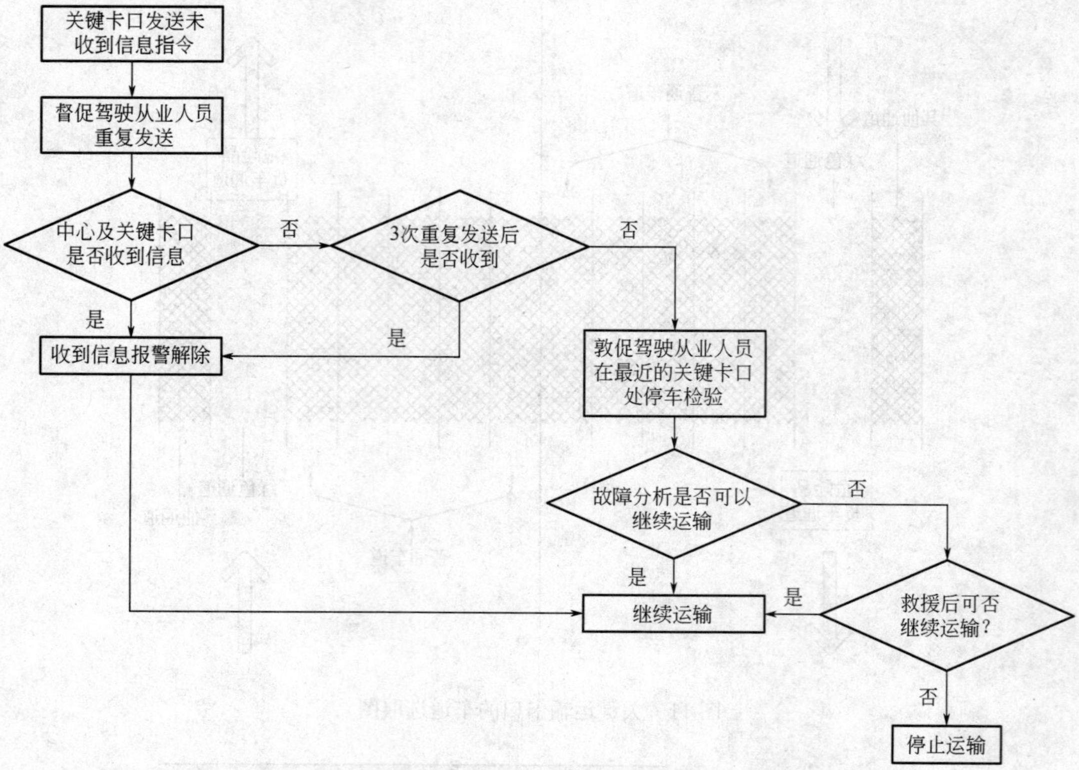

图 13　信息未按时上报应急处理系统

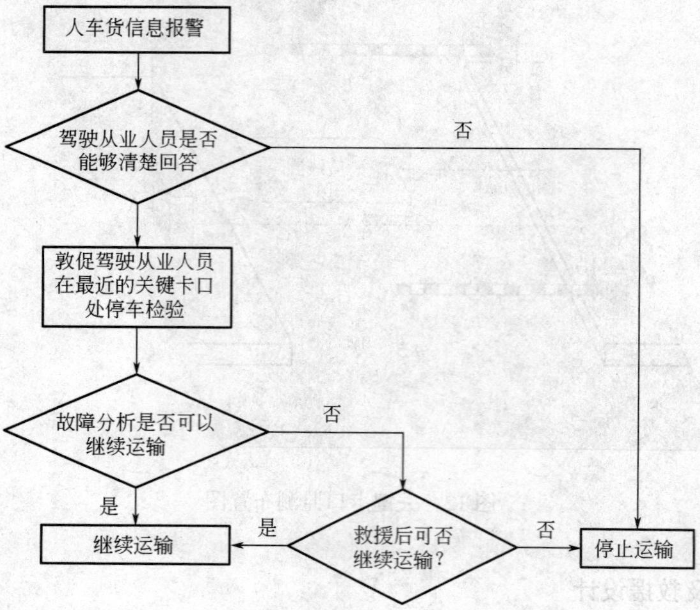

图 14　“人、车、货”异常处理系统

3.3　系统模块设计

系统模块包含用户登录模块、信息查询和运行判断及解决分析。

用户模块包括维护人员、管理人员、业务使用人员等。

信息查询，查询采集到的静态数据和动态数据。包括危险品运输车辆车型，牌照、描述危险品运输车辆运行状况的文字、音频和视频等相关数据信息。

运行判断及解决分析，分别解决驾驶员信息、运输车辆信息和危险品货物信息。

4　示例应用——重庆市主城区危险品卡口监控设计

4.1　卡口选择

本文选取重庆市主城区作为卡口监控系统应用设计示范点。鉴于山城的特殊地理情况，在关键运输卡口处作为分监管中心，提高整个运输网络安全。

关键运输卡口有一下四个单元，分别为火车站、外环主收费站、港口和机场。

火车站选取江北火车站、重庆火车站、沙坪坝火车站；航空选取江北机场；水运选取寸滩港、果园港。

外环通车后，收费站外移，内环收费站全部取消，可将外环联系主城的主要高速路的收费站点设置设为关键运输卡口分别为：渝湘线界石收费站、渝黔线新玉收费站、渝遂线土主收费站、成渝线白市驿收费站、渝宜线鱼嘴收费站、渝邻线沙坪收费站、渝武线北碚收费站和外环高速上设立的北碚匝道站（见图 15）。

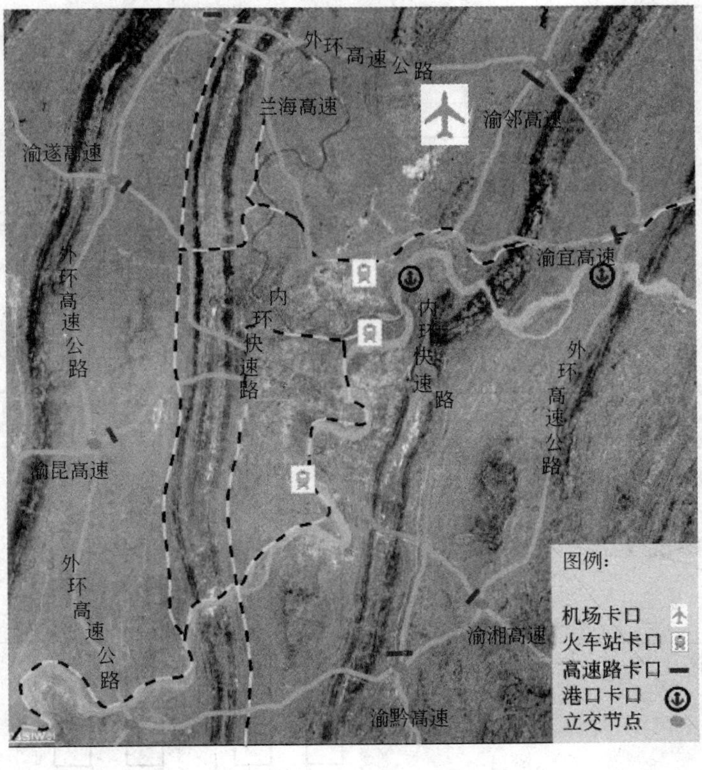

图 15　重庆市关键卡口布置总图

4.2　监控系统设计

4.2.1　系统简介

从业人员及驾驶人员先要经过验证审查，判断是否具有运输资格；安装酒精识别传感器，杜绝驾驶人员酒后驾车；在危险品“上车”时，对危险品货物进行清点记录，并开始安装个体的传感标签，记录该危险品货物的实时状态；车载 GPS、GIS 系统对车辆的实际路线进行和追踪，判断是否偏离；根据传感数据判断货物多出状态；出现任何异常情况立即自动报警功能，并对产生的故障进行判读，具体确定事故类型后，实施具体施救，上报具体运输单位并报交通运管部门备案。系统的具体流程如图 16 所示。

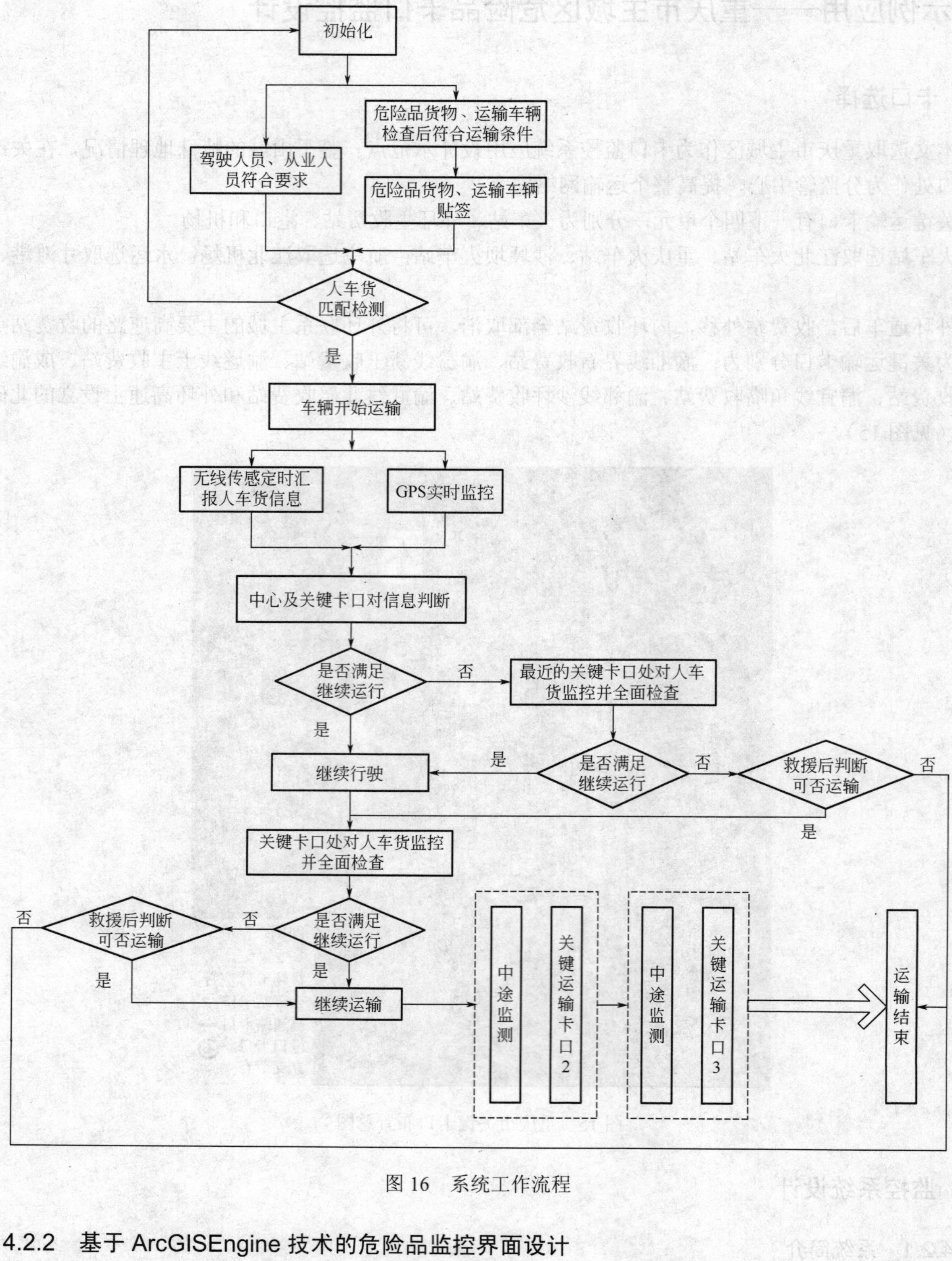

图 16　系统工作流程

4.2.2　基于 ArcGISEngine 技术的危险品监控界面设计

为了在关键卡口监控系统中，清楚直观地看到危险品货物运输车辆行驶轨迹及车辆相关信息，本实例基于 ArcGISEngine 技术，结合模拟数据，在系统轨迹查询界面查看车辆的运输线路，在点击其他信息时，依次出现相关信息，如图 17～图 20 所示。

要实现危险品货物的全程监控和“人、车、货”的匹配，必须对传统的车载终端进行改进，使其具有货物状态信息显示、车辆状态信息显示、路线三位模拟、及时报警、RFID 数据阅读等功能。如图 18 所示，车载终端主要由 GPS 接收机、GPRS 通信模块、RFID 通信模块、显示界面、报警按钮、存储器等组成[17]。

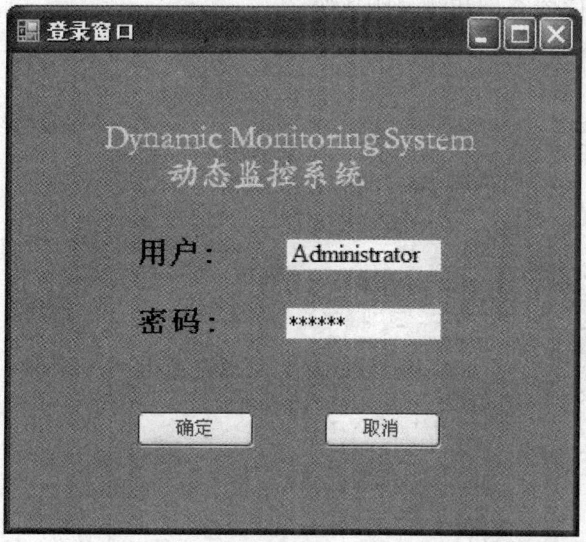

图 17　登录窗口

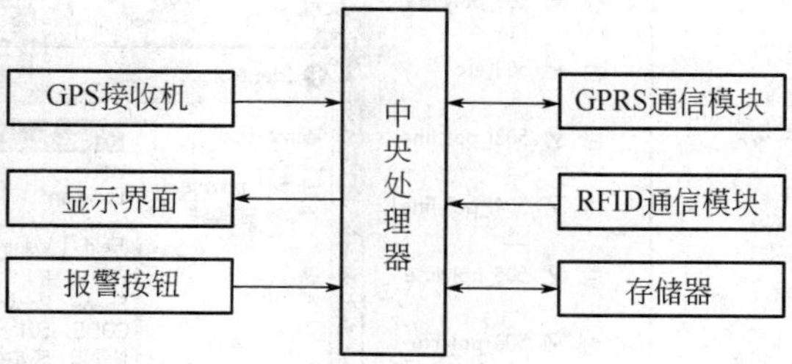

图 18　车载终端结构图

在危险品货物运输过程中，智能传感器定时采集货物状态信息和车辆状态信息，并将其写入电子标签中，RFID 通信模块把这些信息送入中央处理器，然后显示出来，供驾驶员判断。当状态信息达到设定阈值时，驾驶员安按下报警按钮通知监控中心。同时 GPRS 通信模块可以定时向监控中心发送车辆和货物的状态信息，使监控中心能对车辆进行准确定位、快速跟踪、发生事故时及时救援等。

1. 车载终端显示界面设计

车载终端显示界面的模拟环境是 MatlabR2009a，主要包括状态信息显示单元和路线三位模拟显示单元[17]。状态信息包括货物状态信息和车辆状态信息，参考文献[18]。车载终端的显示界面如图 19 所示。

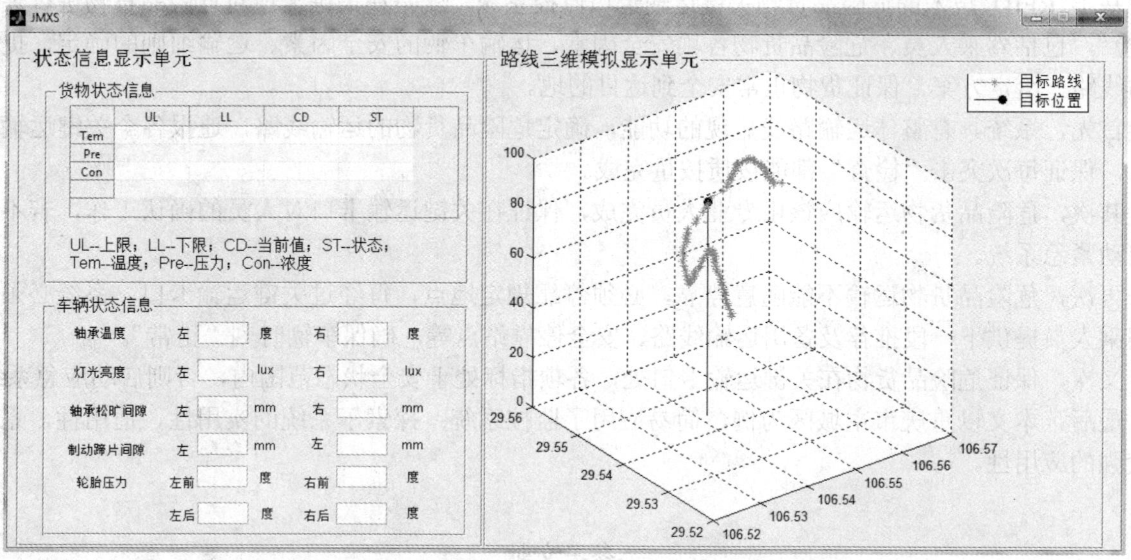

图 19　车载终端显示界面

2. 监控中心显示界面设计

显示界面的开发环境是：Microsoft Windows XP 操作系统；Visual Studio 开发工具；ArcGisEngine[19] 开发组件。

模拟数据采用的是重庆市地图，动态显示的模拟数据采用成渝线的经纬度。监控中心显示界面如图 20 所示。可以地图操作、动态显示、轨迹回放、位置查询和测量距离等。

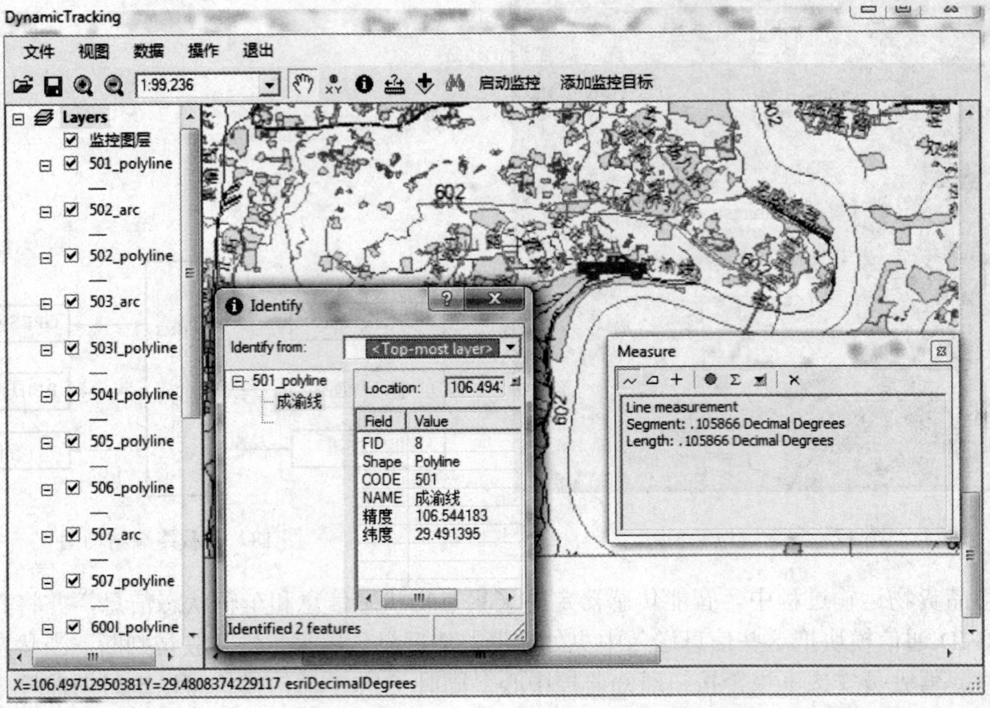

图 20　监控中心显示界面

5　结语

基于 RFID 技术的危险品货物关键运输卡口监控系统，就是在关键卡口对危险品货物进行突击的“体检”，包括驾乘人员、危险品货物各项安全因素、运输车辆的安全因素、运输细则的确定，提出运输的线路、给定方案，保证货物正常安全到达目的地。

首先，系统具有整体运输路线显现的功能，确定危险品货物的运输线路，通报各个关键运输卡口站点，保证每次突击“检查”都能按质按量完成。

其次，危险品货物运输应该由专业人员完成，保证在关键运输卡口对人员的确认工作，若不符，即启动紧急系统。

再次，危险品货物运输不能随意停靠，必须停靠规定地点，每经过关键运输卡口，系统必须自动为驾乘人员提供下一段推荐及备用运输线路、安全停靠站点等，确保车辆时刻“正常”。

又次，保证危险品货物在关键运输卡口处，各项指标处于安全状态范围内，否则启动应急系统。

最后，本文以重庆市主城区为例，简易应用了监控系统；探索了系统的实用性、适用性，系统具有较强的应用性。

参考文献

[1] 董鹏，卢文祥，蔡志福．危化物流转“危”为“安”[J]．交通与运输，2016，32（1）：58-59.

[2] 陈红旗．全面加强道路危险货物运输安全管理 [J]．江苏交通，2003（Z1）：86-86.
[3] 严季.《危险货物分类和品名编号》、《危险货物品名表》与原标准的比较研究 [J]．交通世界：运输·车辆，2005（12）：22-25.
[4] 刘敏文．危险货物运输管理教程 [M]．北京：人民交通出版社，2007.
[5] 易峰峰．道路危险化学品运输监控与事故应急系统构想 [J]．科技创新导报，2008（29）：167-168.
[6] 程一沛．基于 GPS/GIS/GPRS 的车辆监控管理系统的设计与开发 [D]．西安：西安科技大学，2009.
[7] 王振中．公路危险品运输的实时监控与调度 [J]．物流技术与应用，2010（7）：82-84.
[8] 石喜勤，李勇鹏等著．射频识别（RFID）核心技术与典型应用开发案例/康东 [M]．北京：人民邮电出版社，2008.
[9] 周晓光，王晓华，王伟．射频识别（RFID）系统设计、仿真与应用 [M]．北京：人民邮电出版社，2008.
[10] 刘大学．基于 ITS 的道路危险货物运输管理信息系统设计与开发 [D]．西安：长安大学．2006.
[11] 柳林．移动终端导航系统中地图匹配技术的研究与应用 [D]．济南：山东科技大学，2007.
[12] 李欣，愈斌．一种改进的地图匹配技术在车载导航系统中的应用 [J]．电子测试，2008（5）：60-65.
[13] 沈苏彬，范曲立，黄维．物联网的体系结构与相关技术研究 [J]．南京邮电大学学报（自然科学版），2009（6）：1-11.
[14] 刘法治，郑竹林．GSM 技术在机动车辆报警系统中的应用 [J]．电气应用，2005（7）：125-127.
[15] 崔铁军．地理空间数据库原理 [M]．北京：科学出版社，2007.
[16] 陈曦．数据库设计的注意事项 [J]．中国水运，7（5）：155-156.
[17] 赵军辉．射频识别技术与应用 [M]．北京：机械工业出版社．2008.
[18] 姜海亮．危险品运输车监控系统及其安全性评价 [D]．吉林：吉林大学，2009.
[19] 周晓光．射频识别（RFID）系统设计、仿真与应用 [M]．北京：人民邮电出版社，2008：9-27.

基于 Socket 的公安交通集成指挥平台多线程通信协议测试技术研究与开发

雍成明　张　昊　程　晨

（公安部交通管理科学研究所，江苏省无锡市 214151）

摘　要：本文介绍了运用 Socket 多线程通信方式开发的公安交通集成指挥系统与基础应用系统之间通信协议的测试系统。利用基于 TCP 的 Socket 套接字可靠性通信技术，满足了测试系统与被测系统之间的可靠性传输，实现了被测系统通信协议的标准符合性自动化测试。

关键词：Socket；多线程；指挥系统；通信协议；标准符合性测试

Research and Development on Testing Technology of Multi-thread Communication Protocol for Integrated Road Traffic Command Platform of the Ministry of Public Security based on Socket

Yong Chengming　Zhang Hao　Cheng Chen

(Traffic Management Research Institute of the Ministry of Public Security, Wuxi 214151,Jiangsu Province)

Abstract: This paper describes a test system for communications protocol between integrated road traffic command system of the ministry of public security and basic application systems. The development of this system is based on the mode of socket multi-threaded communications. With the usage of TCP-based socket reliable communications technology, it not only suffices the reliability of transmission between the test system and systems under test, but also makes the realization of standards compliance automated testing for communication protocol of systems under test.

Key words: Socket, Multi-Thread, Command Systems, Communication Protocol, Standards Compliance Testing

1　引言

随着我国经济的飞速发展，为适应不断增长的交通管理需求，各种交通管理应用系统逐步建成。如何综合这些系统中种类繁多的交通信息，对其功能进行集成应用，从而及时全面地掌控复杂交通状况，实时监控和调度各类交通资源成为急需解决的问题。公安交通集成指挥平台由此而诞生，以及与之配套的9类基础应用系统，包括交通信号控制系统、交通视频监视系统、交通流信息采集系统、交通违法监测记录系统、交通信息发布系统、警用车辆与单警定位系统、交通设施管理系统、交通事件采集系统、机动车缉查布控系统。

为了解决公安交通集成指挥平台与其9类基础应用系统之间数据通信需要，公安部制定了公安行业标准GA/T 1049.1～10《公安交通集成指挥平台通信协议第1部分～第10部分》。本文依据该标准，从规范各类企业的公安交通集成指挥平台与其9类基础应用系统通信协议角度出发，开发了基于TCP的Socket的公安交通集成指挥平台多线程通信协议测试系统，通过利用该测试系统开展标准符合性验证，极大地规范了各类送检企业的公安交通集成指挥平台通信协议。

2 通信协议系统总体结构及功能

2.1 系统总体结构

公安交通指挥系统（TICP）：公安交通管理部门对辖区内道路交通指挥、控制和服务的系统。公安交通集成指挥平台：集道路交通监测、决策、控制和服务为一体的指挥平台。基础应用系统：在公安交通指挥系统中，具有特定功能的子系统。包括：交通信号控制、交通视频监视、交通流信息采集、交通违法监测记录、交通信息发布、警用车辆与单警定位、交通设施管理、交通事件采集、机动车缉查布控等系统。

公安交通集成指挥系统通信协议总体关系如图1所示。

2.2 基础应用系统功能说明

（1）交通信号控制系统（UTCS）。由道路交通信号控制机、道路交通信号灯、道路交通流检测设备、通信设备、中心控制计算机及相关软件等组成，用于道路交通控制的系统。。

（2）交通视频监视系统（TVMS）。用于监视道路交通状况的视频系统，包括视频监视设备、通信设备、视频交换设备、媒体服务器、交通视频监视信息显示设备及相关软/硬件等。

（3）交通流信息采集系统（TICS）。通过交通流检测设备及手段，采集道路交通流量、速度、占有率、排队长度等交通数据的系统，包括交通流信息采集设备、通信设备、存储和处理设备及相关软/硬件等。

（4）交通违法监测记录系统（TVMR）。用于采集、传输、记录机动车、非机动车和行人交通违法行为的系统，包括道路交通技术监控设备、传输设备和记录设备等。

（5）交通信息发布系统（TIPS）。通过道路交通信息显示设备、车载终端、手持终端、广播电视、电话语音服务、互联网等载体，将交通信息提供给交通参与者的系统，包括道路交通信息显示设备、各种信息接收\显示终端、载体、通信设备、存储与处理设备以及相关软/硬件等。

（6）警用车辆与单警定位系统（PGPS）。为保障道路交通安全而设置的设施，包括道路交通标志、交通标线、安全防护和服务设施等。

（7）交通设施管理系统（TDMS）。用于交通设施登记、使用状态监控、日常维护维修等管理工作的信息系统。

（8）交通事件采集系统（TEDS）。通过接处警系统、交通事件检测设备等对交通事件信息进行采集和管理的系统。

（9）机动车缉查布控系统（VMKS）。实时汇聚机动车通行等信息，具有机动车行驶轨迹分析、比对预警、布控管理及查询统计等功能的信息系统。

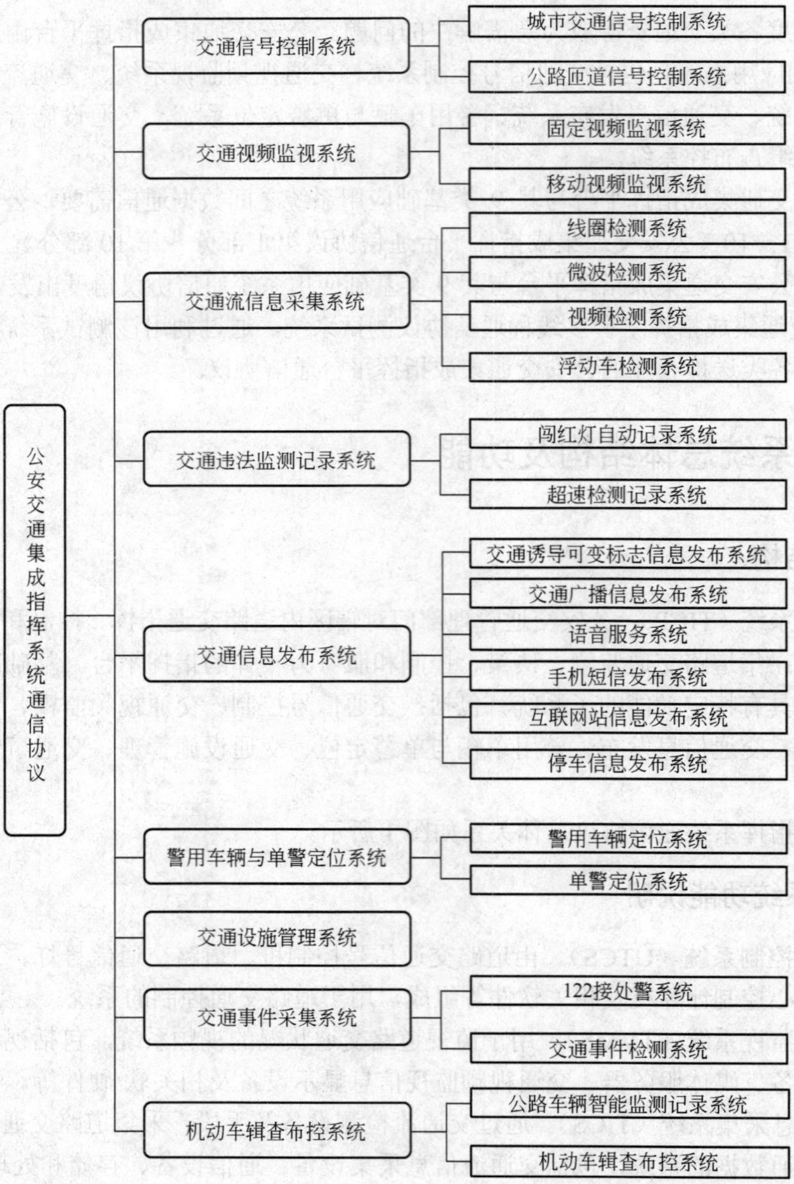

图1　系统总体关系

3　通信协议测试系统功能

3.1　测试用例设计说明

公安交通指挥系统与基础应用系统通信的数据共分为3大类数据：

（1）配置参数。主要为静态的设备信息和系统配置信息。

（2）运行信息。为系统运行过程中产生，且动态变化的信息。

（3）控制命令。为公安交通指挥系统对基础应用系统的交互命令及其反馈。部分命令的成功应答仅表示基础应用系统成功接收命令及格式无误，具体命令的执行结果是通过运行状态的改变来反馈平台。

因此，本文的通信协议均围绕着上述三类数据进行定义和描述。并采用基于XML的Schema文件对使用本通信协议进行通信的数据进行效验，其命名空间为 http：//tmri.cn/ticp/general/v1.0。

3.2 测试系统功能需求

通信协议测试是一种标准符合性测试，即依据标准，对软件产品进行严格的、定量的测试，以确认产品是否符合该标准。根据公安行业标准 GA/T 1049.1～10《公安交通集成指挥平台通信协议第 1 部分～第 10 部分》要求，测试系统应完成对公安交通集成指挥系统以及 9 类基础应用系统的测试。因此，通信协议标准符合性测试系统由公安交通集成指挥系统模拟器和基础应用系统模拟器组成，具体包括测试用例录入、报文解析、显示/保存通讯报文、生成测试报告等功能，其中公安交通集成指挥系统模拟器可用于基础应用系统的测试，基础应用系统模拟器可用于公安交通集成指挥系统的测试，其组成如图 2 所示。

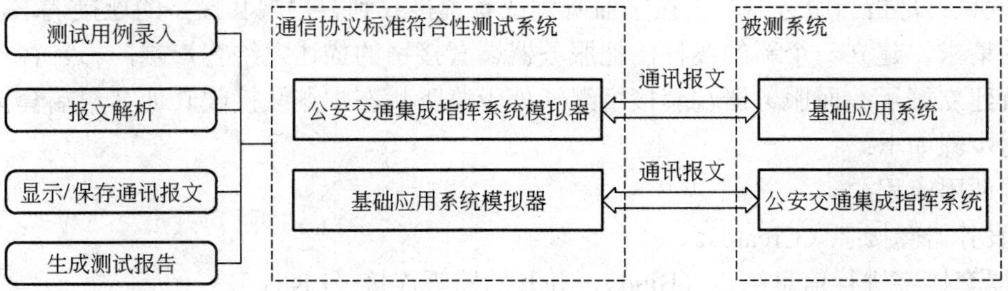

图 2　测试系统组成

4 通信协议测试系统设计方案

4.1 基于 TCP 的 Socket 多线程通信

Socket 是建立在传输层协议（主要是 TCP 和 UDP）上的一种套接字规范，最初由美国加州 Berkley 大学提出，为 UNIX 系统开发的网络通信接口，它定义了两台计算机之间通信的规范，Socket 屏蔽了底层通信软件和具体操作系统的差异，使得任何两台安装了 TCP/IP 协议软件和实现了 Socket 规范的计算机之间的通信成为可能。本文介绍了 Socket 通信的基本机制以及采用多线程技术实现并发通信的基本原理，并给出实例。

（1）TCP 协议

TCP（Transmission Control Protocol，传输控制协议）是面向连接的协议，也就是说，在收发数据前，必须和对方建立可靠的连接，TCP 连接的三次握手流程如下：

第一次握手：客户端发送 syn 包（syn=j）到服务器，并进入 SYN_SEND 状态，等待服务器确认；

第二次握手：服务器收到 syn 包，必须确认客户的 SYN（ack=j+1），同时自己也发送一个 SYN 包（syn=k），即 SYN+ACK 包，此时服务器进入 SYN_RECV 状态；

第三次握手：客户端收到服务器的 SYN＋ACK 包，向服务器发送确认包 ACK（ack=k+1），此包发送完毕，客户端和服务器进入 ESTABLISHED 状态，完成三次握手。

握手过程中传送的包里不包含数据，三次握手完毕后，客户端与服务器才正式开始传送数据，断开连接时服务器和客户端均可以主动发起断开 TCP 连接的请求，断开过程需要经过“四次握手”。

TCP 是面向链接的，虽然说网络的不安全不稳定特性决定了多少次握手都不能保证连接的可靠性，但 TCP 的三次握手在最低限度上保证了连接的可靠性；而 UDP 不是面向连接的，UDP 传送数据前并不与对方建立连接，对接收到的数据也不发送确认信号，发送端不知道数据是否会正确接收，当然也不用重发，所以说 UDP 是无连接的、不可靠的一种数据传输协议。

由于上面的特点，使得 TCP 协议的传输可靠性更高，因此本文采用 TCP 传输控制协议。

（2）基于 TCP 的 Socket 套接字通信

根据连接启动的方式以及本地套接字要连接的目标，套接字之间的连接过程可以分为三个步骤：服务器监听，客户端请求，连接确认。

① 服务器监听：是服务器端套接字并不定位具体的客户端套接字，而是处于等待连接的状态，实时监控网络状态。

② 客户端请求：是指由客户端的套接字提出连接请求，要连接的目标是服务器端的套接字。为此，客户端的套接字必须首先描述它要连接的服务器的套接字，指出服务器端套接字的地址和端口号，然后就向服务器端套接字提出连接请求。

③ 连接确认：是指当服务器端套接字监听到或者说接收到客户端套接字的连接请求，它就响应客户端套接字的请求，建立一个新的线程，把服务器端套接字的描述发给客户端，一旦客户端确认了此描述，连接就建立好了。而服务器端套接字继续处于监听状态，继续接收其他客户端套接字的连接请求。具体调用步骤如下：

服务器端调用流程：

a．创建服务器套接字（Create）。

b．服务器套接字进行信息绑定（Bind），并开始监听连接（Listen）。

c．接受来自用户端的连接请求（Accept）。

d．开始数据传输（Send/Receive）。

e．关闭套接字（CloseSocket）。

客户端调用流程：

a．创建用户套接字（Create）。

b．与远程服务器进行连接（Connect），如被接受则创建接收进程。

c．开始数据传输（Send/Receive）。

d．关闭套接字（CloseSocket）。

（3）多线程技术

线程是一个进程（执行程序）中的一个执行点，每个进程在任何给定时刻可能有若干个线程在运行。一个进程中的所有线程共享该进程中同样的地址空间，同样的数据和代码，以及同样的资源。进程中每个线程都有自己独立的栈空间，和其他线程分离，并且不可互相访问。运用多线程技术就可以实现对多用户的支持。即在服务器端，使接收来自用户端的连接请求（Accept）这步无限循环，每接收一个用户请求，产生两个线程（Send 和 Receive 线程），用来管理服务器与该用户的通信任务。

4.2 通用连接操作

（1）系统连接登录。通信双方进行数据交换前，公安交通集成指挥系统和各基础应用系统应建立通信连接，并由基础应用系统发出连接请求，公安交通集成指挥系统应答。通信连接为逻辑上的“连接”，公安交通集成指挥系统收到请求并确认后认为连接建立，基础应用系统收到连接请求成功应答后认为连接建立。例如，基础应用系统发送操作命令为登录（Login）、数据对象为用户信息对象（SDO_User）的请求，公安交通集成指挥系统接收到 Login 操作数据包后验证并应答。

（2）系统断开退出。通信双方中任意一方在需要断开时发送请求，接收方收到断开请求并发送回复即视为通信断开，发送方收到断开回复后即视为通信断开。例如，需断开的一方发送操作命令为退出（Logout）、数据对象为 SDO_User 的请求。

（3）信息订阅。基础应用系统向公安交通集成指挥系统订阅其他系统发送给公安交通集成指挥系统的数据，公安交通集成指挥系统应答。操作命令为订阅（Subscribe），数据对象为订阅对象（SDO_MsgEntity）。

（4）取消订阅。基础应用系统取消从公安交通集成指挥系统订阅其他系统发送给公安交通集成指挥系统的数据，公安交通集成指挥系统应答。操作命令为取消订阅（UnSubscribe），数据对象为订阅对象（SDO_MsgEntity）。

（5）心跳信息。通信双方通过定时交换心跳数据包的方式维持连接，当任意一方连续3次在通信双方约定时间内没有收到心跳数据包，即视为连接中断，置状态为断开。心跳信息由通信双方互发。操作命令为通知（Notify），数据对象为心跳（SDO_HeartBeat）。

（6）超时设置。公安交通集成指挥系统使用默认的通信超时时间设置，基础应用系统需要改变超时发出设置超时请求，公安交通集成指挥系统应答。操作命令为设置（Set），数据对象为超时对象（SDO_TimeOut）。

（7）对时服务器查询。由基础应用系统发出对时服务器的查询请求，公安交通集成指挥系统应答。操作命令为查询（Get），数据对象为对时服务器（SDO_TimeServer）。

4.3 查询操作

公安交通集成指挥系统向基础应用系统查询系统参数和系统状态时，数据包类型为REQUEST，操作命令为查询（Get）。基础应用系统进行应答，数据包类型为RESPONSE，操作命令为查询（Get）。

4.4 设置操作

公安交通集成指挥系统向基础应用系统设置系统参数、系统状态和控制命令时，数据包类型为REQUEST，操作命令为设置（Set），基础应用系统进行应答，数据包类型为RESPONSE，操作命令为设置（Set）。

4.5 主动推送操作

基础应用系统的系统参数和系统状态改变时，主动将改变后的系统参数和系统状态推送至公安交通集成指挥系统，数据包类型为PUSH，操作命令为通知（Notify）。

5 通信协议测试系统实现

公安交通集成指挥系统与基础应用系统通信协议测试系统主要包括通用连接操作、查询操作、设置操作、主动推送操作以及多基础应用系统同时测试等功能。下面就以多基础应用系统同时测试和消息订阅操作为例分别介绍测试系统的实现。

5.1 多基础应用系统同时测试

图3中为公安交通集成指挥系统模拟器，同时接入了9类被测基础应用系统，并可分别进行通用连接操作、查询操作、设置操作、主动推送操作等测试用例的测试。

5.2 消息订阅

图4中以警用车辆与单警定位基础应用系统模拟器为例，展示了消息订阅操作的测试流程。A警用车辆与单警基础应用系统模拟器订阅了B警用车辆与单警定位基础应用系统状态DeviceState，当B的DeviceState发生改装，B会主动推送至被测公安交通集成指挥系统，由被测公安交通集成指挥系统将B的DeviceState推送至A，此时，A接收到B的DeviceState状态变化订阅消息。

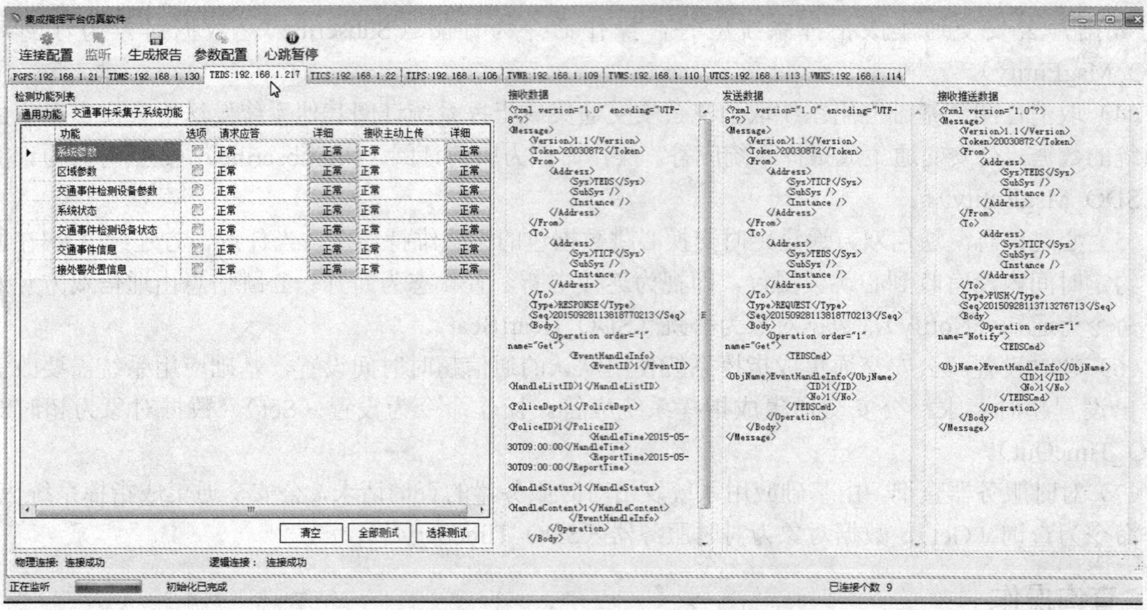

图 3　多基础应用系统测试

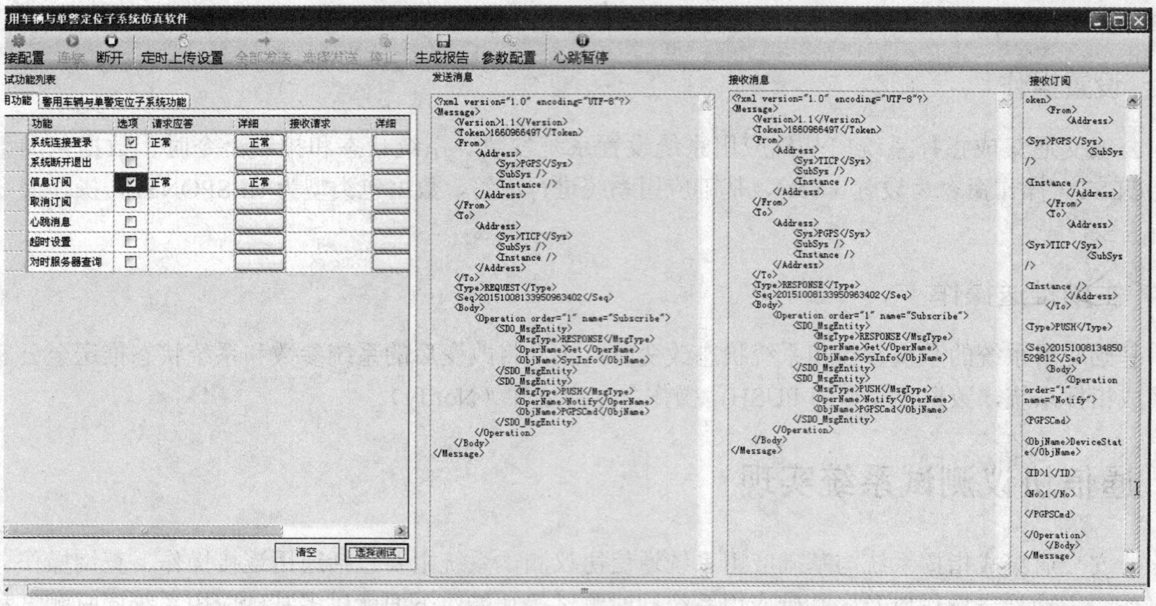

图 4　消息订阅测试

6　结束语

系统的通信协议一般分为两个方向，一个是 A，另一个是 B，因此要完成通信协议的标准符合性测试必须要分别对 A 和 B 进行测试。

本文在基于 TCP 的 Socket 套接字多线程通信技术框架下，开发了公安交通集成指挥系统通信协议测试系统，包括支持多种基础应用系统测试的公安交通集成指挥系统模拟器和用于公安交通集成指挥系统测试的 9 类基础应用系统模拟器。

通过该测试系统的应用，实现了公安交通集成指挥系统通信协议的自动化测试，减少了人工检测工作量，为公安部、省、市级公安交通集成指挥系统与 9 类基础应用系统的互通互联提供技术保障。

参考文献

[1] GA/T 1049.1—2013，公安交通集成指挥平台通信协议第1部分：总则.

[2] GA/T 1049.2—2013，公安交通集成指挥平台通信协议第2部分：交通信号控制系统.

[3] GA/T1049.3—2013，公安交通集成指挥平台通信协议第3部分：交通视频监视系统.

[4] GA/T1049.4—2013，公安交通集成指挥平台通信协议第4部分：交通流信息采集系统.

[5] GA/T1049.5—2013，公安交通集成指挥平台通信协议第5部分：交通违法监测记录系统.

[6] GA/T1049.6—2013，公安交通集成指挥平台通信协议第6部分：交通信息发布系统.

[7] GA/T1049.7—2014，公安交通集成指挥平台通信协议第7部分：警用车辆与单警定位系统通信协议.

[8] GA/T1049.8—2014，公安交通集成指挥平台通信协议第8部分：交通设施管理系统通信协议.

[9] GA/T1049.9—2014，公安交通集成指挥平台通信协议第9部分：交通事件采集系统通信协议.

[10] GA/T1049.10—2014，公安交通集成指挥平台通信协议第10部分：机动车缉查布控系统通信协议.

城市道路机动车违法停车自动抓拍系统应用分析与思考

许 俊 孙 巍 潘汉中 张 军 王 旭

（公安部交通管理科学研究所，无锡 214151）

摘 要： 随着国民经济水平的不断提升，城市汽车保有量不断增加，在给人们出行带来便利的同时也带了诸如乱停车等交通管理问题。本文针对违法停车现象从法律法规角度入手探讨了违法停车的界定与处理流程，针对当前较为普遍采用技术监控设备进行违法停车自动抓拍取证的现象讨论其存在的问题，并从政策法规和技术标准两个角度提出了建立健全监控技术手段在违法停车领域使用的政策法规、研究提出违法停车抓拍系统的要求和标准等建议和处理办法。

关键词： 交通管理；违法停车；技术监控；自动抓拍系统

Analysis and Reflection about the Application of Automatic Recording System of Vehicles for Illegal Parking

Xu Jun Sun Wei Pan Hanzhong Zhang Jun Wang Xu

(Traffic Management Research Institute of the Ministry of Public Security,Wuxi 214151)

Abstract: With the rising level of the national economy, urban car ownership is increasing. The increasedcars brought great convenience to people's life, but also brought traffic management problems such as illegal parking. In this paper, for the phenomenon of illegal parking, it discussed on the meaning and processing of illegal parking starting from the perspective of the laws and regulations. This paper discussed on the dispute ofautomatic recording systemfor illegalparking, which had been widely used.Finally, this paper made recommendations such as improve the monitoring techniques used in the field of illegal parking and make requirements and standards for automatic recording system of vehicles from policy and standards two aspects.

Key words: Traffic Management, Illegal Parking, Monitoring Technology, Automatic Recording System

1 引言

随着我国城市化进程的不断推进，城市交通机动性能越来越高，汽车的保有量也在不断升高，截至 2015 年年底，我国机动车保有量达到 2.79 亿辆 [1]，其中汽车 1.72 亿辆。如此大体量的汽车保有量在给群众出行带来便利的同时也带来了一系列诸如安全、拥堵等的交通问题。近年来，停车作为静态交通的主要研究内容已经受到越来越多的关注，国家各部门也在停车问题上做了许多的努力 [2]，包括新建停车场地、规划路内车位、倡导智能停车等，但是违法停车的现象仍然存在，违法停车不但是交通拥堵的重要原因，也存在严重的交通安全隐患，治理违法停车一直是公安交通管理部门的重点工作内容。近年来公安交通管理部门在治理违法停车问题上也不断加大警力投入，引进先进科学技术手段对违法停车现象进行处理，很好的治理了违法停车。但是在采用技术监控设备执法的程序及参照标准上缺乏明确依据，各地执法的差异化也会存在争议，因此有必要系统分析违法停车自动抓拍系统取证存在的不足并提出改进建议，使得机动车违法停车自动抓拍系统应用更加规范。

2 机动车违法停车处理流程

2.1 违法停车的界定

现行的《中华人民共和国道路交通安全法》第 56 条明确规定“机动车应当在规定地点停放。禁止在人行道上停放机动车；但是，依照本法第 33 条规定施划的停车泊位除外。

在道路上临时停车的，不得妨碍其他车辆和行人通行。”指出了机动车的停放不是随意的，不能妨碍其他车辆或者行人的通行。同时，《中华人民共和国道路交通安全法实施条例》第 63 条对临时停车做出了更加明确的规定：在设有禁停标志、标线的路段，在机动车道与非机动车道、人行道之间设有隔离设施的路段以及人行横道、施工地段，不得停车；交叉路口、铁路道口、急弯路、宽度不足 4 米的窄路、桥梁、陡坡、隧道以及距离上述地点 50 米以内的路段，不得停车；公共汽车站、急救站、加油站、消防栓或者消防队（站）门前以及距离上述地点 30 米以内的路段，除使用上述设施的以外，不得停车等具体的临时停车要求。安全法及其实施条例对停放或临时停放机动车做出了明确的要求，概括来说，机动车在城市道路除了在停车泊位停车外仅允许临时停车，临时停车若不符合实施条例要求则可认为是违法停车。

2.2 违法停车的处理流程与依据

现行的《中华人民共和国道路交通安全法》第 93 条指出了违法停车的法律责任“对违反道路交通安全法律、法规关于机动车停放、临时停车规定的，可以指出违法行为，并予以口头警告、令其立即驶离。机动车驾驶人不在现场或者虽在现场但拒绝立即驶离，妨碍其他车辆、行人通行的，处 20 元以上 200 元以下罚款，并可以将该机动车拖移至不妨碍交通的地点或者公安机关交通管理部门指定的地点停放。公安机关交通管理部门拖车不得向当事人收取费用，并应当及时告知当事人停放地点”。

同时公安部制定的《道路交通安全违法行为处理程序规定》（公安部令第 105 号）中第 12 条、第 31 条对违法停车的处理程序做出了规定：“交通警察对机动车驾驶人不在现场的违法停放机动车行为，应当在机动车侧门玻璃或者摩托车座位上粘贴违法停车告知单，并采取拍照或者录像方式固定相关证据。违反机动车停放、临时停车规定，驾驶人不在现场或者虽在现场但拒绝立即驶离，妨碍其他车辆、行人通行的，公安机关交通管理部门及其交通警察可以将机动车拖移至不妨碍交通的地点或者公安机关交通管理部门指定的地点。”

《交通警察道路执勤执法工作规范》对交通警察查处城市交通违法停车的操作规程做了进一步详细的规定：“查处机动车违法停车行为应当使用照相、摄录设备、清障车等装备。发现机动车违法停车行为，机动车驾驶人在现场的，应当责令其驶离。机动车驾驶人不在现场的，应当在机动车侧门玻璃或摩托车座位上张贴违法停车告知单，并采取拍照或者录像方式固定相关证据。严重妨碍其他车辆、行人通行的，应当指派清障车将机动车拖移至指定地点。机动车驾驶人虽在现场但拒绝立即驶离的，应当使用照相、摄录设备取证，依法对机动车驾驶人的违法行为进行处理。”

根据以上法律法规要求，交通警察在现场处理机动车违法停车的基本流程如图 1 所示。

由图 1 可知交通警察在现场确认机动车违法停车后即可做出处理措施，接着判断驾驶人是否在现场，如在现场首先应当有劝离的过程，不在现场或劝离无效后可以固定证据并采取处罚措施。对于交通警察在现场的违法停车处置法律依据明确、事实清楚，一般不存在争议。

在处理违法停车事件中，为了更好的提高效率，合理安排警力，较多地方采用视频监控等技术手段对违法停车进行抓拍，交通法指出可以使用交通技术监控设备记录资料，交通警察不在现场的处理违法停车的流程如图 2 所示。一般是通过摄像机（枪机、球机或者枪球联动）人工或自动地识别违法停车车辆，近年来随着图像处理技术地不断提高，大部分地方都能做到计算机自动识别违法停车，然后拍摄照片或视频固定证据，进而对违法停车进行下一步的处罚工作。与交通警察现场执法相比，采用抓拍系统执法存在以下两点明显的差别：

（1）认定违法停车类型有限

与交通警察现场即时判断违法停车不同，采用违法停车抓拍系统进行认定违法停车时不论是对诸如临时停车中距禁停区域距离的判断，还是对是否影响交通的判断都没有现场执法的明确，在认定违法停车事实上只能认定特定条件下的违法停车。

（2）缺少与违法停车驾驶人进行直接交流过程

由于没有交通警察在现场，不论是从技术方面还是可行性方面，特别是采用计算机自动识别违法停车事件无法准确判断驾驶人是否在现场或者附近，如果驾驶人在现场，如不能直接与其交流，从而缺少对违停车辆进行劝离的过程。

由图 1 和图 2 的对比可知违法停车自动抓拍系统在处理违法停车问题不论是手段还是流程都与现场的执法有较大差别。

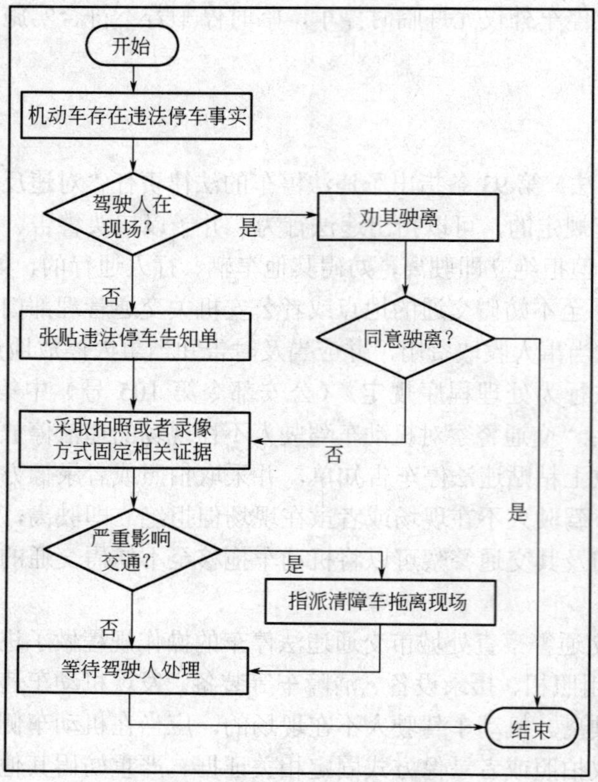

图 1　现场处理违法停车基本流程

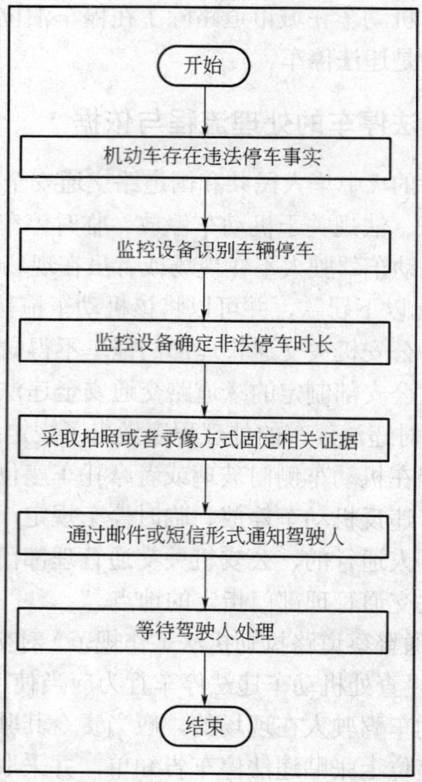

图 2 非现场处理违法停车基本流程

3 机动车违法停车自动抓拍应用存在的问题

视频监控等执法技术的使用在极大提高交通警察的执法能力的同时，也在执法程序、标准适用等方面引起了一些的争议。在实际的执法过程中，存在以下几点问题：

（1）采用技术监控设备的取证要求和程序不够细致

当前，《道路交通违法行为处理程序规定》等法律法规并没有明确交通警察在采用技术监控等技术手段对违法停车进行取证的流程。同时，《道路交通安全法》明确规定，在对违法停车进行处罚前首先应当有确认驾驶人不在现场或者在现场劝离无效的前提。因此，在视频监控等技术手段处理违法停车时，当前的监控技术难以判断驾驶人是否在现场，如果驾驶人在现场，以违法停车对驾驶人进行处罚而未有劝离的步骤则存在争议。

（2）与违反禁令标志或者禁止标线等违法行为容易混淆

城市道路交通在禁止停车及违法停车的路段往往设置有禁止停车的禁令标志或禁止标线，如图3、图4所示。

图3　禁止停车相关标志

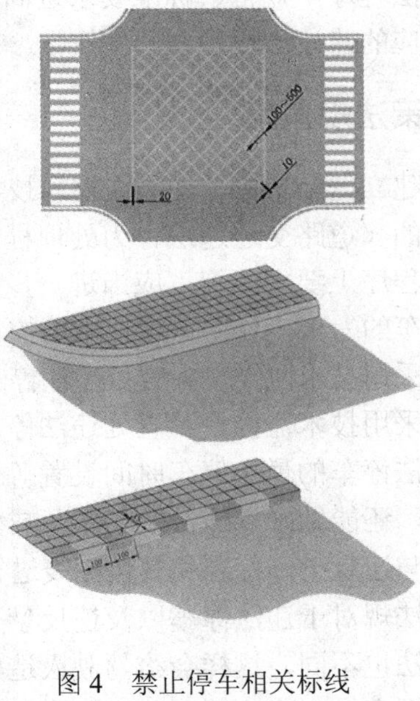

图4　禁止停车相关标线

机动车在违法停车的同时往往也违反了禁令标志或者禁止标线。然而由于这两种违法行为法律适用以及处罚标准中都有所差别，如《机动车驾驶证申领和使用规定》（公安部令第123号）中明确指出驾驶机动车违反禁令标志、禁止标线指示的，一次记3分，而依照违法停车处罚则并不会扣分，所以会在实际的违法停车处理中造成争议。

（3）取证难以满足标准要求的问题

《道路交通安全违法行为处理程序规定》（公安部令第105号）明确了交通管理部门可以利用交通技术监控设备收集、固定违法行为证据。图像的取证技术规范是《道路交通安全违法行为图像取证技术规范（GA/T 832—2014）》[3]，该标准对违法停车图像取证的要求是：图片中包含清晰辨认的机动车前部和后部全貌的全景特征、交通违法地点、违法时间、违法行为特征、号牌号码、驾驶室驾驶人特征等信息。在实际操作过程中，抓拍照片很难同时包括机动车前部和后部全貌，驾驶室驾驶人特征的信息也受停车方向等因素干扰而较难获取，造成取证不规范。对于违反禁令标志图像采集要求为：图片中包含清晰辨认的机动车后部或前部全貌的全景特征、明确的标志指示特征、交通违法地点、违法时间、违法行为特征、号牌号码等信息。对于违反禁止标线图像采集要求为：图片中包含清晰辨认的机动车前部或后部全貌的全景特征、明显的标线指示特征、交通违法地点、违法时间、违法行为特征、号牌号码、驾驶室驾驶人脸部特征等信息，或者清晰辨认的机动车后部全貌的全景特征、明显的标线指示特征、交通违法地点、违法时间、违法行为特征、号牌号码等信息。由此可见采用监控技术自动抓拍的违反禁令标志、禁止标线的要求比起抓拍违法停车更易达到，造成部分地方采用违反禁令标志、禁止标线的处罚来处理违法停车，该种做法也易引起争议。

《道路交通安全违法行为视频取证设备技术规范（GA/T 995—2012）》[4]仅是对视频取证技术设备的要求，标准中提到可以对违法停车进行拍摄但是未明确指出所采取视频需要包含哪些内容，给违法停车规范化取证带来困难。此外，例如临时停车时间后多少时间进行抓拍等问题也没有明确的依据，设置时间过短等都会造成较大争议。

4　机动车违法停车自动抓拍应用的思考

由上文的分析可知，目前在处理违法停车的问题上，主要的争议是采用图像、视频等技术执法手段时的执法程序不规范、标准要求过高等问题，针对这些问题，本文从政策法规以及技术标准两个角度提出相应的建议：

4.1　政策法规角度

（1）建立健全图像、视频监控等技术手段在违法停车领域使用的政策法规。

当前的《道路交通违法行为处理程序规定》等政策法规在如何利用监控等技术设备处理违法停车的方法和程序上要求不细，应当进一步完善相关的内容，并考虑采用技术设备执法与交通警察现场处理违法停车的差异，使得使用技术监控设备处理违法停车的执法程序符合要求。

（2）采用技术监控设备查处违法停车应提前公示，并引入公众参与合理制定时间限制。

对于采用技术监控设备查处违法停车的路段或者区域应提前做好公众告知工作，对于监控设备自动抓拍违法停车的最小停车时间设置等问题，应该充分进行论证，引入公众参与除了可以充分采纳群众意见外，还能做好宣传告知工作，减少后期执法工作中的争议。

（3）与违反禁令标志和禁止标线进行区分，统一违法停车的处罚办法。

由于法规对于违法停车以及违反禁令标志和禁止标线的处罚依据办法不统一，使得在处理违法停车上的做法也不同，这样会给驾驶人造成困扰，也使给执法工作带来争议。建议针对同一种违法行为在全国范围内统一违法处理办法和执法程序，减少相同违法行为不同处罚标准带来的争议。

4.2　技术标准角度

（1）研究调整相应的取证标准，规范取证要求。

针对当前《道路交通安全违法行为视频取证设备技术规范（GA/T 995—2012）》未对违法停车或者违反禁令标志和禁止标线视频取证提出要求，而《道路交通安全违法行为图像取证技术规范（GA/T 832—2014）》中对违法停车图像取证要求较高，一定程度上技术监控手段下较难实现的问题，建议适时调整修订取证技术规范，在不违反交通安全法律法规、不影响取证公平与规范性的前提下适当简化图像、视频取证要求，如取消同时要求拍机动车前部和后部全貌的全景特征，能判断违法停车事实即可，并考虑采用技术监控手段取证的可行性，可以通过对当前图像、视频取证要求标准进行修改，使得设备获取的图像或者视频满足违法停车取证的要求。

（2）研究提出违法停车抓拍系统的要求和标准。

针对当前缺乏违法停车抓拍系统的标准要求的问题，建议适时制定机动车违法停车自动取证系统技术规范，进一步细化自动取证系统的功能、性能要求。如进一步明确自动取证系统的类型可包括球机抓拍、枪机抓拍、枪球联动抓拍等，从取证方式上可分为预制为巡逻抓拍、自动检测分析抓拍等。同时，进一步明确取证的技术要求，如对违法停车的取证图片像素、场景要求，对录像取证的时间要求等。通过制定技术标准，进一步规范和引导违法停车抓拍系统的技术性能，为更好地开展违法停车取证提供技术保障。

5 小结

停车管理是个涉及多个领域的复杂工程，随着科学技术地不断提升，智能交通地持续发展，在停车领域越来越多的新技术得到应用。本文就是在这样的背景下，分析了技术监控设备在违法停车领域使用中产生的新问题：执法流程和取证要求不够明确、与违反禁令标志或者禁止标线混淆以及取证不规范等问题并从法律法规层面和标准技术手段两个角度提出了建议及解决办法。随着法律制度的不断完善以及科学水平的不断提高，不论是停车难、停车乱还是违法停车问题，在不久的将来都能得到很好的解决。

参考文献

[1] 公安部交管局．2015 年全国机动车和驾驶人统计分析［EB/OL］.

[2] 中央政府门户网站．国务院关于加强城市基础设施建设的意见［EB/OL］.

[3] GA/T 832—2014，道路交通安全违法行为图像取证技术规范［M］．北京：中国标准出版社，2014.

[4] GA/T 995—2012，道路交通通安全违法行为视频取证设备技术规范［M］．北京：中国标准出版社，2012.

基于生态视角的沈阳市交通发展对策研究*

刘伟东　关醒权　邢　岩　梁瑞娜　刘　阳

（沈阳建筑大学 交通工程学院，沈阳 110168）

摘　要： 本文根据沈阳道路交通的实际情况从沈阳交通基础设施、沈阳路况、市民出行分布与出行特点、交通政策和环境的污染状况等方面描述了沈阳市目前交通现况；在进行了沈阳生态交通发展分析后，结合城市交通优化原则对沈阳交通提出了从道路、轨道、交通设备到交通政策和交通绿化等多方面提出相应建议。

关键词： 沈阳交通；生态交通；公交优先

The Countermeasures Research on Transportation Development in Shenyang Based on the Ecological Perspective

Liu Weidong　Guan Xingquan　Xing Yan　Liang Ruina　LiuYang

(Shenyang Jianzhu University　College of traffic engineering,Shenyang 110168)

Abstract: According to the practical transportation situation in Shenyang, This paper describes the current status of traffic in Shenyang from the perspective of traffic infrastructures, road condition, citizens trip-distribution and trip characteristic, traffic policies as well as environmental pollution condition. After analyzing the development of ecological transportation in Shenyang, combining the optimization principle of urban traffic, this paper puts forward the corresponding suggestions from many aspects, such as road, rail, transportation equipment , traffic policy and traffic greening.

Key words: Shenyang Traffic, Ecological Traffic, Public Transportation Priority

1　引言

随着人们物质生活水平的不断提高，私家车保有量呈现出递增态势，从而使得城市交通拥挤问题、交通环境污染、社会出行不公平等一系列城市的自然、经济、社会问题接踵而来，这些问题成为城市可持续发展的最大阻碍，虽然在道路建设、汽车环保等方面采取了各项措施，但随城市交通需求不断的上升，这些问题仍持续恶化，交通拥堵不仅浪费了时间和能源，还造成更多有害气体的排放，加重了人们的生活压力，严重阻碍社会经济发展，并威胁着人类的生命安全和健康。治理交通拥挤问题已经成为政府及其相关职能部门刻不容缓的艰巨任务，如何制定出与沈阳市交通发展情况相适应的交通

*辽宁省社科学规划基金项目（L13BJY042）；沈阳市社会科学研究课题（SYSK-08-17）。

策略，从而使得沈阳市交通出行逐步走向科学合理的可持续发展道路，对于解决沈阳市交通拥挤问题、减少环境污染具有重要的现实意义。

2 沈阳交通方式划分的研究与分析

沈阳市目前总人口为730.4万，沈阳市民基数相当大，但是分布比较不均衡。铁西区和皇姑区是沈阳市民分布最集中的区，都有着超过80万的居住人口。其次是沈河区、大东区、和平区，市内五区户籍人口总量达到377.2万人，超过沈阳总人口的一半。人口比较少的区域是新城子区和于洪区只有30万左右的居民。但值得注意的是，沈河区和和平区有着最高的人口密度。沈阳市区域各节点间连接比较便利，任意两点间的时间距离不超过2个小时，沈阳中心区到达郊区不超过半小时。

为了通过调查沈阳本地的交通方式划分的影响因素。通过问卷调查的形式抽样调查特定路段的人流，来了解沈阳市民选择交通方式的参考因素。由于人力有限和抽样调查的不完全性，该数据只能用于研究的参考，并不能完全真实地反映沈阳市民的情况。本文通过选定五个特定地区：浑南奥体中心、沈阳北站、中街、沈阳南站和铁西广场，对行人随机调查，调查样本总共为100人。

2.1 交通分担率因素分析

（1）出行者性别

不同性别的居民在出行方式的选择上也存在着一定的差异，男性居民倾向于选择快速、方便的交通工具出行，而女性则倾向于选择速度较慢但相对安全的交通方式。从表1中可以看出，非机动车、轨道交通和公交汽车分担率随性别不同时，并无明显差异，而使用私家车和出租车出行的比例，男性比例则明显高于女性，如表1和图1所示。

表1 出行方式分担率随性别变化

出行方式 被调查者性别	非机动车（步行和自行车等）	公共汽车	私家车	出租车	轨道交通（有轨电车和地铁）
男	4	20	8	2	16
女	5	23	4	0	18

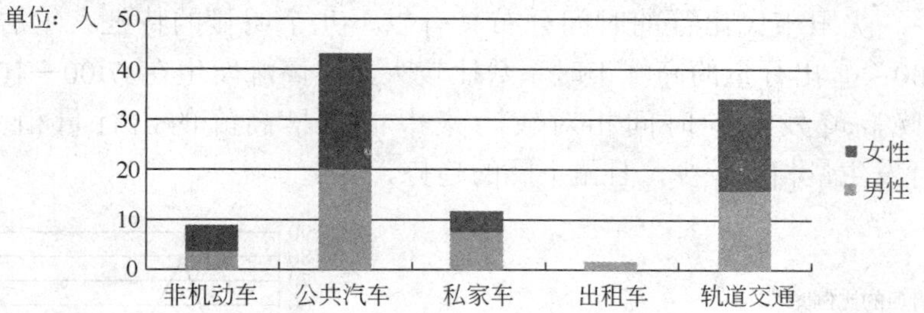

图1 出行方式分担率随性别变化图

（2）出行者收入

个人的经济收入在很大程度上影响着人们对交通方式的选择。收入相对较高的出行者可以随其所好、自由地选择多种交通方式；收入相对较低者，则更倾向于选择经济性交通方式。从数据中可以看出，随着收入的增加，居民出行时，对交通方式的迅速性要求逐渐提高，而对交通的经济性要求则明显下降。需要说明的是，方便舒适性与收入关系表现并不明显，对于城市内短距离客运来说，居民舒适性要求不高。所以，只有充分满足收入结构中占大比例的中等收入者的出行需求，同时又兼顾较高、较低收入者的出行交通结构才是合理的，如表2和图2所示。

表2　个人收入与出行需求类别的关系（%）

出行需求 \ 收入（元/月）	＜1000	1000～3000	3000～5000	＞5000
迅速性	31	37	43	58
经济性	28	33	14	3
方便舒适性	21	18	18	18
安全性	20	12	25	21

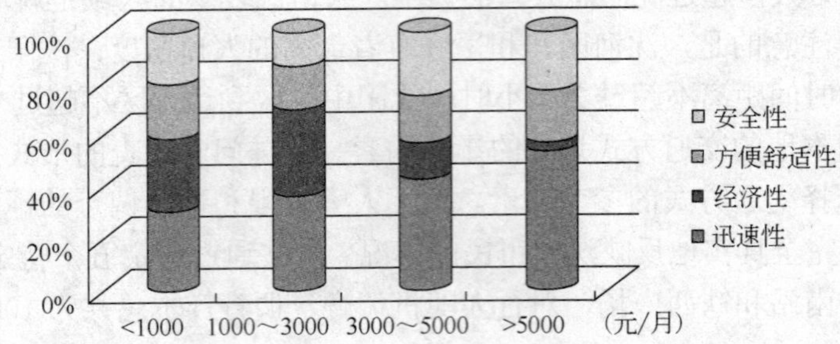

图2　个人收入与出行需求类别的关系图

2.2　出行特性分析

（1）出行者目的（见表3、图3）

表3　出行者目的表

目的	上班/上学	公务出差	生活购物	探亲访友	回家	其他
百分比	42%	3%	31%	6%	17%	1%

（2）出行时间

出行目的方面，沈阳居民因工作或上学出行比例最高，因此在出行时间上会形成明显的早高峰。由图4可以看出，城市居民出行时间分布存在早晚高峰，而且占日出行总量的比重较大，其余时间出行量相对较少。沈阳市民出行的时间分布具有以下几个明显的特征：①居民出行发生量主要产生在 7:00—19:00；②出行量的高峰小时系数比较大，早高峰发生在 7:00—10:00，晚高峰发生在 16:00—19:00，早晚高峰发生的时间相对较为集中；③早高峰的出行量稍大于晚高峰；④在 10:00—16:00，出行发生量相对较少，且呈下降的趋势。

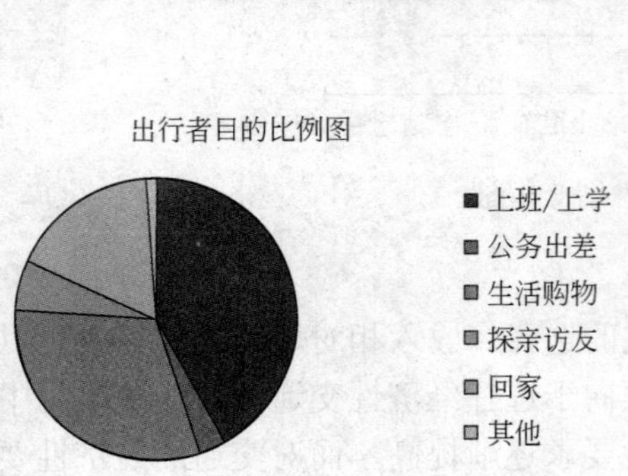

图3　出行者目的饼图

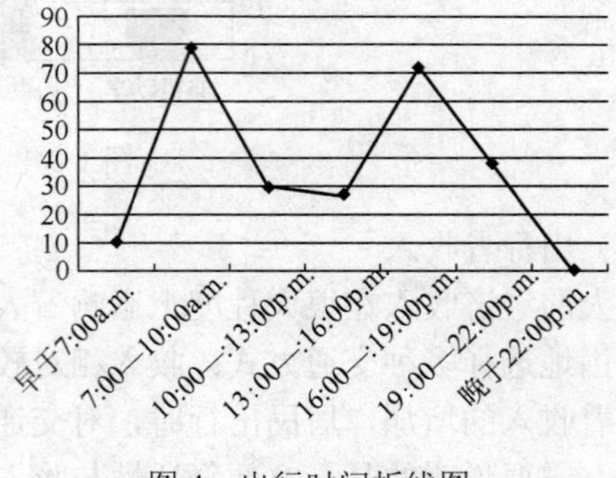

图4　出行时间折线图

了解城市居民出行时间分布和出行目的有利于研究城市客运交通方式间协作与竞争机制，达到高效利用交通工具完成运输乘客的目的，为实现绿色交通、生态交通提供理论支持。例如，在某些出行密度大的路段，根据出行量的大小，可以采取限制私家车交通方式的出行；而在出行时间低谷，也可以减少公共交通方式的供应量，使公交既满足了居民需求又避免资源的浪费。

（3）出行距离（见表4）

表4　样本出行目的地表

出行地点	皇姑区	和平区	铁西区	大东区	于洪区	沈河区	东陵区	浑南新区	沈北新区	其他
人数（人）	35	64	31	29	3	67	14	46	12	2

从调查的数据来看，沈阳市民最常出行的地区是和平区和沈河区。其次是浑南新区、皇姑区、铁西区和大东区。东陵区、沈北、于洪和其他地区则没有产生非常显著的出行分布。

出行距离的长短对出行者选择交通方式是相当重要的。短距离出行，步行、自行车等受青睐；中长距离出行，公交车、出租车使用率较高；长距离出行最好是采用快速方便的轨道交通。从调查研究的数据可以看出，小汽车适用范围最大，但平均使用人少；地铁和有轨电车等用于较长距离的大运量运输；步行的出行距离最小；公共汽车则适用于距离中等运量的出行。对于沈阳这种公交需求量很大的城市，应协调各种公交运输方式，改善公共交通的里程、运量和覆盖面积，增加公共交通的竞争力，这对于建设可持续发展的低碳城市至关重要。图5是城市居民出行调查结果表明了居民出行距离与交通方式选择之间的关系。

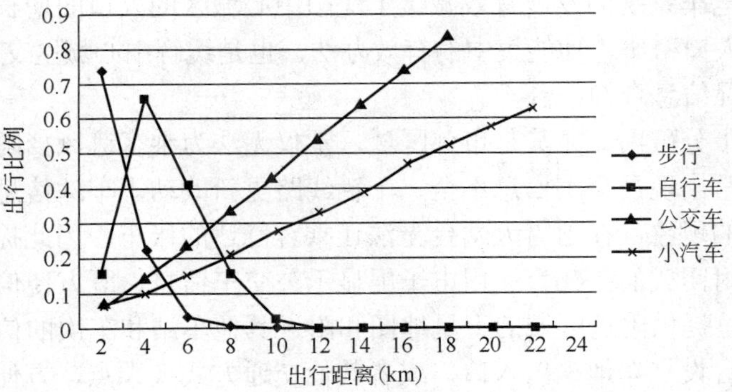

图5　交通方式出行距离分布图

3　沈阳生态交通发展对策研究

3.1　优先发展公共交通

选择公共交通出行是当前最科学的出行方式。公交车、自行车和私家车出行所需要的道路面积比约为1:5:15，使用公共交通比使用私家车可节约80%～90%的道路面积，这样可节省大量的道路用地、节约能源及减少排放。优先发展公共交通是保证城市交通可持续发展的必经之路，需要从城市布局、道路建设、交通政策、管理法规等方面为优先发展公共交通创造条件，提高公共交通的服务水平，从而实现城市道路交通的可持续发展。公交优先并不是禁止小汽车的发展以及其他交通出行方式的产生。相反，只有确立公共交通优先发展的主导地位，才能节约出更多的道路时空资源，为小汽车、自行车等交通工具的使用提供保障，使各种交通方式实现协调健康发展。

（1）轨道交通与地面公共交通协调发展

目前沈阳有两条地铁 1、2 号线已投入使用，地铁 4、9、10 号线路正在建设施工中，预计 2018 年正式投入使用。尽管如此，以沈阳特大城市面积所即将拥有的 5 条地铁线与国内其他大城市的地铁线路网相比还有很大的发展空间。此外，浑南区还开设了 4 条有轨电车线路，覆盖政府机关、机场、火车站、奥体商圈、沈抚新城等客流量大的热点区域。大力发展轨道交通，不仅应加快建设速度，还需尽可能地提高轨道交通的运行效率。据沈阳市地铁客流预测，2020 年、2030 年单位里程承担的日客运量将分别达到 3.8 万人次和 5.1 万人次，减少地铁发车间隔时间，提高设施服务效率是轨道交通发展的关键。

与其他交通方式的合理衔接，能够提高轨道交通的运行效率。因此，在轨道交通建设的同时，也必须考虑建设换乘设施。轨道交通建成后，应通过交通管理和调整过的地面公交线路共同为轨道交通输送乘客提供条件。目前沈阳在换乘设施的建设与安排还不是很合理，在站内换乘人流与乘坐人流的疏导不合理，导致人们在换乘或者乘坐的过程中不同方向人流冲突和碰撞，互相阻碍，例如在地铁 1、2 号线的换乘站点青年大街就表现的极其明显，使换乘延误时间增加，设施运行效率降低。其次，应进一步完善常规公交系统，最大限度提高营运质量。现阶段，公共汽车是城市交通中成本最低、综合效益最好的交通工具，它为城市的中低收入居民提供价格更为低廉的出行方式。但是沈阳目前在有些轨道交通的路面站口附近并没有衔接其他交通方式的换乘站，这使得乘客无法正常顺利的连续使用公共交通，想换乘轨道交通的乘客也无法快速到达，如营盘站街、三台子站；在运营时间上，地铁在晚上 9:30 停止运营，而换乘公交远早于这个时间点，也造成乘客无法正常换乘。

构建完善的轨道网在进一步加密中心区地铁的同时，大力发展伸向周边地区的城际以扩大城市轨道交通服务半径。有轨电车系统的发展有效减缓了沈阳中心城区的人口的增长。实践证明，发展有轨电车是减少市中心城区人口密集、功能集中的有效办法，也是缓解中心城区交通拥堵的最优选择。

（2）新型站台及路况信息查询平台

沈阳市的候车站台十分破旧，尤其是市郊区域，不仅无法为乘客遮风挡雨、而且提供的交通信息并不完善。公交站台常常出现公交车信息不全、车辆线路更新改动了车站信息却没更新。而且站台总会有乘客大排长龙候车的现象，在雨雪天站台无法让乘客舒适的候车。因此提出以下建议：（a）沈阳公交车站台可以设立成封闭式的；（b）运用电子屏显示公交车信息，既方便信息更新，而且夜晚也能够看清楚；（c）在站台里提供附近区域的卫星地图和附近其他车站和车次的信息方便引导乘客多选择的乘车；（d）将公交站台设立在地铁出入口，或者其他交通方式换乘点，方便乘客换乘；（e）在站台可提供智能设配比如导航和规划路线，可以方便乘客知道到达目的地的最佳方案，也可以通过导航信息规避拥堵路段。

据悉，沈阳电子站牌项目已经完成设计，目前正在进行后台数据系统搭建与调试。未来，公交电子站牌正式启用后，市民再乘坐公交车，就可以通过电子显示屏看到所要乘坐的公交车的信息，就好像在地铁站台通过屏幕可以获悉下趟地铁到站时间一样。此外，一些实时公交运行信息查询的手机应用平台也建立了，比如“车等我”能为市民提供公交线路变更信息、规划出科学的乘车路线，通过 GPS 对输入的目的地关键字进行检索，显示所在地至目的地的全部公交线路、出行用时等，为市民提供多种出行方案。这些举措将大大优化交通网络提高乘客出行效率，吸引更多的公交使用者。

3.2 引导电动车向公共交通转移

电动车具有灵活方便、环保低碳等特点，但其行进速度较慢，雨雪天气适应性差，并且与机动车混行严重，易造成交通拥堵和引发交通事故，据统计，城市的电动车交通事故约占总交通事故率的 1/3 以上。乘坐公共汽车比骑行电动车节约 80%的道路面积。通过正确的引导和管理，并且要让出行者感觉到乘坐公共交通比骑电动车舒适、方便，居民才会自愿放弃电动车出行而选择公共交通出行。因此，必须提高公共交通的服务质量和公交线网的覆盖面，增强公共交通的竞争力对于建设可持续发展的交通系统有重要意义。

3.3 加强行人空间和自行车道建设

目前沈阳行人的空间体系并不完善，在许多路口都没有完整的斑马线、行人信号灯，在主线干线等车流较多道路较宽的路口，也缺少地上立交桥或者地下行人通道可以疏导要过马路的人流。这样不但行人缺少安全保障，而且行人违章穿行交通道路也会阻碍车流的畅通。因此需要建立地下、地上一体化的行人交通体系，努力建设以公交为主，行人交通和自行车交通为辅的生态交通环境。在沈阳中心城区的很多地铁站，地铁站之间以及与地铁站出口开设地铁商城，商业与行人通道结合在一起，通过一体化的设计在地下提前分散了人流，不仅减轻了地面的人行交通压力，还能做促进周边商业发展，达到双赢效果。

3.4 增加绿色植被

目前沈阳的绿化程度十分低，城区绿化覆盖率只有42.2%。目前沈阳绿化较好的道路有浑南东路、青年大街、沈中大街、沈水路、砂阳路等，如图6和图7所示，而道路绿化不理想的有文化路、五爱大街、太原街、北站路等路段，如图8和图9所示。

图6　浑南大道绿化

图7　青年大街道路绿化

图8　中街路道路绿化

图9　北站路道路绿化

由图6～图9可以看出沈阳道路不仅绿化程度低，而且绿化形式单调。城市道路在规划与建设时就往往因为用地紧张将用地让给道路或房屋建设，造成道路绿地率偏低，且缺少路侧绿化带。绿色植物不仅能净化空气、吸收噪声还有美化环境的能力。在沈阳四季分明且冬季较长的东北城市，为了防止冬季的严寒造成的城市道路单调的灰白色，毫无绿色生机的现象，应当种植一些能在严寒存活的植物，比如松柏等耐寒树木。

4　相关政策建议

生态交通的提出对城市发展提出了新的要求，也是解决交通发展、城市经济增长、环境生态保护相互协调的问题的根源。为减少交通对生态和环境的影响，合理配置道路资源，使城市可持续发展，本文提出以下相关政策建议。

（1）加强违规惩治

要想让交通系统正常的运行，加强道路秩序的管理，增加违规惩治的力度对发展生态交通十分必要。具体可以表现为颁布更加详尽的交通规则，加强对行人、自行车、电动车等交通违法行为的惩罚力度。

（2）错峰出行

通过调整不同行业者的上下班时间，错开出行高峰，减少因上下班形成的高峰路面拥堵现象。比如像深圳、上海等大城市政府将部分行业的工作人员上下班时间提前半小时，这样可以缓解道路拥挤，提高全社会工作效率。

（3）加强宣传力度

加强宣传能够提高居民的交通安全意识，减少事故发生。设立违章曝光台，让市民了解交通违法的危害，定期开展宣传绿色出行的活动，倡导市民选择环保的出行方式等。

参考文献

[1] 胡娟娟．生态城市建设中的社会矛盾问题研究［D］．大连：大连理工大学，2013.
[2] 吕兴宇．沈阳城市交通可持续发展综合评价研究［D］．大连：大连理工大学，2003.
[3] 管菊香．基于生态交通的城市交通方式结构优化研究［D］．武汉：武汉理工大学，2007.
[4] 贾建民．城市低碳生态交通系统综合评价体系研究［D］．济南：山东大学，2013.
[5] 王超．沈阳市交通拥挤治理研究［D］．辽宁：辽宁大学，2011.
[6] 段里仁，毛力增．首尔交通改善经验与生态交通发展模式［J］．综合运输．2013（2）：68-73.
[7] 丁立民．道路交通管理理论与实践［M］．北京：中国人民公安大学出版社，2002：46.

车路协同环境下基于误差加权的车辆无线定位融合算法

王江锋[1] 王 娜[2] 高 畅[1] 朱周元[1]

（1. 城市交通复杂系统理论与技术教育部重点实验室，北京交通大学，北京 100044；
2. 中国汽车技术研究中心北京工作部，北京 100070）

摘 要： 针对车辆无线定位算法多基于良好环境进行测试而未考虑其对实际道路交通环境的适应性问题，提出一种基于误差加权的车辆无线融合定位算法作为辅助以实现车辆的全时空定位。在介绍经典无线定位方法基础上，给出了车辆无线融合定位算法的定位原理、逻辑流程以及算法模型。利用外场车路协同环境下采集的实际信号强度和车辆轨迹信息，验证了融合定位算法的有效性，结果显示 95%的轨迹点定位精度小于 122 m。

关键词： 车路协同；无线定位；车辆轨迹；实证分析

Vehicle Wireless Location Algorithm Based on Error-Weighted Under the Condition of Connected Vehicle

Wang Jiangfeng[1] Wang Na[2] Gao Chang[1] Zhu Zhouyuan[1]

(1. MOE Key Laboratory for Urban Transportation Complex Systems Theory and Technology, Beijing Jiaotong University,Beijing 100044; 2. Beijing Operations，China Automotive Technology & Research Center，Beijing 100070）

Abstract: Considering the limitation of vehicle wireless location algorithm validated in good scenarios without considering its adaptability in actual road environment, a vehicle wireless fusion location algorithm based on error-weighted is proposed as supplementary method to achieve full spatial-temporal localization. Through the introduction of common wireless location algorithms, the positioning principle, logic flow and model of the fusion algorithm are presented. Using the actual signal strength and vehicle trajectory collected in connected vehicle environment, the effectiveness of the algorithm is validated, and the results show that the positioning accuracy of 95% trajectory points is less than 122 m.

Key words: Connected Vehicle, Wireless Location, Vehicle Trajectory, Validation Analysis

1 引言

车路协同技术作为 ITS 的最新发展方向，是解决城市交通问题的有效途径之一。车路协同系统通过车车、车路通信实时交互与共享交通信息，实现车辆与道路基础设施间的智能协同配合，为出行者提供更好的基于 LBS 的交通信息服务[1]。作为车路协同技术重要组成部分，车辆无线定位技术通过密集布置在路侧的无线传感网络，利用车路通信实现对车辆的实时位置的获取。GPS 无线定位在城市复杂道路环境条件下存在信号缺失或干扰等问题，易形成定位盲区，需要一种低成本、易布置的局域车辆定位方法作为配合。伴随智慧城市的快速建设，将会在城市道路路侧布置大量的无线传感器网络，为实现车辆的无线定位提供了传感器网络环境。

目前，国内外对无线定位算法研究主要集中于手机无线定位[2]、无线传感网络定位[3, 4]、车载自组网定位[5]等方面。Anupam 等人提出了一种基于智能手机信号强度的室内定位算法，该算法在室内良好环境能够实现对移动车辆的定位[2]。雷谦提出了基于信号强度和虚拟参考标签的改进质心定位算法，相比单独质心定位算法的定位误差降低了 44.03%[6]。随着研究的深入，研究人员将遗传算法和神经网络等智能算法用于无线定位研究，进一步改进了定位算法的精度[7, 8]。已有研究的车辆无线定位算法通常是借鉴了无线通信领域的定位原理，大多数车辆无线定位算法是基于室内环境进行测试，无法测试定位算法在实际道路环境的有效性[9~12]。本论文利用外场实验得到的实际数据，对所提出的基于误差加权车辆无线融合定位算法进行实证分析，测试该算法在实际道路环境下的定位性能。

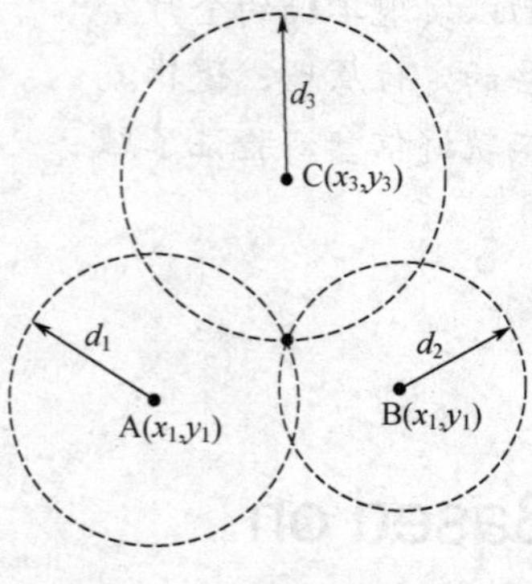

图 1　三边定位法原理图

2　融合定位算法设计

常用无线定位方法包括三边测量法、最小二乘法和质心法等，下面分别对其定位原理进行介绍。三边测量法定位原理如图 1 所示。已知三个锚节点 A、B、C 的坐标分别为 $(x_1,y_1),(x_2,y_2),(x_3,y_3)$，锚节点与待定节点距离分别为 d_1、d_2、d_3，三个圆的交点或公共区域即为待定节点估计位置。

由定位原理可知待定节点位置坐标（x_c，y_c）为：

$$\begin{bmatrix} x_c \\ y_c \end{bmatrix} = \frac{1}{2}\begin{bmatrix} x_1 - x_3 \\ x_2 - x_3 \end{bmatrix}^{-1}\begin{bmatrix} x_1^2 - x_3^2 + y_1^2 - y_3^2 + d_1^2 - d_3^2 \\ x_2^2 - x_3^2 + y_2^2 - y_3^2 + d_2^2 - d_3^2 \end{bmatrix} \tag{1}$$

最小二乘法定位原理：当待定节点接收到来自 3 个或以上锚节点信号，可通过建立方程组对待定节点位置进行估算。假设锚节点坐标分别为 $(x_1,y_1),(x_2,y_2),(x_3,y_3),\cdots,(x_n,y_n)$，待定节点与各锚节点的距离分别 $d_1,d_2,d_3,\cdots,d_n$，则待定节点坐标（x_d，y_d）满足：

$$A = \begin{bmatrix} (x_1 - x_k)(y_1 - y_k) \\ \vdots \qquad \vdots \\ (x_{k-1} - x_k)(y_{k-1} - y_k) \end{bmatrix},\ x = \begin{bmatrix} x_d \\ y_d \end{bmatrix},\ b = \begin{bmatrix} x_k^2 - x_1^2 + y_k^2 - y_1^2 + d_1^2 - d_k^2 \\ x_k^2 - x_{k-1}^2 + y_k^2 - y_{k-1}^2 + d_{k-1}^2 - d_k^2 \end{bmatrix} \tag{2}$$

由此可得：$X^* = (A^T A)^{-1} A^T b$，X^*即为待定节点位置估计。

质心法定位原理：当待定节点周围存在 3 个或以上相邻锚节点时，这些锚节点围成几何图形的质心即为待定节点的位置估计。n 个锚节点的坐标分别为 $(x_1,y_1),(x_2,y_2),(x_3,y_3),\cdots,(x_n,y_n)$，则为待定节点的估计位置为：

$$x_e = \sum_{i=1}^{n} x_i \Big/ n \qquad y_e = \sum_{i=1}^{n} y_i \Big/ n \tag{3}$$

基于常用的无线定位方法，提出了一种基于三边测量法、最小二乘法和质心法的车辆无线融合定位算法。融合定位算法原理：运行在车路协同环境中的车辆，可实时接收来自路侧基站节点的无线信号，利用所接收的无线信号强度和标定后的对数距离—损耗模型，计算车辆与路侧基站节点间的距离。依据车辆运行过程中所接受到的固定基站节点的数量和位置信息，利用车辆运行中的距离误差和定位误差设计合理加权因子，按照误差加权集成三种无线定位方法，最终获得车辆实时位置信息。融合定位算法的逻辑流程如图 2 所示。

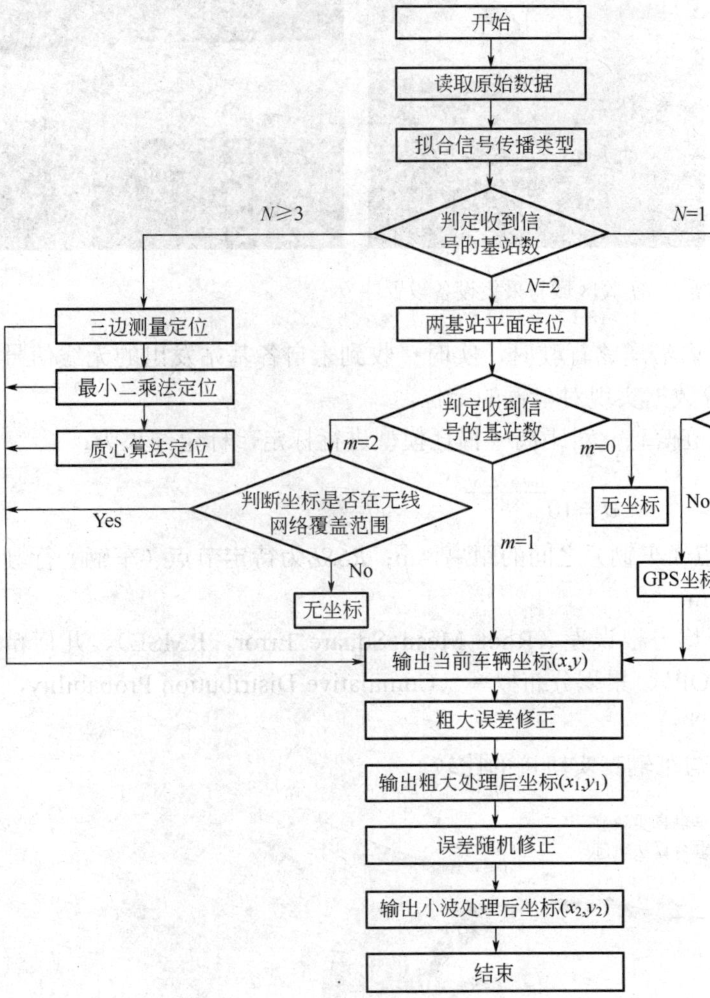

图 2　融合定位算法逻辑流程

综合考虑距离误差和坐标的定位误差，得到每种定位算法的加权因子为：

$$w_i = 1\Big/\sqrt{\Delta x_i^2 + \Delta y_i^2 + d_i^2} \qquad i = 1, 2, \cdots, n \tag{4}$$

式中，i 为定位坐标序号；Δx_i 为第 i 个坐标的 x 轴误差，m；Δy_i 为第 i 个坐标的 y 轴误差，m；d_i 为第 i 个坐标的距离误差，m。

基于加权因子，由融合定位算法得到的车辆位置 (x, y) 估计为：

$$\begin{cases} x = x_c \dfrac{w_1}{\sum_{i=1}^{3} w_i} + x_d \dfrac{w_2}{\sum_{i=1}^{3} w_i} + x_e \dfrac{w_3}{\sum_{i=1}^{3} w_i} \\ y = y_c \dfrac{w_1}{\sum_{i=1}^{3} w_i} + y_d \dfrac{w_2}{\sum_{i=1}^{3} w_i} + y_e \dfrac{w_3}{\sum_{i=1}^{3} w_i} \end{cases}, \quad i = 1, 2 \cdots n \tag{5}$$

3　实证分析

融合定位算法测试所用数据采集于美国华盛顿州雷德蒙得的微软实验园区，实验园区中设置 11 个 WiFi 固定基站，实验区域与数据采集设备如图 3 所示。

图 3　实验区域与采集设备设置图

车辆在无线传感网络覆盖的园区内沿道路行驶时，实时接收到来自各基站发出的无线信号强度，结合车载 GPS 采集的车辆行驶轨迹等数据实现对车辆的定位。

利用所采集的信号强度与车辆轨迹信息，对距离—损耗模型进行标定，标定结果为：

$$d = 10^{\frac{180.6 - RSSI}{81.9}} \tag{6}$$

式中，d 为锚节点（基站）与待定节点（车辆）之间的距离，m；$RSSI$ 为待定节点（车辆）行驶中介绍到的锚节点（基站）的信号强度，dbm。

为了评价算法的定位性能，选择均方根误差（Root Mean Square Error，RMSE）、几何精度因子（Geometric Dilution of Precision，GDOP）、累积分布概率（Cumulative Distribution Probability，CDP）三个指标对融合定位算法有效性进行评价。

图 4 为融合定位算法的定位轨迹与车辆真实轨迹的比较。

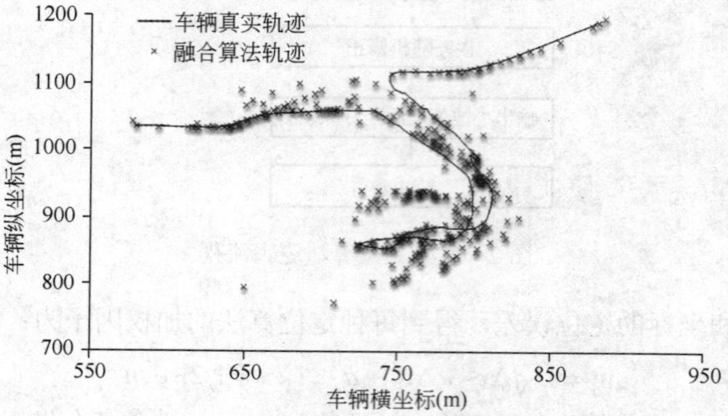

图 4　融合定位算法定位轨迹

由图 4 可知，融合定位算法的轨迹分布在车辆真实轨迹周围，能够实现车辆的位置跟踪。表 1 给出了四种定位算法的评价指标比较。

表 1　评价指标比较

指标 \ 算法	三边定位法	最小二乘法	质心法	融合定位算法
RMSE（m）	53.88	43.45	89.10	41.63
GDOP	1.18	1.27	1.91	0.99

由表 1 可知，整体而言融合定位算法性能优于其他三种定位算法。相比三边测量法、最小二乘定位法和质心法，融合定位算法的 RMSE 分别降低了 29.43%、4.37%和 114.03%。从 GDOP 结果来看，

融合定位算法 GDOP 为 0.99，与其他定位算法相比定位效果更优。图 5 为融合定位算法定位误差的累积分布概率情况。

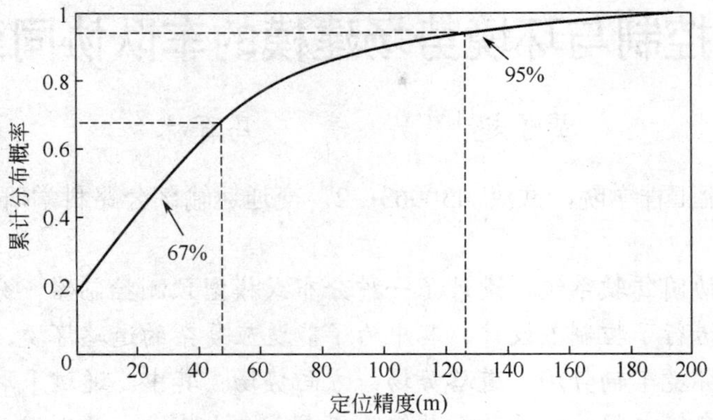

图 5　融合定位算法累积分布概率图

由图 5 可知，融合定位算法定位误差在 0～40m 范围内较为集中，67%的轨迹点定位精度小于 46 米，95%的轨迹点定位精度小于 122 m。

4　结论

车辆无线定位技术作为未来智慧城市重要的支撑技术之一，将会得到越来越多研究人员的重视。利用常用的三边测量法、最小二乘法、质心法，基于距离和定位误差设计了加权因子，提出了一种适用于车辆无线融合定位算法，并利用实测数据对算法进行了实证分析。结果显示，融合定位算法具有良好的车辆定位性能，95%的轨迹点的定位精度小于 122 m。随着大数据处理方法的日益成熟，将其应用于车辆无线定位领域，可进一步改善现有无线定位方法的有效性。

参考文献

[1] 张毅，姚亚丹．基于车路协同的智能交通系统体系框架［M］．北京：电子工业出版社，2015.

[2] Anupam M，Madhur C．WiFi Localization using RSSI in indoor environment via a smartphone ［J］．International Journal of Engineering And Computer Science，2012，1（2）：94-98.

[3] Wu X，Tang D，Qian X. A centralized location algorithm based on RSSI in large-scale wireless sensor network［J］. Procedia Engineering，2011，15：2004-2009.

[4] Borenovic M，Neskovic A，Neskovic N. Vehicle positioning using GSM and cascade-connected ANN structures ［J］. IEEE Transactions on Intelligent Transportation Systems，2013，14（1）：34-46.

[5] Kumar S，Kislay K，Singh M K，et al．A range-free tracking algorithm in vehicular ad-hoc networks［C］．Proceedings of IEEE Twentieth National Conference on Communications（NCC），2014：1-6.

[6] 雷谦．基于 RSSI 的无线传感器网络定位算法［D］．昆明：昆明理工大学，2014.

[7] 毛永毅，谢川．基于遗传算法优化神经网络的定位算法［J］．西安邮电大学学报，2014，19（7）：45-48.

[8] 石晓伟．基于 BP 神经网络和改进质心算法的室内无线定位技术的研究［D］．北京：北京工业大学，2012.

[9] 彭玉旭，杨艳红．一种基于 RSSI 的贝叶斯室内定位算法［J］．计算机工程，2012，38（5）：237-240.

[10] 张佳，吴延海，石峰，等．基于 DV-HOP 的无线传感器网络定位算法［J］．计算机应用，2010，30（2）：323-326.

[11] 王江锋，闫学东，邵春福，等．基于 Min-Max 方法和移动轨迹融合的车辆无线定位算法［J］．车辆工程，2012．34（5）：466-469.

[12] 来磊，曲仕茹．交通无线传感网络运动车辆定位方法［J］．交通运输工程学报，2013（2）：114-120.

基于模型预测控制与环境势场建模的车队协同驾驶方法研究*

黄子超[1]　吴　青[1]　马育林[2]

（1．武汉理工大学物流工程学院，武汉 430063；2．交通运输部公路科学研究院，北京 100088）

摘　要：针对车队协同驾驶系统，设计了一种分布式模型预测控制器，分别对自由巡航策略以及组队巡航策略进行了控制器设计。其中为了能适应复杂的道路环境，提出了一种环境人工势场模型，包括环境车辆势场、道路势场、方向势场。其中，通过采取不同参数的方式反映环境车辆与被控车辆之间的协作关系是组队模式或自由模式，分别用于描述车队内和车队外的环境车辆对被控车辆产生的影响；道路势场为被控车辆建立车道线的约束使其沿车道行驶；目标速度势场使被控车辆保持既定速度行驶。利用该势场模型对车队换道过程中的车辆协作关系进行描述，设计了复杂环境下车队协同驾驶系统，并在Matlab环境下进行了仿真实验。结果表明提出的方法可实现车队在复杂道路条件下的自适应巡航控制。

关键词：智能交通；协同驾驶；人工势场；模型预测控制；无人驾驶车辆

A Study on Collaborative Platoon Driving Method Based on APF Method and MPC Control

Huang Zichao[1]　Wu Qing[1]　Ma Yulin[2, 3]

(1. School of Logistics Engineering, Wuhan University of Technology，Wuhan 430063
2. Research Institute of Highway of the Ministry of Transport，Beijing 100088
3. Department of Military Vehicle, Military Transportation University, Tianjin 300161)

Abstract: Aiming at collaborating platoon driving system, this paper designed a distributed MPC controller which can unify the leader and the follower control into one controller. In order to meet the requirements of complex road environment, we propose a new artificial potential field model that includes vehicle environment potential field, road potential field, and target direction potential field. Different with the traditional potential field method, the proposed APF model take obstacle vehicles, road and the control demand into account which can effectively describe the mutual effect and collaboration between vehicle and the surrounding environment. Based on this model, a MPC cost function is presented. Such controller is designed from the perspective of multi-objective and multi-constraint optimization which can be solved to get the control trajectories. Meanwhile, the follower can utilized the predict trajectories to accomplished the collaborative driving. To validate the proposed approach, a variety of scenario simulations are conducted in MATLAB, and the

*基金项目：国家自然科学基金项目（No.61174173，No.61203236）天津市自然科学基金（14JCQNJC01600）。

performance of the proposed method are verified.

Key words: ITS, Collaboration Driving, APF Method, MPC, Automated Vehicle

近年来，车辆呈现指数增长的趋势，其数量已经远远超出现存路网的容量，道路交通面临着诸多的挑战，交通安全与交通拥堵问题日益严重，由此带来的环境污染问题也不容小觑[1]。同时，人们对于汽车的诉求不再仅仅局限于代步，也对汽车驾驶便利性和乘坐舒适性提出了更高的要求。车辆智能化技术如汽车先进辅助驾驶系统（Advanced Driver Assistance Systems，ADAS）与自动驾驶技术等作为当前的研究热点正迎来新一轮的发展热潮，成为提高道路安全与通行效率的重要研究方向[2~4]。

根据车辆智能化程度的逐渐提高，车辆智能技术可以分为四个阶段：驾驶员感知增强系统、驾驶员辅助系统、自动驾驶车辆、多车协同驾驶控制系统。驾驶员感知增强系统主要包括夜视系统（Night Vision，NV）、视觉盲区监测（Blind Spot Detection，BSD）、驾驶员疲劳监测（Fatigue Detection，FD）、车道偏离预警（Lane Departure Warning，LDW）及防撞预警（Collision Warning，CW）等，以向驾驶员提出危险预警及驾驶建议，由驾驶员最终完成对车辆的控制。驾驶员辅助系统已经可以开始参与部分的车辆控制如定速巡航控制（Cruise Control System，CCS）、自适应巡航控制（Adaptive Cruise Control，ACC）、制动防抱死系统（Anti-lock Braking System，ABS）、电子稳定程序（Electronic Stability Program，ESP）、车道偏离控制（Lane Departure Assist，LDA）以及避碰控制（Collision Avoidance，CA）等。随着驾驶员辅助系统功能的进一步增强，最终发展成为自动驾驶车辆，自动驾驶车辆是指可在驾驶员不进行车辆操作的情况下完成对车辆行驶路线的自动规划、实现行驶中的车速调节及自动转向，从而在交通流中保持稳定的行驶状态并进行自动避障控制等操作。为了进一步提高车辆控制效率，在自动驾驶车辆的基础上研究者开始提出车辆协作驾驶系统，旨在通过通信手段进行车辆状态及控制数据的交换，从而进一步提高车辆的控制效率及稳定性。

车队协作驾驶系统旨在把若干自动驾驶车辆组成跨车道柔性车队，通过车队协作简化交通控制的复杂程度，由于车队内相对间距较小，可以有效地提升道路容量，同时通过减少风阻的方式可以降低能耗减少环境污染[5, 6]。当前，车队的协同驾驶研究主要集中如下几个方面。其中最早也是最为成熟的技术为车辆的协同自适应巡航系统 CACC（Cooperative Adaptive Cruise Control，CACC），作为 ACC 系统的延伸，CACC 系统通过引入通信的方式，可在保证安全与稳定的情况下进一步减小车辆之间的距离。有关车队协同驾驶控制，当前大部分控制算法采用分层控制结构，上层控制器根据传感器及通信信息确定车辆的期望加速度以及转向信息并引入车辆实际状态信息作为控制反馈，而下层控制器则采用传统控制方法控制车辆执行机构跟踪期望加速度完成车辆控制。车队协同驾驶系统可以看成是一个以智能车辆为主体的分布式控制系统。系统面临的问题主要可以分为两点：①自动驾驶车辆的分布式控制；②不同车辆控制器之间的协调[7]。为此，许多研究者为实现车队协同控制系统开展了卓有成效的研究[8~10]。然而，当前有关协同驾驶系统的研究主要存在以下问题：当前有关车队协同控制的研究主要集中在车队的纵向控制上，考虑车队横向控制的研究并不多。Roozbeh Kianfar 等人提出了一种分布式模型预测控制方法来保证协作车队的横向控制稳定性，但没有考虑纵向控制与障碍[11]。而有关车队协作换道方面的研究一般分为两种情况，一种是车辆避碰引起的被动换道[12]，另一种是为了实现目标车道迁移进行的主动换道[13]。换道策略通常被设计成一个路径跟踪的过程。因此，如何利用车辆周边环境信息计算得到合适的换道参考路径是车队换道决策实现的关键。当前，针对换道的研究主要集中在单车上，Alexander Kanaris 通过对换道场景的分析提出了一种最小换道安全距离的计算方法，可用于车辆换道时碰撞避免[14]，Guoqing Xu 等结合驾驶员换道行为提出了一种车辆换道动力学模型，可用来生成不同驾驶风格下的车辆换道策略并实现碰撞预警[15]。然而，目前针对车队环境开展的车辆协作换道研究并不多。由于车队具有共同的行动目标，车辆间通过协作实现车队整体换道是十分必要的。单车换道往往只需考虑自车的安全，而车队换道同时还要考虑车队队形保持。Harry 分别针对车间有通信和无通信情况下的车队换道构建了两种横向加速度控制模型，实现车队换道时车辆的横向控制[13]。但其模型仅考虑了车队中车辆间的纵向安全距离，对于较为复杂的道路环境（如车队附近有其他干扰车辆）就无法有效处理。

为此，本文提出了一种基于人工势场（Artificial Potential Field，APF）的模型预测控制（Model Predictive Control，MPC）器。通过 APF 建模，可以有效地描述车辆与复杂道路环境的交互关系，从而为控制器的安全控制提供依据。MPC 控制器可以处理多输入多约束条件的控制问题，正好满足本系统的需求，与此同时，MPC 控制器在每个控制时域内都会生成预测控制轨迹，本文利用此预测轨迹进行车辆协作控制，有效地增强了控制器稳定性。对于每一辆车的分布式控制系统来说，控制器的设计需要考虑三个方面的因素：①车辆模型的选择和建立，如运动学或动力学模型；②满足车辆的安全的需求，如距离保持，碰撞避免等；③满足车辆具体控制目标的需求，如目标速度及目标轨迹跟踪。故每一辆车的分布式控制是一个多目标多约束条件的控制系统，本文采用模型预测控制器来满足上述三个方面的需求。同时，由于模型预测控制过程中会生成车辆的预测控制轨迹，实现了车辆协同控制过程。下面分别就车辆模型，环境风险势场建模，目标函数设计三个方面来对控制器设计做具体阐述。

1 车辆模型

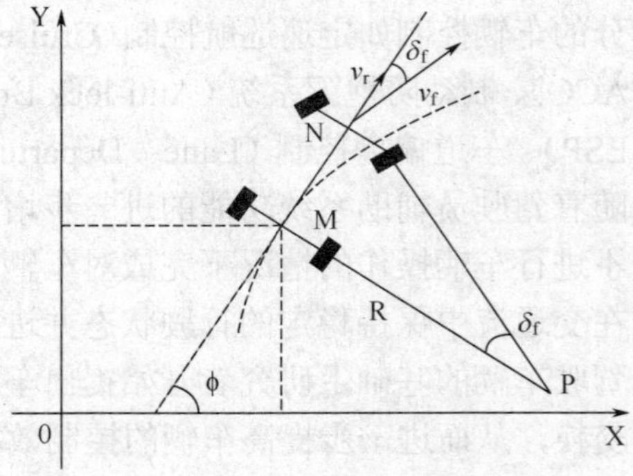

图 1 车辆运动学模型

本文提出的模型预测控制器采用的车辆模型如图 1 所示。

在地面固定坐标系 OXY 下，车辆运动学方程为：

$$\dot{\chi}=\begin{bmatrix}\dot{x}\\ \dot{y}\\ \dot{\varphi}\end{bmatrix}=\begin{bmatrix}\cos\varphi\\ \sin\varphi\\ \tan\delta_f/l\end{bmatrix}v \tag{1}$$

式中，（x，y）为车辆后轴中心坐标，φ为车辆航向角，δ_f 为车辆前轮偏角，v 为车辆后轴速度，l 为轴距。则系统可看做一个输入为 $u=[v,\delta]^T$，状态量为 $\chi=[x,y,\varphi]^T$ 的控制系统。

设Δt 为离散时间的一个步长，则得到离散化的车辆运动学模型如下：

$$\chi(k+1)=\begin{bmatrix}x(k+1)\\ y(k+1)\\ \varphi(k+1)\end{bmatrix}=\begin{bmatrix}x(k)+\Delta t\cdot v(k)\cos(\varphi(k))\\ y(k)+\Delta t\cdot v(k)\sin(\varphi(k))\\ \varphi(k)+\Delta t\cdot\dfrac{v(k)}{l}\tan(\delta(k))\end{bmatrix} \tag{2}$$

其中，$\chi(k)$表示第 k 个步长，系统的状态。为了增加对控制增量的约束，需要对式（2）进行变换。令 $\Delta u(k)=u(k)-u(k-1)$，则式（2）可变换为，

$$\xi(k+1)=\begin{bmatrix}x(k+1)\\ y(k+1)\\ \varphi(k+1)\\ v(k+1)\\ \delta(k+1)\end{bmatrix}=\begin{bmatrix}x(k)+\Delta t\cdot v(k)\cos(\varphi(k))\\ y(k)+\Delta t\cdot v(k)\sin(\varphi(k))\\ \varphi(k)+\Delta t\cdot\dfrac{v(k)}{l}\tan(\delta(k))\\ v(k)+\Delta v(k+1)\\ \delta(k)+\Delta\delta(k+1)\end{bmatrix} \tag{3}$$

则，变换过后的控制输入量为 $\Delta u(k)=[\Delta v(k),\Delta\delta(k)]^T$，其中 $\Delta v(k)$ 为第 k 个步长内的速度变化量，$\Delta\delta(k)$ 为第 k 个步长内的车轮偏转角变化量。

2 环境势场模型

要实现车辆的自动控制，首先需要获取车辆周边环境信息，车辆的自动控制决策，是完全建立在对这些信息理解的基础上的。因为本文主要讨论相应建模方法，故在此假设车辆已经通过传感器以及通信手段获取了包括自车运行状态，周边环境车辆运行状态以及车道状态等，在此基础上，通过人工势场方法对环境信息进行建模，旨在全面描述被控车辆周边环境对其交互影响，通过环境风险势场值来为车辆的协同控制决策提供依据。下面对本文提出的环境势场模型进行说明。

对于一被控车辆来说，所处环境势场值 u_{mn} 的计算由如下几个部分组成：

$$u_{mn} = r_{mn} + e_{mn} + s_{mn} \tag{4}$$

其中，该点处的道路势场值为 r_{mn}，环境车辆势场值为 e_{mn}，自车目标速度势场值为 s_{mn}。具体计算规则如下。

2.1 环境车辆势场

构建环境车辆势场的目的是为了描述被控车辆受到道路周边车辆（环境车辆）的影响。旨在通过建立环境车辆势场，让被控车辆与环境车辆之间根据彼此的速度保持安全的距离。对环境车辆来说，其附近区域的危险程度与许多因素有关，考虑到车辆的运动特性以及在道路上行驶的实际情况，其危险程度在车辆纵横向分布并不均匀。例如，在横向上影响车辆安全的主要因素在于车辆之间的距离，而纵向上除了距离之外还有速度因素。同时，环境车辆根据协作关系的不同分为车队内车辆与车队外车辆。有关单车控制中的环境车辆势场建立方法在前期研究中已经进行了验证，为适应车队协同控制环境，在此对前期模型进行了部分调整，下面重新阐述如下。环境车辆纵向势场分布 A_{car} 的计算如图 2 所示。把环境车辆周边分成如图 2 所示几个部分，包括了车辆侧面区域β与车辆后部区域α. 设计算点为 p 点，则纵向势场分布计算规则如图 2 所示。

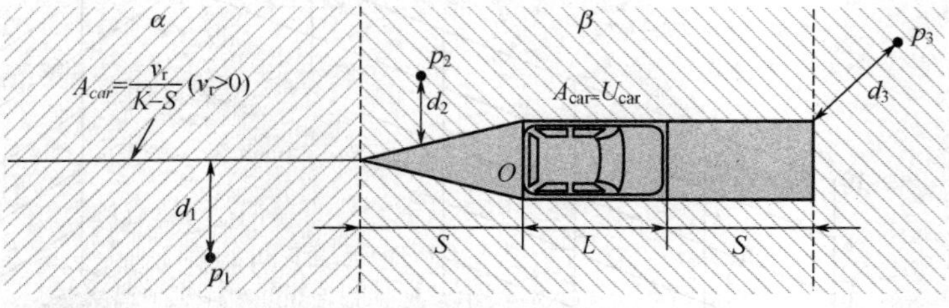

图 2　环境车辆势场计算区域示意图

$$A_{car} = \begin{cases} U_{car} & p \in \beta \\ \dfrac{v_r}{K - S} & (p \in \alpha) \cap (v_r > 0) \\ 0 & (v_r \leqslant 0) \end{cases} \tag{5}$$

其中，U_{car} 为车辆势场常数，代表环境车辆势场的最大值。v_r 为被控车辆与环境车辆的相对速度，当两者速度同方向时，被控车辆速度大于环境车辆 $v_r > 0$，反之 $v_r < 0$。K 为被控车辆与环境车辆之间的纵向距离。S 为一设定的安全距离，这里 $S = v_r \cdot \Delta T + s_{\min}$，$\Delta T$ 为系统反应时间，与传感器延迟和计算延迟相关，$s_{\min}$ 为最小安全距离。

当 p 点处于 β 区域时，如图中 $p2$，纵向势场分布为一常数 U_{car}，当 p 点处于 α 区域时如图中 $p1$。考虑环境车辆与被控车辆的相对速度 v_r，当 $v_r \leqslant 0$ 时，说明在环境车辆与被控车辆相对距离逐渐增大，纵向势场值取 0。当 $v_r > 0$ 时，说明被控车辆相对环境车辆距离逐渐减小，则越靠近被控车辆，越危险，势场值与相对距离负相关；相对速度越大，越危险，势场值与相对速度正相关。

环境车辆势场的计算是由纵向势场系数 A_{car} 乘以横向势场得到的，横向计算规则本文采用一个类高斯函数，整体计算公式如下，

$$e_{mn} = A_{car} \exp\left(-\frac{D^2}{2\sigma_v^2}\right) \tag{6}$$

其中 D 为横向势场等效距离，p 在车辆前方时，为环境车辆周边势场计算点与环境车辆边缘的欧几里得距离，如图中所示当计算点为 p_3 时，$D=d_3$。当计算点 p 在车辆侧面时 $p2$ 时，$D=d_2$。当计算点 p 在车辆后方 p_1 时，$D=d_1$。σ_v 为车辆势场收敛系数，决定了势场横向影响范围。

如图 3 所示，当被控车辆后轴心在坐标（0，0）点处，环境车辆在坐标（25，0）点处时，环境车辆周围势场分布示意图如下。

与单车控制不同，在车队协同控制过程中，可以与被控车辆进行通信协作的车辆在势场计算上依然采用上述建模方式，但因为车队内车辆可以与被控车辆进行通信，故安全距离可以相应的保持取较小数值。

2.2 道路势场

被控车辆沿车道行驶或换道时要考虑道路上车道线的约束，其约束关系可由道路势场来描述。这里借鉴文献[9]中的方法构建道路势场。

假设被控车辆此时行驶在中间车道上，每一条车道线对势场计算点（m，n）产生的道路势场如图 3 所示：

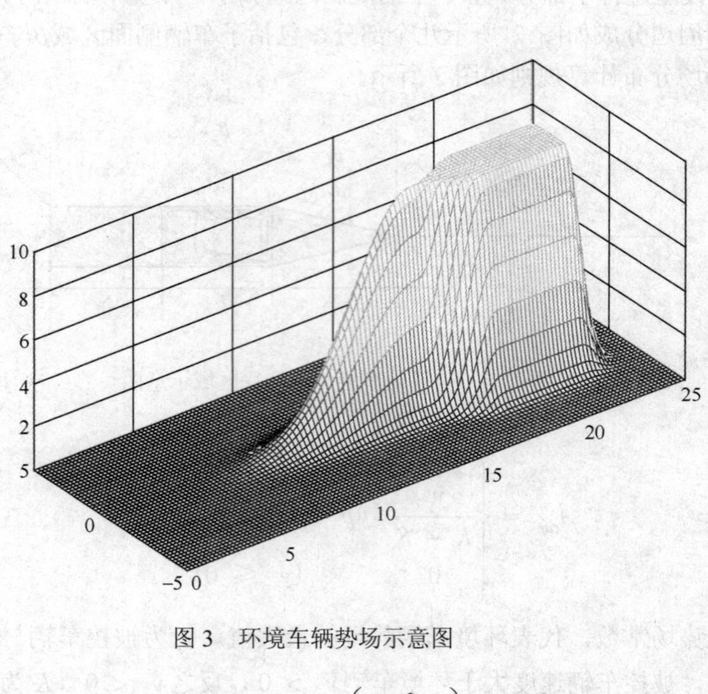

图 3 环境车辆势场示意图

$$l_{mn}(i) = A_{lane} \exp\left(-\frac{d_{lane,i}^2}{2\sigma_r^2}\right) \tag{7}$$

其中 A_{lane} 为车道线势场系数 $d_{lane,i}$ 为截面 A 内距离某一条车道线 l_i 的距离。σ_r 为车道线势场收敛系数。整体的道路势场计算公式如下：

$$r_{mn} = \sum_i l_{mn}(i) \tag{8}$$

2.3 方向势场

行驶方向势场，主要目的在于给车辆一个像车道前方行驶的趋势，在前方出现障碍物时，给车辆换道提供一定的辅助作用。

$$s_{mn} = \partial x_r + \varepsilon \tag{9}$$

x_r 为势场点与被控车辆间的纵向距离，∂ 为速度势场系数为一负常数，ε 为一正常数，保证在预测时域内势场值始终为正。在忽略其他环境因素影响的情况下，该势场函数使得被控车辆前方势场低于后方势场，从而使被控车辆保持向前运动的趋势。

3 车辆协同驾驶分布式模型预测控制器设计

本文设计的车辆分布式协同驾驶系统指每一辆车都使用独立的局部控制器，该局部控制器既可以充分利用通信的优势，通过获取周围自动驾驶车辆的预测控制轨迹帮助本车进行控制决策从而实现协同驾驶。同时，考虑到道路上还存在其他非自动驾驶车辆等不能进行协同控制的进行自主驾驶的环境车辆，分布式控制器还可以通过自身传感器获取的本车状态信息与周围环境中的障碍车辆信息保证车辆正常的行驶安全。

车队协作分布式控制器的核心模块由三部分组成。首先由信息处理模块综合车辆通过传感器以及通信手段获得的状态与环境信息，分别打包处理成事件信息流以及协议信息流。接着，车队协作策略混成自动机通过对事件信息流输入量进行响应，实现车队协作策略的选择和切换，确定车辆在当前状态与环境下的控制目标以及相应约束条件。最后，控制算法通过动态改变相应的控制目标与约束条件得到车辆执行机构或车辆模型所需要的控制量输入，从而完成车辆协作的分布式控制（见图 4）。

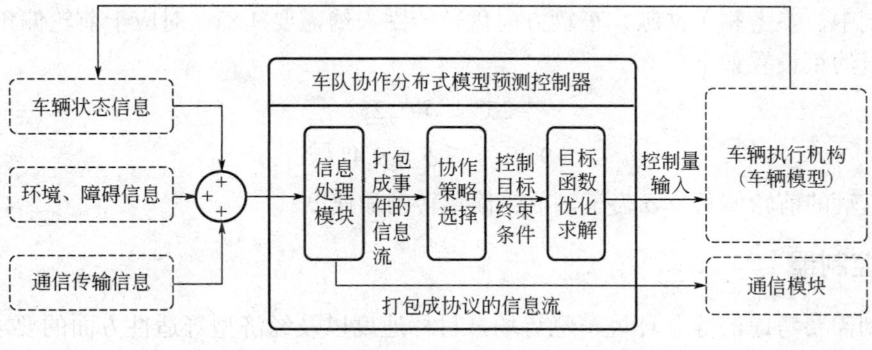

图 4　智能车辆个体分布式控制结构

本文将车辆协同驾驶策略分为三类，其一为智能车辆自由巡航策略，其二为智能车辆组队巡航策略。智能车辆的自由巡航策略，指的是车辆以自由车辆的身份，执行的自动驾驶策略。在这种策略下，车辆将以保证安全的前提下设法达到设定的速度为控制目标，并且根据道路情况进行减速或者换道。而组队巡航策略即为智能车辆在与其他自动驾驶车辆进行编队协作控制时执行的策略。对于车队协作控制来说，领航车执行的就是基本的自由巡航策略，而跟随车执行的就是组队巡航策略。两者的关系是，自由巡航策略是组队巡航策略的基础，而组队巡航策略则是自由巡航策略的扩展和增强。如此，明确了控制策略结构，依此构建车队协同驾驶控制系统，更利于系统控制器的模块化设计以及后续的迭代升级。

对于模型预测控制来说，目标函数直接决定了控制的最终效果。本文提出的自适应车辆协同驾驶控制器在不同的条件下自动满足相应的控制目标，控制器的目标即为最小化目标函数 $J(k)$。$J(k)$的设计主要需要考虑车辆的安全性的需求，同时还可以兼顾经济性与舒适性的需求。综合考虑上述因素，下面分别对领航车与跟随车目标函数的建立进行说明。

3.1 领航车控制器

领航车控制需要考虑的主要是环境车辆势场，目标速度以及经济型舒适性方面的要求特设置目标函数如下：

$$J\left(k\right)=\sum_{i=1}^{N_P}\left\|U_{APF}\left(i\right)\right\|_Q^2+\sum_{i=1}^{N_P}\left\|e_v\left(i\right)\right\|_R^2+\sum_{i=1}^{N_C-1}\left\|\Delta u\left(k+i\,|\,t\right)\right\|_P^2 \tag{10}$$

其中，$U_{APF}(i)$ 为安全势场避障函数，通过把上文中的车辆运动学模型带入势场计算函数，得到预测时域内每一个预测步长 i 上被控车辆所在位置的势场值。而自动驾驶车辆的控制轨迹很大程度上取决于安全势场函数的计算。在这里

$e_v(i)=v(i)-v_{des}$ 为预测时域内速度与目标速度的偏差，此项的作用主要是为车辆在无障碍情况下提供一个参考目标速度。

$\Delta u\left(k+i\,|\,t\right)$ 为控制增量，此项添加可以使得优化求解的时候考虑增量最小，增加乘坐车辆的舒适性以及提高燃油经济性。

Q、R、P 为权重矩阵，N_p 为预测时域，N_c 为控制时域，v_{des} 为设定的一个参考速度。

为保证优化结果符合实际情况，还需要设置相应的约束条件，因为目标函数采用控制增量为输入量，对控制量本身的约束需要增加线性约束条件。为了使无人驾驶车辆巡航过程更加平稳，车辆的速度控制约束可设置为：

$$0\leqslant v\leqslant 1.1v_{des}$$

$$-1m/s^2\leqslant \dot{v}\leqslant 1m/s^2$$

其中 v_{des} 为车辆的期望速度，$\dot{v}$ 为车辆加速度。

在横向控制中，参考相关文献，车辆方向盘转一圈大约需要 1.8s，对应于前轮偏角为 17°，则设置车轮偏角增量约束设置如下：

$$-25°\leqslant \delta\leqslant 25°$$

$$-9.4°/s\leqslant \dot{\delta}\leqslant 9.4°/s$$

其中 δ 为车辆的前轮偏角，$\dot{\delta}$ 为车辆前轮偏角转动加速度。

3.2 跟随车控制器

跟随车控制需要考虑的除了环境车辆势场，目标速度以及经济型舒适性方面的要求之外，还需要对领航车传过来的预测控制轨迹进行跟踪，故设置目标函数如下

$$J\left(k\right)=\sum_{i=1}^{N_P}\left\|e_y\left(i\right)\right\|_W^2+\sum_{i=1}^{N_P}\left\|e_x\left(i\right)\right\|_W^2+\sum_{i=1}^{N_P}\left\|U_{APF}\left(i\right)\right\|_Q^2+\sum_{i=1}^{N_P}\left\|e_v\left(i\right)\right\|_R^2+\sum_{i=1}^{N_C-1}\left\|\Delta u\left(k+i\,|\,t\right)\right\|_P^2 \tag{11}$$

其中增加了 $e_y(i)$ 与 $e_x(i)$ 分别为预测时域内跟随车与前方车辆预测轨迹的横向与纵向偏移误差。W 为轨迹跟踪权重。

车辆约束与领航车相同。

需要说明的是，本文中车队协同驾驶控制器采取车队内“一跟一”的跟踪策略。即设有一个 n 辆

车组成的车队，从领航车到第 n 辆车的编号分别为 1 到 n，则第 2 辆车获取并跟踪第 1 辆车的预测控制轨迹，第 3 辆车获取并跟踪第 2 辆车的预测控制轨迹，以此类推。

4 仿真场景验证

为验证所提出的车队协作驾驶模型预测控制器的控制效果，在 Matlab 环境中搭建仿真场景设计不同的车队行驶场景进行仿真实验。实验参数设定如表 1 所示。

表 1 人工势场计算参数

车辆势场	U_{car}	势场最大值	15
	W	车辆宽度	1.88m
	L	车辆长度	3.048m
	S_{min}	最小安全距离（车队外）	10m
		最小安全距离（车队内）	5m
	σ_v	车辆势场收敛系数（车队外）	1
		车辆势场收敛系数（车队内）	0.6
车道线势场	A_{lane}	车道线势场系数	0.8
	σ_r	车道线势场衰减系数	0.8
方向势场	∂	方向势场系数	-0.01
	ε	方向势场系数	2

下面针对自由巡航场景与组队巡航场景分别开展仿真实验。

4.1 单车自由巡航场景

为检验本文所设计控制器在单车自由巡航控制策略中的控制效果，设仿真场景 1 如图 5 所示。在一条三车道长直道路上有两辆自动驾驶车辆 Hostcar1 与 Hostcar2，道路限速为 14m/s。两车位置分别为中间车道与右侧车道。前方有三辆障碍车辆 obCar1、obCar2 与 obCar3 速度分别为 10m/s、14m/s 与 10m/s。对于两辆自由巡航的智能车辆来说，两者之间可能有有协作与无协作两种控制模式，仿真结果如图 5 所示。

如图 6、图 7 所示在无协作场景中，对于 Hostcar1 来说，Hostcar2 与其他三辆 Obcar 均为干扰车辆，在图中均用蓝色方块表示，在有协作场景中 Hostcar1 可以通过通信获取 Hostcar2 的预测控制轨迹，从而与自身控制器进行协调。在无协作场景中 0 到 3s 时，Hostcar1 前方并无障碍车辆，因为 Hostcar1 速度并未达到所设定的速度上限，则 Hostcar1 开始进行加速行驶，而从 3s 开始，Hostcar2 由于在道路前方出现障碍车辆，需要换道行驶，开始影响到 Hostcar1，则 Hostcar1 开始减速，并且向左侧车道开始进行一定的避让。直到 Hostcar2 换道完成方向又一次稳定时，Hostcar1，检测到前方的障碍车辆 Obcar1，进一步开始选择保持中间车道继续行驶。

而相同的场景，在有协作的情况下，可以看出，因为 Hostcar1 一开始便获取了 Hostcar2 的预测控制轨迹，则提前对自己的车速进行了规划，控制更加平缓，在横向控制中也没有出现无协作场景中的波动。综上，在有协作场景与无协作场景中，控制器均对车辆进行了有效的控制，且通过协同驾驶，增进了控制器的性能。

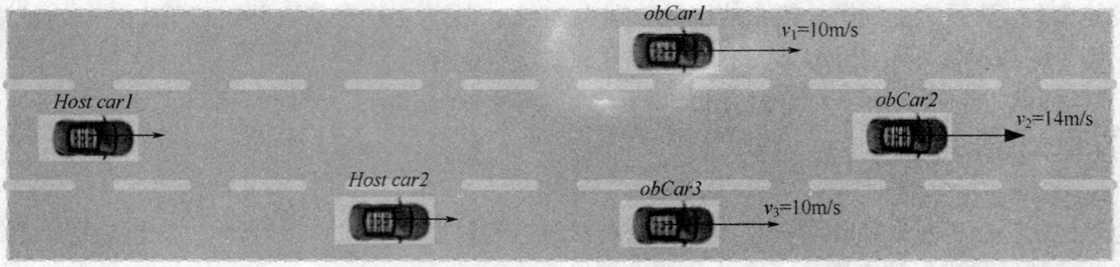

图 5　场景 1：单车自由巡航示意图

4.2　车队协同驾驶场景

为检验本文所设计控制器在单车自由巡航控制策略中的控制效果，设仿真场景 2 如图 8 所示。在一条三车道长直道路上在中间车道有 5 辆自动驾驶车辆 Hostcar1 到 Hostcar5 初始速度为 25m/s，道路限速为 25m/s。前方有三辆障碍车辆 obCar1、obCar2 与 obCar3 速度分别为 21m/s、20m/s 与 20m/s。仿真结果如下所示。

如图 9 所示，所有车辆的控制量均在所设定的约束范围内，由于前方障碍车辆速度低于车队速度，故车队首先在 0 到 15s 时进行了减速，并且由于前方障碍车辆速度不同，故车队领航车选择换到左侧车道跟随速度相对最快的 ObCar1，在 15s 到 25s 阶段，车队已经换到左侧车道因为不能超越，故继续保持跟随前方障碍车辆行驶。在 25s 到 45s 阶段，由于 ObCar1 与 ObCar2 之间逐渐拉开距离，车队开始换道超越。另外，从图 10 中可以看出，初始换道时候，车队左侧并无障碍车辆，故车队换道时，相互间横向位置偏差相对较小，几乎为同步换道。而在 25s 到 45s 阶段，车队从左侧车道换道中间车道时，由于有 Obcar2 在车队右侧，故后方车辆在跟随前车轨迹换道时，也考虑了周边障碍车辆的干扰，并没有跟随前方车辆直接换道，而是在超越右侧障碍车辆后才跟随前车轨迹进行换道。车辆仿真场景如图 11 所示。

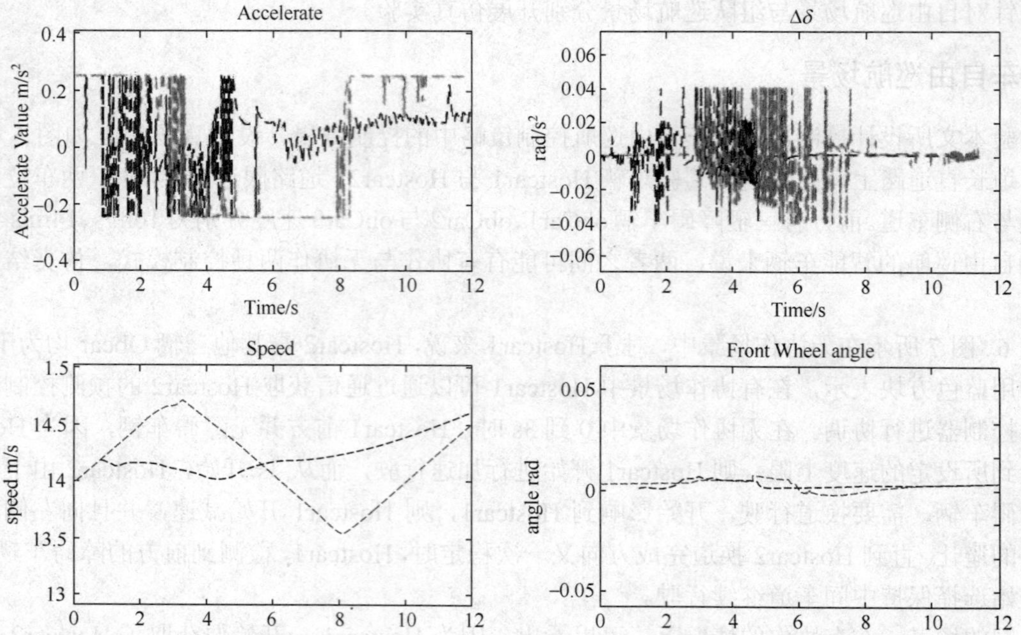

图 6　场景 1：车辆运行参数

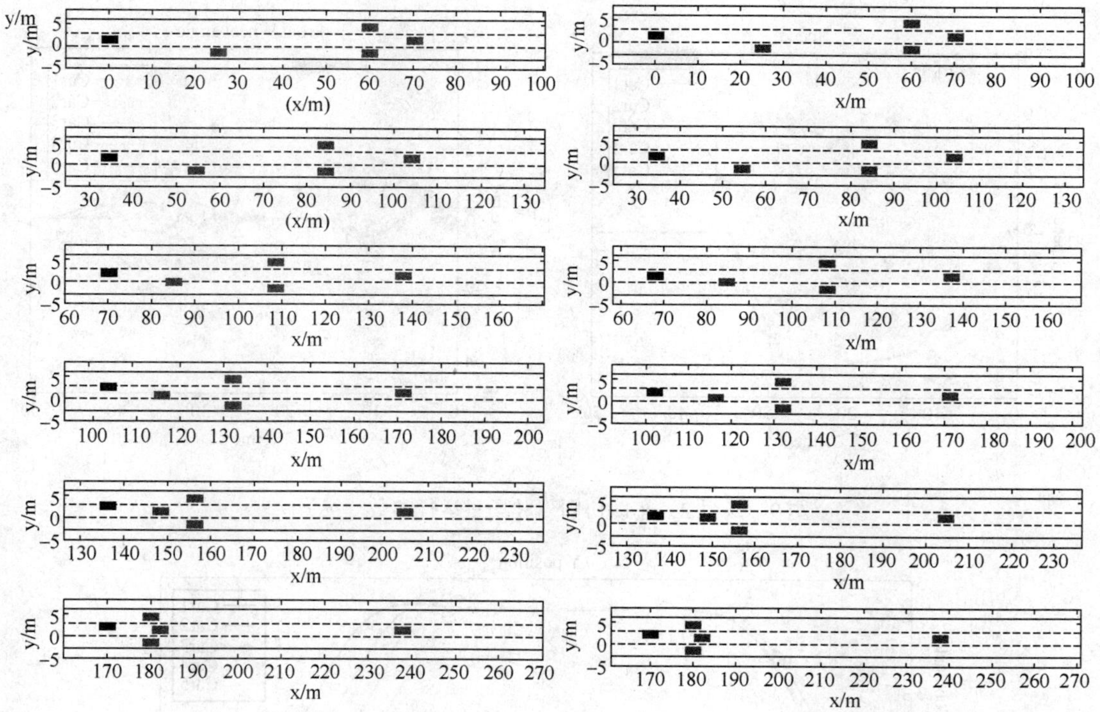

(a) 无协作　　(b) 有协作

图 7　场景 1：车辆协作仿真场景图

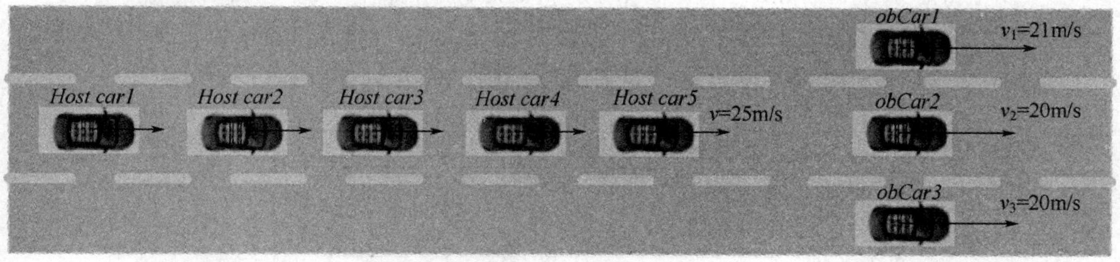

图 8　场景 2：车队协同驾驶示意图

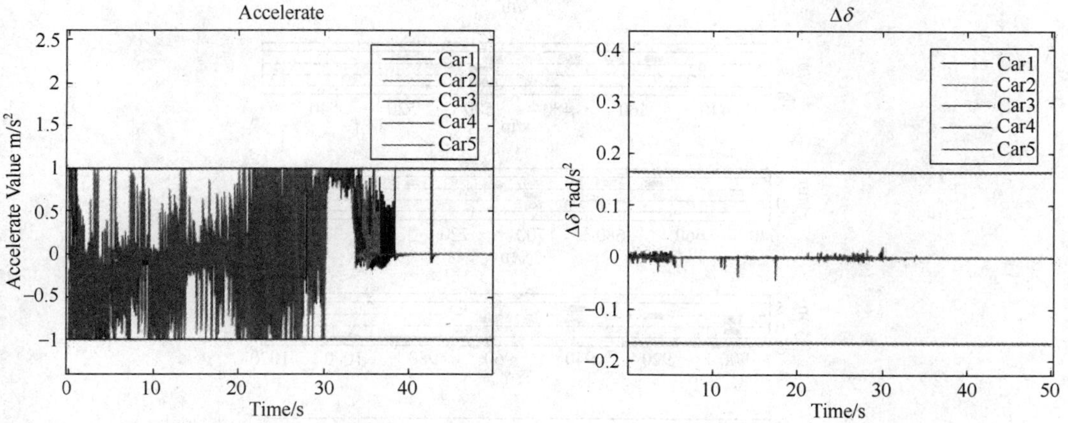

图 9　场景 2：车队协同驾驶场景运行参数

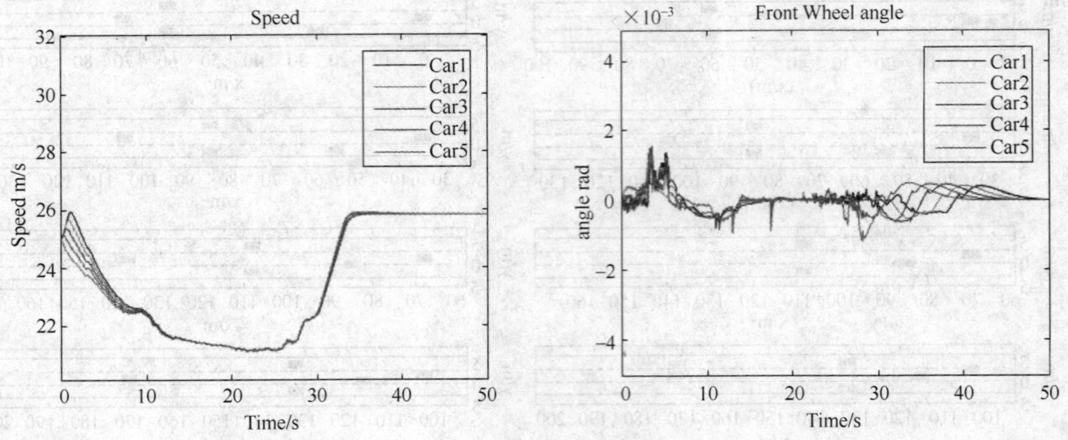

图 9　场景 2：车队协同驾驶场景运行参数（续）

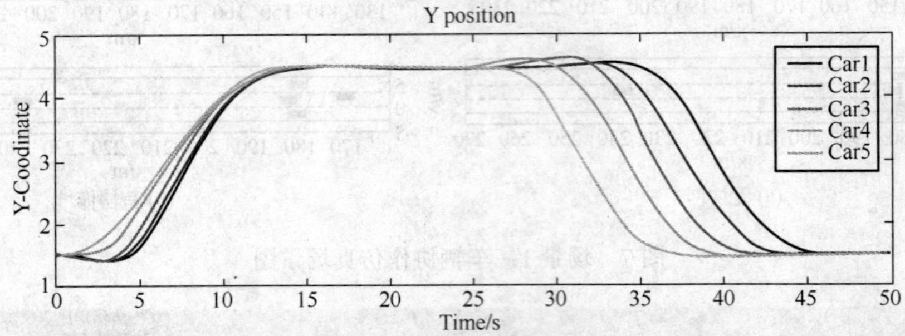

图 10　场景 2：车队协同驾驶场景车辆横向偏移图

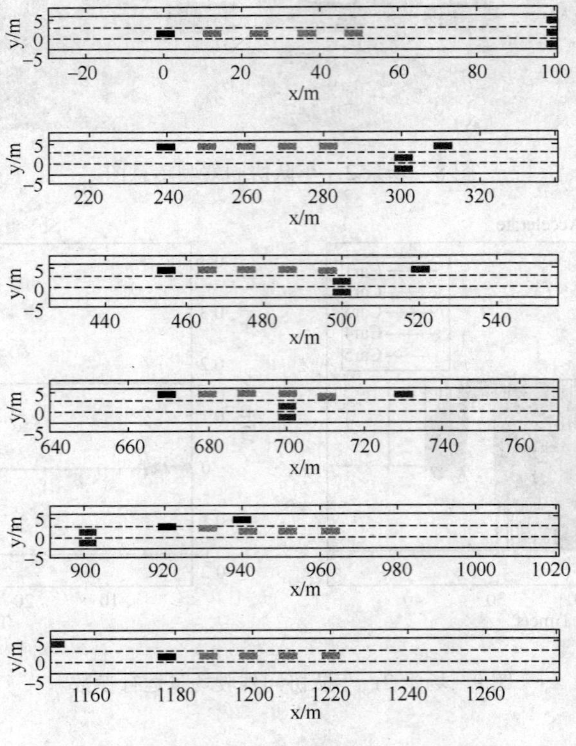

图 11　场景 3：车队协同驾驶仿真场景图

5 结论

本文构建了一个环境势场模型，由环境车辆势场、道路势场和目标速度势场三部分组成。环境车辆势场用来描述车队中被控车辆的周边车辆对其产生的影响；道路势场用于建立道路对被控车辆的约束；目标速度势场使被控车辆以一定的速度向前行驶。与传统人工势场模型不同，本文通过三种势场的组合，有效的描述了车队中被控车辆与其他车辆、道路环境之间的影响和协作关系。根据不同的协作关系确定车队每一车辆对应的势场计算方法，并选择相应的分布式协同控制策略，最终实现车队在复杂道路环境下的协同驾驶。在 Matlab 环境中建立了自由巡航策略以及车队协同驾驶仿真场景：在单车控制场景中，展现了有协作与无协作对控制器控制效果的影响。在车队协同驾驶场景中，干扰车辆的情况下，车队能根据道路实际情况自动实施换道超车与避障。两种场景的实验结果表明提出的环境势场模型及协同驾驶控制器能满足车队安全换道的要求。

参考文献

[1] Caveney D.Cooperative vehicular safety applications［J］. Control Systems，IEEE，2010，30（4）：38-53.

[2] 王楠，刘卫国，张君媛，等. 基于视觉传感器的 ADAS 纵向行驶工况识别方法研究［J］. 交通信息与安全，2015，33（1）：41-46.

[3] 王莹，叶雷. ADAS 和 V2X 技术市场走势［J］. 电子产品世界，2015，22（8）：10-14.

[4] 杨帆. 无人驾驶汽车的发展现状和展望［J］. 上海汽车，2014（3）：35-40.

[5] Varaiya P. Smart cars on smart roads：problems of control［J］. Automatic Control，IEEE Transactions on，1993，38（2）：195-207.

[6] Bergenhem C，Shladover S，Coelingh E，et al. Overview of platooning systems［C］//Proceedings of the 19th ITS World Congress，Oct 22-26，Vienna，Austria（2012）. 2012.

[7] Hallé S，Chaib-draa B. A collaborative driving system based on multiagent modelling and simulations［J］. Transportation Research Part C：Emerging Technologies，2005，13（4）：320-345.

[8] Milanés V，Shladover S E，Spring J，et al. Cooperative adaptive cruise control in real traffic situations［J］. Intelligent Transportation Systems，IEEE Transactions on，2014，15（1）：296-305.

[9] Schmied R，Waschl H，Quirynen R，et al. Nonlinear MPC for Emission Efficient Cooperative Adaptive Cruise Control［J］. IFAC-PapersOnLine，2015，48（23）：160-165.

[10] 王灿，马钧. 汽车 CACC 系统的车头时距策略研究［J］. 农业装备与车辆工程，2015，53（2）：60-67.

[11] Kianfar R，Falcone P，Fredriksson J. A distributed model predictive control approach to active steering control of string stable cooperative vehicle platoon［C］. Advances in Automotive Control，2013，7（1）：750-755.

[12] Xu G，Liu L，Ou Y，et al. Dynamic modeling of driver control strategy of lane-change behavior and trajectory planning for collision prediction［J］. Intelligent Transportation Systems，IEEE Transactions on，2012，13（3）：1138-1155.

[13] Hsu H C H，Liu A. Kinematic design for platoon-lane-change maneuvers［J］. Intelligent Transportation Systems，IEEE Transactions on，2008，9（1）：185-190.

[14] Kanaris A，Kosmatopoulos E B，Loannou P A. Strategies and spacing requirements for lane changing and merging in automated highway systems［J］. Vehicular Technology，IEEE Transactions on，2001，50（6）：1568-1581.

[15] Xu G，Liu L，Ou Y，et al. Dynamic modeling of driver control strategy of lane-change behavior and trajectory planning for collision prediction［J］. Intelligent Transportation Systems，IEEE Transactions on，2012，13（3）：1138-1155.

基于改进 LSSVM 的船舶操纵运动模型在线参数辨识方法

谢 朔[1,2] 初秀民[1] 柳晨光[1,2] 吴 青[1,3]

（1. 国家水运安全工程技术研究中心，湖北 武汉 430063；2. 武汉理工大学能源与动力工程学院，湖北 武汉 430063；3. 武汉理工大学物流工程学院，湖北 武汉 430063 ）

摘 要： 为实现船舶操纵性的在线预报及自适应运动控制，针对 Nomoto 二阶非线性运动模型参数辨识问题，将最小二乘支持向量机（Least Squares Support Vector Machines，LSSVM）与多新息方法相结合，提出一种新的多新息在线 LSSVM 辨识建模方法。实验结果表明，使用所提出的算法辨识的模型进行预报的拟合误差可达到 4.76%以下，能准确拟合船舶操纵运动模型。

关键词： 船舶操纵性；参数辨识；最小二乘支持向量机；多新息方法

Online Parameter Identification Method for Ship Maneuvering Model Based on Improved LSSVM

Xie Shuo[1,2] Chu Xiumin[1] Liu Chenguang[1,2] Wu Qing[1,3]

(1. Engineering Research Center for Transportation Safe, Ministry of Education, Wuhan University of Technology,Wuhan 430063; 2. School of Energy and Power Engineering,Wuhan University of Technology, Wuhan 430063; 3. School of Logistics Engineering, Wuhan University of Techology, Wuhan 430063)

Abstract: In order to achieve online prediction of ship maneuverability and adaptive motion control, least squares support vector machine is combined with a multi-innovation algorithm to put forward a new online identification modeling method based on multi-innovation least squares support vector machine for second order nonlinear nomoto motion model parameters identification. The experimental results show that the fitting error of prediction by using the identified model can reach under 4.76%, and accurately fit ship maneuvering motion model.

Key words:Ship Maneuvering, Parameter Identification, Least Squares Support Vector Machine, Multi-Innovation

1 引言

操纵性是船舶重要的水动力性能[1]，关系到船舶航行的安全性与可靠性。通常操纵性会在船舶下水后进行测试，比如通过回旋试验、Z 型试验获取操纵性一阶响应模型的 K、T 值。但考虑到船舶经过长时间的运营，船舶舵机性能、船体阻力等会发生改变，导致船舶操纵性参数发生一些改变，并且水流、

基金项目：交通运输部科技成果推广项目（2015326548030）：无人航道测量船推广与应用。
湖北省自然科学基金重点项目（2015CFA111）：船岸协同下内河船舶智能避碰系统基础理论与关键技术研究。

船舶吃水的变化也会实时改变船舶操纵性参数[2]。这对于依赖船舶操纵模型的自动舵和先进运动控制器（滑模控制、模型预测控制等）等设备实现精确的船舶运动控制造成了一定的影响，因此有必要实现船舶操纵模型参数的在线辨识，以及对船舶操纵性进行建模和预报[3~5]。

最小二乘支持向量机（LSSVM）作为对支持向量机方法的改进[6]，在小样本回归分析方面具有较大优势，近年来被相关学者应用到了船舶操纵性建模研究中[7~8]。其中代表性的成果包括：Zhang、Zou[9]与徐锋[10]等使用 LSSVM 和 ε-LSSVM 进行的船舶操纵黑箱建模预报研究；罗伟林[11]等使用 LSSVM 对船舶操纵性参数的辨识研究。前一类研究从黑箱建模的角度对船舶运动特性的响应关系进行回归分析，而后一类研究基于参数辨识的角度，给出了十分明晰的船舶模型参数确定方法。

但目前 LSSVM 在船舶辨识建模方面的应用大多处于离线学习阶段，而在船舶在线运动控制中，需要使用实时样本数据进行建模。由于 LSSVM 自身不具有稀疏解的特点，一般只适用于小样本数据的分析处理，实际数据量测的不确定性会使得 LSSVM 的学习缓慢，降低辨识精度。

本文基于 LSSVM 的在线辨识方法，对 LSSVM 结构进行改进，并结合多新息理论建立基于多新息在线 LSSVM 的船舶二阶 Nomoto 响应模型辨识方法，再使用模型船的 Z 形试验数据，在仿真平台下进行船舶操纵运动模型的在线辨识与操纵性预报，将预报结果与实际航行实验数据进行对比，验证在线辨识所建立模型的准确性以及对在线 LSSVM 改进的有效性。

2 船舶操纵运动模型

船舶响应型模型主要描述船舶首向角相对于舵角响应的关系，在实际控制中可以与其他航行状态信息结合进行运动建模，被广泛应用在操纵性预报之中[12, 13]。

鉴于船舶运动的非线性特性，考虑采用船舶二阶非线性响应型模型，其方程为：

$$T_1T_2\ddot{r}+(T_1+T_2)\dot{r}+r=K\delta+KT_3\dot{\delta} \tag{1}$$

式中，T_1、T_2、T_3 为时间常数，r 为船舶首向角速度，δ 为船舶的实际舵角，K 为增益系数，该模型为船舶二阶线性操纵响应模型。考虑到船舶运动的非线性特点，应加上非线性项 αr^3（α 为非线性系数），以及由于船舶结构误差、配重不均匀和外界环境干扰造成的初始直航所需压舵角 δ_r，则得到二阶非线性操纵响应模型：

$$T_1T_2\ddot{r}+(T_1+T_2)\dot{r}+r+\alpha r^3=K(\delta_r+\delta)+KT_3\dot{\delta} \tag{2}$$

此外，船舶舵机具有延时特性，有舵机伺服方程：

$$T_E\dot{\delta}+\delta=K_E\delta_E \tag{3}$$

式中，T_E 为舵机时间常数，K_E 为舵机控制增益，δ_E 为输入的舵令。则式（2）、（3）为船舶操纵响应模型，为方便对船舶操纵性进行预报，将两式中的物理量做如下代换：

$$\begin{bmatrix}x_1 & x_2 & x_3 & x_4 & x_5\end{bmatrix}^T=\begin{bmatrix}\psi & r & \dot{r} & \delta & \delta_E\end{bmatrix}^T \tag{4}$$

则得到如下状态方程：

$$\begin{aligned}
&\dot{x}_1=x_2\\
&\dot{x}_2=x_3\\
&\dot{x}_3=-\left(\frac{T_1+T_2}{T_1T_2}\right)x_3-\frac{1}{T_1T_2}x_2-\frac{\alpha}{T_1T_2}x_2^{\,3}\\
&+\frac{K}{T_1T_2}(\delta_r+x_4)+\frac{KT_3}{T_1T_2}x_5\\
&\dot{x}_4=\frac{K_E}{T_E}x_5-\frac{1}{T_E}x_4\\
&\dot{x}_5=0
\end{aligned} \tag{5}$$

本文使用状态方程（5）作为船舶操纵性预报模型。

3 在线辨识建模

针对船舶操纵性模型，使用 LSSVM 实现其在线辨识建模，并实时获取模型的各个参数辨识结果。为提高辨识精度，提出了一种基于 LSSVM 的辨识结构和在线递推的改进方法。

3.1 LSSVM 辨识结构

假设样本集为：

$$S=\left\{s_i \middle| s_i=(\boldsymbol{x}_i,y_i),\boldsymbol{x}_i\in R^n,y_i\in R\right\}_{i=1}^{l}$$

使用如下回归函数来拟合样本集：

$$f(x)=\boldsymbol{w}\cdot\boldsymbol{\Phi}(\boldsymbol{x})+b \tag{6}$$

其中，$\boldsymbol{w}$ 是高维空间上的权重向量，b 为偏置。使用核函数 $\boldsymbol{\Phi}$（$\boldsymbol{x}$）将数据从原输入空间映射到高维空间。则最小二乘支持向量机的目标函数定义如下[14]：

$$v=\min_{w,b,\xi}\left\{\frac{1}{2}\boldsymbol{w}^T\boldsymbol{w}+\frac{1}{2}C\sum_{i=1}^{l}\boldsymbol{\xi}_i^{\,2}\right\} \tag{7}$$
$$subject\ to\quad y_i-[\boldsymbol{w}^T\boldsymbol{\Phi}(\boldsymbol{x}_i)+b]=\boldsymbol{\xi}_i$$

其中，C 为对误差样本的惩罚因子，也称规则因子，与标准支持向量机相比，其回归误差由 $\boldsymbol{\xi}_i$ 表征。为求解上述规划问题，定义拉格朗日函数如下：

$$L(\boldsymbol{w},b,\boldsymbol{\xi},\boldsymbol{\alpha})=\frac{1}{2}\boldsymbol{w}^T\boldsymbol{w}+\frac{1}{2}C\sum_{i=1}^{l}(\xi_i^2)-\sum_{i=1}^{l}\boldsymbol{\alpha}_i\left[\boldsymbol{\xi}_i-y_i+w^T\boldsymbol{\Phi}(\boldsymbol{x}_i)+b\right] \tag{8}$$

则根据 KKT（Karush-Kuhn-Tucker）条件有：

$$\begin{cases}\dfrac{\partial L}{\partial \boldsymbol{w}}=0\\ \dfrac{\partial L}{\partial b}=0\\ \dfrac{\partial L}{\partial \xi_i}=0\\ \dfrac{\partial L}{\partial \alpha_i}=0\end{cases}\Rightarrow\begin{cases}\boldsymbol{w}=\sum_{i=1}^{l}\alpha_i\boldsymbol{\Phi}(\boldsymbol{x}_i)\\ \sum_{i=1}^{l}\alpha_i=0\\ C\cdot\xi_i=\alpha_i\\ \boldsymbol{w}^T\boldsymbol{\Phi}(\boldsymbol{x}_i)+b+\xi_i-y_i=0\end{cases} \tag{9}$$

从式（9）中可导出如下线性方程组：

$$\begin{bmatrix}0 & 1 & \cdots & 1\\ 1 & \boldsymbol{\Phi}^{\mathrm{T}}(\boldsymbol{x}_1)\boldsymbol{\Phi}(\boldsymbol{x}_1)+\dfrac{1}{C} & \cdots & \boldsymbol{\Phi}^{\mathrm{T}}(\boldsymbol{x}_1)\boldsymbol{\Phi}(\boldsymbol{x}_l)+\dfrac{1}{C}\\ \vdots & \vdots & \ddots & \vdots\\ 1 & \boldsymbol{\Phi}^{\mathrm{T}}(\boldsymbol{x}_l)\boldsymbol{\Phi}(\boldsymbol{x}_1)+\dfrac{1}{C} & \cdots & \boldsymbol{\Phi}^{\mathrm{T}}(\boldsymbol{x}_l)\boldsymbol{\Phi}(\boldsymbol{x}_l)+\dfrac{1}{C}\end{bmatrix}\begin{bmatrix}b\\ \alpha_1\\ \vdots\\ \alpha_l\end{bmatrix}=\begin{bmatrix}0\\ y_1\\ \vdots\\ y_l\end{bmatrix} \tag{10}$$

则回归后的模型为：

$$y(\boldsymbol{x})=\sum_{i=1}^{n}\alpha_i K\left(\boldsymbol{x}_i,\boldsymbol{x}\right)+b \tag{11}$$

将上述回归模型应用于模型参数辨识，需要针对不同的模型选取合适的核函数以获取模型参数。对于参数线性化模型的辨识问题，一般使用线性核函数 $K(\boldsymbol{x}_i, \boldsymbol{x}) = \boldsymbol{x}_i^T\boldsymbol{x}$ 对其进行回归分析，假设线性化的模型为：

$$f(\boldsymbol{x}) = \boldsymbol{A}\cdot\boldsymbol{x} \tag{12}$$

结合式（11），从回归之后的函数中可以直接获取线性系统的参数矩阵：

$$\boldsymbol{A} = \sum_{i=1}^{l}\alpha_i\boldsymbol{x}_i \tag{13}$$

而对于非线性参数模型的辨识问题，常采用多项式核 $K(\boldsymbol{x}_i, \boldsymbol{x}) = (\boldsymbol{x}_i^T\boldsymbol{x} + d)^p$ 对其进行回归分析，但常数项 d 和次数 p 的确定比较困难。

考察式（2）所示的船舶响应模型，可知该模型相对于待辨识的船舶操纵性指数为线性模型，可以通过重构样本对构造为式（12）所示格式，并使用线性核函数进行参数辨识。

3.2 在线 LSSVM 辨识建模

针对式（2）所示的响应型模型，使用上述 LSSVM 方法对其进行辨识建模研究。由于实际采集数据为离散数据，故在辨识前需要将模型进行离散化。首先，将 $r = \dot{\psi}$ 代入式（2）得：

$$\ddot{\psi}(t) = -\left(\frac{1}{T_1}+\frac{1}{T_2}\right)\ddot{\psi}(t) - \frac{1}{T_1T_2}(\dot{\psi}(t)+\alpha\dot{\psi}(t)^3) + \frac{K}{T_1T_2}[\delta(t)+\delta_{\mathrm{r}}+T_3\dot{\delta}(t)] \tag{14}$$

式（14）为连续微分方程，使用差商代替微商进行前向差分，可以得到如下的离散式：

$$\begin{aligned}&y(t)-2y(t-1)+y(t-2)\\&=h(y(t-2)-y(t-1))(\frac{1}{T_1}+\frac{1}{T_2})+h^3\boldsymbol{\delta}(t-3)\frac{K}{T_1T_2}+h^3\boldsymbol{\delta}_{\mathrm{r}}\frac{K}{T_1T_2}\\&-h^2y(t-2)\frac{1}{T_1T_2}-y^3(t-2)\frac{\boldsymbol{\alpha}}{T_1T_2}+h^2[\boldsymbol{\delta}(t-2)-\boldsymbol{\delta}(t-3)]\frac{KT_3}{T_1T_2}\end{aligned} \tag{15}$$

其中，$y(t)=\boldsymbol{\psi}(t)-\boldsymbol{\psi}(t-1)$，$\delta(t)$ 为 t 时刻所采集的舵角数据，h 为采样周期。为将式（15）化为在线 LSSVM 方法所需线性模型，需要对样本的输入输出重新定义，包含待辨识的参数项有：$(1/T_1+1/T_2)$、K/T_1T_2、$K\delta_r/T_1T_2$、$1/T_1T_2$、α/T_1T_2、KT_3/T_1T_2，则重定义参数矩阵、输入矩阵和输出矩阵为：

$$A=\begin{bmatrix}\dfrac{T_1+T_2}{T_1T_2} & \dfrac{K}{T_1T_2} & \dfrac{K\boldsymbol{\delta}_{\mathrm{r}}}{T_1T_2} & \dfrac{1}{T_1T_2} & \dfrac{a}{T_1T_2} & \dfrac{KT_3}{T_1T_2}\end{bmatrix}$$

$$x(t)=\begin{bmatrix}h(y(t-2)-y(t-1))\\h^3\boldsymbol{\delta}(t-3)\\h^3\\-h^2y(t-2)\\-y^3(t-2)\\h^2(\boldsymbol{\delta}(t-2)-\boldsymbol{\delta}(t-3))\end{bmatrix} \tag{16}$$

$$f(x,t)=y(t)-2y(t-1)+y(t-2)$$

则有如下参数矩阵线性化模型：

$$f(x,t)=A\cdot x(t) \tag{17}$$

式（17）与式（12）基本一致，是该线性模型的在线形式，考虑使用滑动数据窗对 LSSVM 所训练的样本进行更新，完成对式（17）的在线辨识，如图 1 所示。

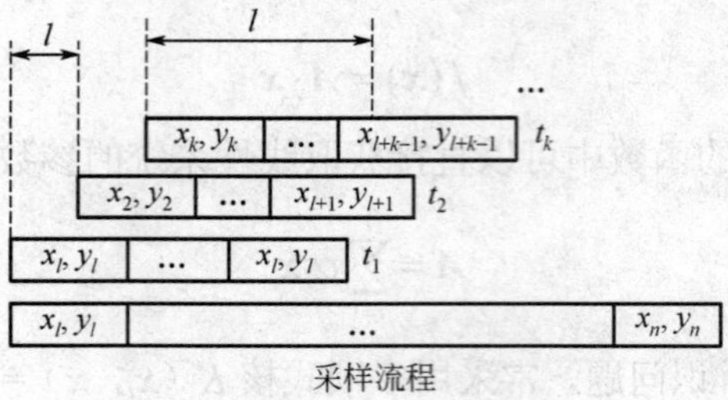

图 1　滑动数据窗

在线辨识所使用的数据窗长度为 l，当采集一组新的信息数据时，舍弃窗口最后一组旧数据，以构成滑动窗口，设 k 时刻的信息数据组成如式（10）所示的线性方程组，并重定义矩阵如下：

$$\boldsymbol{\varphi}_k=\begin{bmatrix}0 & 1 & \cdots & 1\\ 1 & \boldsymbol{\Phi}^{\mathrm T}(x_k)\boldsymbol{\Phi}(x_k)+\dfrac{1}{C} & \cdots & \boldsymbol{\Phi}^{\mathrm T}(x_k)\boldsymbol{\Phi}(x_{k+l-1})+\dfrac{1}{C}\\ \vdots & \vdots & \ddots & \vdots\\ 1 & \boldsymbol{\Phi}^{\mathrm T}(x_{k+l-1})\boldsymbol{\Phi}(x_k)+\dfrac{1}{C} & \cdots & \boldsymbol{\Phi}^{\mathrm T}(x_{k+l-1})\boldsymbol{\Phi}(x_{k+l-1})+\dfrac{1}{C}\end{bmatrix}$$

$$\boldsymbol{\theta}_k=\begin{bmatrix}b & \alpha_1 & \cdots & \alpha_l\end{bmatrix}^T \tag{18}$$

$$\boldsymbol{y}_k=\begin{bmatrix}0 & y_k & \cdots & y_{k+l-1}\end{bmatrix}^T$$

则得到：

$$\boldsymbol{\varphi}_k\boldsymbol{\theta}_k=\boldsymbol{y}_k \tag{19}$$

定义误差平方函数为递推时的目标函数：

$$\boldsymbol{J}(\boldsymbol{\theta})=\|\boldsymbol{y}-\boldsymbol{\varphi}\boldsymbol{\theta}\|^2 \tag{20}$$

结合梯度下降法进行递推[15]，假设第 k 次递推的步长为 μ_{k+1} 则在线递推辨识律如下：

$$\tilde{\boldsymbol{\theta}}_{k+1}=\tilde{\boldsymbol{\theta}}_k-\boldsymbol{\mu}_{k+1}\frac{\partial \boldsymbol{J}(\boldsymbol{\theta}_{k+1})}{\partial \boldsymbol{\theta}_{k+1}}=\tilde{\boldsymbol{\theta}}_k+\boldsymbol{\mu}_{k+1}\boldsymbol{\varphi}_{k+1} \tag{21}$$

将式（21）代入式（20），可得：

$$\boldsymbol{J}\left(\tilde{\boldsymbol{\theta}}_{k+1}\right)=\left\|\boldsymbol{y}_{k+1}-\boldsymbol{\varphi}_{k+1}(\tilde{\boldsymbol{\theta}}_k+\boldsymbol{\varphi}_{k+1}\boldsymbol{\mu}_{k+1})\right\|^2 \tag{22}$$

将上式对 μ_{k+1} 求偏导并令其为零，得到：

$$\boldsymbol{\mu}_{k+1}=\left(\boldsymbol{\varphi}_{k+1}\boldsymbol{\varphi}_{k+1}\right)^{-1}\left(y_{k+1}-\boldsymbol{\varphi}_{k+1}\boldsymbol{\theta}_k\right) \tag{23}$$

代入式（20）中可得到参数递推律：

$$\boldsymbol{\theta}_{k+1}=\boldsymbol{\theta}_k+(\boldsymbol{\varphi}_{k+1})^{-1}\left[y_{k+1}-\boldsymbol{\varphi}_{k+1}\boldsymbol{\theta}_k\right] \tag{24}$$

则结合式（18）、（19）、（24）可得到在线 LSSVM 的递推辨识方法。在使用该方法进行递推辨识，当辨识收敛得到中间参数矩阵 $\boldsymbol{\theta}_k$ 之后，可使用式（13）求解出原线性模型中的参数矩阵 $\boldsymbol{A}$，并进一步求得响应型模型中的各操纵性指数 K、T_1、T_2、T_3、α和 δ_r，完成对响应型模型的在线建模。

3.3 在线 LSSVM 方法的改进

船舶二阶响应模型不含常数项，使用 LSSVM 方法得到的回归函数的偏置应在理论上趋近于零。但在实际控制过程中，即使 LSSVM 算法在结构上可以满足这一最优条件，辨识的结果也容易受到惩罚因子 C 和输入输出数据噪声的干扰。针对此问题，从 LSSVM 算法结构上加入对偏置 b 的约束来进行改进。

此外，现有在线递推辨识方法每次使用单个输入输出信息更新样本数据进行参数估计，在小样本条件下其辨识精度受限，针对此问题，结合多新息辨识理论对递推方法进行改进。

（1）LSSVM 算法结构改进

在 LSSVM 的目标函数中加入对偏置 b 的误差控制项：

$$v=\min_{w,b,\xi}\left\{\frac{1}{2}w^T w+\frac{1}{2}C\sum_{i=1}^{l}\xi_i^2+\frac{1}{2}C_b b^2\right\} \tag{25}$$

其中，C_b 为对偏置超出允许范围的惩罚因子，保持约束条件不变，则相应的拉格朗日函数定义如下：

$$L(\boldsymbol{w},b,\xi,\alpha)=\frac{1}{2}\boldsymbol{w}^T\boldsymbol{w}+\frac{1}{2}C\sum_{i}^{l}(\xi_i^2)+\frac{1}{2}C_b b^2-\sum_{i=1}^{l}\alpha_i\left[\xi_i-y_i+w^T\boldsymbol{\Phi}(\boldsymbol{x}_i)+b\right] \tag{26}$$

同样的，令函数对所有变量的一阶导数为零，得到递推过程中 k 时刻输入输出数据组成的 LSSVM 线性方程组如下：

$$\begin{bmatrix} -C_b & 1 & \cdots & 1 \\ 1 & \boldsymbol{\Phi}^{\mathrm{T}}(\boldsymbol{x}_k)\boldsymbol{\Phi}(\boldsymbol{x}_k)+\frac{1}{C} & \cdots & \boldsymbol{\Phi}^{\mathrm{T}}(\boldsymbol{x}_k)\boldsymbol{\Phi}(\boldsymbol{x}_{k+l-1})+\frac{1}{C} \\ \vdots & \vdots & \ddots & \vdots \\ 1 & \boldsymbol{\Phi}^{\mathrm{T}}(\boldsymbol{x}_{k+l-1})\boldsymbol{\Phi}(\boldsymbol{x}_k)+\frac{1}{C} & \cdots & \boldsymbol{\Phi}^{\mathrm{T}}(\boldsymbol{x}_{k+l-1})\boldsymbol{\Phi}(\boldsymbol{x}_{k+l-1})+\frac{1}{C} \end{bmatrix}\begin{bmatrix} b \\ \alpha_1 \\ \vdots \\ \alpha_l \end{bmatrix}=\begin{bmatrix} 0 \\ y_k \\ \vdots \\ y_{k+l-1} \end{bmatrix} \tag{27}$$

（2）递推辨识律的改进

现有在线递推方法的数据窗滑动步长为 1，单步递推时使用当前 t 时刻至 $t+l$ 时刻的输入输出数据，在 l 较小的小样本学习情况下，其辨识精度会受到限制，为改善这一问题，借鉴多新息辨识理论[16]，对如式（20）所示的递推辨识率，可定义递推意义上的新息为：

$$\boldsymbol{e}_k=\left[y_{k+1}-\boldsymbol{\varphi}_{k+1}\boldsymbol{\theta}_k\right] \tag{28}$$

支持向量机辨识过程中的参数矩阵$\boldsymbol{\theta}$为构成所有支持向量的拉格朗日乘子 α_i 和偏置 b 所组成的矩阵，是一个 l 维向量，针对数据窗长度 l 固定的递推方式，可以将 e（k）视为对每个 α_i 进行递推估计时的单新息组成的新息修正向量。

考虑扩展 e（t）为多新息 $\boldsymbol{E}$（p，t）：

$$\boldsymbol{E}(p,t)=\left[\boldsymbol{e}_t \quad \boldsymbol{e}_{t-1} \quad \cdots \quad \boldsymbol{e}_{t-p+1}\right]^T \tag{29}$$

相应的信息矩阵和输出矩阵扩展为：

$$\begin{aligned} \boldsymbol{Y}(p,t)&=\left[\boldsymbol{y}_t \quad \boldsymbol{y}_{t-1} \quad \cdots \quad \boldsymbol{y}_{t-p+1}\right]^{\mathrm{T}} \\ \boldsymbol{\phi}(p,t)&=\left[\boldsymbol{\varphi}_t \quad \boldsymbol{\varphi}_{t-1} \quad \cdots \quad \boldsymbol{\varphi}_{t-p+1}\right]^{\mathrm{T}} \end{aligned} \tag{30}$$

结合式（28）可得基于多新息理论的在线递推方法：

$$\hat{\boldsymbol{\theta}}_t = \hat{\boldsymbol{\theta}}_{t-1} + \boldsymbol{\phi}^{\mathrm{T}}(p,t)^{-1}\boldsymbol{E}(p,t)$$
$$\boldsymbol{E}(p,t) = \boldsymbol{Y}(p,t) - \boldsymbol{\phi}^{\mathrm{T}}(p,t)\hat{\boldsymbol{\theta}}_{t-1} \tag{31}$$

从式（31）中可以看出，当 p=1 时，该方法就成为递推 LSSVM 方法，当 p>1 时，递推过程中会使用 $l+p-1$ 个长度的信息数据组成的矩阵进行递推辨识，可以对 p-1 个长度的旧信息进行重复使用，提高在小样本数据下辨识精度。

此外，由于 LSSVM 辨识参数的结构特殊性，在线递推辨识过程中难以对 LSSVM 的中间辨识参数 $\boldsymbol{\theta}$赋初值，可直接取 $\hat{\theta}_0=\mathbf{0}$，等价于使用第一次递推辨识的结果作为参数初值。

综上，式（27）～（31）为改进后的多新息在线 LSSVM 辨识方法，使用该方法进行在线参数辨识后，结合式（13）可得到回归后的船舶离散模型（式 17）的原参数矩阵 $\boldsymbol{A}$，进而求解出 K、T_1、T_2、T_3、α和 δ_r，完成对线性模型的在线辨识。

4 实验验证

使用某艘模型船在设计航速下的自航模 20°/20° Z 型实验数据作为改进后的多新息在线 LSSVM 辨识建模的数据来源，将辨识得到的响应性模型中的参数代入状态方程（5），在 matlab 仿真平台中进行航向预报，并与实际航行数据进行对比，验证改进后在线辨识方法的有效性。

4.1 LSSVM 结构改进的有效性验证

对 LSSVM 结构的改进，主要在于增加对算法输出偏置 b 的约束。理论上，式（15）所示的船舶运动模型的离散式中，δ_r可看做是对控制量$\delta(t-3)$的补偿，通过与其他待辨识参数的积$\delta_r K/(T_1T_2)$单独作为一项，当模型参数收敛后，该项可看作常数项。因此，在应用 LSSVM 算法对其进行辨识时，偏置 b 的大小将影响 δ_r 的辨识精度。

分别使用式（18）和式（27）所示 LSSVM 线性方程组进行递推辨识，取惩罚因子 $C=C_b=10^6$，辨识收敛后参数值如表 1 所示。

表 1　参数辨识结果

		K	T_1	T_2	T_3	δ_r	α
原始	改进前	0.309 1	0.533 2	0.000 5	0.133 4	0.000 0	0.223 0
	改进后	0.309 1	0.533 2	0.000 5	0.133 4	−0.069 0	0.223 0
p=2	改进前	0.322 3	0.565 3	0.000 5	0.157 1	−0.000 1	0.034 6
	改进后	0.322 2	0.565 3	0.000 5	0.157 1	−0.070 1	0.034 5
p=3	改进前	0.337 2	0.600 4	0.000 5	0.179 7	−0.000 1	0.008 1
	改进后	0.337 1	0.600 3	0.000 5	0.179 7	−0.071 5	0.008 0
p=4	改进前	0.353 4	0.640 7	0.000 5	0.202 9	0.000 0	−0.011 8
	改进后	0.353 3	0.640 6	0.000 5	0.202 8	−0.073 2	−0.011 8

由表中数据看出，改进后的辨识结果中六个参数均收敛至准确值，而改进前的辨识结果中 δ_r 未收敛，符合预期结果。进一步，取改进前和改进后算法所辨识的模型参数进行航向预报，对比结果如图 2 所示。

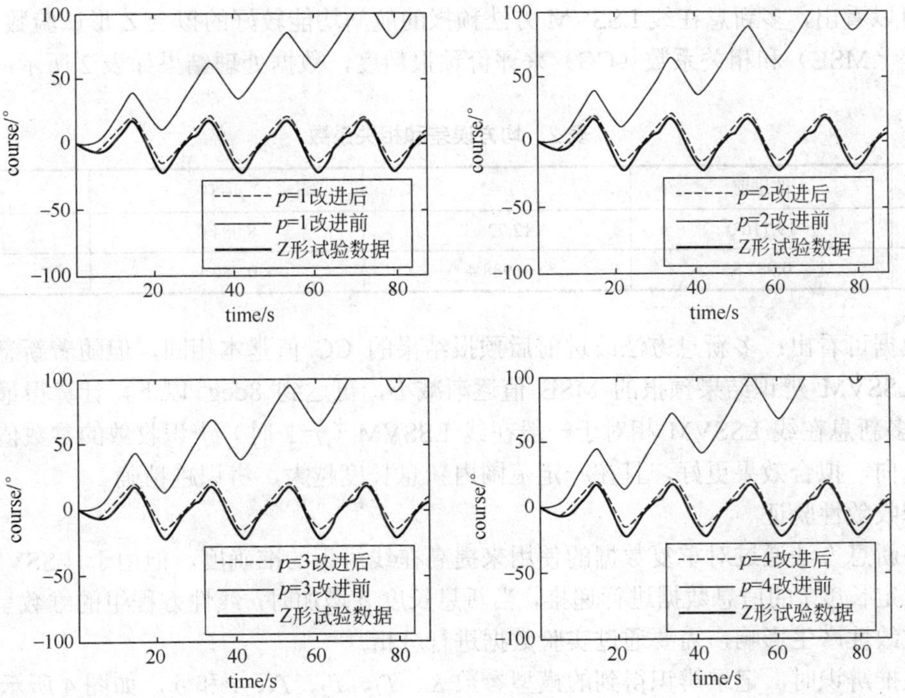

图 2 改进前后预报对比结果

从图中可看出，使用改进前的 LSSVM 算法所辨识的参数进行预报的航向存在较大误差，而使用改进后的 LSSVM 算法所辨识建立的模型可以准确地对航向进行预报，其辨识建模的精度得到提高。

4.2 多新息方法递推的有效性验证

（1）辨识准确性验证

理论上，新息长度 p 越大，改进后的多新息方法辨识结果越准确，但同时带来较大的计算量。为保证在线辨识的实时性，只分别使用表 1 中新息长度 p=2、3、4 下的多新息在线 LSSVM 和改进前的在线 LSSVM（p=1）所辨识的参数进行航向预报，并与实际航向进行对比，结果如图 3 所示。

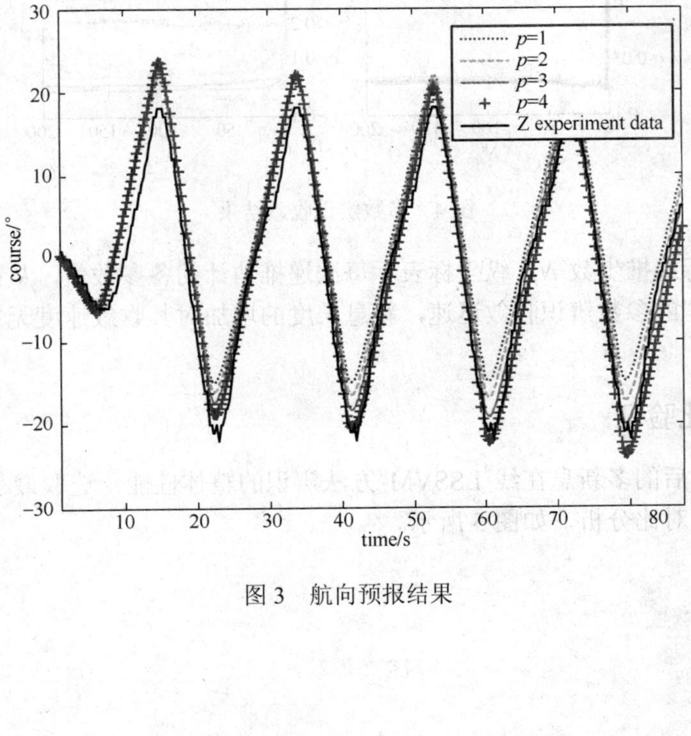

图 3 航向预报结果

从图中可以看出，多新息在线 LSSVM 方法预报的航向均能较好的拟合 Z 形试验数据，进一步的，使用均方误差（MSE）和相关系数（CC）来评价预报精度，数据处理结果如表 2 所示：

表 2　均方误差和相关系数

	改进前	p=2	p=3	p=4
MSE	19.110 0	12.726 1	8.084 0	7.782 1
CC	0.987 8	0.988 4	0.986 1	0.989 1

由表中数据可看出：多新息方法改进前后预报结果的 CC 值基本相同，但随着新息长度的增加，多新息在线 LSSVM 辨识结果预报的 MSE 值逐渐减小，可达到 8deg^2 以下，计算得最小拟合误差为 4.76%，表明多新息在线 LSSVM 相对于一般在线 LSSVM（p=1 时）辨识收敛的参数值所预报的航向更接近实际航向，拟合效果更好，且在一定范围内新息长度越大，辨识越精确。

（2）辨识收敛性验证

理论上多新息方法通过对重复数据的使用来提高在线辨识的准确度，但由于 LSSVM 的线性方程组本身使用固定长度 l 的信息数据进行递推，当新息长度 p 增加时，线性方程组的维数呈倍速增加，可能对辨识的收敛性产生影响，需要通过实验数据进行分析。

在每步递推辨识时，记录辨识得到的模型参数 K、T_1、T_2、T_3、α和 δ_r，如图 4 所示。

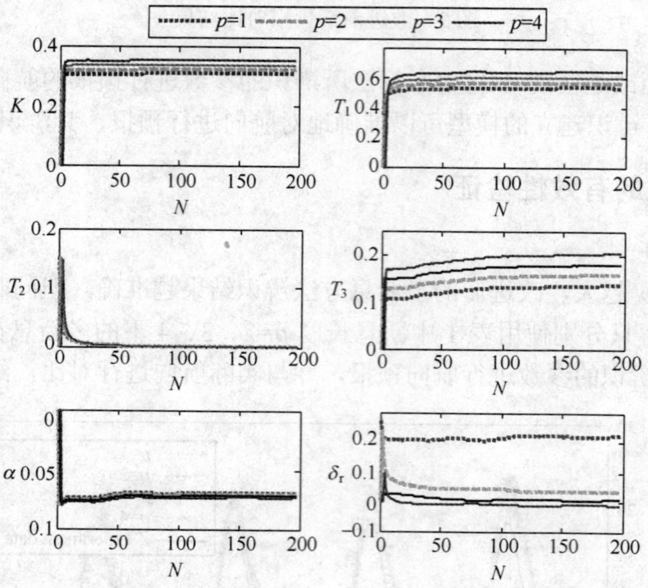

图 4　参数辨识收敛结果

图 3 中横坐标表示递推步数 N，纵坐标表示每次递推估计的各参数值，从图中可以看出，多新息在线 LSSVM 方法辨识的参数辨识收敛迅速，新息长度的增加对其收敛速度无影响，可以满足在线辨识要求。

4.3　与 LS 方法对比验证

为验证完整改进之后的多新息在线 LSSVM 方法辨识的整体性能，选取最小二乘法（LS）辨识结果的预报效果与之进行对比分析，如图 5 所示。

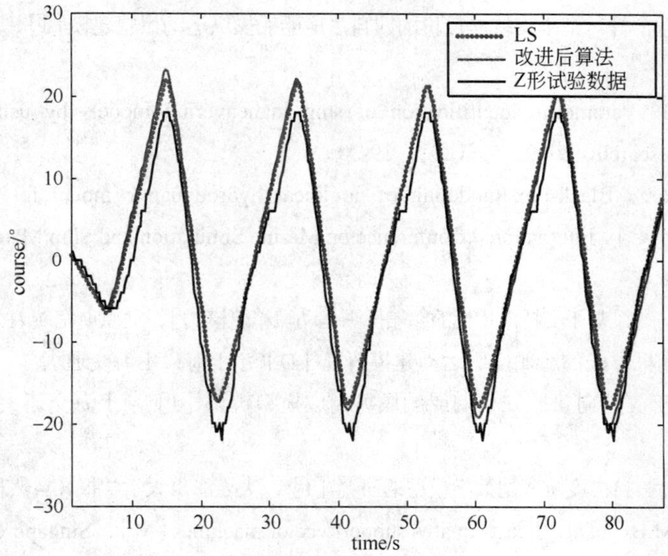

图 5　与 LS 对比结果

数据处理得 LS 方法辨识所得参数预报的均方误差为 MSE=8.67，相关系数 CC=0.9791，对比表 2 中数据可知：p=3、4 下改进的多新息在线 LSSVM 方法相对于一般 LS 方法的辨识结果更为准确，辨识结果的整体预报性能更好。

5　结论

本文基于船舶 Nomoto 二阶非线性运动模型，结合改进后的 LSSVM 方法和多新息理论，建立了基于改进后的多新息 LSSVM 船舶响应模型在线辨识方法，通过航向预报曲线与实际 Z 形试验曲线的对比，得出如下结论：

（1）加入对偏置的约束能很好地提高原有 LSSVM 算法对船舶操纵响应模型参数辨识的精度。

（2）基于多新息方法对 LSSVM 在线递推辨识进行改进，能在保证参数收敛速度达到要求的情况下，进一步提高 LSSVM 在线辨识建模的精度。

本文研究的不足之处在于，使用单一标准 Z 形试验数据所辨识的参数不能完全满足在线辨识算法的验证需求，后续可以考虑使用船舶自由航行实验数据进行在线参数辨识建模研究，以验证算法的泛化性。

参考文献

[1] 船舶操纵性与耐波性［M］. 北京：人民交通出版社，1988.

[2] 乐美龙. 船舶操纵性预报与港航操纵运动仿真［M］. 上海：上海交通大学出版社，2004.

[3] Hu J，Bu R，Yin J，et al. Adaptive control for ship steering based on clonal selection model identification［C］//Control and Decision Conference，2009. CCDC'09. Chinese. IEEE，2009：2863-2868.

[4] Sonnenburg C R，Woolsey C A. Modeling，identification，and control of an unmanned surface vehicle［J］. Journal of Field Robotics，2013，30（3）：371-398.

[5] Van Gestel T，De Brabanter J，De Moor B，et al. Least squares support vector machines［M］. Singapore：World Scientific，2002.

[6] Liu C，Zheng H，Negenborn R R，et al. Trajectory Tracking Control for Underactuated Surface Vessels Based on Nonlinear Model Predictive Control［M］. Computational Logistics. Springer International Publishing，2015：166-180.

[7] 王雪刚，邹早建，任如意，等. 基于支持向量机的四自由度船舶操纵运动黑箱建模[J]. 中国造船，2014，55（3）：147-155.

[8] LUO W L，ZOU Z J. Parametric identification of ship maneuvering models by using support vector machines［J］. Journal of Ship Research，2009，53（1）：19-30.

[9] ZHANG X G，ZOU Z J. Black-box modeling of nonlinear hydrodynamic model for ship manoeuvring based on support-vector-regression［C］// International Conference on Marine Simulation and Ship Manoeuvrability 2012（MARSIM 2012），2012 Singapore.

[10] 徐锋，邹早建，徐小卡，等. 基于支持向量机的船舶操纵运动黑箱建模[J]. 北京航空航天大学学报，2013（11）：025.

[11] 罗伟林. 基于支持向量机方法的船舶操纵运动建模研究［D］. 上海：上海交通大学，2009.

[12] 张心光，邹早建. 基于支持向量回归机的船舶操纵响应模型辨识［J］. 上海交通大学学报，2011，45（4）：501-504.

[13] 惠小锁，张显库. 船舶 4 自由度响应型数学模型的研究［J］. 大连海事大学学报（自然科学版），2013（2）：1-4.

[14] Van G T，De B J，De M B，et al. Least squares support vector machines［M］. Singapore：World Scientific，2002.

[15] 宋召青，郑苏，李志成. 最小二乘支持向量机的梯度递推法［C］// 2009 全国仿真技术学术会议，2009.

[16] DING F. System identification theory and methods［M］. Beijing：China Electric Power Press，2012.

基于互联网地图的路况接入与融合发布技术研究

翟战强* 陈荣荣* 侯晓刚 夏晓敬

（北京易华录信息技术股份有限公司，北京 100043）

摘　要：随着“互联网+”时代的来临，移动互联网的广泛应用不仅改变着人们的生活，也为公安交通管理部门的传统业务提供了新的探索。路况信息发布是城市智能交通管理的一个重要组成部分。传统的路况计算依赖于布设在道路上的交通信息检测设备，受检测设备布设位置、布设密度和上传数据质量的影响，路况计算结果精度不高。而目前互联网公司通过交通参与者智能手机终端采集交通信息，计算的路况精准度较高。本文提出一种新的公安交管业务尝试，在公安交通管控平台上接入互联网公司发布的路况结果，来弥补传统路况计算的不足。

关键词：实时路况；互联网路况；交通信息采集；路况发布

Road Condition Join and Fuse Technology Research Based on The Internet Map

Zhai Zhanqiang　Chen Rongrong　Hou Xiaogang　Xia Xiaojing

(Beijing E-HUALU INFO Technology CO., LTD Beijing　100043)

Abstract: With the advent of the Internet+, the wide application of mobile Internet is not only changing people's life also providing a new exploration for traditional business of public security traffic management department. The releasing of road conditions is an important part of intelligent transportation management. The traditional calculation of road conditions depends on the detector, influenced by location, density and quality of the data uploaded, resulting in a low calculation accuracy. However, road conditions using traffic information collected by intelligent mobile terminals of traffic participants has a high accuracy. This paper presents a new public security traffic services business, joining the road results released by the Internet company to public security traffic control platform, to make up for the inadequacy of traditional traffic calculation.

Key words: Road Conditions, Internet Road Conditions, Traffic Information Collection, Road Conditions Releasing

1　引言

近年来，随着经济的快速增长和城镇化水平的不断提高，机动车保有量迅速增加，据预测 2020 年

* 翟战强与陈荣荣为共同第一作者。

全国汽车保有量将达到 2 亿～2.5 亿辆，中国目前人口将近 14 亿，也就是说每 7 个人中就有一人拥有小汽车。随着机动车的迅猛增长，城市道路拥堵状况越来越严重，如何有效利用有限道路资源，适时调整道路车流量，制定科学的拥堵措施，是城市交通管理部门的重要工作内容之一。交通管理部门只有适时的了解、掌握全市各个辖区、各类道路的路况信息，才能适时的对道路车流量作出正确的调整。同时交通管理部门可以通过多种渠道向社会发布道路交通状况，交通参与者提前获知自己要出行的道路交通状况，凭借实时路况，选择路况相对较好的道路，方便出行，避免堵车。

2　公安交管传统路况计算方式及存在问题

2.1　公安交管路况计算方式

基于实时交通流数据的交通信息采集发布系统，将布设在城市路网主要路段和路口的检测器采集到的路面交通信息通过网络传回至中心，中心通过对交通检测数据的挖掘、融合、统计分析，来识别路网交通运行状态，同时将实时路况信息发布到交通诱导屏、交通广播电台等，向交通参与者提供路况信息服务，从而达到疏导交通、缓解拥堵、充分发挥道路功能。

2.2　传统计算方式存在问题

传统的交通信息采集发布存在一定问题。交通信息采集主要是通过固定检测设备进行路段断面交通参数采集，包括地磁检测、线圈检测、微波检测、红外线检测、雷达检测、视频检测、卡口检测、电子警察检测和电子标签等。相关设备主要固定安装在快速路、主干路和次干路的关键路段和路口处。但由于固定交通流检测设备采集的是固定地点的交通流参数数据，只有当道路网络中有足够多的检测器时，才能够实现对道路网络交通运行状态的监视。目前，我国许多城市的路网中都布设有一定数量的交通流检测器，但这些检测设备都是局部覆盖在一些重要的路段和路口处，使传统的交通流信息采集方式存在“盲区”，无法覆盖全路网，无法真正起到自动监视路网交通流运行状态的作用。而且采集到的数据精度不高，加之交通流信息检测设备的空间布设密度稀疏、布设位置多集中在路口处等问题，对采集到的交通数据处理后得到的路况信息不准确。

固定交通流信息检测设备的建设需要投入资金，并且在维护和安装的过车中需要封闭道路，会严重影响道路交通运行。同时某些检测器的检测精度受自然环境的影响很大，某些检测器使用寿命不高，维护困难。

3　互联网路况的优点及实现方式

随着移动互联网的发展和带有 GPS 功能的智能手机的广泛应用，为智能交通系统中实时交通信息的采集、处理和发布提供了全新的可能。

基于移动互联网的实时路况采集与发布系统，是指交通参与者携带具有 GPS 功能的智能手机等终端，通过 GPS 定位芯片由卫星信号计算交通参与者的位置，通过移动互联网实时传送到数据处理中心，数据处理中心利用大量交通参与者提交的位置数据和 GIS 系统数据进行综合处理，计算出各个主要交通路段上交通参与者的实时速度、方向和车流量等相关交通信息，并通过移动互联网将附加了实时路况信息的 GIS 数据发布到互联网交通参与者利用智能手机等终端通过移动互联网获取实时路况信息。

3.1　互联网路况优点

利用大量交通参与者提交的位置数据和 GIS 系统数据进行综合处理，计算出各个主要交通路段上交通参与者的实时速度、方向和车流量等相关交通信息，并通过移动互联网将附加了实时路况信息的GIS数据发布到互联网，交通参与者利用智能手机等终端通过移动互联网获取实时路况信息。

利用交通参与者的反馈信息来采集实时路况信息是目前目前互联网公司采集交通信息的一种重要手段，作为交通的参与者、出行者有对实时路况信息的需求，同时也是路况信息的直接体验者，如出行者通过移动终端反馈交通信息，参与的人越多，信息就越全面、准确、及时。采用这种方式可以弥补其他采集方式不能覆盖大面积区域的缺点，最大优势在于覆盖区域大、成本低、反应及时。

3.2 互联网路况接入实现方式

3.2.1 基于 LNMT 的移动应用架构技术

交通信息数据的采集和计算，最大的特点就是实时性强、数据量大。同时，由于基础数据种类繁多，如文字、图片、视频、空间数据等，需要将原始数据经过实时计算处理，得到准确的结果，发布给公众及交通管理者，对网络架构和硬件有较高的要求。

目前 LNMT 是一个成熟的服务器架构，在 Linux 系统下，通过 Nginx+MySQL+Tomcat 搭建的网络服务器架构，网络架构的部署如图 1 所示。

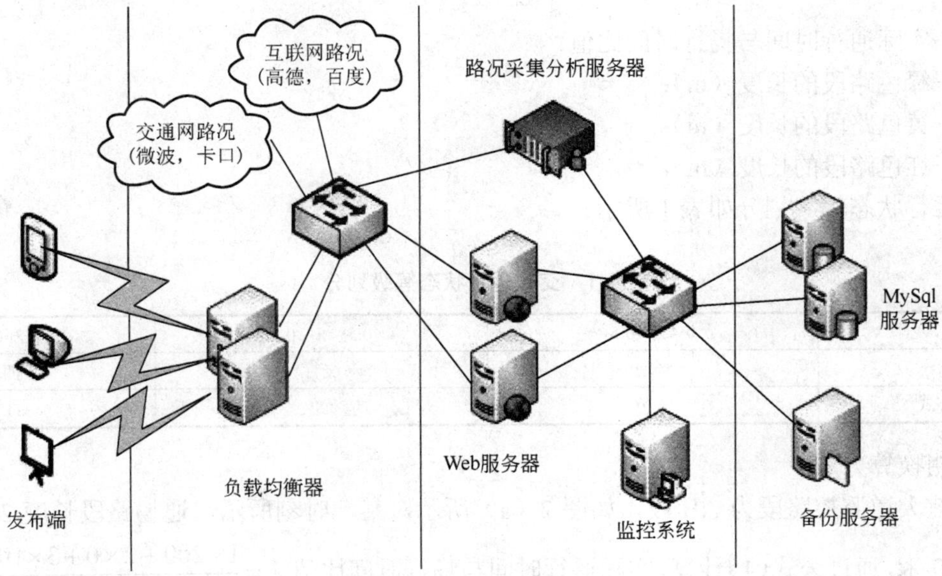

图 1 网络架构部署

Nginx 使用更少的资源，支持更多的并发连接，体现更高的效率；作为负载均衡服务器，Nginx 既可以在内部支持 Rails 和 JAVA，也可以支持作为 HTTP 代理服务器对外进行服务。

3.2.2 高效率计算和服务的海量空间数据组织与存储技术

交通综合信息服务处理和发布的内容很多，包括各种比例的矢量电子地图、道路拓扑结构数据，路况结果数据，POI 位置和相关属性数据，系统将存储和管理海量的空间数据。可客户端访问时，为了高效率的展示地图，我们采用栅格地图数据的方式去实现。信息发布的数据之间存在着复杂的关联关系，并且需要实时计算并不断地进行更新。设计有效的数据存储、数据组织管理，对系统整体的性能服务至关重要。

3.2.3 路况多源数据接入技术

为了使路况结果信息准确性更高，需要将多种有效的数据信息进行接入和存储。数据源很多，有高德，百度的互联网路况结果，有前端路口及路段的交通流信息检测设备或人工上报的路况结果，在同一时间，需要将全部的数据同时接入到系统中，并将数据进行数据可靠性分析、数据弥补，数据清洗等工作，保证路况结算的原始数据的可靠性。确定好路网数据，是多种数据来源的结果进行融合的前提，作为发布路况的唯一 GIS 基础参考数据，其他的路网路况数据与它进行关联绑定，并配置相关准确性的权重比例，也为后续的结果融合奠定了基础。

在配置过程中，获取高德或百度的路况接口，需要与高德和百度进行协商获取城市路况的同步接口权限，然后将高德百度的路网路况绑定到我们自己的路网上，并配置融合规则，通过实时路况抽取服务，将实时路况抽取并保存在我们的路况采集分析服务器上，为融合计算做准备。

3.2.4 实时路况信息融合处理技术

基于关联的路网配置，按照配置的融合处理模型，将接受到的路况数据进行计算，得到融合实时路况结果，预测路况，行程时间预测模型和混合交通信息摸象，实现数据的可视化，易于理解的交通信息转换。

互联网路况的原始数据的路段比较琐碎，但是对于公安交管诱导屏发布使用的路段不必那么细致，具体换算公式如下：

$$\lambda = \frac{1\times L_1 + 2\times L_2 + 3\times L_3}{L_1 + L_2 + L_3} - 1 \tag{1}$$

式中：λ——实际通行时间与畅行时间比值；

L_1——绿色路段的长度（m）；

L_2——黄色路段的长度（m）；

L_3——红色路段的长度（m）。

交通运行状态等级划分如表 1 所示。

表 1　交通运行状态等级划分

λ	$0<\lambda\leqslant 0.5$	$0.5<\lambda\leqslant 0.8$	$\lambda>0.8$
交通状态	畅通	缓行	拥堵
表示方式	绿色	黄色	红色

举例说明换算方法。

例如友谊大道监控路段为 AB 段，如图 2（a）所示，某一时刻所示，通畅路段长度 200 米，拥堵路段长度 100 米，通过公式(1)计算，实际通行时间与畅行时间比值 $\lambda = \frac{1\times 200 + 2\times 0 + 3\times 100}{200+0+100} - 1 = 0.66$，实际通过时间为畅行时间的 0.6 倍，在诱导屏上渲染为黄色，如图 2（b）所示。

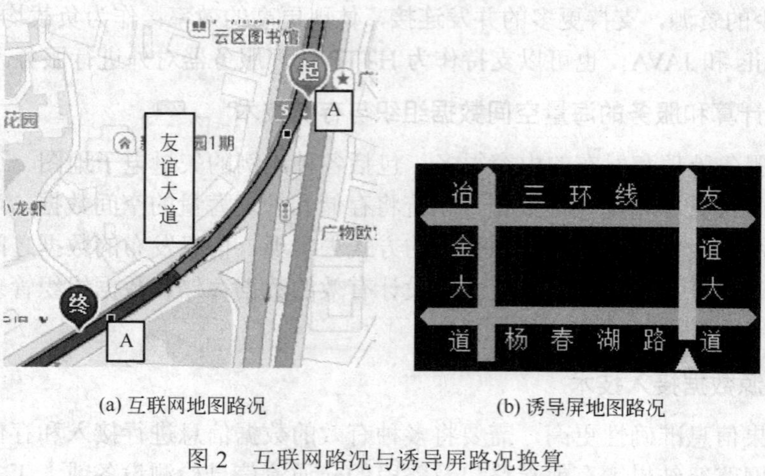

(a) 互联网地图路况　　(b) 诱导屏地图路况

图 2　互联网路况与诱导屏路况换算

高德或百度路况只是我们数据来源的一种，再加上路段上的监测设备数据或人工上报数据加以综合研判，得出更准确的实时路况结果。

3.2.5 多种媒体联合发布展现技术

将路况结果数据通过各种交通服务信息平台进行发布展示，整合文字、图片、声音和视频等方式混合传输，发送到路边诱导屏，电脑，手机，平板电脑等终端，让出行公众得到更多的信息服务。

4 结语

缓解交通拥堵的关键在于建立合理的城市实时路况系统。目前公安交管实时路况计算多基于固定断面采集的数据，而固定采集数据的质量与检测器布设位置和布设密度密切相关，受一些现实条件影响，采集到的数据无法满足精准路况计算的要求。文中提出在固定交通信息采集的基础上，接入现有互联网实时路况结果进行决策级综合数据融合，实现移动采集与固定采集的相互补充，充分利用现有资源，提高了路况判态的准确性。

参考文献

[1] 解云虹，向阳，陈利菊. 基于移动互联网的实时路况采集与发布系统方案 [J]. 探索与观察，2016（4）.
[2] 高德地图诱导屏路况接口.
[3] 高德地图 API 服务接口说明.
[4] 百度地图 API 服务接口说明.

道路交通限行措施分析研究*

于业斌　朱　茵　王军利　苑敬雅

（中国人民公安大学，交通管理工程系，北京 102623）

摘　要：针对当前道路交通拥堵的严重状况，本文分析了限行、限号等缓堵措施的可行性、科学性及优势和不足，并结合发达国家、地区的经验，提出针对交通拥堵的改进措施和方案。

关键词：限行措施；交通管理；疏堵方案

Based on the Current Traffic Management Policy to Talk About the Traffic Management Optimization Scheme

Yu Yebin　Zhu Yin　Wang Junli　Yuan Jingya

(People's Public Security University of China, Traffic Management Engineering Department, Beijing 102623)

Abstract: In view of the current serious situation of road traffic congestion, this paper analyses the slow plugging measures such as restrictions, limited number of feasibility, the scientific nature and the advantages and disadvantages, and combined with the experience of developed countries and regions, puts forward the improvement measures for the traffic congestion and solution.

Key words: Restrictions, Traffic Management, Dredge Traffic Plan

1　限行、限号交通管理政策的发展情况

1.1　限行、限号政策的始由与发展

北京奥运会召开之际，实施了单双号限行政策。此政策以北京奥运为契机，开启了对于北京市城区内车辆的限行管理。同时，顺利完成了奥运期间的交通管理运行工作。

良好的奥运交通服务是国际惯例。北京奥组委为了圆满完成任务，结合自身情况，为奥运选手及各方面的工作人员制定了详细的交通出行方案。并在紧急情况下，采用管制交通等强制性措施，保证了各个运动员参赛的及时性，也为奥运工作人员参与各项工作的准点准时做出了特殊的贡献。由此，借鉴了奥运的限行政策成功范例，北京市开始实行限行、限号的交通管理政策。

1.2　实施单双号等限行政策的积极意义

实施单双号等限行政策的积极方面：

*本论文得到“十二五”国家科技支撑计划项目资助（项目编号：2014BAG01B0501）。

一是实施后使得路面行驶的车辆数大幅减少，一定程度上减少道路拥堵，增加车速，节约了公众的出行时间。以北京为例，对比实施车辆单双号限行措施前后，可缩短一定高峰时间车辆的行驶延误。

二是私家车辆出行受到限制后，私家车使用成本提高，促使民众使用公共交通大幅提升，提高了道路和交通的通行效率。

三是实施单双号等限行政策，在保证特殊活动、重大事件的有序进行，如领导外事访问、奥运会等赛事活动中发挥了突出的作用。然而，其中也存在一定的不足和问题亟待解决。

1.3 施行限行、限号存在的问题分析

城市内的机动车需求数量增长是呈一定规律的，车辆客观上就满足一定的刚性需求。当前，期望以强制性交通限行措施去减少道路上的行驶车辆，政策未必能够获得满意的效果。因为，城市推行限行政策很简单，明确要求车辆按照限制行驶即可。然而，限行政策的本质和目的是为了改善交通通行状况、缓解道路拥堵、提高道路通行效率。那么，以此为根本去检验限行政策的合理程度和效果，就不难会发现欠缺和不足。归纳起来，所反映出的问题如下：

（1）限行政策的使用范围和期限是局域和短期的，因而政策无法从源头去解决交通管理的根本问题。同时，限行政策强制地要求广大民众为交通拥堵买单，减少交通工具的使用时间。判断一个好的政策有两个基本的条件，一是政策的实施效果。二是政策的适用的时间。限行政策虽然短期内对道路交通的管理起到了一定的积极作用，但从根本上说，该政策只是通过强制性的要求，去限制道路上通行的车辆数。而道路交通的整体情况，不可能仅因为限制而趋于好转得到改善。因为限制是个无底洞，限制了单双号车牌，又要面临限制 0～9 号的车牌，甚至要对城市中心区域和易拥堵区域进行限行。当前限行政策实施后城市交通的治理仍迫在眉睫，也侧面说明了限行政策的治理效果并不理想。

（2）实施限行政策后，在部分车主的侥幸心理怂恿下，可能会出现通过遮挡号牌、伪装号牌等方式去逃避管理和处罚，出现违法违章上路的情况（遮挡号牌见图 1）。因此，限制车辆出行的政策实际效果不佳，长此以往非但不能解决道路交通的拥堵问题，还会使得任务艰巨的车辆管理工作雪上加霜。

图 1　遮挡车辆号牌

（3）城市机动车辆管理出现的问题。对于当前的车辆限制政策，以北京为例，近几年北京市周边地区如天津、固安、廊坊、霸州等的车辆及号牌数量连年增加，完全超过了当地的使用数量和正常增长速度。同时，这些周边地区增加的车辆，经常在北市市内区域行驶，对于北京市内的压力就突显出来。使得北京市机动车辆的管理产生了失真、失效、不可控等问题。还会滋生诸多问题，如市场恶意炒作和拍卖车辆号牌，或有条件的家庭购置多个尾号的车辆，由此加剧了行驶道路的负担。这些都需要相关部门警醒和注意。

因此，急于对北京市内的车辆进行相关的限行管制政策，产生的效果是有限的。而其负面作用则会是不可控的。

2 公交专用道政策

2.1 公交专用道政策的发展

在我国，昆明是率先实施公交专用道政策的城市，昆明开通了首条中式公交专用道，开始了快速公交系统的建设。如今各大中城市也都快速推进公交的规划和建设工作，并形成了公交线路网络。设计公交专用道可以增大道路通行的人车流量，从而使整个城市的交通服务质量得到改善。

2.2 公交专用道的优势

公交专用道的优势主要体现在两个方面。

（1）投资小，见效快。在倡导公交优先出行的交通管理政策下，实践证明设置公交专用道每公里投资远小于轻轨等其他交通设施建设，且建设工期时间短，发挥效果作用快。如果设计和配套管理得当，公交专用道的运力将得到最大提升和利用，可与轻轨的运力和服务水平相当。

（2）与私人出行交通工具相比较，公共交通人均占用道路面积小，加之具有载客量大的特点，因此能够更加有效地利用道路资源。在政策、财政、路权上给公共交通优先权利，可以为出行者提供迅速、便捷、经济和安全的出行条件。

2.3 公交车道面临的问题

然而，公交专用道也存在一些问题亟待解决。公交专用道的不足反映在：

（1）通行效率有待于提高。由于公交专用道的特殊性，为了使其充分发挥专用道路的优势，应该在信号灯配时、发车班次调度等多方面因素提高公交专用道的通行效率。

（2）管理工作需要完善和优化。当前很多地方只是把专用道施工建成，而后续的管理、运营以及民众在使用中出现问题的反馈，并没有完成好相关的完善和优化工作。

（3）通行能力有待提高。只有新设的公交专用道路通行能力大幅提高，通过路段的平均速度优于非专用道路，设计的公交专用道路才有它的意义，并达到了预期的使用效果。

（4）公交车道的使用率低下。主要体现在公交车辆行驶的空档时间，道路有很大部分是处于闲置状态。此类情况甚至发生在早晚高峰时间，这值得相关部门予以反思。因此，应该对于公交专用车道进行再管理和再协调。

3 合乘车道

3.1 合乘车道的发展

合乘车道可以提高车辆的乘客率，减轻道路的通行压力和负担，提高道路通行效率。以美国为例，合乘车道的发展过程：20 世纪 90 年代前，是合乘车道的初期；20 世纪 90 年代至 21 世纪初为中期，此阶段吸取经验，联合环保部门和交通管理部门，进行了立法来推动合乘车道等一系列措施；第三个阶段 21 世纪初至今，这个时期各个城市的合乘车道网络发展势头迅猛。（合乘车道行驶示意图见图 2）

图 2　合乘车道行驶示意图

3.2　合乘车道的优点

合乘车道是缓解交通拥堵的有效方法，合乘车道的优点有：①提高单位时间通过的人车流量，提高客运能力。②缩短高乘客率车辆的运行时间和缩短车辆在道路上的行驶时间。

由此可以形成良性循环。高乘客率的车辆通行速度会大幅提升，通行时间将大大缩短，使得吸引更多的人选择合乘的方式进行出行。以此减少了道路上行驶的车辆总数。缓解交通拥堵，提高通行效率，增加了出行者的满意度，减少行车延误，降低了尾气排放更加绿色环保。（合乘车道标志示意图见图 3）

图 3　合乘车道标志示意图

同时，建议将合乘车道和公交专用道并行使用，共同分担通行专用车道的车流量。因为，在公交专用道的管理中，我们发现只让公交车通行公交专用道，会造成道路运行过程中很大的浪费。因此，可将合乘车道和公交专用道并行使用，并增设相关交通视频监控的技术支持，将大幅提高专用车道的利用率，提高车辆的通行效率，减少路面的行驶车辆。

4　道路交通管理的改进方案和措施

结合以上交通管理措施和政策，多管齐下提出如下改进方案和措施：

1．学习借鉴发达国家和地区的优秀典型方案，优化路网和公共交通

（1）在规划方面提高人性化设计

学习国外的通道人性化设计，如韩国对地铁通道口进行完善和改进。修建地铁直通到达城市的公共生活设施和场所，如大型超市、酒店、医院、学校等，方便民众的出行。（北京西红门地铁通道出口直接进入商场见图 4）

图4　北京西红门地铁通道

（2）地铁运营和换乘的完善与优化

在修建过程中不可忽视的是，地铁运营和换乘的完善与优化，如减少在地铁通道中的步行换乘距离。需更加人性化、合理化的规划地铁换乘路线和方案。提高公共交通服务质量，以促进更多民众乐于使用公共交通完成日常生活出行。（西红门地铁出口直通大型购物中心见图5）

图5　西红门地铁出口直通大型购物中心

（3）路网需要革新与优化

对当前和未来发展阶段的路网进行建设性分析和研判，对市政路网进行大幅度、有效地动迁规划。打通不合理拥堵路段、问题路段。进行长远规划，对路段进行合理优化。并在问题集中的瓶颈路口、路段，进行道路的拓宽工作。以北京为例，合理地转移经济中心和行政中心，使得北京周边的行政业务办理趋于便利化。使民众在家门口就可以办理各项民生业务，避免长距离跋涉穿越市中心。转移经济中心，在于便民、利民。满足居民生活配套的大型购物超市、医院、学校，减少民众出行距离，以期便民利民。

同时要广开渠道，增加和充分利用停车场所。有条件的地方可以将酒店、政府机关、企事业单位的停车场所加入到市政规划当中，进行免费或有偿开放停车场所。增加社会各区域的停车场所数量。

2. 降低民众使用公共交通的出行成本

公共交通服务水平的提高，民众的出行成本不可过大。成本包括经济成本、时间成本和人力成本等方面。以乘坐地铁出行为例，经济成本包括票价和搭乘地铁时往返地铁站的费用。时间成本是使用公共交通耗费的时间以及等候时间。人力成本包括乘坐地铁时的体力消耗、换乘地铁时的体力消耗等。公交车、地铁等交通工具具备运力大的优势。只有全方位减少出行成本，才能减轻民众的出行压力。因此，可以借鉴学习新加坡的立体换乘交通方式，通过无缝衔接和零距离换乘，增加使用公共交通的出行满意度。

也可通过建立出行方式规划网站降低出行成本。更加系统地去安排用户的出行活动，评估整合出行时间及成本，从而更加合理地分配人、车流量。各地可结合实际情况联合警务机关和院校完成资源整合，更好地建立所需应用系统和网站去规划民众的出行方式。

3．用信息化、智能交通去改善出行优化问题

（1）对道路交通的使用情况进行“量控”

“量控”即对于目标路口进行测算和评估，从而获得道路所能承受的最大通行量。可以借鉴新加坡的 ERP 系统（电子闸门系统），控制早晚高峰和拥挤时段进入城市中心区域的车辆数。当道路达到最大承载负荷的时候，通过导航或交通指示屏去引导相关车辆进行及时有效的疏导。为更好地控制车辆的运行，将车流量控制在合理范围内，车流合理高效地使用路网资源提供有效支撑。

（2）可建立主动防控的道路拥堵预警机制

在道路出现拥堵迹象的时候，结合相关“量控”数据和模型，及时对问题隐患路网进行预警，从而防患未然，便于道路管理上及时有效地进行“疏堵”工作。在进行交通道路的管理过程中，根本的方面还是改善公共服务能力和公共服务水平，从而满足民众的出行要求。在优化的过程中，应该逐步使私家车主主动地淘汰高能耗、高费率的出行模式。逐渐使用便利、快捷的公共交通方式出行。

（3）发展好信息化、智能化交通管理

在信息化、智能化时代，急需道路交通提升管理水平。如预警路网的最大承受量，就需要测算和评估道路的饱和容量。同时配合全天候 24 小时的道路交通拥堵预警系统。建立交通指挥系统平台，充分利用现有各省市指挥中心和流行自媒体信息平台。例如可以与微信等厂商进行合作，建立一个微信互动平台，实时播报道路交通的运行情况，给车主提供导航服务以及通知车主违章信息等。并对目标车辆可能遇到的拥堵情况进行一个预警和语音信息告知。

（4）建立和发展无人驾驶智能交通系统

可以借鉴和学习谷歌公司关于无人驾驶的研究和应用。研发和应用我国自主产业的 Driverless Car 系统和车辆。由此，可以极大缩小行驶车辆间的车头间距，避免道路交通事故，提高车辆的通行效率和运行安全度。

5 结论

针对国内各大、中型城市施行的车辆限行措施，多角度地给出了合理化可行性的改进方案和策略，如建议在我国推广使用合乘车道，并和公交专用道并行管理使用。最后，结合交通管理政策，多管齐下提出信息化智能化的交通管理方案、自媒体信息平台的充分利用以及具有前瞻性地开发出行规划网站供用户使用。希望其中的治理思路能够对全国大、中城市有一定的启发和借鉴作用。

参考文献

[1] 吴丹，张世秋，谢旭轩，易如，黄德生．北京市奥运会机动车限行措施的效果评估［C］．中国环境科学学会．中国环境科学学会 2009 年学术年会论文集（第四卷）．中国环境科学学会：2009：6．

[2] 张溪，温慧敏，孙建平，扈中伟．北京市缓解交通拥堵综合措施实践与运行效果评价［C］//中国工程院土木、水利与建筑工程学部、中国城市规划学会城市交通规划学术委员会．2010 年中国大城市交通规划研讨会——中国城市交通规划 2010 年会论文集．中国工程院土木、水利与建筑工程学部、中国城市规划学会城市交通规划学术委员会：，2010．

[3] 雷胜．关于公交专用道的实施与分析［J］．城市公共交通，2007．

[4] 王宁．城市道路交通安全预警系统理论研究［D］．武汉：华中科技大学，2007．

[5] 王嘉伟，袁浩东，武莹．浅谈智能交通与无人驾驶技术的发展展望［J］．企业技术开发，2011．

[6] 孙宁．东软集团智能交通项目营销战略研究［D］．大连：大连理工大学，2013．

城市老城区交通微循环设计与实践

周 妍 陈 超

（浙江警察学院 交通管理工程系，杭州 310053）

摘 要：城市老城区多具有道路网络结构不合理，交通流分布不均衡的特征，并受条件限制，难以进行大规模改扩建工程，改善道路通行的环境，必须合理组织交通资源，提高道路服务水平。本文从城市老城区交通设施现状特征出发，应用交通微循环理论，运用单向路设计和交叉口通行方向管理的具体措施，进行交通组织优化方案设计，从而提高道路网路的通行效果，最终应用仿真的方法，论证了设计方法的可行性和合理性。

关键词：城市交通；老城区；交通微循环；方案设计

Design and Practice of Traffic Microcirculation Scheme for Urban Old Quarter

Zhou Yan Chen Chao

(Traffic management department, Zhejiang Police College, Hangzhou 310053)

Abstract: The structure of the old quarter road network is not rational and the characteristic of traffic flow distribution is also unbalanced. Therefore, without large-scale reconstruction of urban road network, measures must be taken to improve the traffic environment. This article discussed the design and practice of traffic microcirculation scheme for old quarter. Furthermore, the direction control of road section and intersection were adopted as the concrete means to achieve the comprehensive scheme. Finally, the efficiency and superiority of the traffic microcirculation was proved by applying to the example.

Key words: Urban Traffic, Old Quarter, Traffic Microcirculation, Scheme Design

1 引言

随着城市化进程的快速推进，我国城市规模正在迅速扩张，相对于城市新兴区域的建设，城市老城区具有社会公共资源集中，道路网密集和交通设施陈旧等特征[1, 2]，这引起了交通需求与供需间显著的不平衡现象，交通拥堵和交通通行秩序紊乱成为常态，严重影响人们的生活质量，因此，有必要对针对城市老城区交通运行特征，寻求合理方式，提高交通运行质量。

城市老城区道路资源有限，且用地高度开发利用，对老城区交通设施进行大规模的改扩建是不现实和经济的，需利用现有资源，合理分配交通流量，实现路网资源的均衡利用，才是有效解决城市老城区交通问题的可行方法。在这样的困局中，交通微循环理论逐渐形成，并尝试应用于城市交通问题[3~6]。

2 交通微循环理论

2.1 交通微循环的含义与效果

《2005 年北京市政府工作报告》首次提出“城市道路微循环”一词，该报告指出“完善的城市道路微循环系统能够合理分配交通流量、缓解交通压力、提高道路通行速度，是城市道路网络不可缺少的组成部分”，并指出微循环系统的改造是城市交通改造不可或缺的一部分[3]。随后，我国各城市均先后尝试了交通微循环工程改造。

微循环能给城市道路交通带来的改变有如下几点：

（1）分流干道交通，缓解交通压力，为市区交通提速。通过建设完善的次支路网和交通标识系统，有意识的引导居民在高峰时间更多的使用次支路，可以大大分流干道上的交通，缓解交通压力，提高路网整体车速。同时，针对我国特有的城市混行交通严重以及居民交通秩序观念不强等问题，也可对不同交通流进行引导，倡导人车分流，既能提高道路的总体通行效率也能保障居民的生命安全。

例如绍兴市在 2013 年开展了城市交通微循环整治工作，使得城区主干道高峰时段机动车平均时速从 15 公里左右提高到 30.2 公里。

（2）实施“平面立交”，提高路口通行效率，减少对城市景观破坏。所谓“平面立交”就是在十字路口的四个角修建一个小型环路，如同将一座立交桥放到平面上，汽车转弯必须经过路口旁边的环路实现，这样原来需要四个方向红绿灯的交叉口依靠设置两个直行信号灯的方式，就可以实现，大大提高了交叉口的交通效率[5]。

（3）优化城市生活环境、提升生活品质。交通微循环改造一般会同时对路面进行修缮，对道路两侧建筑进行立面改造，取缔占道经营现象和规范道路两侧车辆的停放，从而改善道路环境，消除脏、乱、差现象，提高居民生活环境和品质。

（4）为人行和自行车交通提供更好的环境，营造良好的生活氛围。通过交通微循环改造，可以充分挖掘现有道路潜力，腾出部分空间来完善城市的自行车和步行交通，做到自行车专用道更宽了、步行空间更舒服了、小汽车开得更通畅了，最大限度地体现“交通公平”原则。

城市交通微循环系统包含交通和服务双重功能，一方面完善的城市交通微循环系统能够合理分担交通流量、缓解交通压力、提高道路通行速度；另一方面由于组成城市交通微循环系统的道路往往都是居住区或医疗、教育等公共服务设施周边的道路，与市民的日常生活密切相关，因此还具有服务居民日常生活出行的服务功能，也能进一步提升城市化质量。

2.2 交通微循环的实现方法

交通微循环网络组织优化设计方案基于交通微循环网络理论，通过对城市现有路网进行交通组织、诱导、控制等方法，实现城市路网交通流的合理分布，保证城市主线交通的畅通，为城区的交通发展提供有效保障。

（1）微循环路网规划：微循环路网规划主要是依据交通需求与分流需要，新建支路、打通支路、收回支路、改造支路及调整出入口。特别是对重点分流的微循环路段，需优先进行改造，以提高通行能力。

（2）交叉口转向限制：为了保证重点路段分流畅通，依据流向特征可实施道路强化管理措施，并通过禁止机动车在路口左、右转向，组织机动车单向行驶，或设置道路引导标志，规定限时等措施，以增加微循环道路利用程度，缓解主要交通节点的拥堵。

3 实证分析

3.1 实证问题背景

本文以浙江省绍兴市新昌县老城区道路交通网为例，分析道路交通微循环设计方案及实施效果。新昌县城区四面环山，地势狭长，南北平均宽不足 2 公里，老城区有主要道路 39 条（见图 1，其中主次干道 28 条），道路总长度约 21 公里，道路总面积约 22.4 万平方米，人均道路面积仅 5.6 平方米。穿城而过的新昌江又把城区分隔为江南、江北两大区块，特殊的地形使城区呈现出“哑铃状”交通格局，即：东西向车流多，横向主干道少；南北向路口多，纵向贯通干路少；老城区人口多，机动车停车位少。老城区道路网具有如下特征：

（1）老城区道路建设时间较久，干道基本建成，但部分道路未按规划红线建设，造成路网结构不合理，东西向道路供给不匹配，出现瓶颈。比如人民西路—人民东路—环城南路交叉口处，环城西路以西东西向为双向 6 车道，以东为双向 2 车道，导致车辆拥堵在人民西路上；鼓山西路（环城西路—横街）段宽 8m，与两端道路不相匹配，形成瓶颈。

（2）路网间距较小，道路宽度较窄，横断面多为机非混行一块板式，大多道路没有设置机非隔离带。老城区平均路网间距为 220m，主要道路鼓山路和人民路的平均间距分别为 200m 和 240m；车行道窄的 6～8 米，且设有路侧停车，车道数以双向 2 车道为主，双向 4 车道的路段只有 4 条，如图 2 所示。

（3）老城区交通流分布不均匀，大多路段交通压力不大，道路运行状况较好，少数路段集中了主要机动车和非机动车出行量，如东西向机动车交通流量主要集中在环城南路—人民西路路段上，导致交通拥挤。同时，穿越老城区交通与内部交通混杂。人民路上穿越老城区交通流量大，严重干扰了城市内部交通。

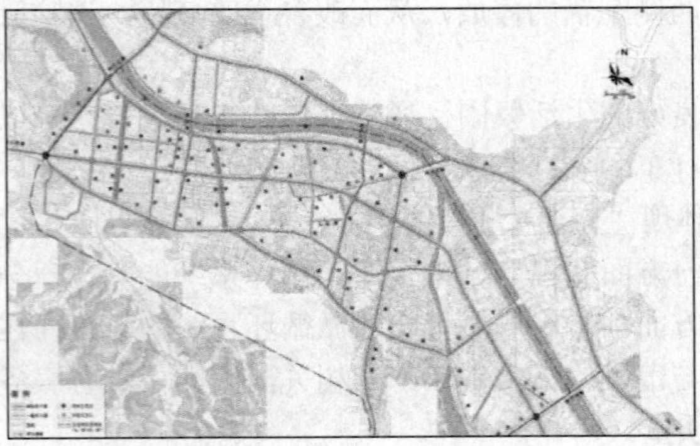

图 1 现状路网分布图

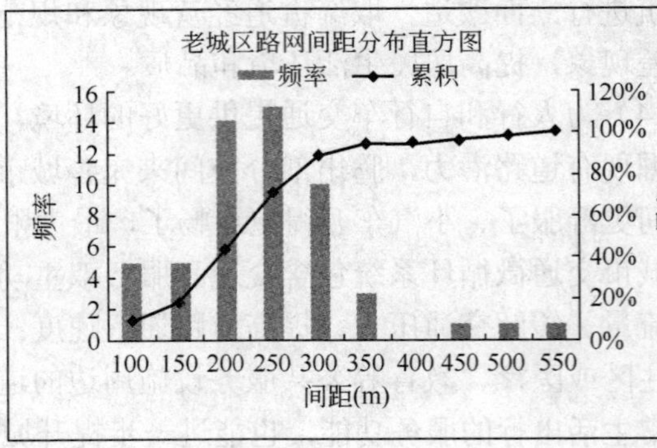

图 2 路网间距分布直方图

鉴于新昌县老城区具有道路交通网交通流分布空间不均衡，部分道路通行效果差的交通组织优化需求，以及老城区道路网密度较大，同一方向多具有平行道路的微循环设计条件，应用交通微循环设计手段，对老城区的交通组织进行优化，选择条件比较好的道路实行单向交通，提高道路通行能力，缓解新昌县中心城区局部地区较为拥堵的交通现状。

3.2 交通微循环设计具体实施方案

为盘活新昌县老城区交通通行环境，根据实地交通调查情况，计划在老城区组团内部设置一系列单行线路，如图 3 箭头所示。其中石城西路和石城东路、南坑西路和南坑东路相似，都是在小河的两边分别按照右侧通行的原则设置单行，同时道路的宽度还可以允许路边停车和非机动车通行。鼓山路、人民路半椭圆区域组成一个大型的交通微循环区域，将很大程度上缓解老城区的拥堵状况。两座桥都为双向双车道，通行能力较低，且为机非混行。鼓山大桥和城西大桥作为老城区同河对岸之间的重点连接线，方案设计鼓山大桥为自北向南单行，并设置机非隔离；城西大桥为自南向北单行，同样设置机非隔离。

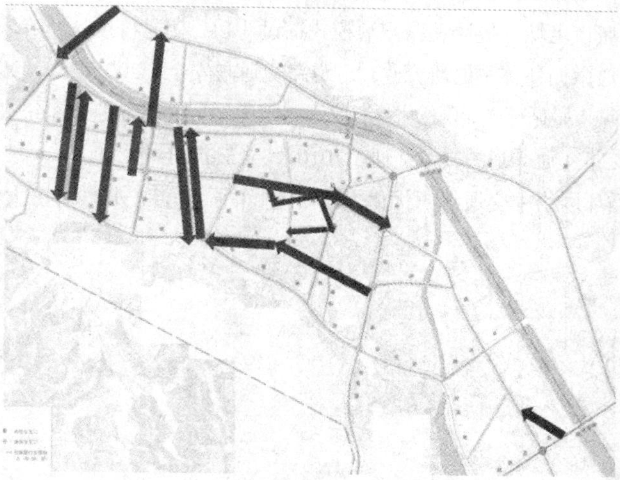

图 3　老城区交通微循环设计方案示意图

3.3　交通微循环设计实施效果

综合新昌县老城区交通微循环设计方案，结合交通调查所采集的路段长度、路段宽度、车道数、车道限速、路段起始与末端交叉口情况，利用 TransCAD 交通仿真软件，计算了改造前后路网中每条道路的通行能力变化。如图 4 与图 5 对比所示，可以看出优化后路网绿色道路增多、红色道路减少，路网整体通行能力得到改善。

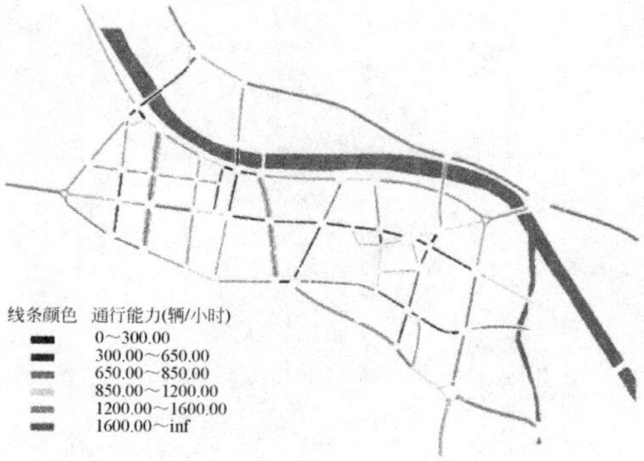

图 4　现状路网通行能力

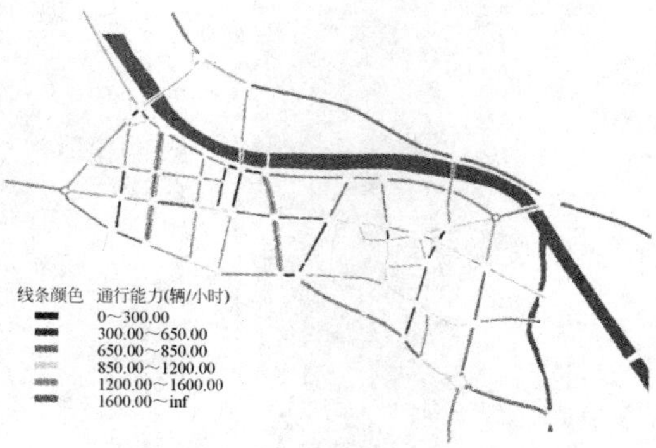

图 5　优化路网通行能力

4　结论

城市老城区在未来的一段时间内还将持续是城市的重心，其交通通行状况对城市整体的交通服务水平有着至关重要的影响。但是，受资源条件的限制，为改善老城区交通通行状态而进行的交通设施的改建工作具有一定的难度，尝试应用交通微循环理论，合理设置路段和交车口车辆通行方向，以达到交通流平衡分配的目的，实现交通路网的高效运转，是提高城市老城区道路网络服务水平的科学方法。同时，城市交通问题是一项系统工程，未来城市老城区的交通问题，还需通过城市用地的规划，静态停车资源的配置，交通方式的改变等手段，统筹优化。

参考文献

[1] 杨明，过秀成，於昊，等. 老城区交通特征、问题解析与改善对策初探［J］. 现代城市研究，2012（4）：82-88.
[2] 姜晓敏，汪春，董瑞娟. 城市老城区健康道路交通模式探讨［J］. 交通科技与经济，2015（3）：6-10.
[3] 李德慧，刘小明. 城市交通微循环体系的研究［J］. 道路交通与安全，2005，5（4）：17-19.
[4] 史峰，黄恩厚，陈群，等. 城市微循环交通网络中单行交通组织优化［J］. 交通运输系统工程与信息，2009，9（4）：30-35.
[5] 周江平. 微循环理论与支路交通［J］. 城市交通，2010，3（5）：41-49.
[6] 蒋强. 城市道路交通微循环网络中交通组织优化方法研究［D］. 长沙：长沙理工大学，2011.

考虑关联标识的指引信息可达性分析模型

毛 锋 黄 敏 郑 健

（中山大学 工学院 广东省智能交通系统重点实验室，广州 510006）

摘 要：指路标志是道路网络中指引道路使用者选择出行路线的重要设施。对于指路标志诱导系统，指引可达是其最基本的功能。本文旨在对传统指路标志指引可达性分析模型进行优化和完善，提高指路标志可达性评价准确率。论文首先对指引信息进行了分类并定义了关联标识。然后回顾了路网拓扑结构下的指路标志指引信息的表述模型。接着介绍了传统指路标志指引可达性分析算法模型，并依旧现实中出行者根据指路标志寻找目的地情况，在寻路过程中引入关联标识，完善了用于搜寻指路标志指引路径的可达性算法模型。最后以广州大学城路网为例，将上述模型应用于该路网中，对指路标志指引可达性进行分析评价。实例表明，完善的算法模型提高了评价结果与现实的契合度，该模型更有效、可行。

关键词：指路标志；关联标识；指引可达性分析；路径搜索算法

Analysis and Evaluation for Guiding Accessibility Considering Relevance Guide Signs

Mao Feng ang Min eng Jian

(Guangdong Provincial Key Laboratory of Intelligent Transportation System, School of Engineering.Sun Yat-sen University,Guangzhou 510006)

Abstract: Guide signs are important facilities to direct road user to choose travel route when they drive on the road network. For the guide signs system, the guiding accessibility is the most basic function of the system.In this paper, we study on improving the traditional analysismodel for guiding accessibility of guide signs and improving the accuracy of accessibility evaluation.Firstly, we classfied guide signs and defined relevance guide signs.Then the representation model for guiding information is discussed based on the road network topology. Next we introduced the traditional analysis algorithm model for guiding accessibility, and according to the traveler use gudie signs to find destination in reality, we took relevance guide signs into consideration and improved theanalysis algorithm model for path-finding and guiding accessibility.At last, a case study is conducted:the analysis algorithm model is tested in Guangzhou Higher Education Mega Center, and evaluated the guiding accessibility of guide sign system. Application revealed that this improved analysis algorithm model fits better with the present status, and the algorithm model is more feasible and effective.

Key words: Guide Signs, Relevanceguide Signs, Guiding Accessibility Analysis, Path Searching

Algorithm

1 引言

随着我国城市化建设不断深入，道路路网结构日趋复杂，道路使用者的路径选择更趋于多元化，这就使得道路使用者对指路标志诱导系统的需求与依赖激增[1~3]。指路标志是道路交通的语言，为交通参与者传递道路方向、地点、距离等信息[4]。指路标志作为道路系统中重要的附属设施，是出行者获得出行指导信息的重要来源。在人们生活、工作以及娱乐活动的范围不断扩大的背景下，越来越多的人会时常在不熟悉的区域出行，由于出行者缺乏该区域的出行经验与对路网的先验认识，在出行过程中，指引信息的可达性成为影响出行便利性的重要的因素。对于指路标志诱导系统，提供连续的指引信息从而帮助道路使用者顺利到达目的地是其最基本的功能[5, 6]。因而指引信息布设的可达性评价十分重要。

目前许多学者对指引信息可达性评价进行了研究，高俊对路网指路标志设置提出连续性评价指标[7]。韩跃杰建立了指路标志信息连续性评价模型，来评价路网中指引信息可达性[8]。黄敏等学者结合出行者的寻路习惯，构建了指引信息可达性分析模型，并提出了指引可达评价指标[9]。

本文旨在对传统指路标志指引可达性分析模型进行完善，提高可达性评价准确率。结合前人研究，首先对指引信息进行了分类并定义了关联标识。然后阐述了路网拓扑结构下的指路标志指引信息的表述模型。接着介绍了传统指引可达性分析模型，并根据现实情况提出改进措施，在寻路过程中考虑关联标识，完善了用于搜寻指引路径的可达性分析模型。最后以广州大学城为实验区域，对路网兴趣点可达性分析评价，验证了考虑关联标识的指引可达性分析模型提高了评价结果的准确性。

2 关联标识定义及指引信息表述模型

出行者在出行前一般有期望的目的地，他们会在出行前了解目的地所在区域、目的地方向、目的地周边标志性建筑等信息，然后结合指路标志指引信息的指引寻路至目的地。

2.1 关联标识定义

根据驾驶员对指引信息的反应认知，将指引信息分为直接指引信息和关联指引信息，分别用 drs 和 irs 表示。其中，drs 是指和兴趣点直接相关的指引信息；irs 是指和兴趣点间接相关的指引信息，即与兴趣点地理位置相近，或相比直接指引信息具有相同指路效果的指引信息。

通过 1 实例说明：如图 1 所示，驾驶员行驶至交叉口 O。

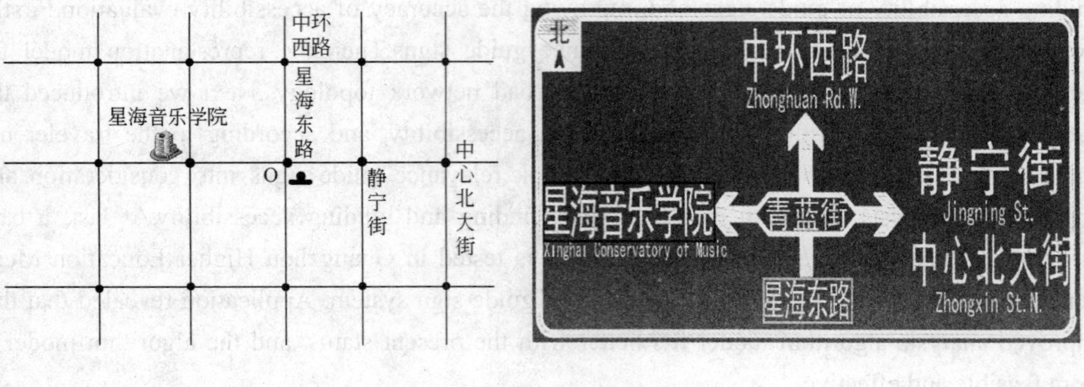

图 1　指引信息分类示意图

假设驾驶员前往兴趣点为星海音乐学院，由定义可知，图 1 指路标志牌中：drs 为星海音乐学院，irs 为星海东路。

2.2 指路标志指引信息表述模型

在计算机中，将指路标志牌面信息进行粒度化，以指路标志项作为基本描述单元。指路标志项指每个被标识对象及其附带信息（方向、距离等），根据指路标志项与路网拓扑的关系及其表示的目标对象等方面对指引信息进行描述，以 carc 表示指路标志项，其主要的描述信息包括：

carc.larc——指路标志项所处弧段；

carc.node——指路标志项指示的交叉口；

carc.narc——通过指示交叉口第一个到达的弧段；

carc.dir——carc.narc 相对于 carc.larc 的转向；

carc.inf——指路标志项指示的信息名称.

以图 2 为例，图中指路标志牌共有 6 个指路标志项，以右转方向的指路标志项“中环东路”为例，其对应的主要表述信息为：carc.larc =CO；carc.node = O；carc.narc = OB；carc.dir=7（右转）；carc.inf=中环东路。

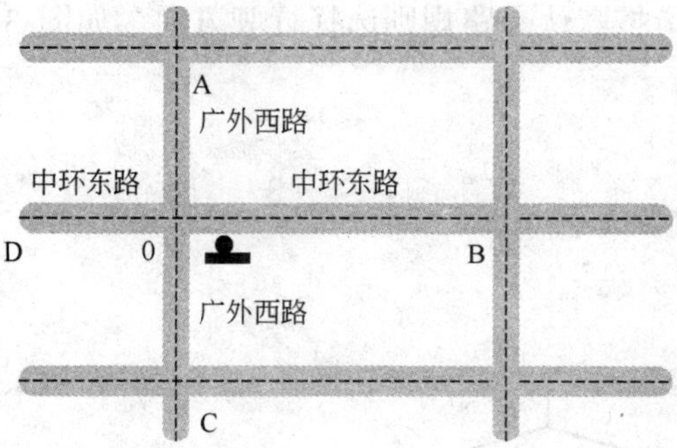

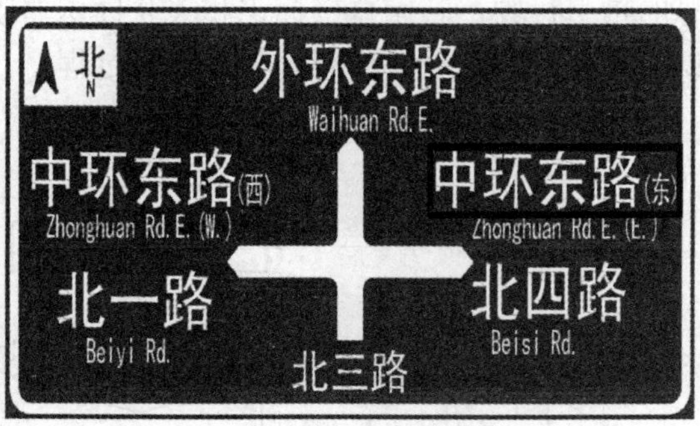

图 2　指路标志项示意图

3　考虑关联标识的指引可达性分析模型

本节介绍了传统指引可达性分析模型寻路规则以及指路标志指引可达性的含义。然后根据实际情况，完善了当指路标志牌上缺失兴趣点直接指引信息时，驾驶员的寻路规则：首先考虑兴趣点的关联指引信息，再考虑默认搜索规则，建立了考虑关联标识的指引可达性分析模型。

3.1 传统指引可达性分析模型

指路标志提供的指引信息是有限的，一般情况下驾驶员在出行前都会查找兴趣点信息，了解兴趣点所在的区域、兴趣点的方向、主干路网、周边标志性建筑物等信息，从而对整个行程有个大致的规划，再结合指路标志诱导系统提供的指引信息寻路直至目的地。

通常，当驾驶员看到兴趣点的直接指引信息时，他会根据指引信息的指示前行，并且每到一个分岔口时，驾驶员会期待再看到直接指引信息，直至到达目的地为止。若碰到某交叉口缺乏目的地的直接指引信息时，出行者需根据自己的先验知识来选择路径。常见的处理方法是选择直行，或保持在同等级道路上行驶等，本文称此选择路径的规则为默认寻路规[10~12]，显然该规则与实现中驾驶员寻路习惯不太相符。本节对驾驶员在兴趣点直接指引信息缺失时寻路规则进行了完善：当交叉口没有兴趣点直接指引信息时，首先考虑关联标识，再考虑默认寻路规则。这一规则完善，使得指引信息可达性算法与驾驶员寻路行为更加吻合，提高了指引信息可达性分析评价的准确性。

基于上述理论，指引可达性的含义为：从出现目的地的某个指路标志牌开始，根据指引信息行驶，遇到交叉口时，有直接指引信息则按直接指引信息指引行驶，若无则按照关联指引信息的指引行驶，若无直接指引信息和关联指引信息，驾驶员按默认寻路规则选择行驶方向，若最终能到达目的地则认为该指引路径上的指路标志牌是可达的，反之该指引路径上的指路标志牌是不可达的。

定义兴趣点 O 的指引可达率，指引可达率为在所有指示 O 指路标志项中，能够连续指引路径的指路标志项的比重。其计算公式为：

$$P(\mathrm{O}) = \frac{N_1(\mathrm{O})}{N(\mathrm{O})} \times 100\%$$

其中：N（O）——所有指向兴趣点 O 的指路标志项；

N_1（O）——能构成连续指引路径的指路标志项。

3.2 考虑关联标识的指引可达性分析模型

根据 2.1 节定义，关联标识对于驾驶员寻路很重要。考虑关联标识的指引可达性分析模型寻路规则为：当驾驶员行驶至某一交叉口时，若有直接指引信息则按直接指引信息指示行驶，若无则按照关联指引信息的指引行驶，若无直接标识和关联标识驾驶员按默认寻路规则选择行驶方向。如图 3 为考虑关联标识的指引可达性分析模型驾驶员寻路过程。

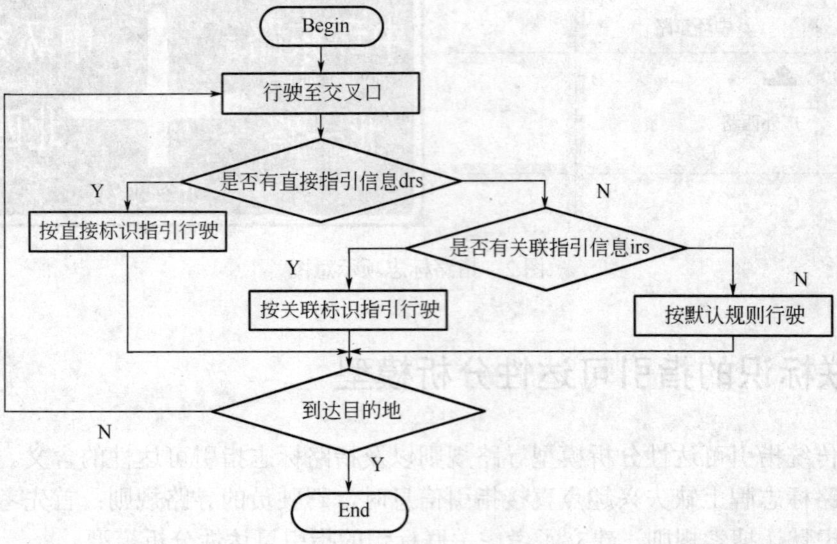

图 3 驾驶员寻路过程

算法流程如图 4 所示。

其中：carc：指路标志项，指当前搜索弧段；

K：K=1 已找到连续路径；K=−1 已确定找不到连续路径；K=0 正在搜索；

rslab[i]：记录指路标志项是否有连续路径，−2 没被搜索过；−1 不能构成连续路径；0 正处于当前被搜索路径；1 可构成连续路径；

carc.len：弧段 carc 的长度；

Dist：在搜索过程中，已经过路段的长度之和；

D：搜索距离阈值 D，从开始搜索的第一个标志项起到当前搜索弧段的距离；搜索距离大于 D 则认为找不到连续路径，认为指引不可达；

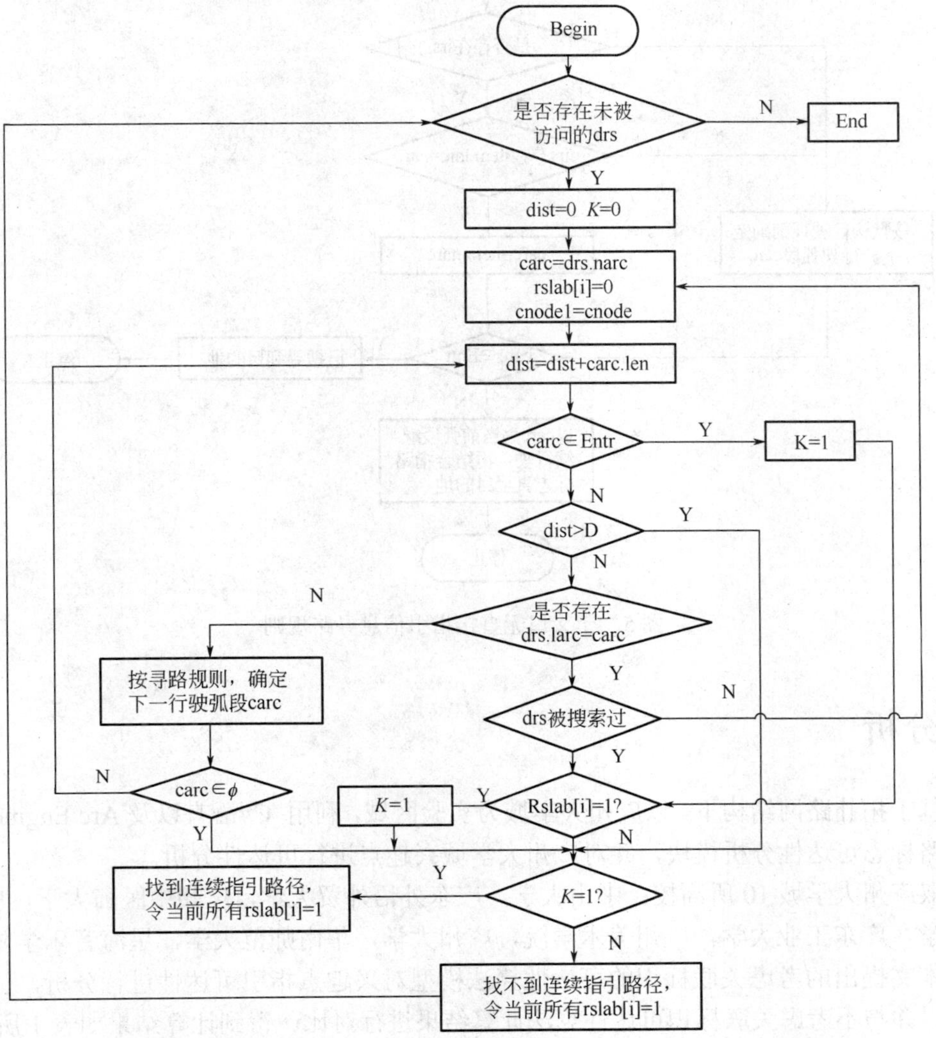

图 4　指引可达性分析算法流程

当驾驶员行驶至无兴趣点直接指引信息的交叉口时，继续搜索路径思路为：首先判断指路标志牌上是否有兴趣点的关联标识 irs，若有则按关联标识指引行驶至下一弧段 carc，并判断 carc 是否属于目的地的入口弧段，若属于，则停止；否则以 carc 为当前弧段继续行驶，再结合指路标志直至目的地。若无兴趣点关联标识 irs，则按默认行驶规则确定下一行驶弧段 carc，并判断 carc 是否属于目的地的入口弧段，若属于，则停止；否则以 carc 为当前弧段继续行驶，再结合指路标志直至目的地。算法流程如图 5 所示。

其中：item.larc：关联标志项的当前弧段；

item.larc：关联标志项的下一弧段；

cnode1：搜索处交叉口节点；

Entr：目的地入口弧段集合；

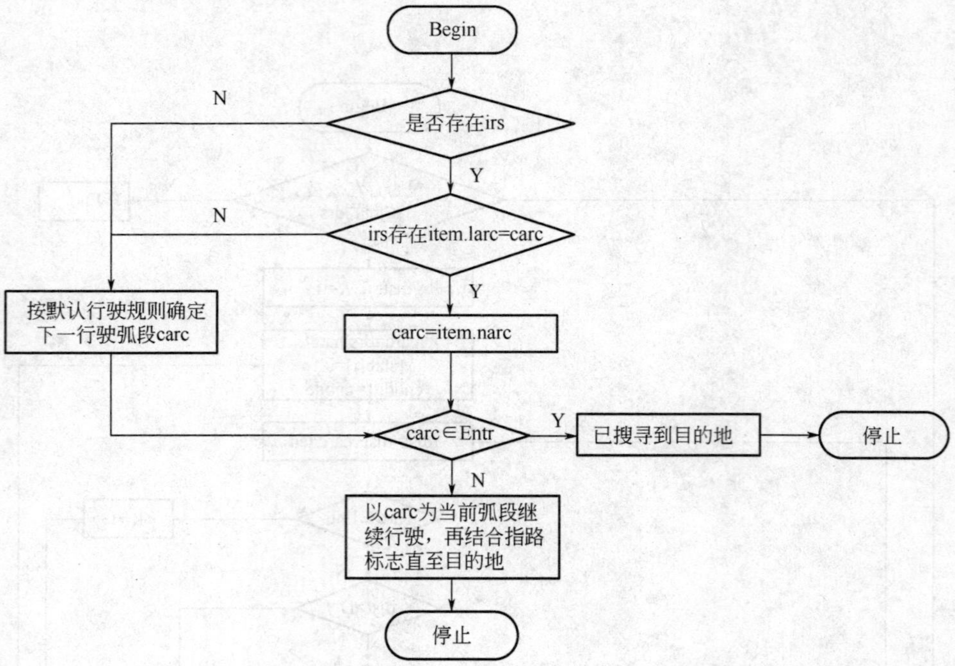

图5　交叉口无直接指引信息寻路规则

4　实例分析

本节在基于拓扑路网结构下，以广州大学城为实验区域，利用 C#语言以及 Arc Engine 二次开发组件建立了指路标志可达性分析模块，并对广州大学城兴趣点进行可达性分析。

此处选取广州大学城 10 所高校：中山大学，广东外语外贸大学，广州中医药大学，广东药学院，华南理工大学，广东工业大学，广州美术学院，广州大学，华南师范大学，星海音乐学院作为研究兴趣点，运用本文提出的考虑关联标识的可达性算法模型对兴趣点指引可达性进行分析，计算兴趣点的指引可达率，并与不考虑关联标识可达性算法计算结果进行对比。得到计算结果如表 1 所示。

表 1　广州大学城各高校连续性分析结果

高校	直接标识项	关联标识项	不考虑关联标识的可达性模型	考虑关联标识可达性算法模型
星海音乐学院	8	9	0.875	0.875
中山大学	7	16	1	1
广东外语外贸大学	6	2	0.833	1
广州中医药大学	11	5	0.727	1
广东药学院	11	13	0.727	1
华南理工大学	9	20	0.778	1
广东工业大学	10	3	0.8	1
广州美术学院	9	12	1	1
广州大学	9	4	0.889	1
华南师范大学	5	3	0.80	0.80

由表 1 可知：考虑关联标识的指引可达性分析模型计算结果中，广东外语外贸大学、广州中医药

大学、广东药学院、华南理工大学、广东工业大学、广州大学指引可达率明显高于传统指引可达性分析模型计算结果。其他 4 所高校指引可达率不变。这是因为不考虑关联标识的传统可达性分析模型，行驶至兴趣点附近时，会按默认规则向前行驶而远离兴趣点；而考虑关联标识的可达性分析模型，驾驶员行驶至兴趣点附近时，会按关联标识指引选择行驶方向，从而成功到达兴趣点。由此可以得出结论：考虑关联标识的指引信息可达性分析模型，更符合现实中驾驶员寻路习惯，更能准确评价路网中指引信息的可达性。

5 结语

指路标志作为静态诱导系统的重要组成部分已经受到交通研究机构与管理部门的重视，对指路标志诱导系统可达性分析研究是后续优化指路标志诱导功能的基础，连续的指引信息是保障道路出行者到达目的地的前提。本文结合前人的相关工作，在搜索路径中，考虑关联标识的存在与否对驾驶员的寻路规则进行完善，建立了用于搜寻指引路径的指引信息可达性分析算法，并将模型应用于广州大学城。结果表明，本算法模型提高了指引信息可达性评价结果的准确性。因此道路管理者可以根据该算法模型得到的路径搜索结果去完善指路标志的布设，从而充分发挥指路标志的诱导指引功能。

参考文献

[1] 邓兴栋．城市道路指路标志信息选取方法研究［J］．交通科学与工程．2010，26（1）：97-102．

[2] 姜明，邵春福．基于路网功能的国、省干线公路指路标志设置技术研究［J］．公路交通科技（应用技术版）．2011，74（2），180-183．

[3] 肖国荣，余志，黄敏．基于偏离指数的指路标志优化模型研究［J］．中山大学学报（自然科学版）．2008，47（1），38-41．

[4] 张兰芳，方守恩．出入城市的道路交通指路标志系统设置方法研究［J］．交通运输学报，2006（1）：21-23．

[5] 唐良．城市道路交通指路标志智能设计系统的研究与实现［D］．合肥：中科大博士论文，2008．

[6] ZWAHLEN H T，Schnell T．Legibility of Traffic Sign Text and Symbols ［J］．Transportation Research Record，1999（1692），142-151．

[7] 高俊．上海市高速公路网指路标志计算机辅助设计与评价［D］．上海：同济大学硕士论文，2008．

[8] 韩跃杰．指路标志信息连续性评价模型［J］．交通运输工程学报，2012，12（6）：76-81．

[9] Huang M.，Wu H. B. and Rao M. L. Analysis Model for the Continuity Evaluation of Guiding Information［J］. Applied Mechanics and Materials，2011，97-98:903-906．

[10] TAWFIK A M，RAKHA H A. Driver Route Choice Behavior: Experiences，Perceptions，and Choices ［C］. IEEE Intelligent Vehicles Symposium，2010：1195-1200．

[11] 黄敏，饶明雷，李敏．指路标志诱导系统指引连贯性的分析评价［J］．公路交通科技学报，2012，29（11）：110-115．

[12] 李敏，黄敏，钮中铭，李尔达．基于道路指引等级的指路标志可达性分析及评价［C］//第八届中国智能交通年会优秀论文集——智能交通．2013．

降雨对城市快速路运行效率影响大数据分析*

高 霄[1] 杨 涛[2]

（1．上海电科智能系统股份有限公司，上海 200063；
2．上海市城乡建设和交通发展研究院，上海，200032）

摘 要：天气状况是影响城市快速路交通运行效率的重要因素。本研究的目的是利用智能交通系统汇聚的多源、异构海量固定车检器数据研究交通运行效率计算模型，并结合气象站降雨检测数据分析降雨对路网运行效率的影响程度。结果表明不同区域路网运行效率受降雨影响存在显著差异，降雨强度对路网运行效率影响为正相关。

关键词：城市快速路；降雨；固定车检器；路网运行效率

Big Data Analysis on the Influence of Rainfall on Urban FreewayNetwork Operation Efficiency

Gao Xiao[1] Yang Tao[2]

(1. ShanghaiSeariIntelligentSystemCO., LTD, Shanghai, 200063;
2.ShanghaiUrban-RuralConstructionandTransportationDevelopmentInstitute, Shanghai200032)

Abstract: Weather conditions are important factors that affect the efficiency of urban expressway traffic. The purpose of this paper construct traffic efficiency model using traffic data from intelligent transportation system(ITS). Then analyzingthe effects of rainfall on urban road network efficiencycombined with meteorological station rainfall detection data. The results show that there was a significant difference between differentpart of road network affectedby rainfall, and the rainfall intensity in freeway network operating efficiency effect is positive correlation.

Key words: City Freeway, Rainfall, Traffic Detector, Operation Efficiency of Road Network

降雨对城市道路交通运行具有显而易见的影响，然而在不同降雨量的情况下，路网实际通行能力、交通运行效率损失，局部路段、区域通行能力、交通运行效率损失的量化评价还缺少基于数据支持的研究与实践。本文通过对上海市中心区快速路多源、异构交通信息采集设备数据的整合，关联实测降雨量数据的区域化数据碰撞与融合，开展面向交通运行效率影响评价的大数据实战分析，为后续开展天气因素、节假日等因素大数据分析提供技术探索。

1 引言

国外对降雨天气下交通安全的问题有比较深入的研究。Harold 认为降雨天气引发的交通事故是一

* 本文研究受上海张江国家自主创新示范区专项发展资金重点项目《城市综合交通数据开放新模式示范应用》（课题号201505-PT-C105-034）支持。

般天气的 2～3 倍，当降雨天气发生在一段干燥天气后危险性更大。Daniel 调查了 1975—2000 年发生在美国的交通事故，却发现每月降雨量和每月重大交通事故之间显示负相关和显著性关系，因为降雨路况下人们驾驶更为谨慎。降雨除了影响交通安全外，也会对交通系统的出行效率产生影响。Smith 对不同降雨量下的高速公路的速度和通行能力研究，发现小雨造成通行能力降低 4%～10%，速度降低 5%～6.5%，大雨造成通行能力降低 25%～35%，速度也是降低 5%～6.5%。曾伟良等通过实证研究发现降雨对部分道路速度产生正面影响。

然而，降雨对路网运行效率的影响更加复杂。降雨导致道路运行环境下降，诸如能见度降低，道路积水、湿滑等，进而对驾驶员的驾驶行为产生影响，导致交通拥堵和交通事件，降低道路通行能力，进一步影响网络运行效率。如何量化降雨对道路网络运行效率的影响，对于道路交通拥堵管理、道路设施的建设及应急指挥具有重要意义。

2 数据来源与组织

本研究采集的数据源主要包括道路基础数据、固定线圈交通参数数据、交通事件数据和气象数据。

2.1 路网基础数据

路网基础数据主要包括道路长度、车道数、宽度、弯道、坡度等几何信息，以及检测断面所处道路位置和相互之间的关系等信息。

2.2 固定线圈交通数据

上海城市快速路主线以 300～600m 间隔采集地点交通参数信息。其中主要参数包括流量、速度和占有率，采集间隔为 20s 和 5min 两种。车检器检测断面布设范围（见图 1）。

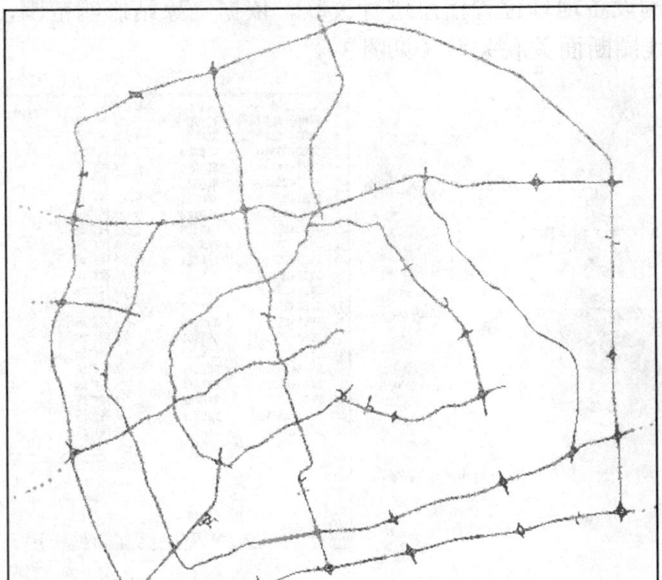

图 1　车检器检测断面布设分布

环形线圈断面采集的原始数据主要包括断面流量、速度和占有率信息等。目前信息采集间隔有 20s 和 5min 两种。1 个车道 20s 数据 1 天的数据量为 24×180=4320 条，5min 数据的数据量为 24×12=288 条。整个快速路网 1 天采集的数据量为（4320+288）×2883=1328 万条，1 个月的数据量可达 3.98 亿条。

2.3 气象数据

气象数据雨量数据时间颗粒度为 5 分钟，采集数据类型为降雨量气象数据，时间范围为 2013 年 9 月至 2014 年 1 月，数据示例（见图 2）。

	STATION_ID	FDT_TIME	RAIN_QUANTITY	STATION_DESC
1	SW63425215	2013/9/2 21:50:00	0.0	静安寺
2	SW63425215	2013/9/2 21:55:00	0.0	静安寺
3	SW63425215	2013/9/2 22:00:00	0.0	静安寺
4	SW63425215	2013/9/2 22:30:00	0.0	静安寺
5	SW63425215	2013/9/2 22:35:00	0.0	静安寺
6	SW63425215	2013/9/2 22:40:00	0.0	静安寺
7	SW63425215	2013/9/2 22:45:00	0.0	静安寺
8	SW63425215	2013/9/2 22:50:00	0.0	静安寺
9	SW63425215	2013/9/2 22:55:00	0.0	静安寺
10	SW63425215	2013/9/2 23:00:00	0.0	静安寺
11	SW63425215	2013/9/2 23:05:00	0.0	静安寺
12	SW63425215	2013/9/2 23:10:00	0.0	静安寺
13	SW63425215	2013/9/2 23:15:00	0.0	静安寺
14	SW63425215	2013/9/2 23:20:00	0.0	静安寺

图 2　雨量数据示例

2.4 数据组织

降雨与固定线圈交通数据为异构数据，两种数据源不能直接进行分析，需根据降雨气象站的地理位置及其影响范围和检测设备地理位置信息进行关联。依据气象站影响范围，确定影响范围内固定线圈，生成气象站和固定线圈断面关联关系（见图 3）。

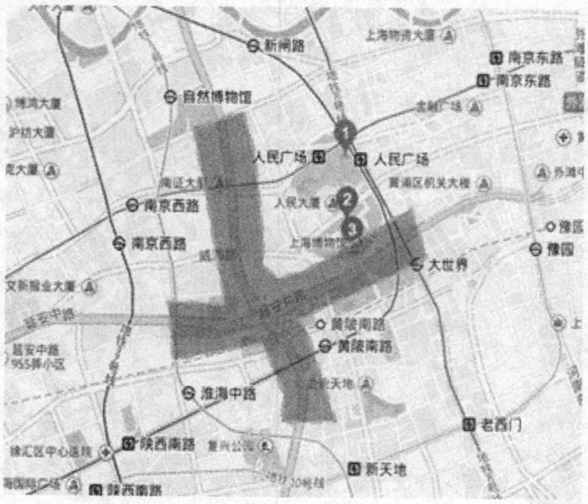

	A	B	C	D	E	F	G	H
1	降雨采集点编号	检测断面编号	采集点描述					
2	SW63425310	NBDX07	人民广场					
3	SW63425310	NBDX08	人民广场					
4	SW63425310	NBDX09	人民广场					
5	SW63425310	NBDX10	人民广场					
6	SW63425310	NBDX11	人民广场					
7	SW63425310	NBDX12	人民广场					
8	SW63425310	YANX29	人民广场					
9	SW63425310	YANX30	人民广场					
10	SW63425310	YANX31	人民广场					
11	SW63425310	YANX32	人民广场					
12	SW63425310	YANX33	人民广场					
13	SW63425310	NBXX07	人民广场					
14	SW63425310	NBXX08	人民广场					
15	SW63425310	NBXX09	人民广场					
16	SW63425310	NBXX10	人民广场					
17	SW63425310	NBXX11	人民广场					
18	SW63425310	NBXX12	人民广场					
19	SW63425310	YABX28	人民广场					
20	SW63425310	YABX29	人民广场					
21	SW63425310	YABX30	人民广场					
22								
23								
24								
25								
26								
27								

7人民广场　13复兴公园　14中山公园　16徐家汇　17上海火车站　19上海西站　26古美　32北新泾

图 3　气象站影响范围和固定检测断面关联关系

以气象站和固定线圈断面关联配置为基础，实现气象数据和固定线圈交通数据的关联分析，数据处理流程（见图 4）。

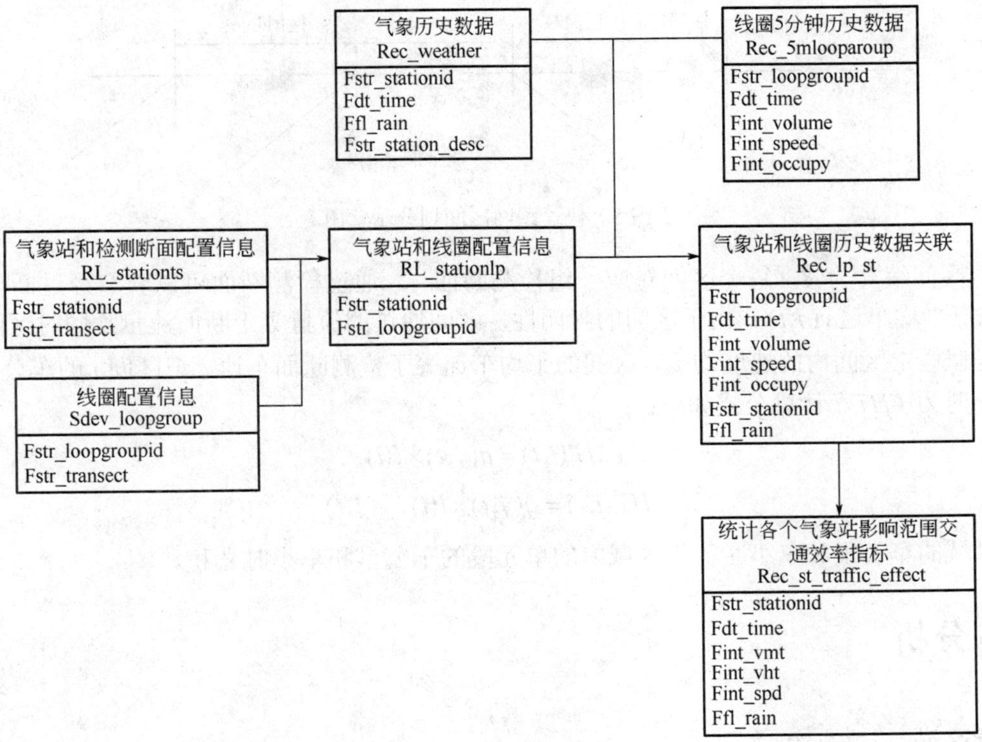

图 4 气象数据和交通数据关联分析数据流程

3 路网运行效率模型

3.1 路网运行效率定义

目前国内路网运行效率还没有一个明确的定义，也没有确定通用的评价指标，本文以工作效率为例，对路网运行效率进行说明。工作效率，一般指工作产出与投入之比，通俗地讲就是在进行某任务时，取得的成绩与所用时间、精力、金钱等的比值。产出大于投入，就是正效率；产出小于投入，就是负效率。参照这一定义，将路网运行效率定义为路网产出与投入之比。道路的功能是为满足人们的出行需求，单个驾驶员的一次出行为“花费一定的时间从起点移动到终点”。从这个定义看道路网络的投入为“驾驶员花费的时间”，产出为“驾驶员行驶的道路里程”。根据效率的定义，路网运行效率为：驾驶员行驶的道路总里程/驾驶员花费的总时间。驾驶员花费同样的时间，行驶的道路里程越大，则路网的运行效率越高；或者驾驶员行驶同样的里程，花费的时间越少，则路网的运行效率越高。

3.2 路网运行效率计算模型

按照标准的定义，计算路网效率需要掌握每个驾驶员的行车轨迹，这对于当前的信息采集手段来说难度比较大。对于快速路网网络，由于检测设备的布设密度比较大，可以采用一种近似的方法计算驾驶员行驶的总里程（以下简称车公里）和驾驶员花费的总时间（以下简称车小时），计算过程如下：

（1）将路网按照空间和时间离散化，根据快速路网布设的检测断面，将路网划分成若干个首尾相连的封闭的小区间，计算时间间隔为 5 分钟（见图 5）。

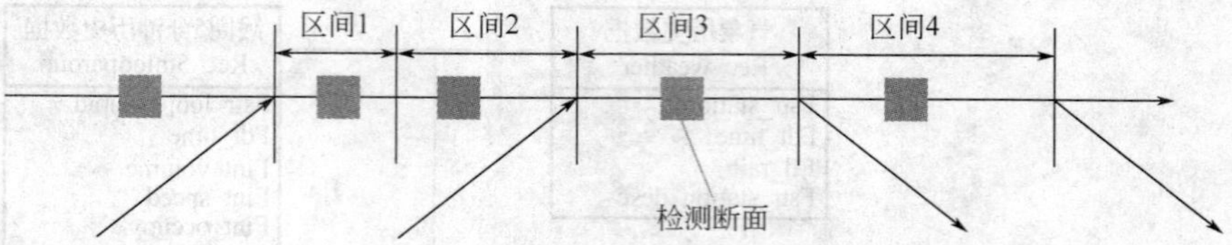

图 5　快速路网区间划分示意图

（2）记区间编号为 i，每个区间对应一组检测断面 j，通过检测断面可以获取经过断面的车辆数 $q(j,t)$，地点平均车速 $v(j,t)$。由于区间的封闭性，区间通过的流量等于断面流量，同时区间的长度较短，可以近似假定区间内的速度均衡，区间的平均车速等于检测断面车速。记区间 i 的车公里为 VMT，区间的车小时为 VHT，计算公式如下：

$$VMT(i,t) = q(j,t) \times l(i) \tag{1}$$

$$VHT(i,t) = q(j,t) \times l(i) / v(j,t) \tag{2}$$

（3）区域的车公里和车小时等于区域内的单元段的车公里和车小时之和。

4　案例分析

4.1　分析区域

以雨量数据和线圈交通数据进行路网运行效率的分析，时间范围为 2013 年 6 月至 12 月。上海城市中心区共有 56 个降雨量采集站，本课题选取 8 个具有代表性的降雨量采集站，包括：北新泾、古美、上海西站、上海火车站、徐家汇、中山公园、复兴公园与人民广场。

4.2　指标处理

根据降雨采集站与检测线圈配置关系以及路网运行效率计算模型，以 5 分钟间隔生成样本分析时间段内 8 个采集站的路网运行效率指标，路网效率计算指标通过采集时间、降雨采集站编号和气象数据进行关联，计算结果示例（见表 1）。

表 1　路网运行效率计算结果

	收费站描述	收费站编码	采集时刻	车公里	车小时
1	上海火车站	SW63425235	2013-9-1	1649	23
2	上海西站	SW63425225	2013-9-1	693	9
3	中山公园	SW63425255	2013-9-1	661	9
4	人民广场	SW63425310	2013-9-1	1502	22
5	北新泾	SW63405150	2013-9-1	445	6
6	古美	SW63423450	2013-9-1	488	6
7	复兴公园	SW63425260	2013-9-1	804	11
8	徐家汇	SW63425251	2013-9-1	615	9
9	上海火车站	SW63425235	2013-9-1 0:05:00	1516	21

续表

	收费站描述	收费站编码	采集时刻	车公里	车小时
10	上海西站	SW63425225	2013-9-1 0:05:00	599	8
11	中山公园	SW63425255	2013-9-1 0:05:00	588	8
12	人民广场	SW63425310	2013-9-1 0:05:00	1489	21
13	北新泾	SW63405150	2013-9-1 0:05:00	486	9
14	古美	SW63423450	2013-9-1 0:05:00	536	7
15	复兴公园	SW63425260	2013-9-1 0:05:00	846	12
16	徐家汇	SW63425251	2013-9-1 0:05:00	465	6
17	上海火车站	SW63425235	2013-9-1 0:10:00	1521	21
18	上海西站	SW63425225	2013-9-1 0:10:00	580	8
19	中山公园	SW63425255	2013-9-1 0:10:00	353	5
20	人民广场	SW63425310	2013-9-1 0:10:00	1473	21

4.3 降雨影响分析

根据路网运行效率计算结果，按照区域与降雨量分析路网不同区域运行效率受降雨影响。为了评价结果的可靠性和稳定性，依据降雨量样本分布将降雨分为若干个等级，并按照降雨等级分析不同降雨强度对路网运行效率的影响。

4.3.1 降雨量等级划分

通过路网运行效率计算结果中的降雨量数据，统计不同降雨强度样本分布情况（见图 6）。从图 6 可以看出，降雨量 0.5，1 和 1.5 的样本量比较大，2～4 样本呈下降趋势，4.5 以上呈平稳小样本分布。因此，将降雨量等级分为六类（见表 2）。

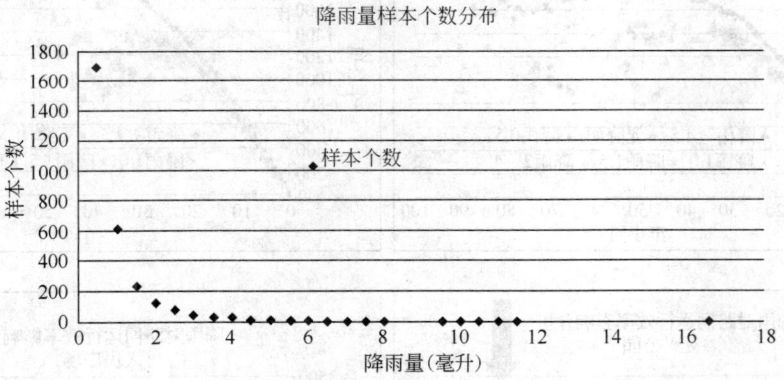

图 6　降雨量个数分布

表 2　降雨量分级

降雨量（mm）	分类
0	1
0.5	2
1	3
1.5	4
2～4	5
≥4.5	6

4.3.2 降雨影响分析结果

按照降雨量分级，分别比较不同等级降雨量对区域路网运行效率的影响，其中无降雨（降雨量 0）时的路网运行效率作为基准值，各个区域降雨影响结果如图 7 所示。

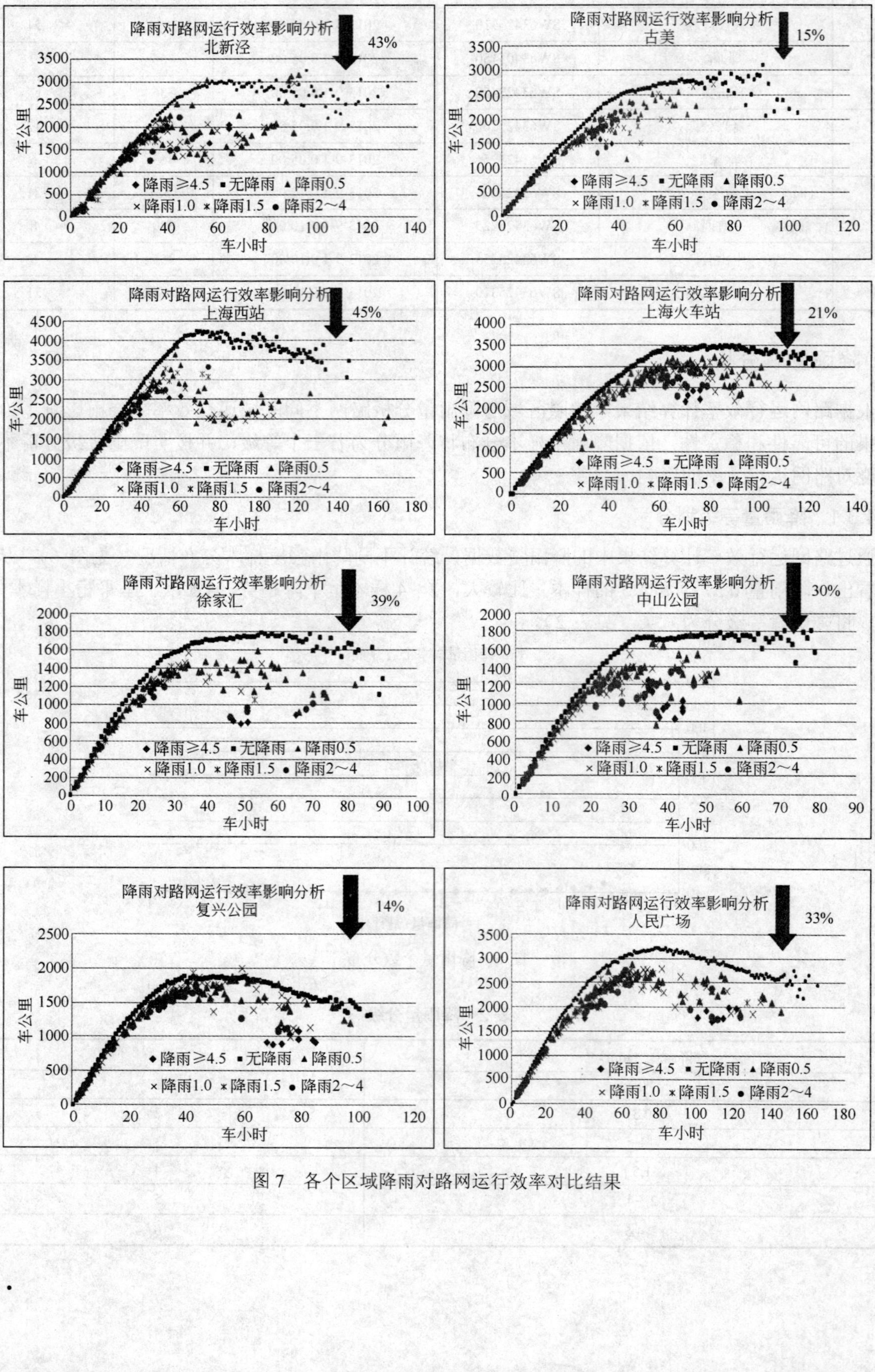

图 7 各个区域降雨对路网运行效率对比结果

5 结论

路网整体的通行效率最终都将归结于路网中每一个组成路段的通行能力大小，而往往局部的交通瓶颈会蔓延导致整个区域甚至路网的交通拥挤，进而影响整个路网的运行效率。本文实现了气象降雨数据和道路交通采集数据融合分析路网运行效率。从路网整体上看，不同区域路网运行效率受降雨影响存在显著差异，范围在 15%～50%；降雨强度对路网运行效率影响为正相关。

参考文献

［1］Harold B．Risk of a road accident in rainy weather ［J］．Accident Analysis & Prevention．1988．20（3）：161-176.

［2］Daniel B．The mixed effects of precipitation on traffic crashes ［J］．Accident Analysis & Prevention．2004．36（4）：636-647.

［3］Smith B L．An Investigation into the Impact of Rainfall on Freeway Traffic Flow ［C］．Proceedings of the Annual Meeting of the Transportation Research Board．Washington．D．C．

［4］曾伟良，龚峻峰，何兆成，等．降雨对城市道路交通行驶速度的影响分析［J］．环境科学与技术．2011．34（12H）：201-205.

基于 APP 的交通事件处置管理模式研究

丁贤勇　李玉贞

（上海电科智能系统股份有限公司，上海 200063）

摘　要：随着互联网的迅猛发展，智能手机 APP 应用已经成为人们的生活习惯，极大地方便人们的衣、食、住、行。本文以当下比较流行的打车 APP 软件为例，分析打车软件的工作原理和业务处置流程，并且结合交通事件处置过程中遇到的警情难以快速准确定位、如何选择最优的警员出警、不便于追踪出警实时状况以及指挥中心集中调度周期长等问题，提出了一种新的基于 APP 改善接处警现状的扁平化管理模式。利用互联网思维和互联网速度，能够迅速准确地定位、派警、追踪警情，这一研究将会给交通事件的处置带来新的思考角度和方向。

关键词：打车 APP 软件；警情定位；指挥调度周期长；最优出警警员；警情追踪；扁平化管理

Traffic Incident Management Based on Smartphone APP

Ding Xianyong，Li Yuzhen

(Shanghai SEARI Intelligent System Co., Ltd,Shanghai 200063)

Abstract: With the rapid development of the Internet, smartphone APP have become the people's habits, and facilitate people's daily life greatly. The paper taken the current popular taxi APP for example, and analyzed the working principle and business process of taxi software. Additionally, during the process of handing traffic incidents, it's difficult to promptly and accurately locate, select the optimal police and track the real-time status. Moreover, the cycle for centralized scheduling of command center is longer. To solve these problems, a new flat management mode based on taxi APP was proposed to improve the alarming situation. Using the thinking and speed of Internet can locate, assign the police and track the alarm promptly and accurately. This study will provide a new perspective and thinking orientation for handing traffic incidents.

Key words: Taxi APP Software, Location of Alarm, Command Scheduling Cycle Length, Optimal Police Officers, Alarm Tracking, Flat Management

1　引言

近年来，随着社会科技的进步和人员整体素质的提升，机动车和驾驶人数量、交通运输量的持续大幅增长，道路交通安全形势日益严峻。除了北京、上海、广州和深圳一线城市外，以二线代表城市——成都为例，根据 2016 年中国人口城市排名，截至 2015 年年末，成都市常住人口 1404.76 万人，汽车保有量达到 366 万辆，全国排名第二，并且呈逐年增长趋势。成都市庞大的人口数量与机动车数量对成都市交通警力带来巨大压力，特别是暴雨灾害和各类突发交通事件中，跨区域、跨路网、跨部门应急指挥等方面仍然存在诸多不足。因此，城市道路交通事件的处置也更加注重时效性，即要在最短的时间内检测到交通事故，制定应急方案并做出警力调配，到达交通事件现场，处置交通事件[1]。

目前，国内外对交通事件还没有标准的定义。相关资料可以显示，凡在高速公路或城市道路上发生交通事故、车辆抛锚、车辆上货物散落等等都可以称为交通事件[2]。本文中，交通事件可理解为出现交通拥堵、交通事故等交通状况。

国内交通事件处置的过程中，一般存在下面几种情况。

（1）交通事件发生以后，当事人拨打 122 报警电话到交警指挥中心，指挥中心接到电话后对事件的基本情况进行询问记录，只能了解到事故现场的大概位置，并不能对报警人的具体位置做出及时准确的定位。

（2）交警指挥中心确认交通事件并对基本信息做记录后，将警情下发到事发地点所管辖的大队，大队指挥室根据警情的位置和当前警力的情况，派警员到现场处置，有时候需要派出所的警力配合。这个过程中，由于信息是通过分级下发的，并且以人工拨打电话和呼叫手台为主，中间浪费时间较多，并且存在较大可能的人为因素。从报警人拨打电话报警到警员到现场处置的时间段内，对于较为重大或紧急的警情，会错过事发最重要的时刻，可能会导致事件本身或者事故人情绪的恶化，所以处警的时效性显得尤为重要[3, 4]。

（3）警员到事故现场处置完毕后，需要将警情具体情况向上级指挥中心汇报，指挥中心做好记录，对这条警情的信息进行完善，并且同时对警员的处警情况进行追踪，定期对一部分报警人做回访，以此来检验警员处警效果。

从交通事件的产生到处理完毕，一般需要经过报警（当事人）—接警（支队指挥中心）—下发（支队指挥中心）—派警（大队指挥室）—处警（警员）—警情追踪等几个步骤。虽然在接处警过程中会利用已经建设好的交通集成平台和 122 警情事件填报系统等作为辅助工具，有利于方便警情的填报下发追踪等，实现了无纸化操作。但是，整个过程中仍然很大程度上依赖于人工识别和操作，不仅执行效率低，警情定位和派警选择时存在误差，而且人为因素影响较大[5]。受现在流行的打车 APP 软件影响，考虑是否可以将打车软件的工作方式用于接处警领域，将会对交通事件的处置模式产生深远的影响和革命性的进展。

2 打车 APP 软件原理

受“互联网+”概念影响，近三年来打车软件从无到有，从小部分人尝试到现在几乎人人都在使用。打车软件改变了传统打车方式，建立培养出大移动互联网时代下引领的用户现代化出行方式，使民众真切地体会到打车 APP 软件带来的便利和实惠，极大程度上改善了“打车难”的问题[6]。出租车“打车难”原因如图 1 所示。

相比传统打车方式，APP 打车软件的优势主要体现在：

（1）改变了出租司机的等客方式。它可以让司机师傅用手机等待乘客“送上门来”，与电话叫车服务类似。即乘客在手机中点击“我要用车”，并发送一段语音说明具体的位置和要去的地方。用车信息会被传送给离乘客附近的出租车司机中，司机可以在手机中一键抢应，并和乘客联系。

（2）让乘客和出租司机都更加有针对性、合理有效利用出租资源。“现在乘客一上来，第一句话就是‘走吗？’我要是说‘走’。乘客马上就上车，不再管你要去哪，是不是要交班。”司机师傅说，所以很多司机如果需要去指定方向时，宁肯空载，看着乘客在路边招手，也不敢过去问。一旦问了，方向不对，拒绝了乘客，就可能会被投诉拒载。”而打车软件就很好地解决了这个问题，乘客有需求，要去同一方向是司机可以接单，而不同方向的司机也有了自己的选择权，让原本就不充足的出租车资源得到了更加充分的利用。

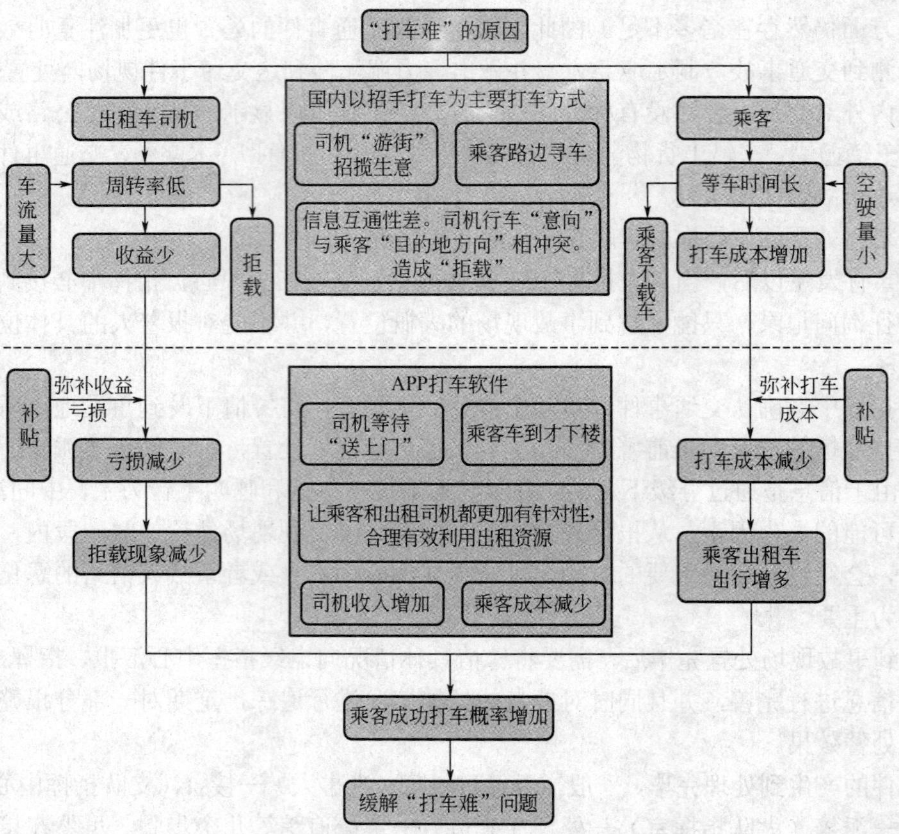

图 1 “打车难”原因分析思路图

（3）对于乘客来说，减少了在户外被动等车的时间，车到再下楼，极大地提高了体验满意度。

（4）一定程度上增加了出租车司机的收入。我们都知道，打车软件上有一个功能叫“加价”功能，对于打车苦难的时间段或者地段，乘客可以选择加价来完成叫车服务，以提高成功率，虽然这一功能使用富有争议，但对于出租车司机来说，在消费者自愿的情况下适当加价，无疑是增加收入的一个方式，也是一个良性的循环。

打车软件刚开始只是为了民众出行方便打出租车，建立出租车司机和乘客之间的信息交流，减少空载率和避免乘客长时间空等。后来，为了适应市场，打车软件的业务扩展到专车、快车、顺风车、代驾等多个方面，人们可以根据自身出行的需求，选择不同类型的车。4G 时代的到来促进了各种软件 APP 的诞生，打车 APP 软件就是一个非常成功的案例。

以“滴滴”打车为例，滴滴打车的原理与电话叫车服务性质类似，与微信用法类似[7]。

（1）乘客启动滴滴打车软件客户端。

（2）选择用车的类型，以“快车”为例，系统会自动定位用户当前的位置作为起点，可以手动输入目的地，并且可以设置出发时间等信息，选择拼车或者不拼车等，最后点击呼叫快车，如图 2 所示。

（3）点击呼叫快车按钮后，叫车信息会以该乘客为源点，在几秒内自动推送给周边比较近的空闲的快车司机，司机可以在滴滴快车司机端一键抢应，并和乘客保持联系，乘客可以在地图上看到该车辆的移动情况。

（4）在乘客到达目的地下车需要支付车费时，即可使用滴滴打车合作伙伴微信支付和 QQ 钱包进行线上支付，既可享受免找零烦恼，也避免了假币，丢钱包等现象发生，完成了从打车到支付的一个完美闭环服务，让用户的出行尽在自己掌握。

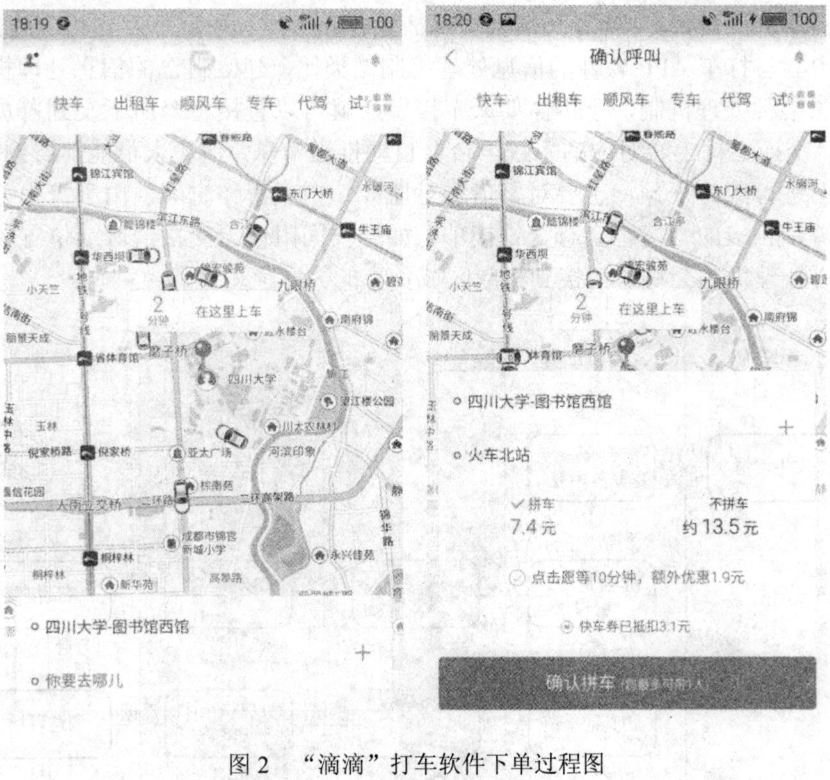

图 2 “滴滴”打车软件下单过程图

（5）整个订单完成之后，乘客可以对司机的服务态度、车内干净舒适度等情况做出评分，另外还可以输入评价的内容。对司机的评分为其他乘客乘车时提供参考，并且为监管机构提供有效的监管信息，当司机评分低于某个标准值时，应取消其使用该软件载客的资格。

打车 APP 软件可以对乘客和司机具体位置进行准确的定位，并且在 GIS 地图上能够直观地显示，乘客和司机的联系只需要利用软件做好的呼叫功能即可，打车软件会在一个极短的时间内，为乘客分配一个“合适”的车辆。接下来，我们尝试以打车软件工作模式为参考，构建类似的交通事件接处警软件模型，改变传统的人工接处警模式，实现更为高效的扁平化管理模式。

3 接处警 APP 软件模型

交通事件发生时，报警人、交通指挥中心、警员三个要素之间信息的获取和沟通注重时效性。以成都为例，现有的接处警过程如图 3 所示。

从上面的接处警业务流程图我们不难看出，现有的这种模式涉及的步骤多，需要相应配合的人员较多，准确性和时效性都比较差。下面设想一种点对点，类似于打车 APP 软件模式的接处警 APP 模型。

与打车 APP 软件做类比分析，有下面几种角色。

（1）报警人——乘客。交通事件发生时，事故现场人员打开手机，启动接处警 APP 软件大众版客户端，填写基本的警情信息，即现有打电话报警时指挥中心接警人员需要记录的一些信息，点击保存。在 GIS 图上可以看到自己的位置和周边警员的位置，若是自己的位置有误，或者是报警人离开了事故现场，可以手动修正警情位置，进行重新定位。快速完成上面的步骤，这时就可以点击呼叫警察的按钮。报警人报警后，可通过 APP 实时查看警情处警状态，以及处警警员信息，缓解报警人焦急等待情绪。

（2）交通指挥中心信息处理机制——软件信息处理机制。现在的接处警系统，报警人打进电话，由交通指挥中心的值班人员人工接警，然后根据警情位置和性质等信息下发到相应的大队。接处警 APP 模型的交通指挥中心与打车 APP 软件的信息处理机制做类比，建立自己的信息处理机制，报警人打进电话时，信息按照某种处理机制，不再需要人工接警，就可以直接将警情下发到警员。对于每次有人使用软件报警时，交通指挥中心对应的系统平台会自动推送信息，值班人员能够看到警情的进展情况，如无特殊情况，不进行人为干预，主要对警情进行监控。白天工作时间，由于警力分布合理，报警人都可以顺利地报警，相应的警情也会有交警接单。如遇夜间附近无交接值班或位置较偏僻时，报警人呼叫时，软件中心处理机制会将警情接到相应区域负责的大队值班室。

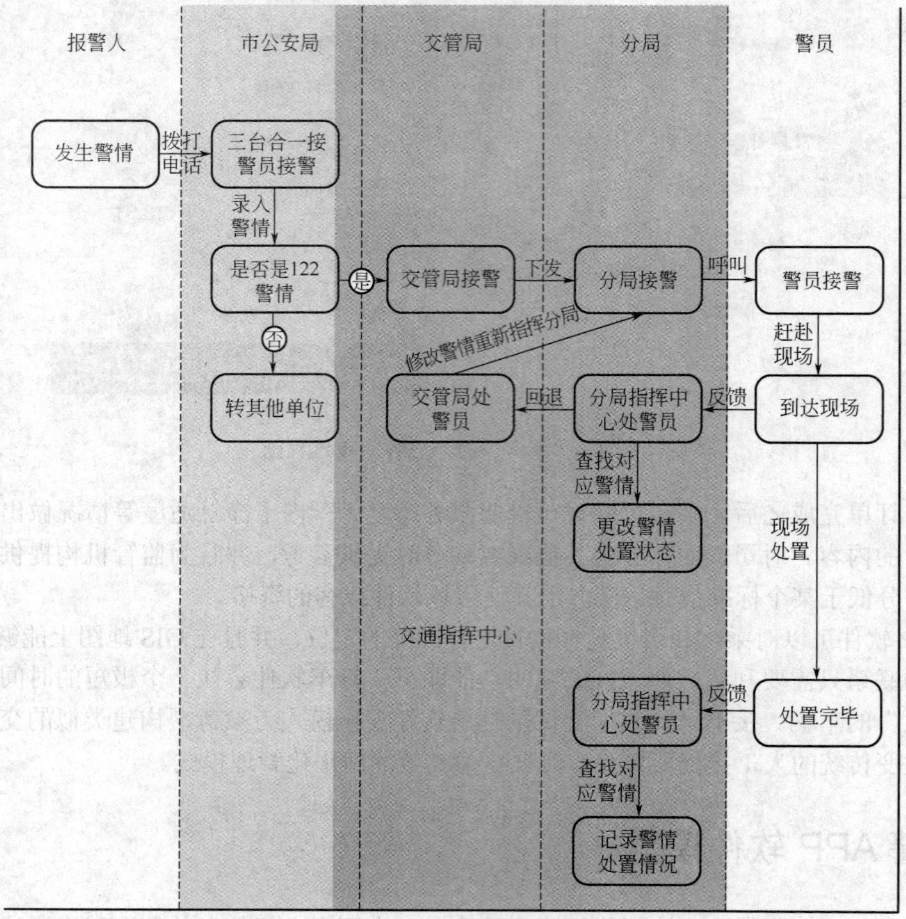

图 3　接处警业务流程图

（3）警员——司机。在岗的警员每人配备相应的电子设备或者手机，安装接处警 APP 软件交警版，执勤期间保证设备或手机的正常通讯，APP 软件正常运行。一旦有人报警，软件信息处理机制会根据事先定义好的规则向警员下发警情，大概设定到某一定范围，该范围内的警员都能收到报警信息，并且同时把满足接警条件的警员信息根据某一规则排名，排名靠前的为最优接警人。按正常情况下，最优接警人应该点击接警按钮，拿到接警任务。但现实情况可能存在最优接警人不便于立即接警的情况，所以软件要求填写不便接警的原因，将警情回退信息处理中，重新计算最优接警人进行接警。这将作为警员效绩考核的重要指标，并且对于长期不接警情的警员进行警告等处理。

通过上面三种角色的描述，警情完成从报警到派警的过程，接下来描述警员到场处理警情，并且对警员的监督和警情的追踪。

警员接单某个警情后，通过 APP 可以查看警情的精确事发地址，以便尽快赶到警情现场，了解现场情况，通过 APP 将核实、确认的信息自助提交到指挥中心。这时交通指挥中心根据报警人和接警警员GIS定位信息，获取警员到事发现场的时间和路线，并且根据两方填报的警情信息更好地了解当下的情况，必要的情况下人为参与到该警情当中，进行协助和指导。警情处置完毕以后，处警警员对信息做最后的完善，对处置过程进行记录，然后提到信息到服务器，警情处理完毕；报警人可以对警员的处置情况进行某几个设定的选项评价，也可以通过文本框中输入。报警人和接警警员都是可以看到本次交通事件的整个记录，信息都是公开的，并且有后期警情回访等信息，也都会形成记录供相关参与人查看。整个过程中，处警警员自助完成现场信息的核实确认，并做处置完毕记录。减少传统方式下，警员和中心通过呼叫进行信息交流的过程，提供信息的准确性、降低指挥中心处警员的工作量，将指挥中心的工作中心转移到监督管理上。接处警APP软件的处警模型如图4所示。

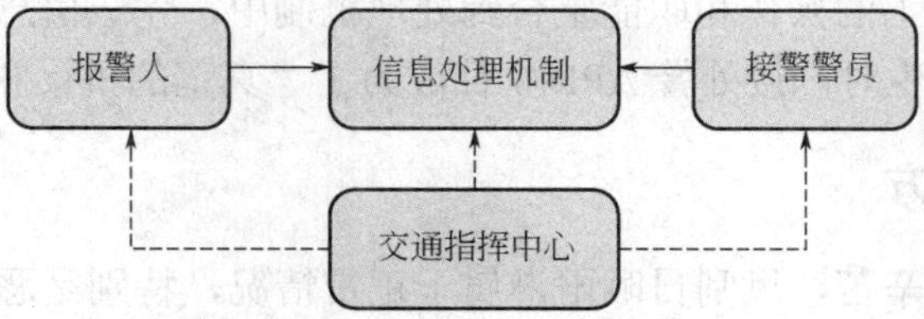

图4 接处警APP软件处警模型

相比传统接处警方式，APP接处警的优势主要体现在：

（1）改善接警信息不够准确。通过APP接警，减少报警人和指挥中心的电话沟通环节。可以精确地将事发地址精确定位，为后续的处警工作的展开提供数据支持。

（2）提供出警速度。利用APP提供的精确地理信息，信息处理中心，可以快速算出最优出警警员，直接将警情下发个警员，进行点对点交互。

（3）让执勤警员和报警人更加有针对性、合理有效利用警力资源。通过APP，报警人、警员能够掌握更加完善的警情信息，更能有针对性、合理有效的利用警力资源。

（4）减少指挥中心集中处理的工作量。通过APP，警员可以自助提交现场情况，减少了警员呼叫指挥中心，指挥中心查找对应警情，进行信息记录的过程，提供工作效率。

4 交通警情处置应用展望

与打车APP软件对比，构造出交通事件接处警APP软件处警模型，期待能够结合具体的接处警业务处理流程，利用技术手段做出真正可用的接处警APP软件，为大众提供日常出行服务。

4.1 交警就在身边

一个城市的路口有千千万万，在外执勤的交通警察数量有限，每一个路口派警指挥协调，则会造成大量交警人员资源的浪费，没有现实意义。正常情况下，我们出行安全时，经过很多路口也不一定看到有交警值班，人们就会产生疑虑，交警有没有按时上班，会不会上班时间开小差等。虽然交警部门有自己人员审核机制，比如通过警员手台呼叫和GPS实时定位等方式，但大众并不知情，种种的猜疑会造成对交警执勤和执法的情况产生误解，加深交通部门与大众的隔阂。

若是手机上安装这款接处警APP软件，大众在没有交通事件需要报警时，仍然可以打开软件客户端，查看周边警力分布情况，增加安全感和心理保障。大众可以对警员的位置情况进行监督，若是工作日上班期间周边无警力部署，可以向交警指挥中心咨询了解情况，或者向其反映情况，请指挥中心给予合理的解释。当然，最重要的是交通事件发生时，这款软件可以帮助案发现场人员快速报警，接警警员能在第一时间赶到处理警情。大众日常出行时，“交警就在身边”不仅只是口号，而是看得见找得到的真实存在。

4.2 真正的桥梁和纽带

交通指挥中心是交通事件接处警过程的核心部分，报警、接警和处警的信息都要在这里流转，信息的准确性和及时性显得尤为重要。接处警 APP 软件的信息中心处理机制，取代了现行的人工对警情的接入、录入和下发，而是根据报警人提供的信息和警员执勤信息，通过已经集成好的处理机制自动识别和下发警情，保证警情得到快速及时的响应和处理。

接处警 APP 软件的信息中心处理机制将报警人、交通指挥中心、警员三者联系起来，形成了一个信息交流的平台。在接处警过程中，弱化了交通指挥中心的直接参与作用，更强调其监督和协调作用，将交通指挥中心的一部分人工的操作和职能整合到处理机制中，完成信息的自动识别和处理。大众交通出行过程中和交通事件发生时，接处警 APP 软件成为了“真正的桥梁和纽带”。

4.3 去人们最需要的地方

交通警察日常工作非常辛苦，风刮日晒雨淋属于正常情况，特别是恶劣的天气更离不开他们的指挥和帮助。交警希望通过发挥自身的作用，为城市的交通带来便利，保障人们安全顺利出行。但现实中很多时候，交警未必能够获取到有效的信息，及时赶到最需要他们的地方发挥作用。警情事件的延误导致民众和交警之间存在隔阂，人们有很多议论和不满，交警也有很多委屈和无奈。

接处警 APP 软件可以帮助交警在接到报警时，能够准确地定位交通事件发生的位置，以便能够以最快的速度赶到案发现场。这就加强了报警人和接警警员的信息交流，双方能够很好地掌握对方信息，两者合作解决交通事故问题。若是大众都使用接处警 APP 软件报警和了解周边的警力，对交警的工作情况和处置警情方式有一定程度的了解，信息进行半公开的方式共享，警民之间的关系和交流会更加密切，交警可以真正实现曾经的宣誓“去人们最需要的地方”。

5 结语

本文针对现有的交通事件接处警业务处置流程，结合“互联网+”的思维模式，以构建接处警 APP 软件模型的形式，为将来的交通事件处置提供一种更优的方式，实现报警人、交通指挥中心、警员三者之间的扁平化管理[8]。

接处警 APP 软件实现的难点在于交通指挥中心信息处理机制，也是建模的核心内容。从业务角度，梳理清楚角色、部门、用户三者之间的业务逻辑关系，保证软件处理警情时，每个角色的分工和职责信息准确，派警人员与实际满足派警条件的警员相符，信息能够准确及时地推送；从技术角度，工作流程处理机制和消息推送机制两个核心模块是关键，并且 GIS 实时定位信息和点位移动轨迹都要做准确完整记录，该软件是否能够使用还取决于数据处理速度等性能，以现有的各类 APP 软件做参考，现有的技术都是可以实现的。

接处警 APP 软件在政策、技术、人员和资金等方面的支持下，如果能够按建模的概念设计出来，可以在一个城市范围内上线测试，根据实际情况各项功能优化后投入使用，那将会对城市的交通事件产生重大的影响，交警的办事效率大幅度提升，互联网技术可以避免很多人为因素的干扰，信息的准确性也能得到保障。接处警 APP 软件在一个城市的成功使用，可以推及到全国，有利于推动交通事件处置将向前迈进一步。

本文提到的互联网思维模式，不仅可以用于交通事件的接处警方面，还可以用于交通领域的其他方面。互联网科技扎根于人们的日常生活，APP 软件必将在更广的领域为大众服务。

参考文献

[1] 马威．面向交通事件处置的交通警力资源调度方法的研究［D］．北京：北京交通大学，2015：11-12.

[2] 张秀媛，达庆东．公路自动事件检测技术［J］．系统工程理论与实践，2001，21（6）：118-124.

[3] 安实，王健，等．城市智能交通管理技术与应用［M］．北京：科学出版社，2005.8.

[4] 武勇，刑建平，等．基于物联网和云计算技术的新一代城市公交信息化体系研究［C］//中国智能交通行业发展年鉴（2012）．北京：电子工业出版社，2013.

[5] 李日涵，徐广宁，等．基于 APP 的公众出行交通信息服务系统研究［C］//中国智能交通行业发展年鉴（2013）．北京：电子工业出版社，2014.

[6] 王锐杰，杨鹏辉，等．基于激励机制优化模式下现行“打车软件”的改进分析［J］．琼州学院学报，2016（3）：8-9.

[7] 李冬新，栾洁．滴滴打车的营销策略与发展对策研究［J］．青岛科技大学学报（社会科学版），2015，31（1）：106-108.

[8] 蒋南．智能交通集成指挥平台的研发与管理［D］．杭州：浙江工业大学，2012：12-15.

基于改进自适应微分进化算法的进港航班排序

李玉贞[1]　王世豪[2, 3]　杨红雨[2, 3]

（1．上海电科智能系统股份有限公司，上海 200063；2．四川大学 空天科学与工程学院，四川 成都 610065；3．四川大学 国家空管自动化系统技术重点实验室，四川 成都 610065）

摘　要： 针对进港航班排序问题，本文通过改进微分进化（Differential Evolution，DE）算法的变异方程并引入一种新的控制参数自适应策略，提出了一种改进自适应微分进化算法（Improved Adaptive Differential Evolution，IADE）。在 IADE 中，种群中的每个个体都有自己的控制参数，且随着种群进化而自适应调整。典型 Benchmark 测试函数的实验结果表明 IADE 具有很高的收敛速度、收敛精度以及鲁棒性。同时，将 IADE 应用到进港航班排序问题，仿真结果表明 IADE 能够有效地减少航班队列的总延误时间，减少经济损失，是一种求解进港航班排序问题的有效方法。

关键词： 进港航班排序；总延误时间最小；微分进化；控制参数自适应；改进变异方程

Arrival Flights Scheduling Using Improved Adaptive Differential Evolution Algorithm

Li Yuzhen[1]　Wang Shihao[2, 3]　Yang Hongyu[2, 3]

(1. Shanghai SEARI Intelligent System Co., Ltd,Shanghai 200063; 2.School of Aeronautics and Astronautics, Sichuan University, Chengdu 610065; 3. National Key Laboratory of Air Traffic Control Automation System Technology,Sichuan University, Chengdu 610065)

Abstract: To solve arrival flights scheduling, an improved adaptive differential evolution (IADE) algorithm was proposed by means of improving mutation equation of differential evolution and introducing a new self-adaptive strategy for control parameters. In IADE, each individual in the population has own control parameters, and these control parameters will be adaptively adjusted with the population evolution. The experimental results of typical Benchmark test functions indicate that IADE has high convergence speed, convergence precision and robustness. Additionally, the proposed IADE was applied to arrival flights scheduling. The simulation results show that IADE can effectively decrease total delay time of flights sequence and economic loss, and IADE is an effective method for solving arrival flights scheduling.

Key words: Arrival Flights Scheduling, Minimum Total Delay Time, Differential Evolution, Control Parameters Adaptation, Improved Mutation Equation

1 引言

随着我国民用航空运输业的快速发展，终端区机场跑道容量与航班数量之间的矛盾日益突出。进港航班排序作为终端区流量控制的一种重要手段，能够有效地减少航班延误，减少经济损失，并提高跑道利用率。

针对进港航班排序问题，常用的算法为 FCFS（First Come First Serve），该算法以航班的预计到达时间（Estimated Time of Arrival，ETA）来安排进港航班的降落顺序，由于其简单易实现，常被用作优化算法的比较基准。此外，国内外的相关研究人员也提出了一些有效的算法，比如时间提前算法[1]（Time Advanced，TA）、约束位置交换[2]（Constrained Position Shift，CPS）、模糊评判法[3]等。

随着智能优化算法的快速发展，越来越多的学者开始利用智能算法对单进港航班排序问题进行了研究，比如文献[4]提出的改进遗传算法（Genetic Algorithm，GA），文献[5]提出的人工鱼群粒子群算法（Artificial Fish Particle Swarm Optimization，AFPSO）、文献[6]提出的线性微分递减模拟退火粒子群算法（Simulated Annealing Particle Swarm Optimization With Linear Differential Decrease，LDD-SA-PSO）。

微分进化（Differential Evolution，DE）算法作为智能优化算法的一个重要分支，是由 Storn 和 Price 针对实参优化问题而提出的一种全局优化算法[7]。DE 控制参数少，收敛速度快，简单易实现，已经被广泛应用于函数优化、神经网络优化、工业控制、图像处理等众多科研和工程领域[8~9]。

影响 DE 算法性能的参数主要有 3 个：缩放因子 F、交叉概率 CR 和种群大小 NP。许多研究表明参数的选择对 DE 优化效果有着重要的影响[10, 11]。为了提高算法的性能并使参数的选择独立于具体的优化问题，更多的相关人员开始研究控制参数的自适应策略。文献[12]提出了一种模糊自适应微分进化算法（FADE），该算法利用模糊逻辑控制来调节 DE 的参数 F 和 CR。文献[13]提出的 jDE 算法为进化过程中的每个个体分配控制参数 F 和 CR，并且根据两个事先给定的概率（τ_1 和 τ_2）进行动态调整，但是 jDE 调整参数时缺少进化过程的指导，具有一定的盲目性。文献[14]结合混沌原理提出了混沌微分进化算法（chDE），该算法实现了参数的自适应，但计算量较大，鲁棒性交叉。文献[15]提出的自适应 DE（aDE）算法与 jDE 算法相似，不同的是 aDE 利用每代种群的平均适应值作为参数 F 和 CR 是否调整的依据，该算法虽然有了进化过程的指导，但收敛速度较慢，实用性不强。

为提高 DE 的优化性能和实用性能，本文通过改进 DE 的变异方程，并引入一种新的控制参数自适应策略，提出了一种改进自适应微分进化（IADE）算法。选取 8 个常用于优化算法比较的 Benchmark 函数进行测试，综合考虑算法的收敛速度、收敛精度以及鲁棒性。实验结果表明 IADE 的整体优化性能要好于 DE[7]、jDE[13]、chDE[14]和 aDE[15]。

同时，将 IADE 应用于进港航班排序问题，并与其他不同的优化算法（FCFS、GA[4]、AFPSO[5]、LDD-SA-PSO[6]）进行比较研究；实验结果表明 IADE 是一种求解进港航班排序问题的有效方法。

2 进港航班排序优化目标

假定有 N 架航班 $\{f_1, f_2, \cdots f_N\}$ 在某段时间内需要按一定顺序降落在跑道上，ETA_i（$1 \leqslant i \leqslant N$）表示航班 f_i 的预计降落时间（Estimated Time of Arrival，ETA），STA_i 表示航班 f_i 的实际降落时间（Scheduled Time of Arrival，STA）。根据国际民航组织（ICAO）的规定，降落在同一条跑道上的相邻航班（前机 f_{i-1} 和后机 f_i）应当满足最小安全时间间隔 T_i^{i-1}，如表 1 所示，其中 H、M 和 L 分别表示航班的机型为重型，中型和轻型。

表1　最小安全时间间隔（s）

前机机型	后机机型		
	H	M	L
H	94	114	167
M	74	74	138
L	74	74	98

进港航班排序优化目标就是让所有进港航班的总延误时间 D_i 达到最小，即

$$\min D_i = \min \sum_{i=1}^{N} (STA_i - ETA_i) \tag{1}$$

约束条件：

$$STA_i - ETA_i \geqslant 0 \tag{2}$$

$$STA_i - ETA_i \leqslant d_{\max} \tag{3}$$

$$STA_i - STA_{i-1} \geqslant T_i^{i-1} \tag{4}$$

式（2）规定航班 f_i 不能提前降落；式（3）限定航班 f_i 的延误时间不能超过规定的最大延误时间 $d_{\max}$；式（4）表明同一跑道前后紧邻降落的航班 f_{i-1} 和 f_i 应当满足最小安全时间间隔 T_i^{i-1}。

3　IADE 算法及性能分析

3.1　基本 DE 算法

设待优化问题为 $\min f(x)$，种群大小为 NP，搜索空间为 S，问题的维数为 D，进化代数为 T；则第 t 代种群 $\boldsymbol{X}^t$ 由 NP 个个体 $\boldsymbol{x}_i^t$ 组成，其中 $\boldsymbol{X}^t = [x_1^t, x_2^t, \cdots, x_{NP}^t]^T$、$\boldsymbol{x}_i^t = [x_{i,1}^t, x_{i,2}^t, \cdots, x_{i,D}^t]$、$i = \{1, 2, \cdots, NP\}$。那么基本 DE 的变异、交叉以及选择操作可表示为

（1）变异。对于种群中的每个个体 $\boldsymbol{x}_i^t$，按式（5）生成变异向量 $\boldsymbol{v}_i^{t+1} = [v_{i,1}^{t+1}, v_{i,2}^{t+1}, \cdots, v_{i,D}^{t+1}]$。

$$v_i^{t+1} = x_{r1}^t + F(x_{r2}^t - x_{r3}^t) \tag{5}$$

其中 r_1、r_2、r_3 为 $[1, NP]$ 之间的随机整数且 $r1 \neq r2 \neq r3 \neq i$，因此种群大小 NP 至少应为 4；缩放因子 F 是一个介于 $[0,2]$ 之间的实数，它控制着差分向量 $(x_{r2}^t - x_{r3}^t)$ 的大小。

（2）交叉。为增加种群的多样性，按式（6）生成交叉向量 $\boldsymbol{u}_i^{t+1} = [u_{i,1}^{t+1}, u_{i,2}^{t+1}, \cdots, u_{i,D}^{t+1}]$。

$$u_{i,j}^{t+1} = \begin{cases} v_{i,j}^{t+1} & rand_j \leqslant CR \ or \ j = j_{rand} \\ x_{i,j}^t & rand_j > CR \ and \ j \neq j_{rand} \end{cases} \tag{6}$$

式中 $rand_j \in [0,1]$ 是第 j 维的随机数 $j = \{1, 2, \cdots, D\}$；$CR \in [0,1]$ 为交叉概率；j_{rand} 是 $[1, D]$ 之间的随机整数，它确保 $\boldsymbol{u}_i^{t+1}$ 至少从 $\boldsymbol{v}_i^{t+1}$ 中获取一个元素，避免进化停滞。

（3）选择。DE 的选择操作是通过贪婪策略实现的，如式（7）所示：

$$x_i^{t+1} = \begin{cases} u_i^{t+1} & if \ f(u_i^{t+1}) < f(x_i^t) \\ x_i^t & otherwise \end{cases} \tag{7}$$

当且仅当交叉向量 $\boldsymbol{u}_i^{t+1}$ 的适应值小于 $\boldsymbol{x}_i^t$，新个体 $\boldsymbol{x}_i^{t+1}$ 才被设置为 $\boldsymbol{u}_i^{t+1}$；否则，$\boldsymbol{x}_i^{t+1}$ 保持 $\boldsymbol{x}_i^t$ 进入下

一代。

3.2 IADE

探索和开发之间的矛盾制约着 DE 的优化性能。探索表示搜索解空间内不同区域的能力，开发表示接近最优解能力。文献[16]认为 DE 的探索能力弱，开发能力强，从而使得算法容易陷入局部最优解。探索能力主要受种群多样性的影响，因此通过调控种群多样性，可以有效地提高 DE 的优化性能。

DE 的变异方程（5）由两部分组成，第一部分为基准个体 $\boldsymbol{x}_{r1}^t$；第二部分为差分向量 $F(x_{r2}^t - x_{r3}^t)$。更多的改进 DE 算法是基于第二部分的控制参数 *F*，而很少关注基准个体 $\boldsymbol{x}_{r1}^t$ 对 DE 性能的影响。进化过程中较大的 $\boldsymbol{x}_{r1}^t$ 可能会造成个体偏离正确的进化方向，出现个体发散现象，从而有可能造成进化后期收敛速度变慢，收敛精度降低。因此为 $\boldsymbol{x}_{r1}^t$ 增加基准系数 R_i^t 以调节 $\boldsymbol{x}_{r1}^t$ 的大小，如式（8）所示。

此外，考虑到自适应参数策略能够有效地克服固定参数带来的不足，使 DE 算法更具有实用性，受 jDE 控制参数编码方式的影响，本文提出一种新的控制参数自适应粗略。基本思想是：种群中的每个个体都拥有独自的控制参数 R_i^t、F_i^t 和 CR_i^t，且随着种群进化而调整，进化过程中，保留能够产生更好个体的参数进入下一代。

改进后的算法称为 IADE 算法，IADE 的变异、交叉操作如式（8）、（9）所示。

$$v_{i,j}^{t+1} = R_i^t x_{r1}^t + F_i^t (x_{r2}^t - x_{r3}^t) \tag{8}$$

$$u_{i,j}^{t+1} = \begin{cases} v_{i,j}^{t+1} & rand_j \leqslant CR_i^t \ \ or \ \ j = j_{rand} \\ x_{i,j}^t & rand_j > CR_i^t \ \ and \ \ j \neq j_{rand} \end{cases} \tag{9}$$

其中，控制参数 R_i^t、F_i^t 和 CR_i^t 的自适应调整如下所示：

$$R_i^{t+1} = \begin{cases} R_i^t & if \ st_i < ST \\ rand(0,1) & otherwise \end{cases} \tag{10}$$

$$F_i^{t+1} = \begin{cases} F_i^t & if \ st_i < ST \\ F_i^t - rand_1 \times F_i^t & otherwise \end{cases} \tag{11}$$

$$CR_i^{t+1} = \begin{cases} CR_i^t & if \ st_i < ST \\ CR_i^t + rand_2 \times (1 - CR_i^t) & otherwise \end{cases} \tag{12}$$

其中，$rand_k$，$k \in \{1,2\}$ 为[0,1]之间的随机数；*ST* 表示个体进化停滞代数阈值，本文设置 *ST*=3。每一代选择操作完成之后，将得到新的参数 R_i^t、F_i^t 和 CR_i^t，它们将影响下一代个体的变异、交叉和选择操作。

进化初期，种群呈现良好的多样性，个体进化停滞的概率较小。随着种群的不断进化，种群多样性变差，个体进化停滞的概率增大，收敛速度变慢，因此需要重新调整 R_i^t、F_i^t 和 CR_i^t 以促使新个体的产生，提高种群质量和多样性，使个体跳出局部最优解而继续寻优。

如果式（11）的控制参数 $F_i^{t+1} = 0$，则新个体仅由交叉操作生成而无变异操作，因此需要设置 $F_i^{t+1} = rand(0,1)$。如果式（12）的控制参数 $CR_i^{t+1} = 1$，则 100%的交叉概率不利于全局收敛，需要设置 $CR_i^{t+1} = rand(0,1)$。

3.3 IADE 的性能测试

为了检验 IADE 的优化性能，本文选取 8 个常用于优化算法对比的 Benchmark 测试函数进行对比实验分析，如表 2 所示，其中 *D* 表示测试函数的维度，*S* 表示搜索区间，$f_{\min}$ 表示全局最优解。

表 2 Benchmark 函数

函数	D	S	$f_{\min}$
$f_1(x)=\sum_{i=1}^{D}x_i^2$	30	[−100，100]	0
$f_2(x)=\sum_{i=1}^{D}(10^6)^{\frac{i-1}{D-1}}x_i^2$	30	[−100，100]	0
$f_3(x)=\sum_{i=1}^{D}(\sum_{j=1}^{i}x_j)^2$	30	[−100，100]	0
$f_4(x)=\sum_{i=1}^{D-1}(100(x_{i+1}-x_i)^2+(1-x_i)^2)$	30	[−100，100]	0
$f_5(x)=1-\cos(2\pi\sqrt{\sum_{i=1}^{D}x_i^2})+0.1\sqrt{\sum_{i=1}^{D}x_i^2}$	30	[−100，100]	0
$f_6(x)=10D+\sum_{i=1}^{D}(x_i^2-10\cos(2\pi x_i))$	30	[−5.12，5.12]	0
$f_7(x)=\sum_{i=1}^{D}\frac{x_i^2}{4000}-\prod_{i=1}^{D}\cos\left(\frac{x_i}{\sqrt{i}}\right)+1$	30	[−600，600]	0
$f_8(x)=\sum_{i=1}^{D}(0.5+\frac{\sin^2(\sqrt{x_i^2+x_{i+1}^2})-0.5}{(1+0.001(x_i^2+x_{i+1}^2))^2})\ \ x_{D+1}=x_1$	30	[−0.5，0.5]	0

将 IADE 与 DE[7]、jDE[13]、chDE[14]和 aDE[15]进行对比，为确保算法之间的公平性，参与对比实验的算法对每个基准函数均进行 100 次独立实验。实验参数设置为：种群数量 NP=100、进化代数 T=500、空间维数 D=100；基本 DE 的参数设置为 F=0.6、CR=0.6；IADE 的参数设置为 $R_i^0=1.0$，$ST=3$，$F_i^0=0.8$，$CR_i^0=0.4$。其他算法的参数设置详见相应的文献。100 次实验所求最优解的均值（Mean）和标准差（STD）如表 3 所示；同时给出了函数平均最优适应值的进化曲线，如图 1 所示。

表 3 IADE、DE、jDE、chDE 和 aDE 100 次独立实验的最优解均值和标准差

函数	DE		jDE		chDE		aDE		IADE	
	Mean	STD	Mean	STD	Mean	STD	Mean	STD	Mean	STD
f_1	7.47E+00	1.87E+00	1.42E-12	8.52E-13	4.69E-06	1.16E-05	3.93E-06	1.43E-06	**0.00E+00**	**0.00E+00**
f_2	1.70E+03	3.18E+02	4.82E-02	3.90E-01	7.74E-03	1.03E-02	6.81E-03	2.93E-03	**0.00E+00**	**0.00E+00**
f_3	2.18E+04	2.61E+03	7.18E+02	2.58E+02	3.63E+02	2.07E+02	3.28E+03	1.06E+03	**0.00E+00**	**0.00E+00**
f_4	9.41E+04	3.31E+04	6.52E+01	6.53E+01	6.27E+01	4.46E+01	4.38E+01	2.84E+01	**2.88E+01**	**7.80E-02**
f_5	2.31E+00	1.71E-01	2.70E-01	5.23E-02	4.15E-01	7.66E-02	6.84E-01	6.70E-02	**0.00E+00**	**0.00E+00**
f_6	1.84E+02	8.18E+00	2.86E+01	5.09E+00	2.55E+00	1.91E+00	1.49E+01	3.50E+00	**0.00E+00**	**0.00E+00**
f_7	1.07E+00	1.63E-02	1.55E-04	1.04E-03	4.64E-04	1.98E-03	2.33E-04	1.12E-03	**0.00E+00**	**0.00E+00**
f_8	3.81E-04	8.61E-05	4.34E-16	4.32E-15	2.04E-10	2.23E-10	2.11E-10	8.70E-11	**0.00E+00**	**0.00E+00**

从表 3 和图 1 可以得出：

（1）对所有测试函数，IADE 所求得的最优解均值要好于 DE、jDE、chDE 和 aDE，这表明 IADE 具有很高的收敛精度。这主要是由于在进化过程中，IADE 通过实时调节种群的多样性，使得算法的全局探索能力得到了显著增强。

（2）每个测试函数的平均最优适应值进化曲线表明 IADE 具有很快的收敛速度，从而使得 IADE

具有更强的实用性。

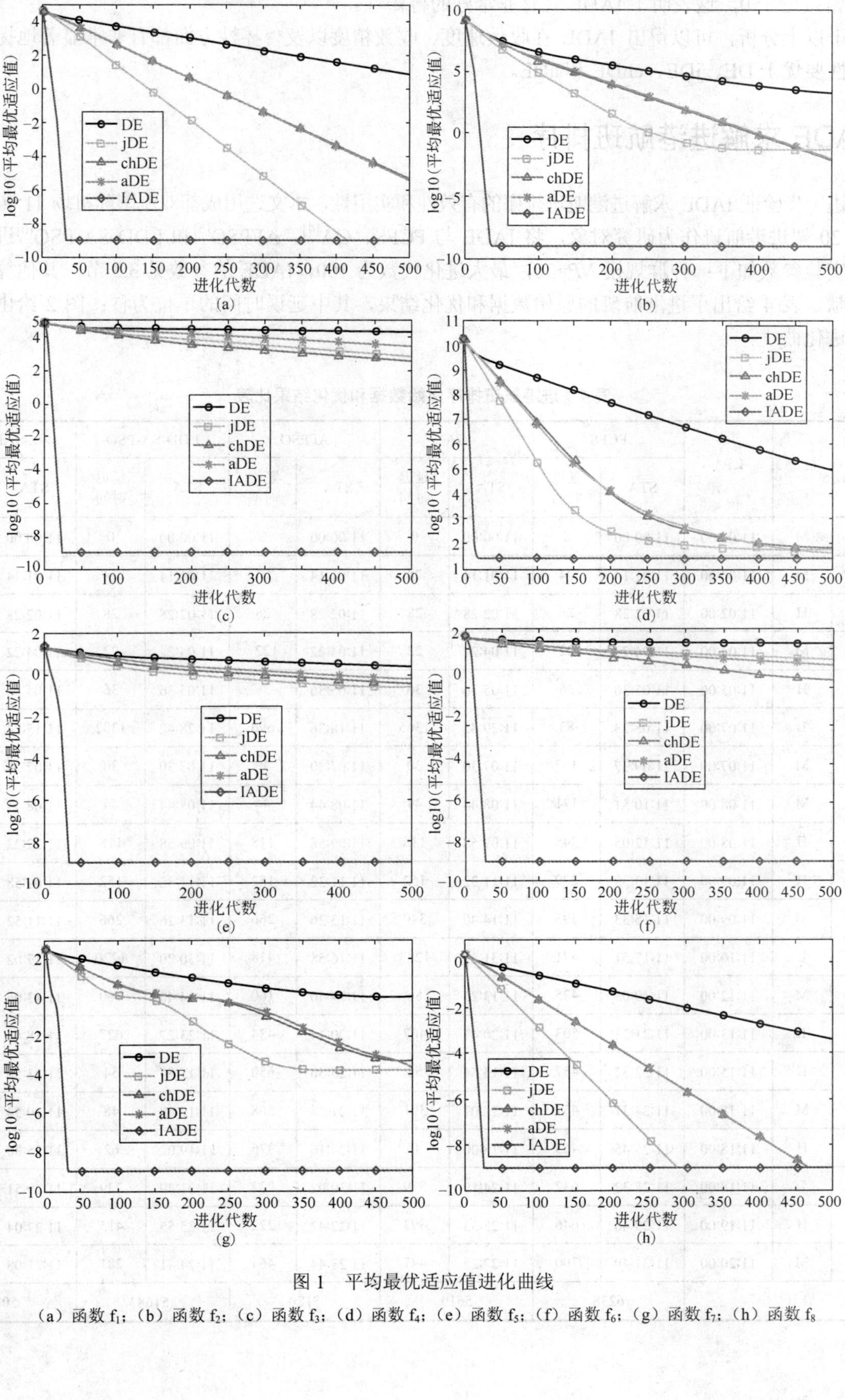

图 1　平均最优适应值进化曲线

(a) 函数 f_1；(b) 函数 f_2；(c) 函数 f_3；(d) 函数 f_4；(e) 函数 f_5；(f) 函数 f_6；(g) 函数 f_7；(h) 函数 f_8

（3）与 DE、jDE、chDE 和 aDE 相比，IADE 对所有测试函数多次独立运行获得的最优解标准差 STD 非常接近于 0，这表明了 IADE 具有非常好的鲁棒性。

基于以上分析，可以得出 IADE 在收敛速度、收敛精度以及鲁棒性方面都有非常显著地提高，整体优化性要优于 DE、jDE、chDE 和 aDE。

4 IADE 求解进港航班排序

为进一步验证 IADE 求解进港航班排序的有效性和实用性，本文选用成都双流国际机场 11:00—11:20 之间的 20 架进港航班作为研究对象，将 IADE 与 FCFS、GA[4]、AFPSO[5]和 LDD-SA-PSO[6]进行对比实验。实验参数如下：种群规模 NP=30，最大进化代数为 100，IADE 的参数见 3.3 节，其他算法参见具体文献。表 4 给出了进港航班的原始数据和优化结果，其中延误时间的单位为秒；图 2 给出了各种算法的进化曲线。

表 4　进港航班排序原始数据和优化结果比较

航班号	机型	ETA	FCFS		GA		AFPSO		LDD-SA-PSO		IADE	
			STA	延迟时间	STA	延迟时间	STA	延迟时间	STA	延迟时间	STA	延迟时间
FN1	M	11:00:00	11:00:00	0	11:00:00	0	11:00:00	0	11:00:00	0	11:00:00	0
FN2	M	11:00:00	11:01:14	74	11:01:14	74	11:01:14	74	11:01:14	74	11:01:14	74
FN3	H	11:02:00	11:02:28	28	11:02:28	28	11:02:28	28	11:02:28	28	11:02:28	28
FN4	M	11:04:00	11:04:22	22	11:04:22	22	11:04:22	22	11:04:22	22	11:04:22	22
FN5	H	11:05:00	11:05:36	36	11:05:36	36	11:05:36	36	11:05:36	36	11:05:36	36
FN6	L	11:07:00	11:08:23	83	11:29:45	1365	11:18:36	696	11:28:42	1302	11:15:24	504
FN7	M	11:07:00	11:09:37	157	11:07:30	30	11:07:30	30	11:07:30	30	11:07:30	30
FN8	M	11:08:00	11:10:51	171	11:08:44	44	11:08:44	44	11:08:44	44	11:08:44	44
FN9	H	11:08:00	11:12:05	245	11:09:58	118	11:09:58	118	11:09:58	118	11:22:22	862
FN10	H	11:09:00	11:13:39	279	11:11:32	152	11:11:32	152	11:11:32	152	11:09:58	58
FN11	M	11:09:00	11:15:33	393	11:14:40	340	11:13:26	266	11:13:26	266	11:11:52	172
FN12	L	11:10:00	11:17:51	471	11:31:23	1283	11:16:58	418	11:30:20	1220	11:17:02	422
FN13	M	11:12:00	11:19:05	425	11:13:26	86	11:14:40	160	11:14:40	160	11:13:06	66
FN14	L	11:13:00	11:21:23	503	11:20:47	467	11:20:14	434	11:23:27	627	11:18:40	340
FN15	H	11:15:00	11:22:37	457	11:15:54	54	11:25:50	650	11:15:54	54	11:23:56	536
FN16	M	11:17:00	11:24:31	451	11:22:01	301	11:21:28	268	11:17:48	48	11:19:54	174
FN17	H	11:18:00	11:25:45	465	11:18:00	0	11:24:16	376	11:19:02	62	11:25:30	450
FN18	L	11:18:00	11:28:32	632	11:24:19	379	11:30:02	722	11:21:49	229	11:29:51	711
FN19	H	11:19:00	11:29:46	646	11:25:33	393	11:22:42	222	11:25:55	415	11:27:04	484
FN20	M	11:20:00	11:31:40	700	11:27:27	447	11:27:44	464	11:24:41	281	11:21:08	68
合计			6238		5619		5180		5168		5081	

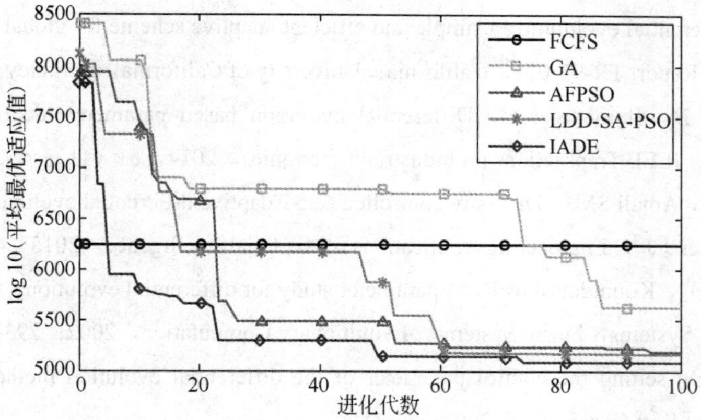

图 2 IADE 与 FCFS、GA、AFPSO 和 LDD-SA-PSO 的进化曲线

从表 4 和图 2 可以得出：

（1）从总延迟时间角度出发，FCFS、GA、AFPSO、LDD-SA-PSO 和 IADE 求得的总延迟时间分别为 6238、5619、5180、5168 和 5081，IADE 所求总延误时间最小，因此表明 IADE 优化后的航班序列能够有效地减少燃油消耗，节约成本开支。

（2）从总完成时间角度出发，FCFS、GA、AFPSO、LDD-SA-PSO 和 IADE 的总完成时间分别为 31:40、31:23、30:02、30:20 和 29:51，IADE 优化后的进港航班序列能够在最短的时间内完成降落，明显提高了跑道的吞度量。

（3）以 FCFS 的降落顺序为基准，GA 和 LDD-SA-PSO 优化后的队列变动过大，从而使部分航班延误时间过长。比如 GA 优化后的 FN6 的延误时间为 1365，FN12 的延误时间为 1283；比如 LDD-SA-PSO 优化后的 FN6 的延误时间为 1302，FN12 的延误时间为 1220；相比之下，AFPSO 和 IADE 优化后的队列较为合理，不会为管制员增加太大的调度压力。

（4）FCFS、GA、AFPSO、LDD-SA-PSO 和 IADE 的进化曲线表明 IADE 具有很快的收敛速度和跳出局部最优解的能力，从而满足进港航班排序实时性要求。

综上所述，IADE 是一种求解进港航班排序问题的有效方法。

5 结论

本文分析了 DE 进化后期收敛速度慢、收敛精度低、易陷入局部最优解的原因，提出了一种改进自适应微分进化（IADE）算法，该算法通过实时调控种群多样性，避免了早熟收敛，有效地提高了算法的收敛速度、收敛精度和鲁棒性。应用 IADE 求解进港航班排序问题的优化结果也进一步证明了 IADE 的有效性和实用性。

参考文献

[1] Erzberger H，Nedell W．Design of automated system for management of arrival traffic［R］．NASA TM，1989.

[2] Neuman F，Erzberger H．Analysis of sequencing and scheduling methods for arrival traffic［R］．NASA TM，1990.

[3] 徐肖豪，黄宝军．终端区飞机排序的模糊综合评判方法研究［J］．航空学报，2000，22（3）：259-261.

[4] 徐肖豪，姚源．遗传算法在终端区飞机排序中的应用［J］．交通运输工程学报，2004，4（3）：121-126.

[5] 袁野，杨红雨，羽翼，等．人工鱼群—粒子群混合算法优化进港航班排序［J］．计算机应用研究，2014，31.

[6] 王世豪，杨红雨，武喜萍，等．进港航班排序优化数学模型研究［J］．四川大学学报（工程科学版），2015，47（6）：113-120.

[7] Storn R，Price K. Differential evolution：a simple and efficient adaptive scheme for global optimization over continuous spaces [R]. Technical Report TR-95-012，California：University of California，Berkeley 1995.

[8] Marcic T，Stumberger B，Stumberger G. Differential evolution based parameter identification of a line-start IPM synchronous motor [J]. IEEE Transactions on Industrial Electronics，2014，61（11）：5921-5929.

[9] Kadhar KMA，Baskar S，Amali SMJ. Diversity controlled self-Adaptive differential evolution based design of non-fragile multivariable PI controller [J]. Engineering Applications of Artificial Intelligence，2015（46）：209-222.

[10] Gamperle R，Muller S D，Koumoutsakos P. A parameter study for differential evolution [C] // WSEAS Int. Conf. on Advances in Intelligent Systems，Fuzzy Systems，Evolutionary Computation，2002：293-298.

[11] Liu J，Lampinen J. On setting the control parameter of the differential evolution method [C] // Proceeding of 8th International Conference Soft Computing，2002：11-18.

[12] Liu J，Lampinen J. A fuzzy adaptive differential evolution algorithm [J]. Soft Computing，2005：448-462.

[13] Brest J，Greiner S，Boskovic B，et al. Self-adapting control parameters in differential evolution：a comparative study on numerical benchmark problems [J]. IEEE Transactions on Evolutionary Computation，2006，10（6）：646-657.

[14] Yu G，Wang X，Li P. Application of chaotic theory in differential evolution algorithms [C] // Proceedings of International Conference on Natural Computation，2010：3816–3820.

[15] Nasimul N，Danushka B，Hitoshi I. An Adaptive Differential Evolution Algorithm [C] // IEEE Congress on Evolutionary Computation，2011：2229-2236

[16] Chakrabory U K，Das S，Konar A. Differential evolution with local neighborhood [C] // IEEE Congress on Evolutionary Computation ，2006：2042-2049.

基于 ZigBee 技术的车辆主动安全报警系统的研究与设计

魏梦珂[1]　宋　波[1]　袁亚丽[2]　贾海宽[3]

（1．马村区人民武装部，河南焦作，454171；2．东兴期货有限责任公司，上海，200082；
3．71426 部队，河南焦作，454171）

摘　要：本文为了提高车辆主动安全性能并自动报警，从技术上减少“超速、超载、超员”等交通违法行为，研究了基于 ZigBee 技术的车辆安全主动报警系统的总体结构，设计了系统各节点的软硬件结构，阐述了系统工作过程，展望了系统在加速提升驾驶人的交通安全意识和交通安全文明的重要作用。

关键词：ZigBee 技术；车辆主动安全；违章报警；交通疏导

Research and Design of the Warning System about Active Safety for Vehicle Based on ZigBee Technology

Wei Menke[1]　Song Bo[1]　Yuan Yali[2]　Jia Haikuan[3]

(1, People's Armed Forces Department of Macun District,454171; 2. DONGXING FUTURES CO., LTD, Shanghai, 200082, 3. Unit71426, Jiaozuo in He'nan,454171)

Abstract: The article, which is in order to improve the capability of active safety and auto-warning for vehicle, reduces by technique the traffic lawless deportment of Overspeed、Overfreight、Overpassenger and so on, it researches the whole structure of the Warning System about Active Safetyfor Vehicle based on ZigBee technique, and designs the structure of software & hardware for each code, and expatiates special work process, finally, the article forecasts important effect on advancingacceleratively consciousness and civilization of traffic safety for driver.

Key words: ZigBee Technique, Active Safety for Vehicle, WarningofTraffic Violation, Traffic Command

1　引言

目前，我国正加快进入汽车社会，汽车驾驶不仅仅是求职和谋生的需要，逐渐成为人们生活和社交必备的基本技能，驾驶人从职业化到大众化、从“单位人”向“社会人”转变，女性、低龄、老年汽车驾驶人数量激增。每年交通事故统计数据显示，交通事故（特别是恶性事故）中，因驾驶人驾驶技术原因而导致事故发生的概率不到百分之十，但由于驾驶人安全意识不强造成的交通事故比例却占到百分之七十以上。虽然随着国家立法的进一步完善、交通事故执法力度的加强，大大提升了驾驶人的交通安全观念和交通文明意识，但是全社会交通安全意识和交通安全文明明显滞后，不规范驾驶行为和道路交通陋习较多，仍有很多驾驶人心存侥幸，利用道路和交通管理部门监控的漏洞，无意、蓄意或肆意违章，造成各种交通事故，给人民生命安全和国家财产带来严重危害。因此本文设计一套车辆主动安全报警系统，针对车辆的“超速、超载、超员（三超）”、路口违反交通信号、不按规定让行、肇事逃逸和新驾驶人无意识违章等严重交通违法行为，主动警示和记录车辆违章状态，并主动激活车辆载有的主动安全系统，以严格的机械行为来约束驾驶人的无意、蓄意或肆意违章个人行为，以达到减少人为交通事故的发生，加快提升全民交通安全观念和交通文明意识的目的。

2 系统总体设计与功能组成

目前，现有运营车辆虽然大部分车辆装有安全气囊，吸能保险杠等安全装置，但均为被动式安全装置，从本质上将，它们只能减轻事故损伤程度，并不能有效地预防事故发生。随着社会和技术的发展，为预防汽车发生事故，避免人员受到伤害而采取的主动安全设计，如 Pre-prepared restraints（预备式约束系统）、LDW（车道偏离警示系统）、DAC（驾驶员警示控制系统）、PCC（带心跳监测的人车沟通系统）、BLIS（盲点信息系统）、ACC+CWAB（带碰撞预警的自适应巡航控制系统）等，也仅是在少量高档车上装备，提高汽车的行驶稳定性，尽力防止车祸发生。因此，设计一套车辆主动安全报警系统，能够及时发现并制止驾驶人的违法和不文明驾驶行为凸显重要。

2.1 系统总体结构

该系统采用模块化设计，主要包括 RFD/FFD 节点（Reduce Function Device/Full Function Device，精简功能设备/全功能设备）、网络协调器、主控制器和上位机监控平台。在每台运行车辆上安装一个 RFD/FFD 节点，负责车辆信息的采集、处理和传输；在电子交通指示标示牌（如红绿灯）、执法点、收费站等交通运营和管理部门安装网络协调器，负责网络的启动、配置、组织和协调；在交通管理部门安装主控制器和上位机监控平台，主控制器主要负责 RFD/FFD 节点、网络协调器和上位机监控平台之间的通信；上位机监控平台是中间件技术范畴，主要为了提高系统的开放性、易扩展性和易操作性，实现对各个节点直观的实时监测和控制，并对各个节点传输回来数据进行后期处理、存档和共享；其中 RFD/FFD 节点和主控制器，其功能并非唯一不变，可以根据相应的工作环境担负网络协调器功能。系统整体结构如图 1 所示。

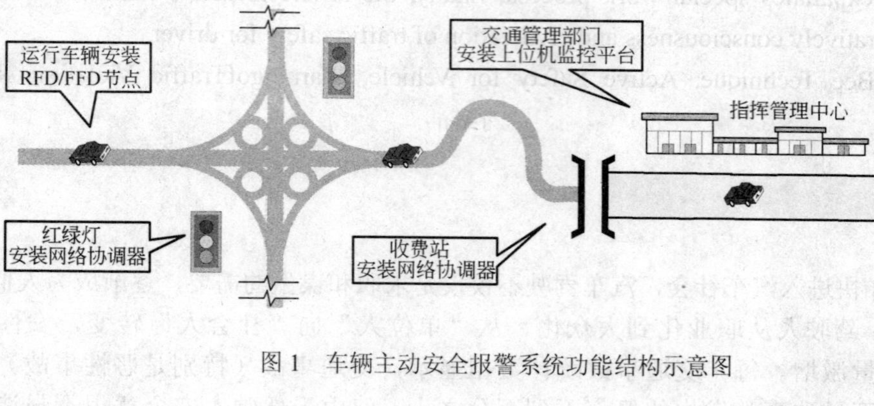

图 1 车辆主动安全报警系统功能结构示意图

2.2 系统各部分功能组成

2.2.1 RFD/FFD 节点

RFD/FFD 节点功能结构如图 2 所示，其中 CC2533 是主要负责节点数据采集、部分处理和数据传输，CC2591 是 CC2533 的功率放大器，可根据需要将现有节点传输距离由 100 米增加到 2000 米左右，以便于车辆在高速运行状态中数据传输的连续性和稳定性，LPC11C22 负责整个节点的总体控制和数据采集处理，它主要和 CC2533 协调处理各类传感器的数据采集处理。CCD 传感器负责采集驾驶员和车厢内部图像信息，记录驾驶人和车辆内部特别是乘坐人图像信息，防止车辆超员和驾驶人违规操作，并对图像进行预处理，删减冗余图像以减少 RFD/FFD 节点数据传输压力；压力传感器主要监测车辆载重情况，通过称重轴重来确保车辆不超载，GPS 定位模块主要是为运行车辆进行定位和行驶路线，并通过相关速度算法，监测车辆实时运行速度以监测车辆超速与否，存储器是用来存储节点采集且不能及时发回到指挥中心的数据，并通过 USB 接口与上位机监控平台连接，报警系统主要是对系统监测到的违章情况进行报警，ETC 标签是主要了缴纳各种行车费用，触摸屏主要用来显示系统采集的违章数据和对系统进行简单操作，LPC11C22 微系统通过自身携带的 CAN 收发器与车辆行车电脑通信，实时监测车辆运行情况，并根据情况调用车辆自身载有的主动安全系统，如 ABS（防抱死系统）等。

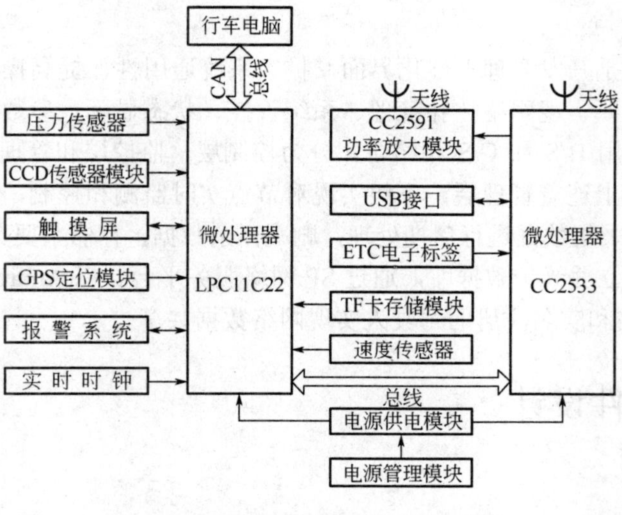

图 2 RFD/FFD 节点功能结构示意图

2.2.2 网络协调器

网络协调器是启动和配置网络的节点，作为网络的协调者和组织者，可和网络中任何设备节点通信并保持间接寻址用的绑定表格、支持关联、设计信任中心和执行其他活动，主要完成网络维护、数据上传、命令下达、系统整体监测和管理等功能。它采用 CC2533 和 CC2591 结构设计，其中 CC2591 模块采用插拔式，在市区或者网络节点密集时，仅采用 CC2533 进行数据采集处理和传输，在节点稀疏时插入 CC2591 模块，增大网络覆盖面积，最大可能地保证数据的实时性和连贯性。在硬件设计上采用最小系统设计，由于 CC2533 拥有强大的电源管理功能，因此安装时根据具体供电环境选择适当供电模块，以确保节点长时间连续监控。存储器采用大容量 TF 卡存储设备，由于 ZigBee 技术传输速率限制，在车辆运行高峰期会出现数据传输拥堵，因此在数据传输拥堵时，网络协调器将采集数据保存自身存储器内部，在网络清闲时再进行传输，以免造成车辆高峰期大量数据的采集处理和传输导致网络拥堵，甚至瘫痪，同时也能在网络协调器毁坏时直接取出到主控制器进行读取。其结构如图 3 所示。

2.2.3 主控制器

主控制器不但控制整个网络节点与上位机之间数据交换，而且负责组建网络并把网络内所有节点 ID 号码及通信设置发送到上位机监控平台，设置完成后进入全时监控状态，它采用 CC2531 和 CC2591 双模块设计，通过自身 USB 接口同上位机监控平台相连，通过 CC2531 射频芯片与其他节点无线通信，结构如图 4 所示。其中键盘用来快速生成操作命令，LED 显示屏用来显示操作命令，TF 卡读取装置用来读取 FFD/RFD 节点存储的数据，确保数据采集的完整性。

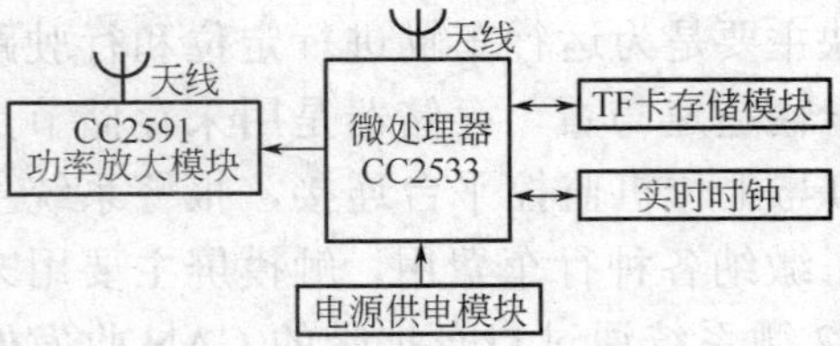

图 3 网络协调器功能结构示意图

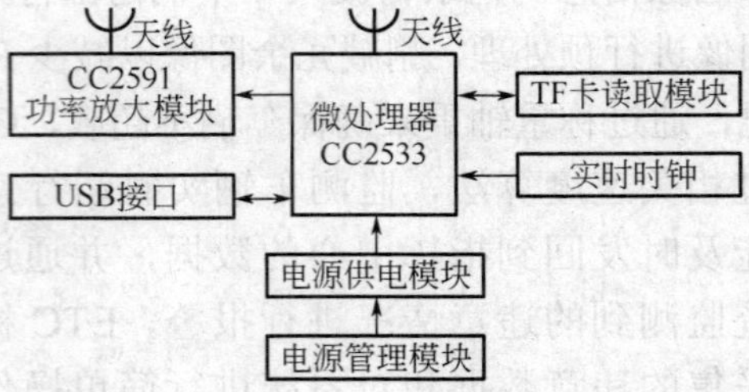

图 4 主控制器功能结构示意图

2.2.4 上位机监控平台

上位机监控平台主要是开发合理人性化界面，扩大系统通用性，提高操作简便性，降低系统使用门槛以便于推广使用，主要实现网络拓扑管理、系统管控、状态显示、参数设置、数据管理及共享等功能。上位机监控平台采用 B/S 和 C/S 相结合，分为控制层、监控层和管理层三个层次结构，其中监控层对下连着控制层，对上连着管理层，不但实现对节点实时监测和控制，而且在系统中起着上传下达、组态开发的作用，对采集数据进行后期处理，删减冗余数据，存储主要数据并提供相关数据查询，同时它利用 Oracle 11g 建立并维护数据库，通过 SP 网络服务平台、以 Android/iOS 技术等开发相应的 APP 应用及 3G/4G 等网络和实名注册的驾驶人实现网络数据共享。

3 系统节点软硬件设计

3.1 节点硬件设计

系统中 CC2533 都能采用最小系统工作，且实际应用中 RFD/FFD 节点和网络协调器长期处在监控状态，而节点自身供电能力十分有限，为使硬件系统简单以便有效降低耗能，系统中 CC2533 的 SoC（System on Chip，最小片上系统）在电路硬件设计上尽量进行简化，除了必要的时钟、程序调试、数据采集处理及相关元器件外其他都不设计在内，在 PCB 制版时采用单个最小系统模块设计，确保系统各个节点之间换件通用率高且易于检修和更换。LPC11C22 是目前市场上尺寸最小功耗最低的 32 位 ARM 处理器，可以以 16 位资源占用提供 32 位的性能和效率，与 Cortex M3 完全向上二进制兼容，同时它内嵌易用型片上 CANopen 驱动，集成高速 CAN 物理层收发器微控制器。由于 LPC11C22 微系统需要 3.3V 供电，而 CAN 收发器需要 5.0V 供电。因此在 RFD/FFD 节点供电模块中以 TPS73033 稳定电源 CC2533/CC2591 和 LPC11C22 供电，B0505 电源隔离模块为 CAN 收发器高品质供电，LM25011 用双芯片分别将输入电压降压到 3.3V 和 5.0V，其各个元器件对应表值如表 1 所示。网络协调器可安装在 220V 市电，可采用 AC220V～DC12V 开关电源转化调理后接入供电模块。由于 LPC 其他电路牵涉到传感器选型及具体控制电路，这里不再一一列举，如图 5 所示。

表 1　LM25011 外围电路元器件标值表

Vout	5.0V	3.3V
Rfb1	4.99kΩ	4.99kΩ
Rfb2	4.99 kΩ	4.99 kΩ
Rt	158 kΩ	118 kΩ
L1	15uH	10uH
Rs	75MΩ	80MΩ
Cbst	0.1uF	0.1uF
Css	0.022uF	0.022uF
Cin	10.0uF	4.7uF
Cout	22.0uF	10.0uF
Rogd	100 kΩ	10 kΩ

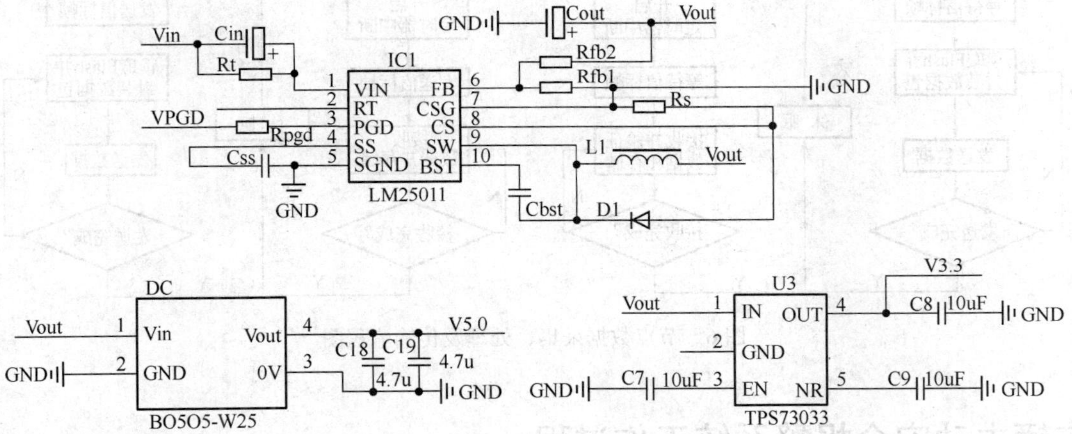

图 5　电源管理模块电路图

3.2　节点软件设计

CC2533 最小系统和 LPC11C22 分别基于 IAR Embedded Workbench 和 Keil uVision4 开发环境，对于单个 CC2533 最小系统软件开发，除了实现其 I/O 配置、寄存器设定、系统内部时钟设置、电源模式选择、硬件定位等基本功能外，主要还是利用 DMA 协处理器实现数据高效传输，利用中断、定时器实现数据射频收发，并利用 AES 协处理器完成数据的保密和完整性验证。LPC11C22 系统在实现各个传感器数据采集处理的基础上，还要利用自身的 CANopen 驱动和协议与车辆行车电脑通信，完成传感器数据采集处理后激活相应车辆自身的主动安全系统，由于在数据采集处理上仅仅是一个节点即可完成，在传输上需要调动部分甚至全部节点才能完成工作，因此在程序实现上要最大限度优化和紧凑代码，节省硬件资源。整个网络节点软件设计流程如图 6 所示。

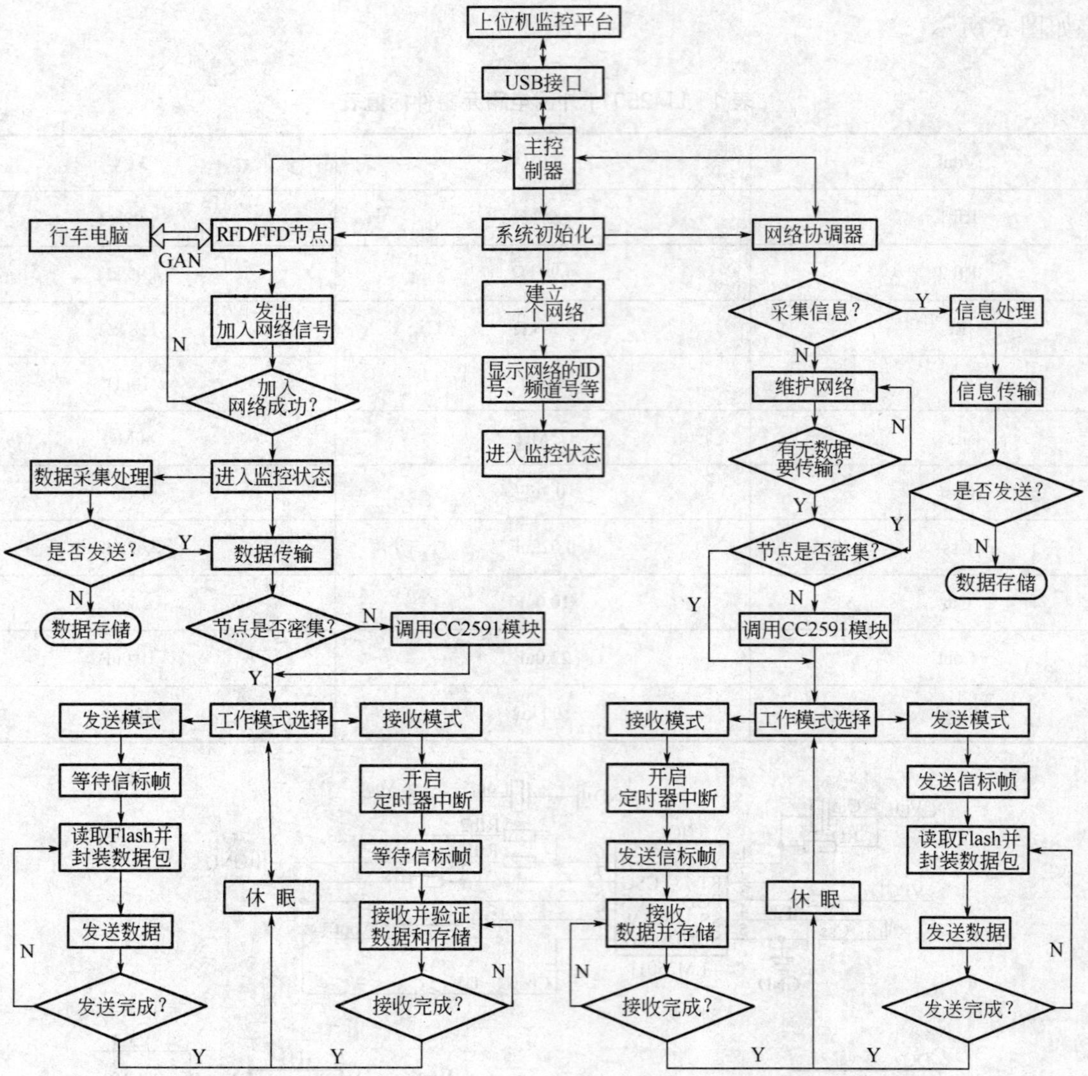

图 6　节点数据采集、处理及传输流程图

4　车辆主动安全报警系统工作过程

4.1　系统准备

由于 ZigBee 技术其自组网络最多有 65535 个节点，每个节点最多可以控制 255 个子节点，但是其 ID 号码是全球唯一，因此在大规模使用时，使车辆牌号和车辆所有人的驾驶证号与 RFD/FFD 节点的 ID 号码绑定，建立相应的数据库并在交管部门内部网络共享，且一旦绑定未经车辆牌号和驾照发放的交管部门许可不得更改。

4.1.1　RFD/FFD 节点设置与安装

在车辆上设置 RFD/FFD 节点时，采用不可拆卸固定方式（如车牌防拆卸螺钉）并列入每年车辆年检，同时作为车辆事故责任鉴定重要组成部分。根据需求，在货运或者以货运行驶的车辆承重车轴上安装压力传感器，作为查证超载违章依据，压力传感器在调整后易于安装和更换；在客运或者以客运行驶车辆安装 CCD 传感器或红外 CCD 传感器或红外夜视仪等，确保车厢内所有司乘人员图像能够清晰记录，并采集图像数据通过数字图像处理，识别人数是否超员。ETC 录入车辆相关信息，通过现有的收费平台，完成个费用的缴纳。

4.1.2 其他节点设置与安装

根据实际安装地点及节点疏密，网络协调器选择 CC2533 模块和 CC2591 模块相结合方式安装，同时根据安装地点的供电方式选用不同供电模块，以提高网络协调器工作通用性和易维护性，在固定安装的网络协调录入道路限速速度，为车辆是否超速提供标准。主控制器和上位机监控平台同时安装，确保网络和节点之间的通信。

4.1.3 上位机监控平台设置

上位机首先建立 RFD/FFD 节点 ID 号码与车辆和驾驶人、固定网络协调器和主控制器与安装地点和维护所属单位、流动网络协调器和主控制器与所属单位相关的数据库，而后根据实际要求到进行上位机监控平台的各种系统设置和偏好设置。

4.2 车辆违章报警与交通疏导

4.2.1 车辆违章报警

车辆在运行过程中，CCD 传感器采集驾驶人图像信息，车辆每次运行前后、速度较大变化前后都采集相应的图像数据，进行图像预处理技术对比之后，图像一致则保留最近时间图像，不一致则全部保存并选择发送时机将图像发送到上位机监控平台，进行最终数据处理分析，同时 CCD 传感器采集车厢内部全景图像，特别是客运营运车辆，除和采集驾驶员图像的同时，还要在进入网络或者脱离网络、定时定点采集数据上传，保证车厢内部时刻处在监控状态。压力传感器主要测量车辆是否超载，当压力传感器超出交管部门核定值时激活警告系统，而超载车辆通过定位系统监测，一旦行驶上路就立刻通过网络向交通管理部门报警并记录在案；在压力传感器失效时也同样进行示警，若驾驶人不接受示警维修而继续运行则报警。GPS 模块用来定位和监测车辆行驶速度，驾驶人在超速行驶过程中（超车形成的超速会被忽略，由交管部门核定超车超速经验值）会被示警，若驾驶人不接受示警则记录超速违章状态，适时向交管部门报警记录。在判定违章后，系统通过自身报警系统对驾驶人发出警报，而后通过对 GPS 模块测量和实时时钟的监测后，在规定的行驶距离和时间之内（由交通管理部门核定经验值）此次警报作为自身警报，若驾驶人无视警告继续违章操作则记录在案，则系统认定为交通违法行为。

4.2.2 道路交通疏导

随着科技的进步，车辆安全理念也在发生了巨大的变化，车辆的主动安全技术越来越多的应用到车辆中去，如 ABS（防抱死系统）、BA/EBD（电子制动力分配系统）、ESP（牵引力控制系统）等主动安全系统，通过行车电脑中央控制，对车辆提供主动安全技术。因此本系统设计 LPC11C22 通过 CAN 总线与行车电脑相连，在违章情况发生以后，若驾驶人不听警告仍执意进行违章操作，则在报警的同时通过 CAN 总线调动车辆所装配的主动安全系统，防止违章进一步发生恶化，确保人员车辆安全。

同时每个车辆都是一个 RFD/FFD 节点，可以通过 RSSI 粗略测距和 GPS 定位模块测算出道路上的车流量，亦可为车辆驾驶人提供道路选择和优化，为交管部门的交通疏导提供支持与决策。同时通过 GPS 定位和路线优化，为执行特殊紧急任务车辆（如警车、救护车等）进行交通引导。系统总体功能工作结构如图 7 所示。

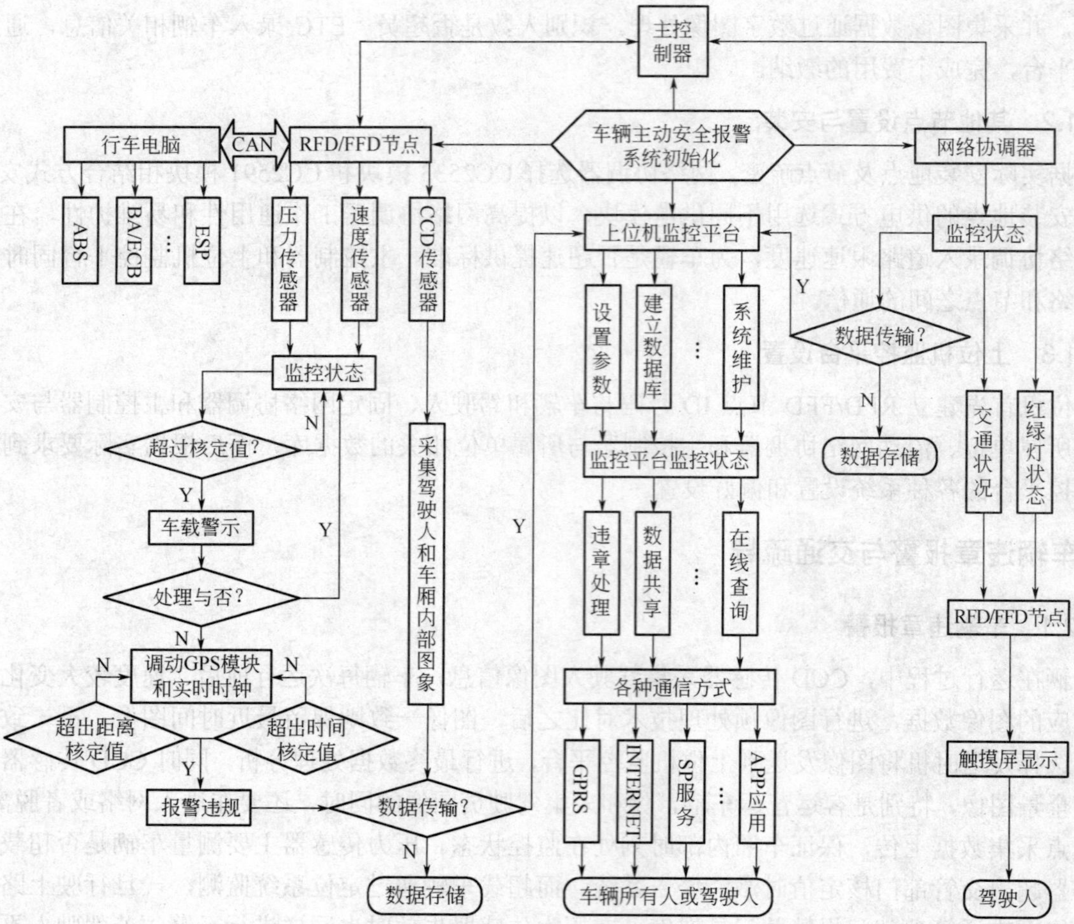

图 7　车辆主动安全自动报警系统功能工作结构

5　展望

随着全国道路呈现交通流量的高位增长，交通工具日趋多元化，群众出行需求日益旺盛，新情况新问题不断涌现，世界卫生组织已经将交通事故列为人类非自然死亡的“世界第一害”。在我全民交通安全意识和交通安全文明亟待提升今天，该系统可以将驾驶人将三大危害交通安全行为的“超员、超速、超载”和不按交通灯行驶等违章行为有效管制，通过进一步开发也可有效管制驾驶人无照驾驶、醉酒驾驶等其他违章行为，将人为交通事故降到最低点，加速提升驾驶人的交通安全意识和交通文明，为建设和谐的社会主义小康社会贡献不可磨灭的力量。

参考文献

[1] 黄玉兰编著．物联网射频识别（RFID）核心技术详解［M］．北京：人民邮电出版社，2010.

[2] 宁焕生编著．RFID 重大工程与国家物联网（第二版）［M］．北京：机械工业出版社，2010.

[3] 郭渊博，杨奎武，赵俭，等．ZigBee 技术与应用——CC2431 设计、开发与实践［M］，北京：国防工业出版社，2010.

[4] 陈海滢，刘昭，等．物联网应用启示录——行业分析与案例实践［M］．北京：机械工业出版社，2011.

[5] 李佳，周志强．物联网技术与实践：基于 ARM　Cortex-M0 技术［M］．北京：电子工业出版社，2012.

[6] 桂电一丰宝联合实验室．LPC1100 系列处理器原理及应用［M］．北京：电子工业出版社，2011.

基于 Logistic 回归的低等级公路重大交通事故分析

周穆雄　高　岩　王峻极　尤志栋

（1．公安部交通管理科学研究所，江苏无锡 214151；
2．道路交通安全公安部重点实验室，江苏无锡 214151）

摘　要：为了探究农村低等级公路重大事故的事故形态与各项事故要素之间的相关性，通过搜集整理我国 2004—2013 年的农村低等级公路重大事故数据，利用 Logistic 回归算法分析了事故形态特征与天气情况、道路线型、车辆工况、道路元素、肇事车型以及驾驶人因素之间的相关性。结果表明：对于坠车事故，直道和急弯陡坡道路的事故概率均较大，优势比分别为 4.509 和 3.036，在驾驶人因素中，超速驾驶的优势比为 3.228，是事故发生的危险因素；而对于翻车事故，在道路线型方面，一般弯道的优势比最大，为 2.961，超速行驶对事故的发生有显著的正影响，车辆工况优劣对事故的影响则较为均衡。研究结果可为农村地区重大交通事故预防提供理论依据。

关键词：低等级公路；重大事故；Logistic 回归；事故预防

Analysis of Major Accidents in Rural Low-grade Highway Based on Logistic Regression

Zhou Muxiong　Gao Yan　Wang Junji　YouZhidong

(1. Traffic Management Research Institute of the Ministry of Public Security,Wuxi 214151;
2. Key Laboratory of Ministry of Public Security for Road Traffic Safety, Wuxi 214151)

Abstract: In order to find out the correlation between accident form of major accidents on rural low-grade highway and the elements of accident, statistics of major accidents on rural low-grade highway from 2004 to 2013 has been collected, the relationship between accident form and road alignment, vehicle condition, road elements, the type of accident vehicle and driver factors has been analyzed by using the Logistic regression algorithm. The results showed that:For the probability of falling car accident, accident probabilities is greater on straight and chicanes steep road, the odds ratios were 4.509 and 3.036, in the aspect of human factors in driving, odds ratio of speedingis 3.228 which shows that it's a risk factor for the accident;while for the rollover accidents, in terms of road line, the odds ratios of general curve is 2.961, speeding has a significant positive effect on rollover accident, the effect of vehicle operating conditions on the accident is more balanced. The results of this research can provide a theoretical guidance for the prevention of major accidents in rural areas.

Key words: Low-Grade Highway, Major Accidents, Logistic Regression, Accident Prevention

基金项目："十二五"国家科技支撑计划课题《低等级公路安全防控关键技术研发与集成示范》（2014BAG01B06）。

1 引言

近年来，随着我国经济社会快速发展，特别是国家新农村政策的全面推广，农村公路发展迅速。据统计[1]，截至 2013 年，我国三级及以下的低等级公路通车总里程达 383.2 万公里，占公路总里程的 88%。然而，农村公路的普及，在提升农村汽车等各种机动车辆通行效率的同时，农村交通安全问题也变得尤为突出。2013 年，我国县道、村道等农村低等级公路共发生事故 48508 起，造成 15333 人死亡，分别占总数的 42.4%和 36.8%。

道路安全与交通事故分析一直是交通研究的重要方向，但重点针对农村低等级公路的交通事故与安全的分析研究相对较少。孙传姣[2]通过调研获得有关农村公路交通事故的数据，分析农村公路交通事故在外部环境、当事人特征、事故状况和事故地点道路状况方面的属性。司远[3]分析了低等级公路的安全影响因素，研究了低等级公路交通安全的预警方法。陈谦[4]立足公安交通安全管理实践，从构建宣传机制、完善安全设施、加大执法力度、合理部署警力、加快社会化进程等方面，提出了预防农村公路交通事故的对策。广晓平[5]研究了农村公路事故与安全，分析了事故现状、诱因以及对策，重点是针对宏观层面的事故与安全。徐进[6]利用仿真的方法建立了“路线—驾驶者—车辆”仿真系统，分析了低等级公路路线上的速度特性、操纵负荷特性和驾乘舒适性。魏连雨[7]通过筛选影响交通安全的相关因素，建立山区农村公路路侧危险等级评价体系。毛力增等[8]采用了调查样本与分析数据的方法，研究了广西的农村交通事故与影响因素。高建刚[9]分析了我国农村公路交通安全的主要影响因素，提出了改善农村公路交通安全状况的建议。马忠英[10]在分析中国农村公路交通安全现状及趋势的基础上，从人、车、路和环境 4 个方面分析农村公路交通安全的影响因素并提出对策。

总体而言，当前国内对农村交通安全的研究相对较少，更多的是立足管理的角度提出事故预防对策，针对农村交通事故内在致因的相关性分析的研究较少，各项事故因素与事故形态之间的联系没有得到充分认识。本文通过整理 2004—2013 年《道路交通事故统计年报》对一次死亡 10 人以上的重大道路交通事故的统计信息，从人—车—路—环境四个方面提取与低等级公路重大事故相关的事故因素，利用 Logistic 回归算法分析各项因素与重大事故之间的相关性。

2 低等级公路重大交通事故形态特征统计

2.1 农村公路事故类型

我国低等级公路遍布乡镇和山区，这些道路通常路况较差、缺少道路标志标线甚至是必要的路侧防护设施，致使行车难度加大，增加了重大事故发生的可能。农村低等级公路重大交通事故的主要事故形态一般可分为以下几种[11]：

（1）坠车

车辆由于行驶速度过快或是失控而冲出路面，坠入山沟或悬崖。我国部分地区由于地势险要，道路常常依悬崖而建，一旦发生坠车事故，往往人员伤亡惨重。

（2）翻车

农村地区车辆超载现象十分普遍，致使车辆机动性能下降，在转弯路段，经常会由于转弯半径太小、车速过快，或者驾驶技术不熟练等原因导致翻车事故。

（3）正面碰撞

农村低等级公路由于缺少道路标线而导致违法超车、逆向行驶现象普遍，一旦会车时不注意避让或避让不及就极易发生碰撞事故。

2.2 低等级公路重大事故统计

2004—2013 年，我国农村低等级公路共发生一次死亡 10 人以上的重大事故 113 起，共造成 1705 人死亡。事故形态以单车事故为主，其中坠车事故有 77 起，占事故总数的 68.1%，是最主要的事故形态。正面碰撞的致死率最高，为 0.62，如表 1 所示。

表 1 2004—2013 年低等级公路重大事故形态统计

事故形态	事故起数		死亡人数		受伤人数	
	数量	占比（%）	数量	占比（%）	数量	占比（%）
坠车	77	68.1%	1152	67.6%	1021	73.7%
翻车	20	17.7%	332	19.5%	219	15.8%
正面碰撞	8	7.1%	94	5.5%	57	4.1%
侧面相撞	2	1.8%	37	2.2%	17	1.2%
撞固定物	3	2.7%	45	2.6%	29	2.1%
撞人	1	0.8%	16	0.9%	5	0.4%
追尾	2	1.8%	29	1.7%	38	2.7%

2.3 低等级公路重大事故深度分析及其统计分布

通过整理 2004—2013 年《道路交通事故统计年报》中对一次死亡 10 人以上的重大事故的统计信息，得到 113 起低等级公路重大事故，并提取 8 个与事故形态相关的变量，即天气情况、事故时间、肇事车辆、驾驶人因素、车辆工况、道路线型、标志标线和环境因素。为了便于分析，将各变量进行离散化处理，各变量的分类描述及离散化取值如表 2 所示。

表 2 低等级公路交通事故变量分析及离散化结果

事故变量	分类描述	离散化取值
天气情况	晴天	1
	冰雪雨雾天	2
事故时间	0～6 时	1
	7～12 时	2
	13～18 时	3
	19～24 时	4
道路线型	直道	1
	一般弯道	2
	一般弯坡	3
	急弯陡坡	4
	其他	5
肇事车型	大型客车	1
	中型客车	2
	小型客车	3
	重型货车	4
	中型、轻型货车	5
	三轮摩托车	6

续表

事故变量	分类描述	离散化取值
驾驶人因素	超速行驶	1
	酒后驾驶	2
	疲劳驾驶	3
	无证驾驶	4
	载客超员	5
	违法载客	6
	应急操作不当	7
	其他（违法超车等）	8
车辆工况	无	1
	车况不达标	2
道路元素	无	1
	无标志或标线	2
	均有	3
环境因素	无	1
	自然灾害	2
事故类型	坠车	1
	翻车	2
	正面碰撞	3
	其他（撞固定物、撞人等）	4

按照表中的分类规则，对 113 起农村低等级公路重大事故数据进行处理，得到事故数据的处理结果如表 3 所示。

通过分析每起事故中各项事故变量的组成，得到了各项事故变量的分布规律，如表 4 所示。晴天重大事故数量占总数的 75%，是冰雪雨雾天气下的事故数的 3 倍。在事故时间分布方面，事故主要集中在早晨 6～12 时和下午 12～18 时，分别占总数的 37.2%和 45.1%。直道、一般弯道、一般弯坡和急弯陡坡是事故发生的主要路段，其中直道和急弯陡坡路段事故相对较多。在所有事故中，有 22.1%的事故存在车况不达标问题，有 35.4%的事故道路标志标线不完备，另外由于自然灾害等客观原因造成的事故约占 3.5%。在肇事车辆方面，大型客车是主要的肇事车型，由大型客车导致的事故占总数的 32.8%，其他各项事故车型则分布较为均衡。在驾驶人因素方面，超速行驶是造成事故的主要原因，所占比例达到 30.2%。

表 3　低等级公路重大事故数据处理表

事故编号	天气情况	事故时间	道路线形	肇事车型	驾驶人因素	车辆工况	道路标志标线	环境因素	事故形态
1	1	3	4	1	5	0	1	0	1
2	1	4	4	1	1	0	1	0	1
3	3	1	1	2	4	0	0	1	4
…	…	…	…	…	…	…	…	…	…
112	1	3	4	2	4	1	1	0	2
113	2	3	5	2	1	0	0	0	2

表4　事故形态特征分布规律

事故变量	分类描述	离散化取值	占比/（%）	事故变量	分类描述	离散化取值	占比（%）
天气情况	晴	1	75.2%	肇事车型	大型客车	1	32.8%
	冰雪雨雾	2	24.8%		中型客车	2	19.5%
事故时间	0～6时	1	8.8%		小型客车	3	15.9%
	6～12时	2	37.2%		重型货车	4	13.3%
	12～18时	3	45.1%		中型、轻型货车	5	11.4%
	18～24时	4	8.9%		三轮摩托车	6	7.1
道路线形	直道	1	27.4%	驾驶人因素	超速行驶	1	30.2%
	一般弯道	2	12.4%		酒后驾驶	2	2.7%
	一般弯坡	3	18.6%		疲劳驾驶	3	6.2%
	急弯陡坡	4	25.7%		无证驾驶	4	10.6%
	其他	5	15.9%		载客超员	5	17.8%
车辆工况	无	1	77.9%		违法载客	6	16.8%
	车况不达标	2	22.1%		应急操作不当	7	9.4
道路元素	无	1	64.6%		其他	8	6.3%
	无标志或标线	2	21.2%	事故类型	坠车	1	63.7%
	均有	3	14.2%		翻车	2	20.3%
环境因素	无	1	96.5%		正面碰撞	3	8.0%
	自然灾害	2	3.5%		其他	4	8.0%

3　重大事故形态特征的相关性分析

为了进一步挖掘农村低等级公路重大交通事故数据，深入分析各项事故变量与事故形态之间的相关度，下面对事故数据进行回归分析。回归分析是一种较为常用的相关性分析方法，通过选择合适的回归模型，能够得到各参数间较为准确的量化相关度。低等级道路重大事故数据均为多水平多因素的分类变量，采用无序多分类Logistic回归模型，可得到较理想的相关性分析结论。

3.1　Logistic回归模型

Logistic回归[12]是一种将概率作为因变量的回归分析方法，其表达式为：$\ln(P/(1-P)) = \alpha+\beta_1 x1+\cdots+\beta_n xn$ 其中，P为事件发生的概率，其取值范围为（0，1），Logistic回归通过 $\ln(P/(1-P))$ 可将其取值范围扩展到整个实数域，且因变量P与自变量之间呈S形曲线关系，更加符合实际情况。Logistic回归的因变量既可为二分类，也可为多分类。文中采用的是无序多分类Logistic回归，通过对多个Logistic回归模型进行叠加，来分析因变量为多水平的数据相关性。

3.2　Logistic回归分析结果

通过对113起低等级公路重大交通事故数据进行无序多分类Logistic回归分析，各项事故因素与事故形态之间的关联关系如表5所示，模型中引入的事故变量包括：天气情况、道路线型、车辆因素、道路元素、肇事车辆以及驾驶人因素。这里仅列出低等级公路最常见的两类事故的分析结果，即坠车事故和翻车事故。表中 B 为模型变量的回归系数，Std.Err 为标准差，Wald 值是对偏回归系数进行 Wald 检验的结果，Exp（B）为每个自变量的优势比，即事件发生概率 P 与事件不发生概率 1-P 之比。

表 5　各事故变量与事故形态的 Logistic 回归分析结果

坠车						翻车					
变量	值	β值	Std.Err	Wald	Exp（B）	变量	值	β值	Std.Err	Wald	Exp（B）
天气	1	0.528	0.512	0.302	1.696	天气	1	0.177	0.464	0.723	1.194
	2	0	0	0	1		2	0	0	0	1
道路线形	1	1.375	1.317	0.262	4.509	道路线形	1	0.607	1.405	0.346	1.437
	2	0.169	0.452	0.702	1.171		2	0.803	1.694	0.365	1.782
	3	0.391	0.537	0.517	1.48		3	1.079	0.566	0.025	2.961
	4	1.11	1.501	0.547	3.036		4	0.134	1.028	0.519	1.045
	5	0	0	0	1		5	0	0	0	1
肇事车辆	1	1.591	1.698	0.412	4.273	肇事车辆	1	0.459	1.157	0.694	1.586
	2	−0.912	0.314	0.738	0.204		2	-0.651	1.469	0.42	0.574
	3	0.132	1.479	0.671	1.041		3	-0.7	1.675	0.732	0.403
	4	0.085	0.225	0.705	1.089		4	0.071	0.612	0.758	1.014
	5	-2.137	1.181	0.052	0.118		5	−1.045	0.730	0.141	0.187
	6	0	0	0	1		6	0	0	0	1
驾驶人因素	1	1.478	1.608	0.845	3.228	驾驶人因素	1	1.675	1.201	0.597	6.571
	2	−0.217	1.627	0.911	0.849		2	0.863	1.03	0.532	1.896
	3	−0.422	1.113	0.872	0.733		3	2.062	1.055	0.072	1.936
	4	−0.514	0.214	0.291	0.628		4	−0.894	1.246	0.437	0.247
	5	0.938	0.465	0.118	2.703		5	0.189	1.43	0.892	1.214
	6	0.43	0.292	0.189	1.869		6	0.889	1.243	0.468	2.417
	7	−0.619	0.82	0.02	0.501		7	−1.61	0.523	0.312	0.104
	8	0	0	0	1		8	0	0	0	1
车辆因素	1	−0.814	2.341	0.085	0.273	车辆因素	1	-0.026	0.891	0.148	0.904
	2	0	0	0	1		2	0	0	0	1
道路元素	1	1.203	1.542	0.912	3.06	道路元素	1	0.832	1.032	0.917	2.237
	2	0.193	1.41	0.896	1.213		2	0.614	0.398	0.557	1.437
	3	0	0	0	1		3	0	0	0	1

对坠车事故的回归分析可以看出，晴天发生事故的优势比较冰雪雨雾天更大，在道路线形的方面，直道和急弯陡坡道路对事故率有较大的正影响，优势比分别为 4.509 和 3.036。对于肇事车型的分析表明，大型客车的优势比最大，事故率最高，而中型客车和中、小型货车对坠车事故的负影响较为显著。在驾驶人因素中，超速驾驶的优势比为 3.228，是事故发生的危险因素。当车辆工况不合格时，优势比为 1，车辆正常时，优势比下降约 60%，为 0.434。在道路元素中，当道路标志、标线均没有时，事故发生概率最大，优势比为 3.22。

在翻车事故的分析结果中，相对冰雪雨雾天气，晴天的事故概率上升了 20%，优势比为 1.194。在道路线型方面，一般弯道的优势比最大，为 2.961。中小型货车对翻车事故有较大的负影响，优势比为 0.222。在引起事故的驾驶人因素中，超速行驶是造成事故的主要原因，优势比达到 6.571。相对于车辆工况不合格的情况，车辆正常时优势比略有下降，为 0.904。在道路元素中，当道路标志、标线均没有时优势比为 2.237，较标志标线齐全的情形事故概率升高了 120%。

4 结论

利用 2004—2013 年我国低等级公路重大道路交通事故数据，分析了低等级公路重大事故的事故特征分布规律，并运用 Logistic 回归模型分析了事故形态特征与天气情况、道路线型、车辆因素、道路元素、肇事车辆以及驾驶人因素之间的相关性。主要有以下结论：

（1）低等级公路重大事故主要集中在早晨 6～12 时和下午 12～18 时，分别占总数的 37.2%和 45.1%，直道和急弯陡坡路段事故相对较多。在所有事故中，有 22.1%的事故存在车况不达标问题，有 35.4%的事故道路标志标线不完备。在肇事车辆方面，大型客车是主要的肇事车型，超速行驶是主要事故致因。

（2）对于坠车事故，直道和急弯陡坡道路的事故概率均较大，优势比分别为 4.509 和 3.036。在驾驶人因素中，超速驾驶的优势比为 3.228，是事故发生的危险因素，此外，载客超员对事故的影响也较为显著。

（3）对于翻车事故，在道路线型方面，一般弯道的优势比最大，为 2.961。超速行驶对事故的发生有显著的正影响。车辆工况对事故的影响则较为均衡，两种情形下优势比分别为 0.904 和 1。

参考文献

[1] 公安部交通管理局. 2013 中华人民共和国道路交通事故统计年报［R］. 无锡，公安部交通管理科学研究所，2014.

[2] 孙传姣，高建刚. 农村公路交通事故特征研究［J］. 公路，2010（1）：93-97.

[3] 司远. 低等级公路交通安全预警研究［D］. 北京：北京交通大学，2014.

[4] 陈谦，刘建军，王连明. 农村公路交通安全现状分析与对策研究［J］. 公路与汽运，2009（6）：54-58.

[5] 广晓平，马昌喜. 农村公路交通事故分析与交通安全对策研究［J］. 公路，2007（4）：128-130.

[6] 徐进，彭其渊，邵毅明，李时华. 山岭区低等级低指标公路路线的使用质量分析［J］. 同济大学学报（自然科学版），2010（2）：245-251+272.

[7] 魏连雨，张洋. 集对分析在山区农村公路路侧危险等级评价中的应用［J］. 中国安全科学学报，2011（9）：9-15.

[8] 毛力增，段里仁，毛恩荣. 广西农村机动车驾驶人交通事故与影响因素分析［J］. 中国卫生统计，2008（3）：286-288.

[9] 高建刚，陈磊，许诺. 农村公路交通安全矛盾分析［J］. 公路，2008（6）：119-126.

[10] 马忠英，杨琦，周伟. 中国农村公路交通安全分析与对策［J］. 长安大学学报（自然科学版），2010（6）：81-85.

[11] 滕靖，宋兴昊，姬利娟，舒启翀，彭昌溆. 连续驾驶条件下公交驾驶员疲劳特征实验研究［J］. 交通信息与安全，2013（3）：87-92+97.

[12] 毕京建. 农村公路交通安全分析与对策研究［D］. 西安：长安大学，2008.

基于RFID和智能视频双机识别的军车不停车监理系统设计

吴会博　张扬奇

（军事交通运输研究所，天津 300161）

摘　要： 为加强军车运行安全监管，实现军车智能化管理，提出以智能视频和军车RFID双识别机制相结合的方法设计军车不停车监理系统，设计了系统架构、软硬件组成，分析了系统工作流程，研究了系统实现的功能，根据不同应用场景，设计了便携式和车载式两种应用模式。

关键词： RFID；智能视频；军车不停车监理系统；设计

Design of Military Vehicle No Parking Supervision System Based on RFID and Intelligent Video Technology

Wu Huibo　Zhang Yangqi

(Military Traffic and Transportation Institute, Tianjin 300161)

Abstract: In order to strengthen the military vehicle operation and safety supervision and achieve intelligent management of military vehicles, this paper designs the military vehicle no parking supervision system by the dual recognition mechanism of RFID and intelligent video, and designs the system architecture, software and hardware composition, analyzes and researches the system working flow and function, According to different application scenarios, designs portable and vehicle-mounted application modes.

Key words: RFID, Intelligent Video, Military Vehicle No Parking Supervision System, Design

军车监理是我军车辆勤务工作的重要内容[1]，事关军队作风建设、部队安全稳定和战斗力保障力提升。随着国家和军队现代化建设的发展，我军车辆装备种类和数量逐渐增多，车辆动用日趋频繁，但车辆管理水平在一定程度上还存在差距，外出军车违规违纪、交通违法和假冒军车现象时有发生，严重损害了人民群众利益和军队形象声誉。针对这些情况，目前军车监理部门会同警备部门和公安交管部门通过集中整顿和专项治理进行强化，投入大量人力拦停过往军车进行人工检查，在一定程度上维护了军车运行秩序。然而这种人工检查方式受检查手段、检查时机地点和检查人员水平等因素影响，导致检查工作强度大，工作效率低，容易出现疏漏和差错。新形势下，如何借助信息化手段不停车检查路上行驶的军车，智能识别违章违纪车辆，是目前急需解决的问题。随着智能交通系统的发展，RFID和智能视频技术在交通卡口、机动车缉查布控和高速公路电子不停车收费系统中得到了广泛应用，在交通信息采集和管理中发挥了重要作用。本文基于RFID和智能视频技术，构建军车不停车监理系统，为军车自动识别和智能管理提供技术手段，实现对外出军车的全面、准确、实时、有效的管控和监督。

1 RFID 和智能视频双机识别机制

RFID 和智能视频双机识别是指采用 RFID 和智能视频两种识别技术相结合的办法自动识别车辆信息，当安装有射频标签和制式车牌的车辆通过时，由射频读写器读取射频标签信息，智能视频摄像机识别车牌号码和车型信息，并将两个信息进行交叉比对，保证车辆识别的准确性。RFID 技术是一种非接触式的自动识别技术，该技术具有识别速度快，识读距离远，抗干扰性强的优点，通过远距离、非接触方式采集车载射频标签的信息，实现车辆在快速移动状态下的自动识别[2]，是一种能有效对车辆进行自动识别和联网监管的重要技术手段。智能视频技术目是采用计算机视觉分析相关方法，在无须人为干预的情况下，能自动分析和提取视频源中关键信息，并根据事先定义的报警触发条件实现自动报警[3]，目前广泛应用于智能交通管理中车辆识别、交通违法检测抓拍等领域。

RFID 和智能视频作为两种不同的车辆身份识别方式，在应用中各有优势和弱点。RFID 技术是基于射频信号的不可视身份识别，识别精度高，读取速度快，数据准确，但不能直观确定车辆图像和交通信息；智能视频技术是基于光学采集的可视身份获取，可以获得直观视频图像和交通信息，但是受环境干扰较大，识别准确性受限，无法判断真假车牌。因此，从应用角度分析，两种技术结合应用可以发挥出各自不同的优点和特性，能够完成单一识别技术无法完成的工作，同时对相同功能的信息进行融合，可以极大地提高单一识别技术的准确性和识别率[4]。智能视频和 RFID 双识别机制在交通管理中的应用模型如图 1 所示。

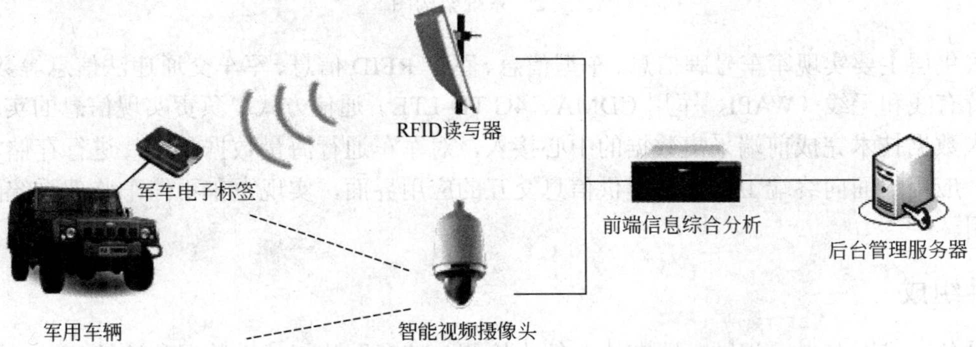

图 1 RFID 和智能视频双机识别应用模型

在上述应用模型中，RFID 技术主要完成车载电子标签信息的识读，智能视频识别技术主要用于车型、车牌、车辆运动轨迹的识别判断，二者在后台进行信息比对，包括号牌数据的查询匹配及其他运算。通过两种识别机制结合的方法，既能准确识别采集过往军车出行信息，及时发现违章违纪、交通违法等行为，又能有效打击假牌、套牌军车，规范军车运行秩序。

2 系统总体设计

2.1 系统架构

基于 RFID 和智能视频技术的军车不停车监理系统在体系架构上自底向上分为信息采集层、网络层、数据层和应用层。如图 2 所示。

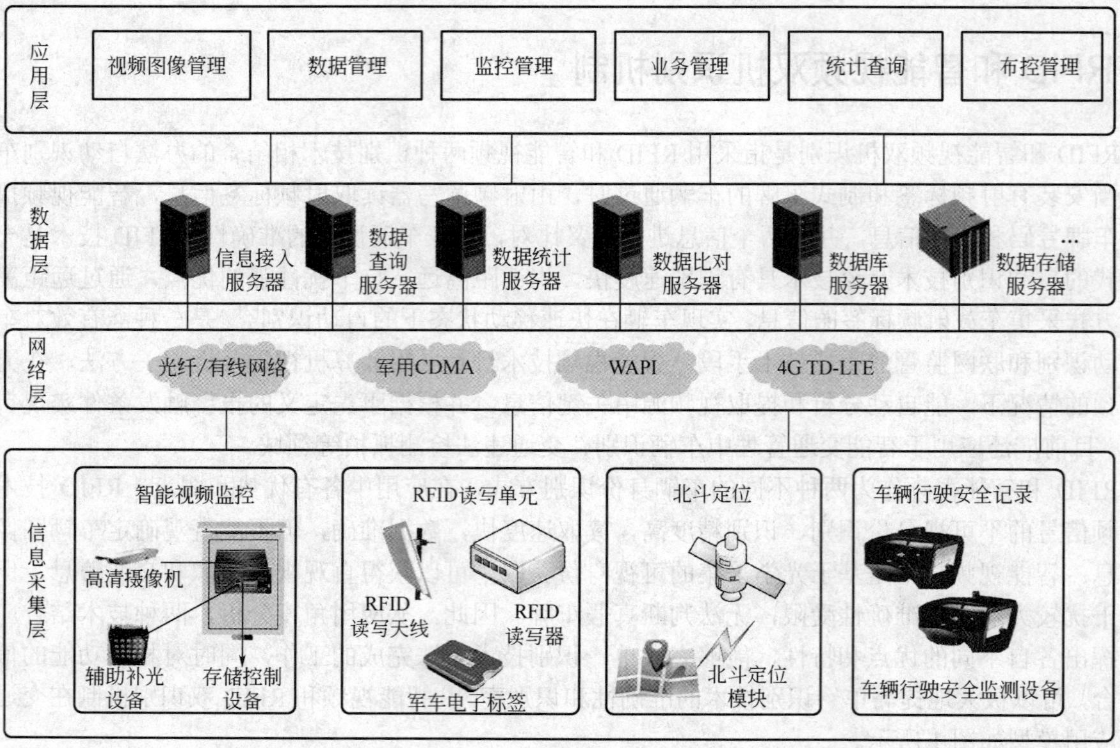

图 2　系统架构图

信息采集层主要实现军车号牌信息、车型信息、军车 RFID 信息、军车交通违法信息等数据的采集；网络层支持有线和无线（WAPI、军用 CDMA、4G TD-LTE）通信方式，负责实现信息的实时传输；数据层采用大数据技术完成前端采集数据的中心接入，对军车通行海量数据和图片进行存储、分析、计算和处理；应用层面向终端工作人员提供信息交互的应用界面，实现军车不停车监理系统的智能化、综合性应用。

2.2　硬件组成

硬件设备完成军车自动识别、军车违章行为检测、违章图片抓拍、数据传输等任务，包括智能视频监控模块、RFID 读写单元、北斗定位模块、雷达测速和网络传输模块。

2.2.1　智能视频监控模块

该模块包括一体化高清网络摄像机、车辆检测器、智能分析终端等，具有视频采集、智能分析、图像抓拍等功能。该模块采用前端嵌入式视频分析架构，将智能分析终端嵌入到前端摄像机，在摄像机前端实现对异常目标、行为、事件的智能分析，被识别的信息会同时形成视频、照片、文本数据提交给后端管理系统，开展深度的大数据分析与应用。采用这种方式不受图像传输环节影响，缓解了视频传输网络带宽及后台存储压力。

2.2.2　RFID 读写单元

RFID 读写单元包括读写控制器、微波天线、电池、数据存储卡、安全模块和网络接口模块。该单元采用专用短程通信技术，与安装在军车挡风玻璃上的车载射频标签进行通讯，快速识读车载射频标签中的有效信息，后台系统自动核对，实现车辆身份识别。

2.2.3　北斗定位模块

北斗定位模块主要用于定位系统工作时所处位置，当出现有违章违纪军车进行纠察时，可以自动记录军车违章违纪发生地点，并及时向上级进行报告，以便布控缉查。

2.2.4 雷达测速模块

雷达测速模块主要用于军车车速检测、超速判断，发现超速行为后，立刻报警提示，并联动智能视频监控模块进行抓拍图像，记录车辆信息。

2.2.5 网络传输模块

网络传输设备主要用于前端采集设备与后台管理系统之间的通信，完成视频数据、图像数据、射频标签信息和命令信息的传递和接收。

2.3 软件组成

软件系统包括智能视频前端分析系统和比对报警管理系统。

2.3.1 智能视频前端分析系统

智能视频前端分析系统运行在前端硬件设备上，嵌入智能分析算法，主要完成视频分析、视频编解码、视频数据转发等。通过分析视频内容，准确找出移动目标，并给出当前视频中车辆位置、速度、颜色、尺寸等。

2.3.2 比对报警管理系统

比对报警管理系统主负责整个系统的设备管理、数据通讯管理、数据交换和数据处理等工作。其功能包括：军车 RFID 数据读取、视频信息的接入、识别分类、数据库存储、各类数据的综合查询、统计和相关性分析，包括车号数据查询统计、黑名单数据查询统计、车号与黑名单的数据对比查询、统计、分析等。

3 系统业务流程和功能设计

3.1 业务流程设计

基于 RFID 和智能视频技术的军车不停车监理系统，通过采集军车车牌、军车特征的视频图像和车载电子标签信息，经后台数据处理系统自动对车牌号、车辆的物理特征和射频标签信息进行双机智能识别比对。如果系统采集的视频图像、射频信息与车辆身份信息完全一致，而且车辆无违章违纪现象，则系统默认放行，车辆相关通行信息将自动存入后台数据库；如果系统采集的视频图像、射频信息与车辆身份信息不一致，或者车辆有违章违纪行为，系统则立即发出语音和数显报警，提示监理人员进行拦截，并将相关信息自动储存后台数据库，如图 3 所示。

3.2 功能实现

3.2.1 军车和驾驶员信息采集与分析

系统采用机器视觉技术能自动对过往车辆进行检测、识别和抓拍，通过拍摄的车辆图像进行车辆号码和车牌颜色自动识别，自动筛选出过往军车，并记录该军车的车牌号、车型、车辆颜色、行驶方向、地点、通信时间和军车驾驶员特征等相关信息；同时，利用 RFID 读写器自动读取车载射频标签信息，通过标签中的发行方标识，判断是否为军车，记录军车标签 ID 号、车牌号、车型、驾驶员等信息。通过对智能视频和 RFID 双机识别的信息进行分析比对，可以鉴别军车真伪。

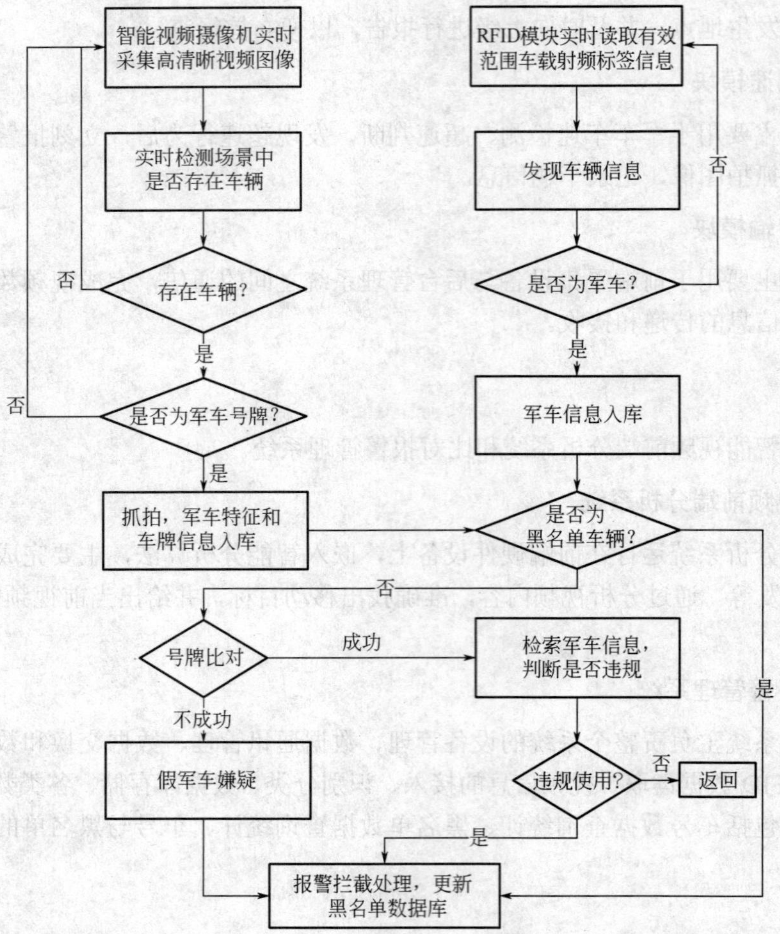

图 3　系统业务流程图

3.2.2　军车布控稽查

通过建立军车黑名单数据库，将逾期未年审、逾期未报废、假牌、套牌、盗抢军车、肇事逃逸等军车号牌录入黑名单数据库，每当有军车经过布控点时，系统自动将采集的军车号牌信息与黑名单数据库进行比对，当比对成功则自动报警，实施现场拦截，并自动记录报警信息、车辆信息、位置信息。

3.2.3　违章驾驶行为检测判断

系统能对军车驾驶行为进行智能化检测，在智能视频前端分析系统中事先设定既定规则，采用计算机智能跟踪算法技术，对经过的每一辆军车能进行实时跟踪并记录其运动轨迹，当军车出现违法停车、逆行、不按车道行驶、故意遮挡号牌等违章行为时，即违反了既定行驶行为规则，系统智能检测并进行抓拍和录像，同时雷达测速模块能够对通过的军车速度进行测定和记录，对超速军车发出报警信号。

4　系统应用模式设计

军车不停车监理系统主要在市区、高速公路、国道等重点路段实施军车智能监控缉查，根据应用场景的不同，可以分为便携式和车载式两种技术形式。

4.1 便携式系统

便携式军车不停车监理系统采用便携式手提箱一体集成，携带方便，拆装灵活，主要布设在市区重点交通路口、高速路口等车流量大的固定检查站点，可对违章违纪军车起到威慑作用。便携手提箱内集成智能高清摄像机、RFID读写单元、雷达测速模块和网络传输等设备和供电系统，后台管理系统部署在军车检查站或军车监理车中，硬件设备与后台系统通过有线或无线的方式进行数据交换。系统架设完毕可自动对通过该范围的车辆进行监控识别，当发现并鉴别出问题军车时，系统将自动报警，并将该军车信息迅速上传至后台管理系统，军车监理人员根据报警信息及时拦截问题军车。

4.2 车载式系统

车载式军车不停车监理系统集成于军车监理车中，具有灵活机动的优点，主要应用于重点路段的流动性检查和固定点检查。军车监理车车顶架设车载式全向高清摄像机、RFID读写单元和雷达测速模块，后台管理系统部署军车监理车内，监理工作人员通过驾驶军车监理车在管辖范围内巡逻进行军车监理，既可以对路上行驶的军车进行动态监控，还可以对路边及停车场的静态军车进行监控，有效弥补了固定式检查的盲区，显著提高军车监理质量。

5 结语

本文通过融合智能视频和RFID双识别技术，建立军车不停车监理系统，对行驶中的军车进行车辆身份自动识别检测，实现军车不停车检查和智能化管控，有效维护军车运行秩序，对纠正军车违章违纪、交通违法等行为和打击假冒军车等违法犯罪活动具有重要意义。

参考文献

[1] 金秀满．军用车辆管理学［M］．北京：军事科学院出版社，2003：392-394．

[2] 杨会彩，樊延虎，梁巧艳，等．RFID技术及其在RFID系统中的应用［J］．现代电子技术，2008（15）：42-45．

[3] 左雄伟．智能视频监控技术的架构与特征［J］．中国公共安全，2011（11）：131-134．

[4] 徐旭，胡玲玲，徐江．物联网环境下RFID技术在世博会园区车辆安全监管系统中的应用设计［J］．警察技术，2010（6）：13-15．

大型综合体开发项目交通组织的研究与实践
——以苏州中心项目为例

徐 辉 谭振霞 朱荣军

（悉地（苏州）勘察设计顾问有限公司，苏州 215125）

摘 要：文本研究了 CBD 交通组织的重要性，并对国际上典型的 CBD 交通组织方案进行剖析，包括巴黎的拉德芳斯商务中心、柏林的来哈特枢纽，证明了合理的交通枢纽设计以及交通组织方案能够支撑城市综合体的开发与建设，为苏州中心综合体的交通组织设计提供参考；苏州中心项目先对大范围的园区 CBD 交通组织进行研究，以公共交通为导向，辅以交通管理来保障交通顺畅，然后重点给出苏州中心的交通组织策略，并从地面、地下、地面与地下衔接等给出具体交通组织设计方案，支撑苏州园区 CBD、特别是苏州中心交通。

关键词：CBD；交通组织；城市综合体；一体化设计；交通管理

Research and Practice on Traffic Organization of Large Combination- A Case Study of Suzhou Central Project

Xu Hui Tan Zhenxia Zhu Rongjun

（CCDI（SuZhou）Exploration & Design Consultant CO.，Ltd., Suzhou 215125）

Abstract: The text studies the importance of CBD and CBD on the traffic organization, traffic organization schemes of the international and typical will be analysed, including Berlin Paris Ladd Fong Slovakia business center, the Hart hub, proved that the development and construction of reasonable traffic hub design and traffic organization plan to support the city complex, they provide a reference for the traffic organization of Suzhou Design Center;the paper researches CBD traffic organization of a wide range, guided by the public traffic and traffic management, to ensure the smooth traffic, and then the traffic organization strategies of Suzhou center are given, and from the specific traffic organization of ground and underground, ground and underground connections are design, support the development of Suzhou CBD, especially the Suzhou center.

Key words: CBD, Traffic Organization, Urban Complex, Integrated Design, Traffic Management

1 苏州中心项目概述

苏州中心项目位于苏州工业园区金鸡湖西岸，园区湖西 CBD“手电筒”的头部，位于苏绣路和苏惠路之间，西起星阳街，东至星港街，占地面积 23.63 公顷，地上建筑面积 113.85 万平方米，地下面积约 50 万平方米，是湖西城市天际线的中心和制高点。CBD 项目总开发量为 400 万平方米，而苏州中心的开发量占湖西 CBD 的 1/3，苏州中心将建成集写字楼、商业、酒店、酒店式公寓、文化娱乐等多业态混合，融地上建筑和地下空间于一体的多功能城市综合体。

基于如此高强度的综合体开发，苏州中央商贸区，特别是高强度开发的苏州中心如何应对城市机动化出行迅速提高所产生的交通挑战？如何保持中央商贸区、苏州中心的动、静态交通系统的协调与平衡？需要对苏州中心项目的交通组织进行重点研究。

苏州中心作为园区 CBD 的一部分，若要研究苏州中心交通组织，首先对 CBD 内外部的交通组织进行研究，基于大的交通组织，进而研究苏州中心内部的交通组织方案。本文首先对 CBD 交通组织进行研究，并结合国外典型案例进行剖析，包括巴黎的拉德芳斯（La Defence）商务中心及柏林的来哈特枢纽（Lehrter Bahnhof），重点分析其布局设计特点，从中提炼其设计理念，结合苏州中心项目自身特点运用到其中（见图 1）。

图 1　苏州中心项目区位

2 CBD 交通组织管理

2.1 CBD 交通的组成

CBD 地区的交通由过境交通、吸引及产生交通和区内交通三部分组成。CBD 交通系统由三部分构成：CBD 对外交通系统，外部与 CBD 之间交通衔接系统，CBD 内部交通系统。

2.2 CBD 道路交通流向模式分析

对于我国大多数城市来讲，大多属于单中心模式，根据各地不同的情况进行区域划分，在不同区域中采取相应的交通组织管理措施。越靠近市中心，管制措施的力度越强，目的是把城区的交通拥堵分散到城外，把交通压力尽量控制在城市外围。对于 CBD 交通而言，结合区域划分，理想的 CBD 交通模式特点在于分散了外围交通量，加强了核心区的交通流入和流出能力，缓解了 CBD 的交通压力。

3 相关案例分析

3.1 巴黎拉德芳斯商务中心

拉德芳斯区位于巴黎市的西北部，巴黎城市主轴线的西端。于 20 世纪 50 年代开始建设开发，全区规划用地 750 公顷，先期开发 250 公顷，其中商务区 160 公顷，公园区（以住宅区为主）90 公顷。规划建设写字楼 300 万平方米，供 17 万雇员使用，共容纳 3500 个公司。目前拉德芳斯已成为欧洲第一、世界一流的商务中心，需要交通枢纽为其支撑，保证商务中心客流的疏散，该枢纽具有交通、商业服务等功能（见图 2）。

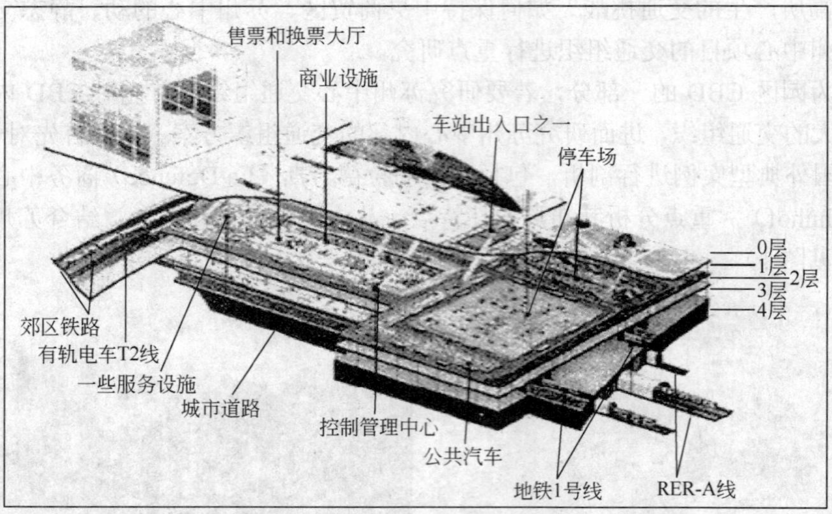

图 2　巴黎拉德芳斯枢纽站平面图

2002 年，在拉德芳斯换乘枢纽乘坐地铁 1 号线的乘客数量达到 l754 万人次，工作日乘客数量 7.4 万人次；乘坐 RER-A 线的乘客数量达 2972 万人，工作日为 12.2 万人。加上其他交通方式，每天约有 40 万人次换乘各种交通工具。

3.2　柏林来哈特交通枢纽

来哈特枢纽位于动物园的西北侧，来哈特（Lehrter Bahnhof）枢纽是德国集轨道交通（高速铁路、普通铁路、市域快速轨道交通（SBahn）、地铁）、道路交通于一体的重要综合交通枢纽，该枢纽占地 l0 万平方米，总建筑面积 17.5 万平方米。

整个枢纽由东西向的高架轨道交通线和南北向的地铁线构成，主要出入口布设在 2 条轨道交通线交汇处。地上二层及地下二层设有轨道交通站台层，地上设置 3 个岛式站台，地下设置 5 个岛式站台；地上一层及地下一层为售票以及换乘大厅，实现地上不同轨道方式间的换乘；地面层为路面交通，设有港湾式停车场。在高架桥西侧设置地面、地下四层私家车停车场，提供方便的停车设施；在轨道桥东西两端建造办公楼，提供商业活动，吸引客流（见图 3）。

3.3　综述

通过对拉德芳斯商务中心、来哈特枢纽的布局设计案例分析，可以得到如下启示：

（1）高强度开发的城市综合体需要交通枢纽来支撑

巴黎拉德芳斯作为世界一流的商务中心，进行了高强度开发，承载如此规模的商务中心需要交通来支撑，采用立体交通方式，不仅节约了交通空间，也保证了换乘的便捷性。

（2）高强度开发的城市综合体需要外部、内部交通的协调

拉德芳斯商务中心不仅仅以交通枢纽进行支撑，外部的交通疏解也及其重要，将过境交通进行屏蔽，合理组织内外交通的衔接。

（3）多种交通方式之间的换乘设施应实现一体化布置

各种交通方式之间在平剖布局方面应高度“综合”，换乘距离要短。巴黎拉德芳斯换乘枢纽的轨

道交通线路之间平行换乘，其公共汽车、长途汽车、轨道交通之间的平均换乘距离也不超过 60m。柏林来哈特交通枢纽换乘在地下一层及地上一层，减少地上与地下各种交通方式的换乘距离，缩短了换乘距离。

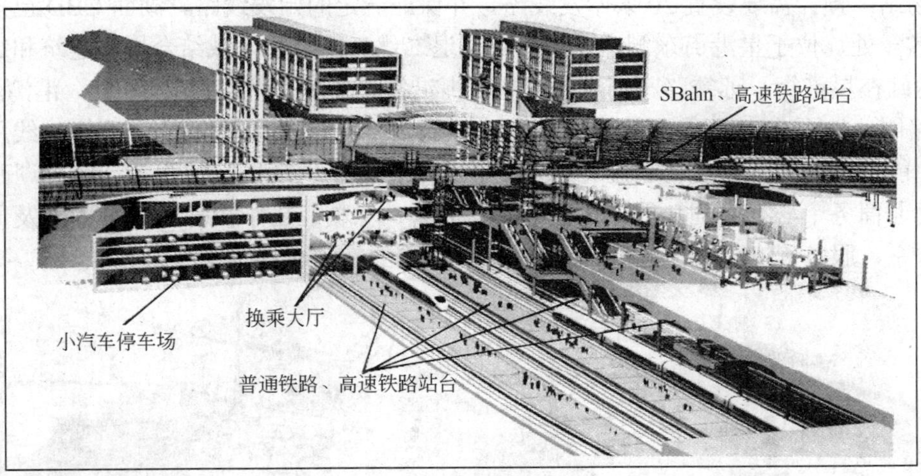

图 3　柏林来哈特枢纽立面布局

4　苏州中心交通组织

基于 CBD 交通组织管理方法及国外城市综合体、交通枢纽的成功案例，运用到苏州中心项目。首先从 CBD 交通组织入手，研究大范围交通组织，保证 CBD 内外交通的顺畅；然后对苏州中心项目内外交通组织进行一体化设计与研究（见图 4）。

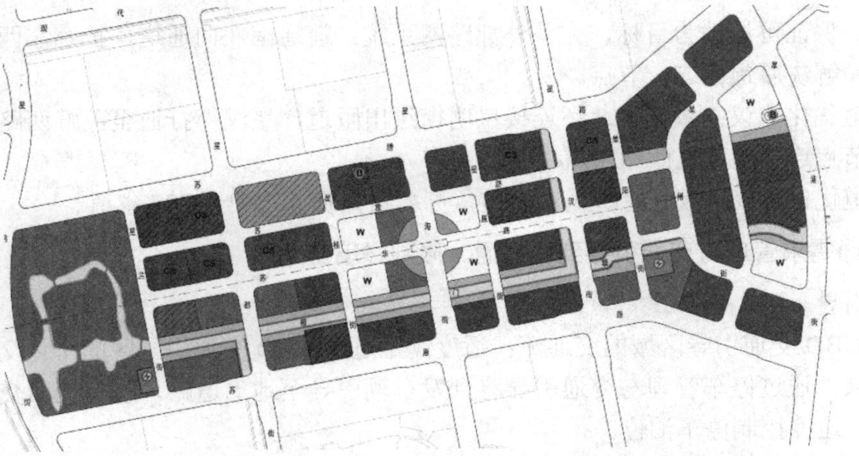

图 4　园区 CBD 用地规划图

4.1　园区 CBD 交通组织

4.1.1　公共交通为主导、轨道交通为骨干、地面公交为辅助

（1）轨道交通

湖西 CBD 建立以公交为主导的交通出行方式，使其公共交通出行比例达到 65%，轨道交通高峰小时出行比例达到 35%，承担高峰小时单行 3.2 万人次出行，而现有轨道一号线单向高峰运能 2.24 万人

次，不足以支持上述目标，因此建议在新一轮轨道交通线网修编中提高 CBD 区域轨道交通线网密度，另外加快轨道交通 5 号线的实施进度，对于支撑苏州中心广场高强度开发具有非常重要的意义。

（2）地面公交

■ 公交场站：预计需要设置 20 条始发线路，并保证一定的始发线路。湖西 CBD 已规划公交首末站 3 处，新增一处，位于星港街东侧，建议在首期退二优三的合适区域结合周边建筑和绿地增设公交首末站。中途站在星港街、苏绣路、苏惠路、星海街沿线设计 8 个，双向共 16 处，港湾式设置。

■ 公交路网：地面公交线网层次划分：公交快线、公交普线和穿梭巴士。公交快线承担与其他组团的联系，功能与轨道交通系统协调互补；公交普线承担与区内功能区的联系，解决湖西 CBD 与周边居住区、商业商务中心等不同功能区之间的公交联系；穿梭巴士承担与 CBD 内部及周边轨道站、公交枢纽站联系，服务 CBD 内部通勤客流与轨道、公交的换乘（见图 5 和图 6）。

图 5　湖西 CBD 公交场站布置示意图

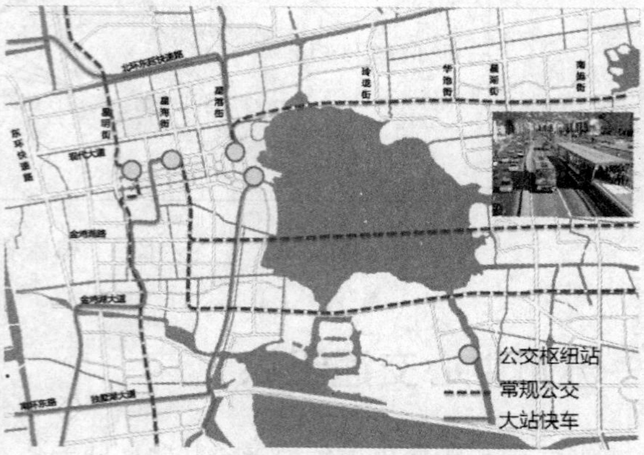

图 6　湖西 CBD 公交线网示意图

4.1.2　适度保证地面交通、交通设施容量优化

以通达性、保证可达性为目标，完善外部路网系统：疏通南北向通道，扩容东西向通道，提升道路交通合理性；解决瓶颈通道、节点。

南北向通道优化建议：规划中北环连接星明街进出匝道，星汉街打通至苏虹西路，另外建议新增北环的星港街节点连接至苏虹西路匝道。

东西向通道优化建议：规划有金鸡湖隧道，苏慕路拓宽并延伸至 227 省道。

4.1.3　交通需求管理与交通引导到发交通、限制过境交通

（1）交通引导

限制穿越 CBD 交通引导区域的交通流；适度满足进出 CBD 交通引导区的个体交通出行需求；对于苏州中心区域，通过停车管理与交通引导将到发车辆引导至地下道路，缓解地面交通压力；停车收费采用梯级制，适度控制停车泊位。

（2）交通管理

在湖西 CBD 设置交通管控区，其中以现代大道—星港街—金鸡湖路—星明街为界围合的区域为控制区，以北环—东环—南环—金鸡湖/独墅湖为界围合的区域为引导区，在此区域内采取行驶线路引导（交通标志、VMS 等交通语言系统）、停车收费机制、换乘优惠等引导措施使该区域内的通道优先服务湖西 CBD 集散交通，采取适当手段限制过境交通（见图 7 和图 8）。

（3）交通控制

限时过境交通，使客货分离，在高峰时段 CBD 区域禁止货车通行；管理交通信号配时，限制过境方向的绿灯时间；管理交叉口转向，限制部分通道上过境交通方向的转向。

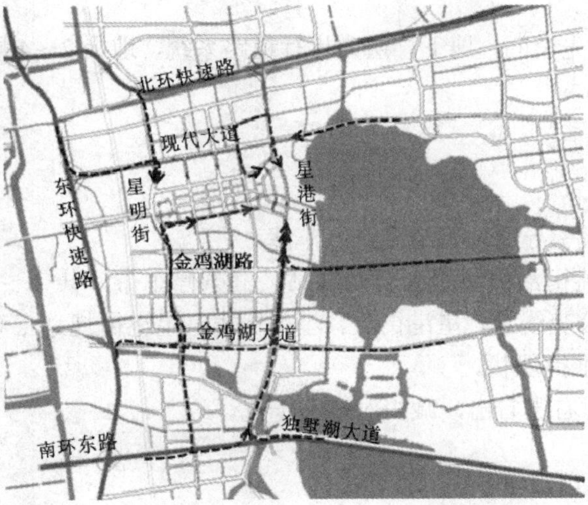

图 7　湖西 CBD 周边主要通道流线

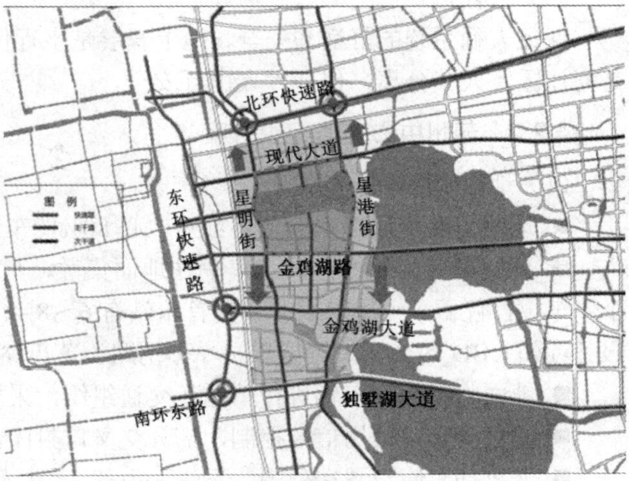

图 8　湖西 CBD 交通管控区示意图

4.2　苏州中心交通组织

苏州中心项目开发量占 CBD 开发量的 1/3，开发强度大，而现状苏州中心周边道路网密度严重不足、停车配建不足、客流疏散不够、人车未分离等，急需对苏州中心周边的交通组织策略与方案进行研究。

4.2.1　苏州中心交通组织策略

（1）一体化

打破传统方案在各个地块内独立组织交通的方式，在地下空间内跨地块、跨街区统一组织交通，地下二层三层设置停车场、地铁站，充分利用地下资源，同时较好地实现快速换乘，减少与地面交通的冲突；地下一层至地上商业区为步行交通，在地块外部整体规划地面出入口，便于多种交通方式的衔接（见图 9）。

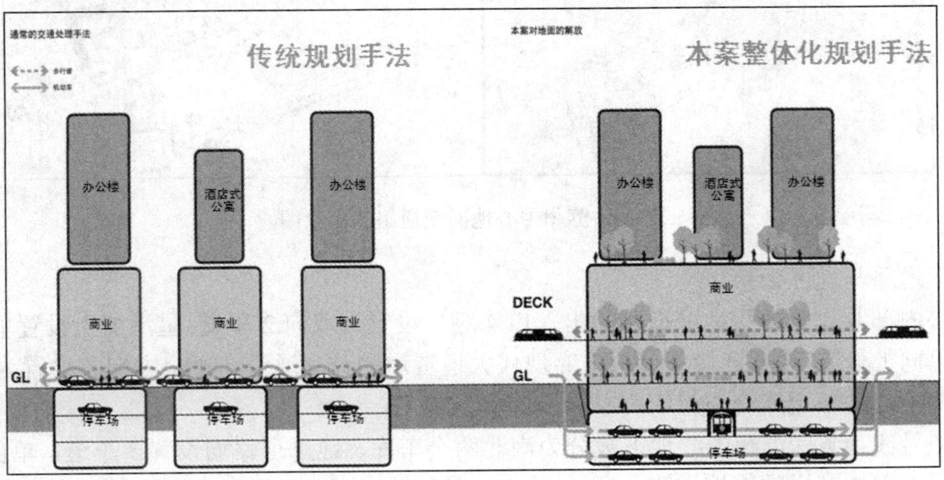

图 9　苏州中心立体化设计交通组织示意图

（2）立体化

由地面、地下一层、地下二层构成立体道路系统；地上地下联系紧密，多种交通方式换乘方便，构筑成新型的交通系统；地上二层以上建成连续的步行通道、屋顶平台系统。

（3）人性化

保证人行系统的舒适与安全，地上一层是步行优先空间，地下一层为步行道路系统，地上 2～4 层是商业区，人车分离，保证行人出行安全，

4.2.2　苏州中心交通组织方案

（1）地面道路交通组织

■ 地面道路交通组织力求将苏州中心 80%的车流引导至地下道路进入车库。

■ 公交车及少量即停即走车辆在地面集散，星盛街沿街布置公交始发站，三条停车带，共 6～8 个停车位，仅蓄车；星港街东公交首末站有 6～8 条公交线路，星港街进，星州街出；星港街规划三对服务苏州 CBD 的公交中途停靠站，苏绣路、苏惠路维持现状。

■ 地面临时停靠车辆进行单循环交通组织，采用右进右出，减少对道路干扰。

■ 部分交叉口采用信号控制，部分交叉口封闭。

■ 非机动车库设置在外围，不进入内部。

■ 禁止苏州中心广场周边路网部分交叉口左转，提高内部单循环交通的运行效率，地面交通组织如图 10 所示。

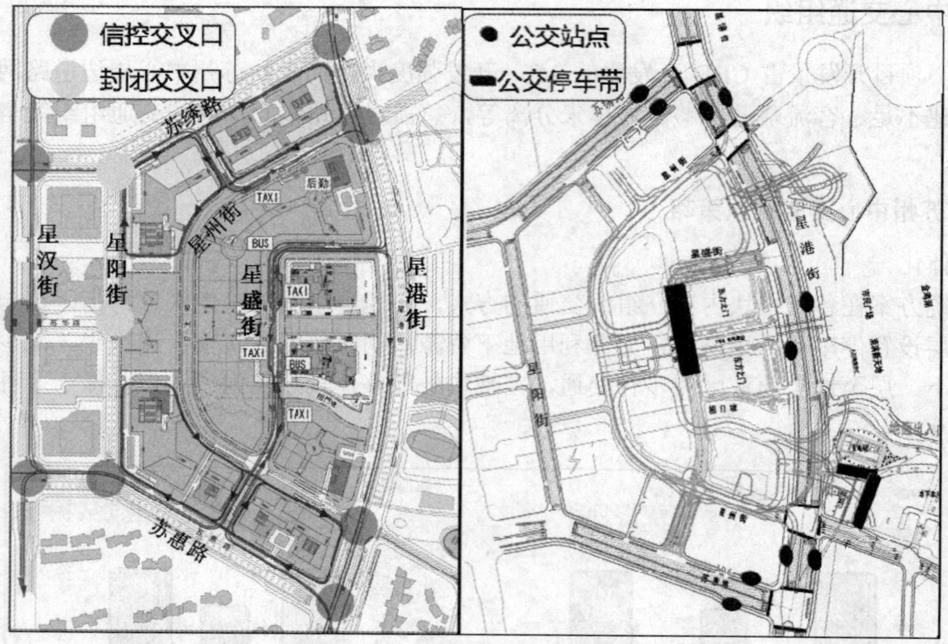

图 10　苏州中心地面交通组织示意图

（2）地下道路与地面衔接

苏州中心内部共设置连接地下道路的出入口 4 对，设置为双向 2 车道；星港街上设置单向进出口 4 个，设置为单向 1 车道；设置连接星港街下穿现代大道隧道的分支通道，每个方向各设置为 1 个车道。

（3）苏州中心地下道路交通组织

以轨道 1 号线为界，苏州中心地下被分为南北两个车库，地下道路均设置 3 车道，单向环形通行，两车库间设置双向 2 车道的连接道路。

（4）苏州中心地块出入口优化

围绕苏州中心共有四条道路，星港街为主干道，仅允许右进右出，苏绣路与苏惠路也为城市主干道，分离过境交通，也仅允许右进右出，星阳街为城市支路，可以左转，保证交通流线的合理与顺畅，如图 11～图 13 所示。

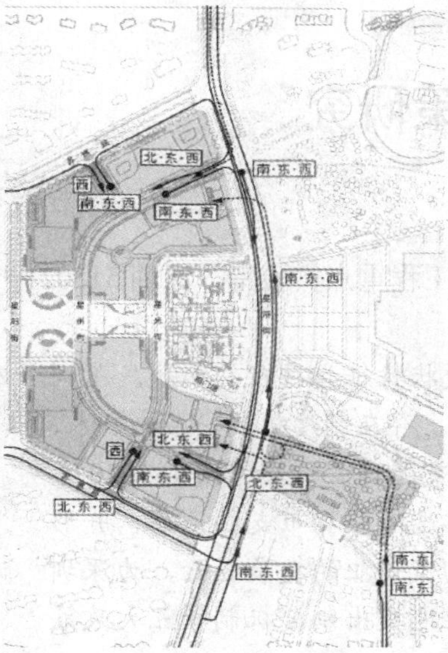

图 11　地下道路与地面衔接

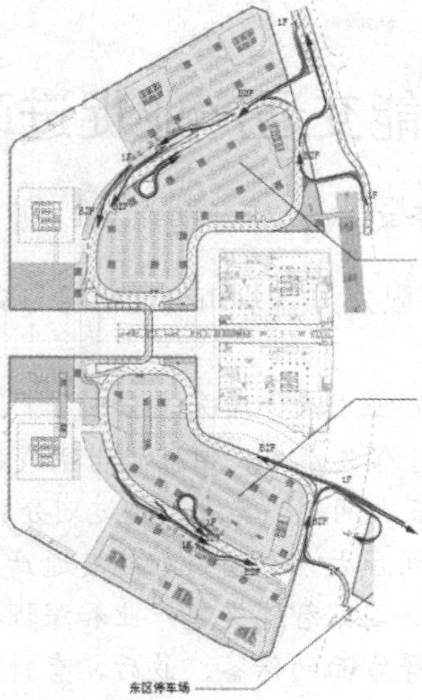

图 12　地下车库交通组织

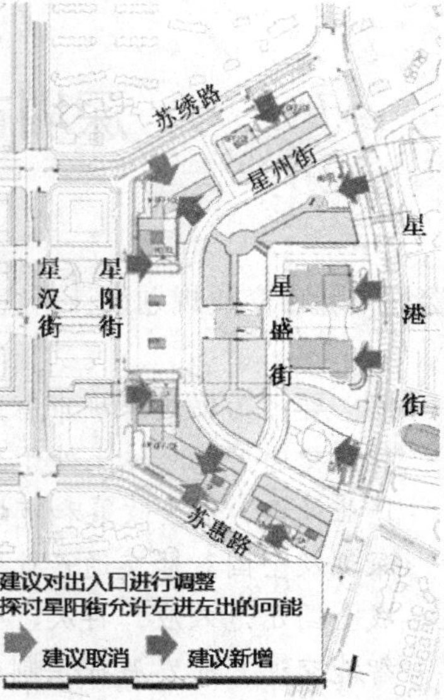

图 13　出入口调整

5　结论

通过对园区 CBD 交通组织及苏州中心交通组织进行研究，能够达到屏蔽过境交通流，保障 CBD 内部交通顺畅，适应园区 CBD 及苏州中心未来高密度的土地开发所产生的高强度交通需求；星港街交通枢纽的建成，将能衔接好园区 CBD 及苏州中心出入口和地区交通，使得园区 CBD 及苏州中心内部交通人车分离，通畅有序，公交、轨道站换乘方便，保证顺畅的交通流线。

综上所述，苏州中心项目交通组织实施后，能够支撑苏州中心综合体项目的开发与建设，保证各种交通方式的安全、高效、有序地运行。

参考文献

[1] 徐辉，朱荣军. 苏州工业园区苏州中心项目交通综合研究［P］. 苏州：悉地（苏州）勘察设计顾问有限公司，2012.
[2] 苏州工业园区湖西 CBD 世纪广场城市综合体整体规划概念设计［P］. 日本：日建集团，2011.
[3] 苏州工业园区综合交通规划（2007—2020）［P］. 北京：中国城市规划设计研究院，2007.

深圳市智能交通产业促进政策研究

李文斌　孙　超　邵　源

（深圳市城市交通规划设计研究中心有限公司/深圳市交通信息与交通工程重点实验室，深圳 518021）

摘　要：为促进深圳市智能交通产业发展，首先，分析了产业现状特征和存在的问题。深圳智能交通产业总体上处于全国属于领先水平，但机遇与挑战共存，存在制度机制、人才技术、产业效率、资金政策和市场秩序五大问题。其次，通过划分智能交通产业边界，预测 2020 年深圳及全国智能交通产业发展空间巨大，有望将智能交通产业打造成深圳市支柱产业，并形成全国示范效应。再次，分析发达国家智能交通产业和深圳市物流产业的发展经验，为深圳智能交通产业发展提供制度机制等方面的借鉴。最后，有针对性地提出制度机制等五大政策措施，以促进深圳市智能交通产业的发展。

关键词：智能交通产业；促进政策；制度机制；产业边界；发展前景

Research on Industrial Promotion Policies of Intelligent Transport：An Examination of Shenzhen

Li Wenbin　Sun Chao　Shao Yuan

(Shenzhen Urban Transport Planning Center Co., Ltd./Shenzhen's Key Laboratory of Traffic Information and Traffic Engineering, Shenzhen 518021)

Abstract: In order to promote the intelligent transport industry, firstly, thecurrent characteristicsand the status issues were analyzed. In general, the intelligent transport industry of Shenzhen is facing the challenges and difficulties at the same time. According to the investigation, there were five existing problems in Shenzhen ITS industry, which were imperfect of institutional mechanism, lack of leading experts and corporations, low efficiency of ITS industry, imperfect of financial policies and disorder of the market.Secondly, after the division of industrial boundary, Shenzhen ITS industry has a great potential to be the pillar industry. Thirdly, institutional mechanism, leading experts and corporations, industry efficiency, financial policies and market order were taken seriously after analyzing the ITS industry in U.S. Europe and Japan, as well as the logistics industry in Shenzhen. Lastly, 5 policies were proposed to make a contribution to the development of Shenzhen ITS industry.

Key words: Intelligent Transport, Industrial Promotion Policy, Institutional Mechanism, Industry Boundary, Prospects

1 引言

在国家“走出去”战略背景下，深圳近年积极推动高新技术等产业走出国门，参与国际竞争。深圳智能交通产业机遇与挑战并存，智能交通产业作为高新技术产业，是参与全球竞争的重要抓手[1]，有可能形成深圳作为国家“一带一路”战略桥头堡的示范效应。交通运输部提出加快推进智慧交通等“四个交通”发展[2]，深圳市政府也明确提出全面建设“智慧深圳”，支撑智慧城市和创新型城市构建，在全国形成创新引领效应[3]。深圳智能交通产业已形成规模优势，有望打造深圳“第五”支柱产业或“第七”新兴产业。1990 年以来，深圳独立研发全国第一套智能信号控制系统，智能交通发展水平长期处于全国领先地位。然而，近年来随着国内部分城市的智能交通的加快建设，其建设水平已基本与深圳并驾齐驱，深圳的领先优势逐步减小[1]。步入新时期，日趋复杂的城市交通问题也对深圳的智能交通发展提出了新的要求。

互联网+、物联网和大数据等新技术助推产业进一步发展，吸引了更多的行业入驻智能交通产业。新技术环境下，车联网将成为未来智能交通产业发展的主要推动力，基于交通大数据的智慧出行服务持续深化发展，智能汽车和自动驾驶将成为未来极具潜力的领域[1]。随着互联网、大数据等新技术渗透，以及资本运作模式多样化，电信运营、通信、互联网、汽车等相关行业企业通过入股、并购或业务延伸等方式进入智能交通领域[4]。新形势下，如何通过产业政策引导促进产业合理布局和创造良性发展环境至关重要。

2 现状形势

为了解深圳市智能交通产业发展现状，本次对华为、凯立德、海康威视、标准院、深圳通、易行网、卓想物联、行业协会、产业促进会等 10 多家代表性智能交通及相关企业开展座谈调研，面向 400 多家智能交通企业发放问卷，回收有效问卷 40 多份。

2.1 现状特征

目前，深圳市已初步建立“政府引导、协会推进、企业和科研机构合作”的产业发展机制，深圳市 ITS 产业处于发展上升期，并呈现出如下特征：

■ 在顶层设计与工作模式方面，深圳市交通运输委坚持“以信息化智能化引领深圳交通运输现代化国际化一体化”，通过建体系、立模式、编规划和树标准，全面推进深圳市智能交通建设[1, 5]。

■ 在数据共享与数据应用方面，依托综合交通运行指挥中心，深圳市搭建了“1+17”运行载体和“1+N”分布式基础云环境[1]。

■ 在产业培育与合作交流方面，政府与智能交通领域的院校和企业签订了战略合作协议，为智能交通的发展提供人才、技术和资金等资源保障[1, 4]。

■ 在产业动态与发展变革方面，产业规模不断增长迈入发展快车道，产业在空间和细分领域集聚度增加，并积极跟进新技术呈现新变革[1, 4]。

2014 年深圳市共智能交通企业约 414 家，比 2013 年增加 167 家。新增企业中，新注册企业 55 家，由相关行业企业业务延伸进入的有 112 家，如腾讯入股滴滴打车、开发地图导航和涉足车联网等[1, 4]。在细分领域上，智能停车、车载导航、智能公交、交通监控系统的集聚度进一步增加，其中智能停车领域集聚度最高，占智能交通企业总数的近 60%[4]（见图 1）。

在空间上，深圳市智能交通产业重点集聚片区主要分布于福田区的车公庙，南山区的高新区和西丽，宝安区的老城和西乡，以及龙华新区的坂田和民治[1, 4]（见图 2）。

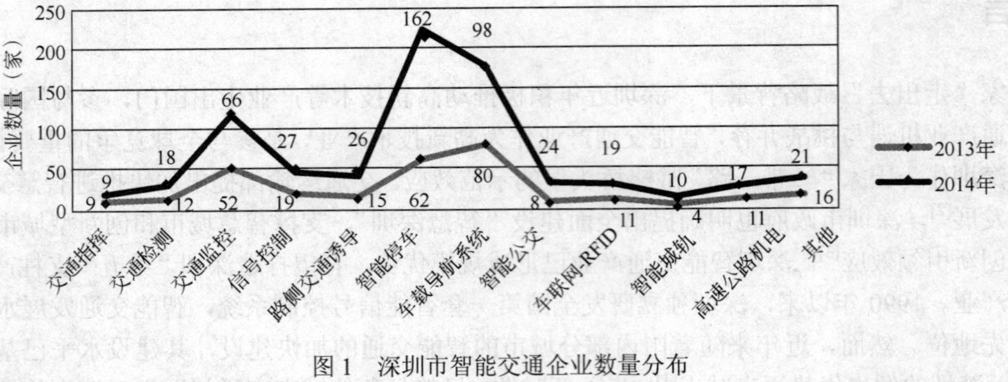

图 1　深圳市智能交通企业数量分布

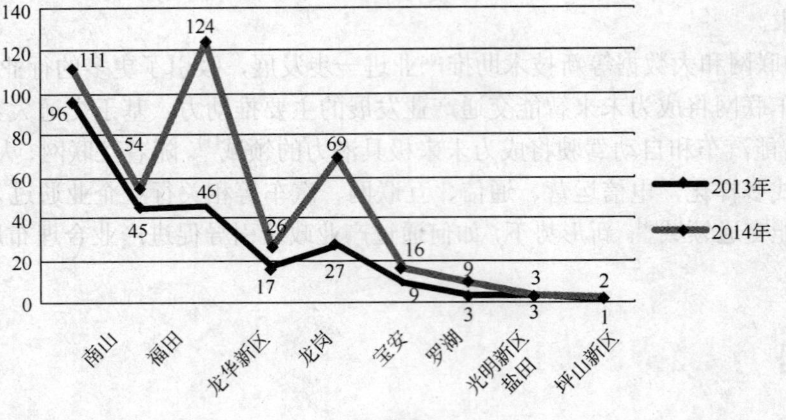

图 2　深圳市智能交通企业分布

新技术环境下，交通大数据的开放、共享、挖掘和应用成为新方向，互联网+智慧出行服务领域成为产业热点，车联网及自动驾驶逐步由概念进入应用[1, 4]。

2.2　存在问题

结合现状调研，深圳市智能交通产业发展存在制度机制、人才技术、产业效率、资金政策和市场秩序五方面的问题[1]（见表 1）。

表 1　深圳市智能交通产业问题[1, 4]

类型	核心问题
制度机制	政府引导角色不强，协调机制不完善； 标准覆盖面不足或滞后于行业发展； 企业众多但规模小、资金薄弱； 产业链结构不合理，低端产业重复投资，产业组织未覆盖完整产业链； 数据共享机制有待建立
人才技术	缺乏领军企业和人才，核心技术研发能力不足
产业效率	技术产业化速度慢、产业效率较低
资金政策	投融资政策渠道单一，技术创新扶持力度不足
市场秩序	知识产权侵权行为多发，存在不公平竞争

3 前景研判

3.1 产业边界划定

目前，国际上关于智能交通产业边界尚无明确界定。广义的智能交通应涵盖通过信息、数据通讯传输、电子传感、控制、计算机、大数据、互联网等先进技术，在人和物的移动过程中提供出行信息、载运工具或者其他服务的领域。可考虑从系统功能、产业链和专业领域三个角度划分智能交通产业边界。

■ 从系统功能角度

美国智能交通系统包括出行和运输管理（TIM）、公共交通运输管理系统（PTM）、电子收费系统（EP）、商业车辆运行系统（CVO）、紧急情况管理系统（EM）、先进车辆安全系统（AVS）、信息管理系统（IM）和养护和施工管理系统（MCM）8 个系统。美国将与这 8 个系统相关的产业均归入智能交通产业[7]。

■ 从产业链角度

智能交通产业包括算法提供商、数据提供商、芯片集成电路制造商、软件制造商、硬件制造商、系统集成商、咨询服务商、运营服务商和终端客户。因此所有与产业链直接相关的客户、建设方、集成商、产品商以及服务商均属于智能交通产业范畴，即互联网+交通、车联网等均应纳入智能交通的范畴[7]。

■ 从专业领域角度

从专业领域角度，本次研究界定传统智能交通产业包括智能停车、智能公交、车载导航与定位、信号控制、交通监控、指挥调度和运营服务等；新兴智能交通产业包括互联网+交通、车联网、智能汽车等。无论是传统还是新兴智能交通产业军属于智能交通产业的范畴。

3.2 产业规模预测

2014 年，中国机动车保有量达到 2.6 亿辆，2015 年超越美国位居世界第一。近年来中国经济持续保持强劲发展势头，与美国差距在逐步缩小，2015 年美国 GDP 达 18.1 万亿美元，中国 GDP 达 10.4 万亿美元。根据统计，美国 2010 年智能交通产业的规模达 3.29 万亿元，约占 GDP 的 3.3%。按照次占比计算，预计中国 2020 年智能交通产业规模至少将达到 3 万亿元[4, 6, 8~10]。

通过深圳市智能交通产业问卷调研，估算深圳市现状智能交通产业规模约 276 亿元，约占 GDP 的 1.7%。根据《深圳市智能交通“十三五”规划》，2020 年深圳市智能交通产业规模约 1300 亿元，约占当年 GDP 的 5%，略高于全国水平[9~11]（见表 2）。

表 2 智能交通产业占 GDP 的比重

年份	智能交通产业规模（亿元）	GDP（万亿元）	占比
美国（2010）	32895	98.4	3.3%
中国（2020）	30591	92.7	3.3%
深圳（2014）	276	1.6	1.7%
深圳（2020）	1300	2.6	5.0%

对比 2020 年四大支柱产业和六大战略新兴产业的发展趋势，智能交通产业有望发展成为深圳市支柱产业或战略新兴产业（见图 3 和图 4）。

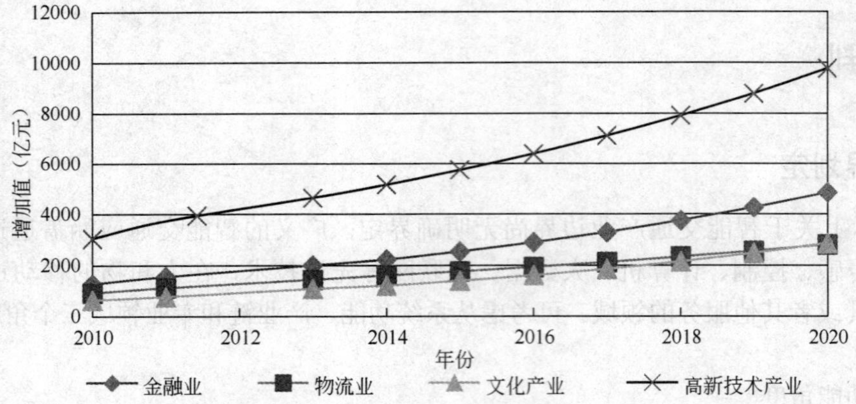

图 3　深圳市四大支柱产业发展趋势预估

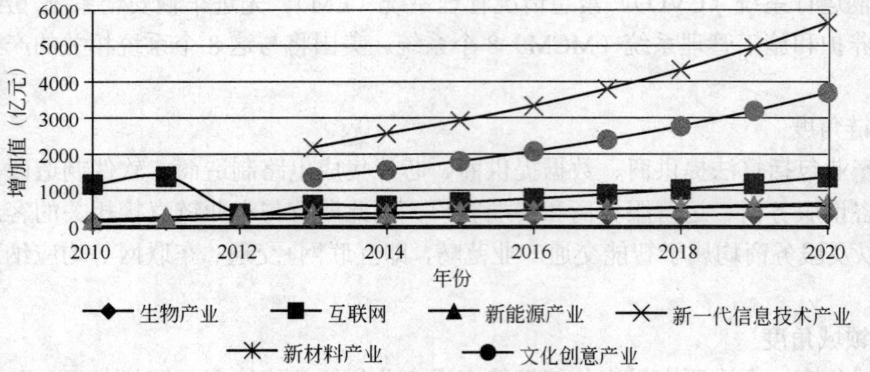

图 4　深圳市六大战略新兴产业发展预估

4　经验借鉴

美国、欧洲和日本是世界上智能交通产业发展最先进的国家和地区。以美国为例，2009 年智能交通产业链总规模达到 1115 亿美元，2010 年智能交通产业链总规模达到 5000 亿美元，产业增速是全美整体经济增速的 4.3 倍[4]。美国、欧洲和日本特别注重制度机制、人才技术、产业效率、资金政策和市场秩序五个方面的建设（见表 3）。

表 3　美国、欧洲、日本智能交通产业和深圳物流产业发展经验[12~27]

建设内容	横向对比			纵向对比
	美国 ITS 产业	欧洲 ITS 产业	日本 ITS 产业	深圳物流产业
制度机制	政府主导，协会支持	政府主导和引导，协会组织促进欧洲 ITS 大市场的形成，注重全欧技术标准的统一	政府主导和引导 协会支持	明确政府责任，成立领导小组、制定规划、指引方向、建立平台、完善标准
人才技术	减免政策和保障新技术的研发	积极推动自动驾驶等新技术的发展	—	非常注重培养企业和人才，加快信息技术的应用
产业效率	特别注重沟通渠道建设和市场数据的收集	企业参与通过协会获取最新发展趋势，参与核心市场拓展	统筹规划、统一标准、统一认识	注重从产业链+联合产业角度发展建立现代物流
资金政策	注重资金投入和投融资政策的改善	政府投入为主	采用政企合作的形式；资金持续投入	注重土地、税收、用电等优惠政策，特殊时期的补贴政策，多渠道融资政策
市场秩序	拥有非常完善的知识产权法律	—	—	制定认证制度、诚信体系、评价体系，完善市场监管

5 促进政策

政府主导智能交通产业发展，充分给予资金保障及政策支持，引导创造良性发展环境，推进智能交通产业健康有序发展。到2020年，初步形成结构合理的产业体系，产业发展市场规范有序，研发并推广应用一批具有基础性、紧迫性的重大科技成果。到2025年，形成一批具有较强国际竞争力的智能交通企业，打造一批具有较强市场影响力的品牌[1]。

5.1 制度机制建设

根据企业问卷调查，深圳市 96%的智能交通企业希望制定产业规划，引导产业发展，72%的企业希望制定细分领域的促进政策，60%的企业希望加大对行业协会的扶持力度，56%的企业希望明确政府角色及定位（见图5）。

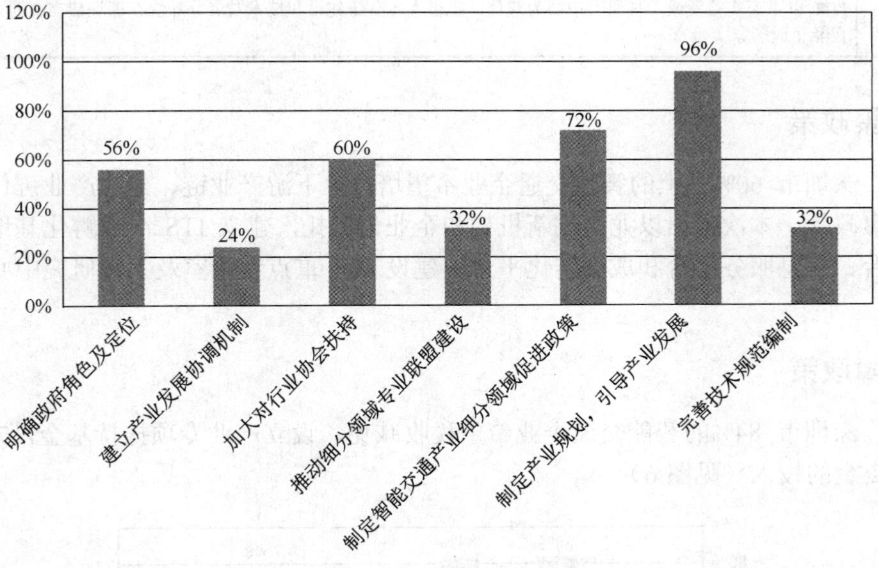

图5 制度机制的企业调研结果

结合调研结果，本次提出智能交通产业制度机制建设方面应重点在组织协调机制、数据共享、标准制定和统计制度四个方面采取措施（见表4）。

表4 制度机制建设

促进政策	核心内容
组织协调	将ITS纳入深圳市新兴高技术产业体系中，依托已成立的深圳新兴高技术产业发展领导小组，建立全市ITS产业发展联席会议制度，负责产业发展协调、规划政策编制、ITS企业认定、享受优惠政策条件审定及专项资金管理等
数据共享	■ 推进数据开放共享，整合多元交通信息服务资源 ■ 推进交通信息资源向社会开放，建立ITS大数据公开共享和安全交换机制 ■ 引入民营资本和企业，共同建设交通数据和服务运营企业，建立大数据运营新载体
标准制定	■ 依托ITS标准化技术委员会加快团体标准制修订 ■ 依托标准院等专业机构加强国家和行业标准的跟踪 ■ 依托产业促进会、协会等社会团体，鼓励企业深度参与（特别是龙头企业）推荐性标准的制修订 ■ 鼓励企业成立ITS标准联盟、起草ITS产业标准
统计制度	建立重点企业跟踪直报制度和产业统计公报制度，及时发现企业生产经营中存在的主要矛盾和问题，做好产业经济运行的预警预报工作

5.2 人才技术支撑

通过调研，发现 88%的企业倾向于培育本地领军人才和企业，76%的企业希望推动 ITS 创新平台建设，64%的企业期待更多的人才补贴政策。结合调研结果，人才技术方面的政策主要包括人才和企业两类（见表 5）。

表 5 人才技术支撑建设

促进政策	核心内容
人才政策	■ 纳入高新技术产业发展政策，鼓励 ITS 产业人才申报高层次专业人才认定，并按照有关规定享受住房、配偶就业、子女入学和学术研修津贴等优惠政策 ■ 鼓励海外优秀人才回国创业或从事科研教学工作 ■ 重视本地人才培养，培育行业领军人才和企业 ■ 加大现有高层次人才计划对 ITS 产业优秀人才引进的支持和倾斜力度
企业政策	■ 打造深圳市 ITS 技术创新平台、搭建研发合作平台和产业技术中心 ■ 以重点实验室或工程研究中心为载体，推进人才队伍建设和技术发展。加快在深圳建立交通大数据国家实验室和智能交通国家实验室

5.3 产业集聚政策

通过调研，深圳市 60%以上的智能交通企业希望培育上下游产业链、建立产业孵化基地、基于产业基地财税优惠政策。本次提出以龙头创新机构和企业为依托，建立 ITS 产业孵化基地；搭建各类研发技术公共平台、信息服务平台和成果转化平台。建设 ITS 重点实验室及工程研究中心，培育产业链龙头企业。

5.4 资金保障政策

通过调研，深圳市 84%的智能交通企业希望税收减免、设立产业专项扶持基金，76%的企业希望重视核心技术资金的投入（见图 6）。

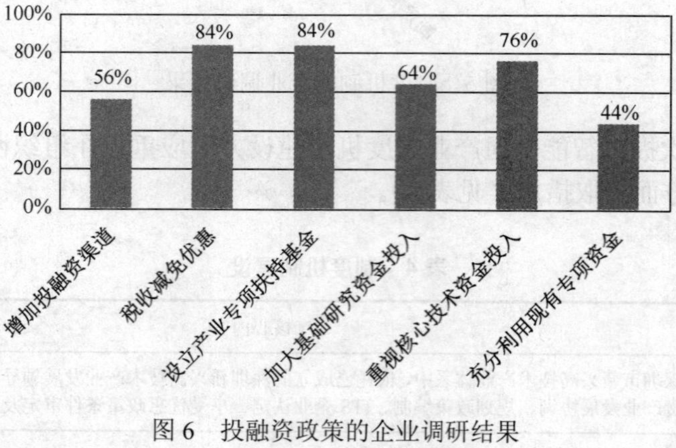

图 6 投融资政策的企业调研结果

综合考虑政府和企业的诉求，本次提出完善投融资政策，设立发展专项基金等政策，为智能交通产业提供资金保障（见表 6）。

表 6 资金保障政策

促进政策	核心内容
投融资政策	■ 完善投融资政策体系，增加投融资渠道，形成多渠道（政府、社会）、多层次（市、区财政）的产业投入体系，明确配套比例，通过政府投入的杠杆作用，引导社会资金进入智能交通产业

续表

促进政策	核心内容
投融资政策	■ 发挥政府引导和市场主导的作用，初期可采取政府的引导基金与社会资本相结合的方式，逐步过渡到完全由社会资本主导 ■ 鼓励采用 PPP 模式推进 ITS 基础设施的建设、运营和管理（如英国国家交通控制中心、德国柏林的城市交通控制系统、韩国松岛新城的安全监控系统等）
ITS 产业发展专项基金	■ 推动 ITS 产业纳入全市战略性新兴产业体系，通过市财政新增及市高新技术重大项目专项资金、科技研发资金等倾斜方式，设立产业发展专项资金，建立持续性投入机制 ■ 明确 ITS 产业发展专项资金资助优先方向和重点，加大基础性研究行业研究阶段的资金投入，加大核心技术转化产业的资金投入
其他专项资金	加大现有其他专项资金对 ITS 产业支持力度，充分利用现有其他各类专项资金，如省、部、市和区级资金和社会资金

5.5 市场秩序维护

通过调研，深圳市 64%的智能交通企业希望建立知识管理规章制度，72%的企业希望设立知识产权保护基金，60%的企业希望加大对侵权行为的处罚力度。

市场秩序维护政策包括设立 ITS 产业化知识产权保护基金、完善产业重点细分领域法律法规和加大对侵权行为的处罚力度等。

6 结语

随着互联网+、物联网和大数据等新技术推动，通过制度机制建设、人才技术支撑、产业集聚发展、资金政策保障和市场秩序维护五大政策的实施，将为智能交通产业的发展奠定坚实的基础。深圳智能交通产业处于新的战略机遇期，通过建立合理的产学研布局，形成珠三角地区完整产业链，支撑深圳发展成为支柱产业，发挥“一带一路”战略桥头堡示范效应。同时，也将支撑深圳智慧城市和创新型城市构建，在全国形成创新引领的示范效应。

参考文献

[1] 深圳市城市交通规划设计研究中心．深圳市智能交通产业促进政策和措施研究［R］．2016.

[2] 交通运输部办公厅．关于推进交通运输信息化智能化发展的指导意见［Z］．2013-09-24.

[3] 深圳市人民政府．智慧深圳建设实施方案（2013—2015 年）［Z］．2013-09-26.

[4] 深圳市空间智慧交通设计咨询有限公司．智能交通行业评估报告（送审稿）［R］．2015.

[5] 深圳市交通运输委．构建现代化智能交通体系［Z］．2013-05-29.

[6] 深圳市都市交通规划设计研究院有限公司，深圳市易行网交通科技有限公司．深圳市智能交通“十三五”规划（第一轮征求意见稿）［R］．2016.

[7] 上海美慧软件有限公司．智能交通产业政策研究报告［R］．2016.

[8] 美国统计局官网 http：//www．bea．gov/.

[9] 中国统计局官网 http：//www．stats．gov．cn/.

[10] 中国政府网．中华人民共和国国民经济和社会发展第十三个五年规划纲要［Z］．2016-03.

[11] 深圳市人民政府．深圳市智能交通“十三五”规划（征求意见稿）［Z］．2016-03.

[12] 岳建明．智能交通产业的技术创新联盟研究［D］．北京：北京交通大学，2014.

[13] 美国智能交通协会 http：//www．itsa．org.

[14] 深圳市人民政府．关于加快发展深圳现代物流业若干意见的通知［Z］．2002-10-13.

[15] 深圳市财政局，深圳市交通局．深圳市现代物流业发展专项资金管理暂行办法［Z］． 2006-03-16.

[16] 深圳市人民政府．关于加快我市高端服务业发展的若干意见［Z］．2007-07-01.
[17] 国务院．物流业调整和振兴规划［Z］．2009-03-10.
[18] 深圳市交通运输委．深圳市关于支持物流企业应对金融危机的专项资金措施［Z］． 2009-05-01.
[19] 深圳市人民政府．深圳市贯彻实施国家《物流业调整和振兴规划》方案（2009—2012）［Z］． 2009-07-27.
[20] 深圳市人民政府．关于支持物流企业应对金融危机的专项资金措施［Z］．2009-08-24.
[21] 深圳市财政委，深圳市交通运输委．深圳市现代物流业发展专项资金管理暂行办法［Z］． 2009-09-11.
[22] 深圳市标准化指导性技术文件．食品冷链技术与管理规范（SZDB/Z 41—2011）［S］．2011.
[23] 深圳市人民政府．深圳市现代物流业发展“十二五 ”规划［Z］．2011-12-01.
[24] 深圳市人民政府．深圳市全市性物流公共信息服务平台项目认定管理实施细则［Z］．2012-11．05.
[25] 国家发展改革委．全国物流园区发展规划（2013—2020 年）［Z］．2013-09-30.
[26] 深圳市财政委，深圳市交通运输．深圳市现代物流业发展专项资金管理办法［Z］． 2013-09-11.
[27] 深圳市人民政府．关于促进深圳电子商务物流业发展若干措施的通知［Z］．2014-09-26.

基于卡尔曼滤波的高速公路交通状态估计模型构建及效果评价

沈家军[1]　王　昊[2,3]　董长印[2,3]　秦严严[2,3]　张　辉[2,3]

（1．扬州大学，扬州 225127；2．东南大学城市智能交通江苏省重点实验室，南京 210096；
3．东南大学现代城市交通技术江苏高校协同创新中心，南京 210096）

摘　要：本文构建出基于卡尔曼滤波的高速公路交通流状态估计模型，运用 PeMS 数据库进行大量试验，并对试验结果进行更为全面的分析与评价。试验中，以检测器间隔、时间步长、参数初始值等作为模型的影响因素，采用平均误差、均等系数等数理统计指标，同时结合了跟踪轨迹图和误差图等进行定量和定性分析。结果发现，模型在非拥挤态下的估计精度可达 90%，而拥挤态的精度在 80%左右；模型精度同时受到检测器间距和时间步长影响，而对初始值不敏感，其中推荐估计的时间步长不超过 10 分钟。论文相关研究结论可为日后高速公路管理与控制提供理论基础和技术支持。

关键词：交通流；交通状态估计；卡尔曼滤波；高速公路

Establishment and Analysis of Freeway Traffic State Estimation ModelBased on Kalman Filter

Shen Jiajun[1]　Wang Hao[2,3]　Dong Changyin[2,3]　Qin Yanyan[2,3]　Zhang Hui[2,3]

(1. Yangzhou University, Yangzhou 225127; 2.Jiangsu Key laboratory of Urban Intelligent Transportation System, Southeast University, Nanjing 210096; 3. Jiangsu Province Collaborative Innovation Center of Modern Urban Traffic Technologies, Southeast University, Nanjing 210096)

Abstract: This paper presents an approach of freeway traffic state estimation based on Kalman filter. Applied to PeMS database, this estimation model is investigated via simulation to identify properties and possible weaknesses.Moreover, this paper takes the influences of distance, time interval, and initial value on accuracy into considerations. Not only trajectories of observation and estimation, but also statistical indices(Mean Absolute Error, Equal Coefficient etc.)demonstrate that the state estimation model is stable and feasible enough for engineering application.The results indicate that the accuracy of traffic state estimation model is about 90% under uncrowded state, while round 80% under crowded state. Besides, the accuracy is sensitive to distance and time interval rather than initial value. Related achievements can be guidance for highway design, operation and management.

Key words: Traffic Flow, Traffic State Estimation, Kalman Filter, Freeway

1 引言

随着交通需求的不断增加，作为客货运输主要承担者的高速公路面临的交通拥挤、交通安全以及环境污染等问题已经越来越严重，并引起了全球范围的广泛关注和重视。交通流主动控制与诱导是缓解高速公路交通拥堵问题的关键手段之一，而交通流主动控制和诱导主要依靠交通流状况的估计来实现。就智能运输系统（ITS）领域而言，交通流状况估计一般以短时（5 分钟、10 分钟或 15 分钟）估计为主。短时交通状况估计结果可用于先进的交通管理系统，以便管理者制订和实施具有针对性的交通管理措施，对交通流进行实时调节和路径诱导；也可以直接发送到先进的交通信息系统，为出行者提供实时有效的交通状况估计信息，以便其更好地进行路径选择，从而缩短出行时间和减少交通拥挤[1]。因此，高速公路交通流状况估计是预防及缓解高速公路交通拥堵问题的一个重要途径。

1971 年，Gazis 和 Knapp[2, 3]首次提出利用现代状态估计理论研究交通流状态估计的问题；Papageorgiou 团队[4, 5]充分运用二阶宏观随机交通流模型给交通状态估计带来的便利，将道路划分成若干等距离的路段，赋予每一个路段密度、平均速度等交通流参数，通过非线性递归方程实现更新，进而系统研究了利用卡尔曼滤波进行交通状态估计的问题，同时提出了通用的估计算法，并将此算法应用到德国慕尼黑附近的高速公路上；Hiribarren 等人[6]则使用轨迹数据对交通状态进行实时估计。中国学者偏重于对状态估计模型改进和对比的研究，如 Cheng 等人[7~9]将自适应滤波器与宏观交通流模型结合起来，分别比较了卡尔曼滤波、粒子滤波等滤波器在实时交通状态估计中的性能，结果表明所有滤波方法均能实现交通状态的有效估计，但卡尔曼滤波的估计效率最高，可实践性最强；而徐天东等人[10]建立了基于扩展卡尔曼滤波的快速路实时交通状态估计和行程时间估计模型，以上海市典型快速路的实测数据验证了交通状态估计模型具有良好的跟踪能力。

纵观以上基于卡尔曼滤波的高速公路交通流状态估计相关的研究成果，共同性都在于缺乏对影响状态估计精度的相关影响因素的研究，如检测器布设间距、检测时间间隔、高速公路基本路段长度等，即使部分研究涉及，也没有做出更为详细的分析。对于估计结果的评价方面，鲜有结合数理统计指标和跟踪能力、初值敏感度等分析。本文拟基于卡尔曼滤波，构建高速公路交通流状态估计模型，并使用实测的高速公路多个连续检测点交通流数据，进行高速公路交通流参数（密度和速度）的估计，并对模型的估计精度进行评价。相关研究成果可为高速公路交通运营、管理及控制系统提供理论支撑和应用参考。

2 交通流状态估计模型

2.1 宏观交通流模型

高速公路交通流具有流动、波动、激波、压缩和扩散等流体属性，宏观流体模型近似将高速公路交通流视为连续流体，即将流量、速度、密度等集聚变量看作时间和空间的连续函数。若考察一条带有若干出入口匝道的高速公路，根据流体力学，定义流量、速度和密度等集聚变量来描述车流的行为，从而建立车辆守恒的连续方程。本文选用随机二阶非线性差分模型——Payne-Papageorgiou 交通流模型来进行交通流状况估计。该宏观模型适合于自由流状况、最大交通量临界状况等交通情景，其通常以离散的时空形式呈现。

（1）～（4）分别表示守恒方程，动态速度方程，交通量方程和静态速度方程。

$$\rho_i(k+1)=\rho_i(k)+\frac{T}{\Delta_i\lambda_i}[q_{i-1}(k)-q_i(k)+r_i(k)-s_i(k)] \tag{1}$$

$$v_i(k+1)=v_i(k)+\frac{T}{\tau}\left[V\left(\rho_i(k)\right)-v_i(k)\right]+\frac{T}{\Delta_i}v_i(k)\left[v_{i-1}(k)-v_i(k)\right]$$
$$-\frac{vT}{\tau\Delta_i}\frac{\left[\rho_{i+1}(k)-\rho_i(k)\right]}{\rho_i(k)+\kappa}-\frac{\delta T}{\Delta_i\lambda_i}\frac{r_i(k)v_i(k)}{\rho_i(k)+\kappa} \tag{2}$$

$$q_i(k)=\rho_i(k)\cdot v_i(k)\cdot\lambda_i \tag{3}$$

$$\mathrm{V}(\rho)=v_f\exp\left[-\frac{1}{a}\left(\frac{\rho}{\rho_{cr}}\right)^a\right] \tag{4}$$

以下是关于几个与宏观交通流模型有关的变量的描述。

交通密度ρ_i（k）是在路段结点 i 路段（k−1）T 至 kT 时刻内在一条路道上车辆数除以车道长度。其在式中含义为在时间[（k−1）T，kT]内，第 i 路段内的车辆数 N 除以该路段的长度Δi 和车道数λ_i，单位：辆/(千米·车道)。平均速度 $v_i(k)$是在第 i 路段 kT 时刻的车辆平均速度。其在式中含义为，在时间[(k−1）T，kT]内，第 i 路段内的车辆的平均速度，单位：千米/小时。交通量或者流量 q_i（k）是在时间[（k−1）T，kT]之间的经过第 i 路段的车辆总数除以离散时间步长 T。其在式中含义为，在[（k−1）T，kT]时间内离开第 i 路段内的车辆数除以 T，单位：辆/小时。v_f表示自由流速度，ρ_{cr}表示临界密度，τ表示车速对前方密度变化响应的滞后时间，κ为修正系数，防止除数为 0，δ和 a 均为方程调整系数。τ、δ、κ、a、v_f和ρ_{cr} 等是与具体路况有关的常数，它们受交通特性、道路几何形状、车辆特性等因素的影响。在本文中，所有模型参数在所有路段的值相同。

2.2 卡尔曼滤波模型

对于交通流状态估计，有限的研究工作和相应的估计算法均基于卡尔曼滤波并应用于非线性系统的扩展。卡尔曼滤波是一种应用于包含随机噪声和有限的实时噪声测量数据的最优状态估计量，最早由 Kalman 和 Bucy 于 1960 年提出，是一种基于线性回归的预测方法。其采用由状态方程和观测方程组成的线性随机系统的状态空间模型来描述滤波器，并利用状态方程的递推性，按线性无偏最小均方误差估计准则，采用一套递推算法对滤波器的状态变量作最佳估计，从而求得滤掉噪声的有用信号的最佳估计，具体如公式（5）所示。

$$\begin{cases}\hat{X}_t=\hat{X}_{t|t-1}+K_t\left\{Y_t-\left(B_t\hat{X}_{t|t-1}+\overline{V}_t\right)\right\}\\ \hat{X}_{t|t-1}=A_{t-1}\hat{X}_{t-1}+\overline{U}_{t-1}\\ K_t=P_{t|t-1}B_t'\left(B_tP_{t|t-1}B_t'+R_t\right)^{-1}\\ P_{t|t-1}=A_{t-1}P_{t-1}A_{t-1}'+Q_{t-1}\\ P_t=\left(P_{t|t-1}^{-1}+B_t'R_t^{-1}B_t\right)^{-1}\end{cases} \tag{5}$$

式中，t 为时间，X 为状态变量向量，Y 为观测变量向量，A 为状态转移矩阵，B 为观测矩阵，U 和 V 分别为随机策动噪声向量和观测噪声向量，两者为不相关的高斯白噪声序列，Q 和 R 为协方差矩阵，K 是增益矩阵，P 是误差协方差矩阵。

卡尔曼滤波模型是典型的状态空间模型，由状态转移方程和观测方程组成。卡尔曼滤波的实质是由观测值重构系统的状态变量，以“估计—实测—修正”的顺序递推，根据系统的观测值来消除随机干扰，再现系统的真实状态。其基本原理是通过状态变量前一时刻的最佳估计值，根据状态转移方程对当前状态进行估计（先验估计），然后基于观测方程，通过当前状态的观测值对状态变量的估计进行修正估计，以获得状态变量的最佳估计（后验估计），依次迭代，从而实现卡尔曼滤波的递推过程。运用卡曼尔曼滤波进行交通流状态估计，相比于多元回归模型、自适应权重模型、状态空间重构模型、神经网络模型等，在相同估计精度条件下，其快速迭代计算的特征能得以显现，使得估计效率更高。

2.3 交通流状态估计综合模型

为了简化问题，不考虑高速公路上下匝道，r_i（k）=s_i（k）=0，离散化的宏观交通流模型如下：

$$\rho_i(k+1)=\rho_i(k)+\frac{T}{\Delta_i\lambda_i}[\rho_{i-1}(k)\cdot v_{i-1}(k)-\rho_i(k)\cdot v_i(k)] \tag{6}$$

$$\begin{aligned} v_i(k+1)=&v_i(k)+\frac{T}{\tau}\left[v_f\exp(-\frac{1}{a}\left(\frac{\rho_i(k)}{\rho_{cr}}\right)^a)-v_i(k)\right]+\frac{T}{\Delta_i}v_i(k)\left[v_{i-1}(k)-v_i(k)\right]\\ &-\frac{vT}{\tau\Delta_i}\frac{\left[\rho_{i+1}(k)-\rho_i(k)\right]}{\rho_i(k)+\kappa} \end{aligned} \tag{7}$$

$$K(k+1)=P(k+1/k)\left[\frac{\partial g}{\partial\hat{\boldsymbol{x}}(k+1/k)}\right]^{\mathrm{T}}\left[\frac{\partial g}{\partial\hat{\boldsymbol{x}}(k+1/k)}P(k+1/k)\left\{\frac{\partial g}{\partial\hat{\boldsymbol{x}}(k+1/k)}\right\}^{\mathrm{T}}+R(k+1)\right]^{-1} \tag{8}$$

$$P(k+1/k)=\frac{\partial f}{\partial\hat{\boldsymbol{x}}(k)}P(k)\left\{\frac{\partial f}{\partial\hat{\boldsymbol{x}}(k)}\right\}^{\mathrm{T}}+\Gamma[x(k)]Q\Gamma^{\mathrm{T}}[x(k)] \tag{9}$$

$$P(k+1)=\left[I-K(k+1)\frac{\partial g}{\partial\hat{\boldsymbol{x}}(k+1/k)}\right]P(k+1/k) \tag{10}$$

其中，

$$\frac{\partial f}{\partial\hat{\boldsymbol{x}}(k)}=\begin{pmatrix}\dfrac{\partial f_1}{\partial\boldsymbol{x}_1(k)} & \dfrac{\partial f_1}{\partial\boldsymbol{x}_2(k)}\\ \dfrac{\partial f_2}{\partial\boldsymbol{x}_1(k)} & \dfrac{\partial f_2}{\partial\boldsymbol{x}_2(k)}\end{pmatrix} \tag{11}$$

$$\frac{\partial g}{\partial\hat{\boldsymbol{x}}(k+1/k)}=\begin{pmatrix}\dfrac{\partial g_1}{\partial\hat{\boldsymbol{x}}_1(k+1/k)} & \dfrac{\partial g_1}{\partial\hat{\boldsymbol{x}}_2(k+1/k)}\\ \dfrac{\partial g_2}{\partial\hat{\boldsymbol{x}}_1(k+1/k)} & \dfrac{\partial g_2}{\partial\hat{\boldsymbol{x}}_2(k+1/k)}\end{pmatrix} \tag{12}$$

式中：

$$\frac{\partial f_1}{\partial\boldsymbol{x}_1(k)}=1-\frac{\mathrm{T}}{\Delta_i}\cdot v_i(k)\text{，}\quad \frac{\partial f_1}{\partial\boldsymbol{x}_2(k)}=-\frac{\mathrm{T}}{\Delta_i}\cdot v_{i-1}(k)\text{；}$$

$$\frac{\partial f_2}{\partial\boldsymbol{x}_1(k)}=\frac{T}{\tau}\cdot v_f\exp\left(-\frac{1}{a}\left(\frac{\rho_i(k)}{\rho_{cr}}\right)^a\right)\cdot\left[-(\frac{\rho_i(k)}{\rho_{cr}})^{a-1}\right]\cdot\frac{1}{\rho_{cr}}\text{；}$$

$$\frac{\partial f_2}{\partial\boldsymbol{x}_2(k)}=1-\frac{T}{\tau}+\frac{T}{\Delta}\cdot v_{i-1}(k)-\frac{2T}{\Delta}\cdot v_i(k)\text{。}$$

系统噪声方差矩阵 Q（k）和测量噪声矩阵 R（k）均由仿真产生的测量数据实时计算得到，噪声驱动矩阵 $\Gamma[x(k)]$ 在本文中采用常数矩阵。参数 τ、δ、κ、a、v_f 和 ρ_{cr} 均通过遗传算法在线标定。

如式（13），扩展卡尔曼滤波包括两个部分。

（1）模型部分，在任意时刻提供纯粹的基于模型的状态估计。

（2）修正部分，基于任意时刻 k 所得的实时测量数据进行修正。

$$\hat{x}(k+1/k)=\underbrace{(f[\hat{x}(k+1/k),0])}_{\text{模型}}+\underbrace{K(k)[y(k)-g(\hat{x}(k/k-1),0)]}_{\text{修正}} \tag{13}$$

图 1 即为本文所建构的基于卡尔曼滤波的高速公路交通流状态估计模型示意图。

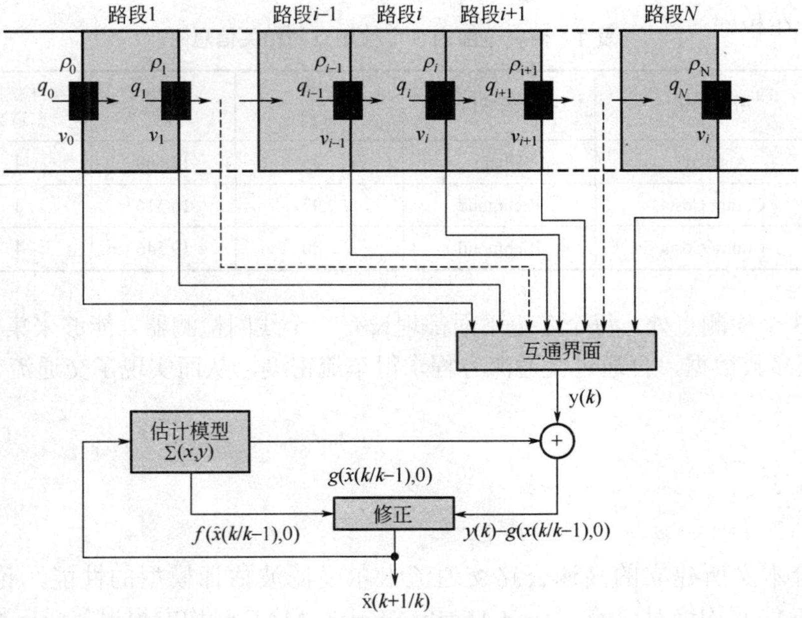

图1　基于卡尔曼滤波的高速公路交通流状态估计模型示意图

3　数据来源

为了通过实时交通监控提高高速公路系统的运行效率，加州 PeMS 系统能够实时采集并存储交通流率、占有率和平均地点车速等交通流数据，并通过相关算法将数据转换为交通运营管理的可用信息。为了能够从后台提取交通流数据，分车道交通流数据以 30 秒为间隔自动上传到 PeMS 系统，然后汇集成 5 分钟间隔的交通流数据。

本文获取的交通流数据为美国 I-80 洲际高速公路加州湾区东向走廊 13 个检测点 2006 年 5 月 8 日的交通密度和平均速度数据。具体路段实际走向及检测点设置位置如图 2 所示，其中该图展示出了 13 个检测点以及下文选择试验的中间三个检测点（相关信息见表 1）。

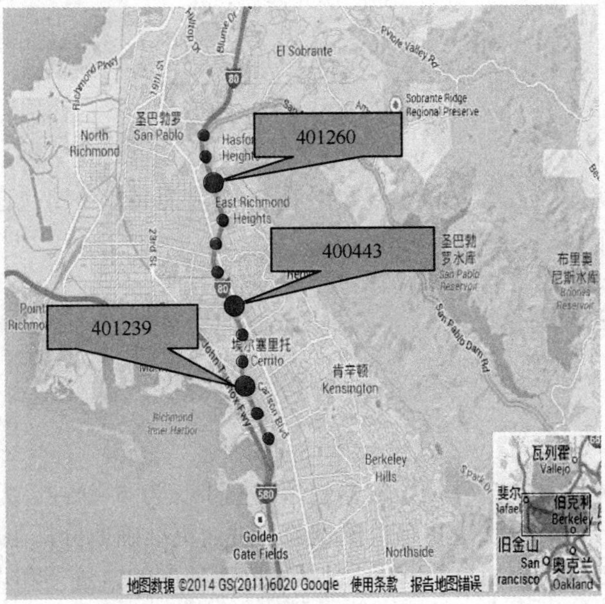

图2　研究范围的路段及检测点的位置图

表 1 研究范围内 3 个检测点的相关信息

检测点编号	所属区域	所属城市	加州标程	绝对标程	检测车道数	路段类型
401239	Alameda	Albany	7.35	12.660	4	主线
400443	Contra Costa	Richmond	2.97	16.316	4	主线
401260	Contra Costa	Richmond	6.20	19.546	4	主线

图 2 中，在 13 个检测点处，每个车道下面都埋设有一个线圈检测器，能够采集交通流率、平均地点车速两个交通流参数数据，再通过交通流方程求得车流密度，从而实现了交通流密度和速度观测值的获取。

4 评价指标

为了有效评价本文所建立的高速公路交通流卡尔曼滤波估计模型的性能，论文选取平均误差（Average Error，AE）、平均绝对误差（Mean Absolute Error，MAE）、均方根误差或标准误差（Root Mean Squared Error，RMSE）和均等系数（Equal Coefficient，EC）四个评价指标对模型估计结果进行评估分析。其中，AE 描述了估计值相对于观测值的可靠程度，平均误差小，则估计的可靠性大；MAE 反映了观测值与估计值两者间误差的绝对值；RMSE 体现了观测值与估计值之差的敏感度，尤其是对差值中特大特小的数据，是检验估计精准度的有效指标；EC 从几何特征方面反映了估计曲线是否跟踪了观测曲线的走向趋势，其值越高，则整体估计效果与实际观测值越接近，估计效果越理想。

$$\mathrm{AE}=\frac{1}{N}\sum_{k=1}^{N}(X_k-\hat{X}_{k|k-1}) \tag{14}$$

$$\mathrm{MAE}=\frac{1}{N}\sum_{k=1}^{N}\left|X_k-\hat{X}_{k|k-1}\right| \tag{15}$$

$$\mathrm{RMSE}=\sqrt{\frac{1}{N}\sum_{k=1}^{N}\left(X_k-\hat{X}_{k|k-1}\right)^2} \tag{16}$$

$$\mathrm{EC}=1-\frac{\sum_{k=1}^{N}\left(X_k-\hat{X}_{k|k-1}\right)^2}{\sum_{k=1}^{N}\left(X_k+\hat{X}_{k|k-1}\right)^2} \tag{17}$$

式中，X_k 为高速公路交通流率、占有率和速度数据值；$\hat{X}_{k|k-1}$ 为高速公路交通流率、占有率和速度估计值；N 为交通流数据样本个数。

5 状态估计试验与评价

5.1 普通试验

此处所做普通估计试验的基本条件是检测器相邻时间步长为 5 分钟。为了更好地检验所建交通流状态估计模型性能，采用控制变量法进行多情况试验，进而更准确地分析出模型估计特征。图 3、图 4 即是对检测点 401239、400443 的估计效果图，包括密度、速度的轨迹图和误差图。

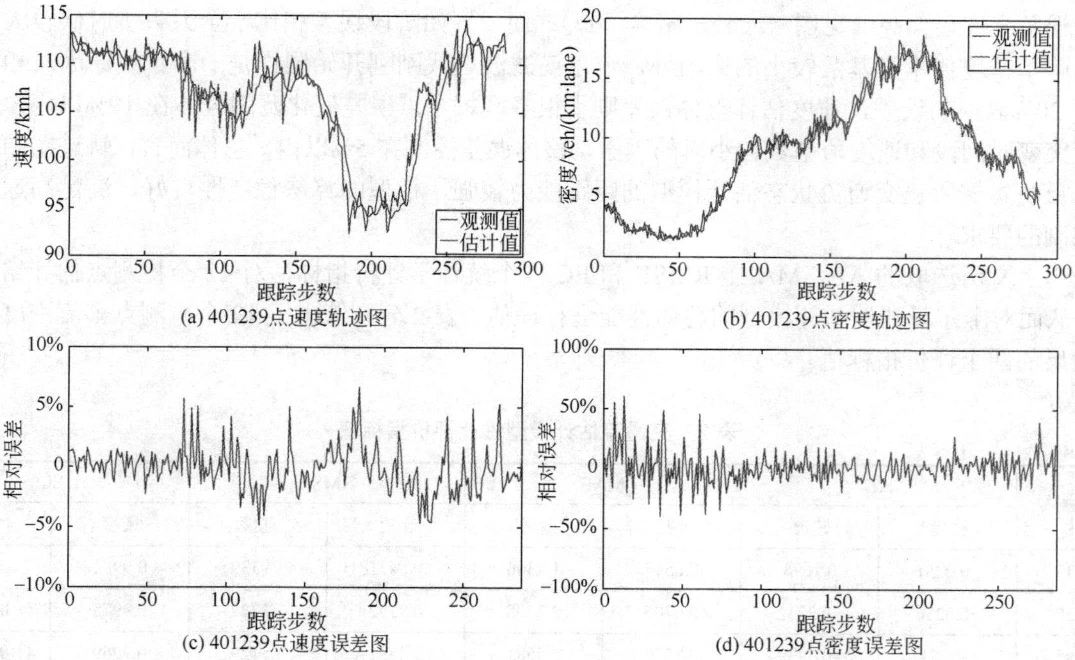

图 3　401239 点交通流状态估计效果图

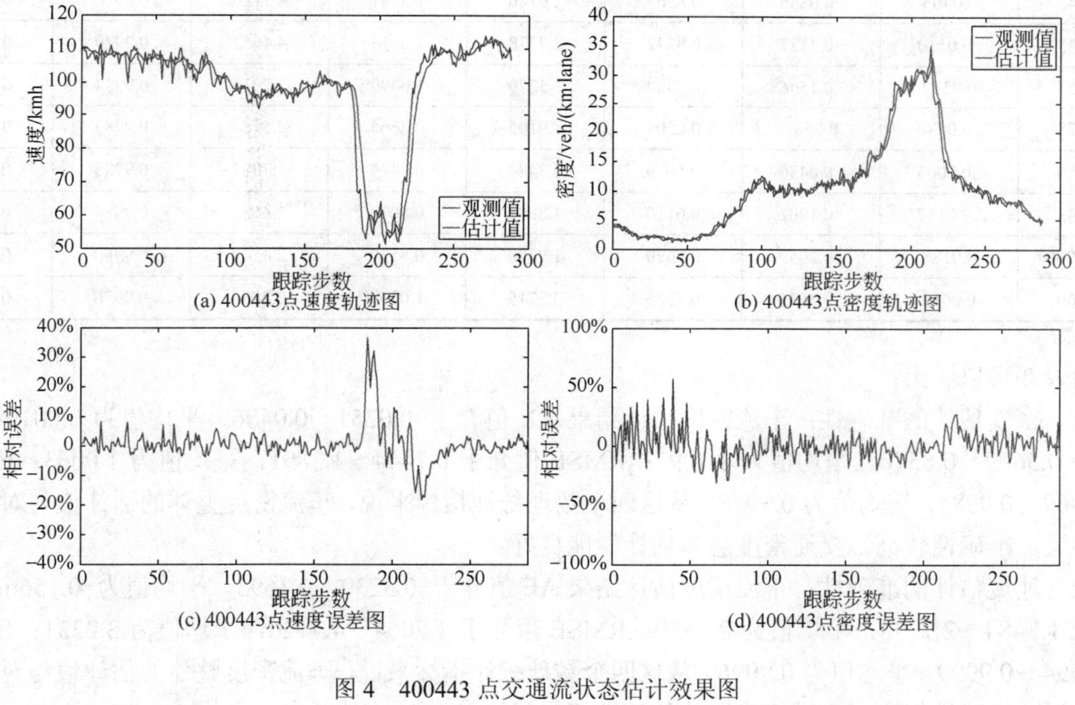

图 4　400443 点交通流状态估计效果图

从图 3、图 4 中可以看出，对 401239 点和 400443 点两个检测点的密度进行估计时，能够很好地跟踪其波动变化，并且估计延迟的特征表现不明显，能够很好反映实际密度变化；速度方面的估计，尽管估计延迟的特征较密度估计略显明显，但是依然能够很好地表征实际速度变化曲线，和实际速度的测量值较为贴近（见图 4（a）、图 4（b））。

密度和速度的估计值和观测值轨迹图能够很直观地显示估计效果，而误差图则可以更精确地展示每一时间段的估计偏差。从密度估计误差图中可以看出，除了一开始阶段和密度值较小时，其余时刻估计误差都维持在 20%以内。车辆增多到一定程度，密度较小时，密度观测值本身就比较小，基数小则估计误差会明显偏高（见图 4（c）、图 4（d））；而一开始阶段误差相比于全天大多时候较大，部分检测点除了密度值本身基数较小的原因外，卡尔曼滤波迭代刚刚开始同样是一个重要原因。相比于密度估计 20%以内的误差，速度估计整体误差则小很多，每个点误差变化范围大体在 10%以内，若不考虑速度突变时间段和速度值基数较小时的因素，整体误差控制在 5%以内。总体而言，轨迹图和误差图都可以反映本文所建交通流状态估计模型的跟踪能力较强，模型的算法稳定性良好，满足高速公路管理与控制的要求。

采用上文所选取的 AE、MAE、RMSE 和 EC 四个统计学评价指标，对 12 个检测点估计结果进行分析，从而对卡尔曼滤波估计模型的总体性能进行评估。表 2 分别给出了 12 个检测点车流密度和速度估计结果的四个评价指标值。

表 2 交通流估计模型性能评价指标值

检测点编号	AE		MAE		RMSE		EC	
	密度	速度	密度	速度	密度	速度	密度	速度
401239	−0.0251	0.1693	0.6515	1.4306	0.8471	1.9339	0.9982	0.9999
400329	−0.0236	−0.2232	0.6705	2.2208	0.9392	3.3227	0.9975	0.9997
401195	0.0081	−0.3239	0.8570	2.5581	1.3891	4.5129	0.9969	0.9994
401558	−0.0070	−0.3058	0.7151	2.3072	0.9735	3.5109	0.9978	0.9996
400445	0.0486	−0.0856	0.8265	2.6186	1.3541	4.7126	0.9976	0.9994
400443	−0.0110	−0.3127	0.8242	2.7778	1.2114	4.4653	0.9979	0.9994
401221	0.0352	−0.1546	0.7454	2.5279	1.0499	3.7919	0.9984	0.9996
401228	−0.0070	0.0588	0.6509	1.9105	0.8665	2.5184	0.9983	0.9998
400770	−0.0003	−0.0430	0.5699	1.3484	0.7444	1.7064	0.9985	0.9999
401243	−0.0157	−0.1902	0.6110	1.8605	0.8072	2.4632	0.9980	0.9998
401209	0.0188	−0.2052	0.6420	1.9390	0.8539	2.4549	0.9980	0.9998
401260	0.0012	−0.2632	0.7526	2.3715	1.0397	3.2851	0.9976	0.9997

由表 2 可以看出：

（1）密度估计的准确性：车流密度估计结果 AE 值介于−0.0251～0.0486，平均值为 0.0019；MAE 值介于 0.5699～0.8570，平均值为 0.7097；RMSE 值介于 0.7444～1.3891，平均值为 1.0063；EC 值介于 0.9969～0.9985，平均值为 0.9978。从这四个数理统计指标来说，车流密度整体的估计值与对应观测值较接近，准确性较高，交通密度总体估计性能良好。

（2）速度估计的准确性：车流速度估计结果 AE 值介于−0.3239～0.1693，平均值为−0.1566；MAE 值介于 1.3484～2.7778，平均值为 2.1559；RMSE 值介于 1.7064～4.7126，平均值为 3.2231；EC 值介于 0.9994～0.9999，平均值为 0.9996。从这四个数理统计指标来说，车流密度整体的估计值与对应观测值很接近，准确性很高，交通速度总体估计性能极好。

（3）交通密度和速度估计的准确性比较：由于交通密度和速度的单位不同，并且 AE、MAE、RMSE 三个指标和密度、速度本身大小有很大的关系，因此 AE、MAE、RMSE 三个指标的大小无法比较这两个交通流参数估计结果的好坏。因此，根据 EC 的值来判断，可知速度估计结果的准确率更高。

为了更加直观地表现高速公路卡尔曼滤波模型的估计性能，本文考虑检测器间隔、时间步长等因素选取 12 个检测点中的 401239、400443、401260 三个检测点的实际观测值与估计值进行比较。

5.2 不同检测器间隔估计

构建的交通流状态估计模型在用实测数据进行上述试验时，没有考虑通过改变检测器布设间隔，来验证模型的通用性和精准度。因此论文继续进行了两组试验（见图 5），第一组是省略中间过渡点的迭代过程，其检测器的间隔距离约为 1km；第二组是检测器的间隔距离为 3km。

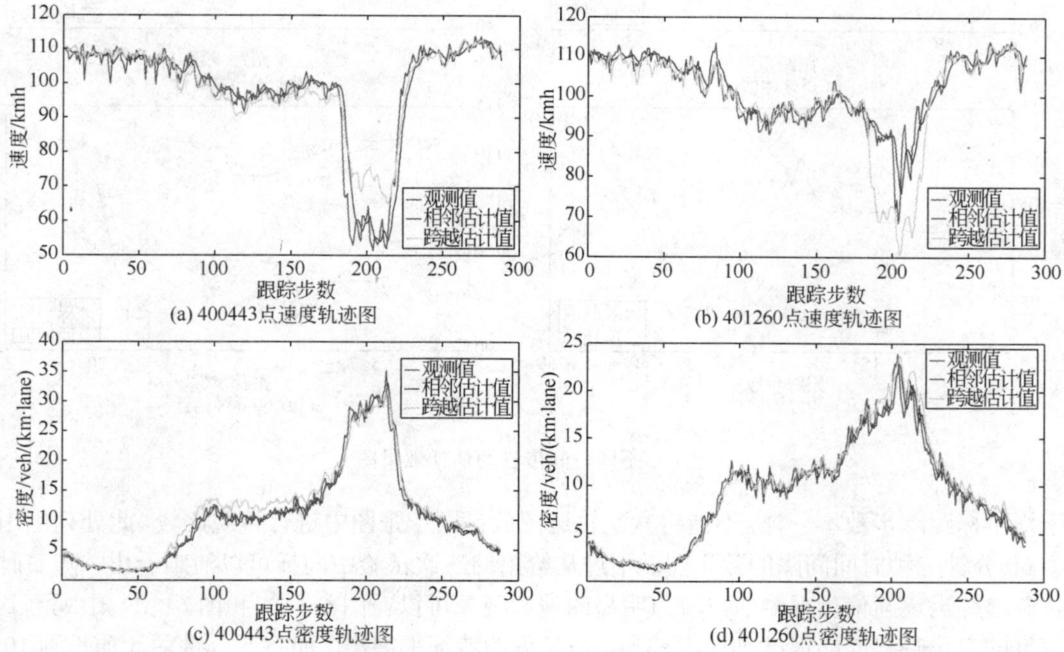

图 5　不同距离间隔下的估计效果图

图 5 表示了密度和速度的观测值、相邻估计值、跨越估计值两次对比实验，从对比图中可以看出，检测器布设间距越远，估计轨迹越偏离观测值，估计的误差也越大。检测器布设间距对密度估计影响最大的时间段是在密度值先上升后下降的过程中，如图 5 中的 17:00—19:00 两个小时内该特征最为明显。检测器布设间距对速度的估计影响最大体现在速度值变化波动很大（或者称为速度突变）的阶段，如图 5 中 17:00—19:00 的时间段内，随着检测器布设间距变大，估计模型越难以追踪到速度轨迹。

因此，交通流状态估计模型具有如下特性：随着检测器布设的距离增长，估计精度也会不断下降，而下降的程度也会随着距离增长而增大。运用该特性，根据项目实际精度要求，确定检测器布设间距，可以为高速公路状态估计、安全预警等提供理论支持。

5.3 不同时间步长估计

除了检测器布设间距是影响模型估计精度的重要因素外，数据采集的时间步长同样对精度有着很大的影响。参考高速公路管理与控制所需的估计精度要求，进行不同的时间步长试验，即可确定最经济、最合理的数据采集时间间隔，不仅能够节约高速公路运营成本，也是体现“绿色交通”“高效管理”的原则。

本文在原有的五分钟时间步长的基础上，对时间步长为 10 分钟、15 分钟、30 分钟、45 分钟、60 分钟做了试验，图 6 即是试验后整理的成果。

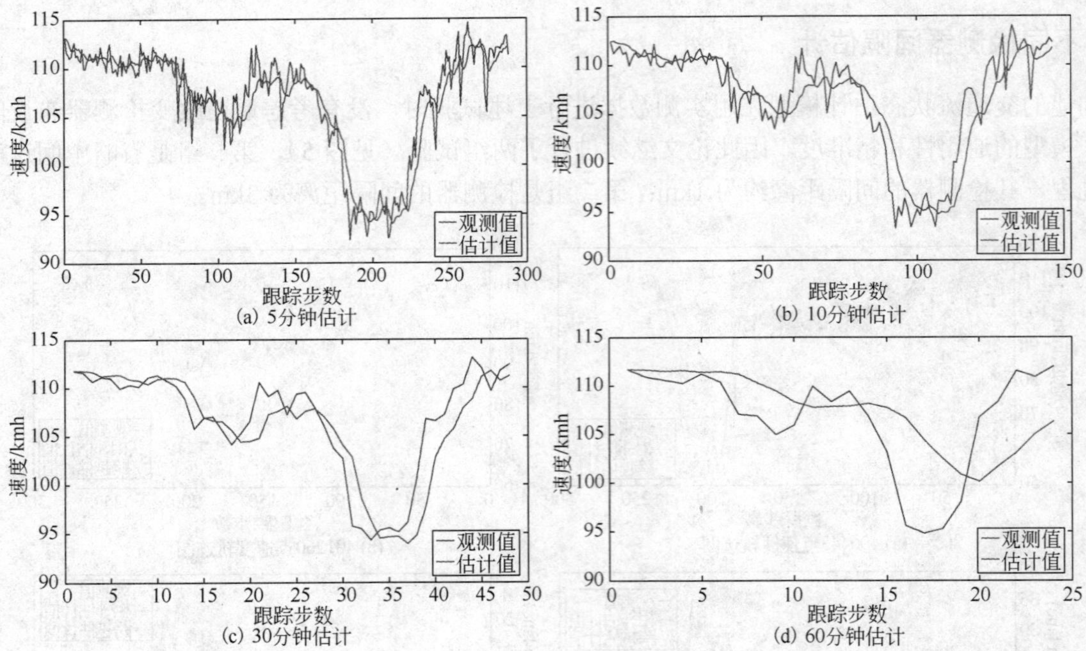

图 6　不同时间步长的估计效果图

由于横坐标跟踪步数不一样，不能将六次轨迹图放在同一张图中进行直观比较，此处列出 10 分钟、30 分钟、60 分钟三种时间间隔的效果图，不过从给出的三次试验中同样可以清晰看出，随着时间步长加长，轨迹追踪也逐渐偏离观测值，较为明显的偏离现象可以在图 6（c）和图 6（d）中观测到，尽管密度和速度的变化趋势能够很准确地跟踪到，但延迟的特征很突出。而将 5 分钟估计加长到 10 分钟估计，整体估计效果并未受到时间步长影响，密度误差仍然维持在 20%的水平，而速度误差维持在 5%的水平，速度误差甚至有维持不变的趋势，表 3 的评价指标同样可以证明。

表 3　交通流估计模型不同时间步长的性能评价指标值

时间步长	AE		MAE		RMSE		EC	
	密度	速度	密度	速度	密度	速度	密度	速度
5 分钟	−0.0251	0.1693	0.6515	1.4306	0.8471	1.9339	0.9982	0.9999
10 分钟	−0.0032	0.0594	0.6190	1.7110	0.8402	2.3593	0.9982	0.9998
15 分钟	−0.0245	0.3065	0.7217	1.4140	0.9381	1.9367	0.9978	0.9999
30 分钟	−0.0775	0.5405	1.3909	2.6696	1.0536	1.8713	0.9952	0.9998
45 分钟	−0.0328	0.6284	1.6261	2.4170	1.9856	3.3973	0.9923	0.9997
60 分钟	−0.0033	0.0734	1.7215	2.8181	2.1139	3.9683	0.9890	0.9996

表 3 给出了六个不同时间步长的性能评价指标，从 AE、MAE、RMSE、EC 四个不同的指标可以看出，5 分钟估计和 10 分钟、15 分钟估计的指标值变化很小，甚至 EC 指标未变；当时间步长达到 30 分钟，MAE、RMSE 等指标都有比较明显的增大，表明估计性能有较大幅度的降低；而 45 分钟的估计指标同样表明了估计值越来越偏离实际观测值，估计精度不断下降；评价 60 分钟的模型估计性能，结合表 3 的指标值以及图 6 中的四幅图，相较前五种情况，其估计轨迹明显不能够较为准确地追踪到实际观测值，此种情况已不能满足一般高速公路交通流状态估计要求，模型已失效。

5.4 初值敏感性

在进行试验仿真时发现，部分参数需要赋予其初始值。因此猜想参数初始值也是影响估计效果一个重要的因素。于是以卡尔曼滤波方程中重要的滤波协方差矩阵 P 为例，通过改变矩阵 P 大小来验证其对模型估计效果的影响。

令 $P_1=\begin{pmatrix}1 & 0\\ 0 & 1\end{pmatrix}$，$P_2=\begin{pmatrix}100 & 100\\ 100 & 100\end{pmatrix}$，$P_3=\begin{pmatrix}100 & 0\\ 0 & 100\end{pmatrix}$，$P_4=\begin{pmatrix}0 & 100\\ 100 & 0\end{pmatrix}$，得到表 4 所示的矩阵 P 不同初值的性能评价指标。

表 4　交通流估计模型矩阵 P 不同初值的性能评价指标值

P 值	AE		MAE		RMSE		EC	
	密度	速度	密度	速度	密度	速度	密度	速度
P_1	−0.0251	0.1693	0.6515	1.4306	0.8471	1.9339	0.9982	0.9999
P_2	−0.0244	0.1562	0.6581	1.4294	0.8529	1.9188	0.9982	0.9999
P_3	−0.0221	0.1780	0.6456	1.4519	0.8405	1.9523	0.9982	0.9999
P_4	−0.0238	0.2387	0.6474	1.4266	0.8430	1.9196	0.9982	0.9999

就单变量矩阵 P 而言，四个统计指标并没有显著的变化，甚至 EC（均等系数）这个指标维持不变，其他三指标同样波动微小。因此，滤波协方差矩阵 P 的初始值对模型估计的影响很小，可忽略不计。可是对于其他变量，例如初始滤波值 $\hat{x}(k)$，则还需进行试验来验证。同样地，由于卡尔曼滤波独特的迭代运算，改变 $\hat{x}(k)$ 大小，仅仅在估计开始几步有影响，随后依然能够保持较高的估计精度，体现该估计模型对初始滤波值 $\hat{x}(k)$ 的不敏感性。

6 结语

本文研究可以得到以下结论：

（1）本文构建出基于卡尔曼滤波的高速公路交通状态估计模型，运用实测数据实现其估计功能，并证明了良好的估计效果。

（2）状态估计模型的精度与检测器间隔和时间步长相关。其中当时间步长大于 10 分钟，模型的交通参数跟踪能力和精度下降显著。

（3）本模型对滤波协方差矩阵 P 初始取值不敏感，而其他参数或矩阵的初始值有待采用相似的方法进一步验证。

参考文献

[1] 许伦辉，付惠. 交通信息智能预测理论与方法［M］.北京：科学出版社，2009.

[2] Gazis D.C，Knapp C.H.On-line estimation of traffic densities from time-series of flow and speed data［J］.Transportation Science，1971，283-301.

[3] Knapp C.H. Traffic estimation and control of bottlenecks［C］. IEEE Systems，Men and Cybernetics Conference，1972.

[4] Yibing W，Papageorgiou M. Real-time freeway traffic state estimation based on Extended Kalman filter：a general approach［J］.Transportation Research B，2005，39：141-167.

[5] Yibing W，Papageorgiou M，AlbertMessmer. Real-time freeway traffic state estimation based on extended Kalman filter：Adaptive capabilities and real data testing［J］. Transportation Research Part A，2008，42：1340-1358.

[6] Hiribarren G，Herrera J C. Real time traffic states estimation on arterials based on trajectory data［J］. Transportation Research Part B：Methodological， 2014，69：19-30.

[7] Cheng Song，CHENG Guang-meng. Real-time motorway traffic state estimation based on unscented Kalman filtering［J］. Computer Engineering and Application， 2008，44（8）：226-229.

[8] Li L，Chen XQ，Zhang L，Multimodel Ensemble for Freeway Traffic State Estimations［C］，IEEE transactions on intelligent transportation systems，2014，1323-1336.

[9] Yufei Yuan，J.W.C.van lint，S.P.Hoogendoorn，J.L.M.Vrancken，T.Schreiter. Freeway Traffic State Estimation using Extended KalmanFilter for First-order Traffic Model in Lagrangian Coordinates［C］. International Conference On Networking，Sensing and Control，2011.

[10] 徐天东，孙立军，郝媛.城市快速路实时交通状态估计和行程时间估计［J］.同济大学学报，2008.

[11] 马党生．基于时空 Kalman 滤波模型的高速公路交通预测方法研究［D］. 南京：东南大学，2013.

车牌识别系统评测方法研究及图像库建立

赵有婷　余　志　李熙莹　张格格　丁　卉

（中山大学智能交通研究中心//广东省智能交通系统重点实验室 广州 510275）

摘　要：车牌识别系统的评测和图像库的搭建是评价和推动车牌识别技术的关键因素，具有重要的意义。本文在现有车牌识别技术的基础上制定了车牌识别系统评测协议，包括评测指标和评测方案设计；并且介绍了 SYSU-ITS 系统功能评测车牌图像库，包含 6588 张各种类型和各省、自治区、直辖市车牌图像；最后在评测协议和图像库的基础上对五个国内常见车牌识别商业系统做了功能评测，评测结果表明目前国内车牌识别系统的瓶颈在于部分车牌种类的定位和复杂汉字的识别。通过研究表明本文制定的车牌识别系统评测协议以及建立的系统功能评测图像库可以有效地评价系统的功能识别差距，并指导国内车牌识别领域未来的研究方向。

关键词：车牌识别系统；车牌图像库；评测方法

Evaluation Methodology and Database for License Plate Recognition Systems

Zhao Youting　Yu Zhi　Li Xiying　Zhang Gege　Ding Hui

(Research Center of Intelligent Transportation System,Sun Yat-sen University//Guangdong Provincial Key Laboratory of Intelligent Transportation System,Guangzhou 510275)

Abstract: Two of the most significant factors in support of the development of license plate recognition are a testing procedure to evaluate systems and a standard database of license plate images. In this paper, on the basis of the existing license plate recognition technologies, a standard test protocol are established including evaluation metrics and test design. The SYSU-ITS license plate images database for system function evaluation is established. To date, 6588 images are included in the database, which consists of type variation and provincial abbreviation variation images. Finally the experimental results from the 5 license plate recognition systems test are reported. Evaluation results show that the bottleneck of the license plate recognition technology is the location of the some types of license plate and the identification of complex Chinese characters. The research shows that the evaluation methodology and the SYSU-ITS database can effectively evaluate the systems function and identify future directions of research.

Key words: License Plate Recognition System, License Plate Images Database, Evaluation Methodology

基金项目：广东省科技计划项目（2015B010110005）。

1 引言

车牌识别作为智能交通系统信息采集的重要来源，其价值是不言而喻的。目前，车牌识别技术已经从实验室中的原型系统走向了商用，并且车牌识别系统作为智能交通行业商用系统中的基础模块已经非常广泛地应用于各种道路监控系统以及停车场管理系统，但是这并不意味着车牌识别技术已经非常成熟了，由于我国车牌种类繁多，车牌字符组成包括汉字、字母、数字等多种元素，并且算法研究起步晚等原因，导致国内车牌识别技术的研究仍旧面临巨大的挑战，商用系统的实际应用性还有待提升。并且随着车牌识别产品及其应用走向成熟，产品测试也日趋重要，而现有的测试方式还停留在现场实测阶段，这种测试方式系统误差太大，不足以准确反映产品的技术性能。

对系统的评测是一个非常直观的考察车牌识别产品的方法，具有重要的意义。通过对识别系统的综合评测，各研究机构和开发商能够发现自身技术的不足，并通过观察参加评测的各个系统的表现，发现有价值的研究方向，寻求技术上的突破口，从而推动车牌识别技术的总体进步[1]。现有的测试都是现场公开测试或者用实际监控设备采集的图像进行系统测试[2]，通常这类测试有以下几个缺陷：①没有统一的测试图像数据，测试结果没有可比性；②没有科学的评测协议和标准的评测基准，测试结果不足以说明问题；③没有进行测试图像数据选择，测试图像库虽然数据量大往往有几万张甚至几十万张图像，但是这些数据大多存在图像质量参差不齐，车牌种类不全面，测试元素不明确等缺陷，使得测试结果缺乏指导意义；④没有第三方机构测试或者监督，这种研究者自己对自己系统的评价结果不足以让人信服，测试结果不具备权威性[3]。总的来说，现有的测试没有建立起标准规范的测试体系，这种脱离于车牌识别专业技术、标准车牌库和评测协议的测试意义不大。

基于上述考虑本文在现有车牌识别技术的基础上制定了车牌识别系统标准评测协议包括评测指标制定和评测方案设计；根据评测方案创建了全要素、标准化的 SYSU-ITS 系统功能评测车牌图像库，该图像库包含了各种车牌要素的图像，并且每张图像都带有测试元素信息；在该图像库的基础上对国内五个常见车牌识别商业系统做了系统功能评测。

2 车牌识别评测协议

车牌识别系统评测工作的目的是为了评价各个系统的识别能力情况，从而建立行业次序和行业规范，并且指导车牌识别领域未来的研究方向。要达到这个目的，需要制定合理的评测协议并且建立相应的测试图像库。本文中的评测协议包括评测指标制定和评测方案设计两部分。

2.1 评测指标

当前车牌识别技术一般分为图像获取、车牌定位、字符分割和字符识别这四个主要组成部分，由于字符分割的效果依赖于车牌定位，并且会反映到字符识别的结果中，所以本文中的车牌识别系统评测指标只涉及车牌定位和字符识别这两个核心步骤。评测协议包含三部分评测指标，第一部分是车牌定位评测指标，第二部分是字符识别评测指标，第三部分是车牌整体识别评测指标。

为了能够公平、准确的描述车牌识别系统的优劣性，本文中车牌识别评测指标有两个基本的计算原则：①测试系统的车牌定位能力时所有待测图像都要在系统的识别范围之内；②测试系统的字符识别能力时只计算系统定位到准确车牌图像中的字符识别率。

2.1.1 车牌定位评测指标

车牌定位的任务是从包含车牌的图像中提取出所有车牌子图或者判断图片中没有车牌。这是车牌识别系统中关键的一步，能否定位准确直接影响到后续字符识别的效果。

对于待测图像集 G，其实际含有的车牌数量为 N_{LP}。车牌识别系统测试待测图像集 G 时，有可能定位到三类图像，如表 1 所示：准确车牌图像，是指系统定位到的区域是完整的车牌图像区域，数量为 N_A；含有车牌区域的图像，是指系统定位到的区域是不完整的车牌图像区域，其数量为 N_B；非车牌区域的图像，是指系统定位到的区域是不包含车牌图像区域，其数量为 N_C。对于输入的一张待测图像，车牌定位结果会出现以下几种情况：①系统没有输出定位结果；②系统只定位到“非车牌区域的图像”；③系统只定位到“准确车牌图像”；④系统只定位到“含有车牌区域的图像”；⑤系统同时定位到“准确车牌图像”和“非车牌区域图像”；⑥系统同时定位到“含有车牌区域的图像”和“非车牌区域的图像”；⑦系统同时定位到“准确车牌图像”、“含有车牌区域的图像”和“非车牌区域的图像”；⑧系统同时定位到“准确车牌图像”和“含有车牌区域的图像”。一般情况下⑦和⑧不会出现，因为系统一般不会同时定位到“准确车牌图像”和“含有车牌区域的图像”。在上述 8 种定位结果中最理想的情况是系统只定位到准确车牌图像[4~5]。

表 1　三类车牌定位图像

序号	三类车牌图像	车牌定位效果样图
A	准确车牌图像	
B	含有车牌区域的图像	
C	非车牌区域的图像	

根据上述车牌定位的情况，下面给出三个车牌定位评测指标。

定义 1 车牌错误定位率 R_C

这里，错误定位率 R_C 是指识别系统检测到的非车牌区域的图像数量 N_C 与实际含有的车牌数量 N_{LP} 的比值。

$$R_C = \frac{N_C}{N_{LP}} \tag{1}$$

定义 2　车牌粗定位率 R_{AB}

车牌粗定位率是指系统准确定位到的车牌图像的数量 N_A 加上含有车牌区域的图像的数量 N_B 与实际含有的车牌数量 N_{LP} 的比值。

$$R_{AB} = \frac{N_A + N_B}{N_{LP}} \tag{2}$$

定义 3　车牌准确定位率 R_A

车牌准确定位率是指系统准确定位到的车牌图像的数量 N_A 与实际含有的车牌数量 N_{LP} 的比值。

$$R_A = \frac{N_A}{N_{LP}} \tag{3}$$

图 1 是车牌定位测试结果样图，横轴为某个系统（算法），纵轴为定位率，长方形的上边缘为粗定位率，长方形的下边缘为准确定位率，长方形上下边的距离表示系统只能定位到一部分车牌图像区域的数量在所有车牌数量中的比率，即 N_B/N_{LP}，这个比率表明系统的定位算法有可能提升的空间。

2.1.2　字符识别评测指标

经过车牌定位之后，下一步的工作就是把车牌中的每个字符识别出来，字符识别是衡量车牌识别系统最重要的、也是最直接的指标，字符识别又与车牌定位的效果密切相关。图 1 给出两个字符识别评测指标。

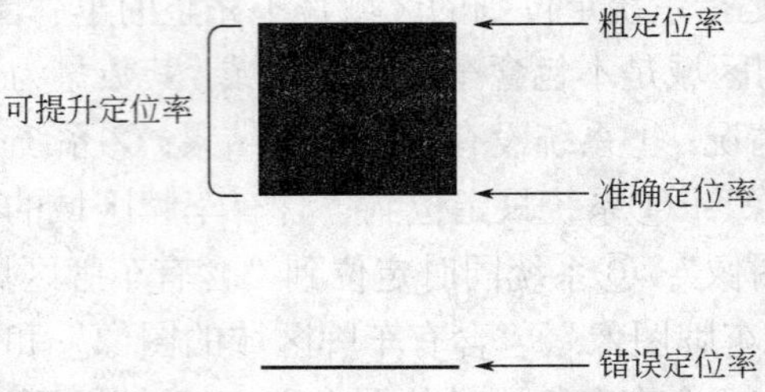

图 1　车牌定位测试结果样图

定义 4　汉字识别率 R_{CC}

汉字识别率是指系统准确识别出汉字的数量 N_{CC}，与待测样本中准确定位到车牌中的汉字总数量的比值。

$$R_{CC}=\frac{N_{CC}}{N_A\times m} \tag{4}$$

式（4）中，m 指每个车牌中汉字的数量（这里默认待测图集中每个车牌的汉字数量相同，如果不相同，则以实际准确定位到车牌中的汉字总数量为准）。

定义 5　字母和数字识别率 R_{LN}

字母和数字识别率是指系统准确识别出字母和数字的数量 N_{LN}，与待测样本中准确定位到车牌中的字母和数字总数量的比值。

$$R_{LN}=\frac{N_{LN}}{N_A\times k} \tag{5}$$

式（5）中，k 指每个车牌中字母数字的数量（这里默认待测图集中每个车牌的字母数字数量相同，如果不相同，则以实际准确定位到车牌中的字母和数字总数量为准）。

2.1.3　车牌整体识别评测指标

下面给出车牌整体识别的评测指标。

定义 6　整牌识别率 R_{LPR}

整牌识别率是指对于输入的图像集，系统能准确定位出车牌，并且能准确识别出车牌中的每一个字符和车牌颜色的车牌数量 N_{LPR}，与待测样本中车牌总数量 N_{LP} 的比值。

$$R_{LPR}=\frac{N_{LPR}}{N_{LP}} \tag{6}$$

2.2　评测方案设计

参考《GA/T 833—2009 机动车号牌图像自动识别技术规范》[6]，本文将车牌识别系统评测分为功能评测和性能评测两部分。功能评测的任务是测试车牌识别系统最基本的车牌定位和字符识别的能力，主要表现在车牌识别系统对于不同结构、种类车牌的定位能力，以及系统对于车牌中的汉字、字母、数字的识别能力。性能评测的任务是测试车牌识别系统对于不同车牌元素变化图像的识别能力，例如：车牌分辨率变化图像、车牌亮度变化图像、车牌角度变化图像等。

基于上述评测方案，本文的测试图像库也分为功能评测图像库和性能评测图像库。在众多组成车牌图像的元素中，影响车牌识别的元素有很多，例如：车牌种类、车牌中的字符、车牌分辨率、车牌角度等，本文建立车牌图像库的基本原则是：图像和被测系统的某个测试元素有对应的关系，即所选择的测试图像是指消除或者最大程度弱化其他元素的影响，保留被测元素的图像。

本文只介绍车牌识别系统功能评测图像库和相应的功能评测结果。

3 SYSU-ITS 功能评测车牌图像库

SYSU-ITS 功能评测图像库建立的基本原则是保留车牌种类变化、字符变化等车牌元素，弱化车牌分辨率、亮度、角度等影响元素。根据《GA36—2014 中华人民共和国机动车号牌》[7]，本文将 SYSU-ITS 功能评测图像库分为两个子库，子库一是包含 22 种机动车号牌的图像集（不包含临时号牌），如表 2 所示，共 2162 张图像，其中一些特殊车牌例如各类摩托车牌、领使馆车牌以及拖拉机车牌等数量比较少，因为这些车牌种类相比较其他车牌种类来说在实际情况中比较少见，所以这里的样本量也比较少；子库二是包含 38 个汉字的机动车号牌图像集（不包含临时号牌），如表 3 所示，共 5203 张图像，其中各省、直辖市、自治区的车牌图像都为道路上最常见的小型汽车车牌和大型汽车前牌。

表 2　中国大陆机动车号牌种类

序号	机动车号牌种类	车牌效果图	图像数目（张）
1	小型汽车		400
2	大型汽车（前牌）		400
3	大型汽车（后牌）		400
4	香港出入境车		186
5	教练汽车		214
6	警用汽车		200
7	军牌汽车（单层）		40
8	武警车（单层）		40
9	军车（双层）		20
10	武警车（双层）		30
11	挂车		88
12	澳门出入境车		50
13	使馆汽车		5
14	领馆汽车		20
15	普通摩托车		10
16	轻便摩托车		5

续表

序号	机动车号牌种类	车牌效果图	图像数目（张）
17	使馆摩托车		2
18	领馆摩托车		2
19	教练摩托车		5
20	警用摩托车		10
21	低速车		30
22	拖拉机		5

表 3　机动车号牌中的 38 个汉字

序号	车牌种类	汉字	图像数目（张）
1	北京市车辆	京	221
2	天津市车辆	津	106
3	河北省车辆	冀	94
4	山西省车辆	晋	61
5	内蒙古自治区车辆	蒙	64
6	辽宁省车辆	辽	74
7	吉林省车辆	吉	70
8	黑龙江省车辆	黑	60
9	上海市车辆	沪	197
10	江苏省车辆	苏	236
11	浙江省车辆	浙	210
12	安徽省车辆	皖	216
13	福建省车辆	闽	208
14	江西省车辆	赣	203
15	山东省车辆	鲁	201
16	河南省车辆	豫	223
17	湖北省车辆	鄂	215
18	湖南省车辆	湘	246
19	广东省车辆	粤	230
20	广西壮族自治区车辆	桂	215
21	海南省车辆	琼	150
22	重庆市车辆	渝	173
23	四川省车辆	川	197
24	贵州省车辆	贵	83
25	云南省车辆	云	75
26	西藏自治区车辆	藏	50
27	陕西省车辆	陕	63

续表

序号	车牌种类	汉字	图像数目（张）
28	甘肃省车辆	甘	80
29	青海省车辆	青	70
30	宁夏回族自治区车辆	宁	70
31	新疆维吾尔自治区车辆	新	65
32	教练汽车	学	214
33	警用汽车	警	210
34	香港出入境车	港	186
35	挂车	挂	88
36	澳门出入境车	澳	50
37	使馆汽车	使	7
38	领馆汽车	领	22

依据图像库建立的基本原则，SYSU-ITS 功能评测图像库中的车牌图像均选自道路卡口高清图片，每张图像只包含一个车牌，并且图像中车牌区域单个字符高度均大于 25 个像素（双层车牌以下层字符高度为准），图像背景单一，车牌字符成像清晰、无粘连、光照良好、均匀，车牌图像竖直倾斜角和水平倾斜角微小（可忽略）。如图 2 所示，图 2（a）是部分不同种类的车牌库图像，图 2（b）是部分不同汉字的车牌库图像。

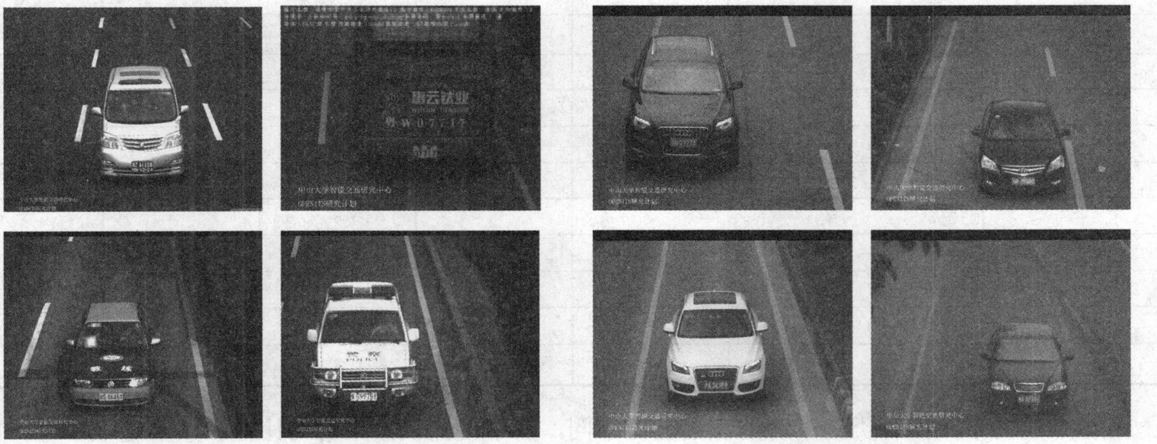

（a）部分不同种类的车牌库图像　　（b）部分不同汉字的车牌库图像

图 2　部分车牌库图像样例

4　商业系统的功能评测结果

基于评测协议和图像库，本文中的车牌识别系统功能评测包含四步。

步骤 1：测试系统对于表 2 中 22 种车牌的识别能力。

步骤 2：测试系统的车牌定位能力，目前车牌定位的方法主要用车牌的特征信息进行定位，例如车牌的颜色特征、纹理特征、区域形状特征等[8, 9]，由于表 2 中 22 种车牌的结构、车牌的颜色搭配以及车牌中汉字和字母的位置等都不相同，可以用 22 种车牌来测试系统的车牌定位能力，这里选用表 2 中的系统能够识别范围内的图像数据来测试系统对于不同种类车牌的定位率。

步骤 3：用所有被测试图像数据计算系统的字母和数字识别以及整牌识别的情况。

步骤 4：选用表 3 中的系统能够识别范围内的图像数据测试汉字的识别能力。

本文对国内最常见的五个商业车牌识别系统在 SYSU-ITS 功能评测车牌图像库上的识别情况进行评测，建立图像库和系统评测时间始于 2015 年 3 月，结束于 2015 年 8 月。这五个商业系统分别为 2015 年 4 月深圳普利得、北京文通、厦门宸天、上海名图、成都臻识在其网站上发布的测试版软件系统，五个系统在其网站上宣传的整牌识别率都在 97%～99%（为了避免涉及商业隐私，后续的测试结果用系统 A、B、C、D、E 来表示上述五个系统，并且它们之间没有对应关系）。

首先是五个系统对于表 2 中 22 种车牌的识别能力，测试结果如表 4 所示，“√”表示系统有识别某类车牌的功能。从表 4 可以看出对于 22 种机动车号牌，系统 A 的识别种类最多，系统 C 的识别种类最少，仅能够识别 8 种比较常见的车牌，而五个系统都不能识别大多数摩托车车牌和领馆车牌。

表 4　车牌种类的识别结果

车牌种类	A	B	C	D	E
小型汽车	√	√	√	√	√
大型汽车（前牌）	√	√	√	√	√
大型汽车（后牌）	√	√	√	√	√
挂车	√	×	√	√	×
教练汽车	√	√	√	√	√
警用汽车	√	√	√	√	√
军车（单层）	√	√	×	×	√
军车（双层）	√	×	×	×	√
武警车（单层）	√	√	×	×	√
武警车（双层）	√	√	×	×	√
香港出入境车	√	√	×	√	√
澳门出入境车	√	√	×	√	√
使馆汽车	√	√	×	×	×
拖拉机	√	×	×	×	×
低速车	√	√	√	√	√
普通摩托车	√	√	√	√	√
其他种类车牌	×	×	×	×	×
识别种类合计（种）	16	13	8	9	13

五个系统对于不同种类的车牌的识别能力不同，为了使测试结果有对比性，本文选取子库一中的序号 1～8 的数据（见表 2）和子库二中的序号 1～34 的数据（见表 3）做后续的车牌定位、字符识别和整牌识别测试，由于系统 C 没有识别香港出入境车牌、军牌和武警车牌的功能，系统 D 没有识别军牌和武警车牌的能力，所以对于这两个系统不做相应数据的测试。表 5 是五个系统在上述数据上的评测结果，从评测指标的数据可以看出，对于所选的测试数据，国内车牌识别系统的整牌识别率最好的是系统 B，能够达到 90%以上，系统 D 的识别效果最差只有 75%，这与其宣传的测试结果有很大的差距。五个系统的字母和数字识别率都很高，能够达到 99%。但是车牌定位和汉字识别还有待提升，所以国内车牌识别技术的瓶颈在于车牌定位和汉字识别。

表 5　系统功能评测结果

评测指标	测试数据	A	B	C	D	E
整牌识别率	子库一 1～8+子库二 1～34	0.84	0.92	0.89	0.75	0.77
粗定位率	子库一 1～8	0.91	0.95	0.99	0.99	0.95
准确定位率	子库一 1～8	0.89	0.94	0.96	0.94	0.87
错误定位率	子库一 1～8	0.11	0.14	0.04	0.05	0.07

续表

评测指标	测试数据	A	B	C	D	E
字母和数字识别率	子库一 1～8+子库二 1～34	0.99	0.99	0.99	0.99	0.99
汉字识别率	子库二 1～34	0.97	0.98	0.97	0.79	0.93

图 3 是五个系统对于不同种类车牌的定位结果，测试结果显示，五个系统都存在车牌错误定位的情况，并且对于小型汽车牌的定位效果最好，而对于警用车牌、武警车牌和大车后牌的定位效果最差，车牌粗定位的情况较多，通过测试统计数据得知，这三类车牌粗定位中 95%的粗定位情况如图 4 所示。

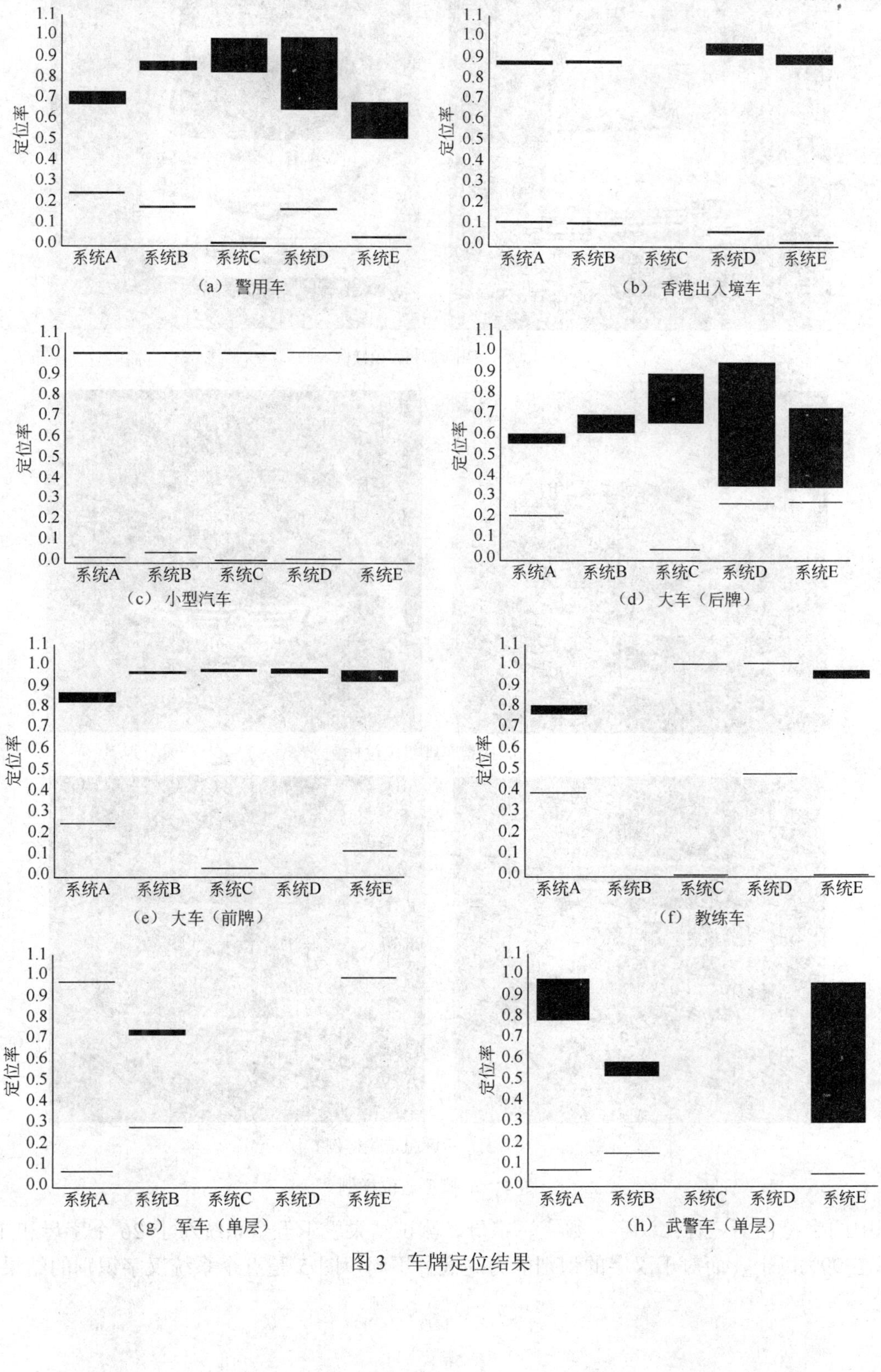

图 3　车牌定位结果

图 4 是系统对于警用车牌、武警车牌和大车后牌的粗定位样例图，其中绿色方框为系统车牌定位的结果，图 4（a）显示出系统没有定位到“警”字，并且错误定位到了“POLICE”，图 4（b）显示出系统没有定位到“W”字母，这是因为警用车牌是白底红“警”车牌，武警车牌是白底红“WJ+汉字”车牌，由于白底红字的纹理特征和边缘特征不够明显，系统总是不能准确定位这两类车牌中红字的区域，所以这两类车牌的粗定位率比较高。图 4（c）显示出系统对于大车后牌只定位到下半部分，这是因为大车后牌是双层车牌，系统对于双层车牌的定位总是会出现偏差，将双层车牌只定位到一半。

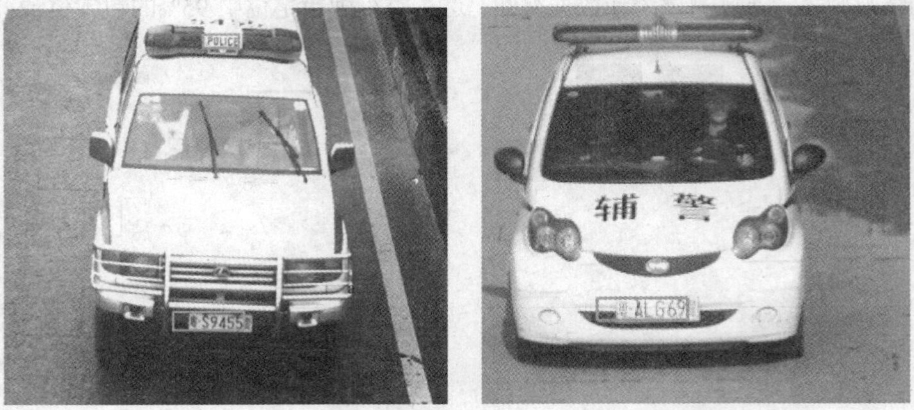

（a）警用车牌粗定位样例

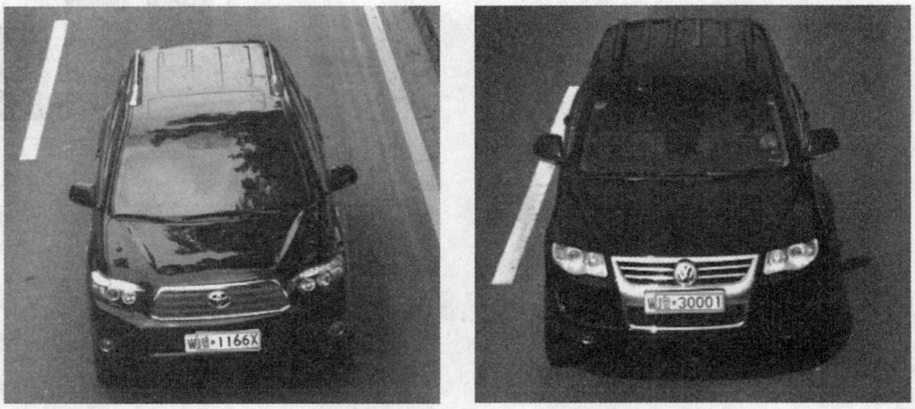

（b）武警车牌粗定位样例

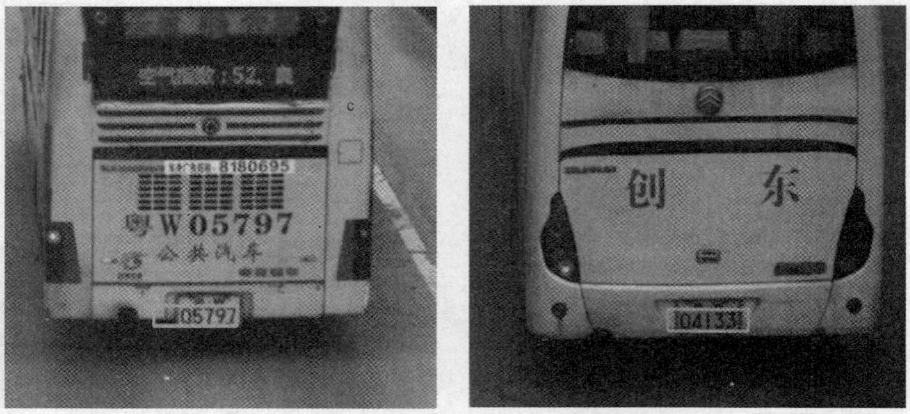

（c）大车后牌粗定位样例

图 4　车牌粗定位样例

车牌中的字符包括三种：汉字、数字、字母。测试结果表示五个系统对于 26 个字母和 10 个数字的识别率在 99%以上，而对于汉字的识别能力高低各不同，图 5 是五个系统汉字识别的结果，测试结果显示系统 B 的汉字识别能力最好，每个汉字的识别率都能达到 95%或以上。系统 D 的汉字识别能力最差，只是对于一小部分汉字有较高的识别力。系统 C 和系统 A 对于个别汉字的识别能力较差。

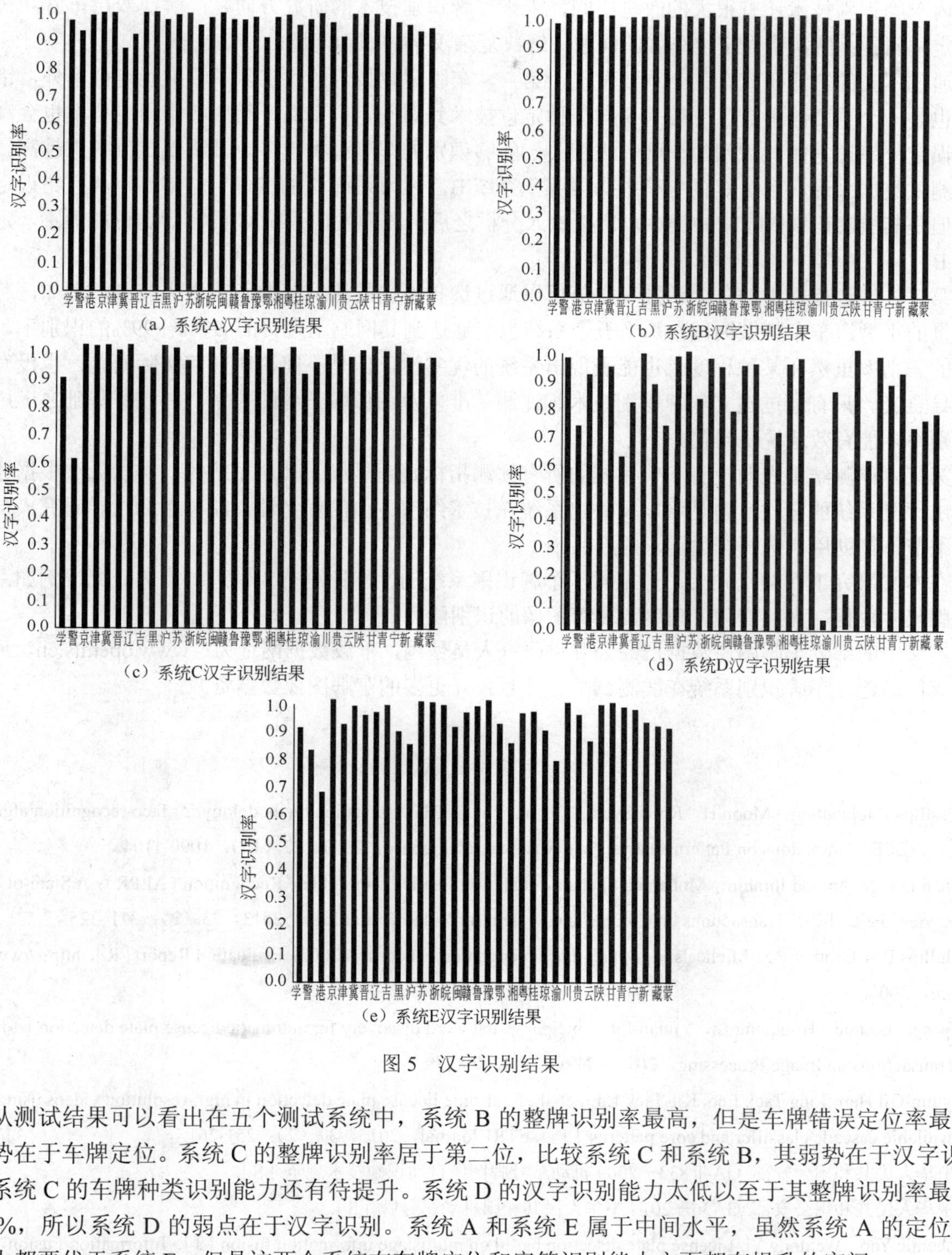

图 5　汉字识别结果

从测试结果可以看出在五个测试系统中，系统 B 的整牌识别率最高，但是车牌错误定位率最高，其弱势在于车牌定位。系统 C 的整牌识别率居于第二位，比较系统 C 和系统 B，其弱势在于汉字识别，并且系统 C 的车牌种类识别能力还有待提升。系统 D 的汉字识别能力太低以至于其整牌识别率最差只有 75%，所以系统 D 的弱点在于汉字识别。系统 A 和系统 E 属于中间水平，虽然系统 A 的定位和识别能力都要优于系统 E，但是这两个系统在车牌定位和字符识别能力方面都有提升的空间。

5　讨论和总结

本文首次给车牌识别系统设置了评测协议基准，定义了一系列的评测指标，制定了科学的评测方案，并且建立了相应的全要素、标准化的功能评测车牌图像库。通过对五个系统的评测结果可以得到两个结论：①本文制定的车牌识别系统评价体系可以清晰准确的评价各个车牌识别系统的功能差距；②国内车牌识别技术还有很大的改进空间，未来车牌识别技术的研究方向是：解决双层车牌和白底车牌的定位问题；解决错误定位车牌的问题；解决复杂汉字的识别问题。

通过本文的评测研究有三个重要发现，第一，车牌定位技术的优劣除了看准确定位率外，错误定位率也是一个重要的参数，一般来说同一种定位技术其准确定位率高，相应的错误定位率也会高，并且错误定位率还与能够识别的车牌种类相关，能够识别的车牌种类越多，其错误定位率也越高。单就定位测试数据来说，系统 C 的定位能力要强于系统 B，因为系统 C 的准确定位率高，并且错误定位率低，但是其能够识别的车牌种类少，所以深入分析之后，我们发现系统 C 的车牌定位能力不一定优于系统 B。

第二，评测指标中的各个识别率数值可以通过选择不同的测试图像库来人为控制，例如，若选用高质量的小型汽车车牌做测试，那么五个系统也能够达到其网站上宣传的 97%～99%的识别率。这种单一的识别率虽然在某种程度上也能表现出系统的优劣性，但是不能说明任何实际问题，也没有明确的指导意义。只有通过建立车牌识别技术、评测基准以及图像库三者的关系，并在其基础之上所得出的识别率才能有效地说明问题。

第三，评测结果表明没有一个系统的所有评测指标是明显优于其他系统的，所以无法根据评测结果给出评测系统的名次，但是可以反映出系统在技术细节方面的优劣性，能够帮助指导研究人员改进技术细节，帮助用户选择合适需求的产品。

在本文研究工作的基础上，未来对于车牌识别系统的性能评测有望做进一步的研究，例如系统对于车牌尺寸变化、光照变化、角度变化等图像的识别能力。

本文中的部分车牌图像数据已经公开供研究人员使用，下载数据网址为：www.openits.cn，后续将会在该网站建立车牌识别系统在线测试平台并且公开更多的车牌图像数据资源。

参考文献

[1] Phillips P Johnathon，Moon H，Rizvi Syed A，et al.. The FERET evaluation methodology for face-recognition algorithms［J］. EEE Transactions on Pattern Analysis and Machine Intelligence，2000，22（10）：1090-1104.

[2] Shan Du，Mahmoud Ibrahim，Mohamed Shehata，et al.. Automatic License Plate Recognition（ALPR）：A State-of-the-Art Review［J］. IEEE Transactions on Circuits and System for Video Technology，2013，23（2）：311–325.

[3] Phillips P J，Grother P J，Micheals R J，et al.. Face recognition vendor test 2002：Evaluation Report［R］. http：//www.frvt.org，2003.

[4] Wengang Zhou，Houqiang Li，Yijuan Lu. Principal visual word discovery for automatic license plate detection［J］. IEEE Transactions on Image Processing，2012，21（9）：4269-4279.

[5] Byung-Gil Han，Jong Taek Lee，Kil-Taek Lim，et al.. Real-time license plate detection in high-resolution videos using fastest available cascade classifier and core patterns［J］. ETRI Journal，2015，37（2）：251-261.

[6] 中华人民共和国公安部. GA/T 833—2009 机动车号牌图像自动识别技术规范［S］.

[7] 中华人民共和国公安部. GA36—2014 中华人民共和国机动车号牌［S］.

[8] Zhenjie Yao，Weidong Yi. License plate detection based on multistage information fusion［J］. Information Fusion，2014，18：78-85.

[9] Amir Hossein Ashtari，Md. Jan Nordin，Mahmood Fathy. An iranian license plate recognition system based on color features［J］. IEEE Transactions on Intelligent Transportation Systems，2014，15（4）：1690-1705.

论全息交通

王少飞　李　敏　陈新海

（招商局（集团）重庆云途交通科技有限公司，重庆 400067）

摘　要：随着新一代技术的日新月异，传统的智能交通系统面临重塑和再造。首次提出开放互联环境下诞生的新产物——全息交通及其逻辑框架、物理框架和通信架构，阐述了全息交通的主要特征、应用场景及其演进过程。全息交通是基于新一代信息技术对传统智能交通系统的全新演绎，未来将对传统的交通管理模式和交通出行模式产生巨大的颠覆，有望通过技术创新、商业模式创新、体制机制创新推动交通系统跨界融合与生态重构。

关键词：全息交通；逻辑框架；物理框架；通信架构

Discussion on Pan-Information Transportation

Wang Shaofei　Li Min　Chen Xinhai

(China Merchants ChongQing CMtraffic Technology Co., Ltd, Chongqing 400067)

Abstract: With the rapid development of new generation technology, the traditional ITS is facing remodeling and reconstruction. In this paper, we first put forward the concept of pan-information transportation, and constructed the logical architecture, physical architecture and communication architecture, and elaborate the main features, application scenarios and evolution process of pan-information transportation. Pan-information transportation is a new interpretation of the traditional ITS based on the new generation technology. Pan-information transportation will have a huge subversion on the traffic management mode and traveler mode.

Key words: Pan-Information Transportation, Logical Architecture, Physical Architecture, Communication Architecture

1　引言

“全息交通”（Pan-Information Transportation）是中国工程院钟志华院士在互联网、物联网飞速发展的大背景下于 2011 年首次提出的概念[1]，是指借助新一代信息技术，用互联网思维和技术对传统智能交通系统（Intelligent Transportation System，ITS）进行重构和再造，实现交通系统中人、车、路、环境以及交通管理/服务机构之间的在线数据以前所未有的广度、深度与速度进行交互与共享，个体交通要素是整个信息网络的一处数据采集点，通过每一处采集点则可以感知全景交通信息环境，从而形成“线上和线下互动、需求和资源匹配、管理和服务共融”的开放互联的交通新业态、新模式，以满足移动互联网时代背景下个体车辆精准化交通管控和社会公众便捷式出行体验的需求。如图 1 所示。

基金项目：重庆市“151”科技重大专项（cstc2013jcsf-zdzxqqX0003）：全息交通指挥与控制系统总体方案设计与创新能力建设。

全息交通是对传统智能交通系统的重构和再造[2~6]，本文创新地提出全息交通的总体构思，阐述了全息交通的主要特征，展望了全息交通的演进过程，以期为推动全息交通产业化提供借鉴和参考。

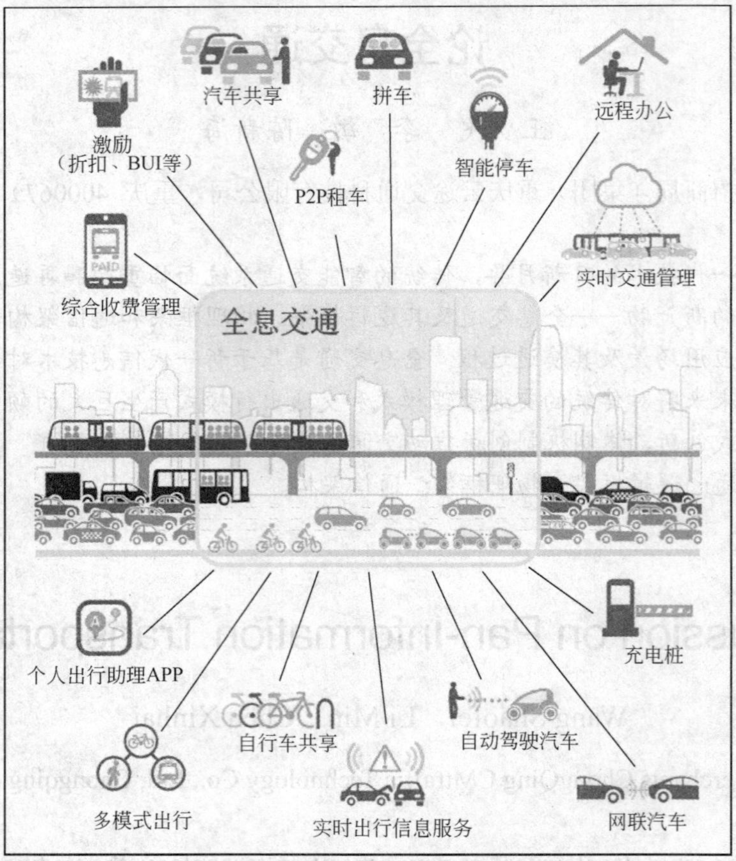

图 1　全息交通概念图

2　全息交通的总体构思

2.1　逻辑框架

全息交通逻辑框架如图 2 所示，其采用“云、网、端”的体系架构，符合互联网时代道路交通的发展潮流。

“云”是指基于云计算、大数据技术构建的全息交通管理与服务平台，其采用政企合作模式建设和运营，有助于全面盘活政府掌控的权威交通数据资源，唤醒沉睡的交通数据服务于民。云平台融合了企业自有数据和政府权威数据，通过大数据融合与挖掘，提供创新的交通管理和出行服务功能以聚集巨量用户，并以此为基础整合当前各个垂直细分领域的O2O应用，形成跨部门、跨行业、跨区域、跨平台的全息交通“云”平台，从而真正意义上实现移动互联网与传统ITS的“联姻”。

“网”包括导航卫星网、宽带无线移动通信网（LTE）、无线局域网、无线传感网、专用短程通信网、有线通信网等形成的融合网络，网络承载交通应用（数据、视频、图片、语音等）的能力不断得到提高。交通要素将置身于无所不在的网络之中[7]，实现人、车、路、环境以及交通管理/服务机构之间在任何时间、地点，使用任何网络与任何人与物或物与物的数据交换。

“端”包括用户直接接触的 PC、移动智能终端、可穿戴设备、车载智能终端、智能网联汽车等，还包括路侧智能终端、汽车电子车牌读写器及其他传感器等。“端”是数据采集的来源点，同时也是提供管理和服务的界面。

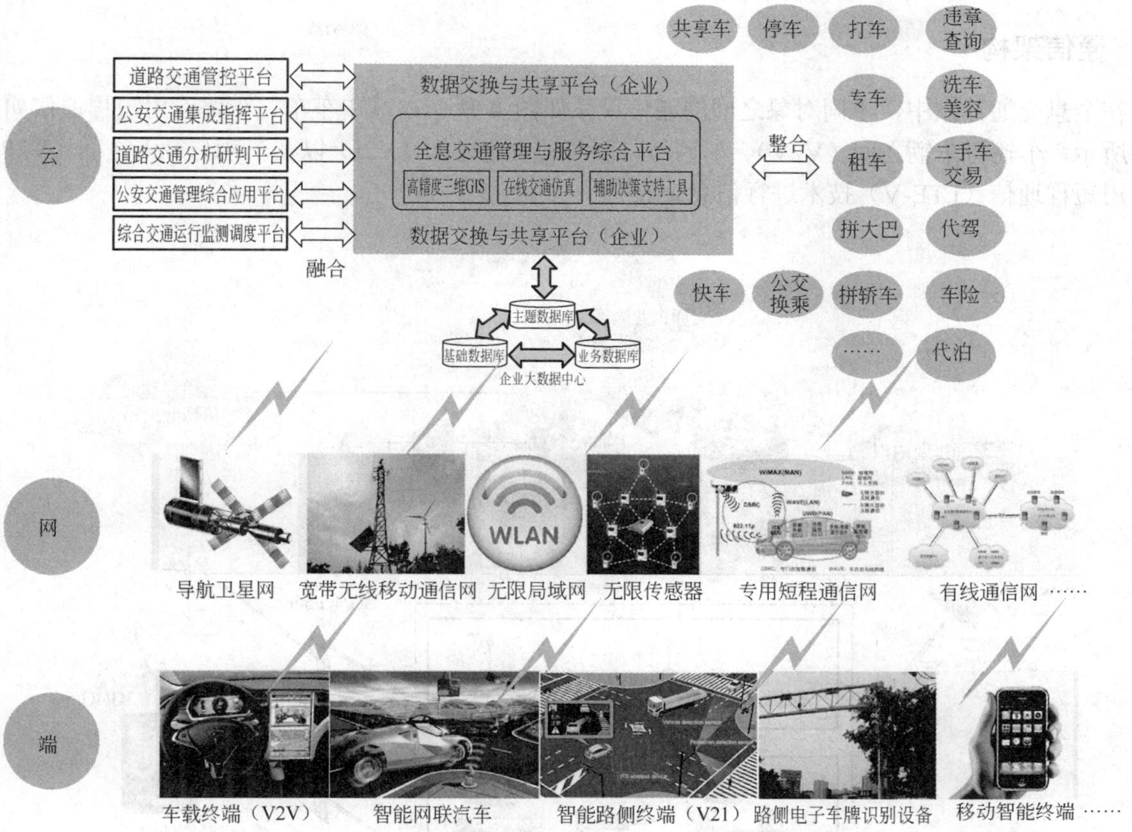

图 2　全息交通逻辑框架

2.2　物理框架

全息交通逻辑框架如图 3 所示，可以看出在移动互联时代，由于打破了交通信息的不对称性，交通系统将会与外部（保险公司、整车企业、4S 店、汽车后服务商家、旅游公司等）跨界融合，进而创造新业态、新模式，并构建起一个以“车生活”为主题的交通社交平台。

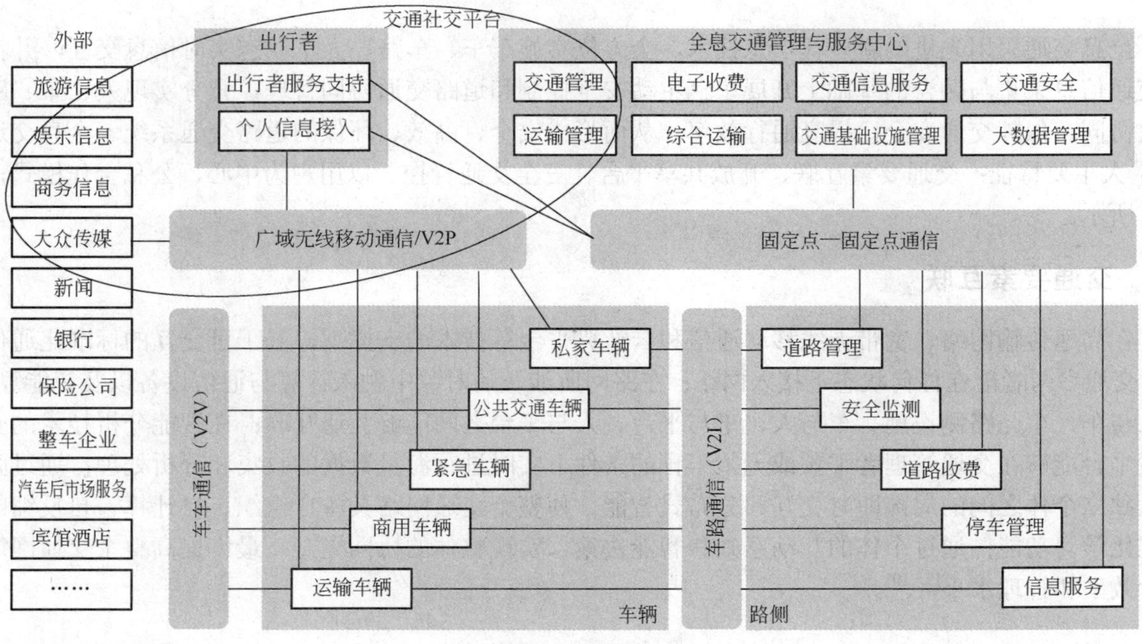

图 3　全息交通物理框架

2.3 通信架构

在全息交通体系中，不同对象之间的通信关系如图 4 所示，其中车车、车路专用短程通信如虚线框中所示。车辆与车辆之间（V2V）、车辆与路侧基础设施之间（V2I）以及车辆与行人之间（V2P）通过专用短程通信（LTE-V）技术进行信息交互[8]。

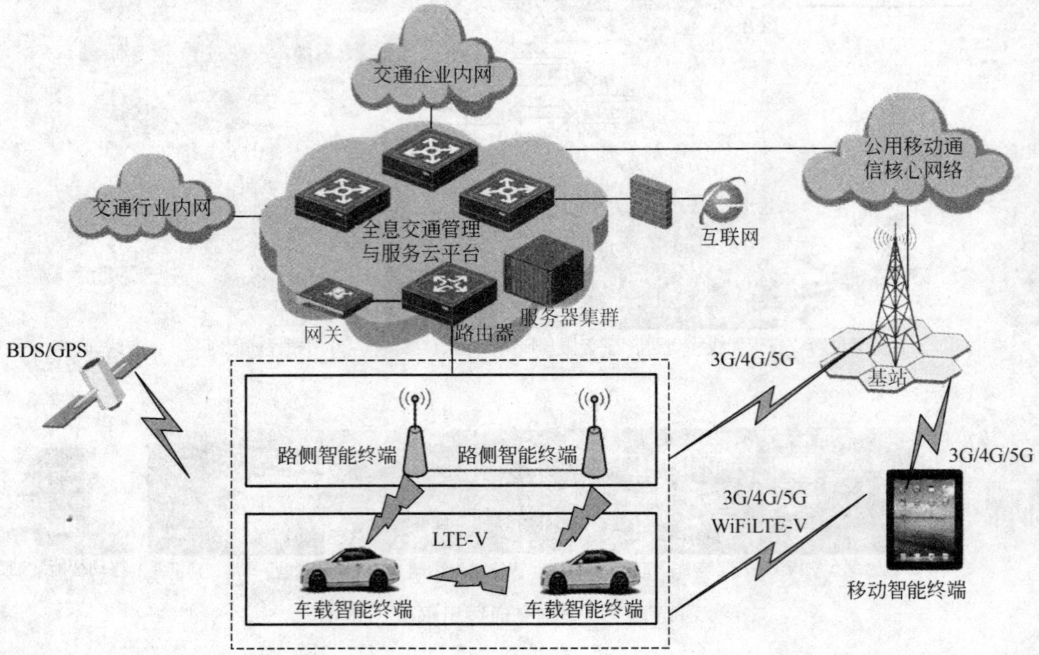

图 4　全息交通通信架构

3 全息交通的主要特征

全息交通采用先进的新一代信息技术，全方位实施车车、车路、人车动态实时信息交互，并在动态交通信息采集与融合的基础上开展车辆主动安全控制和道路交通协同管理，充分实现人、车、路的有效协同，保障交通安全，提高通行效率，从而形成安全、高效、环保的道路交通系统。全息交通具有 5 大主要特征：交通要素互联、开放共享平台、三全交通管控、以用户为中心、公私合作模式，如图 5 所示。

3.1 交通要素互联

在高速传输网络、宽带无线移动通信和云计算平台等技术的支撑下，基于可交互的标准化通信协议，交通参与者能在任何状态下接入网络；在路网所涉及的对象中融入计算与通信设备以及智能算法，让人与车、车与路侧设施、车与人、车与平台、人与平台之间能够互通互联；在智能分析技术的支持下，平台能够在交通管理者干预或无须干预的条件下实时进行海量数据的收集和分析处理；通过强化海量独立个体之间的局部即时交互和分布式智能，使整个交通网络具备自组织、自计算、自反馈的持续优化学习功能；通过个体的互动感知和智能决策，实现整体的协同提升，最终提高整个交通网络的运行效率和管理水平[9~10]。

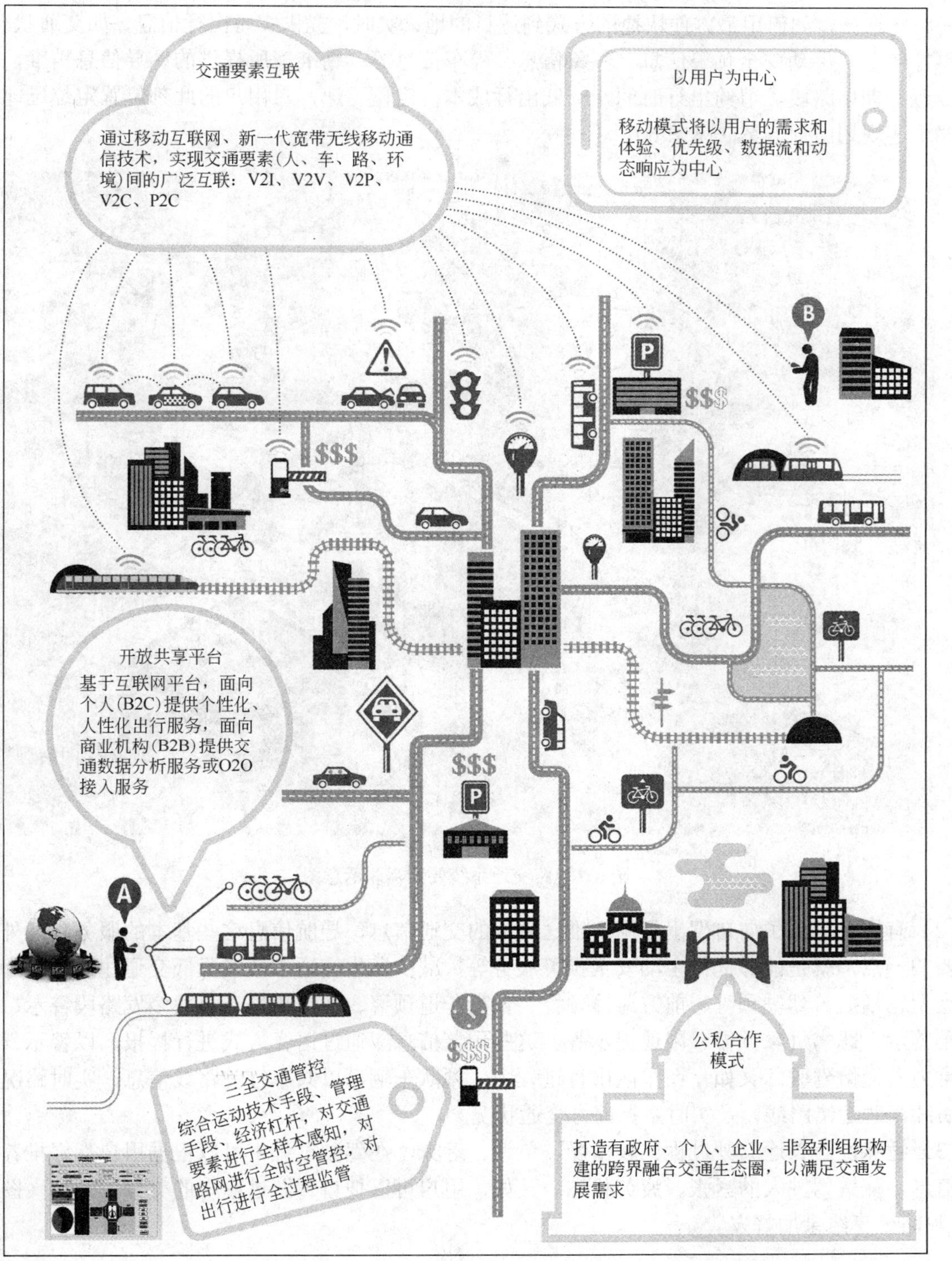

图 5　全息交通的主要特征

3.2　以用户为中心

传统的 ITS 强调的是交通管理，用户体验不好，甚至感受不到 ITS 的存在。通过引入互联网思维和技术，全息交通强调交通管理和出行服务并重，并尤为重视用户体验，突出以用户为中心，真正解决用户的“痛点”。以公众出行移动智能终端 APP 为例，产品功能与用户体验要求如下。

（1）易用性。公众自驾出行时，最关心的基本问题按照需求层级可以分为以下几个方面：便捷，出行线路的选择，如何用最方便快捷的方式到达目的地；实时，提供实时出行信息，如交通状况信息、交通事件信息、主动安全预警信息、气象信息、停车信息等；精准，所提供的诱导信息精准，驾驶人能有效避开拥堵路段，节约出行时间，降低出行成本；定位迅速，对用户的此刻位置定位迅即准确，并能够迅速规划出行方案（见图6）。

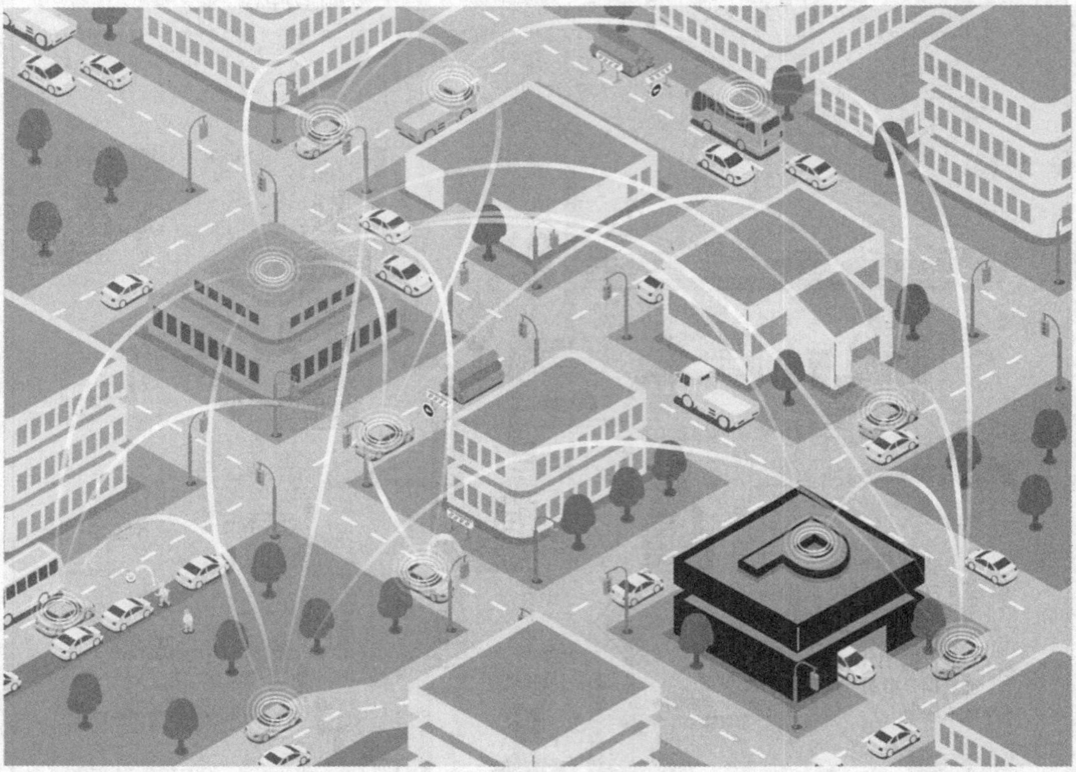

图6　道路交通系统要素互联示意图

（2）有用性。除了向自驾出行用户推送精准的交通信息、导航信息这些基本的服务功能外，还有很重要的一点，就是能够提供主动安全预警服务等，减少发生交通事故或降低交通违章的概率，这些信息类型包括疲劳驾驶预警、前方避撞预警、偏离车道预警、变道预警、事故多发路段警示、特殊路段行车警示、恶劣气象预警、限速提示等，这些预警信息应通过语音方式进行播报，以警示驾驶人提高注意力、谨慎驾驶。又如，在车队出行过程中，领队车辆可以共享行驶路线信息、实时路况信息，避免后续车辆走错路线以及实时掌握前方交通状况。

（3）趣味性。长途驾驶过程比较枯燥、单调、乏味，在驾驶过程中可以根据用户喜好推荐音乐等娱乐信息，疏解驾驶人的紧张、疲劳状态。又如，用户可以把自驾游过程中的美景、趣事（图片、视频）、攻略分享给亲朋好友。

3.3　开放共享平台

“全息交通管理与服务平台”通过开放已封装易识别的数据接口（API）与硬件接口，允许接入第三方开发商为用户提供丰富多彩的特色交通应用服务。“全息交通管理与服务平台”运营商负责审核第三方交通应用服务。通过搭建一个共筹共建的平台，多方共同开发产品，优势互补，更加广泛地覆盖社会需求。

3.4　三全交通管控

全息交通指挥与控制总体思想概括为“全样本感知、全时空管控、全过程监控”，简称“三全管控”[11]。

全息交通有望实现人—车—路—环境协调，从而缓解交通拥堵、降低交通事故、节约能源消耗、减少交通污染。

传统的ITS感知的数据是有限的，例如各大城市实时路况基本是根据出租车GPS数据来分析判断的，而出租车数量在整个城市机动车保有量中的比例是很低的。在大数据时代，全息交通指挥与控制系统将利用所有的数据，而不再依赖于随机采样数据。与局限在小数据范围相比，使用全样本数据可以对交通管理拥有更好的洞察力。数据来源既包括系统内部的感知数据，也包括从其他相关系统接入或集成的数据，从而构建涵盖宏观、中观、微观三个层次的全景交通信息环境，实现真实交通物理世界的“镜像化”虚拟再现。

交通出行涉及时间和空间两个维度。传统的ITS通过交通信号控制对路网上已经发生的交通流量进行时间分离，通过交通诱导对路网上即将发生的交通流量进行空间分布调整。由于信息的不对性，交通指挥控制中心无法准确掌握出行需求并由此高精度预测未来短时交通运行状况，出行者无法得到最有效的路况信息、停车信息，从而使得当前的交通管理与控制策略的实施大打折扣，城市交通拥堵很难得到有效缓解。全息交通指挥与控制系统通过全样本感知，尽可能消除出行者与管理者之间的信息不对称性，交通指挥控制中心通过全面分析公众出行需求，包括出发地、目的地、出行方式、出行时间，基于动态交通分配技术为出行者规划最佳出行方案，同时辅以经济杠杆措施，使得路网通行能力得到全面释放，保证路网流量在时间和空间两个维度达到均衡。

全过程监控是指对每一辆汽车的运行进行全程控制，包括进路控制、运行控制、出路控制、安全控制。进路控制是指对车辆出发时间、规划路线、是否允许上路进行控制，如果不按规定路线行驶或在不具备路权的情况下强行上路，将采取高额拥挤收费或车辆保险费不予优惠等措施。运行控制是指对车辆运行速度、与前后车间距、行驶车道进行控制，减少车辆频繁加、减速以及随意变换车道、加塞、占用紧急通道等；在发生突发事件或异常情况下，为车辆重新规划行驶路线，使得路网交通流总体上平稳、有序。出路控制是指在即将到达目的地时，通过速度控制、车道控制等手段，减少分流点对主线交通流的影响。安全控制是指基于V2V、V2I、V2P、V2C等，显著提高安全辅助驾驶水平，尽可能避免交通事故的发生。

综上所述，全息交通指挥与控制系统采取了更加主动、更加积极的主动交通管控（Active Transportation and Demand Management，ATDM）措施，通过对人的出行行为和车的运行行为进行有效的控制，引领道路交通由“无序化”向“规则化”飞跃（见图7）。

图7　道路交通规则化运行示意图

3.5 公私合作模式

从当前国内外发展趋势看，公私合作将成为全息交通发展的主要模式。公私合作模式是指政府通过特许经营、购买服务、股权合作等方式，与社会资本建立的利益共享、风险分担及长期合作关系，从而达到增强公共产品和服务供给能力、提高供给效率的效果，最终实现“多赢”。公私合作模式中的“公”是指政府部门，“私”是指企业（包括国有企业、民营企业、外资企业及社会团体/联盟等）。从目前来看，全息交通建设运营模式逐步从政府指导的单一模式向社会共同参与、联合建设运营的多元化模式转变。

4 全息交通应用场景

本文列举了全息交通的两个典型应用场景。

4.1 自驾出行

在全息交通时代，一种自驾出行模式构想如图 8 所示。

① 用户出门，启动私家轿车，利用车载智能终端或移动智能终端输入目的地；

② 全息交通管理与服务平台通过大数据技术分析用户的出行目的（通勤、购物、访友、购物、看病、旅游等）、可能停驻点等；全息交通管理与服务平台基于全路网实时交通状况和预测交通状况，为用户规划最优出行路线，并为其预订目的地附近的停车位；

③ 全息交通管理服务平台通过语音交互方式为用户提供在途交通信息服务，如主动安全预警信息、违章预警信息、交通信号信息、交通事件信息、交通管制信息、加油站（充电站）信息、动态路径规划信息等，保障用户良好的出行体验；

④ 用户到达目的地，进入指定的预留停车位泊车；

⑤ 用户通过移动智能终端完成停车电子支付，离开停车场返程。

图 8　自驾出行场景

4.2 多模式出行

在全息交通时代，一种多模式出行模式构想如图 9 所示。

① 用户利用移动智能终端输入长途旅行信息，包括出行人员数量、预计出行时间、要求达到时间、

出发地点、目的地；

② 全息交通管理与服务平台根据需求，为用户规划最佳长途出行方案，并将方案发送给用户。用户接受出行方案，并完成电子支付（一站式出行的所有费用，包括车费、机票费、住宿费等）；

③ 网络专车在指定时间、指定地点接用户前往机场；

④ 全息交通管理与服务平台为用户提前办理网上乘机手续，并发信息给用户，用户乘机从 A 地 前往 B 地；

⑤ 用户下飞机，拟去火车站前往 C 地，因遭突发暴雨袭击，火车线路中断，全息交通管理与服务平台提醒用户突发事件信息，并通知用户已为其办理退票手续，可在机场 1 楼大厅#号门乘×××车牌顺风车（联系电话：1××××××××××）前往 C 地；

⑥ 用户乘顺风车达到 C 地，入住××宾馆；

⑦ 全息交通管理与服务平台将全程出行费用最终清单（网络专车费、机票费、火车票退票费、顺风车费、宾馆住宿费、保险费、服务费）以及用户此次出行的积分奖励信息发给用户，并对相关费用多退少补。

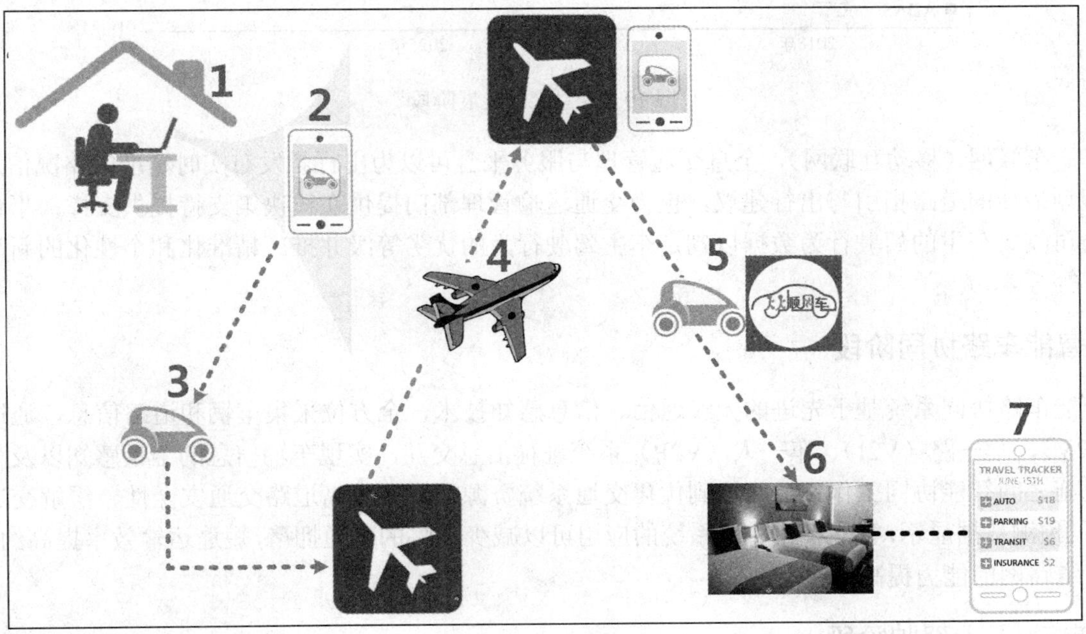

图 9　多模式出行场景

5　全息交通的演进过程

全息交通发展大致可以分为三个阶段：移动出行服务阶段、智能车路协同阶段、自动/无人自动驾驶阶段，如图 10 所示。

5.1　移动出行服务阶段

绝大多数的人都认为移动互联网的主要载体是智能手机，但是未来汽车一定会是智能终端的重要组成部分，如此就会形成我们称为的车联网，它会对我们整个生活产生巨大的影响。国外有学者认为，到 2020 年将有 90%的汽车具备互联网接入功能。目前的政府或交通领域行业相关的报告，都在提倡利用移动互联网、大数据和云计算等新一代信息技术来发展智慧交通。当然，这也是全息交通必经之路所需的技术手段。

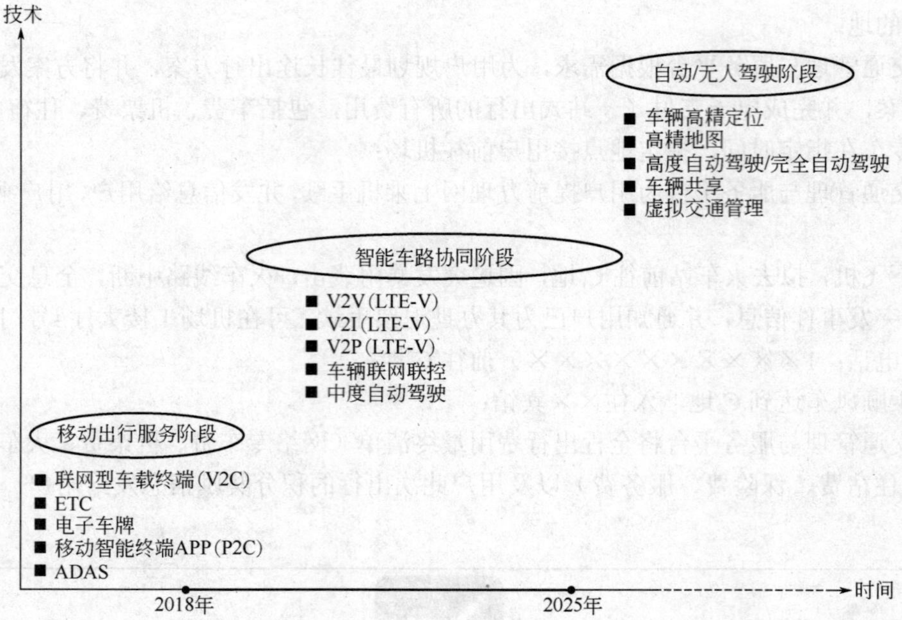

图 10　全息交通发展阶段

基于车联网（移动互联网），全息交通管理与服务平台可以为出行者发布实时精准的路况信息、为用户规划最佳的道路指引与出行建议，也为交通运输管理部门提供在线决策支持提供支撑；平台还为保险公司收集车主的驾驶行为数据以判定车主驾驶行为的优劣等级并推广精准化和个性化的新型保险服务，等等。

5.2　智能车路协同阶段

智能车路协同系统基于先进的无线通信、信息感知技术，全方位采集车辆和道路信息，通过车—车（V2V）、车—路（V2I）、车—人（V2P）系统进行信息交互，实现车辆信息的全景感知以及车辆与基础设施之间智能协同工作，最终达到优化交通系统资源配置、提高道路交通安全性、缓解交通拥堵的目标。预测数据显示，智能车路协同系统的应用可以减少60%的交通拥堵，短途运输效率提高约70%，使现有道路网的能力提高2～3倍。

5.3　自动/无人驾驶阶段

自动驾驶汽车（Autonomous Vehicle）是一种无人工干预自主驾驶的智能汽车，其依靠人工智能、视觉计算、雷达、车辆监控装置和卫星定位系统协同合作，感知车辆周围环境，并根据感知的道路、车辆位置和障碍物信息，控制车辆的转向和转速，从而实现车辆在道路上安全、可靠地行驶。

自动驾驶汽车从根本上改变了传统的“人—车—路”闭环控制方式，从该闭环系统中取消不可控的驾驶人，从而大大提高了道路交通系统的效率和安全性。车辆在自动阶段通过网络接入全息交通管理与服务平台（交通管理与控制中心），按照中心的交通控制指令在规定的路线上有序自动行驶，“零事故、零死亡、零拥堵、零排放”的道路交通时代将有望实现。

6　结语

（1）本文结合新一代信息技术发展趋势，创新性地提出开放互联环境下诞生的新产物——全息交通，并构建了全息交通的逻辑框架、物理框架和通信架构。

（2）全息交通的主要特征表现为：交通要素互联、以用户为中心、开放共享平台、三全交通管控、公私合作模式，有望通过技术创新、商业模式创新、体制机制创新推动交通系统跨界融合与生态重构。

（3）全息交通是基于新一代信息技术对传统智能交通系统的全新演绎，未来将对传统的交通管理模式和交通出行模式产生巨大的颠覆。

参考文献

[1] 王少飞，刘良伟，谯志，等．全息交通顶层设计［J］．中国交通信息化，2016（S1）：10-14．

[2] 王少飞．智能运输系统（ITS）与中国公路交通运输的可持续发展［J］．智能交通，2010（11）：91-94．

[3] 王少飞，张继先，谯志．重庆都市区智能交通管理系统发展思考［C］//山区交通技术研究与工程应用．北京：人民交通出版社，2015．

[4] 张继先，宋鸿，王少飞，等．重庆都市区新一代智能交通管理系统架构研究［J］．公路交通技术，2015（4）：156-161．

[5] 王少飞，张卫兵，张继先，等．新一代城市交通流诱导系统框架研究［J］．公路交通技术，2015（6）：90-95．

[6] 王少飞，杨翠．论智慧交通［J］．中国交通信息化，2015（6）：18-23．

[7] 赵祥模，惠飞，史昕，等．泛在交通信息服务系统的概念、架构与关键技术［J］．交通运输工程学报，2014，14（4）：105-115．

[8] GB/T 31024．1—2014，合作式智能运输系统　专用短程通信第 1 部分：总体技术要求［S］．

[9] 杜铁群．移动交通管理集成技术与方法研究［D］．西安：长安大学，2015．

[10] 王少飞，陈新海，李敏，等．论道路交通系统五要素［J］．公路，2016（2）：133-136．

[11] 招商局（集团）重庆云途交通科技有限公司．全息交通顶层设计报告［R］．重庆：招商局（集团）重庆云途交通科技有限公司，2016．

多模式互反馈交通信号控制系统

冉学均　赵　清

（天津通翔智能交通系统有限公司，天津 300350）

摘　要：交通信号控制系统通过近20年来的发展，从单时段定配时、多时段定配时、感应控制、动态控制、自适应控制到干线协调、区域自适应优化控制。信号控制基本上都是根据埋设在车辆入口处的检测器实时检测到的流量、速度、占有率、车头时距等交通数据，通过信号机内部的逻辑进行判断，调整路口信号机的配时和周期，达到控制路口交通的目的。也就是说传统的交通信号控制方法的反馈输入基本上是单一输入，即单模式控制，控制方式的好坏也没有一个评价的方法。本文介绍一种采用多元交通数据检测技术，将检测的各种数据包括互联网数据作为交通信号控制的输入（反馈），通过综合分析各种输入数据的影响，实时调整配时参数的多模式互反馈交通信号控制技术。就是说通过安装在不同位置的不同类型检测器检测的交通数据，进行路况综合判态；综合通过互联网得到的路况交通信息、路口检测器交通流量数据等多模式检测手段；同时，通过反馈回来的路况交通指数，评价信号控制策略的优劣，不断调整信号控制方案，从而达到通过多模式互反馈交通数据，始终朝着道路交通指数收敛的目标进行信号控制。

关键词：多模式；互反馈；控制策略；信号配时；干线协调；交通指数

Multi-mode Mutual feedback Traffic Signal Control System

Ran Xuejun　Zhao Qing

（Multitran（Tianjin）Traffic Systems Inc. Tianjin 300350）

Abstract :The traffic signal control system is developed in recent 20 years, which is controlled by the single time interval, the induction control, the dynamic control, the adaptive control to the main line coordination and the. Control signal basically is according to buried in the vehicle at the entrance of the detector is used for real-time detecting to flow, speed and occupancy rate, headway and other traffic data by signal internal logic to judge and adjust intersection signal timing and cycle to control the road traffic. That is to say, the feedback input of the traditional traffic signal control method is basically a single input, that is, the single mode control, the control method is good or bad. A using multiple traffic data detection technology, the detection will be all kinds of data including data of the Internet as a traffic signal control input(feedback), through the comprehensive analysis of all kinds of input data, real-time adjustment of the timing parameters of the multiple model mutual feedback traffic signal control technology is introduced in this paper. Is through the installation in different positions of the different types of detector traffic data, traffic comprehensive judgement of

基金项目：科技部科技支撑计划课题（2014BAG03B03）、公交主导型交通智能联网联控关键技术与示范。

the state;integrated through the Internet to get traffic information and intersection detector traffic data such as multi pattern detection means;at the same time, the pros and cons of the back road conditions traffic index, evaluation of signal control strategy, and constantly adjust the signal control scheme, so as to achieve through multi-mode mutual feedback traffic data, always toward the goal of road traffic exponential convergence of signal control.

Key words: Multi-Mode, Mutual Feedback, Control Strategy, Signal Plan Timing, Trunk Coordination, Traffic Performance Index

1 引言

交通信号控制系统是集现代计算机、通信和控制技术于一体的区域交通信号实时联网控制系统，可实现对路口交通信号的实时控制、区域协调控制、中心和本地的优化控制；路口状态的实时查询与监控，路口信号灯的故障定位，配时方案的实时上传与下载，操作日志的记录和管理，多用户的远程登录控制和权限管理等功能。传统的交通信号控制，基本上都是根据埋设在车辆入口处的检测器实时检测到的流量、速度、占有率、车头时距等交通数据，通过信号机内部的逻辑判断各个入口方向的车流，然后根据这些交通数据调整各个相位的绿灯时间和周期等，从而达到控制路口交通的目的，也就是说传统的交通信号控制方法的反馈输入信号基本上是单一输入，单模式控制。本研究通过一种新的控制方法，就是依据不同种类的检测器、不同的埋设位置等多种判态系统的结果，再加上路口检测器实时交通数据，互联网道路交通指数等多种检测手段得到的数据，经过综合分析实时调整路口信号灯的绿灯时间、相序、相位差及周期。以控制路口交通流为目标，研究通过不同的反馈输入：路口检测器、路段检测器、其他判态系统，甚至还包括从互联网得到的交通指数和路况交通状况，通过综合分析这些不同的反馈数据，然后，生成信号控制策略，并下发到路口信号控制机执行；执行完以后的结果又通过这些检测手段反馈到控制系统，控制系统对刚才执行的控制策略进行对比评价，再根据评价的结果进一步改进控制策略，从而，始终朝着路口信号控制的配时及策略为最优的目标进行控制策略的调整，达到路口通行效率的最大化。目前，国内的好多高校和科研机构正在研究浮动车数据进行交通判态、城市交通指数预报及互联网交通大数据在交通控制领域的应用，多模式互反馈系统的研究也是上述研究的一个补充，随着互联网交通大数据准确度的提高，其在交通信号控制的应用也会越来越广泛。因此，多模式互反馈的研究方向和思路对于未来交通信号控制提出了一个新的方向，具有很重要的意义。

2 研究思路及总体方案

依据我国城市道路实际交通状况，运用人工智能、统计分析、专家知识等理论与方法，研发面向大中城市的多维信息感知理论体系与装置优化布设技术和综合交通信息一体化采集与互反馈技术；运用数据挖掘、通信技术、系统工程等相关理论和方法，研发综合应用多维互反馈信息面向交通信号控制策略生成与评价分析的循环控制技术。

通过深化课题的研究内容，形成关键技术研究的目标与实施方案。同时并行开展相关关键技术的研究工作：在面向示范城市的多维信息感知理论体系与装置优化布设技术部分，将开展面向示范城市的多维信息感知理论体系和面向示范城市的多维信息感知装置优化布设技术的研究；在综合交通信息一体化采集与交互技术部分，将开展地基型交通参数检测技术、车基型交通参数检测技术、面向城市的综合交通信息融合与集成技术和基于多传感器的综合交通参数一体化采集技术的研究；在应用多维互反馈信息面向道路交通控制的动静态控制策略生成与评价分析的循环控制技术方面，研究基于多模式互反馈信息的交通信号控制策略、分析算法及模型、控制效果的评价及改进等一系列的闭环控制技术，突破传统的单环控制理论与技术，实现真正意义上的多维、多模式反馈控制。

3 路况交通相关信息的获取

3.1 移动型交通探测器的数据采集

（1）基于浮动车的数据采集

移动车辆利用 GPS 接收装置以一定的采样间隔记录车辆的三维位置坐标、车速和时间数据，将这些数据传入车载的计算机后，通过 GPRS 通信技术传输到数据处理中心，存储到数据库服务器。数据处理服务器将该数据与 GIS 相匹配，经过特定算法分析与处理，获得特定路段的行驶时间和行驶速度以及 OD 出行矩阵等交通参数。一般情况下，在城市道路上覆盖率为 20%，即可达到较好效果。实际上，如果要实现满足基于浮动车信息采集技术的交通流参数估计要求，不仅要有合理的浮动车比例，还要有合理的采样周期、数据上传周期等。原则上浮动车覆盖率低，采集间隔应该越小；相反，则可以增大。一般取采集间隔为 1min，数据上传至中心的周期为 5min，实际应用时可根据浮动车覆盖率以及精度要求进行调整。目前，国内做得比较好的厂商可以达到每 2min 实时更新一次交通数据。表 1 为某路口的路况交通数据。

表 1 某路口的路况交通数据

玫瑰街—赫山路路口 22～24 日早上 7:00—20:00 数据						
590480186123538000	5904801861235388714	北行出路口路段（2 个路段）				
5904801861235380000	5904801861235388920	南行入路口路段（2 个路段）				
5904801861235380000	5904801861235380000	5904801861235380000	5904801861235387263	北行入路口路段（4 个路段）		
5904801861235380000	5904801861235380000	5904801861235380000	5904801861235380000	5904801861235384752	南行出路口路段（5 个路段）	
路段 ID	日期时间（ddhhmi）	状态（1：畅通；2：缓行；3：拥有；4：严重拥堵；5：无交通流）	距离（米）	速度（km/h）	方向	行驶时长（秒）
5904801861235380000	220701	1	126	34	33	13
5904801861235380000	220701	1	353	34	3	37
5904801861235380000	220701	1	352	38	3	33
5904801861235380000	220701	1	108	38	3	10
5904801861235380000	220701	1	235	34	3	24
5904801861235380000	220701	1	85	34	3	8
5904801861235380000	220701	1	62	34	3	6
5904801861235380000	220701	1	224	34	3	23
5904801861235380000	220701	1	238	46	3	18
5904801861235380000	220701	1	67	46	3	5
5904801861235380000	220701	1	89	46	3	6
5904801861235380000	220701	1	106	46	3	8
5904801861235380000	220701	1	120	46	3	9
5904801861235380000	220703	1	126	35	3	12
5904801861235380000	220703	1	353	35	3	36
5904801861235380000	220703	1	352	32	3	39
5904801861235380000	220703	1	108	32	3	12
5904801861235380000	220703	1	235	32	3	26
5904801861235380000	220703	1	82	32	3	9

（2）基于 RFID 电子标签的动态交通数据采集

RFID 是近年来被广泛应用一项新型交通数据采集技术，其特点为使用方便、简单实用且特别适用于自动化控制的应用技术，它无须接触或瞄准，可自由工作在各种恶劣环境下，拥有一套完整的协议，抗干扰能力强，可识别高速移动的标签，可通过读取标签直接实现对车辆到达及离去的检测，进而可以通过计算间接得到以下数据：交通流量信息、路段平均车速、车道占有率、车头时距、车头间距、排队长度、检测站点交通事件检测。

厦门是国内较早大规模成功发行路桥年费卡（RFID 电子标签）的城市，全市汽车贴卡率超过 90%，故 RFID 所测数据的有较大应用价值。

RFID 设备的接口类型丰富，提供以太网口/RS-485、WiFi、GPRS 等，RFID 检测器能够监测到的区域是离 RFID 检测站点（读写器所在地）10～15m（使用 12dbi 天线，6C 协议）或 8～10m（使用 12dbi 天线，6B 协议）的区域，RFID 检测周期通常设为 250ms，可根据实际情况另行调整，其数据直接输出的只是包括读取标签时间、检测站点编号、车辆运行方向、车辆所在车道、标签号，采用美国信息交换标准码（ASCII），格式如下：

YYYY-MM-DD HH：TT：SS：MS，站点号，方向，车道号，车辆标识符

示例：

2012-9-10 17:7:10.500，4000072，2，1，E00400002L731602

2012-9-10 17:7:10.500，4000072，2，2，E00400002LN3FN01

2012-9-10 17:7:10.500，4000072，2，3，E00400002LT47M08

2012-9-10 17:7:10.750，4000072，2，1，

2012-9-10 17:7:10.750，4000072，2，2，E0040000MH87J63

2012-9-10 17:7:10.750，4000072，2，3，E004000029MM7T3

3.2 地基型交通检测器的数据采集

（1）基于环形线圈（感应）车辆检测技术的数据采集

环形线圈车辆检测器是目前世界上应用非常广泛的一种检测设备。检测器按安装的位置不同分为战术检测器和战略检测器，战术检测器安装在道路中间，检测的交通数据通过以太网直接回传到数据处理中心或者通过路口信号机代传到数据处理中心。战略检测器的数据为脉冲信号（车辆有无），通过路口信号机回传到交通信号控制中心。除了感应控制使用该数据外，同时，还以 1min 或 5min 单位保存到数据库服务器，供数据处理中心使用。线圈检测的工作原理为：车辆通过埋设在路面下的环形线圈，引起线圈磁场的变化，检测器据此计算出交通流量、车速、时间占有率和行进方向等交通参数，利用线圈检测器，可检测车速为 0～200km/h 范围的车辆，其数据可设定以 5s、10s、30s、1min、5min 累计，隔 30s（可调）数据块的形式上传。表 2 为某路口的线圈检测器统计的 5 分钟交通数据。

表 2　某路口的线圈检测器统计的 5 分钟交通数据

时间	车道	方向	流量	速度	占有率	间距
2015-4-26 9:25	1	1：北左	10	9	99	248
2015-4-26 9:25	2	6：北直	2	22	49	94
2015-4-26 9:25	3	3：东左	21	19	67	188
2015-4-26 9:25	4	8：东直	25	20	92	45
2015-4-26 9:25	5	5：南左	20	23	25	188
2015-4-26 9:25	6	2：南直	18	24	12	18
2015-4-26 9:25	7	7：西左	13	26	3	87

续表

时间	车道	方向	流量	速度	占有率	间距
2015-4-26 9:25	8	4：西直	36	33	8	99
2015-4-26 9:20	1	1：北左	7	10	93	96
2015-4-26 9:20	2	6：北直	6	3	60	1
2015-4-26 9:20	3	3：东左	26	22	49	189
2015-4-26 9:20	4	8：东直	29	21	67	154
2015-4-26 9:20	5	5：南左	6	23	10	49
2015-4-26 9:20	6	2：南直	11	25	6	155
2015-4-26 9:20	7	7：西左	13	24	19	121
2015-4-26 9:20	8	4：西直	44	22	42	58
2015-4-26 9:15	1	1：北左	13	9	69	46
2015-4-26 9:15	2	6：北直	5	15	82	128
2015-4-26 9:15	3	3：东左	16	24	6	205
2015-4-26 9:15	4	8：东直	16	16	33	146
2015-4-26 9:15	5	5：南左	16	17	35	187
2015-4-26 9:15	6	2：南直	10	8	23	150
2015-4-26 9:15	7	7：西左	15	26	4	86
2015-4-26 9:15	8	4：西直	55	26	43	58
2015-4-26 9:10	1	1：北左	12	13	99	47
2015-4-26 9:10	2	6：北直	11	22	97	59
2015-4-26 9:10	3	3：东左	8	9	52	189
2015-4-26 9:10	4	8：东直	28	24	25	104
2015-4-26 9:10	5	5：南左	13	10	40	13
2015-4-26 9:10	6	2：南直	14	13	19	82
2015-4-26 9:10	7	7：西左	7	26	2	58
2015-4-26 9:10	8	4：西直	35	26	9	109

（2）基于无线地磁车辆检测器的数据采集

无线地磁传感器有路面破坏小、安装简单成本低、检测精度高、可靠性高的优点，通常采用地下布设，其接收机通常设置于地面 6m 或更高的位置，它输出的数据主要包括车流量、车速、车辆长度、车辆间距等；输出数据的格式有三种，分别是定时输出格式、实时标准输出格式、实时 Marksman 格式，具体数据格式都是美国信息交换标准码（ASCII），日期和时间以空格隔开，接收器的 ID 号和车道标示字符串用“-”隔开，其他的每两项之间用逗号隔开。输出数据的类型及格式取决于对接收器的配置，输出周期可根据具体情况另行配置。厦门目前新增地磁设备输出的数据主要包括车流量、车速以及时间占有率，输出周期为 1min。表 3 为某路口的无线地磁检测器统计的 5 分钟交通数据。

表 3　某路口的无线地磁检测器统计的 5 分钟交通数据

时间	车道	方向	流量	速度	占有率	间距
2015-4-26 10:00	1	1：北左	11	13	41	245
2015-4-26 10:00	2	6：北直	7	29	2	11
2015-4-26 10:00	3	3：东左	9	9	38	91

续表

时间	车道	方向	流量	速度	占有率	间距
2015-4-26 10:00	4	8：东直	20	15	79	77
2015-4-26 10:00	5	5：南左	17	17	94	37
2015-4-26 10:00	6	2：南直	8	14	46	87
2015-4-26 10:00	7	7：西左	19	21	41	174
2015-4-26 10:00	8	4：西直	42	21	18	100
2015-4-26 10:00	9	4：西直	36	17	62	30
2015-4-26 9:55	1	1：北左	8	17	37	143
2015-4-26 9:55	2	6：北直	11	15	47	140
2015-4-26 9:55	3	3：东左	16	16	88	17
2015-4-26 9:55	4	8：东直	32	18	99	32
2015-4-26 9:55	5	5：南左	13	8	83	108
2015-4-26 9:55	6	2：南直	6	20	19	10
2015-4-26 9:55	7	7：西左	14	22	4	163
2015-4-26 9:55	8	4：西直	19	21	79	77
2015-4-26 9:55	9	4：西直	16	25	48	77
2015-4-26 9:50	1	1：北左	9	14	69	181
2015-4-26 9:50	2	6：北直	8	14	6	99
2015-4-26 9:50	3	3：东左	18	22	69	94
2015-4-26 9:50	4	8：东直	28	19	99	128
2015-4-26 9:50	5	5：南左	11	15	42	185
2015-4-26 9:50	6	2：南直	9	14	32	98
2015-4-26 9:50	7	7：西左	12	26	11	70
2015-4-26 9:50	8	4：西直	46	27	49	44
2015-4-26 9:50	9	4：西直	37	22	78	57

（3）基于视频检测技术的数据采集

视频车辆检测，是采用摄像机作为检测装置，通过检测车辆进入监测区时视频图像某些特征的变化，从而得知车辆的存在，并以此来检测交通流参数获取车辆的特征信息。随着图像识别技术的提高，如今通过视频检测获得的交通参数的可靠性较高，逐渐成为车辆检测领域的主流技术。视频检测器可测交通参数包括交通流量、占有率、车速、排队长度、车型、车头时距等，但由于其检测结果受天气影响较大，天气情况的变化影响其在数据整合时权重的选择。视频车辆检测是采用摄像机作为检测装置，通过检测车辆进入监测区时视频图像某些特征的变化，从而得知车辆的存在，并以此来检测交通流参数获取车辆的特征信息。

3.3 道路环境传感器获取数据

（1）道路能见度检测

能见度是影响道路交通安全的一个重要因素，由于道路参与人员可视距离的减小，导致交通事故频发；在交通信息检测方面，由于能见度的减小，视频等检测器的测量精度减小，所以在各传感器检测信息融合方面，需要考虑能见度因素在传感器数据权重确定中的影响。目前常见的能见度观测仪的测量范围为5～5000m，可在环境温度-45～50℃，其数据提交周期一般为15s～1min，所输出的数据一般为距离参数（换算为具有标准视力 1.0 的人眼所能观测到的距离单位为 m。

（2）温、湿度检测

对于交通管理者来说，及时掌握道路温湿度状况有利于其对道路环境情况有及时地了解及预判，防备可能出现的天气突发状况；在交通信息检测方面，各个道路交通参数检测器对于温湿度都有一定的耐受范围，超出其耐受范围则无法保证其正常工作，即使在其工作范围内，由于温湿度的不同，其检测精度也会受到一定的影响，因此，在道路中设置温湿度传感器是必要的。目前的温湿度传感器技术较为成熟，其型号也较多，一般来说，其可测温度范围为-20～80℃，测量精度一般优于±0.5℃。

4 多模式互反馈交通数据的检测及模型

4.1 路口饱和交通流的检测

以厦门市为例，公交车与私家车辆混行，因此在进行占有率调查时当公交车较多时数据失真，无法真实反映路口的交通强度，经过研究制定了鲁棒性较高的经过修正的占有率计算公式：

$$S=T/g+t\times n/g$$

式中：S 为占有率；T：车辆占有时间之和；g 为相位绿灯时间；t 为流量达到最大值时，车辆间的最佳时间间距；n 为绿灯时间内通过的车辆计数。

经过在路口进行反复测试统计得出当通行能力最大时，在厦门市车间距约为 1 秒，因此在统计计算时 t 取 1。利用目前厦门市已建成的无线地磁数据采集系统，经过 3 个路口 11 个方向 12 天 24 个高峰时段的统计得出：

（1）该修正占有率计算的统计值特性非常稳定，能真实反映出当前的交通强度，并能延展至一定过饱和状态的占有率；

（2）当从平峰进入高峰且该占有率上升至约 70%时，路口进行饱和状态，通行能力开始下降；

（3）当从高峰进入平峰且该占有率下降至约 60%时，路口进入非饱和状态，通行能力开始回升

表 4 为某路口的无线地磁检测器统计的 15 分钟交通流量数据。

表 4　某路口的无线地磁检测器统计的 15 分钟交通流量数据

时间	北左（1）	北左（2）	北右（3）	东直（4）	东直（5）	东直（6）	东右（7）	西左（8）	西左（9）	西直（10）	西直（11）	西直（12）
07:15:00	29	32	161	148	127	124	144	98	81	111	114	55
07:30:00	29	34	207	174	162	143	153	112	126	107	184	88
07:45:00	34	35	180	163	156	159	157	101	96	102	197	125
08:00:00	44	42	164	168	178	138	168	96	115	125	202	147
08:15:00	37	18	175	174	144	157	165	92	70	98	193	157
08:30:00	29	27	143	134	121	121	139	110	104	148	197	164
08:45:00	45	36	130	157	153	139	145	45	110	134	211	163
09:00:00	37	35	164	126	132	132	145	85	122	138	210	199
总计	284	259	1324	1244	1173	1113	1216	739	824	963	1508	1098

4.2 多模式互反馈系统的模型

基本方法是，先根据路口检测器检测的交通流量，在每一周期结束以后，计算下一周期参数，主要是周期和每一相位的绿灯分配时间；然后，在根据交通判态数据对各个方法的绿灯时间进行适当的

调整；最后，将新的配时方案下发信号机执行。

周期计算方法：流量与周期对应关系表由韦伯斯特方程计算得来，可以由用户进行维护。

$$C=\frac{1.5L+5}{1-Y}$$

L 为每个周期总的损失时间，Y 为交叉口交通流量比。

$$L=\sum \mathrm{SLAG}+\sum \mathrm{INTERSTAGE}+\sum \mathrm{ELAG}$$

SLAG：各相位起始延误可以假设为 4 秒，可设定。

INTERSTAGE：各相位绿灯间隔时间（全红＋黄闪），在方案中设定。

ELAG：各相位结束延误假设为 2 秒，可设定。

$$Y=\sum\frac{V}{S}$$

V 为每个相位的关键车流的流量，可以通过检测器上传的检测器信息进行统计；

S 为每个相位关键车流的饱和流量，该值可以预先通过交通调查得到；

计算关键车流流量和饱和流量时取该车流中流量最大的车道的数值。

计算出路口的周期以后，可以根据上一周期各个相位的流量分配各个相位的绿灯时间。

$$G_i=\frac{S_i}{\sum S_i}C$$

目前，主要是根据路口反馈的检测器数据和其他判态系统反馈的数据进行信号配时的优化调整；未来，还可以考虑能见度、温度、湿度等对交通的影响，将这部分的反馈数据考虑进去，达到更加精准调整信号配时和控制交通流的目的。

$$G_{i1}=\left(1+\frac{CC_i-1}{\sum CC_i}\right)G_i$$

CC_i 代表判态系统反馈回来的各个方向的拥堵系数，1：畅通；2：缓行；3：拥堵；4：严重拥堵；5：无交通流；以上公式对于 CC_i=5 的情况下，需进行特殊处理。

当然，对于如上公式计算出的各个方向的绿灯时间，要进行合计出周期进行确认，如果周期与 C 相差很大的话需要重新调整（见图 1）。

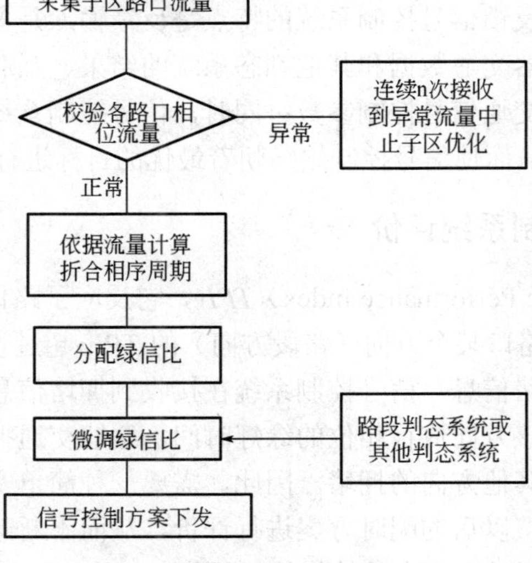

图 1　多模式互反馈系统流程图

如下是实现多模式互反馈信号控制系统流程：

（1）前提条件

对应各个车道埋设检测器，确保检测器数据的准确性；调研路口车道对应的饱和流率、饱和占有率；子区内各个周期档的相位差计算；配置实时优化的时间段及其相关的参数。

（2）多模式互反馈

执行多模式互反馈优化时，优化对应的步骤为：

采集子区路口流量：系统在每个相位结束时会解析路口上报的数据，以此作为周期计算和绿信比分配的依据。同时会自动分析数据的合理性，若连续有异常则会中止当前的子区优化。

周期计算：利用采集的流量，带入到韦氏方程得到计算周期，计算周期与当前周期比较，若连续 3 个周期同时增大或减小，则实际周期增加或减小 5。

周期的选取：选择子区中计算周期最大的作为子区的周期。

绿信比分配：绿信比的分配主要依赖与相位流量的比值，同时会参考相位的占有率、最大绿、最小绿以及当前运行方案的绿信比。

微调绿信比：主要是根据路口反馈的检测器数据和其他判态系统反馈的数据进行信号配时的优化调整。

相位差的选取参考不同周期对应的相位差方案库。

优化方案的下发与执行：优化方案是每个周期都会计算，当子区有周期变化时，在当前周期的最后一个相位绿灯结束后整个子区整体下发并且在下一个新周期执行。同时系统会根据周期的变化情况，来决定子区是否执行配时调整的功能。

（3）异常处理

子区内的任何一个路口发生如下异常都会中止整个子区的优化功能，结束当前周期，下周期恢复到时间表；当异常解决后，会重新启动优化功能。

4.3 多模式互反馈信号控制系统的优点

反馈控制系统的定义：具有闭环信息通道的系统，将系统的结果或输出信息采集、处理，然后送回输入端并据此调整系统行为的系统。由于信息流通构成闭合环路，它亦称为闭环系统。反馈作用常用于检测信号偏差及对象特性的变化，并依此来控制系统行为及消除误差。它又被称为反馈控制或按误差控制的系统。

传统的信号控制主要依据安装在交叉路口入口处的车辆检测器检测的流量、速度、占有率来执行感应控制、实时自适应控制；也就是说信号控制的反馈输入只是单一输入，没有考虑其他因素对道路交通状况的影响。而多模式互反馈信号控制系统的特点是反馈输入是多反馈，综合考虑了路口入口交通数据、当地气温、路段检测器交通数据和其他判态系统的结果、互联网交通大数据等，信号控制系统根据这些数据综合调整路口交通信号控制参数；同时，信号控制系统实时评价路口交通控制策略，反过来再实时修改控制参数，从而使信号控制始终朝着最优的目标进行调整。

4.4 多模式互反馈信号控制系统评价

城市路口交通指数（Traffic Performance Index）*TPIv*，它反应了路口的拥堵程度。通过将交通指数与信号控制系统进行联动，在路口某个方向（路段方向）的 *TPIv* 超过设定的阈值时，交通流检测与判态系统向信号控制系统发送拥堵信息。信号控制系统在接收到拥堵信息以后，在下一个周期向路口信号机下发新的配时方案，增加该方向放行相位的绿灯时间，缓解交通拥堵。然而，这样会导致路口其他方向的车流集滞，容易造成其他方向的拥堵。因此，需要一种简单实用的评价方法通过反馈回来的交通流信息，对每一次信号调整以后的配时方案进行评价，从而不断改进信号配时参数，使道路交通指数始终处理收敛状态，信号配时方案也就始终处于最优。

如下是通过加权平均值的方法进行评价，设路口每个（路段）方向的交通指数为 $TPIv$，用路口所有方向的加权平均值$\overline{TPI_R}=\sum TPIv/N$（N 为路口的方向）来评价在每一时间段内信号机配时方案的优劣。在每一个固定时间间隔（传统的方法为每 5 分钟的交通数据，目前，可以缩短到 2 分钟时间间隔）$[t_1,t_2]$中，我们通过计算 TPI 在$[t_1,t_2]$时间内的面积来进行评价，即：

$$S=\int_{t_1}^{t_2}\overline{TPI}\mathrm{d}t$$

S 值越小，说明交通指数越收敛，配时方案就越优；否则方案越差。

4.5 多模式互反馈信号控制系统实例

图 2 为在厦门市部分路段实施的多模式互反馈交通信号控制系统，除右转车道外，每车道分别设置感应申请检测器，感应申请检测器距离停车线距离为 30～35 米。右转车道不做感应检测器，作为流量检测器。检测器信号除供信号机进行感应控制以外，还通过信号机实时会传到信号控制中心服务器，作为中心多模式控制的输入。

对于其他判态系统来讲，检测器安装在路段中央的主要车道上，检测器信息通过网络直接传输到控制中心的路段判态系统。各个判态系统的输出通过汇聚服务器接入信号控制控制系统服务器（见图 2)。

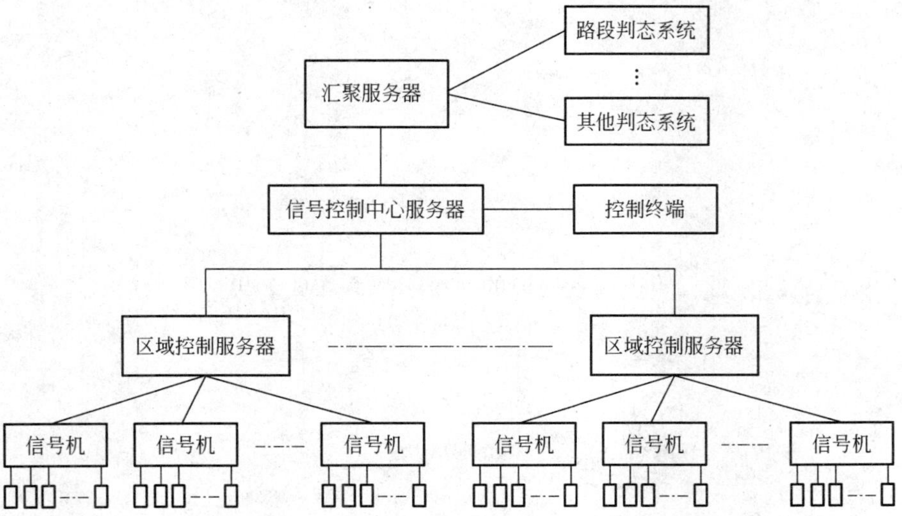

图 2　多模式互反馈系统

通过检测器数据的反复调整、中心系统的调整，实现了路口车辆检测数据和路段交通数据相结合的多模式互反馈系统。实现了平峰期双向绿波协调控制，最大限度减少了试点路全路段平峰期的停车次数，提高平均行驶速度，降低了路口的延误，极大提高了驾驶员的出行畅通体验；夜间采用感应控制，减少绿灯损失时间，实现无车时自动切换相位的效果，实现快速智能相位转换，提高了夜间的控制效率；平峰期实现了多模式互反馈系统，通过宏观和微观控制的融合，在保证区域最优的前提下实现了路口的最优化控制，真正实现了厦门市信号控制系统的智能化控制。

5 结论

城市道路网络中，信号控制是城市交通控制中不可缺少的重要组成，通过综合分析各种道路交通反馈数据，分析各种因素对交通流的影响，通过多种模式互反馈分析，从而准确分析路况的拥堵情况，实时调整各个路口的交通放行相位、放行时间及放行周期、相位差等。分析比较调整以后的控制参数对交通流的改善，不断调整控制参数，不断改善交通流状况，始终处于一个信号控制与交通流的反馈状态，并且，使控制目标处于一个收敛状态，达到对城市道路交通的最优调整。

参考文献

[1] 常锋伟，李想，向新胜．交通信号控制对出行者线路预测的影响研究［C］//第十届中国智能交通年会优秀论文集．北京：电子工业出版社，2015：241-246.

[2] 丁明．厦门城市交通发展形势与对策建议［J］．厦门科技，2008（2）：6-7.

[3] 李兰冰．我国城市交通拥挤的成因及其对策研究［J］．理论学刊，2005（6）：33.

[4] 李瑞敏，章立辉．城市交通信号控制［M］．北京：清华大学出版社，2015.

[5] 徐鑫龙．多模式交通信号控制机的设计与实现［D］．广州：华南理工大学，2012.

包头智能交通建设的实践与思考

安　锐

（北京易华录信息技术股份有限公司，北京 100043）

摘　要：智能交通系统是缓解城市交通拥堵、提高交通出行效率的重要手段。本文结合实际工作经验，针对中小城市现阶段交通的现实状况，提出构建高效的智能化交通管理系统须具备七个基础条件，即科学精细的交通管理措施、卓越的复合型领军人、技术精湛的合作伙伴、贴近实战的交通指挥系统、稳定专业的运维团队、准确完备的交通管理日志系统以及精通业务的基层路面管理队伍。最后，重点介绍了包头目前正在着手建设的“中小城市道路动、静态交通实时诱导控制系统”，通过整合实时的道路资源、交通需求以及科学合理分配时空资源来实现“旅行不停车到达目的地”。

关键词：智能交通建设；基础条件；中小城市道路动静态交通实时诱导控制系统

The Practice and Reflection on the Construction of the Intelligent Transportation in Baotou

An Rui

（Beijing E-Hualu Information Technology Co., Ltd Beijing100043）

Abstract: The Intelligent Transportation System is an important means to relieve urban traffic congestion and improve the traffic efficiency. Based on the current situation of the traffic in small and medium-sized city, this paper, combined with practical work experience, proposed seven basic factors necessary for the construction of efficient intelligentized traffic management system. That is, scientific and elaborate traffic management measures, remarkable inter-disciplinary leaders, masterful cooperative partners, traffic command system linked with practice, reliable professional team in charge of operations, precise and complete traffic management journal system and professionally proficient pavement management team. Finally, the paper mainly introduced ‘The Road Induced Dynamic and Static Traffic Real-time Control System of the Small and Medium-sized City’, which is being under construction in Baotou and aiming to achieve the goal”reach the destination without stopping while traveling’ by integrating the real-time road resources as well as traffic demand and distributing the space-time resources scientifically.

Key words: Intelligent Traffic Construction;Basic Factors;The Road Induced Dynamic and Static Real-time Control System of Small and Medium-sized City

1 包头 ITS 建设的实践

随着城镇化速度的加快和汽车工业的发展，不仅世界发达国家、我国的一二线城市甚至边陲小镇，在高峰时段也开始堵车。交通拥堵已经成为中外城市发展过程中遇到的“通病”。

为破解交通拥堵这一难题，全国乃至世界的不少仁人志士都跻身于智能交通应用领域的探索和研究，智能交通产业异军突起。作为一个中等发展中城市，包头近几年也加入了智能交通系统工程建设中，取得了一些实践经验。

尽管目前智能交通技术在我国已初具规模并日趋成熟，但是在缓解城市拥堵方面却没有充分发挥其应有的作用。究其原因，先进 ITS（智能交通系统）技术的发挥应具备以下七个基本条件：

1.1 离不开布局合理的城市路网结构和科学完备的交通基础设施，科学、精细的交通管理措施，这是基础

（1）实现“智能交通”离不开交通环境的支持：只有把握城市规划、建设、管理这一社会综合系统工程，运用“智能交通”的科技手段，有效地掌控指挥调度的主动权，才能保证道路的安全、畅通。只有科学合理的城市路网布局、比例协调的路网结构、分布均匀的路网密度，才能使智能交通发挥其应有的作用。

（2）以前瞻性的研究视角来预先确定交通管理措施：在包头，我们主要遵循以下“三大原则”（交通组织三原则和交通评价三原则）

交通组织三原则：

（1）科学组织交通，以人为本。

在这里，我想特别强调一下，慎用 BRT 和轻轨及禁限行措施，不主张禁左、单行、高架；混行交通不适宜禁左和单行，实际是把一个路口的压力转移到了多个路口和绕行的路段，无助于解决区域拥堵；BRT 和轻轨占用道路面积太大，对其他车辆影响很大。建设时应该从整个城市的规划布局出发，谨慎规划，避免得不偿失；尽量减少因削减交通总量而采取限行措施。

（2）精细渠化路口，寸土必争。

以钢铁大街为例，原有的道路设计为双向六车道，在未精细渠化道路前，由于道路布局不完善，随意变道、临时停靠、公交车停靠站点等因素导致高峰时段堵车严重，平均三四个信号周期才能通过，交通不堪重负。经过实地调研、分析，采用一系列精细渠化措施，使此条道路在没有挤占其他道路资源的前提下，高峰时段机动车在两个信号周期内可以顺利通过，有效解决了道路拥堵难题。

具体的措施是：

① 最大限度地压缩车道宽度（可低至 2.6 米），增加车道数量。

② 在路口设置左右转弯专用车道，增加路口转弯车辆的通行能力。

③ 在左右转弯车道上加设掉头功能，细化路口的通行组织。

④ 左转弯需求大的路口在左转车道相邻的直行车道设置左转弯待行区、加装辅助信号灯，让左转车借用就近的直行车道左转弯（可增加 100%的通行能力）。

⑤ 公交车站点靠近下游路口的，在最右侧右转车道上增加公交车左转功能。避免左转弯公交车临近路口强行由外侧向内侧并道。

⑥ 在有条件的道路可借非机动车道（5 米以上）开辟出机动车右转弯专用车道，并采取机非物理隔离，避免了直行、右转车辆的相互干扰等问题。

（3）合理配置信号，争分夺秒。

① 信号控制是缓解城市交通拥堵的关键，是 ITS 技术应用的重点，亦是难点。在包头信号控制执

行三种放行方案：高峰时段：人工干预与专家方案，实现路网压力均衡，追求两个信号周期内通行；平峰时段：信号协调控制（自适应），追求绿灯损失最小化（实现绿波带、绿波段、区域协调）；低峰时段：感应式通行，哪个方向来车哪个方向通行。特别是在交通复杂、交通流量大的路口，全天 24 小时有 20 多套配时方案，放行相序达到十五六个相位，以满足各个时段交通流的需求。

② 现在 ITS 技术在交通控制方面的应用上，只追求路面控制系统的智能化（绿波段、绿波带、区域协调），没有强调动态中车与车、车与路的移动互联，这也是 ITS 技术没有在交通管理工作中发挥应有作用的根本所在。

当完成一个路口的信号配时、路口渠化等交通组织方案后，作为交通管理者应对组织方案进行科学评估，看其设计是否科学合理、应用效果是否显著，要采取以下交通评价三原则进行评估：

感受评估。交通管理者首先要转变角色、换位思考，以交通参与者的身份去亲身体验、感受所做的交通组织是否科学、实用，交通组织是否顺畅。

调研评估。深入实地调研，与经常在此路段出行的交通参与者进行交流，了解其方案的应用效果是否科学、合理。

指标评估（专家评估）。我们国家每个行业都有各自行业标准，这些标准都是各个行业通过实践，由专家、行业主管部门确定，也叫专家评估。我们将相关数据测算出来后，参照行业标准的各项指标、参数来评价所做的方案是否科学、合理。

关于信号控制系统的验收，是一个重点，也是一个难点，智能交通系统在国内之所以没发挥出它应有的作用，主要问题在信号控制系统。现在好多城市都建成了信号控制系统，有主干道绿波带，双向绿波带。现在，在超饱和交通流下面一味追求绿波带是不可取的，在交通流量大的情况下一定要讲究均衡。

尽管国内很多城市用的信号控制系统用的是 SCOOT、SCATS 等，但我还是认为要用我们自己的产品。中国有世界上最多的交通管理环境样本，有世界上最多元的信号控制需求，中国也一定能拥有世界上最好的交通控制系统。

1.2　离不开既精通交通管理工作，又掌握 ITS 技术，能规划出正确的顶层设计，即要有复合型的领军人，这是核心

作为掌控一个城市交通管理工作的领军人，第一，要把交通管理工作当做自己的事业来干；第二，不仅要精通交通管理工作，同时他要对城市道路的路网结构，交通流状态、队伍状况等了如指掌；第三，全面了解和掌握在交通领域现代科技（ITS 技术）应用的途径和手段。

1.3　离不开技术精、队伍稳定、有责任心的合作伙伴（黄金搭档），这是关键

目前，国外比较著名的交通控制系统（SCATS、SCOOT 等），国内也有一些大公司研发了不少智能交通控制系统并进行了应用，各有千秋，但是都没有将系统功能发挥到极致。所以，交通控制系统的建设时，作为管理者（交通管理部门）要提出统筹全局、贴近实际，具有全面性、科学性、前瞻性的需求；同时还需要一个技术精、队伍稳定、有责任心，做 ITS 技术产业的公司，该公司要相对稳定、与管理方的配合能够达到“黄金搭档”式的合作。

1.4　离不开一个科学完善、贴近实战的交通指挥系统，这是承载 ITS 技术的应用载体，使 ITS 技术有用武之地，这是平台

科学完善、贴近实际的交通指挥系统是发挥 ITS 技术的重要平台，一个城市交通指挥系统包括：一个系统、一朵云、三张网、九个平台、30 多个功能来做支撑。

一个系统：交通指挥系统。

一朵云：云中心，进行大量数据的存储和分析。

三张网：主要指公安网、互联网和局域网。其中，公安网主要用于办理各种公安业务，互联网用于交通管理和交通安全宣传工作，局域网的关键点在于信号控制系统，做到联网联控。

九大平台：主要是指挥调度平台（具有勤务安排、各类突发事件自动报警等功能）、122 接处警平台、交通事故监督考核和分析研判平台、公路安防平台、信号控制平台、停车管理平台、车驾管业务服务、远程监管和远程服务平台，以及对外考核监管平台。其中队伍内部监督平台主要采用执法记录仪和智能手机来完成，执法记录仪用于对岗勤、事故、车驾管等重要岗位的监管，其他岗位则通过智能手机来达到警务绩效考核的目的。

包头的九大平台主要分布在 4 个物理平台上，以实现高效的交通指挥管理。

1.5 离不开一支稳定、专业的、365 天常态化工作的运维队伍（建设：维护 1:9），这是保障

智能交通系统建成后，如果得不到及时的维护，该系统很难发挥出其应有作用，长此以往，不仅没有解决实际交通问题，还造成了巨大资金浪费。所以要有一支稳定、专业的、常态化工作的运维队伍显得尤为重要，而且要在系统建设初期与建设方共同建设，熟悉其功能，了解其架构，能及时排除软、硬件的故障，有从事网络、软件、设备、信号控制的诸多方面专业人才进行及时维护，保障设备的全天候正常运转。

主要包括设备、软件、网络维护、信号控制、数据分析等，从建设初期，维护就要及时跟进，并且建设与维护之间的比例要做到 1:9。

1.6 离不开完备、准确、科学的交管工作日志

建立一套完善的交管工作日志，准确掌握各个路口早晚高峰时段、节假日、季节性、特殊昌、恶劣天气、特殊拥堵路段等条件下的交通流量数据，有针对性地进行交通组织。利用云中心存储的海量数据，建立城市交通运行模型，积累城市交通运行数据，掌握城市交通发展规划，探索交通出行模式，对管理者前瞻性地决策提供科学预测；为城市规划、建设部门提供合理有效的依据。例如：哪些路口当积水超过多少毫米时出现拥堵；哪些路口在清明节、情人节、平安夜等容易拥堵等，通过日志的积累，可以提前组织交通预案，避免出现交通拥堵。

1.7 离不开一支既熟悉常规交通管理工作，又了解和掌握 ITS 技术的路面管理队伍

面对日趋复杂的交通环境，一线执勤的路段管理队伍在智能交通管理中的角色越来越重要。系统运行的好坏、功能能否发挥到极致，作为一线执勤的路面管理人员能够给出一个客观、实际的评价，这就要求路段管理队伍不仅要熟悉常规的交通管理工作，还要了解和掌握 ITS 技术，在现场积极疏导交通的同时，要善于在工作中发现问题，实时地把一线交通管理情况反馈给指挥员和技术人员，以便及时整改，使系统更加完善，将智能交通系统功能发挥到极致。

2 包头 ITS 技术未来发展的设想

通过不断探索、研究 ITS 新技术，结合多年来的交通管理经验，我们正着手搭建一个“中小城市道路动、静态交通实时诱导控制系统”，该系统将改变以往传统交通管理模式，变被动为主动，整合实时的道路资源、交通需求，科学合理分配时空资源，实现旅行不停车到达目的地。

该系统在联网联控技术的支撑下，基于城域内，运用通讯技术构建一个智能交通网，概述为：一颗星（北斗），一张网（城域网），三个子系统（动态、静态、交管综合信息发布）。应用 IT、大数据、

云计算、互联网、物联网、车联网等技术，通过卫星导航、地理信息发布和信息处理交互，对城域内动态机动车实现实时诱导控制，达到旅行不停车。该系统通过实时的信息诱导，要求路面的机动车按照系统提供的速度行驶，形成一个一个的方阵通过路口，实现整个城域内的车辆按方阵有序通行，即方阵式通行法。

三个子系统中，动态子系统是运用联网联控技术，通过实时采集移动终端的地理信息、行车速度、路口信号机地理信息、实时灯态、交通流等信息，通过与系统的数据交互、信息整合（行驶路线、行驶速度），为移动终端提供实时的行车指导信息，实现动态管理的实时诱导功能。诸如百度、腾讯等基于移动互联网形成的大规模用户群，完全可以实现此系统。另外，我认为，汽车电子标识的出现将会对交通的缓解以及车辆的感知带来颠覆性的创新。

静态子系统，该系统利用车位管理、闸道控制、三级诱导技术为移动终端提供高效的停车管理服务，实现预约车位、停车时间和收费标准告知等服务。同时，也会将获取的停车场地理信息、车位实时占用状况上传至系统内，实现静态管理的实时诱导功能。

交通综合信息发布系统，利用各种网络技术为移动终端实时的发布路况、停车及车驾管服务信息，为广大交通参与者提供方便快捷的网上服务。配合动、静态子系统实现城市道路动、静态交通实时诱导控制功能。

快速公交区段运行协同控制方法研究

陈天姿

（同济大学建筑设计研究院（集团）有限公司，上海 200092）

摘　要：准点是快速公交运行的关键控制点，信号控制交叉口是影响快速公交准点的关键因素。本文以公交时刻表作为输入条件，以快速公交运动性能曲线作为研究切入点，以站间行程时间作为判断依据，探讨了快速公交在信号交叉口是否需要进行信号优先的判断方法，旨在通过信号优先与公交时刻表的协同控制，保证快速公交的到站准点性，使其实际时间运行轨迹与公交时刻表的偏离度处于最低状态。

关键词：快速公交；信号优先；公交时刻表；站间行程时间；快速公交运动性能曲线

Research on Coordinated Control Methods for BRT Interstation Operations

Chen Tianzi

(Tongji Architectural Design(Group)Co., Ltd., Shanghai 200092)

Abstract: Punctuality is a key control point of BRT operation, anddelay at signal-controlledintersection is a key factor affecting it. This paper takes the BRT schedule as the input conditions and the motion performance curve as the research starting point. Using the travel time between stops as the judgement basis, this paper discusses the criteria for implementing signal priority for the BRT. These criteria aim to maintain a minimum deviation between the BRT schedule and the actual arrivals in order to ensure the punctual arrival of the BRT.

Key words: Bus Rapid Transit(BRT), Signal Priority, BRT Schedule, Travel Time Between Stops, BRT Motion Performance Curve

1　引言

在保证快速公交拥有专用道路的前提下，交叉口是影响快速公交正常运行、导致到站准点性下降的重要因素。近几年，公交信号优先技术逐渐发展，技术日益稳固，利用现代路口信号优先技术辅助快速公交车辆严格按照时刻表运行，能够使快速公交系统达到轨道交通的准点水平。根据《快速公共汽车交通系统设计规范》[1]规定，快速公交应按允许误差 60s 的要求，逐站考核行车正点率。根据实际调查，国内大部分信号控制交叉口单周期时间约为 120s，若车辆在此交叉口等待时间为最长红灯等待时间，需约等待 80s，若车辆在站间有多个信号控制交叉口，则等待时间可能更长，这将极大影响车辆的到站准点性。由此可见，信号优先对于快速公交正点运行尤为重要。

然而，快速公交运行线路沿线信号控制交叉口数量众多，是否所有的信号控制交叉口均需进行信号优先，仍是一个值得探讨的问题。若全部信号优先，一方面容易造成快速公交不必要的早点，使得整个运行过程偏离正轨，最终适得其反；另一方面所有信号交叉口均优先会对沿线相交道路车辆运行造成一定的影响，易降低其他道路的通行能力。若采用部分交叉口优先，选择哪个交叉口进行优先是个需要考虑的问题，若应用不当，则会导致早点的更早、晚点的仍晚，因此，判断快速公交沿线信号控制交叉口是否需要采用信号优先，让信号优先与快速公交运行时刻表协同控制，显得十分必要。

就目前而言，对于信号优先的研究均着重于对其技术的研究，如系统结构设计[2]、信号优先控制策略及方法[3, 4]等，关于判断交叉口是否进行信号优先的研究较少。因此本文将针对这方面的缺失，提出快速公交在信号交叉口是否需要进行信号优先的判断方法，以期信号优先系统能更加精准的配合快速公交的运行时刻表，真正发挥信号优先系统在快速公交运行过程中的功能与效益。

2 快速公交在交叉口的信号优先判断方法

2.1 整体思路

快速公交在投入运行之前，运营管理单位均会设置一个明确的公交到站时刻表，快速公交达到每一站的时间固定，即快速公交在站与站之间的行程时间将会限制在一定的范围内，如快速公交在前一站到达时间设定为 07:30，到达后一站的时间设定为 07:33，到站允许±1 分钟的误差，则快速公交在该站间的行程时间应保持在 2～4 分钟。

根据快速公交的实际运行情况，沿途在交叉口处的不定因素较多，主要表现在快速公交被站间信号控制交叉口红灯延误的情况。按照快速公交的运动性能，在其不遇到红灯的情况下，其起步加速、平稳运行、减速停车的自由行驶过程中肯定能保证快速公交在站间需要的行程时间范围内。而若遇到信号控制交叉口延误，极其有可能严重超过站间行程时间规定范围。

根据以上描述，本文判断信号控制交叉口是否进行信号优先的主要研究思路为：根据快速公交本身的运动性能曲线以及每个信号控制交叉口的配时情况等，计算快速公交在站间的最大行程时间，即考虑快速公交在站间被每一个信号控制交叉口延误的最不利情况。以此对比快速公交在站间规定的行程时间范围，来确定最不利情况是否还保证在规定范围内，若是，则无须进行信号优先，若超过，则必须进行信号优先。

2.2 输入条件

根据上述判断思路，快速公交沿线信号控制交叉口是否需要进行信号优先需要严格根据运营管理单位的运行时刻表决定。因此应用本文方法之前，首先需要已知以下前提参数，除部分参数可经过实地调研得知外，其余参数以快速公交运行时刻表为主：

- ✓ 站间距离
- ✓ 站台与临近信号控制交叉口距离
- ✓ 站间行程时间
- ✓ 站间各相邻信号控制交叉口距离
- ✓ 快速公交驻站时间
- ✓ 信号控制交叉口转弯长度
- ✓ 到站允许延误误差
- ✓ 各信号控制交叉口最大红灯等待时间
- ✓ 站间信号控制交叉口个数

运行时刻表主要应包含快速公交到站时间（可以利用快速公交到站时间计算快速公交在站间的行程时间）、快速公交驻站时间、到站允许延误误差。

2.3 具体算法

在判断方法中，需要首先计算快速公交在站间的最长行程时间，该行程时间均需根据站间信号控制交叉口数量、信号配时、行驶路线线性等的不同而不同。如最终计算得出最长行程时间超出时刻表规定的站间运行时间，且超出其允许误差范围，为了保证快速公交准点，防止此种最坏情况的出现，快速公交在该站间行驶时，必须进行信号优先。

快速公交在站间的最长行程时间计算介绍如下。

2.3.1 站间最长行程时间计算

抛去交通事故、快速公交抛锚等非常规因素，快速公交在站间正常行驶过程中，影响快速公交站间行驶准点性的最不利情况表现为：快速公交在站间每一个信号控制交叉口均遇到红灯，且每次等待时间均为该信号控制交叉口的最大红灯等待时间。在这种情形下，快速公交在站间所花费的行程时间即为站间最长行程时间。

根据线路线性、沿线信号控制交叉口个数等因素，考虑快速公交最不利行驶情况，快速公交在站间的运动轨迹主要表现为以下几种情形。

图 1～图 4 所示为快速公交在不同情况下的行驶轨迹，在计算快速公交的站间行程时间时，需要根据现场实际情况，区分直线段信号控制交叉口、信号控制转弯交叉口、无信号控制转弯交叉口等行驶地点，以精确计算快速公交的行程时间。

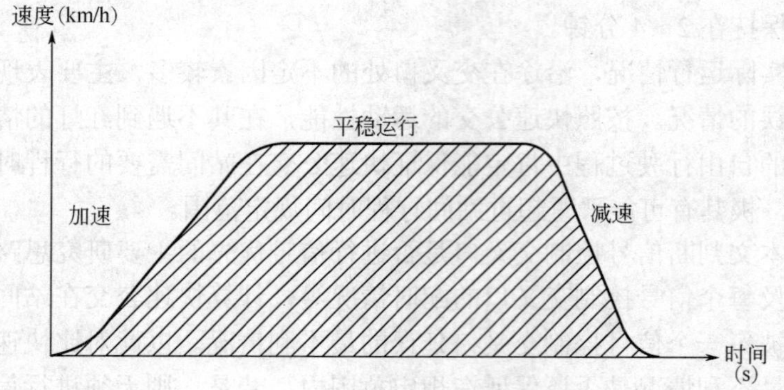

图 1　站间线性直线且无信号控制交叉口

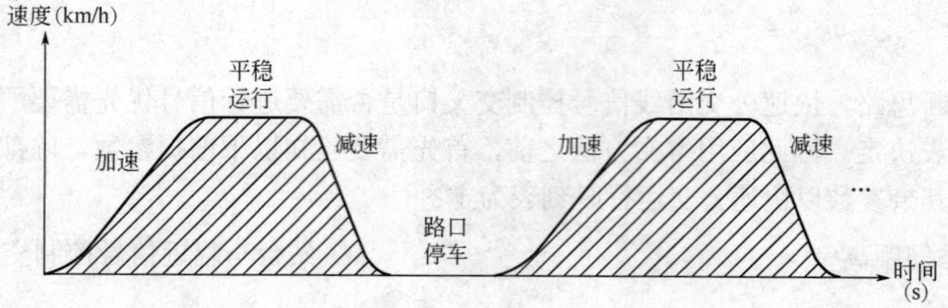

图 2　站间线性直线且存在信号控制交叉口

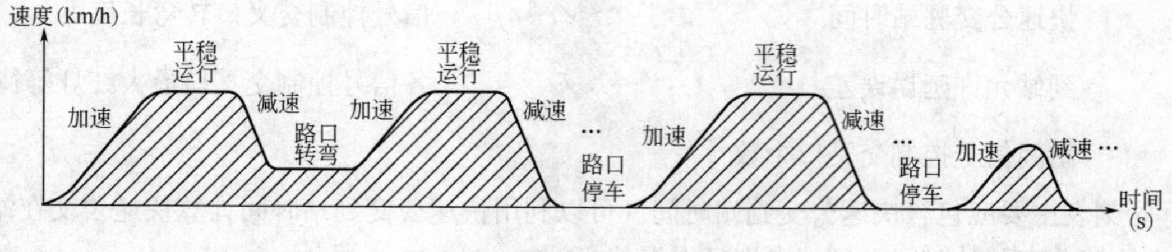

图 3　站间存在非信控转弯路口

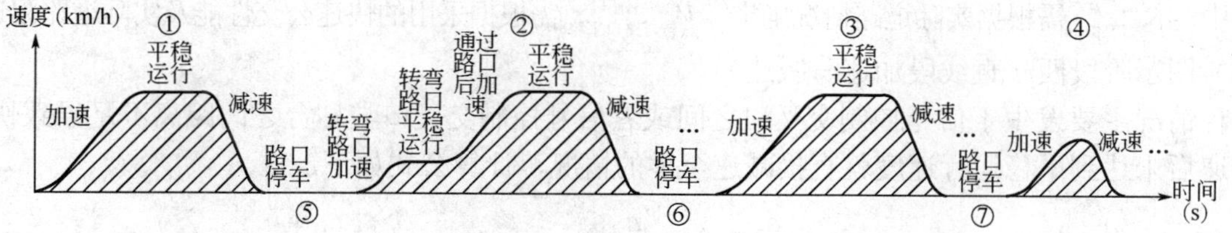

图 4　站间存在信控转弯路口

另外，车辆在行驶过程中，加速度、减速度不断变化，且数据较难获得，因此本文在利用以上行驶轨迹计算行程时间时，将利用车辆允许的最小加速度及最小减速度两个恒定值来进行最长行程时间的计算。

根据上述曲线图，利用简单的加减速度公式，即可计算得出快速公交在站间的最长行程时间。

以下以图 4 曲线为例，简单介绍计算公式。

（1）图示阶段一（直线段加速—平稳运行—减速）

$$t_{加速}=V_{平稳}/a_{加速} \tag{1}$$

$$t_{减速}=V_{平稳}/(-a_{减速}) \tag{2}$$

$$t_{平稳}=\left(S_{总距离}-\frac{a_{加速}}{2}t_{加速}{}^{2}+\frac{a_{减速}}{2}t^{2}_{减速}\right)/V_{平稳} \tag{3}$$

$$T=t_{加速}+t_{减速}+t_{平稳} \tag{4}$$

式中，$t_{加速}$ 为快速公交加速时间，s；$t_{减速}$ 为快速公交减速时间，s；$V_{平稳}$ 为快速公交平稳运行速度，m/s；$a_{加速}$ 为快速公交加速度，m/s^2；$a_{减速}$ 为快速公交减速度，m/s^2；$t_{平稳}$ 为快速公交平稳运行时间，s；$S_{总距离}$ 为起始运行点到结束运行点之间的距离，m；T 为图 4 内阶段一总运行时间，s。

其中 $V_{平稳}$ 和 $S_{总距离}$ 需根据实际道路情况确定。另参考比亚迪 12m 纯电动公交性能以及文献研究[5]及调研成果，快速公交若采用纯电动公交，其加减速度值可采用：$a_{加速}$=0.6m/s^2；$a_{减速}$=−1.21m/s^2。

图示阶段三计算方法同上。

（2）图示阶段二（路口转弯加速—路口平稳运行—通过路口后加速—平稳运行—减速）

$$t_{加速1}=V_{路口}/a_{加速} \tag{5}$$

$$t_{转弯路口平稳}=\left(S_{转弯路口}-\frac{a_{加速}}{2}t^{2}_{加速1}\right)/v_{转弯路口平稳} \tag{6}$$

$$t_{加速2}=(V_{平稳}-V_{转弯路口平稳})/a_{加速} \tag{7}$$

$$t_{减速}=V_{平稳}/(-a_{减速}) \tag{8}$$

$$t_{平稳}=\left(S_{总距离}-S_{转弯路口}-V_{转弯路口平稳}t_{加速2}-\frac{a_{加速}}{2}t^{2}_{加速2}+\frac{a_{减速}}{2}t^{2}_{减速}\right)/V_{平稳} \tag{9}$$

$$T=t_{加速1}+t_{转弯路口平稳}+t_{加速2}+t_{平稳}+t_{减速} \tag{10}$$

式中，$V_{转弯路口平稳}$ 为转弯路口允许快速公交运行时速，m/s；$t_{加速1}$ 为快速公交起步在交叉口内达到转弯路口允许时速的时间，s；$t_{转弯路口平稳}$ 为快速公交在转弯路口以快速公交允许时速平稳通过转弯路口的时间，m/s；$t_{加速2}$ 为快速公交通过转弯路口后由转弯路口允许时速加速至直线段平稳速度的时间，s；$S_{转弯路口}$ 为转弯路口的长度，m。

其中，$S_{转弯路口}$需根据实际道路情况确定，$V_{转弯路口平稳}$需根据采用的快速公交性能及实际道路限速确定。

（3）图示阶段四（直线段加速—减速）

这种情况主要发生于信号控制交叉口之间或者信号控制交叉口与站台之间距离不足导致快速公交启动加速后未达到平稳运行速度就直接减速至零的情况，计算公式如下：

$$\frac{a_{加速}}{2}t_{加速}^2-\frac{a_{减速}}{2}t_{减速}^2=S_{总距离} \tag{11}$$

$$a_{加速}t_{加速}=-a_{减速}t_{减速} \tag{12}$$

（4）图示阶段五、阶段六、阶段七均为路口停车阶段，路口停车时间需要根据实际信号配时得到，为快速公交在每个路口的最长红灯等待时间。

根据以上描述，则快速公交在站间的总行程时间即为上述七阶段的行程时间之和。

2.3.2 快速公交在信号控制交叉口信号优先与否的判断方法介绍

通过上述计算方式，可以方便得出快速公交在站间的最长行程时间，综合运行时刻表，可以用来有效判断快速公交在信号控制交叉口是否需要进行信号优先，判断方法如下：

（1）利用运行时刻表，计算站与站之间正点运行所需的运行时间（该运行时间不包括快速公交在每站的驻站时间）；

（2）根据每站允许的最大延误误差，计算快速公交在站间运行时允许的最大运行时间，即正点运行所需的运行时间+每站允许的最大延误误差；

（3）利用之前根据快速公交运动性能曲线计算得到的站间最长行程时间，与快速公交运行时刻表规定的站间允许的最大运行时间做对比。若站间最长行程时间超过允许范围，则快速公交在该站间运行时必须进行信号优先，若站间最长行程时间未超过允许范围，则站间信号交叉口仍按照原信号配时实施；

（4）在确定快速公交在该站间需要进行信号优先之后，需要根据实际站间信号控制交叉口的个数以及配时确定具体哪些交叉口实施信号优先。若超出允许范围的时间在小于快速公交在站间任何一个信号控制交叉口的最大红灯等待时间，则只需在其中一个信号控制交叉口实施信号优先；若超出允许范围的时间较大，一个信号控制交叉口实施信号优先不足以弥补，则考虑在两个信号控制交叉口实施信号优先。

3 应用案例

本文以国内某市快速公交一号线为例，介绍将快速公交在信号交叉口的信号优先判断方法投入使用的案例，以方便读者对本文提出的判断方法有更深刻的了解。

3.1 快速公交一号线简介

该快速公交一号线专用道全长 12.1km，结合快速公交在首末站的进出场距离，快速公交单趟运行总长 13.1km 左右。快速公交一号线沿线共设置 15 个公交站台，2 个首末站，首班车早 7 点发车，高峰期间快速公交发车班次 2 分钟，沿线共计 32 个信号控制交叉口，线路整体布局如图 5 所示。

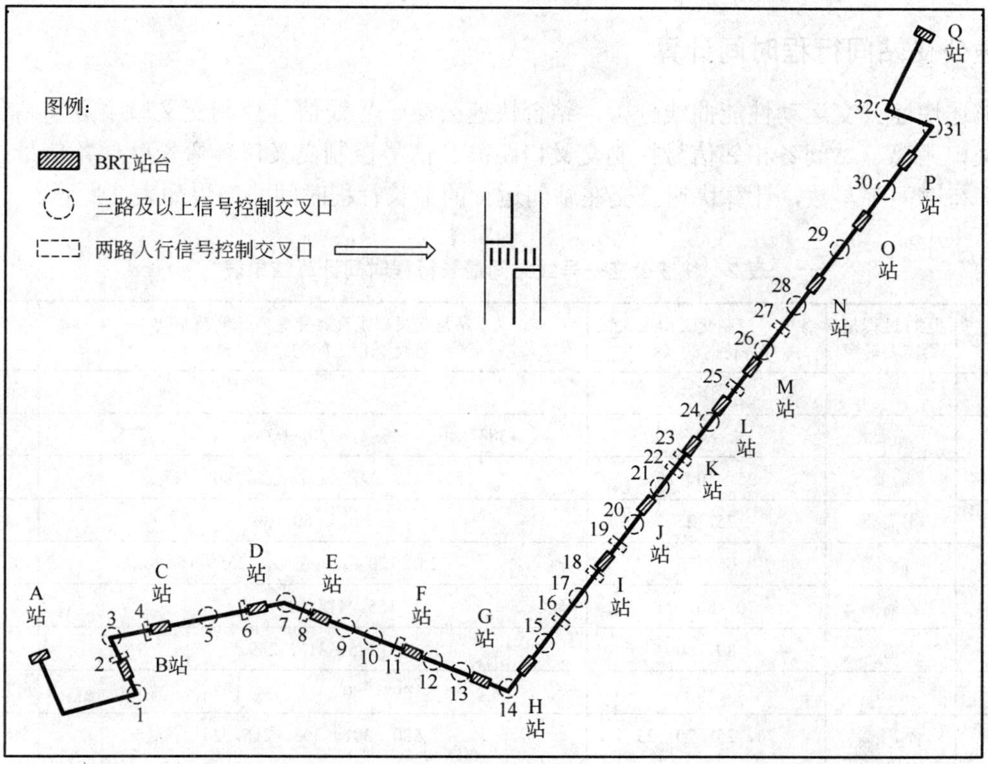

图 5 快速公交一号线总体布局图

根据调研结果，快速公交一号线各站间距离、快速公交到站时间、驻站时间、各站允许误差、站间信号控制交叉口个数等参数如表 1 所示。

表 1 快速公交一号线运行时刻表

快速公交车站	站间距（m）	站间行程时间（s）	到站时间区间（min）	到站时间允许误差（min）	驻站时间（s）	站间信号控制交叉口个数（个）
A 站						
B 站	988	177.8	2.6	±1	20	1
C 站	750	135.0	4.9	±1	20	3
D 站	930	167.4	7.7	±1	20	2
E 站	615	110.7	9.5	±1	20	2
F 站	860	154.8	12.1	±1	20	3
G 站	840	151.2	14.4	±1	30	2
H 站	575	103.5	16.3	±1	20	1
I 站	1123	202.1	19.6	±1	25	4
J 站	658	118.4	21.6	±1	25	2
K 站	705	126.9	23.7	±1	25	3
L 站	538	96.8	25.3	±1	25	1
M 站	574	103.3	27.1	±1	25	1
N 站	1138	204.8	30.4	±1	30	3
O 站	608	109.4	32.2	±1	30	1
P 站	916	164.9	35.0	±1	25	1
Q 站	1252	225.4	39.2	±1		2

注：站间行程时间包含驻站时间。

3.2 快速公交站间行程时间计算

根据前述快速公交运动性能曲线分析，结合快速公交一号线信号控制交叉口个数及站台与临近信号控制交叉口距离、站间各相邻信号控制交叉口距离、信号控制交叉口转弯长度、各信号控制交叉口最大红灯等待时间等参数，计算快速公交在站间运行的最长行程时间。结果如表 2 所示。

表 2　快速公交一号线站间最长行程时间计算结果表

快速公交车站	运行过程是否需要转弯	各信号控制交叉口最大红灯等待时间（s）	站与交叉口距离、交叉口长度及站间各交叉口之间的距离（m）	站间最长行程时间（s）
A 站				
B 站	需要	80	383，$40_{\text{转弯无控交叉口}}$，270，$60_{\text{转弯信号控制交叉口}}$，235	225.7
C 站	需要	25，70，25	55，210，$60_{\text{转弯信号控制交叉口}}$，408，17	232.4
D 站	不需要	75，25	240，660，30	208.9
E 站	需要	65，25	225，$120_{\text{转弯信号控制交叉口}}$，255，15	204.8
F 站	不需要	70，80，25	155，415，267，23	299.6
G 站	不需要	80，80	175，416，249	258.2
H 站	需要	80	298，$80_{\text{转弯无控交叉口}}$，197	177.7
I 站	不需要	70，25，70，25	280，301，303，215，24	345.2
J 站	不需要	25，70	184，354，120	164.7
K 站	不需要	75，25，25	145，310，227，23	216.8
L 站	不需要	80	461，77	141.6
M 站	不需要	25	279，295	102.0
N 站	不需要	80，25，75	55，360，226，497	321.1
O 站	不需要	80	275，333	159.7
P 站	不需要	75	604，312	179.4
Q 站	需要	75，75	353，$100_{\text{转弯信号控制交叉口}}$，175，$65_{\text{转弯信号控制交叉口}}$，559	344.8

注：由于快速公交一号线沿线部分信控路口只有人行，无相交车行，故部分信号控制交叉口最大红灯等待只有 25 秒。

3.3 信号控制交叉口信号优先判别

前述研究已通过计算的除了快速公交在站间行驶的最长行程时间，这两因素为本文判断快速公交在信号控制交叉口是否进行信号优先的依据判断结果如表 3 所示。

表 3　快速公交一号线快速公交沿线信号优先交叉口

快速公交车站	站间规定运行时间（s）	站间最长行程时间（s）	站间允许最长等待时间（s）	是否需要信号优先（优先交叉口个数）（个）
A 站				
B 站	157.8	225.7	−7.9	是（1）
C 站	115.0	232.4	−57.4	是（1）
D 站	147.4	208.9	−1.5	是（1）
E 站	90.7	199.2	−48.5	是（1）
F 站	134.8	299.6	−104.8	是（2）
G 站	121.2	258.2	−77	是（1）

续表

快速公交车站	站间规定运行时间（s）	站间最长行程时间（s）	站间允许最长等待时间（s）	是否需要信号优先（优先交叉口个数）（个）
H站	83.5	177.7	-34.2	是（1）
I站	177.1	345.2	-108.1	是（2）
J站	93.4	164.7	-11.3	是（1）
K站	101.9	216.8	-54.9	是（1）
L站	71.8	141.6	-9.8	是（1）
M站	78.3	102.0	36.3	—
N站	174.8	321.1	-86.3	是（2）
O站	79.4	159.7	-20.3	是（1）
P站	139.9	179.4	20.5	—
Q站	225.4	344.8	-59.4	是（1）

注：站间规定运行时间不包括驻站时间。

根据表3显示结果，沿线32个信号控制交叉口中需要信号优先的有17个。根据表1提及注意事项，部分交叉口快速公交只需等待行人过街时间，等待时间较短，因此此种交叉口可不作为信号优先对象，建议在沿线三路以上交叉口进行信号优先控制。根据表2计算结果，以及图5所示信号交叉口编号，建议可执行信号优先的交叉口编号为：1、3、5、7、9、10、12/13、14、15、17、20、21、24、26、28、29、31、32。

4 结论

实施信号优先对于保证快速公交的准点性、提高快速公交的服务质量有着举足轻重的作用。但若为对恰当的交叉口实施信号优先技术，则会让实施效果适得其反。本文根据快速公交运动性能曲线，结合站间信号控制交叉口个数、线路实际情况，计算了快速公交在站间的最大行程时间，根据快速公交的到站时刻表，提出了判断信号控制交叉口是否进行信号优先的方法，对于将来快速公交运营管理有一定的借鉴意义。

文章主要提出的是一种研究思路、研究方法，部分参数仍需进行进一步完善。如文中将加速度、减速度设定为恒定值，而非变化值等。为适应实际需求，建议可做参数上的进一步细化。

参考文献

[1] CJJ—2009，快速公共汽车交通系统设计规范［S］.

[2] 何春光. 快速公交（BRT）交叉口信号优先系统研究［D］. 乌鲁木齐：新疆农业大学，2013.

[3] 曹世华，赵方. 快速公交信号优先系统的设计与实现［J］. 计算机工程，2009（8）：259-262.

[4] 张伟，王军利，王瑞斌. 快速公交信号优先控制研究［J］. 中国人民公安大学学报（自然科学版），2010（4）：28-31.

[5] QA14471QE0281，汽车制动性能检验报告［R］. 国家轿车质量监督检验中心.

基于 APP 的电动汽车分时租赁激励调度系统研究

陈　蓓　马万经

（同济大学交通运输工程学院，上海 201804）

摘　要：电动汽车分时租赁凭借方便快捷信息化的自助式服务，成为越来越多人的出行选择，有利于新能源汽车的推广应用。本文在“互联网 +”思维的基础上，提出了包括取车、还车以及拼车行为的“三阶段”激励调度策略，使用户在使用服务的过程中完成调度员的工作，并基于智能手机 APP 对电动汽车分时租赁激励调度系统进行研究，全面整合激励调度策略的相关理论，通过客户端设计实现系统与用户的有效交互。

关键字：电动汽车；分时租赁；激励调度；系统设计

Car-sharingIncentive Scheduling System of Electric Vehicles Based on Smartphone APP

Chen Bei　MaWanjing

(College of Transportation Engineering, Tongji University, Shanghai 201804)

Abstract: Electric VehiclesCar-sharing has become a better choice for more people because of its convenient self-service, and it helps the promotion and application of new energy vehicles. This paper puts forward ‘three-stages’ incentive scheduling strategy based on the ‘Internet +’ conception, aiming to make users play the role of car dispatcher during their travels, and studies car-sharing incentive scheduling system of electric vehicles based on smartphone APP as well as designing the smartphone client-side to keep effective interaction between the system and users.

Key words: Electric Vehicle, Car-Sharing, Incentive Scheduling, System Design

1　引言

电动汽车迎来了第三次发展浪潮，而分时租赁服务是汽车共享领域近年来发展最为迅速的模式，分时租赁可有效地提高电动汽车的使用率，有利于其推广应用，两者的结合是发展的必然趋势。而对于消费者而言，其使用成本低于传统汽车出行，能以较为经济的价格享受高品质的出行体验，具有较强的吸引力。目前，国外已有多个项目成功运作，分别运用不同类型的纯电动汽车进行分时租赁运营，国内则有北京、上海等十余个城市在推广分时租赁模式，主营电动汽车分时租赁的运营企业有北京一度用车、上海 EVCARD 等约 15 家，该行业也在不断地发展壮大。

在实际运营中发现，目前的电动汽车分时租赁模式并不限制借还车的网点，不同网点之间需求的时空分布并不均匀，借换车需求存在差异，这导致了一系列问题：有些网点因为没有可用车辆而流失部分用户，有些网点因为没有足够的专用车位而无法及时还车，还有一些车辆长时间闲置在需求较小的网点等。如果没有及时合理的调度，系统供需将持续失衡。

已有研究中，Susan A. Shaheen 等学者对世界范围内迅速增长的汽车共享做出总结及对比；David Fan 等学者研究了基于单程汽车共享需求不确定情况下的最优的汽车分配策略，建立多阶段随机线性规划模型并通过分层计算求解；William C. Jordan 等学者针对汽车分时租赁系统研究了车队规模及最优的车辆分配模型并运用网络近似法对其建立的动态随机线性规划模型求解。在理论基础层面，现有研究的空车调度优化基于相关的数学模型，但处于用户培育期的电动汽车分时租赁业务需求波动明显、影响因素的随机性大，传统模型在该情况下适用性较差。在调度的实现手段方面，目前主要靠运营公司人工调车的方法。这一方法受电动汽车续航里程的限制，并且响应需求时间较长，调度成本较高，局限性越来越明显。

在电动汽车分时租赁系统中，各网点间车辆资源的流动主要基于使用者的出行行为，使用者的每次出行实质上都是车辆的调动。基于该理念，为了对现存调度问题进行有效的优化，使有限的运输资源得到更加充分的利用，本文对电动汽车分时租赁激励调度系统进行了研究。激励调度系统的基本思想是让用户同时扮演出行者和调度员的角色，即通过一定额度激励引导用户对出行的路径和形式进行合理调整，将用户使用服务的过程转化为对车辆的有效调度，实现各个网点需求和供给的动态平衡，提高系统的用户体验与企业效益。

随着智能手机的普及，电动汽车分时租赁服务通过智能手机客户端的 APP 可以实现用户自助服务，高效方便，达到随取随用的效果。电动汽车分时租赁激励调度的每一步都与用户行为密切相关，基于智能手机客户端 APP 对系统进行深入研究和设计，实现与用户的有效交互，增强系统的可操作性，进一步促进理论策略的实际应用，促进电动汽车分时租赁的发展。

2　激励调度系统理论基础

面向用户出行取车、还车、拼车的全过程，激励调度系统应用“三阶段”激励调度策略对用户行为进行引导，如图 1 所示。激励取车策略在用户开始出行至到达取车点取车过程中实行，系统筛选周边合理范围内有车网点给予一定优惠引导用户至此取车完成出行；激励拼车策略在用户出行全过程中实行，系统筛选与用户出行路线近似的其他用户，给予双方一定额度优惠，激励两者拼车完成出行；激励还车策略在用户车辆使用的还车过程内实行，系统通过网点车辆需求情况给出该网点的还车优惠，吸引用户还车至有人无车的网点。

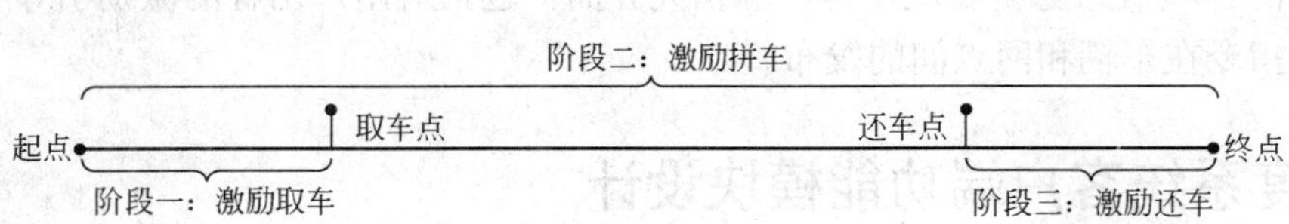

图 1　“三阶段”激励调度策略示意图

为了提高用户对策略的接受程度同时保证公司运营收益，在确定优惠额度时，对于激励取车策略而言，以成本节约最大化为目标，同时考虑用户偏好，并以调车成本和用户的时间价值、接驳费用作为约束条件；激励拼车策略的优惠额度定价目标与取车相同，但需同时考虑折扣对拼车双方出行收益和用户偏好的影响；由于还车是用户的刚性需求，还车激励优惠额度主要根据各网点的性质，基于车辆和车位的历史数据和实时的需求情况进行合理的补贴。

在激励的具体实现形式上，多样化优惠方式有利于策略提高策略的实施效果。从企业的角度出发，一方面，以增强对用户的吸引力为目的，可提供考虑高端个性服务，如取还车优先、专人上门取还车等；为培养用户使用习惯，赠送可使用时长，同时也增加了系统使用需求；在绿色交通一体化的出行理念下，可利用公共交通卡充值、免费使用公共自行车等形式作为奖励。另一方面，以提高激励策略经济性为目的，可与网点周边商圈合作，实现共享经济模式下资源信息的整合，作为发布平台将商圈的优惠提供给用户促进消费，既降低了企业的激励投入成本，又带动了网点区域经济共同发展，实现双赢。

科学的激励调度策略、合理的激励优惠额度与多样化的激励优惠手段，使得激励调度系统能够在提升企业效益的同时，提高系统的服务水平和用户满意程度，有利于该模式的推广与发展。

3　激励调度系统基本架构

基于 APP 的电动汽车分时租赁激励调度系统主要包括信息采集子系统、信息处理子系统、信息存储子系统、信息发布子系统和运营维护管理子系统，基本架构如图 2 所示。

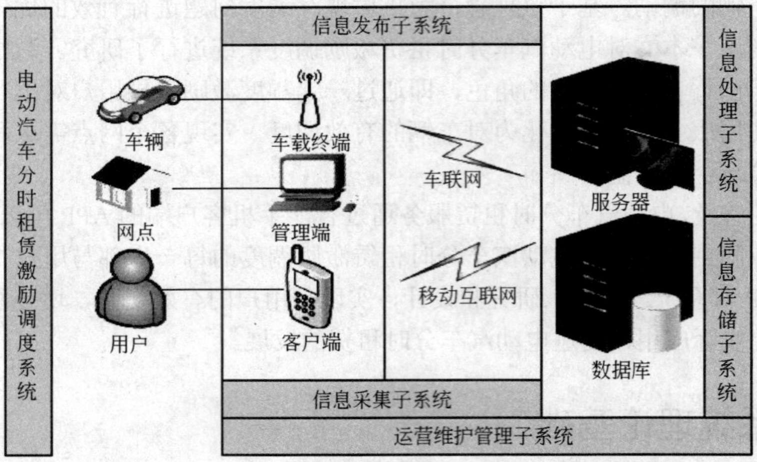

图 2　电动汽车分时租赁激励调度系统基本架构

信息采集子系统通过车联网和移动互联网的相关技术，实现对电动汽车实时运行情况、分时租赁网点资源配置情况和用户服务信息的收集，并将相关信息录入系统。信息处理子系统对接收到的用户取车、还车、拼车等服务指令进行处理，并根据设置对当前情况进行激励策略的匹配和运算等。信息存储子系统对采集到的信息选择性地进行储存，为相关的数据处理提供支持。信息发布子系统将网点、车辆和用户服务的各项信息更新展现在客户端相关界面，包括对用户出行的激励引导等，同时该子系统还需完成服务指令在车辆和网点间的发布。

4　激励调度系统客户端功能模块设计

电动汽车和分时租赁激励调度系统的客户端主要分为四大功能模块，分别是取车预约模块、还车预约模块、动态拼车模块、用户中心模块。客户端的功能结构设计如图 3 所示。

4.1　取车预约模块设计

取车预约模块主要功能为实现用户的自助预约取车，达到随取随用的效果，方便用户出行安排。

在取车界面，用户可通过搜索网点或 GPS 来定位取车期望位置，客户端将显示周边各网点车辆情况［见图 4（a)］。当用户选择有车网点时，客户端显示预约界面［见图 4（b)］。预约界面中需要用户输入的相关信息，包含目的地、乘坐人数和是否接受拼车。提供目的地和乘坐人数的信息可使系统智能估算出行里程和耗电情况，为用户推荐电量充足的车辆，一般情况下考虑到预约流程简约化的需求，为用户选填的信息，但若用户选择出行中接受其他用户加入拼车，由于系统匹配拼车用户及计算激励额度的需要，这两项则为必填信息。该方案针对需求进行了分层，有效服务不同用户。信息输入完毕，选择车辆后提交预约，系统为用户锁定车辆，客户端提示预约成功后［见图 4（c）］，在规定时间限制内到达网点即可成功取车，超时则预约取消。

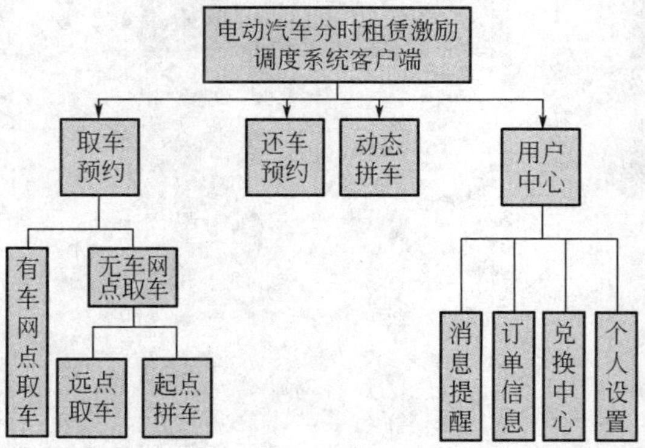

图 3　电动汽车分时租赁激励调度系统客户端功能结构

（a）　（b）　（c）

图 4　取车预约客户端界面

当用户 GPS 定位显示目前周边距离最近的理想取车网点无车时，选择该类无车网点，客户端显示激励提示界面，有远点取车和取车点拼车两种模式供用户选择（见图 5（a））。

（1）远点取车即引导用户到周边较远的有车网点取车，在该模式下，系统根据用户到达较远网点的可接受出行时间等条件筛选，得到周边的激励取车网点以相应的优惠力度（见图 5（b）），通过客户端发布显示。用户选择激励网点后，预约流程同有车网点。预约成功后，此处规定取车时间为原有限制时间加上智能估算远点取车所增加的行程时间。

（2）取车点拼车即引导用户与该理想取车网点其他预约用户拼车完成出行，在该模式下，客户端界面中用户输入目的地和乘坐人数，提交拼车请求。系统对该网点当前已预约车辆但仍未取车的用户进行筛选，具体条件包括：①预约取车时选择接受拼车；②本次出行双方路径重合度达到系统要求，如 80%；③剩余空座数满足需求；④用户之间设置的拼车对象条件匹配，筛选后，系统将符合条件的拼车用户出行目的地、最晚取车时间和经计算得到的本次拼车价格反馈到客户端展示给用户选择（见

图 5（c）），选定后系统向对方客户端发送拼车的相关信息，若对方同意拼车，系统将拼车对象联系信息发送至客户端，提示拼车成功并从用户账户扣除拼车费用。若经筛选无符合条件拼车用户或对方不同意，则系统反馈给用户客户端提示拼车失败。无人响应时，用户可自行取消发送拼车请求。

（a）　（b）　（c）

图 5　激励取车客户端界面

4.2　还车预约模块设计

还车预约模块的主要功能为实现用户的自助预约还车，通过提供车位信息，避免了信息不流通导致的还车难，方便用户的同时实现了资源的节约。

在还车界面，已借出车辆的用户定位当前位置或搜索目的地，客户端将显示周边各网点的实时车位信息（见图 6）。根据网点车位和车辆的需求情况，系统经计算确定各网点是否实施激励，实施激励的网点将会在客户端向用户展示其优惠力度以吸引目的地在周边的用户预约还车。用户在规定时间内到达网点还车即可，超时则预约取消。还车后系统从用户账户扣除本次出行费用。

图 6　还车预约客户端界面

（a）　（b）

图 7　动态拼车客户端界面

4.3 动态拼车模块设计

动态拼车模块主要功能是为用户出行提供实时拼车的途径，提高车辆的利用效率，同时使用户在不方便自主借还车时同样享受到分时租赁带来的便利。

在拼车界面，用户定位当前位置，输入拼车服务相关信息，包括目的地、乘车人数、是否接受其他用户继续加入拼车以及可接受等待时间，系统通过计算得到拼车价格并通过客户端显示[见图 7(a)]。用户确定发送拼车请求后，系统对拼车司机进行筛选，除了包括取车点拼车时的各项条件，还增加了当前位置行驶到拼车乘客位置的估算时间不超过其设置的可接受等待时间的要求。系统向符合条件的拼车司机的客户端发送拼车请求详细信息、优惠情况以及可能的绕行时间等［见图 7（b)］。当系统得到拼车司机同意拼车的反馈时，取消向其他符合条件的用户发送拼车请求，并将联系信息和位置信息发送至对方客户端。无人响应时，用户可自行取消拼车服务请求。

4.4 用户中心模块设计

用户中心模块又分为四个子功能模块：消息提醒子功能为用户提示相关的拼车消息并处理（见图 8（a)），实现用户和系统在拼车问题上的反馈互动；订单信息子功能为用户提供各类订单的生成时间、订单状态、订单类型、出行费用等相关信息（见图 8（b)）；兑换中心子功能为用户提供响应激励获得的优惠信息详情（见图 8（c)），并可供用户自由选择优惠形式进行兑换；个人设置子功能是用户对系统个人信息和拼车信息相关问题的设置平台，供用户核查个人信息以及设置拼车对象筛选条件。

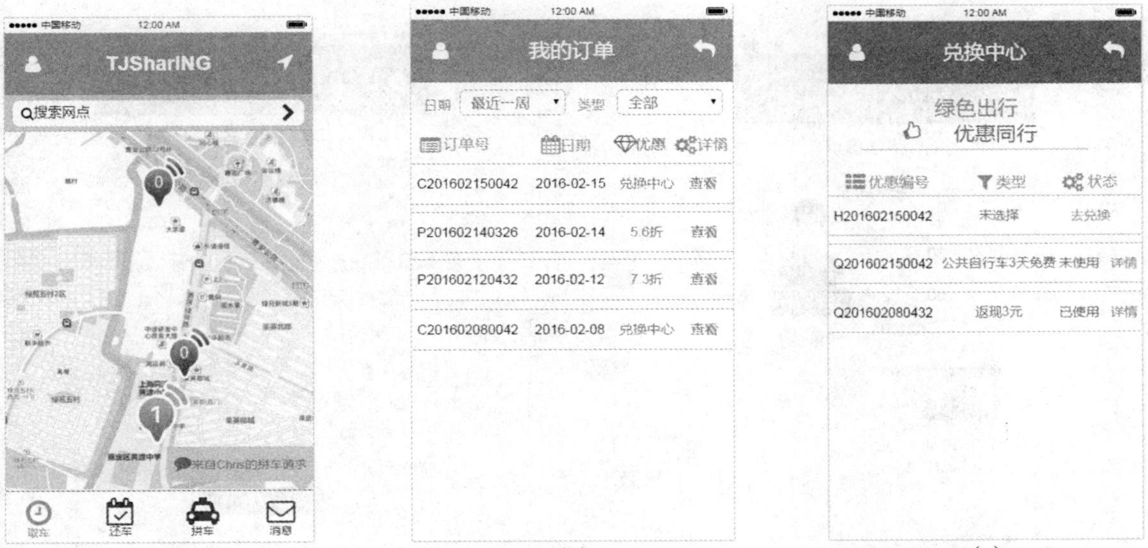

（a）　　　　（b）　　　　（c）

图 8　用户中心客户端界面

（1）优惠兑换系统

当用户响应激励策略时，会获得相应额度的优惠奖励，以提高积极性与参与度。对于未兑换的优惠机会，通过兑换中心子功能，可单次或多次累加进行兑换，累加多次机会相应的奖励价值也会增加。兑换中心为用户提供等价值多种优惠方式（见图 9（a)）。选择相应形式确认兑换后，系统会将优惠分配至用户账户，呈现在客户端兑换中心相应界面中（见图 9（c)）。用户选择网点周边购物优惠这种形式时，通过定位或输入位置信息，获取周边店铺的优惠详情，选择并进行兑换（见图 9（b)）。

（2）拼车对象筛选系统

用户注册时需提供身份证信息和驾驶证信息，性别、年龄、驾龄等信息会经过系统的审查［图 10（a）］。个人设置子功能中拼车设置可实现设置拼车对象筛选条件，如作为拼车司机，对乘客的性别、年龄要求，或作为拼车乘客，对司机的性别、驾龄的要求等，可根据用户的需求随时更改［见图 10（b）］。个人设置功能是系统为用户在使用拼车相关服务时匹配对象的依据，充分考虑拼车过程中人们的心理特点和需求。

（a）　　　　　　　　（b）　　　　　　　　（c）

图 9　用户自主兑换优惠客户端界面

（a）　　　　　　　　（b）

图 10　拼车对象筛选客户端界面

4.5　其他细节功能设计

为使用户获得良好的体验，在系统设计时充分考虑了细节功能的完善，使得系统更加人性化，获得用户的支持响应，为系统的运行效果提供保障。

（1）“电动汽车+公共自行车”绿色出行链

电动汽车分时租赁和公共自行车均是绿色共享交通的重要组成部分，将二者的网点结合建设，可实现绿色出行一体化。对激励调度系统而言，公共自行车既为激励用户到较远点取车提供了方便有效的接驳方式，同时免费使用公共自行车也是一种极具吸引力的优惠方式。

（2）智能导航

智能导航功能可为用户在客户端提供语音或屏幕导航，方便用户到达网点，用户可自主选择使用。其实用性强，对激励调度系统中具体激励的实施也起到了促进作用。例如，在远点取车时，用户在选择较远取车点后，系统会根据用户与取车点的位置情况，根据可接受出行时间，为用户主动推荐合适的出行方式和路径供用户参考（见图 11（a）），用户可在客户端远点取车预约界面直接选择相应方式，添加到智能导航中随时调用（图 11（b）），减少因为不熟悉路线而拒绝响应激励的情况；在接受动态拼车请求后，拼车司机可利用智能导航选择最优路径到拼车乘客的位置，减少等待与绕行时间，同时语音导航的模式又保障了行车的安全。

（3）用户个性化推荐

系统通过对用户历史数据的搜集，可以在不同问题上针对用户的使用习惯和特点进行个性化的推荐，方便用户的选择。例如，用户响应激励策略得到优惠后，系统在提示成功时，客户端会显示出该用户选择率高的优惠形式供其直接选择（见图 11（c）），可节省自主兑换花费的时间；在智能导航推荐路线时，会优先显示用户常用的出行方式等。个性化的推荐结果使系统更加用户友好，是完善服务必不可少的一项功能。

（4）会员积分制度

系统通过对用户的预约超时情况、车辆使用情况、服务使用次数、对激励的响应次数等相关行为进行统计，转换成相应的积分和会员等级。会员等级越高，享受的优惠与奖励也会提高。科学的积分制度，可以活跃用户群体，调动用户的使用积极性，增加服务的使用次数，以及对激励的接受程度，同时规范用户的使用行为，减少无效预约等现象，使系统资源得到更充分的利用，使企业效益得到提升。

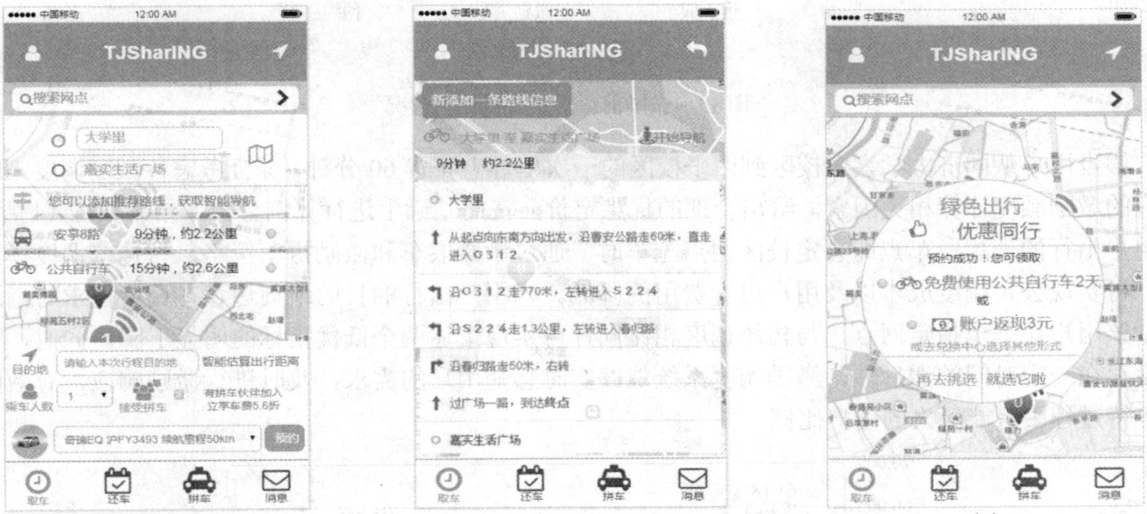

（a）　　（b）　　（c）

图 11　细节功能客户端界面

5　激励调度系统实用性分析

为验证电动汽车分时租赁激励调度系统的实用性及可行性，本项目通过问卷调查得到 289 份有效问卷，通过对问卷数据分析可得：用户对现有电动汽车分时租赁系统满意度较低，而各阶段激励调度策略均可显著提升用户满意程度。在各阶段对于用户出行的引导，在没有激励优惠奖励的情况下，策略引导的合理性是被人们所认同的，但接受比例相对较低；加入激励优惠奖励后，接受度都有较为显著的提升，可见具体激励手段可提高用户对相应策略响应的积极性，有助于培养用户的使用习惯（见图 12、图 13）。

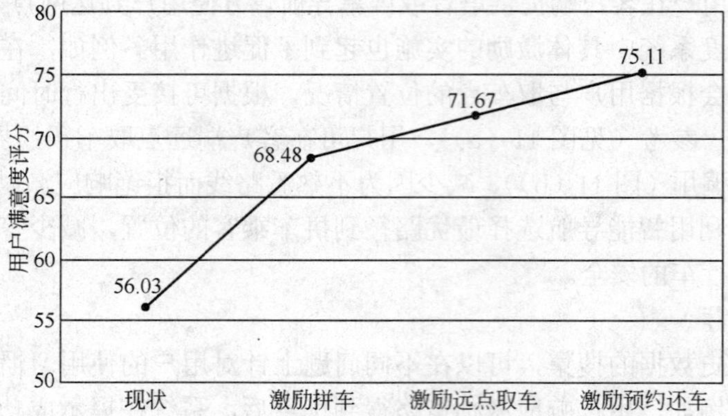

图 12　用户满意评分情况

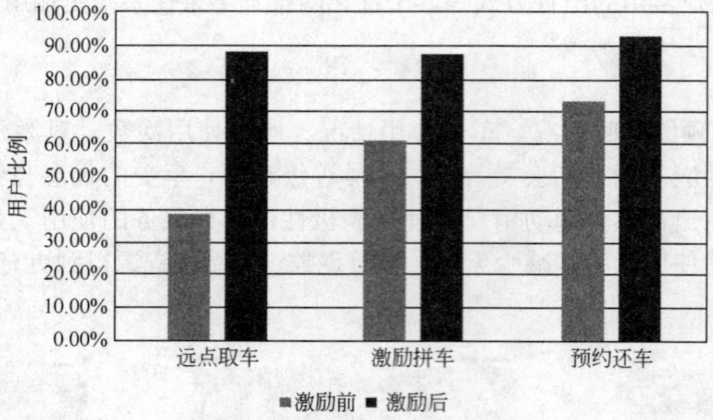

图 13　激励前后用户接受比例情况

假设用户从同济大学嘉定校区到四平校区的一次出行需花费 60 分钟，综合考虑各激励调度策略所对应的激励额度计算相关因素，给出合理的优惠定价，在此基础上进行算例分析，结果如图 14 所示。当用户出行的理想取车点即嘉定校区网点无车时，通过激励取车和激励拼车策略，与传统调度模式相比，可实现公司调度成本以及用户出行费用的降低。当用户出行的目的地周边存在调度需求时，通过激励该用户还车至指定网点，与传统调度相比同样可实现上述两个低优指标的明显下降。同时，传统调度存在一定时间的滞后性，激励调度系统能够实时感知用户的需求，及时进行激励响应，有效降低了等待过程中可能流失的用户比例。

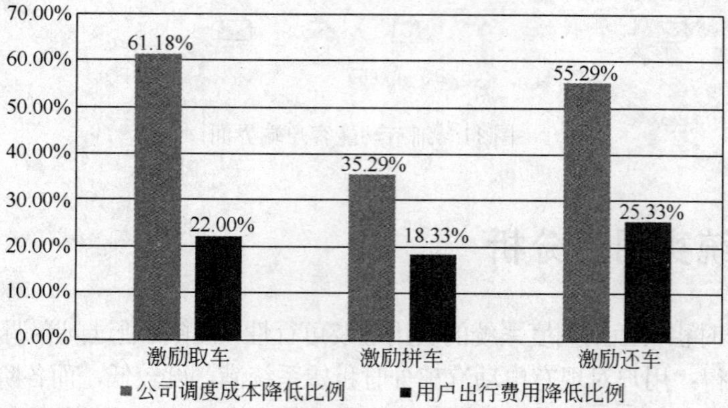

图 14　激励前后公司调度成本和用户出行费用情况

综上可知，激励调度系统各阶段策略能够被用户广泛接受，有效提升系统用户体验，同时也降低了企业调度成本，具有较强实用性。

6 结语

随着电动汽车分时租赁的快速发展，调度的优化在系统的运营中越来越重要。激励调度系统为传统的调度提供了新的解决思路，利用目前较为普及的智能手机客户端来实现对用户出行的引导激励，在解决调度问题的同时，降低了用户的出行费用，进一步促进了使用群体的培养，提升了用户服务水平，同时推动电动汽车分时租赁系统的发展，具有较高的应用价值。在实际使用过程中，可对用户的相关累计历史数据进行挖掘，使不同人群的激励策略更加个性化，符合用户习惯，提高激励的成功率。

参考文献

［1］Shaheen S. A.，Cohen A.P. Worldwide Carsharing Growth：An International Comparison［J］. Transportation Research Record Journal of the Transportation Research Board，2008，1992（458718）.

［2］Fan，Wei．Optimizing Strategic Allocation of Vehicles for One-Way Car-sharing Systems Under Demand Uncertainty［C］．Journal of the Transportation Research Forum．Transportation Research Forum，2014.

［3］Beaujon G.J．A Model for Fleet Sizing and Vehicle Allocation ［J］．Transportation Science，1991，25（1）：19-45.

［4］Barth M．Simulation Model Performance Analysis of a Multiple Station Shared Vehicle System，Transportation Research，Part C［J］．Emerging Technologies，1999，7（4）：237-259.

［5］汪鸣泉．纯电动汽车共享推广可行性研究［J］．交通与运输（学术版），2013（z1）：145-147.

［6］任美林，樊春燕．浅析电动汽车的分时租赁商业模式［A］．科技与创新，2015（22）：13-14.

An event-driven Based Vehicle-to-roadside Data Interaction Scheme for Traffic Control Purpose

Liu Haiqing[1,2]　Musangang[2]　Han Feng[2]　Wang Zhiming[2]

(1. Postdoctoral Research Station of Hisense Group, Qingdao 266000;
2. Hisense Trans Tech Co., Ltd., Qingdao 266000)

Abstract: Frequent exchanging messages between vehicles and the roadside unit (RSU) will cause large data redundancy and a waste of communication resources in the traffic information system based on vehicle-to-roadside communication network. In order to solve this problem, this paper proposes an event-driven based vehicle-to-roadside data interaction scheme for traffic control purpose. The road traffic congestion index is calculated based on the vehicle driving status collected by vehicle-to-roadside communication. Further, according to different traffic application requirements of signal control and the variation of the congestion index, four different congestion events and the associated data interaction models are presented. When certain congestion event happens, vehicles dynamically adjust the data transmitting frequency to the RSU based on the interaction model. Simulation results show that, vehicles generate less data packets compared with the time-driven scheme under certain conditions.

Key words: Cooperative Vehicle Infrastructure System, Vehicle-to-Roadside Communication, Event Driven, Vehicle Status Information Collection, Traffic Control

1　Introduction

Real time road traffic parameters collection and accurate road congestion evaluations are the prerequisites for implementing reliable traffic signal control project[1]. In the traditional traffic control system, signal optimization models are mainly based on road traffic parameters collected by section detectors，which has certain defects in accuracy，real-time and comprehensiveness. Recently，with the development of cooperative vehicle infrastructure technologies，researchers have paid more attention to real data collection and the signal optimization method based on vehicle-to-roadside communication. In the cooperative vehicle infrastructure system（CVIS），vehicles can acquire the entire space-time driving status using the equipped sensors. For example，the vehicle can get the position information using GPS，the speed information using speed sensor and the distance to the former vehicle using radar sensor. Meanwhile，these information can be transmitted to the RSU using the wireless communication devices for further fusion processing. Since the vehicle driving status collected by onboard sensors is extremely accurate and the data interaction by wireless communication network is high real-time，the traffic congestion status evaluation result is much more reasonable.

In recent years，many scholars and institutions both at home and abroad have devoted to the CVIS researches [2~4] and a number of studies concerning vehicle-to-roadside based traffic information collecting methods have been reported. For example, Q. Wang [5] proposes a method of collecting traffic information based on inter2vehicle communication. Supposing that vehicles on the road network are equipped with intelligent onboard devices at probability *p*, traffic parameters such as the total vehicle number, vehicle speed, queuing length and the driving track are acquired. In [6], authors propose an optimization method of traffic signal control based on CVIS. Vehicles transmit the driving status messages per second for the RSU to evaluate the saturation degree and optimize the signal time plan. In [7], authors present a distributed approach of traffic estimation, where the position data that the location service provides is mined to build traffic information system. Based on the location information of vehicles, the traffic density of the whole network can be evaluated in each small region separately.

In most aforementioned traffic information systems, the interactions between vehicles and the RSU are mainly time-driven based, that is, vehicles transmit the data packets containing the driving status information to the RSU every certain time period. This kind of data interaction method seldom considers the actual traffic status and application demands. For traffic control purpose, when there is high traffic load on the road or less data collecting demand for adjusting the signal time plan (for instance, the road is heavily congested and there is no adjusting space for a better signal timing plan to improve the congested situation), the frequent interaction between vehicles and the RSU can not only generate large amount of redundant data, but also occupy the wireless channel for long time, leading to the waste of communication resources.

The event-driven scheme is a response decision-making method which is widely used in computer programming, investing and business processing[8, 9]. Compared with the time-driven scheme, the system responses only when some predefined certain events occur. In the field of wireless sensor networks, the event-driven scheme has been introduced to reduce the bandwidth waste, decrease the power lost and improve the data collection efficiency, which has achieved good effects[10~12]. However, there are few reports about the event-driven based traffic parameters collection research in CVIS[13]. This paper proposes an event-driven based vehicle-to-roadside data interaction scheme for traffic control purpose. Four different congestion events are defined which represent the free flow, generally unimpeded, slow moving and heavy congestion according to the traffic congestion index variation and the demand for traffic signal control. Vehicles use the corresponding frequency to deliver the data packets to the RSU when certain event occurs. Simulation results show that, compared with the time-driven based scheme, the proposed scheme generates less data packets under certain conditions.

2 System Overview

The system contains two parts, respectively the event collecting and event processing, which are operated in the intelligent onboard terminal and the RSU. For the event collecting, the vehicle uses sensors equipped onboard to detect the driving status parameters, mainly the speed, location and space headway. These parameters are packaged into a status message which is further transmitted to the RSU every time interval *T*. When the RSU receives the message from vehicles in the same road section, it evaluates the road traffic congestion status and identifies the current congestion event which is predefined based on the variation of the congestion index values. For event processing, the RSU calculates the data collection frequency based on the interaction model and broadcasts a control message to all vehicles on the road. The vehicle receives the message and adjusts the data transmitting frequency to the RSU before receiving next control message, achieving self-adapting interaction. The architecture of the proposed data interaction system can be shown in

Fig.1.

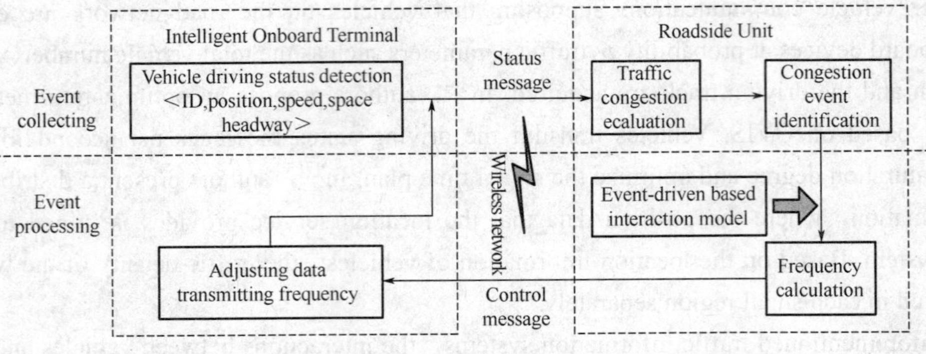

Fig.1 The Architecture of the Event-driven Based interaction System

3 Traffic Congestion Index Calculation

The traffic congestion status is the basis for dividing and identifying the traffic events. In this section, we introduce a traffic congestion index calculation method based on the single vehicle driving parameters.

3.1 Vehicle status collection

Vehicles equipped with all kinds of driving status sensors and wireless communication device transmit the status messages to RSU every time interval T using the unicast protocols. The status message contains the following information:

<ID, P_i, v_i, d_i, l_i>

In which the ID is the identification of the vehicle, each vehicle has a unique ID; P_i is the position, which is obtained by GPS; v_i is the speed when the vehicle delivers the message; d_i is the distance to the front vehicle, which can be detected by radar sensor; l_i is the length of the vehicle.

3.2 Traffic congestion index calculation

Considering the situation that only part of the vehicles may be equipped with intelligent onboard terminals, we use these sub-samples to evaluate the traffic congestion status of the road section. In this paper, we choose two parameters to achieve this goal, respectively the occupancy and the vehicle number, which are calculated as follows.

(1) Occupancy

Since d_i is the distance to the front vehicle of the i-th intelligent vehicle and l_i is the length of the vehicle itself, the occupancy of local road section where the i-th vehicle locates can be calculated by equation (1).

$$o_i = \frac{1}{d_i + l_i} \tag{1}$$

Suppose that m vehicles are detected in a complete signal cycle and each vehicle sends n_i status messages, the occupancy of the road can be calculated by equation (2).

$$o = \frac{1}{m}\sum_{i=1}^{m}\frac{1}{n_i}\sum_{j=1}^{n_i} o_i^j \tag{2}$$

o_i^j is the local occupancy of the i-th vehicle when the RSU receives its driving status message at the j-th time.

Analogously, the saturated occupancy of the road can be considered as the local occupancy when all vehicles stop, which can be calculated by equation (3).

$$o_s = \frac{1}{d_s + l} \quad (3)$$

In equation (3), l is the average length of the vehicle, d_s is the average distance to the front vehicle when the intelligent vehicle stops. d_s can be calculated as follows:

$$d_s = \frac{1}{m}\sum_{i=1}^{m}\frac{1}{n_i}\sum_{j=1}^{n_i} d_i^j \,|_{v_i=0} \quad (4)$$

In equation (4), $d_i^j \,|_{v_i=0}$ is the distance to the front vehicle when the i-th vehicle stops. m is the number of vehicles and n_i is the number of messages sent by the i-th vehicle.

(2) Vehicle number

Since the intelligent vehicles may randomly distributed on the road when the RSU receives their status messages, this paper supposes that conventional vehicles between two adjacent intelligent vehicles are uniformly distributed along the road topology and calculates the total vehicle numbers based on the position and the local occupancy of each intelligent vehicle.

The RSU updates the latest status messages before the traffic light turns green and calculates the local occupancy of each intelligent vehicle using equation (1). The total number of the road sections can be calculated by equation (5).

$$n = n_{lane}\sum_{i=1}^{m}(x_i - x_{i-1})o_i \quad (5)$$

In equation (5), m is the number of intelligent vehicles; x_i is the distance from the i-th vehicle to the stop line, which can be calculated by P_i and the locating data of the stop line, $x_0=0$; n_{lane} is the number of lanes.

The maximum number of vehicles that the road is able to contain is:

$$N = n_{lane} L o_s \quad (6)$$

Where L is the length of the road section.

(3) Traffic congestion index

The traffic congestion index can be calculated by equation (7).

$$\lambda = \alpha\frac{o}{o_s} + \beta\frac{n}{N} \quad (7)$$

Where α and β are the weighting coefficients, $\alpha+\beta=1$.

4 Data Interaction Scheme Based on Event-driven

Based on the established architecture, the data collecting and transmitting demand for traffic signal optimization is analyzed as follows: When the number of vehicles increases and traffic congestion is about to occur, the traffic control system needs to obtain much more accurate traffic parameters for creating a reasonable traffic signal time plan. In this case, the traffic parameters collecting frequency can be set high. On the contrary, when the road is heavily congested or quite clear, the signal control cycle may reach the maximum or minimum and there is no need for a new signal time plan. In this case, the traffic parameter collecting frequency can be set low. The event-driven based data interaction scheme is elaborated as follows.

According to the congestion index variation and the signal control demand, we set three thresholds λ_1, λ_2 and λ_3 to divide the road congestion status into four parts, that is, respectively the status of free flow, generally unimpeded, slow moving and heavy congestion. Further, we define four events Event A～D to represent the four kinds of congestion status, as is shown in Fig.2.

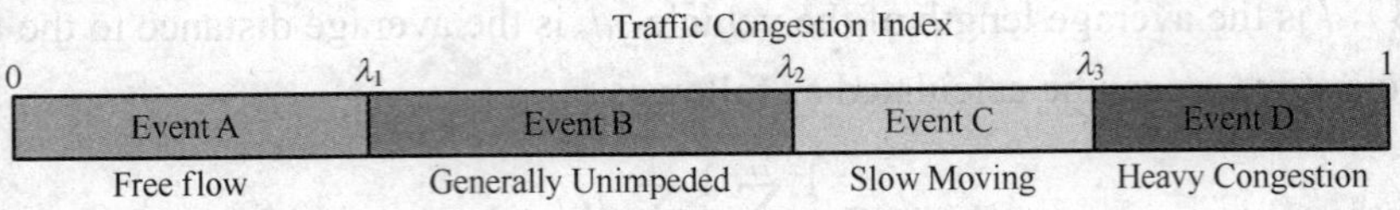

Fig.2 Congestion Events Division

Event A: Satisfying the condition $0 \leqslant \lambda \leqslant \lambda_1$. For this status, there are less vehicles which are driving at high speed and the occupancy is low. The traffic presents a free flow appearance.

Event B: Satisfying the condition $\lambda_1 < \lambda \leqslant \lambda_2$. For this status, the number of vehicles and road occupancy increases, while the traffic is still generally unimpeded.

Event C: Satisfying the condition $\lambda_2 < \lambda \leqslant \lambda_3$. For this status, the number of vehicles increases to the road capacity and the occupancy reaches a critical saturated state. Vehicles on road are driving at a low speed.

Event D: Satisfying the condition $\lambda_3 < \lambda \leqslant 1$. For this status, the number of vehicles continues to increase and exceed the road capacity. Road occupancy reaches saturated state and the road is heavily congested.

The values of λ_1, λ_2 and λ_3 can be calibrated by expert experience according to actual road condition.

When a certain event happens, the traffic information collection system adjusts the data transmitting frequency for vehicles to deliver the driving status messages to the RSU, attaining the goal that not only meets the demand for signal control but also reduces the amount of data packets as possible. The interaction model under different events is analyzed and built as follows.

(1) When Event A happens, the road traffic is in a free flow state and the signal time plan of downstream intersection is generally running a minimum control cycle. There is hardly any optimizing space for a better signal time plan and the demand for data collecting is weak. In this case, the data interaction frequency can be decreased. We assume that the vehicle transmits messages by the minimum frequency, as is described by equation (8).

$$f_A = F(\lambda) = f_{\min} \tag{8}$$

Where $f_{\min}$ is the minimum interaction frequency, which can be calibrated by expert experience according to actual application demands and vehicle-to-roadside network performance.

(2) When Event B happens, the signal timing plan should be adjusted according to the variation of traffic demand. The greater the traffic demand is, the more effective of the optimized signal time plan should be to avoid the traffic status getting worse, and the more vehicle status messages are needed for acquiring accurate traffic status. In this case, vehicles adjust the data transmitting frequency by equation (9).

$$f_B = F(\lambda) = f_{\min} + \frac{f_{\max} - f_{\min}}{1 + e^{\frac{-\lambda + (\lambda_1 + \lambda_2)/2}{\theta}}} \tag{9}$$

Where $f_{\max}$ is the maximum interaction frequency and θ is the accommodation coefficient.

(3) When Event C happens, the traffic is near saturation. In order to avoid traffic congestion, the signal time plan optimization and traffic status information collection achieve the maximum demand. We define a maximum frequency for vehicles to transmit status messages to the RSU, as is described by equation (10).

$$f_C = F(\lambda) = f_{\max} \tag{10}$$

(4) When Event D happens, the road is already congested. In this case, there is hardly any optimizing space for a better signal time plan and the demand for data collecting is weak. The data can be transmitted at a lower frequency compared with Even.

$$f_D = F(\lambda) = f_o \tag{11}$$

In conclusion, the event-driven based data interaction model can be described in Fig.3.

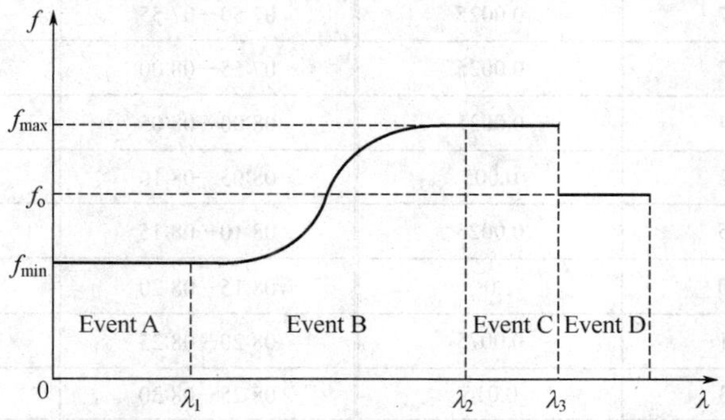

Fig.3 Event-driven Based Data Interaction Model

5 Case Study

In this paper, we take the Zunyi Road-Ruijin South Road intersection in Guiyang city as the analytic sample to verify the proposed data interaction scheme under actual traffic environment, as is shown in Fig.4. The north approach direction of the intersection is chosen for the case study. The road section is 540m long and there is four lanes in the analytic direction.

Fig.4 Road Topology

Under actual traffic environment, the vehicle number and occupancy of the north approach direction are collected. Part of the parameters is shown in Tab.1.

Tab.1 Part of the Traffic Parameters

Time Phase	Vehicle Number	Occupancy	Time Phase	Vehicle Number	Occupancy
06:00—06:05	7	0	07:30—07:35	34	0.0225
06:05—06:10	18	0.0025	07:35—07:40	33	0.01
06:10—06:15	6	0	07:40—07:45	37	0.0125
06:15—06:20	13	0	07:45—07:50	34	0.025
06:20—06:25	17	0.0025	07:50—07:55	49	0.06
06:25—06:30	17	0.0025	07:55—08:00	37	0.0125
06:30—06:35	24	0.0025	08:00—08:05	42	0.02
06:35—06:40	22	0.005	08:05—08:10	44	0.04
06:40—06:45	15	0.0025	08:10—08:15	45	0.045
06:45—06:50	10	0	08:15—08:20	45	0.015
06:50—06:55	21	0.0075	08:20—08:25	41	0.0175
06:55—07:00	33	0.015	08:25—08:30	62	0.0325
07:00—07:05	33	0.02	08:30—08:35	47	0.02
07:05—07:10	26	0.01	08:35—08:40	48	0.02
07:10—07:15	24	0.0125	08:40—08:45	51	0.035
07:15—07:20	25	0.0075	08:45—08:50	70	0.035
07:20—07:25	18	0.0025	08:50—08:55	73	0.095
07:25—07:30	21	0.0075	08:55—09:00	56	0.075

Based on the vehicle number and the occupancy，the congestion index is calculated and shown in Fig.5. According to the variation of the congestion index and the corresponding traffic signal control demand，we choose the thresholds 0.1，0.5 and 0.7 to divide the traffic congestion events.

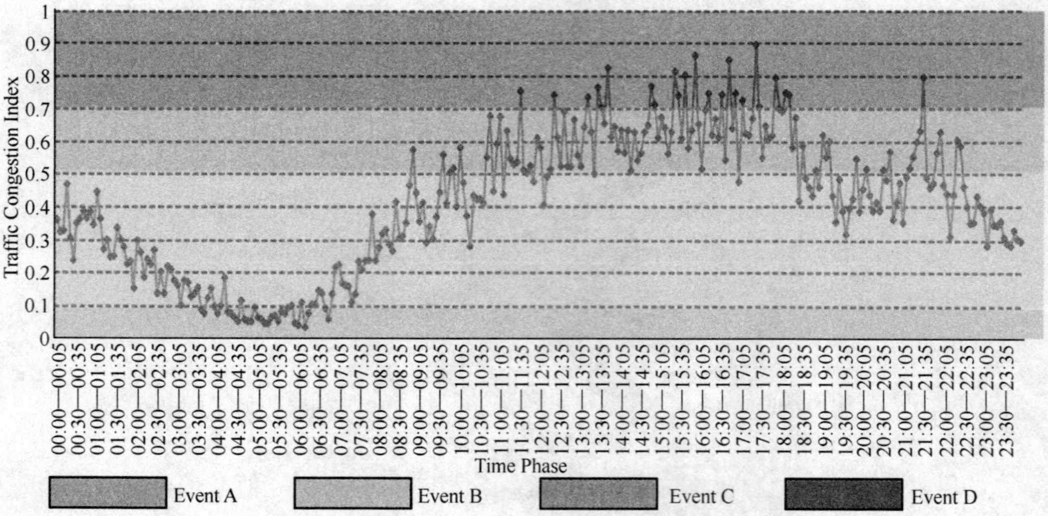

Fig.5 Traffic Congestion Index and Event Division

Vehicles on the analytic road section deliver status messages to the RSU which services the current intersection. When a vehicle bears off the scope of the intersection，continued data transmitting is useless and should be terminated. In this paper，the residence time of vehicles on the analytic road section is calculated by the license plated matching method, in which the license plate number information is obtained by the electronic police equipments. Base on the vehicle OD information of the upstream-downstream intersections, the travel time of the analytic road section is calculated and shown in Fig.6.

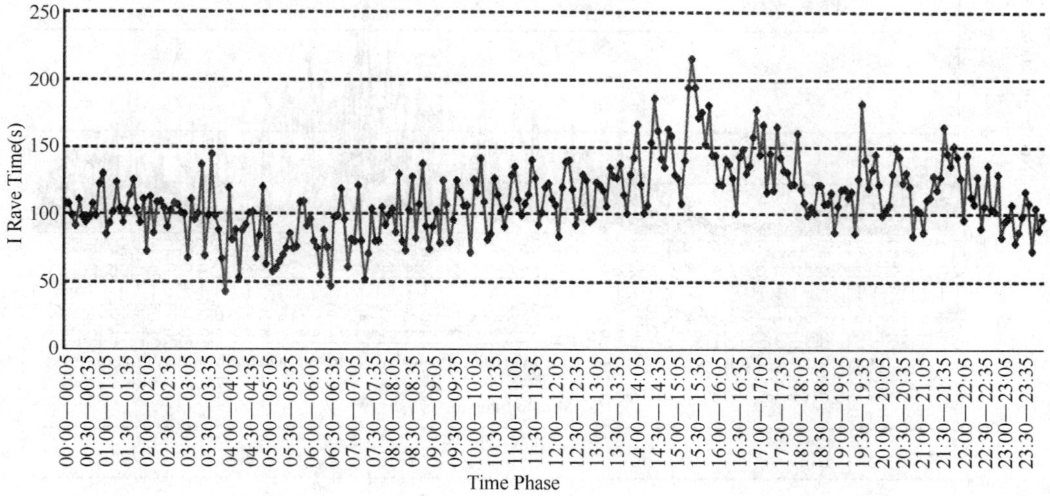

Fig.6 Variation of the Travel Time

During the travel time on the road section, a vehicle transmits data status message to the RSU every time interval *T*. Using the event-driven data interaction scheme, the data interaction interval is dynamically changed based on the variation of the traffic congestion index and the congestion event division result. When the maximum interval is 10s, the minimum interval is 1s and the interval at heavily congested state is 5s, the adjustment process is shown in Fig.7.

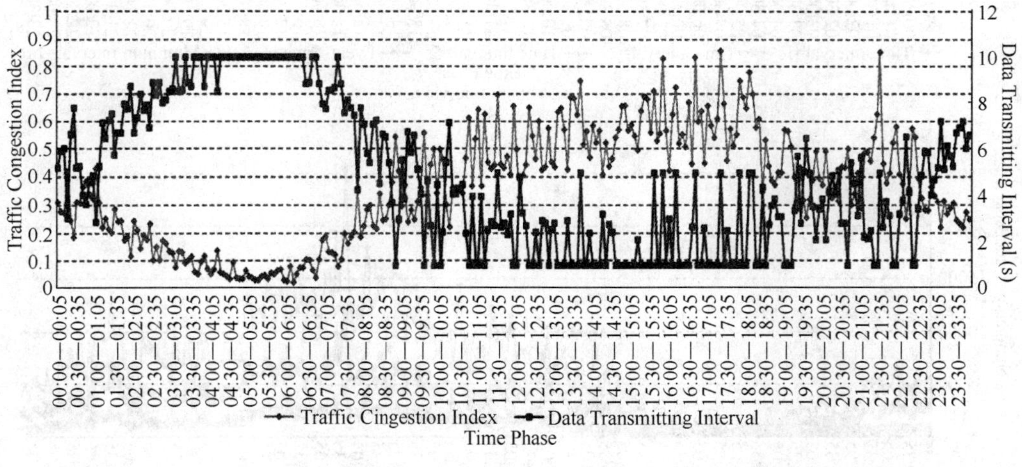

Fig.7 Data Transmitting Interval Adjusting Process Based on the Event-Driven Scheme

Setting the minimum data transmitting interval as 1s, 2s and 5s respectively and the maximum data transmitting interval as 10s, the comparison of the number of data packets with the time-driven scheme is shown in Fig.8 (a) ~ (c). In the time-driven scheme, the interval period is also set as 1s, 2s and 5s respectively.

From the results shown in the figure, we can see that, as the minimum interval increases, the numbers of data packets are sharply reduced both in the time-driven and event-driven scheme. However, the event-driven scheme generates less data packets under the same time period, for the reason that the proposed scheme dynamically adjusts the data frequency according to the variation of the traffic state.

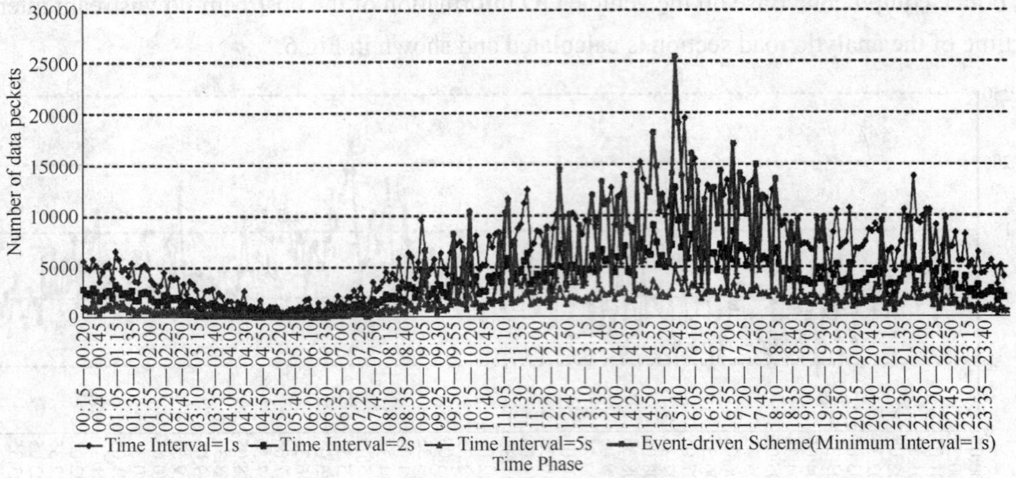

(a) Minum Interval=1s

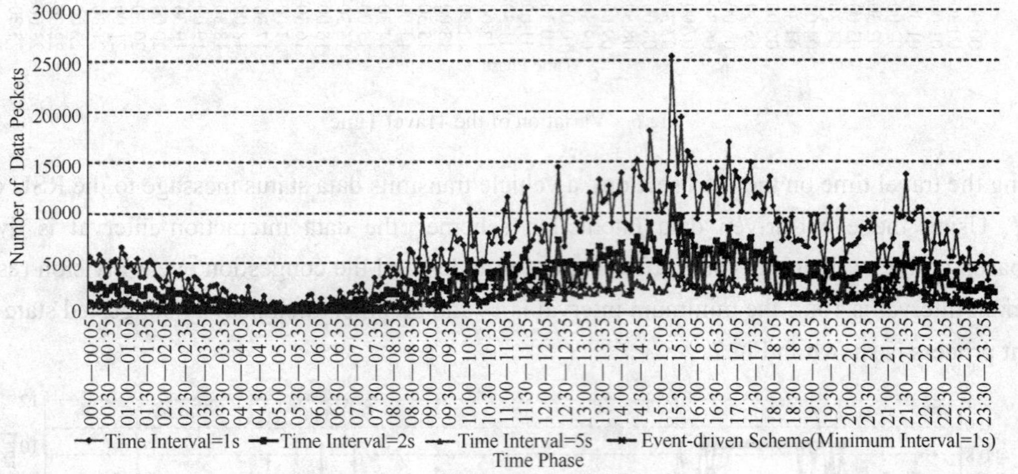

(b) Minum Interval=2s

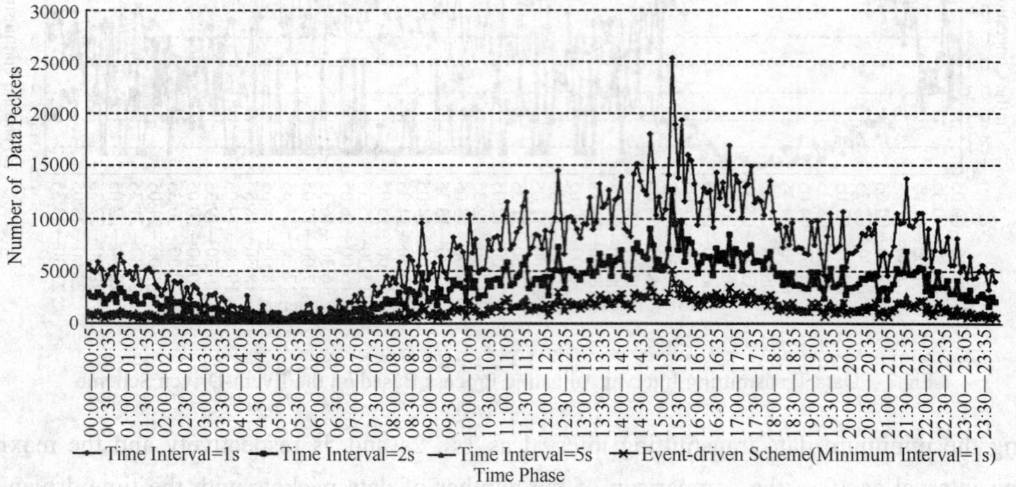

(c) Minum Interval=5s

Fig.8 Comparison of the Number of Data Packets of the Time-driven and Event-driven Scheme

6 Conclusions and Future Work

This paper proposes an event-driven vehicle-to-roadside interaction scheme which adjusts the data transmitting frequency based on the variation of traffic congestion index and traffic control demand. In actual application, the proposed scheme can surely reduce the overhead of the vehicle-to-roadside communication network. However, in actual environment, the traffic shows a strong random character and the adjustment would be frequent. In the future, we can use the fitting regulation of the traffic congestion index to establish the event-driven based interaction model to improve the system stability.

References

[1] H.Q.Liu, L.C.Yang, L.Wu, et al, Regional traffic congestion evaluation based on Fuzzy-PCA [J]. Journal of Shandong University (Engineering Science), Vol. 42, No. 6, 2012: 56-6).

[2] S. Pechberti, D.Gruyer, D.Gingras, et al, Design of a modular demonstrator for safety application systems: The CVIS project [C]. IEEE Intelligent Vehicles Symposium, San Diego, USA, 2010: 1146-1151.

[3] J.Yao, X.G.Yang, Urban traffic control under the environment of vehicle infrastructure integration [J]. Journal of University of Shanghai for Science and Technology, 2013, 35 (4): 397-403.

[4] X.H.Lin, Traffic signal control method and simulation based on traffic density in cooperative vehicle infrastructure system [J]. Industrial Engineering Journal, 2014 (4): 123-128.

[5] Q.Wang, J.M. Hu, Y.Z.Wang, et al, Method of collecting traffic information based on inter2vehicle communication [J]. Journal of Jilin University (Engineering and Technology Edition), 2009, 39 (2): 7-12.

[6] B.C.Zhang, B.Ran, Z.H.Mei, et al, An optimization method of traffic signal control based on cooperative vehicle infrastructure system[J]. Journal of Transportation System Engineering and Information Technology, 2013,13(3): 40-45.

[7] X.Y.Bai, X.M.Ye, H. Jiang, et al, A novel traffic information system for VANET based on location service [C]. IEEE International Conference on Networks, New Delhi, India, 2008.

[8] Y.Zhuang, S.Chiba, Enabling the automation of handler bindings in event-driven programming [C]. Computer Software & Applications Conference, Taichung, Taiwan, 2015:137-146.

[9] J.Minguez, S.Zor, P.Reimann, Event-driven business process management in engineer-to-order supply chains [C]. International Conference on Computer Supported Cooperative Work in Design, Lausanne, Switzerland, 2011: 624-631.

[10] Z.Zhong, D.Y.Luo, X.P.Fan, et al, Data Gathering Protocol in Wireless Sensor Networks Based on Event-driven [J]. Computer Engineering, 2012, 38 (11): 69-72.

[11]X.Hou, D.W.Zhang, M. Zhong, Data Aggregation of Wireless Sensor Network Based on Event-Driven and Neural Network [J]. Chinese Journal of Sensors and Actuators, 2014 (1): 142-148.

[12]J.B.Liang, Y.R.Deng, L.J.Guo, et al, Research progresses of event-driven data gathering in WSN[J]. Application Research of Computers, 2012, 29 (10): 3601-3605.

[13] F.Terroso-Saenz, M.Valdes-Vela, C. Sotomayor-Martinez, et al, A cooperative approach to traffic congestion detection with complex event processing and VANET[J]. IEEE Transactions on Intelligent Transportation Systems, Vol. 13, No. 2, 2012: 914-929.

公交车噪声频谱特性研究

王海波　余　志　蔡　铭

（中山大学工学院 广东省智能交通系统重点实验室，广州 510006）

摘　要： 现有的噪声传播衰减模型在进行障碍物衰减计算时，将所有车辆的等效频率都简单地设置为 500Hz，而实际上交通噪声的频率跟车辆的类型、速度以及运动状态均有关。因此，本文通过对公交车的运行速度、加速度以及噪声频谱数据进行实验采集，计算得到了公交车在不同运行状态下的等效频率，并建立了基于频率的公交站牌噪声衰减计算模型。通过对噪声频谱进行分段能量叠加计算后发现，公交车低频噪声比例高达 93%以上，低频特性明显。

关键词： 公交车；行驶状态；噪声频谱特性；衍射衰减模型

Study on Noise Spectrum Characteristics of Bus

Wang Haibo　Yu Zhi　Cai Ming

(School of Engineering, Sun Yat-sen University, Guangdong Provincial Key Laboratory of Intelligent Transportation System, Guangzhou 510006)

Abstract: When calculating the noise diffraction attenuation in the existing noise propagation model, all vehicles equivalent frequency is set to be 500Hz. But in fact, the traffic noise frequency depends on vehicles type, speed, and operational status. Therefore, the speed, acceleration and noise spectrum of buses are measured first. And then the equivalent frequencies of buses under different operational status are obtained by calculating those data. As a result, the noise propagation model based on the equivalent frequency is established. During this process, the noise spectrum is segmented into three ranges, and the proportion of energy for each range is calculated using the principle of superposition. The results show that the proportion of low frequency noise of buses is up to 93%. This means that the noise spectrum of buses concentrate in low frequency range.

Key words: Bus, Operation Statuses, Noise Spectrum Characteristics, Diffraction Attenuation Model

1　引言

城市公共交通是公共汽车、公共电车、轻轨、地下铁道以及轮渡交通等交通方式的总称。在各种交通方式中又以公共汽车和电车的比例最高，承担了城市 80%以上的客运量[1]。大型车噪声特别是公交行驶的噪声是交通噪声的主要污染来源之一[2]，利用公交车噪声排放模型能对公交车在不同运动状态下的噪声排放量进行计算[3~5]。然而噪声对人的影响程度，不仅与噪声的大小有

基金项目：广东省科技计划项目（2015B010110005）；国家自然基金（11574407）。

关，还与噪声的频率有关，由于存在众多的公交停靠站和交叉口，公交车不断地减速停车、加速起步，这个加速起步的过程往往给临街的敏感建筑物室内产生明显的低频噪声干扰，大量研究表明，低频噪声对人们的睡眠、工作、情绪和行为产生的影响远远大于高频噪声[6]。此外，通过频谱计算得到的噪声等效频率是进行噪声衍射衰减计算的必需参数。因此对公交车噪声频谱特性的研究具有重要的意义。

2 单辆公交车噪声频谱数据采集

2.1 试验目的

根据文献[7]，交通噪声的频率跟车辆的类型、速度以及运动状态均有关。故本文对公交车的速度、加速度以及噪声频谱数据进行了实验采集，通过对数据进行分类和计算，得到了不同运动状态下的公交车等效频率，同时对公交车噪声频谱特性进行了分析。

2.2 试验方案

选取的广州大学城中环为双向六车道道路，单向道路宽度 11.5m。实验采样检测的车辆前后 50 米的距离且对面反向车道不能有其他行驶车辆。使用的仪器包括爱华 AWA6228 多功能声级计、STALKER（斯德克）激光测速仪 LIDAR 型。

为了获得公交车在不同运动状态下的频谱数据，根据需求将观测点设置在不同的路段。每次实验共设置了 2 个观测点，分别采集公交车减速、加速、匀速、和怠速运行的频谱数据。当公交车分别通过两个测点时，记录下此时声级计的时间和车辆的速度。

2.3 数据处理

采用爱华 AWA6228 多功能声级计采集数据时，每个样本车辆在实验中都获得 32 个 1/3 倍频程中心频率声压级和总声压级，噪声计权为 Z 计权，为反映人对噪声的主观感觉，将 Z 计权转换为 A 计权声级再进行计算，转换方式为对每一种频率成分，减去一个相应的计权值$\Delta(f)$ [8]，如下式所示：

$$A(f)=Z(f)-\Delta(f) \tag{1}$$

将所有的公交车按照不同的运动状态和不同的速度区间进行分类整理。由于公交车运行受实际情况以及道路条件的影响，部分速度区间未能采集到数据，在进行噪声衍射衰减计算时，该速度区间车辆的等效频率选取最临近的速度区间的等效频率来进行计算。

3 公交车频谱特性分析

3.1 等效频率的计算及分析

噪声衍射衰减中通常采用等效频率 f_e=500Hz [9]。然而不同类型车辆在不同的运动状态下，等效频率是有所差别，为了使计算结果更为准确，本文对公交车在不同运动状态以及不同速度范围下的等效频率进行详细的研究和探讨。

计算公交车不同行驶状态下等效频率，按照不同的运动状态和不同的速度区间进行分类，选择每种运动状态下所占比例最高的 3 个等效频率，得到各区间的等效频率。

以公交车怠速为例，在样本实验中，该速度段下的小型车样本量为 94 辆，经过噪声等效频率计算后，有36%的样本的等效频率为400Hz、26%为500Hz、18%为200Hz，其他速度段的各类型车辆也以此类推。

统计数据可知，不同速度区间各等效频率所占的百分比差别不大，以10km/h到20km/h的减速运动区间为例，绘制各等效频率所占比例的曲线图，如图1所示，从图中可以看出，在该区间内，315Hz所占比例最大，为24%，其次，400Hz和250Hz所占比例分别为18%和15%，虽然存在最大比例值，但各等效频率分布较为分散，峰值特性不突出，这是由于公交车运行状态较为多变以及不同公交车载客率差别较大所引起的。

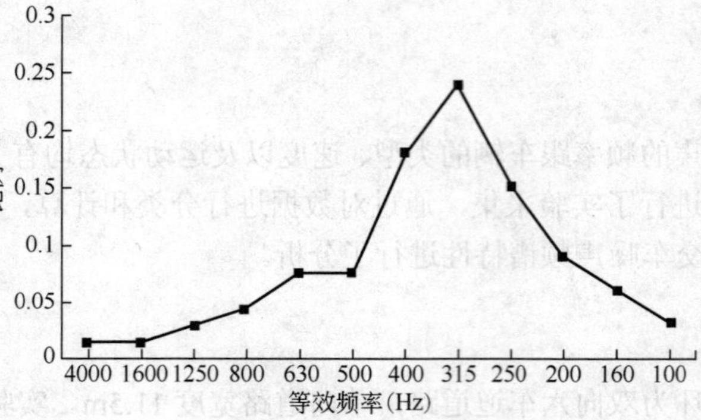

图1 （10，20）km/h区间等效频率比例图

选取每个速度区间所占比例最大的频率作为该区间所有速度的等效频率，根据各区间的等效频率绘制等效频率曲线图，如图2所示，公交车在加速运动时，等效频率逐渐增加，而当速度超过30km/h之后，运动状态逐渐趋于稳定，等效频率随之下降。当公交车减速运动时，等效频率随着速度的减小而逐渐增大。

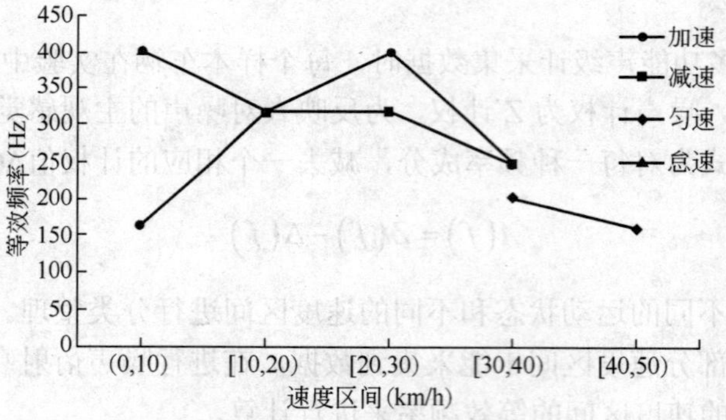

图2 等效频率曲线图

3.2 公交车噪声频段分布特性分析

按10～355Hz、355～2800Hz和>2800Hz划分方法，将32个中心频率划分为低频噪声、中频噪声和高频噪声，计算得到各个频段噪声能量占总能量的比例。

计算各个频段噪声值的平均值，绘制公交车在不同运动状态和不同速度下的噪声频谱曲线图，如图3所示。公交车低频噪声的比例均高达93%以上，最大声级和次最大声级所在的频率也均处于低频段，可见公交车的低频特性非常明显。

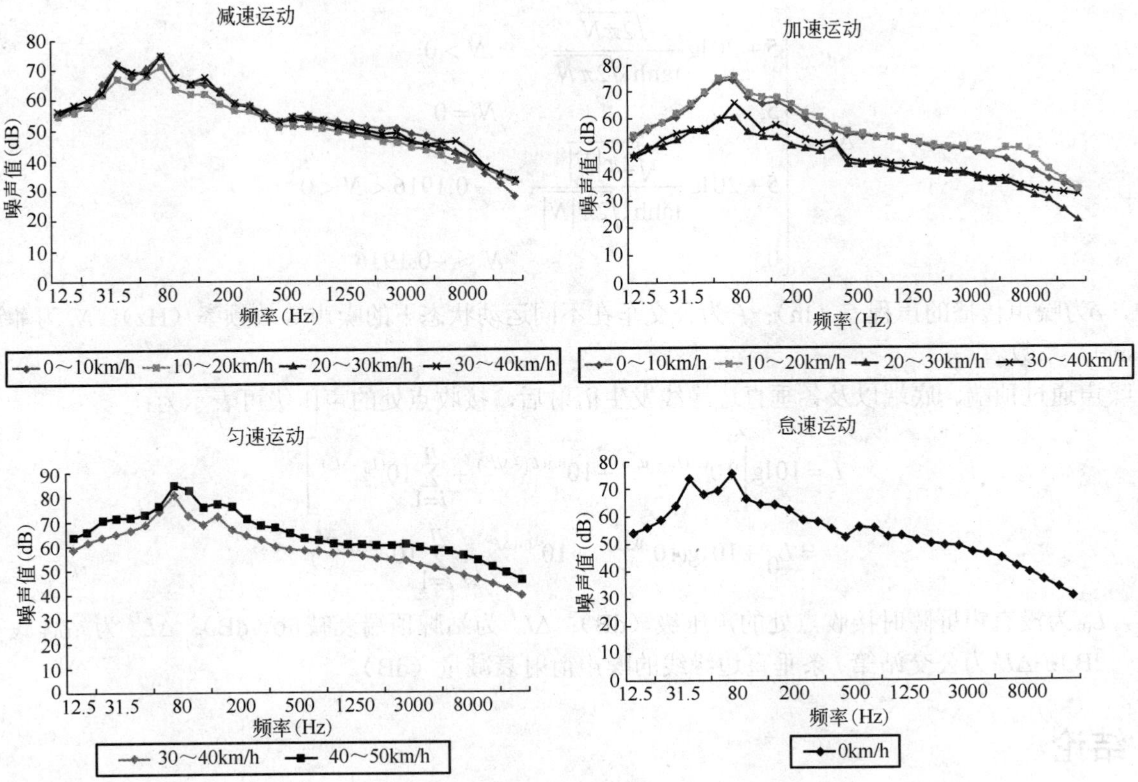

图 3　不同行驶状态下噪声频谱图

从图 3 可以看出，公交车噪声频谱曲线的峰值主要集中在 10Hz 到 355Hz 的低频阶段，并随着频率的增加，噪声值逐渐减小。公交车减速运动时，不同速度的噪声频谱曲线差别较小；加速运动时，速度在 0～20km/h 的噪声频谱曲线明显高于运动速度在 20km/h 到 40km/h 的频谱曲线，这主要是因为公交车刚加速起步时，由于加速度较大，发动机高速运转，使得噪声值较大，而随着速度的增加，加速度逐渐减小，车辆运动逐渐趋于平缓，噪声值随之减小；匀速运动时，公交车运行速度越高噪声值越大，这与文献[7]中所得到的公交车匀速噪声排放模型是相一致的。

4　基于频率的公交站牌噪声衰减模型

本文将公交站牌假设为一个简易的声屏障（见图 4），考虑噪声传播过程中遇到公交站牌发生的衰减效果。根据公交车的不同运动状态以及不同的运行速度，将得到的公交车的等效频率代入式（3）进行噪声衰减计算。

在图 4 中，S 点为声源点，即公交车所在的位置；R 点为接收点，即噪声计算点。由于现有的公交站牌是有限长的，且底端存在一个较大的缝隙，因此噪声会在站牌的顶端、底端、左右端以及站牌缝隙的各边缘线产生衍射现象。以顶端衍射为例，在进行噪声衰减计算时，需先计算该衍射的菲涅尔系数 N，然后再利用公式（4）得到噪声的衍射衰减量。

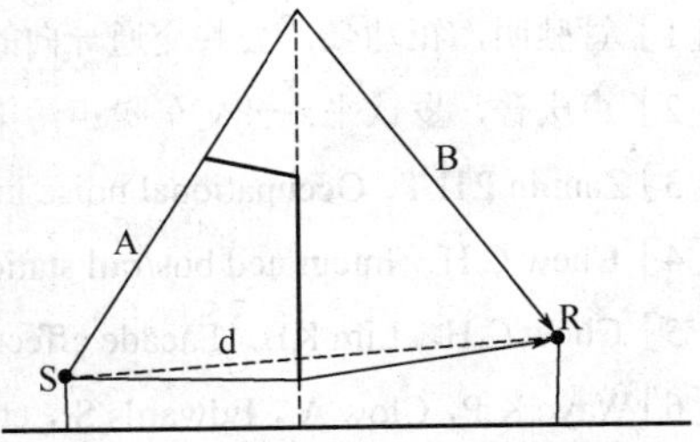

图 4　公交站牌衍射示意图

$$\delta = A + B - d \tag{2}$$

$$N = \frac{\delta}{170} \cdot f \tag{3}$$

$$\Delta L=\begin{cases}5+20\lg\dfrac{\sqrt{2\pi N}}{\tanh\sqrt{2\pi N}}, & N>0\\ 5, & N=0\\ 5+20\lg\dfrac{\sqrt{2\pi|N|}}{\tanh\sqrt{2\pi|N|}}, & -0.1916<N<0\\ 0, & N\leqslant -0.1916\end{cases} \tag{4}$$

式中，δ为噪声传播的声程差（m）；f 为公交车在不同运动状态下的噪声等效频率（Hz）；N 为菲涅尔（Fresnel）系数。

噪声通过顶端、底端以及各垂直边缘线发生衍射后，接收点处的声压级可表示为：

$$\begin{aligned}L&=10\lg\left[10^{0.1(L_0-\Delta L^T)}+10^{0.1(L_0-\Delta L^D)}+\sum_{i=1}^{n}10^{(L_0-\Delta L^i)}\right]\\&=L_0+10\lg(10^{-0.1\Delta L^T}+10^{-0.1\Delta L^D}+\sum_{i=1}^{n}10^{-0.1\Delta L^i})\end{aligned} \tag{5}$$

式中，L_0 为没有声屏障时接收点处的声压级（dB）；ΔL^T 为站牌顶端衰减量（dB）；ΔL^D 为站牌底端衰减量（dB）；ΔL^i 为公交站第 i 条垂直边缘线的噪声衍射衰减量（dB）。

5 结论

通过对公交车的车速和运动状态进行分类，对不同区间的公交车单独进行噪声频谱样本采集，对数据的进行 A 计权转换和等效频率计算，得到了公交车在不同运动状态下的等效频率。研究表明：公交车在加速起步时，等效频率逐渐增加，而当运动状态逐渐趋于稳定后，等效频率逐渐下降；当公交车做减速运动时，等效频率随着速度的减小而逐渐增大。

把噪声频谱分为低频段、中频段和高频段，计算各个频段声能量占总能量的比率。研究发现，公交车低频噪声的比例均高达 93%以上，最大声级和次最大声级所在的频率也均处于低频段，可见公交车的低频特性非常明显。

利用所得到的公交车等效频率，结合噪声绕射衰减计算方法，建立了基于等效频率的公交站牌噪声绕射衰减计算方法。

参考文献

[1] 管驰明，崔功豪. 公共交通导向的中国大都市空间结构模式探讨［J］. 城市规划，2003，27（10）：39-43.

[2] 卢庆普，罗钦平. 公交车噪声污染特征的研究［J］. 噪声与振动控制，2007，S1：22-31.

[3] Zannin P.H.T. Occupational noise in urban buses［J］. International Journal of Industrial Ergonomics，2006，36：901-905.

[4] Chew C.H. Integrated bus/rail station［J］. Department of Mechanical & Production Engineering，1999，56：57-66.

[5] Chew C.H，Lim KB. Facade effect on the traffic noise from the expressway［J］. Applied Acoustics，1994，41：47-62.

[6] Waye K.P，Clow A.，Edwards S.，et al. Effects of nighttime low frequency noise on the cortisol response to awakening and subjective sleep quality［J］. Life Science，2003，72（8）：863-875.

[7] 李锋，蔡铭，刘济科. 公交车站对交通噪声的影响分析［J］. 中国环境监测，2009，25（1）：105-108.

[8] 马大猷. 声学手册［M］. 北京：科学出版社，2006.

[9] HJ/T90—2004. 声屏障声学设计和测量规范［S］. 北京：中国环境科学出版社.

基于交叉口总体延误的公交信号主动优先控制方法及评估

王 漫 王 拓 沈 静

（东南大学智能运输系统研究中心，南京 210096）

摘 要：公交信号优先对于提升公交服务水平和吸引力，缓解城市交通拥堵具有重要意义，但同时会给社会车辆带来一定的负面影响，从而影响整个交叉口的运营效率。本文考虑公交信号优先对社会车辆的影响，建立了以交叉口总体延误为依据的公交信号主动优先控制方法。并基于昆山市实际道路条件，以设有右转合乘公交专用道的前进路部分路段为研究对象，利用Paramics仿真软件对不同交通状态下的公交信号主动优先控制方法进行仿真与评估。结果表明，主动优先仅在除公交通行相位外其他相位放行方向交通流量相对较小的情况下才能得到比较理想的效果，且基于模型的公交信号主动优先控制对社会车辆的影响要小于无条件信号优先。

关键词：公交信号主动优先；交叉口总体延误；右转合乘；Paramics 仿真

Research and Evaluation on Active Bus Signal Priority Control Based on IntersectionOverall Delay

Wang Man Wang Tuo Shen Jing

(Intelligent Transportation System Research Center,Southeast University, Nanjing 210096)

Abstract: Bus signal priority issignificant forimprovingbus level of service and attraction, and herein alleviating urban traffic congestion.Nonetheless, itmay have adverse impacts on social vehicles, which will reduce intersection operating efficiency. Considering the impacts on social vehicles, this article proposes an active bus signal priority control method basedonintersection overall delay.Partial section of Qianjin Road in Kunshan which was equipped with right-turn-sharing bus lane was selected as the research object. Then the active bus signal priority controlmethod under different traffic conditions was simulated and evaluated using Paramics. Results show that the proposed method has good performance only when other phases have low flow.Moreover, the active signal priority control method based on models has less impact on social vehicles than unconditional control method.

Key words: Active Bus Signal Priority, Intersection Overall Delay, Right-Turn-Sharing, Paramics Simulation

1 引言

公交车具有载客量大、运输效率高、污染少等优点，因此公交信号优先对于发展公共交通，改善城市交通环境具有积极意义。公交信号优先一般可分为被动优先、主动优先和自适应优先三类[1]。本文主要研究公交信号主动优先控制方法，其又可分为无条件优先和有条件优先[2]。无条件优先不考虑其他社会车辆延误，无条件提供公交信号优先，这种方法会增加社会车辆延误从而对交叉口运营效益产生不利影响[3]。而有条件优先则仅在有利于交叉口总体运营效益的情况下才给予公交车信号优先，因此本文对有条件优先进行研究。有条件优先可分为基于规则的主动优先和基于模型的主动优先[4]。基于规则的主动优先主要是对满足规则的到达公交车给予信号优先，如公交晚点、当前公交车头时距低于时刻表时距等。Hounsell 等[5]，Ling 等[6]在基于规则的主动优先中均取得了一定成果。而基于模型的主动优先则是综合考虑交叉口公交车和社会车辆总体利益，以公交车延误、总体交通延误、总体乘客延误等最小为目标对交叉口信号配时进行调整。例如，阴炳成和杨晓光[7]提出了一种考虑社会车辆运行情况的单点公交信号优先控制方法，为晚点的公交车给予优先通行信号。马万经和杨晓光[8]提出了一种考虑公交车车均延误和非优先相位社会车辆车均延误的公交信号优先方法。别一鸣等[9]以相位饱和度为约束，提出了在交叉口不发生拥堵前提下给予公交车信号优先的思想。相比基于规则的主动优先，基于模型的主动优先充分考虑到公交车和社会车辆总体利益，因此本文着重分析基于模型的公交信号主动优先控制方法。

本文以交叉口总体延误为依据，对绿灯延长、红灯早断、相位跳跃三种公交信号主动优先控制方法进行改进，并基于昆山市前进路（柏庐路—黑龙江路）实际交叉口交通流数据和公交车运行数据，对改进的公交信号主动优先控制方法在 Paramics 仿真软件中进行仿真与评估，分析不同交通状态下各种公交信号主动优先控制方法的实施效果及其对地面交通的影响。研究路段沿线交叉口均设置有公交优先道，其模式均为右转合乘。右转合乘即利用原有的右转专用进口道，配合红灯右转的控制手段，允许直行公交车与右转的社会车辆合用右转专用进口道，并在关联相位启亮时公交车能够直行通过交叉口。另外，Paramics 在微观仿真软件中具有较高的代表性，能够适应各种规模的路网，并为用户二次开发提供 API 函数来实现特殊的控制策略，为公交信号优先评估带来了极大的便利。

2 方法论述

在目前对公交信号主动优先控制的研究中，其实现方式主要有绿灯延长、红灯早断、相位插入、相位跳跃、相位反转等[2]，考虑到方法在仿真中的可行性，本文主要对绿灯延长、红灯早断、相位跳跃三种控制方法进行重点分析。

2.1 基本原理

公交信号主动优先控制方法的基本原理是，检测器将公交即将到达交叉口的信息发送到控制中心，控制中心对公交车到达停车线的时间进行预测，并根据其到达时的交叉口信号配时方案执行情况，判断是否能够给予其优先。若能给予信号优先控制，则将控制指令发送至交叉口上的信号控制机，信号控制机根据指令对配时方案进行相应的调整，从而实现公交车的优先通行[3]。为保证公交信号主动优先控制方法的有效实现，除了最大绿灯时间、最小绿灯时间外，还需提前确定单位绿灯时间、性能指标及公交车权重等参数。

（1）单位绿灯时间

单位绿灯时间 G_0 是检测到有后续公交车到达所延长的绿灯时间。单位绿灯需要满足两个条件：第一，单位绿灯时间 G_0 必须保证离开检测器的公交车能够驶过交叉口停车线；第二，单位绿灯时间 G_0 的长度应尽可能不产生绿灯时间损失，从而提高交叉口通行效益。因此，通常把单位绿灯时间 G_0 的值设置为公交车从检测器行驶至交叉口停车线所需的平均行程时间。

（2）性能指标（Performance Index，PI）

本文中 PI 为一个交叉口信号配时的性能指标，同时也是在主动优先控制中决定是否为到达的公交车提供信号优先的判断标准。当检测到有公交车到达交叉口时，控制系统需对提供优先后的 PI 进行分析，若优化后 PI 有所改善，则提供优先，否则保持原有方案不变。本文选择 PI 为提供公交信号优先后，交叉口信号优先相位各进口方向降低的总加权延误与非信号优先相位各进口方向增加的社会车辆的总延误之差，若 PI>0，则说明交叉口总体延误有所下降，应提供公交信号优先，若 PI≤0，则说明公交信号优先控制增加了交叉口总体延误，应保持原有信号配时方案不变。

（3）公交车权重

由于公交车运输效率远高于普通社会车辆，因此在交叉口性能指标的计算中需要对公交车进行相应的加权。由于评价角度的不同，各国专家对公交车的权重的配置尚无统一的结论，在目前使用较为普遍的配置方法中，主要考虑的因素有载客量、准点率、排队长度、出行费用、平均收入、政府补贴、外部成本等。而且在不同时段，不同交通运行模式下公交车权重是不同的。由于数据来源的限制，并考虑到公交信号优先的实施目标，并结合其他相关研究[10,11]，本文在对公交信号主动优先控制的评估中，公交车权重的计算仅考虑载客量，并令高峰时段公交车载客量为 90 人/辆，平峰时段为 30 人/辆，社会车辆高峰、平峰时段均为 2 人/辆，则有高峰时段公交车权重ω为 45，平峰时段ω为 15。

2.2 绿灯延长

绿灯延长的原理是对即将结束的绿灯时间进行延长，使到达的公交车能够不停车通过交叉口。具体地，当位于进口道上游的检测器在 t 时刻检测到有公交车到达时，若在 $t+G_0$ 时刻，交叉口该方向信号相位仍为绿灯，则不做任何调整。如果不是，则考虑为公交车提供绿灯延长。绿灯延长控制的执行需要满足以下条件：该方向剩余的绿灯时间不足以使公交车顺利通过停车线；该方向当前的绿灯时间 G 延长 G_0 后不能超过该相位的最大绿灯时间，即 $G+G_0 \leq G_{\max}$；执行绿灯延长后交叉口总车辆延误有所下降，即 PI>0。若不满足以上条件则不做调整，公交排队计数器加 1。此处公交排队包含公交到达方向及其对向同时放行的公交车，下文情况也均与此相同。绿灯延长控制措施的实施流程如图 1 所示，其中 PI 的判断需要对公交优先相位和非优先相位的车辆延误进行计算。在绿灯延长的 PI 计算中，公交优先相位即得到延长的公交通行相位，非公交信号优先相位即一个周期中其他非公交通行的相位。

（1）公交信号优先相位延误

① 公交车延误变化

公交车享受信号优先后减少的延误在数值上应等于公交车未得到优先、在交叉口排队的延误。设当前相位剩余绿灯时间为 g_{ri}，则如果给予公交车信号优先，则该辆公交车减少的延误为：

$$d_b = C + G_0 - g_{ri} - g_i + l \tag{1}$$

式中，C 为下一周期的周期长度（s）；g_i 为下一周期该方向的绿灯时长（s）；l 为绿灯损失时间（s）。

② 社会车辆延误变化

设 r_i 为一个周期内非公交通行相位放行方向的红灯时间。如果相位 i 延长 G_0，则该方向的社会车辆也同时获得了更多的通行时间，使得该时间到达的车辆不用等到下一周期即可通过交叉口。则进口道 j 在 G_0 时段内到达车辆减少的延误为：

$$d_{sij} = 0.5 G_0 v_{sij} \left(G_0 + 2r_i + 2l + \frac{G_0 v_{sij}}{s_{ij}} \right) \tag{2}$$

式中，v_{sij} 为相位 i 中放行进口道 j 的社会车辆流量（辆/h）；s_{ij} 为相位 i 下 j 进口道的饱和流率（辆/h）。

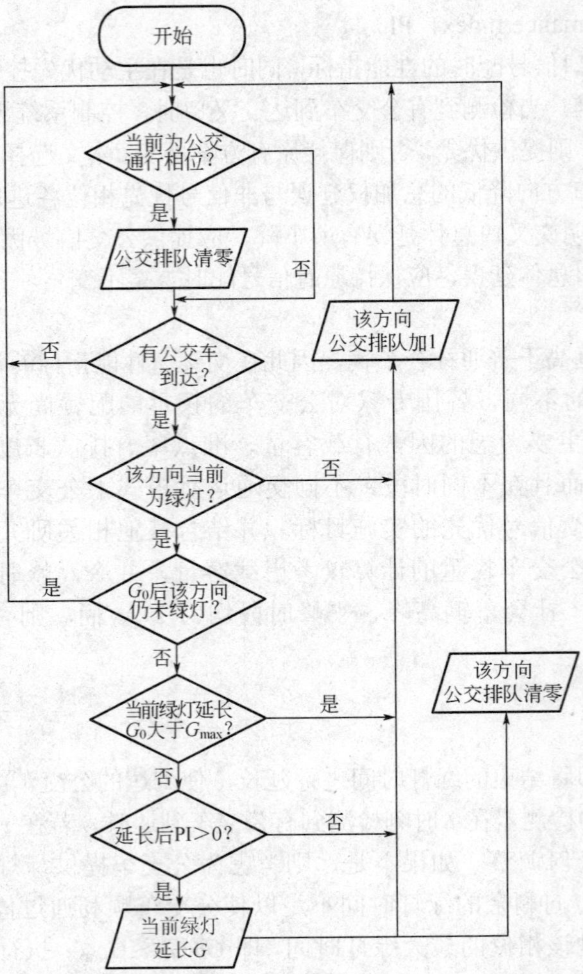

图 1 绿灯延长控制流程图

在此基础上求得执行绿灯延长后公交信号优先相位减少的公交车和社会车辆总延误为：

$$\Delta D_i = \left(C + G_0 - g_{ri} - g_i + l\right)\sum_{k=1}^{N+1}\omega_k + \sum_{j=1}^{n}\left[0.5G_0 v_{sij}\left(G_0 + 2r_i + \frac{G_0 v_{sij}}{s_{ij}}\right)\right] \tag{3}$$

式中，N 为该方向排队车辆数；ω_k 为该方向第 k 辆公交车（包含对向同时放行的公交车）的权重。

（2）非公交信号优先相位增加的延误

由于第 i 相位的绿灯时间被延长，其他方向到达的车辆则要等待更长的时间才能通过交叉口。设 r_p 为一个周期内非延长相位放行方向的红灯时长，则进口道 j 在 G_0 时间段内到达车辆增大的延误为：

$$d_{spj} = \frac{G_0 s_{pj} v_{spj}}{s_{pj} - v_{spj}}\left(r_p + 0.5G_0\right) \tag{4}$$

式中，v_{spj} 为相位 p 中放行进口道 j 的社会车辆流量（辆/h）；s_{pj} 为相位 p 中放行进口道 j 的饱和流率（辆/h）。

在此基础上求得执行绿灯延长后非公交信号优先相位增加的社会车辆总延误为：

$$\Delta D_p = \sum_{p=1}^{m}\sum_{j=1}^{n}\left[\frac{G_0 s_{pj} v_{spj}}{s_{pj} - v_{spj}}\left(r_p + 0.5G_0\right)\right] \tag{5}$$

综上可得执行绿灯延长后公交车和社会车辆降低的总延误为：

$$\begin{aligned}\mathrm{PI} &= \Delta D_i - \Delta D_p \\ &= \left(C + G_0 - g_{ri} - g_i + l\right)\sum_{k=1}^{N+1}\omega_k + \sum_{j=1}^{n}\left[0.5G_0 v_{sij}\left(G_0 + 2r_i + \frac{G_0 v_{sij}}{s_{ij}}\right)\right] \\ &\quad -\sum_{p=1}^{m}\sum_{j=1}^{n}\left[\frac{G_0 s_{pj} v_{spj}}{s_{pj} - v_{spj}}\left(r_p + 0.5G_0\right)\right]\end{aligned} \tag{6}$$

2.3 红灯早断

红灯早断的原理是，如果当前公交通行方向处于红灯状态，且下一相位为公交车所属通行相位，则缩短当前相位时间，使公交通行方向其尽快转换为绿灯，减少到达公交车的等待时间。当位于进口道上游的检测器在 t 时刻检测到有公交车到达时，若在 t 和 $t+G_0$ 时刻，交叉口该方向信号相位均为红灯，则判断下一相位是否为绿灯。若不是绿灯则不做任何调整，若是绿灯则考虑为公交车提供红灯早断。红灯早断控制的执行需要满足以下条件：检测到公交车到达时 G_0 后当前相位该方向为红灯，下一相位该方向为绿灯；检测到公交车到达时 G_0 后当前相位已达到最小绿灯时间 $G_{\min}$；PI>0。若满足以上所有条件，则执行红灯早断，否则不做调整，公交排队计数器加 1。红灯早断控制流程如图 2 所示。同绿灯延长，以下对 PI 进行计算。

（1）公交信号优先相位延误

① 公交车延误变化

公交车享受信号优先后减少的延误在数值上应等于公交车未得到优先、在交叉口排队的延误。由于红灯提前结束，到达的公交车可以不用等待提早通过交叉口，因此执行红灯早断后单辆公交车减少的延误为：

$$d_b = r_{ri} - G_0 \tag{7}$$

其中 r_{ri} 为当前相位剩余的红灯时间。

②社会车辆延误变化

设 r_i 为一个周期内非早断相位放行方向的红灯时长。如果当前相位能提前结束，则与公交通行方向相同的社会车辆也同时能够提早通过交叉口。则进口道 j 在 G_0 时间段内到达车辆减少的延误：

$$d_{sij} = \frac{\left(r_{ri} - G_0\right)\mathrm{s}_{ij} v_{sij}}{\mathrm{s}_{ij} - v_{sij}}\left[r_i - 0.5\left(r_{ri} - G_0\right)\right] \tag{8}$$

在此基础上求得执行红灯早断后公交信号优先相位减少的公交车和社会车辆总延误为：

$$\Delta D_i = \left(r_{ri} - G_0\right)\sum_{k=1}^{N+1}\omega_k + \sum_{j=1}^{n}\left\{\frac{\left(r_{ri} - G_0\right)\mathrm{s}_{ij} v_{sij}}{\mathrm{s}_{ij} - v_{sij}}\left[r_i - 0.5r_{ri}\left(rr_i - G_0\right)\right]\right\} \tag{9}$$

（2）非公交信号优先相位增加的延误

由于公交通行方向的红灯时间被缩短，其他方向到达、本应在当前相位通过交叉口的社会车辆则要等到下一周期才能通过交叉口。设 r_p 为一个周期中早断相位放行方向的红灯时长。则早断相位放行方向进口道 j 在 $r_{ri} - G_0$ 时间段内到达车辆增大的延误为：

$$d_{spj} = \frac{\left(r_{ri} - G_0\right)\mathrm{s}_{pj} v_{spj}}{\mathrm{s}_{pj} - v_{spj}}\left[r_p + 0.5\left(r_{ri} - G_0\right)\right] \tag{10}$$

在此基础上求得执行红灯早断后非公交信号优先相位增加的社会车辆总延误为：

$$\Delta D_p = \sum_{p=1}^{m}\sum_{j=1}^{n}\left\{\frac{\left(r_{ri} - G_0\right)\mathrm{s}_{pj} v_{spj}}{\mathrm{s}_{pj} - v_{spj}}\left[r_p + 0.5\left(r_{ri} - G_0\right)\right]\right\} \tag{11}$$

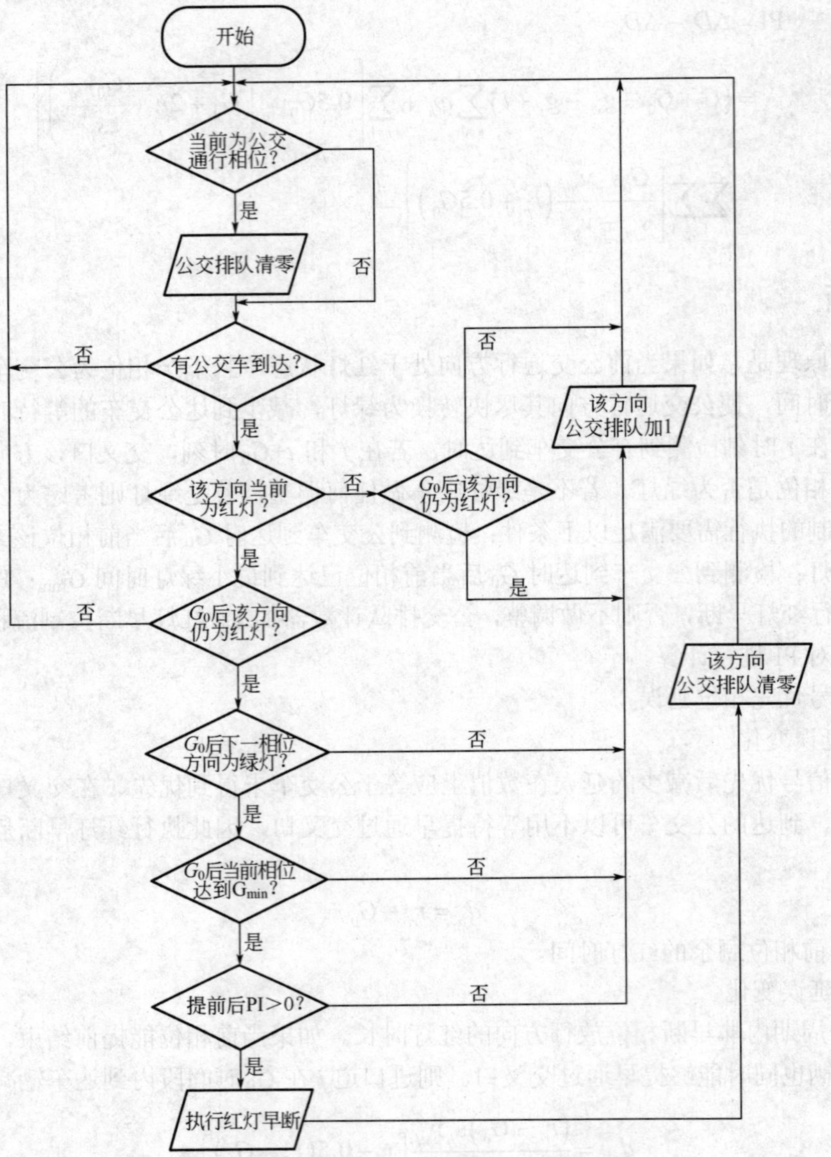

图 2　红灯早断控制流程图

综上可得执行红灯早断后公交车和社会车辆降低的总延误为：

$$\begin{aligned}
\mathrm{PI} &= \Delta D_i - \Delta D_p \\
&= \left(r_{ri} - G_0\right)\sum_{k=1}^{N+1}\omega_k + \sum_{j=1}^{n}\left\{\frac{\left(r_{ri} - G_0\right)\mathrm{s}_{ij}v_{sij}}{\mathrm{s}_{ij} - v_{sij}}\left[r_i - 0.5\left(r_{ri} - G_0\right)\right]\right\} \\
&\quad -\sum_{p=1}^{m}\sum_{j=1}^{n}\left\{\frac{\left(r_{ri} - G_0\right)\mathrm{s}_{pj}v_{spj}}{\mathrm{s}_{pj} - v_{spj}}\left[r_p + 0.5\left(r_{ri} - G_0\right)\right]\right\}
\end{aligned} \tag{12}$$

2.4　相位跳跃

跳跃相位的方法是，当位于进口道上游的检测器在 t 时刻检测到有公交车到达时，判断在 t 和 $t+G_0$ 时刻，交叉口该方向信号相位是否均为红灯。如果是，则判断 $t+G_0$ 时下一个执行相位是否仍为红灯，如果不是，则不做任何调整，如果是，则考虑跳过下一个执行相位。相位跳跃控制的执行需要满足以下条件：检测到公交车到达时 G_0 后运行相位该方向为红灯，下一相位该方向仍为红灯；考虑到相位跳跃对社会车辆的影响，因此一个周期仅能执行一次，在执行前时需要保证该周期尚未执行过相位跳跃；PI>0。若满足以上所有条件，则执行相位插入，否则不做调整，公交排队计数器加 1。相位跳跃控制流程图如图 3 所示。在相位跳跃的 PI 计算中，公交优先相位即除执行跳跃的相位外的其他相位，非公交信号优先相位即执行跳跃的相位。

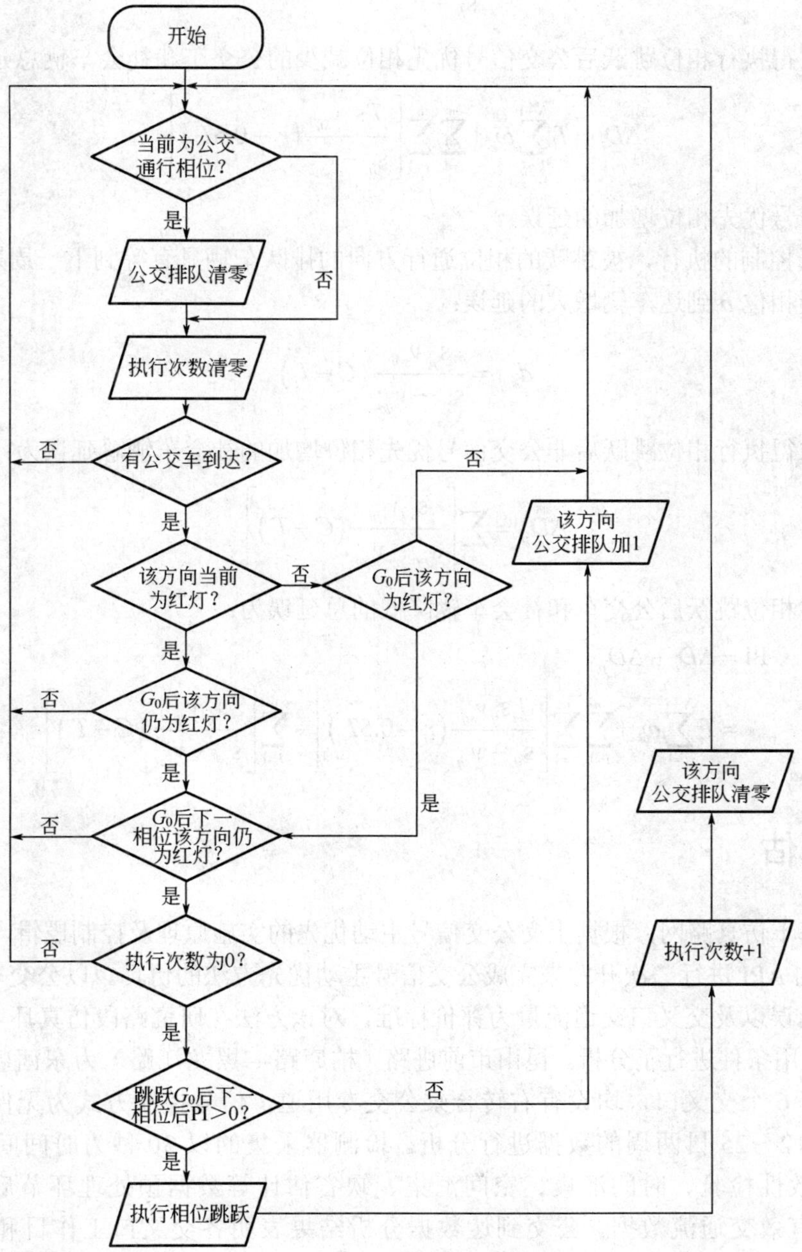

图 3 相位跳跃控制流程图

（1）公交信号优先相位延误

① 公交车延误变化

执行相位跳跃后单辆公交车减少的延误数值上等于跳跃的相位时间长度，即：

$$d_b = T_i \tag{13}$$

其中 T_i 为跳跃相位的时间长度（s）。

② 社会车辆延误变化

相位跳跃的执行同时也缩短了除跳跃相位通行方向外其他方向社会车辆的等待时间。设 r_i 为一个周期中非跳跃相位放行方向的红灯时长。则进口道 j 在 G_0 时间段内到达车辆减少的延误为：

$$d_{sij}=\frac{T_i s_{ij} v_{sij}}{s_{ij}-v_{sij}}\left(r_i-0.5T_i\right) \tag{14}$$

在此基础上求得执行相位跳跃后公交信号优先相位减少的公交车和社会车辆总延误为：

$$\Delta D_i=T_i\sum_{k=1}^{N+1}\omega_k+\sum_{i=1}^{m}\sum_{j=1}^{n}\left[\frac{T_i s_{ij} v_{sij}}{s_{ij}-v_{sij}}\left(r_i-0.5T_i\right)\right] \tag{15}$$

（2）非公交信号优先相位增加的延误

由于相位跳跃控制的执行，被跳跃的相位通行方向的排队车辆只有等到下一周期才能通过，则执行相位跳跃后跳跃相位 p 到达车辆增大的延误：

$$d_{spj}=\frac{s_{pj} v_{spj}}{s_{pj}-v_{spj}}\left(C-T_i\right) \tag{16}$$

在此基础上求得执行相位跳跃后非公交信号优先相位增加的社会车辆总延误为：

$$\Delta D_p=\sum_{j=1}^{n}\left[\frac{s_{pj} v_{spj}}{s_{pj}-v_{spj}}\left(C-T_i\right)\right] \tag{17}$$

综上可得执行相位跳跃后公交车和社会车辆降低的总延误为：

$$\begin{aligned}\mathrm{PI}&=\Delta D_i-\Delta D_p\\&=T_i\sum_{k=1}^{N+1}\omega_k+\sum_{i=1}^{m}\sum_{j=1}^{n}\left[\frac{T_i s_{ij} v_{sij}}{s_{ij}-v_{sij}}\left(r_i-0.5T_i\right)\right]-\sum_{j=1}^{n}\left[\frac{s_{pj} v_{spj}}{s_{pj}-v_{spj}}\left(C-T_i\right)\right]\end{aligned} \tag{18}$$

3 仿真及评估

本环节主要基于仿真路网，根据上文公交信号主动优先的实施原理及控制逻辑，通过 C++编码调用 Paramics 提供的 API 进行二次开发来完成公交信号主动优先方法的仿真。以公交车车均延误、社会车辆交叉口车均延误以及交叉口交通流量为评价标准，对该方法在研究路段仿真环境中实施效果进行了评价，并对其适用条件进行了分析。昆山市前进路（柏庐路—黑龙江路）为东西朝向主干道，全长约 1.7 公里，共有 6 个交叉口，均设有右转合乘公交专用道，信号控制方式为无保护相位。本文选取 2015 年 10 月 12～25 日两周的数据进行分析。检测器采集的以 30 秒为时间间隔的原始数据经过系统设置的有效性检验、时间汇集、空间汇集、缺省估计等数据预处理环节后汇聚以为 15 分钟为时间间隔的有效交通流数据。公交到达数据分析结果表明各交叉口工作日和周末的公交车到达频率并无明显差异，且在到达规律上也存在较高的相似性，此外在低峰时段多数公交线路均停止运营。因此本文仅选择两个具有典型公交出行需求特征的时段进行评估，具体为工作日的早高峰时段 7:30—8:30，和工作日的平峰时段 13:00—14:00。为了对主动优先控制的实施效果进行更充分的研究，分别对无条件主动优先和基于模型的主动优先进行评估，无条件主动优先不进行 PI 的判断，只要满足主动优先的信号场景要求，即提供公交信号优先。在单位绿灯时间计算方面，可通过 Paramics 中公交车检测器距停车线的距离除以检测器采集的公交车瞬时车速的方式获得。结果如表 1、表 2、表 3 和图 4、图 5、图 6 所示。

表 1　绿灯延长公交车流量及车均延误情况

控制方案	总流量（辆/h）		车均延误（秒）	
	早高峰	平峰	早高峰	平峰
原始方案	34	54	870	555
无条件的绿灯延长	34	50	872	568
基于模型的绿灯延长	34	55	870	581

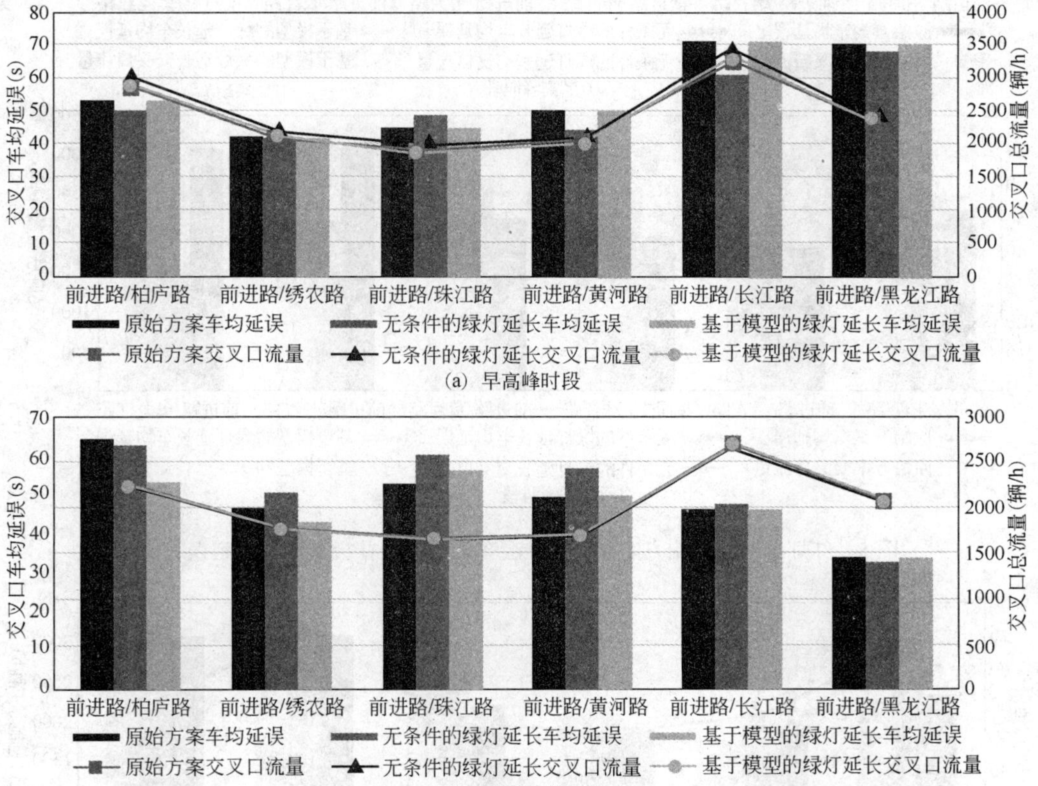

(a) 早高峰时段

(b) 平峰时段

图 4　绿灯延长与原始方案交叉口社会车辆流量及社会车辆车均延误对比

表 2　红灯早断公交车流量及车均延误情况

控制方案	总流量（辆/h）		车均延误（秒）	
	早高峰	平峰	早高峰	平峰
原始方案	34	54	870	555
无条件的红灯早断	37	45	752	475
基于模型的红灯早断	37	45	752	475

表 3　相位跳跃公交车流量及车均延误情况

控制方案	总流量（辆/h）		车均延误（秒）	
	早高峰	平峰	早高峰	平峰
原始方案	34	54	870	555
无条件的相位跳跃	42	50	852	523
基于模型的相位跳跃	39	49	835	533

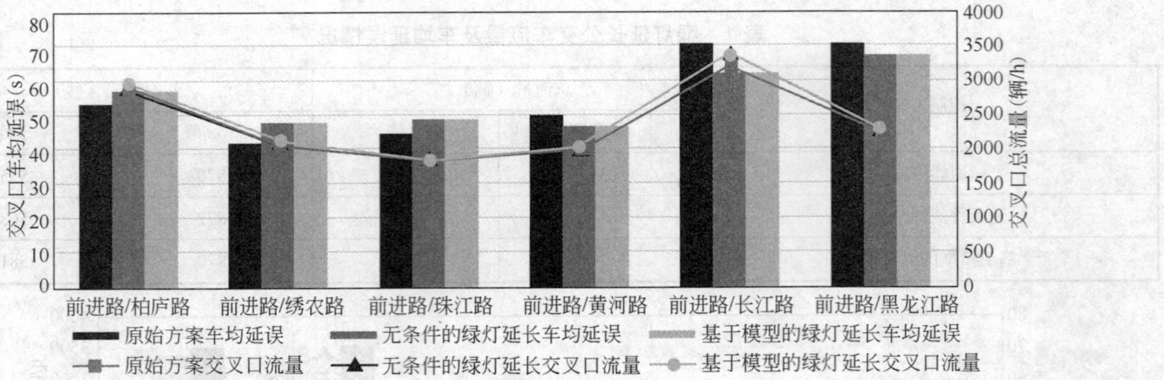

(a) 早高峰时段

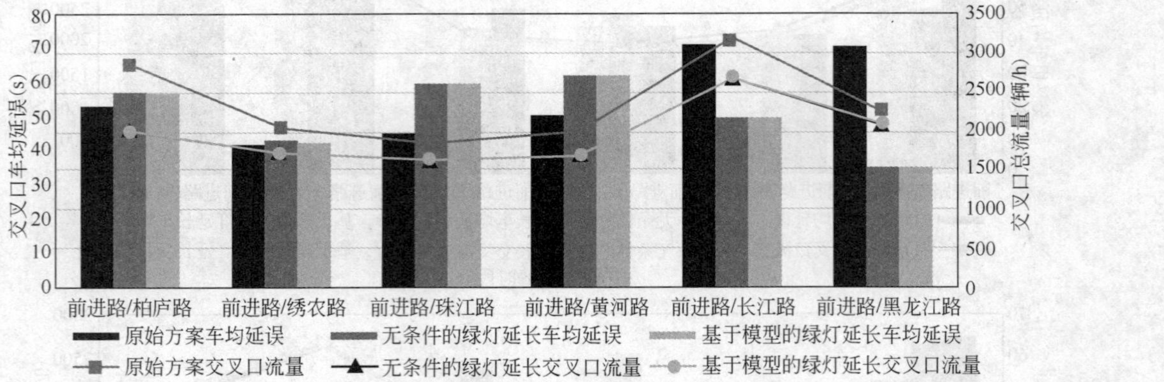

(b) 平峰时段

图 5　红灯早断与原始方案交叉口社会车辆流量及社会车辆车均延误对比

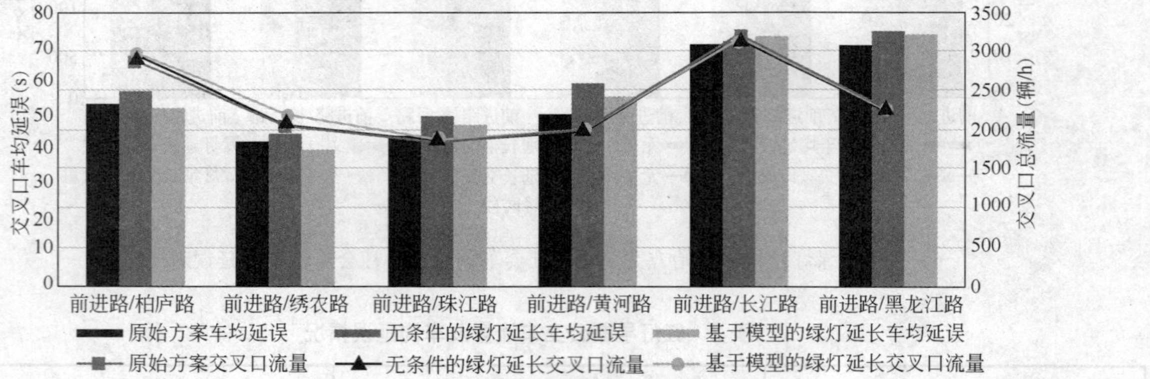

(a) 早高峰时段

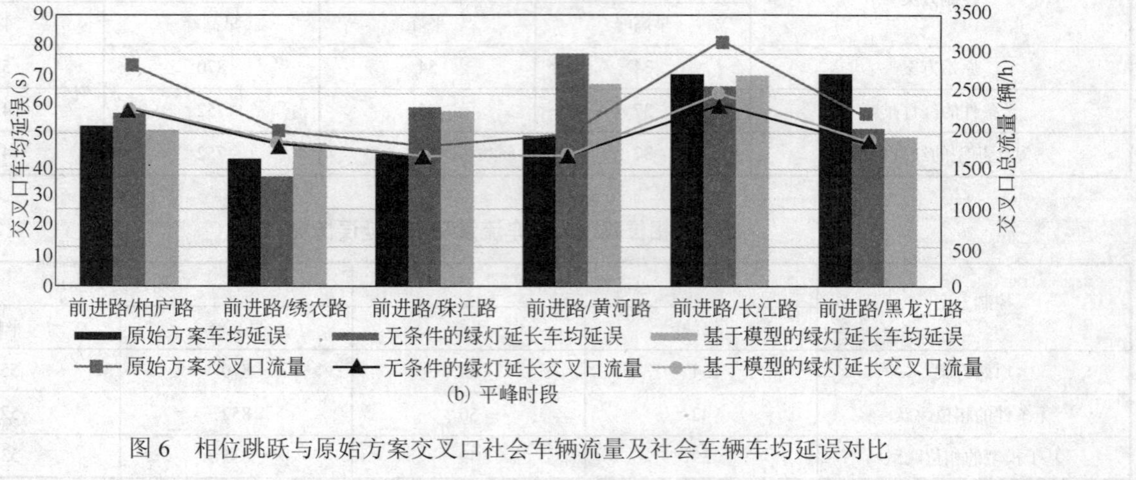

(b) 平峰时段

图 6　相位跳跃与原始方案交叉口社会车辆流量及社会车辆车均延误对比

经过上述三组对比分析可以发现，在降低公交车延误方面，三种主动优先控制方法的实施效果高峰时段普遍优于平峰时段。

对于绿灯延长，在高峰时段无论是无条件的还是基于模型的绿灯延长，公交车的流量和车均延误均无明显变化，但无条件的绿灯延长使社会车辆的运行效率得到了小幅度提升，各交叉口的交通流量略高于原始方案和基于模型的绿灯延长，且除“前进路/珠江路”交叉口外，各交叉口的社会车辆车均延误也都相较于其他两种方案有所下降；在平峰时段，无条件的绿灯延长不但降低了研究路段的公交车流量，同时也增大了除“前进路/黑龙江路”交叉口外其他交叉口的社会车辆的延误，而基于模型的绿灯延长虽然对公交车运行效率的提升并不明显，却对社会车辆的运行影响较小。

对于红灯早断，由于早断相位的通行时间的牺牲使得其他相位通行方向的车辆都得到了不同程度的提前通行，因此无条件的和基于模型的红灯早断的实施效果基本相同，在高峰时段对公交车运行效率的提升较为明显，且提升了各交叉口的交通流量，但在“前进路/柏庐路”、“前进路/绣衣路”、“前进路/珠江路”三个交叉口增大了社会车辆的车均延误；而在平峰时段其实施效果并不理想，研究路段的公交车流量由原来的54降到了45，各交叉口的交通流量也均明显下降，其原因是红灯早断的实施影响了上、下游交通的运行，从而导致交通拥堵阻碍了公交车的到达。

对于相位跳跃，在高峰时段无条件的相位跳跃虽然有效提升了公交车运行效率，但对社会车辆的运行造成了一定影响，基于模型的相位跳跃虽然对社会车辆运行的影响略小于无条件的相位跳跃，但对公交车运行效率的提升效果却有所不及；而在平峰时段，两种相位跳跃控制的优化效果均不理想，不但降低了研究路段的公交车流量，对社会车辆的运行也造成了较大影响。

评估结果表明主动优先仅在除公交通行相位外其他相位放行方向交通流量相对较小的情况下才能得到比较理想的效果，当其他相位放行方向交通流量较大时，主动优先控制的实施会对其造成严重影响，且相位跳跃控制的影响最为明显。此外，在同种公交信号主动优先控制方法下，基于模型的公交信号优先控制对社会车辆的影响均要小于无条件的信号优先。

4 结语

为减少公交信号优先控制会对社会车辆带来的不利影响，本文以交叉口总体延误为依据，对绿灯延长、灯早断、相位跳跃三种公交信号主动优先控制方法进行改进。并在设有右转合乘公交专用道，的特定道路条件下，基于昆山市前进路实际交叉口交通流数据和公交车运行数据对改进后的方法进行仿真与评估，并对其适用条件进行了分析。以下两点还亟待研究：公交车权重的确定应当考虑更多因素；当场景更复杂时，如多方向优先申请，干线协调控制下公交信号主动优先控制应当如何改进。

参考文献

[1] Smith H.R.，Hemily B.，Ivanovic M. Transit signal priority（TSP）：A planning and implementation handbook［R］. 2005

[2] Baker R.J.，Collura J.，Dale J.J.，et al. An overview of transit signal priority［R］. 2002.

[3] Furth P.G.，Muller T.H.J. Conditional bus priority at signalized intersections：better service with less traffic disruption［J］. Transportation Research Record：Journal of the Transportation Research Board，2000，1731（1）：23-30.

[4] Urbanik I.I.，Holder R.W.，FITZGERALD A.V. Evaluation of Priority Techniques for High Occupancy Vehicles on Arterial Streets［R］. 1977.

[5] Hounsell N.B.，McLeod F.N.，Gardner K.，et al. Headway-based bus priority in London using AVL：First results［C］In：Road Transport Information and Control，2000. Tenth International Conference on（Conf. Publ. No. 472）. IET，2000：218-222.

[6] Ling K.，Shalaby A. Automated transit headway control via adaptive signal priority［J］. Journal of advanced transportation，

2004，38（1）：45-67.

[7] 阴炳成，杨晓光．交叉口单点公共汽车交通优先控制方法研究［J］．公路交通科技，2005，22（12）：124-126.

[8] 马万经，杨晓光．单点公交优先感应控制策略效益分析与仿真验证［J］．系统仿真学报，2008，20（12）：3309-3313.

[9] 别一鸣，王殿海，魏强，等．考虑饱和度约束的单点主被动有限公交优先策略［J］．吉林大学学报（工学版），2011，41（5）：1222-1227.

[10] 张卫华，陆化普，石琴，等．公交优先的信号交叉口配时优化方法［J］．交通运输工程学报，2004，4（3）：49-53.

[11] Li M.，Wu G.，Li Y.，et al. Active signal priority for light rail transit at grade crossings［J］. Transportation Research Record，2007（2035）：141-149.

基于排队长度的单点自适应信号控制方法

杨义军[1]　胡灵龙[1]　张　伟[1]　沈国江[2]　祁照阁[1]　杨永耀[1*]

（1. 浙江浙大中控信息技术有限公司，杭州 310052；2. 浙江工业大学，杭州 310023）

摘　要：为了满足瓶颈路口全天候实时交通信号控制要求，本文引入了排队长度分析路口交通需求，提出了基于排队长度的单点自适应信号控制方法。首先，通过视频检测路口各车道的交通流量、绿灯结束排队长度、红灯结束排队长度等交通参数；然后分析各相位的交通需求，优化各相位的绿灯时间，并通过排队长度、最大绿灯时间、最小绿灯时间等条件来约束、校核优化方案的合理性；最后分析路口清空率、空放率、饱和度等技术指标来反馈路口的控制效果。现场应用表明，本文提出的算法能全天候实时适应路口变化的交通流，有效提高路口的通行效率。

关键词：交通控制；排队长度；交通需求；自适应控制

Queue Length Based Adaptive Signal Control Algorithm for Single Road Intersection

Yang Yijun[1]　Hu Linglong[1]　Zhang Wei[1]　Shen Guojiang[2]
Qi Zhaoge[1]　Yang Yongyao[1]

(1. Zhejiang Supcon information Technology Co., Ltd, Hangzhou 310052;
2. Zhejiang University of Technology, Hangzhou, 310023)

Abstract: In order to meet traffic signal control requirement of the road intersection with heavy traffic demand and large traffic flow variation, the vehicle queue length is introduced as the key element to analysis the real-time traffic demands and an adaptive signal control algorithm for the signal intersection based on queue length is developed in this paper. Firstly, road traffic variables such as queue lengths at the end of green light and the end of red light, traffic flow for each lane are derived from the purposely installed road traffic monitoring video cameras. Secondly, the green time of every phase is calculated through optimization by the input traffic demand and the queue length subject to the constraints of the maximum and minimum green time. Critical technical performance indicators including vehicle queue eliminating rate and void green time rate are used to evaluate the algorithm's control efficiency. Road intersection application shows that the proposed algorithm is able to deal with the large variation of heavy traffic flow under different weather conditions and can improve the intersection traffic flow significantly.

* 通讯作者，E-mail：yangyongyao@supcon.com。
基金项目：国家自然科学基金（61174174）；浙江省科技厅公益技术研究工业项目（2015C31059）。

Key words: Traffic Control; Queue Length; Traffic Demand; Adaptive Signal Control

1 引言

交通信号控制是城市交通组织优化的重要方法之一，其本质是为交叉口相互冲突的交通流分配相应的通行权，从而实现冲突车流的分离，以达到交通流有序高效通行的目的[1]。单交叉口信号控制，又称单点控制，作为交通控制中应用最普遍、控制策略最为成熟可靠的方法，在改善交通问题中发挥着很大的应用价值[2]。按照控制策略的不同，单点控制可分为定时控制、感应控制、自适应控制和智能控制。定时控制的灵活性差，不适应于交通流迅速变化的场景；感应控制目标单一，适用于饱和度较低且各向交通流量相差较大的交叉口[3]；智能控制如模糊控制、神经网络理论虽然控制效果不错，但其控制算法或模型求解过程较为复杂[4]。单点自适应控制不仅能够适应于多种交通状态，而且其控制模型相对于智能控制也较简便，已经成为单点信号控制研究的主流[5, 6]。

从目前单点自适应控制算法的应用现状来看，大部分策略只根据检测到的流量作为系统的输入，在常态交通下能取得良好的效果，但在饱和状态下的瓶颈路口控制效果不尽如人意，例如存在某些相位车辆较多无法完全清空，有些相位车辆较少却绿灯时间多余、空放等现象。同时，随着交通信息检测手段的进步，车辆排队长度参数也更易采集并且获取的数据精度有所保证[7, 8]。在此情形下，研究者们试图挖掘利用车辆排队长度信息来改善单点控制算法。如文献[9]以绿灯末尾排队状态为目标，研究了二相位控制单点交叉口的动态信号配时；文献[10]中考虑交叉口停车线前车辆排队情况来构建反应交叉口时空资源利用程度的综合饱和度，以该指标建立单交叉口控制模型。

本文另辟蹊径，从排队长度与交通需求两者之间关系着手，提出一种全新的基于排队长度的单点自适应交通信号控制算法。该算法以交叉口绿灯结束排队长度与绿灯期间疏散的车流量来反映相位交通需求，通过交通需求来实时调整信号周期中各相位绿灯时间，为交叉口各个相位提供与交通需求相匹配的通行能力，实现以相位车辆清空能力最大、空放时间最少为优化目标的单点自适应信号控制。

2 排队长度与交通需求分析

车辆排队长度指从交叉口停车线到排队车辆末端之间的距离，包括完全停车和不完全停车。排队长度不仅能够作为评价交通信号控制方案合理性以及交叉口交通拥挤状况的重要指标，而且能够直接作为交通需求反映出路口供需是否平衡。

对于一个信号控制的交叉路口，该路口的交通需求可以表示如下：

$$Q_d = N_R + Q_{coming} \tag{1}$$

式中，Q_d为路口下一周期的交通需求，N_R为当前周期红灯结束的排队车辆数，Q_{coming}为下一周期驶入路口的车流量。虽然上式能直接反映交叉口下一周期的交通需求量，但由于需要预判各来车到达路口后的流向分布，目前来说还无法通过检测设备进行识别，往往通过各类交通流预测算法得出。

由于交叉口前的流量变化有一个渐变过程，而且在一段时间内比较稳定，因此可以将上一周期的交通需求近似作为本周期的交通需求。式（2）给出了该近似处理的表达方式。

$$Q_d \approx N_G + Q_{pass} \tag{2}$$

式中，N_G和Q_{pass}分别为当前周期绿灯结束的排队车辆数和相位绿灯时间通过的车辆数。该处理的好处在于交叉口检测器能够检测出各个车道的过车数，而绿灯结束排队车辆数也是可以以车道为单位检测得到。综合上述两项可直接得出各个车道的交通需求，进一步取关键流向的综合车辆数作为相位交通需求。

3 单点自适应信号控制算法

3.1 算法框架

交通信号控制的问题可以看作对有限的绿灯时间资源的合理分配问题。交通需求能够最直接反映各相位对于绿灯时间的需求强度。因此，本算法的思路就是根据交通需求量的大小来分配调整绿灯时间，使得各相位的通行能力与其交通需求相匹配，既不过多浪费绿灯时间也不会偏少导致车队末尾车辆无法通过。

基于上述“按需分配”的思想，图 1 给出了本文算法的总体框架。如图 1 所示，在交叉口各进口道上都安装车辆检测器，统计每个周期内各进口道的交通流数据，包括绿灯期间通过的交通流量、绿灯结束排队长度和红灯结束排队长度，结合预置的相位方案，由前两项参数得到各相位交通需求，以第三项参数作为交通需求的约束条件。然后根据各相位交通需求来计算分配各相位绿灯时间，将各相位时间总计得出路口的周期方案。最后将控制方案下发到路口信号控制机，信号控制机执行算法方案调整路口的交通流，下一周期又重新上述过程，如此循环。

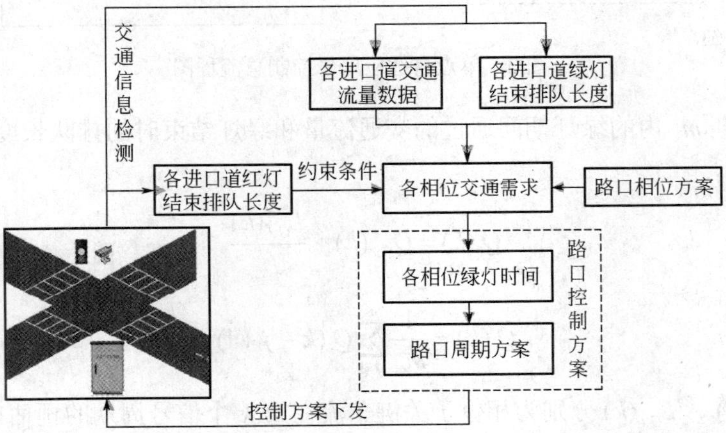

图 1 单点自适应信号控制算法框架图

基于排队长度的单交叉口自适应控制流程图如图 2 所示，其核心是相位绿灯时间计算模块。图 2 中，$t_{g,i,\min}$ 和 $t_{g,i,\max}$ 为相位 i 的最小和最大绿灯时间（秒），满足 $t_{g,i,\min} < t_{g,i,\max}$；$m_C$ 为信号周期时间的更新间隔；n 为信号控制方案的相位数。当单点自适应控制启动时，首先进行基本参数的初始化，包括配置相位方案、相位时间锁定及时长、车辆预置数及预估长度、调整周期以及各个相位的最小绿灯时间和最大绿灯时间，并进行常规的启动程序，如运行固定配时 1 个周期，用于方案的平缓切换与数据的收集，然后进入自适应控制的流程，包括相位绿灯时间和信号周期时间的实时计算。

从理论上讲，每个信号周期结束后，都必须根据实测的交通数据重新计算相位绿灯时间和信号周期时间，以保证每个信号控制方案都是最优的。在实际应用中，控制方案的变换间隔不能太小，否则方案频繁变换产生的集结或消散波有可能造成交通絮流，引起不必要的交通阻塞。因此，在一个调整间隔内（m_C 个周期，通常为 2 个周期），保持交叉口的控制方案不变。

3.2 相位绿灯时间计算

在每个调整阶段，交叉口的绿灯时间根据预估的平均交通需求量进行分配得到，其流程图如图 3 所示。具体计算过程如下：

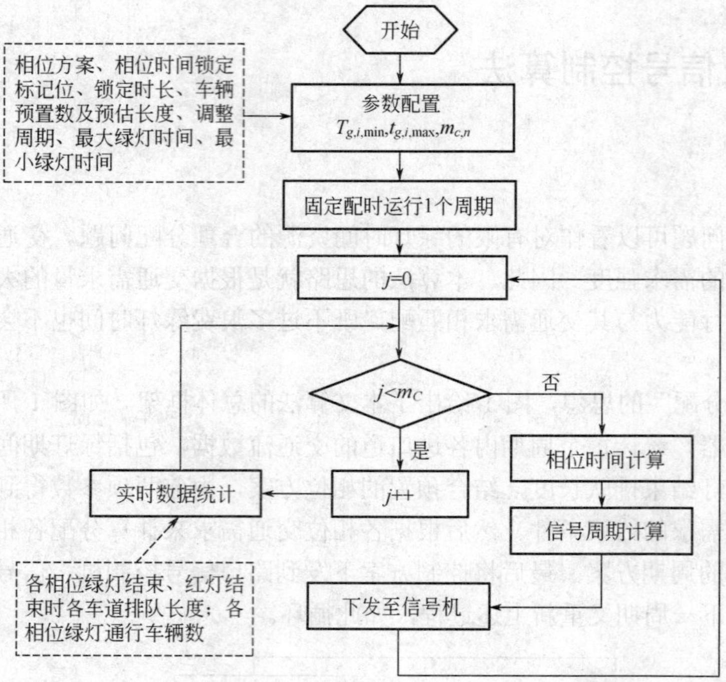

图2 单点自适应信号控制总流程图

（1）根据调整周期 m_C 内的绿灯期间通过的交通流量和绿灯结束时的排队长度计算出下一周期的平均交通需求量 $\bar{Q}_i(k)$。

$$Q_i(k) = Q_{G,i}(k) + \frac{L_{G,i}(k)}{L_v} \tag{3}$$

$$\bar{Q}_i(k) = \frac{1}{m_C}\sum_{j=1}^{m_C} Q_i(k-j+1) \tag{4}$$

式中，$Q_i(k)$、$Q_{G,i}(k)$、$L_{G,i}(k)$ 分别为相位 i 关键车流在第 k 个信号周期的预估车流量（veh）、绿灯期间通过车流量（veh）和绿灯结束时车辆排队长度（m）；L_v 为每辆车的平均预估长度（m/veh）$\bar{Q}_i(k)$；为相位 i 关键车流在第 k 个信号周期时的前 m_C 个周期的平均预估车流量（veh）。

（2）判断交叉口相位 i 的绿灯时间是否锁定。引入锁定功能使得交叉口绿灯时间控制策略更加多样化，能够适用于特殊的控制需求；也能够在某相位流量或者排队长度检测故障时对该相位进行降级锁定操作，保证其他相位依然采取自适应控制策略。如果对相位 i 采取时间锁定控制，则相位 i 绿灯时间为 $t_{g,i} = t_{g,i}^{Fix}$，其中 $t_{g,i}^{Fix}$ 为锁定相位 i 的绿灯持续时长；如果未进行锁定，则相位 i 的绿灯计算公式如下：

$$t_{g,i} = \max\left\{\left(\bar{Q}_i + \Delta Q\right)\times \Delta h, \left(\frac{L_{R,i}}{L_Q} + \Delta Q\right)\times \Delta h\right\} \tag{5}$$

式中，ΔQ 为各个相位绿灯时间分配时在预估交通流量以外增加的预置车辆数（veh），一般取 2～3 辆，用于车辆启动耗时补偿；Δh 为车队连续通过时的平均车头时距（s）；$L_{R,i}$ 为相位 i 关键车流在红灯结束时车辆排队长度（m）。在上式中，前一项是以预估的交通需求量来分配相位绿灯时间，后一项以红灯结束的车辆排队长度作为相位绿灯时间计算时的一种约束。一般来说，$\bar{Q}_i$ 能够反映下周期路口各相位的交通需求量，但交通流量分布具有波动性，可能存在交通流量突变的情况，在现场反映为前几个周期绿灯期间通行流量不大，绿灯结束排队长度也寥寥无几，而此时有大量车经过，反映在堆积的红灯结束车辆排队上。因此在式（5）中引入 $L_{R,i}$ 项使得相位绿灯时间分配能够适用于上述场景。

（3）相位最小绿灯时间、最大绿灯时间合理性检验。为了确保行人、机动车和非机动的安全高效通行，需要对信号控制的方案进行合理性检验。若上一步骤计算出的相位绿灯时间小于该相位的最小绿灯时间，即 $t_{g,i} < t_{g,i,\min}$，则 $t_{g,i} = t_{g,i,\min}$，其中 $t_{g,i,\min}$ 为相位 i 的预置最小绿灯时间；若上一步骤计算出的相位绿灯时间大于该相位的最大绿灯时间，即 $t_{g,i} > t_{g,i,\max}$，则 $t_{g,i} = t_{g,i,\max}$，其中 $t_{g,i,\max}$ 为相位 i 的预置最大绿灯时间。

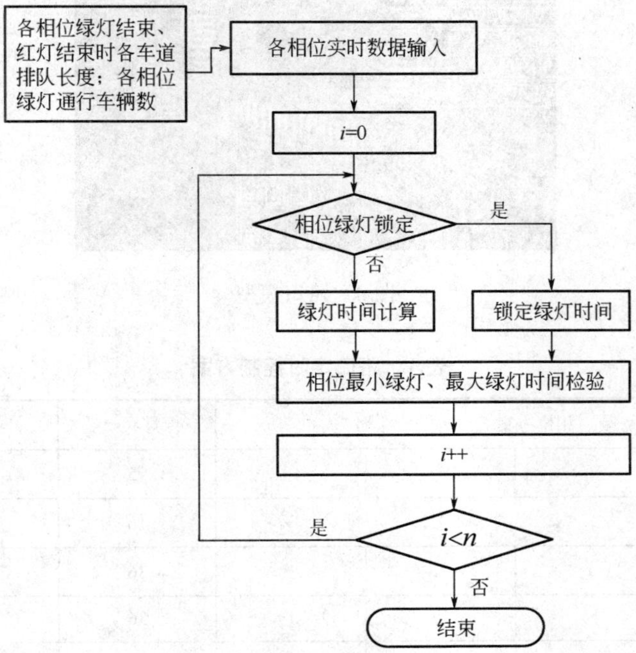

图 3　各相位绿灯时间计算流程

3.3　信号周期时间计算

根据定义，路口的信号周期即为各相位绿灯时间、黄灯时间和全红时间之和，得到公式如下：

$$T = \sum_{i=1}^{n} (t_{g,i} + t_{y,i} + t_{r,i}) \tag{6}$$

式中，T 为交叉口执行的信号周期时间（s）；$t_{g,i}$、$t_{y,i}$、$t_{r,i}$ 分别为相位 i 的绿灯时间（s）、黄灯时间（s）和全红时间（s）；n 为相位数。

4　应用案例

4.1　应用场景

为了验证本文提出算法的可行性与有效性，将该算法用 Linux gcc-4.6.3 实现于中控 ACS500 信号控制机中，并在某市瓶颈交叉口（江南大道—西兴路口）进行了现场应用验证，该路口模型及定时控制方案如图 4、表 1 所示，该路口东西向为单向四车道、南北向为单向 3 车道，早晚高峰、平峰全天交通流量较大，且交通流量变化明显，现有的固定配时很难适应全天渐变的交通流，急需自适应信号控制算法来实时适应全天的变化交通流。

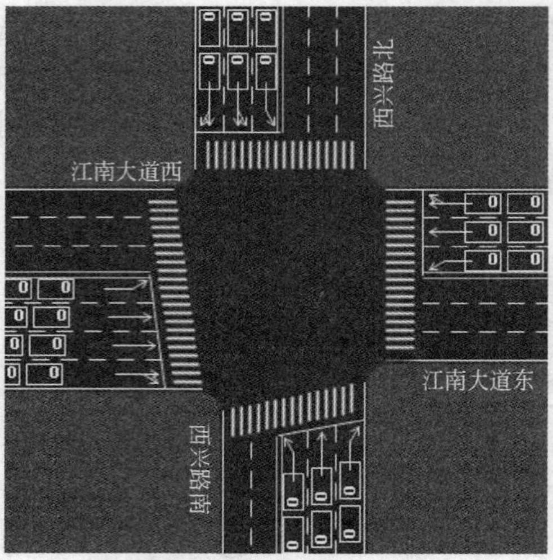

图 4　路口模型

表 1　路口定时控制方案

时段	相位方案				绿灯（s）	全红（s）	黄灯（s）
早高峰	相位 1	←	→	↔	95	3	2
	相位 2	↙	↗		16	3	1
	相位 3	↓	↘	↕	36	3	2
	相位 4	↖	↑	↕	36	3	1
平峰	相位 1	←	→	↔	76	3	1
	相位 2	↙	↗		26	3	1
	相位 3	↓	↘	↕	41	3	1
	相位 4	↖	↑	↕	21	3	1
晚高峰	相位 1	←	→	↔	100	3	2
	相位 2	↙	↗		25	3	2
	相位 3	↓	↘	↕	25	3	2
	相位 4	↖	↑	↕	20	3	2
备注	↑为南直行；↓为北直行；↖为南左转；↘为北左转；↕为南北人行；←为东直行；→为西直行；↙为东左转；↗为西左转；↔为东西人行；右转不控制；全红时间为每相位车辆、行人清空时间。						

4.2　交通需求量统计分析

本文提出采用视频检测路口的排队长度、车流量，该检测算法将虚拟线圈检测器沿车道逆向顺序排列成检测器组，实时检测虚拟线圈组内各个线圈的停车状态，根据车辆排队形成的先验逻辑顺序判断当前道路状态：车辆排队状态、排队消失状态、正常行驶状态等，并根据检测器组的排列位置输出当前道路的完全停车、不完全停车的车辆排队长度。其中第一个虚拟线圈用于检测过车信息，统计绿灯期间过车流量。如图 5 所示为江南大道—西兴路西进口检测图例，白线标记排队车辆为完全停车排队长度，其他运动车辆为不完全停车排队长度，第一个虚拟线圈亮白色表示有车通过，黑色表示无车通过。

图 5　进口交通流（流量、排队长度）检测图例

4.3　算法应用效果分析

为了体现本文提出算法的实时控制效果，采用车辆清空率、空放率、路口饱和度、车辆排队长度等技术指标实时反馈本文提出算法的有效性。技术指标的定义为，车辆清空率：统计周期内，绿灯结束时未出现车辆不能完全通过的次数；空放率：统计周期内，出现绿灯期间无车通过，绿灯时间多余的次数，其中由于路口一般配有倒计时装置，定义空放时间大于 9 秒即为空放。本文以江南大道—西兴路口全天控制方案为对象，统计车辆清空率、空放率两项指标来验证本文算法的现场控制效果，其中车辆清空率越高、空放率越低，则控制效果越佳。如表 2 所示，统计 20 个控制周期算法应用前后的效果，其中路口清空率提高了 22.4%，空放率降低了 56.3%，该数据表明本文提出的算法能有效改善路口的通行状况，提高了路口通行效率。图 6、图 7 所示为算法现场应用实时监控及自适应运行方案曲线，表明本文提出的算法能实时随着交通流的变化，自动优化信号控制方案适应路口的交通流。

表 2　算法应用前后控制效果对比

对象	应用前		应用后	
	反馈指标		反馈指标	
	清空率（%）	空放率（%）	清空率（%）	空放率（%）
相位 1	65	10	90	5
相位 2	86	25	95	10
相位 3	60	15	85	5
相位 4	75	30	80	15
路口	71.5	20	87.5	8.75

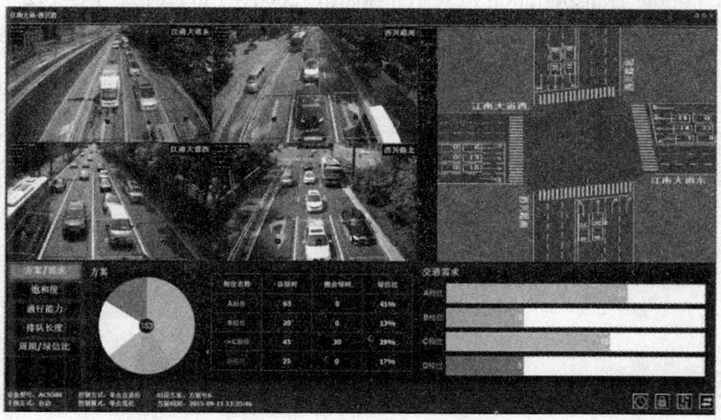

图 6　路口自适应实时监控

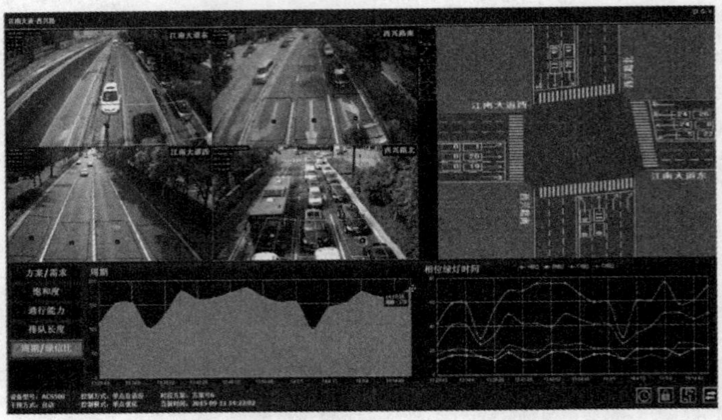

图 7　路口自适应方案曲线

5　总结

本文提出的基于排队长度的单点自适应信号控制方法，能有效地达到瓶颈路口全天候实时控制要求。该算法引入了全新的检测对象——排队长度，包括绿灯结束与红灯结束完全停车排队长度、不完全停车排队长度，能实时准确地分析、预测路口的交通需求，为信号控制参数的优化提供了保证。在现场的应用效果表明，本文提出的算法能够实现全天候各类状态下的交通流实时控制，为出行者提供有效的控制方案，提高路口的通行效率。

参考文献

[1] Mantalvanos M．Traffic Signal Control System and Method：US，US 20130099942 A1［P］．2013．

[2] Simone Göttlich，Michael Herty，Ute Ziegler．Modeling and optimizing traffic light settings in road networks［J］．Computers & Operations Research，2015，55：36-51．

[3] Day C.M.，Ernst J.M.，Brennan T.M.，et al．Performance Measures for Adaptive Signal Control Case Study of System-in-the-Loop Simulation［J］．Transportation Research Record Journal of the Transportation Research Board，2012，8（2311）：1-15．

[4] Pappis C.P.，Mamdani E H．A fuzzy logic controller for a traffic junctions［J］．IEEE Transaction on Systems，Man，and Cybernetics，1997，7（10）：707-717．

[5] Shelby S．Single-Intersection Evaluation of Real-Time Adaptive Traffic Signal Control Algorithms［J］．Transportation Research Record Journal of the Transportation Research Board，2004，1867（1）：183-192．

[6] 沈国江，张伟．城市道路智能交通控制技术［M］．北京：科学出版社，2015．

[7] 杨永辉，黄磊，刘昌平．基于视频分析的车辆排队长度检测［J］．计算机应用研究，2011，28（3）：1037-1041．

[8] 张永忠，张军强，乔志龙．基于多传感器融合的排队长度检测系统设计［J］．道路交通与安全，2015，15（3）：23-28．

[9] 李明利，赵祥模，张利川．基于排队状态的单点交叉口动态信号配时算法［J］．交通运输工程学报，2008，8（5）：100-103．

[10] 祁宏生，王殿海，陈松．基于综合饱和度的单点信号控制方法［J］．哈尔滨工业大学学报，2012，44（2）：134-137．

基于背景差分和Haar-like特征的客运站行人检测算法研究

江倩殷[1,2,3] 李熙莹[1,2,3] 黄秋筱[1,2,3] 卢 林[1,2,3]

（1. 中山大学工学院，广州 510006；2. 广东省智能交通系统重点实验室，广州 510006；
3. 视频图像智能分析与应用技术公安部重点实验室，广州 510006）

摘 要： 客运站客流量是一项重要的数据，快速、准确的行人检测是客流统计以及行为分析的基础。客运站人流密集，这对传统的行人检测算法提出了新的要求；而在提高检测准确度的同时，如何保证检测算法的实时性也是一大难题。因此，本文提出一种基于背景差分和Harr-like特征的行人检测算法，首先采用背景差分提取运动区域，将特征提取的区域大大缩小，然后在运动区域内提取Haar-like特征，通过事先训练好的Adaboost分类器实现行人的判断与检测。通过对客运站监控视频进行检测统计，本文的行人检测方法解决了背景差分准确率低和Haar-like特征检测的实时性差的问题，检测速度和准确性都达到了应用要求。

关键词： 客运站；背景差分；Haar-like特征；行人检测

Research on Pedestrian Detection in Coach Station Based on Background Subtraction and Haar-like Feature

Jiang Qianyin[1,2,3] Huang Qiuxiao[1,2,3] Lu Lin[1,2,3] Li Xiying

(1. School of Engineering,SUN YAT-SEN University,Guangzhou 510006; 2. Guangdong Provincial Key Laboratory of Intelligent Transportation System,Guangzhou 510006; 3. Key Laboratory of Video and Image Intelligent Analysis and Application Technology Ministry of Pubil Security,People's Republic of China,Guangzhou 510006)

Abstract: Passengervolume in coach station is important, while a fast and accurate algorithm for pedestrian detection is the foundation of passenger volume counting and personal behavior analysis. The coach station is always crowded, which proposes a new demand to traditional algorithm of pedestrian detection. It is also a big problem to ensure the real time of detection as well as the improvement of accuracy. Therefore, the algorithm of pedestrian detection based on background subtraction and Haar-like feature is proposed. Firstly, the algorithm of background subtraction is used to extract the moving regionsso that the areas of feature extraction isscaled-down a lot. Then the Haar-like feature is extracted in the moving regions. Finally, the Adaboostclassifier which is trained in advance is used to detect and judge a pedestrian. The algorithm proposed in this paper is useful in passenger volume counting in surveillance videos in coach station and solve the problems of low accuracy in background subtraction and weak real-time performance in Haar-like feature

基金项目：广东省对外科技合作项目（20BB051000044）。

detection. It is proved that the speed and accuracy of the algorithm have reached the application requirements.

Key words: Coach Station, Background Subtraction, Haar-like Feature, Pedestrian Detection

1 引言

在交通运输行业中，客运站客流量是一项重要的基础数据，如何快速、准确地从监控视频中获得汽车客运站的客流数据是交通管理部门、营运部门所面临的一大难题。而在这当中，实时、精准的行人检测是客流统计以及行为分析的基础。

目前基于视频的行人检测方法可以分为两大类：基于运动信息的行人检测和基于静态图像特征的行人检测，这两类方法各有优缺点。

基于运动信息的行人检测方法主要通过构建视频运动前景图像，实现目标检测的目的。

其中，背景差分[1]是普遍使用的运动目标提取方法，通过比对当前帧与背景帧之间的差异实现运动目标检测，如陈虹颖[2]采用非参数核密度的背景建模方法对隧道监控场景进行背景建模，用于提取疑似行人的目标；王明明[3]在背景差分的基础上结合阴影去除、连通域分析等方法实现前景目标的完整提取并实现跟踪。背景建模与更新是背景差法中的研究重点，如 Toyama[4]提出 Wallflower 算法对视频进行像素级、区域级、帧级的处理，Kaewtrakulpong[5]等使用混合高斯模型实现背景自动更新。背景更新方法针对的是光照变化、场景变动等复杂的室外场景，对于客运站等固定的室内监控场景来说需求不大。

除此之外，帧差法也是一种有效的运动目标检测方法。帧差法一般包括两帧差法与三帧差法，如张书真[6]采用两帧差法与 OTSU 方法相结合提取红外图像的运动区域；姚倩等[7]使用改进的三帧差法实现运动区域的提取并采用 Mean-shift 进行跟踪；魏玮[8]通过三帧差法与高斯混合模型相结合，对“鬼影”、阴影等现象进行处理。

无论是背景差法还是帧差法，基于运动信息的行人检测方法检测速度快，但无法解决行人拥挤密集的场景所带来的问题。

基于静态图像特征的行人检测方法的主要思想是将人体样本分成若干小块，对每一块的特征信息进行统计与分类学习，最终形成一个分类器对人体进行检测。其中，Dala 等[9]提出的 HOG 是目前最为广泛使用的行人描述特征，在此基础上许多学者[10~12]对 HOG 进行了改进，主要包括降低 HOG 描述子维度以提高检测速度、改进 HOG 描述子以更宏观或更综合地对行人进行表示、多种描述子相结合等多个改进方向；同时，Voila[13]提出 Harr-like 特征进行人脸形状的描述，并通过层级结构的分类方法实现人脸检测，也是行人检测中的经典算法；在此基础上 Wu[14]将 Haar 特征与 HOG 特征描述符相结合，并引入分类决策树进行行人检测。基于静态图像特征的行人检测方法准确率高，但实时性相对较差。

综上所述，考虑到监控摄像头安装角度不尽相同、行人运动方向和活动区域不规则、行人大小不一致等特点，本文提出基于背景差分和 Haar-like 特征的行人检测算法，通过背景差分法快速获取运动区域，然后再对运动区域进行基于 Haar-like 特征的行人检测，提高了检测算法的速度的同时也能较好地保证行人检测的准确性。

2 算法概述

本文行人检测算法可以分为三个部分：感兴趣区域提取、运动区域提取和运动区域 Haar-like 行人检测。首先在监控视频中剔除不感兴趣的区域；然后通过均值滤波得到背景图，在运动区域提取部分，采用背景差分算法，用每帧图像与背景图作差分，将得到的二值图进行形态学处理，从而得到一系列运动区域；最后对运动区域进行 Harr-like 特征检测并实现行人跟踪。算法基本流程如图 1 所示。

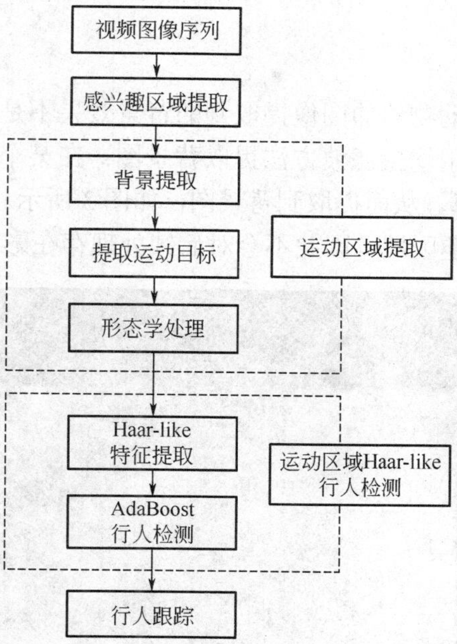

图 1　算法基本流程图

3　感兴趣区域提取

在汽车客运站视频监控系统中，并非整个监控区域都是感兴趣的区域，剔除一部分非感兴趣区域，不仅可以减少后续的工作量，也可以加快行人检测的速度。

针对本研究所用的监控视频资源，本文剔除监控区域上方 1/4 图像，取其余图像部分作为研究区域，也就是感兴趣区域，如图 2 所示的红色实线以下部分。

图 2　感兴趣区域提取

4　运动区域提取

运动区域提取是指利用运动检测技术，提取出视频帧中的所有可能存在行人的区域，以便于后续在区域内进行更精确的 Haar-like 行人检测。本文采用背景差分算法来进行运动检测进而提取运动区域。

4.1 背景提取

均值滤波法对于存在较多运动物体的图像提取到的背景效果不是很好，但在客运站场景中，行人出现时间相对零散，因此本文采用均值滤波方法提取背景图：在某个行人较少的时间段中选取了连续100帧的图像，并进行值滤波运算，从而提取到背景图，如图3所示。背景图中上方1/4分区域错误信息较多，由于该区域不属于感兴趣区域，因此不会对后续处理存在影响。

图3 背景图

4.2 提取运动目标

背景差分法是一种运动检测方法，也是目前最常用的行人检测算法之一。首先构建背景模型，用事先获得的背景图像为每个像素点构建统计模型，进而建立背景模型；然后利用当前帧图像与背景图像相减来提取出运动区域，从而获得运动目标较完整的信息；同时，模型需要周期性地更新背景，才能适应不断变化的动态场景。本文用$f_n(x,y)$表示视频序列第n帧图像中像素(x,y)的值，$B_n(x,y)$表示当前像素(x,y)在背景图中对应的像素值，则前景点被认为是满足下面公式条件的像素点的集合：

$$F_n(x,y)=\begin{cases}1, & |f_n(x,y)|B_n(x,y)|>T \\ 0, & ot|er\end{cases}$$

其中，T为阈值门限，该值的选取由不同的背景建模算法决定，依据可以是颜色差异、像素的亮度及像素的分布密度等条件，通常通过实验的方式来确定。本文的阈值就是通过多次实验得到的，图4所示是本文提取到的运动目标，从中可以看到存在较多面积较小的噪声。

图4 运动目标提取

4.3 形态学处理

数学形态学是一种对图像进行分析的数学工具，其基本思想就是用具有一定形态的结构元素去度量和提取图像中的对应形状以达到对图像分析和识别的目的。形态学处理的数学基础和所用语言是集合论。它可以简化图像数据，并保持图像基本的形状特性和除去不相干的结构。

本文采用形态学滤波来消除小的噪声。腐蚀运算可以消除较小的噪声，但是其缺点是可能会造成目标边缘丢失，膨胀运算则可以补偿因腐蚀运算造成的目标边缘的丢失，使目标恢复完整性。闭运算由于采取先腐蚀再膨胀的策略，可以填充目标内细小空间，连接断开的临近目标，平滑其边界的同时并不明显改变其面积，因此本文选取闭运算来对运动区域进行形态学处理。

形态学闭运算处理后的结果如图 5 所示。图中矩形范围内就是运动行人的区域。从图中可以看出图 4 中的噪声均被除掉，处理后的区域大致与运动行人部分相符。

图 5　形态学处理

提取的运动目标经过形态学处理后，原有的行人信息已经改变，因此得到的运动行人区域就会有误差，为了减少这种误差的影响，本文对形态学处理后的运动行人区域进行一定比例的扩展，使行人信息得到更好的保留。

5　运动区域 Haar-like 行人检测

5.1　Haar-like 特征

Haar-like 特征又名矩形特征，由于其算法思想与 Haar 小波变化有相似之处因此而得名，该特征是行人检测特征提取领域最为经典的算法之一。图 6 给出的是 Viola 等最初提出并成功用于行人检测的 Haar-like 特征示意图。

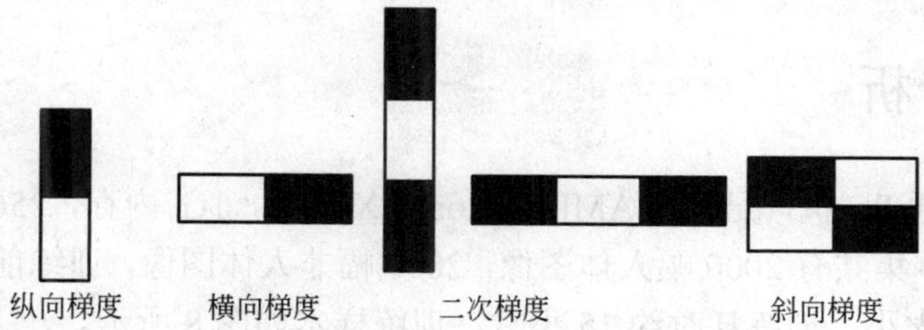

图 6　Haar-like 特征示意图

5.2 AdaBoost

Adaboost[15]是一种迭代算法，其核心思想是针对同一个训练集训练不同的分类器（弱分类器），然后把这些弱分类器集合起来，构成一个更强的最终分类器（强分类器）。其算法本身是通过改变数据分布来实现的，它根据每次训练集之中每个样本的分类是否正确，以及上次的总体分类的准确率，来确定每个样本的权值。

AdaBoost 算法的训练过程分为三步：首先为每个样本分配初始权值；其次进行 N 轮迭代训练出 N 个弱分类器；最后将这 N 个弱分类器组合起来构造一个最终的强分类器。在每一轮迭代中，样本都会被赋予新的权值，具体做法是提高错分样本的权重，降低正确分类样本的权重，以便强化在上轮训练中被错误分类的样本的训练。

5.3 行人检测

如前所述，背景差分法检测速度快，但是在行人拥挤的情况下检测效果差。基于目标特征的检测这种方法检测准确率高，但在实际情况下，基于学习的方法需要采集大量的人体正负样本进行分类器训练，工作量较大、耗时长。本文将上述两种方法进行结合，既减少了检测时间，又提高了检测准确率。图 7 所示就是本文行人检测算法流程图，包括两个部分：样本训练和行人检测。

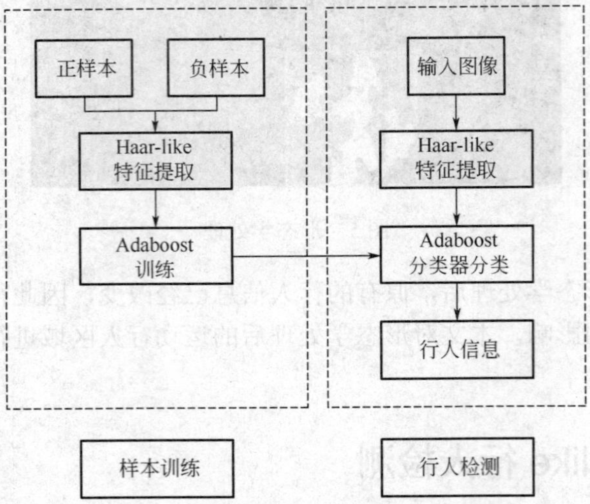

图 7　行人检测算法流程图

在样本训练时，将采集好的样本集(包括正样本与负样本)分别提取 Haar-like 特征，并使用 AdaBoost 算法进行样本训练，得到行人分类器。在对视频进行行人检测时，对获得的运动目标进行 Haar-like 特征提取，并使用 Adaboost 分类器对提取的特征进行分类，若分类结果为行人，则对目标的中心位置、轮廓进行记录，以便下一步的目标跟踪与行为分析。

6　实验结果及分析

实验环境为一台普通 PC 机，配置为 AMD Athlon II X4 640，1G 内存，256M 显卡，WIN7 操作系统。本文采用的训练样本集共有 2000 幅人体图像，2000 幅非人体图像，训练前将样本图像进行预处理并归一化为 30×30 像素大小，训练耗时约 15 小时。训练样本如图 8 所示。

测试视频的分辨率为 320×240，视频时长约 30min。图 9 所示是使用训练好的人体分类器对人体进行检测的结果，并通过矩形框将行人进行标记。

(a) 正样本

(b) 负样本

图 8　训练样本

图 9　行人检测结果

本文对 Haar-like 方法、背景差分算法以及本文算法在耗时及准确性上进行比对。

表 1 所示展示了这三种方法在行人检测过程中所耗的时间。

表 1　检测算法耗时比较

检测方法	1 个行人	2 个行人	多个行人（3 人及以上）	平均耗时
Haar-like	256ms	277ms	289ms	274ms
背景差分	11ms	13ms	15ms	13ms
本文方法	44ms	53ms	74ms	57ms

从表 1 不难看出，Haar-like 算法的计算量最大，耗时最久；背景差分的耗时最少，但随着场景中行人数目的增多检测速度有所减慢，总体变化不大；本文方法相比 Haar-like 方法在耗时方面大幅度减少。

本文同时选取视频中的一段（共 800 帧）进行检测准确性的比较。在选取的视频中一共出现行人 2875 人次（同一个行人在不同视频帧也计入总数，且统计的是感兴趣区域以内的人数），对三种方法的准确性比较结果如表 2 所示。

表 2　检测算法准确性比较

检测方法	检出人数	漏检人数	误检人数
Haar-like	2535	340	178
背景差分	1132	1743	356
本文算法	2446	429	102

从表 2 可以看出，本文方法相比于 Haar-like 方法的在检出数上有所减少，但误检数也相应减少，其原因主要是提取的运动区域没能包括所有的行人区域。背景差分算法检测数最低，漏检数和误检数

均很高，主要是因为客运站行人密集程度很高，而且行人经常带有行李，而背景差分后没有进行行人分割，也没有对行人进行辨别，所以导致漏检和误检的情况较为严重。这情况同时也说明背景差分的方法并不适合客运站这种人员密集程度高的场景的行人检测。

7 结论

本文提出了一种基于背景差分和 Haar-like 特征的行人检测方法，先通过简单的背景差分算法将 Haar-like 检测的范围大大缩小，然后再在运动区域内进行 Haar-like 特征检测，从而实现行人的检测。通过实验验证了本文算法的实时性和准确性。但是，由于运动检测只能够提取运动区域，对于场景中处于静止的行人该方法还是无法检测。下一步工作将在行人检测的基础上进行行人跟踪，以实现客运站行人检测方法的完善。

参考文献

[1] Olivier B.，Marc V.D. ViBe：a universal Background subtraction algorithm for video sequences［C］. IEEE Transactions on Image Processing，2011，20（6）：1709-1724.

[2] 陈虹颖. 隧道环境下行人目标视频检测技术研究［D］. 重庆：重庆大学，2013.

[3] 王明明. 固定背景下单/多目标行人跟踪算法研究［D］. 济南：山东大学，2013.

[4] Toyama K，Krumm J，Brumitt B，et al. Wallflower：Principles and practice of background maintenance［J］. International Conference on Computer Vision（Kerkyra，Greece），1999，9：255-261.

[5] Kaewtrakulpong P，Bowden R. A real time adaptive visual surveillancesystem for tracking low-resolution colour targets in dynamically changing scenes［J］. Image & Vision Computing，2003，21（10）：913-929.

[6] 张书真，基于帧差和 Otsu 的红外行人分割算法［J］. 吉首大学学报（自然科学版），2013，34（4）：59-76.

[7] 姚倩，安世全，姚路. 三帧差法和 Mean-shift 结合的行人检测与跟踪研究［J］. 计算机工程与设计，2014，35（1）：223-227.

[8] 魏玮，吴琪. 三帧差结合改进高斯建模的运动目标检测算法［J］. 计算机工程与设计，2014，35（3）：949-952.

[9] Dala N，Triggs B. Histogram s of oriented gradients for human detection［C］. IEEE Computer Society Conference on Computer Vision and Pattern Recognition. San Diego，2005.

[10] 姚源源，董小舒. 基于改进 HOG 描述符的行人检测算法［J］. 指挥信息系统与技术，2013，4（4）：55-69.

[11] Ninomiya H，Ohki H，Gyohten K. An evaluation on robustness and brittleness of HOG features of human detection［C］. 17th Korea-Japan Joint Workshop on Frontiers of Computer Vision. Ulsan，2011.

[12] Dang L，Bui B，Vo PD，et al. Improved HOG descriptors［C］. Proceedings of the 3rd International Conference on Knowledge and Systems Engineering. Hanoi，2011：186-189.

[13] Viola P，Jones M. Fast and robust classification using asymmetric adaboost and a detector cascade［J］. Advances in Neural Information Processing Systems，2002，2：1311-1318.

[14] Wu J，Yang S，Zhang L. Pedestrian detection based on improved HOG feature and robust adaptive boosting algorithm［C］. Proceedings of the 4th International Congress on Image and Signal Processing（CISP），Shanghai，2011.

[15] Freund Y，Schapire R E. A decision-theoretic generalization of on-line learning and an application to boosting［J］. Journal of computer and system sciences，1997，55（1）：119-139.

自主队列行驶车辆纵向建模及仿真

杨良义 [1,2]　孙棣华 [2]　谢　飞 [1]　邓长祯 [1]

（1．中国汽车工程研究院股份有限公司 汽车噪声震动和安全技术国家重点实验室；重庆 401122；
2．重庆大学 重庆 400044）

摘　要：针对自主队列行驶车辆相关模型多从运动学或动力学角度建模，缺少考虑车辆内部信息因素的现状，本文从车辆网络信息因素和车辆动力学融合的角度出发，建立了自主队列行驶车辆的纵向模型，分析了车辆内部信息因素对自主队列控制的影响，并设计了模糊 PI 控制器，通过 Matlab 搭建了自主队列行驶车辆仿真环境；开展了仿真实验，仿真实现了自主队列行驶跟随车辆的纵向控制。仿真结果表明，车辆内部信息因素对自主队列控制存在影响，所设计的模糊 PI 控制器可以实现跟随车辆的安全控制，保持自主车队的稳定行驶。

关键词：纵向车辆模型；信息物理模型；车辆自动驾驶；自主队列

Longitudinal Modeling and Simulation of Autonomous Platoon Vehicle

Yang Liangyi [1,2]　Sun Dihua [2]　Xie Fei [1]　Deng Zhangzhen [1]

(1. State Key Laboratory of Vehicle NVH and Safety Technology, China Automotive Engineering Research Institue , Chongqing 401122; 2. Chongqing University, Chongqing 400044)

Abstract: In the past study of issues related to autonomous platoon vehicles with little consideration of vehicles internal information factors. Thus, longitudinal vehicle model was built, the vehicle interior information external information and physical factors are fused together and the impact of vehicle interior information on the control of autonomous platoon vehicle is analyzed. Fuzzy PI controller is designed and realized the longitudinal control of following vehicle. The experiment simulations show that the designed model and fuzzy PI controller can realize safety of vehicle tracking control, also can maintain the platoon stable.

Key words: Longitudinal Vehicle Model, Cyber-Physical Model, Automatic Vehicle Control, Autonomous Platoon

1　引言

目前车辆队列行驶控制技术在工程应用研究方面主要有 ACC（Adaptive Cruise Control）、CACC（Cooperative Adaptive Cruise Control）、自主队列行驶（Automated Platooning）三种技术。基于 ACC 和 CACC 相关技术的队列控制研究较多，且多集中在车辆控制方法[1~7]、车队稳定性[1~4]、车辆外部通信因素对车队控制性能影响[2,7~13]、执行器响应延时对车队控制性能影响[14]、车辆制动系统设计[15]等方面。在车辆模型相关方面，多采用运动学模型[2,4,5,16]或车辆动力学模型[1,3,17,18]。基于 CACC 技术的车队速度在 80km/h 时，车间纵向距离最近可达 4.7m[19]。然而上述研究均只考虑物理系统和外部通信特性，忽略了目前车载总线网络在汽车上的普遍应用，以及车辆信息在内部网络传输过程中也可能存在延时、丢帧、错误等事实。自主队列行驶要求车辆彼此距离更近，车辆控制精度、响应速度等性能更高，因此需要新的车辆模型来支持车辆自主队列行驶相关问题的深入研究和分析。

自主队列中车辆之间需要通过内部物理系统进行能量传递，也需要依靠车辆内/外部（交通环境）信息系统传递信息和指令，这个过程是信息系统和物理系统相互融合的过程，需要基于计算、通信和控制技术共同实现信息系统和物理系统的相互作用与反馈，因此自主队列行驶车辆具有典型的交通信息物理融合[20]特征。本文从信息物理融合系统角度出发，建立包含车辆物理因素、内/外部信息因素的纵向车辆模型，以此研究自主队列行驶车辆的建模及控制问题，并通过软件仿真分析、验证了模型和控制器的性能。

2　自主队列行驶控制系统描述

在自主队列行驶车队中，跟随车辆的运动状态除了受前车的影响，还要受领航车和跟随车辆的影响，如图 1 所示。队列中车辆之间可以通过 DSRC（Dedicated Short Range Communication）交换信息或指令。

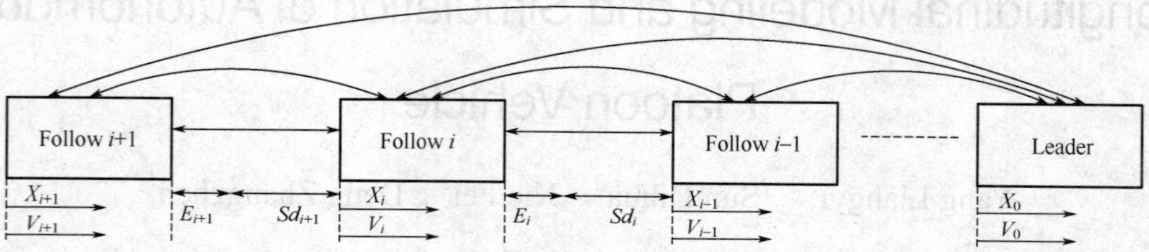

图 1　车队基本结构定义

为了保证车辆行驶安全，车与车之间必须保持一定的安全距离（Sd_i）。车辆安全距离定义[21]见式（1）。

$$Sd_i = h_1\left(v_i^{\ 2} - v_{i-1}^{\ 2}\right) + h_d v_i + S_0 \tag{1}$$

其中，v_i 表示第 i 辆车的速度，h_1 表征车辆制动性能，h_d 为车间时距，S_0 是一常数。由于自主队列行驶环境下车辆跟随紧密，v_i 与 v_{i-1} 相差不大，因此 Sd_i 可以进一步简化：

$$Sd_i = h_d v_i + S_0 \tag{2}$$

第 i 辆车与前车的实际距离可定义为：

$$d_i = x_i - x_{i-1} - L \tag{3}$$

其中，x_i、x_{i-1} 分别为第 i 辆车、第 i-1 辆车的车头位置，L 为车长。车辆距离误差可表示为：

$$E_i = d_i - Sd_i = x_i - x_{i-1} - L - h_d v_i - S_0 \tag{4}$$

为了确保车辆控制系统的稳定和车辆的行驶安全，车辆控制系统必须要满足以下两项条件：

A．保持前后车辆距离误差（E_i）绝对值累计之和为 0。

$$\lim_{t\to\infty}\left|E_i(t)\right| = 0 \tag{5}$$

B．车队行驶状态下，跟随车速度需要与领航车保持一致，速度误差为 0。

$$\lim_{t\to\infty}\left|v_i(t)-v_0(t)\right|=0 \tag{6}$$

3 自主队列行驶车辆纵向建模

3.1 纵向车辆动力学模型

车辆物理模型主要包含发动机、液力变矩器、自动变速器、车辆制动和驱动系统物理模型。本文在车辆纵向物理模型设计上，采用了以往车辆动力学方面的研究结果[22, 23]和经验数据，建立了如图 2 所示的纵向车辆物理模型。

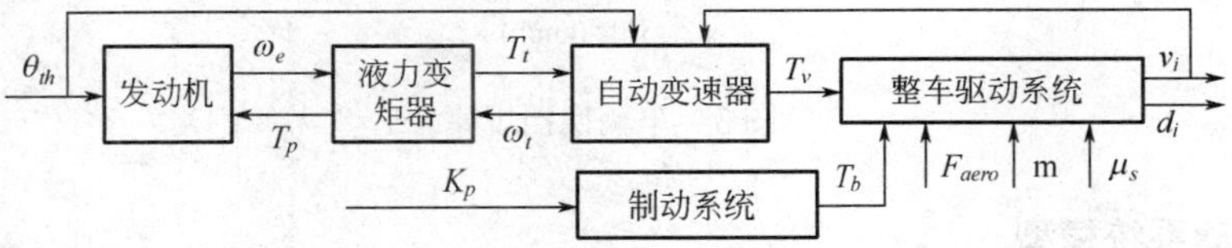

图 2 纵向车辆物理模型

3.1.1 发动机物理模型

发动机力矩输出除了与其自身特性相关外，还主要与发动机转速（ω_e）、节气门开度（θ_{th}）相关。通过公式（7）可获得发动机理想扭矩。由于发动机力矩输出存在惯性，因此发动机实际扭矩输出与发动机理想扭矩之间存在如公式（8）所示关系。

$$T_e=f_e(\omega_e,\theta_{th}) \tag{7}$$

$$T_i=\frac{1}{1+\tau_e s}T_e \tag{8}$$

式中，τ_e为发动机扭矩阶跃响应时间常数，T_e为发动机理想扭矩输出，T_i为实际扭矩输出，f_e为发动机扭矩特性函数，可通过发动机台架试验获得相关特性数据。

3.1.2 液力变矩器及自动变速器物理模型

液力变矩器有两种工作模式，分别为变距模式和耦合模式[22]，当$\omega_t/\omega_p<0.842$时，工作在变距模式；当$0.842\leqslant\omega_t/\omega_p\leqslant 1$时，工作在耦合模式。自动变速器的输出轴扭矩（$T_v$）计算如式（9）所示。

$$T_v=i_g T_t \tag{9}$$

其中，i_g为传动比。T_p和T_t为泵轮转矩和涡轮转矩，ω_p（ω_e）和ω_t为泵轮转速和涡轮转速。选用一款 5 挡自动变速器，该变速器的换挡规律曲线如图 3 所示，挡位变换主要由换挡规律、当前挡位、油门实际开度、车速等参数决定。

3.1.3 车辆制动系统物理模型

制动系统简化物理模型如式（10）所示。

$$T_b=\delta f(K_p)r \tag{10}$$

其中，T_b为制动力矩，δ为制动阻力器结构特性参数，K_p为制动踏板开度，$f(K_p)$为主缸制动压力，r为车轮半径。由于制动系统自身的惯性和静摩擦等因素，其具备一定的延时和超调，制定系统的传递函数如式（11）所示。

$$G_{VB}(s)=\frac{1}{as^2+bs+1}e^{-cs} \tag{11}$$

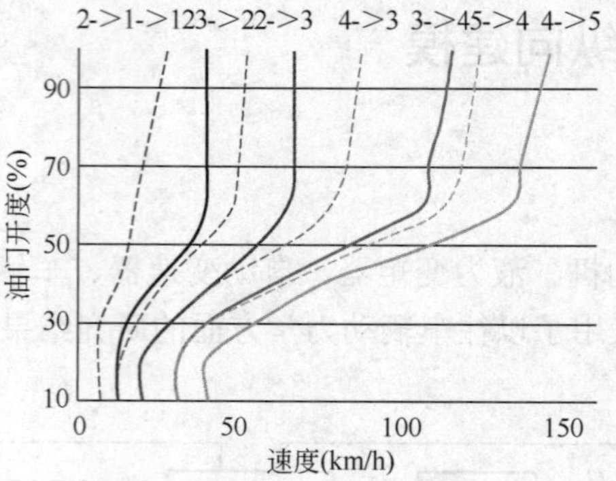

图 3　车辆换挡规律

3.1.4　车辆驱动系统模型

假设车辆在水平路面行驶，受力主要有来自自动变速器输出力矩转化的驱动力 F_x，空气阻力 F_{aero}、滚动阻力 R_x 和制动力 F_b，可表示为：

$$m\dot{v}_i = F_x - F_{aero} - R_x - F_b \tag{12}$$

$$F_{aero}=\frac{1}{2}\rho C_d A_f V_i^2 \tag{13}$$

$$R_x = \mu_s mg \tag{14}$$

其中，ρ为空气密度，C_d 为空气阻力系数，A_f 为迎风面积，V_i 为第 i 辆车的纵向速度，忽略风速，m 为汽车质量，μ_s 为道路摩擦系数。

3.2　车辆纵向信息物理模型

目前车载信息网络在车辆上应用非常普遍，而且信息因素与车辆的控制紧密相关。因此，建立了如图 4 所示的车辆纵向信息物理模型。该模型不仅可以反映车辆纵向物理系统之间的作用关系，也可以反映出各子系统之间的信息关系。

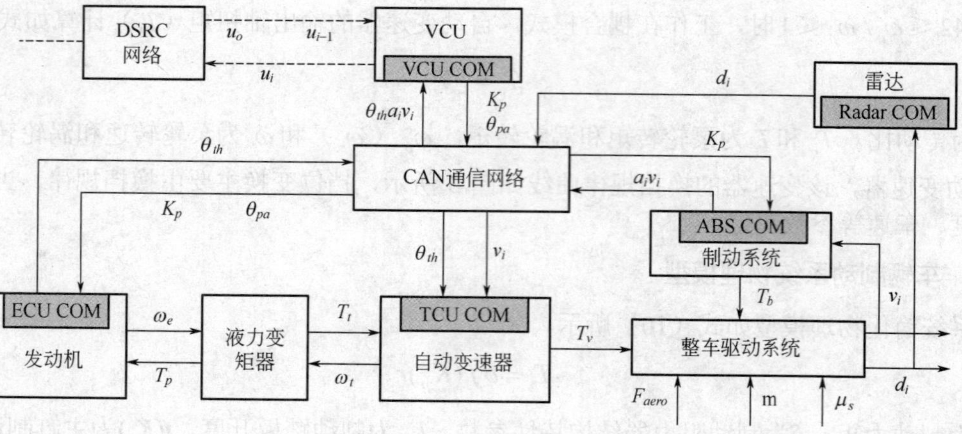

图 4　整车纵向 T-CPS 动力学模型

其中，$u_{i-1}=[v_{i-1},\theta_{i-1},Q_{i-1}]$为前车状态，$v_{i-1}$ 为车速，θ_{i-1} 为油门踏板开度，Q_{i-1} 为制动踏板开度。u_i 为本车状态，u_0 为领航车状态。θ_{pa} 为油门目标开度，a_i 为跟随车辆加速度，d_i 为第 i 辆车与前车实际

距离。ECU COM、TCU COM、ABS COM、VCU（Vehicle Control Unit）COM 为车辆各子系统的信息网络节点模型。车载网络信息具有延迟、丢帧、传输错误等问题，在此假设车载网络可以正常通信，只考虑 CAN 信息延迟时间。信息延迟时间是信息报文排队时间与传输时间的总和[24]，如式（15）所示。

$$R_m = t_m + t_J + C_m \tag{15}$$

其中，t_m 为排队时间，即从报文排队到赢得仲裁的时间；t_J 为接收节点和发送节点的软件抖动时间；C_m 为报文实际传送到总线上所需要的时间。为了简化分析，在此假设总线负载率低，报文传输时延可近视为报文发送周期。假设各节点报文优先级相同，且总线的使用权限由 CAN 通信节点竞争获得。VCU COM、ECU COM、TCU COM、ABS COM、Radar COM 等信息网络通信节点之间的状态关系如图 5 所示。

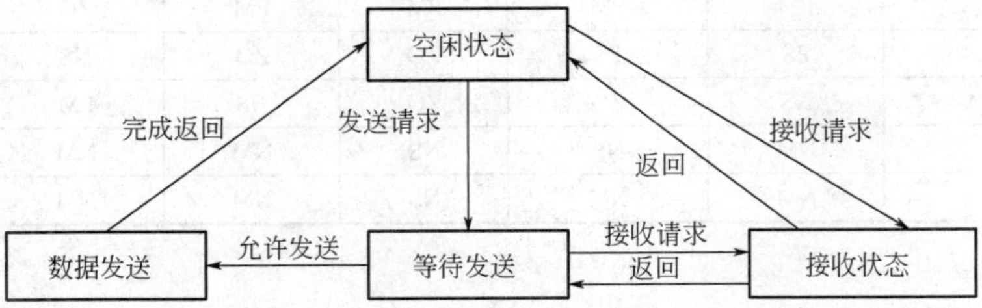

图 5　CAN 通信节点状态关系模型

3.3　跟随车辆控制器设计

在 V2X 条件下，跟随车辆可以获得领航车、前/后车、道路环境等信息。而以往在跟随车辆控制器的设计上，多利用前车或领航车的位置、速度、加/减速度等信息作为跟随车辆控制输入[3, 5, 6, 7, 16, 25]。实际上，油门和制动信号从产生到最终形成加速度/减速度，需要经过车辆内部系统的能量和信息传递，存在较大的系统延迟。本文在跟随车辆控制设计上，直接引入领航车油门和制动踏板信号，并通过安全距离误差和速度误差修正跟随车辆踏板信号，减小领航车系统延时对跟随车辆控制的影响。跟随车辆控制器设计模型如图 6 所示，参考了相关文献[22, 26]的研究，采用了模糊 PI 控制算法。首先由模糊控制实现快速切换，再由 PI 控制器实现更加精确的闭环反馈控制。跟随车和前车安全距离误差、跟随车与领航车之间速度误差作为模糊控制器的输入，油门踏板或制动踏板开度，作为模糊控制器控制信号输出。跟随车辆的模式判断模块将根据不同的状态判断跟随车选择驱动模式或制动模式，进而实现跟随车辆的加速和减速控制。

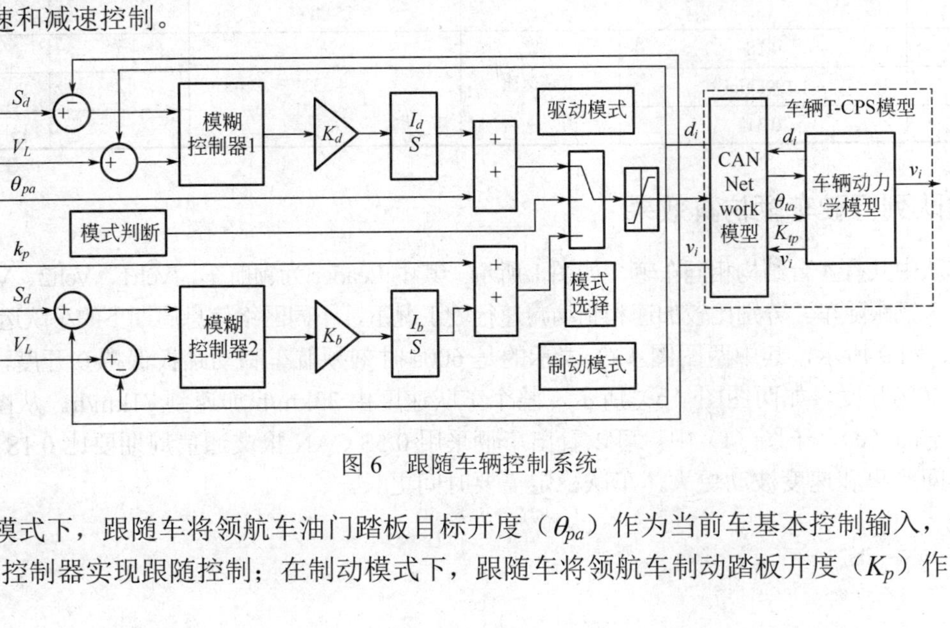

图 6　跟随车辆控制系统

在驱动模式下，跟随车将领航车油门踏板目标开度（θ_{pa}）作为当前车基本控制输入，通过模糊控制器 1 及 PI 控制器实现跟随控制；在制动模式下，跟随车将领航车制动踏板开度（K_p）作为基本参考输入，通过模糊控制器 2 及 PI 控制器实现跟随控制。其中，V_i 为第 i 辆跟随车速度，V_L 为领航车速度，S_d 为安全行车距离，d_i 为第 i 车与前车实际距离。模糊控制器的规则设计上主要是根据经验和试验效果标定获得。如表 1 所示，其中，dS 为距离误差，dV 为速度误差，NB 为负大，NM 为负中，NS 为负小，Z0 为 0，PS 为正小，PM 为正中，PB 为正大。模糊控制器 1 设计方法和形式相似，在此不再描述。

表 1　模糊控制器 2 规则

dS \ dV	NB	NM	NS	Z0	PS	PM	PB
NB	PB	PB	PS	PS	PS	PM	PM
NM	PS	PS	PM	PM	PM	PS	PS
NS	PM	PM	PM	PM	ZO	PM	NS
Z0	PS	PS	ZO	ZO	NS	NS	NS
PS	NS	ZO	ZO	NS	PM	PM	PM
PM	NM	NS	NS	NM	NM	NM	NB
PB	NM	NM	NS	NM	NM	NB	NB

4　仿真实验与结果讨论

4.1　基于 Matlab 的车辆 T-CPS 模型实现

利用 simulink 和 stateflow 搭建智能车辆 T-CPS 纵向动力学模型，该模型如图 7 所示。其中包含有网络信息特性和系统物理特性、自主控制车辆的跟随控制策略和算法，并运行在 VCU 中。传感器数据更新频率一般为 3～10Hz，因此车辆外部信息存在 0.1～0.33s 的传输延迟[27]，在此取 0.1s 的延迟。跟随车与前车的安全距离误差范围为[-1 1]m，输入量的速度误差范围为[-8 8]km/h。其中驱动模式下节气门开度变化范围和刹车制动模式下制动踏板信号开度变化范围均为[-6 6]%。车辆仿真关键参数选择如表 2 所示。

表 2　车辆参数配置

参数	数值（单位）	参数	数值（单位）	挡位	速比
h_d	0.3s	A_f	2.2m^2	1	3.273
S_0	1m	m	1544kg	2	1.895
τ	0.1S	主减速比	4.333	3	1.241
ρ	1.199kg/m^3			4	0.919
C_d	0.31			5	0.756

4.2　自主队列行驶车辆仿真效果

假设车队中共有 4 台结构相同车辆，如图 1 所示。其中 Leader 为领航车，Veh1、Veh2、Veh3 分别为第 1、第 2、第 3 辆跟随车。分别比较加速和制动减速行驶工况下，不同网络信息周期下的车队运动状态。

如图 8、图 9 所示，其中两图图（a）表示的是 600s 时刻领航车制动踏板保持 0 开度，油门踏板由 16%升高到 30%开度。如两图图（b）所示，整个车队速度由 33km/h 加速到 71km/h。从图 8 和图 9 的子图（d）、子图（e）、子图（f）中，可以看出车辆采用 0.5S CAN 报文通信周期要比 0.1S CAN 报文通信周期的车间距离和速度波动更大，车队稳定需要时间更长。

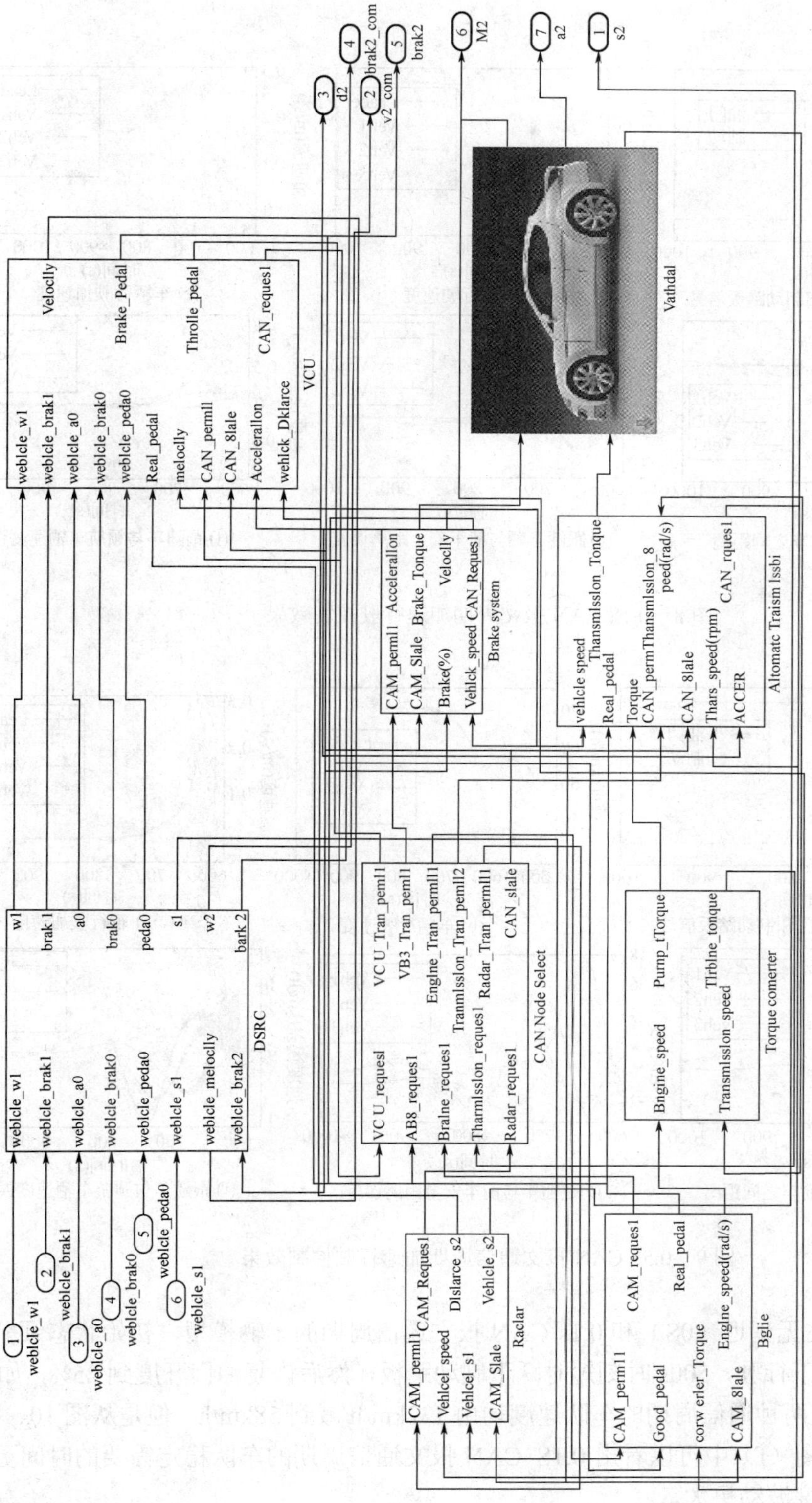

图 7　基于 Matlab 的车辆 T-CPS 动力学模型实现

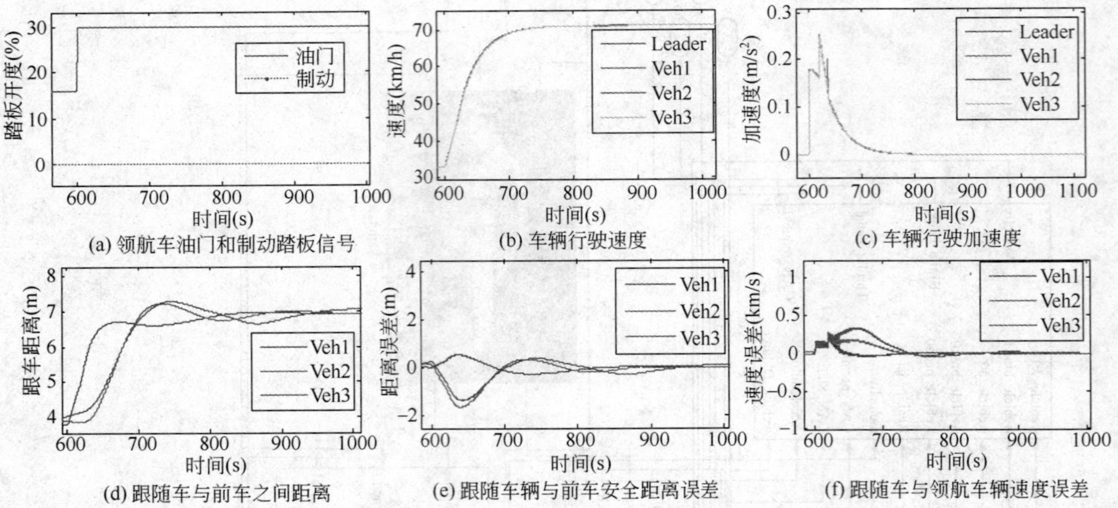

(a) 领航车油门和制动踏板信号　(b) 车辆行驶速度　(c) 车辆行驶加速度

(d) 跟随车与前车之间距离　(e) 跟随车辆与前车安全距离误差　(f) 跟随车与领航车辆速度误差

图 8　0.1S CAN 报文周期加速行驶控制效果

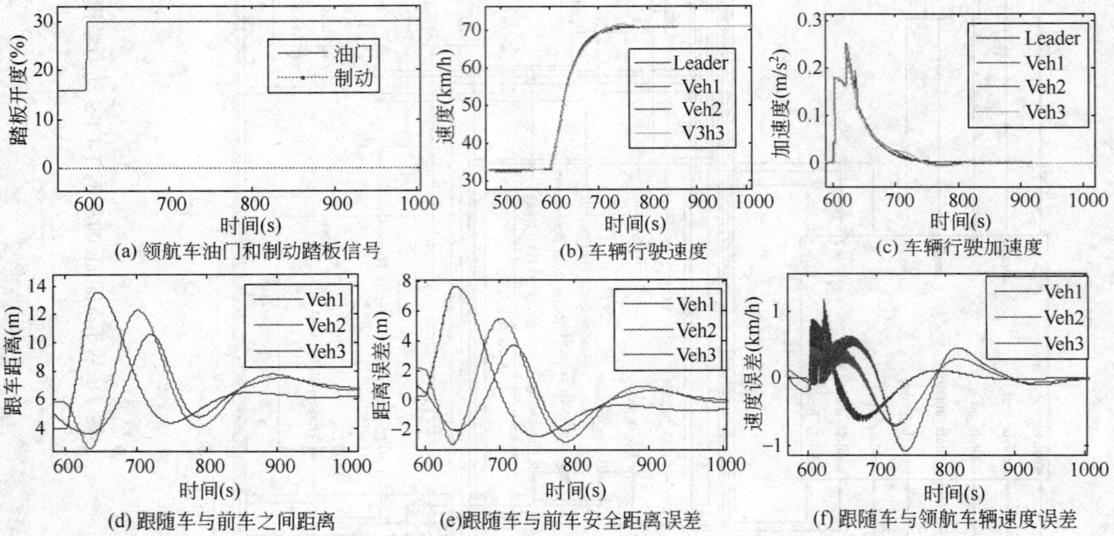

(a) 领航车油门和制动踏板信号　(b) 车辆行驶速度　(c) 车辆行驶加速度

(d) 跟随车与前车之间距离　(e)跟随车与前车安全距离误差　(f) 跟随车与领航车辆速度误差

图 9　0.5S CAN 报文通信周期加速行驶控制效果

分别用无 CAN 报文无延迟（0S）和 0.1s CAN 报文通信周期的车辆模型，初始状态领航车在保持油门踏板开度 60%状态下行驶，500s 时刻短时踩下制动踏板，然后恢复油门开度到 25%，如图 10、图 11 中的子图（a）所示。两种通信周期的车队速度均由 132km/h 减到 58km/h。但是从图 10、图 11 的子图（d）、子图（e）、子图（f）中可以看出 0.1S CAN 报文通信周期的车队稳定需要的时间更长，车队中的车间距离、车队速度波动更大。

通过以上仿真可以看出，基于车辆纵向的信息物理模型，跟随车辆采用模糊 PI 控制器，可以实现自主驾驶车队的纵向加速和减速制动操作，保证车队的安全、稳定行驶。同时，大的 CAN 网络通信周期，相当于引入了大的网络延时，导致领航车在加/减速时跟随车辆与前车之间的安全距离误差增大，增加了车队稳定所需时间。车内信息因素，直接影响车队中的车辆安全距离和车队稳定性。

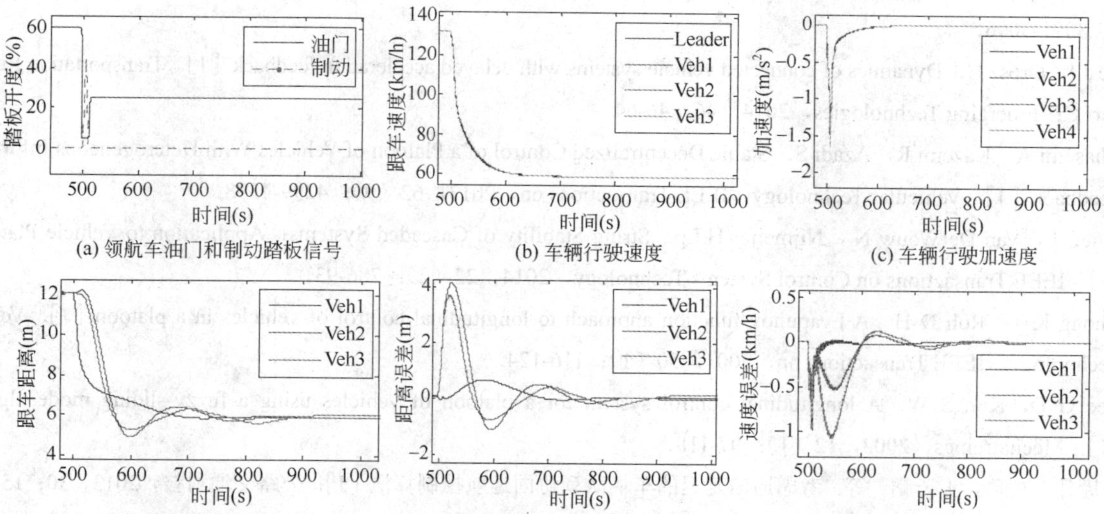

(a) 领航车油门和制动踏板信号　(b) 车辆行驶速度　(c) 车辆行驶加速度

(d) 跟随车与前车之间距离　(e) 跟随车与前车安全距离误差　(f) 跟随车与领航车速度误差

图 10　0S CAN 报文通信周期制动减速控制效果

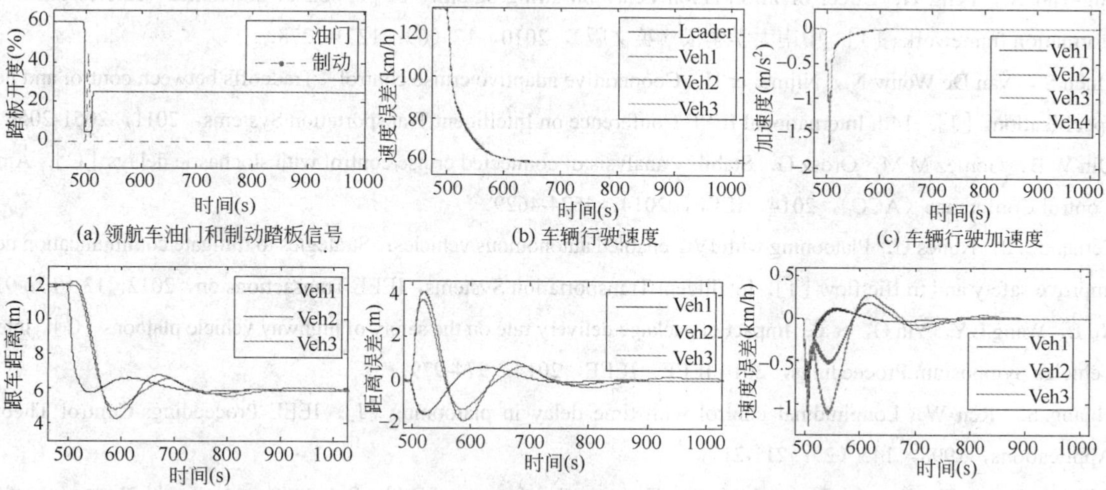

(a) 领航车油门和制动踏板信号　(b) 车辆行驶速度　(c) 车辆行驶加速度

(d) 跟随车与前车之间距离　(e) 跟随车与前车安全距离误差　(f) 跟随车与领航车速度误差

图 11　0.1SCAN 报文周期制动减速控制效果

5　总结

由于自主队列行驶车辆之间的相对距离短，跟随车辆控制必须要获得更多内/外部状态信息，才能实现更加及时和快速的控制响应，保证车队的安全稳定行驶。从仿真分析结果来看，车辆内部信息因素对车辆的控制影响显著，因此从交通信息物理融合角度出发，综合考虑车辆物理因素和内/外部信息因素，是解决自主队列行驶车辆控制问题的有效途径。本文所建立的自主队列行驶车辆纵向信息物理模型，以及基于该模型设计的模糊 PI 控制器，进一步验证了从信息物理融合角度研究自主队列行驶车辆控制问题的有效性，为研究自主队列行驶车辆控制问题及车载网络工程设计提供了参考和依据。

参考文献

[1] Huppé X., de Lafontaine J., Beauregard M., et al. Guidance and control of a platoon of vehicles adapted to changing environment conditions [C]. Systems, Man and Cybernetics, 2003. IEEE International Conference on. IEEE, 2003,

4：3091-3096.

[2] Ge J I，Orosz G. Dynamics of connected vehicle systems with delayed acceleration feedback［J］. Transportation Research Part C：Emerging Technologies，2014，46：46-64.

[3] Ghasemi A，Kazemi R，Azadi S. Stable Decentralized Control of a Platoon of Vehicles With Heterogeneous Information Feedback［J］. Vehicular Technology，IEEE Transactions on，2013，62（9）：4299-4308.

[4] Ploeg J.，Van De Wouw N.，Nijmeijer H.Lp. String Stability of Cascaded Systems：Application to Vehicle Platooning［J］. IEEE Transactions on Control Systems Technology，2014，22（2）：786-93.

[5] Chong K T，Roh D H. A Lyapunov function approach to longitudinal control of vehicles in a platoon［J］. Vehicular Technology，IEEE Transactions on，2001，50（1）：116-124.

[6] Lee G D，Kim S W. A longitudinal control system for a platoon of vehicles using a fuzzy-sliding mode algorithm［J］. Mechatronics，2002，12（1）：97-118.

[7] 王庞伟，黄玲，王云鹏，等. 考虑通信延迟的车辆队列协同巡航控制算法［J］. 公路交通科技，2013，30：150-154.

[8] Emmons M.R. effects of communication delay and kinematic variation in vehicle platooning［J］. UTAH STATE university，2013.

[9] Ling-Yun X.，Feng G. Effect of information delay on string stability of platoon of automated vehicles under typical information frameworks［J］. 中南大学学报（英文版），2010，17（6）：1271-1278.

[10] Oncu S.，Van De Wouw N.，Nijmeijer H. Cooperative adaptive cruise control：Tradeoffs between control and network specifications［J］. 14th International IEEE Conference on Intelligent Transportation Systems，2011，2051-2056.

[11] Qin W B，Gomez M M，Orosz G. Stability analysis of connected cruise control with stochastic delays［C］. American Control Conference（ACC），2014. IEEE，2014：4624-4629.

[12] Fernandes P，Nunes U. Platooning with IVC-enabled autonomous vehicles：Strategies to mitigate communication delays，improve safety and traffic flow［J］. Intelligent Transportation Systems，IEEE Transactions on，2012，13（1）：91-106.

[13] Xu L，Wang L Y，Yin G，et al. Impact of package delivery rate on the safety of highway vehicle platoons［C］. Intelligent Vehicles Symposium Proceedings，2014 IEEE. IEEE，2014：974-979.

[14] Huang S.，Ren W. Longitudinal control with time delay in platooning［J］. IEEE Proceedings-Control Theory and Applications，1998，145（2）：211-217.

[15] Aki M，Zheng R，Yamabe S，et al. Safety Testing of an Improved Brake System for Automatic Platooning of Trucks［J］. International Journal of Intelligent Transportation Systems Research，2014：1-12.

[16] Stankovic S S，Stanojevic M J，Siljak D D. Decentralized overlapping control of a platoon of vehicles［J］. Control Systems Technology，IEEE Transactions on，2000，8（5）：816-832.

[17] Alam A，Gattami A，Johansson K H，et al. Guaranteeing safety for heavy duty vehicle platooning：Safe set computations and experimental evaluations［J］. Control Engineering Practice，2014，24：33-41.

[18] Aradi S，Rödönyi G，Gáspár P，et al. Experimental verification of vehicle platoon control algorithms［J］. Transportation Engineering，2013，41（1）：39-43.

[19] Tsugawa S. Results and issues of an automated truck platoon within the energy ITS project［C］. Intelligent Vehicles Symposium Proceedings，IEEE，2014：642-647.

[20] 孙棣华，李永福，刘卫宁，等. 交通信息物理系统及其关键技术研究综述［J］. 中国公路学报，2013，26（1）：144-155.

[21] Ioannou P A，Chien C C C. Autonomous intelligent cruise control［J］. Vehicular Technology，IEEE Transactions on，1993，42（4）：657-672.

[22] 张强，曲仕茹. 车辆自适应巡航控制系统的模糊 PID 实现［J］. 汽车工程，2009，30（7）：569-572.

[23] 高锋，李家文，李克强，等. 汽车纵向加/减速度多模型分层切换控制［J］. 汽车工程，2007，29（9）：804-808.

［24］Tindell K W，Hansson H，Wellings A J. Analysing real-time communications：controller area network（CAN）［C］. Real-Time Systems Symposium，1994，Proceedings，IEEE，1994：259-263.

［25］Kaku A，Mukai M，Kawabe T. A centralized control system for ecological vehicle platooning using linear quadratic regulator theory［J］. Artificial Life and Robotics，2012，17（1）：70-74.

［26］Shakouri P，Ordys A，Laila D S，et al. Adaptive cruise control system：Comparing gain-scheduling PI and LQ controllers［C］. Preprints of the 18th IFAC World Congress，2011：12964-12969.

［27］Liu Y，Dion F，Biswas S. Safety assessment of information delay on performance of intelligent vehicle control system［J］. Transportation Research Record：Journal of the Transportation Research Board，2006，1944（1）：16-25.

一种基于数据交换平台的城市智能停车管理服务系统

王 健 王雯雯 牟三钢 杨金东 吴 蕾

（青岛海信网络科技股份有限公司，青岛 266071）

摘 要：智能停车设备的异构性、数据的多样性、停车位信息的孤立性使得城市停车管理服务难以有效实行，利用统一的停车场数据交换平台可以有效解决城市智能停车的关键问题。本文提出了一种基于数据交换平台的城市级智能停车管理服务系统设计方案。利用数据共享交换平台整合各种停车场的数据，通过智能停车管理服务系统进行停车管理调度，达到智能停车管理和信息服务的目的。

关键词：智能停车；数据交换平台；数据交换共享；城市停车

Anurban Intelligent Parking Management and Service System Based on Data Exchange Platform

Wang Jian Wang Wenwen Mu Sangang Yang Jindong Wu Lei

(Hisense TransTech Co., Ltd., Qingdao 266071)

Abstract: Urban parking management services are difficult to effectively implement because of theheterogeneity of intelligent parking equipment, the diversity of data and the isolation of parking information. A unified parking lot data exchange platform can effectively solve the key problems in urban intelligent parking. A system design scheme of urban intelligent parking management services based on the data exchange platform is put forward in this paper. First, the data of multiple parking lots through data sharing and exchange platform is integrated. Then parking problems are scheduled through the intelligent parking management system to achieve the goal of intelligent parking management and information service.

Key words: Intelligent Parking, Data Exchange Platform, Data Share and Exchange, Urban Parking

1 引言

随着我国城市化进程加快，城市机动车保有量急剧增长，随之带来城市交通拥堵、停车难等问题，一方面机动车保有量迅速增长，远远超出了现有的停车泊位数，另一方面不同停车场周转率差别较大，导致停车管理效率低和违法停车严重，给城市交通管理带来巨大压力，停车问题日益成为影响城市交通发展的重大问题。

国内外交通建设步伐逐渐加快，智能停车场成为解决城市交通问题、缓解交通拥堵、提高交通运输和管理效率的重要途径。近年来，射频识别技术、物联网技术、无线 GPRS 通信技术、红外线监测技术等的不断发展，使得整合停车场资源、实现城市智能停车缓解车辆泊位矛盾成为可能。为了提高停车管理水平，进行智能停车管理系统的研究和建设势在必行。

2 智能停车现状及问题

目前国内外对智能停车问题的研究方兴未艾，国外一些国家和地区对智能停车的研究与应用起步较早，其技术要相对成熟，功能相对完善。国内对智能停车的研究起步较晚，但发展迅速。

在 1971 年，德国亚琛市便建立了世界上最早的停车诱导系统[1]。现在德国停车已经非常完善和成熟，建有先进的立体智能停车场，目前德国杜塞道夫国际机场启用停车机器人帮助旅客停车，可以事先通过智能手机应用程序，预约机器人为自己停车[2]。美国的第一套停车引导及寻车系统是在 2001 年巴尔的摩华盛顿国际机场的停车库应用的，通过在每个车位安装超声波探测器来获得空车位信息，引导车主停泊车辆。美国从 1990 年开始在智能交通方面投入了大量的财政支持[3]，美国现在大部分城市智能停车场车位安排都是经过精密计算的，综合考虑停车场总面积和停车位数量以及最大周转空间和最大容纳顾客车流量，同时预先留出了在灾难时刻通畅有效的疏散通道和救助空间，停车相关政策也逐渐发展成熟完善[4]，形成了比较成熟的停车解决系统方案。1973 年日本柏市建立了日本最早的停车诱导系统，它可以向停车用户提供停车场为止、总车位数、使用状况等信息[5]。目前为止，日本已经基本实现智能停车诱导全覆盖，停车诱导标志随处可见，车载 GPS 导航普及率几乎达到 100%，停车场无人值守自助缴费，智能停车已经比较成熟[6,7]。以色列从 2007 年开始推广应用移动停车 Parking+平台，截至目前已经有超过 130 万注册用户，月活跃用户超过 70%，其实现了路内停车、路外停车、停车引导、交通执法、停车支付等成套的停车解决方案。

与国外发达地区相比，我国的智能停车场系统起步较晚。但是随着国内汽车产业的快速发展，我国智能停车从 2001 年第一套停车诱导系统工程——王府井地区停车诱导系统应用以来，国内智能停车迅速发展，应用物联网、云计算等技术，全方位智能停车诱导、停车导航、多级全方位停车信息发布、停车管理等应用逐渐推广和落地。我国的智能停车市场正处于上升和发展期。目前国内上海、北京、深圳、杭州等城市都建立了停车诱导系统，贵阳都匀、浙江玉环、四川成都天府新区等一些地区也都建立当地的智能停车项目。国内从事智能停车管理的厂家也逐渐发展，并且已经形成一定的核心竞争力。广东艾科、方格尔科技、厦门科拓通信等公司已经开始将智能停车项目的建设扩展到海外。

目前的城市停车有了一定的发展，但是我国的城市级停车系统仍然存在着严重问题：

（1）信息孤岛现象严重。各停车场项目建设仅仅是为了解决某些具体局部的问题，所采用的软硬件系统由不同平台组成，缺乏全局的统一规划、缺乏与其他系统的数据共享设计、缺乏底层的统一数据标准，所以造成信息资源不能共享的局面，大量的数据得不到有效的利用，无法满足城市综合交通管理、公众信息服务和政府决策数据支持的需要。

（2）停车管理效率低下，违法停车现象严重。由于机动车数量爆发式增长，机动车数量与停车位不足的矛盾日益突出，但是目前国内停车管理主要停留在人工管理的层面上，管理效率低下，由此导致难以形成对城市停车的有效监管，违法停车尤其是路侧违法停车现象非常普遍，给城市交通系统带来极大不便。

（3）对城市停车问题缺乏系统的管理。由于对各种停车信息，如停车场资源、停车位信息、违法停车等缺乏统一的管理，使政策制定者和管理者无法做出合理的规划和判断，从而影响城市停车问题的系统解决。

为了解决以上提到的问题，本文设计了一种基于数据共享交换平台的城市智能停车管理服务系统。通过数据共享交换平台有效整合城市停车场和车位信息，解决信息孤岛问题，同时为智能停车、停车场规划、交通管理提供数据支持，提高停车管理效率，有效解决城市停车及停车管理等问题。

3 架构体系

基于数据共享交换平台的城市停车场系统整体架构如图 1 所示，系统由数据采集和接入模块、数据共享交换平台、停车管理服务系统、标准体系安全体系和管理机制、第三方数据共享系统平台组成。

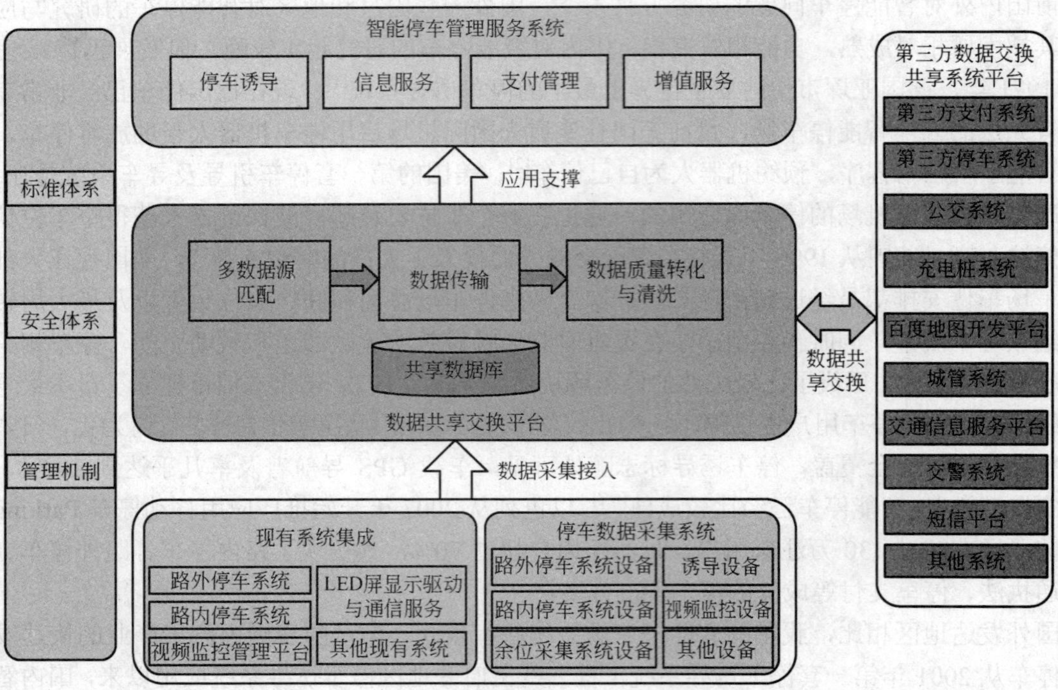

图 1　基于数据共享交换平台的城市智能停车管理与服务平台架构

数据采集和接入模块：此模块包括两部分内容，现有系统的集成和自主开发停车数据采集系统。系统集成可接入自建路内/路外停车系统和其他第三方停车系统，接入方式包括集成系统直接对接、第三方系统通过接口转换对接、场内新增采集器接入等，可以适应自建停车场和社会停车场的接入需求。可接入停车场数据采集设备数据，包括路外停车系统设备（摄像机、超声波传感器、道闸、地锁等）、路内停车系统设备（地磁、基站、PDA、咪表等）、又到设备（诱导屏等）、视频监控设备、余位采集系统设备（地磁、基站、红外设备等）。通过定义标准通讯接口协议，可以使后期外部系统接入规范化，降低开发工作量和对接复杂度。

数据交换共享平台：基于企业服务总线和开放的停车数据接口标准，实现数据交换平台，支撑本方案停车管理服务系统、城市第三方停车系统和其他外部系统的有效整合，实现城市停车信息共享和统一的对外发布服务。可支持接入自建路内/路外停车系统和其他第三方停车系统，支持多种通信技术（如 Http、Web Service、Socket、Remoting）；支持对数据的转换、过滤、分割等适配操作和消息加密；提供对自定义通讯接口协议的支持，后期如有相关数据交换标准，提供对标准的支持。

智能停车管理服务系统：基于数据交换共享平台设计的城市智能停车管理服务系统，立足于城市整体，通过整合城市道路和公共停车场资源，融合各厂家、各种类型（地磁、视频、PDA）的停车信息资源采集系统，集成传统停车厂商资源，实现城市停车资源汇总与统筹。在此基础上，对辖区所有停车场资源进行统一管理、统一规范、统一标准、统一服务，实现停车位资源利用率的最大化、停车场利润的最大化和车主服务的最优化。

第三方数据交换共享系统：包括了与所设计的数据交换共享平台有业务逻辑关系的第三方系统和

平台，包括第三方停车系统、充电桩系统、第三方支付系统、百度地图开发平台、公交系统、交警系统、城管系统、市民卡系统、短信平台及其他相关系统和平台。实现与数据共享交换平台的资源信息共享，对外共享数据时，能按照用户需求和对方权限，对数据进行转换和过滤，保证信息的安全性和私密性。

标准体系、安全体系和管理机制：标准体系是平台设计要考虑的要求，保证平台的设计满足行业的标准和设计的规范，安全体系是平台设计考虑的数据安全问题，保证数据存储和数据交换的安全性，管理机制是平台正常运行持续运行的一系列管理机制、操作机制要求，这些体系和标准共同提供了平台安全运行和标准化的保障，保证了平台的可扩展性和兼容性，为平台持续可用性提供了支持。

在整体系统架构中，处于核心地位的是数据共享交换平台。其是各部分子系统联系的枢纽，也是系统平台与外接系统交互的核心。城市智能停车管理服务系统的实现也是在数据共享交换平台的实现基础上的。数据共享交换平台的设计直接关系着智能停车方案的实现效果。

4 数据共享交换平台设计

4.1 设计原则

（1）规范性。规范性是平台设计的重要原则，国家和各地出台了众多关于停车的规范标准，平台设计应符合国际标准、国家标准和行业标准，所采用的技术和设备也要符合相应的标准，确保规范和安全，避免产生新的信息孤岛。

（2）安全性。安全性是平台建设必须要考虑的方面，平台安全是系统可靠运行的保障，平台建设过程中必须要考虑各种可能遇到的情况并确定解决方案，必须采取必要安全及容灾措施，确保数据安全。安全性还要保证根据用户权限进行数据转换与过滤，保证数据的私密性。

（3）扩展性。可扩展性是平台扩展升级的重要保障，平台随时可能接入新设备集成新系统，平台建设应全面考虑规模、功能、服务内容以及与其他系统数据交换接口的可扩展性，考虑系统长远目标，采用先进的开发设计理念，保证平台结构、处理能力、软硬件接口具有良好的扩展能力。

（4）兼容性。由于停车信息数据源的多样性，兼容性是平台功能能否实现的重要保证。系统建设应兼容不同厂家符合标准的各种接入设备，兼容数据源不同的数据传输协议，兼容不同的第三方系统而不破坏原系统正常运行，能够为智能交通系统平台、公安交警系统等提供数据的标准接口。

4.2 平台功能

在符合设计原则的前提下，系统所搭建的数据共享交换平台，重点实现了以下功能：

（1）多数据源适配。针对停车场系统数据源来源广、数据源结构类型多的特点，实现了多数据源适配的功能，整合了咪表、地磁线圈、摄像头、电子标签等多种停车接入设备数据，满足数据库直连、WebService 接口、Socket 通信、文件类型等多种数据交互协议，支持数据流的转换、过滤、路由。

（2）数据传输。针对停车设备数据传输协议的多样性、网络环境的复杂性、网络类型的异构性，确保数据高效、稳定、安全、可靠的传输通道。

（3）数据质量转化与清洗。各停车场数据、各接入设备数据汇总后，中心数据库数据质量参差不齐，存在数据质量问题，平台可以通过数据转换、数据过滤、数据规则处理等步骤进行数据质量转化与清洗，实现数据并发入库。

（4）数据共享。在多数据源适配、数据传输、数据质量转化与清洗的基础上，平台可以实现数据的并发入库，保证了平台数据的规范化。平台数据可以与其他平台或系统如交警系统对接，实现不同平台间数据共享交换。

4.3 功能实现

数据共享交换平台整体架构图如图 2 所示，整个平台主要由三个功能模块组成：前端适配程序、消息队列、平台数据中心。共享数据首先通过前端适配器完成多数据源匹配，然后加入消息队列，最后在数据中心完成数据质量转化与清洗将数据并发入库。

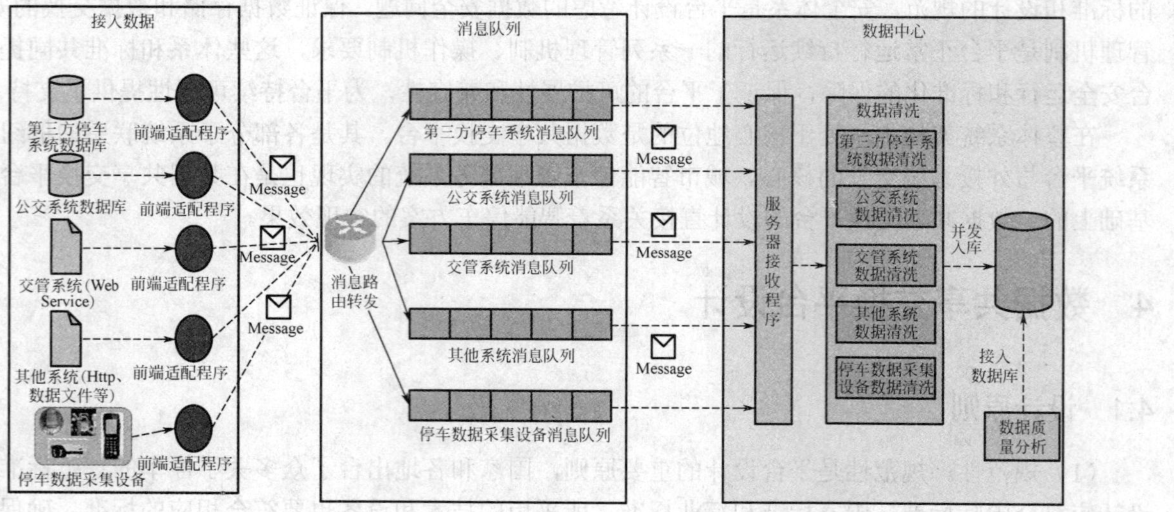

图 2　数据共享交换平台整体架构图

每部分的具体实现如下：

前端适配程序：前端适配程序利用 Spring Integration 实现，该框架提供了一个简单的模型来实现复杂的企业集成解决方案。共享异构数据经过前端的适配器（包括 JDBC 适配器、Web Service 适配器、文件适配器等）进入消息输入通道，然后通过消息催化器进行消息分割、消息过滤、消息转换、路由转发通过输出通道转发到消息队列（见图 3）。

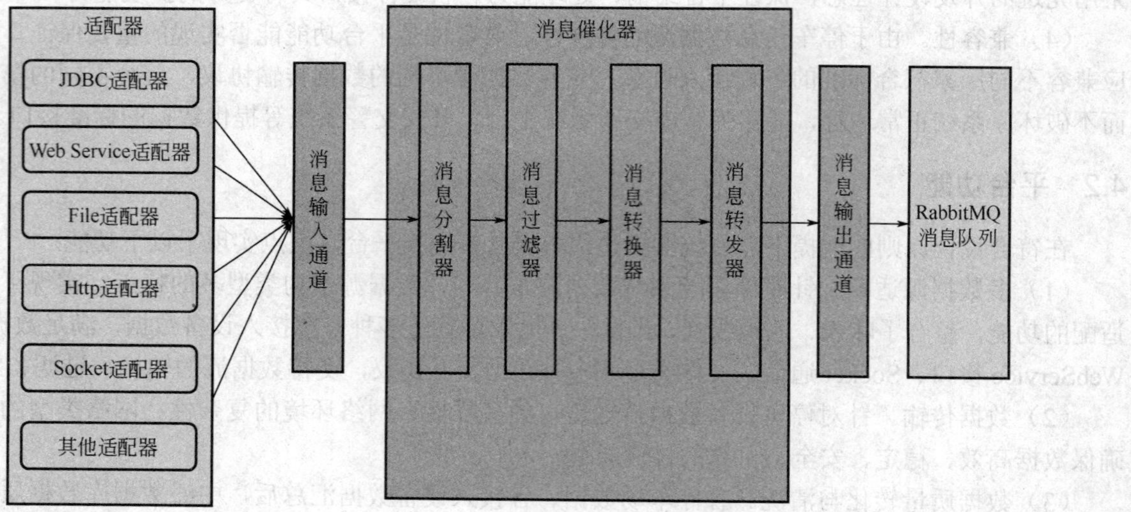

图 3　前端适配程序流程

消息队列：利用 RabbitMQ 实现，RabbitMQ 是一个在高级消息队列协议基础上完整的、可复用的企业消息系统，是一种应用程序对应用程序的通信方法，应用程序通过读写出入队列的消息（针对应用程序的数据）来通信，而无须专用连接来链接它们。经前端适配程序传输过来的消息在此经过路由转发和消息过滤，按需求进行消息存储或者转发（见图4）。

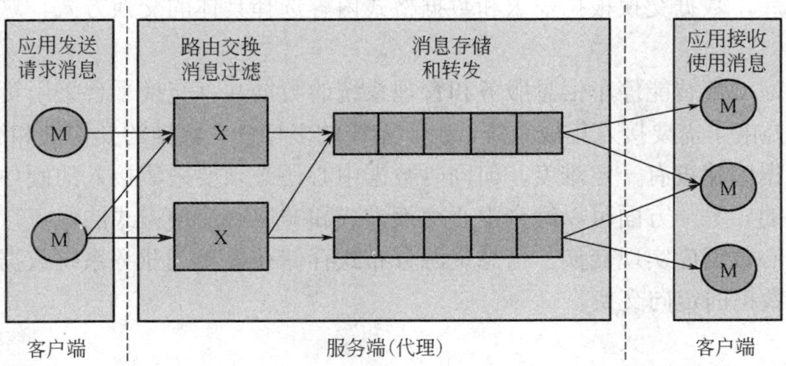

图4　消息队列功能

数据中心：数据中心实现了数据质量转化与清洗，利用Spring Batch实现。Spring Batch是一个轻量级的完全面向Spring的批处理框架，可以应用于企业级大数据处理系统。Spring Batch可以提供大量的可重复的数据处理功能，包括日志记录/跟踪、事务管理、资源管理等重要功能。消息队列发送过来的消息，首先经过数据转换、数据过滤、数据规则化处理传到作业调度层，然后由控制器调用JobLauncher启动一个Job，然后在应用层Job调用自己的Step根据消息请求的需求与中心数据库进行数据交互，实现数据读写或处理（见图5）。

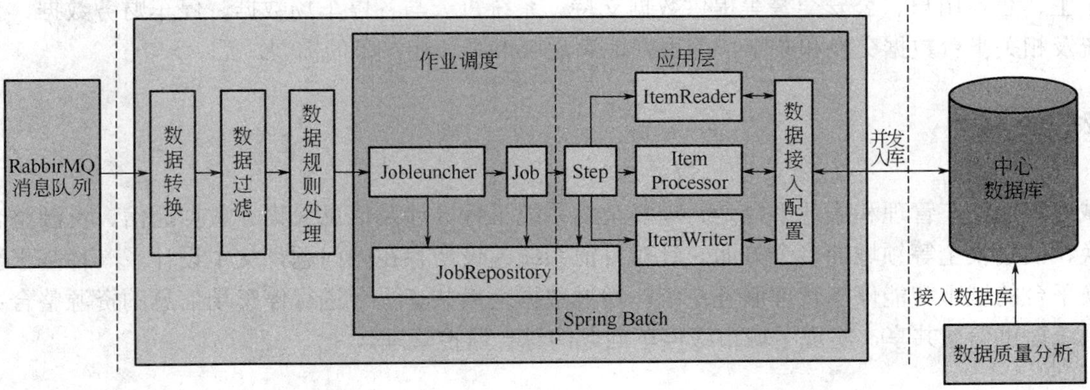

图5　数据中心处理流程

4.4　数据交换方式

目前的数据交换平台所采用的数据交换方式主要有三种，分别是集中式交换方式、分布式交换方式、混合交换方式。

（1）集中式交换方式：即中心交换方式，将共享信息集中存储在数据中心统一的数据库中，信息提供者和信息分享者都通过直接访问数据库的方式实现信息的共享，在信息共享时设置不同的权限。该方式适用于信息数据一致性较高的系统平台，这对第三方接入系统有一定的要求和限制，这也就造成了该方式的缺陷。

（2）分布式交换方式：即非中心交换方式，这种方式下，需要共享的信息存储在信息提供者和信息分享者各自的数据库中，不同共享子系统间的数据交换具体过程可能不经过数据中心，平台作为信息交换各系统间的桥梁，实际的交换在信息提供者和信息使用者系统间通过数据交换协议的方式进行。这种方式适用于信息提供和信息需求比较明确的应用中，对传输协议和数据标准有一定的要求。

（3）混合交换方式：这种方式采用以上两种方式的综合，数据中心有自己的集中数据库，各平台也都有自己的数据库，数据交换根据需求和数据格式内容选择具体的交换方式。这种方式适用于跨应用需求的系统。

根据实际情况，城市智能停车信息服务和管理系统的数据共享交换平台采用第三种方式进行数据共享交换。一方面是由于需要接入集成系统，由于系统的多样性，数据的异构性和源数据库的差异性，统一的数据中心数据库建设有一定难度，但同时数据中心还必须要采集接入的硬件设备数据，所以中心数据存储是必要的。另一方面可以综合中心交换方式和非中心交换方式的优点，各类信息提供者和分享者可以访问中心数据库实现交换，信息资源分布式存储在各相关业务系统数据库中，对于特定的信息需求可以实现数据的定向交换。

5 平台实现及应用

根据上面提出的数据共享交换平台和城市智能停车系统架构，结合智能停车市场需求，我们搭建了统一的城市停车信息数据共享交换平台，建立了完善的数据组织规范、采集和交换体系，形成统一的数据结构，并建立了业务系统数据库与外部数据中心间的数据映射关系，给出了城市智能停车解决方案。目前建设的城市智能停车管理服务系统已经在某市开始应用。项目整合了路内/路外停车场，接入了手持 POS 终端设备、巡查终端设备、车位检测器、车位读卡器、车载电子标签、停车诱导屏等设备，支持一卡通、银联卡、支付宝、微信支付等各种支付方式，同时为城市管理部门、停车场管理部门、车主、企业用户、公安交警等提供数据支持。系统每天与各停车场数据、停车财务数据、交通管理系统及相关平台数据交换和共享，能很好地满足城市级智能停车的需要。

6 结束语

城市智能停车管理和服务平台是一项复杂的系统工程，涉及信息采集、数据通信、资源整合、数据交换、信息安全等领域的多个方面，针对目前系统建设所存在的问题，文中设计了一种基于数据共享交换平台的城市智能停车管理服务系统，通过数据交换共享平台进行停车场信息的资源整合并为第三方系统提供信息共享，实现了城市级停车问题的综合监控管理。

参考文献

[1] 何国丰．停车诱导系统的发展与应用特点分析［J］．中国安防，2014（5）．

[2] 佚名．德国机场启用机器人停车［J］．机器人技术与应用，2014（4）：5-5．

[3] 解维亮．智能停车诱导系统应用研究［D］．西安：西安建筑科技大学，2005．

[4] 王家，张晓东．美国城市停车政策解析［J］．城市交通，2011，9（4）：53-60．

[5] 王泽河，樊月珍，毛恩荣．先进的城市停车诱导系统的研究［J］．计算机工程与设计，2006，27（2）：188-189．

[6] 张琳，龙小凤．论我国城市停车产业化的发展思路——结合日本的停车产业发展［C］// 中国城市规划学会 2001 年会论文集，2001．

[7] 刘鹏．借鉴日本经验解决停车难题［J］．交通与港航，2012，26（5）：54-54．

基于 EA 方法论的中国高速铁路应急平台体系架构设计

王 普 李 平 封博卿

（中国铁道科学研究院，北京 100081）

摘 要： 随着中国高速铁路的大规模建设和相继投入运营，新技术、新装备的大量运用和运输组织复杂程度的增加，建立集应急指挥、应急预案管理、应急资源管理以及紧急通知、监测预警等多个功能于一体的高速铁路应急平台至关重要。本文基于主流的企业架构设计方法，设计了高速铁路应急平台体系结构，给出了高速铁路应急平台的业务架构、应用架构、数据架构和技术架构。

关键词： 高速铁路；安全；应急

Design for the System Architecture of Emergency Management for Chinese High-Speed Railway based on EA methodology

Wang Pu Li Ping Feng Boqing

（China Academy of Railway Sciences，Beijing 100081）

Abstract: Along with the large-scale of the PRC high-speed railway construction and put into operation, extensive use of the new technology and new equipment, increase the complexity of the transport organization, make the possibility of unexpected incidents and the extent will be increased to varying degrees. Therefore the establishment of 'railway equipment and facilities checking、natural disaster monitoring、emergency management', involving high-speed rail the whole life circle of an integrated security system is essential. This passage will be based on the depth analysis of the high-speed railway various types of risk involved in the operation process, proposed the high-speed railway system of comprehensive security and emergency support, which is composed of the emergency management systems, the natural disaster monitoring and precaution system, railway equipment and facilities checking systems, emergency platform system. The passage will give the overall structure and the programs and functions of each key subsystem.

Key words: High-Speed Railway, Security, Emergency

1 概述

自 1964 年世界上第一条高速铁路日本东海道新干线投入运营以来，经过 50 年的发展，高速铁路以其高速度、高密度、运量大、能耗低、污染少、正点率高、舒适性好等特点，在世界主要发达国家得到了广泛发展。中国高速铁路规划和建设起步较晚，但发展非常迅速。2003 年 10 月 12 日中国第一条高速客运专线——秦沈客运专线正式开通，标志着中国进入了高速铁路时代。截至 2013 年年底，中国已开通 30 余条高速铁路，运营里程达到 10723km，跃居世界第一位。根据国家发改委批复的《中长期铁路网规划（2008 年调整）》，到 2020 年中国铁路营业里程将达 12 万公里以上。其中新建高速铁路将达到 1.6 万公里以上，连接所有省会和 50 万人口以上的城市，全国覆盖 90%以上人口。无疑中国已成为世界上高速铁路系统技术最全、集成度最高、运营里程最长、运行速度最快、在建规模最大的国家。

高速列车的运行与旅客生命财产息息相关，成为国家重大生命线工程。高速铁路设备先进、技术完善，保证了正常运营条件下的高速行车安全。但由于高速铁路运行速度快、制动距离长、设备负载及损耗大、技术集成度高等特点，决定了高铁设备不可避免地存在一定程度的故障率。另外风、雨、雪、地震、异物等外界不可控因素的影响，突发事件的发生不可避免。与既有铁路应急救援相比，高速铁路多采用高架结构，路基高于周围环境，地形地貌复杂，救援资源调配和集结难度大。另外动车车体采用高新复合材料，强度大、硬度高，对救援装备的配置、使用和应急演练提出了特殊要求。加之现场面积大、救援区块分散、车厢内空间小、人员被困数量多、二次事故危险大。因此，有必要针对高速铁路应急管理和救援特点，集成信息、通信等领域最新技术研制一套技术保障系统，提高高速铁路突发事件处置效率，最大限度减少人员财产损失。

随着信息系统建设的不断深入和信息技术的飞速发展，当前在国内外主流信息系统建设中普遍重视总体架构和顶层设计[1]。目前主流的总体架构框架理论包括：Zachman EA Framework，Federal Enterprise Architecture Framework（FAEF），DoD Architecture Framework（DoDAF），The Open Group Architecture Framework（TOGAF）。本文将基于上述总体架构设计理论的共性理念，从业务架构、功能架构、数据架构、技术架构等为维度提出完整的高速铁路应急平台体系架构。

2　高速铁路应急平台的业务架构

高速铁路应急平台以安全技术和现代信息技术为支撑、以高速铁路应急管理流程为主线，是实施高速铁路应急预案的工具，是处置高速铁路突发事件的技术保障系统。高速铁路应急管理的业务模型可分为四阶段[2]，即预防（Prevention）、准备（Preparation）、响应（Response）和恢复（Recovery）。这四个阶段不是截然分开的，而是一体、连续、动态反馈的过程。平台业务架构如图 1 所示。

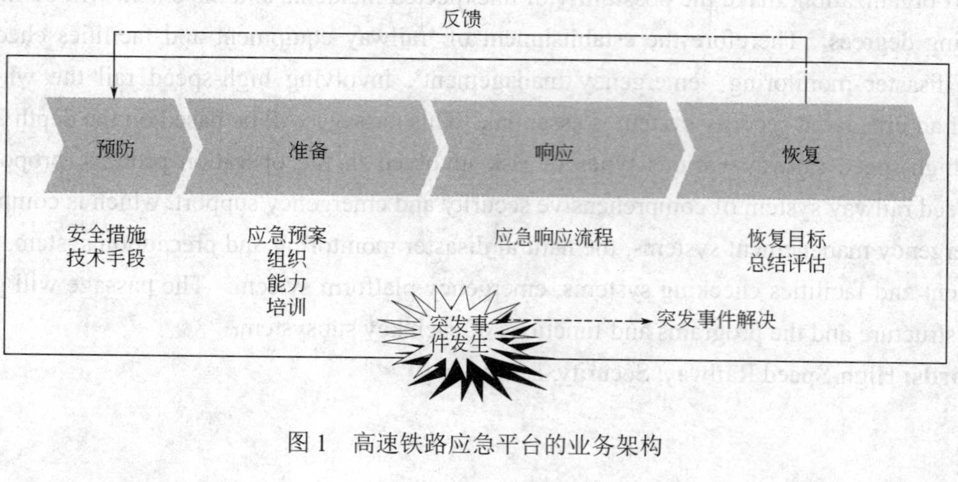

图 1　高速铁路应急平台的业务架构

（1）预防（Prevention）

预防是高速铁路突发事件应急管理的重要一环，导致突发事件发生的各种可能性都要加以排除。

该阶段主要业务活动包括：高速铁路应急资源的动态管理，高速铁路突发事件信息的接报处理和应急值守管理的信息化，高速铁路运输安全的潜在风险分析等。

（2）准备（Preparation）

准备阶段主要包括建立危机预警机制，制定应急预案并根据需要开展演练，做好组织、人力、财政、应急物资和设备等准备工作。该阶段主要业务活动包括：统筹应急物资储备，进行突发事件应急演练，集成各类固定设施、移动设备、自然灾害检测监测系统的信息进行综合预警，配置应急救援设备等。

（3）响应（Response）

突发事件发生时需启动高速铁路应急指挥程序。应急指挥程序按过程可分为接警、应急响应级别确定、应急启动、救援行动、应急恢复和应急结束等。该阶段主要业务活动包括：

① 应急指挥

及时掌握与突发事件相关的动态信息、监控应急资源使用状况，提供对各类应急资源（人、财、物）的调度功能，并实现机务、车辆、电务、工务、公安、医疗等部门以及与地方政府的联动指挥。

② 决策支持

为高速铁路应急救援指挥小组提供决策所需的数据、信息和技术资料，辅助确定决策目标和问题识别，建立或调整决策模型，提供各种应急方案，并对各方案进行评价和优选。

③ 过程记录

将应急指挥全过程的语音、视频和数据信息记录下来，用于事件总结、查证和监督。

（4）恢复（Recovery）

突发事件处置完成后，需要对恢复或重建进行管理。突发事件的处置和调查结果将反馈给预防阶段，作为制定或修改安全措施和技术手段的依据。由此构成全过程应急管理周期。该阶段主要业务活动包括：突发事件回放、应急处置方案评估、历史数据库管理、案例库知识库完善等。

3 高速铁路应急平台应用架构

基于对高速铁路应急平台业务架构的分析，应用架构主要由监测预警、应急值守、应急预案管理、应急资源管理、应急指挥、总结评估等应用系统构成，如图2所示。

监测预警系统通过集成高速铁路综合检测列车、基础设施专业检测系统、基础设施静态检测系统、高速动车组状态检测系统、高速铁路防灾安全监控系统、高速铁路视频综合监控系统等各专业监测信息，对汇集的各专业监测数据进行综合分析，实现对高速铁路的安全预警。

应急值守系统提供日常值守、应急信息简报、应急公文管理、即时消息、突发事件信息接报续报、突发事件信息审核、突发事件信息发布等功能，提升应急管理水平和效率。

应急预案管理系统基于数字化预案技术，实现对高速铁路防洪、地震、地质灾害、交通伤亡、火灾、危化品、公共卫生、群体性事件、动车组突发事件等各类应急预案的分类管理和智能查询。

应急资源管理系统基于地理信息系统（GIS技术），实现对救援队、救援列车、救援设备、应急物资以及地方医疗机构、应急救援专业队伍、特种救援设备、危险品、铁路重点防护设备、铁路业务专题图动态管理，提供快速查询、直观展现、准确定位以及统计分析等。

应急指挥系统基于GIS技术实现在电子地图上定位事发地，提供事发点附近沿线地形地貌、站场平面图、视频图像、信号设备、线路设备、大型救援列车等救援设备的空间分布，提供与突发事件类型和等级相关联的应急预案、应急组织、应急物资、危险源等的综合展现。并为指挥人员提供事件等级认定建议、应急响应启动建议、应急处置方案建议、应急资源调度方案等直观的决策支持建议等，实现与地方政府、部队、医疗、消防、大型企业、工程单位的联动指挥。

总结评估系统通过对事件造成的损失进行统计分析及对应急处置过程关键环节的回放和再现，对整个应急过程进行综合评估和对比分析，并根据应急队伍、应急物资、应急装备和应急技术进行应急能力综合评估，对事件的发生发展原因等情况进行总结分析，形成事件全过程报告。

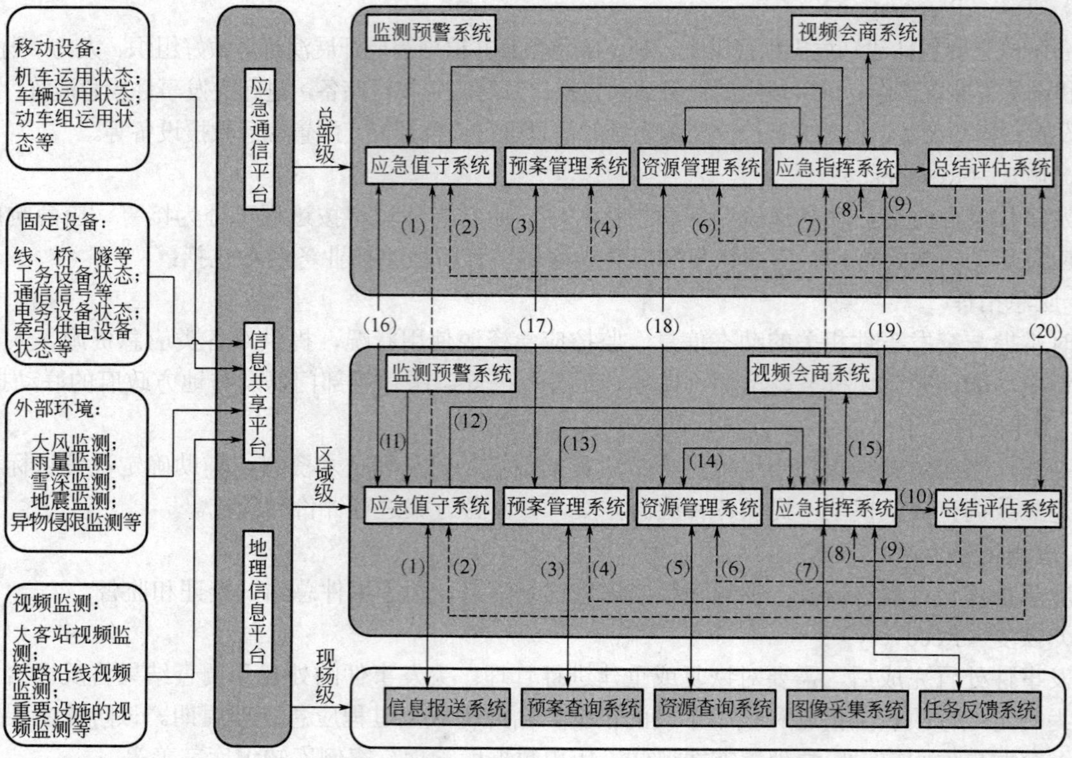

注：(1)突发事件动态信息；(2)根据评估结果得出的应急值守优化建议；(3)现场匹配的应急预案信息；(4)根据评估结果得出的应急预案优化建议；(5)现场匹配的应急资源信息；(6)根据评估结果得出的应急人员、装备等优化建议；(7)现场动态图形图像；(8)根据评估结果得出的应急指挥优化建议；(9)救援任务下达和执行情况反馈；(10)应急处置的各项指标和结果；(11)检测预警信息报送；(12)事件的接报续报信息；(13)与事件匹配的应急预案信息；(14)距事发地最近的应急资源信息；(15)中心和现场的视频会商信息；(16)区域向总部报送事件的接报续报信息；(17) 区域和总部同步各类预案信息；(18)区域和总部同步各类资源信息；(19)区域和总部同步各类预案信息；(20)区域和总部同步事件总结评估信息。

图 2　高速铁路应急平台应用架构

信息共享平台实现与调度指挥系统、动车组管理系统、客票系统、旅客服务系统、牵引供电系统、各类监测预警系统的信息共享，获取事发动车组的车型、乘务、检修信息等，乘客信息、列车正晚点信息等，为制定应急处置方案提供数据支持。

应急通信平台集成卫星、铁路有线通信网、移动互联等技术提供统一的传输通道，实现应急指挥中心与事发现场的数据、语音、图像、视频等信息的传输。

地理信息平台为总部、区域、现场三级应急平台提供统一的国家公共基础地理信息和铁路专用地理信息支持。

4　高速铁路应急平台信息架构

信息架构包括应急平台的数据实体和数据在应用系统间的交换及流动，描述了信息的分类和定义、信息内容和信息流，以及信息的采集、存储、转换、发布和传输等。高速铁路应急平台的信息架构如图 3 所示。

高速铁路应急平台数据库主要包括基础信息数据、地理信息数据、事件信息数据、决策支持模型、应急预案、应急知识、应急案例以及文档等。

（1）基础信息数据库

高速铁路应急平台基础信息数据库存储高速铁路应急平台所需要的铁路基础信息。这些信息描述各业务信息系统公用的铁路基础编码和数据字典等相关信息，如线路编码、区段编码、区间编码、车站编码、分界口编码等；以及线路字典、车站字典、列车运行时刻表等。通过规范的编码和字典，便于实现与铁路其他信息系统及路外应急系统共享信息。

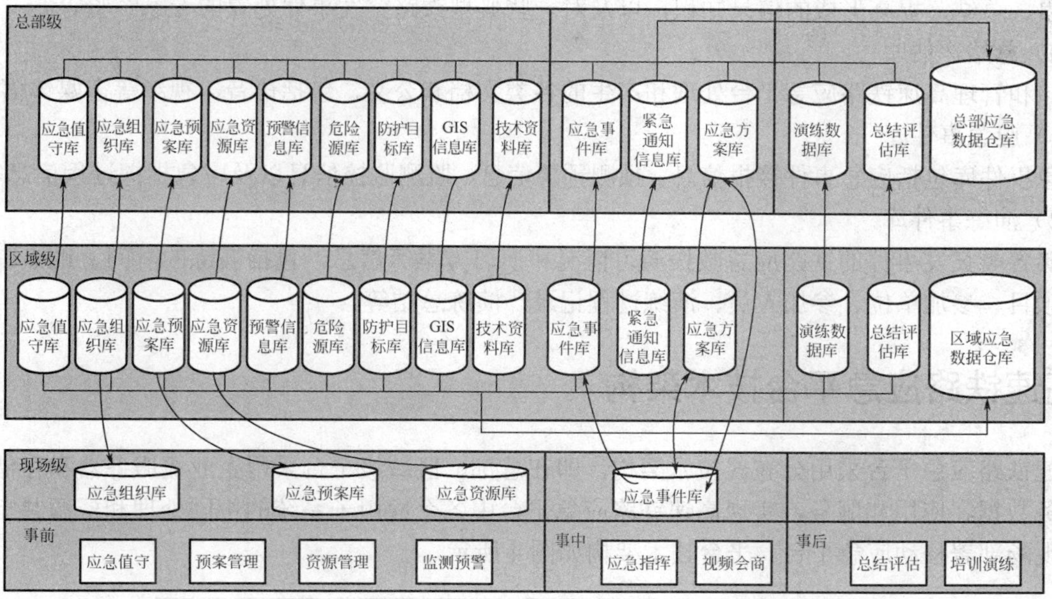

图3　高速铁路应急平台信息架构

（2）应急值守信息库

主要存储铁路突发事件接报、续报信息，主要包括事件标题、时间、地点、报告单位/人、事件概况等。

（3）应急预案信息库

应急预案数据包括自然灾害、事故灾难、公共卫生事件及社会安全事件 4 大类。具体属性包括预案名称、预案类别、预案级别、版本号、主题词、发布时间、发布单位、预案内容等。

（4）应急资源信息库

应急资源数据包括铁路救援设备、救援人员、救援物资，国家及地方政府救援资源，以及针对各类突发事件处置的专家资源等。

（5）监测预警信息库

监控预警信息存储各类危险源及重点防护对象的监测和预警类信息。主要包括预警分级指标体系、分析模型，以及通过分析模型得到的综合分析信息。

（6）决策支持模型库

存储各类突发事件分析模型，包括各类突发事件信息识别模型、综合预测预警模型、智能研判模型、应急事件发展趋势预测模型、影响后果分析模型、旅客疏散避难策略模型、评估模型等，包括模型实体、模型目录和模型参数、模型的使用范围、限制条件和使用说明等。

（7）地理信息数据库

存储铁路应急管理所需要的基础空间数据、专业空间数据。基础空间数据信息的内容主要包括不同比例尺的矢量、栅格、三维数据及其他类型（如多媒体）数据，如铁路基础图、铁路线路纵断面图。铁路基础空间数据主要提供铁路线路分布、铁路局及主要车站信息。专业空间数据涉及各种比例尺的矢量、栅格和三维数据，还包括视频、图像等多媒体数据。如车站配线图、车站站场平面图、客运设备分布图、区域性枢纽平面示意图、编组站平面示意图等。

（8）案例库

国内外铁路行业有重大影响的突发事件典型案例，包括案例名称、类型、等级、主题词、事发时间、事发地点、案例起因、伤亡人数、经济损失、案例摘要、案例描述、综合评价等。

（9）应急知识库

存储与铁路应急有关的各种技术、法制及常识等知识，如法律法规、技术规范等文件，在应急工作中积累、总结、提高形成的信息知识，以及对一些典型铁路突发事件处置的专家经验等。

（10）总结评估库

存储和管理高速铁路应急平台处理和产生的各类文档和公文，包括语音、视频等多媒体信息。

（11）应急事件库

应急事件库包括应急事件接报信息、预测预警信息、监测监控信息以及应急指挥过程信息等内容。

（12）演练事件库

存储各类突发事件的铁路应急救援演习情况和演习方案等信息，包括演练的时间、地点、内容、方式、项目、参加单位、参加人员、演练过程记录、演练总结等。

5 高速铁路应急平台技术架构

高速铁路应急平台采用分布式技术架构，即在总部、区域级平台采用企业级服务器和存储设备来整合业务数据、应用和服务，实现高速铁路应急平台中各个应用子系统的协同处理和资源共享。在突发事件现场部署移动应急平台。平台技术架构如图 4 所示。

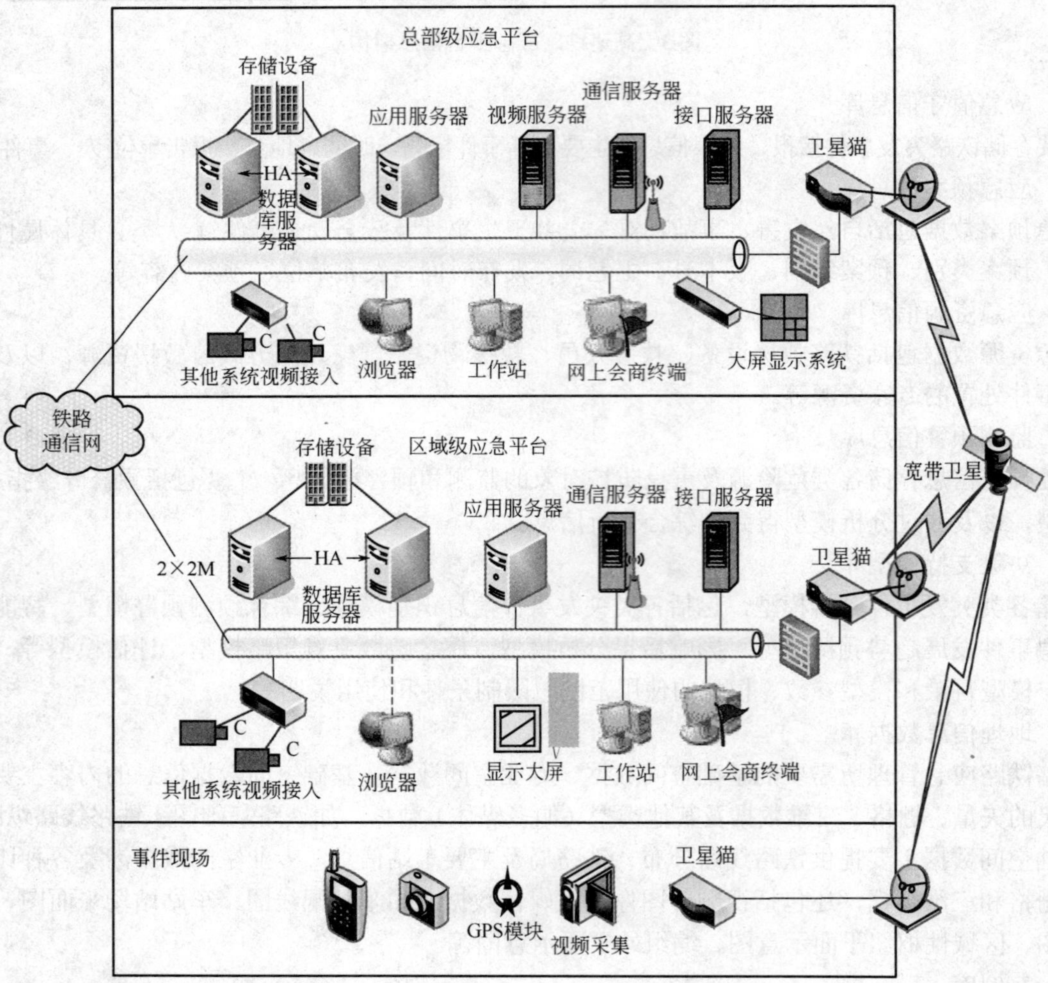

图 4　高速铁路应急平台技术架构

总部/区域级应急平台是高速铁路应急平台体系的中心，需满足应急值守、信息汇总、综合协调等应急管理业务需要，并可同时需要处置多起重大铁路突发事件。应用软件配置预测预警系统、应急值守系统、应急资源管理系统、应急指挥系统、总结评估系统及模拟演练系统。支撑软件配置数据库管理系统、地理信息系统、数据传输中间件。服务器系统配置数据库及应用服务器，视频、图像服务器，数据交换（接口）服务器，管理服务器等。存储备份系统配置存储阵列、磁带库、SAN光纤交换机、备份管理软件等。

移动应急平台主要用于现场的应急处置及应急信息的报送，移动应急平台将处于事发现场，实现应急事件的现场处置指挥及事件现场与其他各级固定应急平台的互联互通。移动应急平台应配置应急值守系统、应急资源管理系统。支撑软件配置数据库管理系统、地理信息系统、数据传输中间件。硬件配置移动终端、GPS接收模块、通信服务器。

6 结论

加强高速铁路应急平台顶层设计、开展高速铁路应急平台系统体系架构研究十分必要[3]。本文结合多个区域级高速铁路应急平台设计的实践，基于主流的系统结构设计方法，分析了高速铁路应急平台的业务架构，提出了高速铁路应急平台的应用架构、数据架构和技术架构，可为其他行业应急平台的建设和工程实施提供参考和借鉴。

参考文献

[1] 赵捷．企业信息化总体架构［M］．北京：清华大学出版社，2011．

[2] 陆海洲，王富章，王英杰，李平．高速铁路应急平台框架体系研究［J］．中国铁路，2007（6）：41-44．

[3] 贾利民．高速铁路安全保障技术［M］．北京：中国铁道出版社，2010．

基于可靠性的铁路应急资源调运优化模型

王 普[1] 张佳良[2]

（1．中国铁道科学研究院，北京 100081；2．西南交通大学交通运输与物流学院，成都 610031）

摘 要：本文研究了多出救点—单应急点—多类型应急资源的调运问题，在应急资源连续消耗的假定下，用路径通行能力的概率密度积分来表示路径可靠性。以铁路应急救援开始时间最早、铁路应急资源输送可靠性最大、应急救援出救点数目最少为优化目标，以应急资源存储量和资源消耗连续性限制为约束条件，建立调运优化模型；并结合算例，采用宽容分层序列法对此多目标问题进行求解，说明了在铁路应急资源调运时考虑资源输送的可靠性是非常有必要的，而且在给出一定宽容值的情形下，应急救援出救点的数目可以有效减少，以保证区域内应急救援系统的稳定性。

关键词：可靠性；连续消耗；宽容值；多目标优化

Optimization on Railway Emergency resource Distribution Model with Reliability

Wang Pu[1] Zhang Jialiang[2]

(1. China Academy of Railway Sciences, Beijing 100081; 2. Transportation and Logistics, Southwest Jiaotong University,Chengdu 610031)

Abstract: This paper studies the multi-depot, single emergency point, multi-type emergency resource of distribution problem.Under the assumptio n of emergency resource continuous consumption, the probability density's integral of path capacity was expressed path reliability.The optimization aimed at the earliest emergency rescue, the maximum resource output reliability and the minimum emergency depot number, to build transportation optimization model on the condition of emergency resource and consistence constriction of resource consumption, to solve this multiple-target problem with the method of tolerance layered sequence, Considering reliability of resources when railway emergency resource dispatching is very necessary. And in the case of certain tolerance values, the number of emergency depot could be substantially reduced, that guarantees the stability of the regional emergency rescue system.

Key words: Reliability, Continuous Consumption, Tolerance Values, Multi-Objective Optimization

1 引言

关于铁路应急资源的调运问题，目前已有一部分学者进行了研究，但他们的研究角度各不相同。

周慧娟[1]、王东海[2]、牛宏睿[3]等都认为，铁路应急救援中的应急资源属于一次性消耗系统，只有在所有的应急资源均输送到应急地点后，救援才能开始进行；具体到铁路实际应急救援中，灾害事故发生后，相关部门会迅速启动应急响应，尽早展开应急救援，以免灾害故事造成更严重的后果。因此，可以认为“应急资源属于一次性消耗”的假设是不太合理的，而应该认为铁路应急资源是连续消耗的，即随着应急救援的展开，一直到救援结束都会消耗应急资源。本文在此假设的基础上建立相应模型进行铁路应急资源的调运优化研究。

王军[4]和郑云水[5]等人研究的不同点在于：前者考虑多供应点—单应急点的单种资源调运情形，以应急响应时间最早和应急出救点数目最少为双目标进行研究；后者则考虑多供应点—多应急点—多资源的情形，基于博弈论建立了多阶段调度模型，并结合改进的布谷鸟算法进行研究。

通过上面的综述可以发现，目前对于铁路应急资源调运优化的研究主要集中于“一次性消耗”方面以及“单资源”方面，涉及“连续消耗”和“多资源”调运方面的研究较少。所以，本文将综合考虑“多类应急资源”和“资源连续消耗”这两个方面，建立铁路应急资源调运优化模型，并设计出合理的算法进行求解。

2 应急运输目标

由上面的分析可知，铁路应急资源调运中最重要的部分是考虑应急资源的时效性，能使得应急救援开始时间最早；郭晓光等[6]认为，社会对铁路应急资源运输有两方面的要求：应急资源送达需求地的速度和资源输送的可靠度；蔡鉴明等[7]在研究地震灾害下应急物流运输路径选择时指出，各路段的安全可靠性可根据其周边的环境因素和可能发生的次生灾害，结合专家经验进行预测评估。

由此可见，铁路应急资源在调运时除了考虑快速性，还要考虑其输送的安全可靠性，避免应急资源在输送过程中出现意外，耽搁应急救援的时间。在保证铁路应急资源快速可靠地输送到应急需求地的基础上，应尽可能地减少应急救援出救点数量，因为某区域内铁路应急救援网点数目有限，使用较少的应急出救点，可以保证在该区域内其他地方出现险情时，管理者仍能够快速响应，开展救援工作，保持救援系统的稳定性。综上，文中应急资源调运优化模型的目标如下：

（1）应急救援开始时间最早。

（2）应急资源输送可靠性最高。

（3）应急救援出救点数目最少。

2.1 应急资源输送快速性分析

突发事件发生后，铁路应急资源的运输首先应考虑时间紧迫性，即确定各出救点到需求点的行驶时间最短路径，假设救援列车在各路径上行驶速度相同，问题转化为确定各出救点到需求点的距离最短。王海梅等[8]从算法执行效率考虑，在椭圆限制搜索区域最短路径算法的基础上，提出了矩形限制搜索区域的最短路径算法。该算法相对于传统的 Dijkstra 算法求解效率高，更符合应急资源输送时间紧迫性要求。文中拟采用该算法得出各出救点到应急点的时间。路径示意简图如图 1 所示，图中显示在限制搜索区内从起点 S 到终点 D 的最短路：

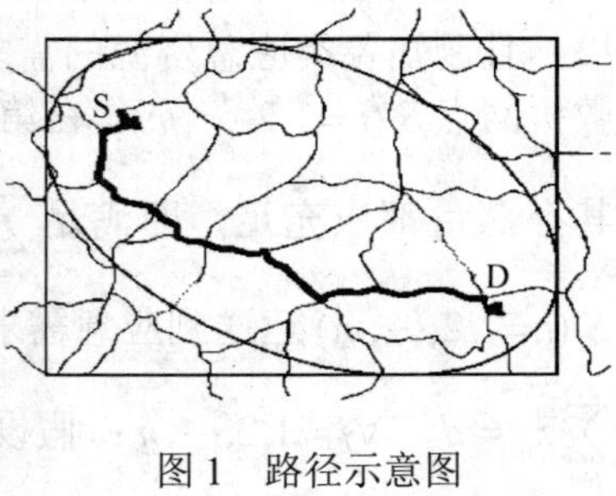

图 1　路径示意图

矩形限制搜索区域的最短路算法如下：

第一步，初始化，定义一个标记点序列 B.对于所有的节点 i，如果 $i \neq S$，则 $d(i)=\infty$，$S(i)=false$，否则 $d(i)=0$，$S(i)=tamplabeled$，将节点 i 放在序列 B 中；

第二步，根据起、终点的坐标，计算构造椭圆方程，进而构造限制矩形坐标；

第三步，设 T 是限制区域内除了节点 i 以外所有节点的集合，对于 T 中与已标记的点 k 相连的每个节点 j，判断边 l_{kj} 是否在矩形限制区域内：如果在，并且 $d(j)>d(k)+l_{kj}$，则 $d(j)=d(k)+l_{kj}$，并将点 j 加入标记点集合 B；如果不在，则考虑下一个与点 k 相连的节点。

第四步，判断最新被标记的节点 k 是否为目标节点，如果是，算法结束；如果不是，转第三步。

2.2 应急资源输送可靠性分析

蔡鉴明认为应急资源在路段运输的安全性可根据周边环境由专家结合经验进行评估；还指出同一路段的安全可靠性在不同时间段内会发生变化；并用给定时间内的网络上的节点可靠性和边可靠性的乘积来表示路径的可靠性[8]。种鹏云在研究危险品运输的路径选择问题时，考虑了路径连通可靠性，将路径连通可靠性定义为：在规定条件下，网络节点及边能让危险品运输车辆同行的可能性。并由路段通行能力求概率密度积分来得到路段的连通可靠性[9]。

综合两人的研究思想，本文假设在铁路应急运输的限制期内，同一运输路段的可靠性不会随时间变化，且认为铁路车站（网络节点）的可靠性为100%。因此，在资源输送路径确定后，可先由各路段的通行能力求概率密度积分，得到各路段的连通可靠性，再将路径所包含的不同路段的连通可靠性相乘，即可得到该路径的连通可靠性；在此基础上，由专家结合该路径的历史灾害发生情况，并与其他路径对比分析，给出资源输送各路径的综合可靠性。用数学符号表示如下：

假设由应急出救点 S_i 到需求点 E 的路径为 R_i，R_i 由路段 θ 组成，$\theta=1,2,\cdots,h$；设铁路应急资源运输路段的通行能力服从正态分布[10]，则各路段的连通可靠性可以表示为：

$$r_\theta=\frac{1}{\sigma_\theta\sqrt{2\pi}}\int_{x_\theta}^{\infty}\exp\left\{-\frac{1}{2}\left(\frac{x-\bar{\mu}_\theta}{\sigma_\theta}\right)^2\right\}\mathrm{d}x \tag{1}$$

其中，r_θ 是路段 θ 的连通可靠性；$\bar{\mu}_\theta$ 是路段 θ 通行能力平均值；σ_θ 是路段 θ 通行能力的标准差。

那么，路径 R_i 的连通可靠性可以表示成：$r_i'=\prod_{\theta=1}^{h}r_\theta$ 在此基础上，由专家根据该路网区域的历史灾害情况，给出各路径的综合可靠性 r_i。

3 调运模型

3.1 模型符号定义

假设某铁路局所辖区某铁路线上的 E 处发生了突发事故，共需要 $j(j=1,2,\cdots,n)$ 类应急资源参与救援，且已知各类应急资源的需求量为 d_j，假设其对应的消耗速率为 c_j。在铁路局所辖范围内设有应急救援网点 $S_i(i=1,2,\cdots,m)$，在第 i 应急救援网点 j 类应急资源的存储量为 p_{ij}，则对于任意一类应急资源，其存储量都应充足，即满足 $\sum_{i=1}^{m}p_{ij}\geqslant d_j\quad\forall j=1,2,\cdots,n$；假设在实际的应急救援中，由应急救援网点 $S_i(i=1,2,\cdots,m)$ 运送到应急需求点 E 的第 j 类应急资源的量为 x_{ij}，则为保障救援行动顺利完成，即要求 $\sum_{i=1}^{m}x_{ij}=d_j\quad\forall j=1,2,\cdots,n$；假设应急资源从救援网点 $S_i(i=1,2,\cdots,m)$ 输送到应急需求点 E 的时间为 t_i，应急资源从救援网点 $S_i(i=1,2,\cdots,m)$ 运送应急资源到应急需求点 E 的可靠性为 r_i。

3.2 模型建立

设应急资源的调运方案 $\varphi=\{(S_{i_k},x_{i_k j})\},k\in\{1,2,\cdots,m\},j=1,2,\cdots,n$，其中 i_k 是 $1,2,\cdots,m$ 的子排列。为

了方便问题分析，参考文献[4]给出临界下标的定义：

定义 1 对序列 $x_{i_1 j}, x_{i_2 j}, \cdots, x_{i_m j}$，若存在 $a(1 \leqslant a \leqslant m)$ 使得对 $\forall j = 1,2,\cdots,n$，$\sum_{k=0}^{a-1} x_{i_k} < d_j \leqslant \sum_{k=0}^{a} x_{i_k}$ 都成立，则称 a 为该序列关于 d_j 的临界下标。

相应地，调运方案也可表示为 $\varphi = \{(S_{i_1}, x_{i_1 j}), (S_{i_2}, x_{i_2 j}), \cdots, (S_{i_a}, x_{i_a j})\}$。设调运方案的应急救援开始时间表示为 t_s，则应急救援结束时间 t_e 可以表示如下：

$$t_e = t_s + \mathop{\mathrm{Max}}_{j=1,2,\cdots,n} \left(\frac{d_j}{v_j} \right) \tag{2}$$

一般情况下，要使得应急救援开始时间最早，会采取“就近原则”进行资源调运，即从距离灾害点最近的救援网点开始安排资源运输，接着是次近的救援网点，以此类推……但这样的调运方案可能会出现问题，即有可能应急资源消耗过快，在下批应急资源运到应急需求点之前就已经消耗完了，导致应急救援出现中断。因此，为保证应急救援工作自开始后便不会出现中断的情况，参考文献[11]给出调运方案 φ 关于应急救援开始时间 t_s 连续可行的定义：

定义 2 如果在方案 φ 中，对于 $\forall t \in [t_s, t_e]$，总有下式成立，那么该救援方案关于应急救援开始时间 t_s 是 j 资源连续可行的。即保证救援开始后，任意时刻现有的应急资源量都不小于消耗量。

$$\sum_{k \in \{q | t_{i_q} \leqslant t, q=1,2,\cdots,a\}} x_{i_k j} \geqslant (t - t_s) v_j \quad j = 1,2,\cdots,n \tag{3}$$

式中，$\sum_{k \in \{q | t_{i_q} \leqslant t, q=1,2,\cdots,a\}} x_{i_k j}$ 表示到 t 时刻止，已送达的第 j 类物资的总量；$(t - t_s) v_j$ 表示到 t 时刻止，已经消耗的第 j 类物资的量。

由定义 2 可以推导得出如下原理：

原理 1 如果方案 φ 关于应急救援开始的时间 t_s 是 j 资源连续可行，则 t_s 应当满足：

$$\begin{cases} t_s \geqslant \max\{h_{i_k}\}, \ k \in (1,2,\cdots,a) \\ h_{i_k} = t_{i_k} - \sum_{q=0}^{k-1} \dfrac{x_{i_q j}}{v_j} \end{cases} \tag{4}$$

式中，$\sum_{q=0}^{k-1} \frac{x_{i_q j}}{v_j}$ 表示前 $k-1$ 个救援网点的 j 类应急资源可以维持的消耗时间。救援方案中物资投入救援的最早开始时间取 $t_s = \max\{h_{i_k}\}$。将救援方案中应急出救点的个数用 $N(\varphi)$ 来表示。

综上所述，建立连续消耗情形下铁路应急资源调运优化模型如下：

$$\min \quad t_s(\varphi) \tag{5}$$

$$\max \quad r(\varphi) \tag{6}$$

$$\min \quad N(\varphi) \tag{7}$$

$$s.t. \begin{cases} \sum_{k \in \{q | t_{i_q} \leqslant t, q=1,2,\cdots,a\}} x_{i_k j} \geqslant (t - t_s) v_j & j = 1,2,\cdots,n \\ 0 \leqslant x_{i_k j} \leqslant p_{i_k j} & k = 1,2,\cdots,a \end{cases} \tag{8}$$

式（5）表示应急救援开始时间最早；式（6）表示应急资源输送可靠性最大；式（7）表示出救点数目最少；式（8）中第一式表示应急救援开始后，截止到任意时刻第 j 类应急资源现有量都大于到目前为止该类资源的消耗量；式（8）第二式表示从应急救援网点 S_i 输送的第 j 类应急资源的量小于其原有的存储量。

4 求解算法

在连续消耗的应急系统下，多资源应急调运问题相对于单资源的应急调运问题要复杂得多，资源调运方案由一维向量变成了二维矩阵。根据常用的数学思想，容易想到，可以将该二维矩阵看成多个一维向量，然后逐个求解，即可得到完整的调运方案矩阵[12]。文中建立的调运模型有三个目标函数，涉及多目标求解问题，常用的方法是将多目标转化为单目标，或者将多个目标线性加权，或者将某些目标函数变化成约束条件；本文拟采用分层序列法，把时间目标和可靠性目标放在同一层，先对应急救援开始时间和资源运输可靠性目标进行求解，在此基础上，再进行出救点数目最少的求解。求解流程图如图 2 所示。

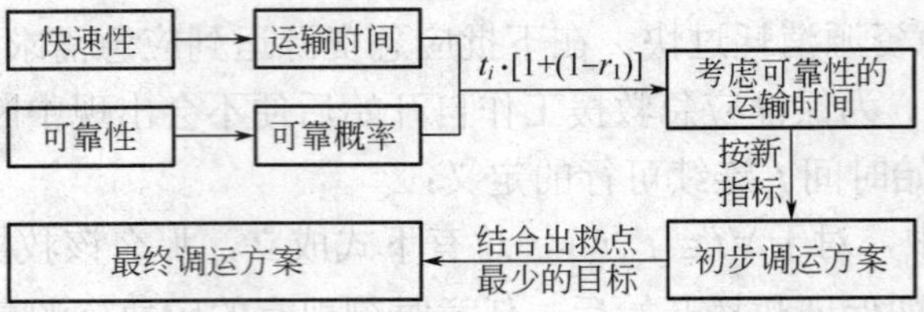

图 2　求解流程

当需要输送多种应急资源时，上文中提到的资源调运方案φ可以表示为二维矩阵如下：

$$\varphi=\begin{bmatrix} x_{11},x_{12},\cdots,x_{1n} \\ x_{21},x_{22},\cdots,x_{2n} \\ \vdots \\ x_{m1},x_{m2},\cdots,x_{mn} \end{bmatrix}$$

可见，调运方案是一个$m\times n$的矩阵，当仅考虑第j种应急资源时，方案φ对j种应急资源起作用的是上述矩阵的第j列元素。

先对第j种应急资源进行求解。目标函数为：$\min\ t_s\quad j=1,2,\cdots,n$，令$\overset{*}{t_{s_j}}=\min t_s, j=1,2,\cdots,n$。当$t_1<t_2<\cdots<t_m$严格成立时，结合上述原理 1 可以得出：

$$\overset{*}{t_{s_j}}=\max_{k\in\{1,2,\cdots,a_j\}}\left\{t_k-\sum_{i=0}^{k-1}\frac{x_{ij}}{v_j}\right\}\tag{9}$$

相对应j种应急资源的优化方案为$\overset{*}{\varphi_j}$。

$$\overset{*}{\varphi_j}=(x_{1j},x_{2j},\cdots,x_{a_j-1j},d_j-\sum_{k=0}^{a_j-1}x_{kj},0,\cdots,0)^T\tag{10}$$

结合以上分析，文中所建模型的求解算法如下：

步骤 1，采用矩形限制区域最短路算法寻找各救援网点到应急点的最短路径，并计算运输时间t_i；

步骤 2，用式（1）计算各运输路径的连通可靠性r_i'，并得出综合可靠性r_i；

步骤 3，用$1-r_i$表示运输的风险性，并用运输风险性和运输的时间乘积表示运输延误时间，再加上原本的运输时间就得到了考虑可靠性的运输总时间t_i'，即$t_i'=t_i\cdot[1+(1-r_i)]$；

步骤 4，对第j类应急资源，定义 1、2 以及原理 1 对t_i'仍然成立，按照式（9）、式（10）即可求出j类应急资源的调运方案$\overset{*}{\varphi_j}$；

步骤 5，按应急资源种类将 φ_j^* 排列起来便得到了调运优化方案 φ^*，在此基础上，在给定的运输时间宽容值下，减少出救点的数目。

5 算例分析

假设铁路网某处发生了突发事故，经专家估算，分别需要 3 类应急资源（30，25，60）t；其消耗速率为（4，6，8）t/h，在该路网区域能够参与救援的网点共 8 个。根据矩形限制区域搜索算法可以得出各救援点到应急点的运输时间，根据式（1）可算出各救援点到应急点的可靠性，数据如表 1 所示。

表 1　各出救点的相关数据

	S_1	S_2	S_3	S_4	S_5	S_6	S_7	S_8
t_i	1	1.5	2.5	3	4	6	7	7.5
r_i	0.85	0.9	0.52	0.85	0.82	0.76	0.71	0.81
t_i'	1.15	1.65	3.7	3.45	4.72	7.44	9.03	8.925
p_{i1}	4	3	5	8	8	12	13	11
p_{i2}	6	6	5	11	15	11	13	12
p_{i3}	7	8	5	16	21	24	22	12

根据上文的分析，首先根据 t_i' 的大小将出救点排序，然后依次针对 3 类资源安排调运方案，得到初步调运方案为 $\begin{pmatrix} 4,3,5,\ 8,\ 8,2,0,0 \\ 6,6,5,\ 8,\ 0,0,0,0 \\ 7,8,5,16,21,3,0,0 \end{pmatrix}$，由式（9）可以得到：

$t_{s_j}^* = (1.7,1.45,1.575)$，此时，保证 3 类资源关于救援开始时间连续可行的最早救援开始时间为 1.7h，出救点数量为 6 个。

假设要求最早救援开始时间限制为 2.5h，宽容值为 0.5h，在此基础上进行调运方案的进一步优化：发现可以将 S_5 的资源全部由 S_6 输送，此时，调运方案变为 $\begin{pmatrix} 4,3,5,\ 8,0,10,0,0 \\ 6,6,5,\ 8,0,\ 0,0,0 \\ 7,8,5,16,0,24,0,0 \end{pmatrix}$，由式（9）得到 $t_{s_j}^{1*} = (2.44,1.45,2.94)$，此时，最早的救援开始时间为 2.94h，在宽容值允许范围内，出救点数量减少为 5 个。

进一步调整调运方案，发现可以将 S_1 和 S_2 的全部资源由 S_5 和 S_6 输送，方案变为 $\begin{pmatrix} 4,0,0,\ 8,\ 8,10,0,0 \\ 6,0,0,\ 8,11,\ 0,0,0 \\ 7,0,0,16,13,24,0,0 \end{pmatrix}$，由式（9）得到 $t_{s_j}^{2*} = (2.7,2.7,2.94)$，最早救援开始时间仍然为 2.94h，但出救点数量进一步减小为 4 个，故该方案为最终优化方案。

6 结束语

本文在连续消耗假定的基础上进行了铁路应急资源调运研究，相对于以往研究，本文创新点在于针对多类型铁路应急资源，考虑其输送路径的可靠性，并给出了一种输送路径可靠性的计算方法。在模型建立时，以铁路应急救援开始时间最早、应急资源输送可靠性最大、应急救援出救点数目最少为多重目标，建立了调运优化模型，并提出了基于一定宽容值的分层序列求解算法。

算例结果说明，在模型的目标函数中考虑应急资源输送的可靠性是更加贴合生产实际的，而且给应急救援开始时间一定宽容值条件下，可以有效地减少应急出救点数目，保证区域内应急救援系统的稳定。例如本文给定救援开始时间 0.5h 的宽容值，最后将调运方案的出救点数目由 6 个减少到 4 个。

参考文献

[1] 周慧娟．铁路应急管理中的预案管理与资源配置优化［D］．北京：北京交通大学，2011.

[2] 王东海，段力伟．基于 TOPSIS 的铁路应急资源调度优化模型［J］．铁道运输与经济，2013（2）：52-56.

[3] 牛宏睿，李平，王富章．铁路突发事件多应急点资源调度模型及仿真研究［J］．铁路计算机应用，2009（12）：20-22.

[4] 王军．铁路重大突发事件应急资源优化调配问题的研究［D］．北京：北京交通大学，2007.

[5] 郑云水，穆然，林俊亭，成利刚．铁路应急资源动态多阶段调度决策模型及算法研究［J］．计算机工程与应用，2015（20）：213-219，233.

[6] 郭晓光，张晓东．区域铁路网应急运输保障能力评价研究［J］．铁道学报，2012（12）：26-30.

[7] 蔡鉴明，李夏苗，杨光华．基于时变性和可靠性的地震灾害应急物流运输路径选择［J］．铁道科学与工程学报，2011（5）：101-106.

[8] 王海梅，周献中．一种限制搜索区域的最短路径改进算法［J］．南京理工大学学报（自然科学版），2009（5）：638-642.

[9] 种鹏云，帅斌，尹惠，高洁．基于连通可靠性的危险品运输路径选择问题［J］．中国安全科学学报，2014（5）：92-97.

[10] Iida Y．Basic concepts and future directions of road network reliability analysis［J］．Journal of Advanced Transportation，1999，33（2）：125-134.

[11] 刘春林，盛昭瀚，何建敏．基于连续消耗应急系统的多出救点选择问题［J］．管理工程学报，1999（3）：19-22.

[12] 戴更新，达庆利．多资源组合应急调度问题的研究［J］．系统工程理论与实践，2000（9）：52-55.

基于用户行为的订单实时缓存技术的研究

郝晓培　单杏花　梅巧玲

（中国铁道科学研究院电子计算技术研究所，北京 100081）

摘　要：针对铁路 12306 互联网售票系统在海量订单存储以及高并发随机查询时面临的性能问题，本文提出了基于潜在访问的订单数据进行异步缓存处理的方案来进行优化。该方案借助用户登录作为触发事件来将订单数据实时的从 I/O 频繁的分布式数据库内加载到分布式内存数据库内，减少查询过程中的 I/O 次数，提高查询速度；并对该优化方案的实现和可行性进行了深入的分析和研究。

关键字：12306；海量；高并发；实时缓存；分布式

The Research of Real-time Cache Technology of Order Based on Users' Behavior

Hao Xiaopei　Shan Xinghua　Mei Qiaoling

(Institute of Computing Technologies China Academy of Railway Sciences,Beijing 100081)

Abstract: For the performance issues brought by the mass order storage and high concurrency random query in railway 12306 Internet ticketing system, this paper puts forward the optimization program that using the asynchronous method cache processes the potential access order data. This program loads the order data from the frequent I/O distributed database to the distributed memory database by the means of using user login as a trigger event, which is aimed to reduce I/O times during query process and then increase query speed. In addition, this paper makes a deep analysis and research on the implementation and optimization of the program mentioned above.

Key words: 12306, Mass Information, High Concurrency, Real-time Data Cache, Distributed

1　引言

铁路 12306 互联网售票系统自 2011 年上线以来，经过 4 年的发展，已经成功完成了多次春运高峰售票，单日售票量已经突破了 1000 万，其中通过互联网渠道的售票量超过了 600 万，目前网站的注册人数已经达到了 2 亿，非节假日期间单日登录用户人数已经达到 500 万，春运期间单日登录人数已经超过 1000 万。

随着注册人数的不断增长，用户购票产生的订单数量剧增，高速增长的订单查询请求以及海量的订单数据给 12306 互联网售票系统带来了很多性能问题，导致整个系统的响应非常缓慢。

为了提高订单系统查询性能，本文主要在基于现有的硬件资源下采用分布式内存数据库作为高性能数据缓存系统，根据用户的行为实时地缓存可能访问到的订单数据，很大程度上减轻了数据库的负担，降低了对订单系统硬件资源的要求，提高了数据请求和响应速度。

2 12306订单系统架构现状

2.1 订单系统现状分析

12306互联网售票系统作为客票系统的一个新的渠道，发展初期，订单系统使用的是关系型数据库。近年来，越来越多的人使用12306互联网售票系统购票，订单量飞速增加，此时单纯的关系型数据已经无法保障订单系统的高吞吐能力，所以开始对订单数据库系统进行分节点分库分表改造，将原来的1个节点1个库1张物理表分为3个节点30个库30张表，根据用户名进行HASH，将用户对订单的相关操作分散到各个节点和库表中，降低了单个节点的压力，提升了售票交易的处理能力，并且也具有了横向扩展能力[1]。

为了应对订单系统的高并发查询，对订单系统进行了读写分离，使用分布式内存数据库集中存放订单数据，可以减少订单查询的I/O次数，订单查询的TPS由200次/秒左右提高到了5000次/秒。

2.2 面临的主要问题

经统计分析，目前在非节假日每天的用户登录量大约为500万，在春运期间每天的用户登录人数超过1000万，每个人都会多次对自己的订单进行查询。高并发的随机查询降低了用户的体验，影响订单系统高并发随机查询性能的主要因素如下：

（1）分布式内存数据库内订单数据量太大：分布式内存数据库内存放所有用户的未出行订单，数量大，耗费内存资源，出现故障重启缓慢。

（2）HBase数据库需要频繁I/O：历史订单查询需要访问HBase数据库，HBase数据库数据量大，并且自带缓存机制无法满足订单的高并发随机访问，需要频繁I/O，减少了查询时间。

（3）消息队列丢失数据恢复困难：在订单系统读写数据库之间同步数据使用的消息队列服务器，当消息队列服务器出现流控制或者宕机需要重启时，可能会丢失数据，造成读写数据库数据不一致，需要从关系型数据库内导出出现故障这段时间内的数据，重新导入供查询的数据库，数据量大时影响生产。

3 订单系统架构的优化

针对目前订单系统存在的问题，主要从四个方面缓解查询性能问题：

（1）在用户登录时将该用户的所有订单数据从HBase数据库内读到分布式内存数据库内，分布式内存数据库作为订单系统HBase数据库的缓存层。

（2）分布式内存数据库实时更新当前登录用户的订单数据，停止服务期间清空分布式内存数据库集群，分布式内存数据库只保存当天登录用户的历史订单数据和未出行订单数据。

（3）清理HBase数据库内更早的历史订单数据，删除与订单相关的无用的表和字段进行存储。

（4）基于ELK系统应对消息队列丢数故障。

3.1 分布式缓存技术概述

随着铁路12306互联网售票系统不断完善，其已经拥有了非常庞大的用户群体。由于磁盘的永久存储及高性价比，海量信息一般存储在分布式的磁盘数据库内，用户在存储海量数据的磁盘数据库内查询数据需要进行频繁的I/O操作，数据缓存方案已经成为非常迫切的需求。

为了提高查询速度，可以使用分布式内存数据库作为缓存层，存储潜在访问的数据，减少 I/O 次数。

分布式内存数据库是具有弹性、高可伸缩性和分布式的数据库框架，提供了高效的数据管理方法，可以在内存中存放大量的数据并且创建索引供用户查询，在操作这些数据的过程中尽可能地减少与磁盘之间的I/O操作，不仅能够提高用户的查询速度，也能够提高查询的并发量[2]。

分布式内存数据库作为缓存层的主要特点：

➢ 高性能：存储海量数据的HBase数据库，磁盘I/O是高并发的随机查询性能瓶颈，影响查询系统的性能。而分布式内存数据库将数据存放在查询速度较快的内存内，查询过程中减少磁盘I/O，提高查询性能。

➢ 动态可扩展性：支持弹性扩展，可以动态地添加或减少分布式内存数据库的节点，应对节假日和非节假日用户登录量差距较大的情况，最大限度提高硬件资源的利用率。

➢ 高可用性：分布式内存数据库基于冗余机制来实现系统的高可用性，不会因为单台服务器节点的故障而影响缓存层的正常使用。

3.2 订单数据实时缓存架构

如图 1 所示，关系型数据库和内存数据库只存放未出行订单，对不再进行修改操作的历史订单数据存储在HBase数据库集群。

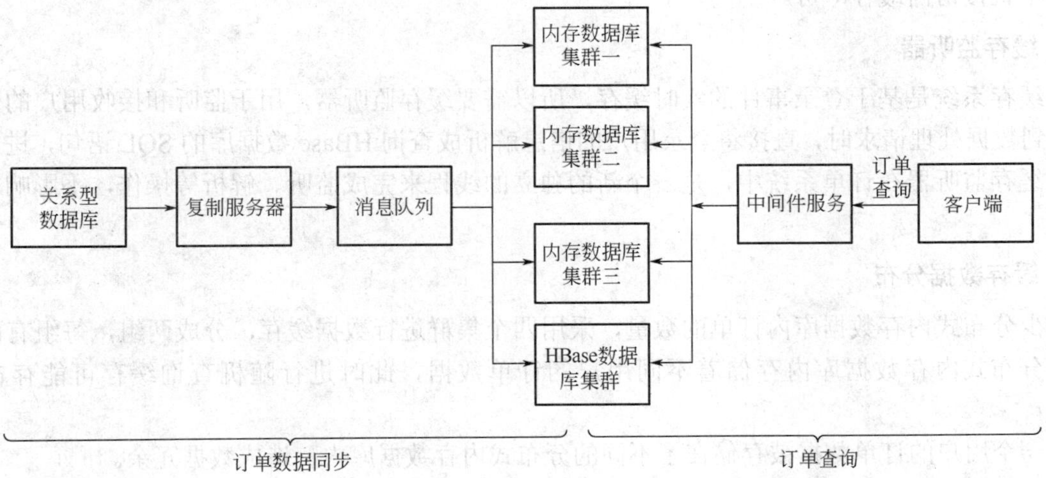

图 1 订单系统架构简图

3.2.1 实时缓存概述

该优化方案的设计目标是针对大规模、高并发的随机查询请求，保证海量数据处理效率和快速响应查询结果。系统的整体架构如图 2 所示，选用分布式内存数据库与HBase数据库相结合，分布式内存数据库作为HBase数据库的缓存层，存放用户有可能访问的订单数据，用户对订单的频繁查询直接从缓存中返回，不直接查询HBase数据库，减少I/O次数。假如不存在分布式内存数据库内，就从HBase数据库内取出结果返回给用户的同时，也存储到分布式内存数据库中。

为了应对节假日与非节假日每天登录用户的人数不同，防止用户请求在消息队列服务器内堆积，无法实时对订单数据进行缓存，基于用户之间的订单数据没有关联的特性，可以通过在HBase数据库集群和分布式内存数据库集群运行多个消息队列接收端来对数据进行解析，而不需要考虑订单查询顺序问题。

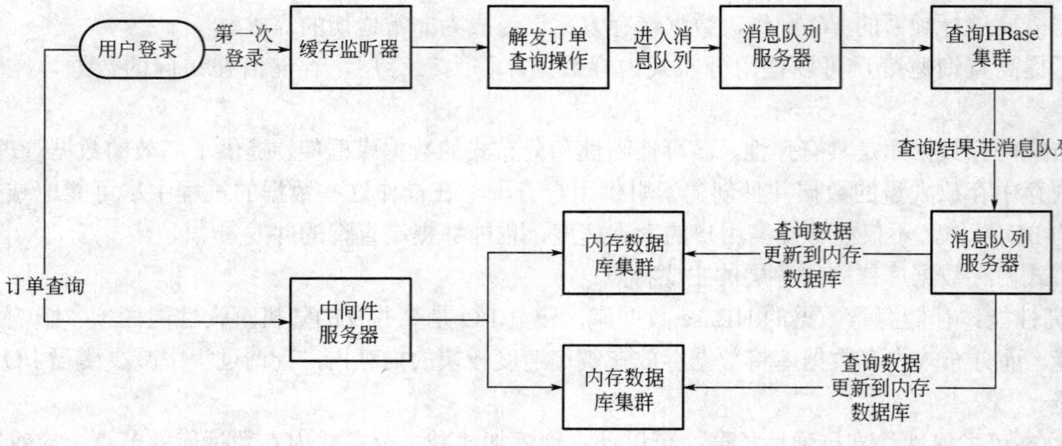

图 2　订单实时缓存流程图

3.2.2　确定热点数据

因为用户查询订单的随机性，仅仅依靠对数据的分析来获得潜在的查询订单的用户是不能实现的，所以可以通过用户的登录行为作为触发事件将用户的订单数据实时地从 HBase 数据库内取出并存储到分布式内存数据内，将当天登录的用户的订单数据作为热点数据进行异步缓存。经数据分析，用户从登录系统到查询订单的平均时间为 15 秒，在这 15 秒内订单数据已经存储到了分布式内存数据库内，用户查询订单直接访问缓存即可。

3.2.3　缓存监听器

因为该缓存系统是基于登录事件的实时缓存，所以需要缓存监听器，用于监听和接收用户的登录信息，当遇到数据处理请求时，直接将登录用户的信息解析成查询 HBase 数据库的 SQL 语句，进入消息队列。该缓存监听器在订单系统中，是一个新的独立的线程来完成监听、解析等操作，不影响用户登录系统。

3.2.4　缓存数据分布

为了减少分布式内存数据库内订单的数量，采用四个集群进行数据缓存，分成两组，每组有两个集群，每组分布式内存数据库内存储着不同用户的订单数据，此时进行随机查询缓存可能存在两个问题：

（1）同一个用户的订单数据被存储在了不同的分布式内存数据库内，造成数据冗余。

（2）有可能某个用户的数据已经被缓存但是访问却没有命中。

因为无法保证同一个用户的所有访问都被发送到相同的分布式内存数据库集群，所以随机查询缓存的策略是行不通的。所以可以通过使用中间件服务器的导航功能将互联网、手机等渠道的业务请求准确地分发到各个数据节点上，使相同用户对订单数据的操作在同一个分布式内存数据库内进行。

3.3　订单数据的同步模型

3.3.1　同步架构概述

当用户登录之后就会将该用户所有的非今天提交的订单全部加载到分布式内存数据库内供用户查询。当用户提交订单或者改签退票修改订单信息时，直接对关系型数据库进行增加或修改订单信息。并且根据用户名进行 HASH，通过负载均衡将对订单的操作信息放到对应的消息队列内，经过其对应的分布式内存数据库接收端进行解析增加或更新该用户的订单信息。同时 HBase 数据集群也接收所有的消息队列数据并进行解析更新订单数据。订单状态实时更新流程如图 3 所示。

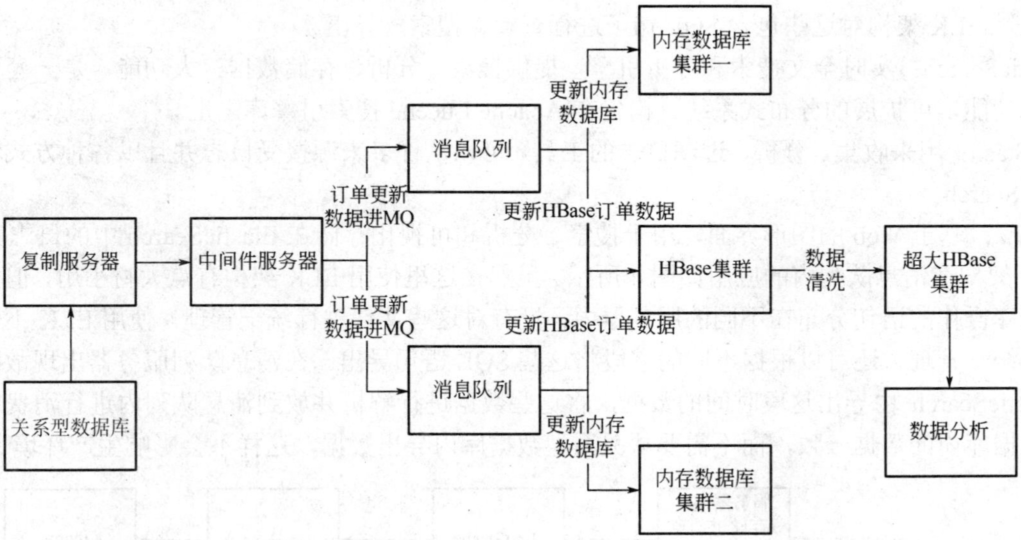

图 3　订单状态实时更新流程图

海量数据的存储和处理带来了巨大的技术挑战，但是不断积累的订单数据包含着很多在小数据时代不具备的深度知识和价值。阿里巴巴、京东等大型互联网公司根据订单信息可以分析出每个人的购物喜好，定向推送用户可能喜欢的商品，既能提高推广商品的点击率，也能减少用户搜索商品的时间，进一步提升这些互联网公司的经济效益。而对于铁路 12306 互联网售票系统，海量的订单数据除了可以满足用户查询订单的需求，还可以根据用户的行程，退改签等购票行为，分析出可疑的订单，确定潜在的黄牛党，进一步提高社会效益，维护售票的公正公平。

因为订单系统非常复杂，在购票或取票时需要根据订单系统进行逻辑判断，所以订单系统包含很多表结构，但是订单系统中也有很多表以及某些字段对后期的数据分析没有太大用处，只会增加存储压力，因此为了用更少的硬件资源存储更多的有用订单数据，需要对不再进行逻辑判断的历史订单数据进行数据清理然后转存，只保留可以满足用户查询以及对数据分析有用的字段数据。将进行过清理的订单数据保存到超大 HBase 数据库集群内，通过对该集群的订单数据进行数据分析，挖掘出对公平售票有用的信息。

3.3.2　缓存数据清理

因为热点数据是根据每天登录用户来确定的，故在用户登录之前是不知道有可能查询到的订单数据的，所以为了减少分布式内存数据库内的订单数据量，在每天晚上网站不提供服务的这段时间内清空分布式内存数据库，即分布式内存数据库内仅仅存放当天登录用户的订单数据。这样可以大大减少数据库集群里订单的数量，降低集群的硬件要求。

3.3.3　ELK 架构解决消息队列故障

订单架构中多次使用到消息队列，在订单系统、查询系统中使用到的消息队列服务器集群遇到宕机或者流控制，直接重启服务就可以快速恢复。就算存在个别的数据丢失也不会影响大多数用户的体验。因为查询系统中的消息队列的主要作用就是将用户在 HBase 数据库内的订单数据根据负载均衡机制缓存到不同的分布式内存数据库内供用户查询，丢失数据也就是意味着该条数据对应的用户的订单数据没有缓存到分布式内存数据库内，只是增加了查询 HBase 数据库的时间，所以偶尔的数据丢失不会带来太大的影响。

但是在订单数据同步的模型中，消息队列中数据的丢失会造成读写数据库数据不一致，用户在提交订单或者付款之后，就无法查询到自己的订单信息或者看到的订单是待支付状态，因此读写数据库的不一致会让用户感觉到操作与结果不一致，从而引起投诉。

为了解决该问题，在用户对订单进行操作的时候需要将操作的 SQL 语句存储在对应的服务器上一份，并通过 ELK 架构对这些包含 SQL 句子进行查看、搜索、导出。

ElasticSearch：实时全文搜索和分析引擎，提供搜集、分析、存储数据三大功能，是一套可以提供高效搜索功能，可扩展的分布式系统。构建在 Apache Lucene 搜索引擎库之上。

LogStash：用来收集、分析、过滤日志的工具。可以从许多来源接受日志并且以各种方式输出数据到 ElasticSearch。

Kibana：基于 Web 的图形界面，用于搜索、分析和可视化存储在 ElasticSearch 中的日志数据。

ELK 架构在消息队列内的应用如图 4 所示。虽然在这里使用 ELK 架构有点大材小用，但是由于包含对数据库操作的语句分布在不同的服务器内，没有对这些文件进行统一管理，使用 ELK 不仅可以对这些文件统一管理，还可以根据不同的字段将这些 SQL 语句导出。在消息队列服务器出现故障时，直接在 ElasticSearch 内导出这段时间的数据，将这些数据进行解析并放到消息队列内进行消费就可以做到读写数据库内的数据一致，而不需要从关系型数据库内导出数据，这样不会影响生产环境。

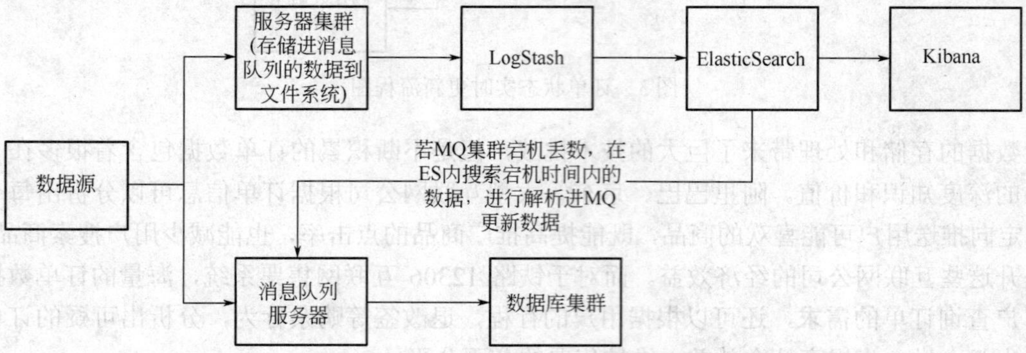

图 4　ELK 架构在消息队列内的应用

3.4　小节

该方案可以提高查询效率的主要原因：

（1）该方案是基于用户登录作为事件触发订单数据异步实时缓存的，作为缓存层的分布式内存数据库内存放的仅仅是当天登录用户的订单数据，相对于存储全部用户的订单数据，数据量要小很多。

（2）该方案仅仅在用户登录时查询一次 HBase 数据库，不会频繁查询，所有在 HBase 数据库内查询历史订单数据仅仅涉及很少的并且用户不可察觉的 I/O 操作，直接去查询 HBase 数据库的缓存层分布式内存数据库。

4　结语

在当今的互联网高速发展的时代，铁路 12306 售票系统的复杂程度越来越高，不仅需要信息系统能够存储和分析海量数据，还需要其可以满足用户在海量数据中的快速查询，所以分布式内存缓存的作用变得越来越重要。本文主要研究了基于事件的数据实时缓存以及将分布式内存数据库作为 HBase 数据库缓存层对订单快速查询，并且引入架构对消息队列服务器集群故障进行快速恢复，有效地解决了海量数据的存储和高并发随机查询的带来的性能问题。

参考文献

[1] 朱建生．新一代客票系统总体技术方案研究 [J]．铁路计算机应用，2012，2（6）：1-6.

[2] 顾荣庆，杨开杰，徐汀荣．分布式数据缓存技术研究 [J]．计算机应用技术，2011，28（6）：201-204.

基于新一代铁路客票系统的高并发负载能力分析及优化

李 琪
（中国铁道科学研究院电子计算技术研究所，北京 100081）

摘　要：分析负载能力的衡量指标，分析影响负载能力的相关因素，基于新一代铁路客票系统，提出面对高并发互联网售票系统架构的优化，提出面对高并发双中心互联网订单业务存储的优化，提出面对高并发铁路局客票席位集群的优化。

关键词：负载能力；新一代铁路客票系统；高并发；系统优化；动态扩展

Analysis and optimization of high concurrent load capacity based on a new generation of railway passenger ticket system

Li Qi
(Institute of Computing Technology of China Academy of Railway Science,Beijing 100081)

Abstract: Analysis of the measurement of load capacity, analysis of the impact of load capacity, based on a new generation of Railway Ticketing and reservation system, put forward to the optimization of Internet Ticketing System architecture in the face of high concurrent, put forward to the optimization of double center storage in the face of high concurrent, put forward to the optimization of Railway Bureau passenger ticket seat cluster in the face of high concurrent.

Key words: Load Capacity, New Generation of Railway Passenger Ticket System, High Concurrency, System Optimization, Dynamic Extension

1 引言

互联网时代，高并发是一个常被提及的话题。无论对于一个 WEB 站点还是 APP 应用，高峰时能承载的并发请求都是衡量一个系统性能的关键指标。像百度、淘宝、腾讯等在关键时段需要解决数以亿计的峰值请求，负载能力的提高、高并发的优化策略也是至关重要的。新一代铁路客票系统已经初步建成同城的两个数据中心。但随着核心业务逐步向两个生产中心集中，系统规模不断扩大，整个系统面临着高并发、大数据、动态调度与管理等难题和挑战，须进行深入研究和探讨。

2 负载能力的衡量指标

常被用来衡量负载能力的一个指标是每秒请求数 RPS（Requests per second），指的是每秒能够成功处理请求的数量。可以配置 WEB 服务器的最大连接数为无限大，但是受限于服务器系统或者硬件和网络带宽的限制，很多请求不会在可以接受的时间内及时响应，这并不作为一个成功的请求，其中成功得到响应的请求数即为每秒请求数，反映出系统的负载能力。

通常在资源具有弹性的情况下，增加允许的并发用户数量时每秒请求数量也会增加。但是最终会达到一个平衡点，此时并发用户数量开始超越服务器，如果继续增加并发用户数量，每秒成功的请求数量开始下降，而延迟时间会增加。这个并发用户数量的临界点可以认为是当前系统的最大负载能力。

3　影响负载能力的相关因素

与系统并发访问量相关的因素一般包括：网络带宽和吞吐量、硬件资源配置、系统架构、操作系统配置、应用服务配置、数据库配置、应用程序逻辑等。其中网络带宽和硬件资源配置是决定系统负载能力的决定性因素，只能依靠扩展和升级提高。重点可以讨论和分析的是在一定网络带宽和硬件配置基础上，负载能力如何发挥更大作用。

3.1　网络带宽和吞吐量

网络带宽的实际含义是在给定时间等条件下流过特定区域的最大数据位数。就好像高速公路的车道一样，带宽越大，好比车道越多。吞吐量是指在规定时间、空间及网络路径的前提下，下载数据时实际获得的带宽值。由于多个环节的原因，实际吞吐量往往比传输介质所标称的最大带宽小。影响带宽的主要因素包括网络设备、拓扑结构、数据类型、用户数量、传输两端的设备性能等。

3.2　硬件资源配置

系统部署环境的综合服务器硬件资源决定了一个系统的最大负载能力，可以动态扩展的环境需要看水平方向的综合指标。一般情况下起关键作用的是以下指标。

（1）CPU 主频及核数：cpu 频率关系着 cpu 的运算速度，核数则影响线程调度、资源分配的效率。

（2）内存大小及速度：内存越大，那么可以在内存中运行的数据也就越大，速度也就快；内存的速度从原来的几百 hz 到现在几千 hz，决定了数据读取存储的速度。

（3）硬盘速度：传统的硬盘是使用磁头进行寻址的，io 速度比较慢。现在有多种硬盘类型，如 SATA 硬盘、SAS 硬盘、SSD 固态硬盘、Fusion-io 固态硬盘等的速度差别很大，使用高等级硬盘其寻址速度会大大加快。

3.3　系统架构

高并发的系统架构设计是否合理，不仅影响业务系统在高并发条件下的使用效率，也影响解决高并发情况的资源动态扩展。在设计时需要考虑缓存访问、负载均衡、资源池化等，也需考虑应用拆分、分库分表、虚拟化。

3.4　操作系统配置

从稳定性、性价比等来说，目前后端系统多数部署在 Linux 主机上的。以前的关键业务会部署在大型机、中型机、小型机上，但由于初始投入、维护成本、政策计划等方面的原因，以及 PC SERVER、虚拟化技术、开源软件的发展，使用 PC SERVER 上部署 Linux 操作系统成为很多业务的合理选择。对于 Linux 系统，关系系统负载能力的配置有很多，以下几方面较为重要。

（1）文件描述符数限制。Linux 中所有东西都是文件，一个 socket 就对应着一个文件描述符，因此系统配置的最大打开文件数以及单个进程能够打开的最大文件数决定了 socket 的数目上限。

（2）进程/线程数限制：对于多进程模式，其负载能力由进程数目限制，对多线程模式则由线程数所限制。

（3）TCP 内核参数：网络应用的底层很多与 TCP/IP 有关，操作系统的一些与此相关的配置也影响系统的负载能力。

3.5 应用服务配置

应用服务器的有一些工作模式，也可叫并发策略，需要合理配置才可发挥作用。

（1）multi process：多进程方式，一个进程处理一个请求。

（2）prefork：类似于多进程的方式，但是会预先 fork 出一些进程供后续使用，是一种进程池的概念。

（3）worker：一个线程对应一个请求，相比多进程的方式，消耗资源变少，但同时一个线程的崩溃会引起整个进程的崩溃，稳定性不如多进程。

（4）master/worker：采用的是非阻塞 IO 的方式，只有两种进程 worker 和 master。master 负责 worker 进程的创建、管理等，worker 进程采用基于事件驱动的多路复用 IO 处理请求。mater 进程只需要一个，woker 进程根据 cpu 核数设置数目。

前三者是传统应用服务器 apache 和 tomcat 采用的方式，最后一种是 nginx 采用的方式。通常情况下，应用逻辑耗 cpu 资源较多的应用使用前三种较适合；IO 密集型应用使用第四种较为适合。

3.6 数据库配置

核心交易类应用主要瓶颈经常出现在数据库环节。并发量大的业务是否能高效运行，需要合理配置数据库的参数，如数据库服务引擎配置、内存配置、缓存配置、临时数据库配置、锁配置、表分区配置等。

4 面对高并发互联网售票系统架构的优化

影响性能的系统架构通常会考虑的方面包括：负载均衡、数据同步、请求接入等。新一代铁路客票互联网售票系统采用两地三中心模式，在总公司级建立一中心和同城的二中心，两个中心双活并互为应急，在异地建立灾备中心。目前两个中心已经建立，且都承担了业务，经过一段时间的使用，发现可通过架构的优化解决高并发的很多问题，让两个中心发挥更大作用并保障应用的连续运行。架构图如图 1 所示。

（1）在客服外网增加全局负载均衡器。两个中心的每个运营商链路都配置一台，提供 DNS 解析和双中心切换。各自实现每个运营商的链路通道状态的探测和服务区应用服务状态感知，保证每条链路出现问题，可以对本条链路进行切换，当单中心故障时，也可以进行双中心切换。

（2）在内外网安全平台前端增加平台切换负载均衡器。作为安全平台的检测设备，当其中一个中心安全平台出现故障，将业务访问切换到另外一个中心的对应安全平台。

（3）客票专网安全平台前端增加平台切换负载均衡器。作为安全平台的检测设备，负责双中心平台的故障判断和切换，同时保证长连接访问。

（4）部署负载均衡中控台软件，对所有的负载均衡设备进行集中管理、策略分发和应急监控。平常可以在测试和开发环境做负载均衡和压力仿真。当任何节点负载均衡出现故障的时候，可以由中控台软件重新分配资源到生产环境，实现双重保障。

（5）用户中心当前的特点是，登录查询业务量较大、注册和修改等数据写入业务量较小、用户相关紧密的业务与非紧密业务共用一个服务器引起负载干扰加剧等。每个数据中心可采用将与用户关系非紧密业务（如基础数据缓存服务、邮件/短信发送等）独立配置减少相关影响。可对既有用户数据库分节点分库分表改造，按用户分类拆分存放在多个物理节点，在节点内分为多个用户数据库，由此降低单表竞争、提高并发处理能力。可将两个中心的数据变化异步准实时互相同步，平常每个数据中心各自承担自己的流量，出现某一数据中心整体故障时，由另一数据中心承担全部流量。

（6）考虑到用户登录、会话处理等基于 Session 业务的大流量、高并发等特点，可采用分布式缓存技术进行用户会话信息的存储，以保证系统可根据业务需要进行灵活调整。在本地 Session 与本中心集中 Session 集群间采用异步通讯，以隔离集中 Session 故障时对 web 应用服务器的影响。可在两个数据中心分别建立集中式 Session 集群，采用消息队列等技术进行两个中心间的会话信息双向异步同步，实现用户在跨中心访问时登录状态不丢失，以保持业务连续性。

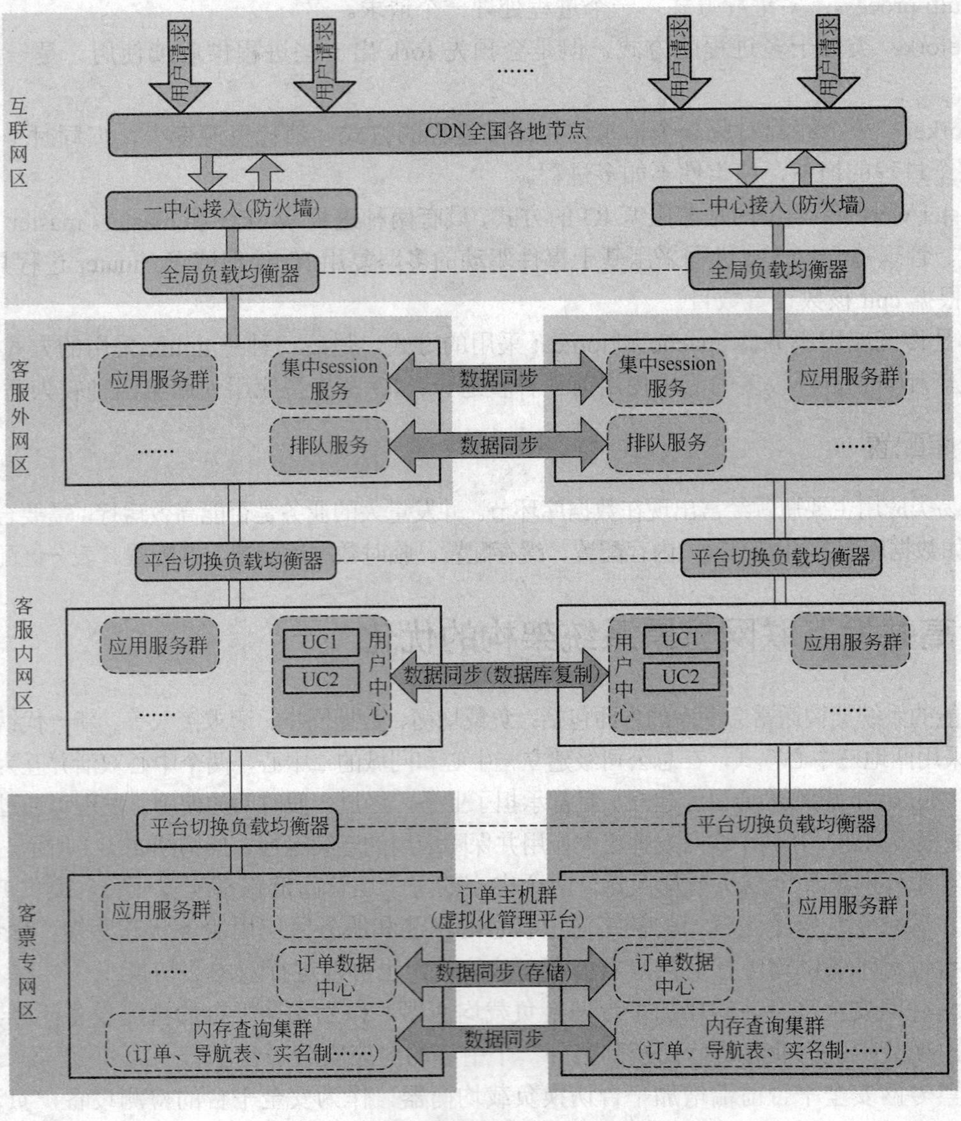

图 1　互联网售票系统架构优化图

此外，为实现双活数据中心的容灾功能，需实现订单主机集群化、订单数据同步、交易排队数据同步、内存集群数据同步等，部分已经实现，复杂系统各部分的协同保障是陆续要解决的问题。

5　面对高并发双中心互联网订单业务存储的优化

在新一代客票二期，双中心配置了高档存储以实现数据同步并达到双活。通过一段时间的使用，虽然在功能上达到双活且测试可以切换，但是在高峰时段高并发业务冲击下，双存储之间数据同步启动时业务收到一定的影响，暂时停止双存储同步缓减生产业务的压力。为了既满足业务需要又让存储复制保障双活，需要对存储系统进行优化。

当前的环境配置，双中心各设置有 4 个存储池，其中 AT 和 AG 目前面对高并发业务时 IO 资源紧张。如图 2 所示。

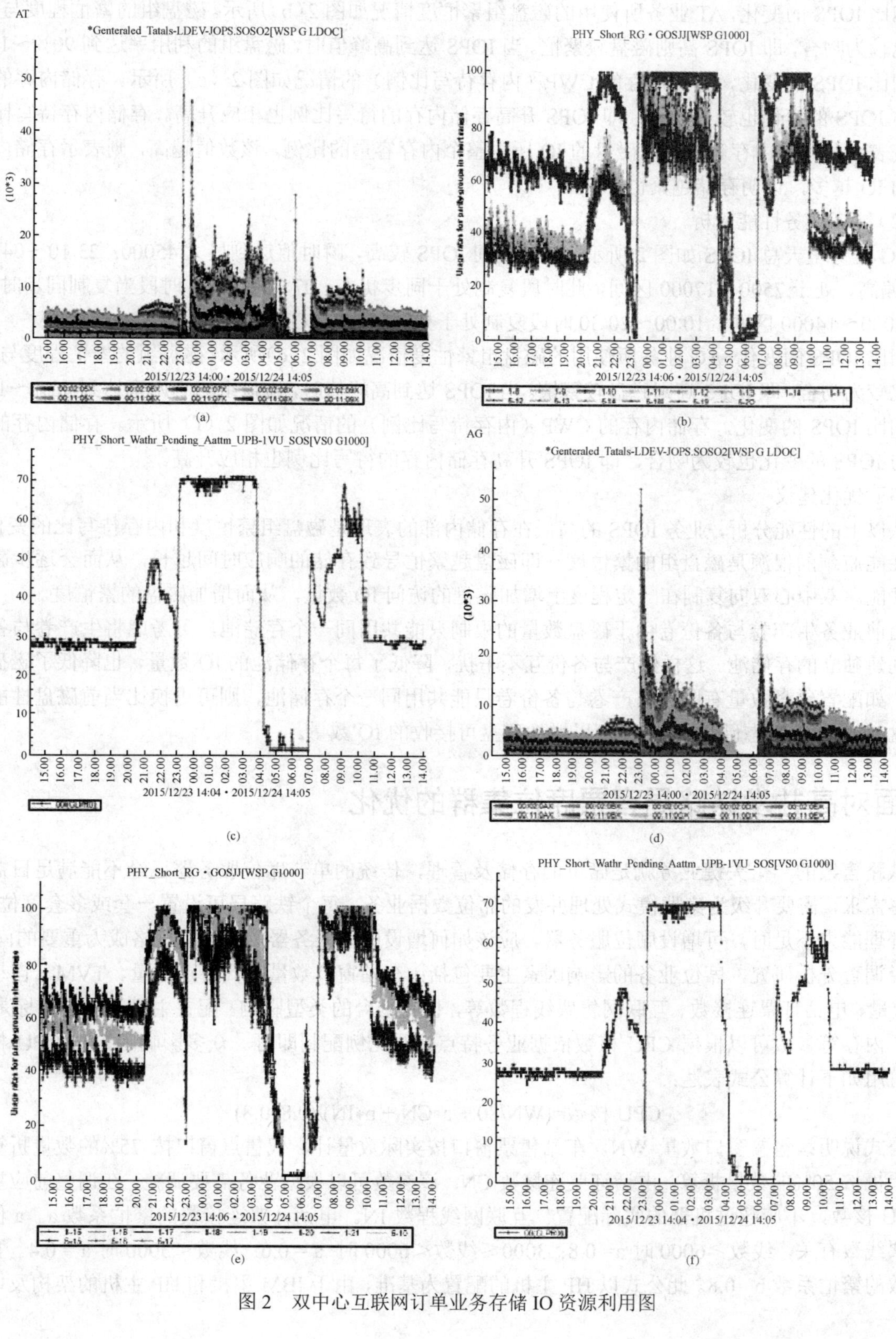

图 2 双中心互联网订单业务存储 IO 资源利用图

（1）AT 业务性能分析

AT 业务全天总 IOPS 如图 2（a）所示，其中夜间 IOPS 较高，瞬时值达到最大 50000；23:40～05:00 的 IOPS 偏高，处于 13000～20000 区间，此时段复制处于同步状态；07:00～10:00 时段当复制同步时 IOPS 处于 9000～15000 区间；10:00～20:30 时段复制处于挂起状态时 IOPS 处于 5000～6000 区间。

相比 IOPS 的变化，AT 业务所使用的磁盘组繁忙度情况如图 2（b）所示。磁盘组的繁忙程度与 IOPS 的变化较为吻合，即 IOPS 高则磁盘较繁忙。当 IOPS 达到高峰值时，磁盘组的利用率达到 90%～100%。

相比 IOPS 的变化，存储内存的 CWP（内存待写比例）的情况如图 2（c）所示。存储内存的待写比例与 IOPS 的变化也较为吻合，即 IOPS 升高存储内存的待写比例也相应升高。存储内存待写比例的含义是表示此时在内存等待写入磁盘的 IO 所占整个内存容量的比例，该数值越高，则表示存储内存中等待的 IO 越多，说明存储越繁忙。

（2）AG 业务性能分析

AG 业务全天总 IOPS 如图 2 所示，其中夜间 IOPS 较高，瞬时值达到最大 45000；23:10～04:00 的 IOPS 偏高，处于 7500～17000 区间，此时段复制处于同步状态；07:00～10:00 时段当复制同步时 IOPS 处于 9000～14000 区间；10:00～20:30 时段复制处于挂起状态时 IOPS 处于 4000～7000 区间。

相比 IOPS 的变化，AG 业务所使用的磁盘组繁忙度情况如图 2（e）所示。磁盘组的繁忙程度与 IOPS 的变化较为吻合，即 IOPS 高则磁盘较繁忙。当 IOPS 达到高峰值时，磁盘组的利用率达到 90%～100%。

相比 IOPS 的变化，存储内存的 CWP（内存待写比例）的情况如图 2（f）所示。存储内存的待写比例与 IOPS 的变化也较为吻合，即 IOPS 升高存储内存的待写比例也相应升高。

（3）优化建议

从以上的性能分析，业务 IOPS 的高低在存储内部的表现是磁盘组繁忙度和内存待写比的变化，存储的性能瓶颈的根源是磁盘组的繁忙度。即磁盘越繁忙导致存储的响应时间越长，从而会逐步影响业务的性能。双中心双向复制在一定程度上增加磁盘的访问 IO 数量，从而增加磁盘的繁忙度。

当前业务生产卷与备份卷由于磁盘数量的限制只能共用同一个存储池，可考虑将生产卷与备份卷分别创建独立的存储池。这样生产与备份互不干扰，降低了每个存储池的 IO 数量，也降低了磁盘的繁忙度。如配置磁盘数量有限，生产卷与备份卷只能共用同一个存储池，则可更换比当前磁盘性能更高的磁盘（如 SSD 固态硬盘），这样可以增加磁盘可接收的 IO 数量。

6 面对高并发铁路局客票席位集群的优化

铁路售票的一个关键业务就是席位的存储及管理，传统的单一席位服务器已经不能满足日益增长的旅客需求，需要升级为集群模式处理并发的席位数据业务。每个铁路局可设置一套或多套席位主机，席位处理能力不足时，可增设席位服务器。应该如何增设席位服务器及其参数规格成为重要的问题。

经调查分析研究，席位业务的影响因素主要包括：车站窗口数量、代售点数量、TVM（自动售票机）数量、电话订票连接数、互联网售票线程数等，也受平台的类型影响。配置主机的重要指标是 CPU 核数，内存等参数可以根据 CPU 核数依据业务特点按照比例配制即可。众多影响因素与 CPU 核数的关系可用如下计算公式表达：

$$\text{CPU 核数}=(WN/80 + a*CN + b*IN)/(0.8*0.8)$$

公式说明：售票窗口数量 WN。车站售票窗口按实际数量计，代售点窗口按 75%的数量折算，自动售票机按 50%的数量折算。电话订票连接数 CN。该参数可以根据业务需要调整，在调整前应重新计算 CPU 核数，不应超过机器的实际配置。互联网线程数 IN。电话订票连接数的繁忙系数 a。a 值与电话订票线数有关，线数≥6000 时 a= 0.8；3000≤线数＜6000 时 a = 0.6；线数＜3000 时 a = 0.4。互联网线程数的繁忙系数 b =0.8。此公式以 HP 主机的配置为基准，由于 IBM 主机和 HP 主机的架构及单核的性能有所不同，综合各方面因素，建议配置 IBM 主机时，单核主频≥3GHz 时，CPU 核数≥公式计算值/1.5；单核主频＜3GHz 时，CPU 核数≥公式计算值/1.2。若席位主机 CPU 核数测算数量超出目前单台小型机所能提供的最大核数，则需配置多套席位主机以满足能力要求。表 1 为全路各铁路局某时间截止时的配置测算。

表 1　全路各铁路局某时间截止时的配置测算

路局	车站窗口	代售点	TVM	实际窗口数	折算窗口数	电订连接数	互联网线程数	平台	目前席位主机配置（core）	席位主机测算配置（以 hp 为基准）	折算 ibm 平台测算配置	配置趋势
路局 1	467	648	45	1161	976	15	30	ibm	64	75	50.2	↓
路局 2	809	853	218	1880	1558	30	60	ibm	128	143	95.3	↓
路局 3	624	1296	592	2512	1892	30	90	hp	192	180		↓
路局 4	198	224	50	472	391	15	15	ibm	54	60	27.0	↓
路局 5	108	30	35	173	148	5	10	ibm	16	19	12.3	↓
路局 6	214	518	105	837	655	15	30	ibm	64	64	42.9	↓
路局 7	307	665	313	1285	962	30	90	hp	176	169		↓
路局 8	180	287	139	606	465	15	30	hp	32	61		↑
路局 9	204	629	290	1123	821	15	30	ibm	52	68	45.1	↓
路局 10	858	1525	764	3147	2384	30	90	hp	192	197		↑
路局 11	350	721	165	1236	973	15	30	hp	48	71		↑
路局 12	659	2548	631	3838	2886	30	90	hp	208	206		↓
路局 13	174	6	69	249	213	15	15	hp	32	37		↑
路局 14	453	974	254	1681	1311	30	30	ibm	80	101	67.1	↓
路局 15	114	251	55	420	330	15	15	ibm	32	39	26.2	↓
路局 16	111	148	7	266	226	5	10	ibm	16	22	14.4	↓
路局 17	90	94	28	202	167	5	10	hp	22	20		↓
路局 18	31	30	9	70	58	5	5	Ib,	16	11	8.8	↓
合计	5951	11438	3769	21158	16414	320	680		1424	综合测算核数 1337.3		↓

从表 1 的规律可知：①所有铁路局综合测算核数略低于当前配置，说明总体上趋于平衡；②大部分铁路局的配置基本可以满足当前的需要，但是如果在业务需求增加时很多路局的资源配置将不再满足需要，可根据上述参考公式测算进行配置；③有 2 个铁路局为橙色报警，当前配置略低于测算值，这部分对业务影响不会太明显，可以观察业务的影响程度增加配置；④有 2 个铁路局为红色报警，当前配置与测算值的差距较大，在高峰时段可能影响较大，通过节假日的观察也印证了这一测算结果，建议及时增加配置以满足系统需要。

7　结束语

新一代铁路客票系统承载的业务增长很快，系统的优化也需发展才能满足需要。系统的优化和维护人员的优化紧密结合才能让系统发挥更大作用。互联网的快速发展既给企业的优化运营带来机遇，也给系统的变化带来挑战。适时调整并合理配置各项资源，达到相互协调，才能让业务系统保持健康状态。

参考文献

[1] 康楠著．数据中心系统工程及应用［M］．北京：人民邮电出版社，2013．

[2] 李智慧著．大型网站技术架构核心原理原理分析［M］．北京：电子工业出版社　2013．

[3] 郭欣著．构建高性能 Web 站点［M］．北京：电子工业出版社，2014．

[4] Jeffrey L．Whitten，Lonnie D．Bentley，Kevin C．Dittman 著．肖刚，孙慧，等译．系统分析与设计方法［M］．北京：机械工业出版社，2003．

[5] 杨孝如，徐任，李立，彭立军．Sybase 数据库系统管理指南［M］．北京：中国水利水电出版社，1997．

[6] 客票总体组．客票系统 5.0 技术手册［S］．北京：中国铁道出版社，2006．

[7] 朱建生．新一代客票系统总体技术方案的研究［J］．铁路计算机应用，2012（6）．

[8] 杨义先，姚文斌，陈钊．信息系统灾备技术综论［J］．北京邮电大学学报，2010．

[9] 朱建生，单杏花，周亮谨．中国铁路客票发售和预订系统 5.0 版的研究与实现［J］．中国铁道科学，2006（6）．

12306 互联网售票系统测试的实现

李天翼　刘相坤　江　琳

（中国铁道科学研究院电子计算技术研究所，北京 100081）

摘　要：12306 互联网售票系统是中国铁路最为重要的生产系统之一，直接面向广大旅客提供票务服务，该系统的稳定运行离不开合理有效的测试。软件测试是提高软件系统质量的重要手段，对于不同的系统，测试的手段和方法也不尽相同，本文从功能、性能、可靠性、安全性等方面系统地介绍了 12306 平台的测试需求、测试方法和测试过程。

关键词：12306；互联网；软件测试

Implementation of 12306 Internet ticketing system testing

Li Tianyi　Liu Xiangkun　Jiang Lin

(Institute of Computing Technologies China Academy of Railway Sciences, Beijing 100081)

Abstract: 12306 Internet ticketing system is one of the most important production of Chinese railway systems, directly facing the passengers to provide ticketing services, and stable operation of the system is inseparable from the rational and effective testing. Software testing is an important means to improve the quality of software systems, for different systems, means and methods of testing are not the same, the paper functionality, performance, reliability, security, and other aspects of the system introduced test requirements and test 12306 platform process.

Key words: 12306, Internet, Software Testing

1　引言

12306 互联网售票系统是在中国铁路客票和预订系统的基础上，拓展互联网售票、手机 APP 售票等功能构建的电子商务系统。2011 年 6 月 12 日，系统投入试运行，其后在此基础上进行过若干次升级，对系统架构、网络布局、应用功能、业务流程等进行了持续的优化和改进，从而大幅提升了系统的处理能力、运行稳定性和用户体验。

测试是确保系统质量的重要手段，在 12306 系统的历次版本升级过程中，合理有效地测试是必不可缺的一个环节。通过对 12306 系统进行全面的测试，修复了软件、硬件、网络、应用、数据流程等各方面存在的缺陷，验证了系统的功能、性能、可靠性、易用性和安全性等方面能够满足设计需求，同时为系统的下一次升级工作提供了数据支撑。本文将重点介绍 12306 在系统测试阶段的需求与实现，以及测试过程的具体方法。

2 12306 系统框架

12306 互联网售票系统整体上采用了双中心架构，在中国铁路总公司部署第一生产中心，在中国铁道科学研究院部署第二生产中心。为提高系统安全性，网络上采用了三级结构，分别是外网、内网和客票网，系统的体系结构如图 1 所示。

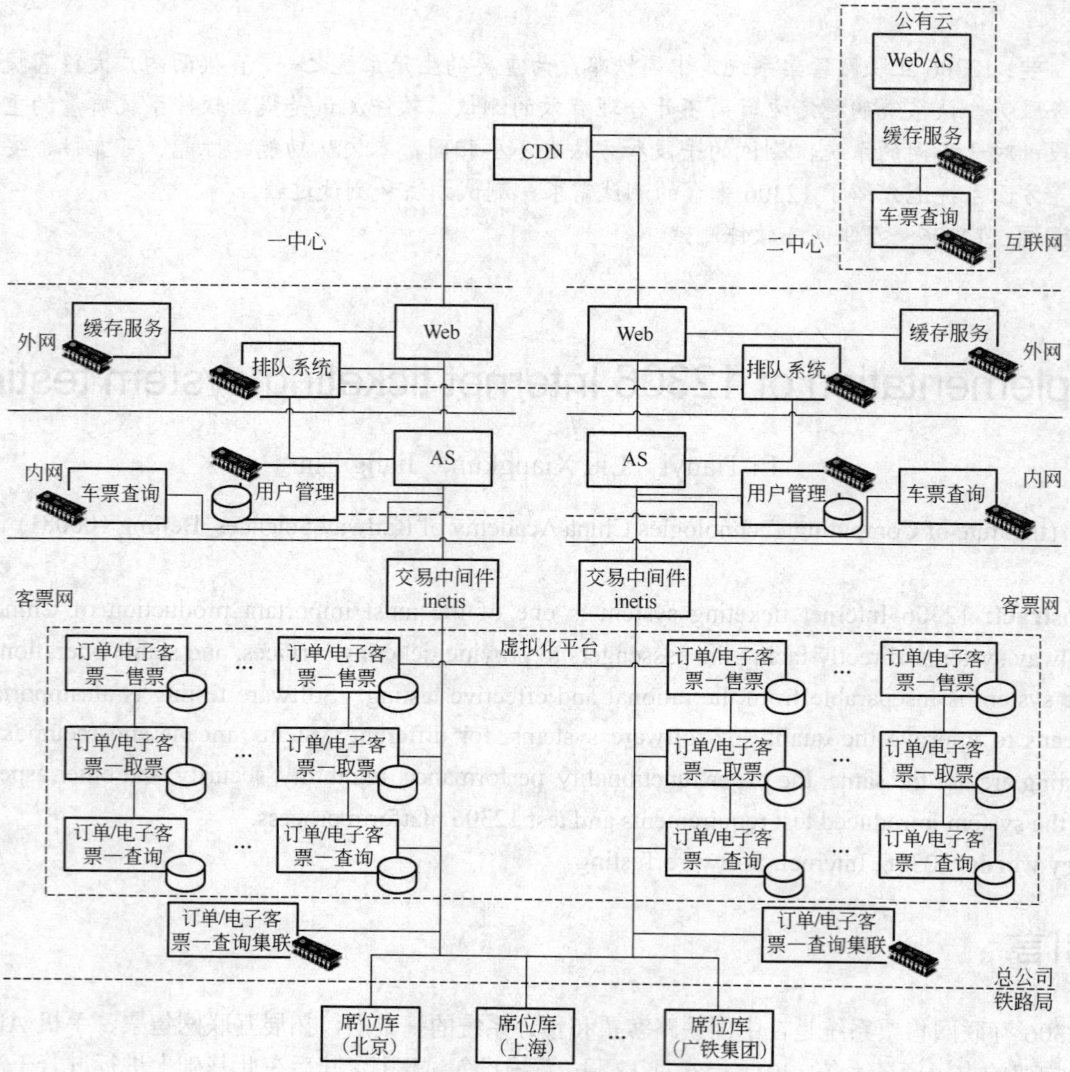

图 1 12306 互联网售票系统体系架构

如图 1 所示，12306 互联网售票系统采用了虚拟化技术实现了一、二中心的双活架构，两个中心采取相同的部署，互为备份，各自拥有独立的 WEB、AS、排队系统、缓存服务集群、车票查询集群、用户数据集群、交易中间件和电子客票库。正常情况下双中心同时在线提供服务，用户流量通过 CDN 在两个中心进行动态分配，其中任意一个中心发生故障时可由另外一个中心承载全部的售票业务。

基于 12306 系统特殊的体系架构，为了能组织好系统测试工作，测试人员需要了解系统架构，了解系统组成，理清系统的模块组成，各模块之间的接口类型和接口测试需求，掌握基本的数据流向。

3 测试需求

根据系统设计要求，12306 互联网售票系统的测试需求概括如下：

3.1 功能测试需求

12306 的功能测试主要包括以下几方面：功能点测试、业务流程测试、用户界面测试等。通过测试系统整体的业务流程，验证业务能否正常流转、流转内容是否正确、能否完成业务处理、异常业务的容错处理等；基本功能测试过程中针对各功能点设计测试用例，需要通过对数据的输入、处理、输出及异常输入，验证系统的功能是否正确；用户界面好坏决定了用户对系统的第一印象，设计良好的界面能够引导用户自己完成相应操作，起到向导的作用，所以还要进行全面的 UI 测试，提升用户体验度。

3.2 性能测试需求

性能测试的目标是对 12306 系统的关键功能点的性能进行测试和验证，在时间特性和资源利用性两个方面考察系统的整体性能表现。性能测试应在满足大用户量、大数据量和长时间稳定运行的前提下开展。通过对历年互联网售票高峰期数据进行统计分析，性能测试的目标应满足日均售票 1000 万张的处理能力。

3.3 安全测试需求

作为电子商务系统 12306 的安全问题不容忽视。为了保障旅客资金和铁路票款的安全，需要对系统的网络安全、主机安全、应用安全、数据安全及备份恢复等进行全面的安全性测试。

3.4 其他特性测试需求

除了一般的功能特性，还需要重点关注系统的可靠性和兼容性需求。可靠性是指系统在规定的时间和条件下不出现故障，12306 可靠性测试重点考虑软件、硬件和双活架构的可靠性。兼容性测试是指软件在不同的软硬件平台上是否能够正常运行的测试，主要测试 12306 网站在不同浏览器上的表现是否正常；手机 APP 在不同手机上安装、卸载、运行、流畅性以及分辨率等。

4 测试实现

理清了测试需求，还需要具体分析，采用合适的策略、方法来组织和实施测试。对 12306，我们主要从功能、性能、安全性等方面进行了测试。

4.1 功能测试实现

12306 共划分了售票、退票、改签、变更到站等基本功能，以及个人信息、联系人、订单信息、保险、旅客服务等辅助功能，还有行程冲突控制、用户 Session 控制、黑名单控制、身份核验等特殊功能总计几十项。功能测试以黑盒测试为主，综合运用等价类、边界值、因/果图、错误推测等方法设计测试用例，形成完整的测试用例库。测试用例设计时充分考虑了每一个功能点的适合性、准确性和可操作性；同时根据需求手册分别对应用系统中的业务流程进行分析和设计，除了主流程还要对每一个分支流程进行测试，测试顺序为先测主流程后测分支流程。

在测试手段上，采用了手工测试、自动化测试和第三方测试相结合的方式。通过手工执行测试用例库的方式对功能点和业务流程进行覆盖式测试。通过开发了部分主要功能点和业务流程的测试脚本，使用自动化测试工具，实现 Firefox、Chrome、Opera、Safari、IE 等主流浏览器的兼容性测试。对部分需要大数据量的功能测试也使用了自动化测试工具辅助完成，从而有效地减少了测试时间，提高了测试的准确性。针对手机售票，借助了第三方测试平台对手机 APP 进行了 TOP600 的兼容性测试，测试结果表明我们的手机软件适用于市场 95%以上的主流手机。

自 12306 系统上线至今，共对 17 个大版本和超过 100 个以上的小版本进行测试，累积设计业务场景 1000 多个，编制测试用例 9000 多个，执行测试用例超过 100 万次，系统上线后的总缺陷率小于 1‰，有效保障了成千上万的旅客顺利完成购票。

4.2 性能测试实现

12306 的日访问量极大，高峰期的日 PV 已达到 300 亿次以上，性能测试的重点是要保证大规模用户量情况下的网络购票流程及相关操作可以正常进行。

由 12306 架构图可知，系统设计上采用了业务分区的模式来满足旅客不同的业务需求，其中购票业务是测试重中之重，旅客购票的核心操作包括系统登录、车票查询、车票预订、常用联系人查询、订单支付、订单查询等，这些核心操作对应了系统的各业务分区。性能测试时采用单业务场景和混合业务场景的模式分别对系统的处理能力进行验证。单业务场景测试可以得知系统各业务分区的极限处理能力，混合业务场景测试可以得到系统的综合处理能力。

为真实模拟互联网用户购票的操作行为，我们利用公有云平台部署性能测试软件，通过 12306 测试域名发起压力，在性能测试时实现了模拟同时在线用户数不少于 20 万，模拟单日订票张数不少于 1000 万，模拟订票 TPS 不低于 600 笔/秒，模拟电子支付 TPS 不低于 420 笔/秒。为了模拟上述指标，我们的测试团队专门开发了 T-Ticket 测试平台，开发了上述关键节点的压力测试脚本，目前已经累计执行压力测试 10000 小时以上，发现了软件方面的性能瓶颈 33 个，硬件方面的性能瓶颈 17 个，并及时进行了修复和调优。经过我们的努力，12306 系统的运行稳定性、处理能力稳步上升，不仅日处理能力从最早的不足 200 万张上升到了当前的 1000 万张，而且之前经常出现的系统难以登录、长时间排队、订单不能查询等情况也得到了明显的改善。在 2016 年春运售票期间，12306 系统创出了单日售票量 600 多万张的最高纪录，2016 春运售票区间内系统一直平稳运行，未出现任何影响旅客购票体验的情况。

4.3 安全测试实现

12306 互联网售票系统的网络架构分为外网、内网和客票专网区域，安全测评范围为外网和内网。识别被测系统的整体结构、边界和网络区域划分，选取各区域重要设备和软件系统，并覆盖不同设备类型、操作系统和数据库系统分别进行检查和测试。

检查是指对测试对象进行观察、调查、评审、分析或核查的过程，检查包括：对安全配置的核查、对安全策略的分析和评审等，需要对网络设备、安全设备、主机设备等进行配置核查，通过查看设备的配置项是否合理、安全策略是否启用来检查设备是否实现相应的安全防护功能。

测试是指在特定环境中运行一个或多个评估对象（限于机制或行为）并将实际结果与预期结果进行比较的过程。测试可以分为手工测试和工具测试。手工测试主要采用黑盒测试方法对安全功能进行测试，通过设计、执行测试用例验证系统安全功能，并通过人工访谈方式对采集到的测试结果进行补充和确认，进行综合分析。工具测试主要指采用自动化的方式（包括工具、脚本等）获得系统漏洞并进一步采用工具进行验证，包括端口扫描测试、漏洞扫描测试和渗透测试。利用工具可以检查出 WEB 应用和主机操作系统存在的各种程序或脚本存在的安全漏洞，如 SQL 注入漏洞、跨站脚本、跨站请求伪造漏洞等。此类漏洞是目前引起网络安全风险的重要原因。除以上安全漏洞扫描工具外，12306 测试还采用了网络监控工具，对被测试软件所发出的数据包进行截获，查看是否可以截获到用户敏感信息，如用户登录密码等。

4.4 双活测试实现

12306 互联网售票系统采用了一、二中心的双活架构，双活架构是指在一、二中心同时在线，同时为旅客提供服务。为保证双活模式能够发挥作用，必须针对性的进行双活测试，方法就是模拟某个中心全部或部分应用出现故障无法提供服务时，验证另一个中心的相同应用是否能够及时接管，从而保证整个系统可以继续正常运行。

根据系统的架构，分析业务必要性、重要性，我们组织了以下双活测试场景：①排队系统切换测试：模拟一个中心的排队系统出现故障，另一个中心的排队系统是否可以及时接管服务。②用户中心双活测试：模拟一个用户中心故障，另一个用户中心接管，通过登录用户、常用联系人和核验后用户的信息正确性来验证用户中心双活。在数据库切换前完成注册新用户、修改用户信息和常用联系人信息，切换数据库后验证新注册用户是否可以登录，修改的信息是否保存正确，对用户购票操作是否有影响；③电子客票库双活测试：模拟一个中心的承载电子客票数据库的物理机中出现故障，同中心备份数据库、异中心备份数据库和同中心运行数据库，是否可正常接管服务，且对故障前后旅客的订单信息无影响。④整体双活测试：验证一个中心出现故障，无法提供服务后，另一个中心是否可以正常、及时地接管全部服务。以上场景在测试时，均采取人为模拟制造故障的方式，查看故障前后的业务是否正常。

5 结语

完整的测试流程是由测试需求分析、测试设计、测试执行、测试总结等过程组成，测试执行又具体划分为单元测试、集成测试、系统测试、验收测试等环节。由于篇幅有限，本文主要描述了 12306 系统测试阶段的方法与实现，12036 系统实际测试时不只是包含了本文所述的内容。我们认为测试不仅仅是局限于发现问题和解决问题，它还是提高 12306 系统服务质量的重要手段，只有做好的产品，才能让我们的 12306 拥有更好的使用价值，得到市场的广泛认可。

参考文献

[1] 朱建生，王明哲，杨立鹏．12306 互联网售票系统的架构优化及演进［J］．铁路计算机应用，2015（11）：1-4.
[2] 冯菲，李天翼，于澎．铁路互联网售票系统自动化测试研究与实现［J］．铁路计算机应用，2015（11）：1-4.
[3] 朱建生，周亮瑾，单杏花，王明哲．新一代客票系统总体架构研究［J］．铁路技术创新，2012（4）：93-97.

铁路旅客全行程智慧出行方案研究

朱志娟　阎志远　朱建军

（中国铁道科学研究院，北京 100081）

摘　要：随着中国铁路建设的不断发展和国民经济的上升，旅客对出行服务的质量、体验及智能化等多方面的需求不断提高。在当今互联网与大数据时代，交通、金融、零售、通信、传媒等行业都通过建设智能化的服务系统，提升客户体验，维护客户关系，进一步扩大市场。本文通过对旅客出行的全行程服务产品、铁路信息服务系统的智能化建设两方面进行研究，设计了全行程、立体化、多元化、个性化的铁路旅客智慧出行方案。

关键词：铁路智慧出行；铁路定制化服务

Study on the smart solution of railway passenger full travel

Zhu Zhijuan　Yan Zhiyuan　Zhu Jianjun

(China Academy of Railway Sciences,Beijing 100081)

Abstract: With the continuous development of China railway construction and the improvement of the national economy, the needs of intelligence service and being respected in the course of the journey have been improved continuously. In the current age of the Internet and big data, industries like transportation, finance, retail, communication and media are aware of the importance of strengthening the construction of intelligent service system so as to further improve the customer experience, maintain the customer relationship and expand market share. This article will expound how to realize the smart service of railway passenger full travel from two aspects:the whole trip, three-dimensional, diversified, personalized travel service product planning and study on the smart information system-supported platform of railway passenger full travel.

Key words: Railway Wisdom Travel, Railway Customized Service

1　引言

随着高速铁路的不断开通和互联网订票系统的建设发展，铁路出行过程中舒适的乘车环境、贴心周到的旅客服务赢得了中长途旅客的青睐，“安全、方便、快速”的服务极大地提升了铁路客运的整体竞争力。在当今移动互联网与大数据迅速发展的时代，旅客——尤其是铁路高端旅客，对以人为本、智能化、个性化的出行服务需求也在不断提升。交通、金融、零售、通信、传媒等行业都通过建设智能化的服务系统，提升客户体验，维护客户关系，进一步扩大市场。目前我国互联网用户 6.49 亿，其中手机网民规模达 5.57 亿，12306 网站和 APP 注册用户已达 2.4 亿，2015 年铁路总发送量达 25 亿人次，移动互联网用户和信息系统基础已经相对成熟。在铁路深化改革和移动互联网与大数据迅速发展时期，社会的高度关注、民生的迫切需求、行业的激烈竞争、技术的快速发展以及铁路内部不断提高的管理和经营目标，铁路旅客全行程智慧出行系统的建设已迫在眉睫。整合线下资源、优化传统产业链条，研究通过互联网、大数据、移动无线互联网技术并充分利用铁路既有信息化系统资源打造铁路旅客全行程、立体化、多元化、个性化智慧出行服务平台，提升铁路服务形象、提高铁路旅客出行服务体验、扩展铁路收益增长点。

2 规划铁路旅客全行程、立体化、多元化、个性化的旅行服务产品

调整优化铁路内部运营服务的组织形态及流程，整合路内外的服务资源，规划铁路旅客服务产业链的一整套服务产品，推进铁路旅客全程出行服务的线上线下一体化、智能化、个性化、多元化。

2.1 规划铁路客运定制化服务产品

定制化服务给消费者带来的是服务提供方很尊重用户的感受，用户的需求就是服务提供方努力的目标，不会出现需求偏差，也不会产生需求过剩。定制化服务带给消费者带来个性化的感受和美好的体验，通过消费者的分享与服务提供方的宣传从而产生积极地传播与放大效应带来可观的运营收益。

铁路的客运服务从旅客出行的各个环节都可设定相应的服务项目，并将各项服务进行组合打包形成以年为单位记次或不记次的会员定制服务产品，以适应不同消费层次旅客的需求，如图 1 所示。

图 1　铁路旅客全行程定制化服务产品示意图

（1）出发定制服务产品

服务从旅客出门时就已开始，与第三方租车公司对接，如滴滴出行、神州专车等，为会员旅客提供约车抵达出发火车站的服务，省去会员旅客开车、停车或家人、同事送站的繁琐；抵达火车站后为会员旅客提供快速安检进站服务，省去排队时间上的精力消耗；会员旅客将体验 VIP 休息室并提供茶点，让会员旅客在舒适温馨的环境中候乘；登乘时由专人引导检票送站。

（2）车上定制服务产品

会员旅客乘车后，由车上列服人员为其提供旅途中的餐饮茶点服务，免去会员旅客等待餐车饮品售卖时才可叫餐的被动状态；车上关怀服务可为会员旅客提供拖鞋、眼罩、毛毯、耳机、手机充电器等服务；会员旅客到站前提供提醒服务，防止会员旅客发生因公务繁忙或劳累在车上休息时错过到达站的尴尬情况。

（3）到达定制服务产品

会员旅客到达目的地车站后由专人接站并提供快速出站服务；根据目的地城市的天气情况，为会员旅客提供雨伞、防霾口罩等关怀服务；为有约车要求的会员旅客提供租车送至目的地服务，使会员旅客的铁路出行全程无忧。

2.2 规划铁路餐饮服务产品

中国铁路总公司正在打造“中国铁路餐饮”品牌，从采购、生产、包装、运输、销售、宣传各环节进行标准化建设。而现有的铁路列车餐饮生产基本都以经验值生产配送，由车上现场进行销售，无法提前根据用户的实际口味偏好按需生产供应。各车站的站内餐饮商品销售也仅限于本站出发的旅客，仅对经停本站时间较长的普速列车进行短时间的站台推车销售，无法将车次及车站的餐饮商品的销售推向全路一体化。

配套建设中国铁路餐饮预订服务系统，提供旅客预订行程中的餐饮商品服务，并结合旅客行程中涉及的各停靠站的商业和餐饮服务资源，为旅客提供一路行一路购的餐饮商品服务新模式。旅客预订的车次餐饮商品由车次担当局或始发局餐饮服务公司生产配送上车，旅客预订的车次沿途站的餐饮商品由各车站在车次经停时配送上车，由车上服务人员统一为旅客送至席位，改变以往旅客只能在出发后选择出发站及车上当前餐品的被动消费状态。调整优化餐饮商品销售运营模式，给旅客带来全新的铁路餐饮商品消费服务体验，扩大铁路餐饮商品销售市场。

餐饮预订服务系统需结合大数据技术，对海量的交易、用户行为等生产数据提取、整理、重新集中组织，利用数据挖掘技术来对数据进行深层次、多维度的分析，应用适当的模型对系统的用户行为、偏好、消费习惯、消费时段等进行分析预测，实现销售量预测、餐饮商品精准投放、按单量化生产、主动服务配送的生产管理与服务目标。

2.3 规划铁路客运延伸服务产品

延伸服务是指主营业务工作以外的周边服务，通过主营业务挖掘、拉动、促进周边延伸服务。铁路在客运服务之外可以为旅客提供与出行相关的延伸服务，利用客票系统掌握旅客行程信息的优势，通过大数分析旅客的出行特点、偏好、时段、规律分析旅客的出行行为，精准推送目的地相关延伸服务信息、设计符合用户需求的伸延服务产品，将信息转化为可延伸的商业价值，逐步发展成为铁路出行相关旅游服务及产品的在线提供商。

（1）目的地城市的酒店预订服务

铁路内部有丰富的酒店资源，融合铁路外部的酒店资源及第三方酒店预订系统，利用现有的客票销售渠道建设中国铁路酒店预订系统，为铁路旅客提供火车票与酒店的一站式预订服务，拓展目的地城市的酒店服务市场。

（2）目的地城市的旅游及景点门票预订服务

铁路旅游专列及铁路自营的旅行社是规划铁路旅游产品的重要资源，结合各车站所在城市特别是著名旅游城市的景区景点旅游产品，为铁路旅客量身定制旅游服务产品，利用现有的客票销售渠道建设中国铁路旅游预订系统拓展铁路旅游服务市场。

（3）目的地城市的综合信息服务

为铁路旅客免费提供目的地城市的天气提醒、当地风俗注意事项提醒、当地的美食/特产推荐、旅游攻略等信息服务，丰富旅行生活。

3 设计铁路旅客全行程智慧出行服务模型

结合以上为铁路旅客出行规划的一系列服务产品，围绕旅客出行的各个环节设计服务模型如图 2 所示。

围绕旅客铁路出行的方方面面为旅客设计智能化、多元化、个性化、全行程的服务模型，应用现有的铁路客票销售渠道为旅客提供铁路定制化服务预订、列车餐饮预订、目的地酒店及旅游产品预订服务。智能识别会员旅客并在旅客出行前推旅客相关的服务信息至行程中的各车站及列车，实现精准识别用户、全行程主动式服务；旅客预订的餐品将按单从始发站、各沿途站配送上车，并由列车服务人员提供配送至席位的服务；与第三方的酒店、旅行网站等系统合作，为旅客提供路内路外丰富多彩的旅游产品及酒店预订；利用现有的客服务系统随时解决旅客铁路出行中的问题、建议和投诉。

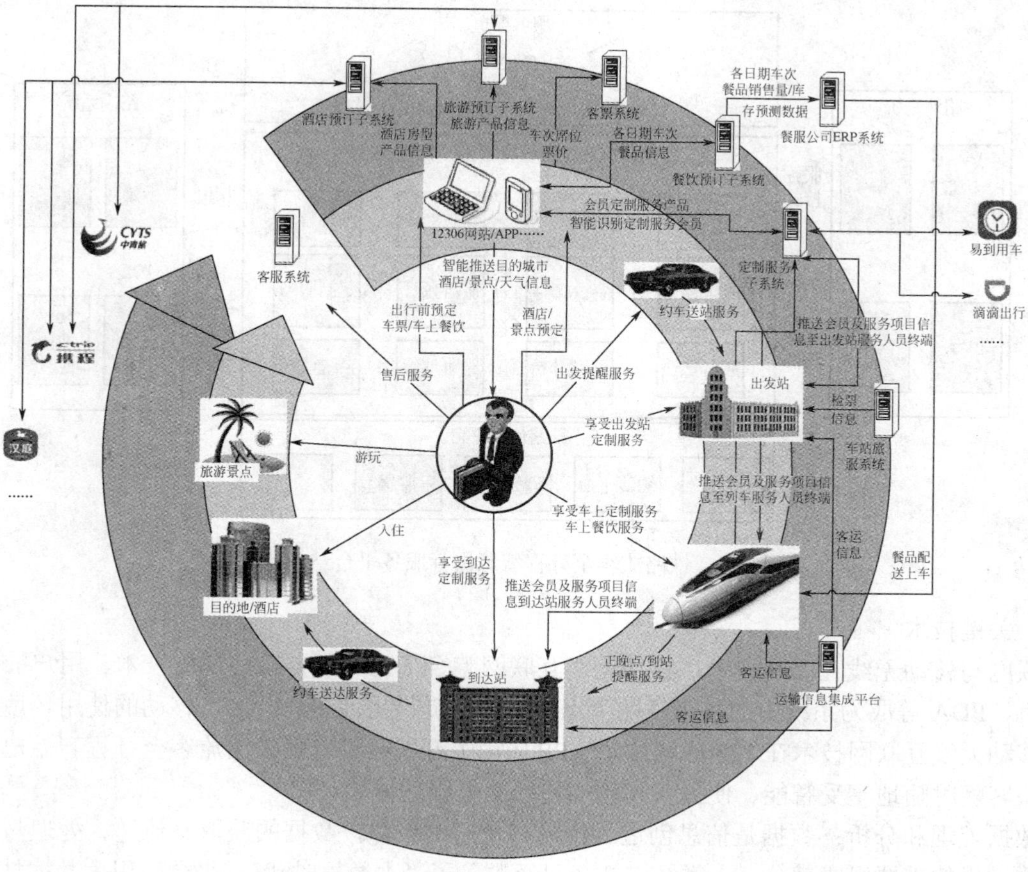

图 2　铁路旅客全行程智慧出行服务模型示意图

4　建设铁路旅客全行程服务平台

为实现以上的旅客全行程智慧出行服务设计系统平台结构如图 3 所示。

（1）平台结构

铁路全行程智慧出行服务系统建设酒店预订、餐饮预订、旅游预订、定制服务、用户管理、产品促销、内容管理、运营管理、运营分析、结帐统计、系统监控、客服处理 12 个子系统，为旅客提供全行程、立体化、多元化、个性化的旅行服务平台，为铁路运营管理人员提供分层级、立体化、全流程、综合性的运营管理平台。

系统的服务渠道包括既有铁路 12306 网站和 APP 应用、铁路站车 WiFi 运营服务系统、客服/呼叫中心等，充分利用现有优势服务渠道的入口流量；

系统利用铁路既有的信息平台，电子支付平台、语音和短信平台、安全平台、运输信息集成平台等为系统应用提供平台级支持；

系统与路内的客票系统、客服系统、铁路站车 WiFi 运营服务系统等，通过数据接口和服务接口实现互联互通；

系统支持与路外网站、服务平台和企业应用系统之间的信息交互，酒店预订子系统支持与携程、途牛、知名酒店集团官网等网站的信息交互和服务调用；旅游预订子系统支持与携程、去哪儿、途牛等网站的信息交互和服务调用；定制服务子系统支持与滴滴出行、神州租车等路外服务系统的信息交互与服务调用。

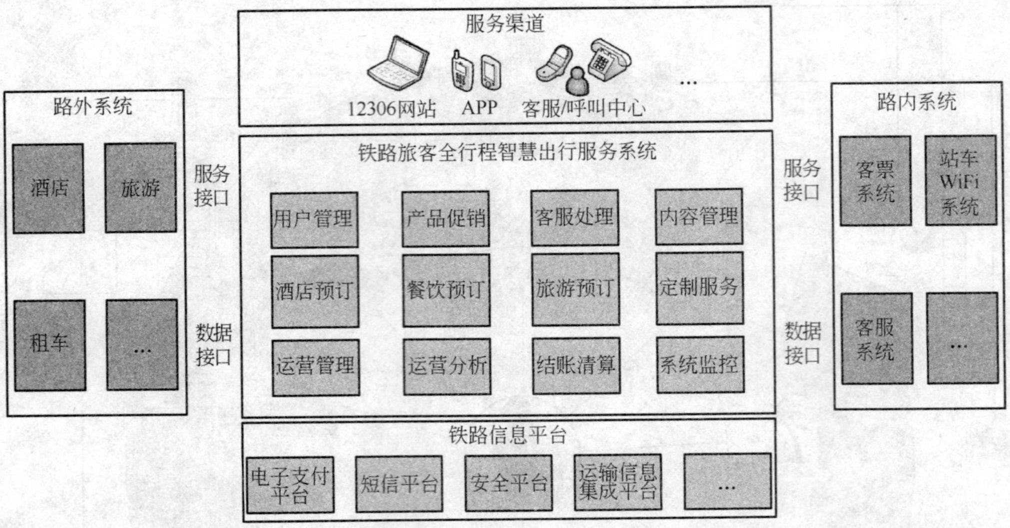

图 3　铁路旅客全行程智慧出行服务平台结构图

（2）关键技术

互联网与移动无线互联网技术：移动无线互联网整合了互联网与移动通信技术，用户的计算机、智能手机、PDA 等成为系统中的各个终端节点，为用户提供更便捷、开放、移动的使用环境。应用互联网与移动无线互联网技术在 12306 网站及 APP 应用上开发一整套的铁路旅客全行程智慧出行服务应用，使旅客随时随地享受智能、便捷、高效的移动交互服务体验。

大数据处理和分析：数据是信息创造、传输和使用的载体，数据的获取、传递、处理与存储是整个互联网世界的重要组成部分，人类经济社会已经进入了“大数据时代”。平台运用大数据技术，将系统中海量的交易、用户行为、监控、日志等生产数据，经过提取、整理后进行重新集中组织，对数据分不同粒度层次、不同维度进行管理，利用灵活多样的查询报表工具与 OLAP 技术把数据转换成有用的信息并表现出来，利用数据挖掘技术来对数据进行深层次的分析，并用适当的模型对系统的用户行为、性能指标、业务指标等进行预测，实现用户消费的多维度预测、服务和产品的精推荐和投放、商品库存的精细化管理和调整。

5　结束语

综上所述，建设铁路旅客全行程、立体化、多元化、个性化智慧出行服务平台需要以下几个方面的努力：

（1）整合线上线下、路内路外的服务和经营资源；

（2）结合铁路旅客出行的特点和铁路客运的服务资源设计规划满足旅客出行需求的服务产品；

（3）梳理、调整、优化现有铁路旅客出行服务的销售经营模式及流程，以适应全新的服务产品规划；

(4)充分利用现有的 12306 网站及 APP 的入口流量促进铁路旅客全行程智慧出行服务产品的销售；

（5）铁路现有信息系统多为作业支持型信息系统，建设铁路旅客全行程、立体化、多元化、个性化智慧出行服务平台离不开现有铁路信息系统的支撑，使得作业型信息系统与服务型信息系统相互促进、互为补充。

参考文献

[1] 中国铁路总公司资产运营与开发部．铁路“互联网+”十三五规划研究．
[2] 单杏花．铁路“互联网+”旅客服务的研究与设计［J］．铁路计算机应用，2015，11-0005-04．

JWMQ 在复杂环境下的可靠传输研究

易明中

（中国铁道科学研究院电子计算技术研究所，北京 100081）

摘　要：JWMQ 被应用于复杂环境下的动车组管理信息系统（EMUs-MIS）。本文着重研究了其在复杂环境下的可靠传输问题，主要是防堵塞和大文件的传输问题。本文在实践中摸索出了独特的防堵塞策略，并合理利用了解决大文件传输这个问题时的一些方法和结果来帮助解决防堵塞问题。

关键词：JWMQ；复杂环境；反堵塞；大文件；MTU；MSS；丢弃比

1　引言

在论文《JWMQ 在动车组管理信息系统中的应用研究》[1]中，研究了 JWMQ 应用在动车组管理信息系统中的一些问题。其中一个影响可靠传输的关键问题就是 JWMQ 在复杂环境下的堵塞问题。在该文中阐述了从实践中摸索出的独特的反堵塞策略，并对其参数采用了从实践中摸索出的经验值。但是这些经验值还可进一步优化，因而本文进一步从理论上发展这个防堵塞策略，并提出了一些独特的概念和算法。另外，随着各种新型防火墙和路由器的出现，JWMQ 在复杂环境下的大文件的传输逐渐成为一个影响可靠传输的关键问题。

2　JWMQ 在复杂环境下的防堵塞策略

动车组管理信息系统部署在全国范围的复杂的分布式网络环境下，网络应用系统同时要面对不同的系统平台、多种的操作系统、异构的网络环境等。单纯客户机 / 服务器两层体系结构难以避免客户端和服务器端负担过重的现象，而消息中间件的基本目标是用来屏蔽网络硬件平台的差异性和操作系统与网络协议的异构性，使应用软件能够比较平滑地运行于不同平台上[2]。JWMQ 是铁科院电子所自主研发的一套数据传输软件，可用于 TCP/IP 网络上任意文件的传输。JW 代表北京经纬信息技术公司，MQ 代表 Message Queue（消息队列）。JWMQ 是 Message-Oriented-Middleware（MOM）的中间件。

2.1　堵塞的数学模型[1]

消息队列对于应用间的结构没有限制，相对于使用它们的应用而言是独立存在的。应用之间可能是“一”对“多”（有些文献称之为单生产者，多消费者[3]），比如节点 A 可向节点 B_1，B_2，…B_N 发送和接收消息；或者是“多”对“一”（有些文献称之为多生产者，单消费者[3]），比如节点 A_1，A_2，…，A_M 可向节点 B 发送和接收消息。但这个“一”往往会成为瓶颈。

比如，动车组管理信息系统是一个全国范围的大型信息系统，各个节点的软、硬件环境和网络环境差异很大，且很难实时，准确地获得各节点与传输相关的完整信息。因而若没有一套有效的防堵塞策略，在信息缺失条件下的复杂传输环境中的堵塞将是个大概率事件，严重时会导致整个传输崩溃。

如果由于某些原因（例如节点 A 与 B_1 之间的网络中断）导致节点 A（本文中多指铁路总公司）发往节点 B_1（本文中多指各运用所）的发送队列 $ab_{1\text{-}1}$，$ab_{1\text{-}2}$，…中有一个文件，比如 $ab_{1\text{-}1}$ 总是发送不到

节点 B_1（注：本文中需要传输的文件对应 JWMQ 中的消息），那么时间一长，文件 $ab_{1\text{-}1}$ 就可能堵塞住它之后的所有文件的发送，因而节点 B_2，…，B_N 就可能都不能接收到来自节点 A 的文件。目前一些基于队列的传输系统，遇到上述堵塞时，要么是简单等待网络状态恢复正常，使得该文件能被正常发送出去，要么就是在久等无望后简单丢弃该文件。简单等待和简单丢弃是两个极端的处理方法，可以而且应该有某种更好的思路。本文基于动车组管理信息系统所处的复杂环境，独创性地提出了一个实用且有效的防堵塞策略。为了区分 Computer Science 中的 Non-Blocking（非阻塞），本文采用了 Anti-Blocking（防堵塞）这个概念。首先，我们有某种机制将发送失败的文件 $ab_{1\text{-}1}$ 踢出发送队列。如图 1 所示。

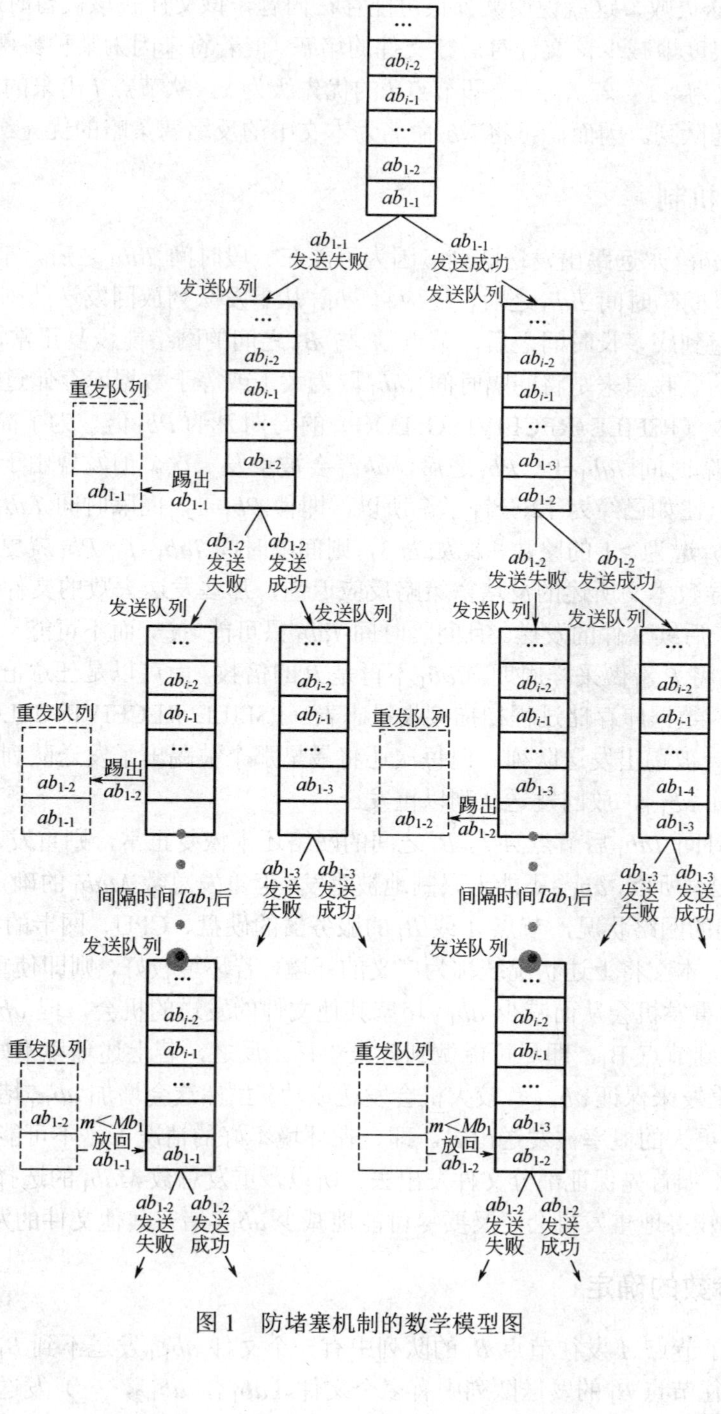

图 1　防堵塞机制的数学模型图

2.2 防堵塞的踢出机制

目前，JWMQ 可分为两大类，一类操作数据库，另一类不操作数据库。应用于动车组管理信息系统的 JWMQ 属于需要操作后台数据库的类型。动车组管理信息系统的数据库的存储过程周期为 P 地扫描接收日志表（P$FILE_RECEIVING_LOG），并对文件 ab_{1-1} 的发送失败次数 nb_{1-1}（初值为 0）进行计数。如果 ab_{1-1} 发送了 Nb_1 次，仍然失败，则须将 ab_{1-1} 暂时踢出发送队列，踢进重发队列，以免它堵塞其后的其他文件的发送。经过长期实践摸索，发现 Nb_1 取为 1 比较合理，因为动车组管理信息系统的目前的业务需求决定了从每个节点出来的发送文件的优先级是相等的，因而都可取为最低优先级 1。即，只要某文件有 1 次发送失败，这就说明某处很可能存在问题，该文件就该被暂时踢出发送队列，最低优先级 1 是为了最低限度地减少该文件对后续文件的堵塞。但若将来因为某种特殊原因，某节点 i 的优先级较高，则 Nb_i 可取为>1。若 $Nb_i=x$，即节点 i 的优先级为 x，从节点 i 出来的发送文件在 x 次发送失败后才能被踢出发送队列。因而，可将 Nb_i 命名为本文中的反堵塞策略的优先级参数。

2.3 防堵塞的重发机制

但现在还不能将 ab_{1-1} 永远踢出发送队列，因为可能在一段时间 Tab_1 之后，节点 A 与 B_1 之间的网络就恢复了正常，所以间隔时间 Tab_1 之后，还应将 ab_{1-1} 从重发队列放回发送队列，给它重发机会。由于我们几乎不可能知道到底多长时间之后，节点 A 与 B_1 之间的网络能恢复正常，所以间隔时间 Tab_1 的选择往往是猜测性的。我原来是将间隔时间 Tab_1 取为大于或等于数据库存储过程扫描（相当于轮询发送队列）接收日志表（P$FILE_RECEIVING_LOG）的周期 P 的 Pb_1 倍。为了简化算法，根据经验，Pb_1 选为 3。所以，间隔时间 Tab_1=P* Pb_1 之后，ab_{1-1} 会被重发一次。但发现由于各种原因，P 本来就已经很大且不便更改，比如已经为 12 分钟了。所以，即使 Pb_1=1，间隔时间 $Tab_1=P* Pb_1$ 也已经很大了，即 12 分钟。若 Pb_1 选为>1 的整数，比如为 3，则间隔时间 $Tab_1=P* Pb_1$ 就更大了，高达 36 分钟。如此长的间隔时间会导致本文所述的反堵塞策略反应迟钝，那些发送失败的文件会长期滞留在发送队列中，从而严重堵塞了后续文件的发送。且间隔时间 Tab_1 只可能>P，而不可能<P，这显然不太科学。因而，我改进了算法，将 P 看做采样周期，Tab_1 不再是 P 的倍数，而可以是任意值，因而不再需要 Pb_1。在每个采样周期到时，数据库存储过程扫描接收日志表（P$FILE_RECEIVING_LOG），只要 ab_{1-i} 有一次发送失败，ab_{1-i} 就会被踢出发送队列。但每次还将最早那个被踢出了发送队列，且重发次数少于一定值的那个文件，比如 ab_{1-1}，放回发送队列以重发。

显然，如果间隔时间 Tab_1 后节点 A 与 B_1 之间的网络还未恢复正常，则重发 ab_{1-1} 就可能再次堵塞其后的其他文件的发送。所以，ab_{1-1} 不能无限制地被重发。但重发总数 Mab_1 的确定涉及非常多的因素，比如节点 A 与 B_1 之间的网络状况，节点 A 或 B_1 的服务器的硬盘、CPU、网卡的状况，以及节点 A 或 B_1 的数据库的状况等。本文将上述状况统称为广义的环境，若环境较好，则即使重发总数 Mab_1 设置得小一点，牺牲 ab_{1-1} 的重发机会从而减少 ab_{1-1} 堵塞其他文件的发送的机会，但 ab_{1-1} 仍有较大的机会能被成功从节点 A 发送到节点 B_1，即尽可能做到皆大欢喜。反之，若上述环境不好，则 Mab_1 应设置得大一点，通过较多的重发来保证 ab_{1-1} 有较大机会发送成功。虽然这会增加 ab_{1-1} 堵塞其他文件的发送的机会，但毕竟 ab_{1-1} 有更大的概率被发送出去。即，在环境不好的情况下，不可能做到皆大欢喜。与其大家都发不出去，还不如首先保证部分文件发出去。所以，重发总数 Mab_1 的选择实际上是个 tradeoff。既要尽可能地给 ab_{1-1} 较多地重发机会，又要尽可能地减少 ab_{1-1} 堵塞其他文件的发送的机会。

2.4 防堵塞机制参数的确定

以上仅仅是分析了节点 A 发往节点 B_1 的队列中有一个文件 ab_{1-1} 发送不到 B_1 的情况，但更复杂的情况往往是节点 A 发往节点 B_1 的发送队列中有多个文件（ab_{1-1}，ab_{1-2}，…）发送不到节点 B_1。另外，

如果节点 A 发往节点 B_i 的队列中有一个或多个文件（ab_{i-1}，ab_{i-2}，…）发送不到节点 B_i 的情况，问题复杂度可能会成指数增长。

为简化算法复杂度，提高实用性，我们一般选择 $Nb_1=1$，$Mab_1=3$，即，发送队列中的所有文件（可能会有多个）只要有 1 次发送失败，就都会被暂时踢出发送队列，踢进重发队列。但最早那个被暂时踢出发送队列且重发次数 $m<Mab_1$ 的文件，比如 ab_{1-1}，会从重发队列重新放回发送队列以重发。如果再次发送失败，则该文件的 m 加 1（m 初值为 0），直至 $m=Mab_1$，该文件不再被放回发送队列，永远被踢出了发送队列。然后，重发队列当中次早那个文件就前向滑动，递补成最早，等待被放回发送队列。因而，所有的文件最终都有 2 次重发机会，所以总共有 3 次发送机会。根据经验，如果 3 次还发送不出去，这些文件可以被永远踢出发送队列，即永远被丢弃了。

综上所述，本文中的这种防堵塞策略实际上构造出了一种动态的滑动队列，通过将发送失败的文件暂时踢出并再次放回发送队列，发送队列中的所有待发送文件的位置和顺序实际上是动态滑动的。这种动态滑动既要尽可能使每一个文件被发送出去，又要尽可能快地将发送失败的文件踢出发送队列，尽量减少对资源的占用，从而尽可能快地将其他能发送出去的文件发送出去。这就是个 tradeoff，这个 tradeoff 能否达到最佳，很大程度上取决于上述讨论中的 Nb_i、Tab_i、Mab_i 三个关键参数。但由于动车组管理信息系统所处的信息缺失的复杂环境，很难找到合适的算法得到上述三个关键参数的计算值，只能取经验值。且所有运用所的这三个关键参数的取值都一样，这显然并非最佳。因为不同运用所所处的环境差异较大，不同运用所的 tradeoff 的平衡点不一样。所以，不同运用所的这三个关键参数的取值应尽量个性化。

如前所述，动车组管理信息系统的目前的业务需求决定了从每个节点出来的发送文件的优先级 Nb_i 是相等的，因而 Pb_1 都可取为最低优先级 1。因而，关键是如何得到 Tab_i、Mab_i 这两个参数的计算值并个性化，这是个比较头疼的问题。

另外，随着各种新型防火墙和路由器的出现，JWMQ 在复杂环境下的大文件的传输也逐渐成为一个影响可靠传输的令人头疼的问题。

但事务往往具有两面性，问题也往往像双刃剑，关键是我们如何将不利因素转化为有利因素。

本文下面的论述中，合理利用了在解决大文件传输这个令人头痛的问题时的一些方法和结果，来估算 Tab_i、Mab_i 这两个参数的值并使之个性化，从而解决这个令人头痛的问题。

3 JWMQ 在复杂环境下的大文件传输

2014 年开始，虹桥运用所率先出现大文件传输到铁路总公司失败的情况。后来，杭州、上海南等运用所也相继出现不能传输大文件到铁路总公司的情况。

经检查发现，从这些运用所 ping 铁路总公司都没有问题，从铁路总公司 ping 这些运用所也没有问题。所以，这些不能传输大文件的运用所和铁路总公司之间的网络在物理上是连通的。

经过分析，确定是上述运用所的大文件（大数据包）在封装分解过程中出现了丢包，即最大传输单元（MaximumTransmission Unit，MTU）和最大分段大小（Maxitum Segment Size，MSS）的设置存在问题。

3.1 MTU 和 MSS 定义

MTU（Maximum Transmission Unit）是指通信协议的某一层所能通过的最大数据包大小（以字节为单位，包含上一层协议的包头）。对于 TCP/IP 协议，数据链路层承载 IP 层数据包，数据链路层的 MTU 值即为 IP 层最大 IP 数据包的大小[4]。通常将 IP 网络层的 MTU 简称为 MTU。当网络设备转发数据分组时，会检查其数据域大小是否小于等于出接口的 MTU 设置值[5]。目前网络大都为以太网（帧结构如图 2 所示），以太网最小帧长为 64 字节，最大帧长为 1518 字节。最大以太网帧除去帧头（目的、源 MAC 地址和 Type 域共 14 字节）和帧尾（CRC 校验 4 字节），承载上层协议的最大数据载荷是 1500 字节，这个值即为以太网的缺省 MTU 值[4]。

前导同步码	帧定界符	目的地址	源地址	类型	数量(载荷)	帧校验和
7 bytes	1 byte	6 bytes	6 bytes	2 bytes	46～1500 bytes	4 bytes

图 2　以太网帧结构

一个 IP 数据分组从源主机到达目的主机所经路径上的各段链路 MTU 值不尽相同，要完成端到端的传送，IP 网络层数据分组尺寸必须小于由各段链路构成的整条路径上的最小 MTU。路径上每一段链路所能传送的最大 IP 分组尺寸，称为 link MTU（链路 MTU），源主机到目的主机整条路径上的最小 MTU 则称为 path MTU（路径 MTU）。其大小等于数据分组途经所有链路 MTU 的最小值。如果源主机发送的 IP 网络层数据分组尺寸大于路径 MTU，该数据分组会被分段或丢弃[5]。

MSS（Maximum Segment Size）是 TCP 协议里面的一个概念，是指 TCP 数据报文每次能够传输的最大数据分段。为了达到最佳的传输效能，TCP 协议在建立连接时通常要协商双方的 MSS 值，交互双方先根据本端发包接口 MTU 值计算获得 MSS=MTU-[IP 数据包包头（20 字节）+TCP 数据段包头（20 字节）] [4]。当建立 TCP 连接 3 次握手时，协商的双方会互相通告 MSS 大小[5]。以双方 MSS 的最小值为这次 TCP 连接的最大数据分段[4]。

3.2　IP 包分片与 MSS 协商

IP 包分片是传输超长报文的一种技术手段。IP 协议传输数据包时，若报文长度大于转发接口的 MTU，则将该报文分为若干分片进行传输，分片到达接收方时，由接收方完成报文重组。TCP 在三次握手建立连接过程中，会在 SYN 报文中使用 MSS 选项功能，协商交互双方能够接收的最大段长。客户端与服务器端根据自己发包接口的 MTU 值计算出相应 MSS 值，并通过 SYN 报文告知对方，双方会以通告的 MSS 值中最小值作为发送报文的最大段长[4]。

通过设定合适的 MSS 值可确保数据域被 TCP、IP 头部封装后，尺寸小于或等于 path MTU，避免 TCP 报文在传送过程中被分段。MSS 只定义于 TCP，在 UDP 及其他传输层协议中无定义[5]。

3.3　如何解决传输大文件的问题[4]

需修改 MTU 或 MSS 值。通过 ping 命令探测路径上的 MTU 值，探测出来后修改 MTU 设置不合理的运用所，使路径的 MTU 值大于或等于 IP 包的长度，并修改该运用所的 MSS 值，使协商的 IP 报文长度小于或等于从该运用所到铁路总公司传输路径上的所有 MTU 值的最小值[4]。

在那些能传输大文件到铁路总公司的运用所，用如下命令 ping 铁路总公司（IP 为 10.1.158.172）：

ping *-f -l* 1472 10.1.158.172 能 ping 通（参数*-f* 定义数据包不分片，参数*-l* 定义本机送出去的数据报文大小，单位为 byte，比如此处为 1472 bytes），继续 ping *-f -l* 1473 10.1.158.172，如果提示 Packet needs to be fragmented but DF set，表示数据包需要拆开来发送。那么该运用所链路层的 MTU=1472+28=1500 字节。相应地，MSS=MTU-40=1460 字节[4]。

但在某不能传输大文件到铁路总公司的运用所，用如下命令 ping 铁路总公司（IP=10.1.158.172）：

ping *-f -l* 1000 10.1.158.172（参数*-f* 定义数据包不分片，参数*-l* 定义本机送出去的数据报文大小，单位为 byte，比如此处为 1000 bytes）能 ping 通，继续 ping *-f -l* 1001 10.1.158.172，如果提示 Packet needs to be fragmented but DF set，表示数据包需要拆开来发送。那么该运用所链路层的 MTU=1000+28=1028 字节。相应地，MSS=MTU-40=988 字节[4]。

可通过二分法逐步逼近来探测到上述能 ping 通的最大临界值，比如为 1472，则 1472+1=1473 就是 ping 不通的最小临界值。即首先选取任意足够大的值 *n* 作为参数-*l* 后面的值。若能 ping 通，则说明 *n* 还不够大，须继续加大，直到 *n* 足够大，导致 ping 不通，然后令该值为 n_0。然后下次探测时参数-*l* 后的值减小为（$n_0/2$）的整数值。若能 ping 通，则停止减小，令该值为 n_1。若仍 ping 不通，则继续减小为（$(n_0/2)/2$）的整数值，…，直到减小到某足够小的值 n_1，导致能 ping 通。然后将-*l* 后的值加大为（$n_1+(n_0-n_1)/2$）的整数值，即（$(n_1+n_0)/2$）的整数值。若（$(n_1+n_0)/2$）的整数值导致能 ping 通，则继续按上述方法加大参数-*l* 后的值。若（$(n_1+n_0)/2$）的整数值导致 ping 不通，则继续按上述方法减小参数-*l* 后的值。以此类推，逐步逼近到能 ping 通的最大临界值。

总之，对于某些运用所不能传输大文件到铁路总公司的问题，处理思路为：通过如上探测，逐步减少运用所所能发出的最大数据包大小，使该运用所的 MTU 值小于或等于从该运用所到铁路总公司传输路径上的所有 MTU 值的最小值。

3.3.1 修改 MTU 的方法

（1）运行 regedit

（2）打开：HKEY_LOCAL_MACHINE\SYSTEM\CurrentControlSet\Services\Tcpip\Parameters\Interfaces

（3）Interfaces 下有多个子项，每个子项对应一个网卡。请按如下方法选择网卡：

A．确定本机用来连接 Internet 的网卡或拨号连接的 IP，如 192.168.0.19；

B．用鼠标点击 Interfaces 上的子项，查看键值列表中的 IPAddress 项；

C．如果 IPAddress 的键值与 A 中的 IP 相同，即 192.168.0.19，则该子项就是要找的网卡。

（4）进入该子项，在右边的窗口里按鼠标右键，选择“新建”->“DWORD 值”，输入名称“MTU”，按回车。再用鼠标双击“MTU”，弹出修改窗口，设置 MTU 的新值。设置前请先把“基数”设为十进制。设置好后，需要重启机器才能生效。

3.3.2 修改 MSS 的方法

（1）运行 regedit

（2）打开：HKEY_LOCAL_MACHINE\System\CurrentControlSet\Services

（3）在 Services 下创建项 Class

（4）在 Class 下创建项 NetTrans

（5）在 NetTrans 下按鼠标右键，选择“新建”->“DWORD 值”，输入名称“MaxMSS”，按回车。再用鼠标双击“MaxMSS”，弹出修改窗口，将 MTU 的值设置为 MTU-40。设置前请先把“基数”设为十进制。 设置好后，需要重启机器才能生效。

4 利用 ping 命令的结果以估算防堵塞策略的参数

将 3.3 节中的探测法稍加改造就能用于估算 2.4 节中的 Tab_i、Mab_i 这两个参数的值。下面以估算北京南和福州运用所的参数为例加以说明。

在铁路总公司 ping 北京南运用所（IP 为 10.84.4.22）：

ping -*n* 10 -*f* -*l* 1472 10.84.4.22（参数-*n* 10 定义发送 10 个数据包，参数-*f* 定义数据包不分片，参数-*l* 定义本机送出去的数据报文大小，单位为 byte，比如此处为 1472 bytes），结果如下：

Pinging 10.84.4.20 with 1472 bytes of data：

Reply from 10.84.4.20：bytes=1472 **time=26ms** TTL=110

Reply from 10.84.4.20：bytes=1472 **time=26ms** TTL=110

Reply from 10.84.4.20：bytes=1472 **time=26ms** TTL=110

Reply from 10.84.4.20：bytes=1472 **time=27ms** TTL=110

Reply from 10.84.4.20：bytes=1472 **time=26ms** TTL=110

Reply from 10.84.4.20：bytes=1472 **time=26ms** TTL=110

Reply from 10.84.4.20：bytes=1472 **time=27ms** TTL=110

Reply from 10.84.4.20：bytes=1472 **time=27ms** TTL=110

Reply from 10.84.4.20：bytes=1472 **time=32ms** TTL=110

Reply from 10.84.4.20：bytes=1472 **time=27ms** TTL=110

Ping statistics for 10.84.4.20：

Packets：Sent = 10，Received = 10，Lost = 0（0% loss），

Approximate round trip times in milli-seconds：

Minimum = 26ms，Maximum = 32ms，**Average = 27ms**

通过计算，以上 10 个 **time** 值的方差 **variance=3**

在铁路总公司 ping 福州运用所（IP 为 10.237.131.150）：

ping *-n* 10 *-f -l* 1472 10.237.131.150（参数*-n* 10 定义发送 10 个数据包，参数*-f* 定义数据包不分片，参数*-l* 定义本机送出去的数据报文大小，单位为 byte，比如此处为 1472 bytes），结果如下：

Pinging 10.237.131.148 with 1472 bytes of data：

Reply from 10.237.131.148：bytes=1472 **time=58ms** TTL=110

Reply from 10.237.131.148：bytes=1472 **time=57ms** TTL=110

Reply from 10.237.131.148：bytes=1472 **time=64ms** TTL=110

Reply from 10.237.131.148：bytes=1472 **time=70ms** TTL=110

Reply from 10.237.131.148：bytes=1472 **time=57ms** TTL=110

Reply from 10.237.131.148：bytes=1472 **time=58ms** TTL=110

Reply from 10.237.131.148：bytes=1472 **time=58ms** TTL=110

Reply from 10.237.131.148：bytes=1472 **time=57ms** TTL=110

Reply from 10.237.131.148：bytes=1472 **time=57ms** TTL=110

Reply from 10.237.131.148：bytes=1472 **time=57ms** TTL=110

Ping statistics for 10.237.131.148：

Packets：Sent = 10，Received = 10，Lost = 0（0% loss），

Approximate round trip times in milli-seconds：

Minimum = 57ms，Maximum = 70ms，**Average = 59ms**

通过计算，以上 10 个 **time** 值的方差 **variance=16.9**

比较上述结果可知北京南运用所的环境要好于福州，因为同等条件下，ping 北京南运用所的 **time** 的平均值 **Average = 27**，**variance=3**；ping 福州运用所的 **time** 的平均值 **Average = 59**，**variance=16.9**；福州运用所的 **Average = 59** ＞北京南运用所的 **Average = 27**，说明数据包从铁路总公司发送到福州的速度比发送到北京南要慢，因而从铁路总公司发送到福州的数据包在重发时应该有更长的时间间隔 $Tab_{福州}$，即。$Tab_{福州}$＞$Tab_{北京南}$。因而 $Tab_{福州}$取值为 6 分钟，但 $Tab_{北京南}$仍取值为 3 分钟。

福州运用所的 **variance=16.9 远**＞北京南运用所的 **variance=3**，说明数据包从铁路总公司发送到福州的稳定性远比发送到北京南要差，因而从铁路总公司发送到福州的数据包应该有更多的重发机会，即。$Mab_{福州}$＞$Mab_{北京南}$。因而 $Mab_{福州}$取值为 6，但 $Mab_{北京南}$仍取值为 3。

本文的这种反堵塞策略还可引入一个新的衡量环境的度量，称之为丢弃比 *Qab*。比如，数据包从铁路总公司发送到福州运用所的丢弃比 $Qab_{福州}$定义为单位时间内（比如 24 小时内）被丢弃的那些从铁路总公司发送到福州运用所的文件数除以从铁路总公司发送到福州运用所的总文件数；显然，丢弃比

越小越好，理想状况应该是趋近于 0。

通过调整 $Tab_{福州}$和 $Mab_{福州}$，丢弃比 $Qab_{福州}$减小了约三分之一，效果比较明显。但 $Qab_{福州}$仍然＞ $Qab_{北京南}$，毕竟福州的环境比北京南要差得多。限于篇幅，本文不一一列举详细结果。

5 结论

对于动车组管理信息系统在复杂环境下的基于 JWMQ 的传输，本文在实践中摸索出了一个独特的防堵塞策略，并从理论上进行了归纳和总结。该策略提出了一些独特的概念和方法，收到了很好实际效果。实际运行表明，若该防堵塞策略一旦被停掉，则几乎必定会造成严重的堵塞。且优化该策略的重发时间间隔 Tab_i 和重发总数 Mab_i 这两个参数还可取得更好的效果。本文合理利用了在解决发送大文件时的一些方法和结果，用以估算重发时间间隔 Tab_i 和重发总数 Mab_i 这两个参数。实际运行结果表明，这种估算优化了本文的这种防堵塞策略的实际效果。

参考文献

[1] 易明中，王宁，刘丹凤，张惟皎，贾志凯．JWMQ 中间件在动车组管理信息系统中的应用研究［D］．第十届中国智能交通年会大会论文，2015.

[2] 陈明，潘家铭，阎保平．消息中间件的设计与实现［J］．微电子学与计算机．2005，22（4）.

[3] 刘晓建，吴庆波，戴华东，任怡．一种用于并行系统的非阻塞消息队列机制［J］．计算机工程与科学，2011，33（4）.

[4] 杜从涛，刘红云．MTU 和 MSS 问题研究［J］．信息通信，2014（6）.

[5] 颜永明．双栈环境下 IP 城域网 MTU 研究［J］．电信科学，2014，30（10）.

城市轨道交通线网指挥中心信息安全体系研究

王石生　张　铭　白　丽　曹鸿飞

（中国铁道科学研究院电子计算技术研究所，北京 100081）

摘　要： 本文首先阐述城市轨道交通线网指挥中心信息安全体系建设的背景和必要性，分析了安全风险及安全需求，在此基础上提出了城市轨道交通线网指挥中心信息安全体系安全模型，最后给出了信息安全体系设计方案，确保轨道交通线网指挥中心信息系统的安全和稳定运行。

关键词： 线网指挥中心；信息安全体系；安全策略；安全技术

Research on Information Security System of Command Center of Urban Rail Transit line Network

Wang Shisheng　Zhang Ming　Bai Li　Cao Hongfai

(Institute of Computing Technology, China Academy of Railway Sciences, Beijing 100081)

Abstract: Firstly, this paper describes the background and the necessity of urban rail transit network command center information security system construction, analyzes the security risk and demand, based on proposed urban rail transit line network command center information security system security model. At last, the paper gives the information security system design, to ensure the safe and stable operation of rail transit network command center information system.

Key words: Line network Command Center, Information Security System, Security Policy, Security Technology

1　前言

城市轨道交通作为大容量公共交通工具，其安全性直接关系到广大乘客的生命安全，城市轨道交通系统的安全保障是城市公共安全管理的重要组成部分。城市轨道交通线网指挥中心作为城市轨道交通系统运行的指挥控制中心，是实现信息集中、监控协调、应急处理信息共享、快速反应和高效运行重要保证，发挥着越来越重要的作用。随着计算机系统在轨道交通线网中的应用日益广泛和深入，如何保证其网络及信息安全，使其符合安全完整性等级及信息安全等级保护要求，从技术和管理建设轨道交通线网指挥中心信息安全防护体系，将直接影响到城市轨道交通的运行和生存，甚至危及国家和社会的安全。

国家、省/市政府对于轨道交通系统的安全保障体系的建设也越来越重视，城市轨道交通线网作为重要的支撑点，建设并建成“统一规划建设、全面综合防御、技术管理并重、保障运营安全”的信息安全体系已经迫在眉睫。

2 安全风险与需求分析

城市轨道交通系统肩负着国家安全和社会稳定的重要职责，对城市发展起到重要的支撑和引导作用，城市轨道交通系统的安全保障是城市公共安全管理的重要组成部分。城市轨道交通计算机网络是通过多级局域网络的互联，形成超大规模的轨道交通内部网络。其中大型局域网采用叠加式结构，小型局域网采用平面式结构。城市轨道交通内部计算机网络由外部访问服务网、内部服务网和生产内网等组成，城市轨道交通线网指挥中心处于最内部的生产网中，需要高度的安全性和机密性。另外由于存在政治体制、国家体制以及意识形态等方面的一些因素，很容易遭受到国内外一些敌对分子的攻击，而现有的TCP/IP协议并不能很好地保障网络通信安全，给整个系统带来了安全隐患。

结合城市轨道线网指挥中心的多种信息种类、不同开放程度和安全级别等情况，线网指挥中心的网络和信息系统主要面临如下威胁：

（1）有害信息（如病毒）的传播等；

（2）系统软硬件故障造成的服务不可用或者数据丢失；

（3）自然灾害或人为的物理破坏；

（4）内部人员无意或恶意滥用权力，越权读取系统机密信息或篡改数据；

（5）来自内部或外部的黑客针对基础设施（包括路由器等互联设备、路由信息交换、域名系统和网络管理系统等）、主机系统和应用服务的各种攻击，造成网络或系统服务不可用、信息泄密、数据被篡改等破坏；

（6）缺乏对上网终端、业务应用和数据存储区域等进行有效安全隔离措施，无法对木马、恶意程序、端口扫描等进行区域阻断控制；

（7）无法对安全设备、网络设备、重要服务器进行集中监控、管理，缺乏海量安全事件的标准化集中存储、事件关联分析、设备运行检测、状态控制机制；

（8）缺乏对登录用户进行有效身份鉴别和身份抗抵赖追溯机制；

（9）缺乏统一的安全防护标准和安全策略，风险管控能力有待提高。

除此之外，线网指挥中心的系统信息量大，种类繁多，接入系统（如ATS、ISCS、AFC等）的信息有不同程度的安全保护需求，使得线网指挥中心安全保障体系设计与实现变得异常复杂。

3 信息安全体系模型构建

城市轨道交通指挥中心信息系统的安全体系模型设计，既要参照国内外标准和最佳实践，又能够符合国家相关的安全防护要求，从而保障整个安全体系的完备性、合理性。

以建立城市轨道交通线网指挥中心“可控安全保障体系”为主线，结合城市轨道交通线网系统的实际情况和现实问题为基础，参照国际和国内的安全标准和规范，充分利用成熟的信息安全理论成果，设计出兼顾整体性、可操作性，并且融策略、组织、运作和技术为一体的安全体系。轨道交通线网指挥中心信息安全体系内容包括信息安全保障体系的总体框架，分为安全策略、安全组织、安全技术和安全运作四个部分。信息安全保障体系总体框架如图1所示。

信息安全体系分为技术体系、管理体系和运维体系三个要素，其中管理系统包括策略、组织和运作；技术体系包括基础设施安全和应用安全，基础设施安全是指物理、网络和系统层面的安全基础设施和技术支撑平台，应用安全是指应用和数据层面的安全措施，包括加密、认证和授权、电子签名、备份和容灾等。

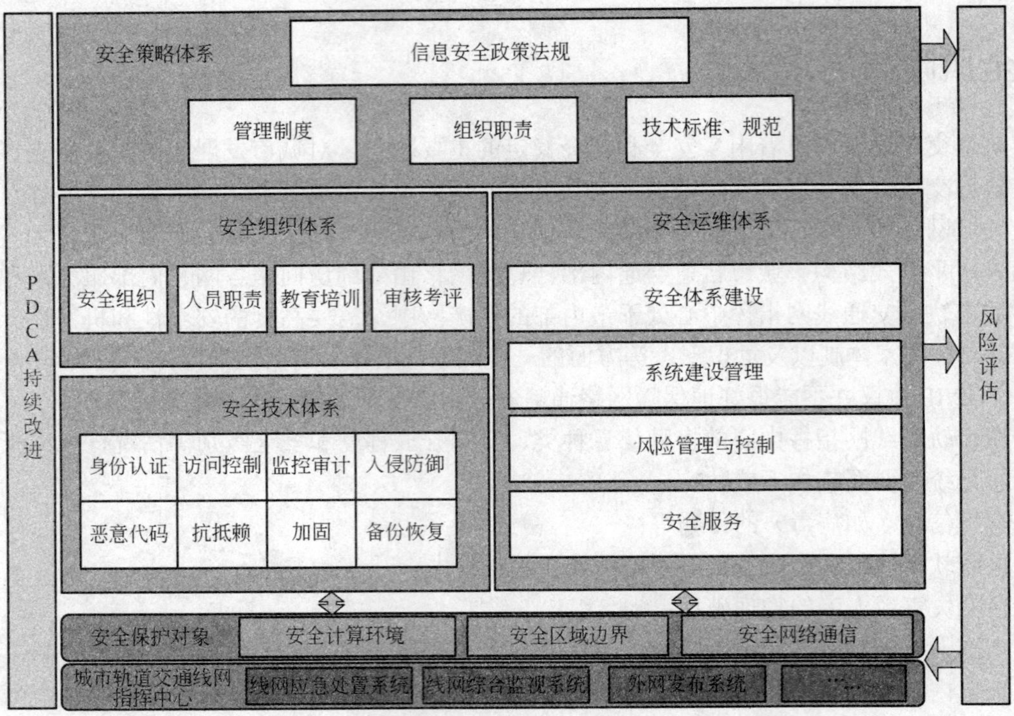

图 1　信息安全保障体系总体框架

4　信息安全体系设计

在充分对轨道交通线网系统安全调研的基础上，以《信息安全等级保护基本要求》的技术要求和管理要求为基线，同时参照 ISO27001 信息安全管理体系要求、ISO13335 信息技术-信息安全管理指导、《国家信息化领导小组关于加强信息安全保障工作的意见》（中办发〔2003〕27 号）、《关于信息安全等级保护工作的实施意见》（公通字〔2004〕66 号）精神、《关于开展信息系统安全等级保护基础调查工作的通知》、《信息安全等级保护管理办法》、《信息系统等级保护实施指南》、《信息系统安全保护等级定级指南》，设计城市轨道交通线网指挥中心的信息安全保障体系。并结合当前的安全现状，确定目前建设安全体系需要做的工作和步骤，进行安全体系建设规划，指导未来“十三五”期间的安全建设工作。城市轨道交通线网指挥中心信息安全技术体系的具体措施分别设计如下：

4.1　依据保护级别制定安全策略

策略是整个信息安全体系要实现的目标，既承上也启下。承上是指根据等级保护的结果制定相应的安全级别，启下是指根据自身的实际情况和未来的发展战略进行规划，自顶向下、通盘考虑，运用动态循环的方法来完成这个过程。城市轨道交通线网指挥中心的安全策略的构建可以分为三个阶段，包括策略的制订、策略的评估和策略的执行。通过管理和技术等手段，降低信息安全威胁，减少信息安全事故，将信息安全事故的影响与损失降到最小。安全策略应具有指导性、非技术性、可行性、可扩展性和目的性等特征。安全策略需要经过反复迭代和循环运行等过程来实现。

（1）基于物理环境的安全策略

物理安全为信息系统的安全运行和信息的安全保护提供计算机，网络硬件设备、设施，介质及其环境等方面的安全支持。其主要目的是保护信息系统、网络及服务器等硬件实体和通信链路免受自然灾害和人为破坏。规划了机房物理环境的选择和必须具备的防护条件，以及设备选型、运行、测试和维护等各个阶段的安全策略。

（2）基于网络的安全策略

在网络硬件及其环境安全的基础上，提供安全的网络软件、安全的网络协议，为信息系统在网络环境的安全运行方面提供支持。一方面，确保网络系统的安全运行，提供有效的网络服务；另一方面，确保在网上传输数据的保密性、完整性和可用性等。其主要目的是保证城市轨道交通线网指挥中心网络的正常运行，防止对网络的非法访问和未授权用户非法使用网络。规划了网络运行日志、加密软件和用户身份认证等相关安全策略。

（3）基于系统的安全策略

在计算机硬件及其环境安全的基础上，提供安全的操作系统和安全的数据库管理系统，实现操作系统和数据库管理系统的安全运行以及对操作系统和数据库管理系统所存储、传输和处理数据的安全保护。其主要目的是确定设备从选型到运行维护全生命周期的安全管理事项。规划了运行日志、访问控制、备份恢复、漏洞扫描和负载均衡等安全策略。

（4）基于应用的安全策略

在物理安全、系统安全和网络安全等安全环境的支持下，实现业务应用的安全目标。在对数据信息进行存储、传输和处理时，需要有相应的安全措施，这些安全措施可以在应用软件系统层实现，也可以在支持其安全运行的物理安全、网络安全、操作系统安全和数据库管理系统安全中实现。规划了数据的保存、备份、移动和使用等的相关安全策略。

（5）基于紧急情况的安全策略

其主要目的是在发生重大或紧急情况时，所要采取的安全措施。规划了发生大范围网络攻击和重大节日的网络安保等相关安全策略。

4.2 依据安全策略制定管理规范

安全策略直接体现在管理制度上，如何将安全策略准确完整地转化为管理制度显得尤为重要。管理制度体系体现在三个层面上，首先是针对各方面、各环节信息安全管理工作所制定的管理制度规范；其次是为了规范人员行为与操作制定的各类操作手册或作业指导书；最后是在工作中使用的各类格式化记录表格。

4.3 依据管理体系制定相应的安全技术

选用适当的安全技术和产品，保护信息系统稳定运行。其中主要包括防护（访问控制、安全隔离、加密软件等）、检测（入侵检测、漏洞扫描等）、响应（自动报警、监控、追溯等）和恢复（备份、重做日志等）。

可以将安全技术细化为四个部分，分别是防护阶段、检测阶段、响应阶段和恢复阶段。

（1）在防护阶段主要应用的安全产品和技术有硬件防火墙、统一身份认证、虚拟专用网和 CA 数字认证技术。

（2）在检测阶段主要应用的安全产品和技术有入侵监测系统、漏洞扫描系统、网页防篡改系统和日志审计系统等。

（3）在响应阶段主要应用的安全产品和技术有短信实时报警系统和与安全服务厂商签订 7×24 小时服务协议。

（4）在恢复阶段主要应用的安全产品和技术有异地灾备系统和重做日志机制，对访问流量较大的主机采用负载均衡的方式，对重要的应用服务则采用双机热备甚至多级集群的技术手段。

4.4 建立应用安全体系

建立一套用户管理、权限控制和分配机制，并在应用软件设计、应用软件开发的全过程切实贯彻这一机制，使得在任何情况下，任何人只能获取在其当时、当地允许获取的信息或操作。身份鉴别与访问控制是应用安全中最重要的组成部分，也是安全体系的基础。较为常用的身份认证技术是基于“用户名+口令”的静态单因素身份认证技术，该技术的特点是简单、易用，在一定的安全程度上可以进行有效的用户身份认证。但是，随着应用的深入化和攻击手段的多样化，静态口令认证技术由于其自身的安全缺陷已经不再适应于安全性要求较高的应用系统，由于对这种认证方式的破解较为简单，很容易导致内部重要数据的外泄，甚至导致信息系统遭受破坏性攻击。

因此，为防止对各类资源数据的非授权访问，建立城市轨道交通线网指挥中心的信息系统身份认证机制，并根据不同的用户人群提供差异化的安全认证技术，除了静态口令式的通用认证方式，还应具备高安全性、高可靠性的双因子认证方式，保证登录系统各用户身份的真实性，防范用户信息被他人盗取、冒用和攻击，避免因非法用户造成重要敏感信息泄露或被篡改的恶劣影响。

4.5 数据传输安全和操作责任认定

城市轨道交通线网指挥中心数据在传输过程中，需要加强管理和控制防止数据泄漏。为了保证系统对多任务的安全可靠运行，除了做好系统自身的并发处理，还需要对用户发送的操作行为与用户身份进行关联，并确保数据在传输过程中未被篡改，判断数据传输完整性，确信所有参与者都不能否认或抵赖曾经完成的操作和产生的数据，防止操作发送方否认已发送的信息，防止接收方事后否认已经接收到信息。

5 结束语

随着城市轨道交通线网指挥中心信息化建设进程的逐步深入，通过对线网指挥中心信息安全技术建设和安全管理建设，使得城市轨道交通线网基本具备了一套完整的信息安全保障体系，并可以达到国家等级保护基本要求 3 级系统的安全保护等级。但是安全建设是过程中，城市轨道交通线网的业务系统也在建设和发展，面临的安全挑战也在不断地变化，因而以城市轨道交通线网指挥中心的信息安全保护要求为基准，以 ISO27000 系列为最佳实践的参考，对安全现状进行再评估，寻找差异，将城市轨道交通线网的信息安全保障体系从技术、管理和运维三个方面进行完善，使得安全保障工作与业务发展步调一致，始终能够为城市轨道交通线网指挥中心信息化发展提供良好的安全支撑平台。本文通过建立信息安全体系全方位地保护了轨道交通线网指挥中心信息系统的安全，做到了将信息安全威胁降到最低的设计要求。

参考文献

[1] GB/T 22240—2008．信息安全技术信息系统安全等级保护定级指南．
[2] GB 17859—1999．计算机信息系统安全保护等级划分准则．
[3] GB17859—1999．计算机信息系统安全保护等级划分准则．
[4] GB/T 22239—2008．信息系统安全等级保护基本要求．
[5] GB/T 20271—2006 信息安全技术信息系统通用安全技术要求．
[6] GB 50490-2009．城市轨道交通技术规范．
[7] 北京轨道交通资产管理线路接入规范．
[8] 北京轨道交通资产管理线路接入技术管理规定．

地铁乘客信息系统车载视频传输模式的研究

于孝安[1]　朱亚锋[1]　杜呈欣[1]　于　涛[2]　赵　晶[2]

（1．中国铁道科学研究院电子计算技术研究所，北京，100081；
2．北京地铁运营有限公司，北京，100080）

摘　要：地铁车载LCD显示屏效果的优劣与客室内视频传输技术方案的选择关系很大，直接影响着PIS客室LCD显示屏的播放效果。随着国内城市地铁线路的迅速发展以及技术的不断发展进步，对车载LCD显示屏的性能及显示效果要求也越来越高，PIS系统中列车内LCD显示屏传输方案的选择逐渐成为车载子系统方案的重点关注点。本文着重介绍了当前国内地铁PIS车载客室LCD显示屏的各种传输方案，并进行了优劣分析及对比，针对当前及未来业务需求、应用现状及技术原理进行分析，提出了适合车载PIS系统LCD显示屏视频传输的技术方案。

关键词：PIS；差分VGA；流媒体；级联差分VGA；LCD显示屏

Research on Video Transmission Mode of Subway Passenger Information System

Yu Xiaoan[1]　Zhu Yafeng[1]　Du Chengxin[1]　Yu Tao[2]　Zhao Jing[2]

（1. Institute of Computing Technology, China Academy of Railway Science, Beijing 100081；
2. Beijing Metro Operation Co., Ltd., Beijing 100080）

Abstract: Subway on-board LCD display effect of the pros and cons of the passenger compartment within the video transmission scheme selection directly affects the playing effect of the passenger compartment of PIs LCD display. With the continuous development and progress of domestic urban subway lines and the rapid development of the technology and performance of vehicular LCD display screen and display performance requirements are also getting higher and higher, PIS system train LCD display transmission scheme selection gradually become vehicle subsystem of the focus point. Are introduced in this paper the current domestic metro PIs vehicle passenger compartment LCD display various transmission schemes, and the quality analysis and contrast, for at present and in the future business requirements, application status and technical principle of analysis, put forward for the vehicle PIS system LCD video transmission technology solutions.

Key words: PIS, Differential VGA, Streaming Media, Cascade Differential VGA,　LCD Display

1 概述

车载 LCD 显示系统作为乘客信息系统（简称 PIS）中重要的组成部分，其主要功能就是为乘客提供多媒体服务，如显示列车运行状态、列车到发信息、显示紧急广播信息、播放广告。随着视频技术的不断发展及人们对资讯信息的需求的提高，对车载 LCD 显示屏的显示效果及显示要求越来越高，选择能够为本系统提供更稳定和更成熟的视频传输方案是当前需解决的重要问题。

2 PIS 车载 LCD 显示屏技术要求

当前地铁 PIS 系统车载视频显示方面主要关注以下几个问题。

（1）视频分辨率：目前车载 LCD 显示屏多为高清显示器或全高清显示器，为了充分发挥显示效果，视频输入信号的分辨率要达到 720P 和 1080P 的要求，但是目前客室 LCD 显示屏提供的信号多为 720P 及以下分辨率的视频信号，远远不能满足高清或全高清的要求。

（2）视频同步：在车载子系统中，同一客室内一般设置 8 台 LCD 显示器，并播放相同的音视频内容，因此需要考虑各显示屏之间的视音频同步问题。传统车载 LCD 显示屏按照传统的传输方案使得音视频不同步，尤其是音频不同步，会在车厢内产生相互干扰，让乘客听觉上感觉很不舒服。

（3）抗干扰：PIS 系统的客室 LCD 显示器的运行环境比较复杂，需要保证客室 LCD 显示器能够在复杂电磁环境下可靠稳定的运行，同时避免对地铁其他系统产生干扰。

（4）管理维护：客室 LCD 显示器是直接面对乘客，是乘客乘坐地铁出行过程中直接面对的窗口，不能出现长时间的故障，因此在管理维护上必须做到方便快捷，以减少系统的故障时间。

（5）可靠性：客室显示器的环境为多振动、潮湿等复杂的环境，所以对设备的可靠性、安全性相对也就较高，在设计是尽量减少故障节点。

在已经完成建设和正在建设城市的地铁线路中，PIS 的客室 LCD 显示屏传输主要采用差分 VGA 传输、流媒体传输、差分级联 VGA 传输三种技术方案。

3 PIS 车地无线方案应用现状及技术分析

3.1 星形差分 VGA 方案

目前，基于星形差分 VGA 技术构建地铁 PIS 显示方案，是一种以模拟 VGA 差分技术的显示方案，此方案是通过安装在客室内的视频分配器分配后，通过点对点的方式实现与 LCD 显示屏的连接，该方案在早期的地铁车载显示领域有着广泛应用，由于此方案布线麻烦、故障节点多、占用空间大、费用较大及维护性差等缺点，此技术已经逐渐被淘汰。

星形差分 VGA 技术，技术简单、抗干扰能力强、在传输距离固定的条件下，能够满足标清视频的显示要求。基于差分 VGA 的客室显示器采用的是星形连接方式，各个设备之间互不影响。但是，该技术存在系统性的缺陷，即同一设备放置到车辆的不同位置显示效果会存在明显差别。因每个显示器安装位置与发送信号设备之间的距离不同，导致信号源与每个显示器之间采用的线缆长度不同，相同频率的差分 VGA 信号的衰减幅度不同、信号延迟不同。目前地铁车辆上使用的差分 VGA 显示器的设备参数相对固定，仅能够对差分 VGA 信号进行固定增益的补偿，无法解决不同距离造成的信号衰减和信号迟延的影响。同时该方案车体布线较多，需占用较大的布线空间。

当前地铁车辆的客室显示器中应用的差分 VGA 技术都是 RGB 差模信号叠加到行场共模信号上进

行信号传输的技术，各个厂家间可互相兼容，该视频传输方案保留了VGA技术的优点，同时也具有差分信号抗干扰强的特点。

目前车辆布线多采用CAT-5e屏蔽双绞线，能够解决差分VGA信号传输标清视频信号的要求，但由于差分VGA显示信号在特定的条件下应用所产生的问题，而使其无法正满足高清显示质量和全高清显示质量的要求。

（1）采用差分VGA方案，各个终端与信源之间的距离不同，即线缆长度不同。相同频率的信号从信源传输到各个终端的信号在不同长度的线缆媒质中传输时延差、衰减、近端串音、等电平远端串音、回波损耗（RL）等不同；

（2）因差分VGA方案传输的视频信号，尤其是全高清视频信号，其信号频率范围较宽。视频信号从信源传输到各个终端的信号因频率不同，信号衰减、近端串音、等电平远端串音、回波损耗（RL）等也不同；

（3）为了保证每个终端设备的一致性和可互换性，每个终端的补偿参数需要保持一致。

由于以上三个原因，差分VGA显示器方案在设计的时候，通常采用折中方式对部分信号进行适当的补偿，即以信源到中间位置的终端设备作为基准进行信号补偿，同时由于高清和全高清视频信号频带范围宽，这种处理方式容易造成除中间终端外的其他设备对视频信号补偿不足或补偿过度，影响图像的显示质量和效果（见图1）。

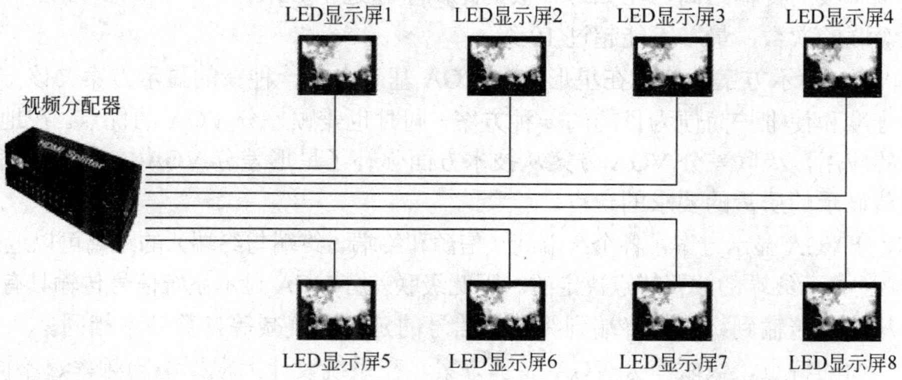

图1　差分VGA显示方案拓扑图

3.2　流媒体方案

基于流媒体显示技术是一种基于以太网的数字媒体技术的显示器方案。流媒体的传输是基于网络传输协议，在Internet上的文件传输基本是建立在Tcp协议的基础上，也有一些是以FTP传输协议的方式进行传输，但采用这些传输协议都不能实现实时方式的传输。在地铁车辆上使用的流媒体方案，一般采用建立在UDP协议上的RTP/RTSP实时传输协议。同时采用组播的方式对特定IP的设备进行信息发送。采用流媒体技术可以实现高清和全高清视频的传输（见图2）。

应用流媒体技术的客室显示器具有抗干扰能力差，显示效果好的特点。但是地铁车辆上将流媒体技术应用到客室显示器的最大问题是多台客室显示器之间的音视频播放时的不能同步问题。

第一，数据到达终端时并不能保证数据全部有效，抖动、丢包在所难免；

第二，信息从信源到各个终端因网络传输问题导致接收延时无法避免；

第三，各个终端的独立性可能会因为各种因素导致时钟产生相对偏移。

种种因素均可以导致终端间的音视频不同步，从而造成终端间的音视频不同步。采用数据缓冲技术可以改善问题，因应用条件等因素限制，不同步问题不可能完全避免；

终端间的音频的不同步达到一定程度，会使人有不舒服的感受，从而对地铁的乘坐体验造成影响。

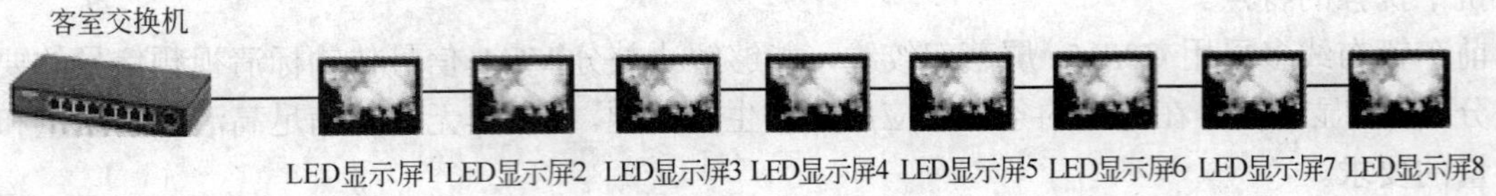

图 2　流媒体显示方案拓扑图

3.3　级联差分 VGA 方案

所谓“级联传输”，就是将一路 VGA 信号从发射器到第一级接收器上后，再从第一级接收器到第二级接收器上，以此类推，将多个 LCD 显示屏用一根网线串接起来，达到传输高清 VGA 信号的目的。高清 VGA 信号级联传输在实际应用中具有布线简单，维护方便，减少空间及节省费用等优势，通过级联传输可以只敷设一根双绞线就可以把多个显示点串起来。因此，级联方案在地铁等布线空间狭小的场所比较适合。级联可以实现“串联”的问题，但是并不是可以无限的级联下去，同时每一级的距离也是有限的。一般来说，级联到了 10 级，图像就开始出现人眼可以辨别的失真现象，每一级的距离越远，图像的失真度也就越高。因此在系统设计式需要遵循以下几个原则：

（1）控制每一级的传输距离，比如每一级的距离不超过 100 米；

（2）控制级联的次数，最多不能超过 10 级。

级联差分 VGA 显示方案是建立在星形差分 VGA 基础上的一种新的显示方案。该方案主要是以减少车体内布线难度和使维护简便为目的的一种方案。同时也兼顾差分 VGA 的优点。在地铁车辆上的音视频传输方案的应用，级联差分 VGA 方案从技术方面弥补了星形差分 VGA 方案无法满足地铁车内高清显示或全高清显示的质量的要求的缺点。

采用级联差分 VGA 显示方案，各个终端间（信源和终端、终端与终端）的距离可以近似的认为相当。这是由地铁车辆的显示终端的放置特点决定的。因此级联差分 VGA 显示系统信号传输具有以下特点。

（1）信号从信源传输到终端与终端到终端的信号的延时、衰减等参数基本相同。

（2）根据上面的特点，级联差分 VGA 显示方案，在系统设计上根据不同频率、不同信号的延时、信号衰减进行补偿。经过信号补偿的终端放到车厢内的任意位置，显示效果基本一致。不会出现因传输距离不同，信号补偿不足和补偿过度的问题。

（3）采用级联差分 VGA 显示方案，通过适当的信号补偿，可以很好解决因传输线导致的信号延时和衰减，这对于高清和全高清信号的传输非常重要。因此，采用级联差分 VGA 显示方案较普通的差分 VGA 方案更容易实现高清和全高清信号的传输和处理，并且能够保证终端显示质量的要求。同时级联差分 VGA 显示方案对视频和音频是实时处理的，不存在设备之间音视频不不同步的问题（见图 3）。

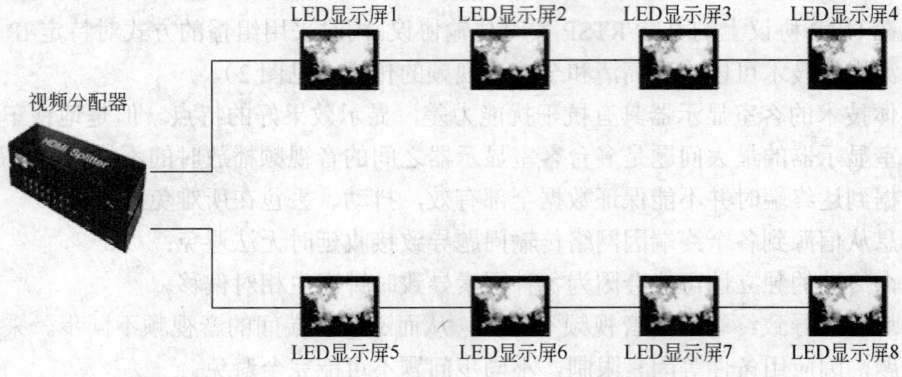

图 3　级联差分 VGA 方案拓扑图

3.4 技术方案对比

目前的地铁项目上，大多数的车载客室显示器都是采用差分 VGA 信号作为音视频输入信号。差分 VGA 方案在现有项目上，主要是两种：星形布线形式的标准差分 VGA 方案，以及基于串行级联布线方式的级联差分 VGA 方案（见表 1）。

表 1 国内地铁车载 LCD 显示屏传输方案参考表

序号	线路名称	采用方案	建设时间	布线方式	备注
1	杭州地铁 4 号线	级联差分 VGA 方案	2015.2	串连	
2	成都地铁 3 号线	级联差分 VGA 方案	2015.5	串连	
3	长沙地铁 1 号线	级联差分 VGA 方案	2014.12	串连	
4	北京地铁 16 号线	级联差分 VGA 方案	2015.6	串连	
5	乌鲁木齐地铁 1 号线	级联差分 VGA 方案	2015.6	串连	
6	北京地铁 5 号线	并联差分 VGA 方案	2007.5	并联	
7	北京地铁 7 号线	并联差分 VGA 方案	2014.12	并联	
8	北京地铁 14 号线	并联差分 VGA 方案	2014.12	并联	
9	北京地铁 15 号线	并联差分 VGA 方案	2009.12	并联	
10	北京地铁亦庄线	并联差分 VGA 方案	2009.12	并联	
11	北京地铁大兴线	并联差分 VGA 方案	2009.12	并联	
12	北京地铁 8 号线	普通 VGA 方案	2011.12	并联	
13	北京地铁 9 号线	普通 VGA 方案	2011.12	并联	
14	北京地铁昌平线	普通 VGA 方案	2009.12	并联	
15	北京地铁 1 号线	AV 方案	2012.10	并联	
16	北京地铁 2 号线	AV 方案	2012.10	并联	
17	北京地铁 4 号线	AV 方案	2009.12	并联	
18	北京地铁 10 号线	AV 方案	2008.7	并联	

地铁乘客信息系统车载环境下，各种方案的应用分析对比如下。

（1）VGA 方案：分辨率较 AV 方案高，早期地铁上应用的主要为 CRT 显示器，CRT 显示器因为设计制造上的原因，只能接受模拟信号输入，模拟信号不能满足高清要求（1920×1080）。同时，VGA 在长距离传输过程中，抗干扰能力差。目前此方案也基本淘汰。

（2）差分 VGA 方案的信号抗干扰能力大幅度提高，在星形布线的方式下，每台 LCD 显示屏至视频分配器的距离不等，从理论上说，根据不同的距离，每台 LCD 显示屏的驱动板都应当单独进行参数配置，以适应传输距离的差距带来的信号差异。但是，地铁车厢内的显示器具有互换性要求，因此，所有 LCD 显示屏的驱动板必须相同，即以 LCD 显示屏与分配器之间平均距离为基准，进行驱动板的参数设计和调整，以最大限度地适应不同显示器位置上的距离差异。这种折中方案有两个问题：①驱动板的设计容错性低；②驱动板的设计无法满足高清信号（1920×1080）的信号要求。

（3）应用流媒体技术的客室 LCD 显示屏具有抗干扰能力差，显示效果好的特点，但是最大问题是多台客室 LCD 显示屏之间的音视频播放不同步。

（4）用级联方式进行布线，每台 LCD 显示屏之间的距离基本相同。对于每台显示器 LCD 显示屏的驱动板来说，只需要按照一个固定长度对信号进行处理，即可实现每块 LCD 显示屏放到任意位置都是相同的显示效果。在传输 1080P 的信号时，高频信号的损耗也基本是固定值。因此，用同样参数的驱动板对差分信号进行处理，驱动板的参数设计的冗余明显增大，即使长时间使用后出现时漂和温漂，因参数的冗余大，LCD 显示屏也能够保证正常工作，可以实现 1080P 信号的良好还原。这样，就比较好地解决了车载星形布线方式下无法实现 1080P 的问题。

通过对差分 VGA 显示器、流媒体显示器、级联差分 VGA 显示器三种 LCD 显示屏在地铁 PIS 中应用的技术方案进行分析，可以得出表 2 中的结论。

表 2 客室显示器显示方案对比表

名称	差分 VGA 方案	流媒体方案	级联差分 VGA 方案
抗干扰性	好	差	好
方案可靠度	高	一般	高
方案复杂度	硬件系统简单，软件简单	硬件系统复杂，软件复杂	硬件系统简单，软件简单
系统复杂度	复杂	简单	简单
可靠性	一般	一般	高
显示质量	一般	高	高
多机音视频同步	完全同步	存在不同步问题	完全同步
应用现状	方案成熟，国内绝大多数城市线路采用并开通	成都地铁	方案成熟，北京、杭州乌鲁木齐、兰州等部分城市已采用，杭州已运行使用
综合评价	良好	优，但是尚未广泛应用	优，成熟应用

4 总结

通过对差分 VGA 方案、流媒体方案、级联差分 VGA 方案在地铁 PIS 车载视频应用方案的分析，可以看出，差分 VGA 方案技术是较成熟、应用最为广泛的显示方案，但是无法满足高清和全高清显示质量的要求。流媒体方案存在多机间音视频不同步的可能性，目前高清和全高清应用案例较少。相对于差分 VGA 和流媒体两种方案，级联差分 VGA 方案完全满足高清和全高清的显示需求，仅需在目前的差分 VGA 方案的技术上，做一些简单的方案调整，无须重大改动即可实现高清和全高清，且该方案技术成熟、稳定性高，将会逐步替代差分 VGA 方案与流媒体方案成为主流应用方案。

根据对目前车载显示方案的分析，采用级联差分 VGA 方案是目前阶段最优的方案，即满足了高清和全高清显示质量要求，又满足音视频同步的要求。

参考文献

[1] YD/T 1019—2013. 数字通信用聚烯烃绝缘水平对绞电缆［S］.
[2] 陈建平，张辉. 高分辨率 VGA 模拟差分信号处理技术与应用［J］. 软件，2011，32（12）：59-62.

动车组日班计划智能辅助编制系统的研究

王忠凯　沈明雷　蒋梦婷　吕　飞

（中国铁道科学研究院电子计算技术研究所，北京 100081）

摘　要： 制定动车组日班计划是高速铁路运输组织的重要组成部分，对于加强动车组的运用与检修管理至关重要。目前我国动车组检修所采用人工方法编制该计划，人工方式不但编制效率低，而且难于实现计划的优化编制。本文梳理了日班计划的实际业务需求，以动车组管理信息系统为基础，综合各类动车组运用检修数据，研发计算机辅助计划编制系统，采用智能优化技术，提供计算机自动化计算和约束规则校验功能，支持便捷的人机交互操作，为调度人员提供决策支持。

关键词： 铁路运输；动车组管理信息系统；动车组日班计划；智能优化技术

Research on Intelligent Assistant System for Scheduling the Daily Plan of CRH Motor Train

Wang Zhongkai　Shen Minglei　Jiang Mengting　Lv Fei

(Institute of Computing Technologies, Chinese Academy of Railway Sciences, Beijing 100081)

Abstract: The daily plans of CRH motor trains is an important part of the transportation organization of High-Speed Railway, and crucial to strengthen the utilization and maintenance management of CRH motor trains. While most of CRH motor train depots compile the plans manually, which not only lowers the efficiency, but also barriers the optimization of the plans. This paper analyzed the business rules and requirements of the daily plans, gathered all the related information based on EMU management system(EMIS), developed a computer aided planning system which implemented automatic calculation and constraint checking functions through intelligent optimization technologies, supported convenient man-machine interactive operations, and provided decision-making support for operators.

Key words: Railway Transportation, EMU Management System, Daily Plan of CRH Motor Train, Intelligent Optimization

制定动车组日班计划是动车所调度工作的核心环节。日班计划涵盖开行计划、检修计划和调车计划三方面内容，分别规划了动车组在某个工作日具体的上线交路，需要进行的检修内容，以及在动车所内部的转线停留情况。日班计划每天由动车所调度编制，是调度员每天的首要工作内容，也是指挥动车所每天动车组运用检修的核心计划。制定合理的日班计划对于确保动车组安全性，从源头

基金项目：中国铁路总公司科技研究开发计划项目（2015J006-B）。

上卡控超期检修和超期上线的情况，充分利用动车组的有限检修资源，优化动车所的检修工作具有重要的意义。

针对动车组的运用和检修问题，国内外学者进行了理论研究。Erwin Abbink 等人以荷兰铁路高峰时期短缺能力最小化为优化目标，构建了动车组分配的优化模型[1]。文献[2，3]以列车运行线为基础，结合动车组交路的生成，将动车组运用问题转化为 TSP 问题进行求解。文献[4]将动车组的运输组织划分为交路计划和检修计划两个方面，构建了相应的优化模型，设计了启发式算法文献。文献[5]对动车组运用计划和检修计划的一体化编制方法进行了研究，构建了整数规划模型。文献[6]研究了动车所调车作业计划的优化算法。在目前动车所的实践中，尚缺乏有效的应用系统，动车所调度员采用人工编制的方法，需要耗费较长的时间，调整困难。本文依托动车组管理信息系统，采用智能优化技术，结合动车组运输组织的理论研究成果，研究计算机辅助编制平台以提高计划的编制效率。

1 业务分析

1.1 日班计划的内容

日计划涵盖开行计划、检修计划和调车计划三方面内容。其中开行计划是指定状态良好的动车组担当某个工作日的运用交路，完成列车运行图中给定的运输任务。检修计划是按照铁道总公司颁布的修程修制要求，安排到限的动车组下线进行检修。调车计划是经由运用所内部的股道，安排动车组在洗车线、轮对镟修线、临修线、检修线、存车线等功能线区上转线和停留的方案。

上述三部分计划往往相互关联，需要级联调整。例如，动车组检修到期的计算依据是开行计划中的累积走行里程和运行时间，一旦动车组需要进行某种修程的检修时，则该车组必须下线从而影响开行计划。调车计划必须满足检修计划和开行计划的要求，当动车所检修资源有限无法满足检修或开行需求时，需要进一步调整检修计划和开行计划。

1.2 日班计划的编制流程

动车所调度员每天编制日班计划的工作流程如图 1 所示。

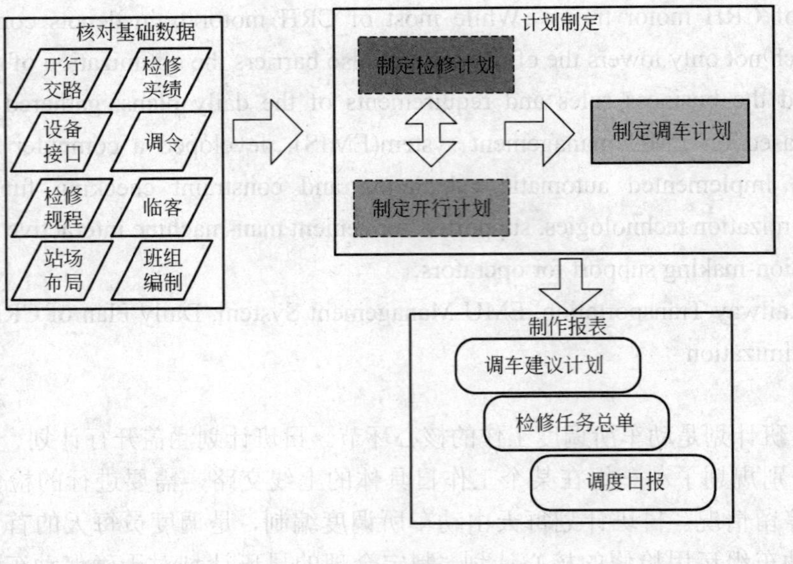

图 1　计划编制工作流程

（1）核对各类基础数据：包括动车组的临时加开交路和图定交路，汇总前一日的动车组检修情况，整理的动车组当前运行情况，了解各个检修班组工作进度等。

（2）制定日班计划：首先决策动车组的开行计划和检修计划，由于开行和检修计划之间的关系密切，往往需要进行统筹编制，不断调整，从而获得合理的动车组开行和检修方案。而后以开行计划中的动车组回所时间为起点，根据检修计划的要求，以开行计划中的离开动车所时间为终点，制定调车计划，在极端情况下，存在无法满足开行计划和检修计划的情况，此时需要再次修改开行计划和检修计划。

（3）制定给类生产报表：根据上一步的调度方案，制定用于生产组织的报表，其中主要的报表为：检修任务总单明确了具体的动车组的检修内容、检修时间、检修地点和检修班组。调车建议计划用于指导车站信号楼开放股道进路。调度日报综合说明了动车组近两日的运用和检修情况。

1.3 计算机辅助编制系统需求分析

1.3.1 输入数据

根据日班计划编制的业务分析，计算机辅助编制系统需要整合的各类基础数据包括：

（1）动车所站场布局

包括动车所的站场、股道、列位信息，以及各站场股道的检修功能、股道之间的联通关系。

（2）动车组相关信息

具体信息包括各列动车组的走行里程，历史开行情况，历史检修记录等数据。

（3）一二级修检修规程

检修规程是动车所编制日班计划的依据，体现为具体的检修作业包，每个作业包具有检修周期、检修时长、检修细则等信息。

（4）交路信息

说明了动车所需要完成运输任务，具体包括交路的走行里程、车型要求、定员要求、始发终到站等信息。

1.3.2 输出数据

（1）开行计划

说明了某个工作日动车组担当的运用交路情况。

（2）检修计划

说明了具体的动车组的详细检修情况。

（3）调车计划

说明了动车组在一次回所周期内在具体时间在具体股道上停留转线的情况。

（4）检修任务总单

以 Excel 的形式明确了具体的动车组的检修内容、检修时间、检修地点和检修班组。

（5）调车建议计划

以 Word 报表的形式描述调车计划，用于指导车站信号楼开放进路。

1.4 计算机辅助编制系统的目标

（1）搭建运检调的联合编制平台

以动车组履历数据、一二级检修规程、基础交路数据、动车所站场布局为基础，实时获取动车组历史检修、故障信息、外部系统接口数据，搭建动车组开行计划、检修计划、调车计划联合编制平台，实现开行计划、检修计划和调车计划的数据共享和业务互动。

（2）计算机自动化计算

提供自动化、半自动化计算功能，实现开行计划、检修计划、调车计划的计算机编制。实现动车组检修到期情况的实时计算，并提供快捷的操作功能和展示界面，供用户在编制计划时参考。

（3）实现计划的耦合校验

对开行计划、检修计划和调车计划的数据耦合校验，避免动车组超期检修和超期上线情况，提高计划的合理性。

（4）简化现场流程

提供便捷的人机交互操作，开发风格统一美观的界面，提高软件的易用性。简化现场流程，减少调度员劳动强度，缓解动车所压力。

2 系统功能

2.1 软件架构设计

采用 C/S 软件架构方式。其中服务器端包括数据库服务和 WCF 服务；客户端采用三层结构。考虑到计划编制过程中的交互性强，数据逻辑复杂，为满足程序的性能要求，在客户端建立数据缓存，减少网络传输带来的性能消耗。软件架构如图 2 所示。

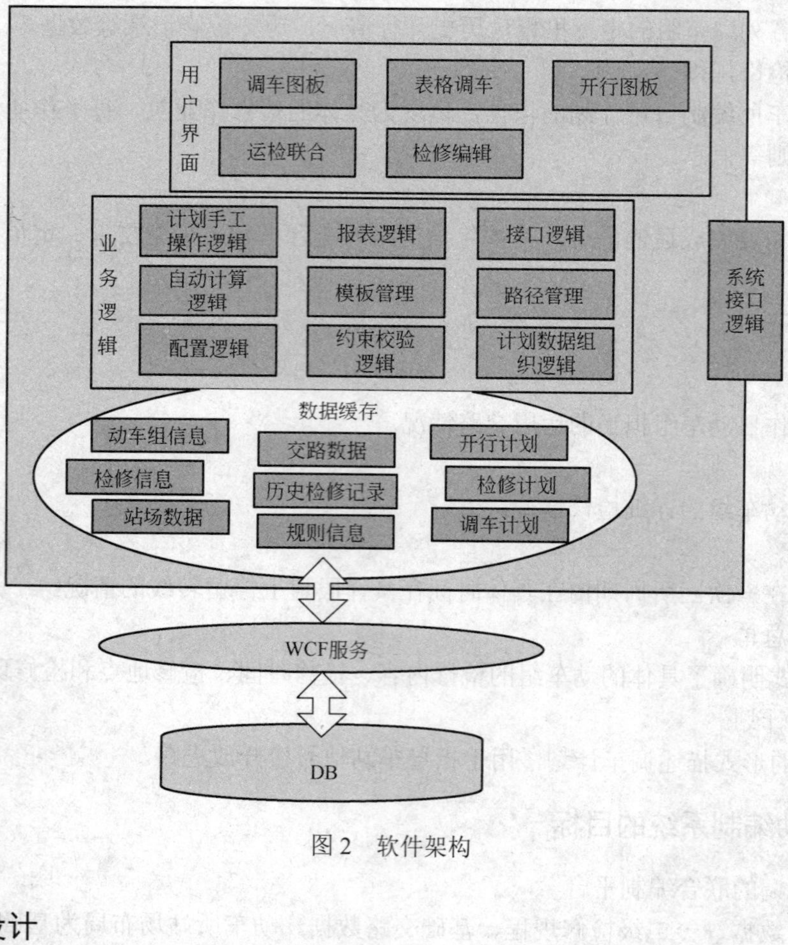

图 2　软件架构

2.2 总体功能设计

日班计划计算机辅助编制系统的主要功能包括计划配置、调车计划编辑、检修计划编辑、开行计划编辑和报表功能。总体功能框架如图 3 所示。

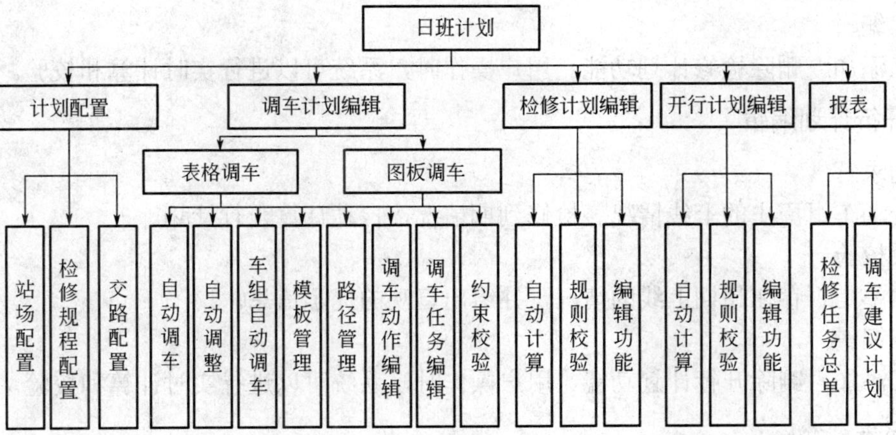

图3 总体功能

2.3 详细功能描述

2.3.1 计划配置

（1）站场配置

可以进行动车所检修线区和股道的增加和删除，实现股道连通关系的配置。

（2）检修规程配置

实现铁路总公司制定的一二级检修规程的灵活增加、删除，并实现该数据的全路下发和同步。

（3）交路配置

实现图定交路配置和临时交路配置，并实现交路数据的全路共享。

2.3.2 调车计划编辑

（1）自动调车

根据输入数据（股道布局、检修计划、开行计划）自动求解调车计划。

（2）模板管理

将典型的调车计划保存成调车模板，后续调车中如果变化较少，可以直接应用既有的模板，生成调车计划，而后进行局部调整。

（3）路径管理

将常用的动车组调转路径保存到系统，在后续的编制中加载该路径，实现部分车组的自动调车。

（4）人工编辑

支持调度员进行人工调整和具体动车组的计划编制功能。

（5）约束校验

通过动车组股道的连通关系、调车时空占用相容性、检修计划满足性、开行计划满足性方面的校验，保证调车计划的严密性。

2.3.3 检修计划编辑

（1）自动计算

可以结合动车组上线情况、检修规程、动车组的历史检修记录，自动计算动车组的检修到期情况，并结合一定的检修规程，实现检修计划的调整。

（2）约束校验

检验计划中是否存在超期检修的情况，并给出直观的提示信息。

（3）人工编辑

实现人工添加、删除检修计划功能。用户操作时，系统可以进行实时计算和校验。

2.3.4 开行计划编辑

（1）自动求解

可以结合动车组历史的上线情况、检修到期情况，自动计算开行计划。

（2）约束校验

检验计划中是否存在超期上线的情况，并给出直观的提示信息。

（3）人工编辑

实现人工添加、删除开行计划功能。用户操作时，系统可以进行实时计算和校验。

2.3.5 报表

实现检修任务总单和调车建议计划的生成。

3 关键技术

3.1 客户端数据缓存技术

在传统的架构中，服务器端承担了主要的业务处理功能，客户端主要负责数据展示和接受调度员的操作命令。针对动车组日班计划的需求，由于其交互性要求强，开行计划、检修计划、调车计划业务关联复杂，调度员的每次操作，都需要多次数据计算，约束校验，如果采用传统的软件架构方式，往往导致网络传输代价大，制约了系统性能。

因此，本文将主要的业务逻辑实现在客户端，调度员操作时，系统进行的计算和校验全部在客户端实现，从而回避网络开销，有效提高系统性能，为用户带来更好的交互感受。为支撑在客户端实现业务逻辑，需要设计实现客户端数据缓存。

3.1.1 数据同步机制

（1）客户端与服务器端同步机制

系统在初始化时，按照计划编辑的时间范围，从服务器端加载业务数据和全部配置数据，并在客户端构造数据缓存。

调度员进行保存操作时，系统将给定范围的业务数据保存到后台数据库服务器。

（2）多台客户机之间的数据同步机制

设计实现实时数据变更提示功能，当多个调度员同时操作系统时，系统自动检测业务数据变更，并给出提示信息，由调度员决策是否将业务数据保存到服务器或发送到其他客户机。

3.1.2 优化数据缓存读取速度

（1）对于大量的业务数据，在客户端数据缓存建立多维字典、HASH 列表，从而增加客户端数据查询效率。

（2）对于配置数据，采用高效的检索算法，有效降低系统原子操作的执行时间，提升系统响应速度。

3.2 计划优化问题建模

日班计划对于合理优化动车组的运输组织，充分利用动车所检修资源具有重要意义。从动车组日班生成组织实际业务中提炼出两类优化问题，并建立其属性优化模型，为进一步提高动车组利用率和动车所检修能力打下基础。

3.2.1 开行计划于检修计划联合优化问题建模

由于动车组的开行计划和检修计划具有相对紧密的关联度，往往需要统筹考虑。通过对实际业务的分析，将该问题转化为一类特殊的旅行商问题。动车组的 1 级、2 级检修规程规定了若干项检修作业，并为每项检修作业定义了检修周期。动车组在连续接续若干个列车后（连续担当若干项运输任务后），需要根据累计的运用时间和走行里程，在各项检修作业的周期内（不得超过检修周期），安排动车组进行预防性检修，某项检修作业完成后，其运用时间和走行里程将会重新累计。一般形式的优化模型描述为 M1。

min
$$Z = c_1 \sum_{i \in V} \sum_{j \in V} x_{ij} d_{ij} + c_2 \sum_{i \in V} y_i \tag{1}$$

s.t.
$$\sum_{i \in V} x_{ij} = 1 \qquad \forall j \in V \tag{2}$$

$$\sum_{j \in V} x_{ij} = 1 \qquad \forall i \in V \tag{3}$$

$$\sum_{i \in K} \sum_{j \in K} x_{ij} d_{ij} \leqslant T \cdot MAX\{1, \sum_{i \in K} y_i\} \quad \forall K \subseteq V \tag{4}$$

$$x_{ij}, y_{ij} = 0,1 \tag{5}$$

式（1）描述的优化目标为动车组利用率最高，式（2）和式（3）描述完成列车运行图中的任务，式（4）描述满足检修规程。

3.2.2 调车计划优化问题建模

动车组调车计划问题可以归纳到带拓扑约束的车间调度问题，将配件的每项检修工序（调车作业）的可能检修设备（调车股道）定义为一项任务，并定义任务之间的执行次序关系，以最小化调车总时间为目标，可以建立如下模型用于调车计划的自动求解。

min
$$C = \sum_{e \in E} \sum_{l \in D_e} x_{el} \sigma_l (t_{el}{}^e - t_{el}{}^s) \tag{6}$$

s.t.
$$\sum_{l \in D_e} x_{el} \phi_{rl} = 1 \quad \forall e \in E, r \in R_e \tag{7}$$

$$\sum_{l \in D_e} x_{el} (1 - \phi_{rl}) = 0 \quad \forall e \in E, r \notin R_e \tag{8}$$

$$x_{el} = 1, t_{el}{}^s + t_{er} \leqslant t_{el}{}^e \quad \forall e \in E, l \in D_e \tag{9}$$

$$x_{el} t_{el}{}^e \leqslant \sum_{h \in D_{l+1}} x_{eh} t_{eh}{}^s \quad \forall e \in E, l \in D_e \tag{10}$$

$$t_{el}{}^s \geqslant \mathrm{T}_e{}^s \quad \forall e \in E, l \in D_e \tag{11}$$

$$t_{el}{}^e \leqslant \mathrm{T}_e{}^e \quad \forall e \in E, l \in D_e \tag{12}$$

$$t_{el}{}^e \leqslant t_{cl}{}^s + L(1 - z_{lec})(1 - \theta_e \theta_c) \quad \forall e, c \in E, l \in D \tag{13}$$

$$2 z_{lec} \leqslant x_{el} + x_{cl} \quad \forall e, c \in E, l \in D \tag{14}$$

$$t_{el}{}^s < t_{cl}{}^e, t_{el}{}^e > t_{cl}{}^s, \sum_{c \in E} x_{el} \theta_e + x_{cl} \theta_c = 2 \ \forall e \in E, l \in D_e \tag{15}$$

$$x_{el}, z_{lec} = 0,1 \tag{16}$$

模型的目标函数是最小化检修股道的空闲时间（6），式（7）和式（8）描述了检修计划约束，式（9）满足检修任务的最小检修时间要求，式（10）满足股道占用约束，式（11）和式（12）满足动车组的回所时间和离所时间约束，式（13）和式（14）描述了当动车组是长编类型时的股道占用约束，式（15）和式（16）描述了决策变量之间的关系。

3.3 自动求解算法

针对动车所开行计划、检修计划和调车计划的自动的需求，需要基于上述优化模型，设计优化求解算法。由于上述问题是具有空间、时间二维特性，约束条件复杂的组合优化问题，随着动车组数目、运用所股道数目、作业数量的增加，将会产生“组合爆炸”。对求解算法提出了巨大的挑战。针对这两类问题的求解算法可以分为两类：一类是精确算法（Exact Algorithm），一类是近似算法（Approximate Algorithm）或启发式算法（Heuristic）。前者保证在有限的时间内获得优化问题的最优解，例如分支算法、分支切平面算法、分支定界算法、动态规划方法、列生成法和基于最短路径算法等。后者旨在在多项式时间内找到一些较好的解，或者说满意解，例如禁忌搜索、模拟退火算法、遗传算法、粒子群算法蚁群算法等[7, 8]。相对而言，后者更适合于动车组日班计划的自动求解。

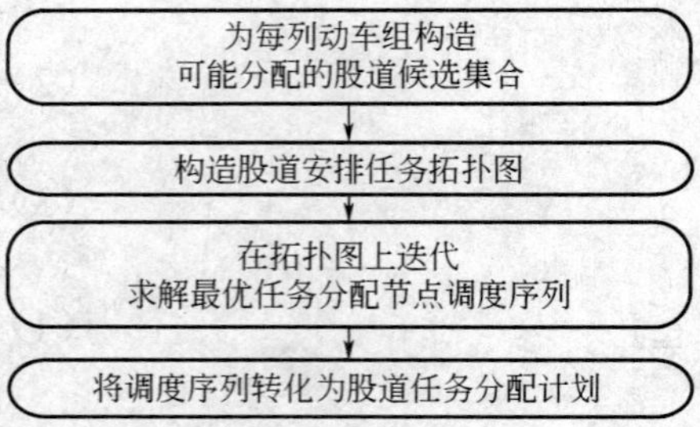

图 4　调车问题求解算法框架

图 4 给出了典型的调车计划求解框架。

4　结语

动车组日班计划直接关系到动车组的运输组织管理工作，随着高速铁路的进一步发展，计划编制的难度逐渐增大。传统的人工计划编制方式不但编制困难，更难于满足未来计划方案的优化需求。本文设计实现的日班计划辅助优化编制系统为调度人员提供各类计划编制数据，实现了计划的自动编制和人工调整校验功能。在多个动车所的实施表明该系统可以有效辅助调度员进行生产组织，具有全路推广价值。

参考文献

[1] Erwin Abbink，Bianca van den Berg，Leo Kroon，etc. Allocation of Railway Rolling Stock for Passenger Trains [J]. TRANSPORTATION SCIENCE，2004，38（1）：33-41.

[2] 陈玲娟. 遗传算法在动车组运用计划编制中的应用 [J]. 交通运输工程与信息学报，2009，7（2）：67-71.

[3] 佟璐，聂磊，赵鹏. 蚁群算法在动车组运用问题中的应用 [J]. 交通运输系统工程与信息，2009，28（4）：161-167.

[4] 李华. 高速铁路动车组运用计划编制理论与方法研究 [D]. 北京：北京交通大学，2013.

[5] 王忠凯，史天运，张惟皎等. 动车组运用计划和检修计划一体化编制模型及算法 [J]. 中国铁道科学，2012，33（3）：102-108.

[6] 王忠凯，史天运，张惟皎等. 动车运用所调车作业计划优化模型与算法 [J]. 铁道学报，2013，35（8）：1-9.

[7] A Colomi，M. Dorigo，V. Maniezzo. Distributed optimization by ant colonies [J]. Proceedings ofthe 1st European Conference on Artificial Life，1991，134-142.

[8] L. M. Gambardella，M. Derigo. Ant-Q：A Reinforcement Learning Approach to the Traveling Salesman Problem [J]. proceedings of the 12th International Conference & Machine Learning，1995，252-260.

动车组智能钥匙管理系统的应用研究

詹珂昕　韩　旭　杨春辉

（中国铁道科学研究院电子计算技术研究所，北京 100081）

摘　要： 动车组智能钥匙管理系统以基于 RFID 射频识别技术的智能钥匙柜为载体，结合管理信息系统，实现动车运用所内动车组主控、司机室等钥匙的注册配置、领用归还和统计查询功能，保障了动车运用所日常车组调转和检修任务的有序完成。

关键词： 动车组主控钥匙；动车运用所；信息化管理

Study of Intelligent Key Management for Electric Multiple

Zhan Kexin　Han Xu　Yang Chunhui

(Institute of Computing Technology, China Academy of Railway Sciences,Beijing 100081)

Abstract: Intelligent key management for electric multiple takes intelligent key cabinet as its carrier and the cabinet based on RFID radio frequency identification, with management information system, it realizes registering configuration, use and return and the function statistics and querying of keys on multiple main control and cab in electric multiple units depots, it protects daily units transfer and well complete the servicing mission.

Key words: Intelligent Key Management, Electric Multiple Units Depots, Information Management

1　前言

随着动车组配属数据的增加和管理要求的不断细化，科学化、信息化的管理手段成为提高动车组检修效率、确保动车组检修质量的关键。目前，每列标准动车组配备有不同功能的专用钥匙，包含主控钥匙、司机室侧门钥匙、司机室后端门钥匙、集控门钥匙、裙板锁钥匙、高压设备箱钥匙，备品柜钥匙等。钥匙由地勤司机、检修、乘务人员在存车场调度室或检修库中心调度室办理交接，易发生钥匙领错或所在位置不清等问题，差错可导致动车组无法转入运用，严重时可导致动车组列车晚点。

动车组智能钥匙管理系统，采用国际先进技术，利用数字系统融合现代管理的新理念和计算机及网络技术为妥善保管动车组专用钥匙的需求提供了全方位的监管措施，是集生物识别技术、网络通信技术、数据库技术、USB 通信技术、RFID 射频感应技术等为一体的信息化智能管理系统。

2　现状及管理问题

动车运用所日常主要负责对动车组的检修作业及维护管理，每日回所检修的动车组需通过司机从存车场将车组调转进入检修库内，按检修计划进行相关检修作业任务，待检修完成后再由司机调转至存车场停靠。在整个过程中，动车组主控、司机室侧门等类型钥匙先后经由地勤司机、本务司机、随机机械师、地勤机械师、保洁人员等进行领用作业，这时存在以下管理问题。

（1）运用所配属车组辆不断增多，动车组钥匙类型、数量随着增加，管理难也随之加大。

（2）由于管理方式落后，日常操作时取用钥匙时间较长，管理不便造成管理和检修人员在作业时需浪费大量的时间去寻找、试用钥匙，加大了作业人员的工作量，降低了工作效率。

（3）钥匙容易遗失和损坏：钥匙种类繁多，质量参差不齐。除了运行人员，其他部门人员、外委工作人员、临时劳务工作人员、保洁员等都有可能借用钥匙以便从事相关活动，即便是采用了人工登记的方式，但由于从业人员的复杂程度高，难免会产生钥匙的遗失和损坏。

3　系统建设原则

实用性原则：针对目前动车组专用钥匙使用保管等存在的管理缺陷、内部人员使用混乱等现状，动车组智能钥匙管理系统主要实现，集钥匙发放、领用、归还、保管、记录于一体的能够实现远程申请、审批、记录查询、在线监控等功能的智能管理系统对钥匙进行了科学化的集中管理，具有安全、方便、管理功能强大等特点。

先进性原则：在实用性的前提下，须采用国际主流的网络通信技术、RFID 射频感应识别技术和数据库管理技术，保证持续发展的潜力。

可靠性原则：动车组智能钥匙管理系统以动车组管理信息系统为数据依托，实时交互动车组开行、检修计划和人员信息数据，系统的建设须在投资可接受的条件下，综合考虑系统结构、技术措施、设备选型以及厂商的技术服务和维修响应能力，确保系统长期稳定运行，为动车运用所检修作业生产提供有力保障。

可扩展性：动车组智能钥匙管理系统的开发，不但要考虑运用所当前管理现状，还要充分考虑其将来潜在管理和使用要求，使现有系统能够与需求同步增长，在将来系统规模适当扩张时不需要重新进行系统规划与设计，充分保护当前投资。

易使用性：智能钥匙管理以动车组管理信息系统为基础，结合智能钥匙柜，可以方便、快捷、准确的管理动车组钥匙。能够快捷定位钥匙柜中的钥匙位置，方便钥匙寻找；根据设定条件决策领借钥匙人员是否有领借钥匙的权限；可以由领借人员自行领借钥匙，减少调度工作强度；可以自动记录领借钥匙情况，方便追踪钥匙的使用情况。

4　系统设计及架构

动车组智能钥匙管理系统，已智能钥匙柜与动车组管理信息系统通过动车运用所内无线数据网络进行数据交互验证，系统采用一种基于标准和松散耦合的面向服务的架构技术，具有动态性、适应性和开放性等优势，系统架构如图 1 和图 2 所示。

动车组钥匙管理柜的主要功能是通过 RFID 射频识别技术，读取钥匙柜内各类型电子钥匙的位置信息和基本配属信息，并通过 CAN 总线将各个位置处动车组钥匙的当前状态发送给中央控制单元，由接口程序统一调用与动车组管理信息系统进行数据交互。单个位置处的动车组电子钥匙采集的状态包括：钥匙柜体的电控锁状态、电子钥匙是否存在，电子钥匙的位置 ID 号，电子钥匙的授权信息等。同时，电子钥匙管理柜能够响应中央控制计算机的控制命令，实现电子钥匙的半自动存取。

为满足现场对动车组钥匙的管理需求，动车组智能钥匙管理系统可提供最小 12 位，最大 150 位的智能钥匙柜，并提供安全插锁：授权打开、备应急机械门锁，钥匙利用电子锁管理且可授权打开，具备警铃功能，提高 RS232、RS485 接口，可利用计算机进行管理。

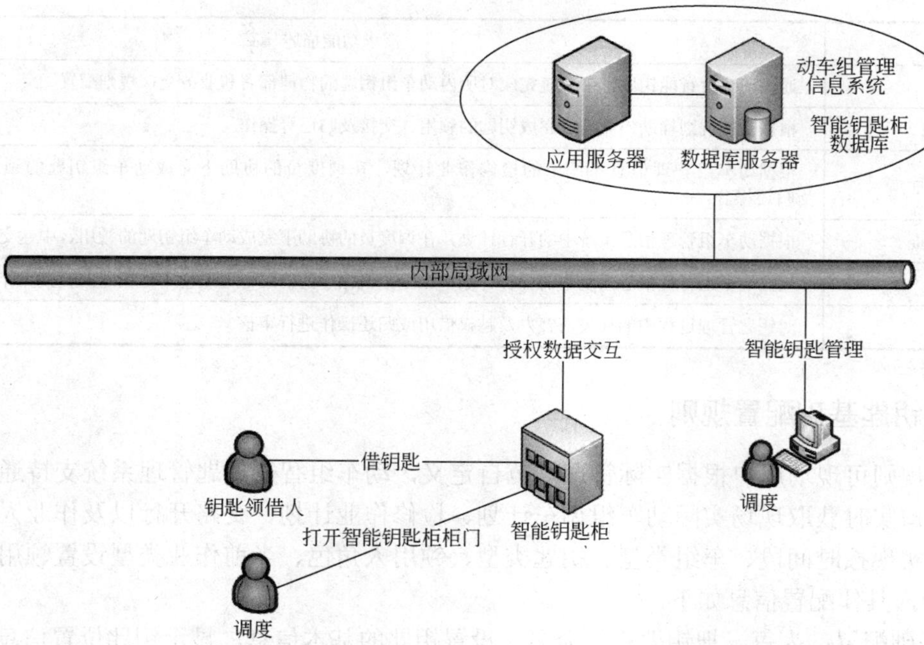

图 1　系统基本解决方案

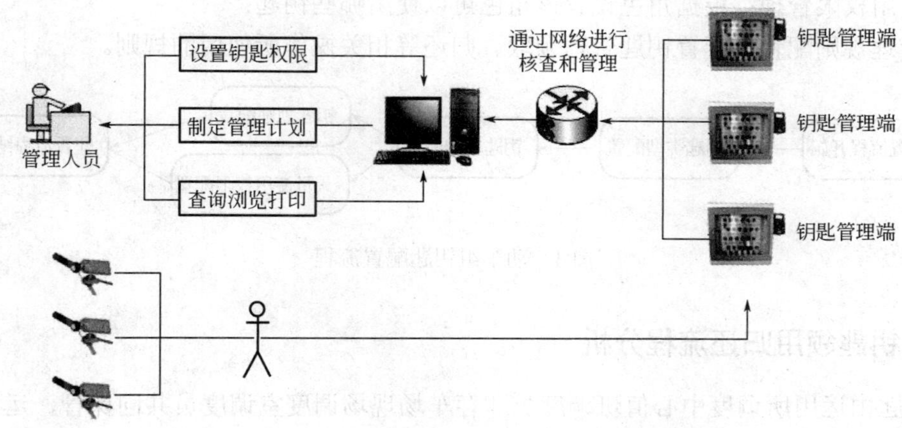

图 2　系统硬件架构

5　系统软件功能设计

钥匙管理功能基于动车组管理信息系统，主要分为钥匙管理模块和钥匙交接登记模块。将实现钥匙基础配置管理、钥匙类型配置、人员使用权限管理、钥匙管理规则配置、钥匙领取/归还、钥匙丢失管理、钥匙交接登记、钥匙领还记录查询、钥匙信息查询、钥匙交接登记查询、钥匙丢失登记查询、操作日志查询、非法操作查询功能。

5.1　用户权限管理

动车运用所在日常检修作业生产过程中，值班调度负责对动车组钥匙的领用管理、具体使用人员包括：司机、随机机械师、地勤机械师、技术员、保洁人员等（见表 1）。

表 1　用户权限管理

用户角色	需求功能描述
技术员	通过动车组智能钥匙管理系统完成对所内动车组钥匙的物理部署和业务交接规则配置
调度员	根据交接规则辅助作业人员完成钥匙的领用、交接及归还等操作
地勤机械师	根据动车组管理信息系统中的检修作业计划，在调度员的协助下完成动车组钥匙的领用、中途交接及归还操作
随车机械师	根据动车组管理信息系统中的开行计划，在调度员的协助下完成动车组钥匙的领用、中途交接及归还操作
地勤司机	根据动车组管理信息系统中的开行计划，在随车机械师的协助下完成动车组钥匙的交接操作
主管所长	对钥匙管理过程中的挂失、补办及越权借用或归还操作进行审核

5.2　动车组钥匙基础配置规则

钥匙配置规则可现场用户根据实际管理规范自定义，动车组智能钥匙管理系统支持通过动车组管理信息系统接口实时获取现场实际动车组调车计划、检修作业计划、交路开行以及作业人员等信息作为数据依据，实现按时间段、车组类型、钥匙类型、领用人角色、当前作业类型设置领用权限及卡控条件（见图 3），具体配置信息如下：

- 钥匙基础配置：为每一把钥匙进行命名，设置钥匙的基本信息，显示钥匙位置信息；
- 钥匙类型配置：管理钥匙类型；
- 人员使用权限管理：根据角色设置该角色可以使用哪些钥匙；
- 钥匙管理规则配置：配置钥匙管理领取、归还等相关操作所使用的规则。

图 3　动车组钥匙配置流程

5.3　动车组钥匙领用归还流程分析

动车组钥匙由运用所调度中心值班调度员和存车场现场调度室调度员共同保管，运用所以下作业情况需涉及动车组钥匙的领用管理。

（1）动车组回所检修时，由本务司机将车组停靠在存车场指定股道后，动车组主控钥匙、司机室侧门钥匙、随车机械师钥匙等由本务司机或当值随车机械师交由现场调度员管理。动车组根据检修计划调车入检修库进行检修作业时，由地勤司机从现场调度室领取动车组主控、司机室侧门钥匙，将车组调转入检修股道后，地勤司机将钥匙交由检修库内调度中心值班调度员管理。

（2）检修作业人员根据检修计划，在调度中心领取当前作业车组的主控、司机室侧门、司机室后端门、集控门、裙板锁、高压设备箱等钥匙，在检修作业过程中会发生动车组钥匙的现场交接情况，即动车组钥匙会在不同的检修作业人员、保洁人员手中发生流转。

（3）检修作业完成后，相关作业人员将动车领用的组钥匙交还调度中心的值班调度员管理。

（4）动车组根据开行计划信息，由地勤机械师从调度中心领用动车组钥匙，将车组调转至存车场停靠，并将动车组钥匙交由现场调度员管理；由本务司机和随车机械师在现场调度室领取动车组钥匙，准备进行动车组上线运行作业。

在现场调度室和检修库调度中心，动车组钥匙的领用归还流程如图 4 所示。

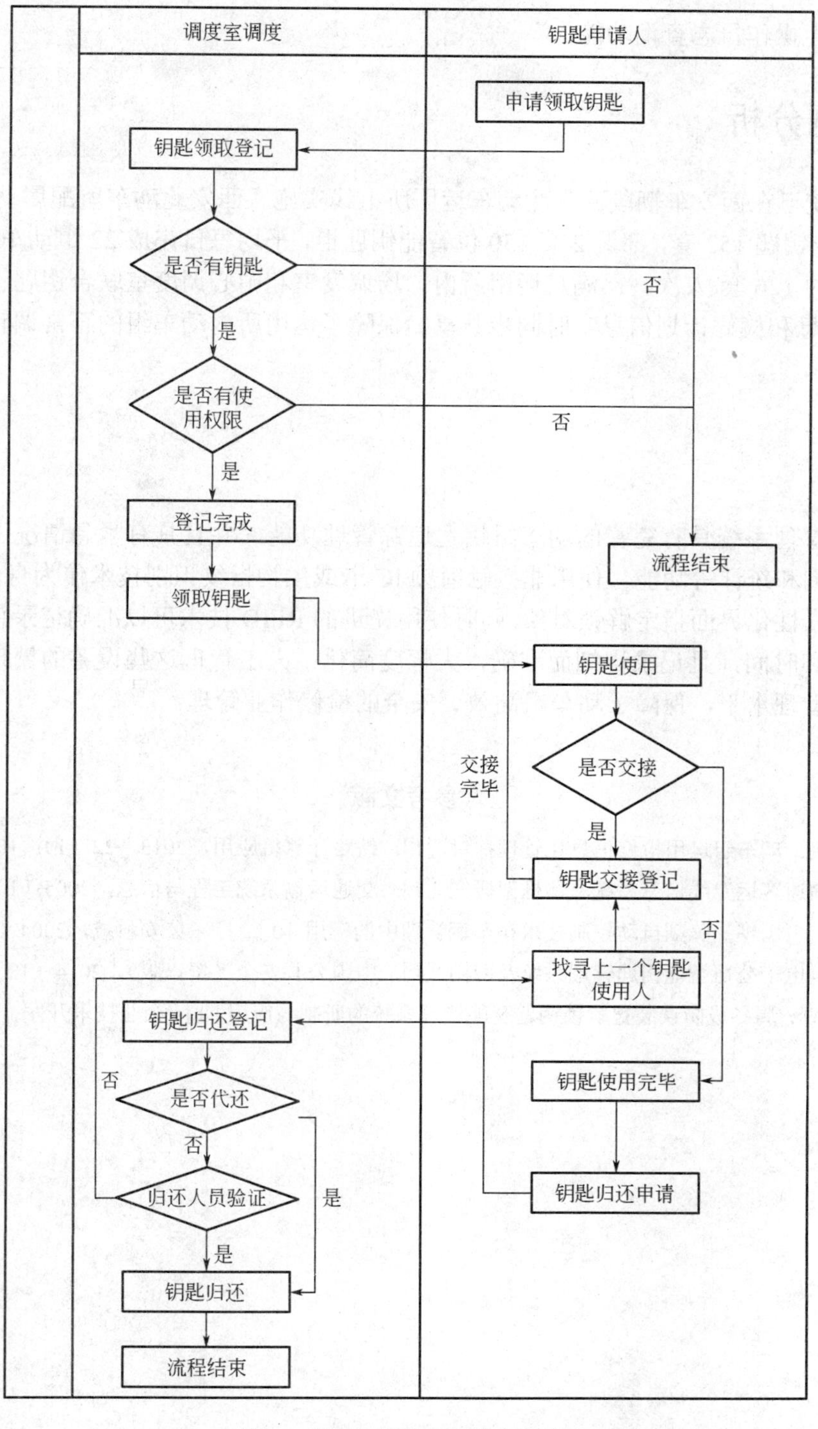

图 4　动车组钥匙领用归还流程

5.4　动车组钥匙领用记录统计管理

作为实用性管理信息系统，动车组智能钥匙管理系统采用 Oracle 11g 作为数据管理平台，为动车组钥匙管理提供一下查询统计功能。

- 钥匙丢失管理：对未归还的钥匙进行丢失信息进行登记；
- 钥匙交接登记：对钥匙领取后的钥匙交接记录进行登记；
- 钥匙领还记录查询：可以查询钥匙领取记录并可以导出报表；

➢ 智能钥匙柜操作日志查询功能；

6 实施案例分析

目前，该系统已在西安车辆段西安北动车运用所上线实施。西安北动车所配属动车组 38 列 54 标准组，拥有动车组钥匙 152 套，部署 2 套 150 位智能钥匙柜，平均每日完成 22 组动车组检修作业任务，日借用归还钥匙约 126 套/人次。已满足运用所内二场调度室和中心调度室联合钥匙管理，实现动车组钥匙领用/归还信息和检修计划信息实时同步共享，保障了运用所内动车组的正常调转和检修任务的有序进行。

7. 总结

动车组智能管理系统具有完善的动车组钥匙追踪管理功能，并且具有紧急情况下代领代还操作、领用归还记录查询和统计等功能。使用非接触射频 IC 卡或生物指纹识别技术作为身份信息验证手段，通过触摸屏上的人性化界面指定解锁对象，同时使用先进的 RFID 技术可以准确记录使用者出借或归还解锁钥匙的日期和时间，且记录详细而准确，大幅度简化了人工管理这些设备的繁琐记录，提高了动车运用所信息化管理水平，保障了动车组高效、安全的检修作业管理。

参考文献

[1] 张惟皎，贾志凯. 动车组运用检修信息化管理探讨 [J]. 铁路计算机应用，2013，22（1）：10.
[2] 史天运. 铁路高速客运专线信息系统总体框架研究 [J]. 交通运输系统工程与信息，2005（1）：92-106.
[3] 钟玲. 许毅艺. 王国桦. 陈剑自动控制技术在车辆管理中的应用 [J]. 广东公安科技，2004（1）.
[4] 石家庄赛威通信电子公司智能钥匙管理系统及应用 [J]. 中国公共安全（资讯版），2014（12）.
[5] 沈达. 丁梁. 商钰. 周冬成防误装置解锁钥匙智能管理系统的研制与应用 [J]. 企业技术开发（下半月），2015（19）.

基于 RFID 技术的动车组轮对管理系统研究

郭　悦

（中国铁道科学研究院电子计算技术研究所，北京，100081）

摘　要：动车组轮对是保障动车组正常运行的关键配件之一，其技术状态直接影响到动车组列车的运行品质和安全。通过 RFID 技术实现动车组轮对和电子标签一体化，不仅可以减少人工读取和录入带来的错误，提高数据的准确性和及时性，达到轮对的全寿命周期管理的目的，还对于充分发挥信息系统的潜在优势，保障铁路运输的安全运行，推动自动化科学的检修管理、准确定位轮对维修维护档案，提高铁路资产的管理水平和效率等方面都有深远的意义。

关键词：RFID；动车组；轮对管理

Research on Wheel Set Management of EMU Based on RFID Technology

Guo Yue

（Institute of Computing Technology，China Academy of Rail Science，Beijing，100081）

Abstract: Wheel set is one of the key parts to ensure the normal operation of EMU，which directly affects the EMU running quality and safety. The integration of the EMU wheel set and RFID tag, which can not only reduce the mistakes caused by manual reading and recording，improve the accuracy and timeliness of the data and achieve the goal of the whole life cycle management of wheel set，but also have significance of playing to the potential advantages of the information system，ensuring the safe operation of the railway transportation，promoting the maintenance of Automation Science and accurate positioning wheel maintenance records.

Key words: RFID，EMU，Wheel Set Management

1　概述

动车组轮对是保证动车组正常运行的关键配件之一，其技术状态直接影响到动车组列车的运行品质和安全。目前，我国动车组检修涉及单位多、分布广，随着动车组运用里程的增加并陆续进入高级修程，轮对的换件修与拼修已成为常态。为了提高生产、检修效率和质量，尽可能采用零部件标准化、通用互换化设计、专业化生产，实现简化规格、减少品种的目的。为了适应铁路动车大范围机动运行的特点，做到快速检修更换，在各动车所、高级修车间及车辆工厂需维护足够数量的轮对。随着铁路大提速的发展，对于铁路运输安全提出更高的要求，同时也随着动车管理精细化的要求，铁路系统对检修效率、费用及资产核算等提出了越来越高的要求。

计算机网络和信息化技术的发展为轮对的管理提供了良好的基础，动车组管理信息系统的推广应用大幅提高管理效率和质量，但实际上，其对于动车组轮对管理工作的改进还是有限的。分析其原因，主要有以下几点。

（1）虽然其信息的处理、传输可以依赖于计算机网络和信息化技术提供的高效手段，但是最前端的信息采集工作还是依赖于人工作业，通过人工读取刻录在部件上的序列号并录入到动车组管理信息系统中。

（2）由于检修流程复杂，检修过程需要读取部件序列号的环节多，人工读取难免存在很多差错疏漏，而轮对及配件在使用过程中存在不同程度的磨损、污染，给人工读取部件序列号带来了很大的困难，录入过程中也存在输入错误的可能。

（3）目前轮对及配件在实物上都只记录序列号信息，从部件上无法获取轮对的详细信息，不容易得知其生产记录及历次检修记录。

各种可能的错误源导致动车组管理信息系统对于轮对管理水平的提高难以达到理想的程度，轮对及配件的丢失、人为损坏等现象严重，部件的寿命、维修信息无法准确定位，给铁路系统带来很大的资产损失，更重要的是，部件质量、寿命、检修质量无法准确把握给动车组运用带来了安全隐患。因此，探讨采用 RFID 技术解决目前动车组轮对及配件在安全上和管理过程中存在问题的方案，对于充分发挥信息系统的潜在优势，保障铁路运输的安全运行，推动自动化科学的检修管理、准确定位轮对维修维护档案，提高铁路资产的管理水平和效率等方面都有深远的意义。

2 RFID 技术介绍

2.1 RFID 系统组成

RFID 系统包括电子标签（又称 RFID 射频标签或射频卡）、读写器和天线 3 部分组成。它通过射频信号自动识别目标对象并获取相关数据，识别工作无须人工干预，可工作于各种恶劣环境。

射频技术的基本工作原理是发射器发射一定频率的射频信号，当电子标签进入发射器工作区域时，电子标签感应到射频脉冲后被激活，将其中存储的数据信息通过内置天线发送出去；接收器接收到电子标签发送来的载波信号后送给阅读器，经阅读器读取信息后送至中央信息系统进行相关数据处理，对合法的信息数据进行提取并操作，如图 1 所示。

图 1　RFID 基本工作原理

2.2 RFID 系统分类

根据 RFID 工作频率的不同，可分为低频、中频和高频系统。低频系统的特点是 RFID 内部保存的数据量少，阅读距离短。中频系统用于传送大量数据。高频系统特点是 RFID 标签内存储的数据量大，阅读距离远，适应物体的高速移动。

根据 RFID 功能的不同，可分为可读写卡、一次写入多次读出卡和只读卡。可读写卡可多次读写标签数据；一次写入多次读写卡只可以写入一次，写入后，数据不可更改；只读卡内部只有唯一的号码，不能更改，安全性好，但功能少。

根据 RFID 是否有源，分为有源 RFID 标签和无源 RFID 标签。有源 RFID 标签使用卡内电池能量，识别距离较长，但使用寿命有限，价格高。无源 RFID 标签不含电池，接受 RFID 读卡器发出的微波信号后，利用 RFID 读卡器发射的电磁波提供能量，可做到免维护，重量轻，体积小，寿命长，成本低，但发射距离受限制，需要 RFID 读卡器的发射功率较大。

2.3 RFID 设备选型

动车组运行距离长、载客量大、沿线自然地理环境多样，运行环境和条件复杂多样，面临如高寒、多雪、高原风沙、沿海湿热等气候条件。动车组检修作业环境下，具有多种电磁和金属干扰，同时检修作业工人作业中存在距离动车组距离较远的情况。为保证 RFID 阅读器能在检修作业工人多种作业情况下读取到 RFID 标签内的信息，采用超高频 RFID 阅读器和标签。

为应对动车组检修过程中水腐蚀和金属干扰的情况，RFID 标签选择抗金属防水标签，抗金属标签可以满足 RFID 阅读器能正常读取到粘贴在金属物体上的 RFID 标签，而不受金属的干扰。同时考虑到检修作业标签中信息的安全性问题，在选择 RFID 设备时，使用加密的方式对 RFID 标签中的数据进行加密。为了节约成本以及延长标签的使用寿命，采用无源 RFID 标签。

3 总体方案

3.1 总体构架

基于 RFID 技术的动车组轮对管理系统依托于动车组管理信息系统，分别在总公司、铁路局、动车段、检修车间、主机厂和轮对造修厂中同时部署，使用动车组管理信息系统已建立的框架、用户及权限信息，减少开发周期和实施推广难度，如图 2 所示。

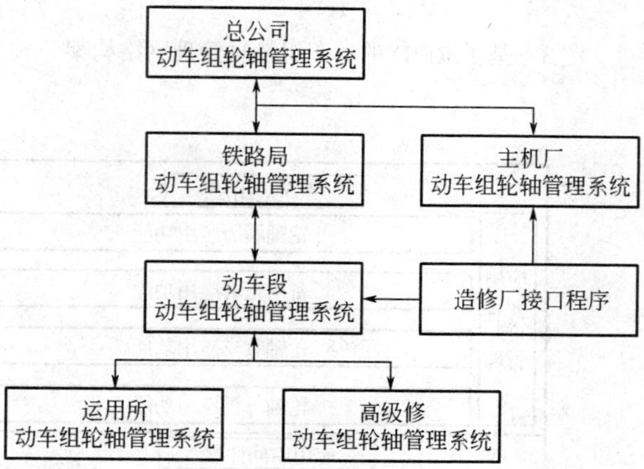

图 2　基于 RFID 的动车组轮轴管理总体构架

3.2 网络构架

基于 RFID 的动车组轮轴管理网络构架如图 3 所示。

3.3 逻辑构架

系统采用固定式读写器和手持式读写器两种方式。将固定式读写器及其天线安装在部件经由的地方，即可自动读取轮对的详细信息，通过与工位终端数据交互，实现数据的上传。手持式读写器，当需要读取部件详细信息时，将手持式读写器对准轮对，按下按钮即可得到电子标签所有信息，这些数据可以暂时存储在读写器里面，通过无线 AP 设备上传至服务器中（见图 4）。

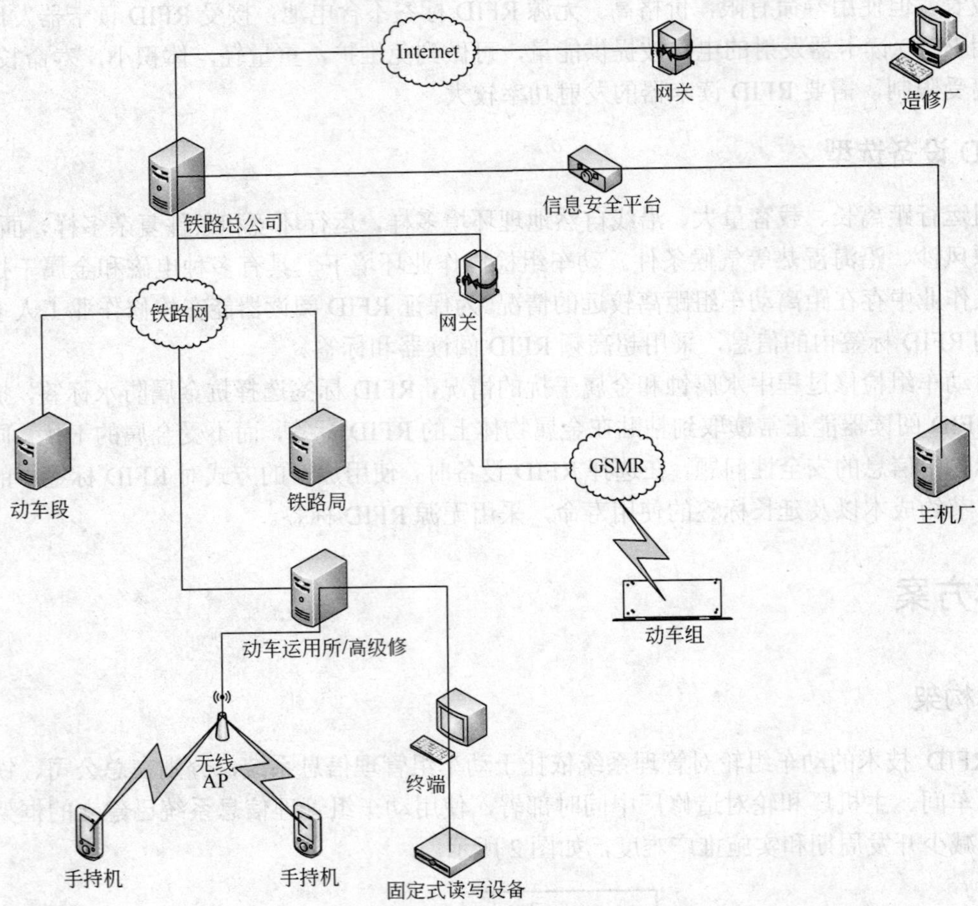

图 3　基于 RFID 的动车组轮轴管理网络构架

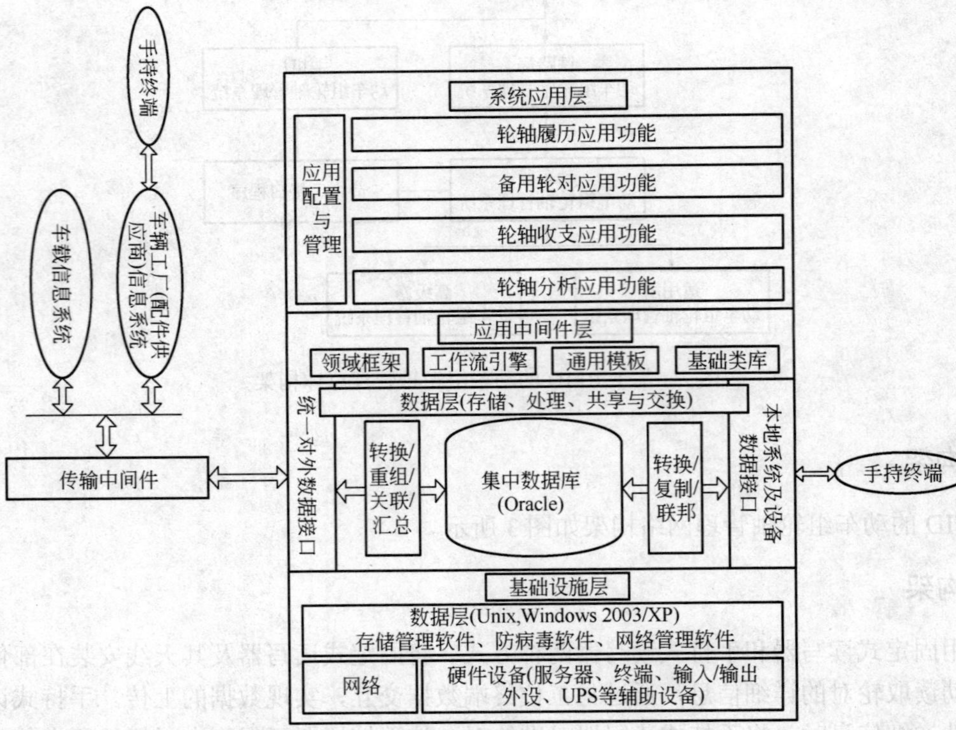

图 4　基于 FRID 的动车组轮轴管理逻辑构架

4 数据内容和格式

4.1 数据存储

轮对信息包括轮对、车轴、车轮（A、B）、轴箱（A、B）、轴承（A、B）、制动盘、齿轮箱、联轴节等十多个部件的序列号、制造日期、组装日期、检修日期、装车卸车信息、走行公里等。

RFID标签存储容量由于体积和技术原因可存储的空间较小，而动车组轮对及配件相关信息量较大，不利于存储。最简单的办法是增加额外容量，高于标准；但此方法大大增加成本，在标签需求量很大的情况下，这样做显得很不明智。另外一种可行的办法是，仅仅把标签作为一个标识，把信息尽可能地存储在相关的后台数据库里，在动车组零部件每次作业时，标签信息不变，更新的是后台相关数据。

依托于动车组管理信息系统在动车组运用检修单位的有线和无线的通讯链路，使基于RFID的轮对读写设备及后台程序数据交互非常方便，RFID电子标签只需存储轮对基本信息即可，其他信息存储在动车组管理信息系统数据库中，通过主机厂、铁路总公司和各运用检修单位的同步平台，实现信息的共享。

4.2 数据格式

RFID电子标签信息分为三个部分：

（1）标签ID号，64位全球唯一编码，用于记录标签ID号；

（2）初始化信息（静态信息）保存于标签EPC区，记录轮对自身编码；

（3）检修信息（动态信息）保存于USER区，记录轮对的详细信息。

另外，标签内还预留不低于30位的预留信息位存储空间。

4.3 数据加密

标签设有专用密码信息区，必须专用读写设备才能对标签内的数据信息进行读写操作。

读写设备在向标签读取或写入信息时，首先发送密码信息；当发送的密码信息与标签存储的密码信息验证一致后，方可进行正常读/写；否则，如果读写设备未发送密码信息、或密码信息不一致时，严禁对标签信息进行读写操作，保障标签数据安全。

5 功能设计

5.1 利用RFID轮对新造写入

轮对及配件生产完成后，需将部件编号、生产厂家、生产日期等信息写入电子标签，这样形成部件的初始信息，为安全检测管理、自动化管理提供基本数据。数据写入电子标签成功后，相关的记录即可上传到铁路总公司服务器中。

由于电子标签本身具备全球唯一标识符，而轮对的序列号也具备唯一性，将电子标签安装到轮对上，并将数据上传至总公司数据库中，能够确保轮对及配件在铁路总公司的统一管理。

5.2 利用RFID进行运用检修管理

利用RFID技术能够在轮对运用检修过程中加强保障铁路安全，一方面不仅能够快捷的得到轮对及配件的信息，提高数据的准确性和及时性；另一方面还可提高故障动车组的检修率，保证动车的检修质量，进而保证列车的正常运行。

首先，轮对在进行一二级检修时，RFID 能够迅速准确定位轮对，特别是对于空心轴探伤、LU 探伤和车轮镟修等项目，在检修之前由读写器自动扫描轮对上的电子标签得到轮对的详细信息，可通过接口或者直接录入方式在设备上回填检测结果。在进行轮对更换和保养时，可直接通过读写器扫描轮对的信息，并通过手持设备现场完成更换和保养操作，确保信息的准确性和及时性。

其次，在检修时通过扫描部件的电子标签，就能够快捷地得知轮对及配件的详细信息和历史检修数据，能够根据部件的具体生产检修信息，对年久失修的部件有针对性地进行重点检查，对以往检修的部位再次进行重点检查，这样就容易发现部件的缺陷和隐患，能够及时进行检修。同时，可以结合轮对、轴承等的具体类型，准确判定各项参数是否超限，判定是否发生故障，这样能够大幅提高故障部件的检出率、兑现率，保障铁路安全。

5.3 利用 RFID 进行高级检修管理

轮对高级检修过程中，在“拆解”“清洗”“探伤”“检修”“装配”等工位上安装读写器和天线，即可达到自动化检修，数据采集和写入完全由计算机控制。

电子标签中的生产检修记录跟随着轮对从生产到报废的全过程，使得这些部件的生产、检修信息都能够准确无误的记录，并能够非常方便地读取。同时，检修信息读写的过程完全由计算机控制，不仅降低了劳动强度，提高检修工作的效率，而且降低了人工操作的出错概率，保证检修记录采集都准确无误，确保每一个检修工位都能够正确规范地执行检修，从流程上严格限制经过检修单位流入铁路运行的部件都是合格的。

图 5 为利用 RFID 对轮对及配件进行检修管理的示意图，轮对按次序依次经过读写器天线和检测设备，首先由读写器天线扫描自动获取轮对的序列号等基本信息，然后检测设备对部件进行详细检测，检测完毕后，计算机将检测结果记录到轮对的电子标签内部，并生成相应记录单和卡片，上传至数据库中。

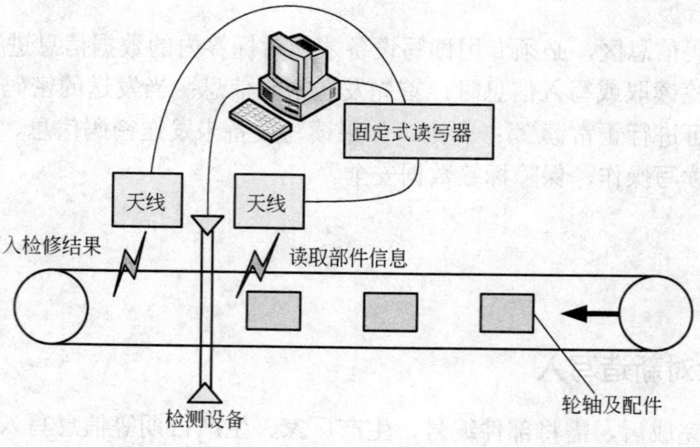

图 5 利用 RFID 对轮对及配件进行检修管理

考虑到不同工位的检修自动化程度不同，如果检测设备能够实现全自动检测，检测结果将自动传送到控制计算机，自动写入到部件的电子标签中；如果为人工检修，由操作员在计算机上录入检修结果，录入结束后，由计算机控制将检修结果写入到电子标签中。

经过此流程，在动车组管理信息系统中能够查询到每一个位于检修单位的轮对及配件当前详细检修情况；也能够利用 RFID 读出器，通过扫描部件上的电子标签，查询轮对的详细检修状态。

当所有部件完成检修，重新组装成一个完整的动车时，需要在系统中记录当前动车组更换的所有轮对，这个记录过程可使用便携式读写器通过扫描轮对即可完成。经过此流程，这些更换后的轮对就和车号一一对应起来，通过查询车号，能够详细查看所有装车状态的轮对基本信息；通过查询轮对的序列号，能够查找到它更换的具体车号。此外，通过检查动车上所有轮对及配件是否经过所有检修流程，能够避免不合格的轮对随动车组进入运用状态。

5.4 利用 RFID 进行寿命管理

利用 RFID 电子标签能够对动车组轮对及配件进行精确的寿命管理，能够准确地跟踪每一个部件的全生命周期。

经过生产和检修各流程中 RFID 的应用，动车组管理信息系统中记录了轮对及配件的生产和检修信息，能够自动提醒哪些部件的使用寿命到期，并且能够快速准确的定位这些部件的位置，避免老化的零部件超期工作。通过生产和检修信息的详细记录，系统能够自动统计轮对的生产质量，统计各个生产单位所生产轮对的质量情况，生成质量统计报表，便于相关生产单位提高质量和铁路相关采购部门进一步优化轮对供应商的选择。此外，系统能够自动统计轮对的检修质量，通过统计每一个部件的检修次数，量化分析各检修单位的检修水平（见图 6）。

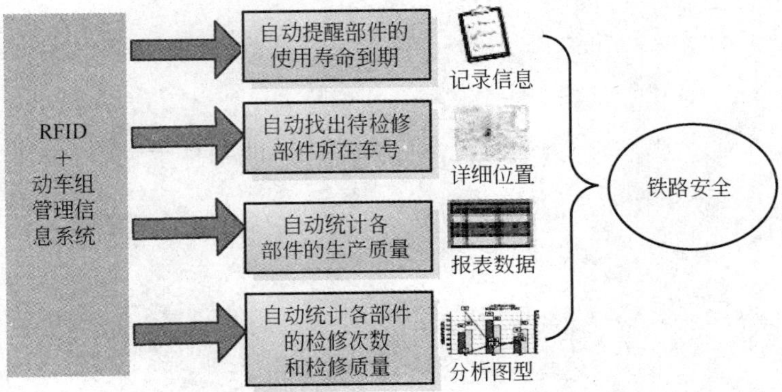

图 6　利用 RFID 进行寿命管理内容

通过以上对轮对及配件的提前质量预报，以及事后对质量的统计分析，达到寿命管理的目的，最终为动车的安全运行，为铁路安全提供质量保证。

5.5 利用 RFID 进行物流管理

当前，轮对在物流过程中需要管理人员重复大量的手工誊抄各种出入库单据，工作量大、工作重复繁琐、占用人力多，且历史数据查询困难，不利于信息的追溯和流通。当对动车组轮对及配件在生产、检修各流程统一进行 RFID 管理后，不但可减少人工录入工作，并且各管理部门可以随时掌握每一个轮对的详细情况和具体物流过程，最终实现资产可追溯管理。

在进行物流的每一个环节时，采用 RFID 读写器读取轮对信息，结合信息系统中物流管理功能，确认整个物流过程中的采购、配送、运用、回收等环节，并综合生产作业部门的实际作业中的物料需求信息，可以为物资管理部门、生产作业部门、财务管理部等的信息化协同管理提供全面信息支持，提高工作效率、规范工作制度、量化工作成绩。

6 结束语

基于 RFID 技术的动车组轮对管理系统对于解决目前动车组轮对及配件在安全上和管理过程中存在的问题，具有深远的意义。本文在分析目前动车组轮对管理工作面临的问题及原因基础上，介绍了当前 RFID 技术的现状。在动车组管理信息系统基础上，提出了基于 RFID 技术的动车组轮对管理系统总体构架、网络构架和逻辑构架，并针对轮对的基础信息和检修内容，进一步说明了数据存储内容、格式和加密方式。最后，重点讨论了基于 RFID 技术的动车组轮对管理功能设计，分 5 个方面阐述其应用。

参考文献

［1］铁道部．动车组管理信息系统总体方案［M］．2009．

［2］史天运．动车组管理信息系统及其关键技术［C］．第七届中国智能交通年会，2012．

［3］管江旗，贾志凯，张惟皎．基于 RFID 的 CRH 型动车组关键配件全生命周期跟踪管理系统研究［J］．铁路计算机应用，2013（22）：25-28．

［4］浩泽明．基于物联网 RFID 的安全技术研究［D］．天津：河北工业大学，2011．

基于 DocuBurst 的动车组非结构故障数据可视化

李 燕[1] 李新全[2]

（1. 中国铁道科学研究院电子计算技术研究所，北京，100081）
（2. 郑州铁路局车辆处，郑州，450015）

摘 要： 动车组运行故障数据中包含大量的非结构化信息，这些信息包含故障真实原因、现场还原、故障处理细节等重要内容，仅通过报表或简单的图表、图形等传统方法无法分析和展示数据中的规律和趋势。本文将文本数据可视化技术引入到动车组运行故障数据分析范畴，首先对动车组运行故障数据结构和统计分析现状进行了描述，然后概要地介绍了相关的文本可视化技术发展，以能够实现文本语义概要可视化和定向查询分析的 DocuBurst 方法为基础模型，对参数进行重新定义，详细阐述了动车组运行故障可视化数据的组成、实现步骤以及其中的关键问题。最后，对动车组运行故障其他可进行研究尝试的方向进行了讨论，并对数据可视化技术在动车组管理的应用前景进行了展望。

关键词： 动车组；非结构数据；可视化

Visualization of EMU' Unstructured Fault Data Based on DocuBurst

Li Yan Li Xinquan

(1. Institute of Computing Technology, China Academy of Railway Sciences, Beijing 100081;
2. Car Department of Zhengzhou Railway Bureau, Zhengzhou 450015)

Abstract: The huge amount of unstructured information in EMU' running-fault data, which including the cause of failure, field reduction and the detail of fault treatment, cannot help users to understand the rules and trends by traditional methods such as simple tables or graphs. In this paper, it introduces text visualization into analysis of the EMU' running-fault data. Firstly, it describes the data structure and current situation of statistical analysis of the text visualization, and then introduces the technological development of it cursory. Secondly, the paper states the visualization, actualization processes and relative key techniques of EMU' running-fault data, by redefine the parameters of the DocuBurst method. Finally, the prospect of relevant studies of EMU' running-fault data and the future work of visualization analytics in EMU area is discussed.

Key words: EMU, Unstructured Data, Visualization

动车组故障数据根据发生场景不同可以划分为检修故障和运行故障两类，尽管随着动车管理信息化水平的不断提高，数据采集手段和设备更加先进，数据采集结果更趋向结构化和标准化，但依然包含大量故障描述、故障处理措施等必要的非结构化文本信息，其中蕴含着故障发生的各类细节和故障处理过程的步骤、操作要点等。这些非结构化故障数据与时间、故障发生部位、运行线路区间等结构化数据一起，伴随动车组全生命周期存在，同样蕴含着动车组设备状态、运用规律、检修问题等潜在信息。即使在所依附的动车组报废后，这些信息依然作为历史数据保留，作为各种潜在故障规律统计和分析的基础。

尽管现有动车组管理信息系统已经通过图形、图像、图表等多种可视化方式来呈现结构化故障数据沿不同运用、检修单位的统计变化规律，并提供百万公里故障率等统计指标来管理和考核动车组设备、运用管理，但对于非结构化数据中隐藏的信息、故障发生趋势依然没有很好地利用和挖掘。文本数据可视化能够帮助用户迅速发现类似故障描述文本这类非结构化数据中隐含的特征、模式和趋势，为应急处置决策提供支持和依据，对于分析动车组运用、检修中的核心问题具有十分广阔的应用前景。

本文首先对现有动车组管理信息系统中运行故障结构和可视化现状进行了介绍，对文本可视化的发展现状进行了回顾；然后从可视化方法的选择、实现方式、关键问题等几个方面对动车运行故障可视化问题进行了详细阐述；最后对动车信息可视化的发展趋势和重要性进行了展望。

1　动车组运行故障数据结构及统计分析现状

1.1　动车组运行故障数据结构

动车组故障根据采集场景的差异可以分为检修故障和运行故障两类。运行故障指在动车组运行过程中的发生的，影响行车安全和运输秩序的故障，由基础信息、故障分析信息、定性定责信息三部分组成，如图 1 所示。受到故障个体差异、处理措施标准化程度有限等原因限制，基础信息中的故障描述、处理措施，故障分析信息中的故障原因依然不能通过结构化方式进行采集，以非结构化的形式进行存储，而这些数据中恰恰包含故障现场还原、故障处理细节等重要内容。

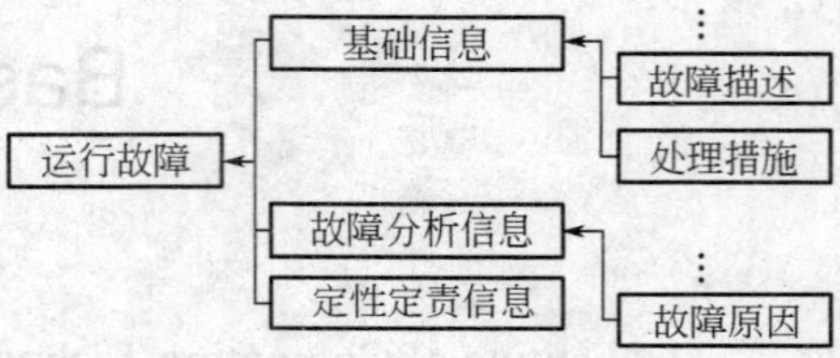

图 1　动车组运行故障中非结构化信息分布

1.2　运行故障统计分析现状

现有动车组管理信息系统运行故障模块的统计依托全路各运用所的上报汇总机制，按照总公司统一的管理要求，做到故障发生 1 小时内上报，当日回动车所检修的动车组 24 小时内组织原因分析，当日不能回动车所检修的动车组 48 小时内组织故障分析，并以各种统计维度的百万公里故障率作为考核指标，定期对全路运行故障的发生、定责和处理情况进行通报，所有上述流程中的数据，都属于故障模块采集和分析的范畴。

针对实际业务中的管理要求，故障模块采用报表、图形、图像、趋势曲线等多种可视化方式，展示数据沿时间、运用/检修单位、故障责任等各种不同维度的统计、变化趋势，为决策管理提供了可靠的数据支持。但上述统计、分析手段还相对简单，仅能够在明确业务具体需求，已知维度几何属性的前提下，对数据趋势进行展示。故障的非结构化数据内、数据与数据间的隐含制约或协同关系，一定体量复杂数据中隐藏的信息和特征依然很难被挖掘出来，更没有通过可被迅速感知的图形化方式表现出来。

2　文本信息可视化研究相关工作

文本可视化涵盖文本采集、数据预处理、知识表示、视觉呈现和交互等多个过程，是一个将无结构的文本信息自动转换为可视的有结构信息的过程[1,2]。根据可视化涵盖范围的不同，可以分为基于文本内容的可视化、基于文本关系的可视化和基于多层面关系的可视化。本文所涉及的内容只要集中在基于文本内容的可视化和基于文本关系的可视化两部分。

基于文本内容的可视化方法根据目标的不同，可以分为基于词频的可视化和基于词汇分布的可视化两类。最直观、最常用的基于词频的可视化思路是将文本看作一系列词汇的集合，即词袋模型，通过词汇在文本中出现的频率信息来表现文本特征。最常用的词频计算方法是词频—反转文件频率（TF-IDF）[3]，即字词的重要性与它在文件中出现的频率成正比，与它在文件库中出现的频率成反比。最常用的可视化方法是标签云[4]，根据标签云的呈现方式、与用户交互方式的差异，又发展出了 Wordle[5]、Tagxedo、Mani Wordle[6]、Document Card[7]等多种方法。基于词汇分布的可视化目的在于查找特定词汇在文档中的分布规律。

基于文本关系的可视化又可分为基于文本内在关系的可视化和基于文本外在关系的可视化。前者主要关注文本内部的结构和语义关系，后者则更关注于文本间的引用关系、主题相似性等。文本所关注的 DocuBurst 方法即属于前者。

3 非结构化故障数据可视化实现及关键问题

3.1 基础模型选择

文本内容的可视化可以根据目标的不同分为两种：对于文本语义内容快速、粗略的可视化展示和对文本中或文本间模式的发现和特定可视化[8]，根据目标的不同，模型的选择也会有差异。

本文所涉及的动车组运行故障文本的可视化研究在动车数据可视化的领域是具有开创性意义的工作，因此在模型的选择上，希望能够同时到达这两个目标，首先能够概略的展示运行故障文本中的概要语义信息，又能够通过查询的交互方式查找特定类型故障、特定关键零部件故障在不同车型或不同系统中的分布特点，以便于将研究成果迅速应用到实际的动车组车辆运营维修管理中。通过对基于词频可视化和基于文本间关系可视化的研究，我们选择 DocuBurst 作为基础模型，并对模型参数赋予新的定义和含义，达到适应于运行故障非结构内容可视化的要求。

3.2 DocuBurst 模型详述

DocuBurst 以放射状层次圆环的形式展示文本结构[8]，上下文的层次关系基于 Wordnet[9]方法获得。其中，某单词的频率等于该单词子树中单词在文档中的频率之和，单一层次中某单词所覆盖的弧度表示其与这一层次中其他单词频率的比例关系。某个单词的子树可以根据这个单词所属的同义词集的个数进行颜色划分，每个同义词集都具有相同颜色，与之相反，某单词如果属于单一同义词集，则他的子树显示为单一色调[8]（见图 2）。

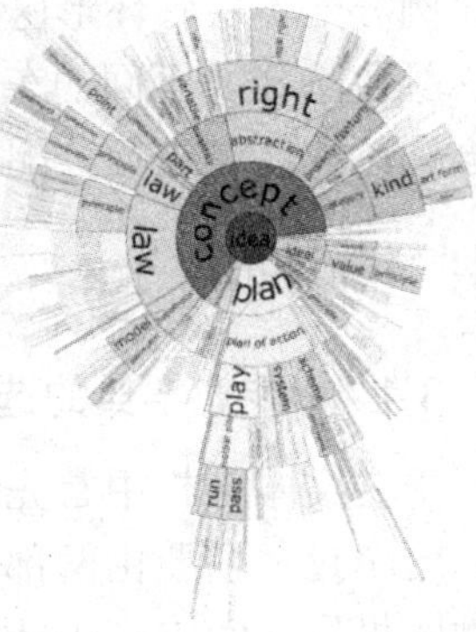

图 2　DocuBurst 示例图

3.3 数据组成与可视化实现方法

3.3.1 数据组成

如本文 1.1 中所述，动车组运行故障中非结构化数据包括故障描述、处理措施和原因分析三个部分。其中，故障描述是故障发生时动车组随车机械师第一时间对故障的初步记录，原因分析则是故障处理结束后，担当铁路局组织专家进行故障分析后的结果，后者对故障的发生原因、发生部件位置会有更为准确的结论。我们采用原因分析部分的非结构数据作为文本可视化的数据源，同时辅助以每条运行故障所包含的特定结构化描述变量。

根据车辆专业不同业务分析的需要，选择每条故障中的故障车型、担当铁路局、故障部位和制造厂，与非结构化的原因分析数据共同组成一个五元组γ（t,b,p,m,a），作为运行故障可视化的数据源。

3.3.2 各层含义表示

在既有的故障分析目标中，主要目的在于查找特定车型某个部分关键零部件出现故障的频率，作为是否增加该车型、该类零部件运营考核里程、增加或提高检修级别，或者取消该类零部件采购的依据，并假设从上述任意角度进行的统计分析结果在不同的车型间相互独立，因此我们定义故障车型作为根节点层。

担当铁路局与制造厂是分别从运用单位和制造检修单位的角度来查看相关单位的故障发生率，因此可以相互替换的出现在第二个环形层次中，并且两者与根节点车型间以当前的动车组配属为依据，都具有唯一的对应关系，能够支持进行后期的查询操作。

故障部位则根据各车型的实际拆解结构自动形成3～7层：所有的部件都有相同的所属系统和子系统，分列3、4层，零部件如果不是总成零部件，则零部件名称列第5层，如果该零部件为总成零部件，则会多生成2级零部件结构名称，来表示总成零部件的结构组成。无论故障部位是三层结构还是五层结构都自然包含与车型、担当局或制造厂的对应关系，能够支持进行后期的查询操作（见图3）。

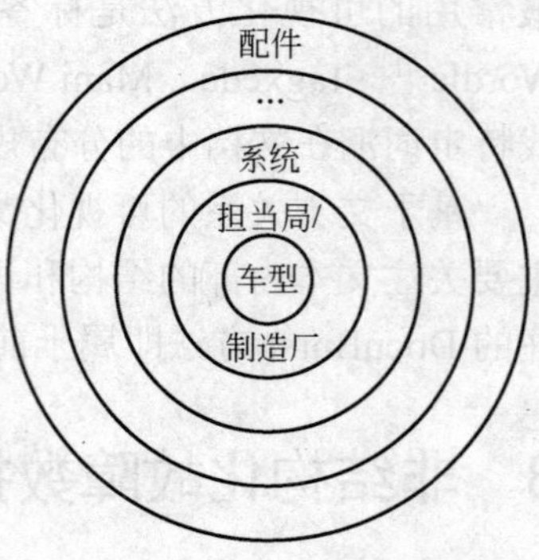

图3 动车组运行故障 DocuBurst 模型层次示例图

3.3.3 参数定义

词频计算方法。对任意一条运行故障的五元组γ中的非结构化部分——原因分析数据进行文本分析。每条运行故障的原因分析文本长度大约100个汉字，格式相对统一，内容业务针对性很强，因此不需要降维、主题模型处理等复杂方法进行文本特征提取，只需使用单词拆分方式，通过与特定故障相关字典的匹配，即可确定每条故障的关键字，即故障零部件的名称加模式，例如轮轴裂纹。每种零部件名称出现一次则该零部件增加计数词频1。

单词覆盖角度。各单词的词频由隶属于这个单词子树的词频之和得到，各层次单词覆盖角度按词频比例分配本层圆环形区域。

颜色选择。不同的车型根节点及其子树采用同一色调，子树中某个单词如果隶属于多个车型，则根据词频按比例进行分配。

3.4 关键问题

3.4.1 专业字典的选择

中文文本分析中首先遇到的问题是分词，即如何将一段文本分成若干个适应于当前分析场景的单词。这个过程主要由两部分构成，一是搜索算法，二是字典的选择。目前比较好的分词算法和应用有条件随机场（CRF）、中科院汉语分词系统（NLPIR）、基于Python的结巴分词工具等，不同的分词算法对本文故障信息的提取不产生大的结果偏差，因为本文所涉及的故障信息格式相对统一、业务性强，字典的选择对于特征的提取更为重要。

对于字典的选择，我们在通用中文字典的基础上增加两类字典，第一是动车组系统分类字典，包含了动车组拆解过程中的系统、子系统、零部件等从大到小五个级别，约2300个总成和非总成零部件的名称，如车轴、转向架等；第二是动车组故障字典，包含了所有零部件可能发生的约4300种故障模式，如破损、破裂等。这两类字典的应用有助于提高对于原因分析分词的专业化。

3.4.2 隐含的层次关系

本文的可视化数据源γ，实际是非结构化数据与结构化数据的组合，就像 DocuBurst 方法引用了 WordNet 中每个单词同义词集语义本源的上下文关系，本文的零部件上下级关系也是依赖动车组拆解结构以系统分类的形式预先定义好的，即总成零部件的多层次划分。不同车型的零部件结构略有差异，但系统、子系统层的划分是统一的。

3.4.3 查询操作的显示

选择 DocuBurst 作为运行故障数据可视化的基础模型，是因为该模型据有灵活多变的拆分展示模式，能够支持动车在进行故障分析时的多角度业务要求。如 3.3.2 中所述，本文定义的各环形层次间具有隐含的、预先定义好的结构对应关系，无论是对于某个单词的单独查询、还是对于某几个单词的联合查询，甚至对于某个层次的缺失，都可以支持。例如，查询 CRH1 型、配属在北京铁路局的动车组运行故障分布特点，只需要选择的动车组数据。如果查询全路 CRH1 型动车组的各系统零部件故障发生特征，则可以取的动车组数据，此时第二个环形层将消失，各系统会根据各车型拆解结构自动对应到根节点层。如果想查询某故障部位发生故障的情况，则只需选则等于某特定值，这时的可以是系统、子系统名称，也可以是叶子节点中的零部件名称，将会展示其在各担当局，在装配了这个零部件的车型中的发生特征。

3.5 其他可研方向

除了上文所述的可视化角度，运行故障数据可视化还有如下几个方向的研究可以进行尝试，使运行故障的分析更立体、更实用。

第一，可以在运行故障数据五元组内增加非结构化的故障描述信息，通过原因分析与故障描述信息在同一环形层次中的透视显示，比较故障表象与根本原因间的差异，实现对比分析。

第二，算法实现中的词频计算方式对每条运行故障都进行了统计，并没有考虑每条故障业务上的责任属性，即该条故障是否车辆责任故障。实际只有车辆责任的运行故障才是考核各车辆单位运用、检修质量的核心指标。因此，可以在词频计算中增加责任单位权重，能够更准确地反映属于某个担当局或制造厂的运行故障发生特征。

第三，在词频计算中，故障字典提供的是故障零部件名称加模式的方式，这样轮轴裂纹和轮轴破损将会是两个不同的叶子节点，这种方式的优点是对故障的统计更加精细化，但在很多时候，这种精细并不是绝对必要的。在开发交互式系统时，应当提供个性化选择，将零部件名称和模式进行拆分，既可以按零部件—模式进行统计，也可以只按零部件进行统计，即不考虑同一零部件不同故障模式的差异，只对发生故障的零部件位置频次进行统计。从业务角度来看，后者认为任何模式的故障都说明零部件本身质量或检修不合格，具有更加实际的评价意义。

第四，每种零部件的不同故障模式是有等级属性的，按照模式的严重程度从低到高分为 A 到 D 共 4 级。基于零部件名称和模式拆分的方式，可以在故障部件层级下为图 3 增加故障模式层级，对不同严重程度的故障进行频次展示。

4 结束语

关于运行故障的可视化分析应用将嵌入到现有的部局级动车组管理信息系统中，为总公司和铁路局进行故障、检修和车辆设备等方面的管理提供直观、清晰、便于理解的图形化展示。

随着动车组管理的不断精细化、信息化水平的不断提高，海量数据的不断累积，不仅仅在故障分析方面，在动车组状态监测、设备检测、开行检修规律等各类数据上的综合分析、利用将是指导运用、检修、乃至制造的重要参考和依据。随着数据可视化技术与数据挖掘技术更加深度的结合，可视化技术在动车组数据中的应用必将对优化检修与开行、设备技术更新、自动化检测报警等众多涉及管理、运用全路动车组的各类业务及关键问题中发挥更加重要的作用。

参考文献

[1] 唐家渝，刘知远，孙茂松．文本可视化研究综述［J］．计算机辅助设计与图形学学报，2013，25（3）：273-285.

[2] 任磊，杜一，马帅，张小龙，戴国忠．大数据可视分析综述［J］．软件学报，2014，25（9）：1909-1936.

[3] Sebastiani F．Machine Learning in Automated Text Categorization［J］．ACM Computing Surveys，2002，34（1）：1-47.

[4] Viegas F B，Wattenberg M．TIMELINES：Tag Clouds and the Case for Vernacular Visualization［J］．Interactions，2008，15（4）：49-52.

[5] Viegas F B，Wattenberg M，Feinberg J．Participatory Visualization with Wordle ［J］．IEEE Transactions on Visualization and Computer Graphics，2009，15（6）：1137-1144.

[6] Koh K，Lee B，Kim B，et al．ManiWordle：Providing Flexible Control over Wordle［J］．IEEE Transactions on Visualization and Computer Graphics，2010，16（6）：1190-1197.

[7] Strobelt H，Oelke D，Rohrdantz C，et al．Document Cards：a Top Trumps Visualization for Documents ［J］．IEEE Transactions on Visualization and Computer Graphics，2009，15（6）：1145-1152.

[8] Collins C，Car pendale S，Penn G．Docuburst：Visualizing Document Content Using Language Structure ［J］．Computer Graphics Forum，2009，28（3）：1039-1046.

[9] Muller G A．Wordnet：a Lexical Database for English ［J］．Communications of the ACM，1995，38（11）：39-41.

基于LTE无线网络的综合业务承载研究

孙同庆

（中国铁道科学研究院电子计算技术研究所，北京 100081）

摘　要：基于LTE无线网络发展现状分析城市轨道交通综合承载的相关生产系统，以及各系统（CBTC、CCTV和PIS系统）的具体业务需求；然后对基于LTE无线网络综合承载的可行性进行分析，并提出具体可行方案多媒体播放应用需求。

关键字：LTE；综合承载；CBTC；CCTV；PIS

The Research on Integrated Services Load Based on LTE Wireless Network

Sun Tongqing

（Institute of Computing Technology, China Academy of Railway Sciences, Beijing 100081）

Abstract: Based on the analysis of LTE wireless network current situation of the development and the related production systems of urban rail transit comprehensive characters, and the specific business requirements of each system(CBTC, CCTV and PIS system); Then based on LTE wireless network for analysis of the feasibility of integrated, and put forward the concrete scheme of multimedia broadcast application requirements.

Key words: LTE, Integrated Services Load, CBTC, CCTV, PIS

城市轨道交通正常运行需要诸多设备系统共同协调运作，包括车辆、信号、通信、供电、机电等，这些专业的相关系统对线路的正常运营和安全管理都是至关重要的，无线通信网络是这些系统正常运行的基础纽带和必备条件，实现地面系统和车载系统之间双向、可靠、安全的数据信息传输。

以往的车地无线网络都是通过IEEE802.11系列标准的无线局域网络（WLAN）技术实现的。近几年随着LTE无线网络的不断普及，以及LTE技术在乘客信息系统（PIS）中的成功应用，为城市轨道交通系统的车-地无线通信网络提供另一种选择方案。本文从LTE技术的发展现状，结合以往WLAN技术的应用问题，对基于LTE无线网络进行综合业务承载的具体需求和可行性进行论证研究。

1　LTE网络及行业应用现状

LTE无线通信网络是基于数据包优化、可演进的无线接入架构，可提供传输速率更高、时延更低、多媒体广播组播业务更兼容的无线通信服务。因为LTE无线网络采用的方式近乎全IP化，网络结构近乎扁平化，集成了OFDM（正交频分复用）、MIMO（多输入多输出）、HARQ（自动重传）、AMC（自适应调制解码）、ICIC（小区间干扰协调）等先进移动宽带通信技术，有效提升无线网络在数据速率、频谱效率以及抗干扰性等方面的能力，为城轨业务的综合承载能够提供优先级调度、能够支持列车的高速移动性，同时为保证无线网络的安全可靠性提供多种抗干扰技术和安全机制。LTE 无线网络相比较其他无线网络的主要特点有。

（1）LTE 无线网络频谱带宽可灵活申请部署。LTE 网络频谱申请灵活、并且上/下行网络资源可灵活调配业务比例；支持多种带宽，并且既能支持成对频段也能支持非成对频段；LTE 网络可根据承载的具体业务及业务量选择相应 LTE 设备。

（2）终端设备高速移动接入能力强。由于 LTE 无线网络频率采用自动校正，因此可以保证 LTE 终端设备在高速（350Km/h）下的无线网络质量以及无线快速接入能力，移动终端从非工作状态到工作状态延迟时间明显减少（不超过 100ms）。

（3）无线网络抗干扰能力强。与采用公共频段的 WiFi 网络相对比，LTE 无线网络可申请城轨行业专用频段进行车地无线网络专网建设，避免外部信号干扰，保证城轨系统的安全运营。

（4）QoS 优先级机制。LTE 无线网络针对城轨的多种生产业务及业务量，可分配不同的 QoS 优先级，以保证重要业务（如 CBTC 业务）优先获得网络资源的分配，从而实现多种业务的综合承载。

2　城轨综合业务承载需求

2.1　业务信息

目前城轨系统需要无线网络承载的综合业务信息有：①列车控制信息（CBTC 系统）；②车载 CCTV 实时监控视频信息（车载 CCTV 系统）；③车载 PIS 多媒体信息（车载 PIS 系统）。

（1）列车控制信息。城轨 CBTC 系统主要包含列车位置、运行控制、移动授权等涉及列车行程安全的重要信息，该业务的数据量虽然不大，但是对信息的时效性和可靠性要求较高。因此该业务信息要求优先级高、独立性强、可靠稳定的传输信道。

（2）车载 CCTV 实时监控视频信息。车载 CCTV 系统主要用于司机室和客室用于实时监控并录像列车内部情况，保障乘客的出行安全。该业务的信息主要是视频信息，数据量较大，对无线网络的带宽要求上行大于下行，实时数据的优先级较高，录像数据的优先级较低，小区切换不丢包，实时数据大带宽、重传降低、时延减少。

（3）车载 PIS 多媒体信息。车载 PIS 需要承载的多媒体信息主要有：直播视频流信息（一般采用 H.264 和 MPEG2 编码）、多媒体文件（视频文件、图片文件和 FLASH 文件等）和列车运营信息（OCC、TCC 和 ISCS）。在车地无线网络中，该系统业务一般以直播视频流为主、多媒体文件为辅。在综合承载中对直播视频流信息优先级较高、小区切换不丢包；对多媒体文件传输优先级较低，列车运行时需要限制带宽；对运营信息传输优先级高，保证时效性降低时延。

2.2　综合承载的必要性

基于LTE技术的城轨综合业务无线网络承载，相比较传统的WLAN等无线网络的优势主要体现在：

（1）LTE 无线网络频谱带宽灵活申请和部署，并且可以申请行业专用频段，充分利用无线电频谱的闲置带宽；

（2）LTE 无线网络可以根据实际业务需求对 QoS 的优先级进行设定，保证业务优先级高的业务数据优先传递，如在城轨的综合业务承载当中，保证 CBTC 业务的数据进行优先传输；

（3）由于 LTE 无线网络技术发展较快，对该行业的技术规范要求也较为完善，国内主流的设备提供厂商的生产标准也统一，相较于之前 WLAN 无线网络在硬件设备厂商或规格方面都较为统一，可提高系统可靠性和稳定性；

（4）LTE 无线网络的底层设计较为先进，可扩展性较好，为后期网络发展预留充足的接口，可以满足后期新的业务需求。

综上所述，基于 LTE 无线网络建立城市轨道交通的综合承载，可实现保证 CBTC 信息的最小传输带宽，车载 CCTV 的实时监控，车载 PIS 多媒体信息的实时下传，并能实现网络资源的动态分配和相关的应急处理，实现对车载无线网络资源的统筹和可控，对系统的运维和扩展业务方面具有较为明显的促进作用。

另外，提高了轨道交通基础设备建设水平，消除以往的安全运营隐患，提高了轨道交通的运营管理和服务水平，促进了行业发展。在列车高速运行状态下，保障了 CBTC、CCTV 和 PIS 等生产系统的生产业务需求。

2.3 性能要求和带宽需求

2.3.1 CBTC 系统应用需求

CBTC 系统对车地无线网络的需求主要体现在轨道交通正线、车辆段、车库等主要列车运行区域。CBTC 系统需要车地无线网络传输的信息分为地面向车载传输的信息和车载向地面传输的信息两种，其中地面向车载传输的信息包括：列车移动授权、列车限速、运营调整指令以及列车标识等信息；车载向地面传输的信息包括：车组号信息、屏蔽门控制指令、列车定位信息、车速信息等。CBTC 系统对无线网络的传输性能指标有。

（1）车载无线终端与基站连接时需进行认证授权，通过授权后才能进行匹配关联，并且对车地无线传输的数据需加密传输（密钥不应少于 128 位）。

（2）保证列车在准高速（不超过 200km/h）下实现实时双向通信。

（3）在 LTE 车地无线网络区域内，都需实现双网覆盖，并保证必须有一个无线网络是无中断状态。

（4）保证列车在线路运行区域内为该业务提供的传输通道不低于 1000Kb/s，上、下行都不应低于 500Kb/s。

（5）LTE 车地无线网络的丢包率应小于 1%。

（6）LTE 车地无线网络的误码率小于或等于 10^{-5}。

（7）LTE 车地无线网络的越区切换时间应在 150 ms。

（8）中心下发的数据经有线和 LTE 车地无线网络传输延迟时间应小于 150 ms。

2.3.2 车载 CCTV 视频监控应用需求

车载 CCTV 系统在列车运行当中需要将列车车厢内的实时监控画面实时上传到线路控制中心。车载 CCTV 系统对无线网络的传输性能指标有：

（1）在列车正常运行状态下，车载 CCTV 系统需实时向中心上传 2 路轮询客室监控视频信息，上行带宽不小于 4Mb/s（采用 H.264 编码的 720P 画面）。

（2）在列车停靠车辆段状态下，车载 CCTV 系统需实时向中心上传 4 路轮询客室监控视频信息，上行带宽不小于 8Mb/s（采用 H.264 编码的 720P 画面）。

（3）LTE 车地无线网络的信息传输时延应小于 300 ms。

（4）LTE 车地无线网络的信息的丢包率应小于 1%。

2.3.3 车载 PIS 多媒体传输应用需求

车载 PIS 系统需从中心下载多媒体信息至车载系统，然后进行合成通过客室显示屏进行实时显示，下发的多媒体信息主要包括：直播视频流信息（通过编码器发送的 H.264 编码流，3～4Mb/s）、多媒体文件（视频文件、图片文件和 FLASH 文件，下载速度能到 10Mb/s）和运营信息（TCC、OCC 和 ISCS

发送运营消息，一般不超过 100Kb/s）。车载 PIS 系统对无线网络的传输性能指标有：

（1）在正常运营中，无线小区内有最多 2 列车，PIS 系统下行的带宽需求为 8Mb/s。

（2）保证列车在线路运行区域内为该业务提供的传输通道不低于 200Kb/s，上、下行都不应低于 100Kb/s。

（3）在 LTE 车地无线网络区域内，都需实现双网覆盖，并保证必须有一个无线网络是无中断状态。

（4）LTE 车地无线网络的信息传输时延应小于 300 ms。

（5）LTE 车地无线网络的信息丢包率应小于 1%。

3 基于 LTE 网络的综合承载可行性

如图 1 所示，LTE 无线网络的特点与城轨对车地无线网络的要求是相当吻合。下面分别从峰值速率、控制面延迟时间、控制面容量、频谱效率和移动性方面验证 LTE 无线网络综合承载的可行性。

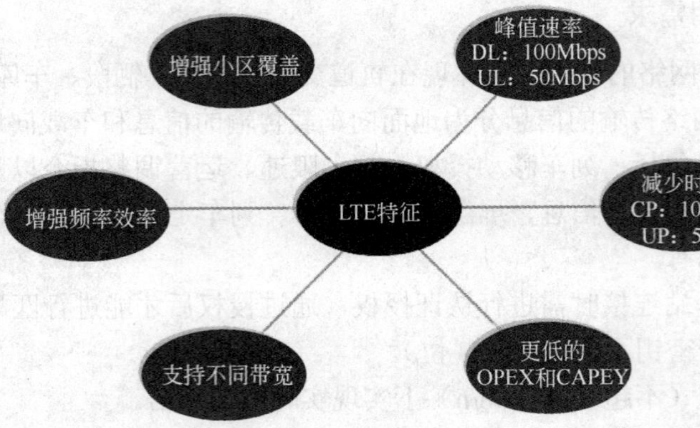

图 1　LTE 无线网络的主要特点和性能指标

3.1　峰值数据速率

LTE 无线网络在 20MHz 下行链路频谱分配的情况下，下行的峰值数据速率能够达到 100Mbps，该峰值数据速率是能够满足 CBTC、车载 PIS 系统对下行数据速率的要求，是可行的。

LTE 无线网络在 20MHz 上行链路频谱分配的情况下，上行的峰值数据速率能够达到 50Mbps，该峰值数据速率是能够满足 CBTC、车载 CCTV 和车载 PIS 系统对上行数据速率的要求，是可行的。

3.2　控制面延迟时间与容量

LTE 无线网络从网络驻留状态到网络激活状态，控制面的传输延迟时间小于 100ms，该延迟时间满足综合承载对无线网络的要求，是可行的。

LTE 无线网络从网络睡眠状态到网络激活状态，控制面传输延迟时间小于 50ms，该延迟时间满足综合承载对无线网络的要求，是可行的。

LTE 无线网络在频谱分配为 5MHz 的条件下，各个小区至少支持 200 个用户处于激活状态，小区用户数量是满足综合承载对无线网络的要求，是可行的。

LTE 无线网络在空载条件（单用户单个数据流）下，小的 IP 包传输时间延迟小于 5ms，该传输延迟能够满足综合承载对无线网络的要求，是可行的。

3.3　频谱效率

LTE 无线网络在满负荷的网络中，其下行链路频谱效率是 WLAN 无线网络的 3～4 倍，满足综合承载对无线网络的要求，是可行的。

LTE 无线网络在满负荷的网络中，其上行链路频谱效率是 WLAN 无线网络的 2～3 倍，满足综合承载对无线网络的要求，是可行的。

3.4 移动性

LTE 无线网络可以根据不同速度为终端用户提供不同级别的服务，15km/h 以及以下速率的低移动速率时，LTE 网络可以在原有网络基础上优化服务；在 15～120km/h 速度移动时，能够为移动终端提供高性能的服务；在 120～350km/h 速度移动时，能够为移动终端提供正常的网络服务；在高于 350km/h 速度移动时，能够保证移动终端连接状态正常。由于目前为止城轨一般在 0～120km/h 速度范围运行，所以 LTE 对移动性的支持是满足综合承载对无线网络的支持的，是可行的。

4 基于 LTE 网络综合承载的可行方案

综上所述，城轨交通系统可以采用 LTE 技术建立一个综合车地无线通信网，用于综合承载 CBTC、CCTV 和 PIS 系统。

4.1 可行的综合组网方案

为了 CBTC 系统和车载 PIS 系统相关业务需要同时双网覆盖的需求，综合组网需要 2 套互为冗余的 LTE 设备进行组网，图 2 为综合组网网络图，部署相同的两套 BBU（基带处理单元）和 RRU（射频拉远单元），通过传输系统的传输通道接入中心的 2 套 LTE 核心设备。

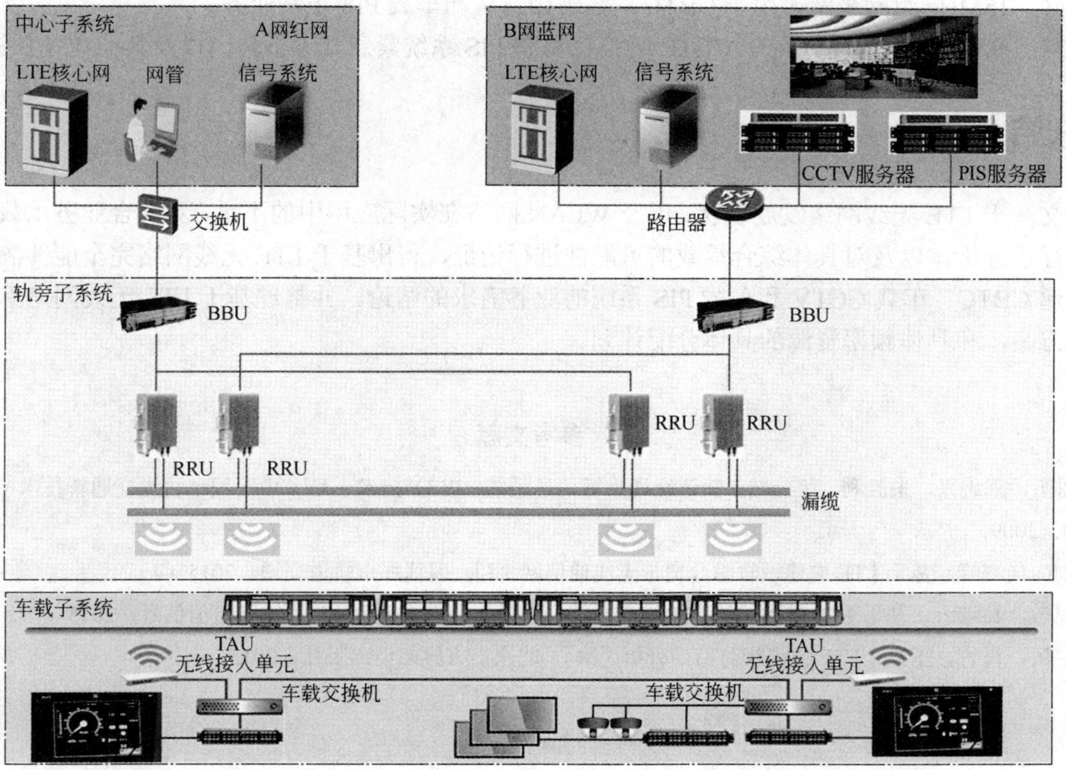

图 2　车地无线综合网组网图

其中，里面包含 A 网和 B 网两套独立并行的无线网，每个网络中都含有控制核心网、轨旁接入网和车载终端。其中 CBTC 可以在两个网络中同时传输，PIS 系统下发紧急信息时也可在两个网络中同时传输，车载 CCTV 和车载 PIS 主要业务在 A 网中传输。

4.2 QoS 分配

基于 LTE 无线网络的综合业务承载主要包含 CBTC 业务、车载 CCTV 业务和车载 PIS 业务，其中业务数据的优先级排列是：

CBTC（1 级）>CCTV（4 级）>PIS（5 级）

最大数据包时延：

CBTC（100ms）<CCTV（150ms）<PIS（300ms）

数据包丢包率：

$$CBTC(10^{-5})=PIS(10^{-5})<CCTV(10^{-3})$$

4.3 频率资源需求分析

基于 LTE 车地无线网络传输平台的通信范围根据城轨特殊的地域分布为链式服务区域，业务应用和运营商网络用户有一定的差异性，所以需要的频率资源较多，LTE 网络通过小区间干扰协调技术能够克服同频组网引起的小区边缘干扰，实现高速状态下稳定带宽的承载需求。

根据国内主流设备提供商所提供的数据和仿真测试，在无线信道理想环境下，15MHz TDD 带宽在 3:1 时，相关的隙配比的容量仿真如下：

线路上行需求带宽一般为 5Mb/s（满足两路监控视频的上传和一些状态上报），下行带宽为 9Mb/s（直播视频流、素材文件和运营信息的下传），共需 14Mb/s 业务，考虑 A/B 组双网，共需 20MHz 的频率资源，因此可以根据业务分配，作如下规划：

A 网：15MHz 组网带宽，用于 CBTC、车载 CCTV 和车载 PIS 正常业务；

B 网：5MHz 组网带宽，用于 CBTC 列控信息和 PIS 系统紧急文本下传，以及其他业务预留应用。

5 总结

本文基于 LTE 无线网络发展现状，以及 WLAN 网络在实际应用中的不足，对综合业务承载的具体需求进行了分析，以及对具体综合承载的可能性进行论证，得出基于 LTE 无线网络完全能够满足城市轨道交通 CBTC、车载 CCTV 和车载 PIS 系统的业务需求的结论。并整理基于 LTE 无线网络综合承载的可行方案，和具体频率资源的具体分配计划。

参考文献

[1] 丁树奎，陈忠兴，朱胜利，等. 城市轨道交通乘客信息系统（PIS）技术［A］；中国城市轨道交通新技术（第三集）［C］. 2009.

[2] 刘刚，吴海峰. 基于 LTE 构建城轨综合宽带无线通信网［J］. 现代城市轨道交通，2015（4）.

[3] 李照敬，葛淑云. 基于 LTE 技术的城市轨道交通综合承载业务需求分析［J］. 铁路通信信号，2015（7）.

[4] 陈宇恒，肖竹，王洪. LTE 协议栈与信令分析［M］. 北京：人民邮电出版社，2013.

基于无线传感器网络的隧道环境监测和预警系统

白　伟　吕晓军　陈咏梅　韩宗源

（中国铁道科学研究院电子计算技术研究所，北京 100081）

摘　要： 随着高速铁路迅速发展，列车运营环境监测受到研究者的广泛关注。隧道是列车运营环境中的典型场景，本文设计并研究了一种基于无线传感器网络的隧道监测和预警系统。通过部署传感器节点采集隧道环境信息，利用线型拓扑结构部署中继节点，采用多跳方式将数据传输到位于隧道周围的轨边机房中的汇聚节点，由汇聚节点对信息进行融合处理并发送给列车或控制中心，且当有安全隐患信息时向列车或控制中心发送预警信号。本文分别采用ZigBee协议和端到端传输协议进行现场模拟实验，分析了隧道环境监测和预警系统的可行性和稳定性。

关键词： 无线传感器网络；隧道环境监测和预警；ZigBee协议；端到端传输协议

Tunnel Environment Monitoring and Warning System Based on Wireless Sensor Network

Bai Wei　Lv Xiaojun　Chen Yongmei　Han Zongyuan

（Institute of Computing Technology，China Academy of Railway Sciences，Beijing 100081）

Abstract: With the rapid development of high-speed railway，the train operating environment monitoring has received extensive attention of the researchers. Tunnel is a typical scenario in train operating environment，a kind of tunnel monitoring and warning system based on wireless sensor network is designed and studied in this paper. The tunnel environmental informationis collected through the deployed sensor nodes. The relay nodes are deployed using the linear topology，and transmit data to the sink node by multiple hops. The sink node is located around the rail side room around thetunnel，which is responsible for the information fusion and process and sending to the train or control center. When there is potential safety hazard information, the sink nodealso can send warning signals to the train or the control center. The ZigBee protocol and end-to-end transmissionp-rotocolare used in the field testrespectively，and the feasibility and stability of the tunnel environment monitoring and warning system isanalyzed.

Key words: Wireless Sensor Network, Tunnel Environment Monitoring and Warning, ZigBee Protocol, End-to-End TransmissionProtocol

1 引言

中国是多山区国家，山体结构较多，地理地势结构复杂，不利于交通运输，因此发展隧道工程对于减少通行距离，节约运行时间，改善我国交通状况有很重要的现实意义。随着我国高速铁路的迅速发展，高速列车运营环境安全愈发重要，运营环境监测受到越来越多的关注。隧道环境是列车运营环境中的一个典型场景，隧道环境安全是列车运营环境安全的重要组成部分。因此，隧道环境监测对列车安全运行具有重要意义。

目前，关于隧道监测的研究有很多，如文献[1]~[5]。但是，大部分文献研究的是隧道建设过程中的地质沉降等环境监测，且大多采用人工携带仪器检测的方式，然而对于隧道运营环境监测的研究很少。隧道环境监测要求较高，在不影响列车正常运行的前提下，需要长时间的持续监测，且监测内容较多，数据统计复杂[6]，采用传统的人工监测手段难以实现隧道环境的全面监测，因此新型的智能化监测技术对全面监测隧道环境信息具有很重要的作用。

近几年，无线传感器网络（Wireless Sensor Network，WSN）技术飞速发展，在各个研究领域得到广泛应用，如环境监测、军事应用、医疗管理、森林防火、海洋探测等[7]。无线传感器网络是由大量的静止或移动的传感器以自组织和多跳的方式构成的无线网络，以协作地感知、采集、处理和传输网络覆盖地理区域内被感知对象的信息，并最终把这些信息发送给网络所有者的。无线传感器网络具有节点部署方便、无须布线、成本低等优点，通过传感器节点自动采集周围环境信息，可以为隧道环境监测提供安全便捷的监测方案[6, 8~10]。

本文设计并研究了一种基于无线传感器网络的隧道环境监测和预警系统。通过在隧道内部部署环境信息采集传感器节点，采集隧道内部环境信息，将采集到的环境信息发送给中继节点，中继节点通过多跳方式将数据信息发送给汇聚节点，由汇聚节点对信息进行融合处理并发送给列车或者控制中心，为列车提供实时的运行环境信息和预警信息。最后，通过现场模拟实验分别验证了 ZigBee 协议和端到端传输协议下的隧道环境监测和预警系统的可行性和稳定性。

2 无线传感器网络构建

在这一节中，我们介绍隧道环境中无线传感器网络的构建。

无线传感器网络中包含不同类型的传感器，可探测包括地震、电磁、温度、湿度、噪声、光强度、压力、土壤成分、移动物体的大小、速度和方向等周边环境中多种多样的现象。在本文中，对于隧道环境监测，我们选择监测影响列车安全运行的几大因素：温湿度、风速风向、光强以及隧道震动等。

由于列车运行轨道为线性结构，我们选择在铁轨两侧以线型拓扑结构构建无线传感器网络的主干网。无线网络中包含信息采集节点、中继节点以及汇聚节点。信息采集节点可以采集隧道内部的温湿度、风速风向、光强以及隧道震动等信息，中继节点以线型拓扑结构进行部署，负责将采集节点采集到的环境信息以多跳的方式转发到汇聚节点，汇聚节点安装到距离隧道较近的基站，汇聚节点接收到数据后对数据进行融合分析，将所得结果发送到列车或者控制中心，为列车安全运行提供实时准确的环境信息，并在出现安全隐患是进行预警。无线传感器网络部署情况如图 1 所示。其中，信息采集节点根据采集信息类型部署在铁轨两侧路基上或隧道侧壁上，中继节点按线型结构部署在轨道一侧的路基上，汇聚节点位于距离隧道较近的基站内部。

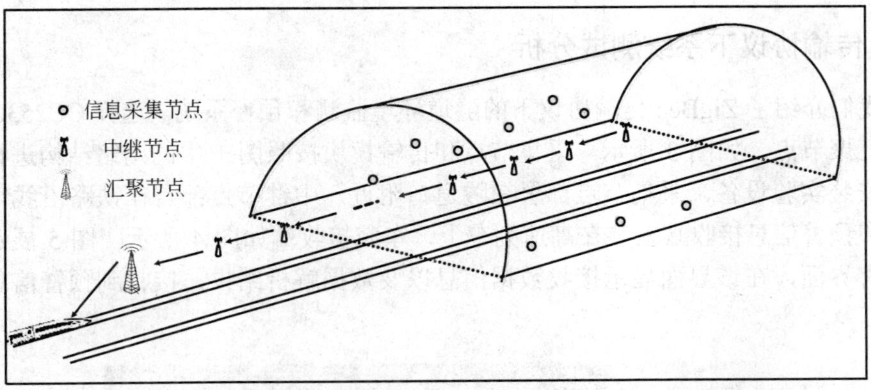

图 1 无线传感器网络部署

3 隧道环境监测和预警系统

在这一节中，我们设计了隧道环境监测和预警系统，研究了 ZigBee 协议和端到端传输协议下的隧道环境监测和预警系统的性能。

3.1 隧道环境监测和预警系统

隧道环境监测和预警系统负责监测隧道内部环境信息，并当出现安全隐患信息时向列车或控制中心发送预警信号，为列车或控制中心提供实时准确的运行环境信息。隧道环境监测和预警系统流程图如图 2 所示。

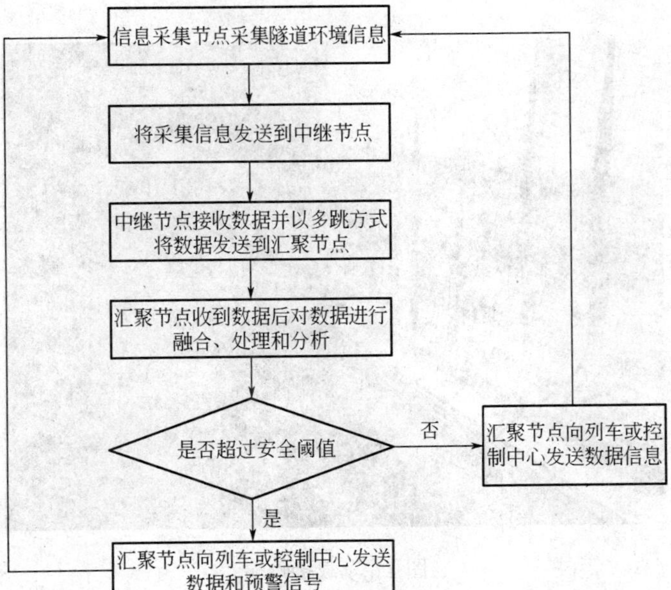

图 2 隧道环境监测和预警系统流程图

3.2 ZigBee 传输协议下系统测试分析

本节中，我们介绍了 ZigBee 传输协议下的隧道环境监测和预警系统。选择 CC2530+STM8 模块作为中继节点和汇聚节点，如图 3 所示。采集节点和传输模块按照图 1 中的网络结构进行部署，由于隧道内部不允许安装实验设备，采集节点部署在隧道口附近，中继节点部署在铁路沿线，汇聚节点部署在基站，监测和预警信息接收端安装在高速列车上，车载接收端如图 4 所示。图 5 展示了车载接收端信息监测和预警界面，在该界面显示接收数据信息以及数据解析结果，接收到预警信息时会发出警告信号。

图 3　CC2530+STM8 模块

图 4　车载接收端

在大西（大同—西安）实验段进行了现场测试实验，表 1 中给出了 10 轮数据收发情况，在试验过程中，地面基站汇聚节点将接收到的信息发送到列车上，列车经过基站时接收到数据信息，车载接收端解析接收到的数据，解析结果与地面发送端解析结果相同。数据统计结果表明，在列车高速行驶过程中，车载接收端可以接收到地面发送的数据信息，数据包接收率基本在 90%以上且能够正确解析，即 ZigBee 传输协议下隧道监测和预警系统可以实现对隧道内部环境监测和预警。

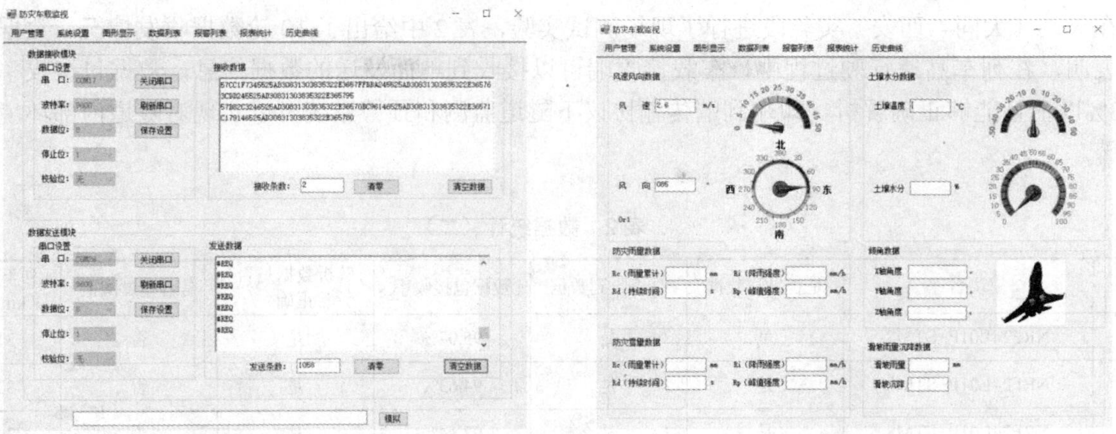

图 5　车载接收端信息监测和预警界面

表 1　数据统计（一）

轮数	模块名称	是否发送数据	是否收到数据	数据包接收率	解析数据是否正确	是否超过阈值	列车车速（km/h）
1	CC2530+STM8	是	是	91.23%	是	否	316
2	CC2530+STM8	是	是	91.03%	是	否	320
3	CC2530+STM8	是	是	93.14%	是	否	305
4	CC2530+STM8	是	是	91.30%	是	否	317
5	CC2530+STM8	是	是	92.01%	是	否	312
6	CC2530+STM8	是	是	89.87%	是	否	327
7	CC2530+STM8	是	是	90.95%	是	否	320
8	CC2530+STM8	是	是	91.18%	是	否	314
9	CC2530+STM8	是	是	96.19%	是	否	267
10	CC2530+STM8	是	是	98.05%	是	否	247

3.3　端到端传输协议下系统测试分析

在本节中，我们采用端到端传输协议进行隧道监测信息传输。传输模块选择 NRF24L01P+STM8 模块，如图 6 所示。节点部署方式如图 1 所示，车载接收端如图 4 所示。信息监测和预警界面如图 5 所示。

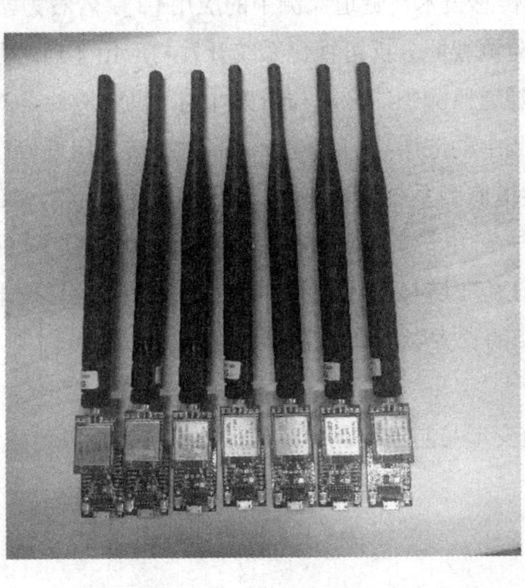

图 6　NRF24L01P+STM8 模块

在大西（大同—西安）实验段进行了现场测试实验，表 2 中给出了 10 轮数据收发情况。数据统计结果表明，在列车高速行驶过程中，车载接收端可以接收到地面发送的数据信息，数据包接收率基本在 93%以上且能够正确解析，即端到端传输协议下隧道监测和预警系统可以实现对隧道内部环境监测和预警。

表 2　数据统计（二）

轮数	模块名称	是否发送数据	是否收到数据	数据包接收率	解析数据是否正确	是否超过阈值	列车车速（km/h）
1	NRF24L01P+STM8	是	是	95.07%	是	否	316
2	NRF24L01P+STM8	是	是	94.63%	是	否	320
3	NRF24L01P+STM8	是	是	97.14%	是	否	305
4	NRF24L01P+STM8	是	是	95.10%	是	否	317
5	NRF24L01P+STM8	是	是	96.31%	是	否	312
6	NRF24L01P+STM8	是	是	93.47%	是	否	327
7	NRF24L01P+STM8	是	是	94.55%	是	否	320
8	NRF24L01P+STM8	是	是	95.68%	是	否	314
9	NRF24L01P+STM8	是	是	99.20%	是	否	267
10	NRF24L01P+STM8	是	是	99.85%	是	否	247

4　总结

本文设计并研究了一种基于无线传感器网络的隧道环境监测和预警系统。通过部署无线传感器网络对隧道内部环境进行监测，分析采集到的环境信息给出预警信号，为列车提供实时的运行环境信息和预警信息。通过现场模拟实验分别验证了 ZigBee 协议和端到端传输协议下的隧道环境监测和预警系统的可行性和稳定性。

参考文献

[1] 许张柱．大西客运专线两宜隧道监测［J］．山西建筑，2015，41（11）：162-164．
[2] 赵星光，邱海涛．光纤 Bragg 光栅传感技术在隧道监测中的应用［J］．岩石力学与工程学报，2007，26（3）：587-593．
[3] 李鹏远，张国君，江宗斌．隧道监测智能分析可视化系统开发与应用［J］．岩土工程技术，2013，27（2）：69-73．
[4] 张朝．无固定控制点摄影测量在隧道监测中的应用与研究［J］．勘察测绘，2015，5（1）．
[5] 庞铁军．影像测量技术在隧道监测中的应用［J］．城市建筑，2015（18）：215．
[6] 丁玮．基于无线 ZigBee 网络的隧道监测系统设计［D］．西安：长安大学，2013．
[7] 程文．无线传感器网络研究现状与应用［J］．网络与信息工程，2016（6）：90-91．
[8] 郭晓程，贺智宏．无线传感网络在施工隧道监测系统中的应用［J］．信息技术，2013（19）：76-77．
[9] 雷旭，李阳，李思慧．基于 WSN 的长大隧道环境监测系统设计与实现［J］．计算机工程与设计，2013，34（8）：2675-2679．
[10] 嵇中．无线传感网络技术在隧道变形与防灾监测中的应用研究［J］．隧道建设，2014，34（2）：134-139．

路局机务管理信息化需求分析和架构设计

孙　鹏　李　樊　王　辉　崔中伟　张三林

（中国铁道科学研究院电子计算技术研究所，北京 100081）

摘　要：本文回顾了全路机务管理信息化的建设背景和实施现状，结合铁路总公司总体技术方案，提出了路局机务管理信息系统的建设目标，分析了“铁路局—机务段”两级机务信息管理的应用需求，设计了面向各铁路局一局多段机构设置的机务信息系统架构，对各铁路局提升机务管理水平具有重要借鉴意义。

关键词：铁路局；机务段；信息系统；体系架构

Requirements Analysis and Framework Design of the Bureau-oriented Locomotive Management Information System

Sun Peng　Li Fan　Wang Hui　Cui Zhongwei　Zhang Sanlin

（Institute of Computing Technologies, China academy of railway sciences, Beijing 100081）

Abstract: This paper retrospected the background and current situation of railway locomotive management information system；in terms of the general technical solution of china railway and the actual conditions of railway bureau，we proposed the construction goals，requirements analysis and framework design of bureau locomotive management information system, which is of great significance of promoting locomotive management level in the railway bureau departments.

Key words: Railway Bureau, Locomotive Depot, Information System, Architecture

1　引言

机务信息化是铁路信息化的重要组成部分，是提高机务部门安全风险管理水平，优化生产组织和业务流程，促进标准化作业和规范化管理，提高生产效率和设备质量，降低能耗和生产成本的必由之路。中国铁路总公司运输局根据铁路信息化总体规划和机务业务发展需求，于 2014 年 8 月下发了《铁路机务管理信息系统总体方案》，要求全路机务管理机构在总公司统一组织下，遵循自上而下规划设计，自下而上开展建设。

随着各铁路局机务主管部门的高度重视，以及基层业务部门的迫切需求，机务信息化在某些应用领域已经取得一定进展。然而，机务管理信息系统的整体发展状况仍然相对滞后，应用水平无法达到铁路运输的发展要求，加快建设机务信息化已经成为当务之急。这就需要依据《铁总方案》的建设原则和基本内容，结合各路局机务管理的实际情况，统一规划设计提出面向路局一局多段机务管理架构的信息系统方案。

2 全路总体规划概况

依据《铁路机务管理信息系统总体方案》（运信规划函〔2014〕424 号），铁路机务管理信息系统建设围绕“人、车、图”三要素，以机车和机车乘务员为主线，以优化流程、提高效率、降低成本、提升安全风险管理水平为目标。为实现全路统一的机务管理信息系统，应全方位整合机务信息资源并与其他相关信息系统有效衔接，满足机车造、修、管、用各业务需求，实现企业效益最大化。

方案要求各铁路局和机务段信息化工作，应遵循自上而下规划设计，自下而上开展建设。建设全路统一的机务信息平台以及机务信息自动采集是核心，统一基础编码、机车电子档案管理、机车及动车组司机管理是工作重点，机务运用安全管理、机车整备管理、机车检修管理、机车验收管理、机务设备管理、机务救援指挥、机务燃料管理七个专业应用子系统是主要工作内容。

3 路局系统建设目标

按照总公司总体规划的要求，结合各铁路局机务管理一局多段的实际情况，铁路局级的机务管理信息系统应实现以下目标。

（1）基于大数据技术建设机务信息平台

搭建“铁路局—机务段”两级数据集成平台，以统一的数据标准接入整合各专业管理子系统业务数据，基于大数据技术对机务主数据、基础数据和业务数据进行存储组织，实现各类数据的综合集成与应用。机务信息平台和机务段应用子系统实现了实时数据交互，并与总公司级机务信息平台进行信息共享，为铁路局内部各级用户提供机务信息综合查询和辅助决策服务。

（2）一线生产部门机务专业化应用管理

一线机务生产部门的专业化应用子系统包括：运用安全、整备管理、检修管理、验收管理、设备管理、燃料管理、救援指挥 7 个，需要结合各机务段和生产车间的实际建设现状，采取优化、升级改造或新建的思路进行建设。机车远程监控及诊断（CMD）、机务运行系统自动采集、机车电子档案、机车及司机管理四个基础子系统，按照应用特点采取了全路统一规划、统一实施的建设思路，4 个子系统需要与信息平台实现数据共享，为一线生产部门的应用子系统提供基础业务数据。

4 路局系统需求分析

4.1 用户角色分析

各铁路局机务系统组织架构一般采取两级管理架构，由铁路局机务处全面主持路局各项机务工作，各机务段组织下辖生产车间开展机车运维生产业务。

（1）铁路局机务处

铁路局机务处根据专业划分科室主管不同业务方向，开展运用燃料热力、检修设备技术、安全监控救援、高铁司机乘务等各项业务。铁路机务部门除机车运用维护业务之外，还负责全路动车组、客车、货车的司机管理，随车机械师和客服人员分别由相关车辆段和车务部门进行管理。

（2）机务段及其生产车间

机务段由铁路沿线负责机车检修和运用的基层生产单位构成，包括管理部门（科室）和生产车间。

生产车间根据设置地点包括本地和异地两种，按照业务范围又可分为运用车间、检修车间、整备车间、设备车间等。机车定期检修包括大、中、小、辅四种，除大修在机车工厂进行以外，其他检修都在机务段内进行。大修是全面恢复性检修，中修主要修理走行部，小修对有关设备进行专项测试和维修，辅修是临时性的养护维修。

4.2 功能需求分析

铁路局级机务管理信息系统应满足“铁路局—机务段”两级机务管理要求，为全路局各级用户提供专业化应用管理、综合数据查询和辅助决策服务。

机车远程监控与诊断（CMD）、机务运行信息自动采集、机车电子档案、机车及动车组司机管理四个基础子系统是路局机务管理系统的重要子系统，以全路统一建设的方式部署和集成到路局机务管理信息系统之中。除此以外，路局系统还要按照实际业务需求，实现以下系统功能：

（1）机务信息平台

实现机务数据的集成、整合、交换和汇总统计，覆盖铁路局、机务段（大功率机车检修段）、机车及配件造修企业，为各级用户专业管理、辅助决策和综合业务查询提供共享数据。

（2）信息综合查询

为铁路局、机务段各级用户提供机务综合信息查询和辅助决策服务。

（3）运用安全应用子系统

对机务段调度指挥、机车运用、乘务管理、安全管理等业务实施综合管理。

（4）整备管理应用子系统

实现外勤、地检、维修（包括小辅修、临碎修）、燃整、保养、保洁、数据整备等各项整备职能和生产过程的信息化管控。

（5）检修管理应用子系统

实现大功率机车检修段、机车中修段检修生产的信息化管理，包括检修生产调度、检修管理和质量控制、配件物流管理、检修成本管理、检修质量分析等功能。

（6）验收管理应用子系统

实现产品验收管理、机车重要件管理、产品质量信息管理、标准化验收室管理、报表管理等管理功能。

（7）设备管理应用子系统

实现设备技术档案管理、设备检修管理以及机务段（大功率机车检修段）的能力查定、设备鉴定评定等管理功能。

（8）燃料管理应用子系统

实现油库自动监测控制、燃油收存耗发计量、油罐车和汽车加油车远程监测、燃油（电）热力分析管理等管理功能。

（9）救援指挥应用子系统

实现救援列车的电子履历、救援资料库、日常演练档案管理和铁路事故救援远程指挥等管理功能。

4.3 数据集成需求分析

太原局机务业务数据可划分为平台主数据、基础业务数据和应用业务数据三个层次，其中应用业务数据又可分为安全、运用、检修、综合四类，如图 1 所示。

4.4 信息处理和网络需求分析

根据机车保有量、日均运用/检修/整备台次、机车乘务员人数、日均出退勤/出入寓人次以及各项业务数据的信息量，据统计铁路局、机务段系统的单日数据增量为GB级，年数据增量为TB级，单日访问量将达到万次以上。若考虑到机务段机车每日的车载视频、图像、语音数据，信息量将急剧增长，一个机务段的年数据增量可达到10TB级别。因此，需要大数据。

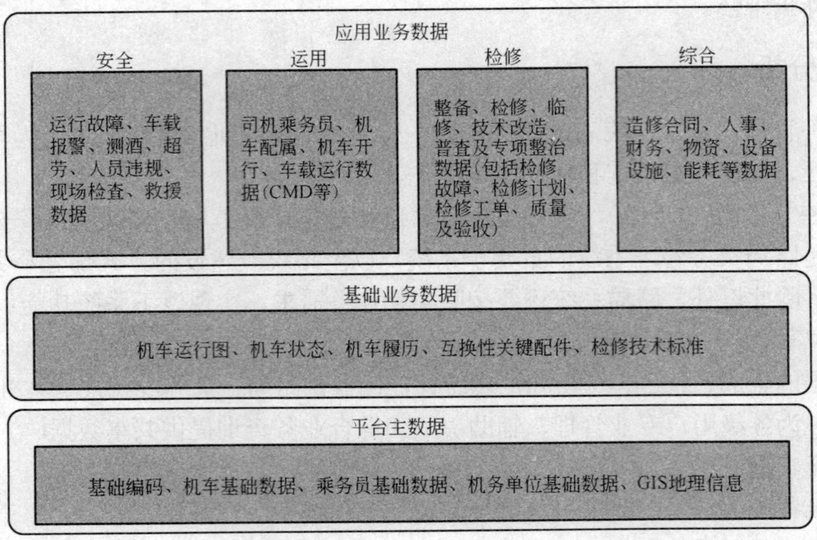

图1　机务信息平台数据集成需求

除此以外，铁路局和机务段、机务段和异地车间之间均通过铁路信息网传输数据，对于网络通道带宽、可靠性和安全性提出了较高要求，根据业务数据量铁路局到机务段带宽应不低于20Mbps，机务段到生产车间带宽应不低于10Mbps。

5　路局系统架构设计

5.1　总体架构

全局的机务管理信息系统采用铁路局和机务段两级部署架构，分别在铁路局机务处，以及各机务段上线实施，形成一局多段的总体框架，如图2所示。

段级机务管理信息系统集成全路统一建设实施的四个机务基础子系统，以及自下而上方式建设的7个应用子系统，数据集成平台实现各子系统业务数据的统一标准化接入，为信息综合查询服务提供完整准确的信息。局级机务管理信息系统数据集成平台与管辖范围内各机务段系统实时同步，实现全路局安全、运用、检修、综合各类业务信息综合查询，并通过大数据管理技术实现全路局机务数据的挖掘分析和决策支持。局级机务系统和总公司机务信息平台间实现了数据互联互通。

机务管理信息系统接入了机车车载设备、乘务一体机、各种机务监测设备采集数据，并通过信息安全平台与铁路运输调度相关系统，机务相关的人事、财务、物资等外部系统实现数据交互共享。

5.2　硬件基础平台

硬件基础平台需要必须支撑机务管理信息系统的稳定可靠运行，为了满足信息存储量和处理量需求，以及大数据分析的需要，就要采用技术先进、结构合理、伸缩性强的物理部署结构。

图3提出了一种铁路局或者机务段硬件基础平台的物理结构设计，一局多段硬件基础平台通过信息专用网络互联互通。

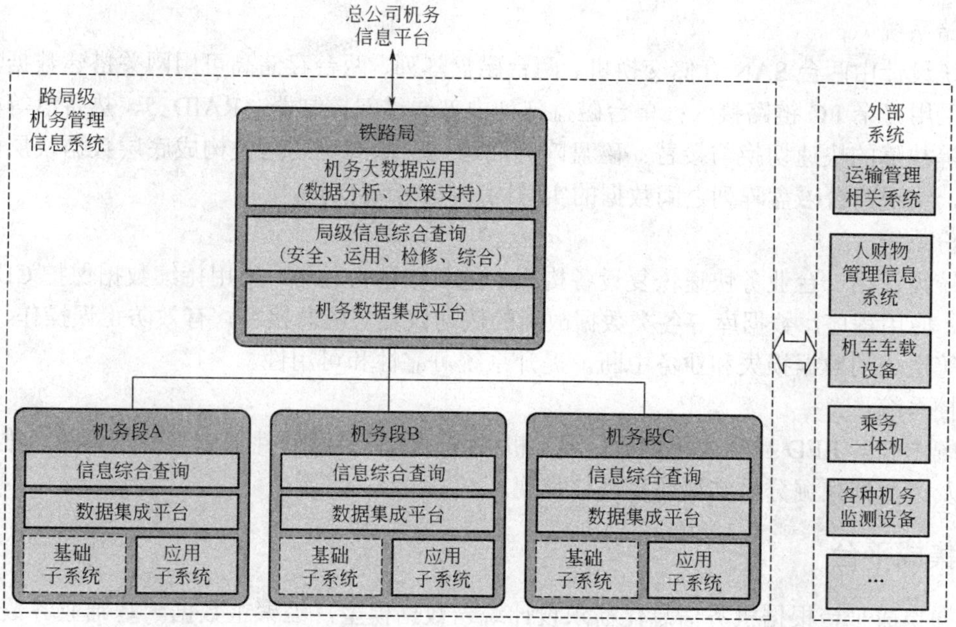

图 2　路局级机务管理信息系统总体架构

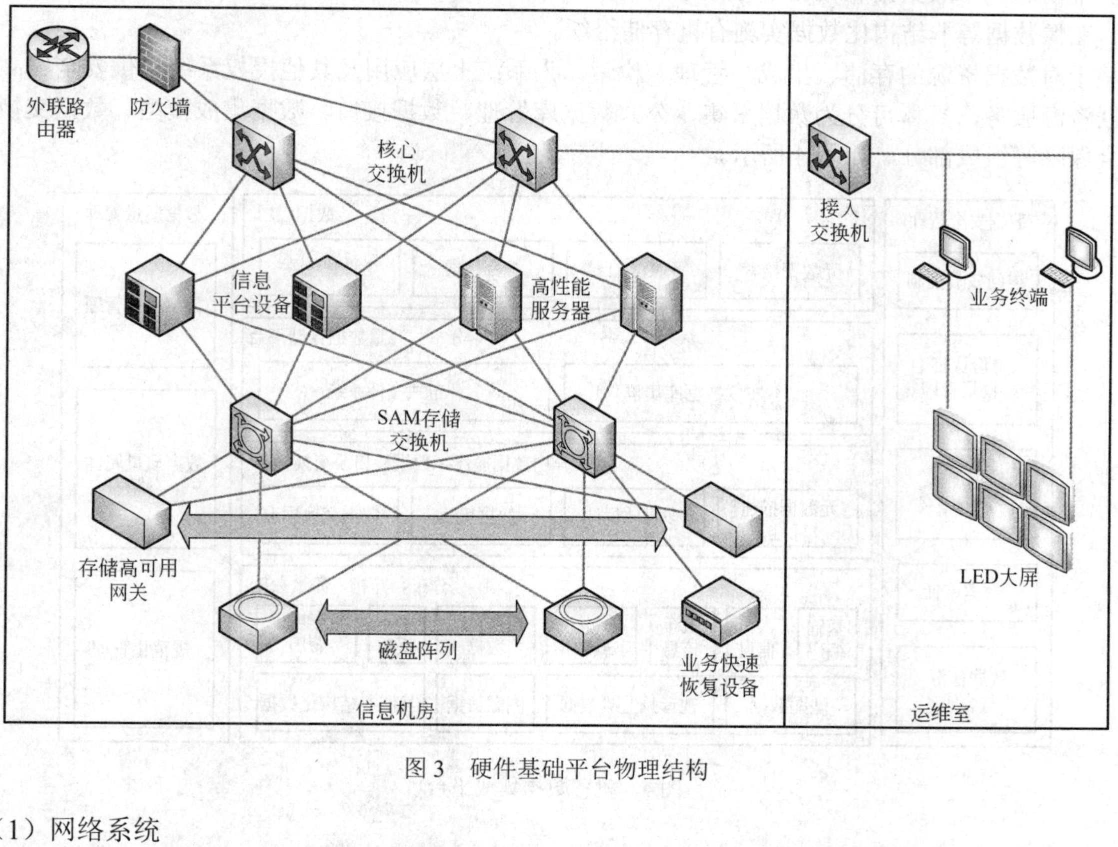

图 3　硬件基础平台物理结构

（1）网络系统

网络系统由两台三层以太网交换机组成冗余热备网络架构，配置千兆或万兆网络接口。

（2）计算系统

计算系统设计由两台高性能服务器安装云平台管理软件，搭建虚拟计算环境，实现 CPU、内存等计算资源的统一池化管理与调度，通过按需创建虚拟机，支撑机务管理信息系统各类应用服务的灵活部署与故障迁移，虚拟计算架构具有可靠高、资源利用率高的优点，同时也更加绿色节能。

（3）存储系统

存储系统设计由两台 SAN 存储交换机、两台磁盘阵列、两台存储高可用网关搭建数据集中存储环境，设备均采用冗余 FC 链路接入；单台磁盘阵列内部通过双控制器、RAID 5、热备盘等机制保障控制器、磁盘等故障的快速切换与接替；磁盘阵列间通过存储高可用网关构成底层数据块层面的存储级高可用架构，实现两台磁盘阵列之间数据的实时同步和故障自动切换。

（4）备份系统

备份系统设计由一台业务快速恢复设备构成本地数据备份环境，采用持续数据保护 CDP 技术，实现操作系统、应用程序、数据库等各类数据故障的快速恢复与应急接替，有效防止误操作、病毒入侵、数据库宕机等造成的数据损失和业务中断，提升系统可靠性和可用性。

（5）显控系统

显控系统由一套 LED 显示大屏构成，用于机务管理信息系统硬件基础平台设备的运维监控、综合信息显示以及大数据挖掘分析结果的可视化呈现。

5.3 数据集成平台

机务数据集成平台根据机务信息化需求设计统一数据模型，汇聚主数据、基础业务数据、应用业务数据三个层次的多源数据，支持数据清洗和加工，提供统一的数据资源服务，对基础编码、人员信息、机车信息、车载数据、机务运行数据、机车电子履历等结构化数据，以及地图数据、视音频监测数据、图像数据等非结构化数据实施有机存储组织。

基于对数据资源的存储、集成、管理、检索，为系统上层应用及其他授权系统提供安全、高质量的数据资源服务，具体可分为数据采集、公共数据库管理、数据接口、数据集成模型、数据交换、数据安全保障等组成部分，如图 4 所示。

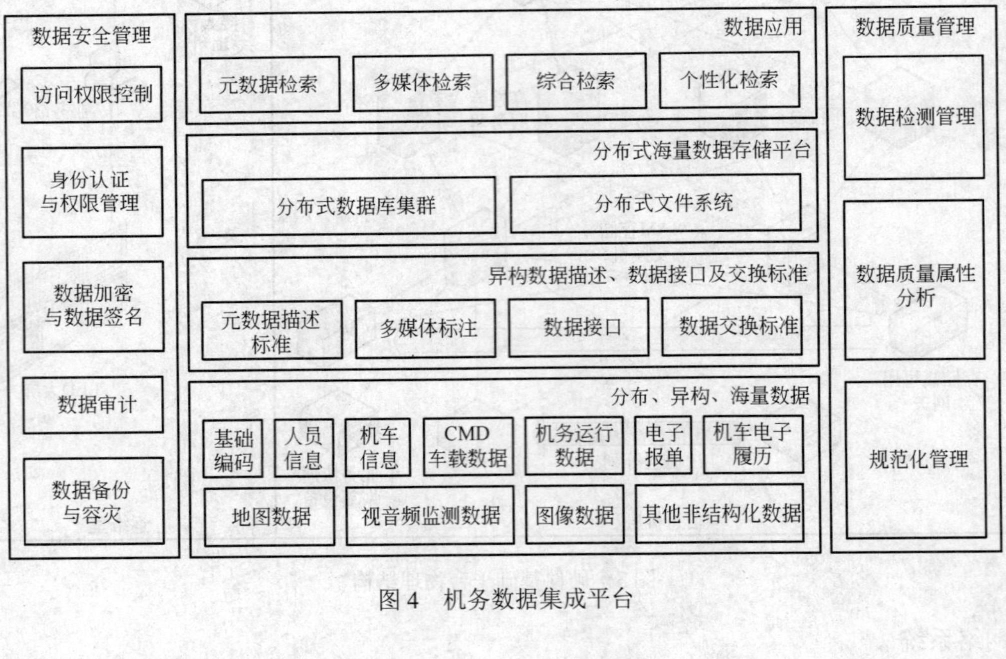

图 4　机务数据集成平台

5.4 数据分析及可视化

为了对路局各级领导、办公人员、司机、检修人员等用户角色提供应用服务，系统不仅需要支持专业化管理、综合数据查询等基础信息化功能，还要基于大数据技术实现对数据的挖掘提升，辅助专业管理技术人员通过数据发现内在的业务规律，以更好地进行决策和行动。

深度整合平台主数据、基础业务数据和应用业务数据，集成地理信息等外部数据，以人、车、图三要素为中心，采用大数据分析工具对数据关联关系进行挖掘处理，设计动态、直观、具有自明性的数据图形呈现分析结果，在实现过程中融合 GIS、三维视图等多种技术，辅助专业人员更好地发现数据规律。在大数据应用的实现过程中，典型应用需求梳理是重中之重，必须将实际应用效益作为最重要的选择依据。

6 结论

当前铁路货运已经步入向现代物流转型的新时期，机车车辆运用检修业务和司机乘务员管理对于保障客货运输安全高效运营具有重要意义。本文依据机务全路总体规划和各铁路局的实际情况，提出了铁路局一局多段业务机构信息化的总体目标和建设思路，并对路局机务系统进行需求分析和架构设计。路局机务管理信息系统的建设实施，对于实现铁路机车车辆运用维修业务流程的高效运转，充分发挥维修资源能力，保障机车高效检修、安全运营，将发挥重要的作用。

参考文献

[1] 铁路机务管理信息系统总体方案．运信规划函〔2014〕424 号．
[2] 佟立本．铁道概论（第六版）[M]．北京：中国铁道出版社，2013．

面向铁路统计基础数据的智能编码管理系统设计与实现

张松峰　王辉麟　卢文龙

（中国铁道科学研究院电子计算技术研究所，北京 100081）

摘　要：本文针对铁路统计基础数据维护分散、编码方式不统一、信息不能共享等问题，设计了一套针对铁路统计基础数据的智能编码管理系统，通过灵活的配置、审批、管理和权限控制机制，实现了铁路统计基础数据统一维护、统一发布和统一使用。

关键词：铁路统计；基础数据；智能编码

Design and Implementation of Master Data and Encoding Management System for Railway Statistics

Zhang Songfeng　Wang Huilin　Lu Wenlong

（China Academy of Railway Sciences, Beijing 100081）

Abstract: This paper is focus on the questions of Railway statistical master data maintenance, resulting in the lack of unified encoding and the obstacles to share information. Based on this questions, we design the Railway statistics master data and encoding management system. Through flexible configuration, examination and approval, management and access control mechanism, which make Railway statistics based data unified maintenance，unified distribution and unified use come true.

Key words: Railway Statistics, Master Data, Coding

铁路统计基础数据是描述铁路运输系统各组成要素基本属性的原始数据，包括铁路运输基础信息及其公共基础编码，是铁路信息系统最基本的数据支撑。一些大型企业对基础数据及编码的研究已日臻成熟，并完成实施：如浦发银行的数据之家、中国石化的标准管理研究系统、英国石油公司的公共编码系统等。正在研究实施的企业还有中国电建、中国建筑、南车集团等。基础数据及编码的管理已引起广泛的关注和推广。

1　统计基础数据及编码现状分析

和其他行业相比，铁路统计基础数据及编码管理的研究一直处在相对较弱位置。铁路总公司信息化总体规划也一直将统计基础数据的规范作为一个重点研究领域来研究，但受信息化发展阶段限制以及铁路行业本身特点影响，铁路基础数据及编码一直未能落地。

为尽快规范铁路统计基础数据及其编码，尽早的使基础数据在统计业务系统内实现互联互通，编码是首要解决的问题，为此，铁路总公司计划统计部于 2014 年 7 月启动了《面向铁路总公司统计信息的智能编码方法研究》课题，重点解决各统计系统中数据不共享、编码不唯一、维护不统一等问题。

2 需求分析

铁路统计基础数据及智能编码管理系统的总体需求是满足总公司计统部各专业统计系统对基础数据的需求，建立面向铁路统计的统一公共基础数据。通过前期调研分析将铁路统计基础数据分为组织机构类、线路区段类、资产设备类、经营管理类、运输管理类和资源环境类等六个大类，如图 1 所示。

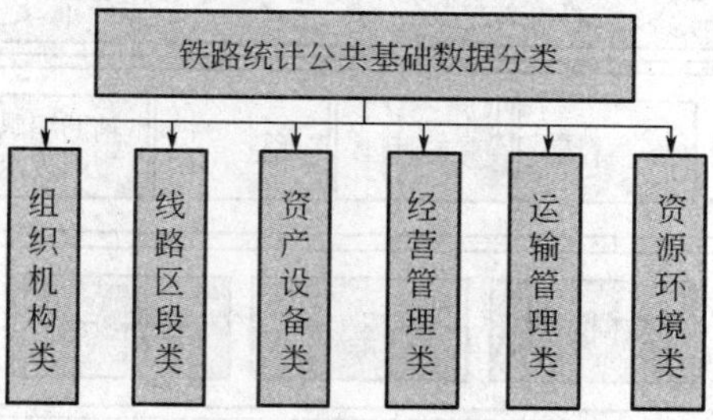

图 1　铁路统计基础数据分类

组织机构数据作为铁路统计基础数据及编码建设最重要的基础数据之一，主要涉及车站、路局、车辆段、车务段、客运段等基础字典。

线路区段数据是铁路统计工作所独有的基础数据，属于铁路统计最重要的基础数据之一，主要涉及线路分类字典、线路字典、车站字典等基础字典。

资产设备类数据主要包含移动设备和固定设备两大类。移动设备指车种车型等移动设备基础数据字典，固定设备指桥梁、隧道等固定设备字典。

经营管理类基础数据主要指人员、物资、财务类等基础数据字典。如工种字典、技术等级字典、会计科目字典、供应商字典等。

运输管理类基础数据主要指用于服务铁路运输生产而产生的基础数据字典，如品类字典、运输种类字典等。

资源环境类基础数据主要服务于节能环保统计，主要包含能源字典、水分类字典、污染源分类字典等。

通过对六类数据进行分析，课题组认为铁路统计基础数据主要需求特点如下：

2.1 多方位数据维护

由于各统计专业对对象、属性要求不同，因此需要划分不同的权限对不同的对象进行维护；同时，各统计专业对属性的要求也是不一致的，需要设定属性权限，以满足不同专业对于属性的需求；铁路统计基础数据维护涉及的专业广泛，涵盖的数据对象众多，体系复杂，用户需要在繁多的数据中筛选出有用的信息十分困难，因此，对数据进行分范围维护十分必要。综上所述，系统的第一个大的需求就是要分权限、分对象、分属性、分范围对基础数据进行维护，即多方位数据维护需求。

2.2 多样化数据需求

统计基础数据最终要为各专业统计系统服务，实现各统计系统之间数据交换。但是各专业统计系统对于基础数据要求不一，需提供数组、链式、树形等常见数据结构的访问方式以满足不同专业对基础数据的需求。

同时，为了使更多非应用系统用户也能够使用铁路统计基础数据，系统需提供相应的文件接口，供用户下载 Excel、Txt 等文件类型的数据。

3 系统架构设计

铁路统计基础数据智能编码管理系统的逻辑架构如图 2 所示。系统架构自上而下分为统一发布层、业务应用层、数据资源层。

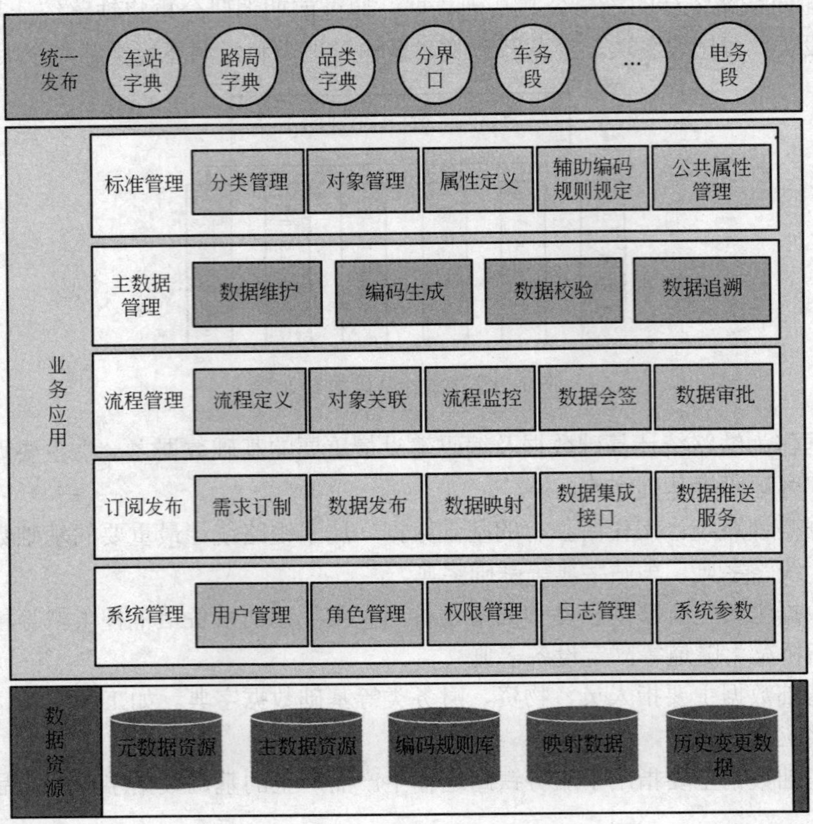

图 2 逻辑架构

3.1 逻辑构架设计

统一发布层：统一发布层将系统维护好的各类基础数据统一发布出去供各类用户查询下载使用。

业务应用层：业务应用层是整个系统的核心，实现了从元数据定义、基础数据维护、数据审批到数据发布、共享等全过程的业务功能。包含有标准管理、基础数据管理、流程管理、订阅发布和系统管理五大模块。

数据资源层：数据资源层是铁路统计基础数据及编码管理系统的存储，包含元数据资源、基础数据资源、编码规则库，以及用于数据审批流程的审批数据和用于数据追溯管理的历史数据。

3.2 技术构架设计

铁路统计基础数据智能编码管理系统采用 B/S 架构，C#为开发语言，Oracle 为数据库，客户端使用 Silverlight 技术，采用 MVVM 开发模式。实现界面设计与逻辑代码的分离，提高了系统的可扩展性。服务端封装了系统的业务逻辑、数据访问方法以及工作流引擎，采用三层架构，降低代码的耦合度，利于系统的优化、扩展和升级。使用 WCF 技术实现客户端与服务器端的通信，并可以为第三方用户提供 WCF 数据接口，实现数据的共享。底层为数据库层，提供数据的存储服务，并且提供安全的数据访问接口，供系统和第三方用户获取数据。技术构架如图 3 所示。

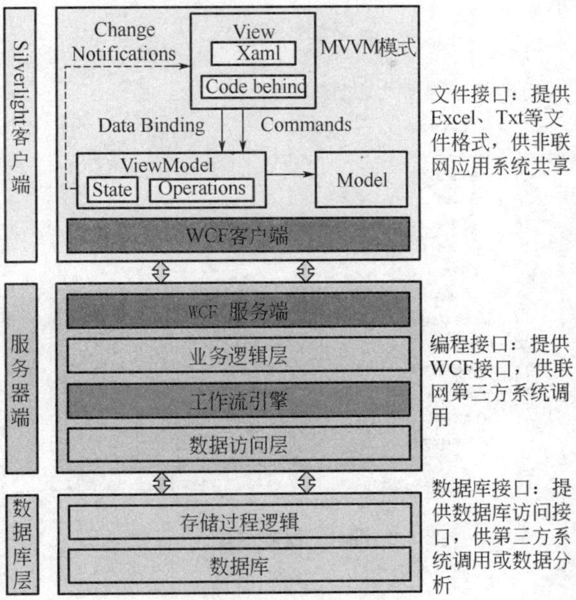

图 3　技术架构

4　系统功能实现

4.1　配置审批

为了满足用户对基础数据的分权限、分对象审批的需求。系统为每个基础对象配置了相应的工作流，通过流程定义定义出每个流程名称、流程代码、流程节点、节点任务、角色分配等；然后系统将各基础对象与工作流建立关联，当数据对象进行维护时，自动激活相应流程，如图 4 所示。

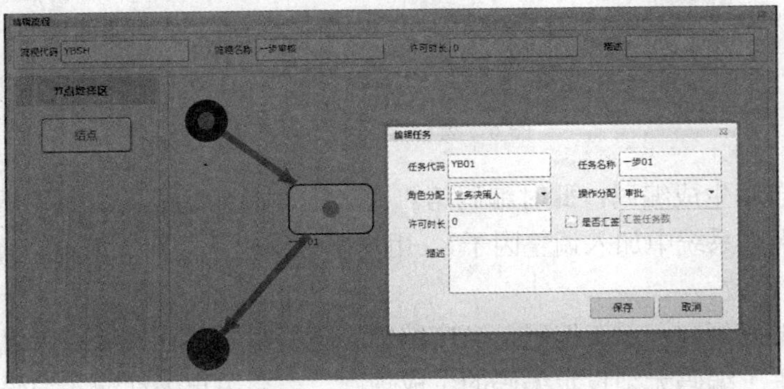

图 4　流程配置

4.2　权限控制

为满足系统对基础数据的分对象、分属性、分范围的维护，系统将权限分为：数据权限、对象权限、数据分类权限。

数据权限包含行权限和列权限，这样能将数据权限控制到最小单元；对象权限具体指对象的添加、查看、编辑、删除、查询、提交、追溯 7 类权限；数据分类权限控制了用户对分类的可见范围，具体指同一个数据对象属于多个分类，该用户拥有哪个分类的权限就可以在菜单中看见该对象属于的分类。系统权限分配界面如图 5 所示。

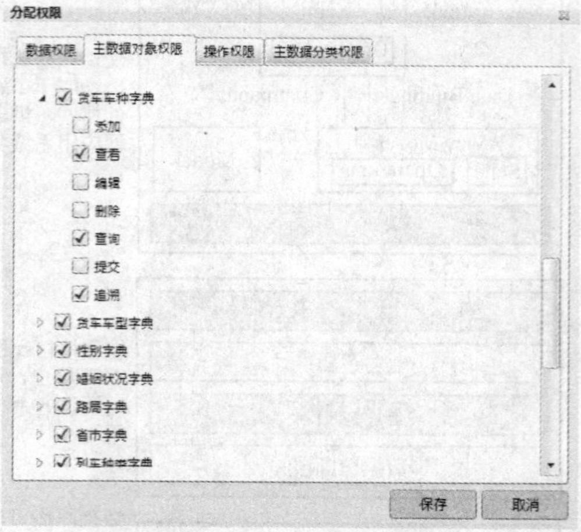

图 5　权限分配

4.3　智能编码

4.3.1　智能编码流程

智能编码就是计算机辅助编码，是指人为设定编码规则，通过计算机加工处理自动生成编码。编码流程如图 6 所示。

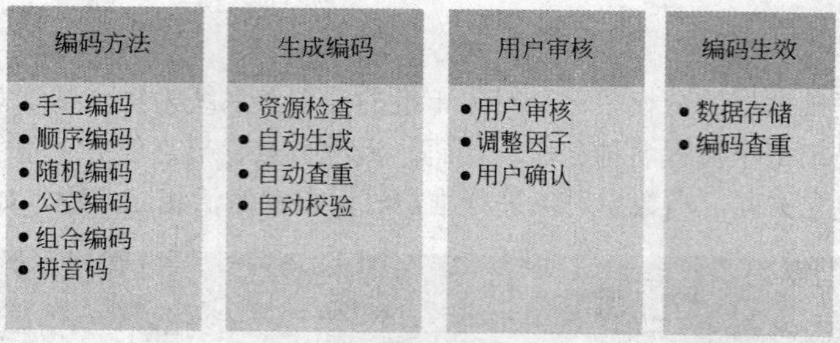

图 6　智能编码流程设计

根据编码方法，自动生成编码，此时编码第一次查重，保证生成的编码不重复，生成编码后用户可以根据需求进行微调（系统中加入调整因子），用户确认编码后，在入库前，需再进行一次查重（系统并发性），最终编码生效。

系统设定了 6 种编码规则：手工编码、顺序编码、随机编码、公式编码、组合编码和拼音编码。

（1）手工编码：手工编码无须设定编码的生成规则，需要用户手动输入编码；

（2）顺序编码：按照编码的生成顺序，生成特定长度的数字编码；

（3）随机编码：随机编码是由数字和字母随机组合生成特定长度的编码；

（4）公式编码：公式编码是根据对象的属性值，通过数学计算的方式得出的编码；

（5）组合编码：组合码是由公式码、随机码、拼音码、属性码和固定码组合在一起的编码，其中属性码是根据对象属性生成的特定长度编码，固定码是固定不变的编码。组合码规则格式为：{公式码}[属性码]<随机码>（拼音码）【固定码】；

（6）拼音编码：拼音码是将对象的一个属性值转换成拼音首字母组合的特定长度的编码。

在编码规则的选取上，遵循“有国标的用国标、有铁标的用铁标、有事实标准的用事实标准、没有的自定义”的原则，对于车站代码、线路代码等有国标的坚持用国标、对于车站电报码、路局代码等在各统计专业间公用性高且运行良好的编码，应尽快制定成为铁路标准，使之在全路范围内推广使用。如表1所示。

表1　编码基本原则

编码代码	编码名称	对象代码	属性代码	编码规则	编码标准	举例
001	站名字典编码规则	ZMZD	CZDM	拼音码+路局代码	国家标准	AYF 安阳站
002	线路字典编码规则	XLZD	XLDM	一位线路类别+三维线路序号	国家标准	0039 呼兰线
003	路局字典编码规则	LJZD	LJDZ	一位拼音码	事实标准	P 北京局
004	机车机型字典编码规则	JCJXZD	JCJXDM	拼音简称+数字	铁路标准	DF4 东风 4K 型
005	资产归属字典编码规则	ZCGSZD	ZCGSDM	一位字母	自定义标准	B 部署车 Q 企业车
编码遵循原则：有国标用国标、有铁标用铁标、有事实标准用事实标准，没有自定义						

4.3.2　智能编码实现

在编码实现方式上，用户需要根据编码规则在系统元数据管理模块配置好每个对象的编码，如图7所示。

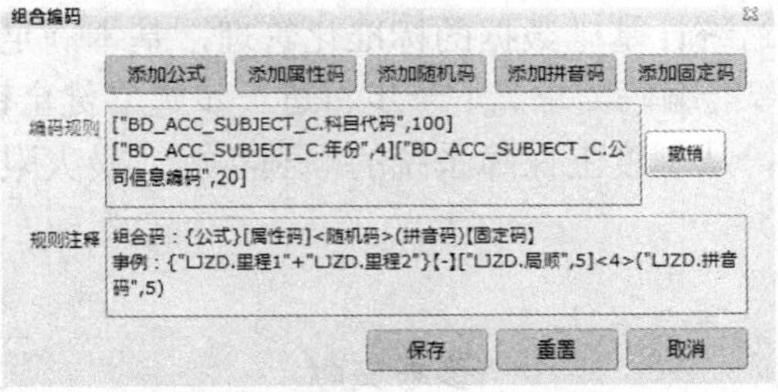

图7　基础数据编码规则配置

用户在配置完编码规则后，系统在维护基础数据时就可以根据事先配置后的编码规则自动生成编码，如图8所示。

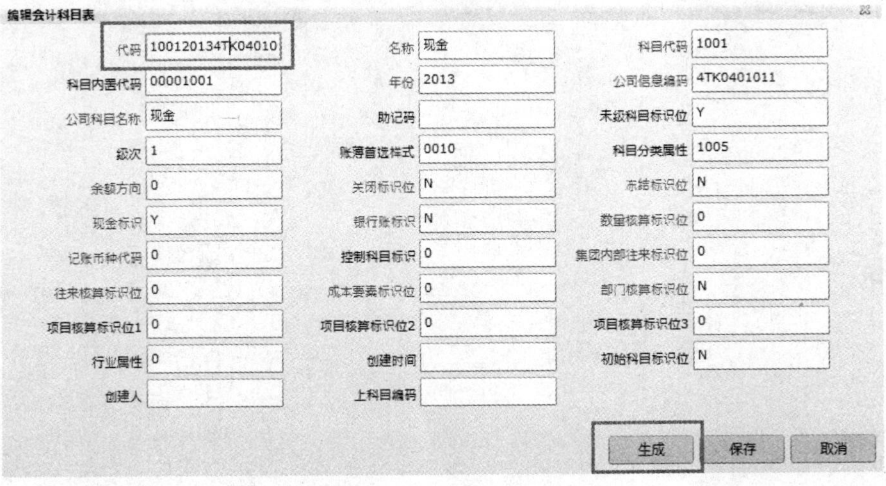

图8　根据编码规则自动生成编码

4.4 需求订阅

当用户需要的统计基础数据系统不能直接提供时，就需要做需求订阅了，需求的定义过程需要专业技术人员编码 sql 语句完成数据复杂结构的获取，需求订阅界面如图 9 所示。

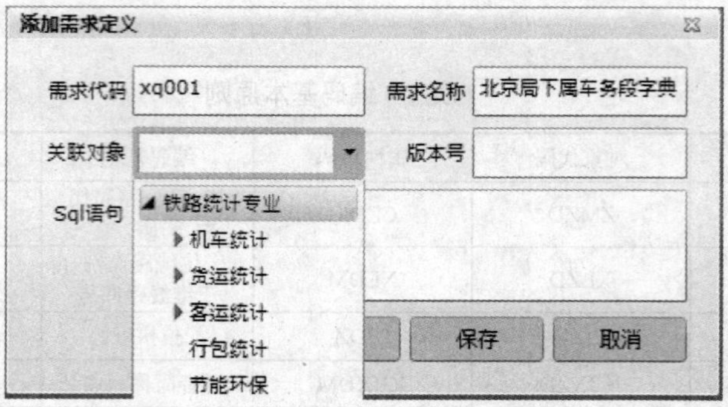

图 9 需求订阅界面

5 结束语

本文通过对铁路统计基础数据及编码管理现状的分析，并结合铁路信息化建设和发展的实际情况，提出了现阶段铁路统计信息化对铁路统计基础数据编码的需求，设计了一套符合铁路统计的基础数据编码管理系统，基本实现了铁路统计基础数据的标准化管理，基本满足总公司计划统计部对统计基础数据的管理需求、应用需求和智能编码需求。下一步将进一步建立健全铁路统计基础数据的管理制度、管理职责以及管理流程等问题，从制度上保障系统的顺利实施，最大限度发挥铁路统计基础数据的使用价值。

参考文献

[1] 中国铁路总公司．铁路统计信息化规划［S］，2006.
[2] 孙香云，刘增进，郑塑昉．信息分类与编码及其标准化［M］．北京：机械工业出版社，2012.
[3] 王秀梅．做好统计信息化工作提高统计服务水平［J］．中国经贸，2015（3）.
[4] 张锦超，朱显纲．铁路固定资产投资统计信息化建设研究［J］．第九届中国智能交通年会，2014.

铁路安全监测信息整合应用研究

佘振国　史天运　宁　静　关则彬

（中国铁道科学研究院电子计算技术研究所，北京 100081）

摘　要：针对大量的铁路专业安全监测信息集成度弱、综合应用欠缺等问题，本文研究提出了集感知、预警、管控和服务为一体的铁路安全监测信息集成平台的技术思路、总体框架和主要服务对象及功能，研究了铁路安全监测信息集成平台云计算 IT 架构模式和基于物联网的层次结构模型，针对铁路安全监测信息综合评判和基于关联规则分析的预警分析技术进行研究，并实例分析。本文结论可以为铁路安全监测信息整合、行车设备安全可靠性综合评判、诱因-隐患关联预警分析提供技术支撑手段，支持设备养护维修、调度指挥和安全监督等业务应用，对于铁路安全监测信息整合应用具有重要意义。

关键词：铁路运输；安全监测；信息集成平台；综合评判；物联网；云计算

Application Research on Integration of Railway Safety Monitoring Information

She Zhenguo　Shi Tianyun　Ning Jing　Guan Zebin

（Institute of computing technology，China Academy of Railway Sciences，Beijing 100081）

Abstract: For a large number of railway professional security monitoring information integration is weak，the lack of comprehensive application and other issues，this paper proposes a set of perception，early warning，control and service as one of the technical ideas，general framework and the main service targets and functions for railway safety monitoring information integration platform. studied IT infrastructure model based on cloud computing and a hierarchical model based on internet of things，conduct research on comprehensive evaluation of railway safety monitoring information and early warning analysis based on association rules analysis，and case analysis. The conclusion for railway safety monitoring information integration，traffic equipment safety and reliability comprehensive evaluation，"incentives-risks" associated with early warning analysis the provision of technical support means，to support the maintenance and repair of equipment，command and control and safety supervision and other business applications，for railway safety monitoring it is important to integrate applications.

Key words: Railway Transportation，Safety Monitoring，Information Integration Platform，Comprehensive Evaluation，Internet of Things，Cloud Computing

基金项目：中国铁路总公司科技研究开发计划课题（2013X009-H）。

1 引言

近年来，随着铁路大量的专业安全监测监控技术装备/系统的投入和运用，对保障铁路运输安全发挥了的积极作用，但这些系统基本上都是专业内应用，有的专业内也未到达集成应用的程度，特别是跨专业的监测信息难以实现共享和集成应用，与调度指挥、应急救援、维修养护等综合业务集成应用方面比较薄弱，在信息融合、网络化综合评判、数据挖掘、辅助决策等综合应用方面需要加强[1,2]。

利用物联网、云计算等新一代信息技术，建立集感知、预警、管控和服务为一体的铁路安全监测信息集成平台，可将分散部署应用、分专业独立管理的各类监测/监控系统采集的监测信息进行有效的系统整合、信息集成、综合运用和数据共享，奠定铁路安全信息资源与物理资源及社会资源深度融合、综合利用的技术基础，为建设与发展普惠、智能、安全、服务型的智慧铁路提供关键技术支撑。

2 铁路安全监测信息集成平台总体框架

2.1 铁路安全监测信息整合应用技术思路

铁路安全监测信息从狭义上泛指各专业检测监测系统产生的设备（含环境）不安全状态报警信息和相关基础信息，从广义上则不仅包括上述设备（含环境）不安全状态信息，还包括监测的人的不安全行为信息和管理的缺陷信息，是一个广泛的、全面涵盖人—机—环—管的安全感知网络。铁路安全监测信息整合应用技术思路主要包括 3 个层次，具体如图 1 所示。

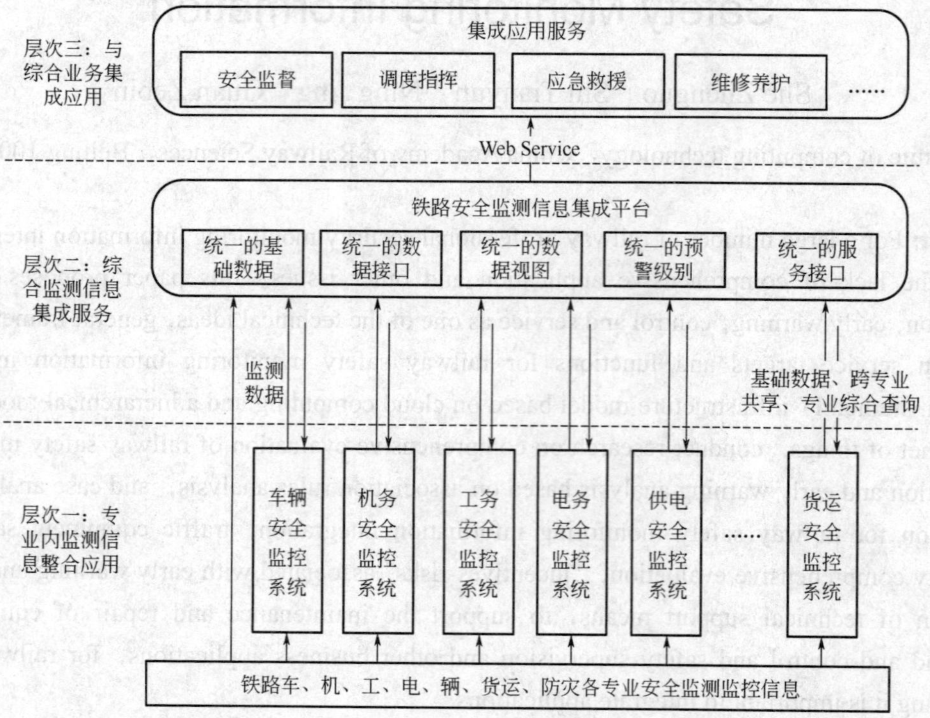

图 1 铁路安全监测信息整合应用技术思路

一是专业内监测信息整合应用。鉴于铁路建设管理的“三专”原则，铁路安全监测信息的整合应用首先在各专业内部大力发展和应用，目前较为成体系的包括车辆的 5T 系统、货运的计量安全检测监控系统，以及近年来逐渐开展的机务 6A 系统和供电的 6C 系统等，为本专业安全的综合管理提供了重要的技术支撑手段。专业内监测信息整合应用，其本质就是把本专业成熟的、主要的安全检测监测系统的监测信息进行联网运行、数据集成、动态监测和综合应用。其信息主要来源于本专业的安全检测监测系统，主要为本专业安全管理服务。

二是综合监测信息集成服务。专业内的监测信息整合应用基本满足了本专业安全管理的需要，但铁路运输生产本身是一个大联动机，各专业之间存在大量协同配合工作，跨专业间的信息共享问题，基础数据不一致问题，缺乏监测信息融合分析、综合评判等手段和方法，资源利用率低等问题急需解决，因此，建设全路统一的综合监测信息集成平台，实现全路安全监测信息的纵向整合应用，将是解决上述问题的有效技术手段。

三是与综合业务集成应用。由于综合管理业务部门也急需各专业的安全监测信息以辅助管理决策，因此应研究调度指挥、应急救援、维修养护等综合业务部门的集成应用需求，为其提供横向的监测信息综合应用和共享服务。依据集成应用需求，建立相关的 Web Service，综合业务部门的内部系统通过调用该 Web Service，可实现监测信息的横向数据共享。

2.2 平台总体框架

以各专业安全检测、监测系统/设备采集的监测信息为基础，基于物联网相关技术，搭建统一模式的安全监测数据感知和传输网络体系，引入云计算技术建立总公司、路局两级“铁路安全监测信息集成平台”，开发集监测、预警、辅助决策和共享服务为一体的安全监测信息服务应用，不断与安全监督、应急救援、调度指挥、运营管理、维修养护等综合业务融合，实现总公司、路局、站段三级各种安全监测信息采集、传输与集成应用的有序管理和资源共享，构成完整的铁路安全监测信息整合应用技术支撑体系。系统的总体框架结构如图 2 所示。

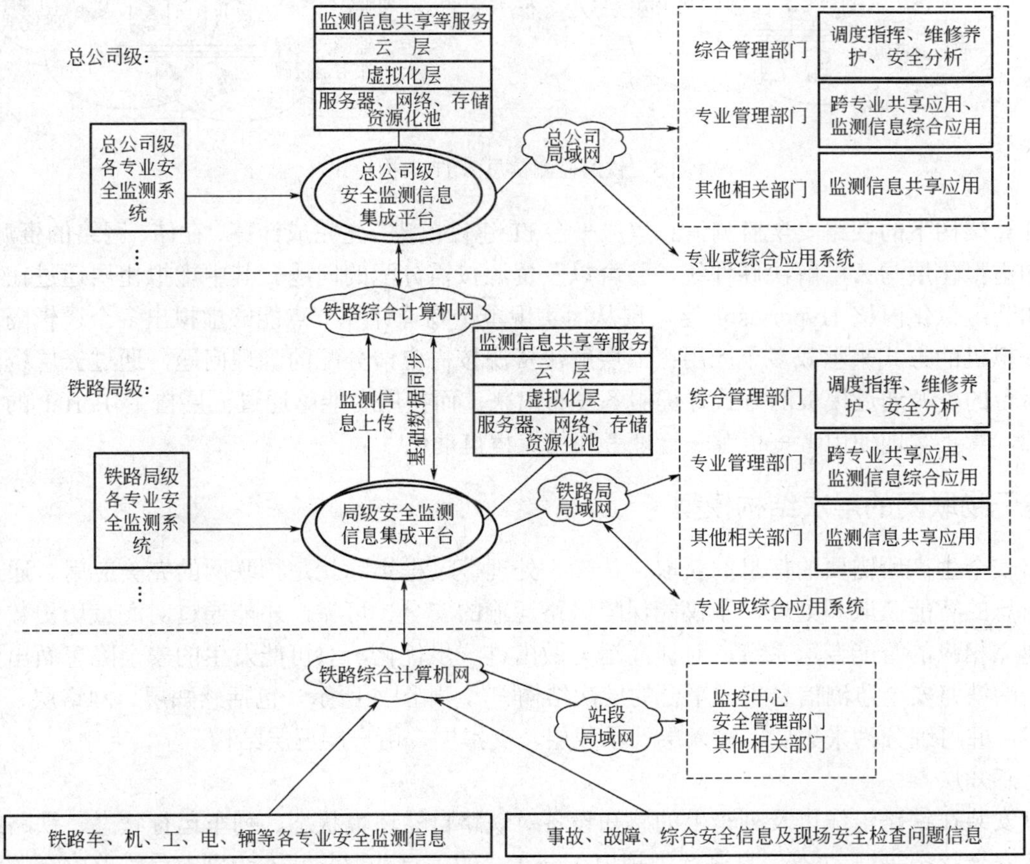

图 2　铁路安全监测信息集成平台总体框架

2.3 基于云计算的 IT 架构模式

为提升“铁路安全监测信息集成平台”的资源弹性、运行效率、交付能力以及扩展能力，并从根本上降低监测数据中心的建设成本，平台建设改变传统的“竖井式”IT 建设模式而引入云计算建设模式来整合优化监测信息系统的硬件资源。

在总公司和 18 个铁路局分别建立基于云计算技术的安全监测信息集成平台，形成总公司和 18 个铁路局共计 19 个监测信息云，分别对所管辖范围的 IT 资源进行整合优化、统一调配，解决各专业安全监测系统硬件统一整合以及资源按需分配的问题。总公司监测信息云与路局监测信息云之间通过铁路综合 IT 网络进行必要的数据交换。铁路监测信息云 IT 架构模式如图 3 所示。

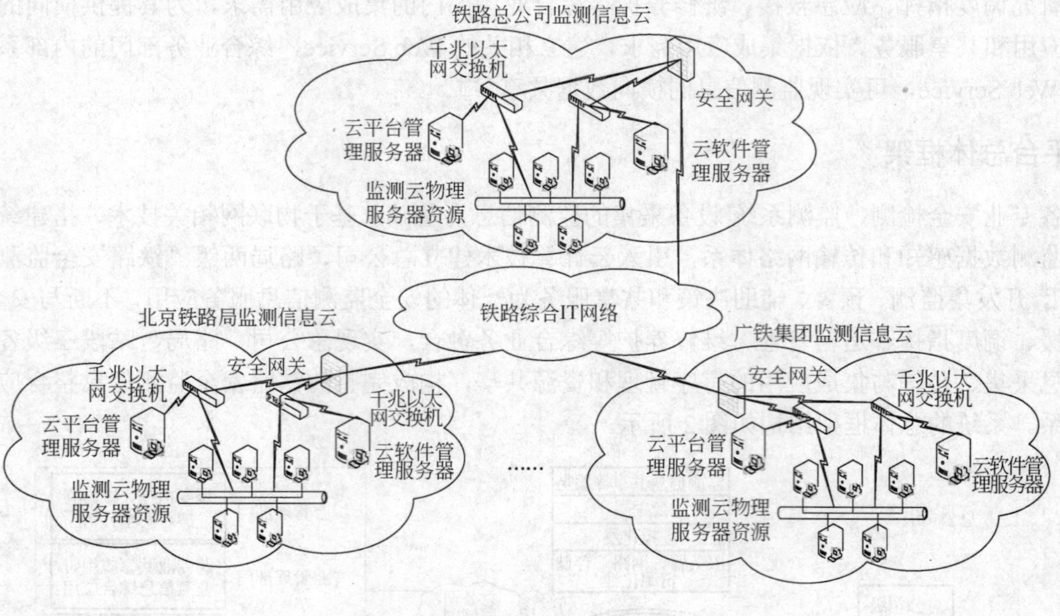

图 3　铁路监测信息云 IT 架构模式

云计算架构下的铁路安全监测信息集成平台 IT 建设模式，先完成计算、存储、网络的资源集中化，同时增加虚拟化层与云层解决硬件统一整合以及资源按需分配的问题。其中虚拟化层通过在裸金属服务器上加装虚拟化内核 Hypervisor 这一层从而实现单个物理计算节点能够虚拟出多个逻辑隔离的计算节点即虚拟机的方式来承载多个应用；云层解决资源按需申请分配的管理问题，通过云层资源编排的功能把后台的资源通过模板的方式行程服务发布出来，而使用者能够通过云层自主 Portal 的方式按需申请资源，真正实现使用者—资源—管理者间的流程自动化[4]。

2.4 基于物联网的层次结构模型

铁路安全生产所需要的信息的获取、传输、处理等过程实际就是物联网的完美应用。通过物联网对各种信息的智能获取和处理，不仅能保障铁路运输的安全、可靠，还能通过对海量历史数据发掘和处理，建立相应的智能专家系统，对提高运力做出进一步优化，对可能发生的安全隐患做出预警。基于物联网的铁路安全监测信息集成平台的层次结构[3~9]，如图 4 所示，包括感知层、网络层、应用层三部分内容，并可细分为采集层、接入层、承载层、支撑层、用户层五层结构。

（1）感知层

通过安装在铁路沿线以及列车上的感知设备对铁路自然环境状态、列车运行状态、铁路线桥隧设施、车站安全状态等静/动态信息进行大规模、分布式的信息获取与状态识别，是铁路安全监测信息集成平台的监控终端。包括采集层和接入层。其中采集层通过物联网终端，将列车和铁路沿线监测的各种物理量实时并自动化的转化为可处理的数字化信息或者数据。而接入层（信息汇聚层）则是将采集层采集到的监测信息，通过各种网络技术进行汇总和整合以供处理。

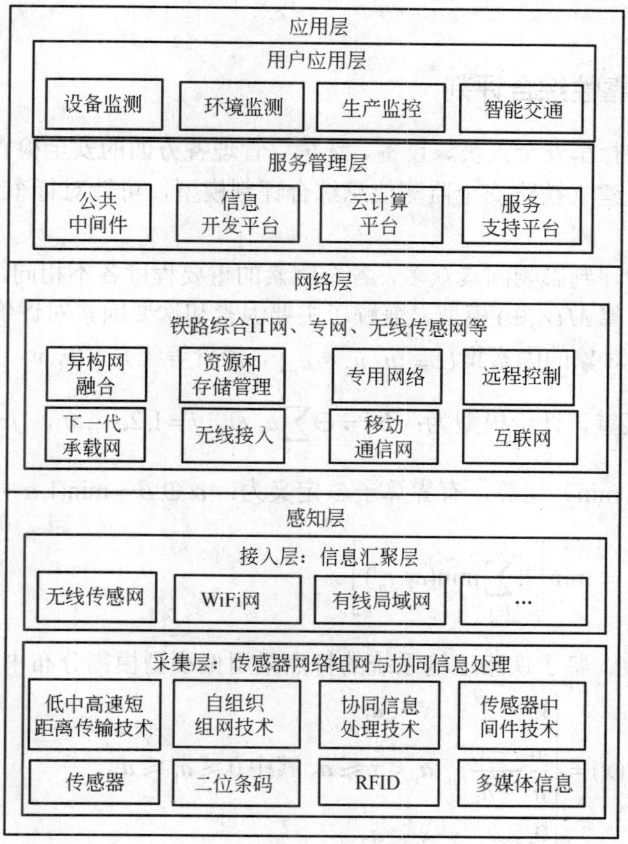

图 4　基于物联网的铁路安全监测信息集成平台层次结构

（2）网络层

铁路安全监测信息远程传输网络即为现有的铁路计算机网络。网络层可以充分借助现有及新型的通信网络传输数据，利用铁路专用通信网传输优先级最高的各种预警、故障信息；利用传感器网络直接传输沿线、车上、地面传感器获得的海量历史数据。

（3）应用层

该层由服务管理层和用户应用层组成。服务管理层由主机设备、各种应用服务器以及信息和服务支撑平台组成，实现对采集数据的汇集、转换、运算、分析，并向所有终端设备发送控制指令、触发相关操作，是整个物联网架构的数据运算中心。用户应用层汇集了系统底层的功能，构建起面向最终用户的各类应用功能。

2.5　主要服务对象及功能

系统整合接入各专业安全监测监控信息和相关业务信息，构建监测信息集成平台，为用户提供信息综合应用和共享服务，系统服务对象分为安全管理和综合应用两大类，其中安全管理类系统服务对象主要包括铁路总公司、铁路局、站段三级安全监察部门的安全监督管理人员和调度管理部门的调度指挥人员，同时包括各级领导、安全相关的业务部门管理人员、抢险救援指挥人员，以及相关现场作业人员和设备维修人员。主要提供检测监控预警、监测预警分析、报警处理跟踪、处理信息反馈等监测信息闭环管理功能。综合应用类系统服务对象主要包括调度指挥、维修养护、应急救援等相关综合业务用户，主要提供安全监测监控数据集成应用服务，辅助管理和决策。

3 铁路安全监测信息综合评判与预警分析

3.1 行车设备安全可靠性综合评判

平台集成了涉及铁路行车安全人员、设备、环境、管理各方面的安全检查监测信息，遵循多层次、多指标综合评价的思路，建立铁路安全监测信息综合评判模型，可针对行车设备设施的安全可靠性进行科学的综合评判。

鉴于行车设备设施的评判影响因素众多，各个因素的重要程度各不相同，因此，本文采用多层次、分级别的广义模糊合成运算$M(\wedge,\oplus)$模型，兼顾了主要因素和次要因素对评价对象的影响[10,11]。

模型描述为：设评价对象的因素集$U=\{u_1,u_2\cdots u_n\}$，评价等级$V=\{v_1,v_2\cdots v_m\}$，$R=(r)_{n\times m}$表示u_i关于v_j的隶属度，a_i表示权重，评价模型为：$b_j=\oplus\sum_{i=1}^{n}a_i\wedge r_{ij}, j=1,2,\cdots,m$，$j=1,2,\cdots,m$

式中，$\wedge$表示取小（min）运算，有界算子$\oplus$定义为：$\alpha\oplus\beta=\min(1,\alpha+\beta)$。

所以，模型变为：$b_j=\min\left[1,\sum_{i=1}^{n}\min(a_i,r_{ij})\right]$。

（1）关于隶属度函数。鉴于铁路运输系统的特点采用偏小型模糊分布中的降梯形分布函数以求得指标的隶属度值，即：$R(x)=\begin{cases}1, & x\leqslant a_1\\ \dfrac{a_2-x}{a_2-a_1}, & a_1<x\leqslant a_2\\ 0, & x\geqslant a_2\end{cases}$ 其中$0\leqslant a_1\leqslant a_2$。

（2）关于权重。鉴于铁路运输系统安全影响因素特点，本文采用层次分析法联合古林法（A.J.Klee）确定权重。

（3）关于评价指标体系。把铁路行车设备安全可靠性分为两大一级指标，即移动设备、固定设施。每个一级指标下还有若干二级指标和三级指标。以货车设备安全可靠性为例，如图5所示。

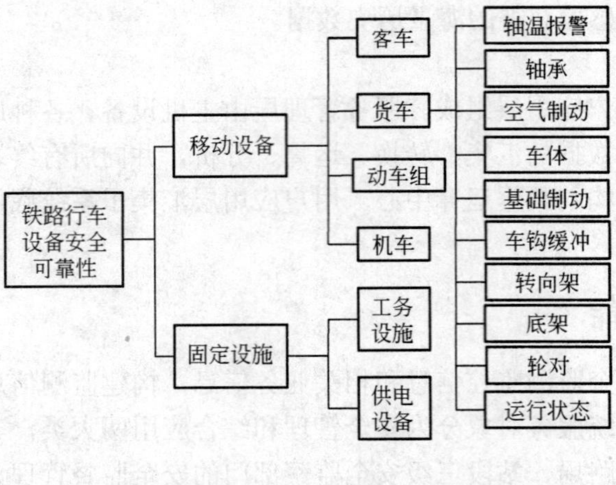

图5 铁路行车设备安全可靠性评价指标体系（部分）

评判等级集$V=\{v_1,v_2,v_3,v_4\}$，v_1为正常态，v_2为病害态，v_3为灾害态，v_4为危机态。

（4）某铁路局货车安全可靠性评价实例分析。基于上述多层次模糊评判模型和铁路行车设备安全可靠性评价指标体系，针对某局某月“货车”设备安全可靠性进行评价，得出如下隶属度和权重（见表 1）。

表 1　某铁路局货车的安全隶属度和权重数据列表

单 元 指 标	V_1安全态	V_2病害态	V_3灾害态	V_4危机态	权　重
轴温报警	0	0.30	0.70	0	0.32
轴承	0	0.70	0.30	0	0.16
空气制动	0.03	0.97	0	0	0.16
车体	0	1	0	0	0.11
基础制动	0	0.96	0.04	0	0.07
车钩缓冲	0	0.94	0.06	0	0.07
转向架	0	0.98	0.02	0	0.04
底架	0.85	0.15	0	0	0.04
轮对	0	0.56	0.44	0	0.02
运行状态	0.5	0.5	0	0	0.01

由评判模型得到：$b_{22} = (0.07\quad 0.98\quad 0.66\quad 0)$

根据最大隶属度法则可以看出：某月某局“货车”设备安全可靠性评价结果为v_2病害态，需依据相关要求进行进一步管理。

3.2　诱因—隐患关联预警分析

采用关联规则挖掘技术对大量的隐患问题数据进行自动的处理和挖掘，通过检验各诱因组合引发隐患问题的频繁程度来得到有价值的关联规则表达式，型如：“诱因组合”=>“隐患”，发现铁路设施设备故障和运输生产中隐患问题的发生规律，可以有效辅助安全管理决策，对可能导致事故的因素能够及早发现和主动控制[5,6]。

本文以铁路安全监测监控信息为研究对象，以监测信息的众多属性作为安全隐患的诱发因素，采用经典的 Apriori 算法[7,8]，挖掘频繁项集合，发现监测信息的属性因素对于触发隐患的影响程度。Apriori 算法基本思想是：首先，计算含有一个元素的项目集出现的频率，找出那些不小于最小支持度的项目集，得到一维最大项目集，生成一维频繁集。然后进行连接运算生成二维候选集，再根据预先给定的最小支持度，生成二维频繁集。重复上述过程，直到生成M维频繁集，并且不能再生成满足最小支持度的（M+1）项目集。

针对铁路安全监测数据特点，在经典 Apriori 算法的基础上进行了适应性优化，根据每个属性项对应字典中项目的个数，给属性设置权重，字典中项目越多，则权重越大，即统计分布越分散，则权重越大，使得提取出来的监测记录都大于该项的平均分布，避免了较分散的属性不能被筛选出来的情况。

本文选取了车辆专业一段时期各类监测报警数据共 1568 件作为样本数据，经过数据完整性、合法性、规范性等方面的校验和清洗预处理后，进行试验，试验结果如表 2 所示。

表 2　车辆专业诱因—隐患—关联预警分析数据列表

序号	规则	支持度（%）	置信度（%）
1	[客/货：货，时段：白天，行别：上]==>[报警等级：一般]	32.3	100
2	[线路类型：非繁忙，辆序：中间]==>[报警等级：一般]	30.5	100
3	[监测对象：车轮，时段：白天]==>[报警等级：一般]	28.9	99
4	[行别：上，辆序：中间，速度：中速]==>[线路类型：非繁忙]	25.1	99
5	[行别：上，线路类型：非繁忙，速度：中速]==>[监测对象：车轮]	23.2	99

从试验结果可以得出："货"车"白天"在"上"行发生的报警肯定是"一般"性报警事件，发生该情况的可能性是 32.3%，为该段时期最高，有关部门需重点检查和监督管理该类事件。

4 结论

基于物联网技术全面感知铁路运输过程中人员的不安全行为、设备和环境的不安全状态以及安全管理缺陷，构建安全监测网络体系，提取铁路安全监测数据模型，同时应用云计算 IT 建设模式整合优化既有和新建铁路监测信息系统硬件资源，构建全路统一的总公司、路局 2 级铁路安全监测信息集成应用平台，可以为铁路安全监测信息整合应用、行车设备安全可靠性综合评判、诱因—隐患关联预警分析提供有效的技术支撑，支持设备养护维修、调度指挥和安全监督等业务应用，对于铁路安全监测信息整合应用具有重要意义。

参考文献

[1] 徐杰，贾利民，秦勇．城市轨道交通综合监控平台系统集成的研究［J］．铁道学报，2007，29（3）：107-112.

[2] 李积英，何涛，赵贺，崔用明．青藏铁路综合安全监控系统研究［J］．铁道学报，2010，32（6）：114-119.

[3] 王军号，孟祥瑞．基于物联网感知的煤矿安全监测数据级融合研究［J］．煤炭学报，2012，37（8）：1401-1407.

[4] 周相兵，马洪江，苗放．一种基于云计算的旅游云构架模式研究［J］．重庆师范大学学报（自然科学版），2013，30（2）：79-86.

[5] 谢超，陈毓芬，王英杰．Apriori 算法在 ACViS 中用户行为监测数据挖掘中的应用研究［J］．测绘学报，2010，39（4）：397-403.

[6] Goyal L M，Beg M M．Sufyan．An efficient filtration approach for mining association rules［C］. 2014 International Conference on Computing for Sustainable Global Development，INDIACom 2014：178-185.

[7] Dongre J，Prajapati G L，Tokekar S V．The role of Apriori algorithm for finding the association rules in Data mining［C］. 2014 International Conference on Issues and Challenges in Intelligent Computing Techniques，ICICT 2014：657-660.

[8] Hu L L，Li H F，Xu，X，Li J．An intelligent vehicle monitoring system based on Internet of Things［C］．2011 7th International Conference on Computational Intelligence and Security，CIS 2011：231-233.

[9] Jiang Y，Luo L P，Fang H R，Li Y H．A study on the monitoring system for quality safety of citrus products - Based on internet of things technology[J]. International Journal of Advancements in Computing Technology，2012，12(4)：182-194.

[10] 王大伟，冯英俊．模糊多级综合评价模型与应用［J］．系统工程与电子技术，2006，28（6）：867-868.

[11] 王寄存，刘英伟，严川．铁路运输安全评价体系研究［J］．铁道货运，2006，1（12）：21-24.

铁路沉降变形监测信息系统设计与实现

张 艺

（北京经纬有限公司，北京 102401）

摘　要：长期以来，沉降观测的资料整理、图件绘制、报告编写等工作均由手工完成，工作量大沉降观测信息系统的开发，不但有效地解决了建筑物沉降观测资料的存贮、管理和查询应用问题，也大大提高了沉降观测内业工作的效率。本文介绍了该系统的设计开发思路、特点及其应用情况。

关键词：沉降观测；铁路工程建设信息化

Railway Settlement Monitoring Information System Design and Implementation

Zhang Yi

Abstract: For a long time，settlement observation data processing，plotting，report writing，and work was done by hand，heavy workload，settlement observation information system development，not only effectively solves the building settlement observation data storage，management and query applications，has also greatly improved the settlement observation work within the industry efficiency. This paper introduces the system design ideas，characteristics and its application of.

Key words: Settlement Observation，Railway Engineering Construction Information

1　概述

所谓变形观测，是利用测量与专用仪器和方法对变形体的变形现象进行监视观测的工作，其任务是确定在各种荷载和外力作用下，变形体的形状、大小及位置变化的空间状态和时间特征，变形监测工作使人们通过变形现象获取科学认识、检验理论和假设的必要手段。

高速铁路要保证列车的高速运行，必须保持线路空间曲线的平滑与精准，普遍采用无砟轨道结构形式并且要求线下基础工程具有高稳定性和小的残余变形。由于受无砟轨道自身调高能力的限制，当线下基础工程出现较大沉降变形时，将影响线路的竖曲线以及平顺性，导致高速列车不能高速通过，甚至影响高速列车的安全运行。高速铁路对工后沉降的要求及为严格，轨道结构铺设前必须进行系统的沉降变形观测与评估。运营期间线路的调高与平顺也必须建立在系统掌握沉降变形发展趋势的基础上，正确把握调整的时机和调整的方式。因此在强化基础工程设计的同时，应加强高速铁路工程的沉降变形监测，及时进行评估并掌握数据变化的动态信息，使线路的变形数据管理信息化，使管理部门系统掌握线路沉降变形信息，组织进行可靠的分析与预测，及时采取有效措施，防患于未然。

目前，在铁路沉降观测工作中，存在比较普遍的水准外业数据篡改和伪造现象。多家评估单位按照各自评估软件需要的数据格式，从施工单位收集沉降观测数据，数据格式不统一。施工阶段的观测数据，存放在建设单位，以及评估单位的资料库中，到了运营阶段，数据没法接续利用。为了从数据采集的根源遏制该问题，终端采用手机 APP 控制电子水准仪，进行外业数据的采集，将采集作业实时上传到铁路工程管理平台的沉降变形监测信息系统中，采集的数据是相关设备的原始测量值，不经过人工处理。评估单位可以调用沉降变形监测信息系统的下载接口，基于这些真实的数据，进行沉降评估工作。

2 系统功能分析

2.1 系统需求以及功能分析

沉降观测信息管理系统需要实现数据实时采集与上传、数据整理分析、分析结果展示。根据以上要求，沉降观测应用系设的设计需要考虑以下几个方面：

（1）数据采集

数据采集必须实时进行，既要保证数据的真伪性也必须保证数据的精确性，采集过程应尽量减少人为操作造成的数据失真性。本系统实现对数据的录入传输并对其加密处理。

（2）数据预处理

根据原始数据计算出来的水准线路各个监测点的高程值是带一系列误差的观测值，各数据的分析是建立在平差处理后的可靠值上进行的，本系统对观测值进行平差处理是一个极为重要的功能点。

（3）数据分析

对沉降观测而言，仅仅针对单次的变形情况分析是没有意义的，需要对不同期所观测的数据进行比较分析，才能得出各监测点的变化情况，系统要有能够对单次变形量、累计沉降量分析进行计算存储功能。

（4）趋势分析

本系统另一个很重要的功能是实现变化趋势预测，其中重要的事找到合适的预测模型，根基观测掌握的数据情况对沉降的变化趋势做科学正确的预测，对铁路建设施工阶段的工序开展做指导性意见。

（5）数据显示

针对原始数据以及分析的结果数据以正确合理的展示，包括曲线直观的展示个监测值变化，同时也要满足各采集分析员日常对数据分析所需要的表格导入导出等功能。

2.2 平台架构选择

本系统分为上传下载接口服务与 Web 应该系统，其中平台端采用面向对象开发语言 Java 与关系型数据库 oracle，数据传输采用 webservice 轻量级框架，平台端采用主流开源的 MVC 框架 struts+spring+hibernate 的一个集成框架。接口采用 Web Service 方式，使用 Jdbc 的方式，用 sql 语句直接查询 oracle 数据库，整体采用面向对象 Java 语言编码实现。与 Web 应用系统在程序架构上进行分离，二者直接对数据库进行操作。Web 应该系统，划分为应用系统和维护服务后台系统，二者进行分离。应用系统外网可以访问，运维系统只能内网访问。

2.2.1 面向对象编程语言 JAVA

OO 方法（Object-Oriented Method，面向对象方法，面向对象的方法）是一种把面向对象的思想应用于软件开发过程中，指导开发活动的系统方法，简称 OO（Object-Oriented）方法，是建立在“对象”概念基础上的方法学。对象是由数据和容许的操作组成的封装体，与客观实体有直接对应关系，一个对象类定义了具有相似性质的一组对象。而每继承性是对具有层次关系的类的属性和操作进行共享的一种方式。所谓面向对象就是基于对象概念，以对象为中心，以类和继承为构造机制，来认识、理解、刻画客观世界和设计、构建相应的软件系统。

Java 语言是一种跨平台、适合于分布式计算的、面向对象的编程语言。Java 技术具有简单性、稳健性、平台移植性和安全性，广泛应用于桌上型应用程序、电子设备的嵌入式软件开发、建设大型的分布式企业级应用程序。

2.2.2 MVC 与 SSH 开源框架

MVC 全名是 Model View Controller，是模型（model）—视图（view）—控制器（controller）的缩写，一种软件设计典范，用一种业务逻辑、数据、界面显示分离的方法组织代码，将业务逻辑聚集到一个部件里面，在改进和个性化定制界面及用户交互的同时，不需要重新编写业务逻辑。MVC 被独特地发展起来用于映射传统的输入、处理和输出功能在一个逻辑的图形化用户界面的结构中。本系统采用 MVC 中的最典型的一种 JSP+servlet+javabean 的模式。

集成的 SSH 框架的系统从职责上分为四层：表示层、业务逻辑层、数据持久层和域模块层，以帮助开发人员在短期内搭建结构清晰、可复用性好、维护方便的 Web 应用程序。其中使用 Struts 作为系统的整体基础架构，负责 MVC 的分离，在 Struts 框架的模型部分，控制业务跳转，利用 Hibernate 框架对持久层提供支持，Spring 做管理，管理 struts 和 hibernate。具体做法是：用面向对象的分析方法根据需求提出一些模型，将这些模型实现为基本的 Java 对象，然后编写基本的 DAO（Data Access Objects）接口，并给出 Hibernate 的 DAO 实现，采用 Hibernate 架构实现的 DAO 类来实现 Java 类与数据库之间的转换和访问，最后由 Spring 做管理，管理 struts 和 hibernate。

2.2.3 关系型数据库 ORACLE

关系数据库，是建立在关系模型基础上的数据库，借助于集合代数等数学概念和方法来处理数据库中的数据。现实世界中的各种实体以及实体之间的各种联系均用关系模型来表示。标准数据查询语言 SQL 就是一种基于关系数据库的语言，这种语言执行对关系数据库中数据的检索和操作。 关系模型由关系数据结构、关系操作集合、关系完整性约束三部分组成。

Oracle 数据库（Oracle Database），又名 Oracle RDBMS，或简称 Oracle。是甲骨文公司的一款关系数据库管理系统。它是在数据库领域一直处于领先地位的产品。可以说 Oracle 数据库系统是目前世界上流行的关系数据库管理系统，系统可移植性好、使用方便、功能强，适用于各类大、中、小、微机环境。它是一种高效率、可靠性好的 适应高吞吐量的数据库解决方案。

2.2.4 Webservice 框架

Webservice 是一个平台独立的，低耦合的，自包含的、基于可编程的 web 的应用程序，可使用开放的 XML（标准通用标记语言下的一个子集）标准来描述、发布、发现、协调和配置这些应用程序，用于开发分布式的互操作的应用程序。Webservice 技术，能使得运行在不同机器上的不同应用无须借助附加的、专门的第三方软件或硬件，就可相互交换数据或集成。依据 Webservice 规范实施的应用之间，无论它们所使用的语言、 平台或内部协议是什么，都可以相互交换数据。Webservice 是自描述、自包含的可用网络模块，可以执行具体的业务功能。Webservice 也很容易部署，因为它们基于一些常规的产业标准以及已有的一些技术，诸如标准通用标记语言下的子集 XML、HTTP。Webservice 减少了应用接口的花费。Webservice 为整个企业甚至多个组织之间的业务流程的集成提供了一个通用机制。

本系统平台端采用 B/S 模式，通过 Web Service 方式发布上传下载接口，供采集端 APP 连接和调用。

采集端 APP 运行在 Android 系统中，从电子水准仪读取测量原始数据，经闭合差验证、平差处理及基准点修正等处理后，计算成沉降观测的成果数据，在具有互联网的环境中，连接平台并实现数据上传。

通过接口收集沉降观测采集端的数据。以水准线路为单位，可以查看原始观测数据、成果观测数据、观测记录、记录手簿、观测信息等。通过对数据的分析，统计出每个断面在相应的工况下，是否按时进行了测量；统计出断面及测点的沉降量是否超过了设计沉降量。可以基于测点各个期次的沉降观测数据，通过回归分析算法，对测点的沉降变形稳定情况进行预评估。

3 系统设计与功能实现

3.1 系统设计

系统设计如图 1～图 3 所示。

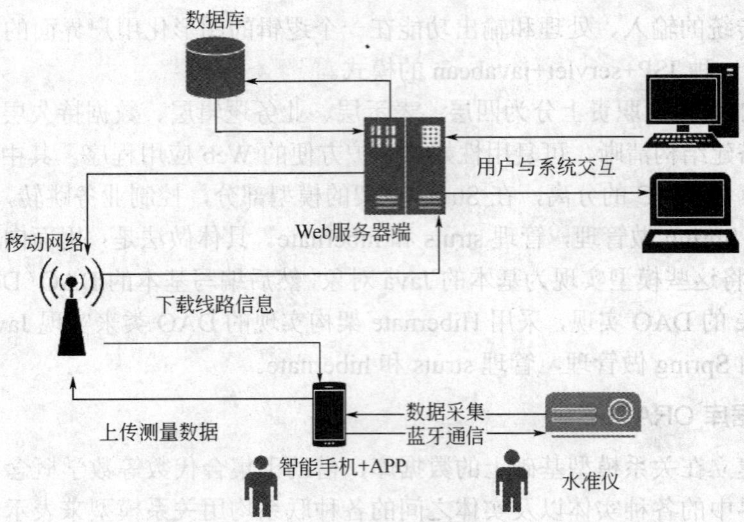

图 1 业务流程图

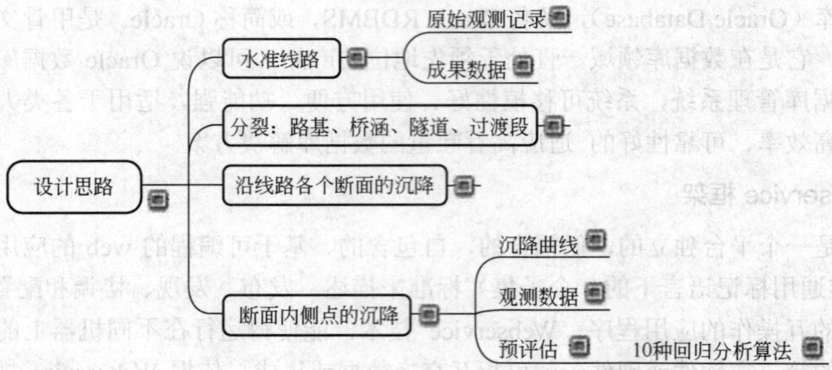

图 2 设计思路

3.2 系统功能实现

3.2.1 业务流程设计

测量人员需要在平台初始化测量流程与备案测量相关信息，由采集端软件下载测量流程，采集端软件按照测量流程操控全站仪进行测量，并及时上传测量数据，由平台统一分析处理，具体流程如下：

- 测量人员信息在平台初始化备案；
- 仪器设备信息在平台初始化备案；
- 填报工作基点信息，并下载到手机 APP；
- 填报断面测点及设计沉降量，并下载到手机 APP；

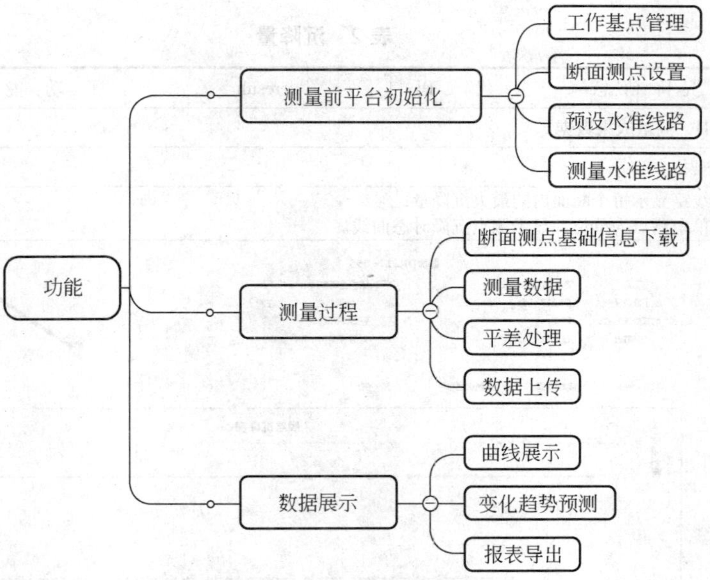

图 3　功能设计图

- ➢ 预设水准线路，并下载到手机 APP；
- ➢ 手机 APP 连接水准仪进行外业观测；
- ➢ 在手机 APP 上验证闭合差并平差计算；
- ➢ 上传原始观测数据和成果数据。

3.2.2　用户权限设计

按照类别可将用户分为三类：系统管理员、应用管理员、普通用户。

按照用户界别可分为四级：工管中心级、建设单位级、指挥部级、变短级。

3.2.3　业务功能设计

业务功能包括单点登录、测量人员信息备案、仪器设备信息备案、工作基点、断面、测点、预设水准线路、原始观测数据基础信息、原始观测数据记录、水准线路、记录手簿、观测记录、测量信息、记录汇总、沉降量、按要求频次观测监管、沉降量超限监管。具体设计如表 1 和表 2 所示。

表 1　单点登录

模　块	登　录	代　码	Login	子 功 能	单 点 登 录
输入	从门户传来 sessionid				
输出	登录成功进入页面；登录失败显示无访问权限。				
功能描述	用户在门户系统登录，通过“沉降观测”菜单单点登录进入沉降观测系统。 按用户的角色和数据权限，显示相应的功能和数据。				
原型					
关联关系	用户 session 表，用户角色表、用户工点授权表				

表 2　沉降量

<table>
<tr><td>模　块</td><td>沉 降 信 息</td><td>代　码</td><td>result</td><td>子 功 能</td><td>沉 降 信 息</td></tr>
<tr><td>输入</td><td colspan="5">测点 ID、测量成果数据</td></tr>
<tr><td>输出</td><td colspan="5">沉降图表</td></tr>
<tr><td>功能描述</td><td colspan="5">1. 沿线路显示每个断面内的最大沉降量；
2. 以单个测点为单位，显示测点沉降时态曲线。</td></tr>
<tr><td>备注</td><td colspan="5">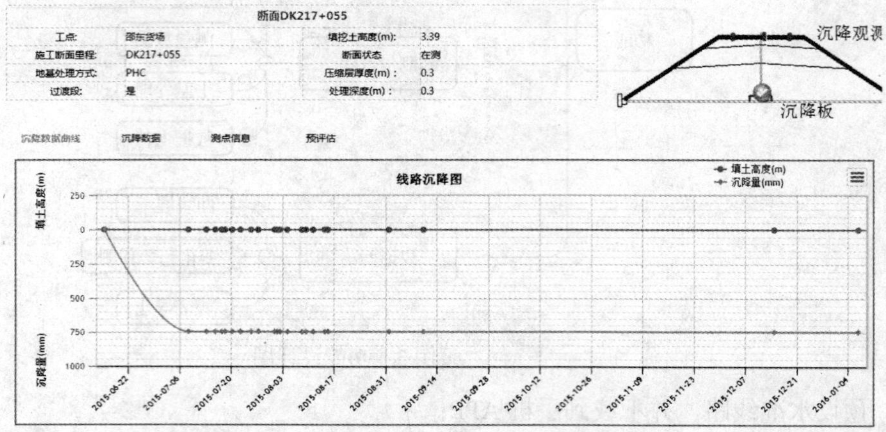
</td></tr>
<tr><td>关联关系</td><td colspan="5"></td></tr>
</table>

3.2.4　接口设计

上传接口：直接提供 Jar 和 So 文件供安卓前端调用。Jar 包中连接 Web services 接口。

- 原始观测数据上传 API 函数
- 测点成果数据上传 API 函数
- 原始观测数据记录 API 函数

下载接口：

- 下载标段和工点信息接口；
- 下载断面基础信息接口；
- 下载沉降观测断面详细信息接口
- 下载沉降观测点信息接口；
- 下载工作基点信息接口；
- 下载预设测量水准线路信息接口。

用户验证接口：

- 请求服务器加密公钥服务接口；
- 用户账号验证服务接口；
- 观测前初始化验证 API 函数。

原始观测数据上传 API 接口如表 3 所示。

表 3　原始观测数据上传 API 接口

接口函数定义	Integer CJUpOriginal（ Bclass Array blist， String equipbrand， String instrumodel， String serialnum， Long sjid， String temperature， String barometric， String weather，

续表

接口函数定义	String benchmarkids, String mtype, Date mdate, String linecode, String account, String pwd, Context context, CJUpResultDataCallBack dataCallBack)			
参数说明				
序号	参 数 名 称	中 文 说 明	类型（长度）	说　明
1	blist	原始观测数据的对象集合	List	见“类 Bclass 成员”。 集合元素的顺序与水准线路测量顺序一致。
2	equipbrand	仪器品牌	String（20）	如徕卡、天宝、南方等
3	instrumodel	仪器型号	String（10）	如 DNA03、Dini03 等
4	serialnum	设备序列号	String（50）	输入仪器唯一的序列号。该序列号须与平台备案的仪器信息一致。
5	sjid	司镜人员 ID	Long	该参数输入 0。平台暂不做验证。
6	temperature	温度	Double（4，1）	单位为摄氏度，精确至 0.1 摄氏度
7	barometric	气压	Double（6，1）	单位 hPa，精确至 0.1hPa。
8	weather	天气	Integer	0 表示晴；1 表示阴；2 表示雨；3 表示雪；4 表示风；5 表示其他。
9	benchmarkids	工作基点 ID 序列	String（255）	本次水准线路用到的工作基点，各个基点 ID 之间通过“λ”分隔。 工作基点 ID 用表 3-3-7 接口下载。
10	mtype	观测类型	String（10）	如：aBFFB，BFFB
11	mdate	观测日期	Date	格式：YYYY-MM-DD 若隔天测量，用最后一天测量的日期。
12	linecode	水准路线编号	String（10）	如果测量的水准线路，与平台页面中预设的水准线路相同，该编号用表 3-3-8 接口下载的水准线路编号值； 如果与平台页面中预设的水准线路不同可以自行编号，如 L00001。 每条水准路线设置一个编号，相同的线路用相同的编号。
13	account	司镜人员账号	String（20）	司镜人员须在平台中备案。仅施工和评估单位用户，才能上传测点成果数据。
14	pwd	密码	String（20）	账号对应的密码，6 到 20 位长度。不用加密。
15	context	安卓上下文对象	Context	安卓系统调用必备
16	dataCallBack	返回结果回调对象	CJUpResultDataCallBack	继承该类，覆盖 void processData（CJResutResult data）方法，返回值在 data.returnCode
类 Bclass 成员				
序号	成　员　名	中 文 描 述	类型（长度）	说　明
1	bffb	前（后）视标记符	String（2）	B1：后视点第 1 次观测标识； B2：后视点第 2 次观测标识； F1：前视点第 1 次观测标识； F2：前视点第 2 次观测标识。
2	bfpcode	前（后）视点号	String（20）	包括：工作基点、自由转点、沉降测点。 自由转点：编号为 Z 开头连续编号。 沉降观测点：编号为 P 开头，后接测点 ID。 如 P231。测点 id 用表 3-3-5 表接口下载。 工作基点：编号为 B 开头，后接工作基点 ID。如 B21。 工作基点 ID 用表 3-3-7 接口下载。
3	bfpl	前（后）视距离	Double（6，3）	单位 m，精确到小数点后 3 位
4	bfpvalue	前（后）视观测值	Double（7，5）	单位 m，精确到小数点后 5 位
5	mtime	观测时间	String（23）	测点观测时间，精确至毫秒。如：YYYY-MM-DD HH：MM：SS.SSS
6	or	顺序号	Double（7，2）	该点在闭合水准线路中的前后顺序编号。编号从 1 开始，逐次增大，允许有小数，必须唯一。

续表

返回值	返回值为整型。
	成功时，返回值是末尾为 0 的正整数。即：原始数据 id+上传成功标识 0。 请用末尾是 0 来标记上传成功；截去末尾 0 后，得到原始数据 ID。在表 3-2-2 表上传测点成果的时候，用第 4 个参数 nyid 将该值上传。
	失败时：-1 表示其他错误；-2 表示 equipbrand 有误；-3 表示 instrumodel 有误；-4 表示 serialnum 有误；-5 表示 sjid 有误；-6 表示 temperature 有误；-7 表示 barometric 有误；-8 表示 weather 有误；-9 表示 benchmarkids 有误；-10 表示 mtype 有误；-11 表示 mdate 有误；-12 表示 linecode 有误；-13 表示 account 有误；-14 表示 pwd 有误；-15 表示网络异常； 集合下标从 0 开始，设 i 为对象集合 blist 的下标+1。 i1 表示 blist[i-1]元素中的 bffb 成员有误；依次类推，i2 表示 bfpcode 有误；i3 表示 bfpl 有误；i4 表示 bfpvalue 有误；i5 表示 mtime 有误；i6 表示 or 有误；重复数据返回值与上传成功一致。即：原始数据 ID 和上传成功标识 0。

3.2.5 数据库设计

数据库设计如图 4、图 5 所示。

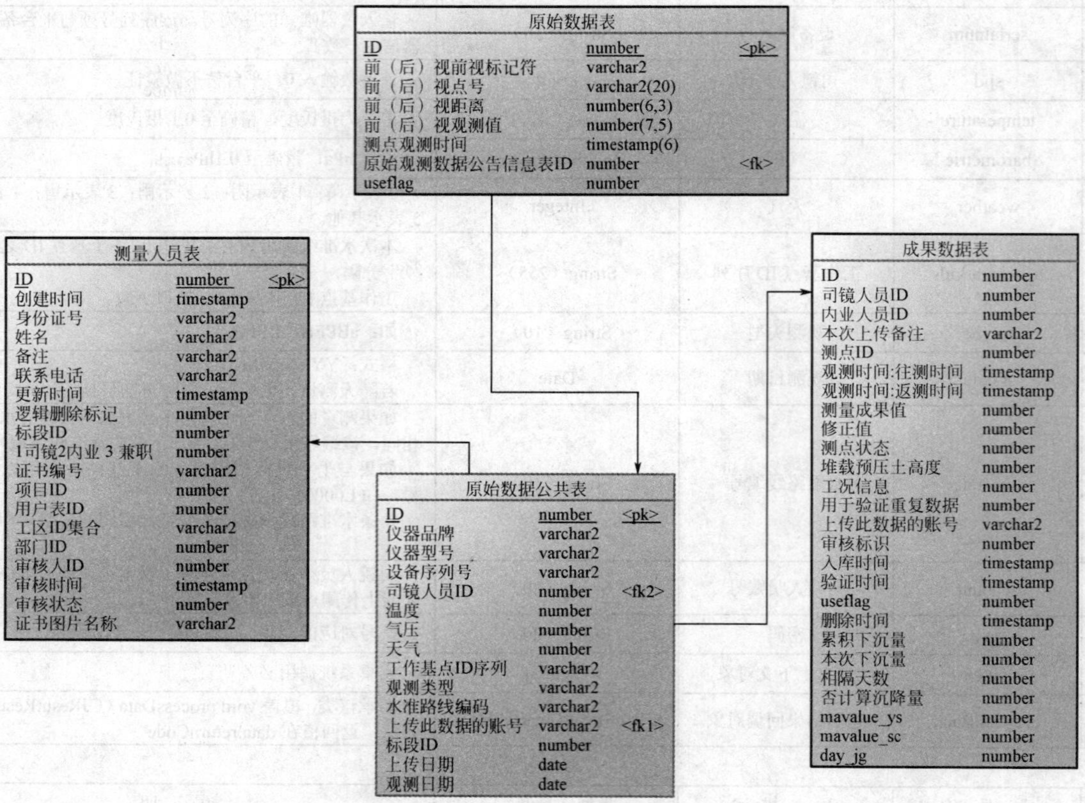

图 4 数据库设计（一）

4 结束语

本系统设计开发与实现历时长达九个月，主要原因是对沉降观测的业务需求理解还是比较熟悉的，但是对管理业务的需求，存在不补充的地方。但经过不懈努力情况完成并具备上线，本系统中接口程序能够平稳的运行，支撑 9 家采集终端软件上传和下载。

鉴于测量过程中，难免有单次测量错误导致沉降量突变的情况。这部分数据将影响到预评估的正常计算。系统提供的人工剔除错误数据的功能，可以提高沉降评估算法的稳定性。

在铁路沉降变形监测中，本系统实现了铁路建设对铁路沉降的信息化管理，实现了对沉降变形数据有采集端到平台一体化的管理控制，进一步提升了我国铁路建设信息化管理的水平。

断面表	
ID	number(19)
梁体跨度(徐变)	varchar2(255)
梁体类型(徐变)	number(19)
创建时间	timestamp
施工长短链标识	number(10)
施工断面里程	float
施工里程冠号	number(10)
断面编码	varchar
是否过渡段	varchar2
所在桥梁墩（台）编号	number
所属桥墩编号(徐变)	number
工区	number
项目	number
标段	number
运营长短链标识	number
备注	number
运营断面里程	varchar2
运营里程冠号	number
断面状态	varchar2
所属构筑物名称	varchar2
所属构筑物类型	number(10)
创建的APP账户ID	number(19)
工点	number(19)
所属构筑物的基础处理类型	varchar2(40)
断面名称	varchar2(255)
断面类型	number(1)
设计特性序列1	float
设计特性序列2	float
设计特性序列3	float
设计特性序列4	float

测点表		
ID	number	<pk>
创建日期	timestamp	
设计值备注	varchar2	
设计值	float	
测点埋设日期	timestamp	
测点测量状态	number	
测点编码	varchar2	
工区ID	number	
项目ID	number	
标段ID	number	
工点ID	number	
备注编码	varchar2	
测点位置编号	varchar2	
创建的App账户ID	number	
断面	number	
1为断面内测点，2为徐变测点	number	
测点在断面内的序号	number	
seatcode2	varchar2	
aname	varchar2	
测点类型	varchar2	
测量类型编码	varchar2	
offleft	number	
offtop	number	
审核状态	number	
审核人	number	
审核时间	timestamp	
徐变测点类型	number	
dk里程	number	
最后两次测量间隔天数	number	
最后一次测量距离今天的天数	number	
当前工况	number	
更新时间	timestamp	
最近一次测量的累计沉降量	float	
最近一次测量的时间	timestamp	
观测累计天数	number	

工作基点		
ID	number(19)	<pk>
项目ID	number(19)	
标段ID	numeric	
工作基点名称	varchar2(255 char)	
工作基点编号	varchar2(255 char)	
工作基点初始高程	float	
本次高程修正值	float	
工作基点修正后高程	float	
基准点修正版本号	number	
工作基点位置n坐标	float	
工作基点位置e坐标	float	
施工里程冠号	varchar2(255 char)	
施工断面里程	number	
施工长短链标识	number	
运营里程冠号	varchar2(255 char)	
运营断面里程	number	
运营长短链标识	number	
修改时间	timestamp	
创建时间	timestamp	
备注	varchar2(255 char)	
标志位	number(1)	

水准线路		
ID	number	<pk>
标段名称	varchar2	
工区	varchar2	
里程范围	varchar2	
编号	varchar2	
userid	number	
标段id	number	
修改时间	timestamp	
创建时间	timestamp	
备注	varchar2	
标志位	number	
该水准线路内的所有测点ID	clob	
该水准线路内的所有工作基点ID	clob	
工作基点数目	number	
测点数目	number	
水准线路的类别	number	

测量设备信息表		
ID	number	<pk>
设备名称	varchar2(128)	
设备no	varchar2(128)	
制造厂商	varchar2(128)	
望远镜放大倍率	varchar2(128)	
视距常数	varchar2(128)	
水准器分割值	varchar2(128)	
测微器分割值	varchar2(128)	
倾斜螺旋分割值	varchar2(128)	
仪器检验校正情况	varchar2(128)	
标尺名称	varchar2(128)	
标尺1编号	varchar2(128)	
标尺2编号	varchar2(128)	
标尺制作厂商	varchar2(128)	
读数差常数	varchar2(128)	
刻画间隔	varchar2(128)	
标尺检查校正情况	varchar2(128)	
创建日期	timestamp(6)	
最后一次修改日期	timestamp(6)	
useflag	number	
创建用户ID	numeric	
监理审核日期	timestamp	
监理审核ID	numeric	
是否审核通过标识	numeric	
审核有效期	timestamp	
项目ID	numeric	
标段ID	numeric	

图 5　数据库设计（二）

铁路货运安全检测监控与管理平台总体方案的研究

蒋　荟　王华伟　喻冰春

（中国铁道科学研究院电子计算技术研究所，北京 100081）

摘　要：在铁路货运安全检测监控专业应用系统种类繁多、信息共享、系统互联互通需求日益增强的背景下，有必要对铁路货运安全检测监控与管理平台进行研究与设计，满足货物运输全过程检测监控与管理的要求。本文论述了铁路货运安全检测监控与管理平台建设的必要性，分析了平台的业务应用需求，提出了满足货运安全检测监控与管理应用的总体架构，设计了服务于总公司、铁路局、站段（货运中心）的平台基本功能框架，阐述了系统主要关键技术，并且提出了系统的实施建议。

关键词：货运安全；检测监控；安全管理；技术方案

Research on the General Scheme of Railway Freight Safety Monitoring and Management Platform

Jiang Hui　Wang Huawei　Yu Bingchun

（Institute of electronic Comouting technology，China Acaclemry of Railway Sciences Beijing 100081）

Abstract: The special railway freight safety inspection and monitoring systems are various，and the needs of information sharing are growing. It is very necessary to research and design the railway freight safety monitoring and management platform. In order to meet the goods transportation monitoring and management requirements. This paper discusses the necessity of constructing the platform，analysis platform business applications requirements, proposes the general architecture, designs the basic platform function framework, describes the key technology of system, and put forward the implementation advices.

Key words: Freight Safety, Inspection and Monitoring, Safety Management, Technical Scheme

1　引言

近年来，随着铁路货运重载和高速、提速并举，以及近期开展的货运组织改革，铁路货物运输安组织发生了巨大的变化，在这种新的形势下，货运安全面临前所未有的考验。

围绕着铁路货运安全检测监控与管理，货运部门陆续推广应用了一系列专业应用系统，由于这些专业系统大多为独立建设、独立运用，尚未形成有机整体，因此，货运安全监控与货运生产管理信息尚未有效对接、形成完整的信息反馈网络，完整、高效的货运安全监控网络尚未形成，既有货运专业系统信息未得到有效利用。为此，迫切需要围绕货运安全生产、安全检测及安全管理的业务需求，以货运安全监测与管理专业系统为基础，以服务运输生产、深化安全管理、保障运输安全为重点，建立统一、集成、综合的铁路货运安全检测监控与管理平台（以下简称“监控与管理平台”），强化对铁路货物运输装载质量、途中检查、卸车交付全过程的网络化检测监控与管理，实现信息共享、数据集成及综合应用，充分发挥铁路货运监测设备和信息系统的作用。原铁道部于2013年颁布的《铁路货运安全检测监控与管理系统总体技术规范》（铁运〔2013〕56号），为系统建设指明了方向。

2 系统建设的必要性

2.1 专业系统发展现状

目前，铁路已经推广和正在建设推广的系统主要有：铁路货运站安全监控与管理系统、铁路货检站安全监控与管理系统、铁路货运计量安全检测监控系统、铁路危险货物运输安全监控系统、铁路货车装载视频监视系统、保价及货运事故处理系统、铁路货物押运安全监控系统等10余个专业应用系统，这些专业应用系统基本实现了货运安全分专业、分环节的检测监控，为货运安全监控与管理提供了科学、可靠的技术支撑，在铁路货运生产和货运安全中发挥了重要作用。

2.2 必要性分析

大多数推广应用的货运安全专业系统是按照“专业建设、专业管理、专业应用”的模式建立起来的，传统的管理模式已不能满足日益增长的系统互联互通、信息共享的需求，迫切需要打破专业管理的局限，以数据集成、整合应用为目的建立统一的铁路货运安全检测监控与管理平台，实现资源整合和综合应用。这是铁路信息化发展的必然趋势，也是实现系统互联互通、信息共享的根本措施。

同时，货运安全专业系统的应用水平参差不齐，还有部分系统尚未实现联网应用。迫切需要依托监控与管理系统，利用系统提供的统一的软硬件资源环境，实现专业系统的联网应用，实现资源整合。

货运安全监控与管理业务贯穿于货物运输自发站→途中站→到站的全过程货运生产与组织中。依托于监控与管理系统，可实现货物运输源头控制、途中监测和到达复核全过程安全监督与控制，满足货运安全监控与管理的实际需要。

此外，通过监控与管理平台的信息集成、关联与综合分析，可对货物安全生产和安全状态进行整体把控，实现对货运安全管理的精细化、科学化。

基于上述原因，建设货运安全检测监控与管理平台是必要的，也是当前一项亟待解决的工作。

3 系统需求分析

3.1 系统服务对象

监控与管理平台的主要服务对象是各级铁路货运管理及相关人员，用户按照所属单位可分为：总公司级、铁路局级、直属货运站段（货运中心）级货运业务管理人员。他们对系统的需求主要为货运安全检测监控与管理集成综合应用和专项管理应用，涵盖货运作业监督与控制、安全检测监控、风险管控、设备管理、全过程运输追踪、货运综合分析与决策支持等多个方面。

3.2 系统总体需求

通过搭建总公司、铁路局级监控与管理平台，共享各铁路货运安全监控与管理相关信息系统的数据，通过对信息的分类掌握、分级管理和综合应用，实现货物运输全过程安全监督与控制，为各级货运主管部门提供综合检测监控及管理服务。

总公司级应用主要发布货运相关的规章、制度和管理办法，提供规范化的基础信息管理，对全路货物装载质量进行全过程监督与管理，开展货运安全管理综合分析和决策支持，为全路网络化综合评判提供数据支撑。

铁路局级应用主要实现对局管内装卸车源头控制、货物装载质量的全过程监督管理，通过数据综合处理与应用，为本局货运安全管控提供辅助决策依据。

直属货运站段（货运中心）级应用是收集铁路货运站安全监控与管理系统、铁路货检站安全监控与管理系统等货运相关系统的信息，提供具体监管车站装卸车源头控制、货物装载质量过程监控管理的相关功能。

3.3 主要数据流程分析

根据货运管理的要求和管理的性质，铁路监控与管理系统的业务主要可以划分为货运生产监督、货运安全监控与综合管理三大部分，系统的主要业务数据流程如图1所示。

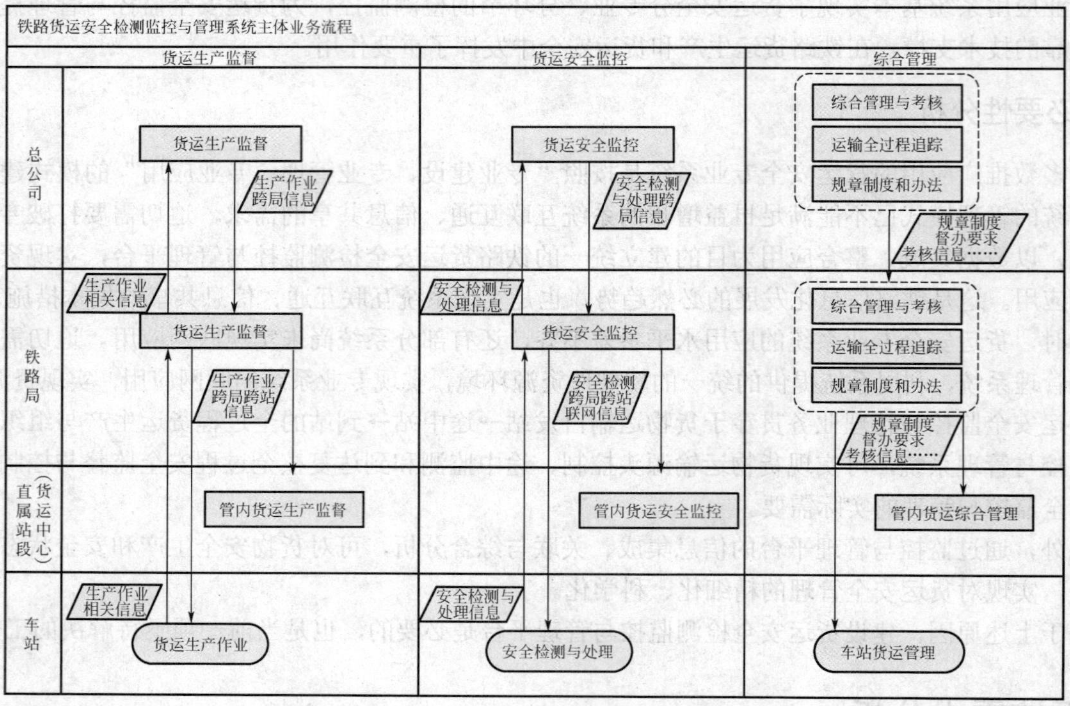

图1　铁路货运安全检测监控与管理系统主体业务流程

监控与管理系统的主要数据流分为自上而下和自下而上传输两类。自上而下的数据主要指数据源由上层系统产生，然后逐级下发到下级系统中，本平台中自上而下的数据流主要包括：规章文电、督办整治要求、考核评价等货运管控类信息和监测设备联网评判等安全监控类信息，以及公用的基础信息。自下而上的数据流主要指数据源由底层系统产生，然后逐级上传到上级系统，本平台中自下而上的数据流主要包括：货运生产类信息、监测设备监测数据和预警处理等安全监控类信息和检查整治反馈等管理类信息。

监控与管理系统，通过各类监测数据的联网综合报警以及各级铁路货运管理与作业人员的监控与处理，实现对货物运输的安全监控、报警处置、检查核实、处理反馈及监督管理，形成对铁路货运安全监控的闭环控制。

4 系统技术方案

4.1 系统架构设计

系统在总公司、铁路局、直属站（段）进行部署，其中总公司、铁路局两级搭建监控与管理平台，实现总公司、铁路局、直属站（段）三级管理和应用。系统架构如图2所示。

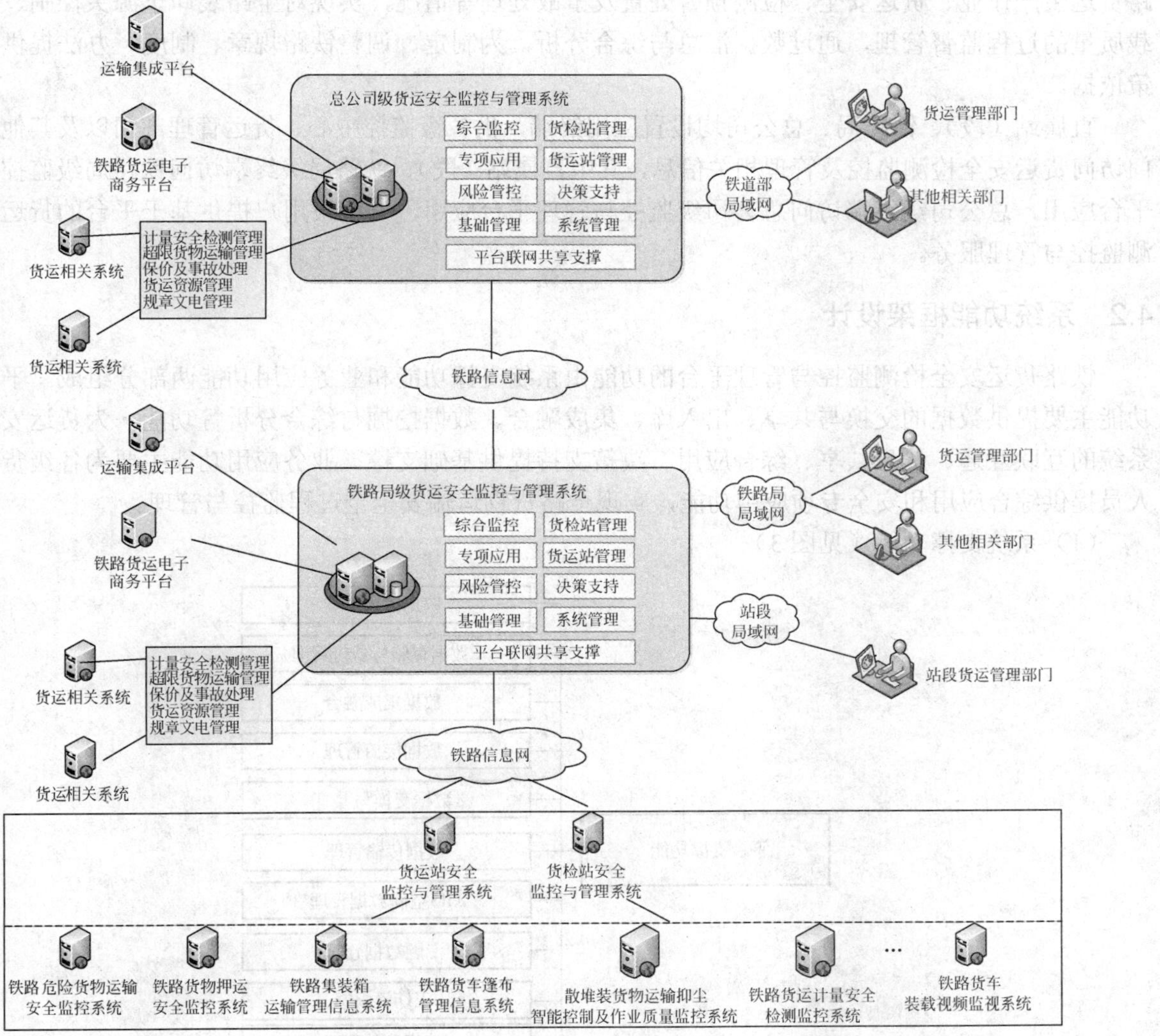

图2 铁路货运安全检测监控与管理平台总体架构

总公司级和铁路局级监控与管理平台作为铁路货运安全检测监控与管理平台的重要组成部分，是实现系统互联互通、资源共享、联网运行、综合运用的关键。通过在总公司、铁路局级架设统一的应用服务器和数据库服务器，部署总公司、铁路局级监控与管理系统，提供总公司、铁路局、直属货运站段（货运中心）三级联网应用，从而实现全路货物运输全过程监督与网络化监控管理，以及货运安全综合应用服务。

铁路局级监控与管理系统，是铁路安全检测监控与管理平台的枢纽。该级系统以基层数据为基础，从货运站、货检站系统中接入局管内货运安全基础生产信息、监测预警信息、作业信息等，从同级已实现三级联网的货运安全专业系统中接入联网应用信息，从上级系统中接入总公司级及外局共享的货运安全检测监控与管理信息等，并按业务管理需要将信息及时汇总并下达。同时，铁路局级系统为尚未实现三级联网应用的专业系统提供统一的软硬件资源，部署专业应用系统，实现基于路局系统的货运安全检测监控与管理信息的联网共享应用。通过局级各货运安全专业系统的整合、信息共享及综合应用，实现对局管内装卸车、装载质量的全过程监督管理，为细化站段相关货运制度办法、政策提供辅助决策依据。

总公司级监控与管理平台，整合接入各路局级货运安全监控管理信息，并同级接入已实现三级联网的货运安全专业系统联网应用信息，通过对各货运专业系统的整合、信息共享及综合应用，掌握全路货运生产作业、货运安全、检测预警处置及事故处理等情况，实现对全路装卸车源头控制、货物装载质量的过程监督管理，通过数据汇总与综合分析，为制定、调整铁路规章、制度、办法提供辅助决策依据。

直属站（段）、铁路局、总公司均设置应用终端，供各级监控中心、货运管理部门以及其他相关部门访问货运安全检测监控及管理相关信息，其中直属站（段）、铁路局级终端访问铁路局级监控与管理平台应用，总公司级终端访问总公司级监控与管理平台应用，为各级用户提供基于平台的货运安全检测监控与管理服务。

4.2 系统功能框架设计

铁路货运安全检测监控与管理平台的功能由系统支撑功能和业务应用功能两部分组成。平台支撑功能主要提供数据的交换与共享、出入库、集成融合、数据挖掘与综合分析等功能，为货运安全专业系统的互联互通、信息共享、综合应用、决策支持提供基础支撑。业务应用功能主要为各级货运管理人员提供综合应用和安全专项应用功能，实现全路货物运输安全全过程监控与管理。

（1）系统支撑功能（见图3）

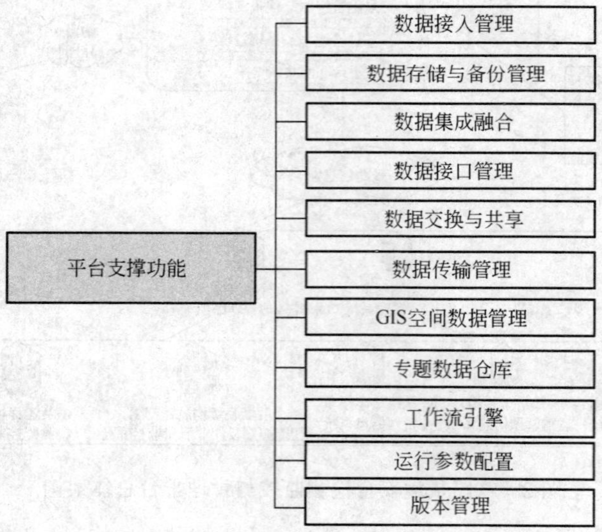

图3　平台支撑功能结构

数据接入管理：负责将各类货运生产、安全数据等接入平台。

数据存储与备份：对数据进行统一的存储与组织管理，提供对各类货运相关信息的存储与备份管理。

数据集成融合：建立数据匹配及融合处理模型，提供对各类货运安全及生产数据的集成匹配、融合处理等功能。

数据接口管理：提供平台与各货运专业系统、外部系统的接口处理。

数据交换与共享：提供平台系统与货运安全专业系统之间的数据交换与共享功能。

数据传输管理：提供不同层级平台之间数据传输、转发等功能，对平台的数据传输情况进行实时监控。

GIS 空间数据管理：提供对货运站、货检站、货运设备设施等各类 GIS 空间数据的维护、发布管理功能。

专题数据集市：根据货运安全监控与管理业务需求，分别建立面向专项应用和综合应用主题的数据集市，可以为货运安全与管理提供汇总分析及辅助决策支持。

工作流引擎：提供对货运安全相关业务流程的规则抽象、模型建立、为业务流程建立提供运行环境。

运行参数配置：提供对系统安全策略、审计策略、负载均衡策略、数据升级、备份策略等运行参数的维护及查询功能。

版本管理：提供对系统的升级设置、文件配置、版本记录等功能。

（2）业务应用功能

平台的应用主要分为总公司、铁路局和直属站段（货运中心）三级应用。各层级平台的主体功能框架基本相同，但是功能的侧重点各有不同。

其中直属货运站段（货运中心）级应用功能设计主要以监督辖内车站装卸车源头控制、货物装载质量过程监控管理的相关功能为重点。铁路局级应用功能设计以实现对局管内装卸车源头控制、货物装载质量的全过程监督管理、货运安全数据综合处理与分析等功能为重点，为本局货运安全管控提供辅助决策依据。总公司监控与管理应用功能设计以全路货运安全信息的综合应用、基础业务数据规范管理、安全风险管控与考核评价、安全综合分析与决策支持等作为重点，为全路货运安全管控提供辅助决策依据。

总公司级平台的主要功能框架如图 4 所示。

综合应用：集成展示全路的货运安全综合概况信息，提供综合报警、全程追踪查询，生成日常综合性报表，建设货运安全考核评价和综合分析模型，为货运安监管理提供多维度的辅助决策支持，实现货运安全信息的综合应用。

货运安全生产：对全路货运站生产作业情况的实时监督，全面掌握货运工作质量。

货检安全生产：对全路货检站作业情况的实时监督，全面掌握货检工作质量。

专业管理：提供铁路货运安全检测监控与管理专业管理服务，为货运安全各专业提供多级联网应用。

风险管控：建立铁路安全问题库，提供重点督办、风险分析和应急处置等功能。

设备管理：提供对设备运行状态、设备检修信息、检定信息、故障维修信息的查询、统计、维护及分析。

基础管理：对全路货运资源、规章文电、装载加固方案、货运安全案例库等基础资源进行统一集中管理。

系统维护：提供可视化界面对系统字典、系统参数、系统用户及其权限等信息维护管理。

4.3 系统接口框架设计

铁路货运安全检测监控与管理平台是在接入货运安全生产与管理信息的基础上，通过数据加工处理、集成、融合、共享，为各级用户提供货运管理专项应用和综合应用的综合性集成平台。因此，数据交换与共享是平台的一项重要工作，主要包括对内数据接口和对外数据接口两大类。对内信息接口主要指平台与货运站安全监控与管理系统、货检站安全监控与管理系统间以及平台与已联网的货运专业系统间的信息接口。对外数据接口主要指平台与铁路运输集成平台、电子商务平台等外部系统的接口。上述这些接口共同构成铁路货运安全检测监控与管理平台数据接口框架。

平台的主要数据接口框架如图 5 所示。

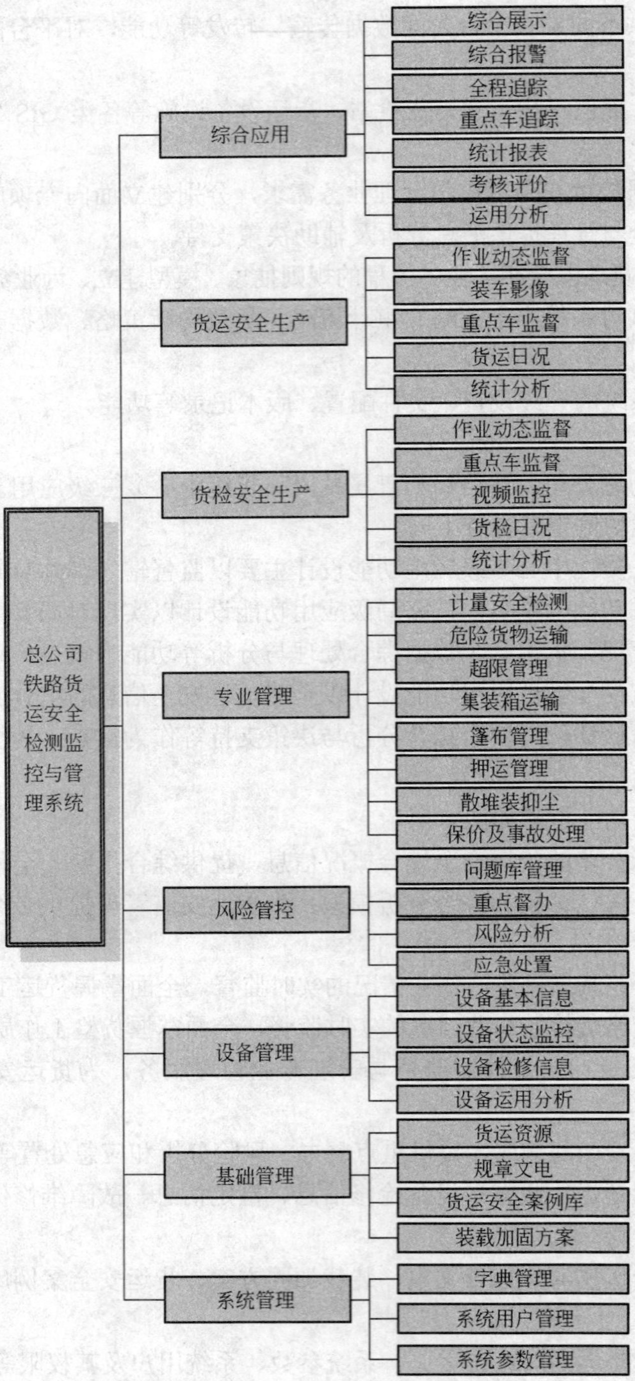

图 4　总公司监控与管理平台业务应用功能结构

5　系统创新及主要关键技术

货运安全检测监控与管理平台作为货运领域的集成平台，其通过对各类生产数据、监测信息、作业信息及处置信息的集成整合，为各级货运管理人员提供货运安全生产全过程监督管理服务，在平台的实现过程中，涉及以下主要关键技术问题需要攻关解决。

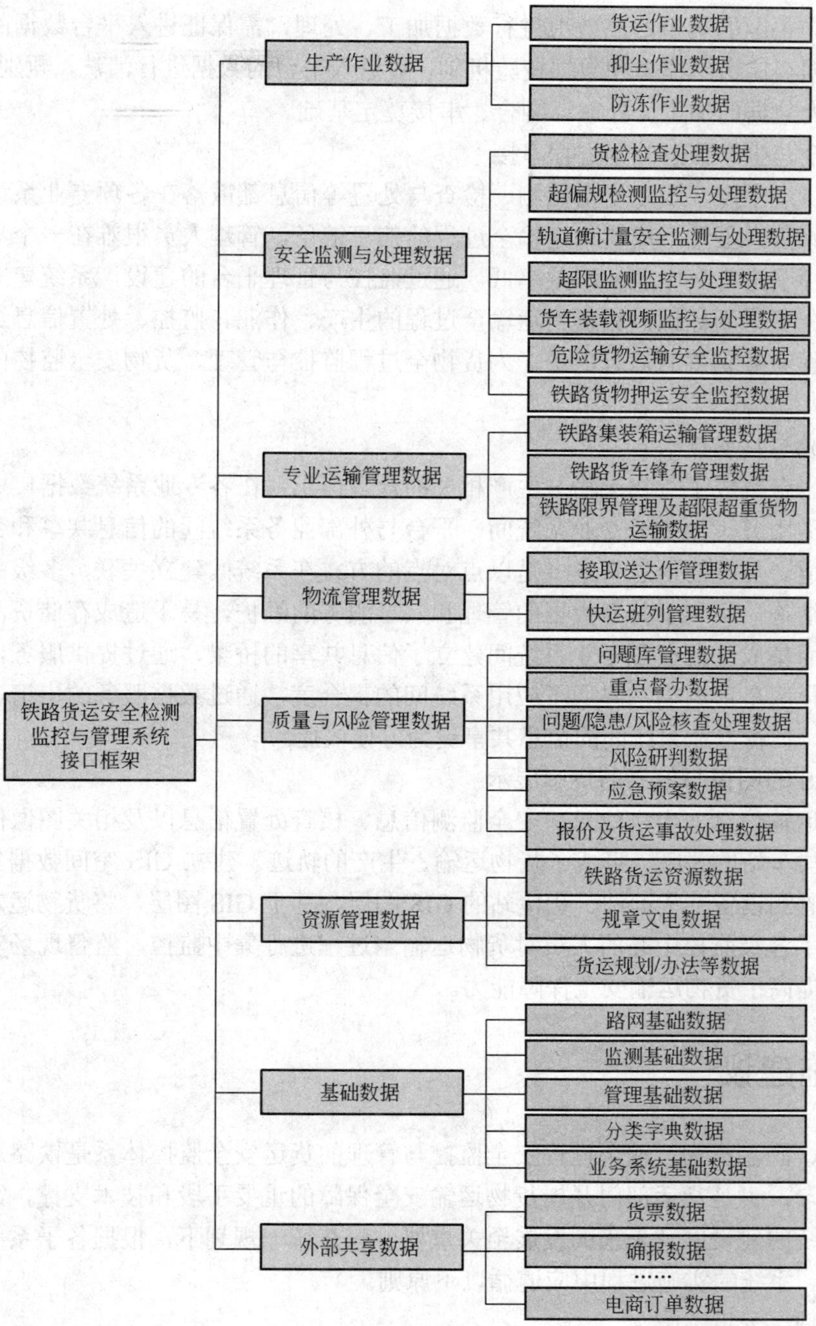

图 5　平台数据接口框架

（1）平台化数据与服务技术

系统首次在总公司和铁路局建立监控与管理服务平台，通过对业务和数据的梳理，建立了一系列数据接口规范和服务规范。平台采用报文、事件以及标准服务的设计，保证平台的可扩展性，通过建立平台应用服务，为运输调度、生产经营、安全监控、统计分析等业务提供各种数据接口和服务接口。数据和服务平台化的设计理念为货运领域其他系统的数据整合提供的实践环境，为未来总公司级数据集市建立奠定了数据基础。

（2）数据存储组织与数据处理技术

监控与管理平台集成了 13 个专业系统的信息，包括货运生产信息、货运检查信息、安全监测信息、核实处置信息、货运资源信息、质量与风险管控信息等多种信息，覆盖货物运输生产全过程的各个环节。为了建立面向主题的集市，高效地进行数据加工、处理，需保证进入平台数据的质量。因此，需要建立有效的数据存储组织模型和数据校验机制，对进入平台的数据进行清洗，甄别并剔除无效数据，确保数据质量，为数据的加工、处理、融合、串接奠定基础。

（3）货运安全与生产信息的全过程串接

长期起来，货运生产、货运安全监测、检查与处置等信息都散落在各项专业系统中，由于专业系统间信息孤岛等原因，很难形成货物运输全过程的信息链条，管理人员很难在一个集成的界面上对货物运输全过程的环节进行集中监控，效率低。通过监控与管理平台的建设，系统建立了规范的数据组织模型，以车号、货物为标识，将货物运输全过程的生产、作业、监控、处置信息进行了串接，形成了货物运输全过程业务完整的信息链条，为货物全过程监控与管理、货物安全监控的精细化管理奠定了基础。

（4）数据集成与共享技术

监控与管理平台集成了货物运输与生产相关的众多信息，在各专业系统数据集成的基础上，提供了基于平台的各类服务，为货运专业系统间、平台与外部业务系统间的信息共享和数据服务提供了一种新方式、新渠道。传统的信息共享多是以点对点的方式在系统间建立关联，多级系统分布式的架构就形成了网状的结构，不利于共享数据的管理和共享服务的维护，易于造成存储资源的浪费和应用服务的重复开发。而集成平台在各专业系统间建立了信息共享的桥梁，通过提供服务，将传统的网状结构的共享方式优化成星形结构，降低了应用系统间的耦合度，通过数据服务的申请、批准、使用、变更等标准化流程，使得专业系统间的信息共享更为方便快捷。

（5）基于 GIS 的图像与信息的集中展示

平台将货物运输信息、生产信息、安全监测信息、核查处置信息以及相关图像信息进行了集成，通过将集成信息与车站的关联，形成了货物运输、生产的轨迹。建立 GIS 空间数据集，在铁路线基础图层上建立安全监测设备、货运站、货检站的 GIS 图层，基于 GIS 图层，将货物运输、生产轨迹进行集中展示，方便了各级监控中心的人员对货物运输全过程进行集中监控，监督现场对途中出现的问题进行及时处置，提高了货物运输安全保障能力。

6　系统实施建议

建立完整的、涵盖货物运输全过程安全监控与管理的货运安全监控体系是铁路总公司货运安全保障的重点内容之一，也是货运部门开展货物运输安全保障的重要手段和技术支撑，采用合理、适合的实施策略，对系统的建设以及未来的发展至关重要。应在统一规划下，根据各子系统的成熟度和应用需求，分步实施。系统的实施过程中应遵循以下原则。

（1）统一规划，分步实施

货运安全检测监控与管理平台涉及各项货运安全专业系统的建设，将是一项庞大和复杂的工程。建设应始终坚持“统一领导、统筹规划、齐抓共建、分步实施、信息共享”的指导思想，并且优先集成接入已实现三级联网的专业系统和货运站系统、货检站系统。

系的硬件环境搭建应采取充分利用既有资源，同时应满足根据需求变化逐步扩充的硬件环境配置原则。对系统应用软件采取“核心业务优先推进、专项应用成熟一个接入一个、逐步应用逐步完善”的分步实施原则，逐步完善平台应用，逐步扩大信息共享范围。

（2）统一监测数据接口，统一接入管理

对各类货运安全检测监控专业系统分别制定统一的监测数据接口规范和数据接入方案，按照统一的数据接入与传输流程接入监控与管理平台，以保障安全监测数据的准确性、实时性与有效性，切实发挥专项安全监测系统效用。

（3）先期试点，取得成功后全面推广

平台研发后，应先期选定 1～2 个铁路局、站段进行试点，通过试点取得建设经验并完善应用。待试点成功后，再开展全面推广应用。

（4）建立平台运维保障体系

监控与管理平台是一个集成平台，其集成了多类多个货运专业系统的数据，同时还对外提供应用服务，因此，建立平台的运维保障体系，保障平台运行平稳是一项重要的工作。需根据平台日常运用与管理的要求，组建专业的运维团队，建立统一的运维管理办法，为平台的稳定运行提供技术支撑与运行保障，从而达到为其他专业系统和外部业务系统提供数据和应用服务的目的。

7 结束语

《铁路货运安全检测监控与管理系统总体技术方案》已通过总公司的技术审查，为平台的建设奠定了技术基础。研发单位已经根据总体方案开展了总公司级、铁路局级平台部分功能模块的开发，并在铁路局货运安全监控中心的进行试点运用。随着平台研发工作的完成及试点应用的开展，平台将在铁路货货运安全保障中发挥越来越大的作用。

参考文献

[1] 原铁道部．铁路信息化总体规划．

[2] 铁路货运安全检测监控与管理系统总体技术规范．

[3] 中国铁路总公司．2014 年货运计量安全检测设备专项整治工作方案．

[4] 原铁道部．铁路货检站安全监控与管理系统总体技术方案，铁信函〔2012〕76 号．

[5] 铁路总公司．铁路货运站安全监控与管理系统总体技术方案，铁总信〔2013〕76 号．

[6] 陈伯施，刘瑞扬．地对车安全监控体系 5T 系统信息整合与应用［M］．北京：中国铁道出版社，2006．

[7] 蒋荟，铁路车辆运行安全监控系统的研究与应用［J］．公路交通科技，2009（增刊）：1-6．

[8] 蒋荟，刘春煌，王华伟，等．铁路货运计量安全检测监控系统关键技术［J］．中国铁道科学，2013（4）：137-144．

[9] 中国铁路总公司关于印发《铁路危险货物运输管理暂行规定》的通知．

铁路隧道围岩量测信息系统关键技术研究及实现

梁 策 鲍 榴 卢文龙 张 艺

（中国铁道科学研究院电子计算技术研究所 北京 100081）

摘 要： 在隧道围岩量测工作中，用手持终端采集软件采集现场围岩变形数据，并通过判断变形速率和累积变形量是否超出阈值，实现预警；进一步用数据分析处理软件根据历史量测数据，采用回归分析的方法，预测变形量发展的趋势，实现预警。量测数据及预警信息上传服务端平台后，服务端进一步进行校验，并将预警信息通过短信和推送消息的方式，发送给各级相关管理人员。通过变形量、变形速率、回归分析预测计算、量测监督等关键技术的研究，实现数据采集、风险预警、上传汇总、分级消息分发、处置措施上报、预警关闭等功能，在建立风险闭环管理机制的基础上，实现围岩量测的信息化管理。

关键词： 围岩量测；变形量；变形速率；预警

Research and Realization of the Key Technology of the Measurement Information System of Railway Tunnel Surrounding Rock

Liang Ce Bao Liu Lu Wenlong Zhang Yi

（Institute of electronic computing technology，China Academy of Railway Sciences，Beijing 100081）

Abstract: In the measurement of tunnel surrounding rock，with a handheld terminal acquisition software acquisition field of surrounding rock deformation data，and pass judgment on the deformation rate and accumulative deformation capacity exceeds the threshold, to achieve warning; further data analysis processing software according to the historical data，using the regression analysis method，to predict the deformation trend of development，to achieve early warning. Measurement data and warning information upload server platform, the server to further verify, and early warning messages and push messages through SMS, sent to all levels of relevant management. Through deformation，deformation rate，regression analysis for the prediction of calculation, measurement supervision and other key technology research，data acquisition，the risk of early warning，upload summary，hierarchical message distribution，disposal measures reported，warning off and other functions，in the establishment of risk closed-loop management system on the basis, to realize information management in the measurement of surrounding rock.

Key words: Surrounding Rock Measurement, Deformation, Deformation Rate, Warning

1 引言

近年来，随着大规模新建铁路的建设，以传统的方式进行隧道围岩量测和管理，建设单位和从业单位逐渐遇到了一些新挑战。传统的量测，采用“人工读数、手工填写、纸质报告”模式，人为干预因素多，数据处理慢，信息不能得到及时反馈。管理者不能及时或实时地掌握和分析隧道围岩变化情况，致使险情处理反应迟缓；在监测过程中不能够形成即时、有效、连续的数据链，难于实现全过程监控，极易出现数据失真、缺失的情况，削弱了安全管理效能；由于各种因素，现场检查存在一定的随机性，难以全覆盖，容易出现监管盲区[1]。在此背景下，隧道围岩量测信息化管理需要及时建立和开展。

2 系统简介

系统由手持终端采集软件、服务端平台和数据分析处理软件构成（见图 1）。

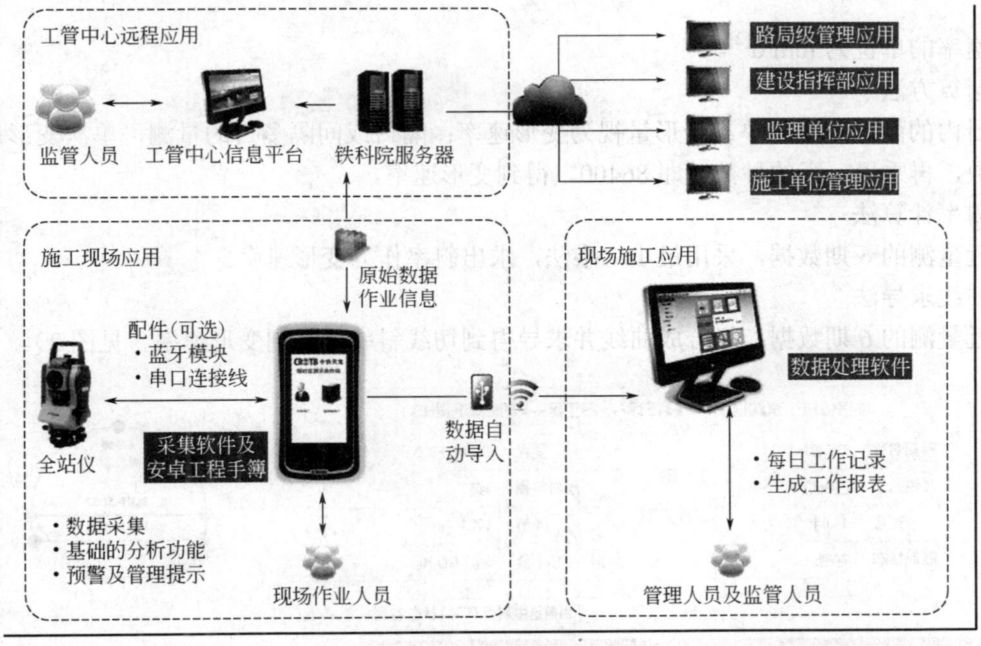

图 1 系统结构

终端采集软件分布在全路各个隧道施工现场，通过安卓手机上的蓝牙模块连接全站仪，采集数据并负责现场报警、数据上传等功能。

服务端平台采用 B/S（浏览器/服务器）模式，主要功能包括：量测人员维护监测断面和测点（测线）等信息，供手持终端采集数据时下载应用；各级管理人员查看预警信息、量测数据和曲线，实现预警闭环管理，对围岩量测开展情况进行监督等。

数据分析处理软件采用 C/S（客户机/服务器模式）模式，主要功能包括：报表导出，量测数据位移—时间曲线分析、距离—位移曲线分析，变形量回归分析等功能。

3 关键技术

3.1 变形量计算方法

隧道围岩量测中，洞内的拱顶下沉和洞外的地表沉降均为单个测点，量测结果为高程；洞内的周边收敛为测线，量测结果为一对测点间的距离。高程变低沉降量为正，反之为负；距离变小收敛为正，反之为负[2]。

（1）变形量计算

单次变形量计算、累积变形量计算，测点破坏重埋后的修正量计算、预警处理后的修正量计算。

（2）单次变形量计算

每次量测与上次量测的结果比较，求差计算得到单次变形量。

（3）修正量计算

测点量测了一段时间后，已经产生了一定变形量，突然之间遭到施工破坏，重新布设后的测点需要继承该点已经产生的变形量。因为新旧测点之间的空间位置不同，需要计算二者之间的修正量，实现新旧测量数据之间偏差的抵消。

（4）累积变形量计算

以首次量测为基准，后续各个期次的单次变形量及修正量求和，得到累积变量形量。

3.2 变形速率计算方法

变形速率的单位为 mm/d[2]。

（1）速算方法

同一日内的两次量测，单次变形量视为变形速率；隔日或间隔多日的量测，单次变形量除以时间间隔的秒数，再乘以一天的秒数，即 86400，得到变形速率。

（2）斜率计算法

取最近量测的 6 期数据，采用最小二乘法，求出斜率作为变形速率。

（3）曲线求导法

取最近量测的 6 期数据，拟合成曲线并求导得到切线斜率，得到变形速率（见图 2）。

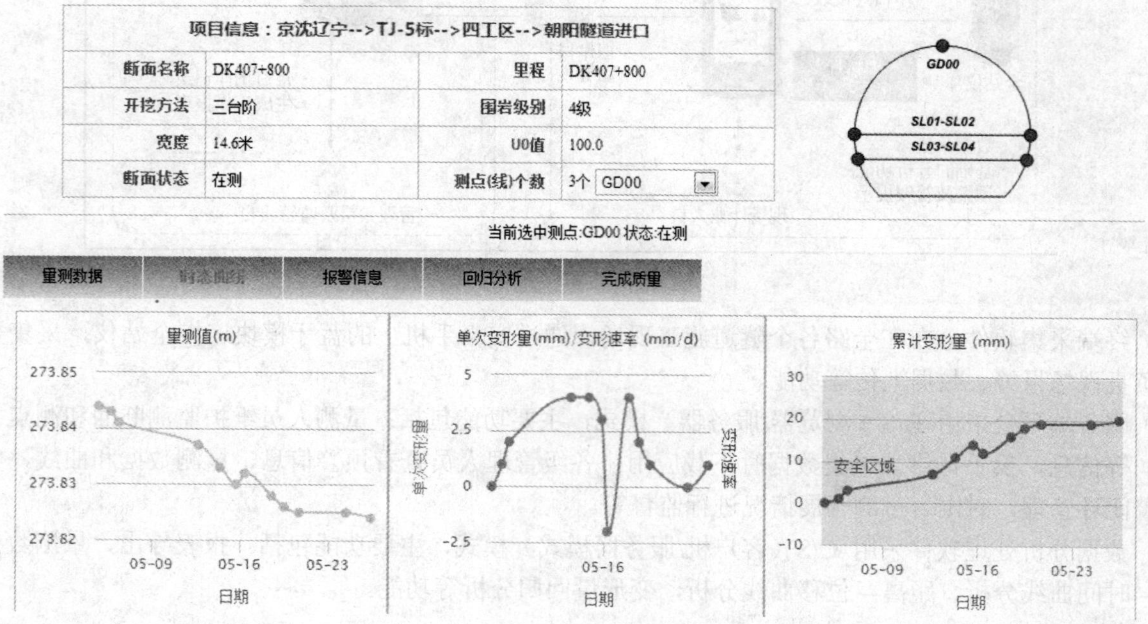

图 2　变形速率和变形量曲线图

3.3 回归分析预测方法

变形量计算是围岩量测预警的核心环节，量测得到的数据存在偶然误差，具有离散特性，通过指数模型、对数模型、双曲线模型等方法，并结合开挖断面宽度、围岩等级、监测初始时间等参数，进行回归分析，预测指定天数将达到的累积变形量。同时计算预测曲线与实际量测曲线的相关性系数，达到 0.92 及以上视为准确（见图 3）。

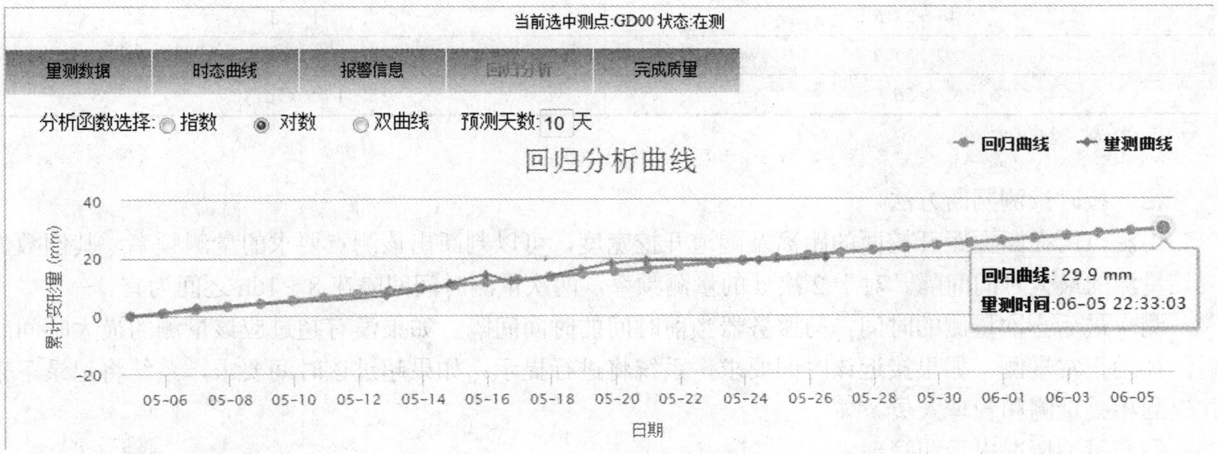

图 3　回归分析曲线图

3.4　预警

终端采集软件在量测现场，通过判断变形速率和累积变形量是否超出阈值，实现预警；数据分析处理软件根据历史量测数据，采用回归分析的方法，预测变形量发展的趋势，实现预警。量测数据及预警信息上传服务端平台后，服务端进一步进行校验，并将预警信息通过短信和推送消息的方式，发送给各级相关管理人员。

（1）预警评价指标

预警分为黄色和红色两级，具体见表 1[3]。

表 1　变形量预警等级管理

安全等级 变形量（mm）		正常（绿色）	预警二级（黄色）	预警一级（红色）
围岩级别	Ⅲ级	＜40	40～80	＞80
	Ⅳ级	＜50	50～120	＞120
	Ⅴ级、Ⅵ级	＜75	75～150	＞150

（2）变形速率超限评价指标及相应措施

测点变形速率≥5mm/d 时，由监理工程师组织施工现场分析原因并采取处理措施；当速率连续 2 天大于 10mm/d 时，由监理单位组织施工单位进行原因分析和制定措施并上报建设单位批准；当速率大于 15mm/d 时由建设单位组织设计、监理和施工单位进行原因分析和制定措施[3]。

3.5　量测监督

隧道开挖工作面开始围岩量测以后，只有在按时量测的情况下，才能保证数据及时采集，风险有效掌控。

（1）量测频次要求（见表 2）

表 2　按距开挖面距离确定的监控量测频率

监控量测断面距开挖面距离（m）	监控量侧频率
（0～1）*B*	2 次/d
（1～2）*B*	1 次/d
（2～5）*B*	1 次/（2～3d）
＞5*B*	1 次/（7d）

注：B 为隧道开挖宽度[2]。

（2）按时量测判断方法

用测点所在断面距开挖面的距离及隧道开挖宽度，可以判断出该测点要求的量测频率，其倒数为应该量测的最大时间间隔。对于 2 次/d 的量测频率，两次量测时间间隔在 8～16h 之间为宜。

测点最后一次量测的时间，与服务器当前时间的时间间隔，如果没有超过应该量测的最大时间间隔，视为正常量测；如果接近该时间要求，系统将进行提示；如果超过该时间要求，系统将记录下来并提醒相关量测和管理人员。

（3）量测情况提示和管理

在系统的量测监督模块中，按期次要求量测的以绿色线段表示，低于期次要求的量测，以红色线段表示（见图 4）。

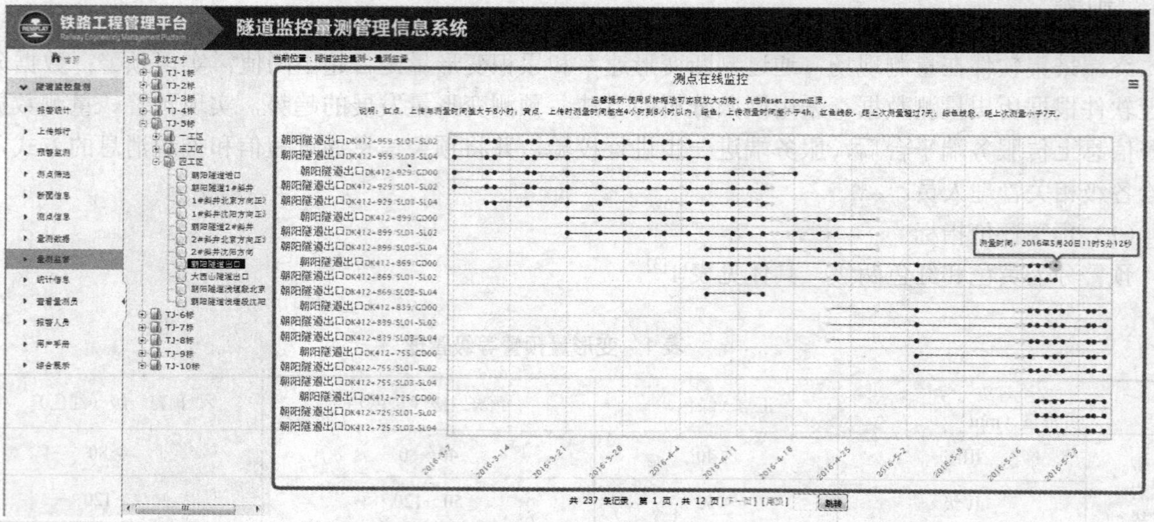

图 4　量测监督

4　预警闭环管理

预警在量测现场触发，由终端采集软件上传量测数据和预警信息到平台后，形成预警记录；现场量测人员在上传预警后，可以通过采集端软件或 Web 页面两种途径上传现场风险情况的描述；相关管理人员制定风险处理措施后，在 Web 页面中填写处理措施；待现场将措施落实到位后，管理人员在 Web 页面中关闭预警。每个预警经历量测、触发、上传、分发、处置、落实、关闭，共 7 个流程环节。

5　结语

铁路隧道围岩量测信息系统，通过变形量、变形速率、回归分析预测计算、量测监督等关键技术的研究，实现数据采集、风险预警、上传汇总、分级消息分发、处置措施上报、预警关闭等功能，建立了风险闭环管理机制。

该系统目前对全国 69 个项目、4643 个隧道开挖面，1389249 个测点进行了监测，采集数据 64000908 条，红色预警 12650 条，黄色预警 139150 条，加强了围岩量测的风险管控，起到了哨兵和参谋的作用。

参考文献

[1] 鲍榴．铁路隧道施工围岩监测信息化平台研究与实现［D］．中国铁道科学研究院，2014．

[2] 喻渝，等．铁路隧道监控量测技术规程（QCR9218-2015）．2015（2）．

[3] 铁路隧道监控量测标准化实施细则，工管办函〔2014〕92 号．2014（2）．

铁路货车全寿命周期信息整合应用研究

喻冰春　蒋　荟

（中国铁道科学研究院电子计算技术研究所，北京 100081）

摘　要：本文分析了货车全寿命周期信息整合应用的必要性，提出了实现货车全寿命周期信息整合应用的方法，详细说明了货车从新造、运用、检修到报废全寿命周期管理的总体业务流程，提出了信息单元分类整合设计方案，并且完成了货车全寿命周期管理原型系统设计。通过货车全寿命周期信息整合应用，能够及时便捷地为各生产作业单位提供完整的货车技术履历信息，也能够为管理者开展货车及关键部件质量评价、故障规律发现、检修规程优化等科学决策提供数据支撑，提升铁路货车技术管理水平。

关键词：铁路货车；全寿命管理；信息整合应用

Research on the Information Integration and Application in the Whole Life Cycle of Railway Freight Vehicle

Yu Bingchun　Jiang Hui

（Institute of Computing Technology China Academy of Railway Sciences, Beijing 100081）

Abstract: In this paper，the necessity offreight vehiclewhole life cycle information integration and application is analyzed, the method to realize freight vehiclewhole life cycle information integration application is proposed, and detailed description of the freight vehiclefrom the creation, utilization, maintenance to scrap the whole life cycle management of the overall business process isanalyzed, information unit classification and integration design scheme is elaborated，and the completion of thefreightvehiclewhole cycle management prototype system is designed. Timely convenient for the production and operation of unit provides complete wagon technical resume information，can also for managers to carry out vehicle and key components of quality evaluation, the failure rules found, maintenance schedule optimization and scientific decision-making and provide a number according to the support and enhance technical management level of railway by freight vehiclewhole life cycle information integration.

Key words: Railway Freight Vehicle, Life Cycle Management, Information Integration and Application

1　引言

铁路货车是铁路货物运输的重要设备，是社会生产和人民生活所需物资及时、安全运达的保障，是铁路运输体系的重要组成部分。多年来，铁路部门围绕货车管理和货车安全监控，陆续推广应用了铁路货车技术管理信息系统（HMIS）、铁路车辆运行安全监控 5T 系统、货车标签编程系统等多个信息系统，在保障铁路货车运用质量、支撑货车日常技术管理和生产组织等方面发挥了重要作用。

2 现状及必要性分析

通过对铁路货车既有相关信息系统的建设与应用情况分析，发现由于货车信息化缺乏可执行落实的顶层设计，造成了不同时期研制的多个应用软件在功能规模、应用层级、应用范围、研制标准等方面差异较大。目前，各类货车生产作业及技术管理信息分散在各级独立的多个系统中，未实现对货车从设计、新造、运用、检修到报废全寿命过程的信息整合和集成应用，既有各应用软件和独立系统既不能及时便捷地提供现场生产作业所需要的完整货车及关键部件的技术履历信息，也不能实时有效地提供货车管理需要的宏观决策分析信息。

为了满足各级货车管理及生产作业部门的应用需要，提升货车技术管理水平，迫切需要对既有货车相关信息系统进行梳理和整合，以货车整车全生命周期管理为主线，通过对既有相关信息系统进行数据整合应用，集成整合货车新造、运用、检修、报废等各类技术管理信息和车辆运行安全监测及处理信息，建立全路货车全寿命周期管理技术履历库，实现对全路货车全寿命周期信息的追踪监控、集中管理与综合决策分析。

3 货车全寿命周期信息整合应用实现方法

铁路货车全寿命周期信息整合应用涉及多个信息系统的资源共享与信息综合利用，存在基础数据不一致、数据格式差异较大、数据完整性及数据质量校验等各种问题，需要系统性、整体性的开展相关工作，信息整合应用的主要工作方法为：

（1）业务流程及需求分析：分析货车全寿命周期管理的业务流程及应用需求，在此基础上进一步分析数据需求、明确数据管理粒度，作为后续工作开展的依据。

（2）信息单元现状调研：对各货车管理相关信息系统的信息单元进行梳理，按照统一格式整理各信息单元的类型、来源、编码等情况，整体掌握各系统信息单元现状。

（3）基础字典定义：将各系统共用的信息单元定义为基础字典，明确基础字典的信息格式及信息维护单位，作为各系统共用的标准。

（4）信息单元整合设计：根据应用需求及数据现状，提出以货车车号为主线串接货车新造、运用、检修、报废全寿命周期信息单元的分类整合设计方案。

（5）信息接口定义：根据信息单元整合设计方案，结合系统应用时效性的有关要求，与各相关信息系统定义信息共享接口。

（6）统一平台架构、统一数据管理：信息整合在统一的系统平台架构下开展，实现各类信息单元的接入、校验、集成和统一存储，保证数据唯一准确。

4 货车全寿命周期管理信息整合分析与设计

4.1 总体业务流程分析

铁路货车全寿命周期管理的总体业务流程如图 1 所示，主要业务内容包括以下几方面。

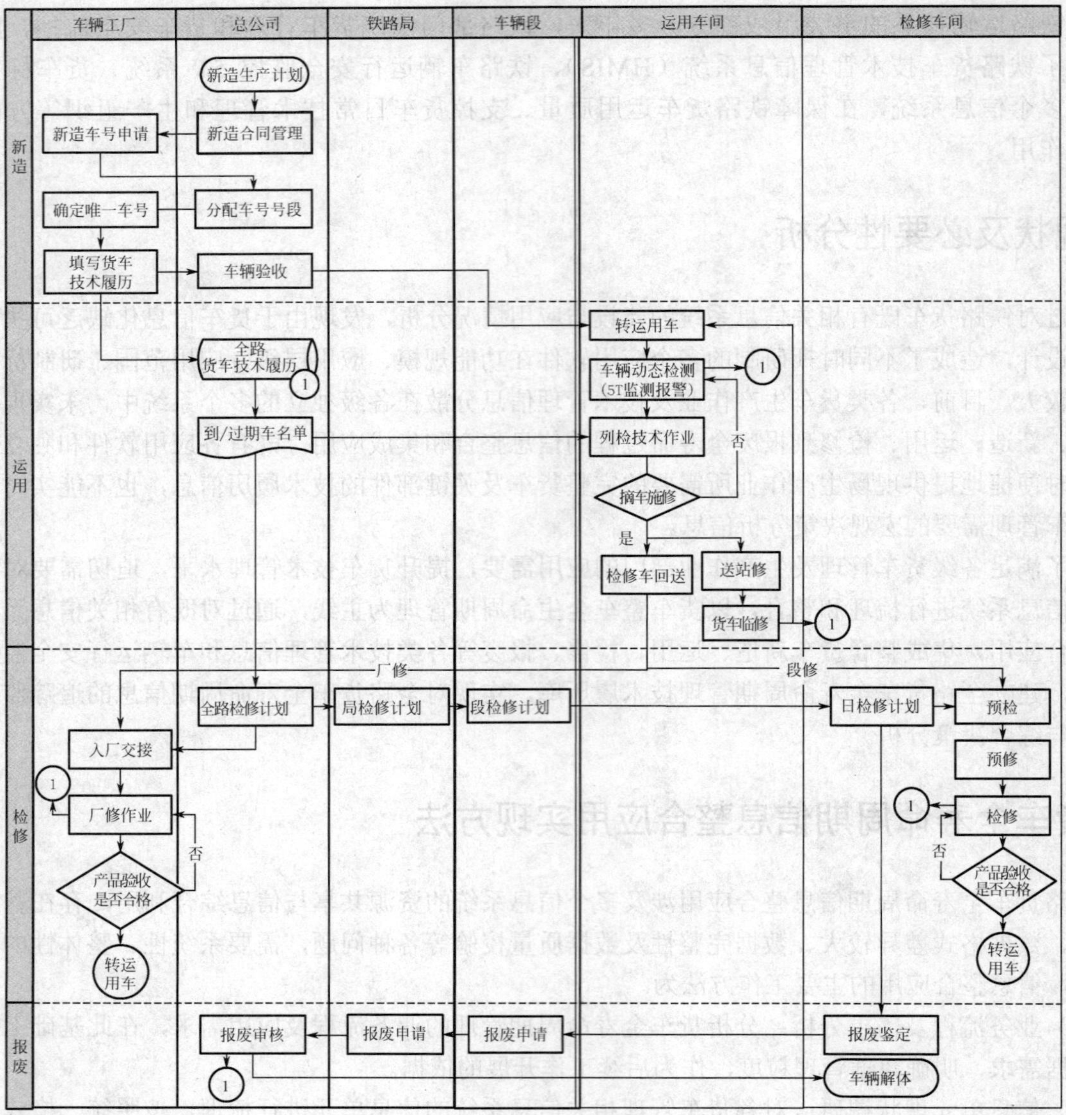

图 1 铁路货车全寿命周期管理的总体业务流程

（1）新造管理：铁路总公司制定货车新造生产计划，并与车辆工厂签订采购合同；车辆工厂根据生产计划申请车号，总公司按照车号编码标准向车辆工厂分配车号号段；车辆工厂按照有关标准要求涂打车号标记，并且填写上报货车的新造技术履历信息；由总公司对新造车辆进行验收，并且转为运用车辆。

（2）运用管理：各铁路列检作业场结合 5T 监测报警信息、检修到期车/过期车等信息开展列检技术作业，进行车辆故障复核及处理，保障货车运用质量；对于需摘车施修的货车进行扣车处理，根据车辆技术状态送站修或安排检修车回送。

（3）检修管理：总公司根据全路货车的技术履历对到检修到期车/过期车进行预测，制定全路厂修、段修计划，并且逐级下达、落实；检修车间根据段检修计划制定日检修计划，并开展车辆预检、预修、检修作业，车辆经过质量检验合格后转为运用车；车辆工厂开展厂修作业，记录入厂交接、检修、修竣等关键时间节点信息，经质量检验合格后转为运用车。

（4）报废管理：对于报废货车，由检修车间进行报废鉴定，并提出报废申请逐级上报；总公司进行报废货车审核，审核通过后由检修车间进行车辆解体。

4.2 信息单元分类整合设计

通过对铁路货车全寿命周期管理主要业务流程的分析，以及对铁路货车既有相关信息系统信息单元的梳理，提出以货车车号为主线串接货车信息单元的分类整合设计方案，如图 2 所示。货车全寿命周期管理信息单元主要包括。

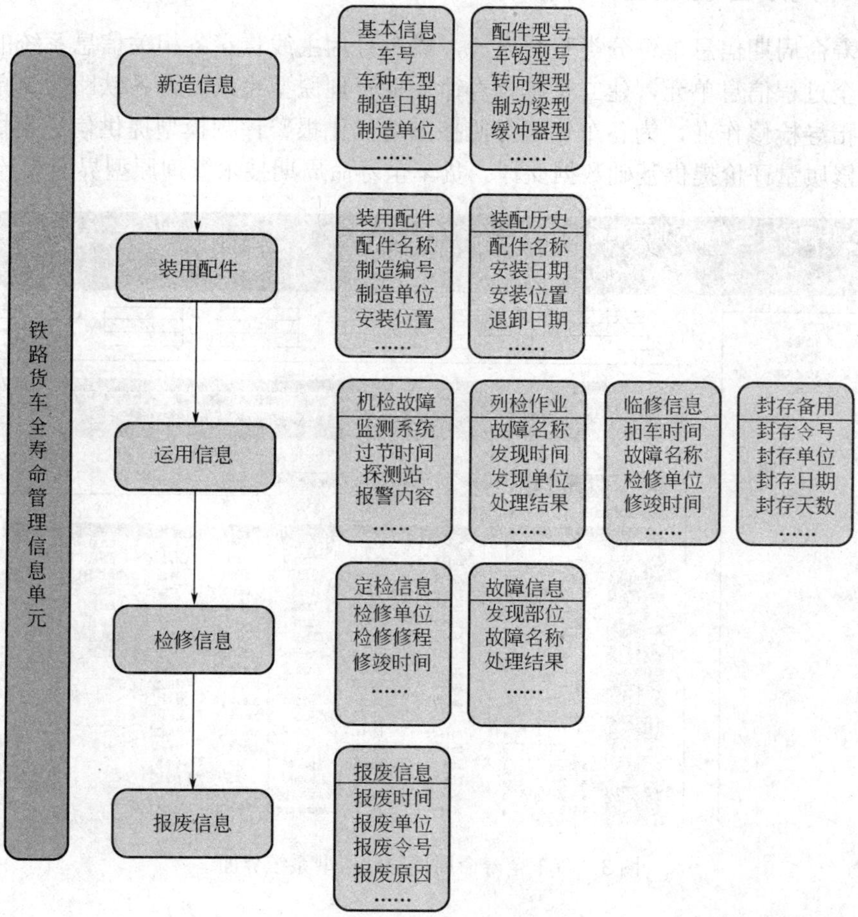

图 2　以车号为主线的货车全寿命管理主要信息单元示意图

（1）新造信息：包括基本信息和配件型号信息两类。基本信息主要包括：车种车型、制造日期、制造单位、制造图号、容积、自重、载重、换长、最高运行速度等信息。配件型号信息主要包括：转向架型号、车钩型号、阀型、缓冲器型号、制动梁型号、手制动型号、闸调器型号、制动缸型号等信息。

（2）装用配件信息：包括当前装用配件信息和装配历史信息两类。当前装用配件主要为货车当前安装的钩缓、转向架、轮轴、制动梁等关键配件信息，主要包括各类关键配件的安装位置、配件编号、配件型号、配件单位、安装日期等内容；装配历史信息主要为货车曾经安装过的关键配件信息，根据配件的安装、卸下信息能够进行追溯。

（3）运用信息：包括机检故障、列检作业、临修信息、封存备用信息四类。机检故障主要指的货车运行安全监控设备（THDS、TPDS、TADS、TFDS 等）预警故障，包括探测站名称、探测时间、报警级别、报警内容等内容；列检作业信息主要包括：列检单位、列车性质、作业方式、作业开始时间、作业结束时间等内容；临修信息主要包括：临修单位、检修时间、故障代码、故障名称、施修方法等内容；封存备用信息主要包括：封存日期、解封日期、封存单位、备用日期、解备日期、备用单位等内容。

（4）检修信息：包括定检信息和故障信息。定检信息主要包括：修程（厂修、段修、辅修）、检修单位、检修日期、更改项目等内容。故障信息主要指的是检修过程中在车体、底架、制动、转向架等部位发现的故障，包括故障代码、故障名称、施修方法等内容。

（5）报废信息：包括报废单位、报废原因、报废日期、报废令号、解体照片等内容。

4.3 货车全寿命周期管理原型系统设计

根据货车全寿命周期信息单位分类整合设计，以车号为主线贯穿各相关信息系统的货车新造、运用、检修、报废全过程信息单元，建立货车全寿命周期管理原型系统，为各铁路检修单位提供完整的车辆技术履历以指导检修作业，为各车辆运行监控系统优化报警评判模型提供信息支撑，为各级管理层进行运用、检修质量评价提供基础数据支撑。货车全寿命周期技术管理原型界面设计如图 3 所示。

图 3　货车全寿命周期管理原型系统界面

5 结论

为了满足当前货车全寿命周期管理的应用需求，对货车全寿命周期管理业务流程进行分析，并对相关信息系统的信息单元进行了统一整理，提出了以车号为主线串接货车新造、运用、检修、报废全寿命周期信息单元的分类整合设计方案，设计了货车全寿命周期管理原型系统。全路货车全寿命周期信息库建成以后，能够及时便捷地提供现场生产作业所需要的完整货车技术履历信息，也能够为车辆及关键部件质量评价、故障规律发现、检修规程优化等科学决策提供数据支撑，提升铁路货车技术管理水平。

参考文献

[1] 陈雷，赵长波．铁路货车信息化应用技术概论［M］．北京：中国铁道出版社，2010.

[2] 陈雷，赵长波．铁路货车安全监测与应用概论［M］．北京：中国铁道出版社，2010.

[3] 陈伯施，刘瑞扬．地对车安全监控体系 5T 系统信息整合与应用［M］．北京：中国铁道出版社，2006.

基于动态时间规整的出租车终点和行程时间预测

蔡恒兴　栗　波

（中山大学智能交通研究中心//广东省智能交通系统重点实验室 广州 510006）

摘　要： 出租车是大众交通出行方式中的重要组成部分，高效的出租车调度有助于减少车辆空驶及缩短等待时间，从而节约运营成本和道路资源。本文旨在利用出租车的历史出行轨迹和当前已知的部分行驶轨迹，预测出租车出行终点和行程时间，为出租车管理者动态调度车辆资源提供决策支持。采用了球面半正矢公式和动态时间弯曲距离算法，在历史数据集中进行坐标和时间的特定查找，并结合特征工程和机器学习的方法。实验测试表明，本算法具有较高的预测精度。

关键词： 球面半正矢公式；动态时间规整；特征工程；机器学习

The Destination and Travel Time of Taxi Trips Prediction Based on Dynamic Time Warping

Cai Hengxing　Li Bo

（Research Center of Intelligent Transportation System，Sun Yat-sen University//Guangdong Provincial Key Laboratory of Intelligent Transportation System，Guangzhou，510006）

Abstract: Taxi plays an important role in public transportation，efficient vehicle dispatch helps to save operating costs and road resources by reducing deadhead and waiting time. There are two goals in this paper. Firstly，utilizing taxis' historical travel trajectories and parts of the currently known traveling trajectories to predict their destination of the traveling and corresponding travel time. Secondly，providing a decision support for operators to manage dynamic scheduling resources of taxi. Using Haversine formulas and dynamic time warping distance algorithm to find a particular character on the coordinates and time in the historical data. Using Feature Engineering and machine learning methods for prediction. The experimental test shows that the algorithm has a higher prediction accuracy.

Key words: Haversine Formula, Dynamic Time Warping, Feature Engineering, Machine Learning

1　引言

出租车在公共交通中占有重要地位，其利用率的提高对缓解出行的供求矛盾和缓解道路交通的压力具有重要意义和价值。目前常见的乘客扬手招停和司机寻找客人的方式均存在效率低下的问题，同时，空驶的出租车会造成车辆资源和道路资源的双重浪费。出租车的统一调度，既能节约司机和乘客的时间成本，也能节约出租车公司的运营成本，还有助于提升路网的运行效率。而动态高效的车辆配置与调度离不开信息的获取。对出租车管理者而言，预先掌握每辆出租车完成当前载客后所处的位置和时间，才能制定车辆的再分配策略，最大化每辆车的利用价值。

随着智能交通系统的发展，车路协同系统已经成为智能交通系统的重要发展方向。目前大部分出租车都载有GPS设备，在整个出租车系统的调度和管理过程中，面临的一个重要问题就是，如何能在海量的GPS数据中挖掘出有用信息，供运营者和管理者参考使用。处理海量的GPS数据，遇到的几个技术难点如下：①计算能力问题：当前大部分处理设备，并不具备处理数量规模巨大的GPS数据的运行和存储能力，大部分处理器并不擅长存储复杂的数据结构，也不擅长高效地查询数据，或者处理超过内存能力的数据。②实时性问题：整个路网中运营的出租车，产生的实时GPS数据，虽然可以通过诸如MySQL、PostgreSQL、SQLite或者Oracle等数据库进行批量处理，但是由于在数据传输及计算过程中的耗时，导致计算结果并不能较为及时地反馈给管理中心进行实时车辆动态调度。由此产生了对于出租车运行终点及其行程时间的预测的实际需求，利用出租车的历史出行轨迹和当前已知的部分行驶轨迹，预测出租车出行终点和行程时间，为出租车管理者动态调度车辆资源提供决策支持。

针对特定出租车的GPS数据，包含了诸如车辆标识符、时间标签、位置信息（经纬度）、车辆瞬时速度（km/h）、行驶方向等信息。GPS数据，本质上讲，是一种通过时间序列表征的数据形式。而对于时间序列的分析而言，首先要解决的就是如何比较两个时间序列的相似性问题。这对于分析出租车行驶轨迹及行程时间具有重要意义，因为大部分情况下，特定司机对于路径的选择及其行驶时间，与其历史记录值，具有高度一致性。在针对GPS数据的处理分析中，经常出现的一种情况是：GPS数据记录值的长度与历史值的长度可能并不相同，即是说，需要比较相似性的两段时间序列数据的长度并不相等。在行程时间和目的地预测的过程中，表现为实时GPS数据与历史值的数据规模不同；又由于GPS数据具有相当大的随机性，即使同一位司机，经过同一路段，在不同时间内驾驶，所产生的GPS数据也不一定具有相同的数据规模和时间跨度。在上述复杂情况下，使用传统的欧几里德距离显然是无法有效地度量两个时间序列数据之间的相似性。因此，本文选用动态时间规整的方法在度量时间序列的相似性时，引入了动态时间弯曲的概念。动态时间弯曲是一种针对时变数据序列的匹配方法，属于优化的范畴。动态时间弯曲算法通过计算时序数据之间的最短弯曲路径进行序列匹配，能有效缩短特征量的搜索比对时间，克服测试序列与参考序列尺度不能完全一致的问题，具有概念简单和算法鲁棒性好的特点。经过实验验证，本方案简单易行，且具有较高的预测精度。

2 问题描述和文献回顾

出租车上都配备有GPS设备，能实时传回车辆的GPS数据，起点位置和部分行驶轨迹是预测终点和行程时间重要的因素。车辆具有唯一标识，根据该车历史的行驶习惯，能缩小预测终点的范围。同时，还提供了订单的生成方式，包括由调度系统发出和司机直接拉客，以及订单的时间和日期。本文希望通过以上信息，根据出租车GPS历史数据和实时GPS数据（包括起点位置和部分行驶轨迹），建立一个预测框架，预测车辆的终点和行程时间。

实现车辆的动态起讫点（O-D）估计和预测，是现代智能交通系统，尤其是动态调度系统的内在要求[1]。对于此类问题，大量学者进行了广泛而深入的研究，其中，Hani S. Mahmassani（2001）等人[2]基于滚动式预测模型，构建出动态车辆调度系统的基本系统。该框架下，通过时间序列的方法对车辆目的地先估计、再预测，在预测时，由于滚动时间窗口的时间间隔选择的差异性，导致对于车辆目的地的估计与预测具有一定的滞后性，无法达到实时应用的目标。与此同时，另有部分学者，诸如Xuesong Zhou（2016）等人[3]，将O-D的估计与预测问题，转化为动态规划的问题，利用诸如最短路径等数学规划的方法，根据已知信息反解车辆目的地相关信息。对于这类方法，由于车辆时空分布的不确定性及状态空间的维数问题，在递归求解动态规划问题的过程中，经常会占用大量计算资源，使得估计整个路网中车辆的目的地变得非常困难，限制了这类方法的大规模工程应用。Martin L. Hazelton 等人[4]，通过统计学方法，利用车辆 O-D 历史数据，构造出起讫点矩阵；并使用部分观测值，运用多元正态近似（multivariate normal approximation）的方法进行车辆目的地的估计与预测。该方法是基于贝叶斯框架下的一种预测方法，虽然具有较高的计算效率，但是对于先验分布的选择，需要根据从业者的相关经验进行判断，具有一定的主观性。

3 预测框架和方法

3.1 预测步骤

对于只包含 GPS 原始数据的出租车，由部分出行轨迹，预测其目的地大致可以分为如下 4 个步骤：

（1）利用经纬度数据进行地图匹配，获取训练数据集和测试数据集中每一次出行的轨迹；

（2）以预测测试集中的一次出行为例。采用 Haversine 公式，计算待预测出行的起点和训练数据集中的起点之间的距离，从训练数据集中得到起点最邻近的 20000 个出行；

（3）利用多变量的动态时间弯曲距离算法，计算待预测出行的轨迹和步骤 B 中 20000 个出行的轨迹之间的动态时间弯曲距离，从 20000 个出行中得到最近似的 10 个出行；

（4）对步骤 C 的结果（10 个最相似出行）进行特征工程。根据数据集提取出的特征，对出租车当前行驶的目的地及行程时间进行预测。

3.2 出行起点

一个区域内的人群打车行为往往具有一定的规律性，所建立的模型认为车辆出发的起点影响着此次出行的终点。预测一个订单的终点和行程时间时，首先从历史训练集中提取与其出行起点距离最近邻的 n 条订单。考虑到车辆位置的参数为 GPS 的经纬度信息，在计算两坐标点间的距离时，采用基于球面模型的半正矢（Haversine）公式[5]

$$hav\left(\frac{d}{r}\right)=hav(\varphi_2-\varphi_1)+\cos(\varphi_1)\cos(\varphi_2)hav(\lambda_2-\lambda_1) \tag{1}$$

其中 hav 是 Haversine 函数：

$$hav(\theta)=\sin^2\left(\frac{\theta}{2}\right)=\frac{1-\cos(\theta)}{2} \tag{2}$$

d 是两点之间的距离，r 是球体的半径，φ_1，φ_2 是两点的纬度，λ_1，λ_2 是两点的经度。

球面模型是对真实地理空间的合理抽象。半正矢公式的本质为球面余弦函数变换，能够消除计算较近两点间距离时误差较大的问题，具有更高的计算精度。

3.3 行驶轨迹

行驶轨迹提供了车辆的动态行驶特征，模型认为历史中行驶轨迹相似的出行，其目的地具有极大的参考价值。模型在出行起点近邻的基础上，进一步利用行驶轨迹提取相似的出行。从 n 条出行起点最近的订单中，选择 m（$m<n$）条行驶轨迹最相似的出行订单。行驶轨迹由一系列 GPS 数据点构成，呈现时间序列的特点，在度量时间序列的相似性时，引入了动态时间弯曲算法。动态时间弯曲是一种针对时变数据序列的匹配方法，属于优化的范畴。动态时间弯曲算法通过计算时序数据之间的最短弯曲路径进行序列匹配，能有效缩短特征量的搜索比对时间，克服测试序列与参考序列尺度不能完全一致的问题，具有概念简单和算法鲁棒性好的特点[6]。

3.4 特征工程

特征工程指由数据集生成、提取、删除或者组合变化得到特征的过程[7]，是优化机器学习算法性能的技术手段。预测过程中进行了特征间的相关性分析以及特征对标签的敏感度分析，选取对标签敏感度大，特征间相关性小的特征。分析得到最终选取的特征如表 1 所示。

表 1　特征表

特　征	数据说明
CALL TYPE	'A'：调度中心派遣 'B'：出租车司机在特定站点直接接客 'C'：其他，如在随机位置产生的出行需求
TAXI_ID	针对每一位出租车司机的特定标识符，示例：670
工作日	周一至周日，示例：5
车辆出发时间（hour）	示例：2
起点的纬度坐标	示例：-8.58572
起点的经度坐标	示例：41.14898
起点离市中心的距离（mile）	示例：5.357155
（从起点）往市中心的方向	示例：1.965981
车辆在各个中间点的速（mile/hour）	示例：0.13402
车辆在各个中间点的行车方向	示例：2.370072

3.5 预测模型

终点的预测结果为经纬度信息，采用统计学的方法，对相似出行的终点经纬度求几何平均数。预测行程时间采用机器学习的方法，其本质为计算机对现有知识的学习和模拟还原，选取支持向量回归模型（见表 2）。

表 2　预测模型的选择

预测内容	预测模型
终点	对最相似出行的终点经纬度求几何平均数
行程时间	结合步骤 4 的结果，采用支持向量机（SVM）模型进行预测

3.6 算法流程图

算法流程如图 1 所示，可以概括为：首先从起点坐标相似和出行轨迹距离相似两方面选取历史出行中的相似集合，再从相似集中提取行程特征，最后利用统计学以及机器学习的方法进而完成预测。

3.7 动态时间规整算法

动态时间规整算法（Dynamic Time Warping）是一种衡量两个时间序列之间相似度的方法[8]。

一般而言，针对两个 n 维空间中的向量 $x=(x_1,x_2,\cdots,x_n)$ 和向量 $y=(y_1,y_2,\cdots,y_n)$，度量它们之间的距离时，可定义两点间的直线距离，即欧几里德距离（Euclidean Distance），如下式：

$$\begin{aligned} d(x,y) &= \|x-y\| \\ &= \sqrt{(x_1-y_1)^2+(x_2-y_2)^2+\cdots+(x_n-y_n)^2} \end{aligned} \tag{3}$$

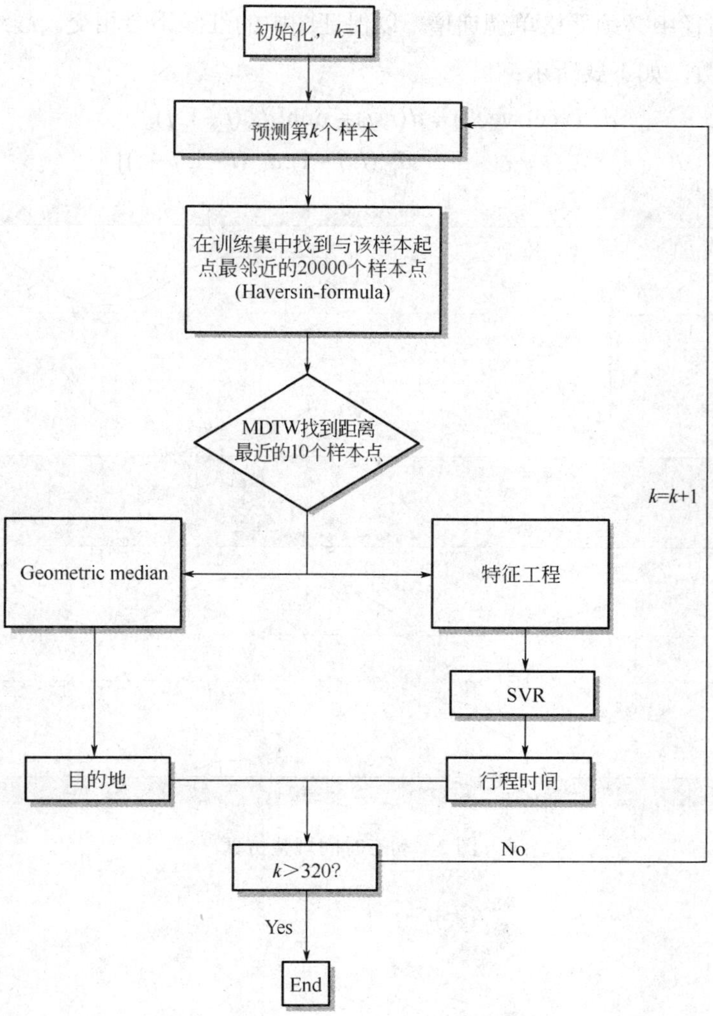

图 1　算法流程图

但是如果两向量的长度不一致时，它们之间的距离，就无法使用上式进行计算。对于 GPS 数据序列，由于实时值和历史值在时间轴上的偏差，因而我们无法确定两个向量的元素对应关系。此时，传统的欧几里德距离将无法对 GPS 实时值序列与历史值序列之间的相似度进行度量。

动态时间规整，又称动态时间弯曲距离，是一种基于动态规划（Dynamic Programming）的方法，可以有效地将搜寻比对的时间大幅降低。大部分情况下，对于同一个驾驶员，其产生的 GPS 历史数据与实时数据，两个序列整体上具有非常相似的形状，这是由于个体的驾驶习惯相对稳定造成的。但是这些形状在时间轴上并不对齐，而且向量长度也很可能并不相同。所以，我们在通过实时观测数据的序列进行搜索比对时，即是搜索与历史轨迹接近的时间序列数组，进行相似度比较之前，需要将其中的一个（或者两个）序列在时间轴上进行扭曲，以达到更好的对齐方式。而动态时间规整，就是实现这种时间轴扭曲的一种有效方法，通过把时间序列进行缩短或延伸，来计算两个时间序列之间的相似性。

如图 2 所示，vec1、vec2 代表两个长度分别为 m 和 n 的向量，则规整路径的形式如下：

$$W = w_1, w_2, \cdots, w_K \tag{4}$$

其中，$Max(m,n) \leqslant K \leqslant m+n$

且 w_k 的形式为 (i, j)，其中 i 表示 vec1 中的坐标，j 表示 vec2 中的坐标。规整路径必须从 $w_1 = (1,1)$ 开始，到 $w_K = (m,n)$ 结束，以保证两向量中所有的分量均在规整路径 W 中出现过。必须注意的是，坐

标 i 和坐标 j 在规整路径中必须严格单调递增，以保证图中的红线不会相交。最终，我们可得到所有规整路径的距离最短函数，如下式所示：

$$d_{tw}(\mathrm{vec1},\mathrm{vec2}) = d(i,j) + \min[d_{tw}(i-1,j), \\ d_{tw}(i,j-1), d_{tw}(i-1,j-1)] \tag{5}$$

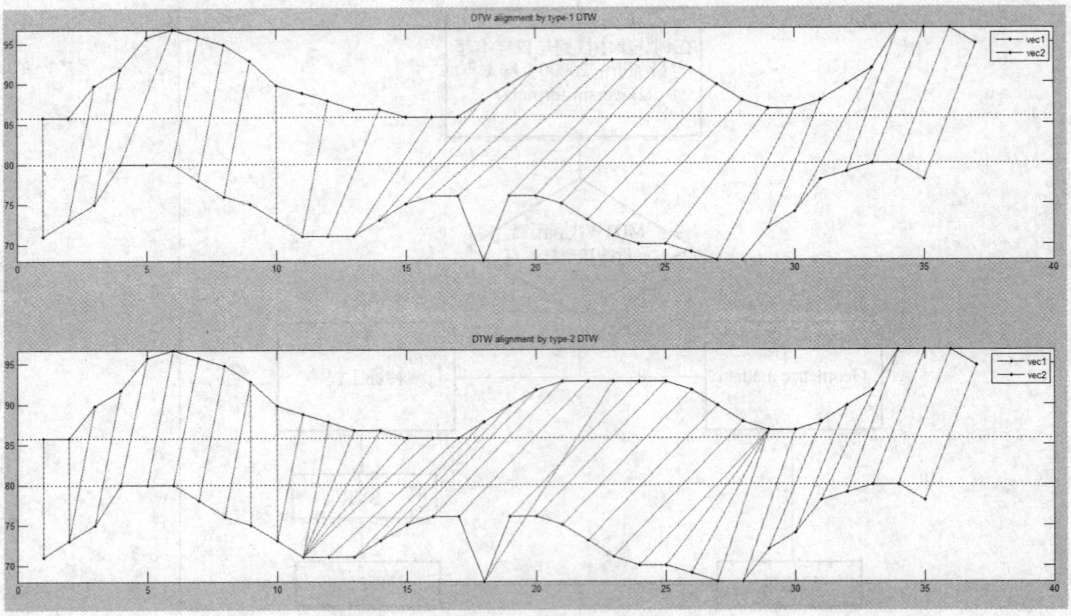

图 2　动态时间规整仿真

4　实例验证

4.1　测试数据描述

实例测试数据采用葡萄牙波尔图市出租车数据，数据链接地址为：https：//www.kaggle.com/c/pkdd-15-predict-taxi-service-trajectory-i/data。

其中，训练数据包括葡萄牙波尔图市 442 辆出租车自 2013 年 7 月 1 日至 2014 年 6 月 30 日的完整出行轨迹，测试数据包括 2014 年 7 月 1 日至 12 月 31 日间 320 条出租车出行的部分轨迹，即未完成出行的轨迹。

4.2　测试结果分析

图 3 绘出了地图匹配结果。

行程时间预测评价指标为均方根误差 RMSE：

$$\mathrm{RMSE} = \sqrt{\frac{\sum d_i^2}{n}} \tag{6}$$

式中，n 为预测次数；d_j 为一组预测值与真值的偏差。320 条预测样本最终的 RMSE 为 0.54939；抵达终点预测评价指标为 Haversine Distance，结果为 2.25450。

同时，本方案的出租车抵达终点预测结果在 kaggle 官网排名为第 22 位，出行时间预测排名为第 11 位。较好地解决了出租车行程终点和行程时间的预测问题。

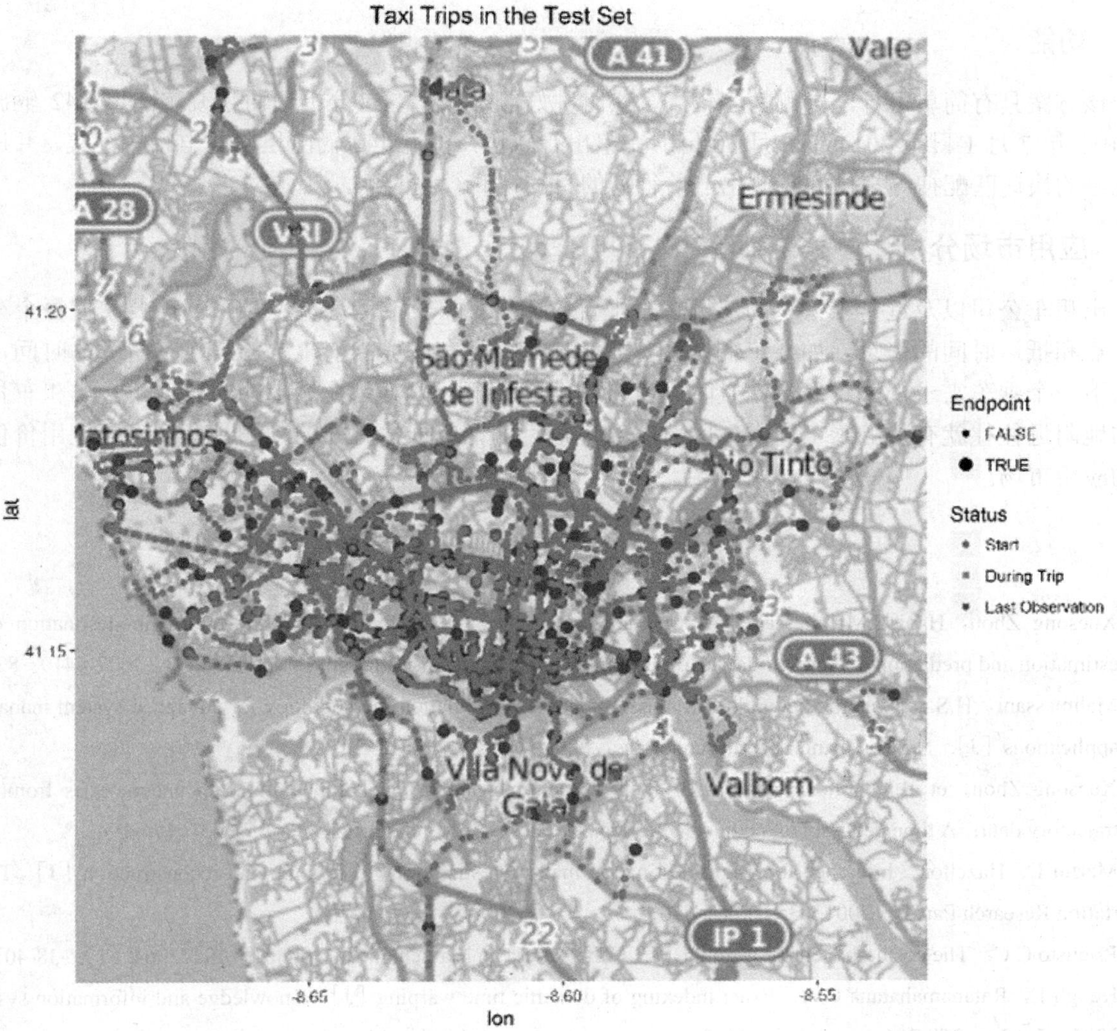

图 3　地图匹配结果

5　总结与讨论

5.1　创新性

本文通过重构出租车 GPS 历史数据与部分实时数据相似性的度量方式，通过使用动态时间弯曲距离对已有的实时 GPS 数据序列进行搜索比对，并以此为依据进行地图匹配，最终确定出特定出租车的目的地信息。主要创新点如下。

（1）基于真实地理空间为球面模型的假设，使用 Haversine 公式计算两点间的球面距离作为两点间的实际距离；在地图匹配计算中，更加符合实际地理空间情景。

（2）根据 GPS 数据呈时间序列的特点，使用适用于时间序列相似性度量的动态时间弯曲距离（Dynamic Time Warping）；有效地缩短了特征量的搜索比对时间，克服了 GPS 历史值序列与实时参考序列尺度不能完全一致的问题，具有概念简单和算法鲁棒性好的特点。

（3）通过特征工程，使用了高性能、适合模型的特征集；由出租车 GPS 的历史轨迹数据集生成、提取、删除或者组合变化得到的特征，作为优化机器学习算法性能的技术手段。

5.2 功能

该方案具有简单可行，预测精度较高，实时性好等优点，通过分析葡萄牙波尔图市 442 辆出租车自 2013 年 7 月 1 日至 2014 年 6 月 30 日的完整出行轨迹，构建 442 辆出租车的出行特征集，并进行实时轨迹的快速匹配搜寻，由此预测出当前行程的目的地和行程时间。

5.3 应用市场分析

出租车公司以及近年来兴起的一批打车平台，在进行车辆的动态调度时，都需要掌握每个车辆出行终点和抵达时间的信息。如果车辆调度员能够知道出租车完成当前出行的终点和所需的时间，则可以为下一个乘车需求分配距离最近且时间点最契合的车辆。尤其是在城市的中心地带，出租车抵达的目的地附近往往就有新的乘车需求。因此，对车辆目的地及抵达时间的预测具有实际的应用价值和广泛的应用市场。

参考文献

[1] Xuesong Zhou，Hani S.Mahmassani. A structural state space model for real-time traffic origin–destination demand estimation and prediction in a day-to-day learning framework［J］. Transportation Research Part B，2007（41）：823-840.

[2] Mahmassani，H.S.. Dynamic network traffic assignment and simulation methodology for advanced system management applications［J］. Networks and Spatial Economics，2001，1（2）：267-292.

[3] Xuesong Zhou，et al. Estimating the most likely space–time paths，dwell times and path uncertainties from vehicle trajectory data：A time geographic method［J］. Transportation Research Part C，2016（66）：176-194.

[4] Martin L. Hazelton. Inference for origin-destination matrices estimation，prediction and reconstruction［J］. Transportation Research Part B，2001（35）：667-676.

[5] Robusto C C. The cosine-haversine formula［J］. The American Mathematical Monthly，1957，64（1）：38-40.

[6] Keogh E，Ratanamahatana C A. Exact indexing of dynamic time warping［J］. Knowledge and information systems，2005，7（3）：358-386.

[7] Turner，C. Reid，et al. A conceptual basis for feature engineering［J］. Journal of Systems and Software，1999，49（1）：3-15.

[8] Meinard Müller. Information Retrieval for Music and Motion［M］. Springer Berlin Heidelberg，2007.

基于手机蓝牙的交通特征参数提取方法研究

吴志周　谭桂杉

（同济大学道路与交通工程教育部重点实验室，上海 201804）

摘　要： 在现有交通参数采集方式的对比研究基础上，提出利用蓝牙检测技术提取交通特征参数的方法。根据蓝牙检测器的数据结构设计了交通诱导参数（路段平均行程时间，平均行程车速，路网 OD 分布）和交通控制参数（路段机动车、非机动车流量）的提取算法，利用 K 均值聚类分析对机动车和非机动车进行划分，并判别出高承载车类型（HOV）。实测数据和 VISSIM 仿真建模的结果表明：模型在交通畅通路段应用效果较好，估计准确；在交通拥堵路段，由于非机动车车速与机动车车速接近，模型估计准确度降低。本文所探究的方法对于补充或替代现有交通参数采集方式具有重要意义。

关键词： 手机蓝牙；交通诱导参数；交通控制参数；聚类分析；高承载车

A Method to Collect Traffic Characteristic Parameters Based on Mobile Phones with Bluetooth

Wu Zhizhou　Tan Guishan

（Key Laboratory of Road and Traffic Engineering, Ministry of Education, Tongji University, Shanghai, 201804）

Abstract: Based on the contrast study of existed acquisition methods of traffic characteristic parameters，the algorithm models were proposed to collect traffic characteristic parameters by Bluetooth detection sensors. The algorithms were designed in accordance with data structure from the Bluetooth detectors，including traffic guidance parameters (average travel time, average travel speed, OD distribution of traffic network) and traffic control parameters (the traffic flows of automobile and non-motorized vehicle). Then, a K-means clustering analysis was performed to classify cars and bikes as well asHOV (High occupancy vehicle lane). The results of field measurement data and VISSIM simulation show that the modelsare effective and accurate when traffic is smooth; however, the estimation accuracy of models is reduced in heavy traffic, because of the similar speed of motor vehicles and non-motorized vehicles. And the results of this study can be meaningful in terms of supplementing or replacing the present collection methods of traffic characteristic parameters.

Key words: Bluetooth, Traffic GuidanceParameters, Traffic Control Parameters, Clustering Analysis, HOV

基金项目：上海市科学技术委员会科研计划项目，基于停车大数据的主动管理与服务关键技术研究（项目编号：16DZ1204002）。

1 引言

在智能交通技术的应用中，交通特征参数的获取方法不仅是构建一个完整的智能交通系统的基础，实现先进的交通管理和控制的前提，也是制定完善的交通规划的关键。交通检测器及检测技术水平的高低直接影响到道路交通控制系统的整体运行和管理水平[1]。因此对交通参数获取方式的研究和设计具有很强的实际意义，也是广大交通研究人员关注的热点之一。

交通特征参数包括交通诱导参数和交通控制参数两大类。目前交通工程中常用的交通诱导参数包括：路段车流速度、行程时间、交通量、交通密度等，主要应用在可变情报板、实时路况发布平台以及车载导航系统。交通控制参数主要是指定周期内的车流状态数据，包括交通流量、平均车速、车道占有率、饱和度、交通密度、车头时距等，主要应用于路口自适应交通控制系统和绿波控制中。上述交通特征参数从不同角度说明路网的运行状态，是交通管理与控制所需的计算参数。

为实现城市道路的科学管理和决策，提高路网利用率和服务水平，如何科学、有效、准确地获得交通参数数据日益成为现代交通建设和发展的关键问题[2]。现有的交通参数采集方式以线圈和视频为主，也有红外线、超声波以及 GPS 定位等新型采集技术，他们各有一定的优势和缺陷。目前蓝牙技术在多个领域应用广泛，具有低成本、低功耗、高稳定性、高灵活性和可扩展性等优点，但利用蓝牙技术来提取交通特征参数的研究目前尚处于初步研究阶段。因此本文提出利用蓝牙技术的数据采集方法，并通过实测数据和仿真建模的手段验证其有效性。

2 国内外研究综述

2.1 现有交通参数采集方式

传统的交通参数采集方式主要有磁频、波频、视频三种类型，每种类型包含多种采集设备和参数提取算法。磁频检测器包括环形线圈检测器和地磁检测器两种方式，线圈采集技术在设备安装和维护过程中会影响道路交通，且其准确度易受天气影响[3, 4]。波频包括超声波检测方式、微波雷达检测方式和红外检测方式等，此三种波频检测方法获取的交通参数类型相同，包括流量、行驶速度等[5, 6]。在波频检测方面相关技术已经比较成熟，且已广泛应用在城市的电子警察系统中，但对其算法优化的研究相对较少。视频采集的范围有限，且需大量的后期数据处理，现有的研究主要集中在视频处理算法的研究上[7]。例如：王川童[8]采用背景差法提取目标车辆，基于卡尔曼滤波算法对车辆进行跟踪，假设车辆在路口处于匀速或匀加速运动，再利用两条虚拟检测线识别车辆的重心来获得车流量、速度、路面占有率三个交通特征参数。

近年来，随着 GPS 技术和移动网络的普及，又出现了利用浮动车技术和手机基站定位采集交通参数的方法。对于前者，现有的研究主要着力解决两个问题[9]：一是浮动车的覆盖率，二是浮动车交通参数估计模型。例如：Rohini Bobba[10]提出了应用公交车作为 GPS 浮动车，通过多元回归建立路段平均速度估计模型；David Anthony[11]利用神经网络建立了浮动车参数估计模型；Yanying Li 和 Mike Mcdonald[12]应用模糊推理策略，提出了采用一辆普通浮动车估计路段行程时间的模型等。对于后者——基于手机基站的交通特征参数采集方式，目前主要有两种途径：一是利用手机内置的 GPS 定位模块实时回传坐标信息，再由一段时间内手机位置的改变结合道路匹配技术计算路段平均速度[13]；二是利用手机基站信息对用户进行模糊定位，并得到用户出行 OD 等交通信息[14]。

上述多种交通特征参数采集方式的检测能力及优劣势总结如表 1 所示[15]。

表 1　现有交通特征参数采集方式对比

采集方式		优　点	缺　点	检测类型
磁频检测	环形线圈检测	技术成熟，车型分类准确率高；全天候检测	安装及维护过程中对交通影响大	流量、行驶速度、车型
	地磁检测	安装方便，维护成本低；寿命长；检测精度高	价格昂贵；容易受磁性物质干扰	流量
波频检测	超声波检测	不会破坏路面，使用寿命长	检测精度低，受天气影响大	流量、行驶速度
	微波雷达检测	体积小，安装方便，车速检测精度高	易受恶劣天气、行人、非机动车干扰	流量、行驶速度
	红外检测	不受昼夜变化的影响、流量检测精度高	功率较高，耗能较多；易受灰尘、冰、雾影响	流量、行驶速度
视频检测	视频检测	视频数据可以提供大量交通管理信息；视频设备安装方便	小型车辆易被大型车辆遮挡；检测易受阴影、积水反射或昼夜转化影响；数据处理难度高	流量、行驶速度、交叉口延误、行程车速、OD
浮动车检测	浮动车检测	不需要额外安装设备	对浮动车覆盖率要求较高，不适合小城市；不同道路、不同时间的检测精度差异较大	路段行程车速、OD
手机检测	基站模糊定位	不需要额外安装设备，覆盖面积广	精度较低，不同道路、不同时间的检测精度差异较大	路段行程车速、OD
	GPS 精确定位	不需要额外安装设备，覆盖面积广；精度较高	需要在手机里额外安装应用；频繁回传坐标信息对电池寿命影响大	路段行程车速、OD

2.2　蓝牙技术在交通领域的应用

相比于传统的交通特征参数采集方式，蓝牙采集方式在安装成本和安装灵活性方面具有不可替代的优势。蓝牙技术可在短距离内用无线接口代替有线电缆连接，减少仪器之间的复杂连接，适用于需采集大量数据的测控场合。数据采集时，装有蓝牙芯片的采集器可以迅速将所采集到的数据传送到附近的数据处理装置，避免了现场铺设大量复杂线网而导致测控失误。同时蓝牙技术采用跳频机制进行数据传送，极大提高了数据传送的抗干扰性[16]。

蓝牙技术作为一种短程通信手段目前在交通领域已有一些应用，例如：郑龙等[17]利用城市内均匀分布的公交站牌作为蓝牙信息发射和接收基站，构建基于蓝牙的城市交通系统；Hemjit Sawant，Jingdong Tan 等[18]利用蓝牙协议在车辆间建立自组织的无线传感网，从而实现车车通信，减少事故，提高道路使用效率。但关于蓝牙作为交通参数检测手段的研究目前还很局限，J.Barceló、L.Montero、L. Marqués 等利用蓝牙技术获得车辆在高速公路上的行程时间以及动态 OD 估计，但由于装载了蓝牙设备的车辆数比例不稳定，因此不能直接将蓝牙数据外扩获得所有车辆的 OD 估计。

3　基于手机蓝牙的交通参数提取

3.1　数据处理

蓝牙检测器采集到的数据包含许多无效数据和重复数据，因此需对原始数据进行筛选。

3.1.1　无效数据过滤

区别于线圈、视频检测器、雷达检测器等单点交通参数检测器，蓝牙检测器必须要结合路段上下游的检测结果，即只有被检测器捕捉到两次及以上的过境交通流才算有效数据，只被捕捉到一次的交通流属无效数据。以图 1 的“井”字形路网为例，四个交叉口均设有蓝牙检测器，路径 2 和路径 3 穿过了该路网，分别在不同交叉口被捕捉到了两次和三次，属于有效数据；而路径 1 只被捕捉到一次，属无效数据。基于此原则过滤无效数据。

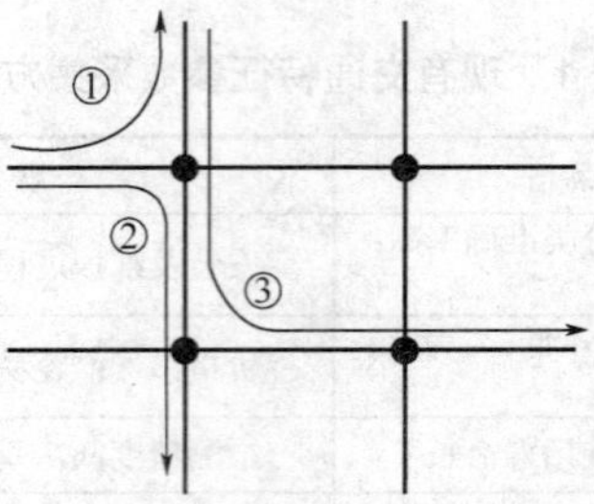

图1 无效数据示意图

3.1.2 多余数据过滤

由于蓝牙设备的扫描频率为 5 秒一次，因此装载了蓝牙设备的车辆可能被同一个检测器捕捉到多次。为统一行程时间的计算标准，选取车辆在上游交叉口的最后一次捕捉记录和下游交叉口的第一次捕捉记录的时间差作为路段行程时间，可避免由红灯延误带来的影响。以表 2 的数据为例，其中 Event ID 为捕捉记录编号，MAC Address 为捕捉到蓝牙设备的 MAC 地址，Catch Time 为捕捉时间，Sensor ID 为蓝牙检测器编号，System Time 为数据上传至系统的时间。该 MAC 地址对应的车辆从编号为 4 的蓝牙检测器所在的交叉口驶向编号为 3 的蓝牙检测器所在的交叉口，且在这两个交叉口分别被捕捉到多次。以 4 号蓝牙检测器的最后一次捕捉记录 16：47：46 和 3 号蓝牙检测器的第一次捕捉记录 16：49：20 计算行程时间，其余数据则作为多余数据剔除。

表2 蓝牙捕获数据示例

Event ID	MAC Address	Catch Time	Sensor ID	System Time
3913610	00：08：CA：EB：86：30	16：47：27	4	2015/4/22 16：47
3913626	00：08：CA：EB：86：30	16：47：33	4	2015/4/22 16：47
3913638	00：08：CA：EB：86：30	16：47：40	4	2015/4/22 16：47
3913639	00：08：CA：EB：86：30	**16：47：46**	**4**	2015/4/22 16：47
3913656	00：08：CA：EB：86：30	**16：49：20**	**3**	2015/4/22 16：49
3913669	00：08：CA：EB：86：30	16：49：26	3	2015/4/22 16：49
3913685	00：08：CA：EB：86：30	16：49：33	3	2015/4/22 16：49
3913699	00：08：CA：EB：86：30	16：49：39	3	2015/4/22 16：49
3913715	00：08：CA：EB：86：30	16：49：46	3	2015/4/22 16：49

3.2 交通参数理论提取方法

3.2.1 交通诱导参数的提取

由于蓝牙检测器只能捕捉到装载了蓝牙设备的车辆，无法得到路段全部车辆的交通量和车流密度，但可以得到不同车型流量比例。基于手机蓝牙可提取的交通诱导参数，包括路段平均车流速度、行程时间和路网 OD 分布。

模型假设在每个交叉口处均设有一台蓝牙检测器，且在有效距离内能检测到所有呈开启状态的蓝牙设备。假设载有蓝牙设备的车辆 i 在 t_{1i} 时刻被上游蓝牙检测器捕捉到，在 t_{2i} 时刻被下游交叉口处的蓝牙检测器捕捉到，T 时段内路段上下游共有 J 辆装载蓝牙设备的车辆被捕捉到，路段长度为 S，则：

T 时段内该路段上的车辆平均行程时间为

$$\overline{t} = \frac{\sum_{i=1}^{J}(t_{2i} - t_{1i})}{J} \tag{1}$$

T 时段内该路段上的车辆平均行程车速为

$$\overline{V}=\frac{S}{\overline{t}} \tag{2}$$

令载有蓝牙设备的车辆 i 在 T 时段内最先被编号为 M 的蓝牙检测器捕捉，最后被编号为 N 的蓝牙检测器捕捉，则可得到 T 时段内该车的 OD 为 M 到 N。若沿线各交叉路口均设有蓝牙检测器，则还可以得到车辆在 T 时段内的行驶轨迹，如图 2 所示。

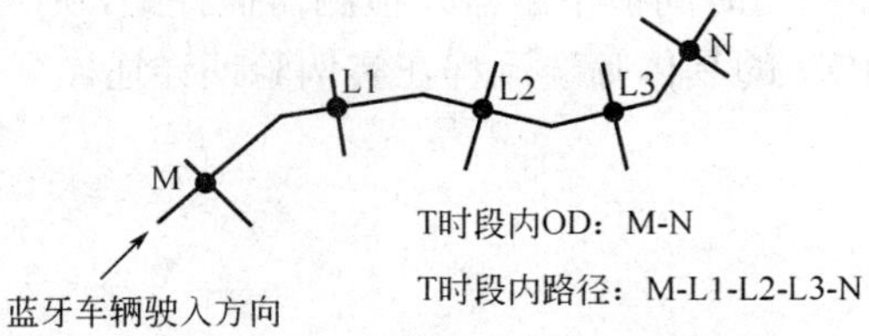

图 2　利用蓝牙检测器提取 OD 数据示意图

3.2.2　交通控制参数的提取

交通控制参数主要指定周期内的车流状态数据，包括交通流量、平均车速、车道占有率等。由于蓝牙检测设备采集数据不完整，该技术能采集到的交通控制参数类型有限，仅为装载了蓝牙设备的车辆流量。

假设 T 时段内在上游交叉口的蓝牙检测器捕捉到的 MAC 地址集合为 U_1，下游交叉口的蓝牙检测器捕捉到的 MAC 地址集合为 U_2，则该路段在 T 时段内的流量为：

$$\sum i,\ i\in U_1 \cap i\in U_2 \tag{3}$$

3.3　车型判断

检测器捕捉到的蓝牙设备可能来自机动车和非机动车上的乘客或车主的手机端，需利用算法对车型进行划分。本文不考虑行人的手持蓝牙设备被捕捉的情况，因此主要考虑机动车和非机动车的划分，同时辨别高承载车类型。

非机动车和机动车的判别依据为速度。一般来讲，机动车平均车速不低于 15km/h，因此若计算得到的行程车速低于该值，则判断为非机动车。同理，非机动车（包括电瓶车）的行驶极限速度不高于 30km/h，若得到的行程车速高于该值，则判断为机动车。而对于车速介于 15km/h 和 30km/h 之间的记录，将利用 K 均值聚类法划分。K 均值聚类算法的步骤如下：

（1）从 N 个记录中随机选择 k 个记录作为质心，其中 N 为待聚类数据集总数，k 为事先确定的聚类簇数目，本文只需要区分非机动车和机动车，因此 k=2。

（2）将 N 个样本分配给距离他们最近的中心向量，以使目标函数达到最小。X_i 表示速度值，P_j 表示中心向量。

$$\sum_{i=1}^{n}\min\left\|X_i-P_j\right\|^2,\ j\in\{1,2,\cdots,k\} \tag{4}$$

（3）更新簇平均值。

$$\overline{X}_i=\frac{1}{|C_i|}\sum_{x\in C_i}x \tag{5}$$

（4）重复步骤（2）和步骤（3），直到聚类中心不再变化。

（5）输出 k 个聚类和聚类中心值。

根据《美国 HOV 车道的车辆驶入规定》，高承载车 HOV（High Occupancy Vehicle）包括公共汽车或“拼车”族的车或供乘坐两人以上的车辆。本文指车内有多台蓝牙设备开启的车辆，考虑到并不是所有乘客都会打开蓝牙设备，为提高研究的有效性，本文的 HOV 特指公交车，大客车等乘客人数较多的车辆。其判断依据基于以下两条原则：①假设人们选择打开手机蓝牙的概率是固定的，则 HOV 上乘客较多，将有多台蓝牙设备在同一时间进入蓝牙检测器捕捉范围，若某时刻蓝牙捕捉记录骤增，可判断为有 HOV 进入；②HOV 上的多台蓝牙设备应具有相同的行程时间，若数个 MAC 地址在同一时间被上游蓝牙检测器捕捉到，又在同一时间被下游蓝牙检测器捕捉到，则可判断这些 MAC 地址对应的蓝牙设备位于同一辆 HOV 上。HOV 的具体筛选流程在实例验证详述。

4 实例验证

基于以上理论研究，本文以上海市嘉松北路—曹安公路—绿苑路范围内的路段为例，通过实地调研，对模型进行了检验。调查区域如图 3 所示，其中交叉口 A 为曹安公路—绿苑路交叉口，交叉口 B 为曹安公路—嘉松北路交叉口，交叉口 C 为嘉松北路—绿苑路交叉口，以下简称 A，B，C。

首先采用人工计数和视频的方法，调研了 2015 年 4 月 22 日（周三）下午 4：30—5：30 晚峰期的交通状况，分别得到各路段机动车与非机动车的总流量，路段长度，各进口道的左转、直行、右转的交通量，并通过牌照法得到交叉口间单车行程时间。然后利用路段长度与平均行程时间计算得到平均行程速度。同时，在 A，B，C 三个交叉口进口道处分别设置了一台蓝牙检测器，于同一时间段捕捉过往车辆的手机蓝牙设备，共得到 4972 条记录。按照 3.1 节的数据处理原则，过滤无效数据和多余数据后，三个交叉口共捕捉到 298 条有效数据。

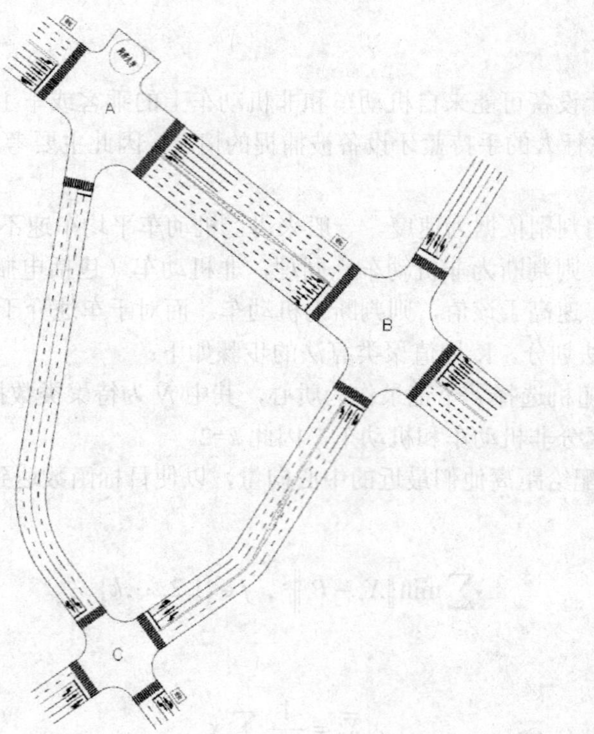

图 3　调查区域道路情况示意图

4.1 HOV 数据筛选

基于以上原则，对数据进行整理，得到每一确定时刻蓝牙检测器捕捉到的不同蓝牙设备数量，如图 4 所示。从图中可看出，同一时刻最多捕捉到 10 个不同 MAC 地址，最少捕捉到 1 个 MAC 地址，大多数情况下同一时刻捕捉到 2 个不同 MAC 地址，捕捉频次整体呈正态分布，平均值$\mu = 2.96$，标准差$\sigma = 1.56$。根据概率统计理论，统计值大于$\mu+3\sigma$为小概率事件，因此可将捕捉频次达到 8 以上（含）定义为小概率事件，即 HOV 出现的情况。

同时，根据检测器的捕捉时间和计算得到的行程时间对上述数据进行进一步的筛选，即 HOV 车辆上的多台蓝牙设备应具有相同的行程时间且在同一时刻被捕捉到。考虑到检测器捕捉信号的时效性，以 3 秒为阈值，即不同 MAC 地址所对应的捕捉时间之差和行程时间之差均小于阈值 3s，才会被认定为在同一辆车内。

经上述数据处理后，判别出 13 辆 HOV（公交车或大客车），而实际调研范围内一小时共 21 辆公交车（包含载客的大客车），两者误差为 38.1%。这是由于只有部分乘客打开了手机蓝牙设备，随着乘客打开手机蓝牙设备的比例增加，本文提出的算法精度也会大幅增加。

4.2 非机动车与机动车的筛选

根据 2.3 节提出的算法，本小节将对机动车和非机动车进行判别。将行驶速度分为 V≤15km/h、15km/h<V≤30km/h、V>30km/h 三种情况，第一种情况判定为非机动车，第三种情况判定为机动车，第二种情况则需要利用 SPSS 进行聚类分析，最终得到研究范围内 6 个方向的机动车和非机动车汇总流量，如图 5 所示。

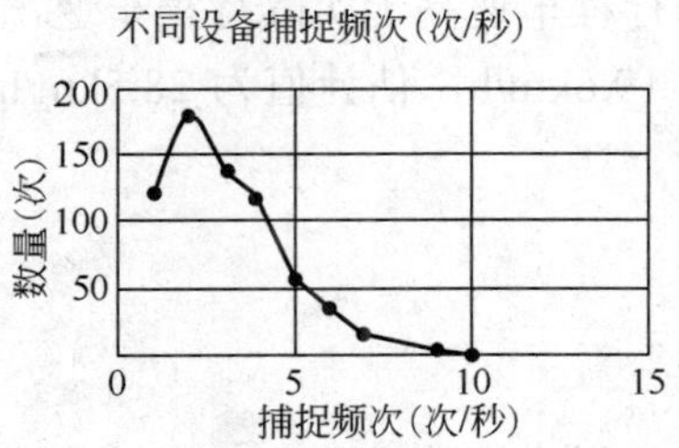

图 4 每秒捕捉频次分布图

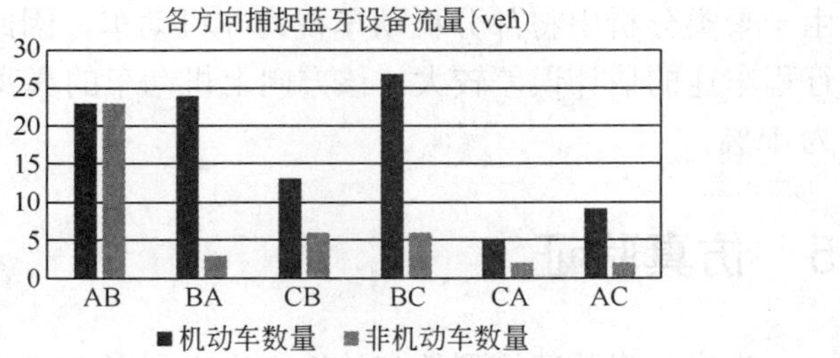

图 5 各方向捕捉到蓝牙设备的流量

从图 5 可以看出 AB 方向估计非机动车数量与机动车数量相近。这是由于实际调研发现，AB 方向拥堵严重，导致机动车行程车速较低，与非机动车区分不明显。

4.3 模型估计结果评价

以曹安公路东向西（B-A）与西向东（A-B）两个方向为例，估计流量与实际流量对比情况如图 6 所示。

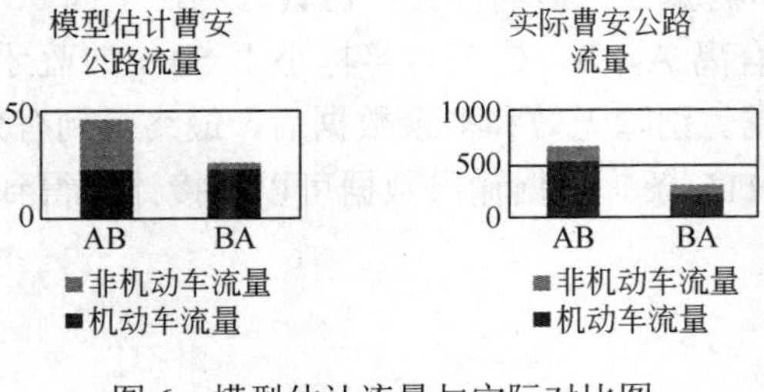

图 6 模型估计流量与实际对比图

可以看出，模型对整体流量的估计较为准确。曹安公路 AB 方向与 BA 方向的实际总流量（机动车加非机动车）之比为 2.2:1，模型估计值比例为 1.8:1，误差为 18%。对于流量较小，机动车运行较通畅的 BA 方向，模型对机动车和非机动车的方式划分估计较准确。BA 方向实际非机动车流量为机动车流量的 20%，模型估计值为 13%，误差为 35%。对于流量较大，机动车运行受阻的 AB 方向，由于模型难以根据速度区分机动车与非机动车，因此对机动车与非机动车的方式划分不准确。BA 方向非机动车实际为机动车数量的 25%，模型估计值为 100%，误差为 300%。此外，数据统计结果显示，模型估计的载有蓝牙设备的总流量（机动车与非机动车）约占实际总流量的 7.3%，这说明现实情况中约 7.3% 的人选择打开手机蓝牙。

按照第 3.2.1 节平均行程速度的计算方法，以机动车为例，得到机动车平均估计行程速度与实际行程速度对比情况如图 7 所示。

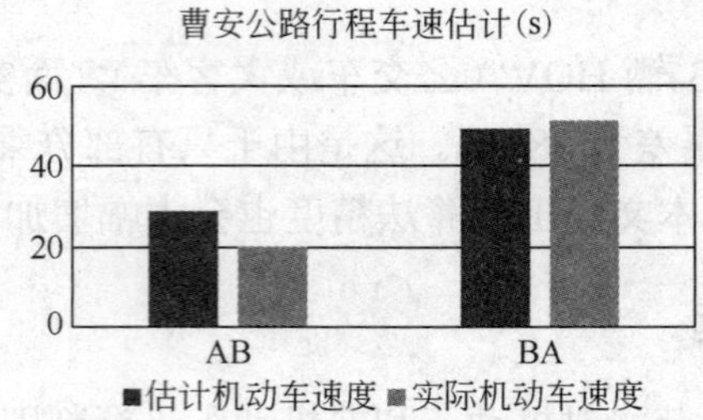

图 7　曹安公路机动车平均行程车速估计值与真实值对比

由图 7 可以看出，在交通运行较通畅的 BA 方向，模型对行程车速的估计非常准确。该方向上机动车的实际行程车速为 51.3km/h，估计值为 48.9km/h，误差率仅为 4%。在交通堵塞较严重的 AB 方向，由于聚类分析中将部分机动车视为非机动车，因此估计的平均行程车速高于实际行程车速，且模型对行程车速的估计误差较大，该方向上机动车的真实行程车速为 19.6km/h，估计值为 28.5km/h，误差率为 45%。

5　仿真验证

为进一步验证模型的有效性，本文利用 VISSIM 仿真软件，以上述曹安公路、嘉松北路、绿苑路三条路段所围区域建立仿真场景，其路段长度、信号配时、车道数、车道功能等均按照实际调研情况进行设置，并根据第三部分实际调研的交通量、各交通方式划分比例输入到 VISSIM 中。参考第三部分的结论“约 7.3%的人选择打开手机蓝牙”，仿真试验中设置开启了蓝牙设备的汽车和非机动车分别占机动车和非机动车总数的 10%。实际操作中，单独设置两类具有机动车和非机动车属性的车辆代表上述两种特殊类型的车辆，并通过 VISSIM 输出这两类车辆的运动参数供后文分析。

仿真的目的是利用上述方法，以载有蓝牙手持设备的机动车和非机动车的数据估计全部机动车（无蓝牙开启的机动车和有蓝牙开启的机动车）和非机动车的交通特征参数，并评价其估计结果。仿真运行 30 分钟，输出的数据包括车辆编号、车辆种类，仿真时刻，全局 X/Y 坐标等。由于蓝牙检测器的检测范围为 50m，因此标记所有离 A，B，C 三点坐标小于 50m 的蓝牙机动车和蓝牙非机动车，将其视作被蓝牙检测器捕捉到的数据。剔除无效和多余数据后，最终得到有效记录共计 1361 条，其中蓝牙机动车和蓝牙非机动车记录共 115 条。根据输出数据可以直接计算得到六个方向上机动车和非机动车的平均行驶时间，如表 3 所示。

表 3　仿真行程时间的真实值

车型分类	AB 段 行程时间（s）	BA 段 行程时间（s）	BC 段 行程时间（s）	CB 段 行程时间（s）	AC 段 行程时间（s）	CA 段 行程时间（s）	共计车辆数
机动车	126	112	104	205	151	153	1129
非机动车	168	151	151	249	221	212	229

以上为仿真结果的真实值，可以看出，CB 方向的行程时间明显大于反方向 BC，这是由于 CB 方向流量较大，交通相对拥堵造成的。

以下利用仿真模拟的蓝牙机动车和蓝牙非机动车数据估算行程时间，并与上述仿真的真实值进行对比检验。通过 SPSS 数据处理软件对上述各方向上的数据进行聚类分析后，最终得到模型估计结果与仿真真实值的平均行程时间对比如图 8 所示。

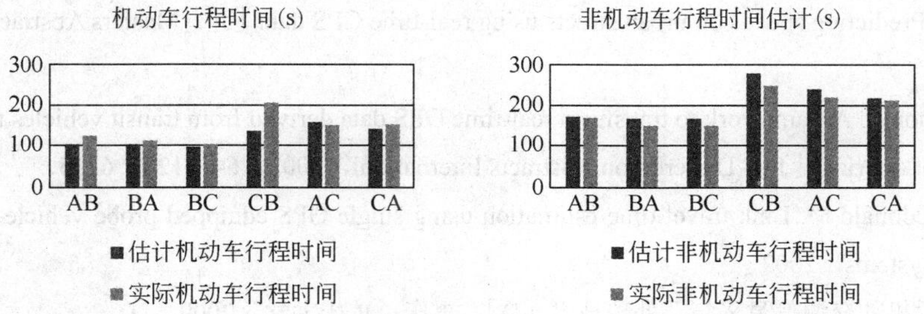

图 8　仿真模型估计平均行程时间与真实值对比

从图 8 中可以看出，该模型对机动车和非机动车平均行程时间的估计与仿真的真实值基本吻合，只有在 AB 方向和 CB 方向与真实值有较大出入。因为 AB，CB 方向机动车流量大，速度低，使用聚类分析时，有部分机动车被划分到非机动车中，导致估计机动车行程时间小于实际机动车行程时间。即：模型对较通畅路段上的机动车和非机动车的行程时间估计准确，这是由于在通畅路段上机动车运行不受阻，与非机动车的速度有明显的区分，因此聚类分析能有较好的结果；当路段拥堵较严重时，机动车行驶受阻，行驶速度降低，与非机动车不能明显的区分。

6　结论

本文利用蓝牙检测技术，提出了筛选和过滤其无效、多余数据，以及判别 HOV 的方法，并利用 k 均值聚类分析划分机动车和非机动车。该模型在仿真分析和实例分析中成功提取了路段平均行程车速，平均行程时间，路段流量比等交通特征参数。测试结果表明：该模型在交通畅通路段应用效果较好，估计准确；在交通拥堵路段由于非机动车车速与机动车车速接近，模型估计准确度降低。本文的创新点在于利用了蓝牙这种全新的数据采集方式，并根据蓝牙检测器输出的数据类型设计了相应的数据处理及参数提取算法。蓝牙检测技术具有安装成本低，设备装卸方便且不会干扰交通，不受环境影响，数据处理简单等优点，可作为现有交通特征参数采集方式的较好补充。相较于现有常见的线圈采集方式，该技术能获得路段平均行程车速，为交通诱导提供了有效的数据支撑；相较于视频采集方式，该技术获得同等质量的车速数据的计算量明显较少，且对数据通信的要求较低。

下一步研究将考虑对模型进行优化，使其在拥堵情况下能准确区分机动车与非机动车，提高模型估计准确度，同时考虑对车型的划分更加精细化。突破这一屏障以后，该技术将在智能交通系统中拥有较大的应用价值，可在城市路网节点上广泛布设蓝牙检测器以获得更精确的实时路况信息，降低安装成本，提高检测效率。

参考文献

[1] 陆化普，李瑞敏．城市智能交通系统的发展现状与趋势［J］．工程研究-跨学科视野中的工程，2014（1）：6-19.
[2] 王雪．基于复杂网络理论的城市路网特性研究［D］．西安：长安大学，2014.
[3] 熊圣明．基于电感线圈的车辆检测器系统设计［D］．重庆：重庆大学，2014.
[4] 蔡晓庆．基于磁感应的交通系统辨识关键技术研究［D］．广州：华南理工大学，2012.
[5] 刘邹．基于 DSP 的测速雷达数据采集和处理［D］．无锡：江南大学，2008.
[6] 李戈，孟祥杰，王晓华，王重秋．国内超声波测距研究应用现状［J］．测绘科学，2011（4）：60-62.
[7] 马明祥．基于视频的交通参数检测方法研究［D］．济南：山东大学，2006：10622.
[8] 王川童．基于视频处理的城市道路交通拥堵判别技术研究 ［D］．重庆：重庆大学，2010.
[9] 董均宇．基于 GPS 浮动车的城市路段平均速度估计技术研究［D］．重庆：重庆大学，2006.
[10] Bobba Rohini．Predicting speeds on urban streets using real-time GPS data［J］．Masters Abstracts International，2000，41（4）：1137.
[11] Faria David Anthony．A framework to transform real-time GPS data derived from transit vehicles to determine speed-flow characterestics of arterials［J］．Dissertation Abstracts Internationl，2002，64（12）：6215.
[12] Yanying Li，Mcdonald M. Link travel time estimation using single GPS equipped probe vehicle［C］．Proc: Intelligent Transportation Systems，2002.
[13] 马占刚．基于手机的交通信息采集及处理技术［D］．重庆：重庆大学，2009.
[14] 关志超，胡斌，张昕，等．基于手机数据的城市交通信息采集技术研究［C］．中国智能交通协会，2012.
[15] 杨飞，裘炜毅．基于手机定位的实时交通数据采集技术［J］．城市交通，2005，3（4）.
[16] 徐加伟．基于低功耗蓝牙无线通讯技术的交通数据检测方法研究［D］．哈尔滨：哈尔滨工业大学，2013.
[17] 郑龙，田田，喻晓峰．基于蓝牙技术的城市交通系统［J］．计算机工程与设计，2005，26（6）.
[18] Sawant，H. Using Bluetooth and sensor networks for intelligent transportation systems. Intelligent Transportation Systems［C］．The 7th International IEEE Conference，2004.

高速铁路异物侵限监测子系统可靠性分析方法的研究与实践

李亚群　王　彤　王　瑞　陈中雷

（中国铁道科学研究院电子计算技术研究所　北京 100081）

摘　要：从异物侵限监测子系统的组成结构和运行规律出发，构建适用于异物侵限监测子系统的可靠性分析模型，在已运行 3 年的杭深线高速铁路（上海局管段）异物侵限监测子系统进行了为期一年的可靠性试验，利用试验数据对建立的时齐泊松过程模型进行了检验，同时尝试采取非时齐泊松过程（NHP）模型对试验数据进行分析，提出了异物侵限监测子系统可靠性的定量分析方法，预见了系统进入老化期的可能性。

关键词：异物侵限监测子系统；定量分析；时齐泊松过程；非时齐泊松过程

Research and Experiment on the Reliability of Foreign Invasion Monitoring Subsystem of High-speed Railway

Li Yaqun　Wang Tong　Wang Rui　Chen Zhonglei

（Institute of Computing Technology，China Academy of Railway Science，Beijing 100081）

Abstract: By the structure and operation rules of the foreign invasion monitoring subsystem，we simulate a reliability analysis model for the construction of foreign invasion monitoring subsystem, and we have been conduct reliability tests of foreign invasion monitoring subsystem for one year, data conformed to the homogeneous Poisson process model very well. Further more, analysising the data with Non homogeneous Poisson process model，we found The system may enter the aging period.

Key words: Foreign Invasion Monitoring Subsystem, Reliability Testing, Homogeneous Poisson Process, Quantitative Analysis

1　引言

高速铁路异物侵限监测子系统是保证列车行车安全的重要基础设备，其可靠性的高低直接关系到行车安全和运输效率。近来异物侵限监测子系统的可靠性引起广泛重视，目前既有的研究主要针对异物侵限监测子系统进行 RAMS 分析，而且大部分是进行定性分析与研究。

本文对异物侵限监测子系统进行系统结构分析并建立数学模型，基于时齐泊松过程（HP）和非时齐泊松过程（NHP）研究异物侵限监测子系统可靠性的定量分析方法。

2 异物侵限监测子系统结构与数学模型

2.1 异物侵限监测子系统组成结构

异物侵限监测子系统是铁路自然灾害及异物侵限监测系统的重要的子系统之一，主要用于监测高速铁路上公路跨铁路桥梁、公路铁路并行段以及过山隧道口等地方的异物侵限状况，并在发生异物侵限时触发信号系统动作使影响区间产生红光带[1]。

异物侵限监测子系统是一个复杂的系统，由现场监测电网、轨旁控制箱、监控单元、报警继电器、接口继电器组成[2]，其中监控单元包括监测模块、电源模块及传输模块等，负责将监测及报警信息上传至数据处理中心，并同时对监测电网进行供电和数据采集，系统结构及信息处理流程如图 1 所示。

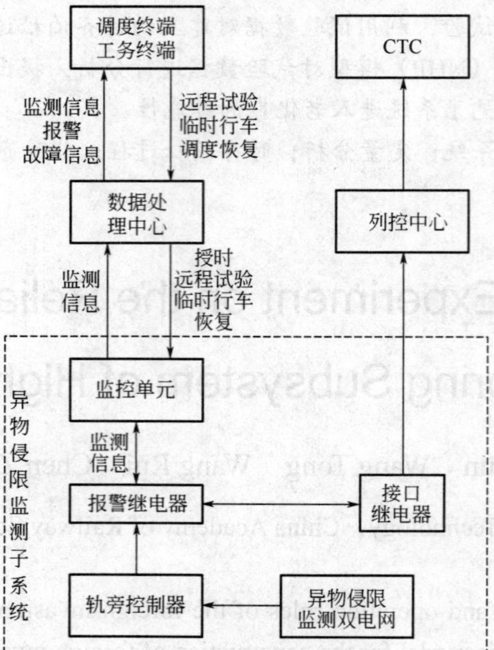

图 1 异物侵限监测子系统组成结构及信息处理流程

2.2 异物侵限监测子系统的数学模型

由现场实际情况可知异物侵限监测子系统是一个可修系统，对于一个可修系统来说，可能由于老化、磨损、疲劳等原因使得相邻的故障间隔时间缩短；或者由于磨合，运行经验的积累，合理的维护、使用和管理，使得相邻的故障时间间隔变大。

因此，可修系统相邻故障间隔之间可能存在某种相依性，可用以下两种随机过程的模型来对此系统进行描述。

（1）时齐泊松过程（HP）模型

若考虑相邻故障的间隔时间独立同分布，且有参数λ的指数分布

$$F(t)=1-e^{-\lambda t},\quad t\geqslant 0$$

这时系统具有如下特征：a）系统的平均无故障工作时间具有参数λ的指数分布；b）系统故障后修复如新，即相继的故障间独立同分布。

（2）非时齐泊松过程（NHP）模型（韦布尔过程）

若$(t,s]$中的故障数$N(s)-N(t)$有参数$\wedge(t,s)=\int_t^s \lambda(u)du$的泊松分布

$$PP\{N(s)-N(t)=k\}=\frac{[\wedge(t,s)]^k}{k!}\exp\{-\wedge(t,s)\},k=0,1,\cdots$$

这里$\lambda(u)$是一个非负函数，称为强度函数。

这时相邻故障间隔既不独立亦不同分布，而且在同样长度的区间上，平均故障不仅依赖于区间的长度，还依赖于区间的起点，通常用来描述不是“修复如新”的可修系统。

常用的非时齐泊松过程是韦布尔过程[3]，其强度函数为

$$\lambda(\mathrm{t})=\lambda\beta t^{\beta-1},\ t\geqslant 0,\lambda,\beta>0$$

此时累计强度函数为

$$\wedge(t)=\lambda t^{\beta},\ t\geqslant 0,\lambda,\beta>0$$

对于韦布尔过程，当$0<\beta<1$时，相邻故障时间间隔呈现变大的趋势；$\beta>1$，呈变小的趋势；$\beta=1$即为时齐泊松过程。

3 异物侵限监测子系统的可靠性分析与实践

3.1 异物侵限监测子系统可靠性试验

在2013年1月至12月对杭深线高速铁路上海局管段自然灾害及异物侵限监测系统（2009年建成）的8个异物监测子系统进行了可靠性试验，试验数据如表1所示。

表1 试验数据

序号	时间	子系统编号	故障描述	序号	时间	子系统编号	故障描述
1	2013/1/22 10:39	K323+115	断线	103	2013/8/21 18:34	K485+692	无输入
2	2013/3/5 23:03	K323+115	无输入	104	2013/8/27 23:11	K485+692	无输入
3	2013/3/31 22:58	K323+115	断线	105	2013/8/27 23:11	K485+692	无输入
4	2013/5/9 22:33	K323+115	无输入	106	2013/8/29 23:37	K485+692	无输入
5	2013/5/10 1:23	K323+115	无输入	107	2013/10/25 22:48	K485+692	无输入
6	2013/6/5 22:40	K323+115	无输入	108	2013/12/17 23:04	K485+692	断线
7	2013/8/20 22:47	K323+115	无输入	109	2013/12/23 22:56	K485+692	无输入
8	2013/9/4 22:33	K323+115	无输入	110	2013/12/25 23:05	K485+692	无输入
9	2013/10/30 10:23	K323+115	无输入	111	2013/3/9 11:19	K588+973	断线
10	2013/11/12 23:01	K323+115	断线	112	2013/4/13 10:44	K588+973	断线
	…			113	2013/6/17 23:28	K588+973	无输入

由试验数据画出$(0,t]$内的累计故障数$(t_i,N(t_i))$的图形如图2所示。

3.2 异物侵限监测子系统可靠性分析

（1）异物监测子系统时齐泊松过程（HP）模型的假设检验

试验时间 t 固定，若 $(0,t]$ 中观察到 n 个故障，按时间记录的相邻故障间隔为：

$$X_1,\cdots,X_n$$

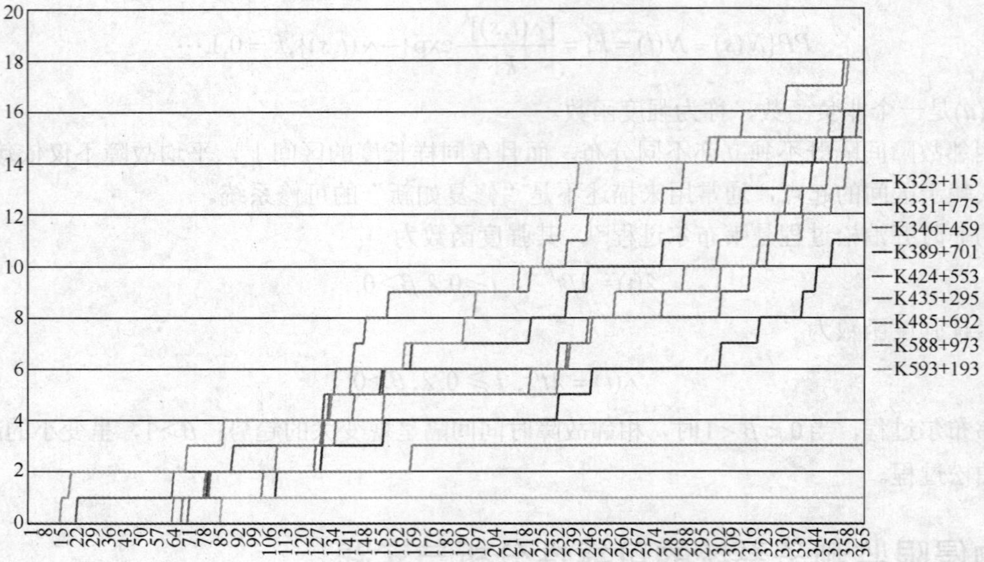

图 2　系统可靠性试验故障累计图

第 i 次故障的时刻为

$$T_i=\sum_{j=1}^{i}X_j,\ i=1,\cdots,n$$

检验 $H_0{:}\,T_1,\cdots,T_n$ 是 HP 中事件相继发生的时刻。

在 H_0 成立的条件下有

$$\sqrt{12n}\left(\frac{1}{nt}\sum_{i=1}^{n}T_i-\frac{1}{2}\right)\sim N(0,1)$$

从可靠性试验数据中 8 个异物监测子系统故障间隔时间数据得到的检验结果如表 2 所示。

表 2　异物监测子系统时齐泊松过程（HP）模型的检验统计量值

子系统编号	检验统计量值	子系统编号	检验统计量值	子系统编号	检验统计量值
K323+115	−0.4421096	K389+701	−0.5354311	K485+692	−1.3452059
K331+775	−0.2303548	K424+553	0.0025365	K588+973	−0.4602984
K346+459	−0.9436593	K435+295	−0.7118669		

取水平 $\alpha=0.05$，标准正态分布上 $\alpha=0.025$ 分位数为 $z_{0.025}=1.96$。说明该系统接受 HP 模型，即系统的故障间隔时间服从单参数指数分布，并且相继的故障间隔时间独立同分布。

（2）异物监测子系统时齐泊松过程（HP）模型的参数估计

由于这 8 个子系统都是相互独立的同型系统，从而所得数据可以视为定时截尾有替换（n，t_0，有）的可靠性试验数据。

若在试验结束时观察到 r 个失效

$$x_{(1)}\leqslant x_{(2)}\cdots\leqslant x_{(r)}\leqslant t_0$$

系统的无故障时间分布为

$$F(t)=1-e^{-\frac{1}{\theta}t},t\geqslant 0$$

其中参数θ 的极大似然估计（ML）估计为

$$\hat{\theta}=\frac{nt_0}{r}$$

失效率λ的极大似然估计（ML）由$\hat{\lambda}=\frac{1}{\hat{\theta}}$给出。

可靠度$R(t)=e^{-tt/\theta}$ 的估计为

$$\hat{R}(t)=e^{-tt/\hat{\theta}}$$

得到参数的估计值为$\hat{\theta}=30.73684$，失效率 $\hat{\lambda}$=0.03253425，系统的可靠性分布为

$$F(t)=1-e^{-0.03253425t},t\geqslant 0$$

可靠度 $\hat{R}(t)=e^{-tt/30.73684}$

（3）异物监测子系统非时齐泊松过程（NHP）模型

若 k 个系统的观察时间为$\left(0,T\right]$，记$\left(0,TT\right]$中第 ii 个系统观察到的 n_i 个故障依时序记录的时刻为

$$0\leqslant t_{i1}\leqslant t_{i2}\cdots\leqslant t_{in_i}\leqslant T,i=1,\cdots,k$$

设累积强度函数为

$$\wedge(t)=\lambda t^{\beta},t\geqslant 0,\lambda,\beta>0$$

参数λ，β 的 ML 估计：

$$\hat{\beta}=\frac{\sum_{i=1}^{k}n_i}{\sum_{i=1}^{k}\sum_{j=1}^{n_i}\ln\frac{T}{t_{ij}}}$$

$$\hat{\lambda}=\frac{\sum_{i=1}^{k}n_i}{kT^{\hat{\beta}}}$$

由 8 个异物监测子系统的可靠性试验数据得到参数的 MLE 为

$$\hat{\beta}=1.051841$$
$$\hat{\lambda}=0.02396125$$

系统可靠性分布为

$$F(t)=1\ \ e^{-(\hat{\lambda}t)^{\hat{\beta}}},t\geqslant 0$$

$\beta>1$，说明相邻故障时间间隔呈变小的趋势，这与画出来的故障累积图是一致的。

（4）异物监测子系统的时齐泊松过程（HP）模型与非时齐泊松过程（NHP）模型比较

异物监测子系统的时齐泊松过程（HP）模型与非时齐泊松过程（NHP）模型的可靠性分布的对比[4]如图 3 所示。

从图 3 可以看出，异物监测子系统的 NHP 模型与 HP 模型相比，与实际试验数据更为相符，即随着时间的增加，失效率具有增大的趋势，也就是说故障间隔时间具有减少的趋势。

4 结束语

根据异物侵限监测子系统的组成结构，建立的时齐泊松过程（HP）模型通过了可靠性试验的置

信水平为 95%的假设检验，可以作为异物侵限监测子系统可靠性定量分析的手段之一。对于杭深线高速铁路（上海局管段）异物侵限监测子系统 2013 年进行的可靠性试验数据分析，非时齐泊松过程（NHP）模型能更好地描述异物侵限监测子系统的失效过程，并发现了异物监测子系统的失效率具有增大的趋势，即建设了 4 年多的杭深线高速铁路（上海局管段）异物侵限监测子系统可能已经进入了系统老化期。

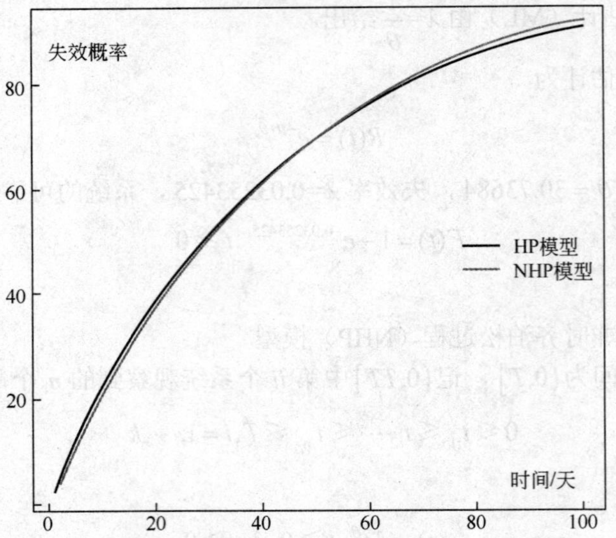

图 3　异物监测子系统的 HP 模型与 NHP 模型比较

参考文献

[1] 王彤．铁路防灾安全监控系统［C］．第五届中国智能交通年会暨第六届国际节能与新能源汽车创新发展论坛优秀论文集（上册），2009.

[2] 蒋仁言．可靠性模型与应用［M］．北京：机械工业出版社，1999.

[3] GJB 450A—2004 装备可靠性通用技术要求［S］．2004.

[4] 王灵芝．铁路设备关键零部件的可靠性分析模型及其应用研究［J］．铁道学报，2008.

[5] Gregg K．Hobbs：HALT and HASS，Accelerated Reliability Engineering［M］．New Jersey：Hobbs Engineering Corporation，2012.

面向车载网的安全可追踪匿名认证方案

张德栋

（中国铁道科学研究院电子计算技术研究所 北京，100081）

摘 要：为解决车载自组网（VANET）中身份认证中的隐私保护问题，基于代理签名的原理提出了一种使用于车载自组网的匿名认证方案。方案充分考虑了车载通信网络的实际情况，采用基于适合大规模群体的双线性对技术。在该方案中，车载单元与路边单元进行数据交互时无须出示其真实身份信息，也无须产生临时身份，在签名认证的过程中实现了消息的发送，既实现了车载单元身份信息的隐私保护，又实现了身份认证，提高了认证效率，保证了数据的通信安全。分析表明该方案达到了匿名认证、不可否认、不可伪造和可追踪的安全目标，能够满足车载自组网的运行需求。

关键词：车载自组网；匿名认证；代理签名

A Traceable Scheme of Anonymous Authentication for VANET

Zhang Dedong

（Institute of Computing Technology，China Academy of Railway Sciences，Beijing 100081）

Abstract: In order to resolve the problem that the privacy-preserving of identity authentication in Vehicular Ad hoc Network（VANET）, a security scheme of anonymous authentication was proposed for VANET，which is based on the bilinear pairing technique for large scale group communication and synthetically considers the actual situation of the VANET. In this scheme，On-Board Unit is not required to present them real identity to Road-side Unit and another On-Board Units. This can not only preserve the privacy of On-Board Unit，but also ensures data secure in the communication. Theoretical analysis shows that the proposed scheme has the properties of anonymity , non-repudiation，unforgeability and traceability，and meets the requests of VANET.

Key words: Vehicular Ad hoc Network，Anonymous Authentication，Proxy Signature

1 引言

车载自组织网络（Vehicular Ad hoc Network，VANET，车载网）是智能交通系统的核心组成部分，在提供实时信息交互、提供准确交通信息、实现交通优化、提高道路通行效率、预防和避免交通事故的发生等方面发挥着不可或缺的作用。车载自组网只有在其传输信息可靠的前提下才能发挥其作用，因此必须保证信息来源的可靠性，同时又要保护好司乘人员的隐私。为了解决车载网的身份认证和隐私保护这一对看似矛盾的棘手问题，目前学术界进行了比较深入地研究。文献[1]使用秘密共享技术对签名者进行匿名保护，实现了车辆信息的隐私防护和身份认证，然而在该方案中没有考虑车辆身份的追踪机制和召回机制，不适合车辆在非常情况下，如犯罪现场、事故调查、现场重构等需要揭示车辆身份的情况。文献[2]和文献[3]提出使用 PKI 技术，使用证书的方式实现身份鉴别，在该方案中，多辆车在同一场景下会发出相同的签名内容，存在聚合数据认证问题。文献[4]提出了解决聚合信息认证的方案，但在该方案中验证信息的公钥和具体的车辆联系在一起，攻击者可以通过车辆的通信信息跟踪车辆。文献[5]根据基于身份的签名和群签名提出了一个安全高效的车载网通信方案，但是运行中车辆区分要花费较大的时间开销。文献[6]提出了一种针对非安全方面的信息认证应用方面的隐私保护机制，使用复杂的区分服务接入控制，不适用于紧急情况的快速响应。文献[7]利用群签名的思想提出了 VANET 隐私保护系统，在车载单元中存储私钥和群公钥，不需要存储大量的假名和证书，然而在该方案撤销车辆的运算量较大。文献[8]提出了适用于车载网的分布式证书服务方案，在该方案中车载单元可以从路边单元直接申请一定数目的证书，实现认证及数据通信，然而该方案没有考虑恶意车辆攻击的情况。文献［9］构造了一个无证书签名方案并基于该方案提出匿名认证协议，文献[10]研究发现文献[9]的签名方案不可行，并对其进行了修改。基于代理签名的思想，本文提出了一种适用于车载网的匿名身份认证方案，在该方案中，合法车载单元与路边单元、其他车载单元数据交互时无须出示其真实身份信息，既实现了车载单元的身份信息的相互认证，又实现了司乘人员的隐私保护，保证了数据通信安全。

2 相关知识

2.1 系统模型

如图 1 所示，本文采用典型的 VANET 系统结构模型[13]，包括交通认证中心（Transportation Authority，TA），路边单元（Road-side Unit，RSU）和车载单元（On-Board Unit，OBU）。其中，交通认证中心（TA）在系统中充当完全可信的角色，负责系统的管理与初始化，对路边单元和车载单元进行登记管理，并为路边单元和车载单元进行密钥分配；路边单元（RSU）是车载网中重要的基础设施，部署在道路两侧；车载单元（OBU）安装在运行的车辆上。路边单元和车载单元之间，车载单元与车载单元之间通过无线信道相互通信。

2.2 符号定义（见表 1）

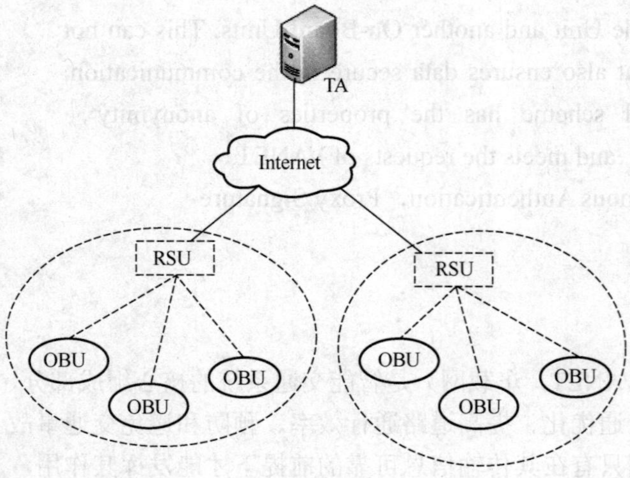

图 1　VANET 网络结构

表 1　符号定义

符号	描述
TA	认证服务中心
RSU	路边单元
OBU	车载单元
ID_A	实体 A 的身份标识
$E(K,M)$	用非对称密钥 K 加密信息 M
$(M)_K$	用对称密钥 k 加密信息 M
$H(\,)$	哈希运算

3 匿名认证方案

3.1 初始化

初始化主要完成系统参数初始化。TA 选择大素数 p 和 q，其中 q 是 $p-1$ 的大素数因子，选择 g，其值在 1 和 p 之间其满足 $g^q \equiv 1(\bmod p)$。$H()$ 为安全的哈希函数。TA 选取随机数 x_T，计算 $y_T = g^{x_T} \bmod p$，则 (x_T, y_T) 为 TA 的公私密钥对。TA 公开系统参数 $(p, q, g, H(), y_T)$。

3.2 密钥生成

已在当地交通管理部门登记并且获得合法车牌号的车辆准备接入车载自组网时，根据 TA 公开的系统参数产生公私密钥对。OBU 选取随机数 x_O，计算 $y_O = g^{x_O} \bmod p$，则 (x_O, y_O) 为 OBU 的公私密钥对。路边单元建成投入使用时，根据 TA 公开的系统参数产生公私密钥对。RSU 选取随机数 x_R，计算 $y_R = g^{x_R} \bmod p$，则 (x_R, y_R) 为 RSU 的公私密钥对。

3.3 签名证书申请

OBU 为获得签名证书需要进行如下操作：

（1）OBU 产生随机数 k_1, k_O 且满足 $k_O \in {}_R Z$，$k_1 \in {}_R Z$；

（2）计算 $K_1 = g^{k_1} \bmod p$，$K_O = g^{k_O} \bmod p$，$s_o = x_O + k_O K_O \bmod p$，$s_1 = x_O H(K_O, ID_O, K_1) + k_1 \bmod p$；其中，$ID_O$ 为车辆的唯一标识，一般为车牌号；

（3）发送 (K_O, ID_O, K_1, s_1) 给 TA。

3.4 签名证书发送

TA 收到申请信息后，判断 ID_O 是否为合法车辆，如果为非法车辆，则拒绝其申请，否则执行以下操作：

（1）判断 $g^{s_1} = {y_O}^{H(K_O, ID_O, K_1)} K_1 \bmod p$ 是否成立，如果上述等式成立，则 TA 保存该车辆的映射对 (K_O, ID_O)，否则拒绝其申请；

（2）计算 $Y_O = y_O {K_O}^{k_O} \bmod p$；

（3）生成签名证书 m_ω，并将 Y_O 写入 m_ω 中，其中，签名证书 m_ω 包含签名认证的有效时间和消息范围等信息；

（4）产生随机数 k_T 且满足 $k_T \in {}_R Z$；

（5）计算 $K_T = g^{k_T} \bmod p$；

（6）计算 $s_T = x_T H(m_\omega, K_T) + k_T \bmod p$；

（7）TA 通过安全通道发送信息 (m_ω, K_T, S_T) 给 OBU；

OBU 接收到信息后，判断等式 $g^{s_T} = y_T H(m_\omega, K_T) K_T \bmod p$ 是否成立，如果成立接收 TA 授权证书，并保存 $(m_\omega, K_T, s_O, s_T)$；否则，再次申请。

3.5 OBU 向 RSU 发送匿名认证

在本阶段 OBU 将实现与 RSU 的匿名认证，同时将准备发送的信息发送给 RSU。具体流程如下：

（1）OBU 计算 $s = s_O + s_T$；

（2）产生随机数 f，$F = EK(f, y_R)$；

（3）生成签名信息 $e = sign(m,s)$，其中 m 为准备发送的信息；

（4）发送匿名认证信息 $(m,e,K_T,m_\omega,ID_T,F)$ 给 RSU。

3.6 匿名验证

RSU 收到 OBU 的匿名认证消息后，判断下式是否成立 $v = g^s \bmod p = y_T{}^{H(m_\omega,K_T)}K_TY_O) \bmod p$，如果不成立，则判断 OBU 为非法车辆，拒绝与该 OBU 的信息交互。否则，界面判断 OBU 为合法车辆，用 x_R 解密 F，获得与 OBU 的通信密钥 f。

3.7 揭开匿名

TA 利用在必要的时候需要揭示发布伪造或虚假信息车辆的真实身份，具体过程如下：

（1）路边单元 RSU 发送匿名认证信息 (m,e,K_T,m_ω) 给交通认证中心 TA；

（2）TA 收到信息，验证 $v = g^s \bmod p = y_T{}^{H(m_\omega,K_T)}K_TY_O \bmod p$ 是否成立，如果成立，判断 $Y_O = y_O K_O{}^{k_O} \bmod p$ 是否成立，如果成立，则从保存的 (K_O,ID_O) 中寻找满足 $Y_O = y_O K_O{}^{k_O} \bmod p$ 的 ID_O。

4 方案分析

4.1 可验证性

OBU 使用 s 作为代理私钥代表 TA 签署消息，验证者验证代理签名正确，证明 $v = g^s \bmod p$。由于：

$s = s_O + s_T$；

$s_T = x_T H(m_\omega,K_T) + k_T \bmod p$；

$s_o = x_O + k_O K_O \bmod p$；

$Y_O = y_O K_O{}^{k_o} \bmod p$；

所以：

$g^s = g^{s_O+s_T} \bmod p =$

$g^{x_T H(m_\omega,K_T)+k_T+x_O+k_O K_O} \bmod p =$

$g^{x_T H(m_\omega,K_T)} g^{k_T} g^{x_O} g^{k_O K_O} \bmod p =$

$y_T{}^{H(m_\omega,K_T)} K_T Y_O \bmod p$

$v = g^s \bmod p$ 成立。

4.2 不可伪造性

由于代理密钥 s 是由 s_O 和 s_T 构成，假如伪造者能够伪造代理签名，则必须同时具备以下两个条件：

（1）得到 s_O

由于 $s_o = x_O + k_O K_O \bmod p$，而 OBU 的私钥 x_O 对伪造者是未知的，所以不可能得到 x_O。

（2）得到 s_T

因为交通认证中心 TA 只有验证 $g^{s_1} = y_O{}^{H(K_O,ID_O,K_1)} K_1 \bmod p$ 通过才向车载单元 OBU 发送 s_T，其中，s_1 是对 K_O,ID_O,K_1 的数字签名，所以伪造者不能冒充 OBU 获得 s_T。

4.3 匿名性

方案在 OBU 与 RSU 认证和通信过程中，均没有出现 OBU 的真实身份。RSU 在对 OBU 认证过程中只能知道该 OBU 是经过 TA 认证。RSU 不能通过其他途径获得 OBU 的身份。

4.4 不可否认性

如果 OBU 对自己的认证和发送的信息进行否认，RSU 可将其认证信息发送给 TA，TA 可根据上述算法揭开 OBU 的匿名身份。

5 结束语

VAENT 是智能交通的一种重要应用，近年来一直是学术界关注的重点领域。为解决 VAENT 的身份隐私保护和身份认证这样看似矛盾的问题，本文提出了一种适用于车载网环境下的匿名身份认证方案。该方案实现路边单元 RSU 对车载单元 OBU 匿名身份认证和安全通信。理论分析表明，该方案达到了匿名认证、不可否认、不可伪造和可追踪的安全目标。本文下一步工作是基于代理签名实现 OBU 之间的匿名认证和安全通信。

参考文献

[1] Daza V，Domingo-Ferrer J，Sebe F，et al．Trustworthy privacy preserving car-generated announcements in vehicular ad hoc networks，IEEE trans．Veh．Technol.，2009，58（4）．1876-1886．

[2] Zarki M.E，Mehrotra S，Tsudik G，et al．Security issues in a future vehicular network，in Proc．Eur．Wireless，2002，270-274．

[3] Raya M，Hubaus J．The security of vehicular ad hoc networks，in Proc．3rd ACM Workshop

[4] Picconi F，Ravi N，Gruteser M，et al．Probabilistic validation of aggregated data in vehicular ad hoc networks，in Proc．3rd VANET，2006：76-85．

[5] 刘辉，李晖，马占欣．一个安全高效的车载网通信方案［J］．西南交通大学学报，2011，46（2）：315-520．

[6] Yep L Y，Chen Y C，Huang J L．PAACP：A portable privacy-preserving authentication and access control protocol in vehicular ad hoc networks［J］．Computer Communications，2011，34：447-456．

[7] 杨涛，胡建斌，陈钟．一个 VANETs 隐私保护实用化系统［J］．计算机工程，2012，38（23）：118-122．

[8] Wasef A，Jiang Yixin，Shen Xueming．DCS：An efficient distributed-certificate-service scheme for Vehicular networks［J］．IEEE Transactions on Vehicular Technology，2010，59（2）：533-549．

[9] 许俊峰，丁雪峰，司成祥，张伟．车载自组织网络的无证书匿名认证协议［J］．计算机科学，2013（9）：158-161．

[10] 张新运，许艳，崔杰．车载网中基于无证书签名的匿名认证协议［J］，计算机工程，2016（3）：24-27．

[11] 杨涛，胡建斌，陈钟．一种可追溯的车载自组网隐私保护认证协议［J］．计算机工程，2013（8）：167-171．

道路货运源头末端治超监管系统设计研究

李 军[1,2] 张 新[3]

（1. 北京市交通信息中心，北京 100073；2. 北京市城市交通信息智能感知与服务工程技术研究中心，北京 100044；3. 北京市交通委员会，北京 100073）

摘 要： 源头治超是治理公路货运超限超载的有效方式之一，货运源头治超监管信息化系统是实现源头治超的重要支撑手段。本文从功能和结构方面进行了道路货运源头治超监管信息系统的研究与设计，将系统划分为部署于源头单位的车辆装载数据采集系统和部署于治超监管部门的源头超限中心监管应用系统两大部分，论述并设计了系统目标、总体架构、应用系统功能、源头企业数据采集设备构成等。经实践证明，所设计的超限监管系统能够满足源头治超监管的应用需求。

关键词： 源头治超；超限超载；信息系统；公路货运；源头企业

Design and Research of the Freight Overloading-Control Information System in the Origin

Li Jun[1,2] Zhang Xin[3]

（1. Beijing Transportation Information Center，Beijing 100073； 2. Beijing Engineering Research Center of Urban Traffic Information Intelligent Sensing and Service Technologies，Beijing 100044；3. Beijing Municipal Commission of Transport，Beijing 100073）

Abstract: The origin of overload controlling is one of the effective ways of controlling the highway freight overload，and the supervision information system is an important means of supporting for the origin of overload controlling. The information system was researched and designed from the function and structure aspects. The system was divided into two parts，including data acquisition system deploying in origin and supervision system deploying in the center. The system goal，architecture，application system function，the equipment constitute in the origin were discussed the designed. It was proved that the information system could meet the application requirements of the supervision of overload.

Key words: the Origin of Overload Controlling；Overload Transportation，Information System，Highway Freight，Origin Enterprise

1 引言

车辆超限超载运输对公路、桥梁、隧道等公用基础设施的破坏严重，同时也对道路运输安全构成了直接的威胁，还在相当程度上冲击了道路货运正常的市场秩序。为治理超限超载，各级政府和行业管理部门花费了巨大的人力、物力和财力，但是不断发生的公路路面塌陷、桥梁损毁等事故表明，要彻底根治超限超载现象，治超工作仍任重道远。

为加强治超工作，2011 年 7 月 21 日，交通运输部发布了《关于加强道路货运车辆超限超载源头治理工作的通知》（交运发〔2011〕355 号文件，以下简称“治超通知”）。“治超通知”要求各地根据当地经济发展、货源分布和地理条件等实际情况，将货运量较大、容易发生超限超载的矿山、水泥厂、煤场、沙石料场、港口、火车站、汽车货运站（含物流园区、物流中心）、蔬菜集散站（场）等货物集散地、装卸现场作为重点货运源头单位，加强监管。“治超通知”要求道路运输管理机构对货运源头单位履行监管职责，通过驻点、巡查等有效方式，对政府公布的重点货运源头单位实施监管，制止非法超限超载车辆出场、出站。但由于各地运管部门执法力量的缺乏以及治超工作的复杂性，单纯依靠人力驻点、巡查的方式难以满足对源头单位的监管需求。因此，通过建立源头治超监管信息化系统，利用信息化手段采集源头单位货物装载情况，实现治超管理机构对车辆装载情况的自动化、实时监测和管理，对于提升治超监管能力和水平，加大治超监察力度具有重要的现实意义。

2 设计研究目标

货运源头末端治超监管信息系统，通过在货运源头场站内集成部署车轴识别、车牌识别等信息采集设备，实现货车称重、车轴、车牌等数据的自动采集和上传，并通过中心监管软件实现对站内货车超限的自动识别、预警和实时监控，并在此基础上实现联合执法、监管考评和决策支持。具体目标如下。

（1）实现源头数据自动采集和超限实时告警

实现对源头称重数据的自动采集，超限行为的自动化判断、实时告警和信息推送，便于监管部门对源头治超过程进行有针对性的实时检查与监督。

（2）实现对源头单位相关基础数据的汇总和统计

通过对源头单位、运输企业、车辆备案管理和黑名单管理，实现对源头单位检测数据的汇总、入库管理和治超数据实时监控、查询和统计分析。

（3）实现源头超限事件的多方推送和处理

建立治超部门、源头单位、源头上级单位三者结合的源头治超监管体系。当有实时超限告警事件时，实现向治超监管部门、源头上级单位、源头单位三者进行推送，便于各单位按照职责分工开展相关治超管理工作。

（4）实现数据的计算分析和监管考评

通过对源头场站货车总流量、货车受检率、超限率、卸载率等实时检测数据的掌握和分析，实现对源头场站及上级单位进行治超考评。

（5）实现相关数据共享和业务协作

采集源头检测数据后，实现与治超站、移动稽查等系统进行数据共享，与综检站、移动稽查等建立联防联查，达到降低超限超载率的目标。

3 系统总体设计研究

3.1 总体架构

货运源头末端治超监管信息系统总体架构设计为“7 横 3 纵”，如图 1 所示。“7 横”自下而上由物理场所、基础支撑层、应用支撑层、数据资源层、应用系统层、应用展现层、用户层 7 个层次构成；“3 纵”以政策法规、标准规范、建设与运营管理等 3 大保障体系共同构成。

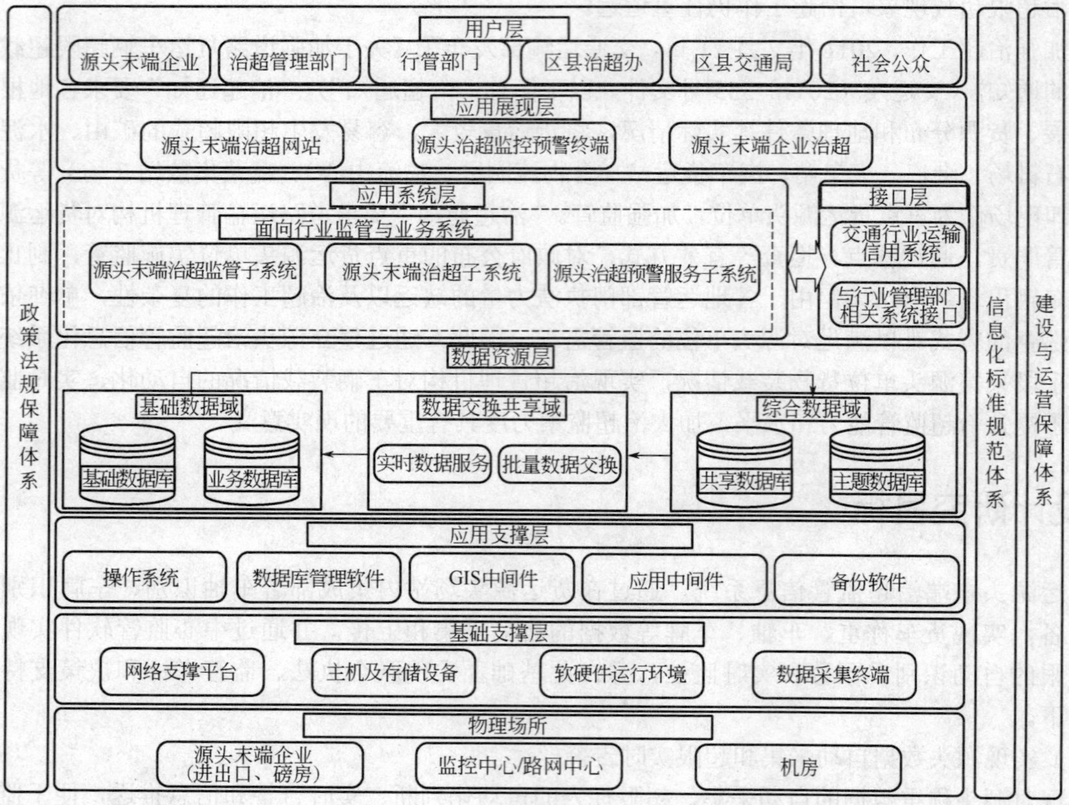

图 1　道路货运源头末端治超监管信息系统总体架构

3.2　系统构成和部署

本系统的主要建设内容分为两大部分：一是部署于源头单位的车辆装载数据采集系统；二是部署于治超监管部门的源头超限中心监管应用系统，系统构成和部署如图 2 所示。

源头企业车辆装载数据采集系统部署于源头单位，源头企业作为治超节点和数据源节点，其治超实时数据通过互联网接入到治超管理部门中心网络的互联网域，由数据通信服务器汇入存储备份域，构成数据资源层。

源头超限监管应用系统和其他支撑系统部署在治超管理部门。治超相关单位，包括治超办、区县交通局等其他行业管理部门，通过政务外网访问源头超限监管应用系统，与其共享治超数据。源头企业的上级单位可以通过源头治超企业子系统访问治超信息，并实时监控该单位的源头超限超载预警信息。

4　中心监管应用系统设计研究

4.1　逻辑架构

根据货运源头末端超限监管信息系统的业务管理需求，源头超限中心监管应用系统可划分为 3 个业务应用子系统，分别是源头治超监管子系统、源头治超企业子系统、源头治超预警服务子系统，系统建设以源头治超监管为主，实现实时超限超载告警和对源头治超业务的监管，反映出治超工作开展情况及其发展势态，便于行业管理部门进行客观判断和科学决策。系统之间的逻辑关系如图 3 所示。

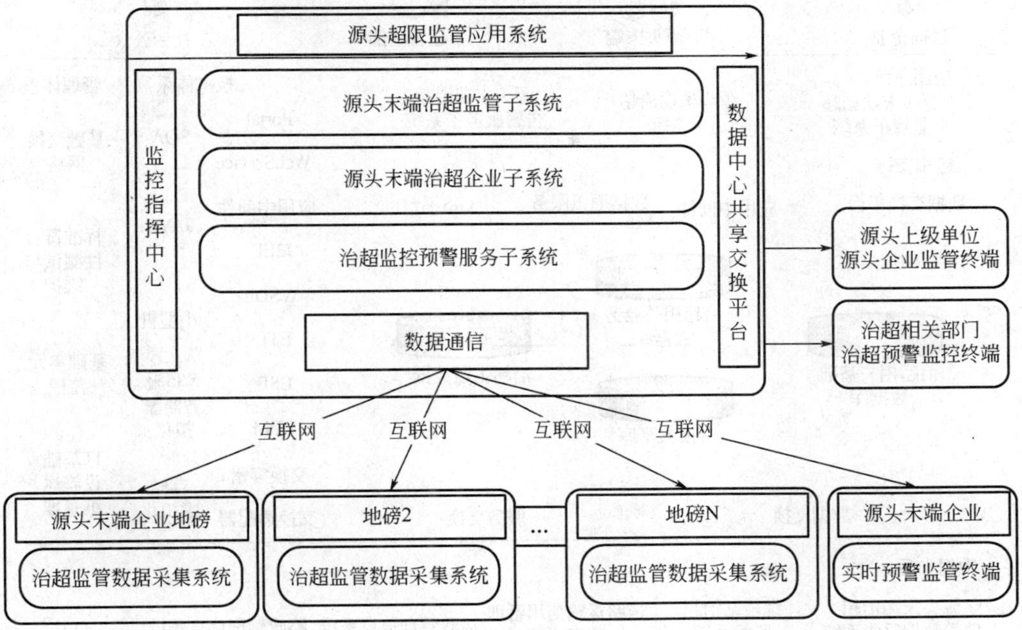

图 2　系统构成和部署图

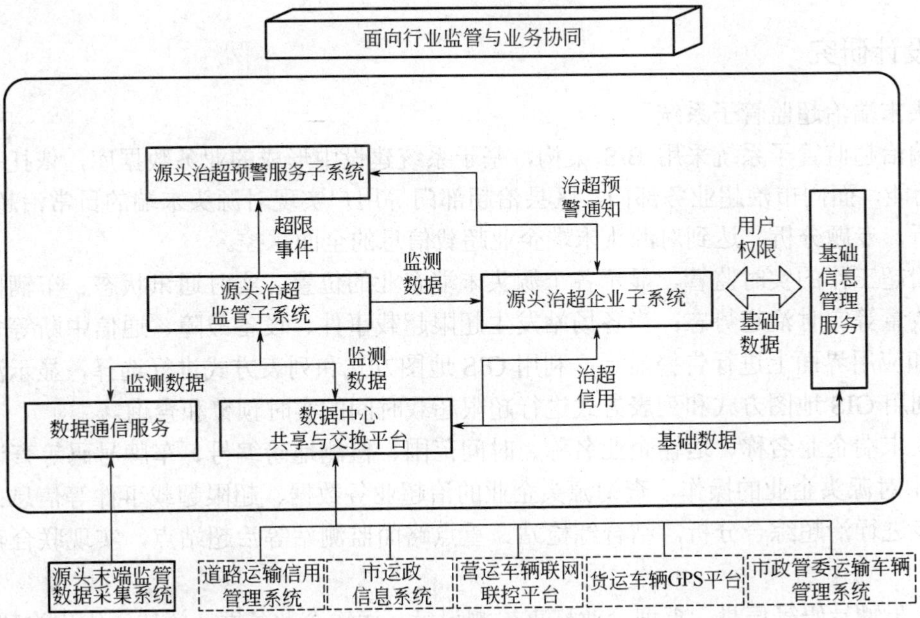

图 3　应用系统逻辑架构关系图

4.2　技术架构

源头超限中心监管应用系统技术架构采用 SOA 技术架构。SOA（Service Oriented Architecture，面向服务的架构）是当前柔性系统设计的主流技术，具有“模块化”与“服务封装”两大特点。模块化能将复杂的大任务的分解成相对简单的小任务，封装则将其内部的复杂性屏蔽代之以用清晰的接口。通过以上 SOA 技术架构设计和支持平台架构设计，最终形成基于 SOA 架构的信息化集成技术框架，如图 4 所示。

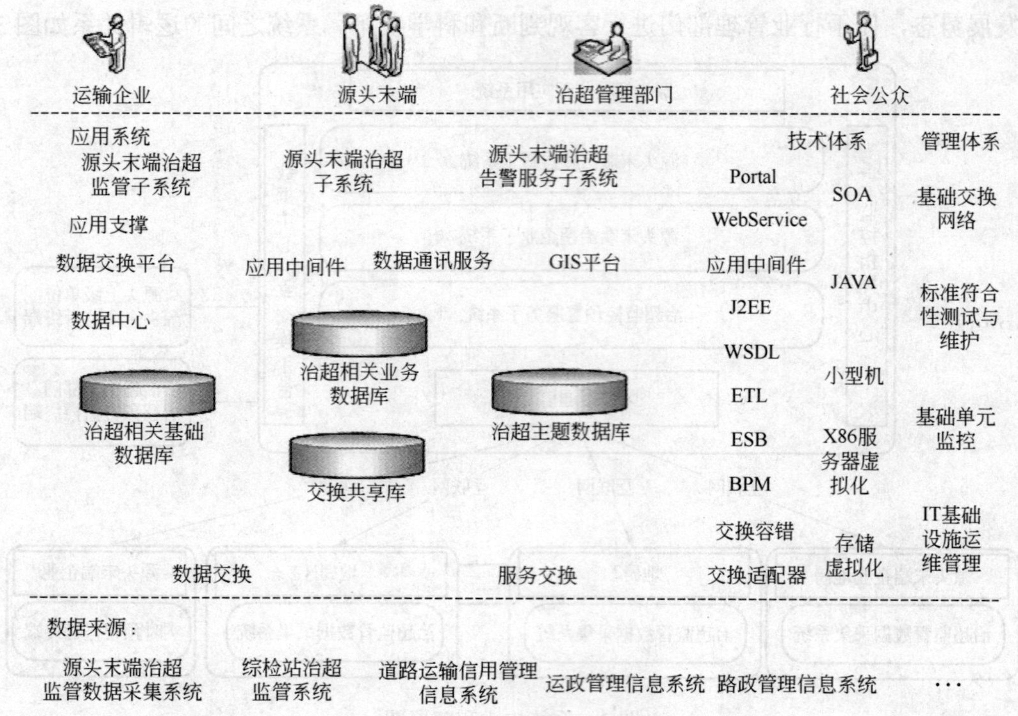

图 4　源头超限监管中心应用系统技术框架

4.3　功能设计研究

（1）源头末端治超监管子系统

源头末端治超监管子系统采用 B/S 架构，基于系统建设中形成的业务数据库，依托基础数据库和 GIS 中间件功能，面向市治超业务部门、区县治超部门等用户实现对源头末端的日常治超工作的监控、基本业务分析、专题分析，达到对源头末端企业超载信息的全面掌控。

对源头治超工作的实时监管，显示各个源头末端企业的位置、实时通讯状态、车辆检测数量、超限超载事件数量等实时治超势态；当各场站发生超限超载事件、设备故障、通信中断等多种情况下，在 GIS 地图和应用界面上进行告警显示；利用 GIS 地图方式和列表方式进行选择，显示源头末端企业治超势态；利用 GIS 地图方式和列表方式进行超限超载时间的实时预警和查询。

根据源头末端企业名称、运输企业名称、时间范围、检测地磅编号、车牌号码等查询条件，或者在 GIS 地图中对源头企业的操作，查询源头企业的治超业务数据、超限超载事件等信息；可根据查询结果，进一步进行治超综合分析。结合综检站、重点路面监测站等治超站点，实现联合查询，显示车辆行驶路线。

根据责任车辆号码等信息，查询企业称重检测记录、运输企业备案、资质、历史治超事件等信息，对责任企业进行事后治超事件登记和查处。

（2）源头末端治超企业子系统

源头末端治超企业子系统采用 B/S 架构开发，基于系统建设的业务数据库，依托基础数据库和 GIS 中间件功能，实现对源头企业备案、通知、治超查询、统计、信用查询等功能，为源头末端提供治超信息查询；当有治超预警事件时，及时通知源头末端上级单位，实现监管。

实现对源头企业、运输企业、货运车辆等备案管理，审核货物运输资质；提供对源头企业、运输企业、货运车辆备案资质的查询功能；在源头企业的场站可查询车辆的资质和信用。当车辆或运输企业的资质未备案、未审核、过期、有不良信用时，源头企业应拒绝其入场卸货或载货出场。

当有超限超载事件发生时，实时通知源头企业及其上级管理单位。源头企业和上级管理单位能够通过超限告警事件定位到事件发生的场站、超限超载车辆、运输企业，依据证据信息确认超限超载事实，对超限超载事件进行处置，并在本系统上反馈。同时监管部门可对于源头末端企业针对超限超载事件的处理情况及处理结果进行查看。

实现源头企业和上级管理单位、运输企业查询企业黑名单，包括源头末端企业、运输企业、运输车辆等黑名单信息。

（3）源头治超预警服务子系统

源头治超预警服务子系统采用 C/S 架构开发，基于实时数据采集服务，建立基于基层治超业务开展及监管需要的业务逻辑，对实时采集的业务数据进行处理和分析，构建超限超载业务数据库，实现将超限超载事件向其他专题数据库、业务系统推送，同时向超限超载监测终端实时告警，提示对超限超载事件及执法监管事件的实时处理。

当源头治超预警服务子系统发现有重大超限超载事件时，可通过客户端告警等多种方式通知相关人员，使得重大事件能够得到及时的处理。

源头治超预警服务子系统应具备定制告警功能，可以根据用户自主设定条件，对超限超载超过指定范围或者超过处理时间分别告警。

5　源头企业车辆装载数据采集系统

5.1　系统网络拓扑结构

车辆装载数据采集系统部署于源头企业局域网内，为源头超限检测提供治超业务数据自动采集与传输等服务，系统数据传输依据《全国治超信息系统数据交换标准（试行）》的技术要求进行建设，系统网络拓扑结构如图 5 所示。

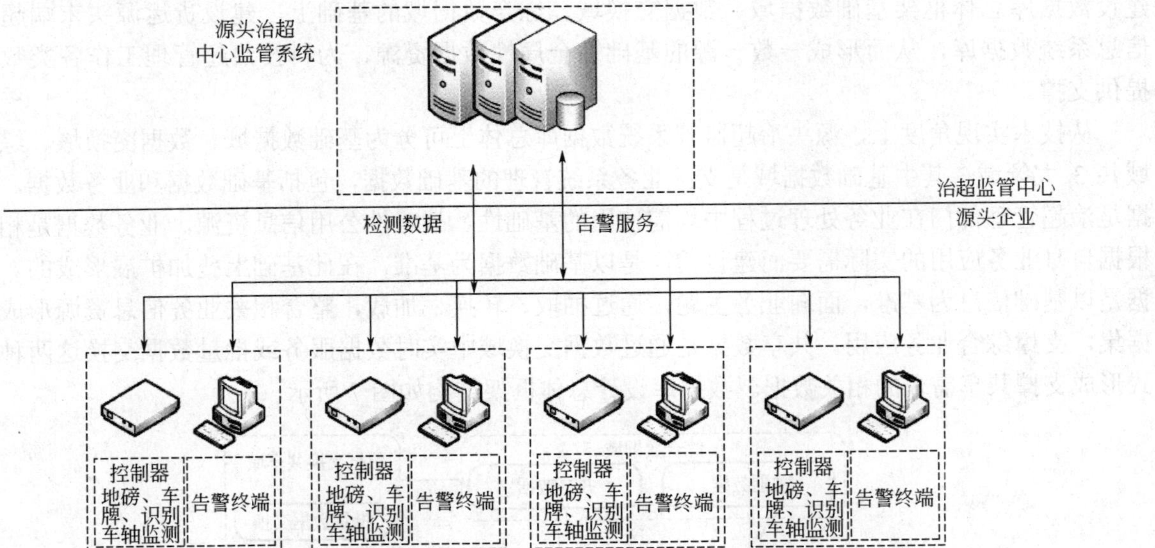

图 5　源头企业车辆装载数据采集系统网络拓扑

5.2　系统数据采集设备设计

依托源头企业已有的地磅、网络等相关设备，安装部署治超控制器、车轴检测仪、车牌识别子系统、出场车牌识别子系统等相关设备并进行有效集成，构建源头企业车辆装载数据采集系统，实现源头企业车辆装载数据的采集和上传，车辆装载数据采集设备部署和构成如图6所示。

治超控制器实现将地磅、车轴检测仪、地磅车牌识别子系统、出场车牌识别子系统等检测设备的接口集成，将车辆检测相关数据组成为检测记录并叠加在车牌照片上，实时传输到治超监管中心。地磅的数据接口和治超控制器连接采用RS485方式，可分发给治超控制器和企业业务终端。

车轴检测仪自动识别过往车辆的车轴数量，通过RS232接口发送给治超控制器。

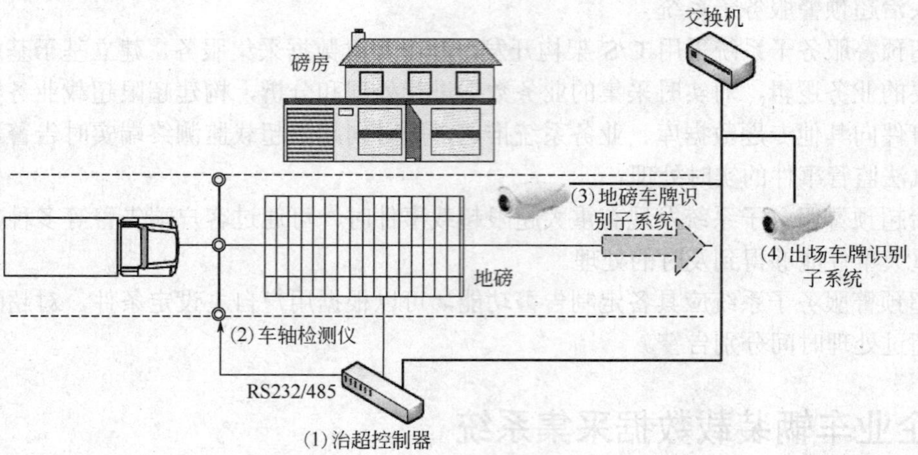

图6　车辆装载数据采集设备部署示意图

6　数据库设计研究

数据库建设主要是实现对数据资源内容的获取及数据库结构的建设，主要建设思路是基于系统建设数据库总体框架基础数据域、数据交换域、综合数据域的基础上，建设货运源头末端超限监管信息系统数据库，从而形成一数一源的基础性全局性数据资源，为科技治超管理工作各类数据应用提供支撑。

从技术实现角度上，源头治超监管系统数据库总体上可分为基础数据域、数据交换域、综合数据域共3大领域。其中基础数据域是支撑业务系统管理的基础数据，包括基础数据和业务数据。基础数据是治超管理部门在业务处理过程中均需使用的基础性、战略性公用信息资源。业务数据是相关部门根据自身业务应用的实际需要而建设的，是以基础数据为基准，在此基础上叠加扩展形成的。主题数据是以基础信息为基准，面向业务主题，通过抽取、转换、加载，整合相关业务信息资源形成多维数据集，支撑综合业务应用。共享数据是通过数据交换域中实时数据服务或批量数据交换这两种交换方式形成支撑共享需求的相关数据。数据库设计总体框架结构如图7所示。

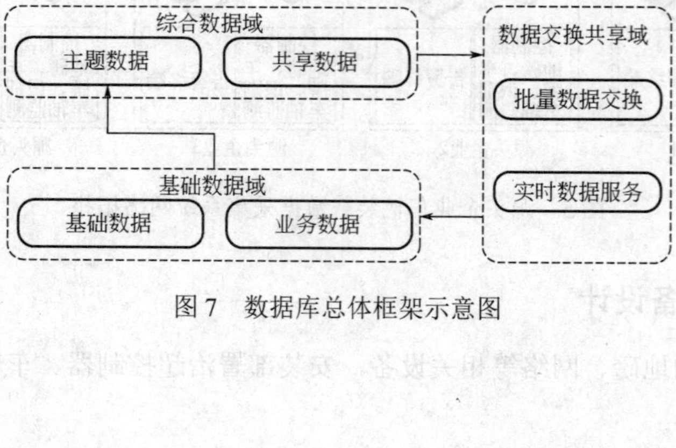

图7　数据库总体框架示意图

7 结语

本文从系统的功能和结构方面论述了货运源头末端治超监管信息系统的设计研究方案，论述了系统目标、总体架构设计、中心监管应用系统逻辑架构和功能设计、源头企业装载数据采集系统设计，该系统能够满足源头治超监管的应用需求，治超人员在监控中心可以实时监测源头单位货物装载情况，并根据这些信息完成远程决策、指挥，有效地提高了治超管理的效率，具有较高的实用价值。

参考文献

[1] 蔡建华，张剑飞．超限运输的成因及治理对策［J］．中国公路学报，2006，19（3）：100-104.

[2] 张新．基于智慧交通的治超模式研究［J］．中国交通信息化，2014，（9）：119-122.

[3] 白永亮．我国公路超载超限的经济学解释及长效治理机制构建［J］．中国软科学，2006（10）：64-73.

[4] 李丽宏，唐小平．基于 VPN 技术的货运源头治超系统软件的设计［J］．软件，2012，33（2）：6-8.

[5] 王文龙，路成章．公路超限超载运输的治理要及时、适时地转入长效治理阶段［J］．公路交通科技，2005，22（3）：125-129.